Reclams Filmführer

Reclams FILM FÜHRER

Von Dieter Krusche

unter Mitarbeit von Jürgen Labenski

8., neubearbeitete und erweiterte Auflage

Mit 179 Abbildungen

Philipp Reclam jun. Stuttgart

Umschlagentwurf: Nik Rothfuchs
Satz: Reclam, Ditzingen
Druck und Bindung: Kösel, Kempten
Printed in Germany 1991
RECLAM ist ein eingetragenes Warenzeichen der
Philipp Reclam jun. GmbH & Co., Stuttgart
ISBN 3-15-010368-1

Inhalt

Vorwort

Dieses Buch erscheint in einer Zeit, in der der Kinofilm, von Pessimisten oftmals totgesagt, unverändert lebendig ist. Trotz aller Schwierigkeiten und mancher Rückschläge ist das Filmangebot heute sogar vielfältiger und interessanter geworden. Das Massenmedium Fernsehen zum Beispiel hat dem Spielfilm zwar speziell auf dem Sektor der Unterhaltung beträchtliches Terrain abgewonnen; es hat ihm aber auch zahlreiche Anregungen vermittelt. Andererseits sind etwa durch die technische Entwicklung auf dem Gebiet des Schmalfilms die Möglichkeiten individueller filmischer Initiative und Aktivität wesentlich erweitert worden, wobei die Experimente der »Außenseiter« wiederum nicht ohne Einfluß auf die Entwicklung des »normalen« Spielfilms geblieben sind.
So ist heute eigentlich nicht mehr fraglich, ob der Spielfilm überleben wird. Ungewiß sind nur die neuen Formen, die er im Spannungsfeld zwischen den technischen und wirtschaftlichen Möglichkeiten des Fernsehens und der radikalen Individualität entwikkeln wird. Dabei ist der Film unversehens stärker in den Blickpunkt derer geraten, die in ihm nicht nur ein Mittel zum Zeitvertreib sehen wollen. Auch in der Bundesrepublik läßt sich diese Entwicklung durch einige Indizien belegen: Engagierte Filmemacher bedienen sich des Films als Mittel zur kritischen Agitation. Kommunale Kinos wollen die Chancen des anspruchsvollen Films vergrößern. Ein verstärktes Angebot von Filmliteratur signalisiert ein wachsendes Interesse des Publikums an der ernsthaften Auseinandersetzung mit dem Film.
Gerade auf dem Gebiet der Filmliteratur allerdings besteht hierzulande in der Tat ein großer Nachholbedarf. Während sich zum Beispiel in Frankreich Zeitschriften, Schriftenreihen und zahlreiche Einzelpublikationen kontinuierlich mit den Problemen des Films beschäftigen, sind die entsprechenden Veröffentlichungen in der Bundesrepublik noch immer vergleichsweise selten und in ihrer Thematik oft allzu spezialisiert. Was der interessierte Filmfreund aber zunächst einmal braucht, sind grundlegende allgemeine Informationen, die gewöhnlich nur schwer auffindbar sind.
Die klassischen Werke der Filmkunst ruhen, sofern sie nicht überhaupt verschollen sind, in Archiven, wo sie nur wenigen zugänglich sind. Jede neue Generation von Filmbesuchern erlebt den Film gleichsam »geschichtslos« nur in seinen zeitgenössischen Erscheinungsformen. Ältere Filme sind schnell vergessen oder werden zum Objekt einer Legendenbildung, die in ihren positiven und negativen Akzentuierungen auch von Zufälligkeiten abhängig ist. Und von Zufällen hängt es oft ebenfalls ab, welchen Film ein Verleih nach Jahren für eine »Wiederaufführung« aus den Archiven holt. Um die Bedeutung dieser Situation für die Einstellung zum Medium Film zu ermessen, stelle man sich nur einen Theaterspielplan vor, der fast ausschließlich von just in diesem Jahr entstandenen Stücken bestimmt wird, in dem jedes Schauspiel nach einer Saison »aus dem Verleih genommen« wird. Das heißt in der Praxis: Wer sich über einen älteren, einen »klassischen« Film orientieren will, der kann selten auf den eigenen Augenschein vertrauen und ist bestenfalls auf verstreute Spezialuntersuchungen angewiesen. Auch die Filmgeschichten sind hier kein rechter Ersatz. Sie zeichnen die großen Linien der Entwicklung nach, zeigen Zusammenhänge auf; aber sie setzen häufig die Kenntnis der

behandelten Filme voraus, und sie sind nur selten eine Hilfe für den, der sich eine plastische Vorstellung von einzelnen Filmen machen möchte. (Daß natürlich jede verbale Beschreibung eines Films ein Notbehelf bleibt, ist eine Selbstverständlichkeit, die kaum erwähnt zu werden braucht!) Diese »Vorstellung« zum mindesten will das vorliegende Buch vermitteln. Es nennt die wichtigsten Mitarbeiter eines Films, beschreibt seinen Inhalt in einer Weise, die nach Möglichkeit die dramaturgische Struktur erkennen läßt, und gibt schließlich zusätzliche Fakten und eine Wertung, die den Stellenwert eines Films im gesamten Angebot aus rund 75 Jahren Filmgeschichte annähernd bestimmt. Hinzu kommen kurze Porträts von herausragenden Filmregisseuren und ein allgemeiner, nach Ländern gegliederter, historischer Überblick, der die Einordnung der einzelnen Filme erleichtern soll.

Insgesamt wird hier Auskunft über rund 1000 Filme und 100 Regisseure gegeben. Dabei soll von vornherein das Mißverständnis ausgeschlossen werden, hier seien die »besten« Filme gemeint. Im Sinne der Konzeption dieses Buches kann man eher von den »wichtigsten« Filmen sprechen. Es handelt sich nämlich überwiegend um Titel, die immer wieder in Filmgeschichten zitiert werden, auf die sich Spezialuntersuchungen beziehen, und die ein großer Teil der Filmbesucher von heute kaum noch im Kino kennenlernen kann, obwohl neben dem Fernsehen sich auch einige Filmkunstverleihe seit geraumer Zeit um eine Repertoirebildung bemühen.

So sind bewußt auch zahlreiche Beispiele aus dem schillernden und schwer zu definierenden Bereich des »Trivialfilms« angeführt worden, obwohl die Auswahl hier natürlich besonders schwierig war. Erfolgreiche Unterhaltungsfilme tauchen auf – und auch solche, die, heute fast vergessen, früher einmal lebhafte Diskussionen ausgelöst und Entwicklungen in Gang gebracht haben. Ganz gewiß durften in einer solchen Zusammenstellung schließlich auch die wichtigsten Propagandafilme aus der Zeit des »Dritten Reiches« nicht fehlen.

Daß bei der Auswahl der Titel Vorlieben und Meinungen des Autors ebenfalls eine Rolle gespielt haben, sei nicht bestritten. Sicher wird man über Einzelheiten dieser Auswahl verschiedener Meinung sein können. Unbestreitbar aber ist wohl das Prinzip, daß ein Nachschlagewerk sich in erster Linie am zu erwartenden Informationsbedürfnis orientieren muß. Es wäre wenig sinnvoll gewesen, dieses Buch mit »Entdeckungen« zu überfrachten, mit Filmen, deren Titel und Regisseure dem größten Teil des Kinopublikums und der Leser unbekannt sind.

Aus technischen und aus prinzipiellen Gründen beschränkt sich dieses Buch auf Spielfilme. Es schließt Kurz- und Dokumentarfilme aus, wobei die Abgrenzung manchmal schwierig ist und »Grenzüberschreitungen« bewußt in Kauf genommen wurden, wo sie notwendig zu sein schienen.

Der Autor möchte ausdrücklich all den Personen und Institutionen danken, die ihn mit Anregungen, Hinweisen und Informationen bei seiner Arbeit unterstützt haben. Dieser Dank gilt vor allem dem Deutschen Institut für Filmkunde in Wiesbaden-Biebrich.

Wiesbaden 1973 *D. K.*

Zur achten Auflage

In den folgenden Auflagen wurde der *Filmführer* nicht nur ergänzt und aktualisiert; er hat auch Veränderungen erfahren. Dabei ging es nicht um die Grundkonzeption, die sich offensichtlich bewährt hat, sondern in erster Linie um das Bemühen, dieses Nachschlagewerk noch übersichtlicher zu machen und seine Handhabung weiter zu erleichtern.
So wurde zum Beispiel in der fünften Auflage die Unterteilung in einen Stummfilm- und einen Tonfilmteil aufgehoben. Seither erscheinen alle Filme in der alphabetischen Reihenfolge der Originaltitel, wobei die Stummfilme durch ein Ⓢ gekennzeichnet sind.
Mit der siebten Auflage wurde auf die Länderkapitel verzichtet. Dies geschah nicht ohne Bedauern. Aber notwendige Ergänzungen der Filmbeschreibungen und der Regisseurporträts erforderten zusätzlichen Platz. Da schien dieser Verzicht die bessere Lösung gegenüber der Alternative einer zweibändigen Ausgabe. Seither konzentriert sich *Reclams Filmführer* ganz auf sein eigentliches Thema: die Darstellung wichtiger Filme und Regisseure in lexikalischer Form.
Eine Neuerung bringt auch die vorliegende achte Auflage. Um eine Aktualisierung in relativ kurzem Abstand zur vorhergehenden Auflage zu ermöglichen, erscheint diesmal ein Anhang mit ausgewählten Filmen aus den Jahren 1988 bis 1990 (S. 711 ff.). Die Titel sind, wie üblich, über das Register aufzufinden. Fortgeschrieben wurden auch die Filmographien der Regisseurporträts bis zum 1. Januar 1991. Der Verlag wird dafür Sorge tragen, daß bei der nächsten Auflage alle Filme wieder in *ein* Alphabet integriert werden.

Wiesbaden 1991 *D. K.*

Hinweise für den Benutzer

Die ausländischen Filmtitel erscheinen zunächst in der originalen Fassung, anschließend in der deutschen Version, in der sie offiziell vom deutschen Verleiher propagiert worden sind. Gelegentlich gibt es verschiedene Originaltitel oder auch verschiedene deutsche Versionen. Bei Coproduktionen ist der Titel in der Sprache des Landes zitiert, das offenbar den größten künstlerischen Anteil an der Entstehung des Films hatte. Wo keine offizielle deutsche Version vorliegt, ist im allgemeinen eine wörtliche Übersetzung des Originaltitels angegeben.

Werden im Text die deutschen Titel ausländischer Filme nicht angeführt, so sind die betreffenden Filme im lexikalischen Teil »Filme von A bis Z« behandelt.

Die Schreibweise der Originaltitel ist in vielen Fällen überaus uneinheitlich; sie variiert oft von Quelle zu Quelle. Der Einheitlichkeit halber ist hier konsequent die Kleinschreibung und (z. B. im Russischen) eine normierte Transkription angewendet worden. Im Vorspann werden für die einzelnen Filme ferner Produktionsland bzw. -länder (bei Coproduktionen) und das Entstehungsjahr mitgeteilt. Die Jahreszahl bezeichnet im allgemeinen die Produktionszeit; wo diese nicht feststellbar war, die Eintragung in die Copyright- bzw. nationalen Filmregister. Deutsche Filme, die nach dem Krieg in den ehemaligen Besatzungszonen gedreht wurden, sind der Einfachheit und Übersichtlichkeit halber durchgehend unter den Bezeichnungen BRD bzw. DDR aufgeführt worden.

Folgende Abkürzungen sind durchgängig gebraucht: Ⓢ = Stummfilm, R = Regisseur, A = Drehbuch-Autor, K = Kamera, D = Darsteller. In der alphabetischen Anordnung der Filmtitel wurden bestimmte und unbestimmte Artikel nicht berücksichtigt.

Zur Geschichte des Films

Das Bemühen der Menschen, den Ablauf von Bewegungen im Bild festzuhalten, ist uralt. Ein berühmtes Beispiel, das in fast allen Filmgeschichten zitiert wird, sind die in der Steinzeit entstandenen Höhlenmalereien von Altamira in Spanien: seltsame Tiere mit sechzehn und mehr Beinen – wenn man so will, übereinanderprojizierte Phasenbilder eines Bewegungsablaufes.
Dieses Bemühen und seine schrittweise Verwirklichung könnte man durch die Geschichte verfolgen und dabei eine bunte Ahnengalerie des Films zusammenstellen. Nur ein paar Beispiele: Der Ägypter Ptolemäus wäre in ihr vertreten, der um 150 n. Chr. jene Trägheit der Netzhaut entdeckte, die einen Bildeindruck ungefähr $\frac{1}{16}$ Sekunde haften läßt und die es erst ermöglicht, daß uns im Kino eine schnelle Folge unbewegter Bilder als kontinuierliche Bewegung erscheint. Vertreten wäre auch der Chevalier d'Arcy, der diese in Vergessenheit geratene Erkenntnis 1765 wiederentdeckte. Dazu gehörten der Araber Ibn al Haitam, der um 1000 die Camera obscura erfand, Leonardo da Vinci, der sie rund 500 Jahre später noch einmal erfand, und der deutsche Jesuitenpater Athanasius Kircher, der die Camera obscura 1646 zur Laterna magica weiterentwickelte. Und aufzunehmen wären in diese Galerie auch die Erfinder der Fotografie – von Professor Schulze aus Halle, der 1727 die Lichtempfindlichkeit von Silbersalzen entdeckte, über Daguerre, dem 1816 die erste Fixierung eines fotografischen Bildes gelang, bis zu den vielen, die die Erfindung Daguerres vervollkommneten und weiterentwickelten.
Aber wann war nun die eigentliche »Geburtsstunde« des Films? 1853 projizierte Franz von Uchatius mit Hilfe einer Kombination von Lebensrad und Laterna magica bewegte Zeichnungen auf eine Leinwand. 1857 ersetzten Dubosq und Réville die Zeichnungen durch Fotografien. Aber noch waren die einzelnen Phasenbilder mühsam Stück für Stück gestellt und mit einer Plattenkamera aufgenommen worden. Erst als Marey 1888 die ersten Aufnahmen mit einem perforierten Filmstreifen machte, war der Weg frei für den Film. Und jetzt lag diese Erfindung auch gleichsam in der Luft. Unabhängig voneinander arbeiteten Erfinder und Bastler in verschiedenen Ländern; und unabhängig voneinander kamen sie auch zum Ziel.
Bereits im Januar 1889 drehte der Engländer William Friese-Greene einen rund 100 Meter langen Film. Aber anstatt seine Erfindung auszuwerten, versuchte er sie weiter zu vervollkommnen. 1891 entstanden in Thomas Alva Edisons Atelier die ersten Stummfilme. Doch Edison verzichtete aus kommerziellen Erwägungen darauf, seine Filme zu projizieren, obwohl das mühelos möglich gewesen wäre. Er ließ sie in einem Gerät von den Zuschauern einzeln betrachten. Am 1. November 1895 zeigten die Brüder Max und Emil Skladanowsky im Berliner Varieté »Wintergarten« ihre »lebenden Bilder«.
Aber nach allgemeiner Übereinkunft gilt als Geburtsstunde des Films erst der 28. Dezember 1895, als die Brüder Auguste und Louis Lumière im Keller des »Grand Café« am Boulevard des Capucines in Paris ihr erstes Filmprogramm vorführten.

Zweifellos war der Apparat der Brüder Lumière am weitesten entwickelt. Und ihnen gelang auch der nachhaltigste Erfolg, der kontinuierlich zu dem überleitete, was wir heute als Filmkunst und Filmwirtschaft bezeichnen.

Die ersten Filme hatten nur eine Laufzeit von wenig mehr als einer Minute, und gezeigt wurden vor allem Szenen aus dem Alltag und Jahrmarkts-Attraktionen. Aber bald begann man auch, kurze Geschichten zu erzählen; und 1900 drehte Méliès bereits einen *Jeanne d'Arc*-Film von rund 15 Minuten. Diese Länge galt einige Jahre als nützliche Norm, weil der entsprechende Filmstreifen auf einer Filmrolle unterzubringen war. Doch ehrgeizige Regisseure und Produzenten wollten aufwendigere Geschichten erzählen, so näherte sich die Länge des Films mehr und mehr dem heute üblichen Maß.

Parallel zu dieser Entwicklung setzten sich um 1907 auch die Zwischentitel durch. Anfangs, als der Film noch als Jahrmarktsattraktion galt, hatte ein »Erklärer« die Vorführungen kommentiert. Jetzt wurde der Film allmählich gesellschaftsfähig; und die anspruchsvolleren Filme wollte man wohl nicht mehr der individuellen Interpretation durch einen Erklärer überantworten.

Gleichzeitig experimentierte man auch schon mit dem Ton- und dem Farbfilm. »Tonfilme« entstanden durch eine Kombination von Schallplatte und Film. Bereits 1903 stellte Oskar Meßter seine ersten »Tonbilder« vor, und innerhalb von zehn Jahren entstanden allein in Deutschland rund anderthalbtausend Filme dieser Art. Dann wurde die Produktion praktisch eingestellt, da die Nachteile zu offenkundig waren: Schwierigkeiten der Synchronität von Bild und Ton, mangelnde Lautstärke. 1922 kamen dann die deutschen Ingenieure Hans Vogt, Joseph Massolle und Joseph Engl mit dem von ihnen entwickelten »Triergon«-Verfahren heraus. Zwei Demonstrationsfilme (*Das Leben auf dem Dorf, Das Mädchen mit den Schwefelhölzern*) vermochten in Deutschland weder das Publikum noch die Kritik und die Industrie zu interessieren, so daß dieses Lichtton-Verfahren erst einige Jahre später auf dem Umweg über die USA seinen Siegeszug antrat.

Auf die Farbe mochten schon die ersten Filmregisseure nicht verzichten. Da es aber noch kein technisch einwandfreies Farbverfahren gab, mußten die Streifen von Hand koloriert werden. Mit der zunehmenden »Industrialisierung« des Films (längere Filme, eine Vielzahl von Kopien) wurde diese Technik unrationell. Zahlreiche Erfinder experimentierten nun mit verschiedenartigen Farbfilm-Verfahren. Theoretisch war das Problem bald gelöst; aber diese Verfahren waren noch so kompliziert, daß der eigentliche Farbfilm sich nicht durchsetzen konnte. Allenfalls drehte man Farbsequenzen für einige Filme. Größere Bedeutung hatte in der Stummfilmzeit das Viragieren, bei dem einzelne Szenen mit einer Farbe eingefärbt wurden. Nachtaufnahmen wurden blau, Feuersbrünste rot, Sommerlandschaften gelb oder grün gefärbt, um dramatische Wirkungen emotional zu unterstützen.

Die ersten Filmproduzenten waren häufig identisch mit den Fabrikanten von Kameras und Projektionsapparaten. Die Herstellung von Filmen war für sie eine Art Kundendienst, der den Käufern von Projektionsapparaten die Versorgung mit Filmen garantieren sollte. Basis der Geschäftsbeziehung war der Kauf. Filme wurden nicht verliehen, sondern Stück für Stück verkauft, da die »Kino-Besitzer« häufig Schausteller waren, die mit ihren Apparaten von Ort zu Ort zogen. Je größer der Erfolg der Kinos wurde, desto mehr drängten aber auch branchenfremde Außenseiter auf den lukrativen Markt. Es entstanden mehr und mehr Gesellschaften, die sich allein auf die Produktion von Filmen spezialisierten. Gleichzeitig wuchs auch die Zahl der stationären »Kinematografen-Theater«, die auf einen häufigen Programmwechsel angewiesen waren. Und nachdem

Charles Pathé 1907 den Anfang gemacht hatte, setzte sich der »Verleih« von Filmkopien allmählich durch. Daraus entwickelte sich die bis heute übliche Struktur der Filmwirtschaft: Produktion – Verleih – Lichtspieltheater.
Nach etwa zwei Jahrzehnten war der Film wirtschaftlich und technisch konsolidiert. Er hatte technisch einen Standard erreicht, der, im Rahmen des Stummfilms, nur noch Verbesserungen, aber keine entscheidenden Neuerungen mehr ermöglichte – etwa den Ersatz der Handkurbel-Kamera durch eine Kamera mit Elektromotor. Wirtschaftlich hatte man eine Organisationsform gefunden, die Jahrzehnte Bestand hatte, ehe sie in einigen Ländern durch Verstaatlichung, in anderen durch wirtschaftliche bzw. künstlerische Entwicklungen modifiziert wurde.
Die künstlerischen Möglichkeiten des Films allerdings waren zur gleichen Zeit noch keineswegs voll erkannt, geschweige denn genutzt worden. Zwar gab es praktisch in allen großen »Filmländern« bemerkenswerte Ansätze. Es gab bereits meisterhafte Werke wie etwa *The birth of a nation* (USA 1914) von D. W. Griffith; aber das waren doch eher Ausnahmen von einer Regel, die den Film im öffentlichen Bewußtsein zu einer Kunst zweiter, wenn nicht gar dritter Klasse degradierte.
Der künstlerische Aufschwung begann auf breiter Basis ungefähr nach dem Ersten Weltkrieg. Man beschäftigte sich nun praktisch und theoretisch mit den Eigengesetzlichkeiten des Films. Filmclubs entstanden, Filmzeitschriften und Bücher über den Film erschienen. Man versuchte nicht mehr länger, den Film durch Anleihen bei der Literatur zu adeln, sondern nutzte seine eigenen Möglichkeiten – die Beweglichkeit der Kamera, das Spiel der Dinge, die Montage, den Trick usw.
Es war eine Zeit der Experimente. Filme ohne Fabel entstanden, »surrealistische« Filme, »abstrakte« Filme, Filme, in denen die Dinge lebendig und solche, in denen Menschen gleichsam verdinglicht wurden. Man machte Träume sichtbar und verschmolz die Wirklichkeit zu traumhaften Visionen. In den zwanziger Jahren wurde eine eigene Filmsprache entwickelt, die sich von der des Dramas und des Romans radikal unterschied. Man erkannte, daß filmische Wirklichkeit und filmische Zeit einen besonderen Stellenwert haben, daß Filme nicht vor der Kamera, sondern auf dem Schneidetisch gestaltet werden, weil die Wirkung einer Einstellung durch ihr Verhältnis zu anderen Einstellungen bestimmt wird (Lew Kuleschow). Eine Filmkunst hatte sich entwickelt, die sich mit dem Fehlen des Tons abgefunden hatte, der es sogar gelungen war, aus dieser Not eine Tugend zu machen.
Den Beginn des Tonfilmzeitalters datiert man nach allgemeiner Übereinkunft auf den 23. Oktober 1927. An diesem Tag fand die Premiere des noch überwiegend stummen Films *The jazz singer* statt, in dem der Sänger Al Jolson die filmhistorischen Worte sprach »Hey, Mom, listen to this!« (Hallo, Mama, hör dir das an!) und mehrere Lieder sang.
Aber mit dieser Datierung ist es ähnlich wie mit der der Erfindung des Films. Es hatte schon vorher »Tonfilme« gegeben, bei denen man meistens synchron laufende Schallplatten verwendete. Das Lichtton-Verfahren, das sich nun durchsetzte, war schon über fünf Jahre alt; aber jetzt erst setzte sich das neue Verfahren beim Publikum und bei den Produzenten durch. Wenig später beherrschten in den meisten Filmländern und vor allem in den USA die »all-talking-pictures« die Leinwand.
Von vielen Filmkünstlern wurde die neue Erfindung zunächst ohne sonderlichen Enthusiasmus begrüßt. Zahlreiche Schauspieler-Karrieren endeten, weil das Mikrofon unbarmherzig entlarvte, daß auch ehemals bekannte Darsteller nicht recht bei Stimme

waren. René Clair nannte den Tonfilm »ein denaturiertes Monstrum, das das Kino endgültig zum Arme-Leute-Theater machen wird«. In der UdSSR veröffentlichten die Regisseure Eisenstein, Pudowkin und Alexandrow ein Manifest, in dem sie vor den künstlerischen Gefahren bei der gedankenlosen Verwendung des Tonfilms warnten. Die Befürchtungen schienen sich auch zu bestätigen. Die unhandliche Tonkamera wurde unbeweglicher. Die anfangs recht primitive Aufnahmetechnik verbannte den Film wieder in die Studios. Und die meisten Regisseure waren vom Reiz der neuen Möglichkeiten so fasziniert, daß sie ihre Darsteller unentwegt reden, alles erklären ließen, ohne sich noch die Mühe zu machen, »filmische« Lösungen zu suchen. Hinzu kam, daß der Tonfilm die künstlerische Initiative in den kleinen Ländern erheblich behinderte. Schwedische Tonfilme z. B. konnten nicht mehr exportiert werden; der eigene Markt war für die teuren Tonfilme zu klein; Schwedens Filmindustrie verkümmerte. Hollywood dagegen mit seinem riesigen Markt englisch-sprechender Länder festigte seine Stellung und wurde noch mehr als vorher zur Filmmetropole.
Bald allerdings lernten die Regisseure, mit dem Tonfilm nicht nur zu leben, sondern auch, seine Möglichkeiten zu nutzen. Vor allem der realistische Film profitierte von der neuen Erfindung. Dialoge führten die Alltagssprache in den Film ein und konzentrierten den Handlungsablauf; Geräusche signalisierten Wirklichkeitsnähe. Und der Fortschritt der Technik gab dem Tonfilm auch bald wieder die Möglichkeit zu größerer Beweglichkeit. Allerdings brachte die Umstellung auf den Tonfilm für die Filmwirtschaft erhebliche finanzielle Belastungen. Viele Firmen mußten fusionieren, andere gerieten in die Abhängigkeit von Banken und filmfremden Finanzgruppen. Während »Film« im Bewußtsein der breiten Öffentlichkeit zum Synonym für eine Art Märchenland wurde, in dem die »Stars« wie Halbgötter residierten, wurde die Filmproduktion in Wirklichkeit mehr und mehr zu einem bedeutenden und lange Zeit äußerst lukrativen Industriezweig.
Zweifellos war die Suggestivkraft des Films durch den Ton noch verstärkt worden; als nächstes Wirkungs- und Ausdrucksmittel kam nun die Farbe hinzu. Auch hier das alte Lied: Experimentiert hatte man mit dem Farbfilm schon seit der Erfindung des bewegten Bildes. Man hatte kurze Filmstreifen mit der Hand koloriert, hatte einzelne Szenen monochrom eingefärbt (viragiert), um bestimmte dramaturgische Effekte zu erzielen, und man hatte in den USA schon in den zwanziger Jahren einige Spielfilme nach einem primitiven Technicolor-Verfahren gedreht. Aber diese Versuche blieben unbefriedigend, da das Verfahren technisch unzulänglich, zu kompliziert und zu teuer war.
Doch der Amerikaner Dr. Herbert T. Kalmus arbeitete unverdrossen an der Verbesserung seines Technicolor-Verfahrens. Und nachdem Walt Disney einige Folgen seiner Zeichenfilm-Serie *Silly symphonies* in Farbe herausgebracht hatte, ermutigte sein Erfolg auch die Spielfilmproduzenten. Rouben Mamoulians *Becky Sharp* (Jahrmarkt der Eitelkeiten, 1935) überzeugte auch Publikum und Kritiker von den Möglichkeiten der Farbe; und *Gone with the wind* (1939) markierte den endgültigen Durchbruch des Farbfilms. In Deutschland entstand übrigens 1941 der erste abendfüllende Spielfilm (*Frauen sind doch bessere Diplomaten*, R: Georg Jacoby) nach dem technisch einfacheren und billigeren Agfacolor-Verfahren.
Aber dann erwuchs dem Film – vor allem in den großen westlichen Filmländern – eine zunächst kaum beachtete Konkurrenz: 1945 wurde in den USA das kommerzielle Fernsehen eingeführt. Schon bald sanken die Zuschauerzahlen in den Kinos; auch große Filmfirmen gerieten in die roten Zahlen. Hilfe suchten die bedrängten Produzenten

weniger bei ihren Autoren und Regisseuren als vielmehr bei den Technikern. Ihr Plan war es, den kleinen Bildschirm durch größere Leinwände mattzusetzen. Zunächst experimentierte man mit dem »plastischen Film«. 1952 drehte Arch Oboler den Abenteuerfilm *Bwana devil* (Bwana, der Teufel), ein Jahr später erschien der Gruselfilm *House of wax* (Das Kabinett des Professor Bondi) von André de Toth. Beide Filme mußte man durch eine farbige Brille betrachten, um sie plastisch zu sehen. Das mag, neben der mangelhaften künstlerischen Qualität der Filme, mit entscheidend dafür gewesen sein, daß das Publikum sich vom 3-D-Effekt wenig beeindruckt zeigte. Und auch ein von S. P. Iwanow in der UdSSR entwickeltes Verfahren, das ohne Brillen auskam, hatte keinen breiteren Erfolg. Im gleichen Jahr setzte Hollywood auf »Cinerama«. Drei Projektoren projizierten das von drei Kameras aufgenommene Bild nebeneinander auf eine überdimensionale Leinwand. Aber diese Neuauflage einer Erfindung von Abel Gance *(Napoléon)* blieb Episode – u. a. wohl deshalb, weil man hier nur Quadratmeter summierte, anstatt, wie Gance, aus der dreigeteilten Leinwand dramaturgischen Nutzen zu ziehen. Nachhaltiger war der Erfolg eines anderen Versuches. Beim CinemaScope-Verfahren, das auf eine Erfindung des Franzosen Henri Chrétien zurückgeht, wird durch eine anamorphotische Linse in der Kamera das aufgenommene Bild gleichsam zusammengequetscht; eine entsprechende Optik im Projektor entzerrt das Bild wieder, das nun auf der Leinwand nahezu doppelt so breit ist wie beim Normalfilm. Erster CinemaScope-Film war die biblische Ballade *The robe* (Das Gewand, 1953) von Henry Koster. Einen gewissen Erfolg erzielte wenig später (1955) auch das Todd-AO-Verfahren, bei dem ein 70 Millimeter breiter Filmstreifen die technisch einwandfreie Projektion von übergroßen Bildern ermöglicht.

Wenngleich dem Film also im Kampf gegen das Fernsehen weitere Attraktionen gewonnen wurden, konnte er dennoch seine Position nicht behaupten. Besonders in den hochindustrialisierten Ländern des Westens wuchs die Zahl der Fernseher sprunghaft. Und im gleichen Maß sank die Besucherzahl in den Kinos. Zu den positiven Aspekten dieser Entwicklung gehört es, daß sie dem Außenseiter wieder mehr Chancen einräumte. Während der Film als Industrie in zunehmende Schwierigkeiten geriet, wurde Film als individuelles Ausdrucksmittel, als künstlerisches und publizistisches Phänomen in steigendem Maße wiederentdeckt. Der »Apparat« wurde notgedrungen flexibler. In Hollywood zum Beispiel nutzen die großen Produktionsfimen längst einen beträchtlichen Teil ihrer Kapazität, um für das Fernsehen zu produzieren. Entsprechend übernahmen die Verleiher immer häufiger Filme unabhängiger Produzenten und junger Regisseure. Und auf dem internationalen Markt kamen nun auch kleinere Filmländer wie Schweden, Polen, die Tschechoslowakei und Ungarn wieder zum Zuge. Neben der Qualität ihrer Filme erleichterte die fortschreitende Entwicklung der Synchronisation diese Expansion.

Ganz anders war die Situation in den »Entwicklungsländern«. Indien z. B. produziert weiterhin 300 bis 400 Filme pro Jahr, die sich bei geringen Exportchancen im eigenen Land amortisieren. In Lateinamerika mag sogar ein Nachlassen des Drucks aus Hollywood dazu beigetragen haben, daß junge Regisseure ihre revolutionären Ideen im Film zu formulieren begannen. Auch in einigen Ländern Afrikas entwickelte sich in jüngster Zeit allmählich eine eigenständige Filmkultur.

So ist das Bild des Films heute unübersichtlicher als je zuvor. Die Grenzen zum Fernsehen sind fließend geworden. Manche Fernsehproduktion hat alle Merkmale eines normalen Spielfilms – nur wird sie nicht im Kino vorgeführt. Es gibt Coproduktionen

zwischen dem Fernsehen und der Filmwirtschaft, bei denen es nur noch eine Frage der Vertragsformulierungen ist, ob man sie als Spielfilm oder als Fernsehproduktion bezeichnet. Und zweifellos werden sich die Grenzen zwischen Kinofilm und Fernsehfilm in Zukunft noch weiter verwischen.
Unübersichtlich und fließend werden die Grenzen des Spielfilms auch in einem anderen Bereich. Seitdem der 16-mm-Film und sogar der 8-mm-Film, der früher den anspruchslosen Amateuren vorbehalten war, einen technischen Standard erreicht haben, der ihre Verarbeitung und Auswertung mühelos ermöglicht, hat sich eine Filmkultur im »Underground« entwickelt, die gerade der individuellen Aussage vielfache Möglichkeiten bietet. Filme dieser Art sind kaum jemals für den normalen Verleih und das übliche Kino konzipiert; sie werden überwiegend durch »Cooperative« vertrieben und in Clubveranstaltungen und vor Zielgruppen gezeigt. Ihre »Regisseure« leben zwar *für* den Film, aber nur in den seltensten Fällen können sie *von* ihm leben.
Hier im »Underground« finden sich – zum Teil in der Nachfolge der »Avantgardisten« der zwanziger Jahre – Filmemacher, die besessen mit den formalen Möglichkeiten des Films experimentieren, und solche, denen die Form, wie der ganze Film, nur Mittel zum Zweck der Aussage ist. Hier treffen sich die Apologeten des »cinéma pur« und die politischen Agitatoren.
Auf jeden Fall aber trennt sie ihr Selbstverständnis so radikal von den Regisseuren des »üblichen« Films, dessen Dramaturgie sie fast alle ebenso ablehnen wie seine Produktionsmethoden, daß man beide Gruppen kaum nebeneinander behandeln kann, ohne einer von ihnen Unrecht zu tun. Aber ganz sicher haben die Filmemacher des »Underground« dem Film einen beträchtlichen Teil seiner Spontaneität und seiner Möglichkeiten zurückgewonnen, die er durch fortschreitende Kommerzialisierung und Industrialisierung verloren hatte.
Schließlich konnte ein neues technisches Verfahren etwa seit Beginn der achtziger Jahre spektakuläre Erfolge verzeichnen: »Video«. Wie einst die Fernsehapparate, so eroberten nun die Videorecorder die Haushalte und ermöglichten ihren Besitzern den Zugriff auf ein schier unübersehbares Programm-Angebot, das zum größten Teil aus Spielfilmen bestand.
Zunächst argwöhnte man, der häusliche Filmkonsum werde in besonderem Maße für »verschwiegene Genüsse« genutzt, d.h. für den Konsum billiger Porno- oder Brutalo-Filme. Doch das änderte sich sehr bald und mit der gleichen Schnelligkeit, mit der das Video-Geschäft sich wirtschaftlich konsolidierte. Heute versteht sich die Video-Industrie selbstbewußt als gleichberechtigter Partner neben Filmproduktion, Filmverleih und Filmtheatern.
Natürlich machen den größten Teil des Video-Angebotes die Filme aus, die sich in der Kino-Auswertung bereits bewährt haben. Mehr und mehr interessieren sich die Video-Verleiher aber auch für Titel, die von den in der Bundesrepublik tätigen Filmverleihern nicht berücksichtigt wurden. So wurden 1986 nach Angaben der Video-Industrie erstmals mehr Erstaufführungen auf Video als in den Kinos angeboten. In zunehmendem Maße werden auch Filme oder Serien eigens für die Video-Auswertung produziert. Und das vereinfachte Produktionsverfahren bietet auch größere Möglichkeiten für unabhängige Produktionen, so daß nicht wenige Experten sich davon eine Belebung speziell des Experimentalfilms erhoffen.
Es liegt auf der Hand, daß diese Entwicklung vor allem den Produzenten zusätzliche Marktchancen eröffnet, während sie den Kino-Besitzern eher schadet. Andererseits

könnten hier dem Film insgesamt Besucherschichten zurückgewonnen werden, die er in den vergangenen Jahrzehnten zum Beispiel an das Fernsehen verloren hat.
Doch dies alles sind vorläufig Spekulationen. Mit Gewißheit kann man gegenwärtig wohl nur sagen, daß das technische Verfahren »Video« einen großen wirtschaftlichen Erfolg erzielt hat. Welche Folgen dies am Ende für die Struktur der Filmindustrie und vielleicht gar für die Entwicklung des Mediums Film haben wird, bleibt abzuwarten.

Filme von A bis Z

À bout de souffle

(Außer Atem)

Frankreich, 1959

R: Jean-Luc Godard; A: François Truffaut, Jean-Luc Godard; K: Raoul Coutard; D: Jean Seberg, Jean-Paul Belmondo

Michel Plackard (J. P. B.), ein junger Gangster, der sich offenbar auf den Diebstahl schneller Autos spezialisiert hat, wird bei der Fahrt mit einem gestohlenen Wagen von einem Polizisten erwischt und erschießt ihn. Scheinbar ungerührt kehrt er nach Paris zurück und flirtet, während man nach ihm fahndet, mit der amerikanischen Studentin und Zeitungsverkäuferin Patricia (J. S.). Die Polizei kommt dem Paar auf die Spur und setzt Patricia unter Druck. Diese benachrichtigt die Polizei, als Michel morgens die Wohnung verläßt. Zwar warnt sie den Freund im letzten Augenblick noch, aber der hält sich lange mit einem Bekannten auf und läßt sich dann von ihm einen Revolver zuwerfen. Die Polizei schießt zuerst. Als Patricia zu dem Sterbenden eilt, sagt Michel: »Weißt du, ich finde dich wirklich zum Kotzen!«

Der ganze Film scheint ein Destillat aus alten amerikanischen Gangsterfilmen zu sein; trotzdem spiegelt er die Wirklichkeit der Zeit, in der er spielt und entstand. Michel hat offenbar eine Menge dieser Gangsterfilme gesehen. Aus ihnen hat er die Gesten, die er bevorzugt, und den Mythos vom hartgesottenen Gangster, den er zu verwirklichen sucht. Er will sich eine eigene Wirklichkeit schaffen, da es ihm in der »realen« Wirklichkeit nicht gefällt. Godards Stil spiegelt die gleichen Vorbilder. Aber er hat dieses Schnittmuster gleichsam über die Realität gelegt. Er filmte auf den Straßen von Paris und kümmerte sich nicht darum, daß man im Bild erstaunte Passanten entdeckt, die das Filmteam beobachten. Und er hat auch aus längeren Passagen ungeniert Unwesentliches herausgeschnitten und die dadurch entstehenden Bildsprünge in Kauf genommen. Er hat die Möglichkeiten des Mediums rücksichtslos genutzt; das gibt seinem Film Spontaneität und Souveränität.

À bout de souffle (Jean-Paul Belmondo, Jean Seberg)

Abschied von gestern (Alexandra Kluge)

Unter dem Titel *Breathless* (Atemlos, USA 1982 – R: Jim McBride) entstand in Hollywood ein Remake des Films, das aber trotz ansehnlicher darstellerischer Leistungen (Richard Gere, Valerie Kaprisky) und trotz einiger Qualitäten in der Schilderung des Zeitgefühls der achtziger Jahre den Rang des Originals bei weitem nicht erreichte.

Abschied

DDR, 1967/68

R: Egon Günther; A: Egon Günther und Günter Kunert nach dem gleichnamigen Roman von Johannes R. Becher; K: Günter Marczinkowski; D: Jan Spitzer, Andreas Kaden, Rolf Ludwig, Katharina Lind, Heidemarie Wenzel, Klaus Hecke

Hans Gastl (J. S.) erlebt seine Kindheit in München als Sohn eines reaktionär-nationalistischen Staatsanwaltes (R. L.). Als Gymnasiast (A. K.) macht Hans erste Bekanntschaft mit dem Antisemitismus; später kommt er in ein strenges Internat. Gleichzeitig wachsen bei ihm Widerspruchsgeist und kritische Distanz. Er flieht aus dem Internat. Zurück in München verliebt er sich in die leichtlebige Fanny (H. W.). Beide träumen vom gemeinsamen Selbstmord; in einer Traumsequenz sieht Hans sich tot. Aber Fanny wird von einem ihrer Bekannten ermordet; und Staatsanwalt Gastl hat alle Mühe, seinen Sohn und damit seinen »ehrbaren Namen« aus der Sache herauszuhalten. Hans findet neue Freunde in einem Künstler-Café. Beim Ausbruch des Ersten Weltkriegs entzieht er sich der allgemeinen Begeisterung und lehnt es ab, sich freiwillig zu melden. Das bedeutet letztlich den Bruch mit dem Elternhaus und die Hinwendung zum internationalen Sozialismus, den er durch einen Mitschüler (K. H.) kennengelernt hat.
Bechers Buch trägt deutlich autobiographische Züge. Günther hat diesen Entwicklungsroman mit viel Gespür für historische Situationen und Probleme optisch ausgedeutet. Er erzählt die Handlung nicht chronologisch, sondern beginnt mit dem Abschied aus dem Elternhaus und beschwört die Vorgeschichte in raffiniert verschachtelten Erinnerungsbildern. Dabei geraten seine formalen Experimente (besonders die Traumbilder) gelegentlich in die Nähe des Kunstgewerbes; die realistischen Schilderungen aus dem Milieu eines bornierten Bürgertums dagegen sind überwiegend beklemmend echt.

Abschied von gestern

BRD, 1966

R: Alexander Kluge; A: Alexander Kluge nach einer Erzählung aus seinem Buch *Lebensläufe*; K: Edgar Reitz, Thomas Mauch; D: Alexandra Kluge, Günther Mack, Hans Korte

Anita G. (A. K.) ist als Kind jüdischer Eltern in Leipzig geboren und nach dem Krieg in die Bundesrepublik gekommen. Hier gerät sie in Konflikte mit der Gesellschaft. Nach der Verurteilung wegen eines Diebstahls begeht sie kleine Betrügereien. Sie will studieren, wird aber statt dessen die Geliebte des verheirateten Ministerialrats Pichota (G. M.) Er möchte sie bilden: Er zeigt ihr, wie man ein Kursbuch liest, und erklärt ihr Verdis *Don Carlos* und eine Erzählung von Brecht. Als Anita merkt, daß sie schwanger ist, gibt Herr Pichota ihr 100 DM und rät ihr, nach Nordrhein-Westfalen zu gehen. Kurz vor der Geburt ihres Kindes stellt Anita, die unterdessen bereits im Fahndungsblatt gesucht wird, sich der Polizei. Man nimmt ihr das Kind fort. Sie hilft, das Material für ihren Prozeß zusammenzutragen.

Kluge schildert Anitas Schicksal aus kühler Distanz, wie in einem Protokoll; es gibt Zwischentitel, Reflexionen, Verweisungen und Kommentare. Beabsichtigt ist nicht die gefühlsmäßige Anteilnahme des Zuschauers; er soll vielmehr am Beispiel dieses Schicksals Erkenntnisse über den Zustand unserer Gesellschaft gewinnen. Kluge meint: »Anita ist wie ein Seismograph, der durch unsere Gesellschaft geht, wie eine Sonde. Ich habe versucht, deren Ausschlag zu registrieren ...«

Er zeigt, wie Anita u. a. daran scheitert, daß alle Partner in ihr nur das Objekt sehen – Objekt der Liebe, der Ausbeutung, der Belehrung, der Erziehung. Deutlich wird auch das Versagen der Justiz: Ein Richter (H. K.) murmelt geschäftsmäßig Paragraphen und Kommentare vor sich hin, ehe er Anita wegen einer entwendeten Wolljacke den Stempel »vorbestraft« aufdrückt. Als positives Gegenbild erscheint im letzten Drittel des Films der hessische Oberstaatsanwalt Bauer, der für eine Humanisierung der Justiz plädiert.

So formt Kluge aus zahlreichen Details und Beobachtungen nicht nur das Bild eines Menschen, den seine Schwester Alexandra beispielhaft verkörpert, sondern auch das Porträt einer Gesellschaft. Er versucht nicht, die platte Wirklichkeit einzufangen. Nach seinen eigenen Worten wollte er im Zuschauer Assoziationen auslösen, so daß der fertige Film nicht auf der Leinwand, sondern gleichsam erst im Kopf des Betrachters existiere.

Accattone

(Accattone – Wer nie sein Brot mit Tränen aß)

Italien, 1961

R: Pier Paolo Pasolini; A: Pier Paolo Pasolini; K: Tonino Delli Colli; D: Franco Citti, Silvana Corsini, Franca Pasut, Paola Guidi

Der Zuhälter Accattone (F. C.) gerät eines Tages in Bedrängnis. Sein Mädchen Magdalena (S. C.), das Accattones Vorgänger bei der Polizei angezeigt hat, um für Accattone frei zu sein, wird von Freunden des Verhafteten brutal zusammengeschlagen. In ihrer Angst macht sie vor der Polizei falsche Angaben, belastet einen Unschuldigen und landet prompt im Gefängnis. Accattones Einnahmequelle ist versiegt. Jetzt erinnert er sich, daß er ja verheiratet ist. Aber als er seine Frau um Hilfe bittet, läßt sie ihn durch ihren Bruder aus dem Haus prügeln. Schließlich lernt Accattone Stella (F. P.) kennen, die sich in ihn verliebt und sogar für ihn auf die Straße gehen will; dann bringt sie es doch nicht fertig. Jetzt will Accattone für Stella und für sich arbeiten; doch er findet die Arbeit zu schwer und den Lohn zu niedrig. Schließlich versucht Accattone sein Glück als Dieb. Aber schon das erste Unternehmen mißlingt, und auf der Flucht vor der Polizei verunglückt Accattone tödlich. Er stirbt mit den Worten: »Jetzt fühle ich mich wohl!«

Die erste Regie-Arbeit des sozialkritischen Schriftstellers Pasolini, der vorher mehrere Drehbücher u. a. für Mauro Bolognini geschrieben hatte. Pasolini nannte die Personen seines Films »Subproletariat«, weil sie nicht einmal fähig seien, sich selbst und ihr Elend zu begreifen. Sie werden schuldlos schuldig wie die Helden der griechischen Tragödie, weil die Gesellschaft ihnen nie eine Chance gegeben hat. Und so sind selbst ihre Gewalttaten noch Gesten verzweifelter Hilflosigkeit.

Formal bevorzugt Pasolini einen geradlinigen Realismus, der aber ganz unauffällig zufälliges Beiwerk der Wirklichkeit ausscheidet. Als musikalischen Kommentar benutzt er Musik von Johann Sebastian Bach.

Admiral Nachimow

(Admiral Nachimow)

UdSSR, 1946/47

R: Wsewolod Pudowkin, Sergej Wassiljew; A: Igor Lukowsky; K: Anatoli Golownja, Tamara Lobowa; D: Alexej Diki, Rouben Simonow, Wsewolod Pudowkin

1853. Die mit den Engländern und Franzosen verbündeten Türken wollen die russische Flotte in eine Falle locken und vernichten. Doch unter dem Kommando von Admiral Nachimow

(A. D.) erringen die Russen einen glorreichen Sieg. Osman Pascha (R. S.) wird gefangengenommen. Nachimow will die Gelegenheit für die Eroberung der Dardanellen nutzen; aber sein Plan wird von dem kurzsichtigen Fürsten Menschikow (W. P.) abgelehnt. So kann die Flotte der Verbündeten heimtückisch Sewastopol überfallen. Nachimow verteidigt die Stadt heldenhaft; sie fällt erst, nachdem er in vorderster Linie von einer Kugel getroffen und getötet wird. Der Film endet mit Dokumentaraufnahmen der modernen russischen Flotte, die der Tradition Nachimows verpflichtet ist.
In einer ersten Fassung des Films hatte Pudowkin den Film stärker auf den Menschen Nachimow ausgerichtet. Er hatte Szenen aus dem Milieu der Aristokraten gezeigt und als Nebenhandlung die Geschichte eines Duells eingefügt, das Nachimow in letzter Minute vereitelt. Diese Fassung wurde jedoch vom Zentralkomitee der KPdSU streng gerügt. In einem Beschluß vom 4. September 1946, in dem auch der 2. Teil von Eisensteins *Iwan grosny* verworfen wurde, heißt es u. a.: »Es entstand ein Film nicht über Nachimow, sondern über Bälle und sonstige Tanzveranstaltungen mit Episoden aus dem Leben Nachimows. Im Ergebnis läßt der Film solch wichtige historische Tatsachen außer acht wie beispielsweise, daß die Russen in Sinop waren und daß in der Schlacht bei Sinop eine ganze Gruppe türkischer Admirale mit dem Befehlshaber an der Spitze gefangengenommen wurde.«
Pudowkin mußte nach genauen Auflagen (Marjamow: »Man machte ihm außerordentlich exakt formulierte Vorschläge für Verbesserungen an seinem Film«) eine neue Version herstellen, für die er Schlachtenszenen und Szenen aus dem feindlichen Lager nachdrehte. Dem nach ZK-Richtlinien neugedrehten Film wurde 1947 der Stalin-Preis 1. Klasse verliehen.

Aelita Ⓢ

(Aelita)

UdSSR, 1924

R: Jakow Protasanow; A: Fedor Ozep, Alexej Tolstoi und Alexej Faiko nach der gleichnamigen Erzählung von Alexej Tolstoi; K: Juri Scheljabuschski, Emil Schünemann; D: Nikolai Zeretjeli, Julia Solnzewa, Nikolai Batalow, Igor Ilinski, T. N. Pol, N. Tretjakowa, Walentina Kuindshi

Die Ingenieure Loss (N. Z.) und Spiridonow von der Radiostation in Moskau glauben, eine Botschaft vom Mars aufgefangen zu haben und träumen von einem Raumschiff, mit dem man den fernen Planeten besuchen könnte. Zur gleichen Zeit kommt Spiridonows frühere Frau (N. T.) mit ihrem neuen Mann, dem Schieber Ehrlich (T. N. P.), nach Moskau. Ehrlich wird in die Wohnung von Loss eingewiesen, wo er bald dessen Frau (W. K.) nachstellt. Eines Abends glaubt Loss, im Schattenbild eines Paares Ehrlich und seine Frau zu erkennen. Er feuert mehrere Schüsse ab und läuft zum Bahnhof, wo er in einen wüsten Traum versinkt: Er sieht das fertige Raumschiff vor sich, dessen er sich zusammen mit dem Soldaten Gussew (N. B.) und dem Detektiv Krawzow (I. I.), der ihn verhaften will, bemächtigt. Sie fliegen zum Mars, der von der Königin Aelita (J. S.) beherrscht wird. Zwischen Loss und Aelita entspinnt sich eine Romanze; gleichzeitig ermuntern die drei Sowjetbürger die Marsbewohner zur Revolution. Schließlich will Loss Aelita töten. Doch jäh erwacht er und entdeckt ausgerechnet auf einem Filmplakat die Worte, die er eingangs für eine Botschaft vom Mars gehalten hatte. Er geht nach Hause, wo seine Frau ihn liebevoll empfängt.
Protasanow hatte mehrere Jahre im westlichen Ausland verbracht und verarbeitete in diesem Film Einflüsse sowohl des deutschen »Caligarismus« als auch der französischen Avantgarde. Das Ergebnis war ein eigenwilliger Stil, der in der Filmhistorie einigermaßen umstritten zu sein scheint: »konstruktivistisch« (Sadoul), »expressionistische Dekors« (Gregor/Patalas), »kubistisch« (Rotha).
Auf jeden Fall bezog der Film starke Wirkungen aus dem Gegensatz zwischen den nüchtern realistischen Szenen in Moskau und den fantastischen Dekorationen und Ereignissen auf dem Mars. Für die Ausstattung hatte sich Protasanow mit Sergej Koslowski, Alexandra Exter, Isaac Rabinowitsch und Victor Simow gleich vier bekannte Künstler geholt. Sie bauten ihm eine Marsdekoration mit schiefen Winkeln und großen Treppen, auf denen er ein Massenaufgebot von Statisten geschickt bewegte.

Aerograd

(Aerograd)

UdSSR, 1935

R: Alexander Dowschenko; A: Alexander Dowschenko; K: Eduard Tissé (Außenaufnahmen), Michail Gindin (Innenaufnahmen), Nikolai Smirnow (Luftaufnahmen); D: Semjon Schagajda, Stepan Schkurat, Boris Dobronrawow

Die Sowjetunion plant den Bau der Stadt Aerograd als Vorposten im Fernen Osten. Dort kämpft schon jetzt der Jäger Gluschak (Se. S.) gegen feindliche Eindringlinge. Einen kann er töten, aber dessen Gefährte flieht und versteckt sich in der Hütte von Gluschaks Freund Chudjakow (St. S.), der insgeheim mit den Japanern konspiriert. Zur gleichen Zeit wiegelt der Verräter Schabanow (B. D.) die Bevölkerung gegen die Bolschewiki auf. Gluschak ruft die alten Kämpfer zusammen, und gemeinsam schlagen sie den Aufstand nieder, wobei Gluschak eigenhändig seinen Freund Chudjakow tötet. Tausende von Flugzeugen bringen die Erbauer der neuen Stadt Aerograd in die Taiga.

Dowschenko war wie besessen von der Idee dieser Stadt, deren genauen Standort er auf langen Reisen durch Sibirien festlegte. Nach seinen Vorstellungen sollte sein Film den Anstoß dazu geben, daß Aerograd wirklich gebaut würde. Allerdings hat er dann nicht etwa realistische Vorschläge gemacht. Sein Film ist vielmehr eine Art mystisches Poem, in dem die Russen wie legendäre Heldengestalten erscheinen, in dem Chudjakow ohne weitere Erklärungen gleichsam das »böse Prinzip« verkörpert, in dem Mensch und Natur von Geheimnissen umwittert sind. Am Schluß steht eine Apotheose der sowjetischen Luftflotte, die das Prinzip der Macht und des Fortschritts verkörpert.

Affaire Blum

DDR, 1948

R: Erich Engel; A: R. A. Stemmle; K: Friedl Behn-Grund, Karl Plintzner; D: Hans Christian Blech, Gisela Trowe, Kurt Ehrhardt, Paul Bildt, Ernst Waldow, Alfred Schieske

Der jüdische Fabrikant Blum (K. E.) wird verdächtigt, seinen Buchhalter ermordet zu haben. Zwar weisen die Indizien schon bald auf einen Mann namens Gabler (H. C. B.), aber Kriminalkommissar Schwerdtfeger (E. W.) und der Untersuchungsrichter Konrad (P. B.) halten an ihrem Verdacht gegen Blum fest, da Gabler den gleichen reaktionären Kreisen angehört wie sie selbst. Als der Berliner Kriminalkommissar Bonte (A. S.), den der von Blums Unschuld überzeugte Regierungspräsident hat holen lassen, in Gablers Keller die Leiche des Ermordeten ausgräbt, akzeptieren Schwerdtfeger und Konrad bereitwillig Gablers Aussage, er habe sich von dem Mörder Blum überreden lassen, ihm bei der Beseitigung der Leiche zu helfen. Erst als Gablers Braut (G. T.) ein umfassendes Geständnis ablegt, müssen sie sich bequemen, an die Unschuld eines Juden und die Schuld ihres Gesinnungsgenossen zu glauben.

Die Handlung greift einen Fall auf, der sich 1926 in Magdeburg tatsächlich ereignet und damals die Öffentlichkeit erregt hat. Drehbuch und Regie haben diesen Fall sorgfältig nachgezeichnet; aber sie haben die Kriminalaffäre gleichzeitig ausgeweitet zu einem Bild der Zeit, zu einer Bilanz der Engstirnigkeit und der Vorurteile.

Afgrunden Ⓢ

(Der Abgrund)

Dänemark, 1910

R: Urban Gad; A: Urban Gad; K: Alfred Lind; D: Asta Nielsen, Poul Reumert, Robert Dinesen

Das Schicksal einer jungen Frau (A. N.), die in einem Pfarrhaus als Erzieherin angestellt ist. Als ein Zirkus in das Dorf kommt, erliegt sie dem Zauber dieser fremden Welt und schließt sich dem fahrenden Volk an. Aber schließlich zerbricht sie doch daran, ihren vertrauten Lebensbereich verloren zu haben.

Dieser Film war damals ein sensationeller Erfolg; und das verdankte er vor allem seiner Hauptdarstellerin Asta Nielsen, die hier zum ersten Mal vor einer Kamera stand. Eigentlich wollte Asta Nielsen mit diesem Film nur die Theaterdirektoren auf sich aufmerksam machen. Aber dann begriff sie instinktiv den Unterschied zwischen Bühne und Film. Sie verschmähte die übertriebenen Gesten, die damals noch üblich waren, und beschränkte sich auf nuancierte Andeutungen. Béla Balázs rühmte in seinem Buch *Der sichtbare Mensch* den Reichtum ihrer Gebärdensprache und schrieb, es sei wohl ein erstrebenswertes Ziel, wenn im Film Gebärden nicht durch Zwecke, sondern durch Gründe bestimmt würden. Genau das ist – vielleicht zum ersten Mal im Film – bei Asta Nielsen der Fall. Ihre sparsamen Gesten sind durchdacht und wirken als natürlicher Ausdruck der Personen, die sie verkörperte. In einem entscheidenden Augenblick der Filmgeschichte hat Asta Nielsen zweifellos mehr als mancher Regisseur die allgemeine Vorstellung von »Filmkunst« geprägt.

The African Queen

(African Queen)

USA, 1951

R: John Huston; A: James Agee und John Huston nach einem Roman von C. S. Forester; K: Jack Cardiff; D: Humphrey Bogart, Katharine Hepburn, Peter Bull

Afrika 1914. Der vagabundierende Abenteurer Charlie Allnut (H. B.) mit seinem uralten Flußdampfer »African Queen« rettet Rose (K. H.), die Schwester eines englischen Missionars, nachdem das Dorf, in dem sie gewohnt hat, von den Deutschen zerstört worden ist. Die ältliche, aber resolute Jungfer gewöhnt Charlie das Trinken und Fluchen ab und überredet ihn in patriotischem Eifer, mit seiner altersschwachen Nußschale ein deutsches Kanonenboot zu attackieren, das einen See beherrscht und den englischen Vormarsch stoppt. Doch angesichts des Gegners versinkt die »African Queen« nebst zwei selbstgebastelten Torpedos ruhmlos im Sturm. Die Schiffbrüchigen werden von den Deutschen aufgefischt und kurzerhand zum Tode verurteilt. Charlie hat den Kopf schon in der Schlinge, als er um Aufschub bittet; Rose und er wollen heiraten. Just dieser Aufschub bringt den Sieg. Das Wrack der »African Queen« treibt längsseits, die Torpedos explodieren, das deutsche Kanonenboot sinkt. Rose und Charlie können sich retten ...

Foresters satirischer Roman ist von Huston vorzüglich verfilmt worden. Am besten gelang dabei der Mittelteil, die einsame Fahrt des rauhbeinigen Abenteurers und der empfindsamen Lady, deren missionarischer Eifer mühelos auf kriegerische Bereiche übergreift. Später wird der Humor etwas grobschlächtiger. Die deutsche Fassung litt unter einigen Kürzungen, mit denen man »antideutsche« Aspekte ausmerzen wollte.

L'âge d'or

(Das goldene Zeitalter)

Frankreich, 1930

R: Luis Buñuel; A: Luis Buñuel, Salvador Dali; K: Albert Dubergen (Duverger); D: Gaston Modot, Lya Lys, Caridad de Lamberdesque, Max Ernst, Pierre Prévert

Thema des Films ist »der gerade und reine Weg eines Menschen, der der Liebe durch die gemeinen humanitären, patriotischen Ideale und andere schändliche Mechanismen der Wirklichkeit hindurch folgt« (Luis Buñuel). Das heißt: Gezeigt wird ein Liebespaar, das am Vollzug seiner Liebe durch die »etablierten Ordnungsmächte« gehindert wird.

Eine »normale« Handlung gibt es allerdings in diesem Film nicht. Die Geschichte einer »amour fou«, einer unbedingten, alle Konventionen verachtenden Liebe wird unterbrochen, kontrastiert und kommentiert durch Wochenschaubilder und durch Sequenzen eines Dokumentarfilms über Skorpione. Die »Ordnungsmächte« – Kirche, Militär, Familie – werden in berühmt gewordenen Sequenzen attackiert: Vermoderte Skelette, mit den Resten erzbischöflicher Ornate bekleidet, liegen im Sand; während einer feierlichen Grundsteinlegung wälzt sich zwischen den Ehrengästen das Liebespaar leidenschaftlich auf der Erde; der Hauptdarsteller (G. M.) tritt einen Kriegsblinden mit Füßen; eine Monstranz wird im Rinnstein abgestellt; durch die Halle eines vornehmen Hauses, in dem soeben eine Gesellschaft stattfindet, fährt ein Eselskarren mit trinkenden Bauern; der Held ohrfeigt die Gastgeberin; von einem Balkon werden eine brennende Fichte, ein kirchlicher Würdenträger, ein Pflug und eine ausgestopfte Giraffe herabgeworfen. Der Schluß des Films ist eine deutliche Anspielung

auf die *120 Tage von Sodom* des Marquis de Sade: Vier Männer verlassen ein Schloß, in dem sie 120 Tage in wildesten Ausschweifungen verbracht haben; einer von ihnen sieht aus wie eine populäre Christus-Darstellung.
Dieser Film schockierte die bürgerliche Welt. Hatte man *Un chien andalou* noch vielfach als verwirrend-einfallsreiches Experiment amüsiert genossen, so fühlte man sich jetzt bis ins Mark getroffen. Dazu mag beigetragen haben, daß hier das soziale Engagement Buñuels stärker in den Vordergrund trat, während die eher spielerischen Zutaten Dalis an Bedeutung verloren. Zu den Einflüssen Freuds, Lautréamonts und des Marquis de Sade gesellte sich der von Karl Marx. Eine Zeitlang plante Buñuel sogar, seinen Film »Das eiskalte Wasser egoistischer Berechnung« (ein Zitat aus dem kommunistischen Manifest!) zu nennen. »Erlebten wir im ›Chien andalou‹ die Tragödie der Begierde eines Individuums, so steht nun der Widerstreit zwischen den Forderungen der Liebe und denjenigen des gesellschaftlichen Lebens im Vordergrund. Der verzweifelte Aufstand der Liebe, einer aufs höchste gereizten Sehnsucht und Begierde verbindet sich mit einer maßlosen Anklage gegen die bestehende Gesellschaftsordnung. Aus dem verspielten ›épater le bourgeois‹ wird blutiger Ernst« (Hansres Jacobi).
Die bürgerliche Welt begriff die Herausforderung. Zwar passierte der Film die Zensur, der er als »Traum eines Verrückten« präsentiert wurde; aber bei den Vorführungen im Kino gab es bald Zwischenfälle. Am 12. Dezember 1930 wurde der Film offiziell verboten; die Polizei beschlagnahmte die Kopien. Und auch der Vicomte de Noailles, der *L'âge d'or* – wie auch *Le sang d'un poète* – finanziert hatte, verbot weitere Aufführungen.
Dabei erschöpfen sich aber die Qualitäten dieses Films nicht in der reinen Aggressivität. Buñuel schuf hier abermals Bildfolgen von suggestiver Konsequenz; er verband die widerstreitenden Elemente der Realität, die er einander konfrontierte, durch poetische Beziehungen.
»›L'âge d'or‹ ist der einzige Film meiner Karriere, den ich in einem Zustand der Euphorie, voll Enthusiasmus und Zerstörungsrausch drehte, in dem ich die Vertreter der ›Ordnung‹ angreifen und ihre ›ewigen‹ Prinzipien lächerlich machen wollte; mit diesem Film wollte ich absichtlich einen Skandal herbeiführen« (Luis Buñuel).

Akaler sandhane

(Die Suche nach der Hungersnot)

Indien, 1980

R: Mrinal Sen; A: Mrinal Sen nach einer Erzählung von Amalendu Chakraborty; K: K. K. Mahajan; D: Dhritiman Chatterjee, Dipankar Dey, Smita Patil, Sreela Majumdar, Gita Sen, Satya Banerjee

Im September 1980 kommt ein Filmteam in das kleine Dorf Samra Bazar. Der Regisseur (D. C.) will hier einen Film über die Hungersnot drehen, der 1943 in Bengalen rund 5 Millionen Menschen zum Opfer fielen. Aber schon bald zeigt sich, daß die Besucher aus der Stadt Fremde, ja Eindringlinge bleiben. Sie wohnen in einem verlassenen weiträumigen Palast, wo der Star (D. D.) des Ensembles das Fehlen der Elektrizität bemängelt, und bilden dort gleichsam eine städtische Enklave im dörflichen Leben. Und auch die redlichen Bemühungen des sozial engagierten Regisseurs haben nur teilweise Erfolg. Er hat zwar richtig erkannt, daß die sozialen Probleme, die 1943 zu der Hungersnot geführt haben, auch heute noch nicht gelöst sind; man sieht auch, wie eine Frau aus dem Dorf in Szenen, die die Hauptdarstellerin (S. P.) spielt, ihr eigenes Schicksal wiedererkennt; doch früher als der Regisseur bemerkt der Zuschauer, daß das Team durch seine bloße Anwesenheit den dörflichen Frieden gefährdet, daß z. B. die Ansprüche und die Kaufkraft der Städter das Preisgefüge auf dem Markt in Unordnung bringen. Das Ende kommt, als der Regisseur eine Laiendarstellerin sucht für die Rolle einer jungen Frau, die vom Hunger zur Prostitution getrieben wird. Er versteht nicht, daß die Übernahme einer solchen Rolle noch heute jede Frau im Dorf diskreditieren würde. Es kommt zu Auseinandersetzungen, und schließlich verläßt das Filmteam das Dorf, um die Dreharbeiten in der sicheren Abgeschiedenheit eines Studios zu beenden.
Überaus kunstvoll hat Sen hier die Handlungsstränge zwischen Gegenwart und Vergangenheit, zwischen den Leuten vom Film und denen

aus dem Dorf verschlungen. Parallelen sind dabei genau so erhellend wie dramatische Konflikte. Am Ende aber steht die Erkenntnis, daß objektiv die Probleme des Jahres 1943 noch immer nicht gelöst sind und daß ein humanitäres Engagement für die Konflikte der Vergangenheit nicht genügt, wenn man dabei die der Gegenwart nicht erkennt. Sen transportiert diese Erkenntnis nicht in markigen Parolen, sondern in einer eindringlichen und poetischen Schilderung.

Akibiyori
(Spätherbst)

Japan, 1960

R: Yasujiro Ozu; A: Kogo Noda und Yasujiro Ozu nach einem Roman von Ton Satomi; K: Yushun Atsuta; D: Setsuko Hara, Yoko Tsukasa, Keiji Sada, Shin Saburi, Nobuo Nakamura

Die junge Ayako (Y. T.) lebt mit ihrer Mutter Akiko (S. H.) zusammen, die seit sieben Jahren Witwe ist. Jetzt wird es Zeit für Ayako, sich zu verheiraten; und die Herren Mamiya (S. S.), Taguchi (N. N.) und Hirayama, drei Freunde der Familie, wollen bei der Suche nach einem Ehemann helfen. Als Herr Mamiya merkt, daß Ayako nicht heiraten möchte, um ihre Mutter nicht allein zu lassen, entwirft er einen Plan, nach dem zuerst die Mutter Hirayama heiraten soll, wozu dieser bereit ist. Die Mutter geht schließlich auf dieses Spiel ein, und so entschließt sich Ayako, ihrem Freund Goto (K. S.) das Jawort zu geben. Erst als die Hochzeit beschlossen ist, erklärt Akiko der Tochter, daß sie allein bleiben will.

In Thema und Gestaltung ein typischer Ozu-Film. Es geht um eine Geschichte aus dem japanischen Alltag; das Schicksal einer Familie steht im Mittelpunkt, wobei die Probleme der gegenseitigen Beziehung wichtiger sind als die des Individuums; und abermals spielt der Einbruch moderner Gedanken in die traditionelle Denkweise eine wichtige Rolle. Die Handlung fließt in ruhigem Rhythmus dahin. Die Kamera verharrt unbeweglich in Augenhöhe, ist denkbar »konventionell« und erreicht doch ein hohes Maß intensiver Wirkung.

Ein ganz ähnliches Thema hatte Ozu bereits 1949 unter dem Titel *Banshun* (Später Frühling) verfilmt. Dort will eine Tochter ihren verwitweten Vater nicht allein lassen und heiratet ebenfalls erst, nachdem sie von angeblichen Heiratsplänen des Vaters gehört hat.

L'albero degli zoccoli
(Der Holzschuhbaum / Der Baum der Holzschuhe)

Italien, 1977/78

R: Ermanno Olmi; A: Ermanno Olmi; K: Ermanno Olmi; D: Laien aus der Provinz Bergamo

Der Film schildert den Ablauf eines Jahres auf einem Gutshof in der Po-Ebene kurz vor der Jahrhundertwende. In einem Gebäude wohnen hier vier Bauernfamilien. Das Land, die Gebäude und der größte Teil des Viehs gehören dem »Herrn«, dem auch zwei Drittel der Ernte abgeliefert werden müssen. Am Anfang des Films steht etwas Ungewöhnliches: Der Pfarrer überredet den Bauern Battisti, seinen kleinen Sohn Minek zur Schule zu schicken. Damit wird Minek als Arbeitskraft weitgehend ausfallen. Außerdem erwartet Battistis Frau schon wieder ein Kind – wieder einer mehr, der essen will. Und dann zerbricht Minek auch noch eines Tages auf dem Schulweg seinen Holzschuh. Battisti schleicht sich nachts aus dem Haus, fällt eine kleine Pappel und schnitzt seinem Sohn einen neuen Schuh. – Die Witwe Runk hat sechs Kinder, die sie als Wäscherin kaum ernähren kann. Der Pfarrer bietet ihr an, die beiden Jüngsten in einem Waisenhaus unterzubringen. Aber Peppino, der Älteste, will, daß die Familie zusammenbleibt. Er will lieber »Tag und Nacht arbeiten« und helfen, die Geschwister zu ernähren. – Die Familie Brena bereitet die Hochzeit ihrer Tochter Maddalena mit Stefano vor. Seine Hochzeitsreise macht das junge Paar nach Mailand, wo Maddalenas Tante Äbtissin ist und ein Waisenhaus leitet. Die fromme Tante bringt es fertig, daß das junge Paar am Morgen nach der Hochzeitsnacht ein Waisenkind adoptiert. – Die Familie Finard steht ein wenig abseits. Bei ihr gibt es oft Streit, weil der Vater so geizig ist.

Eines Tages entdeckt der Gutsherr, daß jemand ohne seine Erlaubnis eine Pappel gefällt hat. Der Schuldige ist schnell gefunden. Zur Strafe müssen die Battistis den Hof verlassen. Im Abenddunkel beladen sie einen Karren mit ih-

L'albero degli zoccoli

ren wenigen Habseligkeiten. Erst als das Gefährt in der Dunkelheit verschwindet, kommen die Nachbarn und sehen ihm nach.
Diese Fixpunkte der Handlung sind nur ein kleiner Teil des Geschehens in diesem Film, in dem Olmi den Ablauf eines ganzen Jahres schildert – den Wechsel der Jahreszeiten, der Arbeiten, der Kinderspiele, der Erlebnisse und der Stimmungen. Er hat sich dabei ganz auf das Milieu und seine Menschen eingelassen und erzählt ihre Geschichte mit spürbarer Anteilnahme und mit Respekt. Zu diesem Respekt gehört auch, daß er sich nicht hochmütig über sie stellt, daß er ihre Handlungen und Reaktionen nicht unter moralischen oder ideologischen Aspekten zensiert, daß er Verständnis zeigt für ihre Unfähigkeit, aus ihrem armseligen Leben auszubrechen. Gerade das gibt dem Film eine große moralische und künstlerische Kraft, macht ihn zu einem leidenschaftlichen Appell für die Menschen und für die Menschlichkeit. In der Fülle oft irritierend schöner Bilder wird eine Vergangenheit lebendig, in der Olmi Geborgenheit und menschliche Wärme genauso findet wie Not und Unterdrückung. Indem er beides ganz direkt und überzeugend zeigt und beim Namen nennt, hat er Wirklichkeit eingefangen.

Albert – warum?

BRD, 1976–78

R: Josef Rödl; A: Josef Rödl; K: Karlheinz Gschwind; D: Fritz Binner, Michael Eichenseer, Georg Schießl, Elfriede Bleisteiner

Der Bauernsohn Albert (F. B.) kehrt aus der Nervenheilanstalt in sein Dorf zurück. Er kommt als Verlierer: Der Vater (M. E.) hat den Hof an den »lebenstüchtigen« Neffen Hans (G. S.) und dessen Frau (E. B.) übergeben, und die Dorfbewohner drängen den ungeschlachten und geistig unbeweglichen Albert

schnell in die Rolle des »Dorfdeppen«. Man macht sich auf seine Kosten lustig, mißachtet seine rührenden Versuche, sich im Rahmen seiner Möglichkeiten wenigstens als »normaler Arbeiter« zu bewähren, gönnt ihm keinen anderen Lebensraum als eine verfallene Kammer in der Scheune des väterlichen Hofes. Auch die Kinder und Jugendlichen, zu denen der schwerfällige Albert sich hingezogen fühlt, haben sehr schnell gelernt, daß sie auf seine Kosten ihre Aggressionen abreagieren können. In einer Mischung aus Trotz und Verzweiflung protestiert Albert gegen seine Mißachtung mit unkontrollierten Handlungen, die die Vorurteile der Umwelt wiederum bestätigen. Als eine erneute Einweisung in die Heilanstalt zur Debatte steht, gibt Albert auf. In stummem Protest läutet er die Kirchenglocken; dann erhängt er sich am Glockenseil.
Josef Rödl hat diesen Film als Abschlußarbeit an der Hochschule für Film und Fernsehen in München mit einem Budget von 30000 DM gedreht. Die Darsteller sind Laien aus seinem Heimatdorf Darshofen; der Hauptdarsteller Fritz Binner brachte eigene Erlebnisse und Erfahrungen in den Film ein, er starb zwei Monate nach Beendigung der Dreharbeiten.
Entstanden ist auf diese Weise ein erschütternder und wichtiger Film. Rödl beschreibt in einfachen Bildern Wirklichkeit, die ihm vertraut ist, in der er sich auskennt, deren Evidenz er ganz direkt vermitteln kann. Behutsam macht er den Zuschauer mit Albert vertraut, mit einem sanften, ungeschlachten Riesen, der sich heimisch fühlt in dem Dorf, bei seinen Einwohnern, und dem man die Geborgenheit in einer Heimat verweigert. Es gibt quälende Szenen; wenn z. B. Albert sich zurückzieht, an seinem alten Fahrrad bastelt und dieses verrostete Rad ihm sichtbar als Partner-Ersatz dient. Da wird der Film dann ohne jede krampfhafte »Überhöhung« mehr als nur die mitleidsvolle Studie eines individuellen Schicksals. Am Beispiel Alberts wird die Funktion und Deformation dörflicher Gemeinschaft deutlich. Rödl versagt es sich, das Dorf und seine Bewohner als Horrorvision zu zeichnen. Er zeigt normale, alltägliche Menschen, die nur gedankenlos sind oder bequem, oder zu sehr mit sich selbst beschäftigt. So kann es geschehen, daß ein Einzelner hilflos in den Tod treibt und die anderen dann verstört fragen: »Albert – warum?«. Rödls Film ist gelegentlich mit den Werken des italienischen Neorealismus verglichen worden. Mit ihnen gemeinsam hat er das Engagement für die Unterprivilegierten, die Fähigkeit, Wirklichkeit unverfälscht einzufangen, und die Kraft, im Alltag einfacher Menschen Wesentliches deutlich zu machen.

Alexandr Newski

(Alexander Newski)

UdSSR, 1938

R: Sergej Eisenstein, Dmitri Wassiljew unter Mitarbeit von B. Iwanow; A: Sergej Eisenstein, Pjotr Pawlenko; K: Eduard Tissé; D: Nikolai Tscherkassow, Nikolai Ochlopkow, Andrej Abrikossow, Dmitri Orlow, W. Iwaschewa

13. Jahrhundert. Deutsche Ordensritter dringen nach Osten vor. Sie erobern russisches Land und unterdrücken die Menschen mit grausamem Terror. Die verzweifelte Bevölkerung sucht einen Anführer für ihren Abwehrkampf. Abgesandte werden zu Alexander Newski (N. T.) geschickt, der irgendwo in der weiten Einöde in einem einfachen Holzhaus lebt; und der Fürst sagt seine Hilfe zu. Er sammelt ein Heer und führt es den Ordensrittern entgegen. Auf dem zugefrorenen Peipus-See treffen Russen und Deutsche im Jahr 1242 aufeinander. Newskis Truppen, Bauern und Bürger, werfen die gepanzerten Ritter zurück. Auch die letzte Bastion um den Feldaltar wird gestürmt. Und dann besorgt die Natur den Rest: Das Eis des Sees bricht, die fliehenden Ritter versinken in den Fluten. Zur Auflockerung ist das Schicksal einiger Menschen episodenhaft in die Handlung eingefügt: Der Spaßvogel und Waffenschmied Ignat (D. O.) wird in der Schlacht von einem besiegten Gegner, der ihn um Gnade gebeten hatte, heimtückisch getötet; die Freunde Wassili (N. O.) und Gawrilo (A. A.) sind Rivalen bei der schönen Olga (W. I.) und vereinbaren, der dürfe um sie freien, der am tapfersten kämpfe usw.
Alexandr Newski ist zweifellos ein Agitationsfilm, der direkte Bezüge zu der politischen Situation seiner Entstehungszeit hat. Eisenstein schrieb während der Dreharbeiten: »Das Thema des Patriotismus und des nationalen Widerstandes gegen den Aggressor, das ist das Thema, von dem der Film erfüllt ist.« Und im Film

heißt es, mahnend und warnend an die Adresse der Deutschen gerichtet: »Mögen sie ohne Furcht als Gäste zu uns kommen. Aber wenn jemand mit dem Schwert zu uns kommt, wird er durch das Schwert umkommen!« Nach dem deutsch-sowjetischen Nichtangriffspakt 1939 wurde *Alexandr Newski* aus dem Verleih gezogen – und nach dem Einmarsch der deutschen Truppen 1941 bevorzugt wieder eingesetzt.
Eisensteins Film ist freilich doch mehr als nur ein bloßer »Propagandafilm« geworden. Das nationale Pathos ist mit echtem Leben erfüllt. Filmischer Höhepunkt des Werkes, das sich durch den Verzicht auf die spezifische Montage-Technik gründlich von Eisensteins Stummfilmen unterscheidet, ist die Schilderung der Schlacht, die rund 35 Minuten dauert. Besondere Bedeutung hat hier auch die Musik von Sergej Prokofieff, die nicht nur kommentiert, sondern dramaturgische Bedeutung gewinnt.

Alice in den Städten

BRD, 1973

R: Wim Wenders; A: Wim Wenders, Veith von Fürstenberg; K: Robby Müller, Martin Schäfer; D: Rüdiger Vogeler, Yella Rottländer, Elisabeth Kreuzer, Edda Köchl

Der deutsche Journalist Philipp Winter (R. V.) ist quer durch die USA gefahren, um einen Bericht über die amerikanischen Landschaften zu schreiben. Aber in New York liefert er statt eines Manuskripts einen Haufen Fotos ab – Zeugnis seiner Sprachlosigkeit vor der Realität. Man verweigert ihm einen weiteren Vorschuß, und Winter kauft von seinem letzten Geld eine Flugkarte nach Deutschland. Auf dem Kennedy-Airport lernt er Lisa (E. K.) und ihre 8jährige Tochter Alice (Y. R.) kennen. Sie übernachten in einem Hotelzimmer, wobei die Frau aber von Anfang an klarmacht, daß sie keine sexuellen Kontakte wünscht, da sie sich an ihren Mann gebunden fühlt. Am nächsten Morgen ist Lisa verschwunden; sie hat einen Brief hinterlassen, in dem sie Winter ihre Tochter anvertraut und ankündigt, sie werde am nächsten Tag nach Amsterdam nachkommen. Dort allerdings warten Winter und Alice vergeblich. Und so machen sie sich auf den Weg, um irgendwo eine Großmutter zu suchen, an die Alice sich (angeblich) erinnert, deren Namen sie zwar nicht kennt, die aber vermutlich in Wuppertal wohnt. Mit einem Bild des Hauses in der Hand, in dem die Großmutter leben soll, durchqueren sie Wuppertal und das Industriegebiet. Sie finden schließlich sogar das Haus; aber in dem wohnen fremde Menschen. Zermürbt liefert Winter Alice bei der Polizei ab. Doch das Mädchen rückt aus und kehrt zu ihm zurück. Am Ende macht die Polizei Alices Mutter in München ausfindig. Die Odyssee der beiden ist beendet.
Wie fast alle Filme von Wim Wenders handelt auch dieser von einer Reise. Aber diese Reise ist nicht Selbstzweck; es scheint eher, als könne Wenders die Identität seiner Personen am besten bewahren, wenn er sie ständigen Veränderungen des Milieus und der Umwelt aussetzt. In einem Interview bekannte er, es falle ihm nichts mehr ein, wenn ein paar Menschen sich längere Zeit in einem Raum aufhielten. So wird auch diese subtile Geschichte der Beziehung zweier Menschen ganz in Bewegung aufgelöst. Fahrten im Flugzeug, in der Schwebebahn, im Auto – auf der Suche nach einem Ziel, von dem man nicht weiß, ob es überhaupt existiert. Da wird Realität eingefangen und gleichzeitig in Frage gestellt. Eine neue Wirklichkeit entsteht, die nur noch die des Films ist. Wenders hat diese Wirkung mit ganz einfachen Mitteln erreicht. Er erzählt seine Geschichte chronologisch, in schwarzweißen Bildern, mit einer faszinierenden Präzision.
Das Motiv der Reise kehrt auch in Wenders' Film *Im Lauf der Zeit* (BRD 1975) wieder, in dem zwei Männer miteinander unterwegs sind. Der eine fährt mit einem Lastwagen über Land und repariert Kino-Projektoren, der andere schließt sich ihm für ein paar Wochen an, nachdem er aus seiner bürgerlichen Existenz ausgebrochen ist. Trotz unleugbarer Qualitäten hat dieser Film jedoch wohl nicht die gleiche Präzision und Geschlossenheit wie *Alice in den Städten*.

All about Eve

(Alles über Eva)

USA, 1950

R: Joseph L. Mankiewicz; A: Joseph L. Mankiewicz nach der Kurzgeschichte und dem Hörspiel *The wisdom of Eve* von Mary Orr; K: Milton Krasner; D: Bette Davis, Anne Baxter, George Sanders, Celeste Holm, Hugh Marlowe, Marilyn Monroe

Bei einem festlichen Bankett wird die junge Eve Harrington (A. B.) als beste Darstellerin der Spielzeit ausgezeichnet. Karen (C. H.), die Frau des Autors Lloyd Richards (H. M.), sitzt unter den Gästen und erinnert sich der Vorgeschichte: Eines Tages taucht Eve auf – als »Fan« der berühmten Darstellerin Margo Channing (B. D.). Sie schmeichelt sich mit einer rührenden Geschichte bei Margo ein, wird von ihr aufgenommen und macht sich bald unentbehrlich. Eve verschafft sich eine Chance als »zweite Besetzung« für Margo und nutzt sie kaltblütig und rücksichtslos. Nur der Kritiker Addison de Witt (G. S.) durchschaut sie. Er weiß, daß die Geschichten über ihre Herkunft erlogen sind und daß sie bei aller Begabung eine skrupellose Abenteurerin ist. Aber er erkennt auch ihre Stärke und verbündet sich mit ihr. Seine Kritik macht sie berühmt.

Im Kontrastverfahren eine interessante psychologische Studie: der alternde Star, der seine Position mit verzweifelter Hartnäckigkeit zu behaupten sucht, die junge Abenteurerin, die geschickt intrigiert und raffiniert die Schwächen des Gegners nutzt. Mankiewicz hat das sorgfältig und intelligent inszeniert – mit treffenden Milieuschilderungen und eindringlichen darstellerischen Leistungen.

All quiet on the western front

(Im Westen nichts Neues)

USA, 1929/30

R: Lewis Milestone; A: Del Andrews, Maxwell Anderson und George Abbott nach dem gleichnamigen Roman von Erich Maria Remarque; K: Arthur Edeson; D: Lew Ayres, Louis Wolheim, John Wray, Beryl Mercer, Raymond Griffith

Verfilmung des gleichnamigen Romans von Remarque: Die Erlebnisse des jungen Paul Bäumer (L. A.) im Ersten Weltkrieg, seine Ausbildung durch den sadistischen Unteroffizier Himmelstoß (J. W.), seine Freundschaft mit dem gutmütigen Riesen Katczinsky (L. W.) und sein Tod an einem Tag, an dem der Heeresbericht meldet: »Im Westen nichts Neues.«

Ein ehrlicher Film, der alle Beschönigung und Verniedlichung des Krieges vermied. Viele Szenen – der in einer langen Fahraufnahme gefilmte Angriff der Franzosen, das Trommelfeuer im Unterstand, Grabenkämpfe im Schlamm – machen das Grauen des Krieges fast physisch spürbar und versagen sich jedem heroischen Engagement durch die Zuschauer. Milestone, der sich eng an seine literarische Vorlage gehalten hat, unterstreicht das noch durch die Episoden in der Heimat, die den blutigen Realismus der Schlachten-Szenen mit dem hohlen Pathos der Hurra-Patrioten konfrontieren. Hier gibt es in den Szenen mit der Mutter (B. M.) auch Anflüge von Sentimentalität, die Milestone aber stets rechtzeitig auffängt. Der Film wurde in vielen Ländern zensiert, gekürzt, verstümmelt. In der Fassung, die nach dem Krieg in der Bundesrepublik Deutschland gezeigt wurde, fehlten rund 15 Minuten, darunter auch eine Sequenz, in der Paul Bäumer in einem Granattrichter den »langen Tod« eines Menschen miterlebt. In seinen Armen stirbt ein französischer Soldat (R. G.), den er selbst mit seinem Bajonett schwer verletzt hat; und Paul schwört, den Angehörigen des Toten zu helfen.

Das ZDF hat schließlich in mehrjähriger Arbeit die verschollene amerikanische Premierenfassung aus den Beständen verschiedener Filmarchive rekonstruiert und diese Fassung im Jahr 1984 erstmals ausgestrahlt.

All the king's men

(Der Mann, der herrschen wollte)

USA, 1949

R: Robert Rossen; A: Robert Rossen nach dem gleichnamigen Roman von Robert Penn Warren; K: Burnett Guffey; D: Broderick Crawford, Joanne Dru, John Ireland, Shepperd Strudwick, Raymond Greenleaf

Einflußreiche Politiker überreden den Farmerssohn Willie Stark (B. C.), bei einer Wahl zu kandidieren. Aber sie wollen damit nur die Stimmen der ländlichen Wähler aufsplittern und ihren eigenen Kandidaten durchbringen. Als Willie das Spiel durchschaut, macht er sich selbständig – und schafft im zweiten Anlauf tatsächlich die Wahl zum Gouverneur. Der stiernackige Weltverbesserer ist nicht wählerisch in seinen Mitteln, wenn es gilt, sein Programm zu verwirklichen. Er baut Krankenhäuser und Altersheime; aber er festigt seine Macht durch Terror und faschistische Methoden. Seinen politischen Gegner, Richter Stanton (R. G.), dessen Tochter Anne (J. D.) zu Willies Anhängern zählt, will er öffentlich bloßstellen. Stanton begeht Selbstmord, sein Neffe (S. S.) erschießt Willie Stark.

All the king's men ist ein typisches Beispiel für die gesellschaftskritischen Filme Hollywoods kurz nach dem Krieg. Es sollte, übrigens in Anlehnung an tatsächliche Geschehnisse, klargemacht werden, daß auch das amerikanische Volk anfällig für faschistoide Tendenzen sei; man wollte nach dem gewonnenen Krieg die Selbstgefälligkeit des heimischen Kleinbürgers erschüttern. Die Parallelen sind nicht zu übersehen: Willie rechtfertigt geistigen Terror durch den Hinweis auf wirtschaftliche Erfolge, seine Leibwache erinnert fatal an die SS. »Publikumswirksame« Zutaten – Nebenhandlungen, private Affären Willies, eine naiv-sentimentale Liebesgeschichte zwischen Anne und einem Anhänger (J. I.) Starks u. a. – verdecken allerdings gelegentlich das Hauptthema.

Álmodozások kora

(Die Zeit der Träumereien)

Ungarn, 1964

R: István Szabó; A: István Szabó; K: Tamás Vámos; D: András Bálint, Ilona Béres, Judit Halász, Béla Asztalos

Zusammen mit drei Freunden träumt der Ingenieurstudent Jancsi (A. B.) vom Erfolg, von der Liebe, vom Auswandern; gemeinsam bewundern sie auf dem Bildschirm die charmante Juristin Eva Halk (I. B.), die gerade interviewt wird. Doch der Start ins Leben ist enttäuschend: Ihre Bitte, als Team arbeiten zu dürfen, wird abgelehnt, die Arbeit verursacht Spannungen mit Vorgesetzten und untereinander, Jancsis Liebesaffäre mit Habgab (J. H.) bringt keine echte Erfüllung. Auf einer Party lernt Jancsi Eva Halk kennen. Gemeinsam besuchen sie ein Kino, sehen einen Dokumentarfilm über die jüngste ungarische Geschichte und vertrauen einander an, daß sie 1956 beide an eine Flucht ins Ausland gedacht haben. Einer der Freunde, Laci (B. A.), wird krank und stirbt. Jancsi und Eva, die sich ineinander verliebt hatten, leben sich wieder auseinander. Doch alles, was er erlebt hat, hat Jancsi geholfen, erwachsen zu werden.

Nur scheinbar wird hier ein ganz privates Schicksal aufbereitet; tatsächlich schafft Szabó immer wieder Querverbindungen zur gesellschaftlichen und politischen Wirklichkeit. Die jungen Studenten fürchten, vom »Establishment« unterdrückt zu werden, und träumen davon, nach Kuba auszuwandern. Das Fernweh spielt eine große Rolle: Jancsi hat eine raffinierte Radioanlage, mit der er London, Paris, Prag und Rom empfangen kann. Der Dialog angesichts der Filmbilder der Revolution von 1956 ist nüchtern und illusionslos. Eva, die offen zugibt, daß sie damals nur aus Feigheit nicht geflohen ist, bezeichnet sich als Kommunistin; auf die gleiche Frage antwortet Jancsi ausweichend: »Ich bin Ingenieur!« Es ist das Porträt einer Jugend, die zwar den Sozialismus bejaht, die aber Freiheit will und sich nicht etikettieren läßt. Das alles hat Szabó ohne große Worte, fast beiläufig in sein präzise gezeichnetes Porträt eingearbeitet.

Alraune Ⓢ

Deutschland, 1927

R: Henrik Galeen; A: Henrik Galeen nach einem Roman von Hanns Heinz Ewers; K: Franz Planer; D: Paul Wegener, Brigitte Helm, Ivan Petrovich

Professor ten Brinken (P. W.) beschäftigt sich seit Jahren mit dem Problem der künstlichen Befruchtung. Eines Tages gelingen seine Experimente: Als Tochter eines am Galgen hingerichteten Verbrechers und einer Dirne entsteht ein Mädchen (B. H.). Ten Brinken nennt es Alraune – nach der Alraunenwurzel, die altem Aberglauben zufolge unter dem Galgen wächst und geheimnisvolle Kräfte hat. Alraune bringt allen Männern, die sie lieben, Unglück. Und als sie schließlich die Wahrheit über ihre Herkunft erfährt, richtet sie auch ihren Schöpfer und sich selbst zugrunde.

Galeen, als Regisseur des »Übersinnlichen« versiert, inszenierte diesen Film als Vision des Schreckens, in der Brigitte Helm in maskenhafter Starre dem unausweichlichen Untergang zutrieb.
Das Thema kam offenbar dem Publikumsgeschmack entgegen. 1930 entstand ein Remake, das Richard Oswald inszenierte, und in dem abermals Brigitte Helm, diesmal an der Seite von Albert Bassermann, spielte.
1952 inszenierte Arthur Maria Rabenalt eine neuerliche Version mit Erich von Stroheim und Hildegard Knef. Dieser Film scheiterte u. a. daran, daß man versuchte, Probleme der modernen Wissenschaft mit der alten Volkssage zu verknüpfen.

Der alte und der junge König

Deutschland, 1934

R: Hans Steinhoff; A: Thea von Harbou, Rolf Lauckner; K: Karl Puth; D: Emil Jannings, Werner Hinz, Claus Clausen, Leopoldine Konstantin

Der Konflikt zwischen dem preußischen König Friedrich Wilhelm I. (E. J.) und dem Kronprinzen Friedrich (W. H.). Die Strenge des Vaters treibt den Prinzen, mit dem Leutnant von Katte (C. C.) seine Flucht zu planen. Nach der Erschießung des Leutnants beugt sich Friedrich dem väterlichen Willen und verwandelt sich im Lauf der Jahre vom Freund der Musen zum künftigen Herrscher. Aber erst in der Todesstunde des Vaters vermag er ihn ganz zu verstehen. Und erst diese Einsicht wandelt ihn endgültig zum König.
Ein typisches Beispiel dafür, wie ein historisches Thema für die Propaganda ausgenutzt wird – hier, wie die Staatsidee der Nationalsozialisten aus der Geschichte abgeleitet und gerechtfertigt werden soll. Von Friedrich Wilhelm I., der den Leutnant von Katte erschießen läßt, obwohl das Gericht ihn nur zu Festungshaft verurteilt hatte, heißt es: »Sein Wille ist Gesetz, und was sich ihm nicht beugt, muß er vernichten!« Dieser Einsicht beugt sich schließlich auch der Kronprinz, der nur so zu »Friedrich dem Großen« werden konnte. Und diese Haltung, das macht der Film überdeutlich, dient letztlich auch dem Staat und damit dem Volk.

Amadeus

(Amadeus)

USA, 1983

R: Miloš Forman; A: Peter Shaffer nach seinem gleichnamigen Bühnenstück; K: Miroslav Ondřiček; D: F. Murray Abraham, Tom Hulce, Elizabeth Berridge, Simon Callow, Roy Dotrice

Im Jahre 1823 versucht der Hofkapellmeister Antonio Salieri (F. M. A.), langjähriger Rivale Mozarts, sich in Wien das Leben zu nehmen. Man liefert ihn in eine Irrenanstalt ein, wo er einem Geistlichen beichtet, er habe Mozart ermordet. In seiner Beichte erleben wir die letzten zehn Jahre Mozarts – mit Salieris Augen gesehen: 1781 begegnen sich Mozart (T. H.) und Salieri in Salzburg zum ersten Mal. Der spießig-trockene Salieri ist entsetzt über die Diskrepanz zwischen Mozarts Musik und dem oft rüpelhaften und albernen Benehmen des Jüngeren; und er ist verbittert, weil dem Konkurrenten mühelos zufliegt, was für ihn ein unerreichbares Ideal bleibt. Neid und Verbitterung bestimmen in der Folge das Verhältnis Salieris zu Mozart, nachdem der nach Wien gezogen ist. Der Film berichtet von geglückten und mißglückten Intrigen Salieris, von Erfolgen und Mißerfolgen Mozarts, von dessen Heirat mit Constanze (E. B.), vom Tod seines Vaters Leopold (R. D.), der den körperlich und seelisch labilen Komponisten tief erschüttert. Schließlich suggeriert der Film, Salieri sei der geheimnisvolle Auftraggeber des »Requiem« gewesen und habe andererseits Mozart bei der Niederschrift der Partitur geholfen – ersteres um den erschöpften und überarbeiteten Mozart in den Tod zu treiben, letzteres um die Basis für die Behauptung zu schaffen, er, Salieri, sei der Komponist dieses Werkes. Am Ende seiner Beichte bereut Salieri seine Tat keineswegs. Er triumphiert – im Wahnsinn!
Der mit Preisen (u. a. sechs »Oscars«) überhäufte Film erhebt natürlich keinen Anspruch auf historische Zuverlässigkeit. Dem Autor Shaffer ging es um ein dialektisches Denkspiel über den Konflikt zwischen Genie (Mozart) und Begabung (Salieri) und um die bühnenwirksame Demonstration, daß ein Genie privatim durchaus enervierend sein kann: der Schöpfer unvergänglicher Werke nicht nur als Alkoholiker, sondern auch als albern-geschwätziger Schürzenjäger ...

Regisseur Miloš Forman hat diese Ambivalenz der Vorlage geschickt genutzt, hat aus ihr immer wieder dramaturgisches Kapital geschlagen. So bilden die opulente Ausstattung und die Musik Mozarts den Hintergrund für eine gelegentlich brillante Auseinandersetzung zwischen dem trockenen Schleicher Salieri und einem sich hysterisch gerierenden Mozart. Die aus dieser Konstellation resultierende merkwürdige Spannung läßt den überlangen Film (160 Minuten) niemals langatmig erscheinen.

Les amants
(Die Liebenden)

Frankreich, 1958

R: Louis Malle; A: Louis Malle und Louise de Vilmorin nach einem Roman von Vivant Denon; K: Henri Decae; D: Jeanne Moreau, Alain Cuny, José-Luis de Villalonga, Jean-Marc Bory

Jeanne (J. M.) lebt als Frau des wesentlich älteren Verlegers Henri Tournier (A. C.) in der Provinz. Bei ihren Besuchen in Paris verliebt sie sich in Raoul Florés (J. L. d. V.) und wird seine Geliebte. Henri ahnt die Wahrheit und drängt sie, Raoul und ihre Freundin Maggy für ein Wochenende einzuladen. Am Tag dieses Besuches hat Jeanne eine Autopanne und wird von dem jungen Studenten Bernard (J. M. B.) nach Haus gebracht. Tournier findet Gefallen an Bernard und lädt ihn ebenfalls ein. Beim Abendessen erkennt Jeanne die Alternative: ein zynischer Ehemann oder ein unbedeutender Liebhaber. Als sie in der Nacht ruhelos durch den Park geht, begegnet sie Bernard. Beide finden zueinander, und Jeanne verläßt am nächsten Tag mit Bernard das Haus.
Die gepflegte Modernisierung eines Romans aus dem 18. Jahrhundert, eine Studie über die Selbsterkenntnis und Selbstverwirklichung einer Frau. Der Film erregte damals Aufsehen durch einige erotische Szenen, die allerdings mit Geschmack und Delikatesse in Szene gesetzt worden waren. In der Bundesrepublik kam eine verfälschte Fassung in die Kinos: Einige Szenen waren geschnitten, außerdem unterschlug man u. a. die Existenz eines Kindes, um Jeannes Flucht nicht gar so unmoralisch erscheinen zu lassen.

Amadeus (Tom Hulce)

Amarcord
(Amarcord)

Italien/Frankreich, 1973

R: Federico Fellini; A: Federico Fellini, Tonino Guerra; K: Giuseppe Rotunno; D: Bruno Zanin, Magali Noël, Pupella Maggio, Armando Brancia, Peppino Janigro, Antonietta Beluzzi, Gennaro Ombra, Ciccio Ingrassia

Episodische Schilderung der Erlebnisse des Jungen Titta (B. Z.) in den dreißiger Jahren in Rimini. Bei einem Volksfest wird der Winter verbrannt. Eine Galerie karikaturistisch überzeichneter Lehrer passiert Revue. Häusliche Szenen: Die temperamentvolle Mutter (P. M.) und der jähzornig redliche Vater (A. B.) liefern sich erbitterte Wortgefechte, während der senile Großvater (P. J.) nach dem Hausmädchen grapscht. Dann ein faschistisches Fest, das jäh gestört wird, als ein Grammophon vom Kirchturm die »Internationale« spielt. Zu denen, die verhaftet werden und – ein probates Mittel der Faschisten! – eine Portion Rizinus eingeflößt bekommen, gehört auch Tittas Vater.

Jetzt wäscht die Mutter ihrem Mann liebevoll den Kot und damit die Demütigung vom Leib. Die Bewohner Riminis rudern aufs Meer hinaus, um den Ozeanriesen »Rex« zu begrüßen. Im nächtlichen Dunkel zieht das hell erleuchtete Schiff wie eine märchenhafte Erscheinung vorbei. Sexuelle Obsessionen: Die unerfüllte Liebe des Jungen zu der willfährigen Friseuse Gradisca (M. N.), die Begegnung mit der voluminösen Tabakhändlerin (A. B.), deren riesigen Busen der Knabe küssen darf, ehe sie ihn – enttäuscht und unbefriedigt – von sich stößt. Und eine Variation: Der geisteskranke Onkel Teo (C. I.) wird zu einem Ausflug aus der Anstalt abgeholt. Auf dem Land klettert er auf einen Baum und schreit stundenlang klagend: »Ich will eine Frau!« Ein Bild: Es schneit, und der Pfau des Grafen schlägt im Schnee auf dem Brunnenrand ein Rad. Am Ende heiratet die Gradisca einen Gendarmen. Auf freiem Feld findet die Hochzeitsfeier statt. Es regnet, die Brautleute fahren ab, die Gäste verlieren sich, einer nach dem anderen. Melancholischer Ausklang eines Blicks zurück . . .

Der Titel *Amarcord* ist entstanden aus dem in der Mundart der Romagna zusammengezogenen Satz »Io mi ricordo« (Ich erinnere mich). Tatsächlich spielt der Film in der Vergangenheit, in Fellinis Heimat Rimini, der Junge Titta steht wohl für den jungen Fellini. Aber »nur« eine Autobiographie ist daraus doch nicht geworden. Vielmehr bekennt sich Fellini hier abermals zu einer Subjektivität, die selbst die eigene Vergangenheit aus dem Blickwinkel der Gegenwart zu verändern vermag. Diese Betrachtungsweise bestimmt auch die Erzählstruktur des Films, die aufgelöst wird in Anekdoten, Erlebnisse, Erfahrungen, Träume. »Fellini erzählt längst keine Geschichten mehr. Er schafft Welt – aus Anekdoten, aus Gefühlen. So wie vor ihm einzig Chaplin es getan hat« (Martin Schlappner).

Es fehlen zwar die gewalttätig großartigen Kabinettstückchen aus seinem Film *Fellini: Roma* (Fellinis Roma, Frankreich/Italien 1971), der den Weg eines jungen Mannes (Titta? Fellini?) nach Rom und seine Erfahrungen in der großen Stadt schildert. Aber dafür wurde hier eine Konsequenz und Kongruenz der Handlungsführung erreicht, die den Film einheitlicher und geschlossener erscheinen läßt. Zu seinem Stil gehört dabei auch das Prinzip, blasse Farben zu verwenden, Szenen in den Dämmerschatten der Nacht oder des Nebels zu tauchen.

America, America

(Die Unbezwingbaren)

USA, 1963

R: Elia Kazan; A: Elia Kazan nach seinem gleichnamigen Roman; K: Haskell Wexler; D: Stathis Giallelis, Frank Wolff, Gregory Rozakis, Salem Ludwig, Linda Marsh

Um 1900. Der verzweifelte Kampf eines jungen Griechen, der in der Türkei unter der Verfolgung der griechischen Minderheit leidet, um die Emigration in das »gelobte Land« Amerika. Stavros (S. G.) wird von seiner Familie zum Onkel (S. L.) nach Konstantinopel geschickt, von wo aus er die Auswanderung betreiben und später die übrigen Familienmitglieder nachholen will. In Konstantinopel arbeitet er nur für dieses Ziel. Als er einsieht, daß er das nötige Geld mit ehrlicher Arbeit nicht verdienen kann, beteiligt er sich an einer politischen Geheimorganisation, entgeht nur mühsam der Verhaftung und will sich durch die Heirat mit der unscheinbaren Tochter (L. M.) eines reichen Teppichhändlers finanziell sanieren. Er macht einer reichen Amerikanerin den Hof und gelangt mit ihrer Hilfe an Bord eines Überseedampfers. Zwar entdeckt der Ehemann die Liaison und will Stavros abschieben lassen; aber mit den Papieren eines Freundes, der, schwerkrank, kurz vor der Ankunft verzweifelt Selbstmord begeht, kommt er von Bord. Verzückt küßt er den Boden, auf dem er nun zwei Jahre lang ohne Lohn die Kaution des Arbeitsvermittlers abarbeiten muß, der seinen Freund als Schuhputzer in die USA »importiert« hatte.

Kazan beruft sich in seinem Buch auf die Erzählungen eines Onkels, der in der Gestalt des Stavros porträtiert wird. Das mag sein spürbares Engagement zusätzlich erklären. Der Film ist vieles in einem: Entwicklungsroman eines jungen Mannes, leidenschaftliche und wohl auch undifferenzierte Abrechnung mit der damaligen türkischen Politik, farbige Milieuschilderung aus dem Vorderen Orient. Vor allem aber ist er gleichsam die Darstellung des amerikanischen Mythos, der dem jungen Griechen die Vereinigten Staaten buchstäblich als »gelobtes Land« erscheinen läßt. Dieser Traum von Amerika ist aber sicherlich auch als Kontrastbild zur amerikanischen Wirklichkeit von heute gedacht. Kazan schildert die pralle Handlungsfülle in einem präzisen Realismus; nachteilig wirkt sich die Besetzung der Hauptrolle mit dem etwas blassen Stathis Giallelis aus.

American graffiti
(American Graffiti)

USA, 1973

R: George Lucas; A: George Lucas, Gloria Katz, Willard Huyck; K: Ron Eveslage, Jan D'Alquen; D: Richard Dreyfuss, Charlie Martin Smith, Ronny Howard, Paul Le Mat, Candy Clark, Mackenzie Phillips, Cindy Williams

Zeit: Eine Nacht im Jahr 1962; Ort: eine Kleinstadt in Kalifornien; Personen: eine Clique, vier Jungen zwischen 18 und 22, die Abschied feiern, weil zwei von ihnen auf ein College an der Ostküste gehen wollen.
Steve (R. H.) bekommt Streit mit seiner Freundin Laurie (C. W.); Terry (C. M. S.) leiht sich Steves schickes Auto und gabelt mit Hilfe dieses Statussymbols die attraktive Debbie (C. C.) auf. Auch Big John (P. L. M.) sucht Anschluß. Auf einem Parkplatz steigt die hübsche Carol (M. P.) zu ihm ins Auto; aber sie ist erst dreizehn, und John versucht verzweifelt, sie wieder loszuwerden. Curt (R. D.) gerät an eine Bande, mit der er einen kleinen Diebstahl ausführt. Am Ende wird Curt allein aufs College gehen, weil Steve bei Laurie bleibt. Terry hat sich in Debbie verliebt, und Big John merkt, daß er zu alt geworden ist für kleine Mädchen und frisierte Autos.
Ein ironisch-sentimentaler Blick zurück, der das Bild und die Stimmung jener Jahre überzeugend einfängt. Lucas beschwört gleich am Anfang den zeittypischen »Autokult«, wenn er die gesamte Exposition (rund eine Viertelstunde!) in das Innere von Autos verlegt; und zeittypische Atmosphäre liefern die lokalen Radiostationen mit den damaligen Hits und der fast mythischen Figur des Discjockeys »Wolfman«. Aber anders als Bogdanovich in seinem thematisch vergleichbaren Film *The last picture show* begnügt sich Lucas (Jahrgang 1945) in seinem autobiographisch gefärbten Film mit einem vordergründigen Abbild, ohne die Zeit und seine Helden zu analysieren oder gar kritisch in Frage zu stellen. Eine gewisse Distanzierung leistet allein der Nachspann, der mitteilt, daß John später bei einem Autounfall getötet wurde und Terry in Vietnam verschollen ist. Als nostalgische Skizze aber und als Probe eines originellen Regie-Talents hat dieser Film seine Meriten.

An American in Paris
(Ein Amerikaner in Paris)

USA, 1951

R: Vincente Minnelli; A: Alan Jay Lerner, Alan Lin, Ira Gershwin (Liedertexte); K: Alfred Gilks, John Alton; D: Gene Kelly, Leslie Caron, Oscar Levant, Georges Guétary, Nina Foch

Der amerikanische Maler Jerry Mulligan (G. K.) und der Komponist Adam Cook (O. L.) leben arm, aber glücklich in Paris. Jerry wird von einer attraktiven Millionärin (N. F.) umworben, verliebt sich aber Hals über Kopf in das Mädchen Lisa (L. C.). Doch Lisa fühlt sich an den Sänger Henri (G. G.) gebunden, der sie im Krieg vor den Deutschen gerettet hat. Auf einem Kostümfest nehmen Lisa und Jerry Abschied voneinander. Aber Henri hat ihr Gespräch belauscht und gibt Lisa frei. Glücklich eilt sie in Jerrys Arme.
An American in Paris gilt als eines der besten Film-Musicals. Der Film verdankt seinen Erfolg gleichermaßen der Musik George Gershwins, dessen gleichnamige Komposition ihm auch den Titel gab, der Regie Minnellis und der Choreographie Gene Kellys. Handlung und Tanz sind hier raffiniert miteinander verschmolzen. Typisch sind gleich die ersten Bilder des Films, wenn Jerrys Morgentoilette choreographisch gestaltet wird; und das wiederholt sich immer wieder, z. B. bei den Liebesszenen, in denen Dialog und Handlung sich im Tanz auflösen und fortsetzen. Minnelli hat dieses Stilprinzip geschickt in die filmische Dramaturgie integriert und dabei auch der Farbe eine besondere Bedeutung gegeben. Höhepunkte der Inszenierung u. a.: Ein Wunschtraum Adams, in dem er sich als gefeierter Konzertpianist sieht und in

An American in Paris (Gene Kelly, Leslie Caron)

dem auch der Dirigent, sämtliche Musiker und das Publikum sein Gesicht tragen; das Kostümfest (Ausstattung: Cedric Gibbons, Preston Ames), bei dem alle Bauten und Kostüme schwarz-weiß sind, was der Szene eine melancholische Grundstimmung gibt; das abschließende Ballett, bei dem die einzelnen Sequenzen sich an der Farbgebung berühmter Maler orientieren.
Der Film wurde mit Auszeichnungen überhäuft und erhielt u. a. acht »Oscars«.

An American tragedy
(Eine amerikanische Tragödie)
USA, 1931

R: Josef von Sternberg; A: Samuel Hoffenstein und Josef von Sternberg nach dem gleichnamigen Roman von Theodore Dreiser; K: Lee Garmes; D: Phillips Holmes, Sylvia Sidney, Frances Dee

Verfilmung des Romans von Dreiser: Clyde Griffiths (P. H.) hat die Chance zur Heirat mit der reichen Sondra Finchley (F. D.) und zum sozialen Aufstieg. Dabei steht ihm eine junge Arbeiterin (S. S.) im Weg, die ein Kind von ihm erwartet. Er will sie töten. Ein Unfall kommt ihm zuvor; seine Tatvorbereitungen jedoch belasten ihn so stark, daß er als Mörder verurteilt wird.
Ursprünglich sollte Eisenstein, der sich damals in den USA aufhielt, diesen Film drehen. Sein Drehbuch aber war dem Produzenten wohl zu aggressiv sozialkritisch. Da man die Rechte jedoch schon erworben hatte, verpflichtete man Josef von Sternberg. Sternberg schrieb später: »Ich ließ alle soziologischen Elemente weg. Sie hatten meiner Meinung nach nichts mit dem dramatischen Unfall zu tun, der Dreiser be-

schäftigt hatte.« Dreiser war anderer Meinung. Er klagte gegen die Filmgesellschaft und wollte die öffentliche Vorführung des Films mit dem Argument verhindern, er verfälsche sein Buch. Ein Gericht entschied jedoch gegen ihn. Eisenstein urteilte später: »Der Film ist so schlecht, daß ich ihn mir nicht bis zum Ende ansehen konnte.«
Tatsächlich hat Sternberg hier ein solides Drama privater Konflikte abgeliefert, das die Handlungsfülle des Romans auf die entscheidenden Szenen konzentriert und diese dann breit und wirkungsvoll ausspielt. Neben dem Dialog gab es noch zahlreiche Zwischentitel, die nach Stummfilm-Manier etwa verkündeten: »Zurück in den Alltag nach zwei zauberhaften Tagen!«
Zwanzig Jahre später wurde Dreisers Buch unter dem Titel *A place in the sun* von George Stevens neu verfilmt.

Le amiche

(Die Freundinnen)

Italien, 1955

R: Michelangelo Antonioni; A: Michelangelo Antonioni, Suso Cecchi d'Amico und Alba de Cespedes nach dem Roman *Einsame Frauen* von Cesare Pavese; K: Gianni Di Venanzo; D: Eleonora Rossi Drago, Gabriele Ferzetti, Franco Fabrizi, Valentina Cortese, Yvonne Furneaux, Ettore Manni, Madeleine Fischer, Annamaria Pancani

Clelia (E. R. D.) ist Managerin eines Modesalons in Rom. Als sie von der Direktion nach Turin geschickt wird, um dort eine Filiale aufzubauen, gerät sie in einen Kreis von »Freundinnen«, verwöhnten Damen aus dem gehobenen Bürgertum, die ihre innere Leere durch Flirts und Partys zu betäuben suchen: Momina (Y. F.), Nene (V. C.), Mariella (A. P.) und die junge Rosetta (M. F.), die sich am Schluß aus enttäuschter Liebe zu Lorenzo (G. F.) das Leben nimmt. Auch Clelia erlebt eine kurze Liebesgeschichte mit dem Dekorateur Carlo (E. M.). Aber ihre Welten sind so verschieden, daß Clelia diese Liaison bald, fast hastig beendet.
Schon in der literarischen Vorlage ist die Monotonie unausgefüllten Lebens bedrückend gegenwärtig. Und Antonioni hat nicht versucht, diese Vorlage etwa effektvoll aufzubereiten. Er attackiert die »Freundinnen«, die ein Leben ohne Ziel führen, nicht durch große Worte oder dramatische Situationen, sondern durch die genaue Schilderung bezeichnender Details aus ihrem Alltag. Er zeigt, daß die berufstätige Clelia in diesem Kreis eine Ausnahme ist; aber er nennt auch den Preis, den sie dafür zahlen muß: Ihr beruflicher Erfolg trennt sie von Carlo, von dem Mann, den sie liebt. Kernpunkt des Films ist dabei nicht die Psychologie einiger Menschen, sondern die Malaise der Frau in unserer Gesellschaft.

L'amore

(Amore)

Italien, 1947/48

I. Teil: *Una voce umana* (Eine menschliche Stimme)
R: Roberto Rossellini; A: Roberto Rossellini nach dem Monodrama *Die menschliche Stimme* von Jean Cocteau; K: Robert Juillard; D: Anna Magnani

II. Teil: *Il miracolo* (Das Wunder)
R: Roberto Rossellini; A: Federico Fellini, Tullio Pinelli, Roberto Rossellini; K: Aldo Tonti; D: Anna Magnani, Federico Fellini

I. Eine mondäne Frau (A. M.) telefoniert verzweifelt mit dem Geliebten, der sie verlassen hat. Am Ende erdrosselt sie sich mit der Schnur des Telefons.
II. Eine geistesschwache Landarbeiterin (A. M.) begegnet einem bärtigen Hirten (F. F.), den sie für den hl. Josef hält. Sie sitzt neben ihm, trinkt von seinem Wein und schläft daraufhin ein. Als sie später merkt, daß sie schwanger ist, glaubt sie sich auserwählt, das Kind eines »Heiligen« zu gebären. Die Dorfbewohner verspotten sie und treiben sie schließlich aus dem Dorf. Sie flieht in die Berge und bringt in einer leeren Kirche ihr Kind zur Welt.
Zwei sehr unterschiedliche Episoden, die im weitesten Sinn nur das Thema (Die Liebe) und die großartige Leistung der Hauptdarstellerin Anna Magnani vereint. Im ersten Teil bietet sie eine schauspielerische »tour de force«, die den Zuschauer fast dazu bringt, sich als Voyeur zu fühlen: Liebe als unheilbare, tödliche Krank-

heit. Im zweiten Teil erscheint Liebe in einer ganz anderen Form – als Gnade, als unbeirrbare Richtschnur, als Licht in der Finsternis eines armseligen Lebens.
Der Film war damals heftig umstritten. Einigen galt er als »gotteslästerlich« und »blasphemisch«, es gab Boykottaufrufe und auch Verbote.

L'amour en fuite

(Liebe auf der Flucht)

Frankreich, 1978

R: François Truffaut; A: François Truffaut, Marie-France Pisier, Jean Aurel, Suzanne Schiffman; K: Nestor Almendros; D: Jean-Pierre Léaud, Marie-France Pisier, Claude Jade, Daniel Mesguich, Dani, Dorothée, Julien Bertheau

Der fünfte und – laut Truffaut – letzte Film aus dem Leben von Antoine Doinel. Nach schwerer Kindheit (*Les quatre cents coups*), ersten Liebesenttäuschungen (in der Episode *Antoine et Colette* des Films *L'amour à vingt ans* – Liebe mit zwanzig, 1961), dem Schwanken zwischen einer verheirateten Frau und seiner Jugendliebe Christine (*Baisers volés*) und der Ehe mit Christine (*Domicile conjugal* – Tisch und Bett, Frankreich/Italien 1970) läßt er sich jetzt von Christine (C. J.) scheiden. Vor dem Gerichtsgebäude trifft er Colette (M. F. P.), seine einstige »platonische« Liebe, die inzwischen Anwältin geworden ist. Das Gespräch mit ihr macht ihn nachdenklich, genauso wie die Begegnung mit dem ehemaligen Liebhaber seiner Mutter, Monsieur Lucien (J. B.). Antoine, der seinen Lebensunterhalt als Korrektor verdient, einen nicht übermäßig erfolgreichen Roman mit dem Titel »Liebes-Salat« geschrieben hat und unverdrossen an einem neuen Roman arbeitet, bringt es sogar über sich, seiner neuen Freundin Sabine (Do.) zu gestehen, daß er sie wirklich liebt. Ihre Bekanntschaft übrigens hatte er – typisch für ihn! – auf abenteuerliche Weise gemacht, indem er ein zerrissenes Foto von ihr, das er zufällig in einer Telefonzelle gefunden hatte, sorgfältig zusammensetzte und die Spur von dem Foto zu ihr mit kriminalistischem Spürsinn verfolgte. Ein Happy-End für Doinel?
»Ich glaube, daß ich hier einen Vorteil hatte, wie fast kein anderer Filmemacher. Wenn man einen Film dreht, der in die Vergangenheit einer Geschichte zurückgeht, hat man immer das Problem, einen jungen Schauspieler finden zu müssen, der dem erwachsenen Protagonisten ähnlich sieht... Ich dagegen habe denselben Schauspieler für dieselbe Rolle über die verschiedenen Lebensalter gefilmt, und jetzt kann ich eine neue Geschichte erzählen, in der er als Erwachsener, als Kind und als Heranwachsender auftauchen kann...«
Truffaut hat von dieser Möglichkeit reichlich Gebrauch gemacht. Immer wieder beschwören und belegen Rückblenden, Zitate aus den früheren Filmen, Antoines Vergangenheit. Das gibt dem Film über weite Strecken eine verblüffende Dimension, gibt ihm fast den Anschein des Dokumentarischen. Andererseits drängt sich streckenweise die Vergangenheit so sehr vor die Gegenwart, daß die Konturen der »neuen« Geschichte verschwimmen. Vor allem aber scheint es, daß der Schauspieler Léaud sich doch anders entwickelt hat als Truffauts Doinel. Hier entsteht gelegentlich eine Kluft, die auch die Inszenierungskunst Truffauts nicht ganz überbrücken konnte.

Amphitryon – Aus den Wolken kommt das Glück

Deutschland, 1935

R: Reinhold Schünzel; A: Reinhold Schünzel frei nach dem gleichnamigen Schauspiel von Heinrich von Kleist; K: Fritz Arno Wagner, Werner Bohne; D: Willy Fritsch, Käthe Gold, Paul Kemp, Fita Benkhoff, Adele Sandrock

Der Kern der Handlung entspricht der klassischen Vorlage: Jupiter (W. F.) nimmt die Gestalt des Amphitryon an, um die Liebe von Amphitryons Gattin Alkmene (K. G.) zu genießen. Sein Begleiter Merkur (P. K.) nähert sich unterdessen Alkmenes Dienerin Andria (F. B.) in der Gestalt ihres Mannes Sosias.
Das Thema wird hier mit den Mitteln des Kabaretts behandelt. Jupiter erscheint als rechte Jammergestalt, die ganz unter dem Pantoffel der Göttermutter Juno (A. S.) steht. Juno putzt sich für einen Besuch »bei Plutos«. Seinen Ausflug zur Erde erschwindelt sich Jupiter unter dem Vorwand, eine Badereise machen zu wol-

len. Als Gefährt dient den beiden reisenden Göttern ein riesiger Regenschirm, mit dem sie vom Olymp herabschweben, während der Götterbote Merkur sich ansonsten der Rollschuhe bedient usw. Dieses in vielen Pennälerscherzen bewährte Rezept wurde hier aber konsequent und einfallsreich angewandt, so daß der Film ein großer Erfolg wurde.

Ana y los lobos

(Anna und die Wölfe)

Spanien, 1972

R: Carlos Saura; A: Rafael Azcona, Carlos Saura; K: Luis Cuadrado; D: Geraldine Chaplin, Fernando Fernan Gómez, José Maria Prada, José Vivó, Rafaela Aparicio, Charo Soriano

Das englische Kindermädchen Anna (G. C.) kommt in ein einsam gelegenes, schloßartiges Bürgerhaus, in dem eine halbgelähmte Patronin (R. A.) mit ihren drei erwachsenen Söhnen, der Schwiegertochter Luchy (C. S.) und drei Enkelkindern lebt. Schon bald erkennt Anna, daß sie »unter die Wölfe gefallen« ist; sie durchschaut und entlarvt die Schwächen und Obsessionen der Hausbewohner. José (J. M. P.) gibt sich als starker Mann, der Anweisungen erteilt und Annas Papiere prüft. In Wahrheit ist er ein Feigling, der seine Schwäche mit einer abstrusen Uniform-Sammlung kompensiert. Fernando (F. F. G.) spielt den Heiligen und lebt und kasteit sich in einer dunklen Höhle. Die vorgetäuschte Heiligkeit ist jedoch nur Tarnung für seinen Masochismus. Und Juan (J. V.), der Verheiratete, dessen Kinder Anna erziehen soll, ist ein verklemmter Lüstling, der ihr unter fremdem Namen obszöne Briefe schreibt und sich Ersatzbefriedigung verschafft, indem er heimlich Annas Zahnbürste benutzt und sich in ihr Bett legt. In den Erzählungen der Patronin werden dann auch die fatalen Erziehungsmethoden deutlich, die diese Menschen so deformiert haben; die gleichen Methoden werden jetzt wieder für die Enkelkinder angewandt. Die Hausbewohner erkennen schließlich, daß Anna sie durchschaut hat. Sie wird aus dem Haus gewiesen und läuft entsetzt davon. Die drei Brüder lauern ihr auf. José und Fernando halten sie fest, damit Juan sie vergewaltigen kann. Fernando schneidet ihr die Haare ab. José erschießt sie. Alle drei haben sich »bewährt«, und die alte Ordnung ist wiederhergestellt.

Eine alptraumhafte Vision, die noch stärker als andere Filme Sauras an Buñuel erinnert und doch in den stilistischen Mitteln ganz eigenständig ist. Die Ordnungsmächte Spaniens – Militär, Kirche, Bürgertum – werden hier symbolisch denunziert. Die spanische Gesellschaft erscheint als ein Horror-Kabinett, in dem die lauthals behaupteten Tugenden nur Tarnung für perverse Mutationen sind. Und mit dem Hinweis auf die Erziehungsmethoden wird dieser Zustand auch noch in die Zukunft fortgeschrieben.

Der Andere Ⓢ

Deutschland, 1913

R: Max Mack; A: Max Mack nach einem Bühnenstück von Paul Lindau; K: Hermann Böttger; D: Albert Bassermann, Hanni Weisse, Otto Colott, Leon Resemann

Dr. Hallers (A. B.), ein prominenter Berliner Anwalt, leidet als Folge eines Sturzes vom Pferd an einer Persönlichkeitsspaltung. In seiner zweiten Existenz ist er ein Gauner, der zusammen mit einem Einbrecher (L. R.) in seine eigene Wohnung eindringt. Die Polizei, rechtzeitig gewarnt, ist jedoch zur Stelle und verhaftet Hallers und seinen Komplizen auf frischer Tat. Hallers verwandelt sich, offenbar unter dem Eindruck des Schocks, wieder in den ehrbaren Anwalt. Er hat keine Erinnerung an sein Verbrechen, muß aber seine Mitschuld erkennen und bricht zusammen. Später wird er geheilt.

Motive des Films – die gespaltene Persönlichkeit, die Schuld, die das andere Ich auf sich lädt – ähneln denen in *Der Student von Prag*. Hier allerdings, in der Realität, ersetzte man den tragischen Schluß durch einen zuversichtlichen Hinweis auf die Kraft der Liebe und der Seelenheilkunde.

Albert Bassermann, der bisher als besonders engagierter Gegner des neuen Mediums galt, stand hier erstmals vor einer Filmkamera. Diese Tatsache lockte zahlreiche Rezensenten zur Uraufführung des Films, die damit für Deutschland so etwas wie die Geburtsstunde der Filmkritik war.

Andrej Rubljow

(Andrej Rubljow)

UdSSR, 1966–69

R: Andrej Tarkowski; A: Andrej Michalkow-Kontschalowski, Andrej Tarkowski; K: Wadim Jussow; D: Anatoli Solonizin, Nikolai Sergejew, Nikolai Burljajew

Um 1400. Der Mönch Andrej Rubljow (A. S.) wird Schüler und Gehilfe des berühmten Ikonenmalers Theophan (N. S.). Theophan wird von düsteren Ahnungen heimgesucht; außerdem erfährt man, daß der Großfürst mehrere Künstler hat blenden lassen, damit sie für seinen jüngeren Bruder keine vergleichbaren Kunstschätze schaffen können. Andrej glaubt an die Welt und die Schönheit. Aber als er in einer Kirche das Jüngste Gericht malen soll, beginnt er zu zweifeln. Denn für den aufklärerischen Andrej ist das Jüngste Gericht das, was die Menschen aus ihrem Leben machen. Er legt die Arbeit nieder. Der jüngere Bruder des Großfürsten fällt an der Spitze einer Armee in das Land ein. In dem Gemetzel, das seine Soldaten anrichten, erschlägt Andrej einen Menschen, um eine Frau vor einer Vergewaltigung zu bewahren. Damit sind seine Ideale nachhaltig erschüttert. Theophan erscheint ihm als Geist. Und jetzt gibt Andrej seinem Pessimismus Recht. Er legt ein Schweigegelöbnis ab und hört auf zu malen. Doch dann begegnet er Boriska (N. B.), dem Sohn eines verhungerten Glockengießers. Boriska hat sich verpflichtet, im Auftrag des Großfürsten eine riesige Glocke zu gießen. Fasziniert beobachtet Rubljow, wie Boriska, obwohl fast noch ein Kind, den Auftrag ausführt. Andrej bricht sein Schweigen und bittet Boriska, mit ihm zu kommen. In einem Kloster will er die Kirche ausmalen, Boriska soll die Glocken gießen ...

Der rund dreistündige CinemaScope-Film war in der UdSSR bis zum Dezember 1971 verboten. Offiziell hieß es, der Film gebe ein verzerrtes und negatives Bild vom Leben im damaligen Rußland. Wahrscheinlich sah man aber in Rubljows Hoffnungen und Träumen allzu viele religiöse Aspekte und in seiner skeptischen Suche nach neuen Formen und Inhalten ein Plädoyer für die Freiheit des Künstlers.

Der schwarzweiße Film, der lediglich in seinen Schlußszenen, in denen er Ikonen Rubljows zeigt, farbig wird, ist meisterhaft gestaltet. Szenen von visionärer Kraft und Vitalität werden unterbrochen von philosophischen Exkursen; formale Akzente wie Zwischentitel, Zeitlupenaufnahmen und Standbilder sind raffiniert gesetzt. Der episch breite Bericht aus einer Zeit voller Gewalttaten und Haß kreist immer wieder um das Problem des Künstlers, der ein Werkzeug in der Hand der Mächtigen und ihrer Ideologien ist. Eine Schlüsselszene des Films, gleichzeitig ironisch und von einer verzweifelten Hoffnung erfüllt, ist der Glockenguß, den Boriska angeblich nach einem ererbten Geheimrezept seines Vaters durchführt. In Wirklichkeit, so vertraut der Junge Rubljow an, gibt es überhaupt kein Geheimrezept; er hat den Mythos des Vaters nur benutzt, um seine eigenen Fähigkeiten beweisen zu können.

El ángel exterminador

(Der Würgeengel)

Mexiko, 1962

R: Luis Buñuel; A: Luis Buñuel nach dem Manuskript *Les naufrages de la rue de la providence*, das er zusammen mit Luis Alcoriza nach einem unveröffentlichten Schauspiel von José Bergamin geschrieben hatte; K: Gabriel Figueroa; D: Enrique Rambal, Lucy Gallardo, Silvia Pinal

Eine Party in der Villa des angesehenen Bürgers Nobile (E. R.) in der »Straße der Vorsehung«. Das Personal des Hauses verläßt ohne einleuchtenden Grund hastig die Arbeitsstätte; am späten Abend verwehrt ein seltsamer Zwang den Gästen, das Zimmer zu verlassen. Der Bann hält tagelang an; auch die alarmierte Polizei vermag andererseits nicht in das Haus einzudringen. In dieser Ausnahmesituation verändern sich die Gäste. Sie werden kindisch oder aggressiv, suchen Trost in der Religion oder Rettung in kabbalistischen Übungen. Ein junges Liebespaar begeht gemeinsam Selbstmord. Schafe und ein Bär trotten durch die Vorhalle. Schließlich kommt eine Frau (S. P.) auf die Idee, genau die Situation zu rekonstruieren, in der der Zwang zum ersten Mal spürbar wurde; und plötzlich ist der Bann gebrochen. Erleichtert beschließen die Geretteten, einen Dankgottesdienst zu feiern; aber am Schluß der Messe

wiederholt sich das seltsame Phänomen. Am Ende sieht man eine Schafherde in der Kirche verschwinden.
»Wenn der Film, den Sie jetzt sehen werden, Ihnen rätselhaft oder anstößig erscheint, so deshalb, weil auch das Leben es ist. Wie das Leben, so ist der Film voller Wiederholungen und vielfach interpretierbar. Der Autor erklärt, daß er keine Symbole geben wollte, zumindest nicht bewußt. Die beste Deutung von *El ángel exterminador* ist vielleicht die, daß es von der Vernunft her keine Deutung gibt« (Luis Buñuel im Vorspann des Films).
Der Film lädt dennoch zu vielfachen Deutungen ein. Der Wendepunkt zum Beispiel könnte die Freiheit des Menschen signalisieren, Entscheidungen zu revidieren, Fehler zu korrigieren. Man könnte jedoch auch christlicher interpretieren; denn unmittelbar vorher hatte der Hausherr, der von einigen Gästen für die Katastrophe verantwortlich gemacht wird, sich freiwillig als »Opfer« angeboten. Seine eigentliche Wirkung verdankt dieser Film jedoch neben der Meisterschaft der formalen Gestaltung wohl gerade der Tatsache, daß er rational nicht faßbare »Urangst« formuliert: der Mensch als Gefangener seiner eigenen Gedanken, Vorstellungen und Vorurteile.

Angels with dirty faces
(Chikago)

USA, 1938

R: Michael Curtiz; A: John Wexley und Warren Duff nach einer Erzählung von Rowland Brown; K: Sol Polito; D: James Cagney, Pat O'Brien, Humphrey Bogart

Rocky Sullivan (J. C.) ist schon als Junge in den Slums zum Gesetzesbrecher geworden. Nach 15 Jahren kommt er als arrivierter Gangster in die Slums zurück, wo sich seither wenig geändert hat. Sein Jugendfreund Jerry Connolly (P. OB.) ist Priester geworden. Aber die Jungen in seinem Kirchenchor sind auch schon von der Gewalt fasziniert; Rocky wird ihr Idol. Rokky glaubt sich von seinem Anwalt James Frazier (H. B.) betrogen und versucht, sein Geld einzu-

El ángel exterminador

treiben. Als Fraziers Versuch, ihn zu beseitigen, mißlingt, bekommt er das Geld und will Jerry Connolly 10000 Dollar für ein Freizeitzentrum stiften. Der lehnt ab und beginnt statt dessen einen publizistischen Kampf gegen das Gangstertum. Rocky erschießt Frazier, wird verhaftet, verurteilt und hingerichtet. Aber vorher erfüllt er Jerry Connolly einen letzten Wunsch und gibt damit seinem Tod einen Sinn. Er spielt den angstschlotternden Feigling, wimmert vor den versammelten Reportern um Gnade und demontiert damit bewußt sein Image als hartgesottener Held. Die Jungen, die ihn bisher verehrt haben, sind tief enttäuscht und suchen Rat und Hilfe bei ihrem Pfarrer.
Der Schluß ist sentimental und inkonsequent. So unterlief man damals drohende Zensurschwierigkeiten, indem man die positive Nutzanwendung gleich mitlieferte. Vorher aber ist dies ein vorzügliches Beispiel für die große Tradition des amerikanischen Gangsterfilms. Konsequent werden die sozialen Bedingungen des Gangsterwesens gezeigt, überzeugend wird der Weg eines Jungen über kleine Gaunereien zum »echten« Gangster geschildert. Entsprechend nehmen Milieuschilderungen hier einen breiten Raum ein, sie überlagern aber niemals die Spannung des Geschehens.

Les anges du péché

(Engel der Sünde / Das Hohelied der Liebe)

Frankreich, 1943

R: Robert Bresson; A: Jean Giraudoux, Robert Bresson, Pater Bruckberger OP; K: Philippe Agostini; D: Renée Faure, Jany Holt, Sylvie

Ein reiches, leidenschaftlich gläubiges Mädchen (R. F.) tritt in ein Kloster der Dominikanerinnen ein, die sich besonders der Fürsorge für weibliche Strafgefangene widmen. Als Novizin mit dem Klosternamen Anne-Marie kämpft sie verzweifelt um die Seele von Thérèse (J. H.), die wenige Stunden nach ihrer Entlassung aus dem Gefängnis im Kloster Schutz sucht. Weder Anne-Marie noch die Oberin (S.) wissen, daß Thérèse in diesen Stunden den Mann getötet hat, für den sie unschuldig ins Gefängnis gegangen war und der sie dann betrogen hatte. In ihrem Eifer, die verbitterte junge Frau zu bekehren, verstößt Anne-Marie sogar gegen die Klosterregeln und wird von der Oberin aus dem Kloster entlassen. Aber sie kehrt heimlich zurück, um Nacht für Nacht im Klostergarten für Thérèse zu beten. Dort findet man sie eines Morgens im Regen – schwer krank. Sterbend betet sie weiter für Thérèse, die an ihrem Totenbett verhaftet wird. Aber Anne-Maries Opfer hat Thérèse erschüttert und bekehrt. Nach Verbüßung der Strafe wird sie in das Kloster zurückkehren ...
Der erste abendfüllende Spielfilm Bressons zeigt noch nicht den asketischen Bildstil seiner späteren und reiferen Werke; seine Entwicklung scheint hier jedoch schon deutlich vorgezeichnet. Die schmucklose dramaturgische Struktur verweist auf das Wesentliche des Geschehens, das sich hier – wie auch später bei Bresson – im Menschen selbst vollzieht.

Angst essen Seele auf

BRD, 1973

R: Rainer Werner Fassbinder; A: Rainer Werner Fassbinder; K: Jürgen Jürges; D: Brigitte Mira, El Hedi ben Salem, Barbara Valentin, Irm Herrmann, Marquard Bohm

Die etwa 60jährige verwitwete Putzfrau Emmi (B. M.) lernt in einer Gastwirtschaft einen rund 20 Jahre jüngeren marokkanischen Gastarbeiter (E. H. b. S.) kennen, den sie der Einfachheit halber »Ali« nennt. Er bringt sie, absichtslos, nach Haus; sie lädt ihn »auf ein Glas« in ihre Wohnung und bietet ihm ein Zimmer für die Nacht, da das »Ausländer-Wohnheim« unterdessen geschlossen ist. Aus der flüchtigen Begegnung wird Liebe – gegen den Widerstand der Umwelt: Emmis Kinder, die sich bisher kaum um sie gekümmert haben, machen ihr bittere Vorwürfe wegen ihrer Unmoral, der Kaufmann an der Ecke weigert sich, Ali zu bedienen, Nachbarn und Arbeitskolleginnen Emmis machen giftige Bemerkungen. Die beiden ungleichen Liebenden ficht das alles nicht an; sie heiraten. Und nach einer Urlaubsreise scheint die Welt wunderbar verändert, weil die Gegner von gestern erkannt haben, daß Emmi und Ali ihnen nützlich sein können. Der Kaufmann bangt um seinen Umsatz, die Nachbarin bittet Ali um Hilfe bei schweren Arbeiten, die Kinder

beuten Emmi als Baby-Sitterin aus, die Arbeitskolleginnen haben ein anderes »schwarzes Schaf« gefunden. Doch nun, da der äußere Druck gewichen ist, beginnt erst die innere Krise dieser Ehe. Ali fühlt sich von Emmi bevormundet; er möchte vor seinen Kollegen beweisen, daß er der Herr im Haus ist. Und häufiger zieht es ihn jetzt auch zu einer drallen Kellnerin (B. V.), was für Emmi den Altersunterschied drückend deutlich macht. Bei einer Auseinandersetzung bricht Ali zusammen und wird in ein Krankenhaus eingeliefert. Der Arzt diagnostiziert ein Magengeschwür, betont, das sei häufig bei Gastarbeitern, und prophezeit einen baldigen Rückfall. Aber Emmi will nicht aufgeben...
Die Grundidee dieses Films hat Fassbinder bereits – wie eine »Nummern-Einlage« – in seinem Film *Der amerikanische Soldat* von einer Kellnerin erzählen lassen. Er hat sie hier fast so lapidar verfilmt wie dort erzählt. Diese bewußte Naivität der Erzählweise wirkt sehr überzeugend und eindringlich; und die genaue Beobachtung alltäglicher Details verhindert, daß der Film wie ein bloßes Lehrstück erscheint.

Anna Boleyn Ⓢ

Deutschland, 1920

R: Ernst Lubitsch; A: Fred Orbing, Hanns Kräly; K: Theodor Sparkuhl; D: Emil Jannings, Henny Porten, Ludwig Hartau, Aud Egede Nissen, Hedwig Pauly

Die Geschichte von Anna Boleyn (H. P.), der zuliebe Heinrich VIII. von England (E. J.) sich von seiner Frau Katharina (H. Pa.) scheiden ließ, sich gegen den Papst wandte und sich zum Oberhaupt der Anglikanischen Kirche ernannte. Nachdem Anna, nunmehr Königin, ihm nicht den erhofften Thronerben schenkt, wendet der König seine Gunst Johanna Seymour (A. E. N.) zu. Anna wird der Prozeß gemacht. Ein Gericht unter dem Vorsitz des Herzogs von Norfolk (L. H.), ihres eigenen Onkels, verurteilt sie wegen Ehebruchs zum Tode.
Die Kritiker zogen überwiegend die ein Jahr zuvor entstandene *Madame Dubarry* diesem Film vor. Tatsächlich ist *Madame Dubarry* einfallsreicher, ironischer und rhythmischer als *Anna Boleyn*. Pola Negri ist als Dubarry zudem überzeugender als Henny Porten in der Rolle der Anna Boleyn, während Emil Jannings sich offenbar am englischen Hof wohler fühlte als am französischen. Zu den Vorzügen von *Anna Boleyn* zählen prunk- und geschmackvolle Kostüme (Ali Hubert) und eine raffinierte Bildkomposition.

Anna Karenina

(Anna Karenina)

UdSSR, 1967

R: Alexander Sarchi; A: Wassili Katanjan und Alexander Sarchi nach dem gleichnamigen Roman von Leo Tolstoi; K: Leonid Kalaschnikow; D: Tatjana Samoilowa, Nikolai Grizenko, Wassili Lanowoi

Verfilmung des gleichnamigen Romans von Tolstoi: Anna Karenina (T. S.), Karenin (N. G.), Wronski (W. L.).
Sarchi verwandte viel Sorgfalt auf die detaillierte Milieuschilderung. Aber er hielt sich nicht sklavisch an einen oberflächlichen Realismus und abstrahierte etwa die Ballszenen und die Szene beim Pferderennen zu raffinierten Form- und Farbspielen.
Interessant ist auch die Darstellung Karenins, der hier nicht als »Bösewicht«, sondern als unscheinbarer Mann erscheint, der ganz in den Konventionen der Gesellschaft lebt. Nikolai Grizenko übernahm die Rolle übrigens erst kurz vor Schluß der Dreharbeiten von dem erkrankten Innokenti Smoktunowski; zahlreiche Szenen mußten neu gedreht werden.
Tolstois Roman war vorher bereits mehrfach verfilmt worden, wobei Greta Garbo sogar in zwei Versionen die Titelrolle spielte: *Love* (Liebe, USA 1927) von Edmund Goulding unter Mitarbeit von Dimitri Buchowetzki, *Anna Karenina* (Anna Karenina, USA 1935) von Clarence Brown. Sehr erfolgreich war auch der Film *Anna Karenina* (Anna Karenina, England 1947), den Julien Duvivier mit Vivien Leigh in der Hauptrolle drehte.

Anna Boleyn (Henny Porten, Emil Jannings)

L'année dernière à Marienbad
(Letztes Jahr in Marienbad)

Frankreich/Italien, 1960

R: Alain Resnais; A: Alain Robbe-Grillet; K: Sacha Vierny; D: Delphine Seyrig, Giorgio Albertazzi, Sacha Pitoeff

Ein Mann (G. A.), den das Drehbuch »X« nennt, geht durch die Säle und Korridore eines prunkvollen Schlosses, das einem unbestimmbaren Zweck dient. Höchstwahrscheinlich ist es ein Luxus-Hotel. Der Mann sieht eine junge Frau, »A« (D. S.). X glaubt sich zu erinnern, daß er vor einem Jahr hier mit dieser Frau ein Liebeserlebnis gehabt hat und daß sie versprochen hat, nach einem Jahr endgültig bei ihm zu bleiben. Die Frau widerspricht, erinnert sich nicht. X insistiert. Aber da ist noch ein zweiter Mann, »M« (S. P.), der die Frau für sich behalten möchte. Am Ende verläßt die Frau mit X das Schloß und geht mit ihm in eine ungewisse Zukunft.

Nichts ist eindeutig in diesem Film. Man weiß nicht, ob X sich richtig erinnert, ob er sich überhaupt erinnert oder vielleicht nur ein Betrüger ist. Unklar ist auch die Rolle der Frau. Erinnert sie sich wirklich nicht, oder will sie sich nicht zu ihrer Erinnerung bekennen? Und schließlich wird auch niemals deutlich, in welchem Verhältnis M zu der Frau steht.

Genauso haben sich die Kritiker gestritten, ob der Inhalt des Films ein reales Geschehen oder vielleicht nur eine Traumvision der Frau ist. Resnais und Robbe-Grillet haben ausdrücklich alle Deutungsversuche als möglich und gleichrangig bezeichnet; sie meinten, jeder Besucher solle sich aus ihrem Film den Film machen, den er zu sehen wünsche.

Diese Vieldeutigkeit ist Vor- und Nachteil des Films zugleich. Sie verführt den Zuschauer gelegentlich zu Spekulationen, die seine Aufmerksamkeit eher auf oberflächliche Details als auf das Wesentliche lenken. Andererseits ist das Spiel mit Traum und Wirklichkeit, die Einheit von Gegenwart und Vergangenheit, die stark an *Hiroshima, mon amour* erinnert, von hohem ästhetischem Reiz. Resnais hat seinem Film unter Verzicht auf einschlägige Symbole eine Aura des Unwirklichen gegeben. Er zeigt nicht verschwimmende Visionen; er stimuliert die Ungewißheit des Zuschauers durch eine Folge von streng stilisierten Bildern. Nicht das bemerkenswerteste, wohl aber das bekannteste Beispiel für diese Stilisierung ist eine Szene im Park, in der die Menschen seltsam arrangiert sind, wobei ihre Schatten auf den weißen Boden aufgemalt wurden.

Annie Hall
(Der Stadtneurotiker)

USA, 1976/77

R: Woody Allen; A: Woody Allen, Marshall Brickman; K: Gordon Willis; D: Woody Allen, Diane Keaton, Tony Roberts, Carol Kane, Paul Simon, Shelley Duvall, Janet Margolin, Donald Symington

Eingangs vertraut Alvy Singer (W. A.) den Zuschauern im Plauderton und »ganz privat« seine Probleme an: Er hat kein Glück bei Frauen; gerade jetzt ist ihm wieder eine davongelaufen. Der verunsicherte Alvy zieht Bilanz und überdenkt sein Leben: Sein Vater (D. S.) hatte eine Bude auf dem Rummelplatz und eine Wohnung neben der Achterbahn. Die Schulzeit war arm an Erfolgserlebnissen. Dennoch hat Alvy es zu etwas gebracht; jetzt, vierzigjährig, ist er ein erfolgreicher Komiker. Im Privatleben und vor allem in der Liebe allerdings hat er weniger Glück gehabt. Es gab Enttäuschungen, und es gab dann die Begegnung mit Annie Hall (D. K.). Man verliebte sich, zog zusammen und stellte ernüchtert fest, daß die beiderseitigen Auffassungen vom Sex nicht recht harmonierten. Annie verließ Alvy, der sich mit der Reporterin Pam (S. D.) tröstete. Annie kommt für kurze Zeit zurück. Aber sie lernt bald den Pop-Star Tony Lacey (P. S.) kennen, der ihre Ambitionen als Sängerin fördert und dem sie nach Kalifornien folgt. Alvy versucht vergeblich, sie zurückzugewinnen. Seinen privaten Mißerfolg verarbeitet er zu seinem ersten Theaterstück.

Diese »romantische Komödie« (Woody Allen) wurde mit vier »Oscars« ausgezeichnet und von der Kritik nahezu einhellig als Allens bis dahin bester Film gerühmt. Der Kritiker der New Yorker »Saturday Review« schrieb anläßlich dieses Films über Allen: »Er hat sich vom Komiker zum Humoristen, vom einfallsreichen Filmemacher zum schöpferischen Künstler entwikkelt.« Allen zeichnet hier mit sarkastischem Witz das Milieu intellektueller Schickeria; er schildert mit knapper Präzision Menschen, die ihre Unfähigkeit, wirklich zu leben, mit Bonmots überspielen, die ihre Unsicherheit und Traurigkeit hinter leeren Phrasen und Witzen verbergen. Vor diesem Hintergrund spielt sich Alvys Tragödie ab, die eines verwundbaren Menschen, eines ewigen Verlierers, der sich zu seinen Niederlagen nicht bekennen mag und der darum auch nicht aus ihnen lernen kann. Alvy gelingt es nicht, die Realität und seine Phantasie in Einklang zu bringen, und genausowenig, seinen Intellekt und seine Gefühle auszubalancieren. Am Ende glaubt er, im Leben eine ebensolche Rolle spielen zu müssen wie auf der Bühne, und ist höchst überrascht und beunruhigt, daß die Wirklichkeit nicht nach den Regeln der klassischen Dramaturgie abläuft. Ein Kernsatz im Film lautet: »Eins merke ich immer wieder: Man kann als Intellektueller absolut brillant sein, ohne auch nur zu wissen, was los ist.« Damit hat sich Alvy präzise selbst charakterisiert. Aber vermutlich hält er diese Formulierung nur für ein Bonmot . . .

À nous la liberté

(Es lebe die Freiheit)

Frankreich, 1932

R: René Clair; A: René Clair; K: Georges Périnal; D: Henri Marchand, Raymond Cordy, Rolla France, Germaine Aussey

Zwei kleine Gauner, Louis (R. C.) und Émile (H. M.), wollen gemeinsam aus dem Gefängnis fliehen. Doch nur Louis hat Erfolg. Und der bleibt ihm treu: In einer wahren Blitz-Karriere avanciert er zum Besitzer einer Grammophon-Fabrik. Alte Erfahrungen kommen ihm zugute: Disziplin und Arbeitsmethoden am Fließband erinnern fatal an seine »Lehrjahre« im Gefängnis. Émile verbüßt unterdessen seine Strafe, gerät wegen Landstreicherei erneut hinter Gitter und landet schließlich in der Fabrik seines Freundes, wo auch Jeanne (R. F.) beschäftigt ist, die er ebenso intensiv wie unglücklich liebt. Als Louis seinen alten Freund erkennt und sich von ihm erkannt sieht, möchte er ihn zunächst durch eine großzügige Abfindung loswerden. Doch die alte Freundschaft ist stärker. Louis brüskiert die gute Gesellschaft, grault seine Frau (G. A.) aus dem Haus; und als schließlich ehemalige Mithäftlinge ihn erpressen wollen, fällt die Entscheidung. Als er sieht, daß er seine Vergangenheit nicht länger verbergen kann, schenkt er seine Fabrik den Arbeitern und zieht mit Louis wieder über die Landstraße. Zum Schluß sieht man die vollautomatisierte Fabrik Grammophone produzieren, während die Arbeiter angeln und die beiden Freunde als Straßensänger ihr Lied »À nous la liberté« vortragen.

Clair wollte hier den Charme seiner früheren Komödien mit handfester Sozialkritik verbinden. Das gelang aber nur teilweise. Die Fließband-Szenen in der Fabrik sind zwar entlarvend genug; entlarvender noch ist das Bild einer Schulklasse, in der die Kinder singen »Arbeit ist Pflicht, Arbeit ist Freiheit«; der Schluß ist jedoch allzu utopisch und naiv geraten. Immerhin erkannte das Publikum die Absicht; und ein Teil der Presse warf Clair damals vor, er betreibe das Geschäft der Kommunisten.

Chaplin hat sich von diesem Film möglicherweise bei der Gestaltung einiger Szenen seines Films *Modern times* inspirieren lassen; die Produktionsgesellschaft wollte damals sogar einen Plagiatsprozeß gegen Chaplin anstrengen. Aber Clair hat das verhindert.

Ansikte mot ansikte

(Von Angesicht zu Angesicht)

Schweden, 1975

R: Ingmar Bergman; A: Ingmar Bergman; K: Sven Nykvist; D: Liv Ullmann, Erland Josephson, Aino Taube-Henrikson, Gunnar Björnstrand, Tore Segelcke, Kari Sylwan, Sven Lindberg

Während ihr Mann (S. L.) eine dreimonatige Vortragsreise in den USA absolviert, zieht die Nervenärztin Dr. Jenny Isaksson (L. U.) in das Haus ihrer Großeltern (A. T. H., G. B.). Sie registriert den körperlichen und geistigen Verfall ihres Großvaters; die vertraute Umgebung ruft die Erinnerung an kindliche Ängste wach, die durch den Unfalltod ihrer Eltern provoziert wurden; nachts erscheint ihr eine alte Frau ohne Augen (T. S.). Auf einer Party lernt sie Dr. Jacobi (E. J.) kennen, dessen Ehe vor fünf Jahren geschieden wurde und dessen homoerotische Bindung an einen Schauspieler kürzlich zerbrochen ist. Jacobi sucht ihre Nähe, sucht Kontakte, sucht offenbar auch ihre Hilfe. Als Jenny auf der Suche nach ihrer Patientin Maria (K. S.), einer Halbschwester Jacobis, die aus der Klinik fortgelaufen ist, von zwei Männern angefallen wird, entladen sich ihre Nervenanspannung und ihre Depressionen in einem Selbstmordversuch. Jacobi findet sie und bringt sie in die Klinik. Noch einmal durchlebt sie in makabren Traumvorstellungen ihre Erinnerungen und Obsessionen. Dann hat sie die Krise überwunden und ist – nach landläufiger Vorstellung – körperlich und seelisch geheilt. Ihre Tochter besucht sie im Krankenhaus. Man spürt die grenzenlose Fremdheit zwischen ihr und dem Kind, das sich ungeliebt glaubt. Und man ahnt, daß Jenny in der Erziehung genauso versagt hat wie ihre Eltern und Großeltern.

Der Film analysiert die Ängste eines Menschen, den nicht nur quälende Kindheitserinnerungen heimsuchen, den nicht nur berufliche oder private Probleme überfordern, sondern der plötzlich von Zweifeln am Sinn seiner Existenz überfallen wird. Bergman realisiert das virtuos in einer Mischung aus penibler Beobachtung alltäglicher Details und düsteren Traumvisionen. Und er hat in Liv Ullmann eine Interpretin, die diese existentielle Gefährdung überzeugend vermittelt. So gelingt es ihm, den Zuschauer ganz in den Bann eines fremden Lebens zu ziehen. Und es gelang ihm sicherlich auch, eigene Ängste und Probleme durch ihre Visualisierung zu überwinden.

Ansiktet

(Das Gesicht)

Schweden, 1958

R: Ingmar Bergman; A: Ingmar Bergman; K: Gunnar Fischer; D: Max von Sydow, Ingrid Thulin, Gunnar Björnstrand, Naima Wifstrand, Toivo Pawlo, Erland Josephson, Gertrud Fridh, Bengt Ekerot

»Doktor« Vogler (M. v. S.), Leiter eines »magnetischen Heiltheaters«, zieht im Jahr 1846 in Stockholm ein, wo er sich im Haus des Konsuls Egerman (E. J.) einem peinlichen Verhör durch den Arzt Vergerus (G. B.) und den Polizeichef Starbeck (T. P.) unterziehen muß. Der Arzt hat mit dem Konsul gewettet, daß es keine übersinnlichen Phänomene gebe. Und wenigstens am Beispiel Voglers gelingt dem materialistisch-diesseitsgläubigen Wissenschaftler der Beweis. Voglers Kunststücke erweisen sich als plumpe Taschenspielertricks. Doch der fahrende Gaukler rächt sich. Er stellt Starbeck bloß, indem er dessen Frau hypnotisiert, Frau Egerman (G. F.) erliegt seiner Faszination, und dem Arzt spielt er in einer grausigen Szene die Auferstehung eines Toten vor: Nachdem ein hypnotisierter Knecht ihn attackiert hatte, hat sein Assistent Manda (I. T.), der in Wirklichkeit seine Frau ist, die Leiche des in der Nacht gestorbenen Schauspielers Spegel (B. E.) als den vermeintlich toten Vogler präsentiert. Während der Arzt die Leiche seziert, tritt Vogler auf. Als auch dieses Spiel aufgeklärt ist, als Vogler sich seiner dämonischen Maske entledigt, seine angebliche Stummheit durchbrochen hat, als die Truppe aus der Stadt gejagt werden soll und auseinanderzubrechen droht, kommt ein Bote des Königs und lädt Vogler zu einem Gastspiel auf das Schloß. Vogler scheint rehabilitiert.

Ein faszinierendes Spiel zwischen Realität und Illusion, in dem nicht einmal die Akteure eindeutig fixiert sind: Der knabenhafte Assistent entpuppt sich als verkleidete Frau, die »Hexe« (N. W.) kann zwar scheinbar Tote beschwören, setzt sich dann aber mit ihren Ersparnissen ganz bürgerlich zur Ruhe, der Scharlatan Vogler hat tatsächlich Macht über Menschen. Vogler ist wohl Sinnbild des Künstlers, dem seine Maske Macht verleiht; aber unter der dämonischen Maske verbirgt sich – nicht weniger eindrucksvoll – das Gesicht eines gequälten Menschen. Gleichermaßen »demaskiert« Bergman auch die Vertreter der bürgerlichen Welt. Die Gesichter hinter ihren Masken sind weit weniger eindrucksvoll.

Eingangs wird aus einem Buch über das Falschspiel zitiert: »Am Ende ist der Betrug so perfekt, daß der Betrüger der einzige ehrliche Mensch zu sein scheint.« So könnte die Bilanz dieses vieldeutigen Films auch heißen: Mißtrauen gegen die Realität des Alltags, Vertrauen auf die Irrealität der Bühne, des Spiels!

Antonio das Mortes / O dragão da maldade contra o santo guerreiro
(Antonio das Mortes)

Brasilien, 1969

R: Glauber Rocha; A: Glauber Rocha; K: Alfonso Beato; D: Mauricio de Valle, Odette Lara, Othon Bastos, Jofre Soares, Emanuel Cavalcanti, Lorival Pariz

Ein Gutsbesitzer, der blinde Oberst Horacio (J. S.), verpflichtet den »Killer« Antonio das Mortes (M. d. V.), die Beatos und die Cangaceiros zu bekämpfen. Antonio tötet den Cangaceiro Coirana (L. P.), der nur noch ein Schatten seiner großen Vorgänger Corisco und Lampiao ist. Doch dann erkennt er, daß er lediglich ein Werkzeug der Ausbeuter ist, und er schließt sich den Beatos, den religiösen Fanatikern, an. Horacio mobilisiert Polizei gegen die Beatos. Aber zusammen mit dem Lehrer (O. B.) eines kleinen Dorfes ruft Antonio Verteidiger zusammen, zu denen auch der Pfarrer (E. C.) stößt. Die Polizei wird vertrieben, Horacio mit einer Lanze erstochen. Antonio reitet weiter, während der Lehrer eine neue Ordnung aufbauen wird.
Antonio das Mortes, eine Gestalt aus Rochas Film *Deus e o diabo na terra do sol*, ist hier in den Mittelpunkt des Geschehens gerückt, das wieder im Sertão, unter den Ärmsten der Armen Brasiliens spielt. Antonio, schon im vorigen Film eine ambivalente Gestalt, revidiert hier seine Position endgültig. »Ich wollte in *Antonio das Mortes* zeigen, wie zwei verschiedene Personen auf verschiedenen Wegen zum Handeln kommen. Der Lehrer und Antonio das Mortes landen schließlich bei dem totalen Massaker, das sich gegen die Unterdrückung richtet, aber ihre Beweggründe sind gänzlich verschieden. Sie haben keine theoretischen Ideen, kein Programm« (Glauber Rocha). Formal erinnert dieser Film verständlicherweise an *Deus e o diabo na terra do sol*. Stärker geworden sind der Einfluß amerikanischer Western und die Elemente der Reflexion.

Apá
(Vater)

Ungarn, 1966

R: István Szabó; A: István Szabó; K: Sándor Sára; D: András Bálint, Klári Tolnay, Miklós Gábor, Dani Erdélyi

Kurz nach dem Krieg verliert der kleine Takó (D. E.) seinen Vater. Das Kind macht den Toten in seinen Träumen zum kühnen Partisan und verschafft sich mit entsprechenden Erzählungen Respekt bei seinen Spielgefährten. 1956 beginnt Takó (A. B.) sein Studium. Er beginnt nachzudenken, und es fällt ihm immer schwerer, das Idealbild des Vaters (M. G.) zu bewahren. Schließlich sucht er Freunde und Mitarbeiter des Vaters auf, um von ihnen die Wahrheit über den Toten zu erfahren. Er hört, daß der Vater ein guter, aber durchschnittlicher Mensch war – ein Mensch eben und kein heroisches Standbild. Takó sieht ein, daß er aus eigener Kraft leben muß. Er setzt sich eine Aufgabe, mit der er sich bestätigen will: Er will die Donau durchschwimmen. Sein Kopf tanzt im Wasser, die Kamera fährt zurück, und man sieht viele junge Männer, die hinter ihm herschwimmen – Schicksalsgenossen.
Ähnlich wie in seinem Erstlingswerk *Álmodozások kora* weitet Szabó auch hier ein privates Schicksal zum Modell. Zunächst ist dieser Film die subtile Studie eines Jungen, der den Verlust des Vaters in seiner Phantasie durch ein überlebensgroßes Vaterbild kompensiert. Aber schon früh kommt gesellschaftliche Realität ins Spiel, etwa in dem Gespräch mit einem Schulkameraden, der als Sohn eines Grafen heute unterprivilegiert ist. Und dann gibt es zwei besonders deutliche Schlüsselszenen. Erstens: Takó gerät in die Revolution von 1956; ihr Erlebnis leitet bei ihm den »Abschied von den Vätern« ein. Zweitens: Takó verdient sich Taschengeld als Statist in einem Film über die Besatzungszeit. Mit anderen Deportierten wird er von faschistischer Miliz über eine Brücke getrieben. Dann eine kurze Regieanweisung – man nimmt ihm den gelben Judenstern ab, gibt ihm eine Armbinde und funktioniert den Unterdrückten durch einen Handgriff zum Unterdrücker um. Takós Weg ins Leben ist nicht nur ein privater, sondern auch ein politischer Lernprozeß.

Apá (Dani Erdélyi, Miklós Gábor)

Apache
(Der große Apache / Massai)

USA, 1954

R: Robert Aldrich; A: James R. Webb nach dem Roman *Bronco Apache* von Paul J. Wellman; K: Ernest Laszlo; D: Burt Lancaster, Jean Peters, John McIntire

Empört schießt der junge Krieger Massai (B. L.) auf die weiße Fahne des Häuptlings Geronimo, als der sich den Weißen ergeben will; später wird er zusammen mit Geronimo deportiert. Er flieht, schlägt sich Hunderte von Meilen durch feindliches Land und findet sein Heimatdorf verändert: Fast alle Krieger sind deportiert worden, ein anderer Mann umwirbt die von ihm geliebte Nalinle (J. P.). Massai möchte jetzt auch in Frieden leben. Aber nachdem Nalinles Vater ihn an die Weißen verraten hat, beginnt er einen erbarmungslosen Ein-Mann-Krieg. Er entführt Nalinle, weil er glaubt, sie sei am Verrat ihres Vaters beteiligt gewesen. Als er einsieht, daß er sie zu Unrecht verdächtigt hatte, geht er mit ihr in die Berge, wo Nalinle ihn dazu bringt, den Acker zu bestellen. Die beiden werden entdeckt und umzingelt. Aber just vor dem letzten Gefecht bringt Nalinle ein Kind zur Welt. Massai ist Familienvater und Bauer geworden; die weißen Soldaten ziehen ab.
Aldrich zeigt viel Verständnis für die schwierige politische und psychologische Situation der Indianer. Wichtiger als Massais Kleinkrieg ist diesem Film seine allmählich wachsende Erkenntnis, daß die Reste seines Volkes nur als Bauern und nicht als Jäger überleben können. Der Schluß ist leider allzu sentimental und pathetisch geraten.

Aparajito
(Apus Weg ins Leben: Der Unbesiegbare / Der Unbesiegbare)

Indien, 1956

R: Satyajit Ray; A: Satyajit Ray nach einem Roman von Bibhuti Bhusan Bandopadhaya; K: Subrata Mitra; D: Pinaki Sen Gupta, Smaran Ghosal, Karuna Bandopadhaya, Kanu Bandopadhaya

In Benares verdient Apus Vater (Kan. B.) den Lebensunterhalt für die Familie, indem er öffentlich aus den heiligen Schriften vorliest. Aber in der Nacht des Lichterfestes erkrankt er und stirbt. Die Mutter (Kar. B.) nimmt zunächst eine Stellung als Köchin an, kehrt dann aber aufs Land zurück. Apu (P. S. G.) soll Priester werden; schließlich kann er jedoch seine Mutter dazu überreden, daß er eine normale Schule besuchen darf. Er besteht sein Examen glänzend und fährt in die Stadt zum Studium. Während Apu (S. G.) sich dort auf seine erste akademische Prüfung vorbereitet, erkrankt seine Mutter. Apu fährt sofort nach Haus. Doch er kommt zu spät; die Mutter ist tot.
Zweiter Teil einer Trilogie, zu der noch die Filme *Pather panchali* und *Apur sansar* gehören.
Dieser zweite Teil bringt interessante Milieuschilderungen aus der Großstadt, vom Leben am Ufer des Ganges, von den sozialen Unterschieden. Aber trotzdem treten jetzt die individuellen Probleme stärker in den Vordergrund; aus der Zustandsschilderung wird eine Entwicklungsstudie. Besondere Bedeutung gewinnt Apus Begegnung mit der Wissenschaft, mit neuen Freunden und neuen Ideen, die ihn dem Land und seiner Mutter entfremden. Der Stil des Films ist ein wenig europäischer geworden; aber nicht so sehr, daß darunter die stilistische Einheit und die stilistischen Eigenarten des Regisseurs Ray gelitten hätten.
In verschiedenen Unterlagen taucht der bengalische Name Bandopadhaya auch in seiner modernen, anglisierten Schreibweise Banerjee auf.

Apocalypse now

(Apocalypse Now)

USA, 1976–79

R: Francis Ford Coppola; A: John Milius, Francis Ford Coppola nach Motiven der Novelle *Das Herz der Finsternis* von Joseph Conrad; K: Vittorio Storaro, Spezialeffekte: Joseph Lombardi, A. D. Flowers; D: Martin Sheen, Robert Duvall, Marlon Brando, Frederic Forrest, Dennis Hopper

Vietnam 1969. Hauptmann Willard (M. S.) erhält im Hauptquartier des CIA einen Spezialauftrag: Er soll den hochdekorierten und einst allseits geachteten Oberst Kurtz (M. B.) im Dschungel ausfindig machen, seines Postens entheben und notfalls liquidieren. Denn Kurtz hat sich nach Kambodscha abgesetzt und führt dort, als grausamer und gottähnlicher Herrscher über einen primitiven Eingeborenenstamm, eine Art Privatkrieg. Willard macht sich mit ein paar Mann und einem Patrouillenboot auf den Weg; die Fahrt durch den Dschungel wird für ihn zu einer Konfrontation mit einer makaberen Wirklichkeit – und mit sich selbst. Er trifft auf Oberst Kilgore (R. D.), der zu den Klängen des »Walkürenritts« mit seiner Hubschrauber-Staffel ein vietnamesisches Dorf »ausradiert« und das Gebiet mit Napalm »säubert«, damit einer aus Willards Truppe ungestört seine Künste als Surfer vorführen kann. Er findet mitten im Dschungel ein gigantisches Versorgungslager, in das mit Hubschraubern Playgirls zur »Truppenbetreuung« eingeflogen werden. Er trifft auf eine harmlose vietnamesische Dschunke, bei deren Kontrolle zwei seiner Männer die Nerven verlieren und eine ganze Familie mit ihren Maschinenpistolen durchsieben. Nur den »Feind« sieht er nicht; der steckt irgendwo im Dschungel. Und er gelangt schließlich in das »Reich« von Oberst Kurtz, wo ihm ein geschwätziger Journalist (D. H.) den Ruhm des »Herrschers« preist. Im Gespräch mit Kurtz droht Willard der Faszination des Gegenspielers zu erliegen. So ist es fast ein Akt der Notwehr, daß er Kurtz tötet. Der Schluß existiert in zwei Fassungen: In der 35-mm-Fassung wird das »Reich« durch ein wüstes Napalm-Bombardement zerstört; die 70-mm-Fassung endet damit, daß Willard sich offenbar auf den Rückweg macht.
Eine erste Fassung des Drehbuchs entstand schon Ende der sechziger Jahre. Damals sollte eigentlich George Lucas die Regie übernehmen. Aber der konnte sich mit dem Stoff nicht befreunden, und so griff Coppola das Projekt fast zehn Jahre später selbst auf. Der kalkulierte Aufwand und zahlreiche Mißgeschicke machten *Apocalypse now* mit einem Etat von über 30 Millionen Dollar zum bis dahin teuersten Werk der Filmgeschichte.
Das Ergebnis war nicht unumstritten. Aber es überwog doch die Anerkennung für einen Film, der den Wahnwitz des Krieges in bildstarken Sequenzen einfängt und der das Grauen gleichzeitig mehr und mehr zu Metaphern verdichtet. Dabei ist dieses aufwendige Anti-Kriegs-Drama

gleichzeitig auch ein psychologisches Kammerspiel. Willards Fahrt auf dem Fluß wird auch zur Expedition in sein eigenes Bewußtsein und Unterbewußtsein, die ihn schließlich in der Begegnung mit Kurtz zu einer Konfrontation mit den dunklen Seiten seiner eigenen Seele führt. So ist die Tötung von Kurtz auch eine Abrechnung Willards mit sich selbst.

Allerdings kann man darüber streiten, ob die Verbindung der symbolträchtig-geheimnisvollen Novelle Conrads und anderer literarischer Einflüsse (u. a. T. S. Eliot) mit der Realität des Vietnam-Krieges nicht dazu beiträgt, den Krieg zu mystifizieren und ihn den rationalen Kategorien, die zu seiner Verhinderung nötig sind, zu entziehen.

Apur sansar

(Apus Weg ins Leben: Apus Welt / Apus Welt)

Indien, 1959

R: Satyajit Ray; A: Satyajit Ray nach einem Roman von Bibhuti Bhusan Bandopadhaya; K: Subrata Mitra; D: Saumitra Chattopadhaya, Sharmila Tagore, Shapan Mukhopadhaya, Sreeman Aloke Chakraverty

Apu (S. C.) hat sein Zwischenexamen bestanden. Er sucht Arbeit und schreibt gleichzeitig an einem autobiographischen Roman, der ihn als Schriftsteller bekannt machen soll. Auf Einladung seines Freundes Pulu (S. M.) fährt er zur Hochzeit von Pulus Kusine Aparna (S. T.) mit in ein kleines Dorf, in dem man noch ganz nach den alten Traditionen lebt. Kurz vor der Hochzeitszeremonie stellt sich heraus, daß der Bräutigam an Wahnsinnsanfällen leidet. Aber die Tradition will es, daß bis zum festgesetzten Termin der Trauung ein neuer Bräutigam gefunden wird. Pulu bittet Apu, sich zur Verfügung zu stellen; der willigt nach langem Sträuben ein. Trotz dieser überstürzten Hochzeit verbindet Apu und Aparna bald eine innige Liebe. Als Aparna bei der Geburt des Sohnes stirbt, gibt Apu Beruf und Wohnung auf und macht sich auf eine lange Wanderschaft, ohne sich um sein Kind zu kümmern. Erst fünf Jahre später findet Pulu ihn und überredet ihn, seinen Sohn zu besuchen. Zunächst finden Apu und sein Sohn, der bei seinem Großvater aufgewachsen ist, keinen Kontakt. Doch dann erkennt Apu, daß dieses Kind seinem Leben einen neuen Sinn geben kann.

Apur sansar ist der letzte Teil einer Trilogie, zu der noch die Filme *Pather panchali* und *Aparajito* gehören.

Man erlebt die weitere Entwicklung Apus, in der sich hier offensichtlich auch der Aufbruch Indiens in die Neuzeit spiegelt. Der Gegensatz zwischen Traditionen und neuen Erkenntnissen und Lebensweisen ist ein wichtiges Thema des Films. Ray steht auf der Seite des »neuen« Menschen; er erkennt die Notwendigkeit einer Veränderung. Aber er hat auch viel Verständnis für die, denen der Aufbruch in eine neue Zeit nicht oder nur unter Schwierigkeiten gelingt. So ist Apus Liebe zu Aparna sicherlich auch eine Sympathieerklärung Rays für manche alten Traditionen seines Landes. Dieses Thema – der Kampf zwischen dem Fortschritt und den Traditionen, der Respekt vor denen, die dabei auf der Strecke bleiben – kehrt in mehreren Filmen Rays, am deutlichsten vielleicht in *Jalsaghar*, wieder. Die bengalischen Namen der Stabliste tauchen in manchen Unterlagen auch in ihrer modernen, anglisierten Schreibweise auf: Bandopadhaya = Banerjee, Chattopadhaya = Chatterjee, Mukhopadhaya = Mukherjee.

L'argent Ⓢ

(Geld! Geld! Geld!)

Frankreich, 1927/28

R: Marcel L'Herbier; A: Marcel L'Herbier nach dem gleichnamigen Roman von Emile Zola; K: J. Kruger, Jean Letort, Le Bertre; D: Brigitte Helm, Pierre Alcover, Alfred Abel, Marie Glory, Henry Victor

Der Spekulant Aristide Saccard (P. A.) wird von seinem Gegenspieler Gundermann (A. A.) an den Rand des Ruins gebracht. Er saniert sich und macht Millionengeschäfte mit einer dubiosen Öl-Spekulation, bei der er den populären Flieger Jacques Hamelin (H. V.) als Aushängeschild benutzt. Als Hamelin im Ausland ist, versucht er, dessen Frau Liane (M. G.) zu verführen und in seine Machenschaften zu verstrikken. Doch die Baronin Sandorf (B. H.), die frühere Geliebte Saccards und jetzige Freundin Gundermanns, klärt Liane über die Manipulationen Saccards auf. Eine Interessengemein-

schaft der von ihm Geschädigten bringt Saccard zu Fall; er wird verhaftet.
Der Regisseur drehte seinen Film mit großen Mitteln und Ambitionen. Er entfesselte die Kamera; um das hektische Leben an der Börse einzufangen, ließ er sie sogar an einem Kabel über den Darsteller kreisen. Doch der Erfolg war gering – nicht zuletzt, weil L'Herbier Zolas Vorlage in die Gegenwart transponiert und entsprechend einen großen Teil der präzisen Schilderung des Milieus und des »Zeitgeistes« ausgemerzt hatte.

L'argent
(Das Geld)

Frankreich/Schweiz/BRD, 1982/83

R: Robert Bresson; A: Robert Bresson nach der Novelle *Der gefälschte Coupon* von Leo Tolstoi; K: Emmanuel Machuel, Pasqualino De Santis; D: Christian Patey, Didier Baussy, Caroline Lang, Vincent Risterucci, Marc Ernest Fourneau

Ein Gymnasiast (M. E. F.) bringt ahnungslos einen falschen 500-Francs-Schein in Umlauf, indem er mit diesem Schein in einem Fotogeschäft bezahlt. Als der Inhaber (D. B.) die Fälschung entdeckt, dreht er den Schein dem jungen Yvon (C. P.) an, der ihm das Heizöl geliefert hat. Bei Yvon wird der Schein gefunden; und da der Fotohändler und sein Angestellter (V. R.) falsch aussagen, verliert der junge Familienvater seine Stellung. Aus finanzieller Not läßt er sich überreden, als »Fahrer« bei einem Bankraub mitzumachen, wird gefaßt und zu drei Jahren Zuchthaus verurteilt. Während der Haftzeit stirbt sein Kind und läßt seine Frau (C. L.) sich scheiden. Verzweifelt macht Yvon einen Selbstmordversuch. Nach seiner Entlassung tötet er, innerlich vollkommen verhärtet, wegen einer geringen Geldsumme einen Hotelbesitzer und dessen Frau. Dann flieht er aufs Land, wo eine Familie ihn aus Barmherzigkeit aufnimmt. Eines Nachts erschlägt er alle Hausbewohner mit einer Axt und stellt sich dann der Polizei.
Die strenge Kausalität der Handlung zielt natürlich nicht auf eine banale kriminalistische Folgerichtigkeit. Geplant und entstanden ist hier vielmehr eine Parabel von unerbittlicher Konsequenz, in der die Fabel und die Form aller Zufälligkeiten entkleidet und auf das Wesentliche reduziert worden sind. Das heißt: Die Kraft des Götzen Geld wird hier gezeigt und auch ganz allgemein die Kraft des Bösen, das – einmal in die Welt gelangt – immer weitere Kreise zieht, so als habe man einen Stein ins Wasser geworfen. In letzter Konsequenz bewirkt eben doch die unbedachte Handlung des Gymnasiasten den furchtbaren Massenmord am Schluß. Allerdings geschieht das bei Bresson nicht mit fatalistischer Unentrinnbarkeit. Der Film zeigt auch den verzweifelten Kampf Yvons gegen den Untergang, der erst besiegelt wird durch stets neue Enttäuschungen, die seine Mitmenschen und die Gesellschaft ihm bereiten. So entstand ein Bild der Verzweiflung in einer Welt, in der Gott schweigt, die Chronik eines unausweichlichen Untergangs und – ein Meisterwerk von eindrucksvoller künstlerischer Geschlossenheit.

Arkadaş
(Der Freund)

Türkei, 1974

R: Yilmaz Güney; A: Yilmaz Güney; K: Çetin Tunca; D: Yilmaz Güney, Kerim Afşar, Azra Balkan, Melike Demirağ, Ahu Tugbay, Nizam Ergüden

Zwei Freunde, Azem (Y. G.) und Djemil (K. A.), treffen sich nach vielen Jahren wieder. Djemil ist reich geworden, während Azem den gemeinsamen Idealen der Vergangenheit treu geblieben ist und es nur bis zum einfachen Straßenbau-Ingenieur gebracht hat. Zwar lädt Djemil den Freund spontan in sein elegantes Sommerhaus am Bosporus ein; aber schon bald erweist sich, daß Azem allein durch seine Gegenwart den Gastgeber und dessen Freunde irritiert. Allzu deutlich wird der reichen Schickeria, daß Azem ihre schalen Vergnügungen mißbilligt. Nur Djemils Schwägerin Melike (M. D.) versucht, den Gast und seine Ideen zu verstehen. Azem wiederum bemüht sich um den jungen Ahu (A. T.), den er beobachtet hat, als er die Autos der Reichen demolierte, und dessen Initiative er gern in vernünftigere Bahnen lenken möchte. Als die beiden Freunde Djemils Heimatdorf besuchen, wo dessen Bruder Mu-

hittin (N. E.) dank eines mit Azems Hilfe gebohrten Brunnens zufrieden als Kleinbauer lebt, kommt auch Djemil die Sinnlosigkeit seines Lebens zu Bewußtsein. Verzweifelt schwört er, sich zu ändern. Azem jedoch bleibt skeptisch. Nach der Rückkehr in das feudale Sommerhaus packt Azem seinen Koffer. Djemils Frau (A. B.) verabschiedet den gefährlichen Gast mit einer Ohrfeige, während Djemil selbst zu keiner Reaktion fähig zu sein scheint. Als Azem auf die Straße tritt, tönt aus Djemils Haus ein Schuß. Azem stockt kurz und geht dann lächelnd weiter, Ahu entgegen, der ihm, ebenfalls lächelnd, entgegenkommt.
Yilmaz Güney, die Identifikationsfigur des neuen türkischen Films, beendete diesen Film kurz vor seiner Verhaftung wegen Totschlags und seiner umstrittenen Verurteilung zu 19 Jahren Gefängnis (– nach Ansicht seiner Freunde ein »politisches« Urteil).
Obwohl der Film gleichsam Prototypen der modernen türkischen Gesellschaft einander gegenüberstellt, ist er alles andere als ein Pamphlet. Güney predigt nicht, und er formuliert seine Kritik auch nicht in aufgesetzten dramatischen Effekten. Er sammelt vielmehr Beobachtungen und Fakten, die er im ruhigen Fluß seiner Erzählung vor den Zuschauern ausbreitet – Momentaufnahmen aus einem Land, das nach Güneys Meinung in heillose Unordnung geraten ist. Basis der notwendigen Erneuerung aber sind für Güney offensichtlich nicht politische Rezepte, sondern eine Neubesinnung des Menschen. Für ihn gilt die Initiative des Bauern, der ein Stück Land bewässert, genau so viel wie die richtige Entscheidung eines Technikers oder eines Funktionärs oder die Einsicht eines aufbegehrenden Jugendlichen. Daß es ihm gelingt, diese banal klingende Weisheit durchaus nuanciert darzustellen, spricht für diesen sehr dichten Film.

L'arrivée du train Ⓢ
(Die Ankunft des Zuges)

Frankreich, 1895

Ein Film der Gebrüder Lumière

Der Film zeigt, wie ein Zug auf dem Bahnhof von La Ciotat einfährt. Die Kamera steht so, daß der Zug auf sie zu und dann knapp an ihr vorbeifährt.
Bei Vorführungen des Films sprangen nicht selten Zuschauer entsetzt von ihren Stühlen, weil sie Angst hatten, von der Lokomotive überrollt zu werden. Die Faszination des neuen Mediums wurde hier besonders deutlich. Übrigens enthält der Film – allerdings durch die Bewegung der Objekte – bereits alle filmischen Einstellungen von der Totalen bis zur Großaufnahme.

L'arroseur arrosé Ⓢ
(Der begossene Begießer)

Frankreich, 1895

Ein Film der Gebrüder Lumière

Ein Gärtner sprengt mit einem Schlauch den Garten. Heimlich stellt sich ein Junge auf den Schlauch, worauf der Strahl versiegt. Als der verdutzte Gärtner die Düse prüfend vor sein Gesicht hält, geht der Junge vom Schlauch herunter, und ein Wasserstrahl schießt dem Gärtner ins Gesicht.
Dieser Film dürfte das erste Filmlustspiel sein. Seine Pointe zieht sich in Variationen durch die Filmgeschichte. Der Film wird häufig auch mit dem Titel *Le jardinier* (Der Gärtner) zitiert.

Arsenal Ⓢ
(Arsenal)

UdSSR, 1928

R: Alexander Dowschenko; A: Alexander Dowschenko; K: Daniel Demuzki; D: Semjon Swaschenko, Ambrosi Butschma, Nikolai Nademski

Der Film schildert den Aufstand der Arbeiter der Munitionsfabrik »Arsenal« (1917 in Kiew) gegen die separatistisch-nationalistische Regierung. Aber er handelt in einem ausgedehnten Prolog auch vom Elend der russischen Bauern im Zarenreich und von den Schrecknissen des Krieges. Wie ein roter Faden zieht sich die Gestalt des Arbeiters Timosch Stojan (S. S.) durch den Film. Er tritt einem Offizier entgegen, der heimkehrende Soldaten als »Fahnenflüchtige« beschimpft; er bereitet den Aufstand in Kiew vor; und er steht nach dem Scheitern des Aufstandes vor den Gewehren eines Exekutionskommandos. Sie schießen und brüllen ihn an: »Falle! Fall doch schon!« Aber Timosch fällt nicht. Er ist unsterblich wie die revolutionäre Arbeiterklasse.

Dowschenkos Film verzichtet auf die übliche Handlung. Er gleicht eher einem dramatischen Gedicht, und er nimmt sich entsprechend auch dichterische Freiheiten. Da prügelt etwa ein halbverhungerter Bauer grundlos und in ohnmächtiger Verzweiflung sein Pferd. Das Tier fällt schließlich entkräftet zu Boden – und spricht seinen Peiniger kopfschüttelnd an: »Du schlägst den Falschen, Iwan!«

Gelegentlich verfiel Dowschenko aber auch pathetischer Übersteigerung – so in der Schlußszene mit dem »unbesiegbaren« Revolutionär, so auch schon vorher, als ein Arbeiter einem nationalistischen Offizier, der ihn erschießen will, gelassen die entsicherte Pistole aus der zitternden Hand nimmt und ihn seinerseits erschießt. Insgesamt ist dies jedoch ein Film von poetischem Reiz und ursprünglicher Kraft. Es ist ein Film, der vor allem an das Gefühl appelliert und in dem selbst die Zwischentitel weniger eine informative als vielmehr eine emotionelle Funktion haben.

Arsenic and old lace

(Arsen und Spitzenhäubchen)

USA, 1941

R: Frank Capra; A: Julius J. und Philip G. Epstein nach dem gleichnamigen Bühnenstück von Joseph Kesselring; K: Sol Polito; D: Cary Grant, Priscilla Lane, Josephine Hull, Jean Adair, Raymond Massey, Peter Lorre, John Alexander

Kurz nach seiner Heirat mit der reizenden Elaine (P. L.) entdeckt der Schriftsteller Mortimer Brewster (C. G.), daß seine lieben alten Tanten Abby (J. H.) und Martha (J. A.) Massenmörderinnen sind, die aus lauter Gutmütigkeit am laufenden Band alleinstehende ältere Herren mit vergiftetem Holunderbeerwein von ihrer Einsamkeit erlösen. Die Leichen hat Mortimers spleeniger Bruder Teddy (J. Al.), der sich für Theodore Roosevelt hält, im Keller verscharrt, wo er die Gräber jeweils als neue Schleusen für den Panama-Kanal deklariert. Die Situation kompliziert sich, als auch noch Bruder Jonathan (R. M.) mit seinem Freund Dr. Einstein (P. L.) auftaucht. Jonathan ist ein steckbrieflich gesuchter Verbrecher; ihn verzehrt alsbald der Neid, daß die braven Tanten genau so viele Morde aufzuweisen haben wie er. Mit Mortimer als Opfer könnte er sie überflügeln. Das turbulente Durcheinander löst sich schließlich in ein Happy-End auf: Jonathan wird verhaftet, Dr. Einstein flieht, die Tanten und Teddy kommen in eine gemütliche Nervenklinik, und Mortimer erfährt, daß er ein angenommenes Kind und mit der mörderischen Brewster-Sippe nicht verwandt ist.

Capra hat seine literarische Vorlage getreu verfilmt. Das Ergebnis ist gleichwohl nicht einfach abgefilmtes Theater, sondern eine auch filmisch wirkungsvolle Gruselkomödie, die besonders aus der Betonung der Details Wirkungen bezieht. Das Absurde wird hier mit solcher Selbstverständlichkeit vorgeführt, daß schließlich Mortimer und Elaine, die beiden »Normalen«, wie Fremdkörper wirken.

Der Film wurde bereits 1941 fertiggestellt, aus firmenpolitischen Gründen aber erst 1944 uraufgeführt.

Die Artisten in der Zirkuskuppel: ratlos

BRD, 1968

R: Alexander Kluge; A: Alexander Kluge; K: Günter Hörmann, Thomas Mauch; D: Hannelore Hoger, Siegfried Graue, Alfred Edel, Eva Oertel

Der Artist Manfred Peickert (S. G.) möchte den Zirkus verändern und schlägt seinem Direktor vor, Elefanten in die Zirkuskuppel zu hieven. Nachdem Manfred Peickert vom Trapez gestürzt ist, will seine Tochter Leni (H. H.) seine Ideen weiterentwickeln und einen »Reformzirkus« gründen. Sie spricht mit Experten und diskutiert mit ihrem Freund Dr. Busch (A. E.) über die Zielgruppen, die angesprochen werden sollen. Aus Geldmangel scheitert das Unternehmen zunächst. Doch dann stirbt Lenis Freundin Gitti Bornemann (E. O.) und vererbt Leni ihr Vermögen. Leni Peickert mietet das Gebäude eines ehemaligen Winterzirkus und

bereitet mit einigen Mitarbeitern ihr Programm vor. U. a. sollen Clowns die Erschießung des Kaisers Maximilian von Mexiko darstellen. Aber Leni Peickert ist sich über ihr Konzept im unklaren. Noch vor der Premiere liquidiert sie das Unternehmen; sie geht mit ihren Mitarbeitern zum Fernsehen und schreibt nach Dienstschluß Romanserien. Sie sagt: »Mit großen Schritten macht man sich nur lächerlich. Aber mit lauter kleinen Schritten könnte ich Staatssekretärin im Auswärtigen Amt werden.«
Im Schicksal Leni Peickerts reflektiert Kluge die Situation des Künstlers, des Filmemachers, seine eigene. Und er ist ehrlich genug, sich im Spannungsfeld von Leistungsprinzip, Anspruch, Erwartung und Absicht zur Ratlosigkeit zu bekennen. Wichtiger als der nackte Handlungsfaden ist dabei das Verhältnis der einzelnen Szenen, die sich kommentieren, ergänzen, in Frage stellen. Da werden Dokumente zitiert – wie etwa ein Bildbericht vom »Tag der deutschen Kunst« im Jahr 1939; andere Dokumente werden ironisch verfremdet, so wenn Kluge eine Tagung der »Gruppe 47« als Konferenz der Zirkusbesitzer ausgibt.
Eine raffinierte Montage, die zunächst verwirrende Verwendung des Tons, der von Szene zu Szene überlappt oder plötzlich asynchron wird, der Wechsel von Schwarz-Weiß-Aufnahmen und Farbbildern schaffen eine vibrierende Spannung, die den Zuschauer niemals in eine passive Konsumhaltung entläßt. Stets muß er das Geschehen kontrollieren, sich mit den Problemen einer Utopie auseinandersetzen, die an den Umständen scheitert, deren Scheitern aber in erster Linie gegen die Verhältnisse spricht, die veränderbar sind.

L'ascenseur pour l'échafaud

(Fahrstuhl zum Schafott)

Frankreich, 1957

R: Louis Malle; A: Roger Nimier und Louis Malle nach einem Roman von Noel Calef; K: Henri Decae; D: Maurice Ronet, Jeanne Moreau, Georges Poujouly, Ivan Petrovich, Jean Wall, Elga Andersen

Florence Carala (J. M.) ist mit einem reichen, sehr viel älteren Mann (J. W.) verheiratet. Ihr Geliebter, Julien Tavernier (M. R.), soll ihn beseitigen. Julien plant einen perfekten Mord; aber nach der Tat bleibt er im Lift des großen Bürohauses stecken, weil ausgerechnet jetzt der Strom abgeschaltet wird. Er muß das ganze Wochenende im Aufzug verbringen. Unterdessen sucht Florence ihn verzweifelt; zur gleichen Zeit stiehlt ein junger Bursche (G. P.) seinen Wagen und ermordet dann in einem Motel ein deutsches Ehepaar (I. P., E. A.). Die Indizien weisen auf Julien. Doch dann entwickelt die Polizei einen Film aus dem Fotoapparat, den Julien im Wagen liegengelassen hatte. Ein Bild, das der Autodieb gemacht hatte, beweist zwar Juliens Unschuld an dem Mord im Motel; ein anderes Bild aber enthüllt seine Beziehungen zu Florence Carala ... So mißlingt sein »perfektes Verbrechen« letzten Endes durch einen Mord, den er nicht begangen hat.
Das Erstlingswerk Louis Malles erzählt seine Geschichte in genau kalkulierten Bildern. Florence, die über nächtliche Boulevards hastet und verzweifelt nach dem Geliebten sucht, der kühle Jazz von Miles Davis, die bedrückende Enge des Fahrstuhls, in dem Julien gefangen ist – das alles ist ganz unaufdringlich, nur einfach nützlich für den angestrebten Effekt.

Asphalt Ⓢ

Deutschland, 1928/29

R: Joe May; A: Fred Majo, Hans Szekely, Rolf E. Vanloo nach einer Filmnovelle von Rolf E. Vanloo; K: Günther Rittau; D: Albert Steinrück, Else Heller, Gustav Fröhlich, Betty Amann, Hans Adalbert Schlettow, Paul Hörbiger, Hans Albers

Der junge Polizeiwachtmeister Holk (G. F.) erliegt den Verführungskünsten einer Juwelendiebin (B. A.), die er – statt zur Wache – in ihre Wohnung geleitet. Bei einem erneuten Besuch trifft er dort einen zwielichtigen Freund (H. A. S.) der Dame. Es kommt zum Streit, und Holk erschlägt den Mann. Er beichtet die Tat seinem Vater (A. S.), der – selbst ein alter Polizist – ihn persönlich auf der Wache abliefert. Während der Vernehmung Holks taucht die Diebin auf, gesteht ihre Tat und enthüllt, daß der Tote ein gesuchter Verbrecher war und daß Holk in Notwehr gehandelt hat.

Besser als das etwas klobige »bürgerliche Trauerspiel« mit Happy-End gelangen dem Film Beobachtungen am Rande, Straßenszenen und die Zeichnung skurriler Typen. Auch die Kamera verdient Beachtung: Eindrucksvoll etwa, wie beim ersten Besuch Holks in der Wohnung der Dame die Räume abgetastet werden.

The asphalt jungle

(Asphalt-Dschungel)

USA, 1950

R: John Huston; A: John Huston und Ben Maddow nach dem gleichnamigen Roman von W. R. Burnett; K: Harold Rosson; D: Sterling Hayden, Sam Jaffé, Louis Calhern, Jean Hagen, James Whitmore

Nach seiner Entlassung aus dem Gefängnis plant Doc Esterhazy (S. J.) einen großen Juwelendiebstahl. Er stellt eine Truppe von Experten zusammen, zu der u. a. der »Killer« Dix Handley (S. H.) und Gus Minissi (J. W.) gehören; finanziert wird das Unternehmen durch den Rechtsanwalt Emmerich (L. C.), der auch als Hehler fungiert. Doch nach dem geglückten Coup will Emmerich seine Komplizen übers Ohr hauen und mit seiner Geliebten fliehen. Er wird seinerseits von einem Privatdetektiv hereingelegt, den er ins Vertrauen gezogen hat. Es kommt zu einer Auseinandersetzung mit allen Beteiligten, bei der der Detektiv von Dix erschossen wird. Aber auch Dix wird schwer verletzt. Im Fieberwahn läßt er sich von seiner Freundin (J. H.) in seine Heimat fahren, dorthin, wo sein Vater einmal eine Farm hatte und wo er glücklich war. Hier stirbt er auf einer Wiese zwischen grasenden Pferden. Auch die übrigen Gangster werden unschädlich gemacht – unter ihnen auch Emmerich und ein korrupter Polizei-Inspektor.
Einer jener Gangsterfilme, die das Schicksal ihrer Helden mit düsterem Pessimismus zeichnen, in denen das Scheitern nicht die Devise belegen soll, daß das Verbrechen sich nicht lohnt, sondern die Fruchtlosigkeit menschlichen Bemühens unter bestimmten sozialen Voraussetzungen. Entsprechend sind die Ganoven betont bürgerlich gezeichnet: Dix träumt von der heilen Welt seiner Kindheit, der Tresorknacker Ciavelli sorgt sich um die Krankheit seines Kindes, Doc betreibt sein Gewerbe mit der Pedanterie eines Buchhalters. Und Emmerich erkennt: »Die sind gar nicht so sehr verschieden von uns. Verbrechertum ist nur eine besondere Form des Lebenskampfes.«
Im amerikanischen Original trug Doc Esterhazy den deutschen Namen Riedenschneider. Auf eine deutsche Abstammung zielt neben der Pedanterie wohl Pedanterie wohl auch sein Sinn für Disziplin, Gehorsam und zeremonielle Höflichkeit.

L'assassin habite au 21

(Der Mörder wohnt Nr. 21)

Frankreich, 1942

R: Henri-Georges Clouzot; A: Henri-Georges Clouzot und Stanislaw André Steeman nach einem Roman von Stanislaw André Steeman; K: Armand Thirard; D: Pierre Fresnay, Jean Tissier, Noel Roquevert, Suzy Delair, Pierre Larquey

Ein geheimnisvoller Mörder beunruhigt Paris. Stets findet man bei seinen Opfern eine Visitenkarte mit dem Namen Durand. Inspektor Wens (P. F.) schöpft Hoffnung, als ihm eines Tages ein kleiner Gauner einige dieser Visitenkarten präsentiert, die im Haus Nr. 21 auf dem Montmartre gefunden worden sind. In dem Haus befindet sich eine Pension; und Wens folgert messerscharf, daß sich der Mörder unter den Gästen der Pension befinden muß. Als Dorfgeistlicher verkleidet, mietet er sich ebenfalls dort ein. Mehrere Gäste scheinen ihm verdächtig. Aber wenn er gegen einen von ihnen genügend Beweise zu haben glaubt und ihn verhaftet, schlägt »Durand« wieder zu. Des Rätsels Lösung: Hinter dem Namen Durand verbirgt sich eine Art Mördersyndikat, ein Trio, das dann auch stets dem jeweils Verhafteten durch einen neuen Mord ein Alibi besorgt.
Clouzots erster Spielfilm erzählt diese Mordaffäre mit Einfallsreichtum und Humor. Besonders die skurrilen Pensionsgäste werden sorgfältig beobachtet; in der Zeichnung der Freundin

(S. D.) des Inspektors überschreitet der Film allerdings gelegentlich auch die Grenze zum Klamauk.
Verschiedene Kritiker haben den Film politisch interpretiert: »Durand« steht nach ihrer Meinung für Hitler, der ebenfalls als Aushängeschild für ein Mördersyndikat gedient habe.

Assunta Spina Ⓢ

(Assunta Spina)

Italien, 1915

R: Gustavo Serena; A: Gustavo Serena nach einer Novelle und einem Bühnenstück von Salvatore Di Giacomo; K: Alberto Casta; D: Francesca Bertini, Gustavo Serena, Carlo Benetti, Luciano Albertini

Assunta (F. B.) ist mit dem heißblütigen Michele (G. S.) verlobt. Als Raffaele (L. A.), ein früherer Verehrer Assuntas, durch eine raffinierte Intrige Micheles Eifersucht erregt hat, verunstaltet Michele in einem Wutanfall Assuntas Gesicht. Trotzdem hört Assunta nicht auf, Michele zu lieben. Sie sagt für ihn aus; und sie gibt sich dem Gerichtsbeamten Federico (C. B.) hin, um dem Geliebten zu helfen. Als Michele überraschend aus dem Gefängnis entlassen wird, eilt er sofort zu Assunta, die zur gleichen Zeit Federico erwartet. Michele merkt, daß er betrogen worden ist. Er tötet Federico; und um ihn erneut zu retten, bezichtigt sich Assunta der Tat.
Ein Film der großen Gefühle, der Leidenschaften, der eine dankbare Rolle für die als Bühnenschauspielerin bekannte Francesca Bertini bot. Sie ist es auch, die diesen Film in erster Linie bemerkenswert macht; denn die Regie Serenas erhebt sich nicht über das normale Maß des damals in »anspruchsvollen« Filmen Üblichen.

L'Atalante

(Atalante)

Frankreich, 1934

R: Jean Vigo; A: Jean Vigo und Albert Rièra nach einem Entwurf von Jean Guinée (Pseudonym für R. de Guichen); K: Boris Kaufman; D: Jean Dasté, Dita Parlo, Michel Simon, Gilles Margaritis

In einem kleinen Dorf am Fluß heiratet Jean (J. D.), der Schiffsführer der »Atalante«, seine Juliette (D. P.). Die junge Frau folgt ihrem Mann auf das Schiff, wo außerdem noch ein Schiffsjunge und der schrullige »Vater Jules« (M. S.) leben. Juliette leidet bald unter der Eintönigkeit ihres Lebens. Und als das Schiff in der Nähe von Paris ankert, fährt sie heimlich in die Großstadt, deren Schönheit ihr ein fliegender Händler (G. M.) in leuchtenden Farben geschildert hat. Als Jean ihre Abwesenheit entdeckt, befiehlt er tief gekränkt die sofortige Abfahrt. Aber beide sind unglücklich: Juliette fühlt sich in der Fremde verloren, Jean wird schwermütig und läuft sogar Gefahr, seinen Posten zu verlieren. Da macht sich Vater Jules auf, sucht Juliette und holt sie heim.
Obwohl Vigos erster Spielfilm (*Zéro de conduite*, 1933) von der Zensur verboten wurde und nicht ausgewertet werden konnte, gab sein Produzent Nounez Vigo eine weitere Chance. Allerdings mußte er diesmal ein kommerzielles Drehbuch akzeptieren, das er aber entscheidend veränderte. Während der Dreharbeiten erkrankte Vigo. Zwar drehte er noch fast alle Einstellungen; aber die Montage konnte er nicht mehr selbst vornehmen. Da kein Verleiher den Film übernehmen wollte, wurde er gründlich verstümmelt. Viele der besten Szenen wurden herausgeschnitten; statt dessen wollte man von der Beliebtheit eines populären Chansons profitieren und fügte es in den Film ein. Sein Titel (*Le chalande, qui passe* – Ein Schiff fährt vorbei) wurde auch zum Titel des Films erhoben. Doch auch diese Version hatte beim Publikum keinen Erfolg. Vigo starb kurz nach ihrer Premiere, neunundzwanzigjährig, an einem Lungenleiden.
Als Freunde die originale Fassung rekonstruieren wollten, waren Teile des Materials bereits vernichtet, andere zerstreut und verloren. Aber auch das Fragment ist kraftvoll und schön. Es zeigt Vigo als einen Regisseur, der Realität und Traum überzeugend zu vereinen wußte. Einerseits sind die Charaktere und Situationen sozial genau definiert. Andererseits ist der Film von einer seltsamen Atmosphäre des Unwirklichen bestimmt – wie eine Vision zieht die Landschaft an der »Atalante« vorbei, schemenhaft tauchen Menschen auf, eine Frau, die sich bekreuzigt,

ein Kind; und auch in den Alltag an Bord bricht das Phantastische ein durch die Gestalt des »Vater Jules«, dessen Kajüte einem surrealistischen Raritätenkabinett gleicht, der mechanische Puppen und abgeschnittene Hände in Spiritus als Souvenir hütet.

Atlantic City, U.S.A.

(Atlantic City, USA)

Kanada/Frankreich, 1979

R: Louis Malle; A: John Guare; K: Richard Ciupka (Videosequenz: Patrick Burns); D: Burt Lancaster, Susan Sarandon, Kate Reid, Robert Joy, Michel Piccoli

Atlantic City, einst vornehmes Seebad, dann Treffpunkt der Halbwelt und der Gangster und schließlich ein Glücksspiel-Paradies von schäbiger Eleganz, spielt eine der Hauptrollen in diesem Film. Die anderen Protagonisten sind Sally (S. S.), die sich nach einer gescheiterten Ehe zum Croupier ausbilden läßt und von den feudalen Spielbanken Europas träumt, der alternde Gangster Lou (B. L.), der sich eine große Vergangenheit zusammenträumt, obwohl er in Wirklichkeit stets nur ein kleiner Ganove war, und seine Freundin Grace (K. R.), die verwelkte Witwe eines Mafioso. Eines Tages erscheint Sallys Ex-Ehemann (R. J.), um in der Stadt ein Heroin-Geschäft abzuwickeln. Er wird von der Konkurrenz ermordet; und der »Stoff«, den seine Verfolger bei Sally vermuten, landet bei Lou, der nun endlich seine großen Träume Wirklichkeit werden sieht. Doch bald schon entdeckt Sally, mit der er eine kurze Liebesaffäre hat, woher Lous plötzlicher Reichtum stammt, und sie nimmt ihm den unverhofften Gewinn wieder ab. Lou trägt es mit Fassung. Immerhin hat er im Verlauf der turbulenten Geschehnisse zwei Gangster »erledigt« und sich damit bestätigt, daß er ein toller Kerl ist.

Malles Film ist sowohl Gangsterballade als auch eine Studie über Träume und Illusionen; er bietet eine atmosphärische Milieuschilderung und ein Stück Zeitkritik. Denn es wird auch deutlich, daß eine auf Erfolg fixierte Gesellschaft wenig nach den Mitteln und Methoden fragt, mit denen der Erfolg erzielt wird. Nicht zuletzt aber ist dies eine nostalgische Auseinandersetzung mit den Kino-Mythen Hollywoods, denen Malle seine Reverenz erweist.

L'atlantide Ⓢ

(Atlantis)

Frankreich, 1920/21

R: Jacques Feyder; A: Jacques Feyder nach einem Roman von Pierre Benoit; K: Georges Specht, Victor Morin; D: Georges Melchior, Jean Angelo, Stacia Napierkowska

Leutnant de Saint-Avit (G. M.) wird in der Wüste bewußtlos aufgefunden. Nach seiner Genesung erzählt er einem Kameraden seine Geschichte: Ein geheimnisvoller Araber hat ihn und den Hauptmann Morhange (J. A.) zu einer verborgenen Oase geführt, dem letzten Überrest des versunkenen Kontinents Atlantis. In der Oase herrscht die Königin Antinéa (S. N.), der alle Männer verfallen; und alle Liebhaber werden wahnsinnig oder begehen Selbstmord, wenn die Königin sich von ihnen abwendet. Morhange widersteht ihr jedoch; und voller Wut stiftet die Königin de Saint-Avit an, den Hauptmann zu töten. Dann flieht der Leutnant mit Unterstützung der Thronfolgerin. De Saint-Avit hat seine Erzählung gerade beendet, als ein Araber gemeldet wird: Er will de Saint-Avit und seinen Gesprächspartner zu Antinéa führen.

Ein aufwendiger Film, der zwar ein großer Publikumserfolg, aber auch eine künstlerische Enttäuschung wurde. Die Kritik rühmte lediglich die Geschicklichkeit, mit der Feyder die Wüste und den Sand zum Mitspieler gemacht habe.

Das Thema wurde noch mehrfach verfilmt, u. a. von G. W. Pabst (*Die Herrin von Atlantis*, 1932) mit Brigitte Helm, Gustav Diessl und Heinz Klingenberg in den Hauptrollen. Trotz guter Kameraarbeit (Eugen Schüfftan, Hermann Oberländer) überzeugte auch diese Version nicht.

Attack!
(Ardennen 1944)

USA, 1956

R: Robert Aldrich; A: James Poe nach dem Bühnenstück *The fragile fox* von Norman Brooks; K: Joseph Biroc; D: Jack Palance, Eddie Albert, Lee Marvin, William Smithers

Durch die Feigheit und Unfähigkeit von Captain Cooney (E. A.) wird ein Zug seiner Kompanie aufgerieben. Seither haßt Leutnant Costa (J. P.) seinen Vorgesetzten. Leutnant Woodruff (W. S.) versucht, Cooneys Versetzung zu erreichen; aber Colonel Bartlett (L. M.) erklärt ihm freimütig, er werde nichts dergleichen veranlassen, weil er für seine Karriere im Zivilleben auf die Gunst von Cooneys einflußreichem Vater angewiesen sei. Bei einem erneuten deutschen Angriff verliert Cooney wieder die Nerven. Mit vorgehaltener Pistole will er seine Soldaten in den sicheren Tod schicken. Costa will Cooney erschießen, stirbt aber vorher an einer schweren Verwundung. Da hebt Woodruff die Waffe und schießt. Alle Augenzeugen wollen zwar bekunden, Cooney sei als Held im Kampf gefallen, aber Woodruff will zu seiner Tat stehen und sich dem Kriegsgericht stellen.
Der Film beeindruckt vor allem durch seine realistischen und oft schockierenden Bilder vom Krieg und vom Sterben. Dagegen ist die Figur des Captains Cooney ein wenig überzeichnet. Aldrich hat das offenbar selbst gesehen. In einem Interview erklärte er, er habe Cooney selbst auf die Gefahr einer Überzeichnung hin als verabscheuungswürdigen Sadisten darstellen wollen.

Attack on a China mission Ⓢ
(Überfall auf ein Missionshaus in China)

England, 1900

R: James Williamson; A: James Williamson; K: James Williamson; D: Vermutlich die Familie Williamsons

Die Handlung spielt zur Zeit des Boxeraufstandes. Aufständische überfallen ein Missionshaus und töten den Missionar. Seine Frau schwenkt vom Balkon ein Taschentuch und alarmiert damit englische Matrosen, die unter Führung eines Offiziers zur Hilfe eilen. Der Offizier rettet die Tochter des Missionars, während die Matrosen die Chinesen vertreiben und die Frau des Missionars aus dem brennenden Haus in Sicherheit bringen.
Der Film dauert nur etwa fünf Minuten. Seine Bedeutung gewinnt er dadurch, daß er Ansätze zu einer wirklich filmischen Erzählweise zeigt. Zwar spielt sich die Handlung noch in der Totalen ab; aber die vier Szenen sind geschickt miteinander verbunden, und es gibt hier bereits einen durchaus filmischen Wechsel in der Erzähl-Perspektive.

At' žije republika
(Es lebe die Republik)

ČSSR, 1964/65

R: Karel Kachyňa; A: Jan Procházka, Karel Kachyňa; K: Jaromir Šofr; D: Zdeněk Lstibůrek, Vlado Müller, Naděžda Gajerová, Gustav Valach

Kriegsende in einem mährischen Dorf. Noch hängt über dem Marktplatz ein großes Schild: »Dieses Dorf hat immer alle seine Pflichten gegenüber dem Reich erfüllt!« Aber die Russen sind bereits im Anmarsch. Diesen historischen Wendepunkt schildert der Film aus dem Blickwinkel des zwölfjährigen Oldrich (Z. L.), der fassungslos zusieht, wie die Erwachsenen lügen, plündern und rauben, um das Beste aus dem Zusammenbruch zu machen. Oldrich soll sich, wie die anderen Kinder auch, im Wald verstekken und das einzige Pferd seines Vaters (V. M.) verbergen. Er verliert es an drei deutsche Soldaten, traut sich nicht nach Haus, findet ein verlassenes Wehrmachtsmotorrad, versucht einen Handel mit den anrückenden Russen und erlebt, wie sein russischer »Freund« bei einem deutschen Gegenangriff getötet wird. Oldrich will heim zu seinem Freund Cyril (G. V.), einem Sonderling, der den Jungen aber weit besser versteht als sein Vater. Er erlebt gerade noch, wie die Dorfbewohner Cyril zum kollektiven Sündenbock stempeln und als vermeintlichen Saboteur in den Tod treiben. Auf dem Marktplatz hängt ein neues Schild »Es lebe die Republik!« Ein Kinderchor preist Stalin,

Vater und Mutter sortieren die Beutestücke der letzten Tage. Auch zwei Pferde sind dabei.
Der Film unterbricht diese Handlung ständig durch Rückblenden, Tagträume, Angstvorstellungen, Erinnerungen Oldrichs. Er ist ein sensibler Junge, der z. B. in der Aufregung dieser Tage seine kleinen kindlichen Sünden grotesk vergrößert und verzerrt sieht. Und als angesehene Bürger aus einem verlassenen deutschen Gehöft einen Generator abschleppen, da assoziiert er das Bild der gleichen Männer, wie sie in der Prozession den Baldachin getragen haben. Er sieht sich selbst tot und flüchtet sich in Wunschträumen zu der zärtlich geliebten Mutter (N. G.). So entsteht hier das subtile Porträt eines Kindes, seiner Leiden in einer unmenschlichen Zeit.
Vor diesem Hintergrund verliert die Geburtsstunde der Republik jede heroische Feierlichkeit; Melancholie und Bitterkeit herrschen, und eigentlich vermittelt nur das Gesicht des Jungen einen Schimmer von Hoffnung. Daß dieser Film als Auftragsarbeit der Partei zum 20. »Geburtstag« der Republik entstehen konnte, ehrt auch die Auftraggeber.

L'auberge rouge

(Die unheimliche Herberge)

Frankreich, 1951

R: Claude Autant-Lara; A: Jean Aurenche, Pierre Bost, Claude Autant-Lara; K: André Bac; D: Fernandel, Françoise Rosay, Carette, Marie-Claire Olivia, Didier d'Yd

Im Winter 1833 suchen eine Reisegesellschaft und ein Mönch (F.) mit einem Novizen (D. d. Y.) Unterschlupf in einer Herberge im Gebirge. Wirt (C.) und Wirtin (F. R.) pflegen seit Jahren ihre Gäste zu töten und auszurauben. Doch einen Geistlichen sähe die Wirtin ungern unter den Opfern. Flugs beichtet sie dem Mönch ihre Sünden und bindet ihn auf diese Weise listig durch das Beichtgeheimnis, damit die Reisegesellschaft in Ruhe umgebracht werden kann. Verzweifelt sinnt der Mönch auf Rettung und muß dabei noch zusehen, wie sich der Novize in das Wirtstöchterlein Mathilde (M. C. O.) verliebt. Am anderen Morgen führt der Affe eines reisenden Schaustellers, den die Wirtsleute am Vorabend umgebracht haben, zwei Gendarmen in die Herberge. Nur der Mönch weiß, daß die Leiche des Schaustellers

Ať žije republika (Zdeněk Lstibůrek)

Auch Zwerge haben klein angefangen

noch provisorisch in einem Schneemann verborgen ist. Er provoziert eine Schneeballschlacht, in deren Verlauf der Schneemann sein makabres Geheimnis enthüllt. Die Wirtsleute werden verhaftet. Aufatmend empfiehlt der gute Mönch den dankbaren Reisenden eine Abkürzung. Sie führt über eine Holzbrücke, die die Wirtsleute vorsichtshalber in der Nacht haben ansägen lassen. Mit Mann und Maus verschwindet die Kutsche im Abgrund. Der Pater rennt, wie von Furien gehetzt, davon.
Eine böse Satire, die mit komödiantischer Leichtigkeit inszeniert wurde. Vordergründig herrscht die Komik: die Beichtszene, die skurrilen Versuche des Mönchs, die Reisenden zu retten, die improvisierte Trauung zwischen dem Novizen und Mathilde. Aber stets ist auch der Aberwitz spürbar: Die Beichte soll den Mord absichern, ein Affe holt die Rettung, der gute Rat bedeutet den Untergang.

Auch Zwerge haben klein angefangen

BRD, 1969

R: Werner Herzog; A: Werner Herzog; K: Thomas Mauch; D: Helmut Döring, Gerd Gickel, Paul Glauer, Erna Gschwendtner (allesamt Liliputaner)

Revolte in einem Erziehungsheim. Während der Abwesenheit des Direktors empören sich die Zöglinge gegen seinen Stellvertreter, der sich mit einem Insassen als »Geisel« in seinem Zimmer verbarrikadiert. Die Rebellen verbrennen Blumen, quälen zwei blinde Leidensgenossen, töten ein Schwein. Sie lassen ein Auto endlos im Kreis auf dem Hof umherfahren und stürzen es schließlich in einen Abgrund. Dann bombardieren sie den Verbarrikadierten mit Steinen und lebenden Hühnern, arrangieren ein Gelage, bei dem sie sich mit den Speisen bewerfen, formieren sich zu einer seltsamen Prozession, der ein an ein Kreuz gefesseltes Äffchen vorangetragen wird. Am Schluß flieht der Erzieher, anscheinend vom Wahnsinn überwältigt, während der Kleinste der Rebellen schrill lachend vor einem knienden Kamel steht, das sich vergeblich aufzurichten sucht, weil ihm offenbar die Sehnen der Vorderbeine durchschnitten sind ...

Man hat dem Film vorgeworfen, er sei reaktionär und wolle zeigen, daß Revolution notwendigerweise im Chaos ende. Eine solche Interpretation greift zweifellos zu tief. Thema ist hier eher das Urbild der Aggression. Die Zöglinge, geformt und verformt durch die strenge Ordnung der Anstalt, sind zu sinnvoller Reaktion unfähig geworden; ihr Gegenterror ist anarchisch. Und es wird gezeigt, wie unreflektierte Reaktion die Aggression stets gegen den Schwächeren richtet. Herzog kommentiert das mit dem wiederkehrenden Bildmotiv eines einbeinigen Huhns, das von den anderen Hühnern gejagt und beinah aufgefressen wird. Möglichkeiten des Menschen werden mit böser Konsequenz und quälender Deutlichkeit gezeigt.

Brutalität wird hier zum bedrückenden Problem. Und sie verliert jede Faszination durch den Kunstgriff, als Darsteller ausschließlich Liliputaner einzusetzen. Ihre greisenhaft kindlichen Gesichter, ihre unbeholfenen Bewegungen, ihre ganze Existenz zwingen dazu, Identifizierung durch einen Denkprozeß zu erreichen. Die Masken des griechischen Theaters finden hier eine packende Entsprechung. Und seltsamerweise bringt dieser Kunstgriff auch Resignation und einen Rest von Barmherzigkeit in diesen Film: Dadurch, daß die ganze Umwelt normales Maß hat, daß Autos, Betten, Stühle, Tische von normaler Größe sind, entsteht hier der Eindruck von Menschen, die ohne eigene Schuld »zu klein« für diese Welt sind.

Der aufrechte Gang

BRD, 1976

R: Christian Ziewer; A: Christian Ziewer; K: Ulli Heiser; D: Claus Eberth, Antje Hagen, Wolfgang Liere, Walter Prüssing, Rainer Pigulla, Matthias Eberth, Martina Hennig

Der Arbeiter Dieter Wittkowski (C. E.) hat Sorgen. Im Betrieb wird für Lohnerhöhungen gestreikt; zu Hause kommt es zum Streit, weil seine Frau Hanna (A. H.), die halbtags in einer Konditorei arbeitet, das Angebot annehmen möchte, Filialleiterin zu werden – natürlich bei voller Arbeitszeit. Dieter ist dagegen, weil nach seiner Meinung die Frau ins Haus und in die Familie gehört. Die Kinder Andi (M. E.) und Gabi (M. H.) spüren die Spannungen, die sich aus dieser Meinungsverschiedenheit ergeben. Auch im Betrieb gibt es Ärger. Beim Notdienst läßt Dieter sich vom Meister übertölpeln und zu Arbeiten überreden, die ihn als Streikbrecher erscheinen lassen könnten. Ein Journalist fotografiert ihn dabei und frisiert einige Sätze Dieters so geschickt um, daß sie wie eine Absage an den Streik und wie eine Anklage gegen die »Gastarbeiter« klingen. Am Abend hört Dieter im Rundfunk, daß die Gewerkschaft sich von dem Streik distanziert hat. Am nächsten Morgen, auf der Fahrt zu seinem Vater (W. P.), dessen Meisterjubiläum gefeiert werden soll, liest er das »Interview«, das ihn als Verräter erscheinen läßt. Vergeblich versucht Dieter, die Zeitung vor seinen Verwandten zu verstecken; zu seiner maßlosen Überraschung gratuliert man ihm dort zu seiner vermeintlichen »Offenheit«. Es kommt zu einer scharfen Auseinandersetzung, bei der Dieter seinem Vater und seinem Bruder (R. P.), die mühsam einen kleinen Handwerksbetrieb über Wasser halten, Blindheit und Opportunismus vorwirft. Überstürzt verläßt er die Feier und fährt nach Hause. Er verlangt vom Betriebsrat, der solle sich für eine Richtigstellung des Artikels einsetzen. Doch dort kümmert man sich viel mehr darum, daß der Streik zusammenzubrechen droht; und auch dort gibt es Kollegen, die Dieter heimlich zu seinen »mutigen Worten« beglückwünschen. Am Abend teilt ihm Hanna mit, daß sie die angebotene Stellung angenommen hat. Dieter entschließt sich, am anderen Morgen Streikposten zu stehen. Hanna, die spürt, daß er eine Entwicklung durchgemacht hat, geht mit ihm. Aber sie kommen zu spät. Der Streik ist zusammengebrochen. Mit einer ohnmächtigen Geste will Dieter sich als Streikposten zu erkennen geben. Sein Freund Georg (W. L.) hindert ihn daran. Und Hanna tröstet ihren Mann mit dem Hinweis auf die vielen einzelnen Menschen, die sich immer wieder gegen die Anpassung auflehnen.

Ziewer ist es gelungen, einen Film zu schaffen, der seine Thesen ganz in sinnlich erfahrbare Aktionen auflöst. Hier wird nicht deklamiert, werden keine Parolen ausgebreitet; hier wird der Alltag unpathetisch geschildert. Dazu gehört auch, daß Ziewer seinen Protagonisten nicht zum Helden hochstilisiert. Dieter Wittkowski ist ein durchaus »kleinbürgerlicher« Arbeiter, der sich zu Hause recht konservativ-autoritär gebärdet, der etwa auch mehr an die Raten für ein neues Auto als an die Solidarität der Arbeiterklasse denkt. Und konsequent wird seine Bewußtwerdung nicht durch Schlagworte, sondern durch alltägliche Erfahrungen bewirkt.

Die Augen der Mumie Ma Ⓢ

Deutschland, 1918

R: Ernst Lubitsch; A: Hanns Kräly, Emil Rameau; K: Alfred Hansen; D: Pola Negri, Emil Jannings, Harry Liedtke, Max Laurence

Der deutsche Maler Albert Wendland (H. L.) verliebt sich in Ägypten in ein Arabermädchen (P. N.), das sich in der Gewalt des Arabers Radu (E. J.) befindet. Radu täuscht mit ihrer Hilfe erlebnishungrigen Touristen vor, die Augen im Gesicht der Mumie Ma seien lebendig. Wendland befreit das Mädchen, nennt es Ma und nimmt es mit nach Europa. Der rachedurstige Radu folgt der Ungetreuen als Diener des Fürsten Hohenfels (M. L.). In Europa heiratet Wendland Ma, die später als umjubelte Tänzerin in Varietés auftritt. Radu macht sie ausfindig; und als er mit gezücktem Dolch vor ihr steht, stirbt sie vor Schrecken. Radu erdolcht sich an ihrer Leiche.

Der reißerische Abenteuerfilm wurde mit geringem Aufwand in der Nähe von Berlin gedreht. Trotzdem muß der »exotische Zauber« der dürftigen Wüsten-Szenerie damals gewirkt haben. Für den Regisseur, der bisher nur Lustspiele gedreht hatte, und seine Hauptdarsteller wurde der Film Ausgangspunkt einer großen Karriere.

Die Augen der Mumie Ma (Emil Jannings, Pola Negri)

Au hasard, Balthazar
(Zum Beispiel Balthasar)

Frankreich/Schweden, 1966

R: Robert Bresson; A: Robert Bresson; K: Ghislain Cloquet; D: Anne Wiazemsky, François Lafarge, Philippe Asselin

Balthasar, der Held des Films, ist ein Esel. Als er klein ist, umgibt ihn Zärtlichkeit; Kinder spielen mit ihm und »taufen« ihn auf den Namen Balthasar. Aber das Tier, das im Film niemals einen Artgenossen trifft, geht in andere Hände über. Balthasar arbeitet auf einem Bauernhof, tritt – dressiert – in einem Zirkus auf, trägt bei einer Prozession die Reliquien und stirbt schließlich, als Tragtier eines Schmugglers, von einer Kugel getroffen auf einer Bergwiese inmitten einer Schafherde. Mit seinem Leben verbunden ist das Schicksal der Familie, bei der er groß geworden ist: der Bankrott des hochmütigen Vaters, die Demütigung der Tochter (A. W.), die sich in den gewissenlosen Rowdy Gérard (F. L.) verliebt.

»Der Esel durchlebt die gleichen Phasen wie ein Mensch – in seiner Kindheit die Liebkosungen, im reifen Alter die Arbeit, das Talent inmitten des Lebens und dann die letzte Mystik, die knapp dem Tod vorangeht. Der Esel trägt die Reliquien und stirbt dann, weil er die Sünden der Menschen trägt. Damit vermischt habe ich einen zweiten Gedanken: Der Esel begegnet verschiedenen Menschen, die jeder für sich ein menschliches Laster verkörpern – den Hochmut, die Trunksucht, die Faulheit usw. Diese beiden Gedanken bilden, wenn Sie so wollen, den Stoff meines Films« (Bresson).

Bresson hat sich in der optischen Gestaltung abermals um Kargheit und Klarheit bemüht. Er hat wieder Laien als Darsteller verpflichtet und sie zu jener eigentümlichen Sprechweise angehalten, von der er gesagt hat: »Ich bringe meinen Darstellern bei, den Text rein mechanisch zu sagen, so wie ein Pianist eine Klavierübung macht. Dann wird dieser Text, sobald sie vor der Kamera stehen, auch mechanisch empfunden und erzielt den Effekt, der auf der Leinwand sichtbar werden soll ... Es geschieht nämlich genau das, was mit einem großen Pianisten geschieht. Alle Gefühle kommen aus der Mechanik, aus der Zurückhaltung und nicht aus einer künstlichen Erregung, wie sie die Theaterschauspieler ihren Texten geben.«

Aus einem deutschen Leben
BRD, 1976

R: Theodor Kotulla; A: Theodor Kotulla nach dem Roman *Der Tod ist mein Beruf* von Robert Merle; K: Dieter Naujeck; D: Götz George, Elisabeth Schwarz, Hans Korte, Kurt Hübner, Kai Taschner

Der Film folgt im wesentlichen der Selbstbiographie von Rudolf Höß, dem Kommandanten des Konzentrationslagers Auschwitz, der nach dem Krieg unter dem Decknamen Franz Lang untertauchte, 1946 von den Engländern verhaftet und 1947 in Polen zum Tode verurteilt und hingerichtet wurde.

Franz Lang wird als Sechzehnjähriger (K. T.) im Ersten Weltkrieg Soldat. Nach dem Krieg schließt er (G. G.) sich, da er nichts anderes gelernt hat, als Soldat zu sein, den Freikorps an. Er wird zum Fememörder und verbringt fünf Jahre im Zuchthaus. Er heiratet, wird Landwirt und scheint endlich in ein bürgerliches Leben gefunden zu haben. Da gerät er in Kontakte zur NSDAP und tritt in die SS ein. Zufällig wird der Reichsführer SS, Heinrich Himmler (H. K.), auf ihn aufmerksam und gibt ihm 1934 seinen ersten Posten in einem Konzentrationslager. Ab 1940 ist Lang Kommandant des größten Vernichtungslagers.

Der Titel, den Kotulla gewählt hat, verweist auf seine Absichten. Er will seinen Protagonisten nicht als sadistischen Massenmörder denunzieren, er will vielmehr dem Exemplarischen in diesem Leben nachspüren und damit den Zuschauer zum Denken anregen. Und das gelingt ihm in diesem sorgfältig recherchierten und gestalteten Film tatsächlich. Er zeigt einen Menschen, der im Dunstkreis eines blind-romantischen und aggressiven Nationalismus aufwächst und dem der Gehorsam als oberste sittliche Wertvorstellung so nachhaltig eingebleut wird, daß es ihm später »physisch unmöglich« sein wird, einem Befehl nicht zu gehorchen. In einer Schlüsselszene mit seiner Frau (E. S.), die erst 1942 erfährt, was im Lager Auschwitz wirklich geschieht, beteuert er völlig glaubwürdig, daß er auf Befehl des »Reichsführers« auch seine Kinder töten würde. Es wird in diesem Film deutlich, daß Höß alias Franz Lang keineswegs ein pervertierter Mörder ohne Gefühl und Gewissen war, vielmehr ein »idealer« Untertan, dem der Gehorsam über alles ging und dessen moralische Wertvorstellungen in der »Pflichterfüllung« gipfelten. Damit zeigt er auch, daß Franz Lang nicht in eine historische Abnormitätenschau gehört, die man aus sicherer Distanz betrachten kann; vielmehr ist er ein Teil der Realität, die uns alle angeht. Daß der Film diese Einsicht vermittelt, ist eine bemerkenswerte Leistung des Drehbuchs; daß das Grauen der »Endlösung« in den eher kühlen und distanzierten Bildern stets gegenwärtig ist, eine nicht minder beachtliche Leistung der Regie.

Die Auslieferung

Schweiz, 1974

R: Peter von Gunten; A: Peter von Gunten; K: Fritz E. Maeder; D: Roger Jendly, Anne Wiazemsky, Silvia Jost, Bernard Arczynski, William Jacques

Sergej Njetschajew (R. J.), ein russischer Anarchist, beteiligt sich in seiner Heimat an der Ermordung eines Verräters in den eigenen Reihen. Seine Tat ist eindeutig politisch motiviert. Vor der polizeilichen Verfolgung flieht er in die Schweiz und bittet um politisches Asyl. Er hofft, von hier aus seinen Kampf für den Sturz des Zaren und die Revolution fortführen zu können. In der Schweiz trifft er zahlreiche Gesinnungsgenossen, darunter sein Vorbild, den berühmten Bakunin (W. J.). Und er begegnet dort auch einer Frau, in die er sich verliebt – Nathalie Herzen (A. W.). Aber die Beziehung zu Nathalie hat keinen Bestand, die Begegnung mit den anderen Emigranten bringt auch Enttäuschungen, und vor allem muß er erkennen, daß es mit der von ihm erhofften Sicherheit nicht weit her ist. Die Russen sind offenbar gewillt, an seinem Beispiel ein Exempel zu statuieren. Sie bestreiten die politischen Motive seiner Tat, stellen einen Auslieferungsantrag und offerieren mehr oder weniger deutlich einen großzügigen Handelsvertrag gegen Njetschajews Kopf. Auf die Dauer mögen sich die Schweizer Politiker diesen Argumenten nicht verschließen. Am 26. Oktober 1872 wird Njetschajew ausgeliefert und schon sechs Wochen später zu lebenslänglicher Haft verurteilt, die er nicht überlebt.

Wie praktisch alle jungen Deutschschweizer Filmemacher kommt von Gunten vom Dokumentarfilm. Dokumentarisch ist auch das Thema seines ersten Spielfilms. Von Gunten erzählt seine Geschichte sachlich, fast kühl. Er singt nicht das Heldenlied eines makellosen Revolutionärs. Im Gegenteil: Widersprüche im Charakter und der Handlungsweise des Protagonisten werden nicht verschwiegen und sorgen erst dafür, daß hier kein Lehrstück, sondern ein menschlich angreifender und dadurch um so leichter begreifbarer Film entstanden ist. Natürlich ist die Zielrichtung unverkennbar: Hinter dem russischen Anarchisten sieht man die deutschen Juden der Hitler-Zeit, die Chile-Flüchtlinge der Gegenwart. Aber dieser Film lebt nicht nur aus seiner guten Gesinnung, sondern ebenso aus einer abgewogenen Dramaturgie und der überzeugenden filmischen Gestaltung.

Die Austernprinzessin Ⓢ

Deutschland, 1919

R: Ernst Lubitsch; A: Hanns Kräly, Ernst Lubitsch; K: Theodor Sparkuhl; D: Ossi Oswalda, Victor Janson, Harry Liedtke, Julius Falkenstein, Curt Bois

Die Tochter (O. O.) des reichen »Austernkönigs« Mr. Quaker (V. J.) hat wieder einen Tobsuchtsanfall – sie will einen Adligen heiraten. Der vom Vater eilig herbeizitierte Heiratsvermittler empfiehlt den völlig verschuldeten Prinzen Nucki (H. L.). Doch Nucki schickt – teils aus Faulheit, teils aus Vorsicht – zunächst seinen Diener Josef (J. F.) zur Erkundung des Terrains vor. Bei Quakers hält man Josef für den Prinzen und arrangiert sofort eine Hochzeit. Doch als Nucki am anderen Tag auftaucht und sich Hals über Kopf in die »Austernprinzessin« verliebt, überläßt Josef ihm seinen Platz an der Seite der nunmehr restlos glücklichen Braut.

Der Film wurde für Lubitsch und Ossi Oswalda ein großer Erfolg. Er war zügig inszeniert, voller Einfälle, Tempo und Turbulenz. Einer der Höhepunkte ist ein »Jazzkonzert«, das auch ohne Musik hektischen Rhythmus vermittelt. Daneben gibt es amüsante, nuancierte Beobachtungen. Als Josef zum Beispiel in Quakers Haus warten muß, beginnt er, den verschlungenen Mustern des Fußbodens nachzugehen. Dabei ergeben sich für ihn (und die Kamera) so komplizierte Abläufe, daß es Josef (und den Zuschauern) beinahe schwindlig wird.

Las aventuras de Juan Quin Quin

(Die Abenteuer des Juan Quin Quin)

Kuba, 1967

R: Julio García Espinosa; A: Julio García Espinosa nach der Erzählung *Juan Quin Quin en el pueblo Mocho* von Samuel Feijo; K: Jorge Haydu; D: Julio Martinez, Erdwin Fernandez, Adelaida Raymat, Enrique Santiesteban

Juan Quin Quin (J. M.) lebt vor der Revolution ein friedliches Leben als Küster und Meßdiener. Doch der Pfarrer mißbilligt seinen Umgang mit Zirkusartisten und ähnlichen Personen; und als sein Freund Jachero (E. F.) beim Hahnenkampf betrogen wird, zieht er mit ihm los, um mit ihm das Geld zu verdienen, mit dem Jachero seine Wettschulden bezahlen kann. Er versucht sich vergeblich als Stierkämpfer, Artist, Kaffeefarmer und Arbeiter im Zuckerrohrfeld. Immer wieder treten ihm Vertreter des Staates, der Armee oder des Kapitalismus (in allen Rollen: E. S.) entgegen und bringen ihn um die Früchte seiner Bemühungen. Angesichts dieser Erfahrungen erkennt auch Juan Quin Quin die Notwendigkeit des bewaffneten Kampfes.

In der Tradition der spanischen Schelmenromane wird hier ein ernsthaftes Thema auf unterhaltsame Weise vorgetragen. Espinosa schildert die Kämpfe der Revolutionäre im Stil turbulenter Western, zieht für die »Ausbeuter-Szenen« die amerikanischen »slapstick comedies« zu Rat und benutzt immer wieder gängige Klischees, um sie gleich darauf einfallsreich zu parodieren. Seine Personen äußern sich gelegentlich durch »Sprechblasen«, und eingestreute Zwischentitel ironisieren den Fortgang der Handlung. Statt des feierlichen Ernstes üblicher Revolutionsfilme verbreitet dieser bare Vergnüglichkeit, ohne dabei sein Anliegen in Frage zu stellen.

L'avventura

(Die mit der Liebe spielen / Das Abenteuer)

Italien/Frankreich, 1959

R: Michelangelo Antonioni; A: Michelangelo Antonioni, Tonino Guerra und Elio Bartolini nach einer Idee von Michelangelo Antonioni; K: Aldo Scavarda; D: Gabriele Ferzetti, Lea Massari, Monica Vitti, Dominique Blanchar

Anna (L. M.) wird von ihrem Geliebten Sandro (G. F.) zu einer Kreuzfahrt auf der Yacht der Prinzessin Patricia eingeladen. Sie bittet Sandro, diese Einladung auch auf ihre Freundin Claudia (M. V.) auszudehnen. Auf dieser Fahrt spürt Anna mehr und mehr, daß es zwischen ihr und Sandro keine echte Gemeinschaft gibt. Als die Yacht, auf der sich noch andere Bekannte befinden, an einer einsamen Insel anlegt, verschwindet Anna spurlos. Trotz aller Nachforschungen, bleibt ihr Verschwinden rätselhaft; sie kann ertrunken, geflohen, aber auch entführt worden sein. Bei der gemeinsamen Suche nach Anna verliebt sich Sandro in Claudia. Sie gibt ihm nach, aber schon wenig später läßt sich Sandro von einem Flittchen verführen. Der Film endet mit einer mehrdeutigen Geste: Claudia streicht dem weinenden Sandro über das Haar. Verzeihen oder Resignation?

Der Film erregte bei seiner Uraufführung Ratlosigkeit und fast einen Skandal, weil er gegen alle Gesetze der üblichen Kinodramaturgie gemacht war. Antonioni war weniger an einer »Story« als vielmehr an Beobachtungen, Stimmungen, Analysen, Beziehungen interessiert. Seine pessimistische Bilanz: Der Mensch bleibt einsam, auch die Liebe ist stets in Gefahr, an ihren Voraussetzungen zu sterben. Dabei wird diese Malaise der Frau wenigstens bewußt, während der Mann unfähig scheint, seine eigene Gefährdung zu erkennen.

Der Film hat das in Szenen von quälender Intensität, in stets neuen Variationen demonstriert. Antonioni will die Zuschauer durch eine Fülle von Detail-Beobachtungen überzeugen und die Existenz seiner Darsteller gleichsam transparent machen. Dieses Stilprinzip wurde in der deutschen Fassung weitgehend zerstört: Der Verleiher schnitt rund 45 Minuten heraus und brachte den Film damit auf eine gängige Kinolänge von rund 100 Minuten. Erst das deutsche Fernsehen hat eine vollständige Synchron-Fassung des Films vorgestellt.

Back to the future (Crispin Glover, Lea Thompson, Michael J. Fox)

B

Back to the future

(Zurück in die Zukunft)

USA, 1985

R: Robert Zemeckis; A: Robert Zemeckis, Bob Gale; K: Dean Cundey; D: Michael J. Fox, Christopher Lloyd, Lea Thompson, Crispin Glover, Thomas F. Wilson

Dr. Emmett Brown (C. L.), einem reichlich überspannten Erfinder, ist es gelungen, einen exzentrischen Sportwagen mit Plutonium-Antrieb und einer Zeitmaschine auszustatten; und dem Schüler Marty McFly (M. J. F.) widerfährt es, daß er diese Zeitmaschine in Betrieb setzt und schnurstracks in das Jahr 1955 gerät, wo sein Gefährt mit leeren Plutonium-Behältern stehenbleibt. Voller Staunen beobachtet Marty, wie seine Heimatstadt und ihre Bewohner vor drei Jahrzehnten ausgesehen haben. Und mit beträchtlicher Irritation begegnet er dem lebenslustigen Teenager Lorraine Baines (L. T.), der später einmal seine, Martys, Mutter werden soll. Zunächst stehen die Chancen dafür eher schlecht, denn Lorraine kümmert sich keinen Deut um ihren schüchternen Mitschüler George McFly (C. G.). Und aus berechtigter Sorge um seine eigene spätere Existenz bringt Marty zunächst einmal Lorraine, die sich ganz offensichtlich in ihren künftigen Sohn verliebt hat, mit George zusammen. Auch sonst kann Marty einige Weichen für die Zukunft stellen, aber dann möchte er doch lieber in seine Gegenwart zurückkehren. Es trifft sich gut, daß auch Dr. Brown aus dieser kleinen Stadt stammt. Marty sucht den jungen Mann auf, der sich bereits als Bastler und Tüftler einen Namen gemacht hat, und mit dessen Hilfe gelingt dann auch die Reise zurück in die Zukunft.

Abgesehen von der etwas künstlich aufgeputschten Rahmenhandlung, in der gestohlenes Plutonium und mordlustige Terroristen für eigentlich überflüssigen Nervenkitzel sorgen, ist dies ein auf liebenswürdige und einfallsreiche Weise unterhaltsames Spiel geworden. Sicherlich ist hier der Einfluß Steven Spielbergs zu spüren, der diesen Film mitproduziert hat. Aber

Regisseur Robert Zemeckis, dem bereits mit *Romancing the stone* (Auf der Jagd nach dem grünen Diamanten, USA 1984) ein Stück guter Kino-Unterhaltung gelungen war, hat auch im Detail Geschick bewiesen. Zu einer Zeit, da gerade im Genre des Science-Fiction-Films mit immer drastischeren Effekten um die Gunst des Publikums gebuhlt wird, zeigt dieser Film, daß die Kunst des Erzählens unter dem Strich doch noch wichtiger ist als die technische Perfektion der Trick-Spezialisten.

The bad and the beautiful

(Stadt der Illusionen)

USA, 1952

R: Vincente Minnelli; A: Charles Schnee nach einer Story von George Bradshaw; K: Robert Surtees; D: Kirk Douglas, Lana Turner, Barry Sullivan, Walter Pidgeon, Gloria Grahame, Ivan Triesault, Dick Powell

Der bankrotte Filmproduzent Jonathan Shields (K. D.) will an seinen Schreibtisch und zu seiner Arbeit zurückkehren. Der Star Georgia Lorrison (L. T.), der Regisseur Fred Amiel (B. S.), der Autor James Lee Bartlow (D. P.) und der Produktionsleiter Harry Pebbel (W. P.) sitzen zusammen und diskutieren über diese Nachricht. Sie beratschlagen, wie sie sich verhalten sollen, und sie erinnern sich. Jeder von ihnen hat schlechte Erfahrungen mit Shields gemacht. Fred ist zwar in der Zusammenarbeit mit ihm bekannt geworden; aber er hat sich von ihm getrennt, als Shields Freds Lieblingsprojekt von dem Regisseur von Ellstein (I. T.) drehen ließ. Gloria ist durch Shields zum Star geworden; aber er hat sie betrogen, hat ihr Liebe vorgespielt, um sie zu größeren Leistungen anzuspornen. Bartlow ist von Shields entdeckt worden; doch auch er haßt diesen Mann. Denn der glaubte, Bartlow würde durch seine vergnügungssüchtige Frau (G. G.) von der Arbeit abgelenkt. Er hat eine Intrige gesponnen, die zu einem unvorhergesehenen Unglücksfall und zum Tod der Frau führte. Alle sind sich einig, daß sie nie mehr mit Shields zusammenarbeiten wollen. Aber als er anruft, als sie seine Stimme hören, da nicken sie trotzdem.
Das Porträt eines eigenwilligen, dynamischen Hollywood-Produzenten ist geschickt in Szene gesetzt. Der Film gilt als eines der markantesten Beispiele hollywoodscher Selbstkritik. Letzten Endes sucht er seine Probleme und Konflikte jedoch zu sehr im privaten Bereich und verspielt damit die Möglichkeit, im Einzelfall wirklich die *Stadt der Illusionen* zu treffen.

Bad day at Black Rock

(Stadt in Angst)

USA, 1954

R: John Sturges; A: Millard Kaufman und Don McGuire nach einer Erzählung von Howard Breslin; K: William C. Mellor; D: Spencer Tracy, Robert Ryan, Anne Francis, Dean Jagger, Walter Brennan, Ernest Borgnine, Lee Marvin, John Ericson

Erstmals seit vier Jahren hält im Sommer 1945 der Expreß in der kleinen Wüstensiedlung Black Rock. Ein einarmiger Fremder (S. T.) namens MacReedy steigt aus. Er wird mißtrauisch beobachtet, und das Mißtrauen steigert sich, als MacReedy sich nach dem Farmer Kumako, einem japanischen Einwanderer, erkundigt. Reno Smith (R. R.), der »Boß« von Black Rock, erzählt dem Fremden, Kumako sei in ein Internierungslager gebracht worden. Aber MacReedy glaubt ihm nicht. Er borgt sich von Liz (A. F.), der Schwester des Hotelbesitzers (J. E.), einen Jeep und sucht Kumakos Farm. Er findet die Trümmer eines verbrannten Hauses und ein verstecktes Grab. Jetzt bricht Panik in der Stadt aus. Doc Velie (W. B.) möchte den Fremden in Sicherheit bringen, im Auftrag Smiths jedoch macht Hector David (L. M.) den Wagen Doc Velies unbrauchbar. Der Hotelbesitzer erzählt MacReedy endlich die Wahrheit: Kumako ist am Abend des Angriffs auf Pearl Harbor mit Billigung aller Einwohner von Smith und seinen Freunden gelyncht worden. Liz bringt MacReedy mit einem Wagen aus der Stadt; aber aus Liebe zu Reno Smith führt sie ihn in einen Hinterhalt. Liz wird von Reno niedergeschossen und dieser von MacReedy unschädlich gemacht. Ehe er die Stadt verläßt, schenkt er den Einwohnern die Tapferkeitsmedaille für Kumakos gefallenen Sohn, der ihm in Italien das Leben gerettet hat. Er hatte Kumako gesucht, um ihm dieses Erinnerungsstück zu übergeben.

Ein interessanter Western, der ein beliebtes Handlungsschema mühelos und einleuchtend in die Gegenwart überträgt. Der Film denunziert den Rassenhaß u. a. auch dadurch, daß er die Neidgefühle aufzeigt, die dabei oft eine Rolle spielen: Kumako hatte das scheinbar wertlose Land für seine Farm billig von Smith gekauft und dann in mühevoller Arbeit auf seinem Grund Wasser gebohrt.

Baisers volés
(Geraubte Küsse)

Frankreich, 1968

R: François Truffaut; A: François Truffaut, Claude de Givray, Bernard Revon; K: Denys Clerval; D: Jean-Pierre Léaud, Delphine Seyrig, Michael Lonsdale, Claude Jade

Antoine Doinel (J. P. L.) schafft es, als untauglich vom Militär entlassen zu werden, und eilt froh in die Arme seiner Braut Christine (C. J.). Aber es gibt Schwierigkeiten. Einen Job als Nachtportier verliert er sehr schnell wieder, weil er auf den Trick eines Privatdetektivs hereinfällt, der sich Zugang zu einem Zimmer verschaffen will. Antoine wird jetzt selbst Angestellter eines Detektivbüros und soll im Auftrag von Madame Tabard (D. S.) herausfinden, warum alle Welt ihren Mann (M. L.) haßt. Antoine verliebt sich in Madame, wird wegen dieser Pflichtvergessenheit abermals entlassen und repariert nun Fernseher. Jetzt kann Christine ihn telefonisch in ihre Wohnung bestellen. Beide versöhnen sich, und Antoine steckt seiner alten und wieder neuen Liebe das ringähnliche Ende eines Flaschenöffners als Verlobungsring an den Finger.
Der Film erzählt gleichsam die weiteren Abenteuer des Helden aus *Les quatre cents coups*. Truffaut strebt hier jedoch keinen psychologischen Realismus an, er läßt seinen Helden vielmehr »Situationen spielen«. Dabei gelingt es ihm, verschiedenartige Stilmittel, von der Groteske bis zur Romanze, zu einer Einheit zu fügen.

Ballada o soldate
(Ballade vom Soldaten)

UdSSR, 1959

R: Grigori Tschuchrai; A: Walentin Jeschow, Grigori Tschuchrai; K: Wladimir Nikolajew, Era Saweljewa; D: Wladimir Iwaschow, Schanna Prochorenko, Jewgeni Urbanski

Die UdSSR im Zweiten Weltkrieg. Der junge Soldat Aljoscha (W. I.) hat mehr aus Angst denn aus Heldenmut zwei deutsche Panzer zerstört. Zur Belohnung erbittet er sich statt des verdienten Ordens ein paar Tage Heimaturlaub. Unterwegs wird er immer wieder aufgehalten – durch die Wirren des kriegerischen Alltags und durch private Erlebnisse. Er richtet Bestellungen für seine Kameraden aus; er trifft einen Beinamputierten (J. U.), der sich nicht nach Haus zu seiner Frau traut; und er begegnet dem Mädchen Schura (S. P.), in das er sich verliebt. Als er schließlich zu Hause ist, kann er seine Mutter gerade einmal in die Arme schließen, dann ist es Zeit, die Rückfahrt zur Front anzutreten. – Bereits im Vorspann hat man erfahren, daß Aljoscha den Krieg nicht überleben wird.
Der Film ist nicht frei von Sentimentalität und Klischees; doch er ist weit entfernt von den üblichen Formen des sozialistischen Realismus. Seine Helden sind allesamt Leidende – wenig geeignet für heroische Standbilder; und er verschweigt bei den Begegnungen Aljoschas mit den Angehörigen seiner Kameraden nicht, daß viele von ihnen versagt haben.
»Ich wollte in diesem Film sagen, was ich über den Krieg denke, und nicht, wie es im Krieg war. Ich wollte sagen, was ich über die Soldaten denke, und nicht, wie sie gekämpft haben... Ich wollte mit meinem Film sagen, daß es ein sehr, sehr großer Verlust ist, wenn die Welt auch nur einen einzigen Menschen verliert« (Grigori Tschuchrai).

Bande à part
(Die Außenseiterbande)

Frankreich, 1964

R: Jean-Luc Godard; A: Jean-Luc Godard nach dem Roman *Fool's gold* von Dolores und B.

Hitchens; K: Raoul Coutard; D: Anna Karina, Claude Brasseur, Sami Frey

Odile (A. K.), dänisches Au-pair-Mädchen in Paris, entdeckt im Schrank ihrer undurchsichtigen Arbeitgeberin, die in der albanischen Botschaft ein und aus geht, ein dickes Bündel Banknoten. Sie weiht ihren Freund Franz (S. F.) in das Geheimnis ein; und Franz beschließt, zusammen mit seinem Kumpanen Arthur (C. B.) das Geld zu rauben. Unglücklicherweise bringen sie bei ihrem Unternehmen Madame um. Franz und Odile fliehen, aber Arthur gibt nicht auf. Er kommt dabei seinem Onkel, einem echten Gangster, in die Quere, und beide erschießen sich gegenseitig. Am Schluß verheißt ein Insert ironisch eine Fortsetzung des Films in Farbe und Breitwand.
Das ist kein üblicher Gangsterfilm und ganz bestimmt kein Beitrag zum Thema »Jugendkriminalität«. Godard spielt ironisch mit Verweisen und Zitaten. Zitate sind in gewissem Sinn auch seine Figuren: Odile, das romantische junge Mädchen; Franz, der davon träumt, ein Rennen in Indianapolis zu gewinnen; Arthur, der seinem Vorbild Billy the Kid nacheifert. Franz und Arthur versuchen, amerikanische Kriminalfilme und Western nachzuleben; und Godard benutzt die Bruchstücke ihrer Träume als Material für seinen Film.

Banditi a Orgosolo

(Die Banditen von Orgosolo)

Italien, 1960

R: Vittorio De Seta; A: Vittorio De Seta, Vera Gherarducci; K: Vittorio De Seta, Luciano Tovoli, Marcello Gallinelli; D: Michele Cossu, Peppeddu Cuccu

Michele Cossu (M. C.) hat sich auf Kredit eine kleine Schafherde gekauft, um endlich unabhängig zu werden. Er hütet die Tiere zusammen mit seinem kleinen Bruder Peppeddu (P. C.). Eines Tages tauchen Banditen mit ein paar gestohlenen Schweinen in seinem Unterschlupf auf. Sie lassen sich nicht abweisen – und so gerät Michele bei den Carabinieri in den Verdacht, mit ihnen gemeinsame Sache gemacht zu haben. Untersuchungshaft und gar einen Prozeß kann er sich aber nicht leisten; denn Peppeddu ist noch zu klein, als daß er allein für die Herde sorgen könnte. Also zieht Michele mit seinen Tieren in die Berge – für die Beamten ein weiterer Beweis seiner Schuld. In der kargen Einöde verenden seine Schafe. Heimlich kehrt er ins Dorf zurück und erfährt von seinem Bruder Gonario, daß man der Mutter das Haus wegnehmen will, wenn Michele den Kredit nicht zurückzahlt. Michele weiß nur einen Ausweg: Mit einer Maschinenpistole bewaffnet überfällt er einen anderen Schafhirten und raubt ihm die Tiere. Und der Beraubte schreit verzweifelt hinter ihm her, daß er ihn verfolgen und töten wird...
Vittorio De Seta hat die Tradition des Neorealismus aufgegriffen und neu belebt. Die einfache Geschichte verzichtet ganz auf aufgesetzte Effekte, vermittelt dafür aber eine Fülle von Informationen: Man erfährt vom ärmlichen Vegetieren der Menschen in Süditalien, von ihrer Hoffnungslosigkeit und Rechtlosigkeit, vom Mechanismus der Gewalt, der auch die Unschuldigen in den fatalen Kreislauf des Terrors zwängt. De Seta hat – mit sardischen Hirten als Darstellern – das beinahe so gefilmt, als sei seine Kamera zufälliger Zeuge der Ereignisse gewesen; und es erweist sich, daß auch dieser Stil heute noch von großer Wirkung sein kann.

The bank dick

(Der Bankdetektiv)

USA, 1940

R: Edward Cline; A: Mahatma Kane Jeeves (Pseudonym für: W. C. Fields); K: Milton Krasner; D: W. C. Fields, Cora Witherspoon, Una Merkel, Evelyn Del Rio, Jessie Ralph, Franklin Pangborn, Grady Sutton

Egbert Sousé (W. C. F.) ist ein wackerer Tagedieb und Trinker, dem sein zänkisches Weib Agatha (C. W.) und die mürrische Schwiegermutter (J. R.) ein willkommener Anlaß sind, seine Tage im »Black Pussy Cat«-Café zu verbringen. Doch eines Tages wird er von einem flüchtenden Bankräuber buchstäblich umgerannt. Egbert stolpert, und als die Polizei erscheint, sitzt er verwirrt auf dem japsenden Gesetzesbrecher und wird so zum Helden. Alsbald macht man den mutigen Mann zum Bankdetektiv. Hier ist es allerdings seine erste Tat, den Kassierer, seinen zukünftigen Schwiegersohn Og Oggilvy (G. S.), zur illegalen Entnahme von 700 Dollar aus der Kasse zu bewegen, die Egbert in ein Geschäft investieren will, das ihn schnell reich machen und ihm die Mühsal geregelter Arbeit ersparen soll. Unglücklicherweise erscheint am nächsten Tag der Bankrevisor J. Pinkerton Snoopington (F. P.), der aber durch den Verzehr einiger Sousécher Spezial-Drinks für geraume Zeit außer Gefecht gesetzt wird. Mittlerweile gibt das Schicksal Egbert eine zweite Chance. Wieder schickt der Himmel einen Bankräuber. Der Verbrecher benutzt nach seiner Tat ausgerechnet den Bankdetektiv als Schutzschild und zwingt ihn auch noch, das Fluchtauto zu fahren. Dies allerdings tut Egbert auf eine Weise, die den hartgesottenen Ganoven am Ende und nach einem spektakulären Unfall gleichsam aufatmend in die Arme der Polizei sinken läßt. Egbert erhält 5000 Dollar Belohnung, verkauft sein Heldenepos für weitere 10000 Dollar an eine Filmgesellschaft und kehrt als Rentier zufrieden ins »Black Pussy Cat« zurück.

Eine Paraderolle für den Misanthropen Fields, dem der Satz zugeschrieben wird: »Wer Hunde und Kinder haßt, der kann kein ganz schlechter Mensch sein!« In über dreißig Filmen spielte er die Hauptrolle, vorwiegend nörgelnde Tagediebe, die ihr selbstgewährtes Recht auf schrankenlosen Egoismus zäh, listig und meistens erfolgreich verteidigen. Fields schrieb einige seiner Drehbücher unter abenteuerlich klingenden Pseudonymen selbst; fremde Vorlagen garnierte er mit schlagfertig extemporierten Bosheiten. Wie die meisten seiner Filme ist auch dieser ein turbulenter und herrlich verrückter Spaß, ein maßgefertigtes Vehikel für den Hauptdarsteller, der gewichtig, gestenreich und mit maliziös blinzelnden Augen hinter der charakteristischen Knollennase die Logik des Alltags und gelegentlich auch die Gesetze der Moral ad absurdum führt. Filme von Fields sind allemal ein subversives Vergnügen.

Bara en mor

(Rya-Rya – Nur eine Mutter)

Schweden, 1949

R: Alf Sjöberg; A: Alf Sjöberg und Ivar Lo-Johansson nach dem Roman *Rya-Rya* von Ivar Lo-Johansson; K: Martin Bodin; D: Eva Dahlbeck, Ragnar Falck, Ulf Palme, Åke Fridell, Max von Sydow

»Rya-Rya« wird das Landarbeitermädchen Marie (E. D.) von den Leuten auf dem Gut gerufen. Als man sie eines Tages beobachtet, wie sie nackt im See badet, gibt es böse Gerüchte; und Nils (M. v. S.), ihr heimlich Verlobter, meidet sie beim Tanz. Aus Trotz gibt Rya-Rya sich Henrik (R. F.) hin und heiratet ihn, als sie ein Kind erwartet. Henrik scheint durch sein Glück zu wachsen. Er kann die hübsche Kate »Schwarzerde« übernehmen; mehr Kinder kommen. Aber Henrik bleibt ein leichtlebiger, oberflächlicher Mensch. Und wieder gibt es ein Gerücht: Rya-Rya, die als Reinmachefrau beim Inspektor (Å. F.) arbeitet, soll auch seine Geliebte sein. Am Weihnachtsabend schlägt Henrik ihr mit der Faust ins Gesicht, weil er sich betrogen glaubt. In ihrer Enttäuschung und Bitterkeit verfällt Rya-Rya dem Waldarbeiter Hammar (U. P.), mit dem sie wie im Traum eine Liebesgeschichte erlebt. Henrik zieht mit ihr fort; nach acht Jahren kommt er als Knecht zurück, und Rya-Rya wird Melkerin. Eines Tages bricht sie zusammen. Auf dem Totenbett bittet sie Henrik um Verzeihung; doch Henrik sagt, sie sei ihm eine gute Frau gewesen.

Das Lebensbild einer Frau, ihrer Träume vom Glück und ihrer Enttäuschungen wird eingebettet in eine präzise Milieuschilderung. Dabei wird deutlich, wie die Sozialstrukturen der Jahrhundertwende die Glückserwartungen Rya-Ryas verhindern. Eva Dahlbeck bietet eine vorzügliche Leistung. Ihr Gesicht zeigt die innere Verwandlung der Heldin eindringlich; dieses Gesicht ist auch der eigentliche Mittelpunkt des Films. Es gibt ungewöhnlich viele Großaufnahmen, auf denen man dann häufig gleichsam das Fazit einer Episode ablesen kann.

Barry Lyndon
(Barry Lyndon)

England, 1973–75

R: Stanley Kubrick; A: Stanley Kubrick nach dem Roman *Die Memoiren des Junkers Barry Lyndon* von William Makepeace Thackeray; K: John Alcott; D: Ryan O'Neal, Marisa Berenson, Patrick Magee, Hardy Krüger, Marie Kean, Gay Hamilton, Frank Middlemass, Leon Vitali

Redmond Barry (R. ON.) glaubt, in einem Duell, das er wegen seiner skrupellosen Cousine Nora (G. H.) ausgetragen hat, einen englischen Offizier getötet zu haben. Der arme Ire mit den großen Ambitionen sucht Unterschlupf in der Armee, aus der er aber nach der Erfahrung der ersten Schlacht schleunigst desertiert. Doch alsbald fällt er den Preußen in die Hände, die ihm kurzerhand ihre Uniform anpassen. Er erkauft sich seine Freiheit durch Spitzeldienste und flieht ins Ausland, wo er beim Glücksspiel die schöne Lady Lyndon (M. B.) kennen- und lieben lernt. Nach dem Tod ihres betagten Mannes (F. M.) heiratet sie den schmucken Abenteurer, und aus Redmond Barry wird Barry Lyndon. Der Emporkömmling, den sein Leben nur gelehrt hat, skrupellos auf den eigenen Vorteil bedacht zu sein, richtet seine Frau zugrunde, verschleudert ihr Vermögen, brüskiert seine neuen Standesgenossen und provoziert die Feindschaft seines Stiefsohnes (L. V.), der ihn schließlich zum Duell fordert. Zwar versucht Barry Lyndon bei diesem Duell, erstmals vielleicht, fair und ritterlich zu sein. Aber sein Abstieg ist vorprogrammiert: Arm, körperlich und seelisch gebrochen kehrt er nach Irland zurück. Eine kleine Rente und die Gesellschaft seiner geldgierigen Mutter (M. K.) sind alles, was ihm von seinem bewegten Leben geblieben ist.
Kubrick hat sich mit besessener Akribie bemüht, ein authentisches Bild der Zeit, der Regierungszeit Georgs III. (1760–1820), zu rekonstruieren. Kostüme, Bauten, selbst die Landschaften und die Gesichter der Darsteller sind diesem strengen Stilwillen unterworfen. Das Arrangement der Szenen erinnert an zeitgenössische Malerei. Speziallinsen, die für die NASA entwickelt wurden, ermöglichten Dreharbeiten bei Kerzenschein, was den Bildern eine schwebende Atmosphäre der Vergangenheit und der Vergänglichkeit gibt. Mit immensem Aufwand wurde die totale Perfektion angestrebt. Merkwürdigerweise bereitet dieses Übermaß an »schönen Bildern« den Zuschauern zunächst eher Unbehagen; man fühlt sich in die Rolle des distanzierten Betrachters und Bewunderers versetzt, spürt den kühlen Hauch des Artifiziellen von der Leinwand wehen. Es dauert eine Weile, ehe man merkt, daß diese Künstlichkeit und Kälte auch ein signifikantes Merkmal der Welt ist, in der Barry Lyndon lebt, die ihn formt und verformt. Mehr und mehr verschmelzen so Form und Inhalt, wird der Zuschauer in das Geschehen einbezogen. Und wenn der Film nach gut drei Stunden zu Ende ist, dann hat man das Gefühl, nicht nur ein fremdes Leben mitgelebt, sondern auch ein ganzes Zeitalter erlebt zu haben.

Les bas-fonds
(Nachtasyl)

Frankreich, 1936

R: Jean Renoir; A: Jacques Companeez, Eugène Zamiatine, Charles Spaak und Jean Renoir nach dem gleichnamigen Bühnenstück von Maxim Gorki; K: Jean Bachelet; D: Louis Jouvet, Jean Gabin, Suzy Prim

Die Personen: Der »Baron« (L. J.), Wasska Pepel (J. G.), Wassilissa (S. P.).
Les bas-fonds ist vor allem ein Film der Schauspieler, die Renoir hier deutlich in den Mittelpunkt stellt. Daneben gibt es aber großartige Sequenzen, in denen diese Schauspieler plötzlich wieder nur Teil eines Milieus sind, das sich nicht um eine Imitation »russischer Zustände«, sondern um eine Entlarvung des Elends bemüht.

The battle of the century Ⓢ
(Die Schlacht des Jahrhunderts)

USA, 1927/28

R: Clyde Bruckman; A: Hal Roach; K: vermutlich George Stevens; D: Stan Laurel, Oliver Hardy

Ein Boxmanager (O. H.), dessen Schützling (S. L.) beim ersten Schlag k. o. zu gehen pflegt, wird von einem Versicherungsagenten überredet, für diesen Boxer eine Versicherung abzuschließen, die für gebrochene Arme oder Beine beträchtliche Zahlungen garantiert. Von nun an ist es das erklärte Ziel des cleveren Managers, diesen »Versicherungsfall« herbeizuführen. Als Waffe benutzt er eine Bananenschale. Doch auf der rutscht ein Konditor aus, der eine Torte trägt; und die Torte landet auf der stattlichen Gestalt des Managers. Der Boxer rächt das Mißgeschick des väterlichen Freundes, indem er dem Konditor eine Torte ins Gesicht klatscht. Der will Vergeltung üben, trifft aber einen Passanten. Und nun entwickelt sich die wohl größte Tortenschlacht der Filmgeschichte, an der ein ganzes Stadtviertel beteiligt ist und für die rund 3000 »Torten« bereitgestellt werden mußten. Schließlich erscheint ein Polizist, der den Boxer und seinen Manager verhaftet. Aber er rutscht auf der Bananenschale aus und fällt in einen Kanalisationsschacht.

Henry Miller nannte *The battle of the century* in seinem Essay *L'âge d'or* den besten komischen Film, der je gedreht worden ist. Der Film ist in der Tat von erstaunlicher Konsequenz. Eine Voraussetzung (die Versicherung) und ein Gag (die Bananenschale) führen geradlinig in ein abstruses Inferno. Die Tortenschlacht ist mit bewundernswerter Präzision gestaltet. Sie erschöpft sich nicht in der Kumulierung eines nicht eben neuartigen Effekts; jeder Treffer hat seinen besonderen komischen Akzent. Der Schluß führt dann in schöner Konsequenz zum Ausgangspunkt zurück: Als alle Zuschauer die Ursache des Durcheinanders längst vergessen haben, bringt der Film sie mit seiner Schlußpointe nachdrücklich in Erinnerung: Auf der mit Torten und Schlagsahne bedeckten Straße rutscht der Polizist ausgerechnet auf der Bananenschale aus.

Battling Butler Ⓢ

(Der Killer von Alabama / Der Boxer)

USA, 1926

R: Buster Keaton; A: Paul G. Smith, Albert Boasberg, Charles Smith und Lex Neal nach der gleichnamigen Komödie von Stanley Brightman und Austin Melford, bearbeitet von Ballard McDonald; K: J. Devereux Jennings, Bert Haines; D: Buster Keaton, Sally O'Neill, Snitz Edwards

Auf einem Campingausflug verliebt sich das verwöhnte Millionärssöhnchen Alfred Butler (B. K.) in eine Dorfschöne (S. ON.). Als deren robuste Verwandtschaft die blutarme Erscheinung Alfreds mißbilligt, streut Alfreds Diener (S. E.) das Gerücht aus, sein Herr sei in Wirklichkeit der berühmte Boxer Alfred »Battling« Butler, der tatsächlich in der Umgebung sein Trainingscamp hat. Sofort erteilt die stolze Verwandtschaft die Heiratserlaubnis und verfolgt atemlos am Radio den nächsten Kampf »ihres« Champions. Als der Boxchampion vom Mißbrauch seines Namens erfährt, kann man ihn bewegen, das Spiel mitzuspielen; immerhin muß Alfred sich aber wohl oder übel einem Boxtraining unterziehen. Das kommt ihm zugute, als der Champion Grund zur Eifersucht zu haben glaubt und mit Alfred in den Ring steigt. Alfred wächst über sich selbst hinaus und schlägt den Meister k. o.

Wieder ist Buster Keaton der unverzagte Optimist, der auch die schwierigsten Situationen meistert, weil er sein Ziel arglos, gutherzig und konsequent verfolgt. Keaton stellt damit den kämpferischen Idealtypen seiner Zeit einen ganz neuen Helden gegenüber; die Fragwürdigkeit beliebter Erfolgsrezepte wird in diesem Film evident.

Le beau Serge

(Die Enttäuschten)

Frankreich, 1958

R: Claude Chabrol; A: Claude Chabrol; K: Henri Decae, Jean Rabier; D: Jean-Claude Brialy, Gérard Blain, Bernadette Lafont, Michèle Meritz

François (J. C. B.) kehrt nach Jahren lungenkrank aus Paris in seine Heimat, das kleine Dorf Sardent zurück. Er sucht nach seinem Jugendfreund, dem »schönen Serge« (G. B.); aber aus Serge ist ein versoffener Taugenichts geworden. François erfährt, daß Serge mit seiner reizlosen Frau Yvonne (M. M.) ein schwachsinniges Kind gehabt hat, das gestorben ist. Jetzt ist Yvonne wieder schwanger. In der Schlußszene holt François während eines Unwetters den Arzt zu der Gebärenden und zerrt auch den betrunkenen Serge an das Bett seiner Frau. Das Neugeborene ist gesund.

Der Film verschweigt glücklicherweise, ob die Geburt seines Kindes Serge ändern wird; genau, wie er auch vorher keine eindeutige Antwort gegeben hat, ob wirklich Yvonne und der Schwachsinn seines ersten Kindes schuld an Serges Niedergang waren. Wahrscheinlicher ist eigentlich, daß die lähmende Atmosphäre des Dorfes ihn zerstört hat. Chabrol hat das ländliche Milieu aller Idylle entkleidet. Er hat Dreck und Beschränktheit unbarmherzig geschildert. Und diese Milieuschilderung ist zweifellos der beste Teil des Films.
Mit seinem Erstlingswerk, das er mit Hilfe einer Erbschaft realisierte, gab Chabrol auch den Startschuß für die filmische Aktivität seiner Kritikerkollegen von den »Cahiers du Cinéma«. *Le beau Serge* markiert den Beginn einer Entwicklung, die man später mit dem Schlagwort »nouvelle vague« etikettierte.

The beggar's opera

(Die Bettleroper)

England, 1952

R: Peter Brook; A: Dennis Cannan und Christopher Fry nach der gleichnamigen Oper von John Gay; K: Guy Green; D: Laurence Olivier, Dorothy Tutin, George Devine, Stanley Holloway, Daphne Anderson, Hugh Griffith, Yvonne Furneaux

Ein Poet und Komponist (H. G.) wird wegen Bettelei in das Newgate-Gefängnis eingeliefert. Hier schmachtet auch der Straßenräuber Macheath (L. O.), der Held seiner soeben fertiggestellten Oper. Grund genug, Texte und Noten an die Gefangenen zu verteilen und – mit Macheath in der Titelrolle – eine Aufführung zu improvisieren: Macheaths Liebe zu Polly (D. T., Gesang: Adele Leigh), der Tochter des Bettlerkönigs Peachum (G. D., Gesang: Bruce Boyce), der Verrat Jennys (Y. F.), die Befreiung durch Lucy (D. A., Gesang: Jennifer Vyvyan), die Tochter des Gefängnisaufsehers Lockit (S. H.), und die erneute Verhaftung. Am Schluß der Oper soll Macheath den Galgen besteigen. Aber indigniert protestiert der »Hauptdarsteller«, der in Wirklichkeit auch auf seine Hinrichtung wartet. Der Dichter läßt sich bewegen, ein Happy-End für seine Oper zu schreiben; und auch in der Realität entgeht Macheath dem Galgen.
Der Film ist vielerlei in einem: »große Oper« mit einer vorzüglichen Bearbeitung der Originalmusik (von 1728) Johann Christoph Pepuschs durch Arthur Bliss, temporeicher Abenteuerfilm mit einem ironisch-romantischen Helden (Olivier) in der Hauptrolle, intelligente Paraphrase über Dichtung und Wahrheit. Hier werden die Erfindungen und Ideale des Dichters mit den Erinnerungen Macheaths konfrontiert. So greift Macheath am Ende auch ganz legitim in die Handlung ein, um sie zu dem guten Ende zu bringen, das die Wirklichkeit später bestätigt. Den Übergang vom Gefängnisraum zu den Handlungsschauplätzen des Spiels löste Brook übrigens ähnlich wie Laurence Olivier zehn Jahre zuvor in seiner Shakespeare-Verfilmung *Henry V*. Insgesamt ist dies eine der wenigen geglückten Opern-Verfilmungen.

Das Beil von Wandsbek

DDR, 1951

R: Falk Harnack; A: Hans Robert Bortfeld, Erich Conradi und Falk Harnack nach einem Entwurf von Wolfgang Staudte und Werner Jörg Lüddecke nach dem gleichnamigen Roman von Arnold Zweig; K: Robert Baberske; D: Erwin Geschonneck, Käthe Braun, Willy A. Kleinau

Fleischermeister Teetjen (E. G.) leidet unter der Konkurrenz eines großen Warenhauses. Verbittert tritt er »in die Partei« ein. Tatsächlich wird ihm dort eine Chance geboten – eine grausige Chance. Da der Scharfrichter erkrankt ist, überredet SS-Standartenführer Footh (W. A. K.) seinen früheren Kriegskameraden Teetjen, für 2000 Mark vier zum Tode verurteilte Kommunisten hinzurichten. Teetjen willigt ein, aber er zerbricht daran. Nachdem er von der Mehrheit seiner Mitbürger geächtet wird, begeht er mit seiner Frau (K. B.) Selbstmord.
Der Film konzentriert sich geschickt auf das psychologische Porträt des Kleinbürgers Teetjen, den Erwin Geschonneck eindringlich und sehr nuanciert spielte. Das führte zu dem Vorwurf, der Film vernachlässige die Rolle der Arbeiterklasse und erwecke vornehmlich durch das Spiel Geschonnecks sogar noch Mitgefühl

für den Henker. *Das Beil von Wandsbek* wurde bald nach seiner Uraufführung wieder zurückgezogen und erst 1962 stark gekürzt neu herausgebracht. Inzwischen wird auch die Originalfassung des Films in der DDR wieder gezeigt.

Being there

(Willkommen, Mr. Chance)

USA, 1979

R: Hal Ashby; A: Jerzy Kosinski nach seinem gleichnamigen Roman; K: Caleb Deschanel, Spezialeffekte: Dianne Schroeder, Regie des Videoteils: Don Mischer; D: Peter Sellers, Shirley MacLaine, Melvyn Douglas, Jack Warden, Richard Basehart, Dave Clennon

Mr. Chance (P. S.), ein Gärtner (Chance, the Gardener), hat sein ganzes Leben als Angestellter in einem abgelegenen Haus verbracht und den Kontakt mit der Umwelt nur als Fernseh-Konsument aufrechterhalten. Als sein Arbeitgeber stirbt, wird Chance vom Nachlaßverwalter (D. C.) vor die Tür gesetzt. Hilflos wandert er durch die Straßen, wird von einer Luxus-Limousine angefahren und von der erschrockenen Besitzerin Eve Rand (S. ML.) in den Fond gezerrt, damit etwaige Verletzungen des Unfallopfers, die es Gott sei Dank nicht gibt, gleich vom Hausarzt diagnostiziert werden können. Mrs. Rand mißversteht Chances gestammelte Vorstellung und führt ihn bei ihrem schwerreichen und schwerkranken Mann (M. D.) als Mr. Chauncey Gardiner ein. Die Rands sind von der Zurückhaltung Mr. Gardiners angenehm berührt und bitten ihn, doch länger zu bleiben. So lernt er wenig später den Präsidenten der USA (J. W.) kennen, der seinen sterbenden Freund Rand besucht. Wie selbstverständlich mischt sich Chance in das Gespräch der Männer; und genau wie die Rands versteht auch der Präsident die naiven Gärtner-Sprüche des Gastes als tiefe ökonomische Weisheiten, die er noch am gleichen Tag – mit »Quellenangabe« – auf einer Pressekonferenz zitiert. Damit ist »Mr. Gardiner« eine nationale Berühmtheit. Zeitungen bemühen sich um ein Interview, eine TV-Station lädt ihn zu einer Talk-Show, und die Nation lauscht ergriffen so tiefschürfenden Erkenntnissen wie, daß es Frühling, Sommer, Herbst und Winter gebe und daß auf den Winter wieder ein Frühling folge. Als Mr. Rand stirbt, scheint ziemlich klar: Chauncey Gardiner wird seine Geschäfte übernehmen, er wird sich um die junge Witwe kümmern, und er wird vermutlich sogar der nächste Präsidentschaftskandidat sein.

Hal Ashby hat hier in grotesker Übersteigerung, aber gleichzeitig mit präziser Ironie eine brillante Satire auf das Fernsehzeitalter, auf Schwächen der amerikanischen Politik, auf politische Naivität und Schönrederei geschaffen. Er zeigt Mr. Chance als vollkommenes Produkt des Fernsehens, der sich unangenehmer Begegnungen auf der Straße erwehren will, indem er mit einer Handbewegung einen imaginären Abstellknopf betätigt; der die erotischen Avancen von Mrs. Rand nur so lange erwidert, wie er aus den Augenwinkeln eine entsprechende Szene auf dem Fernsehschirm beobachten und imitieren kann. »Ich liebe es zuzusehen!« ist seine stereotype Formel, und die Welt nimmt dies schlichte Bekenntnis für die Weisheit eines abgeklärten Philosophen. Sie lauscht verzückt seinen Kalendersprüchen, und je belangloser sie sind, desto mehr wird von eifrigen Apologeten in sie hineingeheimnißt. In einer vom Fernsehen ge- und verformten Welt ist Chance der konsequenteste Vertreter der Verhaltensmuster, die das Medium verbreitet, und genau das macht ihn natürlich zum Idol. Ashby, der Freund skurriler Gedankenspiele, hat hier mit kauziger Logik eine beklemmende Vision geschaffen. Und seine Pointen bezeichnen die Gefahren in unserer Gesellschaft präziser und entlarvender als die schwergewichtigen Konflikte vieler sogenannter Problemfilme. Peter Sellers bot in seiner letzten großen Rolle eine meisterhafte Leistung.

Bekenntnisse des Hochstaplers Felix Krull

BRD, 1957

R: Kurt Hoffmann; A: Robert Thoeren und Erika Mann nach Motiven des gleichnamigen Romanfragments von Thomas Mann; K: Friedl Behn-Grund; D: Horst Buchholz, Susi Nicoletti, Liselotte Pulver, Ingrid Andree

Nachdem es dem leichtlebig-charmanten Felix Krull (H. B.) gelungen ist, eine kaiserliche Musterungskommission zu düpieren, beschließt Felix, Erfolg zu haben. Sein Charme ebnet ihm –

nicht nur bei Frauen – den Weg; ein Abenteuer mit der extravaganten Madame Houpflé (S. N.) ist der Start einer erstaunlichen Karriere auf dem internationalen Parkett. Als falscher Marquis de Venosta macht er eine Weltreise, während der echte Marquis in den Armen des Mädchens Zaza (L. P.) liegt. Fatales scheint sich anzudeuten, als der echte Marquis in den Verdacht gerät, Zaza ermordet zu haben, und man an seiner Stelle den Falschen, nämlich Felix Krull, in Lissabon verhaftet. Aber Felix kommt wiederum davon ...

Das Drehbuch hat nur Episoden der literarischen Vorlage ausgewählt und die Handlung durch einen frei erfundenen Schluß verlängert. Trotzdem lebt in dem sorgfältig inszenierten Film einiges von der geistvollen Ironie Manns. Höhepunkte sind die Musterung und die Episode mit Madame Houpflé.

Belle de jour

(Belle de jour – Schöne des Tages)

Frankreich / Italien, 1966

R: Luis Buñuel; A: Luis Buñuel und Jean-Claude Carrière nach einem Roman von Joseph Kessel; K: Sacha Vierny; D: Cathérine Deneuve, Jean Sorel, Pierre Clementi, Michel Piccoli, Macha Méril, Geneviève Page

Die schöne Séverine (C. D.) lebt in scheinbar glücklicher Ehe mit dem Chirurgen Pierre (J. S.). Aber sie ist unausgefüllt, verliert sich in erotische Wunschträume. Durch eine Freundin erfährt sie von der Existenz exklusiver »maisons de rendezvous«, in denen ehrbare Damen sich stundenweise als Prostituierte verdingen; dem zynischen Lebemann Husson (M. P.), einem Freund des Hauses, entlockt sie die Adresse eines solchen Etablissements. Séverine landet bei Madame Anais (G. P.), wo sie unter dem Namen »Belle de jour« täglich von 14 bis 17 Uhr »arbeitet«. Hier lernt sie Marcel (P. C.) kennen, der sie eifersüchtig ganz für sich haben will, und hier wird sie eines Tages von Husson entdeckt, der glaubt, sie nun in der Hand zu haben. Der eifersüchtige Marcel schießt Pierre nieder. Pierre überlebt den Anschlag – gelähmt und blind; Marcel wird von einem Polizisten erschossen. Séverine pflegt ihren Mann aufopferungsvoll. Husson verrät dem wehrlosen Pierre die Wahrheit über seine Frau; doch im Schlußbild sieht man Pierre gesund auf den Balkon treten.

Es geht dem Film sicher nicht um eine psychologische Studie. Buñuel behandelt vielmehr abermals die Gefährdung des Menschen, spielt wieder mit Traum und Realität, die hier als gleichwertig akzeptiert und mit den gleichen stilistischen Mitteln dargestellt werden. Am Anfang etwa sieht man Séverine und Pierre in einer Kutsche durch einen wunderschönen Park fahren. Sie widersetzt sich seinen Zärtlichkeiten, und er läßt sie zur Strafe von den Kutschern an einen Baum binden, auspeitschen und vergewaltigen. Nach einem harten Schnitt erweist sich diese realistisch gestaltete Sequenz als ein Wunschtraum, den Séverine im Ehebett träumt. Entsprechend konnten sich die Kritiker nicht einmal einigen, ob der Schluß, die Heilung Pierres, als Symbol für die Kraft von Séverines neuer Liebe zu verstehen sei, was höchst unwahrscheinlich ist, oder ob es sich wieder um einen Wunschtraum Séverines handelt. Außerdem kann man sich darüber streiten, was sie geträumt hat: die Heilung oder die effektvollere Passage des Mordanschlags und ihre herzergreifende Pflegerinnentätigkeit ...

Solche Wunschträume, die den Betrachter verunsichern und ihm die bequeme Kategorisierung von Realität und Fiktion verleiden, gibt es im Film etwa ein halbes Dutzend. Und Buñuel variiert sie noch einmal, indem er zeigt, wie in Madames Etablissement die Kunden sich von den »Damen« die Verwirklichung ihrer absonderlichen erotischen Phantasien vorspielen lassen.

Der Verunsicherung dient zweifellos auch die Zeichnung der Personen. Séverine, die mädchenhaft zarte, reine Bürgersfrau, simuliert ihre Unnahbarkeit nur und träumt insgeheim von einer ganz anderen Welt. Der zynische Playboy Husson dagegen bekennt sich ungeniert und damit ehrlicher zu seinem Prinzip des unbekümmerten Genusses. Marcel, der Ganove mit den glitzernden Goldzähnen und den schmutzigen, zerrissenen Socken, ist der einzige in diesem Film, der den höchsten Preis für seine Liebe zu zahlen bereit ist. So werden alle Werturteile, die der Zuschauer vorschnell abgibt, auf den Kopf gestellt. Buñuel unterwandert mit hinreißend schönen Bildern die Sehgewohnheiten seines Publikums.

La belle équipe

(Die zünftige Bande / Größer als die Liebe)

Frankreich, 1936

R: Julien Duvivier; A: Julien Duvivier, Charles Spaak; K: Jacques Kruger, Marc Fossard; D: Jean Gabin, Charles Vanel, Raphael Medina, Viviane Romance

Fünf Arbeitslose gewinnen in der Lotterie 100 000 Francs. Nach langen Diskussionen beschließen sie, von dem Geld ein Häuschen zu kaufen und eine Gartenwirtschaft einzurichten. Aber die Schwierigkeiten häufen sich: Einer stürzt bei den Ausbesserungsarbeiten vom Dach und stirbt; ein anderer verläßt die Gemeinschaft wegen einer Frau; Mario (R. M.), der Spanier ohne Arbeitserlaubnis, wird ausgewiesen. Schließlich bleiben nur noch Jean (J. G.) und Charles (C. V.) übrig. Zwar gibt es auch zwischen ihnen eine Krise, als Charles' frühere Frau (V. R.) auftaucht; aber sie sehen ein, daß ihre Freundschaft wichtiger ist. – Für den Schluß gibt es zwei Versionen: In den Kinos der Champs Elysées scheiterte das Unternehmen der Freunde; für die Kinos in den Vorstädten wurde ein optimistischer Schluß gedreht.
La belle équipe gilt vielen Filmhistorikern als der beste Film Duviviers. Besonders der erste Teil ist vorzüglich: Die Schilderung des Lebens der Arbeitslosen, der gemeinsame Start in ein neues Leben. Das stimmt im Milieu und in der Charakterschilderung exakt; außerdem spürt man hier den Geist jener Zeit, in der die »Volksfront« vielen ein verheißungsvoller neuer Anfang schien. Eindrucksvolles Bildsymbol der Hoffnungen und Bemühungen ist die Szene, als ein Unwetter das Dach des Hauses zu zerstören droht und die Freunde sich nebeneinander auf die Dachziegel legen, um sie festzuhalten.

La belle et la bête

(Es war einmal)

Frankreich, 1945/46

R: Jean Cocteau; A: Jean Cocteau nach einem Märchen von Madame Leprince de Beaumont; K: Henri Alekan; D: Jean Marais, Josette Day, Michel Auclair, Marcel André

Ein Kaufmann (M. An.) hat drei Töchter und einen Sohn (M. Au.). Sie sind allesamt Nichtsnutze, bis auf Belle (J. D.), die jüngste Tochter. Und als der Kaufmann eines Tages zufällig in das verwunschene Schloß des »Untiers« (J. M.) gerät und getötet werden soll, da opfert sich Belle für ihren Vater und geht an seiner Stelle in das Schloß, obwohl sie den schönen Avenant (J. M.) liebt. Das Untier verliebt sich in Belle und möchte sie heiraten. Sie lehnt ab. Erst als sie ihren kranken Vater besuchen darf und zu lange ausbleibt, erkennt sie, daß auch sie das Untier liebt. Aber sie kommt zu spät zurück, und das Untier ist vor Kummer gestorben. Doch als Avenant mit Belles Bruder in das Schloß eindringt, um die Schatzkammer auszurauben, wird er von einer Statue der Göttin Diana mit einem Pfeil getötet. Sterbend verwandelt er sich in das Untier, das seinerseits in der Gestalt Avenants als Prinz Ardent zu neuem Leben erwacht. Belles Liebe hat seine Verzauberung gelöst.
Vielleicht der schönste Film Cocteaus, ein poetisches Märchen, das phantasievoll in Szene gesetzt worden ist. Menschen, die durch Mauern gehen können. Zauberspiegel, in denen Bilder erscheinen, Arme, die aus der Wand wachsen und Kerzenleuchter halten, Kleider, die sich verwandeln – das alles ist hier legitimer Bestandteil des Feenzaubers, einer melancholischen Parabel von der Kraft der Liebe. Wesentlichen Anteil an diesem Erfolg haben zweifellos auch die Ausstattung (René Moulaert und Carré) und die verblüffende Maske (Arakelian) von Jean Marais, die auch dem Untier Menschlichkeit beließ.
Als »technischer Berater« fungierte bei diesem Film René Clément.

Les belles de nuit

(Die Schönen der Nacht)

Frankreich/Italien, 1952

R: René Clair; A: René Clair; K: Armand Thirard; D: Gérard Philipe, Martine Carol, Gina Lollobrigida, Magali Vendeuil

Der junge Klavierlehrer und Komponist Claude (G. P.) flüchtet sich aus der alltäglichen Misere in schöne Träume, in denen er sich berühmt und erfolgreich sieht. Geradezu schlafsüchtig träumt er sich auf der Suche nach der »guten alten Zeit« durch die Historie, wobei er in drei verschiedenen Zeitaltern zarte Bande knüpft – mit einer reichen Bürgersfrau (M. C.), einer feurigen Algerierin (G. L.) und einer jungen Aristokratin (M. V.). In der nächsten Nacht aber wendet sich das Blatt: Ehemänner, ehrversessene Brüder und Revolutionäre tauchen auf. Der Traum wird zum Alptraum. Verzweifelt versucht Claude nun, sich wachzuhalten, eilt auf die Straße und trifft dort die Nachbarin Suzanne (M. V.), die der Aristokratin aus seinem Traum so sehr gleicht. Er gesteht ihr seine Liebe; sie sinkt ihm in die Arme; und am anderen Morgen kommt auch noch der Brief aus Paris, der ihn ins Opernhaus bestellt, wo er nach abermals abenteuerlich verträumter Fahrt erfährt, daß seine Oper angenommen ist.

Das Milieu erinnert an die meisten früheren Filme Clairs: die Mansardenwohnung, die kleine Nebenstraße, die Kumpanei der guten Freunde, das kleine Bistro an der Ecke. Eine behagliche, intakte Welt. Zusätzlich spielt Clair hier geschickt mit dem Gegensatz von Traum und Realität. Das ermöglicht ihm Anspielungen, Verweisungen und einige ironische Anmerkungen zur Weltgeschichte.

Clair sagte zu seinem Film: »Was meine Absichten betrifft, so bin ich etwas in Verlegenheit, Ihnen bekennen zu müssen, daß mein Film kein ernsthaftes Werk darstellt und daß sein einziger Zweck darin besteht, Sie zu erheitern.«

Bellissima

(Bellissima)

Italien, 1951

R: Luchino Visconti; A: Suso Cecchi d'Amico, Francesco Rosi und Luchino Visconti nach einer Idee von Cesare Zavattini; K: Piero Portalupi, Paul Ronald; D: Anna Magnani, Walter Chiari, Tina Apicella, Alessandro Blasetti

Eine Filmgesellschaft sucht als Reklame-Gag öffentlich ein kleines Mädchen als Hauptdarstellerin für einen neuen Film. Unter den vielen, die für sich und ihre Töchter das große Glück zu erhaschen suchen, ist auch Maddalena (A. M.), die Frau des Arbeiters Cecconi. Sie kämpft verbissen um ihre vermeintliche Chance, hofft, sie durch Geschenke an den kleinen Betrüger Annovazzi (W. C.), der sich seiner Beziehungen rühmt, zu erhöhen, sieht aber schließlich ihren Fehler ein. Sie verschafft sich Zutritt zu einer Muster-Vorführung und erlebt, wie die Probeaufnahmen ihrer linkischen Tochter (T. A.) unbarmherzig verlacht werden. Als man ihr überraschend doch einen Kontrakt anbietet, weil man offenbar die unbeabsichtigte Komik des Kindes ausschlachten will, lehnt Maddalena ab.

Visconti hatte mit seinen beiden ersten Filmen (*Ossessione* und *La terra trema*) ein geschäftliches Fiasko erlitten. *Bellissima* war sein Versuch, einen »Publikumsfilm« zu drehen. Aber das Ergebnis ist auch künstlerisch beachtlich. Er verfilmte das etwas gefühlvolle Thema äußerst kritisch und realistisch. Er macht sich über die Bemühungen Maddalenas und ihre Träume nicht lustig, sondern erklärt sie als Reaktion auf ein tristes und hoffnungsloses Leben. Und zum Realismus gehört neben einer genauen Beobachtung des Arbeitermilieus auch, daß Visconti den Regisseur von seinem Kollegen Blasetti spielen ließ, daß er auch die Welt des Films konsequent allen falschen Glanzes entkleidete.

Ben Hur Ⓢ

(Ben Hur)

USA, 1924–26

R: Fred Niblo; A: Carey Wilson und Bess Meredith nach dem gleichnamigen Roman von Lewis Wallace; K: René Guissart, Karl Struss, Percy Hilburn, Clyde de Vinna; D: Ramon Novarro, Francis X. Bushman, May McAvoy

Die Geschichte des Juden Ben Hur (R. N.), der zur gleichen Zeit wie der Messias lebt. Ben Hur behauptet sich gegen die Machenschaften seines einstigen Freundes Messala (F. X. B.), liebt die schöne Esther (M. MA.) und erlebt als Bekehrter die Kreuzigung Christi.

Ein üppiger, zum Teil im Technicolor-Verfahren gedrehter Ausstattungsfilm, der die für die damalige Zeit ungeheure Summe von 5 Millionen Dollar kostete. Ausgegeben wurden sie vor allem für ein Riesenaufgebot an Statisten und für eine prunkvolle Ausstattung. Höhepunkte des Films sind eine Seeschlacht und das Wagenrennen, das von Reeves Eason inszeniert wurde. Weitere »Co-Regisseure« Niblos, der selbst den ursprünglich engagierten Charles Brabin ersetzt hatte, waren Christy Cabanne und Hal

Roach. Der Film war ein enormer Publikumserfolg und lief bis weit in die Tonfilmzeit hinein, wofür man eigens eine mit Musik und vielen Geräuschen unterlegte Tonfassung herstellte. Eine populäre Neuverfilmung des Stoffes schuf William Wyler 1959 mit Charlton Heston in der Titelrolle. Am eindrucksvollsten war auch hier das Wagenrennen, an dem ein Spezial-Team unter Leitung von Andrew Marton insgesamt sieben Monate gearbeitet haben soll.

Berg-Eyvind och hans hustru Ⓢ

(Berg-Eyvind und sein Weib)

Schweden, 1917

R: Victor Sjöström; A: Victor Sjöström und Sam Ask nach dem gleichnamigen Schauspiel von Johann Sigurjonsson; K: Julius Jaenzon; D: Victor Sjöström, Nils Arehn, Edith Erastoff

Island im Jahr 1850. Die reiche Witwe Halla (E. E.) nimmt den Fremdling Berg-Eyvind (V. S.) auf, macht ihn zum Verwalter des Hofes und wird bald seine Geliebte. Ein eifersüchtiger Rivale (N. A.) deckt die zwielichtige Vergangenheit Berg-Eyvinds auf und hetzt die Bauern gegen das Liebespaar auf. Halla und Berg-Eyvind fliehen in die Berge. Aber auch hierhin verfolgt sie der Haß. Angesichts der Ausweglosigkeit ihrer Situation töten sie ihr Kind; Halla läuft in verzweifelter Todessehnsucht in den Schneesturm hinaus, Berg-Eyvind folgt ihr. Sie sterben, jeder für sich, einsam im Schnee.

Louis Delluc nannte *Berg-Eyvind och hans hustru* einmal »den schönsten Film der Welt«. Er rühmte die Regie Sjöströms, die beiden Hauptdarsteller und »einen dritten Hauptdarsteller: die Landschaft«.

Tatsächlich hat die »Landschaftsmalerei« des schwedischen Films hier bereits einen frühen Höhepunkt erreicht. Sjöström drehte seinen Film auf Island; und er hat dabei die Berge, den Nebel und das Licht nicht als zufällige Dekoration, sondern als wesentlichen Bestandteil der Handlung genutzt.

Die Bergkatze Ⓢ

Deutschland, 1921

R: Ernst Lubitsch; A: Hanns Kräly, Ernst Lubitsch; K: Theodor Sparkuhl; D: Pola Negri, Victor Janson, Paul Heidemann, Hermann Thimig, Edith Meller, Wilhelm Diegelmann

Leutnant Alexis (P. H.), ein notorischer Schürzenjäger, wird in ein einsames Fort versetzt, dessen Kommandant (V. J.) bei dieser Schreckensnachricht sofort um seine Tochter Lilli (E. M.) fürchtet. Doch auf dem Weg zum Fort wird Alexis von dem Räuberhauptmann Claudius (W. D.) überfallen und verliebt sich in dessen Tochter Rischka (P. N.). Aber Rischka muß auf Befehl ihres Vaters einen Räuber (H. T.) heiraten, während Alexis zur Hochzeit mit Lilli kommandiert wird. Alexis läuft von seiner Hochzeit fort und trifft Rischka, die ebenfalls vor ihrem Eheglück auf der Flucht ist. Ein Happy-End scheint sich anzubahnen. Rischka erkennt jedoch, daß sie nicht zueinander gehören; und sie benimmt sich absichtlich so ordinär, daß Alexis sich von ihr trennt, worauf beide zu ihren »befohlenen« Partnern zurückkehren.

Die Bergkatze war ein ziemlicher Mißerfolg – vielleicht, weil man damals wenig Sinn für ein Lustspiel ohne Happy-End hatte, in dem außerdem das Militär konsequent karikiert wurde; denn die Soldaten sind hier nicht weniger komisch als die bärbeißigen Räuber.

Verblüffend ist die Ausstattung dieses Films, für die Max Reinhardts Bühnenbildner Ernst Stern verantwortlich zeichnete. Die Außenaufnahmen sind realistisch, offenbar im Gebirge gedreht; aber alle Bauten sind eine phantasievolle Mischung aus Expressionismus, Jugendstil und orientalischer Märchenpracht. Es gibt in den gesamten Bauten so gut wie keine gerade Linie, alles ist in Kurven und pflanzenhaft wuchernde Schnörkel aufgelöst. Lubitsch hat dieses Prinzip noch weitergeführt, indem er die meisten Szenen des Films durch Kameramasken aufnahm: Kreise, Ellipsen oder auch »geflammte« Bildausschnitte. Der normale rechteckige Bildausschnitt ist hier die Ausnahme. Dadurch ist vollends die Ablösung von der Realität erreicht. Einige Traumsequenzen hat Lubitsch noch zusätzlich mit einem Zerrspiegel aufgenommen.

Berlin – Alexanderplatz

Deutschland, 1931

R: Piel Jutzi; A: Alfred Döblin, Hans Wilhelm und Karl Heinz Martin nach dem gleichnamigen Roman von Alfred Döblin; K: Nikolaus Farkas, Erich Giese; D: Heinrich George, Maria Bard, Bernhard Minetti, Margarete Schlegel

Franz Biberkopf (H. G.) hat vier Jahre im Gefängnis gesessen, weil er im Rausch seine Freundin erschlagen hat. Seine Rückkehr ins Alltagsleben will ihm nicht gelingen. Der Ganove Reinhold (B. M.) will Biberkopfs Freundin Cilly (M. B.) anstiften, Franz für seine Bande zu gewinnen. Als das mißlingt, will Reinhold ihn gegen seinen Willen in einen Einbruch verwickeln. Franz protestiert, Reinhold stößt ihn wütend aus dem Auto, Franz wird schwer verletzt und verliert einen Arm. Nach seiner Genesung arbeitet er freiwillig für Reinhold. Für kurze Zeit lebt er in Saus und Braus, obwohl seine neue Freundin Mieze (M. S.) ihn zur Rückkehr ins bürgerliche Leben bewegen will. Diese Rückkehr gelingt ihm erst an Cillys Seite, nachdem Reinhold Mieze vergewaltigt und ermordet hat und dafür zu 15 Jahren Zuchthaus verurteilt worden ist.
Die Handlung des Romans ist stark vereinfacht: Die Gestalten von zwei Freundinnen Biberkopfs (Sonja und Mieze) sind zu einer zusammengezogen worden, Biberkopf selbst erscheint sympathischer, so fehlt zum Beispiel sein Zwischenspiel als Zuhälter.
George spielt den Biberkopf als gutmütig-kindhaften Menschen, der den Intrigen seiner Umwelt nicht gewachsen ist. Wie schon in seinem Stummfilm *Mutter Krausen's Fahrt ins Glück* (1929) hat Regisseur Jutzi auch hier wieder Milieu und Umwelt geschickt in die Handlung einbezogen. Die Kamera blickt immer wieder auf das hektische Getriebe der Großstadt, auf Straßenszenen, in Hinterhöfe und muffige Wohnungen. Von hierher gewinnt die in ihrer Vereinfachung recht melodramatische Geschichte ihre Glaubwürdigkeit.

Berlin – Ecke Schönhauser

DDR, 1957

R: Gerhard Klein; A: Wolfgang Kohlhaase, Gerhard Klein; K: Wolf Göthe; D: Ekkehard Schall, Ilse Pagé, Harry Engel, Ernst Georg Schwill, Raimund Schelcher

»Halbstarke« in Ost-Berlin. Mangelndes Verständnis der Eltern und Sehnsucht nach Freiheit treiben sie auf die Straße. Zunächst geht nur eine Straßenlaterne zu Bruch, und ein Kommissar (R. S.) der Volkspolizei redet ihnen gut zu. Doch dann lassen die Jungen sich für den Diebstahl von Personalausweisen einspannen. Karl-Heinz (H. E.) verlegt sich bald ganz auf dieses einträgliche Geschäft. Es kommt zu einer Auseinandersetzung in der Gruppe, ein Schuß fällt, Dieter (E. S.) und »Kohle« (E. G. S.) glauben, einen Menschen getötet zu haben, und fliehen kopflos nach West-Berlin. Sie kommen in ein Flüchtlingslager, wo die Verhältnisse katastrophal sind. »Kohle« findet hier den Tod. Dieter aber kommt zur Einsicht; er kehrt zurück in die Freiheit – nach Ost-Berlin und zu dem Mädchen Angela (I. P.). Auch Karl-Heinz findet endlich seinen Platz in der Gesellschaft.
Der Film agitiert, er propagiert die Überlegenheit der sozialistischen Gesellschaftsordnung, und er stellt den eigenen Staat und seine Ordnungskräfte nicht ernsthaft in Frage – der Vopo-Kommissar ist der einzige ungebrochene Held des Films. Aber daneben gibt es auch eine bemerkenswert realistische Zeichnung des Ostberliner Alltags. Man erfährt, daß es auch dort schwierig sein kann, einen passenden Beruf zu finden, daß manche Jugendliche die »Fürsorge« der Organisationen eher als Bevormundung empfinden. Geschildert wird das in einem unpathetischen Stil, der Parallelen zum italienischen Neorealismus aufweist und die Atmosphäre der Straßen milieuecht einfängt.

Berliner Ballade

BRD, 1948

R: R. A. Stemmle; A: Günter Neumann; K: Georg Krause; D: Gert Fröbe, Aribert Wäscher, Tatjana Sais, Ute Sielisch, O. E. Hasse

Die Vorlage für diesen Film war Günter Neumanns Kabarett-Programm »Schwarzer Jahrmarkt«. Neumann verband die lose Folge einzelner Sketche, indem er als roten Faden die Figur des »Otto Normalverbraucher« – sozusagen das synthetische Abbild des Durchschnittsdeutschen – erfand und das Ganze als einen Rückblick aus dem Jahr 2048 deklarierte. So sehen Menschen in einem utopischen Berlin voller Verwunderung auf die deutsche Nachkriegswirklichkeit zurück. Otto Normalverbraucher (G. F.) kehrt aus dem Krieg zurück und findet seine Wohnung teils zerstört, teils von ungebetenen Gästen in Besitz genommen. Er lernt einen sympathischen Schieber (A. W.) kennen, schlägt sich mit Schwarzhändlern und Reaktionären herum, sucht Arbeit und vor allem etwas zu essen und findet schließlich seine »Traumfrau« (U. S.).

Autor Neumann hat den Inhalt seines Films einmal in Versform wiedergegeben, und da heißt es an einer Stelle von dem Helden: »Er hielt in zerlumpten Stiefeln Schritt / mit der Zeit und ihrem Stuß, / er spielte in einer Tragödie mit, / bei der man lachen muß.« Diese Mischung ist Autor und Regisseur tatsächlich nicht übel gelungen. Der Film hat eine Anzahl treffender Pointen, die sich direkt auf die Nachkriegswirklichkeit beziehen; und er erweckte Nachdenklichkeit z. B. in den Szenen, in denen ein östlicher und ein westlicher Militarist (O. E. Hasse in einer Doppelrolle) am Biertisch fröhlich über den nächsten Krieg debattieren.

Dieser erste Versuch der Deutschen, nach dem Krieg über sich selbst zu lächeln, hatte besonders im Ausland Erfolg. Als erster und lange Zeit einziger deutscher Nachkriegsfilm erhielt er den Hauptpreis eines großen Festivals (»Silberner Löwe« in Venedig, 1949). Die »Neue Zürcher Zeitung« schrieb: »Dieser Film ist voller Pointen, aber alle haben die Form von Tränen.«

Berlinger – Ein deutsches Abenteuer

BRD, 1975

R: Bernhard Sinkel, Alf Brustellin; A: Bernhard Sinkel, Alf Brustellin; K: Dietrich Lohmann; D: Martin Benrath, Peter Ehrlich, Hannelore Elsner, Tilo Prückner

Berlinger (M. B.) haust in einer alten Fabrik auf einem riesigen Grundstück und weigert sich beharrlich, einen Teil dieses Geländes an seinen Jugendfreund Roeder (P. E.) zu verkaufen. Der will dort eine große Freizeitstadt bauen und hat sich schon so weit engagiert, daß er pleite gehen wird, wenn Berlinger ihm das Grundstück nicht überläßt. Berlinger beobachtet Roeders Bemühungen mit Vergnügen. Die Ursache für dieses Vergnügen liegt rund 30 Jahre zurück. Damals hatte sich der Fabrikbesitzer und Wissenschaftler Berlinger den Anforderungen der NS-Gesellschaft spielerisch entzogen. Roeder hatte im Auftrag der Partei die Leitung der Fabrik übernommen, während Berlinger sein Leben genoß und nachts gefährdete Menschen ins Ausland flog. Um ihn zu zähmen, hatte man seine Frau Marlit (H. E.) verhaften lassen. Nach ihrem Selbstmord in Gestapo-Haft floh Berlinger ins Ausland. 1968 ist er zurückgekehrt; und wieder denkt er mehr an sich und seine Träume als an die Anforderungen der Gesellschaft, die Roeder abermals wortreich beschwört. In der Lehrerin Maria (H. E.) hat Berlinger gleichsam ein Ebenbild der toten Marlit gefunden. Und so ist er mit sich und der Welt zufrieden und verwirklicht sich abermals einen Traum, indem er mit Hilfe seines Chefmonteurs Laski (T. P.) ein Luftschiff baut. Berlingers Pläne funktionieren: Das Luftschiff fliegt, und seine Weigerung zu verkaufen treibt Roeder in den Bankrott. Aber in der Auseinandersetzung mit seinen Freunden und sich selbst sieht Berlinger wohl ein, daß sein Sieg kein Erfolg ist. Er steigt in sein Flugzeug und fliegt in den Tod.

Etwas Ungewöhnliches im gegenwärtigen deutschen Film: Hier wird Zeitgeschichte mit leichter Hand, ohne erhobenen Zeigefinger und doch durchaus angemessen abgehandelt. Sinkel und Brustellin zeigen Roeder und Berlinger als zwei Seiten des vielzitierten »deutschen Wesens«: Roeder ist der stets dienstbereite, autoritätsgläubige und ganz und gar »vernünftige« Organisator, Berlinger der zwischen spielerischer Verträumtheit und Todessehnsucht schwankende egozentrische Romantiker. Der Film bringt Berlinger sicher mehr Sympathie entgegen; aber er nimmt für keinen Partei, sondern zeigt eher die Tragödie dieser gespaltenen Existenz, die nicht zu einer harmonischen Mitte findet. Sinkel und Brustellin haben auch formal Ungewöhnliches geleistet. Sie erzählen ihre Geschichte nicht chronologisch, sondern in vielen überraschenden Rückblenden und Zeitsprüngen. Sie haben dabei souverän mit den Möglichkeiten des Films gespielt, auch manchmal in der Verschachtelung des Guten etwas zuviel getan. Insgesamt haben sie jedoch einen sehr lebendigen, unterhaltsamen, nachdenklich stimmenden Film gedreht, der Spannung sowohl aus seiner Geschichte als auch aus seiner Form bezieht.

Beschin lug
(Die Beschin-Wiese)

UdSSR, 1935–37

R: Sergej Eisenstein; A: Alexander Rscheschewski in der Überarbeitung von Isaak Babel und Sergej Eisenstein nach Motiven einer Erzählung von Iwan Turgenjew; K: Eduard Tissé, Wladimir Nilsen; D: Witja Kartaschow, Boris Sachawa, Jelisaweta Teleschowa

Stepoks (W. K.) Mutter ist gestorben – an den Folgen der Prügel, die sein Vater (B. S.), ein Kulak, ihr gegeben hat. Der Vater verflucht den Sohn, weil der die Kolchosbauern vor einer geplanten Brandstiftung gewarnt hat. Trotzdem brennt jäh eine Scheune im Dorf. Die Brandstifter, unverbesserliche Kulaken, verschanzen sich in der Kirche. Aber die Kirche wird von den Kolchosbauern gestürmt und in einen Dorfclub verwandelt. Die Brandstifter werden unter Bewachung abgeführt. Es gelingt ihnen jedoch, ihre Wächter zu überwältigen. Stepok, der zusammen mit anderen Jungen nachts das Getreide bewacht, wird von seinem Vater erschossen. Er stirbt in den Armen eines alten Kommunisten, der ihn durch reife Kornfelder zurück zum Dorf trägt.

Der Titel des Films verweist auf eine Erzählung aus Turgenjews *Aufzeichnungen eines Jägers*; sie berichtet, wie der Erzähler Kinder sieht, die nachts um ein Feuer sitzen, die Pferde bewachen und sich Geschichten erzählen. Diese Situation hat Rscheschewski mit einer wahren Begebenheit kombiniert: Der junge Pawlik Morosow hatte seinen Vater, einen Kulaken, angezeigt und war dafür von den Verwandten getötet worden.

Berlinger – Ein deutsches Abenteuer (Martin Benrath, Hannelore Elsner)

Die Geschichte des Films *Beschin lug* gehört zu den trübsten Kapiteln sowjetischer Filmpolitik. 1932 war Eisenstein aus den USA zurückgekehrt. Sein Film *Que viva Mexico!* war unvollendet geblieben; er brannte darauf, einen neuen Film zu drehen. Doch die Situation in Moskau hatte sich geändert; die Zeit der Experimente war vorüber. Außerdem war der damalige Generaldirektor der Hauptverwaltung Film, Schumjatski, durchaus kein Freund Eisensteins. Er schlug Eisenstein vor, eine musikalische Komödie zu drehen, dieser aber lehnte ab. Statt dessen reichte er das Drehbuch für eine exzentrische Komödie ein; doch das wiederum schien Schumjatski ungeeignet.

1935 konnte Eisenstein endlich mit den Aufnahmen zu *Beschin lug* beginnen. Aber als etwa zwei Drittel des Films abgedreht waren, befahl Schumjatski, die Dreharbeiten abzubrechen. Es hatte Akzentverschiebungen in der Innenpolitik gegeben, insbesondere war die antireligiöse Propaganda auf dem Land gemildert worden; manches in Eisensteins Drehbuch schien nicht mehr opportun. Schumjatski forderte ein neues Drehbuch. Eisenstein schrieb es – unterstützt u. a. von seinem Freund Isaak Babel.

Ende 1936 war *Beschin lug* auch in der zweiten Fassung so gut wie abgedreht. Eisenstein montierte eine vorläufige, rund fünf Stunden lange Fassung und zeigte sie einigen Freunden (u. a. Lion Feuchtwanger), die begeistert waren. Aber mitten in der Arbeit an der endgültigen Montage kam die Nachricht, daß alle Arbeiten an *Beschin lug* endgültig eingestellt werden müßten. Schumjatski schrieb wenig später einen Artikel, in dem er Eisenstein u. a. »formalistische Exerzitien« und »Subjektivismus« vorwarf. Als einige Kollegen Eisensteins dem zustimmten, veröffentlichte Eisenstein eine Selbstkritik.

Das Material von *Beschin lug* verschwand. Bis heute ist ungeklärt, ob es bei einem deutschen Luftangriff auf Moskau oder durch unsachgemäße Lagerung zerstört wurde. Jedenfalls existiert der Film nicht mehr. Aber Ende 1963 übergab Eisensteins Witwe dem Eisenstein-Archiv etwa 1200 Ausschnitte aus einer Positiv-Kopie des Films. Eisenstein hatte aus einer eigens angefertigten Kopie von jeder Einstellung ein Bild herausgeschnitten und aufbewahrt. Der Filmhistoriker Naum Klejman und der Regisseur Sergej Jutkewitsch haben in mühsamer Arbeit diese Einzelbilder nach dem Drehbuch geordnet und montiert. So entstand ein einstündiger Film, der für wissenschaftliche Zwecke den gesamten Ablauf des Films dokumentiert; für den Einsatz in Kinos wurde eine Kurzfassung hergestellt, wobei statt der verlorengegangenen Musik Gawril Popows Ausschnitte aus Werken von Prokofieff unterlegt wurden.

Dieser »Foto-Film« läßt vermuten, daß *Beschin lug* eines der Meisterwerke Eisensteins geworden wäre. Die Komposition und die innere Dynamik der Bilder überzeugen auch hier noch; Aufbau und Stil machen deutlich, daß – über die bloße realistische Schilderung eines Einzelfalles hinaus – ein Gleichnis von der bezwingenden Kraft der neuen Zeit entstanden wäre.

The best years of our lives

(Die besten Jahre unseres Lebens)

USA, 1946

R: William Wyler; A: Robert E. Sherwood nach dem Roman *Glory for me* von Mac Kinlay Kantor; K: Gregg Toland; D: Fredric March, Dana Andrews, Harold Russell, Myrna Loy, Teresa Wright, Virginia Mayo, Cathy O'Donnell

Nach Kriegsende fliegen drei amerikanische Soldaten in einer Militärmaschine in die Heimat: Sergeant Stephenson (F. M.), Hauptmann Derry (D. A.), Matrose Homer Parrish (H. R.). Am leichtesten fällt die Rückkehr ins Zivilleben Stephenson; man setzt ihn auf den Stuhl des Vizepräsidenten seiner Bank. Derry verläßt seine oberflächliche Frau (V. M.), der er ohne schmucke Offiziersuniform wenig attraktiv erscheint, und wird Verkäufer in einem Warenhaus. Später lernt er die Tochter (T. W.) Stephensons kennen und lieben; und am Schluß heiraten die beiden. Am schwersten hat es Parrish, der im Krieg beide Hände verloren hat. Er begegnet in seinem kleinbürgerlichen Milieu Neugier und penetrantem Mitleid, bis er schließlich seine Jugendfreundin Wilma (C. OD.) heiratet. Die Szene, in der er ihr mit seinen stählernen »Greifzangen« den Ring überstreift, beschließt den Film.

Wyler nimmt das psychologische Porträt seiner

The best years of our lives (Harold Russell, Dana Andrews)

Protagonisten zum Ausgangspunkt für eine soziologische Studie, die zur Zeit ihrer Entstehung kritisch und kühn war. Er zeichnet das Bild einer Gesellschaft, die den Krieg nur als ein »Zwischenspiel« betrachtet.

Erlebnisse und Milieu der drei Ex-GIs werden dabei immer wieder miteinander verflochten, persönliche und allgemeine Konflikte durchdringen einander. Es wird deutlich, daß die Chancen für einen Neubeginn unterschiedlich sind. Es wird deutlich, wie der redliche Stephenson schon bald wieder von den Vorurteilen seiner Klasse und seines Milieus beeinflußt wird. Und es wird deutlich, wie ahnungslos eigentlich die braven Bürger sind, in deren Mitte Homer lebt, wie seine Greifzangen sie mit einer Realität konfrontieren, die sie am liebsten gar nicht zur Kenntnis nehmen möchten.

Wyler trägt das in seinem fast dreistündigen Film nicht ohne Sentimentalität vor; und der Optimismus der Doppelhochzeit am Schluß wirkt heute aufgesetzt. Am überzeugendsten ist dieser Film immer dort, wo er sich nicht auf Meditationen, sondern auf die unprätentiöse Schilderung verläßt – zum Beispiel Derry an seinem Arbeitsplatz, eingezwängt zwischen Tischen und Reklametafeln eines riesigen Kaufhauses. Und überzeugend ist auch der Part des schwerbeschädigten Matrosen, in dem ein Laie gleichsam sein eigenes Schicksal spielt.

La bête humaine
(Bestie Mensch)

Frankreich, 1938

R: Jean Renoir; A: Jean Renoir nach dem gleichnamigen Roman von Emile Zola; K: Curt Courant, Claude Renoir; D: Jean Gabin, Simone Simon, Fernand Ledoux, Jean Renoir

Verfilmung des gleichnamigen Romans von Zola: Er erzählt die Geschichte des Lokomotivführers Lantier (J. G.), eines triebhaften Mörders. Lantier wird der Geliebte von Séverine (S. S.), der Frau des Bahnhofsvorstehers Roubaud (F. L.). Aber in einem Anfall tötet er die geliebte Frau und springt dann verzweifelt von seiner Lokomotive. Zweierlei mag Renoir an diesem Sujet gereizt haben: die erregende Welt der Schienen und Lokomotiven, die er ganz realistisch, aber in raffiniert wirkungsvollen Montagen einfing, und der düstere Fatalismus, der die Handlung bestimmt. Lantier ist einer aus der Familie Rougon-Maquart. Der Zwang zum Töten ist ihm als unheilvolles Erbe der Trunksucht seiner Vorfahren in die Wiege gelegt worden; er kann seinem Schicksal nicht entrinnen. Renoir sagte einmal: »Dieser Lokomotivführer wird von einer so unheilvollen Atmosphäre begleitet wie irgendein Mitglied der Atriden-Familie.«

Renoir hat Stoff und Milieu zu einer neuen Einheit geformt. Die düsteren Hinterhöfe, die rußigen Hallen und Bahnhöfe unterstreichen die Ausweglosigkeit der Situation, die Düsternis einer Existenz.

1954 verfilmte Fritz Lang die gleiche literarische Vorlage in Hollywood unter dem Titel *Human desire* (Lebensgier) mit Glenn Ford, Gloria Grahame und Broderick Crawford. Sein Film ist geradliniger, aber ebenfalls kraftvoll. Er verzichtet auf das Motiv der Erbkrankheit und reduziert die Handlung auf ein Eifersuchtsdrama.

Bez znieczulenia

(Ohne Betäubung)

Polen, 1978

R: Andrzej Wajda; A: Agnieszka Holland, Andrzej Wajda; K: Edward Kłosiński; D: Zbigniew Zapasiewicz, Ewa Dałkowska, Andrzej Seweryn, Krystyna Janda, Roman Wilhelmi

Jerzy Michałowski (Z. Z.) ist ein bekannter Reporter, der das Privileg häufiger Auslandsreisen genießt und der sich das Recht nimmt, offen seine Meinung zu sagen. Das tut er auch in einer Fernsehsendung. Als er von einer Auslandsreise zurückkehrt, teilt ihm seine Frau (E. D.) mit, daß sie sich nach fünfzehnjähriger Ehe scheiden lassen will. Sie verläßt mit dem Kind die gemeinsame Wohnung. Man weiß, daß sie einen Geliebten (A. S.) hat; aber man ahnt auch, daß dies nicht der einzige Grund für ihren Entschluß ist. Parallel zu dieser persönlichen Enttäuschung erlebt Jerzy auch eine berufliche Niederlage. Irgend jemandem »oben« haben die in der Fernsehsendung geäußerten Meinungen nicht gepaßt. Es gibt keine große Auseinandersetzung, statt dessen entzieht man Jerzy Stück um Stück seine Privilegien und schließlich auch die Arbeitsmöglichkeiten. Statt der erhofften Solidarität der Kollegen erfährt Jerzy den Mechanismus von Konformismus und Anpassung. In kürzester Frist ist er allein. Jerzy, der bald erkennt, daß der Liebhaber seiner Frau gleichzeitig sein erbitterter »ideologischer« Gegner ist, nimmt den Kampf auf – vor allem um sein privates Glück, an dem er hängt, obwohl eine Zufallsbekanntschaft (K. J.) seine Wohnung in Besitz genommen hat. Während des Scheidungsprozesses überhäuft seine Frau ihn mit Vorwürfen. Als sie sich der Mechanismen bewußt wird, die sie in Gang gesetzt hat, ist es zu spät. Jerzy ist bei der Explosion eines defekten Gasofens ums Leben gekommen. Der Film läßt offen, ob es ein Unfall oder Selbstmord war.

Nachdem Wajda in *Człowiek z marmuru* eine kritische Bilanz der jüngsten polnischen Vergangenheit gezogen hatte, analysiert er hier nicht minder kritisch polnische Gegenwart. Er zeigt einen Mann, der sicherlich nicht rundherum sympathisch ist, ganz gewiß nicht immer taktisch klug agiert, aber eine Persönlichkeit und außerdem offenbar ein guter Journalist ist. Er zeigt, wie dieser Mann fast zwangsläufig scheitert, weil er verwundbar, den angepaßten Karrieristen unterlegen ist. Im Verlauf des Films läßt Jerzy sich einen Zahn ziehen, ohne Betäubung, weil er Angst vor der Spritze hat. Und er erleidet auch sein Schicksal schmerzhaft, weil er sich nicht mit falschen Idealen, mit bequemer Anpassung betäuben kann und will. Ein Arbeitstitel des Films lautete »Ohne ausdrückliche Gründe«. Er machte ganz deutlich, worum es Wajda in diesem Film geht: um die Vernichtung eines Menschen, bei der die Gegner sich hinter Schweigen, hinter Ausflüchten, hinter Lügen verstecken. Das Opfer steht einer anonymen Institution gegenüber und hat damit keine Chancen zur Gegenwehr. Der langsame Prozeß der Vernichtung wird dabei gleichzeitig zu einem Plädoyer für eine offene Gesellschaft, für Wahrheit, Aufrichtigkeit, Solidarität.

Il bidone

(Die Schwindler)

Italien, 1955

R: Federico Fellini; A: Federico Fellini, Ennio Flaiano, Tullio Pinelli; K: Otello Martelli; D: Broderick Crawford, Richard Basehart, Franco Fabrizi, Giulietta Masina

Der gerissene Betrüger Augusto (B. C.) hat sich mit seinen Kumpanen »Picasso« (R. B.) und Roberto (F. F.) darauf spezialisiert, als falscher Geistlicher armen Bauern das Geld aus der Tasche zu ziehen. Nach einem Gefängnisaufenthalt will er das Geschäft mit anderen Mitarbeitern fortsetzen. Dabei trifft er auf einem Bauernhof ein gelähmtes Mädchen, das ihn gläubig um seinen Segen bittet. Erschüttert überläßt Augusto ihr seine Beute und wird von seinen Kumpanen zu Tode geprügelt.
Der Film ist nicht frei von Sentimentalitäten, hat jedoch großartige Szenen, in denen der Alltag eines tristen Lebens deutlich wird – durch realistische Milieuschilderungen und vor allem durch den qualvollen, einsamen Tod des Protagonisten, dem seine erste gute Tat zum Verhängnis wird.

Bienvenido, Mr. Marshall

(Willkommen, Mr. Marshall / Uns kommt das alles spanisch vor)

Spanien, 1952

R: Luis García Berlanga; A: Juan Antonio Bardem, Luis García Berlanga, Miguel Mihura; K: Manuel Berenguer; D: José Isbert, Lolita Sevilla, Manolo Moran, Alberto Romea

In das kleine Dorf Villar del Rio dringt aufregende Kunde: Eine Marshall-Plan-Kommission bereist das Land und wird auch Villar del Rio besuchen. Don Pablo (J. I.), der Bürgermeister, beruft eilig einen Kriegsrat ein, um die notwendigen Maßnahmen zu beraten. Aber alle Vorschläge sind unbefriedigend, bis schließlich Manolo (M. M.), der »Impresario« der Sängerin Carmen (L. S.), die just im einzigen Hotel des Dorfes gastiert, eine Idee hat: Man wird das Dorf in eine Traumkulisse, in das Urbild eines andalusischen Städtchens verwandeln, denn das, so weiß Manolo, wird die Amerikaner hier festhalten und zur Großzügigkeit ermuntern. So geschieht es. Das armselige Dorf verwandelt sich in eine Filmkulisse, in der die Dorfbewohner als Statisten agieren; und vorsichtshalber hinterlegen alle beim Bürgermeister ihre Wunschzettel für Mr. Marshall. Am Vorabend des großen Tages allerdings werden einige der Hauptakteure von Träumen überfallen. Der Pfarrer sieht sich vom Ku-Klux-Klan verfolgt, Don Luis (A. R.), der verarmte Edelmann, glaubt sich von den Indianern umzingelt, die sein Vorfahre bekämpft hat, Don Pablo verwandelt sich in einen Sheriff, und der Bauer Juan sieht Traktoren vom Himmel schweben. Dann baut man sich zur festlichen Begrüßung auf, doch die Wagenkolonne der Kommission braust ohne Aufenthalt durch das Dorf. Plötzlich prasselt ein Regenschauer nieder und zerstört die Kulissen. Regen bedeutet eine gute Ernte. So wird man »mit Gottes Hilfe« wenigstens die Schulden bezahlen können, in die man sich gestürzt hat.
Berlanga karikiert seine Landsleute, die sich Wunder von der Hilfe von außen erhoffen, anstatt selbst die Verhältnisse zu ändern. Aber er zeigt auch, wie beschränkt die Möglichkeiten der armen Bauern zur Selbsthilfe sind. Genau darauf zielen seine Gags – und auf die Klischeevorstellungen, die man überall vom Nachbarn jenseits der Grenzen hat.

Bierkampf

BRD, 1977

R: Herbert Achternbusch; A: Herbert Achternbusch; K: Jörg Schmidt-Reitwein; D: Herbert Achternbusch, Annamirl Bierbichler, Sepp Bierbichler, Heinz Braun, Alois Hitzenbichler

Da tappt ein Polizist (H. A.) durch die Bierzelte des Oktoberfestes. Er macht recht unbeholfene Versuche, seine Autorität zu demonstrieren. Und dem Zuschauer schwant Böses. Das wird bald bestätigt: Denn der Mann, der da um Anerkennung, um Beachtung und um seine Identität ringt, hat die Uniform nur gestohlen. Wahrscheinlich, um einmal »wer zu sein« – wenigstens ein Polizist. Aber so einfach ist es nicht, Identität zu gewinnen; denn der falsche Polizist ist gleichzeitig immer auf der Flucht – vor seiner Frau (A. B.), die nicht verstehen kann, was in ihren zwar närrischen, aber doch sonst recht friedlichen Mann gefahren ist, vor dem Schwager (S. B.), der diesen Auftritt als so töricht empfindet, daß er lieber bezweifelt, ob er überhaupt eine Schwester hat, und nicht zuletzt natürlich vor dem echten, dem bestohlenen Polizisten (H. B.), der sich mit einer Dose Schuhcreme als Neger getarnt hat. So entsteht durch eine gestohlene Uniform zusätzliche Turbulenz auf dem ohnehin bewegten Oktoberfest, und die Sache nimmt ein tragisches Ende. Der falsche Polizist hält sich für einen echten Polizisten und erschießt sich mit seiner Dienstpistole.

Die Filme des Malers und Schriftstellers Herbert Achternbusch sind in ihrer verqueren Doppelbödigkeit nur mühsam nachzuerzählen; und sie sind ein ständiges Streitobjekt zwischen begeisterten Anhängern, die Achternbusch als Reinkarnation Karl Valentins feiern, denen, die ratlos mit den Schultern zucken, und Gegnern, die sie für ausgemachten Unsinn halten. Auf jeden Fall aber ist hier dem deutschen Film ein widerborstiges Talent zugewachsen, das die Strukturen des traditionellen Kinos souverän mißachtet, das in seinen besten Momenten die widersprüchliche Logik Valentins in Bilder ummünzt, das in Wort und Bild mit sorgsamem Fanatismus eine ganz und gar verblüffende Gegenwelt schafft. Es sind absurde Filme, gleichzeitig gefühlvoll und von großer Naivität. Dazu Achternbusch: »Im Kino will ich nicht denken, sondern sehen. Im Kino will ich mich spüren. Auf ein Kino, in dem ich mich nicht wieder meiner Gefühlswelt vergewissern kann, pfeif ich. Vom Kino verlange ich mein Rechtsempfinden zurück. Zur Erhaltung meines Lebens war immer das Kino nötig.« Martin Walser nannte Achternbuschs Film *Der Atlantikschwimmer* (BRD 1976) »einen andauernden Hochseilakt ohne Netz«. Manchmal hat man allerdings das Gefühl, daß Achternbusch bei seinem Akt sogar auf das Seil verzichtet...

Big business Ⓢ
(Das große Geschäft)

USA, 1929

R: James Wesley Horne; A: Leo McCarey; K: George Stevens; D: Stan Laurel, Oliver Hardy, James Finlayson

Zwei »Handlungsreisende« (S. L., O. H.) verkaufen Weihnachtsbäume an der Haustür. Ein Mann (J. F.) schlägt ihnen die Tür so brüsk vor der Nase zu, daß er dabei die Spitze eines besonders schönen Weihnachtsbaums abklemmt. Daraus entwickelt sich eine Eskalation der Zerstörung: Zug um Zug demolieren die beiden Verkäufer das Eigenheim des kaufunlustigen Kunden, während dieser das Auto der aufdringlichen Hausierer auseinandernimmt. Als nichts mehr zu zerstören ist, versöhnen sich die Streithähne und beweinen gemeinsam den jeweiligen Verlust.

Ein Meisterwerk der Filmkomödie. Die Handlung ist auf ein Thema konzentriert und nutzt praktisch alle Möglichkeiten der Vorlage. Laurel und Hardy konnten hier auch eines ihrer speziellen Gestaltungsmittel vorzüglich anwenden: die verzögerte Reaktion, in der besonders Hardy ein Meister war. Niemals versucht einer der beiden den Gegner an seiner zerstörerischen Aktion zu hindern. Im Gegenteil: Ruhig treten sie zur Seite, betrachten mit einer Mischung von dumpfer Erschütterung, Ungläubigkeit und Neugier die ruchlose Tat; und während der Gegner noch triumphiert, verständigen sie sich durch einen Blick über den geeigneten und angemessenen Gegenschlag, den sie dann mit großer Sorgfalt durchführen. Ihre Gelassenheit wird noch dadurch unterstrichen, daß James Finlayson den Kunden als nervösen Hitzkopf spielt. Am Schluß dämmert den Beteiligten philosophische Einsicht: Schlag und Gegenschlag haben sich aufgehoben.

The big carnival / Ace in the hole
(Reporter des Satans)

USA, 1950

R: Billy Wilder; A: Billy Wilder, Lesser Samuels, Walter Newman; K: Charles Lang jr.; D: Kirk Douglas, Richard Benedict, Jan Sterling, Ray Teal

Der Journalist Charles Tatum (K. D.) hat seinen Job bei einer großen Zeitung verloren und ist in der Provinz gelandet. Ungeduldig wartet er auf eine neue Chance. Er findet sie, als der Raststättenbesitzer Leo Minosa (R. B.) bei der Suche nach indianischen Altertümern in einem Berg verschüttet wird. Zwar könnte man ihn in

wenigen Stunden befreien; aber mit Hilfe des korrupten Sheriffs (R. T.) verzögert Tatum die Aktionen und kompliziert sie, um sechs Tage lang »exklusiv« über das Unglück berichten und es aufbauschen zu können. Kurz vor dem krönenden Abschluß des Unternehmens stirbt Leo Minosa an einer Lungenentzündung. Seine lebenslustige Frau Lorraine (J. S.) hat eine Auseinandersetzung mit dem schockierten Tatum, in deren Verlauf sie den Reporter ersticht.
Der Schluß ist allzu theatralisch und kolportagehaft. Aber vorher gibt es vorzügliche Details: Der Zwang zum Erfolg, die gewissenlosen Manipulationen Tatums, der Run der Zeitungen und Agenturen auf die Sensation, der Jahrmarktsrummel, den geschäftstüchtige Gesinnungsgenossen Tatums vor dem Berg inszenieren, in dem ein Mensch langsam stirbt. Höhepunkt ist die Ankunft eines Sonderzuges (»Leo-Minosa-Special«), dessen Reisende mit einem Schlager (»Leo, wir kommen, wir kommen...«) begrüßt werden.

The big knife

(Hollywood-Story)

USA, 1955

R: Robert Aldrich; A: James Poe nach einem Schauspiel von Clifford Odets; K: Ernest Laszlo; D: Jack Palance, Rod Steiger, Ida Lupino, Wendell Corey, Jean Hagen, Shelley Winters

Der skrupellose Produzent Stanley Hoff (R. S.) möchte einen neuen Vertrag mit dem Schauspieler Charlie Castle (J. P.) abschließen. Charlie zögert, zumal seine Frau Marion (I. L.), die von ihm getrennt lebt, ihm versprochen hat zurückzukehren, wenn er sich von Hoff trennt. Aber Hoff hat Charlie in der Hand. Denn dieser hat vor Jahren unter Alkoholeinfluß einen Menschen totgefahren; damals hat ein kleiner Studioangestellter die Schuld auf sich genommen. Als Hoff ihn mit seinem Wissen erpreßt, resigniert Charlie. Neue Gefahr droht, als Dixie Evans (S. W.), die damals neben ihm im Wagen gesessen hat, über den Unfall zu reden beginnt. Hoffs Mitarbeiter Smiley Coy (W. C.) gibt Charlie zu verstehen, daß es am besten sei, Dixie zu beseitigen. Jetzt hat Charlie genug. Er wirft Hoff aus dem Haus und begeht Selbstmord, während seine Freunde im Nebenzimmer über die Nachricht diskutieren, daß Dixie einen tödlichen Unfall erlitten hat.
Das Milieu ist präzise geschildert; doch die »Selbstkritik« Hollywoods bleibt nur eine Randerscheinung. Mittelpunkt des Films ist ganz allgemein die Auseinandersetzung zwischen einem bei allen Schwächen anständigen Mann und einem skrupellosen Zyniker, eine Konstellation, die Aldrich ein Jahr später in *Attack!* noch einmal aufgriff.

The big parade Ⓢ

(Die große Parade)

USA, 1925

R: King Vidor; A: Harry Behn nach einem Schauspiel von Laurence Stallings; K: John Arnold; D: John Gilbert, Renée Adorée, Karl Dane

James (J. G.), ein reicher Müßiggänger, wird 1917 von der Woge allgemeiner Kriegsbegeisterung mitgerissen und meldet sich freiwillig. In Frankreich verliebt er sich in das Bauernmädchen Mélisande (R. A.), doch der Krieg trennt die Liebenden. James muß an die Front, wo er schwer verwundet wird. Im Lazarett erfährt er, daß Mélisandes Heimatdorf zerstört worden ist. Er flieht aus dem Lazarett, um ihr zu helfen, findet sie aber nicht. Als er in das Lazarett zurückgebracht wird, muß ihm ein Bein amputiert werden. Nach dem Waffenstillstand erfährt er in New York, daß seine Braut sich unterdessen mit seinem Bruder getröstet hat. James kehrt nach Frankreich zurück und findet Mélisande, wie sie den zerschossenen Acker umpflügt.
The big parade war zunächst als einer der üblichen Kriegsfilme geplant. Aber nach Abschluß der Dreharbeiten entschied der Produzent Irving Thalberg, dies könne ein »großer« Film werden, ein patriotisches Heldenlied, das Amerikas Anteil am Weltkrieg besinge. Unter diesem Aspekt hat Vidor den ganzen Film neu gedreht. Das Ergebnis war bemerkenswert. Zwar sind die Grundzüge der Handlung sentimental und melodramatisch, aber viele Details sind eindrucksvoll und realistisch. Zu den wirkungsvollsten Szenen gehört der Abschied der Soldaten, wenn Mélisande verzweifelt hinter dem Lastwagen mit dem Geliebten herläuft.

Beachtlich auch, daß das Fronterlebnis in James Haß entfacht – aber nicht gegen den Feind, sondern gegen den Krieg und die sinnlosen Mordbefehle.

The big sleep

(Tote schlafen fest / Der tiefe Schlaf)

USA, 1946

R: Howard Hawks; A: William Faulkner, Leigh Brackett und Jules Furthman nach dem gleichnamigen Roman von Raymond Chandler; K: Sidney Hickox; D: Humphrey Bogart, Lauren Bacall, Martha Vickers, Charles Waldgren

Der Privatdetektiv Philip Marlowe (H. B.) wird von dem Millionär Sternwood (C. W.) engagiert, um einem Erpresser auf die Spur zu kommen. Aber bald sieht sich Marlowe in ein Netz von kaum überschaubaren Verbrechen verstrickt. Sternwoods rauschgiftsüchtige Tochter Carmen (M. V.) hat aus verschmähter Liebe Sternwoods Sekretär Regan getötet. Marlowe kann den Verdacht auf eine Verbrecherbande lenken. Später entdeckt er, daß Carmens Schwester Vivian (L. B.), in die er sich längst verliebt hat, Kontakte zu den Verbrechern hat. Sie bezichtigt sich des Mordes an Regan, um Carmen zu schützen. Marlowe spielt jetzt die Mitglieder der Verbrecherbande so geschickt gegeneinander aus, daß sie sich gegenseitig umbringen. Carmen kommt in eine Heilanstalt. Marlowe und Vivian schließen sich in die Arme.

Hawks soll in einem Interview gesagt haben, er habe die Handlung des Romans nie ganz verstanden, aber das Buch habe ihn fasziniert. Ähnlich geht es dem Zuschauer vermutlich mit diesem Film: Hier wird nicht – wie sonst üblich! – ein Verbrechen sorgfältig und logisch aufgeklärt; viele Bezüge bleiben im Dunkel, die Aufklärung am Schluß beschränkt sich auf vage Andeutungen. Statt dessen wird der Zuschauer in eine düstere Welt gerissen, in der ihm weder moralische Positionen noch logische Argumente als Orientierungshilfe geboten werden. Die Großstadt, die gute Gesellschaft werden zum Dschungel, in dem sich der zwielichtige Privatdetektiv nur mit der Mentalität und dem Instinkt eines Raubtieres behaupten kann. Die Unsicherheit dieser Welt wird in suggestiven Bildern und Sequenzen deutlich. Sie erzeugen quälende Spannung, und sie versagen am Schluß die oberflächliche Beruhigung, daß nun wieder alles im Lot sei. *The big sleep* gehört zu den wichtigsten Filmen der »schwarzen Serie« Hollywoods.

The birds

(Die Vögel)

USA, 1963

R: Alfred Hitchcock; A: Evan Hunter nach einer Erzählung von Daphne Du Maurier; K: Robert Burks; D: Rod Taylor, Tippi Hedren, Jessica Tandy, Suzanne Pleshette, Veronica Cartwright

In einer Vogelhandlung in San Francisco lernen sich Mitch (R. T.) und Melanie (T. H.) zufällig kennen. Melanie reist Mitch in den idyllischen Küstenort Bodega Bay nach, wo er bei seiner eifersüchtig über ihn herrschenden Mutter (J. T.) und seiner kleinen Schwester Cathy (V. C.) die Wochenenden verbringt. Kurz nach ihrer Ankunft in Bodega Bay wird Melanie durch den »Angriff« einer Möwe irritiert, die sie am Kopf verletzt. Melanie entschließt sich, in Bodega Bay zu bleiben. Sie findet Unterkunft bei Annie Hayworth (S. P.), der Lehrerin des Städtchens, die einmal Mitchs Geliebte war und ihn nicht vergessen kann. Als am nächsten Tag in der Schule Cathys Geburtstag gefeiert wird, werden die Kinder von einem Möwenschwarm angegriffen; von nun eskaliert der Schrecken. Immer mehr Vögel aller Art versammeln sich in Bodega Bay. Sie attackieren die Menschen, töten dabei u. a. auch Annie und unternehmen schließlich einen regelrechten Sturmangriff auf das Haus, in dem Melanie, Mitch, seine Mutter und Cathy sich verbarrikadiert haben. Der Angriff wird nur mit Mühe abgewehrt; Melanie erleidet, schwer verletzt von Schnabelhieben, einen Nervenzusammenbruch. Am nächsten Morgen fliehen die vier im Wagen. Aber es bleibt offen, ob sie dem Unheil entkommen können.

Hitchcock berichtet, er habe ursprünglich geplant, als Schlußbild die Golden-Gate-Bridge in San Francisco zu zeigen – über und über mit Vögeln bedeckt. Der Regisseur führt sein Publikum geschickt in die Irre, indem er eingangs den Eindruck erweckt, hier bereite sich ein psychologisches Drama vor. Dann aber konzentriert er sich ganz darauf, eine Horror-Vision zu zeichnen; denn der Aufstand der Vögel bereitet so etwas wie Weltuntergangs-Stimmung. Angesichts friedlicher Möwen, die sich kreischend auf entsetzte Menschen stürzen, erscheint jedes alltägliche Requisit in diesem Film unversehens doppeldeutig, bedrohlich. Hitchcock erzielt diesen Effekt zum Teil mit raffinierten Tricks (Lawrence A. Hampton, Ub Iwerks; Vogeldressur: Ray Berwick), wobei für einzelne Szenen mehrere Dutzend verschiedene Trickverfahren kombiniert wurden. Daneben gibt es Szenen, die mit »leisen« Mitteln schockieren: etwa wenn Melanie vor der Schule wartet und sich auf einem Gestänge hinter ihrem Rücken langsam eine Schar Raben versammelt. Hier wird das Bild der schwarzen Vögel ganz ohne raffinierte Zutaten unversehens zur Chiffre unheimlicher Bedrohung.

The birth of a nation Ⓢ
(Die Geburt einer Nation)

USA, 1914

R: David Wark Griffith; A: David Wark Griffith und Frank Woods nach Motiven der Romane *The clansman* und *The leopard's spot* von Reverend Thomas Dixon; K: G. W. Bitzer; D: Lillian Gish, Henry B. Walthall, Mae Marsh, Ralph Lewis, George Siegman, Miriam Cooper, Elmer Clifton, Robert Harron

Im Jahre 1861 besuchen die Brüder Stoneman ihre Schulkameraden, die Brüder Cameron, in den Südstaaten. Phil Stoneman (E. C.) verliebt sich dabei in Margaret Cameron (M. C.), während Ben Cameron (H. B. W.) sich äußerst beeindruckt zeigt, als er ein Bild von Elsie Stoneman (L. G.) sieht. Doch der Krieg zwischen Nord- und Südstaaten bricht aus; die Schulkameraden werden zu Feinden; Tod Stoneman (R. H.) und zwei der Cameron-Brüder fallen. Nach dem Krieg zieht der alte Stoneman (R. L.), der als Kongreßmitglied Lincolns maßvolle Politik ablehnt, in den Süden. Es gelingt ihm, den Neger Silas Lynch (G. S.) zum Gouverneur wählen zu lassen. Eine furchtbare Zeit der »Reconstruction« bricht an, in der die Neger ihre Freiheit rüde mißbrauchen und die Weißen terrorisieren. Als Selbsthilfe-Organisation der Weißen wird der Ku-Klux-Klan gegründet, dessen Chef Ben Cameron wird. Der alte Cameron wird verhaftet, weil in seinem Haus der Ku-Klux-Klan getagt hat. Ausgerechnet Phil Stoneman befreit ihn und flieht, von Lynchs Miliz verfolgt, mit Camerons Familie in eine Blockhütte. Elsie Stoneman eilt zu Lynch, um ihn um Gnade zu bitten. Lynch nähert sich ihr gewaltsam; Vater Stoneman platzt in diese Szene hinein und erlebt den Zusammenbruch seiner politischen Ideale. Der Ku-Klux-Klan befreit in letzter Minute die Camerons im Block-

The birth of a nation (Joseph Henabery)

haus. Ben Cameron und Elsie Stoneman, sowie Phil Stoneman und Margaret Cameron finden sich zusammen. Die Vereinigung der Gegner von gestern symbolisiert die Geburt einer neuen Nation.
Griffith sah die historischen Vorgänge aus der Sicht eines überzeugten Südstaatlers. Er war zwar kein »Negerhasser« (und darum haben ihn die Vorwürfe der »Rassenhetze«, die gegen den Film erhoben wurden, sicher tief getroffen); aber sein Idealbild des Negers dürfte der gutmütige »Onkel Tom« gewesen sein, der in seiner Bescheidenheit dann allerdings auch gerechte und großzügige Behandlung verdient hätte. So wenigstens sieht es sich in diesem Film an.
Künstlerisch freilich war Griffith hier seiner Zeit weit voraus. Er dachte und gestaltete offensichtlich nicht mehr in den Kategorien des Theaters, sondern in der Sprache des Films. Er hat seine vielfach verästelte und handlungsreiche Geschichte in einen suggestiven Rhythmus gezwungen, der dem Fluß der Handlung geschickt angepaßt ist und der seinen Höhepunkt in der raffinierten Parallel-Montage am Schluß hat: Drei Handlungen (Blockhaus – Lynchs Arbeitszimmer – die Reiter des Ku-Klux-Klan) werden bis zu einer furiosen »last minute rescue« (Rettung in letzter Minute) gegeneinandergeschnitten.
Ein anderer Höhepunkt ist die Schlacht von Petersburg, die mit äußerstem Realismus gestaltet ist, aber doch über die reine Reportage hinaus visionäre Ausdruckskraft erreicht. Die Kamera G. W. Bitzers, der zweifellos großen Anteil am Erfolg des Films hatte, mischt sich unter die Soldaten. Sie bringt extreme Totalen und Detailaufnahmen, erfaßt das ganze Schlachtfeld und dann wieder Gruppen und einzelne Soldaten und erreicht so gleichermaßen die Summierung des Grauens und den Bezug dieses Grauens auf die persönliche Erfahrung und das individuelle Erleben. Nicht minder berühmt wurden auch Szenen von kammerspielhafter Innigkeit, wie die oft kopierte Schilderung der Rückkehr Bens, seine Begrüßung an der Tür, wo zwei Menschen sich für eine quälend lange Zeit stumm, regungslos und beinah ungläubig gegenüberstehen.
Griffith drehte diesen Film, der eine Laufzeit von rund 160 Minuten hatte, übrigens ohne Drehbuch und schriftliche Unterlagen. Zu seinen Regieassistenten gehörten Raoul Walsh, W. S. Van Dyke, Jack Conway und George Siegman. *The birth of a nation* war ein Film der Superlative. Er kostete so viel, daß keine Filmgesellschaft ihn produzieren wollte und Griffith für diesen Film eine eigene Gesellschaft gründete. Aber er spielte auch sehr viel Geld ein. Sein finanzieller Erfolg festigte die wirtschaftliche Vormachtstellung der Vereinigten Staaten auf dem Gebiet des Films; seine künstlerischen Mittel dienten einer ganzen Generation junger Regisseure als Vorbild.

Bismarck

Deutschland, 1940

R: Wolfgang Liebeneiner; A: Rolf Lauckner, Wolfgang Liebeneiner; K: Bruno Mondi, Erich Grohmann; D: Paul Hartmann, Friedrich Kayßler, Werner Hinz, Walter Franck, Karl Schönböck, Helmuth Bergmann

Bismarcks (P. H.) Leben und politisches Wirken von 1862, als König Wilhelm (F. K.) ihn auf Betreiben Roons (H. B.) zum Ministerpräsidenten beruft, bis zur Kaiserproklamation in Versailles.
Ein sorgfältig gestalteter und überwiegend gut gespielter Historienfilm, der allerdings – wie die meisten Filme dieses Genres – der Geschichte mit den Mitteln der Anekdote beizukommen sucht. Bismarck erscheint als makelloser Held, der seine Gegenspieler Napoleon (W. F.) und Kaiser Franz Joseph (K. S.) mühelos überspielt und eigentlich nur den blinden Unverstand preußischer Liberaler zu fürchten hat. Seine einsamen Entschlüsse werden verherrlicht, seine innenpolitischen Gegner karikiert und verkleinert. Das große Werk, das er geschaffen hat, rechtfertigt ihn.
Erwin Leiser berichtet in seinem Buch *Deutschland erwache*, für diesen Film seien umfangreiche antisemitische Szenen vorgesehen gewesen, die später entfallen seien.

The blackboard jungle

(Die Saat der Gewalt)

USA, 1955

R: Richard Brooks; A: Richard Brooks nach einem Roman von Evan Hunter; K: Russell

Harlan; D: Glenn Ford, Anne Francis, Sidney Poitier, Vic Morrow, Louis Calhern

Richard Dadier (G. F.) tritt voller Idealismus seine neue Stelle als Lehrer an einer Berufsschule an; und er läßt sich auch durch die resignierenden oder zynischen Kommentare seiner älteren Kollegen nicht beeindrucken. Doch bald muß Dadier erkennen, daß in der Schule die reine Brutalität herrscht. Sein Unterricht wird systematisch gestört; er wird Zeuge eines Überfalls auf eine attraktive Kollegin und erlebt, wie einem Kollegen seine wertvolle Schallplatten-Sammlung aus reiner Bosheit zerstört wird. Dadier ringt um Verständnis und Einsicht und versucht, den farbigen Autoschlosser Miller (S. P.) auf seine Seite zu ziehen; die anderen Schüler reagieren darauf mit Gewalt und mit üblen anonymen Anrufen bei Dadiers schwangerer Frau (A. F.). Eines Tages kommt es im Klassenzimmer zu einer tätlichen Auseinandersetzung zwischen Dadier und Artie West (V. M.), dem Wortführer der Schüler. Als Artie ein Messer zieht, stellt sich die Mehrheit der Schüler hinter Dadier. Ein erster kleiner Erfolg ist errungen.
Der Film ist äußerst realistisch in der Darstellung von Gewalt, Brutalität und Verzweiflung, wobei die hämmernde Rock'n-Roll-Musik Bill Haleys diesen Eindruck suggestiv unterstützt. Brooks versagt sich auch den üblichen Optimismus vergleichbarer Filme; dazu ist der »Sieg« am Ende zu klein. Statt dessen liefert die Milieuschilderung glaubwürdige Hinweise auf die Wurzeln der Misere.

Blackmail

(Erpressung)

England, 1929

R: Alfred Hitchcock; A: Alfred Hitchcock, Benn W. Levy und Charles Bennett nach einem Schauspiel von Charles Bennett; K: Jack Cox; D: Anny Ondra, John Longden, Donald Calthrop, Cyril Richard

Alice White (A. O.) ist mit dem Kriminalbeamten Frank Webber (J. L.) so gut wie verlobt. Gelegentlich gibt es kleine Meinungsverschiedenheiten, weil Frank zu wenig Zeit für sie hat. Nach einem solchen Streit läßt Frank sie in einem Restaurant allein sitzen. Alice wird von einem Mann (C. R.) angesprochen und folgt ihm in seine Wohnung. Als er zudringlich wird, ersticht sie ihn in Notwehr und flieht. Ausgerechnet Frank wird mit der Untersuchung des Falles beauftragt. Er erkennt in dem Toten den Mann, mit dem Alice das Lokal verlassen hat, und findet am Tatort ihren Handschuh. Aber auch ein Mr. Tracy (D. C.) weiß Bescheid und versucht, Frank und Alice zu erpressen. Doch dann gibt es eine Zeugenaussage, die ausgerechnet Tracy belastet; und Frank droht ihm unverhohlen, ihm den Mord anzuhängen. Tracy verliert die Nerven, flieht und verunglückt auf der Flucht tödlich. Alice fühlt sich doppelt schuldig und will bei Franks Vorgesetztem die Wahrheit sagen; aber ein Zufall unterbricht ihre Beichte . . .
Blackmail ist als Stummfilm geplant und begonnen worden. Als während der Dreharbeiten der Tonfilm populär wurde, beschloß der Produzent, die letzte Rolle mit Ton aufzunehmen; das war damals ein verbreiteter Kompromiß. Hitchcock setzte jedoch durch, daß er eine entscheidende Szene neu drehen, andere nachsynchronisieren konnte. Allerdings war er sehr sparsam mit dem Ton; so vergehen rund sieben Minuten, ehe in diesem Film das erste Wort ertönt. Er setzte dann aber den Ton bereits sehr geschickt als dramaturgisches Mittel ein: Ein Schrei verbindet z. B. zwei Szenen, und am Morgen nach der Tat hört Alice aus dem Gerede einer geschwätzigen Nachbarin immer nur das Wort »Messer« heraus. Berühmt wurde auch die Verfolgungsjagd im »Britischen Museum«, die Hitchcock ausschließlich im Studio mit Hilfe von Trickaufnahmen drehte.

Blade af satans bog Ⓢ

(Blätter aus Satans Buch)

Dänemark, 1920

R: Carl Th. Dreyer; A: Carl Th. Dreyer und Edgar Hoyer nach dem Roman *Satans sorger* von Marie Corelli; K: George Schnéevoigt; D: Halvard Hoff, Helge Nissen, Jacob Texiere, Hallander Helleman, Ebon Strandin, Tenne Kraft, Elith Pio, Carlo Wieth, Clara Pontoppidan

Der blaue Engel (Emil Jannings, Marlene Dietrich)

I. Episode: Die Hohenpriester sehen mit Bestürzung, daß das Volk Jesus (H. Ho.) zujubelt. Es gelingt Satan (H. N.), Judas (J. T.) auf ihre Seite zu bringen. Er verrät den Herrn.
II. Episode: In Sevilla lebt im 16. Jahrhundert Don Gómez de Castro (H. He.) mit seiner Tochter Isabel (E. S.). Seine astrologischen Studien wecken den Argwohn des Mayordomo, der ihn bei der Inquisition denunziert. Satan nimmt die Gestalt des Großinquisitors an und verurteilt Vater und Tochter zum Tode.
III. Episode: Die Französische Revolution. Der Diener des Grafen de Chambord (E. P.) will die Königin Marie Antoinette (T. K.) befreien. Aber Satan stellt sich ihm in der Gestalt des Jakobiners Ernest Durand in den Weg und bekehrt ihn zur Revolution.
IV. Episode: Finnland 1918. Paavo (C. W.), Stationsvorsteher eines kleinen Bahnhofs, lebt glücklich mit seiner Frau Siri (C. P.). Kommunisten unter der Führung Satans, der hier die Gestalt des russischen Mönchs Iwan angenommen hat, wollen ihn zwingen, den Roten zu helfen. Als Paavo sich weigert, gibt Iwan den Befehl, ihn zu erschießen. Auch Siri lehnt es ab, Iwans Anordnungen zu gehorchen. Sie gibt ihr Leben für ihr Land, während Paavo in letzter Minute gerettet wird.
Ähnlich wie Griffith in *Intolerance* wollte Dreyer hier die fortdauernde Gefährdung des Menschen zeigen, wobei er das Böse personifizierte und Satan als ständigen Gegenspieler in die Handlung einführte. Der Film ist uneinheitlich, teilweise naiv und nicht ohne Längen, stellenweise aber auch von starker Eindruckskraft. »Untypisch« für Dreyer ist die finnische Episode mit ihren vielen kurzen Einstellungen, die in einem harten Stakkato-Rhythmus montiert sind.

Der blaue Engel

Deutschland, 1930

R: Josef von Sternberg; A: Carl Zuckmayer, Carl Vollmöller und Robert Liebmann nach dem Roman *Professor Unrat* von Heinrich Mann; K: Günther Rittau, Hans Schneeberger; D: Emil Jannings, Marlene Dietrich, Kurt Gerron, Rosa Valetti, Hans Albers

Professor Immanuel Rath (E. J.), ein pedantischer Sonderling, entdeckt, daß einige seiner Schüler in dem übel beleumundeten Lokal »Der blaue Engel« verkehren und die dort gastierende Sängerin Lola Lola (M. D.) anhimmeln. Er will die Sängerin zur Rede stellen, verfällt ihr dabei selber und verzichtet auf Amt und Würden, um sie heiraten zu können. Lola Lola wird des alternden Liebhabers bald überdrüssig. Mit Rath geht es bergab. Er muß sich jetzt seinen Lebensunterhalt als Assistent des Chefs (K. G.) der Truppe, eines Zauberkünstlers, verdienen. Der verspricht sich einen großen Erfolg, wenn die reisende Truppe wieder im »Blauen Engel« gastiert und den ehemaligen Professor in seiner Heimatstadt als Star groß herausstellt. Die Rechnung geht auf, der Saal ist voll. Aber es gibt einen Skandal, als Rath von der Bühne aus, wo er sich in einer entwürdigenden Szene produzieren soll, seine Frau beim Flirt mit dem Artisten Mazeppa (H. A.) beobachtet. Er versucht, sie zu erwürgen, und wird in eine Zwangsjacke gesteckt. Nachdem er wieder frei ist, schleicht er in der Nacht in sein altes Klassenzimmer und stirbt am Katheder.
Einer der wenigen Welterfolge des deutschen Tonfilms – umstritten allerdings seit seiner Uraufführung. Heinrich Manns literarische Vorlage war hier in entscheidenden Punkten verändert worden. Mann hatte 1905 in der Gestalt des Professors Raat das böse entlarvende Bild eines machtlüsternen, sexuell verklemmten Spießbürgers gezeichnet; sein Professor verliert mit dem Amt auch die vorgetäuschte Moral, wird zum Gauner und landet am Schluß des Buches im Gefängnis. Demgegenüber ist der Held des Films ein nicht unsympathischer Sonderling, dessen Ende von Tragik umwittert ist. Aus der Attacke auf das Bürgertum war die Tragödie dessen geworden, der vom bürgerlichen Weg abweicht.
Allerdings hat Sternberg dieses veränderte Konzept virtuos verwirklicht. Mit den Requisiten deutscher Stummfilm-Tradition, den winkeligen Gassen und schiefen Häusern, wird hier eine muffig-schwüle Welt aufgebaut, in der Lola Lola als Inkarnation gefährlicher Erotik lauert. Es gibt sehr gute darstellerische Leistungen, kluge Regie-Einfälle, eine einprägsame Musik von Friedrich Hollaender. Zweifellos ein in sich ganz und gar geschlossener und konsequenter Film.

Das blaue Licht

Deutschland, 1932

R: Leni Riefenstahl; A: Béla Balázs nach einer Idee von Leni Riefenstahl; K: Hans Schneeberger; D: Leni Riefenstahl, Mathias Wieman, Beni Führer

Das Mädchen Junta (L. R.) lebt als Außenseiter in einem Dolomitendorf. Man meidet sie und fürchtet sie wie das blaue Licht, das bei Vollmond oben in den Bergen aufleuchtet. Die Dorfbewohner geben Juntas »Zauber« die Schuld, wenn ein Bursche von den Felsen abstürzt. Eines Tages kommt der deutsche Maler Vigo (M. W.) in das Dorf. Er verliebt sich in das fremdartige Geschöpf. Wieder ist ein Bursche abgestürzt. Man will Junta steinigen. Sie flieht in die Berge zu ihrem Freund, einem kleinen Hirtenjungen, und Vigo folgt ihr. In der folgenden Vollmondnacht entdeckt er das Geheimnis des blauen Lichts. Er folgt Junta heimlich auf einer nächtlichen Klettertour und findet sie in einer Kristallgrotte, die das Mondlicht verfärbt und reflektiert. In der gleichen Nacht ist wieder ein junger Mann abgestürzt – Tonio (B. F.), der ebenfalls in Junta verliebt war. Vigo glaubt, Junta und den armen Dorfbewohnern am besten helfen zu können, indem er ihnen den Weg zur Grotte zeigt, damit sie deren Schätze ausbeuten können. Aber am nächsten Tag findet er Junta tot in den Bergen, das blaue Licht hat ihr nicht mehr den Weg gewiesen...
Leni Riefenstahl, die in mehreren Filmen Arnold Fancks gespielt hatte, führte hier erstmals selbst Regie. Mit viel Sinn für Bildwirkung fing sie die Schönheit der Dolomiten ein, zeichnete dabei aber, stärker noch als Fanck, die Berge als eine eigene romantische Welt voller Schicksalhaftigkeit und mystischer Geheimnisse.

Die Blechtrommel

BRD / Frankreich, 1978/79

R: Volker Schlöndorff; A: Jean-Claude Carrière, Volker Schlöndorff, Franz Seitz und Günter Grass nach dem gleichnamigen Roman von Günter Grass; K: Igor Luther; D: David Bennent, Angela Winkler, Mario Adorf, Daniel Olbrychski, Katharina Thalbach, Heinz Ben-

Die Blechtrommel
(David Bennent)

nent, Andrea Ferréol, Mariella Oliveri, Charles Aznavour

Die Geschichte des Oskar Matzerath (D. B.), der 1924 in Danzig geboren wird als mutmaßlicher Sohn des Alfred Matzerath (M. A.), aber vielleicht auch des Jan Bronski (D. O.), mit dem Oskars Mutter (A. W.) ebenfalls intimen Umgang pflegte. Im Alter von drei Jahren beschließt Oskar nach einem Sturz auf der Kellertreppe, aus Protest gegen die Welt der Erwachsenen sein Wachstum einzustellen. Mit einer blechernen Kindertrommel, die ihn sein Leben lang begleitet, artikuliert er diesen Protest auf seine Weise; er verstärkt ihn durch schrille Schreie, mit denen er Glas zersplittern lassen kann. Diese Fertigkeiten werden ihn im Zweiten Weltkrieg als Mitglied einer Liliputaner-Truppe zur Truppenbetreuung an den Atlantik-Wall führen. Vorher hat das kindliche Monstrum mit dem bösen Blick u. a. den Tod seiner Mutter und seiner potentiellen Väter herbeigeführt und die junge Geliebte (K. T.) seines Vaters Alfred geschwängert. Bei Kriegsende beschließt Oskar, wieder zu wachsen. Und hier endet – im Gegensatz zum Roman – der Film. (Schlöndorff: »Die Nachkriegszeit wäre ein zweiter Film mit einem anderen Darsteller, Arbeit für später.«)

Regisseur Schlöndorff sagte über den Protagonisten seines Films u. a.: »Für mich hat er zwei zeittypische Eigenschaften, die Verweigerung und den Protest. Er verweigert sich der Welt so sehr, daß er nicht einmal mehr wächst... Er protestiert so lautstark, daß seine Stimme Glas zerbricht.« Oskar also als Symbolfigur der Zeitkritik. Der junge David Bennent hat diesen Aspekt durch eine erschreckende Präsenz spürbar gemacht.

Kritisch ist auch der Blick auf das kleinbürgerliche Milieu, dem Oskar entstammt. Es wird von Buch und Film als fruchtbarer Nährboden für die NS-Diktatur entlarvt. Und doch: Während Grass' Roman bei seinem Erscheinen 1959 nicht nur von zeithistorischer, sondern auch von zeitpolitischer Aktualität war, während seine Thesen über den »gewöhnlichen Faschismus« und sein Denkmodell der Verweigerung damals die Gesellschaft erregten und das Buch für viele zum Ärgernis machten, wirkt der Film heute merkwürdig zeitfern, wie eine skurrile Reminiszenz an eine längst vergangene Welt. Das literarische »Ärgernis« ist zum ansehnlichen filmischen Konsum-Produkt geworden. Und das liegt wohl nicht nur am Wandel der Zeiten...

Entsprechend zwiespältig war die Reaktion der deutschen Kritik. Trotzdem brachte *Die Blech-*

trommel dem deutschen Nachkriegsfilm seinen bisher wohl größten Erfolg. 1979 teilte sich Schlöndorff mit Francis Ford Coppola (*Apocalypse now*) die »Goldene Palme« bei den Internationalen Filmfestspielen von Cannes; 1980 wurde sein Film mit dem amerikanischen Akademie-Preis, dem »Oscar«, für den besten ausländischen Film ausgezeichnet.

Die bleierne Zeit

BRD, 1981

R: Margarethe von Trotta; A: Margarethe von Trotta; K: Franz Rath; D: Jutta Lampe, Barbara Sukowa, Rüdiger Vogler, Franz Rudnick, Patrick Estrada-Pox, Luc Bondy, Verenice Rudolph

Die Schwestern Juliane (J. L.) und Marianne (B. S.), Töchter eines autoritären Pfarrers (F. R.), sind auf unterschiedliche Weise politisch engagiert. Die als Kind eher schwierige Juliane hat sich für die pragmatischen kleinen Schritte entschieden und arbeitet als Journalistin, während die ehemals sanfte Marianne, durch einen tief verwurzelten rigorosen Moralanspruch in den politischen Untergrund gedrängt, Mann (L. B.) und Kind (P. E.-P.) verläßt und zur gesuchten Terroristin wird. Als Marianne verhaftet wird, besucht Juliane sie im Gefängnis. In langen Gesprächen zwischen den Schwestern werden Unterschiede und Gemeinsamkeiten deutlich; in einer Schlüsselszene verschmelzen ihre Gesichter im Spiegelbild einer Trennglasscheibe zu einem. Während eines Italienurlaubs erfährt Juliane, Marianne habe in der Zelle Selbstmord begangen. An der Leiche der Schwester erleidet sie einen Nervenzusammenbruch. Fortan konzentriert sie ihr ganzes Leben auf das Bemühen, die Selbstmord-These zu widerlegen. Darüber zerbricht die Lebensgemeinschaft mit ihrem Partner (R. V.). Und als sie endlich glaubt, genügend Material beisammenzuhaben, muß sie erfahren, daß sich niemand mehr für Mariannes Schicksal interessiert. Juliane kehrt, wenn man so will, zu ihren Ursprüngen zurück und tut das Nächstliegende, sie kümmert sich um Mariannes Kind, das bei einem anscheinend gezielten Anschlag schwer verletzt worden ist. Und sie verspricht dem Kind, ihm einmal »die ganze Wahrheit« über seine Mutter zu erzählen.

Die Handlung erinnert auffällig an das Schicksal der Geschwister Ensslin. Beabsichtigt war aber zweifellos keine einfache Biographie, sondern eine politische, eine gesellschaftliche und eine psychologische Analyse. Ein »Planspiel« nannte es ein Kritiker, und diese treffende Bezeichnung kennzeichnet Stärke und Schwäche des Films. Intelligenz ist ihm nicht abzustreiten; aber allzu theoretisch, wie auf dem Reißbrett gezeichnet, erscheinen oft die Figuren, die Situationen und die Konflikte. Dieser Eindruck wird noch dadurch verstärkt, daß Entscheidendes oft in langen und gelegentlich etwas trockenen Dialogen vermittelt wird, daß die Rückblenden in die Kindheit zu oft »Beleg-Charakter« haben, daß die Gestalt der Marianne in Anlage und Darstellung allzusehr auf den Typus reduziert ist. Daneben gibt es freilich manche bewegenden Sequenzen, Momente, in denen die Emotionen und das Engagement von der Leinwand direkt den Zuschauer treffen.

Die bleierne Zeit hatte 1981 beim Festival in Venedig einen sensationellen Erfolg. Der Film errang insgesamt sieben Preise, darunter auch den Hauptpreis.

Blind husbands Ⓢ

(Blinde Ehemänner)

USA, 1918

R: Erich von Stroheim; A: Erich von Stroheim nach seinem Schauspiel (nach anderen Quellen: Roman) *The pinnacle*; K: Ben Reynolds; D: Erich von Stroheim, Sam de Grasse, Francilla Billington

Der amerikanische Tourist Dr. Armstrong (S. d. G.) und seine Frau Margaret (F. B.) machen Urlaub in den Dolomiten. Margaret lernt den Leutnant Erich von Steuben (E. v. S.) kennen, der ihr alsbald den Hof macht. Bei einer Bergtour mit dem Leutnant fällt Armstrong ein Brief seiner Frau an von Steuben in die Hände. In seiner Eifersucht erkennt er nicht, daß dieser Brief eigentlich ein Zeugnis der Treue seiner Frau ist. Er zerschneidet das Seil, an dem sein Gefährte hängt. Der Leutnant stürzt ab und

stirbt. Zu spät erkennt Armstrong seinen Fehler.
Blind husbands ist der erste Film, den Stroheim inszeniert hat. Noch ist sein Stil wenig profiliert, und man spürt den Einfluß seines Lehrmeisters Griffith, bei dem er als Regieassistent gearbeitet hatte. Aber eines seiner Lieblingsthemen wird hier schon deutlich: die Frustration der Frauen durch die Ignoranz der Männer. Stroheim variierte das Thema von *Blind husbands* in seinen Filmen: *The devil's passkey* (Des Teufels Hauptschlüssel, 1919) und *Foolish wives* (1921).

Blithe spirit
(Geisterkomödie)

England, 1944

R: David Lean; A: Noel Coward nach seinem gleichnamigen Schauspiel; K: Ronald Neame; D: Rex Harrison, Constance Cummings, Kay Hammond, Margaret Rutherford

Der Schriftsteller Charles Condomine (R. H.) lebt mit seiner zweiten Frau Ruth (C. C.) in glücklicher Ehe – bis zu dem Tag, an dem er Madame Arcati (M. R.) bittet, in seinem Haus eine spiritistische Sitzung durchzuführen. Dabei wird nämlich der Geist seiner verstorbenen ersten Frau Elvira (K. H.) beschworen; und Elvira will bleiben. Verzweifelt versuchen Ruth und Madame Arcati, sie zur Heimkehr ins Geisterreich zu bewegen. Elvira schlägt zurück: Sie inszeniert einen Autounfall, bei dem sie ihren Mann zu sich holen will. Zufällig aber sitzt diesmal Ruth im Wagen – und Mr. Condomine muß sein Haus künftig mit zwei eifersüchtigen weiblichen Geistern teilen. Entsetzt will er fliehen; doch gemeinsam können Ruth und Elvira ihn endlich zu sich holen.
Der erste große Erfolg für den jungen Regisseur David Lean. Er hatte Noel Cowards makaber-frivole Vorlage einfallsreich und mit gebotenem Understatement ins Bild gesetzt. So entstand ein Unterhaltungsfilm, der Stilwillen und Stilsicherheit erkennen ließ.

Blow-up
(Blow up)

England, 1966

R: Michelangelo Antonioni; A: Michelangelo Antonioni und Tonino Guerra nach Motiven einer Erzählung von Julio Cortazar; K: Carlo Di Palma; D: David Hemmings, Vanessa Redgrave, Sarah Miles

Der Starfotograf Thomas (D. H.) macht in einem Park Fotos von einem Liebespaar. Als die Frau (V. R.) ihn entdeckt, verlangt sie aufgeregt die Herausgabe des Films, folgt ihm in seine Wohnung, bietet ihm Geld. Thomas erfüllt scheinbar ihren Wunsch, gibt ihr aber einen falschen Film und entwickelt den richtigen. Bei der Vergrößerung (Blow up) der Bilder entdeckt er fatale Details – das verschwommene Gesicht eines Mannes, einen Revolver, schließlich einen Körper, der verkrümmt unter einem Baum liegt. Thomas fährt in den Park und findet unter dem Baum eine Leiche. Als er in sein Atelier zurückkehrt, ist es durchwühlt. Die Bilder sind verschwunden, und als er noch einmal in den Park geht, ist auch die Leiche fort. In der Schlußszene beobachtet Thomas eine Gruppe übermütiger junger Leute, die ohne Ball und Schläger pantomimisch ein Tennismatch ausführen. Als einer durch Gesten zu erkennen gibt, der Ball sei in seiner Nähe zu Boden gefallen, wirft Thomas den nicht existierenden Ball zurück und beginnt, das Geräusch des Spiels zu hören.
Ein Film – unter anderem – über die Faszination der Ungewißheit. Ob wirklich ein Mord geschehen ist, bleibt ungewiß. *Ein* Opfer aber gibt es mit Sicherheit – Thomas, der der Faszination seiner eigenen Bilder erlegen ist. Aber er ist gleichzeitig auch der »Täter«; denn er raubt seinen Opfern, seinen Modellen, die Identität und damit, wenn man so will, das Leben. Abseits aller Interpretationen ist dies aber auch ganz einfach ein Film über die Beat-Generation Londons. Man spürt ihr Tempo, sieht ihre Popfarben, entdeckt im Rhythmus des Films ihr Lebensgefühl. Ein Film, dessen Oberfläche von erlesener Schönheit ist und der darüber hinaus Stoff für Reflexionen bietet.

Le bonheur

(Le bonheur – Glück aus dem Blickwinkel des Mannes)

Frankreich, 1964

R: Agnès Varda; A: Agnès Varda; K: Jean Rabier, Claude Beausoleil; D: Jean-Claude Drouot, Claire Drouot, Sandrine Drouot, Olivier Drouot, Marie-France Boyer

François (J. C. D.) und Thérèse (C. D.) sind ein glückliches Ehepaar. Sie haben zwei Kinder (S. D., O. D.) und ein hübsches Haus. Eines Tages verliebt François sich in Émilie (M. F. B.). Nach einiger Zeit sagt er seiner Frau, daß er zwar eine Geliebte habe, daß er sie aber noch genauso liebe. Thérèse geht ins Wasser, Émilie zieht in das Haus und lebt hinfort ebenso glücklich mit François und den Kindern wie zu Beginn des Films Thérèse.
Agnès Varda hat ihren Film geradlinig, in bunten Farben und bewußt schönen Bildern gedreht. Das Ergebnis war in der Kritik heftig umstritten. Ein Teil der Kritiker sah in dem Film lediglich die optimistische Darstellung eines »einfachen Lebens« und warf ihm wechselweise mangelnde Moral oder gefährliche Nähe zum Kitsch vor. Andere Interpreten meinten, die Varda habe hier die von der Konsumgesellschaft diktierte Glücksvorstellung entlarven wollen; François' Vorschlag einer »Liebe zu dritt« sei dabei extremer Ausdruck einer These, die in der Akkumulation eine Steigerung des Glücks sehe.

Les bonnes femmes

(Die Unbefriedigten)

Frankreich / Italien, 1959

R: Claude Chabrol; A: Paul Gégauff, Claude Chabrol; K: Henri Decae; D: Stéphane Audran, Clothilde Joano, Bernadette Lafont, Lucile Saint-Simon

Jane (B. L.), Rita (L. S. S.), Ginette (S. A.) und Jacqueline (C. J.) sind Verkäuferinnen in Paris. Jane hat einen Freund beim Militär; aber sie ist Abenteuern nicht abgeneigt und vergnügt sich im Verlauf des Films gleich mit zwei Geschäftsleuten. Die Eltern von Ritas Freund sind bürgerliche Geschäftsleute; sie muß vor ihnen Theater spielen, um akzeptiert zu werden. Ginette singt nach Feierabend in einem spießbürgerlichen Cabaret. Jacqueline wird von einem schüchternen Botenjungen verehrt. Aber sie beachtet ihn nicht und verfällt der großen Liebe zu einem geheimnisvollen Mann. Der Fremde ist ein Sexualverbrecher und tötet sie am Schluß.
Der melodramatische Schluß gehört zu einem Film, der zweierlei will und auch erreicht. Mit sorgsamer Akribie beobachtet er die Frustration von vier kleinen Verkäuferinnen, denen zwar kein materielles Elend droht, die aber im Einerlei des Alltags sich selbst und ihre Persönlichkeit zu verlieren scheinen. Der Traum vom großen, vom ganz anderen und geheimnisvollen Glück ist ein treffendes Symptom; es ist einleuchtend, daß er zur Katastrophe führt. Außerdem analysiert der Film die Rolle der Frau in einer patriarchalischen Gesellschaft. Für alle vier Mädchen ist »ein Mann« der Mittelpunkt der Träume und Wünsche. Der Lustmörder ist das brutale Dementi dieser Träume.

Bonnie and Clyde

(Bonnie und Clyde)

USA, 1967

R: Arthur Penn; A: David Newman, Robert Benton; K: Burnett Guffey; D: Warren Beatty, Faye Dunaway, Michael J. Pollard, Gene Hackman, Estelle Parsons

Die Handlung entspricht in ihren Grundzügen tatsächlichen Ereignissen: Zur Zeit der großen Wirtschaftskrise treffen sich Clyde Barrow (W. B.) und Bonnie Parker (F. D.) in einer Kleinstadt. Die erlebnishungrige Bonnie brennt mit dem vorbestraften Clyde durch, und gemeinsam stehlen sie Autos, rauben Banken aus und morden. Sie sind stolz auf ihre Heldentaten, schicken Fotos von sich und selbstverfaßte Gedichte an die Zeitungen. Und sie sind populär, weil sie die kleinen Leute schonen. Später stoßen der Automechaniker C. W. Moss (M. J. P.), Clydes Bruder Buck (G. H.) und dessen Frau Blanche (E. P.) zur »Barrow-Gang«. Bei einem Kugelwechsel mit der Polizei wird Buck getötet, Blanche verhaftet. Bonnie und Clyde sind verwundet und verbergen sich bei dem Vater von Moss. Doch der denunziert

sie bei der Polizei, um für seinen Sohn eine mildere Strafe zu erreichen. Unbewaffnet werden Bonnie und Clyde überrascht und von den Polizisten in einem wahren Blutrausch erschossen.
Ein ungewöhnlicher Gangsterfilm, ungewöhnlich schon deshalb, weil er nicht in engen Großstadtstraßen, sondern in der weiten Landschaft der Südstaaten spielt. Blühende Felder sind der Hintergrund für Raub und Mord; und Bonnie und Clyde betreiben ihr Gewerbe mit einer gewissen heiteren Fröhlichkeit. Doch was man als Zynismus mißverstehen könnte, weist in Wirklichkeit über den Film hinaus. In der heillosen Zeit der Wirtschaftskrise konnte man Raub zu seinem Geschäft machen, konnte man sich mit den Worten vorstellen »Wir rauben Banken aus!« und auf ein verständnisvolles Nikken rechnen. Bonnie und Clyde, das sind zwei Menschen, die in den Jahren der Verzweiflung den ur-amerikanischen Traum vom freien Leben träumen. Ihr Traum war romantisch; und romantisch schildert Penn auch ihren Tod: Er zeigt in Zeitlupe, wie ihre Körper unter den Schüssen der Polizisten (nach zeitgenössischen Berichten sollen es rund 1000 Schüsse gewesen sein) einen seltsamen Tanz aufführen. Nicht ganz überzeugend integriert wurde das Motiv von Clydes Impotenz, die seine Taten zusätzlich psychologisch motivieren soll.

Das Boot

BRD, 1981

R: Wolfgang Petersen; A: Wolfgang Petersen nach dem gleichnamigen Roman von Lothar-Günther Buchheim; K: Jost Vacano; D: Jürgen Prochnow, Herbert Grönemeyer, Klaus Wennemann, Hubertus Bengsch, Martin Semmelrogge

Durch die Augen eines Kriegsberichterstatters (H. G.) erlebt man eine Feindfahrt (vom 19. 10. bis 27. 12. 1941) von U 96 und die Probleme und Konflikte einiger Besatzungsmitglieder – u. a. des Kommandanten (J. P.), des Leitenden Ingenieurs (K. W.), des Ersten (H. B.) und des Zweiten (M. S.) Wachoffiziers.
Der Film, zunächst als Coproduktion wie etwa *Steiner – Das Eiserne Kreuz* (BRD / England 1976) geplant, markiert in der später realisierten Fassung den weitgehend gelungenen Versuch, einen deutschen Film für den Weltmarkt zu schaffen.
Die deutsche Kritik ging zum Teil wenig freundlich mit diesem Film um. Das überrascht ein wenig; denn immerhin ist er handwerklich und (trick-)technisch perfekt gemacht, und die schauspielerischen Leistungen sind eindrucksvoll. Dramaturgische und auch dramatische Höhepunkte sind u. a.: die Party vor dem Auslaufen, wenn Angst und Verzweiflung sich in sinnloser »Fröhlichkeit« artikulieren; ein »erfolgreicher« Angriff, nach dem die Besatzung eines versenkten Tankers ihrem aussichtslosen Schicksal überlassen bleibt; quälende Stunden in mehr als 200 Meter Tiefe, als das Boot nach einem Wasserbomben-Angriff auf dem Meeresgrund liegt und nur notdürftig wieder tauchklar gemacht werden kann; der Verlust des Bootes und großer Teile der Besatzung durch einen Fliegerangriff nach vermeintlich glücklicher Heimkehr. In der Abfolge dieser Sequenzen wird auch die kritische Tendenz des Films deutlich, der sich nicht mit der moralischen Entrüstung allein begnügen möchte. Er versucht vielmehr, die verschiedenen Aspekte des Krieges zu zeigen – sein tödliches Grauen, die brutale Faszination der Gewalt und die schreckliche Folgerichtigkeit, mit der der Kampf ums Überleben auch Helden gebiert. Die Inhumanität des Krieges wird hier nicht nur behauptet, sie wird erfahrbar.
Neben dem rund zweieinhalbstündigen Film, der international erfolgreich war, wurde aus dem gleichen Material auch eine dreiteilige Fernseh-Serie von ca. 5 Stunden Dauer montiert.

Borzi

(Kämpfer)

UdSSR, 1936

R: Gustav von Wangenheim; A: Gustav von Wangenheim, Alfred Kurella, Joris Ivens; K: Boris Monastyrski; D: Bruno Schmidtsdorf, Lotte Loebinger, Alexander Granach, Heinrich Greif, Ernst Busch, Konrad Wolf

1933. Die Nationalsozialisten haben in Deutschland die Macht übernommen. In dem als »Parfümerie-Betrieb« getarnten Chemie-Werk Lörke wird der Arbeiter Lemke ermordet, weil er die Tarnung des für die Rüstung arbeitenden Betriebs durchschaut hat. Während die Genossen des Toten die Aufklärung des Falles verlangen, will sein Bruder Fritz (B. S.) die Wirklichkeit nicht sehen. Trotz der Mahnungen seiner Mutter (L. L.) ist er nah daran, dem raffinierten SA-Mann Eickhoff (H. G.) in die Falle zu gehen. Zur gleichen Zeit findet auch der Prozeß gegen Georgi Dimitroff statt. Die mutige Haltung Dimitroffs beeindruckt viele Menschen; sein Beispiel führt auch Fritz Lemke auf den richtigen Weg zurück. Der einfache Arbeiter ist nun bereit, Verfolgung und Verhaftung zu riskieren, um den Kampf gegen den Faschismus zu führen.

Ein wohl einmaliger Fall: Eine Gruppe deutscher Emigranten erhielt die Chance, in der Sowjetunion einen deutschsprachigen Film zu drehen, gleichsam Sprachrohr für alle vertriebenen und unterdrückten Kollegen zu werden. Das Ergebnis ist eindrucksvoll. Gewiß gibt es Klischees: Alle SA-Männer z. B. sind unsympathisch, meistens feist und häufig betrunken. Möglicherweise konnten und wollten die Emigranten nicht glauben, daß ganz normale Mitbürger nun die braune Uniform trugen. Auch die Thesen von der Reichstagsbrandstiftung dürften heute mindestens zweifelhaft sein. Aber vieles ist dafür überaus klar gesehen: die Angst, die lähmender wirkt als die reale Verfolgung, der Konformismus, der aus dieser Angst wuchs. Und immer wieder gibt es da Szenen – Arbeiter bei einem Fußballspiel in der Mittagspause, Frauen an einer Straßenecke –, bei denen man sich kaum vorstellen kann, daß sie in einem russischen Atelier und nicht in einer deutschen Kleinstadt aufgenommen worden sind. Recht geschickt sind auch Dokumentaraufnahmen mit Dimitroff und Henri Barbusse in den Film eingefügt worden. Der später als Regisseur bekannt gewordene Konrad Wolf spielt in diesem Film übrigens eine Kinderrolle.

Boudu, sauvé des eaux

(Boudu, aus dem Wasser gerettet)

Frankreich, 1932

R: Jean Renoir; A: Jean Renoir und Albert Valentin nach einem Schauspiel von René Fauchois; K: Marcel Lucien, Georges Asselin; D: Michel Simon, Charles Grandval, Marcelle Hainia, Sévérine Leszczinska

Der Buchhändler Lestingois (C. G.) rettet den Vagabunden Boudu (M. S.) aus der Seine; und er ist so stolz auf seine Heldentat, daß er Boudu in sein Haus einlädt. Hier erweist sich Boudu als ein Gast mit ausgesprochen schlechten Manieren, so daß Madame Lestingois (M. H.) ihn aus dem Haus werfen will. Boudu verhindert das, indem er flugs Madames Liebhaber wird, was Monsieur wiederum nicht stört, da er sich selbst längst mit dem Dienstmädchen Anne-Marie (S. L.) getröstet hat. Als auch Boudu sich für Anne-Marie interessiert, kommt das ganze Durcheinander heraus, und es wird beschlossen, Boudu und Anne-Marie zu verheiraten. Aus Anlaß der Hochzeit macht man eine Kahnpartie. Das Boot kentert, und während alle anderen sich schleunigst retten, läßt Boudu sich treiben – weit weg in die Freiheit.

Eine durchaus anarchistische Komödie. Während Boudu in der literarischen Vorlage eine durch und durch unsympathische Erscheinung war, verkörpert er hier die Freiheit, die in ein konformistisches Bürgerleben einbricht. Und deutlich gilt dieser Gestalt auch die besondere Sympathie Renoirs.

The bridge on the river Kwai

(Die Brücke am Kwai)

England, 1957

R: David Lean; A: Carl Foreman und Pierre Boulle nach dem gleichnamigen Roman von Pierre Boulle; K: Jack Hildyard; D: William Holden, Alec Guinness, Jack Hawkins, Sessue Hayakawa

Britische Kriegsgefangene in einem japanischen Lager sollen eine strategisch wichtige Brücke über den Fluß Kwai bauen. Damit die Arbeit nicht in Verzug gerät, teilt der Lagerkommandant, Oberst Saito (S. H.), auch die Offiziere zur Arbeit ein. Unter Führung von Oberst Nicholson (A. G.) weigern sie sich mit dem Hinweis auf die Genfer Konvention. Saito reagiert mit drastischen Strafen, weil er fürchtet, seinen Auftrag nicht erfüllen zu können. Oberst Nicholson erklärt sich schließlich zur Arbeit be-

reit, wenn die britischen Offiziere das Kommando übernehmen. Dann stürzt er sich wie besessen in diese Arbeit; die Brücke wird gleichsam sein Lebenswerk. Und als er entdeckt, daß ein alliierter Kommando-Trupp, dem auch der aus dem Lager geflohene US-Soldat Shears (W. H.) angehört, die Brücke sprengen will, da kämpft er unversehens gegen seine eigenen Landsleute. Sterbend erst kommt er zur Einsicht und wirft sich auf den Hebel, der die Sprengladung auslöst.
Ein vieldeutiger und deshalb umstrittener Film. Seine Anhänger glaubten in der Gestalt des Oberst Nicholson die sogenannten militärischen Tugenden, den blinden Einsatz ad absurdum geführt; die Gegner des Films sahen in Nicholson den positiven Helden, der aus militärischen Gründen gehorsam sein Lebenswerk vernichtet. Diese kontroverse Beurteilung kann man u. U. als Kompliment für den Darsteller dieser Rolle nehmen: Alec Guinness wurde durch diesen Film weltberühmt. Regisseur Lean, der sich bisher vornehmlich durch kammerspielhafte Inszenierungen ausgezeichnet hatte, etablierte sich mit diesem handwerklich perfekten Film als Fachmann für »Superproduktionen« wie *Lawrence of Arabia* (Lawrence von Arabien – England 1962), *Doctor Zhivago* (Doktor Schiwago – USA 1965) und *Ryan's daughter* (Ryans Tochter – England 1969/70).

Brief encounter

(Begegnung)

England, 1945

R: David Lean; A: Noel Coward nach seinem Schauspiel *Heute abend um 8 Uhr 30*; K: Robert Krasker; D: Celia Johnson, Trevor Howard

Laura Jesson (C. J.) und Dr. Alec Harvey (T. H.) lernen sich zufällig auf dem Bahnhof einer englischen Mittelstadt kennen. Sie treffen sich am gleichen Ort wieder, stellen fest, daß beide jeweils am Donnerstag in die Stadt fahren, und verabreden sich für die nächste Woche. Aus den Begegnungen und Unterhaltungen wird mehr; die verheiratete Laura erkennt entsetzt, welche Bedeutung diese Donnerstage in ihrem Leben schon gewonnen haben. Harvey überredet Laura zu einem Rendezvous in der Wohnung eines Freundes, der gegenwärtig verreist ist; aber die vorzeitige Rückkehr des Hausherrn bringt sie in eine demütigende Situation. Nur mit Mühe kann Harvey Laura zu einem letzten Wiedersehen überreden. Noch einmal treffen sie sich im Bahnhofsrestaurant; und während eine Bekannte Lauras sich zu ihnen setzt und sie mit aufdringlichem Geschwätz überschüttet, verrinnen die letzten gemeinsamen Minuten. Dr. Harvey fährt nach Südafrika, wo er eine Stelle angenommen hat, Laura kehrt nach Haus zu ihrem Mann zurück.
Eigentlich eine banale Liebesgeschichte, die aber Konturen gewinnt durch den Einfall, sie auf ein Bahnhofsrestaurant zu beschränken, und durch das Geschick, mit dem Lean diese Möglichkeiten nutzt. Er unterwirft sie einem strengen Rhythmus, bezieht das triste Milieu in die Handlung ein und registriert kühl die Schwierigkeiten und Beschränkungen, denen die Liebenden unterworfen sind. Man erlebt, wie einfache Gesten mit Zärtlichkeiten erfüllt werden, wie banale Worte Bedeutung gewinnen.

Il brigante

(Der Brigant)

Italien, 1961

R: Renato Castellani; A: Renato Castellani nach dem gleichnamigen Roman von Giuseppe Berto; K: Armando Nannuzzi; D: Adelmo Di Fraia, Francesco Seminario, Serena Vergano, Anna Filippini

Spätherbst 1942 in einem italienischen Dorf. Michele (A. d. F.) liebt Giulia (A. F.), die aber bereits dem reichen Bauern Natale versprochen ist. Als Natale ermordet aufgefunden wird, verhaftet und verurteilt man Michele. Auch Giulia sagt sich von ihm los. Michele kann aus dem Gefängnis fliehen und will Giulia für ihren »Verrat« bestrafen. Aber Miliella (S. V.), die Schwester des halbwüchsigen Nino (F. S.), der stets an seine Unschuld geglaubt hat, kann ihm diesen Plan ausreden. Ein Jahr später kommt Michele in der Uniform eines amerikanischen Fallschirmjägers in seine befreite Heimat zurück. Jetzt sind alle von seiner Unschuld überzeugt. Michele wird zum Wortführer der unterdrückten Bauern, die eines Tages das unbestell-

te Land der Großgrundbesitzer in Besitz nehmen. Der Baron schlägt zurück und bewirkt durch eine Intrige Micheles erneute Verhaftung. Doch ein mitleidiger Wachposten läßt ihn entfliehen. Michele versteckt sich im Gebirge. Während eines nächtlichen Besuchs im Dorf bei Miliella entdeckt ihn eine Polizeistreife, und versehentlich verletzt Michele einen Beamten. Damit ist er endgültig zum gehetzten »Briganten« geworden. Miliella folgt ihm in die Berge, wo sie sich in einer kleinen Kapelle trauen lassen. Der Baron hört, daß die beiden aus der Gegend fliehen wollen, und bezahlt einen Mann, der Michele töten soll. Aber der Mörder trifft Miliella. Michele rast wie von Sinnen ins Dorf und schießt um sich. Nur den Wachtposten, der ihn damals hat entkommen lassen, schont er. Dieser aber hebt mit Tränen in den Augen seine Waffe und tötet den Amokläufer.
Castellani hat das Briganten-Epos, die Liebesgeschichte und die Sozialkritik nahtlos ineinandergefügt. Auch die Landschaft und das Milieu werden echter Bestandteil der Handlung. Obwohl Castellani niemals Symbole bemüht, erscheint Michele ganz selbstverständlich als Stimme des Volkes, das sich noch nicht artikulieren kann, das aber einen gleichermaßen bedauernswerten wie drohenden Hintergrund bildet.

Bringing up baby

(Leoparden küßt man nicht)

USA, 1938

R: Howard Hawks; A: Dudley Nichols und Hager Wilde nach einer Erzählung von Hager Wilde; K: Russell Metty; D: Cary Grant, Katharine Hepburn, May Robson

Der linkische Gelehrte David Huxley (C. G.) will unbedingt eine Spende für das Museum auftreiben, in dem er beschäftigt ist. Beim Golf soll er sich mit dem Anwalt einer Millionärin treffen, die eventuell zu einer Spende bereit ist. Aber eine exzentrische junge Dame (K. H.), die auf dem Parkplatz seinen Wagen rammt, verpatzt ihm die Chance. Und wie ein böser Geist taucht sie fortan immer wieder auf, wenn er einen neuen Anlauf nimmt, seinen Auftrag zu erfüllen. Reichlich spät erst entdeckt David, daß besagte Susan die Nichte der Millionärin (M. R.) ist, auf die er es abgesehen hatte, und daß sie außerdem charmant und liebenswert ist. Es gibt ein Happy-End, unter dessen Last das Gerippe eines prähistorischen Tieres, das zusammenzubauen gleichsam Davids Lebensaufgabe ist, lärmend zusammenbricht.
Der Film bezieht seine Komik daraus, daß David eigentlich während des ganzen Films versucht, die Dinge zu ordnen und zu klären, die Susan pausenlos verwirrt, wobei sie wiederum der festen Ansicht ist, sie sei nur ein Opfer von Davids Aufdringlichkeit. An diese Verkehrung der Logik ist eine Fülle skurriler Einfälle geknüpft, die aber vollkommen in die Handlung integriert sind. Hawks hat diese turbulente Komik mit äußerster Ökonomie behandelt und hält sie mühelos anderthalb Stunden durch.

Broken arrow

(Der gebrochene Pfeil)

USA, 1949

R: Delmer Daves; A: Michael Blankfort nach dem Roman *Blood brother* von Elliott Arnold; K: Ernest Palmer; D: James Stewart, Jeff Chandler, Debra Paget

Um 1870 verteidigen die Apachen unter ihrem Häuptling Cochise (J. C.) verzweifelt ihr Land gegen die vorrückenden weißen Siedler. Blutige Gemetzel sind an der Tagesordnung. Ein Weißer, Tom Jeffords (J. S.), versteht die Situation der Indianer und möchte vermitteln. Es gelingt ihm, Cochise für einen Waffenstillstand zu gewinnen; und Jeffords heiratet sogar eine Indianerin (D. P.). Doch Cochise hat vor Abschluß eines endgültigen Friedens eine Probezeit gefordert. Weiße Banditen, die das friedliche Einvernehmen stören wollen, überfallen Cochise, Jeffords und dessen Frau, die bei dem Überfall getötet wird. In seiner Verzweiflung fordert Jeffords Cochise auf, das Kriegsbeil auszugraben; aber Cochise behält die Nerven.
Die Personen und die Handlung sind in den Grundzügen historisch. Delmer Daves verwendet sie für ein Plädoyer für die Wahrheit und gegen den Rassismus. *Broken arrow* ist der erste große Western, in dem die Indianer fair

Bronenosez Potjomkin
(Frau auf der Treppe:
A. V. Repnikowa)

gezeichnet und die Verbrechen der Weißen schonungslos gezeigt wurden. Seine Machart ist konventionell, sein Gehalt dagegen war revolutionär für die damalige Zeit.

Bronenosez Potjomkin Ⓢ
(Panzerkreuzer Potemkin)

UdSSR, 1925

R: Sergej Eisenstein; A: Nina Agadshanowa, Sergej Eisenstein; K: Eduard Tissé; D: Alexander Antonow, Wladimir Barski, Grigori Alexandrow, A. V. Repnikowa

Auf dem Panzerkreuzer »Potemkin« kommt es zu Unruhen, als den Matrosen verfaultes Fleisch als Speise vorgesetzt wird. Zunächst kann der Kommandant (W. B.) sich durchsetzen: Er will ein Exempel statuieren und die Aufrührer erschießen lassen. Aber da ruft der Matrose Wakulintschuk (A. A.) alle Matrosen zum Kampf. Zwar wird Wakulintschuk bei den folgenden Auseinandersetzungen getötet; aber die Matrosen siegen und werfen die Offiziere über Bord. Im Hafen von Odessa verbrüdern sich die Bürger an der Leiche Wakulintschuks mit den Matrosen. Doch Kosaken rücken an und unterdrücken die Sympathiekundgebungen mit blutigem Terror. Auf hoher See wird zur gleichen Zeit die »Potemkin« vom Rest der Schwarzmeerflotte gestellt; die Matrosen auf den anderen Schiffen weigern sich jedoch, auf ihre Brüder zu schießen. Der Panzerkreuzer kann einen neutralen Hafen anlaufen. Später werden die Rädelsführer allerdings an Rußland ausgeliefert.

Der Film sollte im Auftrag der Partei den 20. Jahrestag der revolutionären Wirren von 1905 feiern; und Eisenstein wollte zunächst Einzelszenen von Aufständen aus dem ganzen Reich mosaikartig zusammensetzen. Er begann mit den Dreharbeiten in Leningrad und fuhr dann nach Odessa, wo nur eine kurze Sequenz über die Meuterei auf dem Panzerkreuzer »Potemkin« gedreht werden sollte, für die das Drehbuch anderthalb Seiten vorgesehen hatte. Erst in Odessa entschloß sich Eisenstein, seinen Film ganz auf diese Episode zu konzentrieren.

Der *Panzerkreuzer Potemkin* ist streng nach den Regeln des Dramas in fünf Akte eingeteilt, andererseits aber durch die Montage in eine Fülle mitreißender Details aufgelöst. Einige Sequenzen, etwa die vom Vormarsch der Kosaken auf der großen Freitreppe, haben legendären Ruhm erlangt.

Eisensteins Film wurde hoch gepriesen – und zensiert, verändert, beschnitten und verboten wie kaum ein Film zuvor und später; und erst

nach Jahrzehnten gelang es, aus verschiedenen Versionen die Urfassung zu rekonstruieren. In Deutschland schrieb Herbert Ihering 1926 im »Berliner Börsencourier«: »Wenn von den Dokumenten der letzten zwanzig Jahre alles verlorenginge und nur der ›Panzerkreuzer Potemkin‹ gerettet würde, man hätte ein zeugnisablegendes, gültiges Menschenwerk bewahrt, wie die Ilias, wie das Nibelungenlied.« Doch dieses »neue Nibelungenlied« wurde wenig später auch im Deutschland der Weimarer Republik verboten und erst nach beträchtlichen Schnitten wieder freigegeben. Der Reichswehrminister verbot allen Soldaten den Besuch des Films.
Zu den Bewunderern dieses Films gehörte übrigens auch Josef Goebbels. Zwar verbot er ihn sofort, als er die Macht dazu hatte; aber gleichzeitig forderte er seine Regisseure vergeblich auf, ihm einen »deutschen Potemkin« zu drehen.

Das Brot der frühen Jahre

BRD, 1961

R: Herbert Vesely; A: Herbert Vesely und Leo Ti nach der gleichnamigen Erzählung von Heinrich Böll; K: Wolf Wirth; D: Christian Doermer, Karen Blanguernon, Vera Tschechowa

Die Geschichte des Elektrikers Walter Fendrich (C. D.), den beim Wiedersehen mit seiner Jugendfreundin Gertrud (K. B.) die Liebe so unvermittelt überfällt, daß er die Sinnlosigkeit seines bisherigen Lebens einsieht, noch am gleichen Tag sein Verhältnis mit der Tochter (V. T.) seines Chefs löst, um durch und mit Gertrud ein neues Leben beginnen zu können.
Ein Vorläufer dessen, was man später einmal den »jungen deutschen Film« nannte. Herbert Veselys Film entstand zu einer Zeit, als der Film in der Bundesrepublik einen künstlerischen Tiefpunkt erreicht hatte. Er hat seine Bedeutung vor allem als radikale Absage an das damals übliche konfektionierte Mittelmaß, dem er allerdings keine rechte Alternative entgegenzustellen wußte. *Das Brot der frühen Jahre* ist eine Art optisches Lexikon filmischer Möglichkeiten – voll raffinierter Bildkompositionen, rasanter Schwenks, verwegener Fahrten, temporeicher Montagen. Aber diese Details gewinnen keine rechte Funktion für das Ganze, bleiben eindrucksvolle, aber gelegentlich ermüdende Stilübungen. Und indem Vesely die sozialen Bezüge Bölls eliminierte, geriet ihm auch seine Geschichte aus den Fugen. Immerhin hat der Film Möglichkeiten aufgezeigt; und es ist nicht seine Schuld, daß damals niemand sie weiterverfolgen wollte.

Das Brot des Bäckers

BRD, 1976

R: Erwin Keusch; A: Erwin Keusch, Karl Saurer; K: Dietrich Lohmann; D: Bernd Tauber, Günter Lamprecht, Maria Lucca, Manfred Seipold, Anita Lochner, Gerhard Acktun, Krystian Martinek, Silvia Reize

Werner Wild (B. T.) tritt beim Bäckermeister Baum (G. L.) in einer fränkischen Kleinstadt eine Lehre an. Seine Motivation für diese Berufswahl ist eher vage. »Ich eß gern gutes Brot!« erläutert er der Verkäuferin Gisela (S. R.) auf ihre Frage. Aber er fühlt sich bald wohl, zumal auch der versprochene Familienanschluß dank der unkomplizierten Art von Frau Baum (M. L.) gut funktioniert. Baum ist ein traditions- und qualitätsbewußter Handwerker der alten Schule, dessen Position der Film aber durch die Figuren des unzufriedenen Gesellen Kurt (M. S.) und der skeptischen Baum-Söhne Rudi (G. A.) und Georg (K. M.) immer wieder in Frage stellt. Während Baum sich – nicht zuletzt wegen der Einrichtung eines Supermarktes in der Nachbarschaft – zunehmend mit Existenzsorgen plagt, ist Werner zunächst durch seine Liebesaffäre mit Margot (A. L.) abgelenkt. Erst allmählich begreift er die prekäre Situation seines Lehrherrn, der auf den Rat der Genossenschaft seinen Betrieb rationalisiert und neue Maschinen anschafft. Aber die Schulden und die höhere Kapazität der neuen Maschinen erhöhen auch den Streß. Kurt wirft seine Arbeit hin und geht; nach Beendigung seiner Lehrzeit wechselt auch Werner in eine Großbäckerei. Baum muß seine »Brotstraße« allein bedienen. Vom Streß zermürbt und vom mangelnden Erfolg deprimiert, verliert er eines Abends die Nerven: Er dringt in den Super-

markt ein und verwüstet die Brot-Abteilung. Die »Bäckerei Baum« scheint endgültig erledigt. Aber Werner und Baums Söhne kommen aus der Stadt und beschließen, die Bäckerei weiterzuführen ...
Was in der kurzen Inhaltsangabe wie ein trockenes Thesenstück anmuten mag, ist im Film ein ganz konkretes Abbild wirklichen Lebens. Da stimmt das kleinstädtische Klima in seiner Mischung aus Nestwärme und Spießigkeit; es stimmt der Umgangston im Geschäft und in der Familie; und es stimmt die Atmosphäre in der Bäckerei. Keusch, selbst Sohn eines Bäckers, hat die handwerkliche Tätigkeit, den »Fertigungsprozeß«, so sinnlich faßbar gemacht, daß man den Geruch frischen Brotes buchstäblich in der Nase spürt. Ohne große Worte wird dabei der Unterschied zwischen dem Kleinbetrieb und der Brotfabrik, zwischen handgefertigtem Brot und der steril verpackten Massenware deutlich. Aber es stimmen auch die Figuren, die Keusch niemals auf die Funktion von Ideenträgern reduziert, denen er stets Individualität und Originalität beläßt. So ist der Film gleichzeitig ein sorgsames Protokoll von Werners Lehr- und Wanderjahren und ein Lehrstück über wirtschaftliche und soziale Probleme, über handwerkliche Traditionen und über entfremdete Arbeit.
Keusch gelang damit ein überzeugendes Debüt im Bereich des abendfüllenden Spielfilms. Er enttäuschte dann aber, als er nicht mehr Wirklichkeit schildern, sondern Wirklichkeit schaffen wollte. Sein Thriller *So weit das Auge reicht* (BRD 1980) geriet ihm allzu konstruiert, zu verworren, zu synthetisch.

Die Brücke

BRD, 1959

R: Bernhard Wicki; A: Michael Mansfeld, Karl-Wilhelm Vivier und Bernhard Wicki nach dem gleichnamigen Roman von Manfred Gregor; K: Gerd von Bonin; D: Fritz Wepper, Michael Hinz, Volker Lechtenbrink, Cordula Trantow, Günter Pfitzmann

In einer kleinen deutschen Stadt werden in den letzten Kriegstagen sieben Jungen eingezogen. Sie sind stolz, nun endlich »Männer« zu sein. Ihr Lehrer erreicht jedoch durch Intervention bei einem Offizier, daß seine Schüler nicht mehr in den Kampf geschickt werden sollen. Zusammen mit dem Unteroffizier Heilmann (G. P.) werden sie zur militärisch sinnlosen und, wie es scheint, ungefährlichen Bewachung einer Brükke in ihrer Heimatstadt abgestellt. Doch der Unteroffizier, der für das Überleben der Jungen sorgen soll, wird bei einem Erkundungsgang als vermeintlicher Deserteur erschossen. Bei einem Tieffliegerangriff wird einer der Jungen getötet; in einer Mischung aus nationaler Begeisterung und Rachedurst stellen die übrigen sich den anrollenden Panzern in den Weg. Nur zwei der Jungen überleben das blutige Gefecht; und am Ende bleibt gar nur einer übrig. Ihre Fassungslosigkeit und Verzweiflung nämlich treibt die beiden Überlebenden in eine Auseinandersetzung mit einem deutschen Sprengkommando, bei der der Führer des Kommandos und einer der Jungen getötet werden.
Der erste abendfüllende Spielfilm des als Schauspieler bekannt gewordenen Bernhard Wicki war im In- und Ausland ein großer Erfolg. Wicki hat die Atmosphäre der letzten Kriegstage, jenes Schwanken zwischen Angst und Hoffnung überzeugend eingefangen. Besonders gut gelang ihm das psychologische Porträt der Jungen, ihre Mischung aus echtem Engagement und Indianerspiel-Mentalität, die sie den Krieg halb als nationale Verpflichtung, halb als romantisches Abenteuer betrachten ließ. In der Kritik umstritten waren die äußerst realistischen und brutalen Kampfszenen, die aber als Pendant zur anfänglichen jugendlichen Begeisterung und als Erklärung für die Ernüchterung wohl notwendig waren.

Brute force
(Zelle R 17)

USA, 1946/47

R: Jules Dassin; A: Richard Brooks nach einer Erzählung von Robert Patterson; K: William Daniels; D: Burt Lancaster, Hume Cronyn, Charles Bickford, Yvonne de Carlo, Ann Blyth

Im Westgate-Gefängnis leiden die Gefangenen unter dem sadistischen Wachoffizier Munsey (H. C.). Joe Collins (B. L.) überredet die Insassen der Zelle R 17, einen Ausbruch zu wa-

gen. Die Männer träumen bereits von der Freiheit, aber sie erinnern sich auch der Ereignisse, die sie hierher gebracht haben. Als sich auch der Redakteur der Gefängniszeitung (C. B.) nach der Ablehnung seines Gnadengesuches den Ausbrechern anschließt, sind sie voller Optimismus. Sie ahnen nicht, daß ihr Plan an Munsey verraten worden ist. So werden sie von Maschinengewehrfeuer empfangen, als sie Wachturm und Tor mit Gewalt passieren wollen. Alle Ausbrecher werden erschossen; doch Joe Collins nimmt auch Munsey mit in den Tod.
Ein sehr atmosphärischer Film, in dem tiefer Pessimismus und düstere Ausweglosigkeit herrschen. In Details scheinen Einflüsse des französischen Vorkriegsfilms deutlich zu werden. Gleichzeitig wird hier aber auch scharfe Kritik am Strafvollzug in den USA geübt. Einige Kritiker interpretieren den Film sogar als Paraphrase über den Faschismus.

Die Büchse der Pandora Ⓢ

Deutschland, 1928

R: G. W. Pabst; A: Ladislaus Vajda nach den Dramen *Erdgeist* und *Büchse der Pandora* von Frank Wedekind; K: Günther Krampf; D: Louise Brooks, Fritz Kortner, Gustav Diessl, Carl Goetz, Franz Lederer, Alice Roberte

Wedekinds Dramen vom Aufstieg und Untergang der Tänzerin Lulu (L. B.), die den Männern, denen sie begegnet, den Tod bringt, bis sie schließlich selbst das Opfer des geheimnisvollen Mörders Jack the Ripper (G. D.) wird, sind von Pabst in einem Film zusammengefaßt worden. Rund dreißig Jahre später fertigte Kadidja Wedekind eine vergleichbare Bühnenfassung. Pabst hat seinen Film ganz auf zwei Wirkungsmöglichkeiten gestellt: auf expressive Großaufnahmen und auf atmosphärische Bildimpressionen. Die Gesichter Schigolchs (C. G.), Dr. Schöns (F. K.), der Gräfin Geschwitz (A. R.) und Lulus tauchen in genau kalkuliertem Rhythmus immer wieder auf der Leinwand auf. Dazwischen erscheinen Bilder vom hektischen Leben Lulus, das schließlich in den nebligen Londoner Slums endet.
Für Lotte H. Eisner *(Dämonische Leinwand)* ist *Die Büchse der Pandora* ein »Höhepunkt im Filmschaffen von G. W. Pabst«. Sie meint: »In dem realistischer gesehenen ›Tagebuch einer Verlorenen‹ holt Pabst vielleicht die Lokalfarben lebendiger heraus. Jedoch finden wir hier nicht mehr die fast beunruhigend reiche variierte Atmosphäre, das vielfältige Schimmern ...«
Georges Sadoul berichtet, daß die französische Version des Films damals aus Zensur-Gründen einige erstaunliche Veränderungen erfuhr: Lulus dritter Mann (Alwa Schön) ist nicht mehr der Sohn, sondern der Sekretär seines Vorgängers, aus der lesbischen Freundin (Gräfin Geschwitz) wurde eine Jugendfreundin, Jack the Ripper verschwand ganz aus dem Film – und am Schluß stand nunmehr die Hoffnung, Lulu könne durch die Heilsarmee bekehrt werden.

Budjenje pacova

(Die Ratten erwachen)

Jugoslawien, 1967

R: Živojin Pavlović; A: Gordan Mihić und Ljubiša Kozomara nach Motiven der Erzählung *Die Unbekannte* von Momcilo Milankov; K: Milorad Jakšić-Fando; D: Slobodan Perović, Dušica Žegarac, Severin Bijelić

Einst hat Velimir Bamberg (S. P.) stalinistische Flugblätter verfaßt, die sein Freund Lale verteilen mußte. Lale wurde gefaßt und verurteilt, aber er hat Bamberg nicht verraten. Trotzdem ist der Stalinist Bamberg aus allen Parteiämtern entfernt worden und lebt jetzt armselig als Krawattennäher. Als seine kranke Schwester zur Kur muß, will er Geld auftreiben und trifft dabei auf Lale, der mit pornografischen Fotos handelt und den alten Bekannten gleich erpressen möchte, sein Mitarbeiter zu werden. Bamberg möchte aber lieber durch eine Heirat an das benötigte Geld kommen. Als er die in Frage kommende Frau jedoch sieht, ändert er seine Ansicht schnell. Er sucht verzweifelt nach anderen Geldquellen, verliebt sich in ein unbekanntes Mädchen aus dem Wohnblock, in dem er wohnt, und läßt sich von einem Interessenten einen Vorschuß für eine Lieferung Pornobilder auszahlen. Das unbekannte Mädchen verschwindet mit dem Geld.
Pavlović hat Komik und Verzweiflung zu einem bedrückenden Abbild der Wirklichkeit mon-

tiert. Komisch ist vieles an den Bemühungen dieses stalinbärtigen Ex-Funktionärs; aber hinter seinen Bemühungen steckt die nackte Verzweiflung, steckt die Tragödie eines Menschen, der einmal auf der falschen Seite gestanden hat. Der makabre Aspekt des Films wird verstärkt durch ein Milieu, das vorzugsweise aus düsteren Hinterhöfen, dreckigen Winkeln und verkommenen Wohnungen besteht.

Die Buntkarierten

DDR, 1949

R: Kurt Maetzig; A: Berta Waterstradt nach ihrem Hörspiel *Während der Stromsperre*; K: Friedl Behn-Grund, Karl Plintzner; D: Camilla Spira, Werner Hinz, Kurt Liebenau, Brigitte Krause, Lotte Lieck

Als uneheliches Kind eines Dienstmädchens, das bei der Geburt stirbt, kommt Guste 1884 zur Welt. Sie wächst bei ihrer Großmutter (L. L.) auf, bis sie – jetzt achtzehnjährig (C. S.) – den Maler Paul Schmiedecke (W. H.) kennenlernt und heiratet. Als Paul 1914 in den Krieg muß, bringt Guste die beiden Kinder Hans und Suse allein durch – zunächst als Arbeiterin in einer Munitionsfabrik, dann als Fensterputzerin. 1918 kommt Paul zurück. Die Familie übersteht Not und Arbeitslosigkeit, bis der aktive Gewerkschaftler Schmiedecke 1933 als politisch unzuverlässig entlassen wird. Die Zerschlagung seiner Gewerkschaft raubt ihm die letzte Kraft. Er stirbt. Hans (K. L.) heiratet, und seine Tochter Christel ist bald Gustes Liebling. Wieder kommt ein Krieg. Zwar braucht Hans nicht an die Front, weil er in einem Rüstungsunternehmen arbeitet; aber eine Bombe tötet ihn und seine Frau. Guste und Christel (B. K.) bleiben allein zurück. Nach dem Krieg kann Christel die Ost-Berliner Universität besuchen und studieren. Und Guste ermahnt sie, für den Frieden zu kämpfen.
Der Titel zielt auf die buntkarierten Betten von Gustes Großmutter, auf das Milieu der Arbeiter. Maetzig erzählt seine Geschichte sauber und einleuchtend im Stil einer Chronik, die die Sozialkritik nicht lehrhaft vorweist, sondern geschickt integriert, und die auch die Nutzanwendung am Schluß überzeugend aus der Handlung entwickelt.

C

Das Cabinet des Dr. Caligari / Das Kabinett des Dr. Caligari Ⓢ

Deutschland, 1919/20

R: Robert Wiene; A: Carl Mayer nach einer Idee von Hans Janowitz; K: Willy Hameister; D: Conrad Veidt, Werner Krauß, Lil Dagover, Friedrich Feher, Hans Heinrich von Twardowski

In einer Irrenanstalt sitzt Francis (F. F.) mit einem Leidensgenossen auf einer Bank. Als er Jane (L. D.), ebenfalls eine Patientin, vorbeigehen sieht, erklärt Francis: »Was ich mit ihr erlebt habe, ist noch viel seltsamer als alles, was Ihnen begegnet ist. Ich will es Ihnen erzählen.« Seine Geschichte spielt in Holstenwall, einer norddeutschen Kleinstadt. Eines Tages ist Jahrmarkt, und zu den Schaustellern gehört auch Dr. Caligari (W. K.), der die Darbietung seines Mediums Cesare (C. V.) ankündigt. Ein Beamter auf dem Rathaus begegnet dem seltsam gespenstischen Caligari hochmütig und herablassend – am nächsten Tag liegt er tot in seiner Schreibstube. Francis besucht mit seinem Freund Alan (H. H. v. T.) eine Vorstellung Caligaris. Alan will wissen, wie lange er noch zu leben hat. »Bis zum Morgengrauen«, antwortet das Medium; und am nächsten Morgen findet man Alan ermordet auf. Francis verdächtigt jetzt Caligari und beobachtet ihn. Er sieht Cesare in einem sargähnlichen Kasten liegen; aber zur gleichen Zeit versucht Cesare Jane, in die Francis verliebt ist, in seine Gewalt zu bringen. Der offenkundige Widerspruch löst sich, als die Polizei am nächsten Tag Cesares Kasten öffnet und darin eine Puppe findet, die Cesare täuschend ähnlich ist. Caligari flieht und verbirgt sich in einer Irrenanstalt. Als Francis ihm folgen will, entdeckt er, daß Caligari der Anstaltsdirektor ist. In seinem Zimmer findet man eine alte Chronik, die von dem italienischen Schaubudenbesitzer Caligari und seinem Medium Cesare berichtet. Daneben liegen Krankenberichte, die klarmachen, daß der Direktor die Experimente Caligaris mit seinen Kranken wiederholt hat. Er ist Caligari geworden. Francis läßt

Das Cabinet des Dr. Caligari (Conrad Veidt, Werner Krauß)

ihn die Leiche Cesares sehen, worauf Caligari wahnsinnig wird. – Als Francis seine Erzählung beendet hat, geht er in das Anstaltsgebäude. Er begegnet Cesare und auch dem Direktor, den er sofort wieder für Caligari hält. Doch der Direktor bleibt liebenswürdig. Er erklärt seinen Helfern, daß der Kranke ihn für Caligari halte, und verheißt, daß er ihn nun, wo er die Ursache seiner Krankheit kenne, heilen werde.

Die endgültige Form von *Das Cabinet des Dr. Caligari* ist eine Folge von Zufällen und Einflüssen Dritter. Als Regisseur war ursprünglich Fritz Lang vorgesehen. Da Lang seinen Fortsetzungsfilm *Die Spinnen* beenden mußte, übertrug man Robert Wiene die Regie. Für die Ausstattung hatten die Autoren Alfred Kubin vorgesehen. Wiene war zwar ihrer Meinung, daß der Film in gemalten Kulissen spielen solle, verpflichtete aber statt Kubin Hermann Warm, Walter Röhrig und Walter Reimann, Mitglieder der Berliner Künstlergruppe »Der Sturm«.

Von Fritz Lang soll die Idee für die Rahmenhandlung stammen, die im Drehbuch nicht vorgesehen war und die Mayer und Janowitz ablehnten. Durch die Rahmenhandlung wurde aus ihrer Geschichte die Einbildung eines Irrsinnigen. Dr. Caligari war kein skrupelloser Verbrecher mehr, sondern ein gütiger Nervenarzt, dem nur krankhafte Phantasie seine Verbrechen andichtete. Siegfried Kracauer moniert in seinem Buch *Von Caligari bis Hitler*, dadurch sei ein »revolutionäres« Buch, das die Autoritäten attackiert habe, zu einem »konformistischen« Film geworden. Kracauer berichtet, Janowitz habe später erklärt, sie hätten mit dem Film die Allmacht einer Staatsgewalt anprangern wollen, die durch Militärdienstpflicht und Kriegserklärungen über Leben und Tod der Untertanen verfügt. Caligari sei das Symbol der schrankenlosen Macht gewesen, Cesare der zum willenlosen Werkzeug abgerichtete »kleine Mann« und Francis der Vertreter der Vernunft.

Aber auch in dieser veränderten Form wurde *Das Cabinet des Dr. Caligari* der wohl berühmteste und meistzitierte deutsche Stummfilm. Er gilt als Meisterwerk des expressionistischen Films. Doch Expressionismus ist hier vor allem in den Dekorationen und allenfalls im Spiel von Krauß und Veidt verwirklicht. Die Dekoration, ausschließlich gemalt, mit verzerrten Perspektiven und aperspektivisch aufgemalten Schatten, verschachtelte die Ebenen und hob gleichsam die »normalen« Raumvorstellungen auf. Titel und Zwischentitel waren in diese Welt einbezogen. In einer Szene, in der der Nervenarzt von der krankhaften Sucht besessen ist, sich in Caligari zu verwandeln, tanzen Buchstaben zuckend über verwinkelten Giebeln und vereinen sich schließlich zu dem Satz: »Du mußt Caligari werden!«

Der Einfluß des Films auf die Entwicklung des deutschen Stummfilms war enorm. Mit ihm begann die Hinwendung zur Phantastik, zur Psychologie und Psychopathologie, die zum wich-

tigsten Thema des deutschen Films der zwanziger Jahre wurde. Er veranlaßte die deutschen Regisseure dazu, ihre Filme in der aseptischen und jeglichem Stilwillen offenen Atmosphäre der Studios zu drehen, während etwa die Skandinavier durch ihre realistischen oder impressionistischen Landschaftsschilderungen Furore machten. Siegfried Kracauer sah in ihm gar erste Vorzeichen des Faschismus und der Tyrannei Hitlers.
Auf der anderen Seite hat dieser Film den deutschen Regisseuren aber auch die Möglichkeiten filmischer Sprache und filmischen Ausdrucks demonstriert. Kamera und Montage hatten hier eine eigene Welt geschaffen, die sich von der des Dramas und der des Romans grundsätzlich unterschied.

Cabiria Ⓢ
(Cabiria)

Italien, 1914

R: Giovanni Pastrone (Piero Fosco); A: Giovanni Pastrone, mit Zwischentiteln von Gabriele d'Annunzio; K: Segundo De Chomon, Giovanni Tomatis, Augusto Battagliotti, Natale Chiusano; D: Lidia Quaranta, Italia Almirante Manzini, Umberto Mozzato, Bartolomeo Pagano

Sizilien während des Dritten Punischen Kriegs. Bei einem Vulkanausbruch wird Cabiria (L. Q.) von ihren Eltern getrennt und wenig später von karthagischen Seeräubern gefangengenommen. Sie wird auf den Sklavenmarkt nach Karthago gebracht, wo der Oberpriester sie kauft, um sie den Göttern zu opfern. Aber der römische Patrizier Fulvio (U. M.), der mit seinem hünenhaften Diener Maciste (B. P.) unerkannt in Karthago lebt, rettet das junge Mädchen. Sie fliehen zu der Prinzessin Sophonisbe (I. A. M.), die verspricht, Cabiria zu beschützen. Doch als die Römer den Feldzug gewinnen, tötet sich Sophonisbe, um nicht römische Sklavin zu werden. Cabiria gerät abermals in die Hände des Oberpriesters. Sie wird wiederum von Fulvio und Maciste gerettet; und jetzt kann Fulvio sie endlich als seine Frau nach Rom mitnehmen.
Cabiria ist die ureigenste Schöpfung Giovanni

Cabiria

Pastrones. Aber um den Erfolg seines kostspieligen Films beim Publikum zu sichern, bediente er sich des Namens von Gabriele d'Annunzio. Für ein gutes Honorar signierte d'Annunzio das fertige Drehbuch und bekannte sich als Autor. In Wirklichkeit erfand er nur einige Rollennamen (Cabiria, Maciste u. a.) und schrieb die Zwischentitel. Pastrone aber drehte den Film sogar unter dem Pseudonym Piero Fosco, um damit den Beitrag d'Annunzios noch mehr in den Vordergrund zu stellen.

Pastrone konnte nun für seinen Film einen sensationellen Aufwand betreiben. *Cabiria* hatte eine Laufzeit von über drei Stunden. Für die Innenaufnahmen baute der ehemalige Ingenieur Pastrone eine dreidimensionale Szenerie, während man sonst damals noch häufig vor gemalten Kulissen filmte. Außenaufnahmen drehte er u. a. in den Alpen und in Tunesien.

Die eigentliche Bedeutung des Films liegt aber keineswegs im finanziellen und technischen Aufwand; Pastrones Inszenierung ist auch formal bemerkenswert. Als erster benutzte er hier systematisch einen Kamerawagen, den er sich sogar patentieren ließ. Dadurch gewannen die Dekorationen plastische Präsenz. Mit Hilfe des Wagens machte er auch Großaufnahmen, für die sonst ein Schnitt notwendig gewesen wäre. Er fuhr an die Hauptdarsteller heran oder machte Rückfahrten und konnte sie so aus einer Menschenmenge herauslösen oder sie in eine zunächst unsichtbare Menge hineinstellen.

Neuartig war auch die Verwendung des Lichtes, das Pastrone bewußt für künstlerische Effekte einsetzte.

Cabiria war ein Höhepunkt des italienischen Historienfilms und hatte weit über die Grenzen des Landes hinaus einen Riesenerfolg. Zu den Regisseuren, die sich von diesem Film offenbar beeindrucken und beeinflussen ließen, zählen auch die Amerikaner David Wark Griffith und Cecil B. DeMille. In Italien hatte der Film noch eine überraschende Auswirkung. Die Person des Sklaven Maciste, den der ehemalige Hafenarbeiter Bartolomeo Pagano spielte, wurde beim Publikum so populär, daß clevere Produzenten ihn zum Helden weiterer Filme machten. Pagano wurde darüber zum Filmstar. Und noch heute entstehen immer wieder neue Filme über die Abenteuer des antiken Muskelmannes.

La caduta degli dei / Götterdämmerung

(Götterdämmerung / Die Verdammten)

Italien, 1968

R: Luchino Visconti; A: Nicola Badalucco, Enrico Medioli und Luchino Visconti nach einer Originalstory von Nicola Badalucco; K: Armando Nannuzzi, Pasquale De Santis; D: Albrecht Schoenhals, Ingrid Thulin, Helmut Berger, Dirk Bogarde, Reinhard Kolldehoff, Helmut Griem, Umberto Orsini

Am Geburtstag des greisen Industriellen Joachim von Essenbeck (A. S.) versammelt sich am 27. Februar 1932 die ganze Familie auf Schloß Essenbeck: der liberale Herbert Thallmann (U. O.), Sophie von Essenbeck (I. T.) mit ihrem Geliebten, Friedrich Bruckmann (D. B.), und ihrem Sohn Martin (H. B.), der SA-Führer Konstantin von Essenbeck (R. K.) und der SS-Führer Aschenbach (H. G.). Bald beginnt die Intrige um die Macht im Konzern, in die sich auch die neuen Machthaber einmischen. Joachim wird mit Thallmanns Revolver erschossen; Thallmann flieht, seine Familie kommt ins KZ. Der sexuell abartige Martin erbt Titel und Güter. Er scheint zunächst nur eine Marionette in der Hand seiner Mutter und auch Konstantins. Aber Konstantin wird beim Röhmputsch erschossen. Martin schläft mit seiner Mutter, die an diesem Inzest zerbricht, arrangiert dann ihre Hochzeit mit Friedrich und vergiftet beide. In SS-Uniform steht er neben den Leichen und hebt die Hand zum »deutschen Gruß«.

Obwohl der Vorspann versichert, Ähnlichkeiten mit lebenden oder toten Personen seien nicht beabsichtigt, sind Anspielungen auf die Familie Krupp doch nicht zu übersehen. Visconti hat diese abstruse Geschichte als Melodrama, als große Oper inszeniert. Ihm ging es wohl weniger darum, gesellschaftliche oder politische Zusammenhänge deutlich zu machen; er wollte eher eine Atmosphäre beschwören, die sich für ihn mit dem Wort »Götterdämmerung« verbindet. Und das tat er in giftigen Farben, mit verblüffend realistischen Details, die sich aber zu alptraumhaften Bildern summieren, in denen die Extreme des Lächerlichen und des Grausigen sich berühren.

La caída

(Der Fall)

Argentinien, 1958

R: Leopoldo Torre Nilsson; A: Béatriz Guido und Leopoldo Torre Nilsson nach einem Roman von Béatriz Guido; K: Alberto Etchebehere; D: Elsa Daniel, Lautaro Murúa, Lydia Lamaison, Mariela Reyes

Die Studentin Albertina (E. D.) gerät bei der Wohnungssuche an eine seltsame Familie, bei der sie Untermieterin, Krankenpflegerin und Gouvernante zugleich wird. Die Mutter (L. L.) ist seit dem Tod ihres Mannes durch einen psychischen Schock ans Bett gefesselt. Ihre vier Kinder leben in anarchischer Unbekümmertheit. Sie machen Geschäfte, die Albertina ungeheuerlich dünken; sie essen in der Kirche die Hostien ohne jede religiöse Vorstellung wie Schleckereien; und sie erwarten ungerührt den Tod der Mutter. Alle zusammen warten auf den Onkel Lucas, einen Abenteurer, für den im Haus ein Zimmer bereitsteht. Albertina verliebt sich in einen jungen Rechtsanwalt, der sie drängt, das Haus zu verlassen. Aber das erscheint ihr wie »Desertion«, lieber bricht sie mit dem Mann, den sie liebt. Eines Tages schließen die Kinder die Mutter in ihrem Krankenzimmer ein; sie bringen ihr auch ihre Medizin nicht, und die Mutter stirbt. Albertina glaubt sich an diesem schrecklichen Vorfall schuldig. Sie will jetzt für die Kinder sorgen. Doch dann taucht Onkel Lucas (L. M.) auf. Albertina flieht vor ihm aus dem Haus. Auch der Onkel geht wieder und läßt die Kinder allein zurück.

Eine Allegorie vom Untergang des Bürgertums, das hier wie in einem Käfig eingesperrt ist und sich selbst zerstört. Albertina, die die Vernunft vertritt, kann die Todgeweihten weder ändern noch retten. Sie flieht, als sie ihre Ohnmacht erkennt. Torre Nilsson hat das Milieu, die muffige und gleichzeitig bedrohliche Atmosphäre der engen Wohnung suggestiv ins Bild gebracht.

Calle mayor

(Hauptstraße)

Spanien/Frankreich, 1956

R: Juan Antonio Bardem; A: Juan Antonio Bardem; K: Michel Kelber; D: Betsy Blair, José Suárez, Yves Massard, Dora Doll, Lila Kedrova

Eine spanische Provinzstadt. Isabella (B. B.) gehört zu jenen jungen Frauen aus »guter Familie«, die nach alter Sitte nicht arbeiten dürfen, sondern auf einen Mann warten. Isabella ist darüber 35 Jahre alt und unscheinbar geworden. Eines Tages macht ihr Juan (J. S.) den Hof, ein junger, gutaussehender Beamter, der vor kurzem in die Stadt versetzt worden ist. Isabella blüht auf. Aber Juans Liebe ist nur vorgetäuscht. Die jungen Männer der Stadt haben sich dieses grausame »Spiel« ausgedacht; beim »Großen Ball«, der alljährlich stattfindet, soll die Wahrheit verkündet werden. Man hält das für einen herrlichen Spaß. Als Juans Freund Federico (Y. M.) zu Besuch kommt und von dieser Intrige hört, ist er entsetzt. Er drängt Juan, Isabella die Wahrheit zu sagen. Aber dieser ist feige. Insgeheim hat er Isabella schätzen, vielleicht gar lieben gelernt. Doch nun fürchtet er eine offene Aussprache mit Isabella genauso wie den Spott der Freunde, wenn er sich tatsächlich für Isabella entscheiden würde. Am Vorabend des »Großen Balles« reist er heimlich ab. So muß schließlich Federico Isabella, die erwartungsvoll bei der Ausschmückung des Saales hilft, die Wahrheit sagen. Sie bricht zusammen. Und sie hat auch nicht mehr die Kraft, Federicos Rat zu folgen, mit ihm nach Madrid zu fahren und dort ihr Leben selbst zu gestalten.

Nachdem Bardem in *Muerte de un ciclista* das Leben in der Großstadt kritisch geschildert hatte, gibt er hier eine Bestandsaufnahme der Kleinstadt. 1958 folgte dann mit *La venganza* die Schilderung des Lebens auf dem Land. *Calle mayor* hat gleichsam zwei Bezugspunkte: Im Schicksal Isabellas kritisiert Bardem den Muff alter Traditionen, die den Frauen das eigene Leben verwehren; das grausame Spiel der jungen Leute, die Fellinis *Vitelloni* vergleichbar sind, dekuvriert die hoffnungslose gesellschaftliche und wirtschaftliche Rückständigkeit der spanischen Provinz. Das alles wird im Stil eines realistischen Kammerspiels unaufdringlich, aber unübersehbar deutlich.

Call northside 777
(Kennwort 777)

USA, 1947

R: Henry Hathaway; A: Jerome Cady und Jay Dratler nach einem Tatsachenbericht von James P. McGuire; K: Joe MacDonald; D: James Stewart, Richard Conte, Kasia Orzazewski, Betty Garde, E. G. Marshall

1944 erscheint im Lokalteil der »Chicago Times« eine Anzeige, die 5000 Dollar Belohnung für die Ergreifung des Mörders von Polizeioffizier Bundy verspricht. Für diesen Mord im Jahr 1932 ist Frank Wiecek (R. C.) rechtskräftig verurteilt worden; aber seine Mutter (K. O.), die fest von der Unschuld ihres Sohnes überzeugt ist, hat 11 Jahre lang gespart, um diese Belohnung aussetzen zu können. Der Reporter McNeal (J. S.) liest die Anzeige und nimmt sich des Falles an – weniger, weil er an Franks Unschuld glaubt, sondern weil er von der Beharrlichkeit der alten Frau gerührt ist. Doch dann entdeckt er tatsächlich Widersprüche in den Indizien. Er macht die einzige Augenzeugin (B. G.) ausfindig. Zwar bleibt sie bei ihrer Aussage; aber McNeal kann nachweisen, daß sie sich geirrt hat. Und so wird schließlich auch das Gericht nach 13 Jahren von Wieceks Unschuld überzeugt.
Der Film gehört zur Serie der »dokumentarischen« Kriminalfilme, die damals in Hollywood populär waren. Er beruft sich auf einen authentischen Fall, wurde an den Originalschauplätzen gedreht und erzählt seine Geschichte nüchtern und realistisch. Sein Held ist ein wackerer, eher durchschnittlicher Staatsbürger, der dem Recht und der Gerechtigkeit zum Sieg verhelfen will.

O cangaceiro
(O Cangaceiro – die Gesetzlosen)

Brasilien, 1953

R: Lima Barreto; A: Lima Barreto, Rachel de Queiroz; K: Chick Fowle; D: Alberto Ruschel, Marisa Prado, Milton Ribeiro, Vanja Orico

Der Nordosten Brasiliens, eine dünnbesiedelte Einöde, ist die Heimat der Cangaceiros, der »Gesetzlosen«. Einer von ihnen, der Hauptmann Galdino (M. R.), überfällt mit seinen Männern ein Dorf und entführt dabei die junge Lehrerin Olivia (M. P.). Nachdem Olivia einige Zeit bei den Cangaceiros verbracht hat, verhilft Galdinos »Leutnant« Teodoro (A. R.) ihr zur Flucht und begleitet sie. Unterwegs wird beiden klar, daß sie sich lieben. Galdino macht sich mit seinen Männern und mit Maria Clodia (V. O.), die Teodoro insgeheim liebt, auf die Verfolgung. Als Teodoro die Verfolger entdeckt, schickt er Olivia voraus und versperrt den ehemaligen Kameraden den Weg. Nach langem Kampf und nachdem er seine letzte Kugel verschossen hat, ergibt er sich. Galdino gibt dem ehemaligen Vertrauten und Freund eine letzte Chance. Er darf gehen, und erst wenn er einen weit entfernten Baum erreicht hat, werden die überlebenden Cangaceiros je einen Schuß abfeuern. Den letzten Schuß feuert Hauptmann Galdino ab – und er trifft.
Eine effektvolle Räuberballade, die das exotische Milieu geschickt mit einer spannenden Handlung vereint. Soziale und gesellschaftliche Bezugspunkte allerdings fehlen fast ganz; die Verhältnisse, die die Existenz der Cangaceiros ermöglichen, lernte man erst Jahre später durch die Filme von Glauber Rocha und Ruy Guerra u. a. kennen, denen der Erfolg dieses Films aber vermutlich den Weg geebnet hat.
O cangaceiro brachte dem brasilianischen Film seinen ersten großen internationalen Erfolg, zu dem sicherlich auch die effektvolle Folklore-Musik beitrug.

Carmen
(Carmen)

Spanien, 1983

R: Carlos Saura; A: Carlos Saura und Antonio Gades nach Motiven der Novelle von Prosper Merimée und der Oper *Carmen* von Georges Bizet; K: Teo Escamilla; D: Antonio Gades, Laura del Sol, Paco de Lucia, Cristina Hoyos, Sebastian Moreno

Der Tänzer und Choreograph Antonio (A. G.) sucht – da seine Partnerin (C. H.) ihm zu alt erscheint – eine Tänzerin für die Hauptrolle seines »Carmen«-Balletts; er findet sie (L. d. S.) in einer Tanzschule. Während der Proben verliebt Antonio sich mehr und mehr in seine »Entdeckung«, verwischen sich die Grenzen zwischen dem Bühnengeschehen und der realen

Liebesgeschichte der beiden zusehends. Aber vergeblich versucht Antonio, die Geliebte, die sich ihre Unabhängigkeit bewahren will, ganz zu gewinnen. Als er sie nach einer furiosen Tanzdarbietung in den Armen eines anderen Tänzers überrascht, als sie ihm – nach vorübergehender Versöhnung – endgültig sagt, daß sie ihn nicht mehr liebt, da ersticht Antonio seine Carmen, rasend vor Eifersucht.
Dies ist keiner der üblichen »Kunstfilme«, die die Entstehung einer Inszenierung vor dem Hintergrund der privaten Probleme der beteiligten Künstler schildern. Carlos Saura liefert in den Bruchstücken der Probenarbeit eine furiose *Carmen*-Interpretation; er spiegelt diese künstlerische Abstraktion in der Realität – und umgekehrt; und er schafft aus dem Zusammenklang von Kunst und Wirklichkeit eine dritte, neue Ebene, in der der Mythos »Carmen« seine eigene Identität gewinnt.
So ist hier vieles in einem gelungen: Perfektes Tanztheater von suggestiver Virtuosität, eine Liebesgeschichte von archaischer Kraft, die andererseits – ganz aktuell – den Konflikt einer selbstbewußten, modernen Frau mit dem leidenschaftlichen Besitzanspruch des Mannes schildert. Dabei entstand ein mitreißendes Kinostück, das seinem Regisseur endlich auch beim Publikum den längst verdienten internationalen Erfolg bescherte.
Vorher hatte Saura den rund einstündigen Ballett-Film *»Bodas de sangre* (Bluthochzeit, Spanien 1981) gedreht – nach dem gleichnamigen Bühnenstück von Federico García Lorca. Hier war zwar nur eine bereits existierende Ballett-Version mit geringen Zutaten verfilmt worden, aber schon hier erwies sich Sauras Gespür für das erzählende Tanztheater. 1985 entstand dann – gleichsam als Abschluß einer Trilogie – der Film *El amor brujo* (Liebeszauber) nach Manuel de Falla.

Un carnet de bal

(Spiel der Erinnerung)

Frankreich, 1937

R: Julien Duvivier; A: Henri Jeanson, Jean Sarment, Bernard Zimmer, Pierre Wolff, Yves Mirande, Julien Duvivier; K: Michel Kelber, Philippe Agostini, P. Levent; D: Maria Bell, Françoise Rosay, Pierre Blanchar, Harry Baur, Pierre-Richard Willm, Raimu, Louis Jouvet, Fernandel

Christine (M. B.) findet nach dem Tod ihres Mannes beim Ordnen der Papiere die Tanzkarte ihres ersten Balles und beschließt, die Freunde von einst nach zehn Jahren zu besuchen. Die Reise in die Vergangenheit wird eine Kette von Enttäuschungen: Audié ist gestorben, sie trifft nur seine Mutter (F. R.), die in dem Wahn lebt, ihr Sohn werde gleich zurückkommen. Pierre Verdier (L. J.) ist Geschäftsführer eines zweifelhaften Lokals und benutzt seine juristischen Kenntnisse, um Gangster zu beraten. Alain Regnault (H. B.), dessen Heiratsantrag sie einmal zurückgewiesen hat, ist aus Enttäuschung ins Kloster gegangen und hat keinen Kontakt mehr zu Christine und ihrer Welt. Patusset (R.), der eigentlich Politiker werden wollte, überrascht sie an seinem Hochzeitstag; er ist Dorfbürgermeister und heiratet seine Haushälterin. Ganz anders ist die Begegnung mit dem Bergführer Eric Irvin (P. R. W.); beide kommen sich sehr nah, aber Christine muß einsehen, daß Eric die Berge mehr liebt als sie. Es folgt ein entsetzlicher Besuch bei dem Arzt Thierry Raynal (P. B.), der in einer finsteren Gasse haust, hauptsächlich von Abtreibungen lebt und dabei ist, den Verstand zu verlieren. Der lustige Fabien (F.) ist in der Heimatstadt geblieben und Friseur geworden. Er begleitet Christine zu einem Ball, der im gleichen Rahmen stattfindet wie ihr erster, von dem sie so oft geträumt hat. Ernüchtert sieht sie, wie diese Träume von der Wirklichkeit diskreditiert werden. Ihre Heimkehr gleicht einer Flucht. Sie sucht noch den letzten Jugendfreund auf. Er ist soeben gestorben; und in der Sorge für seinen verwaisten Sohn findet Christine eine neue Aufgabe.
Der Film hatte einen ungewöhnlichen Erfolg und machte das Genre des Episodenfilms populär. Seine Episoden sind künstlerisch sehr unterschiedlich. Am besten gelangen wohl die mit Jouvet und Blanchar, wobei letztere, zumal in der expressiven Bildgestaltung, ein wenig aus dem Rahmen fällt; aber auch die kurze Begegnung mit dem Pater hat Atmosphäre und Gewicht. Durchgehend gut sind die darstellerischen Leistungen.
Das gleiche Thema wurde 1943 in Deutschland unter dem Titel *Reise in die Vergangenheit* (R: Hans H. Zerlett) verfilmt.

La carrozza d'oro
(Die goldene Karosse)

Italien / Frankreich, 1952

R: Jean Renoir; A: Jean Renoir, Jack Kirkland, Renzo Avanzo, Giulio Macchi und Ginette Doynel nach der Erzählung *Le carrosse de Saint-Sacrement* von Prosper Mérimée; K: Claude Renoir; D: Anna Magnani, Duncan Lamont, Jean Debucourt

An der Spitze einer Truppe italienischer Komödianten kommt die Schauspielerin Camilla (A. M.) nach Peru, wo sich der Vizekönig (D. L.) alsbald in sie verliebt. Als Beweis seiner Zuneigung verlangt sie von ihm die goldene Staatskarosse, die der Vizekönig ihr, wenngleich zögernd, auch zur Verfügung stellt. Aber da Camilla noch einen anderen Liebhaber hat und zudem von einem Stierkämpfer umworben wird, da andererseits der Bischof (J. D.) dem Vizekönig wegen der allzu weltlichen Verwendung der Staatskarosse Schwierigkeiten macht, kehrt Camilla endlich zu ihrer einzigen wahren Liebe, zum Theater, zurück.

Renoir spielt raffiniert mit dem Wechsel von Bühne und Wirklichkeit, von Theater und Leben, von Schein und Sein. Ständig vermischen sich die realen Intrigen des Films mit den Theateraufführungen, gehen ineinander über oder heben sich gegenseitig auf. Und das gleiche Thema wird noch einmal variiert, wenn der Film die Welt des Hofes mit den Bildern der Indios konfrontiert, denen Leben und Zeremoniell des Hofes zwangsläufig wie ein seltsames »Schauspiel« erscheinen muß. Stil und Rhythmus der Inszenierung sind auch von der Musik Vivaldis bestimmt, die dem Film unterlegt ist.

Cartouche
(Cartouche, der Bandit)

Frankreich/Italien, 1961

R: Philippe de Broca; A: Charles Spaak, Daniel Boulanger; K: Christian Matras; D: Jean-Paul Belmondo, Claudia Cardinale, Odile Versois, Philippe Lemaire, Jess Hahn, Jean Rochefort

Im vorrevolutionären Paris wird der kleine Taschendieb Dominique (J. P. B.) zum berühmten, vom Volk verehrten Banditen Cartouche. Zusammen mit seiner Frau Venus (C. C.) und seiner Bande vollführt er tollkühne Streiche, die sich gewöhnlich gegen die Privilegien der Herrschenden richten. Doch eines Tages verliebt sich Cartouche in eine andere Frau – und zwar ausgerechnet in Isabelle (O. V.), die Frau des verhaßten Polizeipräfekten (P. L.). Um Isabelles willen wird er seiner selbstgewählten Mission untreu; bei einem Rendezvous mit ihr wird er auch verhaftet. Zwar können Venus und seine beiden treuen Gefährten La Douceur (J. H.) und La Taupe (J. R.) ihn befreien; aber Venus wird bei dieser tollkühnen Aktion getötet. Cartouche raubt weiter – doch ohne den Elan von früher.

In der Gestalt Cartouches spürt man durchaus etwas vom Geist der Zeit, in der die Handlung spielt. Außerdem ist es die Geschichte einer »amour fou«, einer verrückten Liebe. De Broca hat so im Rahmen und mit den Mitteln des Abenteuerfilms die Möglichkeiten des Genres geschickt erweitert. Ohne den Unterhaltungswert seines Films zu beeinträchtigen, hat er ihn über die bloße Unterhaltung hinausgeführt.

Casablanca
(Casablanca)

USA, 1942

R: Michael Curtiz; A: Julius J. Epstein und Philip G. Epstein nach einem Entwurf von Howard Koch und dem unaufgeführten Bühnenstück *Everybody comes to Rick's* von Murray Burnett und Joan Alison; K: Arthur Edeson; D: Humphrey Bogart, Ingrid Bergman, Paul Henreid, Claude Rains, Conrad Veidt, Sidney Greenstreet, Peter Lorre

Die marokkanische Stadt Casablanca im Jahr 1942, Zufluchtsort für politische Flüchtlinge und zwielichtige Glücksritter – und für die wenigen, die über ein gültiges Visum verfügen, Zwischenstation auf dem Weg über Lissabon in die USA. Hier betreibt Rick Blaine (H. B.), zynisch aus enttäuschter Liebe und mißglücktem politischen Engagement, eine Bar; hier herrscht der opportunistisch-korrupte Präfekt Renault (C. R.); und hierhin kommt eines Tages Victor Laszlo (P. H.), der aus einem deutschen KZ geflohen und eine Zentralfigur der europäischen Widerstandsbewegung ist, mit seiner Frau Ilsa

(I. B.). Aber es erscheint auch der deutsche Major Strasser (C. V.), der dafür sorgen soll, daß Casablanca die Endstation von Laszlos Flucht ist. Am gleichen Abend wird der Abenteurer Ugarte (P. L.) in Ricks Bar verhaftet. Man verdächtigt ihn zu Recht, im Besitz von zwei Blanko-Visa zu sein, die einem ermordeten deutschen Kurier abgenommen wurden. Doch die Visa werden nicht gefunden. Die Situation in Ricks Bar wird dadurch noch komplizierter, daß Rick und Ilsa sich kennen. – Eine Rückblende enthüllt: Kurz vor dem Einmarsch der Deutschen haben sie in Paris eine romantische Liebesgeschichte erlebt; zum Treffpunkt auf dem Bahnhof ist Ilsa jedoch nicht gekommen, Rick ist allein weitergeflohen. Erst später erfährt man, daß Ilsa damals in dem Glauben lebte, ihr Mann sei im KZ getötet worden. Als sie hörte, daß er noch am Leben sei, hat sie Rick einen Abschiedsbrief geschrieben. – Unterdessen bemüht sich Laszlo verzweifelt um Papiere, die ihm die Ausreise aus Casablanca ermöglichen. Ein Angebot Strassers, sich und seine Frau durch Verrat zu retten, lehnt er verächtlich ab. So gerät er an Rick, von dem man munkelt, er besitze die Visa Ugartes. Vergebens bietet Laszlo ihm einen märchenhaften Preis. Und vergeblich ist auch Ilsas Bemühen, Rick mit vorgehaltener Pistole zur Hilfe zu zwingen. Erst als sich erweist, daß auch Ilsa Rick noch immer liebt, faßt dieser einen Entschluß. Er lockt den Präfekten in eine Falle, zwingt ihn mit vorgehaltener Pistole, Laszlo und seine Frau zum Flugplatz zu fahren und dort in das tägliche Flugzeug nach Lissabon zu setzen. Als Ilsa zögert, ihren Mann zu begleiten, überredet Rick sie im letzten Augenblick. Er erschießt auch Strasser, den der Präfekt noch alarmiert hatte und der Laszlos Abflug verhindern will. Das ist für Renault das Zeichen, sich auf Ricks Seite zu schlagen. Während beide dem entschwindenden Flugzeug nachschauen, rät er Rick, für eine Weile aus Casablanca zu verschwinden, und bietet ihm dabei seine Hilfe an. Und Rick, der sich soeben noch mit Renault um die Bezahlung einer Wettschuld gestritten hatte, antwortet ironisch: »Ich glaube, Louis, dies ist der Beginn einer wunderbaren Freundschaft!«
Ursprünglich war dieser Stoff Howard Hawks angeboten worden. Hawks tauschte mit Curtiz und erhielt von diesem das Projekt *Sergeant York* (Sergeant York, USA 1941). Curtiz machte aus *Casablanca*, seinem 126. Film, ein Meisterwerk des intelligenten Melodrams, einen Kult-Film, den Anhänger, besonders in den USA, noch heute begeistert verehren. Es ist wohl vor allem die vollendete Künstlichkeit des Films, die noch heute überzeugt. Die Stadt Casablanca ist natürlich im Studio nachgebaut, die Figuren sind ohne sonderliche psychologische Differenzierung auf Typen festgelegt, die Handlung mit ihren vielen klug verwobenen Nebenepisoden läuft wie ein Uhrwerk ab. Diese Vereinfachung, die allerdings nie zum Klischee wird, hat es den Besuchern nach der Uraufführung ermöglicht, den Film auch als zeitgenössische Parabel zu sehen; sie ermöglicht es uns heute, in *Casablanca* die zeitlose Darstellung einer Ausnahmesituation zu entdecken, in der Menschen sich fast gegen ihren Willen bewähren. Denn in den Licht- und Schattenspielen dieses Films verliert die Stadt Casablanca vollends jede Individualität und wird zur Bühne, auf der Gut und Böse sich in einem modernen Mysterienspiel gegenüberstehen. Schließlich bringt *Casablanca* aber auch die vollendete Ausprägung jener Kult-Figur, die Humphrey Bogart so unnachahmlich verkörpert hat – des furchtlosen Einzelgängers, der seinen Zynismus durch die Tat besiegt.
Hierzulande wurde der Film bei seinem Kino-Einsatz gekürzt und grob verfälscht: U. a. eliminierte man die Figur des Strasser vollständig und machte aus dem Nazi-Gegner Laszlo in der Synchronisation einen gehetzten Erfinder obskurer »Delta-Strahlen«. Erst das Fernsehen machte den Film bei uns in seiner integralen Fassung bekannt.

La casa del ángel

(Das Haus des Engels)

Argentinien, 1957

R: Leopoldo Torre Nilsson; A: Béatriz Guido, Leopoldo Torre Nilsson und Martin Rodriguez Mentasti nach einem Roman von Béatriz Guido; K: Aníbal González Paz; D: Elsa Daniel, Lautaro Murúa, Guillermo Battaglia

Die zwanziger Jahre in Argentinien. Anna (E. D.) wächst in einem konservativen, großbürgerlichen Haus auf. Ihre Mutter versucht,

La casa del ángel (Yordana Fain, Elsa Daniel)

sie von der Wirklichkeit abzuschirmen und »rein« zu halten. Tatsächlich empfindet Anna ihre erwachende Liebe zu dem jungen Politiker Pablo (L. M.) als »schmutzig«. Als Pablo in ein Duell verwickelt wird, bittet er Annas Vater (G. B.), mit dem er befreundet ist, das Duell in seinem Garten austragen zu dürfen. Traditionsgemäß verbringt er die Nacht vor dem Duell als Gast im Haus. Anna sucht ihn in seinem Zimmer auf, um ihm ihr Skapulier zu schenken. Und obwohl sie im letzten Moment widerstrebt, gibt sie sich ihm hin. Verwirrt und verletzt wünscht sie jetzt den Tod Pablos. Als die Schüsse gefallen sind, läuft sie aufgeregt in den Garten und kompromittiert sich damit. Pablos Gegner liegt tot am Boden. Eine Rahmenhandlung zeigt Anna und Pablo viele Jahre später. Wie Fremde sitzen sie bei einem gemeinsamen Abendessen im Haus des Vaters. Beide sind allein, beider Leben ist unerfüllt geblieben.

Torre Nilsson attackiert die verstaubte Welt des Bürgertums gleichsam mit ihren eigenen Waffen. Seine Bilder haben den verblichenen Glanz alter Fotografien, und man glaubt fast, den Staub- und Modergeruch zu schmecken, der durch die musealen Räume weht. Gerade der präzise Realismus läßt manches beinah unwirklich erscheinen. Anna sagt an einer Stelle resignierend: »Ich weiß nicht, ob wir noch leben, oder ob wir schon Phantome sind.« In dieser Welt entfaltet sich der sanfte Terror der Vorurteile, des Starrsinns und der Heuchelei. Hier gerät vornehme Exklusivität zur tödlichen Vereinsamung, werden die eleganten Salons zum Panoptikum.

Casque d'or

(Goldhelm / Die Sünderin von Paris)

Frankreich, 1951

R: Jacques Becker; A: Jacques Becker, Jacques Companeez; K: Robert Le Febvre; D: Simone Signoret, Serge Reggiani, Claude Dauphin, Raymond Bussières

Paris um 1900. Leca (C. D.) ist Chef einer Bande, zu der auch Marie (S. S.) gehört, die man wegen ihrer blonden Haare und ihrer Frisur »Goldhelm« nennt. Eines Tages verliebt sich Marie in den Tischler Manda (S. R.) und möchte ihren »Beschützer« Roland verlassen. Doch Leca, der sie gern selbst gewinnen möchte, provoziert einen Zweikampf zwischen Man-

da und Roland, bei dem Roland getötet wird. Zwar kann Marie mit Manda fliehen, aber Leca zeigt Mandas Freund Raymond (R. B.) als angeblichen Mörder an. Er hat richtig spekuliert: Manda stellt sich, um seinen Freund zu retten. Als er die Wahrheit über Lecas Machenschaften erfährt, flieht er zusammen mit Raymond, der bei der Flucht tödlich verwundet wird. Manda spürt Leca auf, verfolgt ihn bis auf eine Polizeiwache und schlägt ihn dort nieder. Manda wird zum Tode verurteilt; Marie beobachtet seine Hinrichtung wie versteinert vom Fenster einer Dachkammer aus.
»Goldhelm«, Manda und Leca haben um die Jahrhundertwende tatsächlich gelebt. Aber Becker ging es nicht darum, einen »historischen Gangsterfilm« zu drehen; er schuf einen ganz ungewöhnlichen Film über die »belle époque«, in dem die Menschen wichtiger sind als die Ereignisse, die Gefühle realer als die kriminalistischen Verwicklungen. Ein Film von ungewöhnlicher Schönheit, strengem Stilwillen, klarer Dramaturgie – wohl Beckers Meisterwerk.

The catered affair
(Mädchen ohne Mitgift)

USA, 1956

R: Richard Brooks; A: Gore Vidal nach einem Schauspiel von Paddy Chayefsky; K: John Alton; D: Bette Davis, Ernest Borgnine, Debbie Reynolds, Barry Fitzgerald

Der Taxifahrer Tom Hurley (E. B.) hat seit zwanzig Jahren von einem eigenen Taxi geträumt. Jetzt endlich ist er soweit, daß er diesen Traum verwirklichen könnte. Aber gerade jetzt will seine Tochter Jane (D. R.) heiraten, und Frau Hurley (B. D.) und Onkel Jack (B. F.) bestehen auf einer aufwendigen Hochzeitsfeier, die Toms Ersparnisse aufzehren würde. Am Schluß setzt sich Jane mit ihrem Wunsch nach einer »kleinen« Hochzeit durch. Doch in den voraufgegangenen Auseinandersetzungen haben Tom und seine Frau erkannt, daß sie eigentlich jahrelang aneinander vorbeigelebt haben.
Mit den Mitteln und in der Tradition Hollywoods hat Richard Brooks hier einen sehr ehrlichen Film aus dem Alltag der kleinen Leute gedreht. Milieu und Charaktere sind sorgfältig beobachtet, die kleinen Gesten und Probleme stimmen. Und ganz deutlich wird die Misere von Menschen, denen der Kampf ums »bürgerliche« Dasein keine Zeit mehr füreinander läßt. Hier geht es nicht um das Existenzminimum und die blanke Not; hier geht es darum, wie Leistungsprinzip und Erfolgstreben Menschen frustrieren können.

La caza
(Die Jagd)

Spanien, 1965

R: Carlos Saura; A: Carlos Saura, Angelino Fons; K: Luis Cuadrado; D: Ismael Merlo, Alfredo Mayo, José Maria Prada, Emilio Gutiérrez Caba

Die Brüder José (I. M.) und Luis (J. M. P.) haben Paco (A. M.) und seinen um eine Generation jüngeren Schwager Enrique (E. G. C.) zur Kaninchenjagd eingeladen. Die Einladung erfolgte nicht ohne Absicht, die Brüder erhoffen sich von Paco finanzielle Hilfe. Die drei Älteren sind Kampfgefährten aus dem Bürgerkrieg; und vom Bürgerkrieg gezeichnet ist auch das Jagdgebiet – alte Schützengräben, verfallene Unterstände, ein Gerippe. Dann wird gejagt, eine blutige Orgie des Tötens. Aber es kommt auch zu Auseinandersetzungen, Haß und Neid brechen auf. In übersteigerter Erregung erschießen sich die Veteranen gegenseitig. Enrique flieht entsetzt.
In strenger Einfachheit und Klarheit zeichnet Saura hier das Bild einer heillosen Gesellschaft. Die drei Veteranen sind alle im Leben so oder so gescheitert, nur sentimentale Erinnerungen und die Lust am Töten halten sie zusammen. Enrique vertritt eine jüngere Generation, der das Frontkämpfer-Pathos nicht genügt, die beobachtet und Fragen stellt und die mit Schaudern die sinnlose Selbstzerstörung der Älteren beobachtet. Die karge Landschaft, die Versessenheit aufs Detail, der Mangel an wirklicher Handlung machen den Film nur grausamer, unerbittlicher. In Spanien wurde der Film erst nach wesentlichen Kürzungen und Veränderungen von der Zensur freigegeben.

Celui qui doit mourir

(Der Mann, der sterben muß)

Frankreich/Italien, 1957

R: Jules Dassin; A: Ben Barzman, Jules Dassin und André Obey nach dem Roman *Griechische Passion* von Nikos Kazantzakis; K: Jacques Natteau, Gilbert Chain; D: Pierre Vaneck, Fernand Ledoux, Jean Servais, Melina Mercouri, Gert Fröbe

Die Geschichte des stotternden Hirten Manolios (P. V.), der zum Christusdarsteller in einem dörflichen Passionsspiel gewählt wird und schließlich das Schicksal Christi nachvollzieht. Als der Pope Grigoris (F. L.) eine Gruppe heimatloser Flüchtlinge, die unter der Führung ihres Popen Photis (J. S.) durch das Land ziehen, aus dem Dorf weist, stellt Manolios sich auf die Seite der Fremden und wird von seinen egoistischen Mitbürgern getötet.
Ein eindrucksvolles Sujet, eine bemerkenswerte Regieleistung! Kazantzakis hat seinen Roman, der kurz nach dem Ersten Weltkrieg spielt, im Original *Christus wird immer wieder gekreuzigt* genannt. Ort der Handlung ist ein von Türken besetztes griechisches Dorf; das Thema ist die Passion dieser Griechen, die aber hier zur Frage nach dem Bestand der christlichen Botschaft in unserer Zeit wird.
Dassin hat seine Vorlage realistisch verfilmt. Er hat dafür gesorgt, daß das religiöse Thesendrama nicht zur bloßen Erbaulichkeit entartet, und es mit scharfer Sozialkritik angereichert. Geschickt ist die karge Landschaft in die Handlung einbezogen; es gibt vorzügliche darstellerische Leistungen und eine Fülle charakteristischer Chargen.

Cenere Ⓢ

(Asche)

Italien, 1916

R: Febo Mari, Arturo Ambrosio; A: Eleonora Duse und Febo Mari nach dem gleichnamigen Roman von Grazia Deledda; K: ?; D: Eleonora Duse, Febo Mari

Der Roman von Grazia Deledda schildert das Schicksal von Oli (E. D.), einer einfachen sardinischen Frau, die in ihrer Jugend von einem verheirateten Mann verführt wird. Sie bekommt einen Sohn, Anania (F. M.), der im Haus seines Vaters heranwächst, studiert und ein reiches Mädchen heiraten will. Kurz vor dieser Hochzeit begegnen sich Mutter und Sohn nach langen Jahren wieder. Trotz eines tiefen Konflikts, der zwischen ihnen ausbricht, möchte Anania die Mutter zu sich nehmen. Aber seine zukünftige Frau lehnt ab. Oli möchte dem Glück des Sohnes nicht im Wege stehen und nimmt sich das Leben. Zu Füßen der Toten öffnet Anania das Amulett, das sie ihm als Kind umgehängt hat. Er findet darin ein wenig Asche.
Die Filmversion enthält nur den letzten Teil des Romans. Sie war – trotz des Mitwirkens der Duse – wenig erfolgreich. Einer der Gründe für den Mißerfolg mögen Meinungsverschiedenheiten zwischen dem Regisseur und der Hauptdarstellerin gewesen sein: Mari wollte einen regelrechten »Starfilm« drehen, während die damals sechzigjährige Duse an einen »modernen« Film im Stil von Griffith dachte.

C'era una volta il west ...

(Spiel mir das Lied vom Tod)

Italien/USA, 1968

R: Sergio Leone; A: Sergio Leone und Sergio Donati nach einer Idee von Dario Argento, Bernardo Bertolucci und Sergio Leone; K: Tonino Delli Colli; D: Henry Fonda, Claudia Cardinale, Charles Bronson, Jason Robards, Frank Wolff, Gabriele Ferzetti, Keenan Wynn

Um 1870, als die Eisenbahn den »Wilden Westen« erobert, träumt der Rancher McBain (F. W.) vom Reichtum: Die Trasse muß durch sein Land führen, weil dort die einzige Quelle in weitem Umkreis ist. Er wird den Bahnhof und eine ganze Stadt auf seinem Grund bauen. Aber der gerissene Eisenbahn-Unternehmer Morton (G. F.) möchte das Geschäft selber machen. Er beauftragt den Killer Frank (H. F.), McBain einzuschüchtern und zum Verkauf »reif« zu machen. Doch Frank tötet McBain und seine Kinder und lenkt den Verdacht auf das Halbblut Cheyenne (J. R.), für dessen Ergreifung 5000 Dollar Kopfgeld ausgesetzt werden. Zur maßlosen Enttäuschung der Mörder taucht jedoch Jill (C. C.) auf, die McBain in New Orleans geheiratet hat und die nun rechtmäßige Erbin seines

Besitzes ist. Zusätzlich werden sie durch das Erscheinen eines fremden Mannes (C. B.) beunruhigt, der gemeinsam mit Cheyenne Jill unterstützt und sich außerdem auffällig für Morton und Frank interessiert. Doch die geben nicht auf. Sie bedrohen Jill so lange, bis sie bereit ist, die Ranch zu versteigern. Angesichts der Situation mag keiner ein echtes Angebot machen, und es sieht so aus, als könne ein Strohmann Mortons den ganzen Besitz für lumpige 500 Dollar ersteigern. Da tritt der Fremde in den Raum und liefert Cheyenne aus. Mit dem Kopfgeld ersteigert er die Farm und überläßt sie Jill. Der Plan der Gangster ist mißlungen. Cheyenne entkommt auf dem Transport ins Gefängnis. Er stirbt an einer Schußverletzung, die Morton ihm beibringt; aber auch Morton wird ein Opfer dieses Kampfes. Und endlich kommt es auch zur entscheidenden Auseinandersetzung zwischen Frank und dem Fremden. Frank wird tödlich getroffen. Als er im Sterben liegt, drückt ihm der Sieger eine Mundharmonika zwischen die Lippen und sagt: »Komm, spiel mir das Lied vom Tod!« Da erinnert sich Frank: Vor vielen Jahren hatte er mit seiner Bande den Vater des Fremden, der damals noch ein Kind war, aufgehängt. Um seine Qual zu verlängern, hatte er den Jungen gezwungen, die Füße des Todgeweihten auf seine Schultern zu nehmen. Dann hatte er dem Jungen eine Mundharmonika in den Mund gesteckt und gesagt: »Spiel mir das Lied vom Tod!« Der Mann am Strick hatte den Jungen schließlich mit den Füßen fortgestoßen, um die Verzweiflung und die Qual des Kindes zu beenden. – Frank stirbt; und der Fremde, der seine alte Rechnung endlich beglichen hat, zieht weiter.

Regisseur Leone, der sich mit den Filmen *Per un pugno di dollari* (Für eine Handvoll Dollar, Italien/Frankreich/BRD 1964) und *Per qualche dollaro in più* (Für ein paar Dollar mehr, Italien/Spanien/BRD 1965/66) erfolgreich im Genre des Italo-Western etabliert hatte, ist hier deutlich auf dem Weg nach Hollywood. Das zeigt nicht nur die Besetzung mit Henry Fonda an der Spitze, das zeigen auch Thema, Aufwand und das Bemühen um ein authentisches Milieu. Leone erzählt eine schlüssige Geschichte, in der verschiedene Motive geschickt verzahnt sind und in der Spannung weniger durch hektische Aktionen als vielmehr durch bewußte Verzögerung erzeugt wird. Großaufnahmen werden bis an die Grenze des Erträglichen ausgekostet; die Einstellungen sind oft quälend lang und entladen sich dann in einem plötzlichen Ausbruch von Gewalt. Der Film wurde ein großer Erfolg und zählt heute zu den Klassikern, die in Repertoire-Theatern immer wieder gezeigt werden. Zu diesem Erfolg trug auch die Musik von Ennio Morricone bei, die die Spannung der Ungewißheit in diesem Film wirkungsvoll unterstützte.

Černý Petr

(Der schwarze Peter)

ČSSR, 1963

R: Miloš Forman; A: Jaroslav Papoušek, Miloš Forman; K: Jan Nemeček; D: Ladislav Jakim, Jan Vostrčil, Božena Matušková, Vladimír Pucholt, Pavla Martinkova

Peter (L. J.) tritt eine Lehrstelle in einem Selbstbedienungsladen an. Seine erste Aufgabe ist es, Diebstähle zu verhindern. Er verfolgt einen Herrn, der ihm verdächtig vorkommt, hat aber nicht den Mut, ihn anzusprechen. Peter traut sich nicht in das Geschäft zurück und wird von seinem Vater (J. V.) ausgeschimpft, während seine Mutter (B. M.) ihn verteidigt. Am Nachmittag bemüht sich Peter um die Gunst der Schülerin Asa (P. M.); er gerät dabei in Konflikte mit zwei Lehrlingen, die sich von ihm 20 Kronen leihen. Am nächsten Tag erringt er den ersten Kuß von Asa. Das gibt ihm Selbstvertrauen – auch im Geschäft. Doch dann kommt ein Rückschlag. Der verdächtige Herr taucht wieder auf und entpuppt sich als guter Bekannter des Filialleiters. Das verwirrt Peter so, daß er eine Frau entwischen läßt, die vor seiner Nase gestohlen hat. Er bekommt einen Rüffel und verkündet zu Haus, er werde nicht mehr in das Geschäft zurückkehren. Wieder schimpft der Vater. In dieses Gespräch platzen die beiden Lehrlinge, die Peter das Geld zurückgeben wollen. Einen von ihnen (V. P.) stellt der Vater Peter als Vorbild hin. Gemeinsam fliehen die Jungen vor der Moralpredigt des Alten.

Eine banale Alltagsgeschichte, die Forman zu einer realistischen Studie über die Schwierigkeiten eines Jungen in der Welt der Arbeit, über kleinbürgerliche Vorurteile und Glücksvorstellungen gemacht hat. Mit einer Ausnahme sind alle Darsteller Laien, die zudem nur vage abgesprochene Dialoge improvisieren mußten. Aber dieses Material hat Forman so geschickt montiert, daß zusätzlich eine wohldurchdachte Form gewonnen wurde.

Cet obscur objet du désir

(Dieses obskure Objekt der Begierde)

Frankreich/Spanien, 1977

R: Luis Buñuel; A: Luis Buñuel und Jean-Claude Carrière nach dem Roman *La femme et le pantin* von Pierre Louÿs; K: Edmond Richard; D: Fernando Rey, Angela Molina, Carole Bouquet, Maria Asquerino, David Rocha, Piéral

Mathieu (F. R.), ein distinguierter Geschäftsmann, verblüfft die Mitreisenden im Abteil 1. Klasse des Zuges Paris – Madrid damit, daß er kurz vor der Abfahrt des Zuges einem jungen Mädchen einen Eimer Wasser ins Gesicht schüttet. Während der Fahrt erklärt er sein seltsames Verhalten: Conchita (A. M./C. B.), das Opfer seines merkwürdigen Attentats, ist eine Spanierin von aufreizender Schönheit. Als sie bei Mathieu eine Stelle als Hausmädchen angetreten hat, versucht er schon am ersten Abend, sie zu verführen. Aber sie weist ihn zurück und ist am nächsten Morgen verschwunden. Mathieu sucht und findet sie bei ihrer Mutter (M. A.), worauf er beide Damen durch Geschenke für sich einzunehmen trachtet. Das mißlingt freilich ebenso wie der Versuch, sie der Mutter regelrecht abzukaufen, weil Conchita nämlich der Ansicht ist, daß Mathieu sie nicht liebt, sondern nur begehrt. Sie beginnt nun, mit dem ihr verfallenen Mann zu spielen. Aus dem Haus, das er ihr geschenkt hat, sperrt sie ihn aus und läßt sich praktisch vor seinen Augen mit einem jungen Gitarristen (D. R.) ein. Und als sie Mathieu eines Nachts doch in ihr Bett läßt, findet er sie mit einem dutzendfach verschnürten Korsett gepanzert, das wie ein Keuschheitsgürtel wirkt. Verzweifelt nutzt Mathieu nun seine Beziehungen, um Conchita und ihre Mutter aus Frankreich ausweisen zu lassen; doch einige Zeit später begegnet er ihr in Sevilla wieder, und seine Leidenschaft entflammt von neuem. Es irritiert ihn nicht einmal, daß Conchita sich mittlerweile zu einer merkwürdigen Terror-Gruppe mit dem Namen »Revolutionäre Kampfgruppe der Kinder Jesu« bekennt. Sein gestörtes Innenleben bewegt ihn weit mehr als die Bombenanschläge der Gruppe. Am Ende bestätigen seine Mitreisenden dem Geplagten, daß dieses Mädchen einen Eimer Wasser durchaus verdient habe. Louÿs Roman wurde schon mehrfach verfilmt. Sex-Idole wie Marlene Dietrich (*The devil is a woman* – Die spanische Tänzerin, von Josef von Sternberg, USA 1935) und Brigitte Bardot (*La femme et le pantin* – Ein Weib wie der Satan, von Julien Duvivier, Frankreich/Italien 1958) haben die weibliche Hauptrolle gespielt. Buñuel macht es wieder einmal ganz anders. Er läßt die Rolle der Conchita abwechselnd von zwei Darstellerinnen verkörpern. Das gibt den Blick frei für die Absurdität, die sich hinter der melodramatischen Fassade des Stoffes auftut. Die Leidenschaft Mathieus ist gleichzeitig »amour fou« und Symbol für den bürgerlichen Trugschluß, daß alles käuflich sei. Selbst die Terroristen – wie ihre Bezeichnung andeutet, Links- und Rechtsradikale zugleich – belegen die Absurdität unserer Welt. Aber diese Absurdität wird hier nicht mehr mit bitterer Aggressivität, sondern eher mit resigniertem Kopfschütteln konstatiert. Allerdings mit der gleichen formalen Brillanz wie eh und je.

La chambre verte

(Das grüne Zimmer)

Frankreich, 1978

R: François Truffaut; A: François Truffaut, Jean Gruault nach den Kurzgeschichten *Der Altar der Toten, Das Raubtier im Dschungel* und biographischen Notizen von Henry James; K: Nestor Almendros; D: François Truffaut, Nathalie Baye, Jane Lobre

Betroffen über den Tod vieler Jugendfreunde im Ersten Weltkrieg und über den frühen Tod seiner Frau, hat Julien Davenne (F. T.) die fixe Idee, den Toten über den Tod hinaus durch intensives Gedenken nah sein zu müssen. So hat er in seinem Haus ein Zimmer eingerichtet, das ganz dem Andenken an seine Frau gewidmet ist, wo er mit ihr spricht, ihr Geschenke bringt. Er ist empört, als ein Freund, der ebenfalls seine Frau verloren hat, eine neue Ehe eingeht.

Selbst beruflich widmet Julien sich dem »Totengedenken«, er schreibt die Nachrufe für eine kleine Zeitschrift, die offenbar nur noch von einer Handvoll treuer Abonnenten lebt.
Zwei Ereignisse scheinen sein Leben zu verändern. Das grüne Zimmer, sein privater Andachtsraum für seine Frau, wird durch einen Brand verwüstet. Und auf einer Versteigerung lernt er die junge, attraktive Cécilia Mandel (N. B.) kennen, die ähnlich intensiv wie er mit ihren Toten lebt. Doch Julien bleibt sich treu: Auf einem Friedhof renoviert er eine alte Kapelle, die jetzt nicht mehr nur dem Gedenken an seine Frau gewidmet ist, in der vielmehr für jeden »seiner« Toten ständig eine Kerze brennt. Und auf das Glück an der Seite Cécilias verzichtet er – wohl nur vordergründig deshalb, weil der Mann, um den sie trauert, sein stets erfolgreicherer Rivale war. Julien wird auch künftig nur mehr für die und mit den Toten leben.
Wieder einmal hat Truffaut die Hauptrolle in einem seiner Filme übernommen. Das läßt vermuten, daß es sich hier um einen sehr persönlichen Film handelt, um einen, der seinem Regisseur viel bedeutet. Tatsächlich hat man über weite Strecken das Gefühl, daß Truffaut hier weniger den Dialog mit dem Zuschauer sucht, daß dieser Film vielmehr eine Art Selbstgespräch, eine ganz persönliche Bilanz ist. Truffaut will nicht entschlüsseln, kein psychologisches Porträt geben. Er beschreibt vielmehr suggestiv die sanfte Besessenheit eines Mannes, der den endgültigen Abschied von einem lebenden Wesen nicht ertragen kann, der Unwiederbringliches bewahren will und der dabei dem Tod gleichsam verfällt. So entstand ein schöner und zarter Film, in dem Todesangst und Todessehnsucht sich auf poetische Weise mischen.

The chant of Jimmie Blacksmith

(Die Ballade von Jimmie Blacksmith)

Australien, 1978

R: Fred Schepisi; A: Fred Schepisi nach dem gleichnamigen Roman von Thomas Keneally; K: Ian Baker; D: Tom Lewis, Freddy Reynolds, Jack Thompson, Angela Punch, Steve Dodds, Don Crosby, Ray Barrett, Peter Carroll

Um 1900 verläßt Jimmie Blacksmith (T. L.), ein junger Mischling, halb Weißer und halb australischer Ureinwohner, sein Heimatdorf, um sich sein Geld als Arbeiter auf einer Farm zu verdienen. »Gemischt« sind auch sein Bewußtsein und sein Selbstverständnis: Sein Onkel Tabidgi (S. D.) hat ihn mit den Traditionen seiner dunkelhäutigen Ahnen vertraut gemacht, Re-

The chant of Jimmie Blacksmith (Angela Punch, Tom Lewis)

verend Neville (J. T.) hat ihm das Christentum gepredigt und die Zuversicht, daß in diesem Land jeder seinen Platz findet, der hart arbeitet. Jimmie arbeitet hart – und wird von zwei weißen Arbeitgebern betrogen. Er verdingt sich als Hilfspolizist; aber er quittiert den Dienst, als sein Vorgesetzter (R. B.) ungestraft einen Eingeborenen tötet. Dann scheint sich sein Schicksal zu wenden. Er trifft das weiße Mädchen Gilda (A. P.) und schläft mit ihr. Wenig später findet er Arbeit bei dem offenbar redlichen Farmer Newby (D. C.), und als Gilda schwanger wird, heiraten die beiden. Aber die Idylle zerbricht. Als Gildas Kind geboren wird, beweist seine Hautfarbe, daß Jimmie nicht der Vater sein kann. Die Frauen auf der Farm bedrängen Gilda, den »Farbigen« zu verlassen; die Ankunft von Jimmies dunkelhäutigen Verwandten vergrößert die Spannung. Eines Nachts richten Jimmie und sein Onkel Tabidgi im Haus der Newbys ein Blutbad an, das nur ein Säugling überlebt. Jimmie hat den Weißen den Krieg erklärt. Zusammen mit seinem Bruder Mort (F. R.), der gegen seinen Willen in diesen »Krieg« verwickelt wird, überfällt er eine weitere Farm, wo ein Mann, zwei Frauen und ein Kind ihre Opfer werden. Die Mörder werden jetzt unerbittlich gejagt. Als erster wird Tabidgi gefangen und verurteilt. Jimmie und Mort entführen den Lehrer McCready (P. C.), der Jimmie überredet, seinen Bruder zu entlassen. Aber als Mort McCready in die nächste Ansiedlung zurückgeleiten soll, wird er von den Verfolgern erschossen. Auch Jimmie wird schließlich entdeckt und gefangen. Schwer verletzt überantwortet man ihn dem Henker.

Die Bedeutung dieses Films für die neue und erstaunlich niveauvolle australische Filmproduktion liegt vor allem darin, daß er ein typisch australisches Thema behandelt und daß die Landschaft, das Land Australien selbst, zum stets gegenwärtigen Partner des Geschehens wird. Der Rassenkonflikt ist hier bewußt in eine ganz bestimmte historisch-politische Situation gestellt: Am 1. Januar 1901 wurde das »Commonwealth of Australia« gegründet, ein Staat, der allerdings nicht gleiche Rechte für alle garantierte, und es entstand eine Nation, die einen Teil der Einwohner nicht akzeptierte. Diesem Staat, dieser Nation erklärt Jimmie den Krieg, weil er gelernt hat, daß man im Krieg töten dürfe. Schepisis Kameramann stellt diesen Krieg in eine Landschaft von betörender, aber auch bedrohlicher Schönheit. Da signalisieren Steppen und kahle Felsen die Verlorenheit und Chancenlosigkeit Jimmies, da wird aber auch deutlich, daß die fetten Weiden den Weißen und die toten Felsen den Aborigines, den Ureinwohnern, gehören. Dramaturgisch gibt es noch Schwächen, so wenn McCready gegen Schluß die Thesen des Films allzu lehrhaft zusammenfaßt; aber sicher ist dies ein Film, der die Chancen und Möglichkeiten der australischen Filmproduktion eindringlich demonstriert.

Un chapeau de paille d'Italie Ⓢ

(Der italienische Strohhut / Der Florentiner Hut)

Frankreich, 1927

R: René Clair; A: René Clair nach einer Komödie von Eugène Labiche und Marc Michel; K: Maurice Desfassiaux, Nicolas Roudakoff; D: Olga Tschechowa, Albert Préjean, Jim Gerald, Paul Olivier

Monsieur Fadinard (A. P.) ist an seinem Hochzeitstag mit Pferd und Wagen auf dem Weg zu seiner Braut, wobei sein Pferd bei einem Aufenthalt den Florentiner Hut von Madame Beauperthuis (O. T.) verzehrt, die soeben – obzwar verheiratet – mit einem jungen Leutnant Zärtlichkeiten austauscht. Um Monsieur Beauperthuis (J. G.) keinen Grund zur Eifersucht zu geben, muß sofort ein neuer, gleicher Hut her; und um sicherzustellen, daß Fadinard sich dieser Verpflichtung nicht entzieht, folgt Madame ihm kurzerhand. Das ist der Auftakt für eine Serie von Mißverständnissen und Verfolgungsjagden, bei denen Fadinard vergeblich versucht, den geregelten Ablauf seiner Hochzeitsfeier mit der Jagd nach einem Florentiner Hut zu synchronisieren.

Der Film, Clairs erster großer Publikumserfolg, hat den Dialogwitz seiner Bühnenvorlage geschickt in optische Gags übersetzt. Den roten Faden der Handlung liefert weniger die Dramaturgie als vielmehr die Bewegung – eine ständige Verfolgungsjagd, bei der stets irgend jemand vor irgend jemandem auf der Flucht ist. Clair gestaltete das mit dem Einfallsreichtum eines Choreographen und fand im allgemeinen Getümmel noch die Zeit, in den skurrilen Randfiguren Vertreter des Bürgertums zu ironisieren. Die gleiche Vorlage wurde 1939 unter dem Titel *Der Florentiner Hut* von Wolfgang Liebeneiner in Deutschland verfilmt.

Chariots of fire

(Die Stunde des Siegers)

England, 1980

R: Hugh Hudson; A: Colin Welland; K: David Watkin; D: Ben Cross, Ian Charleson, Ian Holm, Nigel Havers, Nicholas Farrell

Kurz nach dem Ersten Weltkrieg avancieren die Studenten Harold Abrahams (B. C.) und Eric Liddell (I. C.) an zwei verschiedenen Colleges jeweils zum »Sprinter-Star«. Für Abrahams, den selbstbewußten Juden, ist der Ansporn der verbissene Wunsch, besser zu sein als die anderen. Für die Erfüllung dieses Traums leistet er sich sogar den Luxus eines privaten Trainers (I. H.). Der fromme schottische Missionarssohn Liddell läuft einfach deshalb, weil Gott ihm die Fähigkeit dazu gegeben hat. Beim ersten Zusammentreffen der mittlerweile berühmten Sportler siegt Liddell. Aber beide werden dann für die Teilnahme an den Olympischen Spielen 1924 in Paris nominiert; und beide gewinnen dort – historisch verbürgt – eine Goldmedaille. Allerdings hat Liddell sich geweigert, über 100 Meter an den Start zu gehen, weil dieser Lauf an einem Sonntag stattfindet. Damit ist der Weg frei für einen Sieg von Abrahams. Der Sprinter Liddell läßt sich zu einem Start über 400 Meter überreden und gewinnt überraschend ebenfalls.

Der Film war ebenso erfolgreich wie umstritten. Er wurde mit vier »Oscars« (bester Film, Drehbuch, Musik, Kostüme) ausgezeichnet; aber viele Kritiker warfen ihm vor, er perpetuiere gleichsam die nationalistische Euphorie des Falkland-Krieges und preise die Mentalität des »Gewinnens um jeden Preis«. Allerdings: Gar so strahlend erscheint das Bild der englischen Gesellschaft und der College-Hierarchie hier gar nicht; und auch die beiden Protagonisten wirken durchaus nicht immer so beispielhaft sympathisch. Der Film verfügt in der optischen Gestaltung sowohl wie in der psychologischen Zeichnung durchaus über nuancierte Zwischentöne. International brachte der Erfolg dieses Films die englische Produktion nach langer Durststrecke wieder ins Gespräch.

Le charme discret de la bourgeoisie

(Der diskrete Charme der Bourgeoisie)

Frankreich/Italien/Spanien, 1972

R: Luis Buñuel; A: Luis Buñuel, Jean-Claude Carrière; K: Edmond Richard; D: Fernando Rey, Delphine Seyrig, Stéphane Audran, Jean-Pierre Cassel, Paul Frankeur, Bulle Ogier, Julien Bertheau, Michel Piccoli, Claude Piéplu

Der Botschafter (F. R.) der kleinen südamerikanischen Republik Miranda ist mit den Ehepaaren Thévenot (P. F., D. S.) und Sénéchal (J. P. C., S. A.) befreundet, da beide Herren seine Partner beim Rauschgifthandel sind. Mehrfach versuchen die Freunde, sich zu einem gemeinsamen Essen zu treffen; aber dieses einfache Unternehmen mißlingt jeweils auf spektakuläre Weise: Einmal irren sich die Gäste im Datum, dann ist der Inhaber eines Restaurants gestorben und ausgerechnet im Speisesaal aufgebahrt worden, und schließlich fällt es den Sénéchals ein, sich just zum Zeitpunkt des Essens erotischen Freuden zu widmen. Als man bei den Sénéchals doch endlich einmal gemeinsam zu Tisch sitzt, brechen unter Führung eines Colonels (C. P.) zwölf Offiziere in den Speisesaal ein, die vorzeitig ins Manöver gezogen sind und Obdach suchen. Der Colonel revanchiert sich für sein Eindringen durch eine Gegeneinladung; doch die Gäste landen versehentlich auf einer Theaterbühne, wo sie vor einem johlenden Publikum ihre »Rollen« nicht spielen können. Als sie die Wohnung des Colonels doch noch finden, kommt es zu einer gewaltsamen Auseinandersetzung zwischen dem Botschafter und dem Colonel. Das verhinderte Essen wird zum Komplex, der den Bezug der handelnden Personen zur Realität unterbricht, Träume und Angstvorstellungen provoziert. Schließlich treffen sich die Freunde doch zu einer köstlichen Hammelkeule. Das Happy-End scheint greifbar nah – als Terroristen in das Haus eindringen und alle Anwesenden umbringen.

»Die Bourgeoisie liegt mir viel mehr als das

Proletariat ... Ich fühle mich zu ihren Widersprüchen hingezogen ...« (Luis Buñuel).
Wieder attackiert Buñuel das Bürgertum. Während er aber in seinem mexikanischen Film *El ángel exterminador* eine bürgerliche Abendgesellschaft für eine alptraumhafte Vision nutzte, dient hier das Motiv der verhinderten Einladung als Vehikel für eine turbulente Komödie. Dabei sind allerdings die Pfeile, die er abschießt, nicht weniger spitz, die Widerhaken kaum weniger schmerzhaft geworden. Man spürt Buñuels Aggressionen gegen die bürgerlichen Ordnungsmächte wie Staat und Kirche gerade auch in den Randepisoden: Der Innenminister (M. P.), der die Rauschgifthändler durch seine Intervention vor polizeilichem Zugriff bewahrt; der Bischof (J. B.), der sich »zeitgemäß« als Gärtner verdingt, der dem Mörder seiner Eltern die Absolution erteilt, den Sterbenden nach der Beichte aber dann noch schnell aus persönlicher Rachsucht umbringt usw. »Ich möchte immer wieder betonen, daß sich keiner meiner Filme auf einer anfänglichen Reflexion aufbaut. Ich schöpfe aus den Quellen des Negativen, des Grotesken, des schwarzen Humors. Immer wieder tauchen meine alten Tendenzen und meine mich verfolgenden Gedanken auf. Alle meine Filme haben eine innere Verwandtschaft« (Luis Buñuel).

Charulata

(Charulata – die einsame Frau)

Indien, 1964

R: Satyajit Ray; A: Satyajit Ray nach dem Roman *Nashta nir* von Rabindranath Tagore; K: Subrata Mitra; D: Madhabi Mukherjee, Sailen Mukherjee, Saumitra Chatterjee, Shyamal Ghoshal

Bhupati (S. M.) ist ein reicher Intellektueller, der sich als Herausgeber einer Wochenzeitung politisch engagiert. Er ahnt, daß er dabei seine Frau Charulata (M. M.) vernachlässigt, und holt ihren Bruder Umapada (S. G.) als Geschäftsführer in seinen Verlag – in der Hoffnung, daß Umapada und seine Frau Charulata ablenken werden. Aber Charulata findet wenig Kontakt zu Bruder und Schwägerin; statt dessen fühlt sie sich zu Amal (S. C.), einem Vetter ihres Mannes, hingezogen, der seine Ferien bei Bhupati verbringt. Amal berät Charulata bei literarischen Versuchen; bald wird eine Erzählung von ihr veröffentlicht. Als Bhupati entdeckt, daß Umapada Geld veruntreut hat, spricht er mit dem einzigen Menschen, dem er noch vertraut – mit Amal. Gerade dadurch wird Amal bewußt, daß sein Verhältnis zu Charulata ein Vertrauensbruch ist. Heimlich verläßt er das Haus. Charulata fährt mit ihrem Mann ans Meer. Sie scheint Amal vergessen zu haben; aber ein Brief von ihm erweckt ihre Gefühle von neuem. Sie bricht weinend zusammen; und Bhupati entdeckt jetzt erst die ganze Wahrheit. Er ist zunächst empört und enttäuscht; doch dann erkennt er seine Mitschuld. Der Schluß deutet die Möglichkeit einer neuen Gemeinschaft auf neuer Basis an.
Ein Film um die Emanzipation der Frau, die Ray bereits ein Jahr zuvor in *Mahanagar* behandelt hatte. Während dort das Thema unter soziologischen Aspekten angegangen wurde, ist es hier eher psychologisch gesehen, was wohl auch auf die literarische Vorlage zurückzuführen ist. Bemerkenswert ist, wie Ray hier mit Andeutungen arbeitet, wie er die Möglichkeiten der Kamera stärker genutzt hat. So entstand ein ganz »undramatischer« Film von großer Intensität.

Un chien andalou Ⓢ

(Ein andalusischer Hund)

Frankreich, 1928

R: Luis Buñuel, Salvador Dali; A: Luis Buñuel, Salvador Dali; K: Albert Dubergen (Duverger); D: Simone Mareuil, Pierre Batcheff, Salvador Dali, Luis Buñuel

Vor dem Film erscheint ein Text auf der Leinwand, in dem es u. a. heißt: »Jedes Bild, jeder Gedanke, der in den Mitarbeitern aufstieg, wurde sofort verworfen, wenn er aus der Erinnerung oder aus ihrem Kulturmilieu stammte, oder wenn er auch nur eine bewußte Assoziation mit einem früheren Gedanken hatte. Die Mitarbeiter erkannten nur solche Bilder als gültig an, die auch bei gründlichster Untersuchung keinerlei Erklärungsmöglichkeiten boten. Natürlich wurden auch die Beschränkungen der üblichen Moral oder Vernunft aufgegeben. Die

Un chien andalou

Motivierung der Inbilder war ausschließlich irrational – oder war wenigstens so beabsichtigt! Sie sind den beiden Mitarbeitern ebenso geheimnisvoll und unerklärlich wie dem Zuschauer, nichts in dem Film symbolisiert irgend etwas. Die einzige Methode, die Symbole zu untersuchen, könnte vielleicht die Psychoanalyse sein.«
Entsprechend kann man auch den Inhalt dieses Films nicht beschreiben, wenn man sich nicht auf die allereinfachste Formel zurückzieht, daß hier eingangs ein Mann versucht, ein Mädchen zu küssen und durch seltsame Ereignisse daran gehindert wird, bis beide am Schluß bis zur Brust im Sand eingegraben sind.
Bekannteste Bilder und Sequenzen: Der Anfang, ein Mann (L. B.) schärft sein Rasiermesser, blickt in den Himmel und sieht eine schmale Wolke, die sich dem Mond nähert; die geöffneten Augen eines Mädchens; die Wolke schiebt sich am Mond vorbei; das Rasiermesser zerschneidet das Auge des Mädchens. Der Hauptdarsteller (P. B.) öffnet seine Hand; aus einem Loch im Handteller wimmeln Ameisen. Ein Mädchen (S. M.) steht gedankenvoll auf der Straße und versucht, mit einem Stock eine abgeschnittene Hand zu sich heranzuziehen. Der Mann verfolgt das Mädchen in einem Zimmer; plötzlich ergreift er zwei Seile und hemmt dadurch seine Bewegungen; an den Seilen hängen Korkplatten, Melonen, zwei Geistliche und zwei Konzertflügel, auf denen verwesende Eselskadaver liegen.
Besonders bei dieser letztgenannten Szene setzten Versuche einer logischen Deutung an. Man kalkulierte etwa: Die Liebe (der Elan des Mannes) und die Sexualität (die Melone) sind gefesselt durch religiöse Vorurteile (die Geistlichen) und die bürgerliche Erziehung (die Flügel mit den toten Eseln). In Wirklichkeit kann man den surrealistischen Film wohl eher durch ein berühmt gewordenes Wort Lautréamonts erklären: »Schön wie die Begegnung eines Regenschirms mit einer Nähmaschine auf dem Operationstisch!«
Mit anderen Worten: Buñuel und Dali wollten durch ihre poetischen Bildrätsel schockieren, den Betrachter verunsichern, sein Vertrauen in die alltägliche Realität – und wohl auch in die bürgerliche Gesellschaft – erschüttern. Und sie waren konsequent, indem sie die Wirklichkeit nicht durch filmische Tricks und Spielereien auflösten, sondern durch die Konfrontation mit realen Bildern schockierten. Dieses Stilprinzip hat auch später die Filme Buñuels bestimmt.
Zweifellos gehört dieser knapp 20 Minuten lange Film zu den Meisterwerken der französischen Avantgarde und zu den meistzitierten Filmen der Filmgeschichte.

La chienne
(Die Hündin)

Frankreich, 1931

R: Jean Renoir; A: Jean Renoir nach dem gleichnamigen Roman und Theaterstück von Georges de la Fouchardière; K: Theodor Sparkuhl, Roger Hubert; D: Michel Simon, Janie Marèze, Georges Flament

Ein kleiner Angestellter und Sonntagsmaler (M. S.), der unter den Launen seiner zanksüchtigen Frau leidet, verliebt sich in eine Prostituierte (J. M.), bei der er Verständnis für sich und seine Malerei zu finden glaubt. Als er erkennt, daß das Mädchen es nur auf sein Geld abgesehen hat, tötet er es. Er wird zum Clochard, während der Zuhälter (G. F.) der Ermordeten als vermeintlicher Täter verhaftet und verurteilt wird.
Renoirs erster Tonfilm verwandelte eine mittelmäßige literarische Vorlage in eine treffende soziale Analyse des Alltags und der Träume eines kleinen Bürgers. Auch der Ton wurde hier bereits geschickt verwendet, um Menschen und ihr Milieu zu charakterisieren.
1945 drehte Fritz Lang in Hollywood unter dem Titel *Scarlet street* (Straße der Versuchung) ein Remake dieses Films mit Edward G. Robinson in der Hauptrolle. Hier werden die melodramatischen Akzente der Vorlage stärker betont.

The China syndrome
(Das China-Syndrom)

USA, 1978

R: James Bridges; A: Mike Gray, T. S. Cook, James Bridges; K: James Crabe; Miniaturkamera: Richard Edlund; Spezialeffekte: James F. Liles; D: Jane Fonda, Jack Lemmon, Michael Douglas, Scott Brady

Kimberly Wells (J. F.) ist Reporterin bei einer privaten Fernsehstation. Als sie einen Routine-Bericht über das Kernkraftwerk Ventana macht, wird das Team Zeuge eines Reaktorunfalls, der durch das Versagen eines Meßinstrumentes beinahe zur Katastrophe führt. Trotz Verbotes filmt der geistesgegenwärtige Kameramann Richard Adams (M. D.) die Szene heimlich mit. Aber der »Knüller« wird nicht gesendet, weil die Gesellschaft, der das Kraftwerk gehört, bei der Fernsehstation interveniert. Adams protestiert sofort gegen diese Entscheidung, während Kimberly zunächst abwiegelt. Aber dann erkennt auch sie, daß es ihre Pflicht ist, die Öffentlichkeit zu informieren. Sie findet einen Bundesgenossen in dem Ingenieur Jack Godell (J. L.), der während des Unfalls die Aufsicht im Kontrollraum hatte und der bei einer Überprüfung der Anlage durch Materialfehler bedingte Schwachstellen gefunden hat. Er plädiert dafür, das Kraftwerk für längere Zeit abzuschalten und gründlich zu inspizieren. Das wird abgelehnt, weil der Verlust zu groß sein würde. So schmuggelt Godell eine Pistole in den Kontrollraum und erzwingt mit Waffengewalt ein Live-Interview, das von Kimberly durchgeführt wird. Dabei wird Godell von einem Sonderkommando der Polizei überlistet und erschossen. Ein neuerlicher Unfall bestätigt Godells Befürchtungen; aber ein Sprecher des Werkes wiegelt abermals ab. Es bleibt offen, welche Wirkung Godells Tod und Kimberlys Engagement haben werden.
Der Film variiert ein altes Hollywood-Rezept: der Kampf eines unerschrockenen Journalisten gegen Interessenverfilzung und Korruption. Allerdings geht es hier nicht nur um Grundstücksspekulationen oder ein baufälliges Gebäude, sondern gleich um das Überleben der Menschheit. (China-Syndrom: die Theorie, daß sich der Uran-Kern eines Kernkraftwerkes durch den ganzen Erdball bis zu den Antipoden »durchbrennen« könne.) Dafür wirkt das Rezept trotz seiner routinierten Aufbereitung doch ein wenig unzulänglich. Es stören manche Klischees, manche Phrasen und manche Oberflächlichkeiten. Dennoch wurde *The China syndrome* ein Riesenerfolg – nicht zuletzt wohl deswegen, weil sich wenige Wochen nach seiner Uraufführung der Reaktor-Unfall von Harrisburg ereignete.

Chinatown
(Chinatown)

USA, 1974

R: Roman Polanski; A: Robert Towne; K: John A. Alonzo; D: Jack Nicholson, Faye Dunaway, John Huston, Darrell Zwerling, Roman Polanski

Los Angeles im Jahr 1937. Der Privatdetektiv Gittes (J. N.), auf Scheidungsfälle spezialisiert, erhält den Auftrag, Hollis Mulwray (D. Z.), den Leiter der städtischen Wasserwerke, einschlägig zu überwachen. Er hat Erfolg – scheinbar. Wenig später ist Mulwray tot, ermordet; und Gittes erfährt, daß er keineswegs, wie er geglaubt hatte, von Mulwrays Ehefrau Evelyn (F. D.) engagiert worden ist. Man hat ihn hereingelegt, ihn benutzt. Das wurmt den selbstbewußten Gittes. Er forscht weiter und entdeckt hinter der kleinen Affäre eine große. Ihr Drahtzieher ist offenbar Noah Cross (J. H.), Vater von Evelyn und früher einmal, als die Wasserversorgung von Los Angeles noch privat betrieben wurde, Partner von Hollis Mulwray in der Versorgungs-Gesellschaft. Jetzt will Noah offenbar durch betrügerische Manipulationen den Eindruck erwecken, als sei die Wasserversorgung unzureichend; denn der als Ausweg propagierte Bau eines Staudammes würde ihm einträgliche Bodenspekulationen ermöglichen. Einer weiteren schmutzigen Affäre kommt Gittes auf die Spur: Cross hat vor vielen Jahren seine Tochter Evelyn verführt und geschwängert; sie hat eine Tochter, die gleichzeitig ihre Schwester ist. Das Ende ist deprimierend: Hollis hat zwar die Wahrheit entdeckt, aber er kann bei alledem nur gerade seine eigene Haut retten; Evelyn schießt auf ihren Vater, als der ihr ihr Kind abnehmen will, und wird auf der Flucht von einem Polizisten erschossen; Noah Cross ist zwar seelisch angeschlagen, aber es ist mehr als wahrscheinlich, daß er sein finanzielles Ziel erreicht.

Polanski läßt keinen Zweifel über seine Vorbilder. Er bezeichnete *Chinatown* als »eine traditionelle Detektivgeschichte in neuer, moderner Gestalt« und seinen Helden Gittes als »realistischen Abkömmling von Chandlers Philip Marlowe«; außerdem verpflichtete er für die Rolle des Noah Cross John Huston, den Regisseur der legendären Dashiell-Hammett-Verfilmung *The Maltese falcon*. Polanskis Film ist zweifellos eine Hommage an die »schwarze Serie« Hollywoods. Dazu paßt die Gestalt des alles in allem armseligen Helden, der von Anfang an gleichsam auf verlorenem Posten kämpft, dazu paßt der Schluß, bei dem zwar die Wahrheit ans Licht kommt, die Gerechtigkeit aber auf der Strecke bleibt. Polanski hat nicht nur das äußere Bild der dreißiger Jahre geschickt beschworen; er spiegelt in seinem Film auch die düstere Skepsis, die in Filmen von Huston, Hawks und Siodmak u. a. herrschte.

La chinoise, ou plutôt à la chinoise

(Die Chinesin)

Frankreich, 1967

R: Jean-Luc Godard; A: Jean-Luc Godard; K: Raoul Coutard; D: Anne Wiazemsky, Jean-Pierre Léaud, Michel Semeniako, Juliet Berto, Lex de Bruijn

Fünf junge Menschen schließen sich zu einer Kommune zusammen: der Schauspieler Guillaume (J. P. L.), die Philosophie-Studentin Véronique (A. W.), der Maler Kirilov (L. d. B.), die Gelegenheitsprostituierte Yvonne (J. B.) und der Student Henri (M. S.). Sie studieren die Probleme der Gegenwart und diskutieren: über Marx, Mao, den Sozialismus, Vietnam usw. Diese Diskussionen werden von Godard mit Zwischentexten, Interviews vor der (sichtbaren) Kamera, Standfotos, Comic strips und eingeschobenen »Laienspielen«, in denen etwa Yvonne eine vietnamesische Bäuerin, ein Opfer amerikanischer Luftangriffe, darstellt, in einen Film verwandelt. Eigentliche Aktion setzt erst gegen Ende ein und signalisiert den Mißerfolg: Guillaumes Plan, ein »sozialistisches Theater« zu gründen, scheitert, Kirilov begeht Selbstmord, ein Terrorakt, an dem Véronique beteiligt ist, mißlingt auf lächerliche Weise – die Bombe wird im falschen Zimmer plaziert. Aber an den Schluß setzt Godard die Verheißung: Ende eines Anfangs!

Godard hat hier eine neue Form filmischer Ausdrucksweise entwickelt, die er später in Filmen wie *Le gai savoir* und *One plus one* variierte und gelegentlich überstrapazierte. Hier indessen wirkt das noch frisch und erregend. Die übliche Erzählstruktur wird aufgebrochen. Bilder und Szenen gewinnen ihre Bedeutung nicht mehr aus dem Zusammenhang einer Geschichte, sie sind selbst unmittelbare Aussage. Und ständig wird das Dargestellte als Fiktion, als »nur« filmische Realität entlarvt.

Dabei herrscht aber keineswegs Zufälligkeit im szenischen und optischen Arrangement. Lange Diskussionen kreisen das Thema ein. In der Farbgestaltung wird das Rot der »Mao-Bibeln«

zum Gestaltungselement. Wortspiele im Text und in Inserts (für die Godard schon vorher eine Schwäche hatte!) erhellen schlaglichtartig Zusammenhänge sowie die Position der Darsteller und des Regisseurs.

Chronik der Anna Magdalena Bach

BRD/Italien, 1967

R: Jean-Marie Straub; A: Jean-Marie Straub, Danièle Huillet; K: Ugo Piccone, Saverio Diamanti, Giovanni Canfarelli; D: Gustav Leonhardt, Christiane Lang

Ein Film über Johann Sebastian Bach (G. L.), sein Leben und seine Musik, gesehen und geschildert aus dem Blickwinkel seiner zweiten Frau, Anna Magdalena (C. L.). Gezeigt werden ein bürgerliches Leben, kleinliche Querelen, häusliche Sorgen, Auseinandersetzungen mit einem strengen Reglement. Rein berichtende Sequenzen wechseln mit kurzen Spielszenen; der Text kompiliert Zitate aus Briefen, Zeugnissen, Kantatentexten, Eingaben an Fürsten und Vorgesetzte. Doch den Hauptteil des Films macht die Musik aus, die von Musikern in zeitgenössischen Kostümen gespielt wird.

Die Musik Bachs ist der eigentliche Mittelpunkt des Films. Das wird auch schon durch den Respekt betont, den Straub ihr bekundet: In oft quälend langen statischen Einstellungen sieht man Musiker, gelegentlich einmal ein Notenblatt. Hier wird kein Versuch gemacht, Musik »optisch auszugestalten«. Und genauso wird Bach, von dem Amsterdamer Cembalisten Gustav Leonhardt mit holländischem Akzent interpretiert, niemals zum »Helden« einer der üblichen Musiker-Biographien gemacht. Leonhardt läßt in seinem Spiel, Straub in seiner Inszenierung keinen Zweifel daran, daß er hier nur stellvertretend für den Thomaskantor agiert, legitimiert nicht durch schauspielerisches Können, sondern durch seine Beziehung zur Musik Bachs.

Daß dieser Film übliche Fehler vermieden hat, darüber hat sich zwischen großen Teilen der Kritik Übereinstimmung erzielen lassen. Umstritten aber war die Frage, ob Straub ein sinnvolles Neues geschaffen habe. Was Anhänger des Films als geniale stilistische Konzeption und revolutionäre Neuerung feierten, schien seinen Gegnern purer Dilettantismus: das statische Bild, der Verzicht auf eine Handlung, die monotone Sprechweise der Akteure. Und wo die einen den revolutionären Film sahen, der Bachs Musik als eine Auflehnung gegen die Unterdrückung des Menschen interpretierte, erblickten die anderen nur einen kunstlosen Bilderbogen.

In der Tat könnte man fragen, ob Straubs Stilmittel notwendig an seine Absichten gebunden sind. In der Begründung der Filmbewertungsstelle Wiesbaden für die Erteilung des Prädikats »Besonders wertvoll« heißt es vermittelnd: »Der Erfolg, den Straubs Film international gefunden hat, dürfte auch dadurch zu erklären sein, daß in der *Chronik der Anna Magdalena Bach* die entfesselte Kamera wieder in den Dienst einer strengen künstlerischen Gesamtkonzeption zurückgeholt worden ist. Nicht als ob nun Straubs filmische Asketik zum Erfolgsrezept schlechthin zu werden hätte oder es werden könnte. Die Entwicklung des Films geschieht wie jede andere Bewegung des Geistes dialektisch in Schritt, Gegenschritt und der Aufhebung beider. Straub bietet eine Antithese.« Dem wäre zuzustimmen.

La chute de la maison Usher Ⓢ

(Der Untergang des Hauses Usher)

Frankreich, 1928

R: Jean Epstein; A: Jean Epstein nach der gleichnamigen Erzählung von Edgar Allan Poe; K: Georges und Jean Lucas; D: Marguerite Denis Gance, Jean Debucourt, Charles Lamy

Die Geschichte von Roderick Usher (J. D.) und seiner Zwillingsschwester Magdalena (M. D. G.), die in einer Gruft des Schlosses scheintot begraben wird und sich erst nach unendlichen Qualen befreien kann. Sie und ihr übersensibler Bruder sterben in einer verzweifelten Umarmung an den Folgen des schokkierenden Erlebnisses. Das Stammschloß der Usher birst und versinkt im Schloßgraben.

Die Handlung ist Poe Anlaß für ein makabres Gemälde, in dem das schaurige Detail ebenso seinen Stellenwert hat wie bedrängende Träume und verzweifelte Gedanken. Epstein hat diese

Atmosphäre in suggestiven Bildern beschworen. »Er zeigt uns nicht den Inhalt der Ballade Poes, sondern ihre beunruhigenden Eindrücke und jene Stimmungs- und Bildassoziationen, die sie im Leser erwecken. Hier sehen wir konturlose Hallen und ungewisse Treppen, endlose finstere Gänge, die von tragischen Schatten bevölkert sind. Türen gehen auf, Gardinen wehen, Hände strecken sich aus, und Schleier schweben in nebelhaften Gewässern. Das sind keine verständlichen und keine darstellenden Illustrationen. Es sind Assoziationen der dunklen Eindrücke einer dunklen Ballade« (Béla Balázs, *Der Film*).

Le ciel est à vous

(Sprung in die Wolken)

Frankreich, 1943

R: Jean Grémillon; A: Albert Valentin, Charles Spaak; K: Louis Page, Roger Arrignon; D: Madeleine Renaud, Charles Vanel, Raymonde Vernay

Pierre Gauthier (C. V.) und seine Frau Thérèse (M. R.) müssen ihre kleine Tankstelle verlassen, weil auf dem Gelände ein Flugplatz gebaut wird. In Pierre, der während des Weltkrieges Mechaniker bei dem berühmten französischen Flieger Guynemer war, erwacht wieder die alte Fliegerleidenschaft. Zunächst läßt Thérèse ihn schwören, dem gefährlichen Sport zu entsagen, dann verfällt sie selbst der Fliegerei. Pierre konstruiert ein Flugzeug, mit dem Thérèse einen Rekordversuch machen will, da es für einen »Männerrekord« zu schwach ist. 24 Stunden bleiben Flugzeug und Pilotin verschollen. Dann kommt eine Nachricht aus Afrika: Thérèse hat einen Rekord im Langstreckenflug aufgestellt.

Die Handlung geht auf ein wahres Ereignis im Jahr 1935 zurück. Grémillon hat den Fall ganz nüchtern und unpathetisch erzählt und dabei vor allem den Alltag präzise beobachtet. Pierre und Thérèse werden nicht zu Helden hochstilisiert, sondern bleiben französische Durchschnittsbürger. Für Sadoul ist dieser Film eine französische Variante des Neorealismus.

Cimarron

(Pioniere des Wilden Westens)

USA, 1930

R: Wesley Ruggles; A: Howard Estabrook nach dem gleichnamigen Roman von Edna Ferber; K: Edward Cronjager; D: Irene Dunne, Richard Dix, Estelle Taylor

1889. Die Ländereien in Oklahoma sind zur Besiedlung freigegeben worden. Yancey Cravat (R. D.) will in dem neubesiedelten Gebiet eine Zeitung gründen; aber Dixie Lee (E. T.) kommt ihm bei der Besitzergreifung des ausgesuchten Landes zuvor. Yancey zieht mit seiner Frau Sabra (I. D.) in eine andere Stadt, in der sein Vorgänger soeben ermordet worden ist, weil er die Gangster attackiert hat, die die Stadt beherrschen. Yancey sorgt mit seiner Zeitung und mit seinen Pistolen für Ruhe und Ordnung. Doch es hält ihn nicht in dieser Ordnung. Als 1893 weiteres Indianerland freigegeben wird, verläßt er seine Frau und zieht weiter. Nach Jahren taucht er unvermutet wieder auf und verteidigt Dixie Lee, die wegen Erregung öffentlichen Ärgernisses angeklagt ist. Dann macht er sich erneut auf und bleibt verschollen. Seine Frau führt die Zeitung allein weiter und wird schließlich sogar Kongreßmitglied; sie kann Yancey jedoch nicht vergessen.

Der Film schildert ein Stück amerikanischer Geschichte. Die Zeit der Abenteurer ist vorüber. Yancey zieht es immer weiter nach Westen zu neuen Landnahmen; aber die neue Zeit gehört Menschen wie seiner Frau. Ruggles hat diese Entwicklung in seinem Film überzeugend dargestellt und dafür auch in Kauf genommen, daß sein Film durch den Wechsel der Hauptperson bei halber Distanz einen gewissen Bruch erhält.

Anthony Mann drehte 1960 ein Remake des Films mit Glenn Ford und Maria Schell in den Hauptrollen.

The circus Ⓢ

(Circus)

USA, 1926/27

R: Charles Chaplin; A: Charles Chaplin; K: Rollie Totheroh, Jack Wilson, Mark Mariatt; D: Charles Chaplin, Allan Garcia, Merna Kennedy

Ein Vagabund (C. C.) wird unschuldig in einen Taschendiebstahl verwickelt und flieht vor der Polizei in einen Zirkus, wo er als »Mädchen für alles« bleiben darf. Hier verliebt er sich alsbald in die Tochter (M. K.) des Direktors (A. G.), eine Kunstreiterin, der er seine Liebe aber nicht zu gestehen wagt. Sie verliebt sich in den Seiltänzer. Obwohl der Vagabund den Seiltänzer sogar eines Tages in der Vorstellung ersetzen darf, ändert das nichts an den Gefühlen des Mädchens. Schließlich überredet der Vagabund die heimlich Angebetete sogar zur Ehe mit dem Rivalen, um sie vor der Brutalität ihres Vaters zu schützen. Als der Zirkus dann weiterzieht, bleibt er allein zurück.
The circus gehört zu den geschlossensten Filmen Chaplins. Sein dramaturgischer Aufbau ist geschickt, seine Handlung logisch und konsequent. Es gibt eine Fülle brillanter Szenen: Chaplin auf der Flucht vor der Polizei in einem Spiegelkabinett, Chaplin, der in den Auftritt eines Zauberkünstlers hineinplatzt und stets dort steht, wo der Zauberer eigentlich die verschwundene Frau auftauchen lassen möchte, Chaplin als Seiltänzer, der auf dem Hochseil von Affen attackiert wird usw.

Citizen Kane

(Citizen Kane)

USA, 1940

R: Orson Welles; A: Herman J. Mankiewicz, Orson Welles; K: Gregg Toland; D: Orson Welles, Joseph Cotten, Everett Sloane, Dorothy Comingore, William Alland

In seinem gigantischen Märchenschloß Xanadu stirbt Charles Foster Kane (O. W.), Besitzer von rund drei Dutzend Zeitungen und fünf Rundfunkstationen. Sein letztes Wort ist: »Rosebud«. Ein Reporter (W. A.) will den Sinn dieses Wortes erforschen. Er besucht und befragt viele Menschen, die Kane gekannt haben, und aus ihren Berichten entsteht ein fast lückenloser Lebenslauf: Mit acht Jahren macht Kane eine große Erbschaft; aber der Vermögensverwalter verlangt, daß der Junge sein ländliches Elternhaus verläßt. Charles schlägt mit einem Rodelschlitten nach dem Mann, der ihn aus seiner gewohnten Umgebung reißen will. Als Kane mit 25 Jahren über sein Vermögen verfügen kann, interessiert er sich lediglich für die kleine Zeitung »The New York Inquirer«, die er mit Hilfe seines Freundes Leland (J. C.) reformiert. Sein mutiger Kampf gegen Korruption und Lüge treibt die Auflage in die Höhe; doch mit dem Erfolg kommt auch die Versuchung der Macht. Seine erste Ehe scheitert an peinlichen Enthüllungen über sein Verhältnis zu der Sängerin Susan Alexander (D. C.), mit denen ein politischer Gegner Kanes Wahl zum Gouverneur verhindert. Kane sucht ein anderes Ziel für seinen Ehrgeiz. Er heiratet Susan und will sie zu einer erfolgreichen Sängerin machen. Aber Susan hat nicht genug Talent; und Leland trennt sich von Kane, als der ihn bestechen will, eine positive Kritik über seine Frau zu schreiben. Kane zieht sich mit Susan nach Xanadu zurück, wo beide aneinander vorbeileben. Als Susan ihren Mann nach einer Auseinandersetzung verläßt, zertrümmert er voller Verzweiflung die Einrichtung ihres Zimmers und stirbt an einem Herzanfall. An diesem Punkt gibt der Reporter entmutigt auf. Der Zuschauer sieht noch, wie beim Aufräumen der monströsen Kunstsammlung ein alter Rodelschlitten verbrannt wird. Auf dem Schlitten steht: Rosebud.
Das Erstlingswerk des damals 24jährigen Orson Welles. Welles galt damals als junges »Allround-Genie« und hatte gerade einen Skandalerfolg mit einer Hörspiel-Bearbeitung des utopischen Romans »Krieg der Welten« von H. G. Wells verzeichnet, die so realistisch geraten war, daß viele Hörer der vermeintlichen Invasion aus dem Weltraum in panischer Angst zu entfliehen suchten. Hollywood gab Welles nun freie Hand. Er brach radikal mit den Traditionen der damaligen US-Filme. Das Drehbuch erzählt seine Geschichte nicht chronologisch, sondern ist ein intelligentes Netz von Anekdoten, subjektiven Erinnerungen und bewunderswert nachgestalteten Dokumentar-Szenen einer fiktiven »Wochenschau«. So spiegelt sich das Bild Kanes in vielen Facetten, so wird die Widersprüchlichkeit seiner Existenz, die zugleich ein lebendes Bild amerikanischer Mythen und Träume ist, besonders deutlich.
In der optischen Gestaltung hat Welles offenbar eigene Ideen und Entdeckungen aus der Cinemathek vereint. Von Renoir übernahm er die Tiefenschärfe des Bildes, die Vorder-, Mittel- und Hintergrund gleich scharf erscheinen läßt, so daß Szenen ohne Schnitt durchgespielt oder

Citizen Kane (v. l. Orson Welles, Everett Sloane, Erskine Sanford)

mit anderen Szenen kombiniert werden können. Mit einem Weitwinkel-Objektiv bezog er Boden und Decke in das Bild ein und stellte seine Darsteller in geschlossene Räume, in denen ausdrucksvolle Hell-Dunkel-Kontraste besondere Wirkung erzielten. Der Zuschauer wurde dadurch gezwungen, ungewohnte Bildwirkungen zu akzeptieren, Handlungsfetzen miteinander zu verknüpfen, subjektive Aussagen zu bewerten und einzuordnen. Er wurde, kurz gesagt, vom Konsumenten gleichsam zum Mitschöpfer des Films.
Diese Attacke auf vertraute Sehgewohnheiten zahlte sich an der Kinokasse verständlicherweise nicht aus. In Hollywood zog man die Konsequenzen: Nie wieder konnte Orson Welles dort einen Film in vergleichbarer Unabhängigkeit drehen.

City lights
(Lichter der Großstadt)

USA, 1930

R: Charles Chaplin; A: Charles Chaplin; K: Rollie Totheroh, Gordon Pollock, Mark Marklatt; D: Charles Chaplin, Virginia Cherrill, Harry Myers

Der arme Landstreicher Charlie (C. C.) begegnet einem blinden Blumenmädchen (V. C.); just in diesem Moment fährt ein Auto vor, und man kauft dem Mädchen Blumen ab. Das Mädchen hält Charlie für den Mann mit dem Auto. Dann rettet Charlie einen Millionär (H. M.), der sich ins Wasser stürzen will. Der Millionär ist völlig betrunken, erklärt Charlie zu seinem Freund und beschenkt ihn. Aber am anderen Tag, als er wieder nüchtern ist, erkennt er Charlie nicht mehr und läßt ihn vor die Tür setzen. Um der Blumenverkäuferin, die inzwischen krank geworden ist, helfen zu können, wird der kleine Tramp Straßenkehrer und Preisboxer. Als die Not am größten ist, trifft er den Millionär wieder. Und dieser ist Gott sei Dank auch wieder betrunken und schenkt ihm spontan 1000 Dollar. Aber Charlie gerät in den Verdacht, das Geld gestohlen zu haben. Er kann es gerade noch dem blinden Mädchen zustecken, dann wird er verhaftet. Nach Verbüßung seiner Gefängnisstrafe trifft er seine Angebetete wieder. Sie ist geheilt und hat jetzt ein eigenes

Blumengeschäft. Amüsiert beobachtet sie den komischen Tramp vor dem Schaufenster. Doch dann erkennt sie ihn, und für beide zerrinnt ein schöner Traum...
Chaplin führt seinen Tramp in diesem Film in die »gute Gesellschaft« ein, und er attackiert diese Gesellschaft mit offenem Hohn. Das zeigt sich gleich in der ersten Szene, die mit der eigentlichen Handlung nur lose verbunden ist. Der Tramp sucht Unterkunft für eine Nacht, entdeckt ein »Zelt« und merkt nicht, daß es sich um die Umhüllung eines Denkmals handelt. Als die Statue, die »Frieden und Wohlstand« symbolisiert, am nächsten Morgen feierlich enthüllt wird, sitzt auf ihrem Schoß der arbeitslose, abgerissene Tramp. Kritische Distanz zeigt sich auch in den Szenen mit dem Millionär, der nur im Zustand der Trunkenheit menschlich ist. Bert Brecht hat dieses Motiv später in seinem Schauspiel *Herr Puntila und sein Knecht Matti* aufgegriffen, das 1955 in Österreich von Alberto Cavalcanti mit Curt Bois und Heinz Engelmann in den Hauptrollen auch verfilmt wurde.
City lights ist ein Film ohne Dialoge; aber in zwei Szenen benutzte Chaplin auch Toneffekte. Bei der Denkmalsenthüllung wird der Festredner von einem Saxophon »synchronisiert«, um die Sinnlosigkeit seiner Rede deutlich zu machen. Später verschluckt Charlie die Trillerpfeife eines Polizisten, die ihm im Hals stecken bleibt und einen Schluckauf verursacht. Das führt zu turbulenten Verwicklungen, da Taxifahrer ebenso wie Polizeihunde sich von dem vertrauten Geräusch angesprochen fühlen.

La classe operaia va in paradiso
(Die Arbeiterklasse geht ins Paradies)

Italien, 1971

R: Elio Petri; A: Elio Petri, Ugo Pirro; K: Luigi Kuveiller; D: Gian Maria Volonté, Mariangela Melato, Salvo Randone, Donato Castellaneta, Gino Pernice

Lulu Massa (G. M. V.) ist einer der besten und zuverlässigsten Arbeiter der Fabrik. Aber er kann auch zu Haus bei Lidia (M. M.), die mit ihrem Sohn bei ihm lebt, während Lulus Frau mit seinem Sohn zu einem anderen Mann gezogen ist, den unbarmherzigen Rhythmus nicht vergessen, den die Maschine ihm aufzwingt. Ein Arbeitsunfall, bei dem er einen Finger verliert, die Agitation linker Studenten und vor allem die Begegnung mit seinem alten Kollegen Militina (S. R.), den man in eine Nervenheilanstalt gebracht hat, verändern ihn völlig. Er beginnt nachzudenken und verliert dabei alles: Sein Aufruf zur kämpferischen Aktion bringt ihn in Gegensatz zu der auf Verhandlungen und Ausgleich bedachten Gewerkschaft; wegen seiner lautstarken Auftritte wird er entlassen; Lidia trennt sich von ihm. Die Studenten sind zufrieden mit dem Erfolg ihrer Agitation. Aber als Lulu sie um Hilfe bittet, meint ihr Sprecher (D. C.), »individuelle Fälle« gehörten nicht zu ihrem Programm. Lulu ist völlig verzweifelt. Die Gewerkschaft erreicht schließlich, daß er wieder eingestellt wird. Jetzt steht Lulu Massa an einem Fließband, und er schreit den Kollegen im Lärm der Maschinen den Traum ins Ohr, den er letzte Nacht geträumt hat: Er hat eine Mauer durchbrochen, aber hinter dieser Mauer war – nichts.
Elio Petri hat betont, er habe diesen Film für italienische Arbeiter gemacht, und er habe ihn so gemacht, daß er bei Arbeitern »ankomme«. Das bedingt die Schwächen und Stärken seiner Inszenierung. Manches ist hier allzu deutlich, zu laut, zu direkt. Petri läßt seinen (ausgezeichneten) Hauptdarsteller Volonté an der langen Leine, gibt ihm die Möglichkeit zu »großen Szenen« und überläßt ihn dabei der Gefahr, sich zu überschreien. Aber selten sind auch das Milieu der Arbeiter, das Gleichmaß ihrer Handgriffe, der schale Feierabend so überzeugend geschildert worden. Eine Nutzanwendung fehlt am Schluß der bitteren Bilanz; und weder die allzu vorsichtig taktierenden Gewerkschaftler noch die agitierenden Studenten, die Lulu seinem Schicksal überlassen, vermögen den Zuschauer recht zu begeistern.

Cléo de 5 à 7
(Mittwoch zwischen 5 und 7)

Frankreich, 1961

R: Agnès Varda; A: Agnès Varda; K: Jean Rabier; D: Corinne Marchand, Antoine Bourseiller, Michel Legrand

Cléo (C. M.) ist eine junge Sängerin auf den ersten Stufen zum Erfolg. Eines Tages teilt der Arzt ihr mit, daß sie möglicherweise an Krebs leidet; um sieben Uhr soll sie den genauen Befund erhalten. Cléo ist verstört und aufgewühlt. Sie wandert ziellos durch die Stadt, sucht sich durch Arbeit mit ihrem Komponisten (M. L.) und durch alltägliche Sorgen abzulenken, geht zu einer Wahrsagerin, um sich schon vorher Gewißheit zu verschaffen. In einem Park lernt sie einen jungen Soldaten (A. B.) kennen, der am Abend zurück nach Algerien muß; sein Schicksal ist also ungewiß wie ihres. Ihm vertraut sie sich an, und er begleitet sie auch zur Klinik. Dort gibt man sich zuversichtlich: Nur ein paar Bestrahlungen sind notwendig. Es wird nicht klar, ob das stimmt oder ob der Arzt sie nur trösten will. Aber Cléo ist erleichtert und sagt: »Ich glaube fast, daß ich glücklich bin!«

Agnès Varda gibt die exakte, fast dokumentarische Schilderung einer Krise. Sie will kein oberflächliches Mitleid für die junge Frau erwecken; darum distanziert sie sich und den Zuschauer auch immer wieder von der Person Cléos. Sie hat ihren Film in 13 Kapitel mit genauen Zeitangaben und Titeln eingeteilt, und nur 5 dieser Kapitel sind allein Cléo gewidmet. So erlebt der Zuschauer, wie unter dem Druck der Angst die Welt sich für Cléo verändert und wie sie selbst sich ändert, wie die junge Sängerin sich der Wirklichkeit ihrer Existenz bewußt wird, nachdem sie für diese Existenz fürchten muß.

Während des Films sieht Cléo eine kurze Stummfilm-Groteske, in der der Tod eines Mädchens ironisiert wird. Darsteller dieses kleinen Films sind Jean-Luc Godard, Anna Karina und Eddie Constantine.

A clockwork orange

(Uhrwerk Orange)

England, 1970/71

R: Stanley Kubrick; A: Stanley Kubrick nach dem gleichnamigen Roman von Anthony Burgess; K: John Alcott; D: Malcolm McDowell, Paul Farrell, Patrick Magee, Adrienne Corri, Anthony Sharp, Miriam Carlin

Alex (M. MD.) ist der Chef einer Bande von Halbstarken in einem utopisch verfremdeten London. Sie liefern sich eine Schlacht mit einer rivalisierenden »Gang«, deren Mitglieder sich mit Nazi-Emblemen geschmückt haben, dringen bei einem Schriftsteller (P. M.) ein, vergewaltigen dessen Frau (A. C.) vor seinen Augen und überfallen schließlich ein Haus, dessen Bewohnerin (M. C.) von Alex brutal ermordet wird. Er wird verhaftet und verurteilt. Im Gefängnis meldet er sich für ein vom Innenminister gefördertes neues »Rehabilitationsprogramm«. Gefesselt und mit künstlich aufgespreizten Augenlidern muß er pausenlos Filme ansehen, die ihm durch ein entsprechendes Überangebot Aggressionen, Sexualtrieb und – durch eine Unachtsamkeit! – auch seine Liebe zur Musik Beethovens austreiben. Er wird entlassen – seiner Triebe beraubt und mechanisch funktionierend wie eine Orange mit einem Uhrwerk. Aber seine Eltern nehmen ihn nicht auf. Seine ehemaligen Freunde sind Polizisten geworden und schlagen ihn brutal zusammen. Schließlich fällt er gar dem seit dem Überfall gelähmten Schriftsteller in die Hände, der sich grausam an ihm rächt, indem er ihn einsperrt und ihm pausenlos Beethovens »Neunte« vorspielt. Verzweifelt springt Alex aus dem Fenster. Doch der Schock »heilt« ihn. Im Krankenhaus verbrüdert er sich mit dem Innenminister (A. S.), der über seinen Fall beinah gestürzt wäre. Am Ende sieht man verheißungsvoll seine Wunschvorstellung: die brutale Vergewaltigung eines jungen Mädchens vor den Augen einer vornehmen Gesellschaft.

Ein wüster und schwer zu entschlüsselnder Alptraum: Eine Parabel über die Gewalt, die zerstörerisch und notwendig zugleich ist? Ein Plädoyer für die Freiheit des Menschen, der verkümmert, wenn man ihn seiner Triebe beraubt? Eine deprimierende Utopie von der Entmenschlichung der Gesellschaft und der Allgewalt der Wissenschaft? Auf jeden Fall ein faszinierendes Kinostück, in dem alle Details kunstvoll zusammenklingen. Besondere Bedeutung haben hier auch die Dekorationen, die von monströser Modernität sind, und die Sprache, die an ein stilisiertes Rocker-Idiom erinnert. Für die ausgezeichnete deutsche Synchronisation zeichnet Wolfgang Staudte verantwortlich.

Close encounters of the third kind

(Unheimliche Begegnung der dritten Art)

USA, 1977

R: Steven Spielberg; A: Steven Spielberg; K: Vilmos Zsigmond, John Alonzo, Laszlo Kovacs, Douglas Slocombe, William A. Fraker und Douglas Trumbull (Spezialeffekte); D: Richard Dreyfuss, François Truffaut, Teri Garr, Melinda Dillon, Bob Balaban, Cary Guffey

Ein Forscherteam unter Leitung des Franzosen Lacombe (F. T.) untersucht die sich häufenden Hinweise auf eine bevorstehende Landung von UFOs: In Mexiko findet man eine komplette Staffel amerikanischer Jagdflugzeuge, die 1945 als vermißt gemeldet wurden; in Indien singen 2000 Hindus eine seltsame Hymne, die sie vom Himmel gelernt haben wollen. Zur gleichen Zeit sichtet im US-Staat Indiana der Elektrotechniker Roy Neary (R. D.) ein UFO; im gleichen Staat hat der kleine Barry Guiler (C. G.) ein seltsames nächtliches Erlebnis und verschwindet zum Schrecken seiner Mutter Jillian (M. D.) spurlos. Jillian Guiler und Roy Neary bleibt von ihrem Erlebnis die vage Vorstellung von einem Berg, den sie anhand einer Fernseh-Sendung als den »Devil's Tower« in Wyoming identifizieren. Von einer unerklärlichen Kraft getrieben, machen sie sich auf den Weg zu diesem Berg und erreichen ihn, obwohl er von starken Militär-Einheiten bewacht wird. Hier am »Devil's Tower« hat die Internationale Kommission nämlich alles für eine erste offizielle Begegnung mit den Außerirdischen vorbereitet. Und tatsächlich erscheint ein riesiges Raumschiff, dem nicht nur – ohne sichtbares Zeichen des Alterns – die Piloten der vermißten Jagdflugzeuge, sondern auch Barry entsteigen. Eine Gruppe von Wissenschaftlern und Roy Neary dürfen das Raumschiff betreten, das in einer Aura von Licht verschwindet.
Regisseur Spielberg nimmt für sich in Anspruch: »Mein Film versucht, sich mit der UFO-Frage ernsthafter zu beschäftigen, als es die US-Regierung während der letzten drei Jahrzehnte getan hat.« Aber diese Ernsthaftigkeit meint nicht etwa wissenschaftlich-technische Analysen; sie meint, daß Spielberg die Menschen ernst nimmt, die UFOs gesehen haben wollen, die – vielleicht? – UFOs begegnet sind, weil sie ihnen begegnen wollten. Ein Film über »Begegnungen der dritten Art« (d. h. direkter Kontakt eines Menschen mit Außerirdischen) ist für Spielberg auch und vor allem ein Anlaß für die Analyse der Menschen, die in den UFOs eine neue Transzendenz suchen und finden. Entsprechend gerät ihm auch etwa die Figur des Roy Neary viel präziser und lebendiger als die des Wissenschaftlers Lacombe.
Aber daneben funktioniert dieser Film auch als Vertreter einer neuen Gattung von »Science-fiction«, in der die Außerirdischen nicht mehr als feindliche Bedrohung, sondern als Verheißung auftreten, eine Verheißung, die von beinahe sakralen Lichteffekten und Sphärenmusik angekündigt wird. Die perfekte Tricktechnik sorgt für ein nahezu rauschhaftes Erlebnis, das sich besonders in der rund vierzigminütigen Schluß-Sequenz auf dem »Devil's Tower« zu einem eindrucksvollen optischen Höhepunkt steigert.
1980 brachte Spielberg eine *new edition*, eine überarbeitete Fassung seines Films heraus. Er drehte einige Szenen neu, fügte bereits früher gedrehtes, aber zunächst nicht verwendetes Material in seinen Film ein und schnitt einige Sequenzen neu. U. a. taucht jetzt neben den Flugzeugen auch ein vermißtes Schiff (mitten in der Wüste) wieder auf, und man sieht Neary in einigen Szenen im Raumschiff. Spielberg sagte, er habe in dieser Version seine »ursprüngliche Vision« deutlicher machen wollen.

El cochecito

(Der Rollstuhl)

Spanien, 1960

R: Marco Ferreri; A: Marco Ferreri, Rafael Azcona nach dem Roman von Rafael Azcona; K: Juan Julio Baena; D: José Isbert, Pedro Porcel, José Luis López Vázquez, Lepe

Don Anselmo (J. I.), ein rüstiger Greis von etwa siebzig Jahren, fühlt sich zusehends vereinsamt. Im Haus seines Sohnes Carlos (P. P.) steht er jedem im Weg, und sein Freund Lucca (L.) wird ihm auf seltsame Weise entfremdet: Luccas Beine wollen nicht mehr so recht; deshalb hat seine Familie ihm einen motorisierten Rollstuhl gekauft. Damit ist Lucca ungeheuer beweglich geworden und findet Freunde und Leidensgenossen, während Anselmo traurig zurückbleibt. Vergeblich versucht er, Carlos zum

Kauf eines solchen Gefährts zu animieren. Als auch eine simulierte Gehbehinderung bald durchschaut ist, verkauft Anselmo den Schmuck seiner Frau, unterschreibt einige Wechsel und kauft auf eigene Faust ein stromlinienförmiges Wunderwerk von Rollstuhl. Carlos schäumt vor Wut, spricht von Entmündigung und will den Kauf rückgängig machen. Anselmo sieht keinen anderen Ausweg: Er schüttet Gift in den häuslichen Suppentopf und flieht mit seinem Rollstuhl. Als die Polizei ihn stellt, hat er nur eine Frage: Ob er wohl im Gefängnis den Rollstuhl behalten kann?
Der gebürtige Italiener Ferreri und sein spanischer Drehbuchautor Azcona haben beide eine Vorliebe dafür, an skurrilen Ausnahmesituationen reale Mißstände zu exemplifizieren. So entstand dieser groteske und makabre Film über die Alten, die Einsamen, die verzweifelt etwas Liebe und Verständnis suchen. Er zeigt den unglücklichen Anselmo, zeigt Gebrechliche, Krüppel und geistig Gestörte ohne jede Sentimentalität. Er macht sogar Scherze über sie – allerdings nie auf ihre Kosten. Er zeigt all das mit dem düsteren Humor Goyas. Der Film strotzt von Einfällen und amüsanten Pointen – und von beißender Kritik an einer Gesellschaft, der es an Liebe und Verständnis fehlt.

La collectionneuse

(Die Sammlerin)

Frankreich, 1967

R: Eric Rohmer; A: Eric Rohmer; K: Nestor Almendros; D: Haydée Politoff, Patrick Bauchau, Daniel Pommereuve, Mijanou Bardot

Adrien (P. B.) wird von seiner Freundin Carole (M. B.) verlassen und reist mit seinem Freund Daniel (D. P.) an die Côte d'Azur, wo er konsequent faulenzen möchte. Dabei stört ihn jedoch das Mädchen Haydée (H. P.), das sich im selben Haus eingenistet hat und das Adrien durch seine bloße Anwesenheit sowie durch häufig wechselnde Männerbekanntschaften irritiert. Verächtlich klassifiziert er sie als »Sammlerin« und bemüht sich, sie bei Daniel und dann einem englischen Kunstliebhaber in »feste Hände« zu bringen, um die Unruhe, die sie ins Haus bringt, auf ein Minimum zu reduzieren. Zu seiner eigenen Überraschung merkt er dabei, daß er eifersüchtig wird. So kommt es schließlich doch noch zu einer Verbindung zwischen ihm und Haydée, die Adrien aber ebenso spontan, wie er sie begonnen hat, wieder abbricht. Seine Freude über die wiedergewonnene Freiheit ist indessen nur kurz. Als Haydée das Haus verläßt und ihm damit endlich alle Möglichkeiten zu ungestörtem Faulenzen gibt, da fühlt er sich so einsam, daß er schleunigst eine Fluggelegenheit nach London erkundet, wo Carole sich gegenwärtig aufhält.
La collectionneuse ist die vierte von insgesamt sechs »moralischen Geschichten«, die Rohmer gefilmt hat. Sie alle sollen moralische Aspekte in der Beziehung von Menschen untersuchen. Hier erlebt man, wie die Prinzipien, mit denen Adrien an seinen Urlaub herangegangen ist, allein durch die Anwesenheit eines langbeinigen Mädchens zerbröckeln. Und es entbehrt nicht einer gewissen Komik, wie Adrien diese Prinzipien in einem anspruchsvollen Kommentar zu verteidigen sucht. Während nämlich im Bild eine lockere Sommergeschichte abläuft, bilden tagebuchartige Kommentare des Ich-Erzählers einen seltsamen Kontrast, der dem Film eine eigentümliche Spannung gibt.

La commare secca

(Die dürre Gevatterin / Gevatterin Tod)

Italien, 1962

R: Bernardo Bertolucci; A: Pier Paolo Pasolini, Sergio Citti und Bernardo Bertolucci nach einer Erzählung von Pier Paolo Pasolini; K: Gianni Narzisi; D: Francesco Ruiu, Giancarlo De Rosa, Renato Troiani, Allen Midgette

Am Ufer des Tiber wird die Leiche einer Prostituierten gefunden. Die Polizei kann schnell einige junge Leute identifizieren, die sich in der fraglichen Zeit in der Nähe aufgehalten haben. Aber keiner von ihnen sagt die Wahrheit: Canticchia (F. R.) redet von einem Priester, den er dort getroffen habe; in Wirklichkeit will er nur vertuschen, daß er ein Dieb ist, der jungen Frauen aufgelauert hat, um ihnen die Tasche zu entreißen. Ein Soldat (A. M.) erzählt eine verworrene Geschichte, bis man ihm nachweist, daß er geschlafen hat. Der Verdacht konzentriert sich schließlich auf Natalino (R. T.), der seinerseits zwei junge Burschen belastet, die

beim Auftauchen der Polizei ohne Grund fliehen. Einer springt in den Fluß und ertrinkt. Aus den Aussagen des anderen erfährt man, daß Natalino der Täter ist. Er wird verhaftet. Aber Natalino ist geisteskrank. Er schreit, daß die Tote eine Hure gewesen sei, daß es kein Verbrechen ist, jemanden zu töten, dessen Seele bereits tot ist.
Bertolucci war zwanzig Jahre alt, als er mit Laiendarstellern diesen Film drehte. Er hat dabei mit erstaunlicher Virtuosität Gefühle und Empfindungen entwickelt. Raffiniert wird der Zuschauer verunsichert, und diese Verunsicherung bezieht sich nicht nur auf die Identität des Mörders, sondern auch auf den Zustand der Welt, der Gesellschaft. *La commare secca* ist übrigens ein italienischer Slang-Ausdruck und steht für den Tod.

Un condamné à mort s'est échappé / Le vent souffle où il veut

(Ein zum Tode Verurteilter ist entflohen)

Frankreich, 1956

R: Robert Bresson; A: Robert Bresson nach einem Tatsachenbericht von André Devigny; K: L. H. Burel; D: François Leterrier, Charles Le Clainche, Roland Monod

Der französische Widerstandskämpfer Fontaine (F. L.) sitzt in Einzelhaft in einem Gestapo-Gefängnis. Mit unendlicher Geduld bereitet er einen Ausbruch vor – mit primitiven Werkzeugen, ohne Hilfe von außen. Kurz vor dem geplanten Termin wird überraschend ein sechzehnjähriger Junge (C. L. C.) zu ihm in die Zelle gelegt. Ein Spitzel? Nach langem Zögern entschließt sich Fontaine, den Jungen in seine Pläne einzuweihen. Gemeinsam gelingt ihnen die Flucht.
Bresson geht es nicht um die äußere Spannung, die ein solches Thema hergeben könnte; daher hat er den glücklichen Ausgang schon im Titel annonciert. Er wollte vielmehr beim Publikum eine »innere Erregung« auslösen. Er sagte: »Was mir vorschwebt, ist gleichzeitig ein Film der Dinge und der Seele. Das heißt, daß ich versuchen will, die Seele durch die Dinge sichtbar zu machen . . .«
Folgerichtig versagt er sich auch alle Effekte der üblichen »Ausbruchsfilme«. Er reiht die Einstellungen fast schmucklos aneinander, erzählt gleichsam, ohne die Stimme zu heben. Aber gerade diese scheinbare Monotonie erweist sich als höchst kunstvolles Gestaltungsmittel. Die Kamera belauert den Hauptdarsteller, die hastigen Wortfetzen, mit denen sich die Häftlinge verständigen. Sie zeigt verschlossene Gesichter und immer wieder die Dinge: primitive Hand-

Un condamné à mort s'est échappé (François Leterrier)

werkszeuge, zersplitterndes Holz, einen Fetzen Papier, auf dem Nachrichten ausgetauscht werden.
Die Wachen treten ganz in den Hintergrund. Sie haben eigentlich nur noch symbolische Bedeutung, wie auch die Flucht letztlich ein Beispiel für die Verwirklichung der Freiheit schlechthin wird. Dieser Freiheitsbegriff ist hier eindeutig christlich geprägt. An entscheidender Stelle wird aus der Bibel zitiert: »Wundere dich nicht, daß ich zu dir sage, ihr müßt wiedergeboren werden.« Die Flucht aus dem Gefängnis als Zeichen für die Wiedergeburt des Menschen – das ist das eigentliche Thema des Films.

Il conformista
(Der große Irrtum)

Italien/Frankreich/BRD, 1969

R: Bernardo Bertolucci; A: Bernardo Bertolucci nach dem gleichnamigen Roman von Alberto Moravia; K: Vittorio Storaro; D: Jean-Louis Trintignant, Pierre Clementi, Stefania Sandrelli, Dominique Sanda, Enzo Tarascio

Als 13jähriger schießt Marcello Clerici auf einen erwachsenen Homosexuellen (P. C.), der ihn zu verführen sucht. Er hält den Verführer für tot. Unbeobachtet flieht er aus dem Haus. Viele Jahre später ist Clerici (J. L. T.) ein geachteter Bürger, Professor der Philosophie. Er wird die schöne Giulia (S. S.) heiraten. Aber Clerici ist Faschist geworden, hat Kontakte zum faschistischen Geheimdienst und ist bereit, seine Hochzeitsreise nach Paris mit einem Attentat auf einen politischen Emigranten (E. T.) zu verbinden, der früher sein Professor war. Dieser bewußte Mord aus politischen Motiven wird, so hofft er im Unterbewußtsein, den »unbewußten Mord« aus seiner Kinderzeit auslöschen. Er wird Zeuge, wie sein Opfer und dessen Frau (D. S.), in die er sich verliebt hat, auf einer einsamen Straße niedergeschossen werden. Wiederum Jahre später feiern die Menschen in den Straßen Roms den Untergang des Faschismus. In der Menge entdeckt Clerici den Homosexuellen, den er glaubte getötet zu haben. Sein ganzes Leben ist durch eine fiktive Schuld beeinflußt worden. Marcello bricht zusammen.
Bertolucci hat seine Geschichte in bewußt schönen Bildern erzählt, in pastellartigen Farben voller Melancholie. Das hat oft den Effekt, das Verquere dieser »politischen« Existenz im Kontrast schrill deutlich zu machen; gelegentlich verdeckt die äußere Eleganz, die in einigen Szenen fast geschmäcklerisch wirkt, aber auch die Morbidität des Gezeigten. Nebenhandlungen wie die lesbischen Bemühungen von Anna, der Frau des Opfers, um Giulia sind nicht immer überzeugend integriert. Insgesamt ist dies aber eine fesselnde Charakterstudie, die über den Einzelfall hinaus etwas aussagt über die »Anpassung«, über die Affinität des Bürgertums zum Konformismus.

La conquête du pôle Ⓢ
(Die Eroberung des Pols)

Frankreich, 1912

R: Georges Méliès; K: vermutlich Georges Méliès; D: Georges Méliès

Mit einem Flugzeug erreichen einige Wissenschaftler den Nordpol, wo ihr Flugapparat bei der Landung allerdings zu Bruch geht. Unerschüttert hissen die kühnen Forscher dennoch die französische Flagge, als sie sich jäh einem schreckenerregenden Eisriesen gegenübersehen, der einige von ihnen verschlingt. Als sie das Ungeheuer jedoch mit einer Kanone bekämpfen, muß es kapitulieren und auch die bereits verschlungenen Männer wieder von sich geben.
Ein sehr schöner und einfallsreicher Film, dessen besondere Vorzüge eine ausgewogene Struktur und eine verblüffende Konstruktion des Eisriesen sind. Méliès hatte ihn im Atelier aus Holz gebaut und mit Hilfe von Seilen bewegt.
Trotz seiner Qualitäten wurde der Film aber kein Publikumserfolg. Der Grund dafür lag nicht nur in Manipulationen der Konkurrenz; es erwies sich auch, daß der Stil von Méliès überholt war. Neue Regisseure hatten neue Möglichkeiten des Films entdeckt. Der Film, von dem Méliès sich ein Comeback erhofft hatte, besiegelte seinen Untergang.

The conversation
(Der Dialog)

USA, 1973

R: Francis Ford Coppola; A: Francis Ford Coppola; K: Bill Butler; D: Gene Hackman, Frederick Forrest, Cindy Williams, Elizabeth MacRae

Harry Caul (G. H.) gilt unter den Eingeweihten als der beste »Wanzen«-Leger an der amerikanischen Westküste. Für ihn ist das ein Job wie jeder andere. Zwar hat er vor Jahren einmal Skrupel gehabt, als wegen des von ihm gelieferten Materials drei Menschen umgebracht wurden; aber diese Skrupel hat er längst verdrängt. Sie melden sich erneut, als er den Auftrag erhält, ein junges Liebespaar (F. F., C. W.) zu belauschen, und dabei den Eindruck gewinnt, daß die beiden sich bedroht fühlen. Er zögert, sein Material abzuliefern; doch nach einer feucht-fröhlichen Party wird es ihm von einem Call-Girl (E. M. R.) abgenommen. Und schlimmer noch: Als Harry vor der Leiche seines Auftraggebers steht, wird ihm klar, daß er die Gespräche der beiden, die er nur bruchstückhaft und unter Schwierigkeiten aufnehmen konnte, mißverstanden hatte. Tatsächlich hatte das junge Paar ein Komplott gegen den Mann geschmiedet, der ihnen im Weg stand. Harry ist schuld an seinem Tod. Schon bald erhält er eine geheimnisvolle Warnung. Er weiß, daß er jetzt zum Opfer geworden ist. Verzweifelt sucht er die »Wanzen«, von denen er sich belauert fühlt. Am Ende sitzt er, dem Wahnsinn nahe, zwischen den Trümmern seiner Wohnung, die er auf der Suche nach »Wanzen« demoliert hat.
Coppolas Film erhielt durch die Watergate-Affäre eine unvermutete Aktualität; aber der Regisseur hat stets betont, daß der erste Entwurf zu seinem Drehbuch bereits 1969 fertiggestellt war. Schon damals habe ihn diese Atmosphäre der »Heimlichkeit« fasziniert, die Tatsache, daß Menschen, ohne es zu wissen, den neugierigen Augen und Ohren anderer ausgeliefert sind, daß etwas mit ihnen geschieht, von dem sie keine Ahnung haben. Und ebenso habe ihn die Mentalität der Menschen interessiert, die sich professionell und ohne Skrupel in das Privatleben ihrer Mitbürger drängen. Diese Faszination hat der Film vorzüglich vermittelt. Er zeigt die Opfer in kühler Distanz, gleichsam wie Versuchstiere, wie Objekte unter einem Mikroskop. Und er zeigt die »Macher«, die Lauscher in ihrer Gedankenlosigkeit und Schäbigkeit. Nur eines kann sie aus ihrer Routine herausreißen: wenn sie plötzlich auf die andere Seite geraten. Dann allerdings sind sie noch schlimmer dran als ihre Opfer; denn sie wissen Bescheid. So treibt Harry Caul, als er vom Jäger zum Gejagten wird, ganz folgerichtig dem Wahnsinn entgegen, weil er seine Ohnmacht kennt.

La coquille et le clergyman Ⓢ
(Die Muschel und der Pfarrer)

Frankreich, 1927

R: Germaine Dulac; A: Antonin Artaud; K: Paul Parguel; D: Alex Allin, Genica Athanasiou, Bataille

Ein junger Pfarrer (A. A.) verliebt sich in ein schönes Mädchen (G. A.). Zwar gelingt es ihm, seinen Rivalen, einen ordensgeschmückten Offizier, auszustechen; aber seine eigenen Komplexe kann er nicht überwinden.
Artaud schrieb im Vorwort seines Drehbuchs: »Ich habe in dem folgenden Drehbuch versucht, jene visuelle Idee des Films zu verwirklichen, bei der sogar die Psychologie vom Geschehen verschlungen wird . . . Dieses Drehbuch ist nicht die Wiedergabe eines Traums und soll auch nicht als solcher angesehen werden . . . Dieses Buch sucht die düstere Wahrheit des Bewußtseins. Die Bilder entwickeln sich ausschließlich aus sich selbst, und sie haben ihren Sinn nicht aus der Situation, aus der sie hervorgehen, sondern vielmehr aus einer inneren zwingenden Notwendigkeit, mit der sie in das Licht unwiderstehlicher Beweiskraft projiziert werden.«
Antikirchliche Attacken und surrealistische Visionen werden in diesem Film suggestiv assoziiert. Aber Artaud war der Ansicht, daß seine Theorie von Germaine Dulac nicht angemessen verwirklicht worden sei, und sorgte während der Uraufführung für einen Skandal.
Wie verwirrend dieser Film auf die meisten Zuschauer gewirkt haben mag, belegt ein denkwürdiger Zensurbescheid aus England, den Paul Rotha zitiert. Es heißt dort u. a.: »Dieser Film ist überaus kryptisch, wenn nicht gar sinnlos. Wenn aber ein Sinn in ihm verborgen ist, so ist er zweifellos abzulehnen.«

Le corbeau

(Der Rabe)

Frankreich, 1943

R: Henri-Georges Clouzot; A: Henri-Georges Clouzot, Louis Chavance; K: Nicolas Hayer; D: Pierre Fresnay, Pierre Larquey, Ginette Leclerc, Roger Blin, Sylvie

In einer französischen Kleinstadt tauchen anonyme Briefe auf, die mit »Le corbeau« unterzeichnet sind. Opfer der so verbreiteten Schmähungen und Verleumdungen ist vor allem der Arzt Dr. Germain (P. F.). Als ein krebskranker Patient (R. B.) durch einen solchen Brief die Wahrheit über seinen Zustand erfährt und Selbstmord begeht, beschließt Germain, den Schuldigen zu entlarven. Mehrere Personen geraten in begründeten Verdacht. Schließlich glaubt Germain, in der Frau seines Kollegen Vorzet den Täter gefunden zu haben. Doch der anonyme Schreiber ist in Wirklichkeit Dr. Vorzet (P. L.) selbst. Man findet ihn tot, erstochen von der Mutter (S.) des Selbstmörders; bei ihm liegen die Beweise seiner Schuld.

Das Buch ist ein raffiniertes psychologisches Puzzlespiel, bei dem immer neue Verdachtsmomente und Verdächtige auftauchen. Clouzot hat das spannend und effektvoll in Szene gesetzt; vor allem aber hat er das Milieu, die Atmosphäre unheimlicher Bedrohung geschickt in die Kriminalhandlung integriert. Jeder scheint verdächtig, jeder scheint dieser Tat fähig. An die Stelle der reinlichen Trennung von »Gut« und »Böse«, wie etwa in den Filmen Carnés, tritt hier das allgemeine Mißtrauen gegen den Menschen.

Die deutsche Firma, die diesen Film im besetzten Frankreich produziert hatte, wollte ihn im neutralen Ausland als »Propagandawaffe« benutzen, indem sie ihn gleichsam als Studie über das französische Bürgertum ausgab. Das führte zu heftigen Angriffen der »Untergrund«-Presse gegen Clouzot und seinen Drehbuchautor. Der Film wurde 1944 in Frankreich verboten, Clouzot und Chavance erhielten ein befristetes Arbeitsverbot. Aber bald sah man ein, daß der Film wegen seiner Qualität eher Zeugnis für als gegen Frankreich ablegen konnte. Ende 1947 wurde sein Verbot aufgehoben.

Cousin, Cousine

(Cousin, Cousine)

Frankreich, 1975

R: Jean-Charles Tacchella; A: Jean-Charles Tacchella, Danièle Thompson; K: Georges Lendi, Eric Faucherre, Michel Thiriet; D: Marie-Christine Barrault, Victor Lanoux, Marie-France Pisier, Guy Marchand

Auf einer Hochzeitsfeier lernen sich Marthe (M. C. B.) und Ludovic (V. L.), die durch diese Heirat Cousin und Cousine geworden sind, kennen. Während ihre Ehepartner Pascal (G. M.) und Karine (M. F. P.) sich nach reichlichem Alkoholgenuß zu einem flüchtigen Abenteuer ins Grüne verziehen, sprechen sie miteinander und finden sich sympathisch. Weitere Familienfeiern sorgen für ein Wiedersehen; und eines Tages beginnen sie, sich auch außerhalb solcher Feiern zu verabreden. Sie denken nicht daran, diese Tatsache geheim zu halten, zumal sie entschlossen sind, nicht miteinander zu schlafen. Aber natürlich hält alle Welt sie dennoch für ein Liebespaar; und sowohl Pascal als auch Karine machen Anstrengungen, den jeweiligen Ehepartner zurückzugewinnen. Eines Tages beschließen Marthe und Ludovic spontan, in ein Hotel zu gehen; und dort finden sie ein Glück, das ihren Ehen längst abhanden gekommen ist. Wenig später ziehen sie die Konsequenzen: Bei einer gemeinsamen Weihnachtsfeier der gesamten Familie ziehen sie sich zunächst auf ein Zimmer zurück und verkünden nach der Fernsehübertragung der Mitternachtsmesse, daß sie miteinander fortgehen werden. Und sie tun es auf der Stelle.

Wer nur diese Inhaltsangabe kennt, den mag es überraschen, daß dieser Film in Frankreich mit dem begehrten »Prix Louis Delluc« und in den USA mit einem »Oscar« ausgezeichnet wurde. Aber was sich in der knappen Zusammenfassung wie ein leichtgewichtiges und etwas frivoles Lustspiel ansieht, das ist in der Inszenierung von Tacchella zu einer genauen Beschreibung des französischen Kleinbürgertums und seiner Lebensgewohnheiten geworden. Marthe und Ludovic sind dabei gleichsam die Katalysatoren. Durch ihre Augen sieht man das eingelernte Ritual der Familienfeiern, den Stumpfsinn des Alltags, die schablonisierten Denkgewohnheiten. Ihr Ausbruch macht deutlich, daß diese Regeln und Rituale nicht für

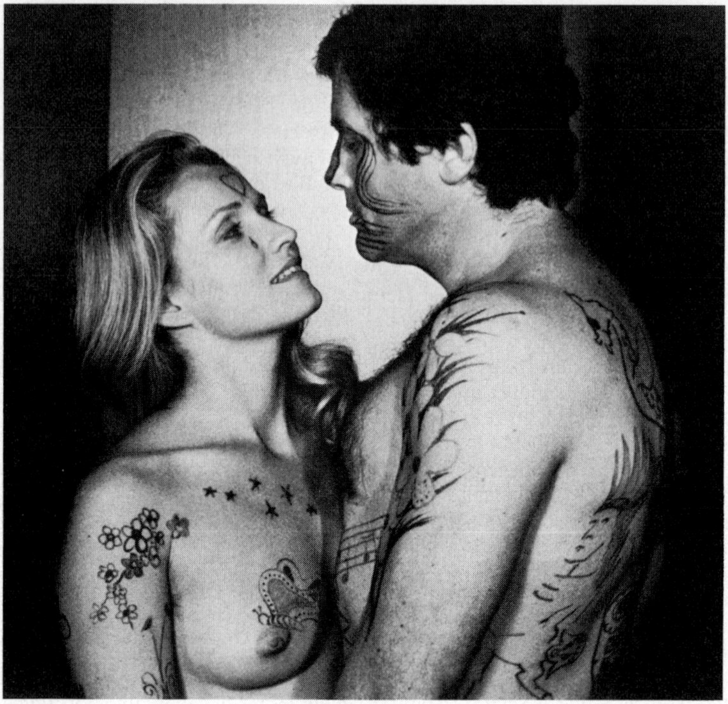

Cousin, Cousine (Marie-Christine Barrault, Victor Lanoux)

feste Normen stehen, sondern sie seit langem nur noch ersetzen. Tacchella hat hier einen neuen Ton in den französischen Film eingebracht, indem er die Alltagssprache, die Welt der kleinen Leute und den Geruch der Provinz gegen die glatte Sterilität der Ateliers stellte. So wurde sein Film, der bei Publikum und Kritik gleichermaßen erfolgreich war, zu einem der Ausgangspunkte für eine »neue Natürlichkeit« im französischen Film.

Les cousins
(Schrei, wenn du kannst)

Frankreich, 1959

R: Claude Chabrol; A: Paul Gégauff, Claude Chabrol; K: Henri Decae, Jean Rabier; D: Jean-Claude Brialy, Gérard Blain, Juliette Mayniel

Der schüchterne Provinzler Charles (G. B.) kommt als Student nach Paris, wo er durch seinen großsprecherischen, selbstbewußten Vetter Paul (J. C. B.) bei lebenslustigen Altersgenossen eingeführt wird. Hier verliebt er sich auch in Florence (J. M.), die er aber eines Tages in Pauls Bett findet und die von da an als Pauls Geliebte in der gemeinsamen Wohnung bleibt. Charles arbeitet wie ein Besessener. Während jedoch Paul trotz mangelhafter Kenntnisse durch sein selbstsicheres Auftreten die Prüfung besteht, fällt der nervöse und unsichere Charles durch. Voller Haß und Verzweiflung will er Paul töten, tritt mit einer geladenen Pistole an das Bett des Schlafenden, aber der Mechanismus versagt. Als Paul am anderen Morgen mit der herumliegenden Waffe spielt, löst sich ein Schuß und tötet Charles. Zum ersten Mal gerät Pauls Selbstsicherheit ins Wanken.
Ein präzise inszenierter Film, der den fatalen Mechanismus des Unglücks niemals aufdringlich betont. Das Milieu ist knapp, aber informa-

Les cousins (Jean-Claude Brialy, Gérard Blain, Juliette Mayniel)

tiv gezeichnet, die Charaktere sind plastisch geschildert. Einer der Höhepunkte: Paul verkleidet sich auf einer Party als SS-Offizier und beschwört mit weinerlich vorgetragenen deutschen Sprachbrocken ein karikierendes und gleichzeitig beängstigendes Bild der Vergangenheit. Mit dem Erfolg dieses Films ebnete Chabrol auch anderen Regie-Debütanten den Weg. Es entstand in Kürze eine Vielzahl von »Erstlingswerken«, die man als »nouvelle vague« etikettierte.

Čovek nije tica

(Der Mensch ist kein Vogel)

Jugoslawien, 1965

R: Dušan Makavejev; A: Dušan Makavejev; K: Aleksandar Petković; D: Milena Dravić, Janez Vrhovec, Boris Dvornik, Eva Ras

Der nicht mehr ganz junge Ingenieur Rudinski (J. V.) soll in einem serbischen Dorf eine Fabrik bauen. Dort macht sich alsbald die lebenslustige Friseuse Raika (M. D.) an ihn heran, die mit ihm und durch ihn aus dem abgelegenen Nest zu entfliehen hofft. Rudinski läßt sich von ihr einfangen, was ihm Ärger mit Raikas Eltern einbringt, bei denen er zur Untermiete wohnt. Doch als Rudinski nach Beendigung seiner Arbeit in einem pompösen Festakt (mit Beethoven-Musik) geehrt wird, da läßt sich Raika zur gleichen Stunde von einem Chauffeur (B. D.) im Führerhaus seines Lastwagens verführen. Rudinski erfährt von diesem Intermezzo und versucht, seine Enttäuschung bei einem folkloristischen Zigeunerfest zu vergessen. Raika und ihr neuer Liebhaber landen in einer drittklassigen Zirkus-Vorstellung.

Makavejev drehte seinen Film in einem Bergwerksdistrikt in Ostserbien. Er hat sich von der Realität inspirieren lassen, hat sie eingefangen und später arrangiert. Dokumentarische Bilder vom Fabrikbau, die fiktive Liebesgeschichte und die zwiespältigen Demonstrationen eines Hypnotiseurs durchdringen einander kunstvoll. Und der Schluß liegt auf der Hand: Der Mensch ist kein Vogel; auch die sozialistische Ordnung kann ihn nicht zum Fliegen veranlassen. Dazu bedarf es eines Lernprozesses – bestenfalls ...

The covered wagon Ⓢ
(Der Planwagen / Die Karawane)

USA, 1923

R: James Cruze; A: Jack Cunningham nach einem Roman von Emerson Hough; K: Karl Brown; D: Lois Wilson, J. Warren Kerrigan, Alan Hale, Charles Ogle

Der abenteuerliche Zug deutscher Auswanderer zu ihrer neuen Heimat in Oregon in den Jahren 1849/50. Die Siedler wählen Gustav Braun (C. O.) zu ihrem Führer. Aber Braun weiß, daß ihm für den langen Treck mit Planwagen die Erfahrung fehlt. So fällt er auf den zwielichtigen Sam Woodhull (A. H.) herein, der sich als Fachmann ausgibt, seine Hilfe anbietet und zugleich um die Hand von Brauns Tochter Sophie (L. W.) anhält. Die Siedler ziehen los, um sich mit einer zweiten Gruppe zu treffen, deren Führer Willy Schmidt (J. W. K.) ist, der lange in der amerikanischen Armee gedient hat. Nach der Vereinigung beider Gruppen wachsen die Gefahren und Strapazen. Es gibt Reibereien zwischen Schmidt und Woodhull, da Schmidt den windigen Glücksritter durchschaut und sich außerdem ebenfalls in Sophie verliebt hat. Woodhull provoziert durch seine Brutalität blutige Kämpfe mit den Indianern; ein Teil der Siedler wird vom Goldrausch gepackt. Aber Braun erreicht mit einigen Getreuen schließlich Oregon, wo Schmidt und Sophie heiraten, nachdem Woodhull bei einem Versuch, Schmidt zu töten, erschossen worden ist.
Das Drehbuch ist zweifellos der schwächste Teil des Films. Aber James Cruze, der bis dahin Lustspiele und einige belanglose Dramen gedreht hatte, ließ diese Mängel durch seine Inszenierung vergessen. Er brüstete sich, in diesem Film sei alles echt, es gebe nicht einmal einen falschen Schnurrbart auf der Leinwand zu sehen. Tatsächlich wirkt sein Bild des alten Westens authentisch und unverfälscht. Aber wichtiger noch war sein sicherer Blick für die optischen Werte der Landschaft, sein Gespür für den Rhythmus der Montage, die ein Melodrama unversehens zum großen Epos der Landnahme, des Aufbruchs in eine neue Welt werden ließ.

Crainquebille Ⓢ
(Crainquebille)

Frankreich, 1922/23

R: Jacques Feyder; A: Jacques Feyder nach der Novelle *L'affaire Crainquebille* von Anatole France; K: L. H. Burel, Maurice Forster; D: Maurice de Féraudy, Françoise Rosay, Félix Oudart

Der Gemüsehändler Crainquebille (M. d. F.) gerät in den Verdacht, einen Polizisten beleidigt zu haben, und verliert darüber seine bürgerliche Existenz. Er wird angeklagt und zu einer Gefängnisstrafe verurteilt. Nach seiner Entlassung wird er Clochard und schenkt seine ganze Liebe und Freundschaft einem kleinen Jungen.
Eine vielzitierte Szene des Films ist die Gerichtsverhandlung, bei der Feyder durch geschickte Kameraeinstellungen die Richter zu erdrückenden Riesen überhöht, während Crainquebille zwergenhaft klein, hilflos und verloren vor ihnen steht. Hier wird zwar die aggressive Zielrichtung des Films besonders deutlich. Aber überzeugender ist doch der Realismus, mit dem Feyder das Paris der kleinen Leute ohne jede sentimentale Beigabe zeigt.

Le crime de Monsieur Lange
(Das Verbrechen des Monsieur Lange)

Frankreich, 1935

R: Jean Renoir; A: Jacques Prévert nach einer Idee von Jean Renoir und Jean Castannier; K: Jean Bachelet; D: René Lefèvre, Jules Berry, Florelle

Monsieur Lange (R. L.) schreibt Abenteuerromane für den Verlag von Batala (J. B.). Als der Verlag vom Ruin bedroht ist, verschwindet Batala spurlos; man glaubt, er sei bei einem Eisenbahnunglück umgekommen. Die Angestellten wandeln den Verlag in eine Kooperative um und haben bald Erfolg. Lange ist besonders glücklich, weil er Valentine (F.), die ehemalige Geliebte Batalas, seit langem liebt. Da taucht Batala als Priester verkleidet auf, um den Verlag wieder zu übernehmen. Lange tötet ihn mit einem Revolverschuß und flieht mit Valentine nach Belgien. An der Grenze wird er zwar erkannt, aber er wird nicht angezeigt, nachdem

Valentine seine Geschichte erzählt hat – so, wie auch der Film sie in einer einzigen Rückblende erzählt.
Der Film bezeugt das soziale Engagement Renoirs. Er rechnet mit den kapitalistischen Unternehmern ab und läßt diese Abrechnung am Schluß gleichsam durch Mehrheitsbeschluß bestätigen: Valentine erzählt Langes Geschichte in einer Kneipe vor einfachen Leuten, die entscheiden sollen, ob Lange ein Mörder ist. Und diese improvisierte Jury läßt ihn laufen.
Dieses Engagement läßt Raum für Ironie. Batala ist eine schillernde Figur, amüsant wie der Teufel aus Carnés *Les visiteurs du soir*, den ebenfalls Berry spielte. Der Antiklerikalismus erhält einen grotesken Aspekt, wenn der sterbende Batala in der Soutane nach einem Priester verlangt. Diese Details gehen vermutlich auf das Konto Préverts. In Renoirs Konzeption sollte der Film zunächst »Auf dem Hof« heißen und realistisch das Leben in einem Pariser Hinterhof schildern. Das Milieu ist beibehalten worden; Renoir ließ seine Kulisse, den Hof, in einem Stück unter freiem Himmel aufbauen.

Il Cristo proibito

(Der verbotene Christus)

Italien, 1950

R: Curzio Malaparte; A: Curzio Malaparte; K: Gabor Pogany; D: Raf Vallone, Elena Varzi, Alain Cuny, Gino Cervi, Philippe Lemaire

Als Bruno (R. V.) aus russischer Kriegsgefangenschaft in sein Heimatdorf zurückkommt, weiß er, daß sein Bruder von einem Dorfbewohner denunziert und von den Deutschen erschossen worden ist. Er will den Toten rächen; aber niemand will ihm den Namen des Schuldigen nennen, da alle meinen, es müsse nun Schluß sein mit der Rache und dem Blutvergießen. Bruno wird zum Einzelgänger. Nur das Mädchen Nella (E. V.) liebt ihn. Der philosophierende Zimmermann Antonio (A. C.) will Bruno davon überzeugen, daß er verzeihen müsse. Als Bruno unbeugsam bleibt, bezichtigt sich Antonio der Tat. Bruno sticht ihn nieder; und sterbend sagt Antonio ihm, er sei unschuldig, aber sein Opfer habe vielleicht ein Menschenleben gerettet. Jetzt endlich nennt seine Mutter ihm den Namen des Denunzianten: Es war Nellas Bruder Pinin (P. L.). Bruno ruft ihn aus dem Haus. Pinin bekennt und erklärt seine Tat, gibt Bruno seine Waffe und erwartet den tödlichen Schuß. Doch Bruno läßt die Waffe fallen.
Der Schriftsteller Curzio Malaparte variiert die These, daß der Mensch sich in der Nachfolge Christi selbst opfern müsse für seinen Mitmenschen. Dieses Thema ist hier mit leidenschaftlicher Anteilnahme und nicht ohne Pathos behandelt worden. Gelegentlich erstarrt der Film zur Pose, manchmal gerät ihm die Diskussion allzu lehrhaft. Aber daneben gibt es großartige Szenen: Die lange Fahraufnahme aus der Luft, die den Heimkehrer aus einer öden Felslandschaft herauslöst, die versteinerte Atmosphäre des Dorfes usw.

Crònaca di un amore

(Chronik einer Liebe)

Italien, 1950

R: Michelangelo Antonioni; A: Michelangelo Antonioni, Daniele d'Anza, Silvio Giovaninetti, Francesco Maselli und Piero Tellini nach einer Erzählung von Michelangelo Antonioni; K: Enzo Serafin; D: Massimo Girotti, Lucia Bosé, Gino Rossi, Ferdinando Sarmi

Ein Mailänder Industrieller (F. S.) beauftragt einen Detektiv (G. R.), die Vergangenheit seiner attraktiven jungen Frau Paola (L. B.) zu erforschen. Als die Frau von diesen Nachforschungen erfährt, setzt sie sich sofort mit ihrem Jugendfreund Guido (M. G.) in Verbindung: Beide sind nämlich vor Jahren am Tod seiner Braut schuldig geworden. Paola sucht verzweifelt, diese Schuld zu vertuschen. Sie ist entschlossen, alles zu leugnen, aber sie ist sich ihres willens- und charakterschwachen Komplizen nicht sicher. Angst und Leidenschaft treiben sie in seine Arme; sie wird seine Geliebte. Und nun glaubt sie, einen Ausweg zu sehen. Sie ist ihres Mannes ohnehin überdrüssig und stiftet den Geliebten an, ihn durch einen vorgetäuschten Unfall zu ermorden. Aber der Ehemann hat unterdessen von dem Verhältnis seiner Frau erfahren. Während sein Mörder ihm an der Straße auflauert, rast er freiwillig mit seinem

Auto in den Tod. Die Frau und ihr Geliebter stehen sich wie Fremde gegenüber. Nichts verbindet sie mehr. Guido verläßt die Stadt.
Der erste Spielfilm Antonionis zeigt schon deutlich die spezifischen Eigenarten des Künstlers. Formal bezeugt das die Auflösung der Erzählstruktur; die Handlung wird auf verschiedenen Zeit- und Bewußtseinsebenen erzählt. Die Kamera bleibt auf Distanz und kreist die Personen gleichsam ein. Aber auch vertraute thematische Motive klingen bereits an: die kritische Analyse einer Gesellschaft, die in leeren Formen erstarrt ist, die Kontaktlosigkeit der Menschen, das Versagen, die Schwäche des Mannes.

Crossfire

(Im Kreuzfeuer)

USA, 1947

R: Edward Dmytryk; A: John Paxton nach der Erzählung *The brick foxhole* von Richard Brooks; K: J. Roy Hunt; D: Robert Young, Robert Mitchum, Robert Ryan, Gloria Grahame, George Cooper, Steve Brodie

Kurz nach dem Krieg werden einige Soldaten, die auf ihre Entlassung warten, in eine Mordaffäre verwickelt. Der Verdacht fällt auf den Soldaten Mitchell (G. C.). Aber Inspektor Finlay (R. Y.) läßt sich von Mitchells Freund Keeley (R. M.) zu weiteren Recherchen überreden, zumal Mitchell geflohen ist. Bei der Suche nach einem Motiv entdeckt der Inspektor dann auch den wahren Täter (R. R.). Sein Motiv heißt Anti-Semitismus; der Ermordete war Jude. Obwohl der Mörder auch noch seinen einzigen Mitwisser (S. B.) tötet, kann der Inspektor ihn durch einen Trick überführen.
Ein ehrlicher und konsequenter Film, der kurz nach dem gewonnenen Krieg die Amerikaner vor Selbstgerechtigkeit und Selbstzufriedenheit warnte. Ihm fehlt auch jener »Nun-wird-alles-gut«-Optimismus, der viele vergleichbare Filme erfüllt. Typisch dafür ist die durchaus ambivalente Schlüsselszene: Der Inspektor braucht die Hilfe eines jungen Soldaten, um den Mörder überführen zu können. Der lehnt zuerst ab und sagt erst zu, als ihm der Inspektor die Geschichte seines Großvaters erzählt, der erschlagen wurde, nur weil er ein irischer Katholik war. Es bleibt ein Rest von Unbehagen, weil nur der Hinweis auf andere Minderheiten den jungen Soldaten auch für die Juden eintreten läßt.

The crowd Ⓢ

(Ein Mensch der Masse)

USA, 1928

R: King Vidor; A: King Vidor, John V. A. Weaver; K: Henry Sharp; D: James Murray, Eleanor Boardman, Bert Roach

Der Film beginnt mit einem Prolog über die Geburt eines Kindes, seine Jugend und die großen Hoffnungen, die seine Eltern auf den Jungen setzen. Dann sieht man John (J. M.), unterdessen erwachsen, als kleinen Angestellten in einer Fabrik in New York. Im Vertrauen auf eine bessere Zukunft heiratet er Mary (E. B.), aber die Erwartungen erfüllen sich nicht. Das Einkommen reicht nicht, John muß Schulden machen; und als er eines Tages 500 Dollar in einem Reklame-Wettbewerb gewinnt, reicht das gerade, um die Schulden zu bezahlen. Als auch noch sein Kind verunglückt, ist John am Ende. Er provoziert einen Streit mit seinem Vorgesetzten und wird entlassen. Marys Verwandte, raffgierige Kleinbürger, können sie endlich überreden, den »Versager« zu verlassen. Am Ende findet John eine neue Stelle, und Mary entschließt sich im letzten Moment, bei ihm zu bleiben.
Nach dem großen Erfolg von *The big parade* (1925) konnte Vidor diesen Film weitgehend nach eigenen Vorstellungen realisieren. Es entstand einer der wenigen amerikanischen Stummfilme, in denen wenigstens der Versuch gemacht wird, die soziale Wirklichkeit zu reflektieren. Vidor wollte zeigen, wie der einzelne in der Masse verschlissen wird, ausgeliefert den Anforderungen einer Industriegesellschaft, in der der Erfolg zum einzigen Maßstab wird. Im Endeffekt allerdings tritt das Einzelschicksal – nicht zuletzt dank pathetischer Einschübe – zu sehr in den Vordergrund. Aber die Absage an den »American way of life« ist unübersehbar; und zweifellos ist *The crowd* einer der wichtigsten amerikanischen Filme der zwanziger Jahre.

Csend és kiáltás
(Stille und Schrei)

Ungarn, 1968

R: Miklós Jancsó; A: Gyula Hernádi, Miklós Jancsó; K: János Kende; D: András Kozák, Zoltán Latinovits, József Madaras, Mari Töröcsik, Andrea Drahota

Ungarn 1919. Nach dem Sturz der Räte-Republik sucht man auch in den einsamen Gehöften der Pußta nach versteckten »Roten«. István (A. K.), einer der Gesuchten, ist auf einem Gehöft untergetaucht, dessen Besitzer (J. M.) selbst beargwöhnt wird und dessen Frau (M. T.) und Schwägerin (A. D.) sich in István verlieben. Der Gendarmeriekommandant Kémeri (Z. L.) weiß davon, schweigt aber zunächst, weil István sein Jugendfreund ist, und benützt sein Wissen, um die beiden Frauen und den Mann zu quälen. Als die Frauen keinen Ausweg mehr wissen, beginnen sie, den Bauern und seine Mutter langsam zu vergiften – grausige Konsequenz ihrer Ratlosigkeit, des Terrors und eines alten Brauchs, der auf den ärmlichen Gehöften keine »unnützen Esser« duldet. István entdeckt ihre Tat, will nicht mitschuldig werden und zeigt die Giftmischerinnen an, wobei natürlich auch seine Identität enthüllt wird. Kémeri kann ihn nicht mehr schützen, gibt ihm aber eine Pistole, damit er sich selbst töten kann. Doch István erschießt den Unterdrücker – Kémeri – und wird dann selbst getötet.
Jancsó erzählt seine Geschichte in sorgfältig komponierten, oft bedrückend statischen Bildern und langen Einstellungen. Lange, ruhige Kamerafahrten bringen kaum Bewegung ins Bild, unterstreichen die Eintönigkeit der Landschaft, das Ausgeliefertsein der Menschen.
»Meine Fahrttechnik besteht daraus, daß ich den langen Schienenstrang aufbaue und die Szene dazu komponiere; fast immer in der Länge, wieviel Material die Kamera aufzunehmen vermag« (Miklós Jancsó).

Cul-de-sac
(Wenn Katelbach kommt)
England, 1966

R: Roman Polanski; A: Roman Polanski, Gérard Brach; K: Gilbert Taylor; D: Donald Pleasence, Françoise Dorléac, Lionel Stander, Jack MacGowran, William Franklyn

Ein seltsames Paar – der ältliche, glatzköpfige George (D. P.) und das Flittchen Teresa (F. D.), für das er Frau und bürgerliche Existenz im Stich gelassen hat – lebt in einer mittelalterlichen Burg auf einer winzigen Insel vor der englischen Küste. Hierhin geraten nach einem mißglückten Coup die Gangster Richard (L. S.) und Albert (J. MG.), die in diesem Versteck auf ihren Boß Katelbach warten wollen. Albert stirbt an den Folgen einer Schußverletzung; Richard übernimmt das Kommando auf der Burg. Aber Katelbach, der Richard aus der Verantwortung der eigenen Entscheidung entlassen und George und Teresa befreien würde, kommt nicht. Angst, Demütigung und die Einsicht in die eigene Unzulänglichkeit lassen George auf die Gewalt schließlich gewalttätig reagieren. Er erschießt Richard. Teresa geht ihm mit einem Playboy (W. F.) durch. Am Ende sitzt George auf einem Felsen am Meer und weint nach seiner ersten Frau, nach Agnes.
Wieder zeigt Polanski Menschen, die in einer Art Haßliebe aufeinander angewiesen sind, so, wie in seinem Kurzfilm *Le gros et le maigre* (Der Dicke und der Dünne) der Unterdrückte nicht ohne seinen Unterdrücker leben konnte. An-

Cul-de-sac (Françoise Dorléac, Lionel Stander)

fangs machen George und Teresa einander das Leben zur Hölle. Er zwingt ihr seinen Lebensstil auf; sie revanchiert sich, indem sie ihn demütigt und seine Abhängigkeit nutzt, um ihn zu lächerlichen Verkleidungen zu zwingen. Das Auftauchen von Richard und Albert verändert eigentlich nichts, vergrößert nur das Personal für ein neuerliches Katz-und-Maus-Spiel. Und Georges Tat, der Schuß auf Richard, ist eigentlich nur ein Zufall. Ein pessimistischer Film über die Unfähigkeit des Menschen, mit sich und der Welt fertig zu werden. Man hofft auf Katelbach oder weint nach Agnes. Polanski hat das nicht als düsteres Drama, sondern als skurriles Spiel voll makabrer Späße und Symbole angelegt. Das Resümee erscheint dadurch nur noch bitterer.

Człowiek na torze

(Der Mann auf den Schienen)

Polen, 1956

R: Andrzej Munk; A: Jerzy Stefan Stawiński und Andrzej Munk nach einer Erzählung von Jerzy Stefan Stawiński; K: Romuald Kropat, Jerzy Wójcik; D: Kazimierz Opaliński, Zygmunt Maciejewski, Zygmunt Zintel

Der pensionierte Lokomotivführer Orzechowski (K. O.) gerät auf freier Strecke unter einen Zug und wird getötet. Eine Untersuchung des Unglücks gibt Auskunft über Schicksal und Charakter des Mannes. Orzechowski war ein barscher, autoritärer, sogar starrköpfiger, aber aufrechter Mann. Vor dem Krieg wurde er als Fachmann anerkannt; nach dem Krieg hatte er Ärger mit der Partei, weil er Mängel und Fehlentscheidungen privat und öffentlich rügte. Schließlich wurde er als »politisch unzuverlässig« vorzeitig pensioniert. Ein Parteifunktionär mag die Möglichkeit nicht ausschließen, Orzechowski sei bei der Vorbereitung eines Sabotageaktes ums Leben gekommen. Die Untersuchung ergibt jedoch im Gegenteil, daß er sein Leben geopfert hat, um ein Zugunglück zu verhüten.

Der Film erzählt seine Geschichte mit nüchternem Realismus, zupackend und direkt. In Kazimierz Opaliński hat Munk einen nahezu idealen Darsteller gefunden. Berühmt wurde der Film aber vor allem durch seine politische Brisanz. Munk verteidigt seinen Protagonisten trotz all seiner Schwächen und Fehler gegen den Totalitätsanspruch der Partei. Viel zitiert wurde die Schlußszene des Films: Der Untersuchungsausschuß hat nach Anhörung aller Zeugen endlich die Wahrheit herausgefunden. Schweigend und bedrückt sitzen die Männer da, bis einer aufsteht und mit den Worten »Es ist stickig hier drin!« ein Fenster öffnet. Diese Anspielung wurde allgemein verstanden. Mit diesem Film begann die Blütezeit des polnischen Films während des sogenannten »polnischen Frühlings«.

Człowiek z marmuru

(Der Mann aus Marmor)

Polen, 1976

R: Andrzej Wajda; A: Aleksander Ścibor-Rylski; K: Edward Kłosiński; D: Jerzy Radziwiłowicz, Krystyna Janda, Tadeusz Łomnicki, Jacek Łomnicki, Michat Tarkowski, Krystyna Zachwatowicz, Piotr Cieślak

Die junge Filmstudentin Agnieszka (K. J.) will mit Unterstützung des Fernsehens ihre Examensarbeit realisieren. Es soll eine Dokumentation über Mateusz Birkut (J. R.) sein, der 1952 »Held der Arbeit« wurde, weil er in einer Schicht 30 000 Ziegel vermauert hat. Merkwürdigerweise gibt es keine Bilder und Denkmäler mehr von Birkut, sein Name ist aus den Annalen getilgt. Agnieszka forscht mit detektivischem Spürsinn und findet Spuren: Birkuts Leistung war eine perfekt inszenierte Propagandaschau, mit der der junge Dokumentarfilm-Regisseur Burski (J. L.) den eigenen Ruhm mehren wollte. Der mittlerweile arrivierte Burski (T. L.) gibt das freimütig zu. Aber Birkut wurde durch diese Schau zum Nationalhelden. Er reist anschließend durch das Land, um mit »Schau-Mauern« die Arbeitskollegen anzuspornen. Mit dieser Aktivität, die zur Erhöhung der Normen führt, macht er sich Feinde. Bei einer dieser Veranstaltungen wird ihm ein glühender Ziegel gereicht. Birkut verbrennt sich beide Hände und wird Halbinvalide. Man macht ihn zum Gewerkschaftsfunktionär. Auf der Suche nach dem Schuldigen für diesen Sabotageakt verhaftet man Birkuts Freund Witek (M. T.). Birkut ist von Witeks Unschuld überzeugt, protestiert, verliert seine Privilegien, will den Fall öffentlich diskutieren, wird verhaftet und selbst als Saboteur verurteilt. 1956 werden Witek und Birkut rehabilitiert. Aber während Witek Karriere macht und Industrie-Manager wird, der Agnieszka ein eiliges Interview im Hubschrauber gibt, ist Birkuts Leben zerstört. Seine Frau Hanka (K. Z.) hat sich öffentlich von ihm distanziert und sich scheiden lassen. Agnieszka findet sie in Zakopane – als Trinkerin und ausgehalten von einem zwielichtigen Barbesitzer. Nur Birkut ist nicht aufzuspüren. Das nehmen die Verantwortlichen beim Fernsehen zum Anlaß, die Arbeit an dem mittlerweile brisant gewordenen Film einzustellen. Agnieszka setzt die Recherchen auf eigene Faust fort. Sie findet schließlich in Danzig eine Spur – Birkuts Sohn (J. R.). Er berichtet ihr, daß sein Vater tot sei. In der ursprünglichen Fassung des Films wurde deutlich, daß Mateusz Birkut ein Opfer der Arbeiterunruhen im Jahr 1970 geworden war. Das fiel der Zensur zum Opfer; jetzt ist das Ende offen. Man kann aber annehmen, daß Agnieszka sich bemühen wird, ihren Film zu vollenden.

Wajda hat sich dagegen verwahrt, daß der Titel seines Films ironisch gemeint sei. In der Tat ist Mateusz Birkut ein aufrechter Mann gewesen, ein Arbeiter, der aufbauen wollte, der sich später als Funktionär für das Volk eingesetzt hat und der auch durch seine ungerechte Verurteilung nicht verbittert worden ist. Aber dieser aufrechte Mann ist in eine Zeit geboren worden, in der man seine Tugenden ausnutzte, mit seiner Popularität Ausbeutung und Unterdrükkung tarnte und ihn abschob, als man ihn nicht mehr gebrauchen konnte. Die Kritik Wadjas an der Vergangenheit ist aber auch ein Stück Selbstkritik. Er sagte dazu in einem Interview: »Im Jahr 1950 bin ich mit Czesław Petelski nach Nowa Huta gefahren, um dort einen Film von der Art zu drehen wie der, der in meinen Streifen *Człowiek z marmuru* eingebaut wurde. Geht mich denn das also nichts an? War ich denn makellos, ohne jeglichen Flecken? Keiner hat mich doch zu dieser Arbeit gezwungen, ich habe mich selbst dazu entschlossen. Und heute will ich darüber erzählen.« Vielleicht macht das seinen Film, den er schon 1962 plante, so überzeugend und so unangreifbar.

Überzeugend wird er auch durch seine Form. Der Kunstgriff, Birkuts Biographie von einem

Człowiek z marmuru (Jerzy Radziwiłowicz)

heutigen Filmemacher recherchieren zu lassen, gibt ihm die Möglichkeit, Spuren der damaligen Deformierung auch in der Gegenwart aufzuspüren. Die episodische Erzählstruktur aktiviert den Zuschauer; die Verwendung echter und fiktiver »Dokumentaraufnahmen« zwingt den Betrachter immer wieder zu kritischer Wertung, dazu, das soeben Gezeigte einzuschätzen und die neue Information in das Bild einzufügen, das man sich allmählich von Birkut und seiner Zeit macht. Die Kraft, mit der Wajda disparate Stilelemente zu einer künstlerischen Einheit zusammenfügte, die Intelligenz, mit der er den Faden seiner Geschichte geschlungen hat, und die klarsichtige Redlichkeit, mit der er hier Bilanz zieht, macht diesen Film sicherlich zu einem der wichtigsten der siebziger Jahre.

Człowiek z żelaza

(Der Mann aus Eisen)

Polen, 1980/81

R: Andrzej Wajda; A: Aleksander Ścibor-Rylski; K: Edward Kłosiński; D: Jerzy Radziwiłowicz, Krystyna Janda, Marian Opania, Andrzej Seweryn, Irena Byrska, Franciszek Trzeciak, Krystyna Zachwatowicz

Fortsetzung des Films *Człowiek z marmuru*: Agnieszka (K. J.) hat auf das Filmemachen verzichtet und ist die Frau von Birkuts Sohn Maciek Tomczyk (J. R.) geworden, der sich in Danzig für die Gründung einer freien Gewerkschaft engagiert. Im August 1980 wird der Rundfunkreporter Winkiel (M. O.) nach Danzig geschickt. Sein Auftrag ist nicht die objektive Berichterstattung; er soll Material beschaffen, mit dem man Tomczyk in der Öffentlichkeit diskreditieren kann. Winkiel beobachtet, macht Interviews, sieht alte Dokumentarfilme. So erfährt er die Wahrheit: Tomczyk war schon an den Studentenunruhen des Jahres 1968 beteiligt und hatte sich damals mit seinem Vater überworfen, weil die von Mateusz Birkut geführte Arbeiterdelegation den Studenten nicht zu Hilfe kam. Aber als sein Vater 1970 bei den Arbeiterunruhen in Danzig erschossen und an einem unbekannten Ort verscharrt wurde, hatte Tomczyk einen Nervenzusammenbruch erlitten. Nach seiner Entlassung aus einer Klinik hat er sein Studium aufgegeben und ist Arbeiter geworden. Sein Kampf für eine freie Gewerkschaft hat ihm und seiner Familie Unterdrükkung und Verfolgung beschert. Aber jetzt scheint der Erfolg nah! Winkiel ist beeindruckt von dem, was er erfahren hat. Dennoch übergibt er sein Material an seinen Kontaktmann, Hauptmann Wirski (A. S.). Doch dann wird er Zeuge des historischen Moments, als die streikenden Arbeiter und eine Regierungsdelegation ein Abkommen unterzeichnen. Telefonisch kündigt er seine Stellung beim Rundfunk. Als er sich jedoch zu den Arbeitern gesellen will, erfährt er, daß die über seine Spitzeldienste mittlerweile informiert sind. Wenig später trifft er den Funktionär Badecki (F. T.), der ihm zynisch erklärt, dieses Abkommen sei juristisch völlig unverbindlich. Tomczyk aber geht zu der Stelle, wo sein Vater erschossen wurde, und legt dort eine Kopie des Abkommens nieder.

Wajda hat erklärt: »Unsere Idee war es, über die Ereignisse des August 1980 aus dem Blickwinkel des August 1980 zu berichten.« Das hat Stil und Charakter seines Films bestimmt: die nervöse Intensität der Bilder, das leidenschaftliche Engagement, das sie transportieren; die mosaikartige Erzählstruktur, die – ähnlich wie in *Człowiek z marmuru* – mit Hilfe von Dokumentaraufnahmen, nachgestellter Realität und Fiktion das Bild einer Zeit beschwört. Wajdas Bemühen, Realität und Fiktion zu verbinden, wird auch deutlich, wenn er ganz bewußt den Arbeiterführer Lech Wałesa nicht nur in Dokumentaraufnahmen, sondern auch in Spielszenen auftreten läßt.

Trotz kleiner dramaturgischer Unebenheiten, die sich wohl daraus erklären, daß die Dreharbeiten gleichsam parallel zu den politischen Ereignissen stattfanden, ist der Film von bemerkenswerter künstlerischer Kraft.

D

Dama s sobatschkoi

(Die Dame mit dem Hündchen)

UdSSR, 1960

R: Jossif Cheifiz; A: Jossif Cheifiz nach einer Erzählung von Anton Tschechow; K: Andrej Moskwin, Dmitri Meszchijew; D: Ija Sawwina, Alexej Batalow

Die Liebesbegegnung zweier Menschen, die beide in einer unerfüllten Ehe leben, so daß für den Beamten aus Moskau (A. B.) und die einsame Frau (I. S.) aus der Provinz nur kurze Stunden eines geborgten Glücks bleiben, ehe sie sich endgültig trennen.

Cheifiz hat dieses stille Drama aus der Zeit um die Jahrhundertwende in liebevoller Detailschilderung gestaltet und dabei psychologische Reaktionen genauso sorgfältig geschildert wie gesellschaftliche Verhältnisse und Zwänge. Der kunstvoll stilisierte, an äußerem Geschehen arme Film ist bemerkenswert auch in der Konsequenz, mit der hier das Milieu eines dekadenten, aber nie karikierten Bürgertums als dramaturgisches Moment genutzt wird. Ingmar Bergman urteilte respektvoll: »Dieser Film ist Duft und Licht, Wärme und Kälte ... Er ist wie ein Glas frisches Quellwasser.«

Les dames du Bois de Boulogne

(Die Damen vom Bois de Boulogne)

Frankreich, 1944/45

R: Robert Bresson; A: Robert Bresson und Jean Cocteau nach Motiven des Romans *Jacques le Fataliste* von Denis Diderot; K: Philippe Agostini; D: Paul Bernard, Maria Casarès, Elina Labourdette

Hélène (M. C.) und Jean (P. B.) sind ein modernes Liebespaar. Sie haben sich versprochen, es nicht zu verbergen, wenn einer von ihnen fühlt, daß seine Liebe vergeht. Aber als Jean dieses Geständnis eines Tages tatsächlich macht, ist Hélène tief getroffen. Um sich an Jean zu rächen, verbirgt sie ihre Gefühle und bringt ihn mit Agnès (E. L.), einem Mädchen von zweifelhaftem Ruf, zusammen, das auf Hélènes Geheiß die unnahbare Dame spielen muß. Wunschgemäß verliebt sich Jean in die schöne Agnès. Gegen ihren Widerstand, denn auch sie hat sich in Jean verliebt, überredet er sie zur Heirat. Am Hochzeitstag enthüllt Hélène ihm die Wahrheit über seine Frau. Jean ist verzweifelt; doch seine Liebe ist größer als seine Verzweiflung und sichert das gemeinsame Glück.

Die gleiche Episode aus Diderots Roman hat schon Carl Sternheim zu seinem Schauspiel *Die Marquise von Arcis* inspiriert. Bresson hat jedoch die Handlung in die Gegenwart transponiert. Bei ihm treten die gesellschaftskritischen Akzente in den Hintergrund; er zeigt Menschen, die sich an das Leben verloren haben und die durch die Kraft der Liebe wie durch einen Akt der Gnade erlöst werden. Formal kündet sich hier schon der strenge, karge Bildstil an, den Bresson in seinen späteren Filmen verwirklicht hat.

Dance of the vampires / The fearless vampire killers

(Tanz der Vampire)

England, 1966

R: Roman Polanski; A: Roman Polanski, Gérard Brach; K: Douglas Slocombe; D: Roman Polanski, Jack MacGowran, Sharon Tate, Ferdy Mayne, Iain Quarrier

Professor Abronsius (J. MG.) von der Universität Königsberg und sein Adlatus Alfred (R. P.) machen in den Karpaten Jagd auf Vampire. Nachdem er sich der schönen Wirtstochter Sarah (S. T.) im Bade unziemlich genähert hat, wird Graf Krolock (F. M.) als ein solches Unwesen identifiziert. Doch die Versuche, ihn und seinen Anhang durch sachgerechtes Pfählen unschädlich zu machen, mißlingen. Statt dessen hat Alfred einige Mühe, sich der Nachstellungen Herberts (I. Q.), des homosexuell-vampirischen jungen Herrn Krolock, zu erwehren. Immerhin gelingt es Abronsius und Alfred, bei einem großen Mitternachtsball der Vampire die schöne Sarah zu retten. Frohgemut fährt Abronsius mit einem Pferdeschlitten von dannen. Er sieht nicht, daß hinter seinem Rücken Sarah,

längst vampirisch infiziert, ihre Zähne in Alfreds Hals schlägt.
Polanski gewinnt dem Vampir-Film neue Wirkungsmöglichkeiten ab, indem er Charaktere und Situationen der üblichen Filme dieses Genres einfallsreich und phantasievoll variiert. Da wird aus dem stereotypen Professor ein kauziger Ostpreuße, der zu Vampir-Jagden aufbricht wie seine Kollegen zur Afrika-Safari. Statt des weiblichen Blutsaugers, der sonst den Helden der Geschichte in Versuchung führt, präsentiert Polanski einen homosexuellen Vampir. Und der Schluß ist von durchaus hintergründiger Ironie: Ausgerechnet der Professor erfüllt den Plan des Grafen und trägt das Böse in die weite Welt. Das Schicksal der Wissenschaft?
Bei alledem hat Polanski es verstanden, Nervenkitzel, Gruseleffekte und Humor in ein ausgewogenes Verhältnis zu bringen. Auch formal, in der Farbgebung und dem abgewogenen Rhythmus u. a., ist dies ein bemerkenswerter Film.

Danton Ⓢ

Deutschland, 1921

R: Dimitri Buchowetzki; A: Dimitri Buchowetzki frei nach dem Schauspiel *Dantons Tod* von Georg Büchner; K: Arpád Virágh; D: Emil Jannings, Werner Krauß, Ferdinand von Alten, Eduard von Winterstein

Zeitgenössische Kritiken rühmten, dieser Film sei »in ziemlich gerechter Anlehnung« an Büchners Drama *Dantons Tod* entstanden. Aber vom Geist Büchners ist in ihm wenig zu spüren. Er reduziert die Französische Revolution auf den Machtkampf zwischen dem sinnenfrohsympathischen Danton (E. J.) und dem kalten Verstandesmenschen Robespierre (W. K.), dessen Handlungsweise deutlich mitbestimmt wird vom Neid auf die größere Beliebtheit seines Rivalen. Krauß verstärkt diesen Eindruck noch durch eine verblüffende Maske, die ihn wie ein fischblütiges Monstrum erscheinen läßt. In der entscheidenden Szene vor dem Tribunal scheint Danton zu siegen; das Volk jubelt ihm zu. Aber Robespierre läßt das Gerücht verbreiten, es würden Lebensmittel verteilt. Der Saal leert sich, und das Gericht kann sein Urteil gegen Danton fällen.
Immerhin ist der Film – auch in den Massenszenen – lebendig inszeniert, wenn auch die virtuosen darstellerischen Leistungen von der Regie nicht überzeugend integriert wurden. Sie wirken stellenweise wie aufgesetzte Kabinettstücke.

Danton

Deutschland, 1930

R: Hans Behrendt; A: Heinz Goldberg, Hans J. Rehfisch; K: Nikolaus Farkas; D: Fritz Kortner, Gustaf Gründgens, Lucie Mannheim, Alexander Granach, Gustav von Wangenheim

Ähnlich wie einige Jahre zuvor Dimitri Buchowetzki (*Danton*) baut auch Behrendt seinen Film ganz auf den Gegensatz zwischen Danton (F. K.) und Robespierre (G. G.) auf. Danton erscheint als Pragmatiker, der sich unter dem Eindruck der politischen Ereignisse vom blutrünstigen Jakobiner zum aufgeschlossenen, nationalbewußten Patrioten wandelt; Robespierre bleibt der eiskalte und skrupellose Ideologe, der mit Gewalt den Gerichtssaal räumen läßt, um das Todesurteil gegen Danton durchsetzen zu können.
Auch Behrendt zeichnet die Revolution mit offenbaren Vorbehalten. Bezeichnend dafür ist eine kleine Nebenhandlung: Ein armer Greis präsentiert den Großen der Revolution nacheinander ein vom König unterschriebenes Papier, das ihm eine Rente zusichert; aber keiner weiß zu sagen, wer diese Rente nun zahlen soll. Fazit: Der kleine Mann hat nichts von der Revolution, im Gegenteil ...

The day after

(The Day After)

USA, 1983

R: Nicholas Meyer; A: Edward Hume; K: Gayne Rescher; D: Jason Robards, William Allen Young, Lori Lethin, JoBeth Williams, Steven Guttenberg

Amerikanischer Alltag in und um Kansas City wird zunächst gezeigt, Durchschnittsfamilien mit durchschnittlichen Problemen werden vorgestellt. Im Hintergrund, in Radio und Fernsehen, hört man gleichsam beiläufig Nachrichten über politische Verwicklungen in Mitteleuropa, über sowjetische Flugzeuge, die den Luftraum der Bundesrepublik Deutschland verletzen. Allmählich schälen sich einige Bezugspersonen heraus: u. a. der Arzt Dr. Russell Oakes (J. R.), der farbige Soldat Billy McCoy (W. A. Y.), das Mädchen Denise Dahlberg (L. L.), das am nächsten Tag heiraten will. Doch dieser nächste Tag ist schon »der Tag danach«. Plötzlich heulen die amerikanischen Raketen in den Himmel und kreuzen sich irgendwo mit den russischen Raketen, wachsen die Atompilze über den amerikanischen Städten. Die Überlebenden vegetieren dahin, ohne Nahrung, ohne ausreichende medizinische Versorgung, ohne Hoffnung. In einem Transistor-Radio hören sie von weither und verzerrt eine Botschaft des amerikanischen Präsidenten, der mitteilt, daß die Nation überlebt habe. Sie wissen es besser ...

Ein amerikanischer Fernseh-Film, mittelmäßig in seiner Gestaltung, aber in vielen Ländern überdurchschnittlich erfolgreich. Regisseur Meyer vertraute ganz auf die üblichen Hollywood-Rezepte, seine Dramaturgie ist aus vielen »Katastrophen-Filmen« bekannt, und im letzten Drittel erkennt man Kulissen und Schminke allzu deutlich. Ein paar Szenen allerdings machen betroffen: wenn ein Soldat mit einem Knopfdruck eine Rakete startet und dann feststellt, daß damit der Krieg für ihn beendet ist, wenn sich in einer friedlichen Landschaft plötzlich die Schächte der Raketensilos öffnen und zwischen grasenden Kühen die Atomraketen in die Luft jagen. Solche absurden Einfälle kommen der Realität eines Atomkrieges sicherlich näher als der Versuch, das Inferno tricktechnisch zu bewältigen. Der unverhohlene Gefühlsappell hat diesem Film einen internationalen Erfolg beschert; und bei einigen Zuschauern mag er vielleicht auch zu der rationalen Auseinandersetzung mit dem Thema geführt haben, die man im Drehbuch leider vermißt.

Decision before dawn

(Entscheidung vor Morgengrauen)

USA, 1950

R: Anatole Litvak; A: Peter Viertel nach dem Roman *Call it treason* von George Howe; K: Frank Planer; D: Richard Basehart, Oskar Werner, Hans Christian Blech, Hildegard Knef, Wilfried Seyferth, O. E. Hasse

Leutnant Rennick (R. B.) erhält einen Sonderauftrag: Mit den beiden deutschen Kriegsgefangenen »Happy« (O. W.) und »Tiger« (H. C. B.) soll er hinter den deutschen Linien erkunden, welche Kommandostellen eventuell zur Kapitulation bereit sind. »Happy« hat sich aus Überzeugung für diesen Auftrag gemeldet, nachdem er miterlebt hat, wie man im Gefangenenlager einen Kameraden vor ein »Kriegsgericht« gestellt und getötet hat; »Tiger« macht aus Berechnung mit, weil er am Sieg der Alliierten nicht zweifelt. »Happy« hat Erfolg, wird aber von dem SS-Mann Scholtz (W. S.) verdächtigt, der Hilde (H. K.) beauftragt, ihn zu überwachen. Trotzdem schlägt er sich nach Mannheim durch, wo ein Treffen mit Rennick und »Tiger« vereinbart ist. Er trifft die beiden und erfährt, daß ihr Sender beschädigt ist; sie müssen also ihre Informationen selbst zurückbringen. Am Rheinufer flieht »Tiger«. Rennick erschießt ihn und alarmiert damit die Posten. »Happy« erkennt, daß er nicht die Kraft haben wird, den Rhein zu durchqueren. Er ergibt sich und lenkt damit die Aufmerksamkeit von Rennick ab, der das andere Ufer erreicht.

Der Film hat sein Thema konsequent behandelt und das Milieu und die Atmosphäre der letzten Kriegstage meist überzeugend getroffen. Es gibt wirkungsvolle Szenen: Wenn Oberst von Ecker (O. E. H.), der kurz vor Kriegsende noch einen »Deserteur« hinrichten läßt, dem Sanitäter »Happy«, der ihm bei einem Herzanfall geholfen hat, zuprostet »Auf unser Land!«, dann wird das Problem des Films deutlich. Wenn »Happy« mit seinen Eltern telefonieren will und, als die Verbindung hergestellt ist, kein Wort zu sagen wagt, um sie nicht zu gefährden, dann spürt man die Angst und Unsicherheit jener Zeit.

Deep end

(Deep End)

USA/BRD, 1970

R: Jerzy Skolimowski; A: Jerzy Skolimowski, Jerzy Gruza, Boleslaw Sulik; K: Charly Steinberger; D: John Moulder-Brown, Jane Asher, Karl Michael Vogler

Der 15jährige Mike (J. M. B.) wird Wärter in einem schäbigen Londoner Hallenbad. Hier begegnet er der 22jährigen Susan (J. A.), in die sich der scheue und kontaktarme Junge blindlings verliebt. Susan, kokett und auch anderweitig erotisch engagiert, akzeptiert seine Zuneigung oberflächlich-spielerisch, ohne ihren Ernst zu begreifen. Ihre Verständnislosigkeit und Mikes Ungeschick führen schließlich zur Katastrophe: Susan hat sich ihm hingegeben und will nach diesem »Zwischenspiel« gleichgültig fortgehen. Mike begreift ihre Reaktion nicht. Es kommt zu einer Auseinandersetzung, bei der er sie unbeabsichtigt tötet.
Der Schluß ist ein wenig melodramatisch geraten. Aber vorher gibt es ein sehr sorgfältiges und überzeugendes Porträt eines heranwachsenden Jungen und seiner Pubertätsprobleme. Eingebettet ist diese Untersuchung in eine detailversessene Milieuschilderung, die ohne spektakuläre Effekte die deprimierende Umgebung zeichnet, in der Mike sich behaupten soll – und nicht behaupten kann.

The defiant ones

(Flucht in Ketten)

USA, 1958

R: Stanley Kramer; A: Nathan E. Douglas (Pseudonym für Nedrick Young), Harold Jacob Smith; K: Sam Leavitt; D: Sidney Poitier, Tony Curtis, Cara Williams

Zwei Sträflingen, einem Farbigen (S. P.) und einem Weißen (T. C.), gelingt die Flucht aus einem Arbeitslager. Aber sie sind durch eine Kette aneinandergefesselt; und ihre Situation wird dadurch erschwert, daß »Joker« Jackson den »Nigger« Noah verachtet. Zunächst mißlingen alle Versuche, die Kette zu sprengen; und in der gemeinsamen Gefahr kommen beide Flüchtlinge sich näher. Als sie schließlich voneinander befreit sind, opfern sie sich jeweils für den anderen: Joker folgt Noah, als die Frau (C. W.), die mit ihm fliehen und ein neues Leben beginnen will, Noah in den Sumpf schickt, um einen lästigen Mitwisser loszuwerden; und Noah springt von dem rettenden Zug ab, als Joker die Kraft fehlt, den Zug zu erreichen. Gemeinsam erwarten sie das Suchkommando.

Ein wohlmeinender Film, der in Einzelheiten auch realistisch und spannend gestaltet und durchweg gut gespielt ist. Insgesamt wirkt aber die Dramaturgie zu schematisch. Das begrüßenswerte Engagement gegen den Rassenhaß wird allzu lehrhaft abgehandelt.

Démanty noci

(Diamanten der Nacht)

ČSSR, 1963/64

R: Jan Němec; A: Arnošt Lustig und Jan Němec nach einer Erzählung von Arnošt Lustig; K: Jaroslav Kučera; D: Ladislav Janský, Antonin Kumbera

Zwei halbwüchsige Jungen (L. J., A. K.) können während des Zweiten Weltkriegs aus einem Judentransport fliehen. Tagelang schleppen sie sich durch eine unwirtliche Gegend; Erinnerungen an die Heimat überfallen sie in Traumfetzen. Schließlich sehen sie eine Frau, die ihrem Mann das Essen aufs Feld bringt. Sie gehen ihr nach, wollen sie um Nahrung bitten und dann töten, damit sie nichts verrät. Aber als sie das Essen heruntergeschlungen haben, bringen sie es nicht über sich, einen Mord zu begehen. Sie kommen nicht mehr weit. Ein Trupp alter Männer mit Jagdflinten hetzt sie und nimmt sie gefangen. Die Männer, Deutsche offenbar, feiern ihren »Sieg« bei Bier und Würstchen. Schließlich läßt der Bürgermeister die Gefangenen von einer bewaffneten Eskorte abführen.
Der etwa einstündige Film beschwört wortkarg und in suggestiven Bildern die Einsamkeit der Gejagten, die hirnlose Bosheit der Jäger. Die Unmenschlichkeit jener Zeit wird hier ohne großen Aufwand mit beinahe beiläufigen Beobachtungen deutlich gemacht. Das Ganze zieht wie ein wüster Traum vorüber, ohne daß dabei der Realitätsbezug verlorenginge.

La dentellière

(Die Spitzenklöpplerin)

Schweiz/Frankreich/BRD, 1977

R: Claude Goretta; A: Claude Goretta und Pascal Lainé nach dem gleichnamigen Roman von Pascal Lainé; K: Jean Boffety; D: Isabelle Huppert, Yves Beneyton, Florence Giorgetti, Monique Chaumette, Annemarie Düringer

Beatrice (I. H.), von ihren Freundinnen »Pomme« genannt, ist Lehrling in einem Frisiersalon in Paris. Als ihre lärmend-lebenslustige Freundin Marylène (F. G.) Liebeskummer hat, überredet sie Pomme zu einem gemeinsamen Urlaub in Cabourg. Hier findet Pomme sich bald allein, weil Marylène sich schnell getröstet hat. Doch dann wird Pomme von François (Y. B.), einem schüchternen Studenten, angesprochen. Ihrer beider Schüchternheit ebnet ihnen seltsamerweise den Weg zur Liebe, die für François eine angenehme Gefühlsregung, für Pomme aber eine alles verändernde Kraft ist. Sie fahren nach Paris zurück. Pomme zieht zu François in seine Studentenbude und führt ihm den »Haushalt«. Aber schon bald spürt François die Mißbilligung seines Verhältnisses durch seine intellektuellen Freunde und seine elegante Mutter (M. C.). Er ist zu schwach, um diesen Einflüssen zu widerstehen und verläßt Pomme. Sie klagt nicht, sie versucht nicht, ihn zurückzugewinnen, sie ist wie leblos; und ihr Körper protestiert stumm, indem er sich weigert zu essen. So endet Pomme in einer Nervenklinik. Am Schluß erscheint ein Insert, auf dem es u. a. heißt: »Ein Maler von früher hätte sie zum Gegenstand eines Genre-Bildes gemacht. Er hätte sie als Wäscherin dargestellt, als Wasserträgerin – oder als Spitzenklöpplerin.«

Goretta hat immer wieder einfache Menschen in den Mittelpunkt seiner Filme gestellt, die ihren Part im Leben widerstrebend oder glücklos spielen, die einsam und zerbrechlich sind. Einer dieser Menschen ist auch Pomme. Man könnte sie auch mit den Blumen vergleichen, die nur einmal blühen. Die Begegnung mit François hat alle Liebesfähigkeit entfacht, die in ihr schlummerte; aber François war nicht einmal fähig, dieses Maß an Liebe zu erkennen, geschweige denn, es zu erwidern. Und als ihre Liebe zerbrochen war, da blieb nichts mehr übrig in Pomme, was ihr die Kraft zum Weiterleben hätte geben können.

Goretta hat das mit großem Feingefühl geschildert, wobei die Intensität der Empfindungen sich niemals spektakulär und effektvoll äußert. Die leise, beharrliche Kraft von Pommes Liebe wird vielmehr – ganz angemessen – in kleinen Gesten, in Blicken, in bezeichnenden Details deutlich. Isabelle Huppert war dafür eine ideale Darstellerin, die die große Geste ebenso vermied wie die Larmoyanz. Ihre Pomme ist von einer verblüffenden Selbstverständlichkeit.

Deputat Baltiki

(Der Abgeordnete des Baltikums / Stürmischer Lebensabend)

UdSSR, 1937

R: Alexander Sarchi, Jossif Cheifiz; A: D. Del (Pseudonym für Leonid Ljubaschewski), Alexander Sarchi, Jossif Cheifiz und Leonid Rachmanow nach einem Theaterstück von Leonid Rachmanow; K: M. Kaplan; D: Nikolai Tscherkassow, Oleg Schakow, Boris Liwanow

1917, als die wirtschaftliche Lage in Petrograd sehr schlecht ist, erscheint ein Artikel des renommierten Professors Poleschajew (N. T.), in dem er die Vertreter der Intelligenz auffordert, die Sowjetmacht zu unterstützen. Bei den Reaktionären erregt dieser Aufruf Abscheu und Wut. Kollegen und reaktionäre Studenten hetzen gegen den Professor. Der Dozent Worobjew (O. S.) versucht vergeblich, den Professor ins andere Lager zu ziehen; die Begegnung mit seinem ehemaligen Schüler Botscharow (B. L.), der jetzt ebenfalls auf der Seite der Bolschewiki steht, bestärkt den Professor in seiner Überzeugung, auf dem rechten Weg zu sein. Der fortschrittliche Professor wird von den Matrosen der baltischen Flotte in den Sowjet von Petrograd gewählt. Hier beschwört er in einer leidenschaftlichen Rede alle Sowjetbürger, die Errungenschaften der Revolution zu verteidigen.

Der Film wurde inspiriert von der Gestalt K. A. Timerjasews, der von Moskauer Eisenbahnern in den Sowjet gewählt worden war. Es war jedoch das erklärte Ziel der Autoren, über den Einzelfall hinaus hier das Porträt einer Gruppe zu zeichnen. Dabei vermieden die Regisseure alles Pathos, das zu jener Zeit im sowjetischen Film populär war. Sie hielten z. B. ihren Hauptdarsteller an, der Figur Poleschajews skurrile Züge zu geben, die den fortschrittlichen Biologieprofessor niemals zum Denkmal eines Revolutionshelden werden ließen.

Le dernier Métro

(Die letzte Metro)

Frankreich, 1980

R: François Truffaut; A: François Truffaut, Suzanne Schiffman, Jean-Claude Grumberg; K: Nestor Almendros; D: Cathérine Deneuve, Gérard Depardieu, Heinz Bennent, Jean Poiret, Andréa Ferréol, Jean-Louis Richard

Paris im Jahr 1942. Die Schauspielerin Marion Steiner (C. D.) hat die Leitung des »Théâtre Montmartre« übernommen, weil ihr jüdischer Ehemann Lucas (H. B.) untertauchen mußte. Alle Welt glaubt, er sei ins Ausland geflohen. In Wirklichkeit hat er sich mit Marions Hilfe in einem Kellergewölbe seines eigenen Theaters versteckt. Und da er dort durch einen alten Heizungsschacht hören kann, was auf der Bühne gesprochen wird, dirigiert er durch Anweisungen an Marion sogar die Proben für ein neues Stück, das offiziell von seinem alten Mitarbeiter Jean-Loup Cottins (J. P.) inszeniert wird. Marion spielt die Hauptrolle; ihr Partner ist Bernard Granger (G. D.), eine Neuentdekkung. Während der Probenarbeit kommt es zu einer Liebesaffäre zwischen Marion und Bernard. Aber es kommt auch zu Meinungsverschiedenheiten. Marion macht Konzessionen, um die Intrigen des mit den Deutschen kollaborierenden Journalisten Daxiat (J.-L. R.) zu durchkreuzen; Bernard entscheidet sich, obwohl seine Karriere nach einem großen Premierenerfolg gesichert erscheint, für die Résistance. Ein Epilog spielt nach dem Krieg: Wieder gibt es eine Premiere im »Théâtre Montmartre«, wieder spielen Marion und Bernard die Hauptrollen, doch diesmal kann sich auch Lucas Steiner als Regisseur auf der Bühne verneigen. Marion faßt beim Schlußapplaus beide Männer an der Hand. Ein symbolischer Händedruck für den Ehemann und den Liebhaber; symbolische Versöhnung außerdem zwischen den Verfolgten, den Widerstandskämpfern und denen, die sich arrangierten.

Dieser Schluß ist bezeichnend für Truffauts Film, der raffiniert auf der Grenze zwischen privatem Melodram und Zeitbild balanciert und der beide Aspekte wiederum spiegelt in der merkwürdig unwirklichen Welt des Theaters. So erscheinen alle Darsteller zwanglos in einer Art »Doppelrolle«, und so wird die Schizophrenie jener Zeit deutlich, ohne daß Truffaut zu aufgesetzten Effekten hätte greifen müssen. Es entstand dabei ein vielschichtiger und unterhaltsamer Film, dessen ausgewogene Gestaltung 1981 mit zehn von zwölf verliehenen französischen Filmpreisen (Césars) belohnt wurde.

Desertir / Teplochod / Pjatiletka

(Der Deserteur / Das Motorschiff / Der Fünfjahresplan)

UdSSR, 1931–33

R: Wsewolod Pudowkin; A: Nina Agadschanowa, M. Krasnostawski, A. Lasebnikow; K: Anatoli Golownja, J. Vogelmann; D: Boris Liwanow, Wassili Kowrigin, Alexander Tschistjakow, Sergej Gerassimow, Wsewolod Pudowkin

1931. Karl Renn (B. L.) ist Dockarbeiter in Hamburg. Während eines Streiks verzweifelt er an der Sache des Proletariats und weigert sich, an der entscheidenden Auseinandersetzung zwischen der Polizei und den Streikenden teilzunehmen. Er resigniert. Als er mit einer Arbeiterdelegation in die UdSSR kommt, beschließt er, nicht in seine Heimat zurückzukehren. Er findet Arbeit in einer Fabrik und wird sogar Aktivist. Aber als er hört, daß Ludwig Zeile (W. K.), der Führer der streikenden Dockarbeiter, tot ist, geht er nach Hamburg zurück, um Zeiles Platz einzunehmen.

Pudowkin, der während des Krieges als Kriegsgefangener in Deutschland gewesen war, hat das Milieu in Hamburg besser getroffen als das seiner Heimat. Im »deutschen Teil« stimmen die Figuren und ihre Probleme, während im »sowjetischen Teil« das Pathos überwiegt und die Menschen häufig zu Klischeefiguren werden.

Pudowkin selbst meinte auf einer Unionskonferenz über Fragen des Films in einem langen selbstkritischen Referat: »Die Demonstration zum 1. Mai ist gelungen, die Gestaltung der Menschen dagegen gelang mir nicht.« Diese Demonstration, die den Film beschließt, erinnert an die Schlußsequenz aus *Mat*; auch hier geht es darum, die Fahne vor der Polizei zu retten. Pudowkin experimentierte hier erstmals mit den Möglichkeiten des Tons. Er montierte z. B. bei Diskussionen den Dialog ohne Rücksicht auf das Bild in einem eigenen Rhythmus.

Ungewöhnlich ist auch die Bildmontage. Der Film soll nahezu 3000 Bildschnitte enthalten, rund dreimal soviel wie ein normaler Stummfilm.

Il deserto rosso
(Die rote Wüste)

Italien/Frankreich, 1964

R: Michelangelo Antonioni; A: Michelangelo Antonioni, Tonino Guerra; K: Carlo Di Palma; D: Monica Vitti, Richard Harris, Carlo Chionetti

Der Ingenieur Corrado (R. H.) soll in Ravenna Spezialisten anwerben und trifft hier seinen Studienfreund Ugo (C. C.), dessen Frau Giuliana (M. V.) unter dem Schock eines Autounfalls und unter depressiven Neurosen leidet. Zwischen Corrado und Giuliana entsteht eine enge Bindung. Und in einer Krise ihrer Krankheit, an der Schwelle der Schizophrenie, wird sie seine Geliebte. Doch sie verläßt Corrado wieder und wird weiterhin mit ihrer Angst leben.
Antonionis pessimistischer Film war bei der Kritik heftig umstritten – Meisterwerk für die einen, ein leeres Formspiel für die anderen. Antonioni hat hier vor allem mit den Möglichkeiten der Farbe experimentiert. Er hat sie nicht realistisch eingesetzt, sondern hat teilweise sogar die Szenerie vor den Aufnahmen eingefärbt, um bestimmte Wirkungen zu erzielen. So erscheint bei ihm gelegentlich das Gras schwarz oder das Wasser gelb – Zeichen für die Verfremdung einer Welt, die den Menschen fatal isoliert. Das Industriegebiet von Ravenna wird in diesem Film zur feindlichen, lebensbedrohenden Wüste. Der Mensch erscheint entwurzelt, ein Opfer der Fabriken, ihres Lärms, ihres Gestanks.

Destry rides again
(Der große Bluff)

USA, 1939

R: George Marshall; A: Felix Jackson, Gertrude Purcell und Henry Myers nach einem Roman von Max Brand; K: Hal Mohr; D: James Stewart, Marlene Dietrich, Charles Winninger, Mischa Auer, Brian Donlevy

Der Barbesitzer Kent (B. D.) ist der heimliche Herrscher über einen kleinen Ort im Westen. Im Hinterzimmer seiner Bar bringt er die Farmer im Kartenspiel um ihr Vermögen, und die blonde Sängerin Frenchy (M. D.) hilft ihm dabei. Als der Sheriff sich ihm entgegenstellt, wird er erschossen. An seiner Stelle läßt Kent den Trunkenbold Dimsdale (C. W.) zum neuen Sheriff wählen. Aber Dimsdale entsagt fortan dem Alkohol und ruft den Sohn seines alten Freundes Destry als Hilfssheriff ins Land. Destry jr. (J. S.) erscheint – ein sanfter Jüngling, dessen Auftritt Kent zunächst in Sicherheit wiegt, da Destry demonstrativ auf das Tragen einer Feuerwaffe verzichtet. Kents Ansicht ändert sich, als Destry einem seiner Leute die Aussage entlockt, daß Kent den alten Sheriff umgebracht hat. Kent will seinen Komplizen aus dem Gefängnis holen und tötet dabei den alten Dimsdale. Jetzt schnallt auch Destry den Pistolenhalfter um. Es kommt zu einer Schießerei, bei der Frenchy, die sich längst in Destry verliebt hat, ihr Leben opfert, um ihn zu retten. Jahre später sieht man Sheriff Destry durch eine friedliche Stadt wandern; Kinder auf der Straße singen eines von Frenchys Liedern ...
George Marshall hat hier das Grundschema des üblichen Western übernommen und es mit Witz und Temperament zu einer Tragikomödie geformt, für die es in der Geschichte des Western kaum eine Parallele gibt. *Destry rides again* wird keineswegs zur Parodie; der Film bezieht seinen Witz daraus, daß er die Mechanik des Genres sichtbar macht und sich augenzwinkernd zu ihr bekennt.

Detstwo Gorkowo
(Maxim Gorkis Weg ins Leben I: Gorkis Kindheit)

UdSSR, 1938

R: Mark Donskoi; A: Mark Donskoi und Ilja Grusdjew nach der Autobiographie von Maxim Gorki; K: Pjotr Jermolow; D: Alexej Ljarski, Warwara Massalitinowa, Michail Trojanowski

Nach dem frühen Tod seines Vaters wächst Alexej Maximowitsch Peschkow (A. L.), der sich später Maxim Gorki nannte, bei seinen Großeltern auf. Der Großvater (M. T.) ist ein selbstherrlicher und jähzorniger Mann, der den Jungen wegen geringfügiger Vergehen unbarmherzig prügelt. Zwei Onkel des Jungen, die beide Ansprüche auf die Färberei des Großvaters geltend machen, leben noch im Haushalt. Und da ist vor allem die Großmutter (W. M.), die den Enkel zärtlich liebt und von der Alexej einen schier unerschöpflichen Schatz an Sagen, Märchen und Gedichten lernt. Sie weckt in ihm Lebensmut und die Sehnsucht nach Gerechtigkeit. Als ein Brand die Färberei zerstört, verarmen die Großeltern. Nach dem Tod von Alexejs Mutter schickt der Großvater den Jungen aus dem Haus.

Erster Teil der sogenannten »Gorki-Trilogie«. Die folgenden Teile sind *W ljudjach* (1938) und *Moi uniwersitety* (1939).

Gorkis Jugend wird von Donskoi in epischer Breite nacherzählt. Der Film enthält viel Milieuschilderung, eine Fülle bezeichnender Details und stellt zahlreiche Menschen vor, die Gorkis Lebensweg gekreuzt haben. Aber die Regie hat diese Vielzahl und Vielfalt der Informationen in ein sehr klares Konzept gefaßt, das dem Film eine überzeugende dramaturgische Linie gibt. Skurrile Charaktere bevölkern die Szene, und die triste Schilderung des Elends wird mit derbem Humor aufgelockert. All das bleibt freilich nur Rahmen für die allmähliche Bewußtwerdung eines jungen Menschen, die von der leidenschaftlichen Revolte über die Erkenntnis der Realitäten des Lebens bis zur Einsicht in die eigenen Fähigkeiten und Ziele reicht.

Höhepunkt der Trilogie ist wohl der erste Teil – in der prallen Vitalität der Handlung und der Charaktere, aber auch in der Schilderung von Verhältnissen, in denen der Arme zum Feind des Ärmeren wird. Beherrschender Mittelpunkt allerdings ist hier weniger die Gestalt Gorkis als vielmehr die seiner Großmutter, die von Warwara Massalitinowa eindringlich gespielt wird.

Deus e o diabo na terra do sol

(Gott und der Teufel im Lande der Sonne)

Brasilien, 1964

R: Glauber Rocha; A: Glauber Rocha; K: Waldemar Lima; D: Geraldo del Rey, Yoná Magalhães, Lidio Silva, Othon Bastos, Mauricio de Valle

Der Viehtreiber Manuel (G. d. R.) hat im Affekt einen Menschen, einen »Herrn«, getötet.

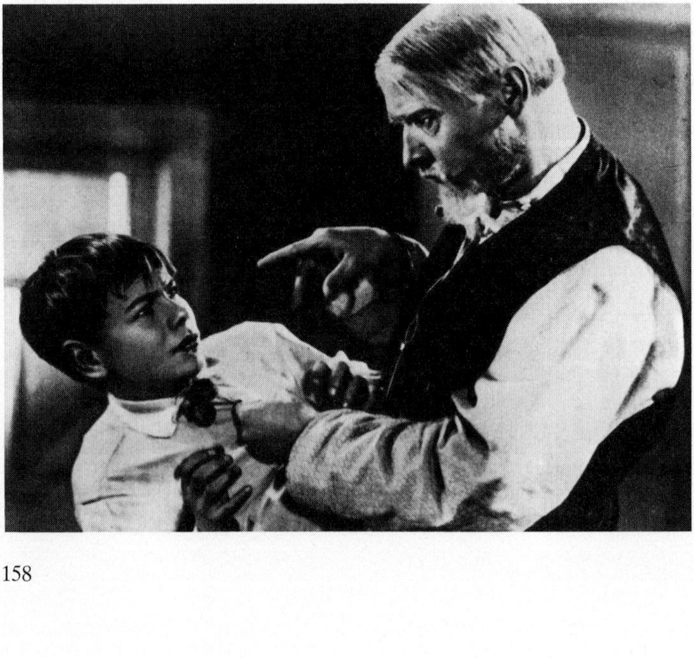

Detstwo Gorkowo (Alexej Ljarski, Michail Trojanowski)

Er flieht, schließt sich zusammen mit seiner Frau Rosa (Y. M.) und seinem Kind dem Propheten Sebastião (L. S.) an und folgt ihm durch das Land. Doch die verheißenen Wunder bleiben aus. Und als der Prophet eines Tages in einem blutigen Zeremoniell Manuels Kind opfert, wird er von Rosa getötet. In der gleichen Nacht werden Sebastiãos Anhänger im Auftrag der Großgrundbesitzer von dem berüchtigten »Killer« Antonio das Mortes (M. d. V.) zusammengeschossen. Manuel und Rosa können fliehen und treffen auf den Cangaceiro-Führer Corisco (O. B.), der ihnen »einen neuen Krieg St. Georgs gegen den Drachen des Elends und der Ungerechtigkeit« verheißt. Er will die Tyrannei der Grundbesitzer mit Gewalt brechen. Manuel ist fasziniert und begeistert. Die um ihren Besitz besorgten Feudalherren engagieren nun abermals Antonio das Mortes. Er erschießt auch Corisco. Verzweifelt und ratlos flüchtet Manuel durch die Einöde der Sertão, während eine Ballade, die den ganzen Film kommentierend begleitet hat, die Botschaft des toten Cangaceiro weiterträgt.

Ein allegorisches Spiel, in dem Sebastião für Gott, Corisco für den Teufel und Antonio das Mortes für den Tod stehen könnten; zwischen diesen drei Mächtigen sucht der einfache Viehtreiber Manuel verzweifelt seinen Weg. In der Gestaltung herrscht nicht kühle Logik, sondern ein überschäumendes filmisches Temperament, das raffinierte Dialektik, mystische Elemente, Motive volkstümlicher Überlieferungen und beglaubigte Historie (die Gestalt Coriscos u. a.) mühelos integriert. Bilder von einer seltsam gewalttätigen Schönheit sind aneinandergereiht, neben realistischen Szenen stehen theatralische Auftritte, in denen eine felsige Ebene jäh zum »Welttheater« wird, brutale Grausamkeiten, an denen der Film reich ist, werden von einer melancholischen Ballade untermalt. Luis Buñuel sagte von diesem Werk, es sei einzigartig in der Geschichte des Films.

Der Gestalt des Antonio das Mortes hat Rocha später noch einen eigenen Film gewidmet, *Antonio das Mortes* (1969).

Deus e o diabo na terra do sol (Othon Bastos)

Les deux Anglaises et le continent

(Zwei Mädchen aus Wales und die Liebe zum Kontinent)

Frankreich, 1971

R: François Truffaut; A: François Truffaut und Jean Gruault nach einem Roman von Henri-Pierre Roché; K: Nestor Almendros; D: Jean-Pierre Léaud, Kika Markham, Stacey Tendeter, Sylvia Marriott, Marie Mansart

Im Paris der Jahrhundertwende lernt die junge Engländerin Anne (K. M.) den Franzosen Claude (J. P. L.) kennen. Beider Mütter sind Freundinnen; so lädt sie ihn in ihre Heimat, nach Wales, ein, wo Claude sich in Annes puritanisch scheue Schwester Muriel (S. T.) verliebt. Er will sie heiraten; aber Claudes Mutter (M. M.) fordert eine einjährige Bedenkzeit.

Während dieser Zeit trifft Anne in Frankreich erneut mit Claude zusammen und erlebt mit ihm ihre erste große Liebe. Beide trennen sich wieder. Anne macht andere Männerbekanntschaften; Claude findet neue Freundinnen und vergißt Muriel. Die kommt schließlich, von Sehnsucht getrieben, nach Frankreich, um Claude ihre Liebe zu gestehen. Doch Anne erzählt ihr von ihrem Verhältnis mit Claude, und beide Schwestern kehren nach Wales zurück. Anne stirbt an Tuberkulose. Jahre später treffen Claude und Muriel noch einmal zusammen, und jetzt endlich gibt Muriel sich ihm hin. Zu Claudes Verblüffung ist sie noch Jungfrau. Dann trennen sie sich für immer. Muriel heiratet einen Lehrer; Claude schreibt ein Buch über seine Erlebnisse.

Nach *Jules et Jim* verfilmte Truffaut zum zweiten Mal einen Roman von Roché. Er sagte: »*Jules et Jim* ist die Geschichte zweier Freunde, die während eines großen Teils ihres Lebens die selbe Frau lieben; *Les deux Anglaises et le continent* ist die zweier Schwestern, die zwanzig Jahre lang denselben Mann lieben. Man kann die Geschichte der *Deux Anglaises* nicht zusammenfassen. Sie zeigt uns die Herzensregungen dreier junger, romantischer Leute, die über lange Zeit hin eine Leidenschaft erleben.« – Diese Leidenschaft im Spannungsfeld zwischen den puritanisch erzogenen Schwestern und dem jungen Franzosen hat Truffaut in sehr stillen Bildern und Sequenzen geschildert. Wie von fern beobachtet der Zuschauer die Gefühle dieser Menschen, die am Anfang so eindeutig und vielversprechend erscheinen und die sich unter dem Eindruck vielfältiger Einflüsse und Erfahrungen immer mehr verwirren. Daß Claude und Muriel sich nicht wirklich finden – man könnte meinen, hier hätten die falschen Menschen die richtigen Gefühle füreinander gehabt.

Le deuxième souffle

(Der zweite Atem)

Frankreich, 1966

R: Jean-Pierre Melville; A: Jean-Pierre Melville und José Giovanni nach dem Roman *Un règlement de comptes* von José Giovanni; K: Marcel Combes; D: Lino Ventura, Paul Meurisse, Raymond Pellegrin, Paul Frankeur

Gustave Minda (L. V.), genannt Gu, bricht nach acht Jahren Haft aus dem Gefängnis aus. Er möchte noch einen »Coup« landen, um seinen Lebensabend zu sichern. Der Überfall auf einen Geldtransport gelingt zwar, doch dann stellt ihm sein Gegenspieler, der Kommissar Blot (P. M.), eine Falle. Er verhaftet ihn und erweckt den Eindruck, Gu habe seine Freunde verraten. Noch einmal flieht Gu, um sich von diesem Makel reinzuwaschen. Bei einer blutigen Auseinandersetzung mit seinen ehemaligen Komplizen findet er den Tod.

Die Handlung erinnert an einen Dutzendkrimi; aber Melvilles Regie gibt dem Film unverwechselbare Eigenart. Er erzählt seine Geschichte kühl und distanziert und verzichtet auf Affekte ebenso wie auf die bequeme Kategorisierung in »Gut« und »Böse«. Das bestimmt auch den Antagonismus von Gu und Blot. Die Methoden der Polizei erscheinen hier, auf das reine Geschehen reduziert, kaum weniger fragwürdig als die der Ganoven; die Gegenspieler werden austauschbar.

Les deux timides Ⓢ

(Die beiden Furchtsamen)

Frankreich, 1928

R: René Clair; A: René Clair nach einem Schauspiel von Eugène Labiche und Marc Michel; K: Robert Batton, Nikolai Roudakoff; D: Pierre Batcheff, Jim Gérald, Yvette Andreyor, Maurice de Féraudy, Françoise Rosay

Der gewissenhafte, aber überaus schüchterne Rechtsanwalt Frémissin (P. B.) verteidigt vor Gericht Monsieur Garadoux (J. G.), der angeklagt ist, seine Frau (Y. A.) mißhandelt zu haben. Während der Staatsanwalt ein düsteres Bild vom ehelichen Alltag des Angeklagten zeichnet, malt Frémissin das Familienleben seines Klienten in den freundlichsten Farben. Im entscheidenden Plädoyer jedoch bringt eine Maus den Advokaten gänzlich aus der Fassung. Er verheddert sich, bringt Verteidigung und Anklage durcheinander und bewirkt schließlich die Verurteilung seines Klienten.

Clairs Film lebt aus der Charakterzeichnung seiner Protagonisten und aus den Möglichkeiten des bewegten Bildes. Die Argumente von

Staatsanwalt und Verteidiger werden direkt ins Bild übersetzt und ergeben eine widersprüchlich-turbulente Schilderung vom Eheleben der Garadoux'. Frémissins Plädoyer wird entsprechend geschildert. So wie er sich wiederholt, wiederholen sich die Bilder, sie stocken, »überschlagen« und widersprechen sich analog seiner verwirrten Rede, so daß der Wortwitz der Vorlage direkt in »Bildwitz« übertragen wird.

Dewjat dnei odnowo goda

(Neun Tage eines Jahres)

UdSSR, 1961/62

R: Michail Romm; A: Daniil Chabrowitzki, Michail Romm; K: German Lawrow; D: Alexej Batalow, Tatjana Lawrowa, Innokenti Smoktunowski

Nach dem Strahlentod seines Lehrers Sinsew setzt Mitja (A. B.) dessen Arbeit, die Erforschung thermonuklearer Reaktionen, fort. Er verschweigt, daß er bereits früher gefährlichen Strahlungen ausgesetzt war, eine Wiederholung für ihn daher eine tödliche Gefahr wäre. Und er übersieht, daß seine Freundin Ljolja (T. L.) sich mehr und mehr seinem Freund Ilja (I. S.) zuneigt. Nach einer Aussprache entscheidet sie sich jedoch für Mitja. Beide werden indessen nicht glücklich, da Mitja sich zu sehr auf seine Arbeit konzentriert. Bei seinen Versuchen ist Mitja erneut Strahlungen ausgesetzt. Und wieder schweigt er, um seine Arbeit vollenden zu können. Seine Versuche bringen zwar nicht den erhofften Erfolg, aber einen wichtigen »Nebeneffekt«. Mitja muß erneut in die Strahlenklinik. Sein Zustand ist fast hoffnungslos.

Die Handlung des Films erstreckt sich über ein Jahr. Das Drehbuch greift nur neun Tage dieses Jahres heraus, die es in einzelnen Kapiteln behandelt. Allerdings schafft dieser Kunstgriff nicht die wohl erhoffte Distanz. Im Vordergrund steht »überlebensgroß« die Gestalt des besessenen Wissenschaftlers. Immerhin wird dieses Bild in den Nebenhandlungen differenziert. Am interessantesten ist dabei wohl die Gestalt Iljas, eines resignierenden Zynikers. Er glaubt nicht an den Fortschritt der Menschheit, weil er nach seiner Meinung von der Beschränktheit der Menschen verhindert wird. Auch diese Position wird vom Drehbuch zum mindesten ernst genommen. Solche Akzente waren damals neu im sowjetischen Film.

Dewuschka s korobkoi Ⓢ

(Das Mädchen mit der Hutschachtel / Moskau, wie es weint und lacht)

UdSSR, 1927

R: Boris Barnet; A: Valeri Turkin, W. Scherschenewitsch; K: Boris Franzisson, B. Filschin; D: Anna Sten, Iwan Kowal-Samborski, Serafima Birman

Die attraktive Natascha (A. S.) arbeitet im Hutsalon der Madame Irène (S. B.), der in den Jahren des NÖP (Neuer Ökonomischer Plan), als man der Privatinitiative und der Privatwirtschaft einige Zugeständnisse machte, aufgeblüht ist. Auf einer Fahrt nach Moskau lernt sie den Studenten Ilja (I. K. S.) kennen, der keine Unterkunft findet und sein Studium als Obdachloser betreiben muß. Als Natascha ihn heimlich in der Wohnung ihrer Chefin unterbringt, wird sie entlassen und mit Staatsobligationen ausgezahlt, die dem Gerücht nach wertlos sein sollen. Aber in der Lotterie, die mit den Obligationen verbunden ist, gewinnt Natascha 25 000 Rubel und kann jetzt glücklich mit ihrem Ilja leben.

Boris Barnet, der frühere Rotarmist und Boxer, war ein Schüler Lew Kuleschows. Als Regisseur fand Barnet einen ganz eigenen und persönlichen Stil. Er war wohl der beste Vertreter der Filmkomödie in der Sowjetunion. *Dewuschka s korobkoi* war seine erste Regiearbeit. Der Film ist sehr frisch und lebendig und verarbeitet geschickt Elemente der »slapstick comedies«.

Le diable au corps

(Teufel im Leib / Stürmische Jugend)

Frankreich, 1947

R: Claude Autant-Lara; A: Jean Aurenche und Pierre Bost nach dem gleichnamigen Roman von Raymond Radiguet; K: Michel Kelber; D: Micheline Presle, Gérard Philipe, Jean Debucourt, Denise Grey

Frankreich 1917. Der Gymnasiast François (G. P.) verliebt sich in die Rote-Kreuz-Schwester Marthe (M. P.), die Frau eines Frontsoldaten, und seine Liebe wird erwidert. Trotz der Ermahnungen seines Vaters (J. D.) und der wütenden Feindschaft von Marthes Mutter (D. G.) leben die beiden wie ein Liebespaar. Als Marthe ein Kind erwartet, ist François stolz und glücklich; aber Marthe wird von ihrer Mutter zu Verwandten aufs Land geschickt. Erst als sie dort ernstlich erkrankt, kehrt sie zurück. Aber François darf sie nicht besuchen. Marthe stirbt bei der Geburt des Kindes, gerade als ihr Mann zurückkehrt. Sie nennt ihn François und enthüllt ihm so unbewußt die Wahrheit. Als Marthe beerdigt wird, läuten die Glocken; der Krieg ist aus.

Sicher der beste Film von Autant-Lara. Die Geschichte einer »skandalösen« Liebe dient ihm als Argument gegen die Sinnlosigkeit und Unmenschlichkeit des Krieges und die starren Regeln der Gesellschaft; gleichzeitig ist in seinem Film viel von dem Lebensgefühl der Jugend nach dem Zweiten Weltkrieg enthalten. Autant-Lara macht die Naivität der Liebenden ebenso glaubwürdig wie später ihre Verzweiflung, als sie die Ausweglosigkeit ihrer Situation erkennen.

Le diable probablement

(Der Teufel möglicherweise)

Frankreich, 1977

R: Robert Bresson; A: Robert Bresson; K: Pasqualino De Santis; D: Antoine Monnier, Tina Irissari, Henri de Maublanc, Laetitia Carcano, Nicolas Deguy, Régis Hanrion

Auf dem Friedhof Père Lachaise wird die Leiche eines jungen Mannes gefunden. Er ist erschossen worden. Die Zeitungen stellen Mutmaßungen an, ob es Mord oder Selbstmord war. Der Film gibt die Antwort: Er stellt zwei Jungen, Charles (A. M.) und Michel (H. d. M.), und zwei Mädchen, Alberte (T. I.) und Edwige (L. C.), vor, die in komplizierte Liebesbeziehungen verstrickt sind. Charles ist einer von denen, die gegen die ganze Welt und damit auch gegen sich selbst rebellieren. Michel engagiert sich für den Umweltschutz und interessiert auch seine Freunde für dieses Problem. Der Film spielt nun gleichsam auf zwei Ebenen. Er zeigt einmal das soziale Engagement der jungen Leute, ihre verzweifelten und vergeblichen Versuche, in die Gesellschaft hineinzuwirken; und er schildert zum anderen eine sentimentale Affäre, bei der Charles sich mehr und mehr von Alberte ab- und sich Edwige zuwendet. Fünfter im Bunde wird für kurze Zeit Valentin (N. D.), ein Rauschgiftsüchtiger, den Charles vor der Polizei gerettet und mit zu Edwige gebracht hat. Charles gerät in seiner seelischen Vereinsamung mehr und mehr an den Rand eines Zusammenbruchs und sucht auf Drängen seiner Freunde einen Nervenarzt (R. H.) auf. Aber der Versuch wird zum Fiasko. Der Arzt glaubt sich von seinem illusionslosen Patienten verhöhnt und empfiehlt ihm, sich »wie die alten Römer« umbringen zu lassen, da er zum Selbstmord, vor dem Charles tatsächlich in letzter Minute zurückgeschreckt ist, doch zu feige sei. Charles nimmt diesen Rat wörtlich. Er sucht und findet Valentin, der ohne Geld und Rauschgift völlig verzweifelt ist. Beide gehen zum Friedhof Père Lachaise. Während Charles noch seine letzten Gedanken zu formulieren sucht, erschießt ihn Valentin – wie vereinbart. Und wie vereinbart nimmt er als »Honorar« das Geld aus der Tasche des Toten.

In seinem vorigen Film *Lancelot du lac* hatte Bresson geschildert, wie die heile Welt des Rittertums durch persönliche Schuld, durch Zweifel und durch erwachendes Bewußtsein zerbricht. Jetzt zieht er eine Bilanz der Gegenwart, die kaum weniger düster ist. Er zeigt eine Welt, in der all die Intelligenz des Menschen ihn nicht davon abhält, seinen eigenen Lebensraum mit selbstmörderischer Konsequenz zu zerstören. Er zeigt Institutionen, die ihre Aufgabe eher in der Verwaltung als in der Beseitigung von Mißständen sehen. Er zeigt »progressive« Studenten, die die schleichende Auflösung von innen mit der schnellen Zerstörung von außen bekämpfen wollen. Und er zeigt in seinen Protagonisten Menschen, denen neugewonnene Freiheiten mehr und mehr die Fähigkeit zur Kommunikation beschneiden. So steht am Ende der in spröden Bildern gezeigten Bilanz kein Sieger, nicht einmal ein beispielhafter Märtyrer. Am Ende steht ein schäbiger Tod, den Charles sich von einem Rauschgiftsüchtigen erkauft hat und der ihm nicht einmal mehr die Möglichkeit läßt, ein Fazit zu ziehen.

Der siebzigjährige Bresson hat einen Film gedreht, der radikaler erscheint als die hochfahrenden Selbstbespiegelungen mancher »engagierten« jungen Regisseure. Aus Erfahrung und Weisheit ist ihm Verzweiflung zugewachsen, aus der sich seine Radikalität nährt. Das macht, neben der suggestiven Form, seinen Film so schockierend.

Les diaboliques

(Die Teuflischen)

Frankreich, 1954

R: Henri-Georges Clouzot; A: Henri-Georges Clouzot, Jérôme Géronimi, René Masson und Frédéric Grendel nach Motiven eines Romans von Thomas Narcejac und Pierre Boileau; K: Armand Thirard; D: Simone Signoret, Vera Clouzot, Paul Meurisse, Charles Vanel

Michel Delassale (P. M.), Direktor einer Privatschule, die er mit dem Geld seiner Frau Christina (V. C.) gekauft hat, ist ein Sadist. Er betrügt seine Frau und quält sie wie seine Geliebte Nicole (S. S.), die ebenfalls an der Schule unterrichtet, mit ausgesuchter Bosheit. Nicole überredet Christina schließlich, gemeinsam mit ihr dies Scheusal umzubringen. Sie ertränken Michel in einer Badewanne und werfen die Leiche in das Schwimmbecken der Schule, wo sie der Hausmeister finden soll. Aber die Leiche verschwindet, der Anzug des Toten wird aus der Reinigung geschickt, ein Hotelzimmer auf seinen Namen gemietet, ein Schüler behauptet, den Direktor gesehen zu haben usw. Beide Frauen sind bereits am Rande des Wahnsinns, als sich auch noch ein Privatdetektiv (C. V.) einschaltet. Er löst den Fall. Die »Leiche« taucht nämlich plötzlich wieder auf – in der häuslichen Badewanne. Das Ganze war ein teuflisches Komplott zwischen Michel und Nicole. Er hatte seinen Tod simuliert, um seine herzkranke Frau durch psychischen Terror zu töten.

Die Story ist von raffinierter Konsequenz. Es gibt keine Abschweifungen; mit der Exaktheit eines Uhrwerks greifen die Szenen ineinander. Clouzot hatte sich von seiner literarischen Vorlage ziemlich entfernt; die Autoren Boileau und Narcejac gratulierten ihm in einem offenen Brief zu seiner Umformung ihres Romans. Perfekt wie das Drehbuch ist auch die optische Gestaltung. Sie überzeugt durch eine Ökonomie, die keine Längen, keine Leere, keinen überdrehten Gag erlaubt, die aber für jeden Schock eine kurze Atempause gönnt.

The diary of a chambermaid

(Das Tagebuch einer Kammerzofe)

USA, 1946

R: Jean Renoir; A: Jean Renoir und Burgess Meredith nach einem Roman von Octave Mirbeau und einem Bühnenstück von André Heuse, André de Lorde und Th. Nores; K: Lucien Andriot; D: Paulette Goddard, Burgess Meredith, Francis (Franz) Lederer, Hurd Hatfield, Jean Renoir

Georges Lanlaire (H. H.) kehrt, unheilbar an Schwindsucht erkrankt, in das Haus seiner Eltern zurück und verliebt sich alsbald in die Kammerzofe Célestine (P. G.). Madame Lanlaire, die ihren Sohn abgöttisch liebt, fördert diese Affäre nach Kräften, weil sie den Kranken ans Haus und damit an seine Mutter fesselt. Aber auch Joseph (F. L.), der Diener, interessiert sich für Célestine. An einem 14. Juli ermordet und beraubt Joseph den Nachbarn Mauger (B. M.), einen reichen Sonderling, und will zusammen mit Célestine ein Café in Cherbourg kaufen. Er zwingt Célestine, mit ihm im Wagen fortzufahren. Aber Georges, mit dem Joseph sich vorher geprügelt hat, wiegelt die Bevölkerung gegen ihn auf. Joseph wird gelyncht, Georges verteilt seinen Raub an die Menge.

Renoir, der schon lange plante, diesen Roman zu verfilmen, hat ganz darauf verzichtet, französische Atmosphäre zu imitieren. Er drehte seinen Film in Hollywood im Studio in einer ganz bewußt kalkulierten schwebenden Unwirklichkeit, die etwas Theatralisches hat.

Der gleiche Roman wurde später von Luis Buñuel in seinem *Journal d'une femme de chambre* (1963) mit völlig anderen Akzenten verfilmt.

Dirnentragödie Ⓢ

Deutschland, 1927

R: Bruno Rahn; A: Ruth Goetz und Leo Heller nach dem gleichnamigen Bühnenstück von Wilhelm Braun; K: Guido Seeber; D: Asta Nielsen, Oskar Homolka, Hilde Jennings, Werner Pittschau

Felix (W. P.), ein junger Student, verläßt nach einem Streit sein Elternhaus und wird von der alternden Dirne Auguste (A. N.) aufgenommen. Sie sieht eine Chance für ein neues Leben, gibt ihrem Zuhälter Anton (O. H.) den Laufpaß und leistet mit ihrem ersparten Geld eine Anzahlung für eine Konditorei. Doch Felix wird von Augustes jüngerer Kollegin Clarissa (H. J.) verführt. Jetzt stiftet Auguste den Zuhälter Anton zum Mord an der Konkurrentin an. Als Felix ihr jedoch seine Liebe zu Clarissa gesteht, möchte Auguste den Mord verhindern. Sie kommt zu spät. Anton wird bald nach der Tat verhaftet, Auguste begeht Selbstmord, und Felix kehrt in sein Elternhaus zurück.
Trotz der kolportagehaften Handlung, trotz mancher Klischees in der Handlungsführung, erzielt der Film doch unmittelbare und zum Teil suggestive Wirkung. Zu seinen Aktivposten gehören eine klare Regiekonzeption, eine durch Regie und Kamera überzeugend bewältigte Milieuschilderung, die auch kleine Gesten und Details der Dekoration einbezieht, und vor allem vorzügliche darstellerische Leistungen. Asta Nielsen war selten besser als in diesem Film.

Les disparus de Saint-Agil

(Das Geheimnis von Saint Agil)

Frankreich, 1938

R: Christian-Jaque; A: Jean Henri Blanchon, Leo Lania und Jacques Prévert nach einem Roman von Pierre Véry; K: Marcel Lucien; D: Erich von Stroheim, Michel Simon, Marcel Mouloudji

Drei Schüler des Internats Saint Agil haben einen Geheimbund gegründet, dessen Ziel es ist, sie in das Land ihrer Sehnsucht, nach Amerika, zu bringen. Bei einem nächtlichen Treffen sehen sie einen Unbekannten, der in der Wand verschwindet. Bald darauf verschwinden kurz hintereinander zwei der Geheimbündler. Einer von ihnen schickt eine Karte aus Amerika; aber die könnte durchaus gefälscht sein. Dann ereignet sich ein Unglücksfall: Der stets betrunkene Zeichenlehrer Lemel (M. S.) stürzt von der Treppe und ist tot. War es wirklich ein Unglücksfall? Als der geheimnisvolle Unbekannte wieder erscheint, folgt ihm der dritte (M. M.) aus dem Geheimbund. Mit Unterstützung seiner Kameraden und des Professors Walter (E. v. S.) entdeckt er eine Falschmünzerwerkstatt, in der sich auch einer der Verschwundenen befindet, und entlarvt einen Lehrer als Falschmünzer.
In erster Linie ist das eine handfeste Abenteuer-Geschichte, die jugendliche Abenteuerlust und Entdeckerfreude geschickt ins Bild bringt. Aber der Film ist außerdem auch eine Attacke gegen die Autoritäten, die deutlich Einflüsse von Vigos *Zéro de conduite* erkennen läßt. Das Internat und das Lehrerkollegium erscheinen als Instrumente der Repression. Auf der Seite der Schüler kämpft nur der bei seinen Kollegen unbeliebte Professor Walter.

Ditte menneskebarn

(Ditte, ein Menschenkind)

Dänemark, 1946

R: Bjarne Henning-Jensen; A: Bjarne Henning-Jensen nach dem I. Teil des gleichnamigen Romans von Martin Andersen-Nexö; K: Verner Jensen; D: Tove Maes, Karen Poulsen, Karen Lykkehues, Edvin Tiemroth, Rasmus Ottesen, Preben Neergard, Ebbe Rode

Ditte wird als uneheliches Kind geboren. Da ihre Mutter Sörine (K. L.) sich dessen schämt und das Dorf verläßt, wächst Ditte bei den Großeltern (K. P., R. O.) auf. Als Sörine den Lumpensammler Lars Peter (E. T.) heiratet, holt sie die inzwischen halbwüchsige Ditte (T. M.) als Hilfe ins Haus. Ditte liebt den gutmütigen Stiefvater sehr. Aber bald gibt es neues Unglück. Sörine erfährt, daß der Sandbauer, dessen Sohn Dittes Vater ist, dem Großvater damals Geld gegeben hat. Der Großvater hat das Geld für Ditte zurückgelegt; als Sörine nach seinem Tod von der Großmutter das Geld fordert, kommt es zum Streit, bei dem Sörine die

Großmutter tötet. Sörine kommt ins Gefängnis; und Lars Peter wird durch seinen Bruder (E. R.) um seinen Besitz gebracht. Er muß sich als Fischer verdingen, Ditte geht als Magd auf den Bakkehof. Hier läßt sie sich, mehr aus Mitleid, mit dem Sohn (P. N.) des Bauern ein. Sie bekommt ein Kind und wird, wie einst ihre Mutter, vom Hof gejagt. Als sie nach Hause zurückkommt, ist auch Sörine aus dem Gefängnis entlassen worden – verbittert und gebrochen. Ditte führt jetzt den Haushalt.
Nüchterner Realismus und soziales, menschliches Engagement bestimmen den Stil des Films. Henning-Jensen hat es verstanden, Milieu und Landschaft überzeugend in die Handlung einzubeziehen; außerdem hat er die Psychologie eines Kindes, die Probleme und Reaktionen eines halbwüchsigen Mädchens sehr einfühlsam beobachtet und nachgestaltet. *Ditte menneskebarn* brachte dem dänischen Film nach dem Krieg seinen ersten internationalen Erfolg.

Diva
(Diva)

Frankreich, 1981

R: Jean-Jacques Beineix; A: Jean-Jacques Beineix und Jean Van Hamme nach dem gleichnamigen Roman von Delacorta; K: Philippe Rousselot; D: Frédéric Andrei, Wilhelmenia Wiggins Fernandez, Richard Bohringer, Thuy An Luu, Roland Bertin, Chantal Dernaz

Der junge Postbote Jules (F. A.) nimmt Ungemach und weite Reisen auf sich, um die von ihm angebetete Opernsängerin Cynthia Hawkins (W. W. F.) singen zu hören; denn die Diva lehnt Aufnahmen ihrer Stimme grundsätzlich ab. Eines Tages gelingt es Jules, eines ihrer Konzerte in professioneller Qualität auf Band mitzuschneiden. Schon am Tag darauf spielt ihm der Zufall ein weiteres Tonband in die Hände – diesmal mit Aussagen eines Callgirls (C. D.), das mit farbiger Detailfreude einen mächtigen Gangsterboß bloßstellt. Und alsbald ist eine ganze Meute hinter Jules her – allen voran zwei Killer, die das Belastungsmaterial gegen ihren Chef sicherstellen wollen, dann zwei Taiwanesen, die es auf das Musikband abgesehen haben, und auch die Polizei spielt aus nicht ganz ehrenhaften Motiven mit. Gegen diese Übermacht hätte Jules sicher keine Chance, wenn nicht plötzlich Monsieur Gorodish (R. B.) und seine Freundin Alba (T. A. L.) auftauchten und ihm beiständen. So kommt er mit heiler Haut davon und gibt am Ende der Diva reuig ihre »Stimme«, das Tonband, zurück.
Ein greller Comic-strip von suggestiver Wirkung, der für eine nicht eben kleine Gemeinde zum Kultfilm geworden ist. Beineix geht es nicht um Bilder des realen Paris, nicht um Glaubwürdigkeit und eine logisch konstruierte Kriminalaffäre. Er bedient sich ungeniert der Klischees des Genres, setzt auf spektakuläre Effekte und Affekte und schafft eine in sich geschlossene Bilderwelt von absoluter Künstlichkeit, in der der Betrachter jede überraschende Wendung der Geschichte willig akzeptiert – so wie in einem Märchen.

The divine woman Ⓢ
(Das göttliche Weib)

USA, 1927/28

R: Victor Sjöström; A: Dorothy Farnum nach dem Schauspiel *Starlight* von Gladys Unger; K: Oliver Marsh; D: Greta Garbo, Lars Hanson, Lowell Sherman, Dorothy Cumming

Marianne (G. G.), die Tochter einer alternden Lebedame (D. C.), wird von Henry Legrand (L. S.) aus ländlicher Abgeschiedenheit nach Paris geholt. Legrand will die lebenslustige Madame Zizi mit ihrer erwachsenen Tochter konfrontieren und damit blamieren. Es kommt zu einer Auseinandersetzung. Marianne flieht aus dem Haus und lernt den Soldaten Lucien (L. H.) kennen, der ihretwegen zum Deserteur wird und ins Gefängnis muß. Während dieser Zeit macht Henry Legrand Marianne zu einer erfolgreichen Schauspielerin; Lucien fühlt sich nach seiner Entlassung von ihr verraten. Marianne wird krank, verarmt und macht einen Selbstmordversuch. Keiner ihrer Gönner und Verehrer besucht sie im Hospital, keiner außer Lucien ...
Das Thema dieses Films entsprach sicher nicht den speziellen Fähigkeiten des Regisseurs Victor Sjöström. Sein Talent indessen spürt man auch hier. Paul Rotha rühmte, in diesem Film

The divine woman
(Greta Garbo, Lowell Sherman)

sei die Garbo »weniger Star und mehr Frau« gewesen als in irgendeinem anderen amerikanischen Film.

Divorzio all'italiana
(Scheidung auf italienisch)

Italien, 1961

R: Pietro Germi; A: Ennio De Concini, Alfredo Gianetti, Pietro Germi; K: Leonida Barboni; D: Marcello Mastroianni, Daniela Rocca, Stefanie Sandrelli, Leopoldo Trieste

Der Baron Ferdinando Cefalu (M. M.), ein dekadenter Sproß sizilianischen Adels, hat genug von seiner Frau (D. R.) und ist bis über beide Ohren in seine hübsche Cousine Angela (S. S.) verliebt. In Gedanken bringt er die Baronin mehrfach auf höchst delikate Weise um, da eine Scheidung ja nicht möglich ist; in der Wirklichkeit hindert ihn die zu erwartende Strafe an der Realisierung seiner Wunschträume. Eine Zeitungsmeldung bringt ihn schließlich auf den richtigen Weg: Planmäßig treibt er die Baronin in die Arme eines Malers (L. T.), mit dem sie nach langen Bemühungen (des Barons!) auch endlich durchbrennt. Ferdinando wartet genauso lange, wie die Schicklichkeit in Sizilien es erfordert, dann reist er dem ehebrecherischen Paar nach. Galant läßt er der Frau des Malers, die ebenfalls mit einem Revolver auf der Bildfläche erscheint, den Vortritt zur Regelung ihrer Familienangelegenheiten, dann erschießt er – mitfühlend – seine Frau. Der »Verbrecher aus verletzter Ehre« wird nach 18 Monaten aus dem Gefängnis entlassen und kann seine Angela heiraten.
Germi, auch in seinen früheren Filmen stets sozialkritisch engagiert, wollte zweifellos die italienischen Gesetze attackieren, die derartige Fälle, wie sie das Drehbuch konstruiert, durchaus ermöglichen würden. Diese Zielrichtung ist jedoch kaum noch zu erkennen, da der Baron Cefalu und seine Verhältnisse hier allzusehr karikiert worden sind. Es bleibt immerhin eine wirkungsvolle »schwarze« Komödie, der die Grundidee ein gewisses Maß gesellschaftlicher Verbindlichkeit sichert.

Django
(Django)

Italien/Spanien, 1966

R: Sergio Corbucci; A: Sergio Corbucci, Bruno Corbucci, Franco Rossetti, José G. Naesso, Piero Vivarelli; K: Enzo Barboni; D: Franco Nero, Loredana Nusciak, José Bodalo, Angel Alvarez, Eduardo Fajardo

Ein Dorf an der Grenze zwischen Mexiko und den USA. Nur der Saloonwirt (A. A.) und seine Mädchen leben noch hier, wo abwechselnd der mexikanische Rebellengeneral Rodriguez (J. B.) und der Rassenfanatiker Jackson (E. F.)

mit seiner Bande den Ton angeben. Hierhin kommt eines Tages Django (F. N.). Er schleppt einen Sarg mit sich und wird von Maria (L. N.) begleitet, die er aus den Händen von Jacksons Männern befreit hat. Einen Versuch der Bande, diese Eigenmächtigkeit zu rächen, wehrt er ab, indem er ein Maschinengewehr aus dem Sarg hervorholt. Mit Rodriguez arrangiert er sich, indem er ihm Maschinengewehre für seine »Armee« verspricht. Nur braucht man Gold dazu, das man sich zuvor in einer mexikanischen Grenzfestung beschaffen muß, wo auch Jackson seinen Besitz deponiert hat. Als Django jedoch versucht, dies Gold für sich und für Maria zu gewinnen, kommt es zur Katastrophe. Maria wird getötet, Djangos Hände werden von Pferdehufen und Gewehrkolben zerstampft. Trotzdem gewinnt Django bei der Schlußabrechnung: Die Zahl der Anhänger von Rodriguez wird in einer Falle von Jackson dezimiert, Django selbst erschießt Jackson auf einem Friedhof.

Ein atmosphärisch dichter, gut gebauter und geschickt inszenierter Film, in dem auch die Landschaft, ein trister, sumpfiger Grenzstreifen, eine große Rolle spielt. Der Name *Django* wurde für lange Zeit gleichsam zum Synonym und zur Gütemarke für den sogenannten Italo-Western, mit dem die Italiener Hollywood seit etwa 1963 auf seinem ureigensten Gebiet Konkurrenz machten. Allein in der Bundesrepublik garnierten die Verleiher in den folgenden vier Jahren nicht weniger als 25 Filmtitel mit dem erfolgsträchtigen Zusatz *Django*. Gegenüber den Vorbildern aus Hollywood spielen im Italo-Western Brutalität und Erotik eine größere Rolle; und besonders die Brutalität wird oft allzu spekulativ eingesetzt. Viele dieser Filme sind ganz auf Aktionen reduziert, ihre Helden folgen keinem anderen Gesetz als dem, nach dem sie selbst angetreten sind. Das gibt den Filmen Spannung und Tempo, oft aber auch eine fatale Tendenz zur Verherrlichung des Einzelgängers, für den die Gesetze der Masse nicht gelten.

Zu den bekanntesten Regisseuren des italienischen Western gehören neben Corbucci vor allem Sergio Leone, Sergio Sollima und Duccio Tessari.

Do ankhen barah haath

(Zwei Augen – zwölf Hände)

Indien, 1957

R: V. Shantaram; A: G. D. Madgulkar; K: G. Balkrishna; D: V. Shantaram, Baburao Pandharkar

Ein Gefängnisaufseher (V. S.), der fest an das Gute im Menschen glaubt, erwirkt die Genehmigung für ein Experiment. Mit sechs gefangenen Schwerverbrechern baut er eine Art Kollektivfarm auf, wobei die Häftlinge nur durch ihr Ehrenwort gebunden sind. Es gibt Schwierigkeiten. So versucht ein reicher Gemüsehändler, dessen Preise von dem Kollektiv unterboten werden, vergeblich, die Sträflinge zu provozieren. Und schließlich erliegen sie der Verlockung der Freiheit. Die Gefangenen fliehen; aber die Augen einer Buddha-Statue erinnern sie an den Blick ihres »Meisters«, und sie kehren zurück. Als der idealistische Aufseher stirbt, geloben die sechs, sein Werk fortzuführen.

Einer der ersten indischen Filme, die in Europa Auskunft über die Existenz indischer Filmkunst gaben. Die Handlung wird breit und gemächlich erzählt; es fehlt ihr im Detail nicht an einer gewissen Naivität und insgesamt nicht an beträchtlichem Optimismus. Aber die Einheit von Inhalt und Form, von These und Stil überspielt diese Schwächen und sorgt dafür, daß sich die Botschaft des Films ohne lehrhafte Aufdringlichkeit mitteilt.

Do bigha zamin

(Zwei Hektar Land)

Indien, 1953

R: Bimal Roy; A: Hrishikesh Mukherjee nach einer Erzählung von Salil Choudhoury; K: Kamal Bose; D: Balraj Sahni, Nirupa Roy, Rattan Kumar

Shambu (B. S.) lebt als kleiner Bauer mit seiner Frau Paro (N. R.), seinem Sohn Kahnaia (R. K.) und seinen alten Eltern auf zwei Hektar Land. Ein Großgrundbesitzer möchte ihn vertreiben, weil er Shambus Besitz zur Abrundung seines Areals braucht, auf dem er eine Fabrik bauen will. Als Shambu sich weigert, verklagt ihn sein Widersacher wegen einer alten Schuld.

Shambu wird verurteilt, innerhalb von drei Monaten 200 Rupien zu zahlen. Zusammen mit Kahnaia geht Shambu nach Kalkutta, wo er das Geld zu verdienen hofft. Beide arbeiten hart. Aber Shambu erleidet einen Unfall. Während seiner Krankheit wird Kahnaia, entmutigt, zum Dieb. Shambu gibt nicht auf. Doch dann wird Paro bei einem Besuch in Kalkutta von einem Auto überfahren. Man braucht jetzt alles Geld, um den Arzt zu bezahlen. Verzweifelt kehrt die Familie in das Dorf zurück, wo die Fabrik bereits im Bau ist. Shambu und seine Familie haben ihre Heimat verloren.
Ein engagierter, sozialkritischer Film, der stilistisch deutlich vom italienischen Neorealismus beeinflußt ist. Roy demonstriert die feudalistischen Ausbeutermethoden auf dem Land ebenso wie das Elend in den Städten. Er zeigt den Kreislauf der Hoffnungslosigkeit, der dem einzelnen kein Entrinnen möglich macht. *Do bigha zamin* war der erste indische Film, der hierzulande Beachtung fand.

The docks of New York Ⓢ

(Die Docks von New York)

USA, 1928

R: Josef von Sternberg; A: Jules Furthman nach einem Roman von John Monk Saunders; K: Harold Rosson; D: George Bancroft, Betty Compson, Olga Baclanova, Mitchell Lewis

Der Heizer Bill Roberts (G. B.) rettet eines Abends die Dirne Sadie (B. C.), die sich das Leben nehmen wollte, aus dem Hafenbecken. Und aus einer Laune heraus läßt er sich noch in der gleichen Nacht mit ihr trauen. Am nächsten Morgen verläßt er sie. Auch Andy (M. L.), der 3. Offizier des Schiffes, hatte Interesse an Sadie gehabt; aber sie hatte ihn abgewiesen. Aus Rache bringt er nun Bill um seine Arbeit und stellt Sadie weiter nach. Bei einem Kneipenbummel hört Bill einen Schuß. Er sieht Andy schwer verletzt am Boden liegen; Sadie soll als Täterin verhaftet werden. Aber wieder kann Bill ihr helfen: In Wirklichkeit hat Lou (O. B.) geschossen, Andys Frau, die er verlassen hatte und die dadurch zur Dirne geworden war. Dieses Erlebnis hat Bill völlig verändert. Als er seine nächste Heuer bekommt, erkennt er bei der Ausfahrt, wie sehr er Sadie liebt. Er springt über Bord und schwimmt an Land – zu Sadie.
Die Geschichte ist reichlich melodramatisch geraten. Ein düsteres Schicksal, dem sie nicht entrinnen können, scheint über den Menschen zu walten. Aber für die melodramatischen Akzente entschädigt die vorzügliche Zeichnung eines Milieus, das Sternberg noch aus seinem Film *The salvation hunters* (1925) vertraut war.

Dodes'ka-den

(Dodeskaden – Menschen im Abseits)

Japan, 1970

R: Akira Kurosawa; A: Akira Kurosawa, Hideo Oguni und Shinobu Hashimoto nach dem Roman *Stadt ohne Jahreszeiten* von Shûgurô Yamamoto; K: Takao Saitô, Yasumichi Fukuzawa; D: Yoshitaka Zushi, Junzaburô Ban, Kiyoko Tange, Hisashi Igawa, Hideko Okiyama, Kunie Tanaka, Shinsuke Minami, Noboru Mitani, Hiroyuki Kawase, Tomuko Naraoka, Hiroshi Akutagawa, Tatsuo Matsumura, Tomoko Yamakazi

Der Film beobachtet Menschen in einer erbärmlichen »Siedlung« am Rand einer Müllkippe in Tokio: den verkrüppelten Angestellten Shima (J. B.), der von seiner Frau (Ki. T.) tyrannisiert wird, die er aber doch gegen die Vorwürfe seiner Arbeitskollegen verteidigt; den Bürstenbinder Ryo (S. M.), der seine fünf Kinder zärtlich liebt, obwohl er weiß, daß sie alle nicht von ihm sind; die beiden Arbeiter Masuda (H. I.) und Kawaguchi (Ku. T.), die sich jeden Abend betrinken und gelegentlich ihre Frauen tauschen; den Herrn Kyota (T. M.), der vorgibt, etwas Besseres zu sein, und der seine Nichte (T. Y.) ausbeutet und verführt; den Bettler (N. M.), der von einem eigenen Haus träumt, und dessen Sohn (H. K.) an einer Lebensmittelvergiftung stirbt; schließlich Hei (H. A.), der sich in absolute Schweigsamkeit zurückgezogen hat, weil er sich durch seine Frau (T. N.) verletzt fühlt. Diese episodenhaft erzählten Schicksale werden durch die Gestalt des geistig behinderten Jungen Rokkuchan (Y. Z.) zusammengehalten, der jeden Tag eine imaginäre Straßenbahn durch das Elendsviertel fährt, wobei er die Fahrgeräusche lautmalerisch (»Do-des-ka-den«) nachahmt.

Dodes'ka-den (Noboru Mitani, Hiroyuki Kawase)

Kurosawas erster Farbfilm war ursprünglich vier Stunden lang; der Regisseur selbst hat ihn aber für den Kinoeinsatz auf gut zwei Stunden gekürzt. Es ist ein Film der Kontraste und der Widersprüche geworden, in dem realistische Zustandsschilderung und symbolische Überhöhung, filmische Kabinettstücke und theaterhafte Posen sich abwechseln, in dem radikale Farbexperimente den Zuschauer irritieren, wobei das alles aber seine genau kalkulierte Funktion hat. Kurosawa hat sein Sujet nicht für eine zornige soziale Anklage, sondern für eine vielschichtige Paraphrase über den Menschen und die Menschlichkeit genutzt. Er selbst hat seine Absicht präzise beschrieben: »Ich wollte der Schönheit und der Würde dieser Menschen, die auch das tiefste Elend nicht zerstören kann, ein Denkmal setzen!«

A dog's life Ⓢ
(Ein Hundeleben)
USA, 1918

R: Charles Chaplin; A: Charles Chaplin; K: Rollie Totheroh; D: Charles Chaplin, Edna Purviance, Sidney Chaplin

Charlie (C. C.) geht es erbärmlich schlecht. Mit seinem Hund Scraps nächtigt er hinter einem Bretterzaun. Sein Versuch, dem Besitzer einer Würstchenbude (S. C.) ein Würstchen zu stehlen, scheitert an der Wachsamkeit eines Polizisten. Auf dem Arbeitsamt schließt man vor seiner Nase die Schalter. Einziger Lichtblick: In einem Kabarett lächelt ihm die Sängerin (E. P.) zu. Und mit der Liebe kommt das Glück. Scraps gräbt eine von Räubern vergrabene Brieftasche aus, und als die Ganoven ihr Beutegut zurückerobern wollen, setzt Charlie sie mutig mit einem Holzhammer außer Gefecht. Glücklich zieht er mit seinem Mädchen, mit Scraps und dem Geld von dannen. Aber eigentlich glaubt man nicht recht an die Dauer dieses Glücks ...
Wie in *The immigrant* nimmt Chaplin auch hier die Realität, tatsächliche soziale Mißstände aufs Korn. Das Schicksal der Arbeitslosen wird in der Komödie ohne jede Verniedlichung deutlich. Aggressiver Höhepunkt ist dabei die Szene, in der Scraps mit ein paar Hunden erbittert um einen Knochen kämpft. Gerade vorher hatte man Charlies vergeblichen Kampf auf dem Arbeitsamt gesehen. Die Assoziation ist eindeutig.

La dolce vita (Anita Ekberg)

La dolce vita

(Das süße Leben)

Italien/Frankreich, 1959

R: Federico Fellini; A: Federico Fellini, Tullio Pinelli, Ennio Flaiano; K: Otello Martelli; D: Marcello Mastroianni, Alain Cuny, Anouk Aimée, Anita Ekberg, Lex Barker, Yvonne Furneaux

In den Erlebnissen des Journalisten Marcello (M. M.) spiegelt sich der Leerlauf der High-Society, die Zwiespältigkeit des Lebens. Anfangs berichtet Marcello über einen seltsamen Transport: Ein Hubschrauber fliegt mit einer riesigen Christusstatue über Rom. Marcello trifft Maddalena (A. A.), die Tochter eines Millionärs, und schläft mit ihr im Zimmer einer Prostituierten. Er führt seinen Vater, der zu Besuch kommt, durch Rom, ohne einen echten Kontakt zu ihm zu finden. Seine Geliebte (Y. F.) macht einen Selbstmordversuch. Er begleitet einen amerikanischen Filmstar (A. E.) durch die Stadt und wird von ihrem Mann (L. B.) zusammengeschlagen. In der Umgebung Roms berichtet er über eine angebliche Marienerscheinung. Sein Freund Steiner (A. C.) tötet seine Familie und begeht Selbstmord – »aus Angst vor dem Leben«. Nach einer wüsten, ausschweifenden Party steht Marcello mit einer übernächtigten Gesellschaft bei Sonnenaufgang am Strand und sieht zu, wie Fischer einen riesigen toten Rochen an Land ziehen. Auf der anderen Seite eines Wasserlaufes steht ein junges Mädchen. Es ruft Marcello etwas zu. Er versteht nicht, winkt und geht zu seinem Wagen.

Marcello ist nicht nur dramaturgisches Requisit. Er steht hier für die Menschen, die glauben, nur kühle Beobachter zu sein, und die sich doch selbst längst an das Leben verloren haben.

Der Film besteht aus einer Folge lose verknüpfter Episoden, die von der Ekstase und von der Ernüchterung handeln. Fellini will das Milieu attackieren, das er vorstellt, er will die Leere dieser Existenz anprangern. Aber zweifellos geht es ihm auch um eine Botschaft, sieht er eine Hoffnung im Christentum. Darauf verweist die Eingangssequenz mit den Hubschraubern, darauf verweist auch die Schlußszene mit dem Fisch und dem Anruf des »reinen« Mädchens, den Marcello (noch?) nicht versteht. Dabei gelangen Fellini am besten die Szenen, in denen er nur kühl und gleichsam hautnah beobachtet – Partien mit der Ekberg, die falsche Marien-

Erscheinung, die Party. Mißglückt dagegen ist die allzu geschwätzige Steiner-Episode, in der Hintergründigkeit einfach behauptet wird. Überhaupt erweist sich der zeitkritische Film bei einem Wiedersehen heute auch recht zeitgebunden.

Domenica d'agosto

(Ein Sonntag im August)

Italien, 1949

R: Luciano Emmer; A: Sergio Amidei, Cesare Zavattini, Franco Brusati, Giulio Macchi, Luciano Emmer; K: Domenico Scala, Leonida Barboni, Ubaldo Marcelli; D: Anna Baldini, Emilio Cigoli, Franco Interlenghi, Anna Medici, Marcello Mastroianni, Elvi Lissiak, Massimo Serrato

Der Film besteht aus einer Vielzahl kleiner, raffiniert verschränkter Episoden, die anekdotisch von den Erlebnissen römischer Bürger und Kleinbürger an einem Sonntag in Rom und am Strand von Ostia berichten. Herr Mantovani (E. C.) findet die Frau fürs Leben. Das Dienstmädchen Rosetta (A. M.), das in den Polizisten Ercole (M. M.) verliebt ist, verliert seine Stellung, weil es ein Kind erwartet. Marcella (A. B.) und Enrico (F. I.) treffen sich am Strand der Reichen und spielen sich gegenseitig eine Komödie vor, bis sie merken, daß sie beide Nachbarn aus dem Arbeiterviertel sind. Luciana (E. L.) entdeckt, daß ihr vornehmer Freund Roberto (M. S.) ein Kuppler ist usw.

Ein Vorteil des Films ist die genaue Beobachtung, die liebevolle und realistische Detailschilderung aus dem Leben einfacher Leute. Die einzelnen Episoden sind jedoch recht ungleich gewichtig, was den Film ein wenig unübersichtlich macht. So mutet er eigentlich eher wie ein verheißungsvolles Versprechen an, wie die Vorstudie zu einem ganz und gar geglückten Film.

Le dossier noir

(Die schwarze Akte)

Frankreich/Italien, 1955

R: André Cayatte; A: Charles Spaak, André Cayatte; K: Jean Bourgoin; D: Jean-Marc Bory, Antoine Balpêtré, Danièle Delorme, Paul Frankeur, Lea Padovani, Bernard Blier

Der junge Jacques Arnaud (J. M. B.) kommt als Untersuchungsrichter in eine französische Kleinstadt. Bei der Untersuchung eines Bagatellfalles äußert der Zeuge Dutoit (A. B.) einen merkwürdigen Verdacht: Man habe eventuell bei ihm einbrechen wollen, um belastendes Material zu stehlen, das Arnauds Vorgänger Le Guen gegen den reichen Bauunternehmer Broussard (P. F.) gesammelt haben soll und das einige Leute im Besitz von Dutoit vermuten. Arnaud stellt fest, daß Le Guen an einem Herzschlag gestorben ist, einen Tag bevor das Thema »Broussard« im Stadtrat zur Sprache gebracht werden sollte. Er läßt die Leiche exhumieren, und man entdeckt Spuren von Gift. Arnaud, die Polizei und schließlich gar ein Kommissar aus Paris (B. B.) forschen weiter und finden viele, allzu viele Verdächtige: zweifellos sind Broussards Intrigen unlauter, Frau Le Guen (L. P.) hatte ein Verhältnis mit ihrem Schwager, Dutoit selbst schuldete Le Guen Geld, und seine Tochter Yvonne (D. D.) war die Geliebte Le Guens. Viel Schmutz und menschliche Schwächen werden aufgedeckt. Am Ende wird Arnauds Verdacht entkräftet, aber unterdessen sind das Glück und das Ansehen einiger Menschen zerstört.

Letzter Teil der »Justiz-Trilogie« Cayattes, zu der noch die Filme *Justice est faite* (1950) und *Nous sommes tous des assassins* (1952) gehören. Diesmal untersucht Cayatte die Problematik der gerichtlichen Voruntersuchung und der Polizeimethoden. Wieder ist das Thema effektvoll in Szene gesetzt, wieder gibt es bemerkenswerte darstellerische Leistungen. Aber die allzu spitzfindige Konstruktion der Zufälle und eine unökonomische Anhäufung von Problemen nehmen dem Film viel von seiner Überzeugungskraft.

Double indemnity
(Frau ohne Gewissen)

USA, 1943

R: Billy Wilder; A: Billy Wilder und Raymond Chandler nach dem gleichnamigen Roman von James M. Cain; K: John F. Seitz; D: Barbara Stanwyck, Fred MacMurray, Edward G. Robinson, Tom Powers

Phyllis Dietrichson (B. S.) ist mit einem älteren, reichen Mann (T. P.) verheiratet. Aber ihre Ehe war nur Spekulation. Jetzt bringt sie den smarten jungen Versicherungsagenten Walter Neff (F. MM.) dazu, mit ihr gemeinsam ihren Mann zu töten. Der Mord wird so raffiniert eingefädelt, daß der Tod des Mannes wie ein Unfall erscheint, wodurch zusätzlich eine hohe Versicherungssumme fällig wird. Alles scheint zu klappen; doch schließlich erkennt Neff, daß er für die Frau, die bereits ihre Vorgängerin kaltblütig umgebracht hat, nur ein Werkzeug gewesen ist. Verzweifelt schießt er sie nieder, wird selbst getroffen und schwer verletzt und spricht für seinen Freund und Vorgesetzten Barton Keyes (E. G. R.) auf ein Tonband seine »Beichte«.
Einer der besten Filme Wilders und ein vorzügliches Beispiel für jene »schwarze Serie«, mit der einige Autoren und Regisseure in Hollywood auf die heillose Verwirrung der damaligen Zeit reagierten. Düsterer Pessimismus herrscht, ein Menschenleben ist wohlfeil geworden. Außerdem wird hier gezielt der Mythos der amerikanischen Frau demontiert. Sie ist nicht mehr naive Unschuld, nicht mehr der gute Kamerad, sondern ein vom Luxus verwöhntes, von der Besitzgier verdorbenes, berechnendes und kaltblütiges Geschöpf. Billy Wilder hat das in klug verschachtelten Rückblenden, die eine genaue Balance zwischen Spannung und Reflexion ermöglichen, sehr suggestiv erzählt.

Le doulos
(Der Teufel mit der weißen Weste)

Frankreich/Italien, 1962

R: Jean-Pierre Melville; A: Jean-Pierre Melville nach einem Roman von Pierre Leson; K: Nicolas Hayer; D: Serge Reggiani, Jean-Paul Belmondo, Fabienne Dali, Jean Desailly, Michel Piccoli, René Lefèvre, Monique Hennesy, Carl Studer

Nach seiner Entlassung aus dem Zuchthaus erschießt Maurice (S. R.) seinen Freund Gilbert (R. L.), weil dieser Maurices Freundin Arlette umgebracht hat. Dann will Maurice einen neuen Coup landen; aber die Polizei erscheint, und sein Kumpel Rémy sowie Kommissar Clain (J. D.) bleiben tot auf der Walstatt. Man muß annehmen, daß sein Freund Silien (J. P. B.) Maurice verraten hat; denn Silien hat aus Maurices neuer Freundin Thérèse (M. H.) die Einbruchs-Adresse herausgeprügelt. Und Thérèse, so erfährt man aus der Zeitung, ist später mit ihrem Wagen in einen Steinbruch gestürzt worden. Maurice wird verhaftet. Doch man kann ihm den Einbruch nicht beweisen, und erst nach seiner Entlassung erfährt er die Wahrheit: Thérèse war der Spitzel, Silien wollte ihn retten und hat, als er zu spät gekommen ist, wenigstens Thérèse bestraft. Aber jetzt fällt Maurice ein, daß er in der Haft den Killer Kern (C. S.) beauftragt hat, den »Verräter« Silien umzubringen. Vergeblich versucht er, Kern zu erreichen, um den Auftrag zurückzunehmen. Und als er Silien retten will, kommt es zu einer Schießerei, bei der Maurice, Silien und Kern auf der Strekke bleiben.
Vordergründig scheint das nur eine zynisch-unterkühlte Gangster-Moritat; und weitere Nebenhandlungen und Tote könnten diesen Eindruck bestätigen. In Wirklichkeit geht es Melville um etwas anderes: Alle seine Helden sterben eigentlich, weil sie sich bei ihrem »Geschäft« den Luxus von Gefühlen leisten, weil sie den falschen Leuten vertrauen oder mißtrauen. Die Gangsterstory wird zum Vexierspiel mit menschlichen Unzulänglichkeiten, zu einer komplexen Studie über die heillose Verwirrung dieser Welt.

Dracula
(Dracula)

USA, 1930

R: Tod Browning; A: Garrett Fort nach dem gleichnamigen Roman von Bram Stoker und einem Bühnenstück von Hamilton Deane und

John L. Balderston; K: Karl Freund; D: Bela Lugosi, Helen Chandler, David Manners, Edward Van Sloan, Dwight Frye

Graf Dracula (B. L.) ist ein »Untoter«, ein Vampir, der nachts aus seinem Grab steigt, um Blut zu saugen. Er kommt nach England, wo er das Mädchen Mina (H. C.) trifft, die alsbald unter seinen Einfluß gerät. Zwar warnt Dr. van Helsing (E. V. S.) Minas Verlobten John Harker (D. M.) und macht ihn darauf aufmerksam, daß Dracula ein Vampir ist; aber Draculas Einfluß auf das Mädchen ist bereits zu groß. Er entführt Mina schließlich; Harker, van Helsing und Renfield (D. F.), eines von Draculas Opfern, verfolgen den Vampir. Als er beim Morgengrauen in seine Grabkammer zurückkehren muß, können sie ihn endlich überwältigen.

Der Film ist ziemlich unausgeglichen. Neben Szenen, in denen das Unheimliche unmittelbar im Bild lebendig wird, stehen andere, denen die Herkunft des Films von einem Bühnenstück allzu deutlich anzumerken ist. Browning und Lugosi machten gemeinsam eine Gestalt populär, die seither in Dutzenden von Filmen sehr unterschiedlicher Qualität wiederbelebt worden ist. Viele Schauspieler sind in die Rolle Draculas geschlüpft. Nur wenige haben Lugosis finstere Würde wieder erreicht, die ihm – auch in weiteren Dracula-Rollen – beim Publikum immer wieder einen Rest von Mitleid sicherte. Lugosi starb 1956 – wie es heißt – in geistiger Umnachtung und besessen von dem Gedanken, er sei tatsächlich Dracula.

The draughtman's contract

(Der Kontrakt des Zeichners)

England, 1982

R: Peter Greenaway; A: Peter Greenaway; K: Curtis Clark; D: Anthony Higgins, Janet Suzman, Anne Louise Lambert, Hugh Fraser, Dave Hill

Im Sommer 1694 akzeptiert der junge Landschaftsmaler Neville (A. H.) den Auftrag, zwölf Skizzen des Herrensitzes Compton Anstey zu zeichnen, mit denen Mrs. Herbert (J. S.) ihren Gatten (D. H.) nach dessen Rückkehr von einer Reise überraschen will. Ein Kontrakt garantiert Neville u. a. einen guten Preis, Kost und Logis für zwei Wochen – und die Bereitschaft der Auftraggeberin, »seinen Wünschen zu entsprechen betreffs seines Vergnügens mit ihr«. Gleichartiges Vergnügen genießt Neville bald auch bei Mrs. Herberts verheirateter Tochter, Mrs. Talmann (A. L. L.), wobei es ihm besondere Befriedigung gewährt, den hochnäsigen Mr. Talmann zum Hahnrei zu machen. Außerdem verfertigt Neville auch pünktlich zwölf ansehnliche Skizzen. Und durch die wird er plötzlich in einen Kriminalfall verwickelt. In einem Teich nämlich wird die Leiche von Mr. Herbert gefunden; und Details auf den Zeichnungen, die Neville ahnungslos beobachtet und festgehalten hat, scheinen darauf hinzuweisen, daß es sich hier nicht um einen Unfall, sondern um Mord handelt. Als Neville im Herbst nach Compton Anstey zurückkehrt, um eine dreizehnte Skizze – vom Fundort der Leiche – zu verfertigen, erfährt er endlich die Wahrheit. Die beiden Damen haben sich seiner nur bedient, um einen Erben zur Welt bringen zu können. Der hochgemute Künstler war lediglich eine Marionette in einer komplizierten Erbschafts-Intrige; und er wird am Ende – ermordet – ihr zweites Opfer.

Zunächst einmal ist dies ein intelligenter und unterhaltsamer »Kostüm-Thriller« in bewährter britischer Tradition. Aber Greenaways Film ist auch eine ironische Paraphrase über das Verhältnis von Kunst und Wirklichkeit, von Künstler und Gesellschaft. Vorübergehend scheint es so, als könne die Kunst die Wirklichkeit entlarven und der Künstler die Gesellschaft beherrschen. Aber am Ende werden doch die wahren »Machtverhältnisse« wiederhergestellt, triumphieren die Realität und das Geld. Peter Greenaway hat das als ein kompliziertes Geflecht von Beobachtungen, Stimmungen und Ereignissen kunstvoll arrangiert; und er hat dabei aus einem historischen Stoff ganz ohne modernistische Attitüde einen sehr modernen Film gemacht.

Die Dreigroschenoper

Deutschland/USA, 1931

R: G. W. Pabst; A: Leo Lania, Ladislaus Vajda und Béla Balázs nach dem Bühnenstück von Bert Brecht; K: Fritz Arno Wagner; D: Rudolf

Forster, Carola Neher, Reinhold Schünzel, Fritz Rasp, Valeska Gert, Lotte Lenya, Hermann Thimig, Ernst Busch

Der Film folgt zunächst in großen Zügen seiner literarischen Vorlage: Der Gangster Mackie Messer (R. F.) verliebt sich in Polly (C. N.), die Tochter des Bettlerkönigs Peachum (F. R.) und seiner Frau (V. G.). Er läßt die Hure Jenny (L. L.) im Stich, um Polly zu heiraten. Peachum ist über diese Mesalliance entsetzt und erpreßt den Polizeichef Tiger Brown (R. S.): Entweder wird Mackie gefangen und gehängt, oder ein Protestzug der Bettler stört die Krönungsfeierlichkeiten, und Brown verliert seinen Posten. Mackie wird verhaftet.

Der Schluß ist im Film verändert. Im Original wird Mackie durch einen »reitenden Boten des Königs« unter dem Galgen begnadigt. Im Film überzeugt Polly die »Mitarbeiter« ihres Mannes, daß es sinnlos ist, Banken zu berauben. Sie kauft sie statt dessen. Peachums Bettler stellen sich gegen ihn und führen ihren Protestmarsch auf eigene Faust durch, wodurch Peachum seine Existenz und Tiger Brown seinen Posten verliert. Zusammen mit dem durch eine List befreiten Mackie werden sie Vorstandsmitglieder von Pollys Bank.

Der Film wurde zunächst bekannt durch einen (erfolglosen) Prozeß, den Brecht und Weill wegen der »Verfälschung« ihres Werks gegen die Produzenten anstrengten. Tatsächlich ist der Film weniger aggressiv als seine Vorlage. Das liegt aber nicht an der Änderung des Schlusses, die eher noch die sozialkritische Tendenz verdeutlicht. Gemildert wurde die Handlung vor allem durch den Stil der Inszenierung. In den phantastischen Dekors von Andrejew lief die Handlung wie ein Traum ab, wobei Pabst besonders die bizarren und skurrilen Aspekte der Satire betonte. Trotzdem bleibt diese Inszenierung eine bemerkenswerte künstlerische Leistung; und zweifellos hat sie den Geist der Vorlage nicht verraten. Eine Neuverfilmung (BRD/Frankreich 1963) von Wolfgang Staudte mißglückte trotz »großer« Besetzung (Curd Jürgens, Sammy Davis jr., Hildegard Knef u. a.) und geriet zum oberflächlichen Musical.

Die Drei von der Tankstelle

Deutschland, 1930

R: Wilhelm Thiele; A: Franz Schulz, Paul Frank; K: Franz Planer; D: Lilian Harvey, Willy Fritsch, Oskar Karlweis, Heinz Rühmann, Fritz Kampers

Der Bankrott ihres Bankiers hat die drei Freunde Willy (W. F.), Kurt (O. K.) und Hans (H. R.) um ihr Geld gebracht. Mit ihren letzten Reserven pachten sie eine Tankstelle, von deren Einkünften sie mehr schlecht als recht leben. Bald wird die charmante Lilian (L. H.) Stammkundin. Alle drei Freunde verlieben sich in sie, während Lilian sich nur für Willy interessiert. Ihr Versuch, die Situation zu klären, scheitert; Willy verläßt die Freunde und die Tankstelle. Doch Lilian weiß Rat: Ihr reicher Vater (F. K.) gründet eine große Tankstellen-Gesellschaft und engagiert die drei Freunde als Direktoren. Als Willy merkt, für wen er arbeitet, will er sofort kündigen; aber mit weiblicher List sorgt Lilian für das Happy-End.

Der Film wurde als »Tonfilm-Operette« angekündigt und enthielt zahlreiche eingängige Lieder (»Liebling, mein Herz läßt Dich grüßen«, »Ein Freund, ein guter Freund« u. a.), für die Werner Richard Heymann die Musik schrieb. Heymann, Thiele und Karlweis mußten 1933 Deutschland verlassen; der Film wurde 1937 verboten.

Der Publikumserfolg dieses Films ist schon beinah legendär. Sein Handlungsschema wurde später vielfach variiert, und seine Hauptdarsteller Willy Fritsch und Lilian Harvey waren auf Jahre hinaus das berühmteste Liebespaar des deutschen Films. 1955 entstand unter der Regie von Hans Wolff und unter dem gleichen Titel ein blasses Remake. Die Hauptrollen spielten jetzt Germaine Damar (Gaby) und Adrian Hoven (Peter). Willy Fritsch erschien in der Neuverfilmung als Vater der Heldin.

Dr. Jekyll and Mr. Hyde

(Dr. Jekyll und Mr. Hyde)

USA, 1931

R: Rouben Mamoulian; A: Samuel Hoffenstein und Percy Heath nach der Erzählung *The strange case of Dr. Jekyll and Mr. Hyde* von

Robert Louis Stevenson; K: Karl Struss; D: Fredric March, Miriam Hopkins, Rose Hobart

Verfilmung der gleichnamigen Erzählung von Stevenson mit Fredric March als Dr. Jekyll und Mr. Hyde, Rose Hobart als Verlobte Dr. Jekylls, Miriam Hopkins als Geliebte Mr. Hydes.
Bei Mamoulian ist die Verwandlung Dr. Jekylls in den skrupellosen Mr. Hyde nicht nur und nicht einmal in erster Linie wissenschaftliches Experiment, sondern vor allem die Selbstverwirklichung eines von Konventionen bedrängten Individuums, wobei der sexuelle Aspekt unübersehbar ist. Erst als Mr. Hyde kann sich Jekyll seine geheimen Wünsche erfüllen; und konsequent jubelt er nach seiner ersten Verwandlung: »Frei, endlich frei!«
Mamoulian hat seine Lesart des Romans allerdings selbst in Frage gestellt, indem er den Hyde wieder als abstoßend-häßlichen Teufel in Menschengestalt zeichnete. Im Sinne seiner Interpretation hätte etwas weniger Maske zweifellos mehr Wirkung bedeutet. In der filmischen Gestaltung nutzte die Regie geschickt und mit Geschmack die Effekte des Gruselfilms: Schatten, flackernde Lichter etc.
Weitere bekannte Verfilmungen: von John S. Robertson (USA 1920) mit John Barrymore; von Victor Fleming (Arzt und Dämon – USA 1941) mit Spencer Tracy; von Jean Renoir (*Le testament du Docteur Cordelier* – Das Testament des Dr. Cordelier, Frankreich 1959) mit Jean-Louis Barrault.

Dr. Mabuse, der Spieler (I und II) Ⓢ

(I. Teil: *Der große Spieler, ein Bild unserer Zeit*; II. Teil: *Inferno, ein Spiel vom Menschen unserer Zeit*)

Deutschland, 1922

R: Fritz Lang; A: Fritz Lang und Thea von Harbou nach Motiven des gleichnamigen Romans von Norbert Jacques; K: Carl Hoffmann; D: Rudolf Klein-Rogge, Aud Egede Nissen, Alfred Abel, Gertrude Welcker, Bernhard Goetzke, Paul Richter

Der berühmte Psychoanalytiker Dr. Mabuse (R. K. R.) verspricht den verzweifelten, haltlosen Menschen der Nachkriegszeit Heilung. Aber in Wirklichkeit ist der angebliche Wohltäter ein raffinierter Verbrecher, ein Falschspieler und Falschmünzer. In seinem Auftrag verführt die Tänzerin Cara Carozza (A. E. N.), die ihm hörig ist, den jungen Millionärssohn Hull (P. R.), dem Mabuse beim Spiel 50000 Mark abnimmt. Aber durch Hull kommt Staatsanwalt von Wenk (B. G.) auf die Spur des geheimnisvollen Mannes. Wenk besucht Spielklubs, um den gefährlichen Verbrecher ausfindig zu machen. Zunächst lernt er hier die Gräfin Told (G. W.) kennen, doch dann sitzt er eines Abends, ohne es zu wissen, Mabuse gegenüber. Wenk kann sich als erster dem hypnotischen Zwang entziehen, mit dem Mabuse seine Mitspieler besiegt. Auch Mabuse erkennt in ihm jetzt seinen Feind: Ein Mordanschlag auf Wenk mißlingt, an seiner Stelle wird Hull getroffen. Mabuses nächstes Opfer ist Graf Told (A. A.), den er mit seiner hypnotischen Kraft zwingt, falsch zu spielen. Dann behandelt er ihn als Arzt und vermeintlich teilnahmsvoller Freund und überantwortet ihn dabei dem Alkohol. Told begeht schließlich Selbstmord. Aber Wenk erfährt von der seltsamen Beziehung des Toten zu Mabuse. Endlich hat er eine Spur. Mabuses Haus wird umstellt und nach heftigem Feuergefecht eingenommen. Zwar kann Mabuse noch einmal in die unterirdischen Gänge entkommen, in denen Blinde Tag und Nacht für ihn arbeiten. Doch auch hier spürt ihn Wenk auf. Aber Mabuse entgeht der irdischen Gerechtigkeit; er wird wahnsinnig.
Zunächst einmal ist dies ein perfektes Melodrama, dessen beide Teile bei einer Laufzeit von über drei Stunden eine Überfülle von Zwischenfällen, Verwicklungen und Ereignissen brachten. Es wurde geliebt, geschossen, intrigiert und gelitten; düstere Gassen und drohende Schatten verbreiteten Schauder; die übermenschliche Macht des genialen Verbrechers ließ nichts unmöglich erscheinen und alles befürchten. Diesen Wust an Handlung hat nun Fritz Lang in eine strenge Form gefügt. Jahre später nannte Lang den *Mabuse* einen »Dokumentarfilm«; und Dokument war er zweifellos – nicht im Sinne der realistischen Darstellung tatsächlicher Ereignisse, aber in der Wiedergabe einer Zeitsituation, einer Lebenshaltung, die die instinktiv erahnte Bedrohung in einer Gestalt personifiziert sehen wollte. Für das zeitgenössische Publikum waren zweifellos viele Einzelheiten der filmischen Gestaltung nicht nur einfache Span-

Dr. Mabuse (2. v. l.: Aud Egede Nissen; 5. v. l.: Alfred Abel)

nungselemente, sondern sichtbare Zeichen dieser Bedrohung: das expressive Spiel der Darsteller, die scheinbare Allmacht des Bösen, das ungewisse Spiel von Licht und Schatten und die expressionistische Dekoration (Otto Hunte, Stahl-Urach), die durchaus den Geist einer aus den Fugen geratenen Zeit widerspiegelte.
Ahnungsvoller als es Verleihkatalogen gemeinhin gelingt, drückte es damals der Katalog der Decla-Bioscop aus: »Eine von Krieg und Revolution zusammengefegte, zusammengetrampelte Menschheit rächt sich für die Jahre qualvollen Ernstes, indem sie von Begierde zu Genuß, von Genuß zu Begierde eilt. Ein ruhiger, besonnener Mensch geht unangefochten durch den Taumel der anderen, ein Mensch, der das Recht um seiner selbst willen ehrt – eine lebendige Bürgschaft für die Hoffnung, daß jenseits des Abgrunds schöneres Neuland liegen muß – wenn es nur gelingt, die Brücke hinüber zu finden.«
Nun, es gelang nicht, weil das deutsche Volk wenig später seine unklaren Hoffnungen genauso personalisierte wie hier seine Ängste.
Die Zeitbezüge seines Films hat Fritz Lang später selbst noch betont. In *Das Testament des Dr. Mabuse* (Deutschland 1932) wollte er nach eigenen Worten in der Gestalt des Mabuse die nationalsozialistische Ideologie und die Weltherrschaftspläne Hitlers treffen. Stark verflacht, aber immerhin noch existent waren Bezüge zur NS-Ideologie in einem weiteren Mabuse-Film Langs (*Die 1000 Augen des Dr. Mabuse*, BRD 1960). In der Folge erwies sich die Gestalt des genialen Verbrechers als äußerst zählebig. Andere Regisseure erweckten Mabuse zu neuem Leben und benutzten ihn als Attraktion für eine Reihe zweit- und drittklassiger Thriller, in denen die Titelgestalt lediglich Alibi für abstruse kriminalistische und dramaturgische Konstruktionen war.

Drôle de drame

(Ein sonderbarer Fall)

Frankreich, 1937

R: Marcel Carné; A: Jacques Prévert nach einem Roman von Storer Clouston; K: Eugen Schüfftan; D: Françoise Rosay, Michel Simon, Louis Jouvet, Jean-Louis Barrault, Jean-Pierre Aumont

Der angesehene Botaniker Molyneux (M. S.) gerät in eine unangenehme Situation, als sein Verwandter, der Bischof von Bedford (L. J.), sich zum Abendessen ansagt; denn die Köchin

hat just an diesem Tag gekündigt. Kurz entschlossen spielt Madame Molyneux (F. R.) die Köchin, während ihr Mann erklärt, seine Frau sei aufs Land gefahren. Das plötzliche »Verschwinden« seiner Frau bringt Molyneux in den Verdacht, er habe sie ermordet. Die Polizei rückt an, und Frau Molyneux flüchtet verschreckt in ein Hotel. Hier verliebt sich ein junger Mann in sie, der in Wirklichkeit der bekannte Massenmörder Kramps (J. L. B.) ist. Die Situation wird dadurch noch unübersichtlicher, daß Kramps dem Kriminalautor Felix Chapel den Tod geschworen hat; denn hinter diesem Pseudonym verbirgt sich Monsieur Molyneux. Das Durcheinander wird vollständig, als Kramps und Molyneux zusammentreffen, als eine Zeitung den bekannten Autor Chapel mit der Lösung des Falles beauftragt und als sich herausstellt, daß sich Molyneux seine Kriminalgeschichten von seiner Sekretärin erzählen läßt, die sie wiederum der Phantasie des Milchmannes (J. P. A.) verdankt. Bei einem turbulenten Zusammentreffen im Haus von Molyneux taucht die vermißte Ehefrau wieder auf; die Polizei macht sich mitsamt einer großen Menschenmenge an die Verfolgung von Kramps.
Eine intelligente und groteske Komödie von durchaus anarchistischem Zuschnitt. Die Vertreter der Staatsautorität, der Bischof und die Polizei, erscheinen als heuchlerisch und dümmlich; der gute Bürger Molyneux hütet ängstlich das Geheimnis seiner Doppelexistenz und zehrt von den Einfällen seines Milchmannes; die Zeitungen lassen sich von einem Blender bluffen; und lediglich der Bauchaufschlitzer Kramps handelt »vernünftig« und mit innerer Logik. Er aber ist letzten Endes auch der Betrogene und wird von allen Beteiligten aufatmend als Störenfried bürgerlicher Ruhe verfolgt.

Dr. Strangelove, or: How I learned to stop worrying and love the bomb

(Dr. Seltsam, oder: Wie ich lernte, die Bombe zu lieben)

England, 1963

R: Stanley Kubrick; A: Stanley Kubrick, Terry Southern und Peter George nach dem Roman *Red alert* von Peter George; K: Gilbert Taylor; D: Peter Sellers, George C. Scott, Sterling Hayden, Keenan Wynn, Slim Pickens

Jack D. Ripper (S. H.), Kommandant eines US-Luftwaffenstützpunktes, dreht durch und führt auf eigene Faust einen atomaren Schlag gegen die Sowjets. Er schickt seine Bomber los, die nur er selbst mit dem Geheimcode zurückrufen könnte. Der Präsident (P. S.) ist fassungslos und warnt zunächst einmal über den »heißen Draht« seinen sowjetischen Kollegen; dann läßt er Rippers Stützpunkt von Fallschirmjägern erobern. Zwar hat sich Ripper ehrenhaft umgebracht, aber sein Adjutant (P. S.) knobelt den Code aus, mit dem tatsächlich die Bomber zurückgerufen werden können. Doch alsbald lähmendes Entsetzen: Major »King« Kong (S. P.) aus Texas hat das fliegerische Kunststück fertiggebracht, seine von einer russischen Luftabwehr-Rakete getroffene B 52 in der Luft zu halten. Und da durch die Beschädigung sein Code-Empfänger ausgefallen ist, wirft er seine Atombomben ab, worauf bei den Russen automatisch eine »Weltuntergangsmaschine« in Tätigkeit tritt, die ebensowenig zu stoppen ist wie »King« Kongs Bomber. Im Schlußbild entwikkelt ein obskurer Dr. Seltsam (P. S.) im strahlensicheren Unterstand des Präsidenten Überlebenspläne.
Eine makabre Groteske, die zwischen Scherz und lähmendem Entsetzen balanciert und die nur dort ihre Wirkung verliert, wo sie sich eindeutig für den Scherz entscheidet. Auch die Figur des Dr. Seltsam, in dem offenbar die ehemals deutschen Raketenfachleute persifliert werden sollen, überzeugt nicht recht. Sie ist allzu karikiert und diskreditiert durch faschistische Akzente allgemein die »Eggheads«. Sonst aber gelingt es Kubrick, durch eine raffinierte Inszenierung Gelächter in Grauen aufgehen zu lassen, deutlich zu machen, wie eine perfekte Maschinerie dem Fehlverhalten – möglicherweise – bornierter Einzelgänger ausgeliefert ist. Eine Spielart dieser Spezies ist auch noch General Turgidson (G. C. S.), den bis kurz vor dem bitteren Ende der Stolz auf die fliegerische Leistung des unseligen Majors aus Texas nicht verläßt.

Duck soup

(Die Marx-Brothers im Krieg)

USA, 1933

R: Leo McCarey; A: Bert Kalmar, Harry Ruby, Arthur Sheekman, Nat Perrin; K: Henry Sharp; D: Groucho Marx, Harpo Marx, Chico Marx, Zeppo Marx, Margaret Dumont

Der Staat Freedonia steht vor dem Bankrott, als die reiche Amerikanerin Mrs. Teasdale (M. D.) ihm einen großzügigen Kredit anbietet. Ihre einzige Bedingung: Der skrupellose und tüchtige Geschäftsmann Rufus T. Firefly (G. M.) muß Präsident werden. Rufus rückt an – mit seinem Chauffeur Pinkie (H. M.) und einem Herrn namens Chicolini (C. M.), der sein Kriegsminister wird. Rufus errichtet eine turbulente Diktatur, während Pinkie und Chicolini für den Nachbarstaat Sylvania spionieren. Es kommt zum Krieg zwischen Freedonia und Sylvania, der mit dem Sieg von Freedonia endet. Doch als Mrs. Teasdale den Sieg feierlich begehen will, wird sie von Rufus, Pinkie und Chicolini schimpflich mit Äpfeln beworfen.

Wie in fast allen Filmen der Marx-Brothers ist auch hier die Handlung nur ein dünner roter Faden, an dem eine Fülle surrealer, makabrer und oft auch gewalttätiger Gags aufgereiht ist. Und wie in all ihren Filmen spielt jeder der Brüder hier seine stets gleichbleibende Rolle. Groucho, der »Chef« der Truppe, ist ein skrupelloser, öliger Geschäftemacher mit einer Brille ohne Gläser, einem riesigen aufgemalten Schnurrbart und schleichendem Gang. Harpo, ein exzellenter Harfen-Virtuose, ist der Faun, der bedenkenlos nimmt, was ihm gefällt, stets auf der Jagd nach Mädchen; er ist stumm und trägt eine Autohupe am Gürtel, mit deren Hilfe er sich seinen Brüdern verständlich macht. Chico spielt den Typ des italienischen Einwanderers; er muß stets die niedrigen Arbeiten verrichten, aber er ist auch voll böser Einfälle. Zeppo blieb demgegenüber relativ blaß. Er verließ auch später die Truppe.

Die Komik der Marx-Brothers ist absurd und häufig anarchistisch. Aber ihre Absurdität entlarvt die Welt, in der sie leben; und sie rechtfertigt damit gleichsam, daß man diese Welt vom Standpunkt des Anarchisten aus betrachtet. Das erklärt auch ihren Erfolg gerade in der Zeit der amerikanischen Wirtschaftskrise und des »new deal«.

Weitere bekannte Filme der Marx-Brothers: *Monkey business* (Die Marx-Brothers auf See, R: Norman Z. McLeod, 1931), *A night at the opera* (Skandal in der Oper / Die Marx-Brothers in der Oper, R: Sam Wood, 1935), *The big store* (Die Marx-Brothers im Kaufhaus, R: Charles Reisner, 1941).

Duel in the sun

(Duell in der Sonne)

USA, 1946

R: King Vidor; A: David O. Selznick und Oliver Garrett nach einem Roman von Niven Busch; K: Lee Garmes, Hal Rosson, Ray Rennahan; D: Jennifer Jones, Gregory Peck, Joseph Cotten, Lionel Barrymore, Lillian Gish

Ihr Vater hat seine ungetreue Frau getötet und ist dafür hingerichtet worden. Sie selbst, das Halbblut Pearl Chavez (J. J.), wird von ihrer reichen Tante Laura Belle MacCanles (L. G.) aufgenommen. Die Tante und ihr Sohn Jesse (J. C.) sind freundlich zu Pearl; aber sie können sich nicht gegen den unbeugsamen Willen des gelähmten Senators MacCanles (L. B.) durchsetzen, der Pearl wegen ihrer Herkunft verachtet. Jesse verliebt sich in Pearl und möchte sie sogar heiraten; aber Pearl verfällt in Haßliebe Jesses jüngerem Bruder Lewt (G. P.), der keinen Zweifel läßt, daß er sie nur als Geliebte will. Immerhin schießt Lewt ihretwegen einen anderen Mann und später sogar seinen Bruder nieder und muß sich in den Bergen verstecken. Um Jesse vor einem neuerlichen Angriff zu schützen, willigt Pearl ein, Lewt noch einmal zu sehen. Als sie ihm gegenübersteht, hebt sie das Gewehr und schießt; Lewt schießt zurück. Beide sind tödlich getroffen. Im glühendheißen Wüstensand kriechen sie unendlich mühsam, unendlich lange aufeinander zu und sterben in einer letzten Umarmung.

Ein Film der »überlebensgroßen Gefühle«. Pearl und Lewt sind maßlos in ihrem Haß und ihrer Liebe; und King Vidor hat diese Leidenschaft mit echtem Pathos in Szene gesetzt. Produzent David O. Selznick sagte später, ihn habe es gereizt, den aufwendigsten (30 Millionen Dollar!) Western der Filmgeschichte zu drehen. Vidor hat dafür gesorgt, daß der Film nicht nur aufwendig, sondern auch bemerkenswert wurde. Unter anderem galt damals auch seine Farbgestaltung als sensationell.

Due soldi di speranza

(Für zwei Groschen Hoffnung)

Italien, 1952

R: Renato Castellani; A: Renato Castellani, Ettore M. Margadonna und Titina De Filippo nach einem Entwurf von Renato Castellani und Ettore M. Margadonna; K: Arturo Gallea; D: Vincenzo Musolino, Maria Fiore, Filomena Russo, Luigi Astarita

Nach seiner Rückkehr vom Militärdienst sucht Antonio (V. M.) in seinem kleinen Heimatdorf verzweifelt Arbeit. Er braucht sie um so nötiger, als er Carmela (M. F.) heiraten will, deren Vater (L. A.) es zu einigem Wohlstand gebracht hat. Er will seine Tochter keinem »Habenichts« geben. Als alle Versuche Antonios – u. a. als Küster, Omnibusfahrer, Blutspender – mißlingen, heiratet er Carmela ohne Zustimmung ihres Vaters. In der Schlußszene deutet sich an, daß das ganze Dorf dem jungen Liebespaar helfen will.

Der überwiegend komödiantische Film verbindet Humor mit Sozialkritik. Im Mittelpunkt stehen die oft bizarren Bemühungen Antonios um eine vernünftige Arbeit, sein unverwüstlicher Optimismus, der auch am Ende die realistische Milieuschilderung eines kleinen Dorfes am Fuße des Vesuvs überstrahlt. Die besten Sequenzen sind die, die dem Alltag am nächsten sind. Nach ähnlichem Rezept drehte Castellani seinen Film *I sogni nel cassetto* (Träume in der Schublade, 1956), der die Alltagssorgen eines Studenten-Ehepaares schildert. Hier allerdings gibt es kein Happy-End: Kurz nachdem Mario sich als Arzt niedergelassen hat, stirbt seine Frau bei der Geburt ihres ersten Kindes.

Du rififi chez les hommes

(Rififi)

Frankreich, 1954

R: Jules Dassin; A: Jules Dassin, René Wheeler und Auguste Le Breton nach einem Roman von Auguste Le Breton; K: Philippe Agostini; D: Jean Servais, Carl Möhner, Robert Manuel, Jules Dassin, Robert Hossein, Marcel Lupovici, Magali Noel

Als der »sanfte Toni« (J. S.) nach fünf Jahren aus dem Gefängnis entlassen wird, steht er vor dem Nichts. Doch seine Freunde Jo (C. M.) und Mario (R. M.) schlagen ihm vor, sich an einem großen Einbruch zu beteiligen. Als Fachmann für Tresore holt man noch César (J. D.) eigens aus Italien. Der Einbruch gelingt, die vier Gangster haben ausgesorgt. Aber César macht einen Fehler: Er verschenkt eines der erbeuteten Schmuckstücke an eine attraktive Sängerin (M. N.). Dadurch kommen die Brüder Grutter (R. H., M. L.) auf die Spur der Einbrecher und versuchen, ihnen die Beute abzujagen. In einem gnadenlosen Kleinkrieg bringen die Gangster sich gegenseitig um. In der entscheidenden Auseinandersetzung erschießt Toni Pierre Grutter. Er ist jetzt der einzige Überlebende; aber er ist schwer verletzt, und auch für ihn wird es keine Zukunft mehr geben.

Ein raffinierter Kriminalfilm – ausgeklügelt in der Handlung, vorzüglich in der Detailschilderung, mit guten darstellerischen Leistungen. Hier spürt man noch den Einfluß des kritischen Realismus von Dassins amerikanischen Filmen. Die Grundhaltung erinnert vage an den poetischen Pessimismus des französischen Vorkriegsfilms. Das Scheitern der Gangster ist von Tragik umwittert; keinesfalls soll es die These vom Verbrechen, das sich nicht lohnt, illustrieren.

Du skal aere din hustru Ⓢ

(Der Herr des Hauses / Du sollst deine Frau ehren / Ehret eure Frauen)

Dänemark, 1925

R: Carl Th. Dreyer; A: Svend Rindom und Carl Th. Dreyer nach dem Schauspiel *Tyrannens fald* von Svend Rindom; K: George Schnéevoigt; D: Johannes Meyer, Astrid Holm, Mathilde Nielsen

Viktor Frandsen (J. M.) ist ein ständig mißgelaunter Haustyrann, während seine Frau Ida (A. H.) geduldig bemüht ist, für die drei Kinder, den Haushalt und den launenhaften Gatten zu sorgen. Aber eines Tages ist Ida verschwunden. Ihre Mutter und Viktors altes Kindermäd-

chen Mads (M. N.) haben sie gedrängt, eine ärztlich verordnete Kur anzutreten – und zwar, ohne ihre Adresse zu hinterlassen. Mads versorgt jetzt den Haushalt, und sie erzieht Viktor mit den gleichen Methoden und der gleichen Strenge wie früher. Schließlich ist Viktor sogar bereit, sich wie ein kleiner Junge »in die Ecke zu stellen«, um seine Frau zurückzubekommen. Ida kommt, und beide sinken sich in die Arme. Das Glück ist vollkommen, als Idas Mutter auch noch das Startkapital für ein eigenes Geschäft stiftet.
Die lustspielhaften Züge täuschen nicht darüber hinweg, daß es den Autoren ernst war mit dem Thema dieses Films. Er wurde so etwas wie das Hohelied der kleinen Bürgersfrau, die trotz finanzieller Schwierigkeiten und häuslicher Belastung tapfer das Leben bewältigt. Entsprechend legte Dreyer auch großen Wert auf eine exakte Milieuschilderung. *Du skal aere din hustru* war einer der ersten dänischen Filme, die das französische Rezept übernahmen, den Alltag gewöhnlicher Menschen zu beobachten. Der Film war daher gerade in Frankreich sehr erfolgreich; und diesem Erfolg verdankt Dreyer letzten Endes die Möglichkeit, seinen Film *La passion de Jeanne d'Arc* zu drehen.

Du sollst nicht ehebrechen / Thérèse Raquin Ⓢ

Deutschland, 1928

R: Jacques Feyder; A: Fanny Carlsen und Willy Haas nach dem gleichnamigen Roman von Emile Zola; K: Frederik Fuglsang, Hans Scheib; D: Gina Manès, Wolfgang Zilzer, Hans Adalbert Schlettow

Nach dem gleichnamigen Roman von Zola: Thérèse Raquin (G. M.), eine unbefriedigte Kleinbürgerin, tötet zusammen mit ihrem Liebhaber Laurent (H. A. S.) ihren ungeliebten Mann (W. Z.).
Feyder legte in diesem Film großen Wert auf die Milieuschilderung, die ihm besonders im ersten Teil vor allem dazu diente, den Charakter seiner Heldin aus ihren Umwelterfahrungen zu deuten. Der Film wurde in Berlin mit zahlreichen deutschen Mitarbeitern gedreht, so sind Einflüsse des deutschen »Kammerspiels« in ihm deutlich spürbar.

E

East of Eden

(Jenseits von Eden)

USA, 1955

R: Elia Kazan; A: Paul Osborn nach dem gleichnamigen Roman von John Steinbeck; K: Ted McCord; D: Julie Harris, James Dean, Raymond Massey, Burl Ives, Jo van Fleet

Verfilmung des gleichnamigen Romans von Steinbeck: Eine breite Chronik über die Besiedlung des Salinas-Tals, die Geschichte seiner Menschen und von drei Generationen der Familie Trask: Abra (J. H.), Cal Trask (J. D.), Adam Trask (R. M.), Cate (J. v. F.).
Diese moderne Version des Themas von Kain und Abel wird niemals zur ermüdenden Rückschau auf vergangene Zeiten. Die Kraft der literarischen Vorlage, das Geschick der Regie und nicht zuletzt das intensive Spiel der beiden Hauptdarsteller Julie Harris und James Dean geben den Episoden der Handlung einen direkten aktuellen Bezug. Ein bemerkenswertes Beispiel für eine angemessene Literaturverfilmung, die nicht nur die Fabel, sondern auch den Geist der Vorlage bewahrte.

Easy rider

(Easy Rider – Die wilden jungen Männer)

USA, 1969

R: Dennis Hopper; A: Peter Fonda, Dennis Hopper, Terry Southern; K: Laszlo Kovacs; D: Peter Fonda, Dennis Hopper, Jack Nicholson

Wyatt (P. F.) und Billy (D. H.) verkaufen in Los Angeles eine Portion Rauschgift und können sich vom Erlös endlich die Erfüllung eines Traums leisten: Mit ihren überschweren Motorrädern wollen sie quer durchs Land nach New Orleans zum »Mardi gras« fahren. Unterwegs schließt sich ihnen der versoffene Rechtsanwalt Hanson (J. N.) an. Aber je tiefer sie in den Süden kommen, desto aggressiver wird die Haltung der Bürger gegen die »langhaarigen Hippies«. Schließlich werden sie nachts, als sie auf

freiem Feld kampieren, von biederen Bürgern überfallen und verprügelt, wobei Hanson getötet wird. Wyatt und Billy besuchen in New Orleans das »feinste Hurenhaus im ganzen Süden«, das Hanson ihnen empfohlen hatte. Zusammen mit zwei Mädchen aus dem Bordell machen sie auf einem Friedhof einen LSD-Trip. Dann fahren sie weiter. Billy wird von einem Bürger, der ihm eigentlich nur einen »Denkzettel« verpassen will, aus einem fahrenden Auto heraus erschossen; Wyatt rast absichtlich mit seiner schweren Maschine frontal gegen den Wagen des Schützen.
Easy rider ist ein in den Südstaaten gebräuchlicher Ausdruck für den Geliebten (nicht den Zuhälter!) einer Hure. Hauptdarsteller (und Produzent) Peter Fonda erklärte: »In Amerika ist die Freiheit zur Hure geworden; und wir alle versuchen's mit dem ›easy ride‹.« Der Film berichtet resignierend und manchmal auch ein wenig sentimental von den Träumen, die man in den USA nicht mehr träumen darf. Die endlosen, von suggestiver Musik (Folkmusic, Rock) untermalten Fahrten durch eine unberührte Landschaft beschwören ein älteres, besseres Amerika. Bei den einfachen Bauern in den Bergen werden die modernen Tramps freundlich aufgenommen; je näher sie der Großstadt kommen, desto stärker wird das Mißtrauen gegen die Außenseiter. Die einzige Freiheit, die den Protagonisten bleibt, ist die des »Trips« – und schließlich der Tod. Der Pessimismus dieses Films ist bunt und suggestiv wie ein Rausch. Und Millionen Jugendliche in aller Welt konsumierten ihn wie eine Droge. Was als Warnung gedacht war, wurde für sie zum verführerischen Exempel.

L'eclisse

(Liebe 1962)

Italien/Frankreich, 1961

R: Michelangelo Antonioni; A: Michelangelo Antonioni, Tonino Guerra, Elio Bartolini, Ottiero Ottieri; K: Gianni Di Venanzo; D: Monica Vitti, Alain Delon, Francisco Rabal

Nach langen Jahren der Gemeinsamkeit trennt sich Vittoria (M. V.) von Riccardo (F. R.). Sie sucht Kontakt zu anderen Menschen. Aber die Beziehung zu ihrer Mutter, die mit bescheidenen Mitteln an der Börse spekuliert, bleibt frostig; Gemeinsamkeiten mit den Nachbarinnen im Appartementshaus ergeben sich nicht. Dann lernt sie Piero (A. D.), einen cleveren jungen Börsenmakler, kennen. Zunächst weist sie seine Werbung zurück, weil sie keine Neuauflage ihres Verhältnisses zu Riccardo wünscht. Schließlich gibt sie nach und wird seine Geliebte. Nach einer Liebesbegegnung verabschieden sie sich mit dem Versprechen, daß sie sich wiedersehen wollen – »morgen und übermorgen und den Tag danach und heute abend«. Aber Vittoria geht mit einer sehr endgültigen Geste, Piero stürzt sich übergangslos wieder in seine Arbeit; den Schluß des Films bildet die im Originaltitel beschworene Sonnenfinsternis.
Wieder geht es Antonioni um die Kontaktlosigkeit der Menschen, um die Gefährdung der Liebe in einer vom Leistungsprinzip bestimmten Gesellschaft. Der Film macht das schon in der Anfangsszene deutlich: Quälend lange sitzen sich Vittoria und Riccardo schweigend gegenüber. Als sie dann zu sprechen beginnen, ist eigentlich schon alles vorbei, ist die Entscheidung bereits gefallen, und der Zuschauer hat ihre Notwendigkeit längst begriffen.
Diese erneute Variation seines Lieblingsthemas hat Antonioni hier gelegentlich zum dekorativen Arrangement verführt. Sein Prinzip, auch Nebensächliches sorgfältig vorzuzeigen, um dann das Wesentliche schockierend plötzlich einzuführen, gerät manchmal etwas manieriert. Daneben freilich stehen abermals sehr eindringliche Szenen.

Die Ehe der Maria Braun

BRD, 1978

R: Rainer Werner Fassbinder; A: Peter Märthesheimer, Pea Fröhlich; K: Michael Ballhaus; D: Hanna Schygulla, Klaus Löwitsch, Ivan Desny, Gottfried John, Gisela Uhlen, George Byrd

Während im Zweiten Weltkrieg rund um das Standesamt die Bomben fallen, heiratet Maria (H. S.) den Soldaten Hermann Braun (K. L.). Hermann geht zurück an die Front, dann hört sie nichts mehr von ihm. Nach dem Krieg arbeitet Maria in einer amerikanischen Bar und beginnt ein Verhältnis mit dem farbigen Soldaten Bill (G. B.). Als Hermann nach der Entlassung aus Kriegsgefangenschaft plötzlich in der Wohnung steht, erschlägt sie ihren Geliebten. Hermann nimmt die Schuld auf sich und geht ins Gefängnis. Maria besucht ihn regelmäßig, wird aber gleichzeitig die Geliebte des Industriellen Karl Oswald (I. D.), dem sie Hermanns Existenz verschweigt und in dessen Betrieb sie Karriere macht. Als Hermann entlassen wird, kehrt er nicht zu seiner Frau zurück, sondern wandert nach Kanada aus. Der »letzte Akt« spielt 1954. Hermann kehrt zurück. Ein Buchhalter verliest das Testament des inzwischen verstorbenen Oswald, in dem Hermann und Maria zu seinen Erben eingesetzt werden, dem Maria aber auch entnehmen kann, daß Oswald über ihre Beziehungen zu Hermann Bescheid gewußt hat. Maria zündet sich eine Zigarette an, und das Haus fliegt in die Luft, weil sie vergessen hat, den Gashahn des Herdes abzudrehen.

Der Film zeichnet das Porträt einer Frau, die vom Schicksal zur Selbständigkeit gezwungen wird und die diesen Zwang zum Prinzip ihrer Emanzipation erhebt. Als Ehefrau ohne Mann nimmt sie den Kampf mit dem Leben und den Zeitumständen auf. Aber sie will nicht nur überleben; sie will die Zukunft planen, die ihr stets wieder entgleitet, wenn sie Gegenwart geworden ist. Am Ende steht sie mit vollen Händen als Besiegte da. Denn die glänzende Zukunft im Oswaldschen Betrieb, die ihr da geboten wird, ist nur ein Geschenk und nicht das Ergebnis ihrer Planung. Geplant hat Oswald, der alles über sie gewußt und alle Fäden in der Hand gehabt hat. Und was eingangs die detonierenden Bomben nicht geschafft haben, das vollendet jetzt ein explodierender Gasboiler. Ob Unglücksfall oder Selbstmord – das läßt der Film offen.

Marias Lebensweg erscheint gleichzeitig auch als Spiegelbild deutscher Nachkriegsgeschichte, die Fassbinder vor allem in seinem raffinierten Sound-track einfängt. Schlager der Zeit beschwören Stimmung und Atmosphäre. Reden von Politikern sollen Parallelen zum bedenkenlosen Erfolgsstreben Marias aufzeigen. Und bei der Verlesung des Testaments, als der Zuschauer noch glauben mag, dies sei der endgültige Triumph der Protagonistin, tönt aus dem Radio

Die Ehe der Maria Braun (Isolde Barth, Hanna Schygulla)

als ironischer Kommentar die Reportage vom deutschen Endspiel-Sieg bei der Fußballweltmeisterschaft 1954. So schematisch und lehrhaft dies in der Analyse klingen mag, der Regie ist es gelungen, diese Aspekte in eine Geschichte zu integrieren, die zunächst einmal ganz einfach spannend, bewegend, anrührend ist. In seiner Mischung aus intellektuellem Kalkül und erzählerischer Kraft gehört dieser Film zu den besten Inszenierungen Fassbinders.

Ehe im Schatten

DDR, 1947

R: Kurt Maetzig; A: Kurt Maetzig nach einer Erzählung von Hans Schweikart; K: Friedl Behn-Grund, Eugen Klagemann; D: Paul Klinger, Ilse Steppat, Lothar Firmans, Claus Holm

Die Schauspielerin Elisabeth Maurer (I. S.) erlebt 1933 ihren ersten großen Erfolg. Aber nach Hitlers Machtergreifung wird sie, die Jüdin, von ihrem Freund (C. H.) verlassen. Ihr Kollege Hans Wieland (P. K.) wirbt um sie und heiratet sie. Jahrelang kann der prominente Schauspieler seine »nichtarische« Frau schützen. Eines Tages, bereits im Krieg, nimmt Hans Elisabeth mit zu einer Premiere, wo sie dem Staatssekretär im Propagandaministerium (L. F.) auffällt. Er erfährt, daß sie Jüdin ist, und informiert den Minister. Wieland wird vor die Alternative gestellt: Scheidung oder Berufsverbot. In dieser Situation gehen Hans und Elisabeth gemeinsam in den Tod.

Der Debütfilm Kurt Maetzigs variiert das Schicksal des Schauspielers Joachim Gottschalk. *Ehe im Schatten* wurde ein großer Erfolg. Zwar gibt es hier keine filmischen Experimente und keine substantielle Auseinandersetzung mit dem Nationalsozialismus und seiner Ideologie; immerhin wird hier jedoch ein bewegender Fall mit echter Anteilnahme, mit Geschick und Geschmack geschildert.

Ekdin pratidin

(Ein ganz gewöhnlicher Tag)

Indien, 1979

R: Mrinal Sen; A: Mrinal Sen nach einer Erzählung von Amalendu Chakraborty; K: K. K. Mahajan; D: Satya Banerjee, Gita Sen, Mamata Shankar, Sreela Majumdar, Tapan Das

Im Erdgeschoß eines großen alten Hauses in Kalkutta wohnt Hrishikesh Sen Gupta (S. B.) als Oberhaupt einer siebenköpfigen Familie. Der frühere Angestellte lebt von einer kleinen Pension; und zum eigentlichen Ernährer der Familie ist längst seine älteste Tochter Chinu (M. S.) geworden, die in einem Büro arbeitet. Eines Abends kommt Chinu nicht zur gewohnten Zeit nach Haus. Allmählich wächst die Unruhe in der Familie; und während die Studentin Minu (S. M.) das Recht ihrer Schwester auf Unabhängigkeit und ein eigenes Leben verteidigt, ist die Mutter (G. S.) bald völlig verzweifelt. Ein Bruder Chinus macht sich schließlich mit einem Freund auf den Weg, um seine Schwester zu suchen. Dabei werden sie zwar mit anonymen Schicksalen der großen Stadt konfrontiert, aber von Chinu finden sie keine Spur. Natürlich hat die Unruhe der Familie auch die Nachbarn in dem weiträumigen Mietshaus aufmerksam gemacht. Ihre Reaktionen reichen von freundschaftlicher Anteilnahme bis zu offener Mißbilligung. Im Morgengrauen kommt Chinu nach Haus. Sie lehnt es ab, sich zu entschuldigen; und sie erklärt auch nicht, wo sie sich aufgehalten hat.

In ruhigen Einstellungen und ohne aufgesetzte Effekte beobachtet Sen das alltägliche Leben in einer bürgerlichen indischen Familie. Nach europäischen Maßstäben geschieht in diesem Film nicht sehr viel, ist dies wirklich »ein ganz gewöhnlicher Tag«. Ein indisches Publikum dagegen erlebt, wie hier tradierte Normen des Familienlebens zerbrechen, wie eine zur Unterordnung erzogene Frau sich schweigend das Recht auf ein eigenes Leben nimmt. Die Studentin Minu hält es ihren Eltern vor: Längst lebt die Familie überwiegend von Chinus Gehalt; aber noch immer tut man so, als sei sie das wohlbehütete Töchterlein, das zu freundlicher Passivität verurteilt ist. Für Indien war dies ein brisantes Thema. Typisch für Sen ist, daß er es ganz ohne aufgeregte Dramatik mit gelassener Selbstverständlichkeit behandelt hat. In seinen

Augen, diese Erkenntnis vermittelt der Film ganz deutlich, ist eben Chinus Verhalten längst selbstverständlich.

El
(Er)

Mexiko, 1952

R: Luis Buñuel; A: Luis Buñuel und Luis Alcoriza nach dem Roman *Pensamientos* von Mercedes Pinto; K: Gabriel Figueroa; D: Arturo de Córdova, Delia Garcés

Francisco (A. d. C.), ein wohlhabender Junggeselle, sieht in der Kirche ein Mädchen (D. G.), in das er sich blindlings verliebt. Er wirbt um sie, spannt sie seinem Freund aus und heiratet sie. Bald aber wird er von krankhafter Eifersucht befallen. Für Gloria wird die Ehe zur Hölle, zumal ihre Mutter und der Beichtvater ihre Verzweiflung als Laune abtun und sich auf Franciscos Seite stellen. Schließlich glaubt Francisco sich selbst bei der Messe von Priestern und Gläubigen als »Hahnrei« verhöhnt und erleidet einen Tobsuchtsanfall. Er zieht sich in ein Kloster zurück. Aber seine vermeintliche Heilung dort erweist sich als Täuschung; sein unsteter Blick, sein seltsam zielloser Gang verraten ihn.

Existenz und Verhalten Franciscos dienen hier als Indiz gegen die »bürgerliche Moral«, der sich der Wahnsinnige so perfekt anzupassen vermag, daß er geradezu als ihr Exponent gilt. Die Vertreter der Gesellschaft und der Kirche halten ihn für einen untadeligen Mann und entlarven damit die Hohlheit ihrer Wertmaßstäbe.

Die Grenze zwischen Vernunft und Wahnsinn ist dabei von Buñuel geschickt verschleiert worden. Wenn Francisco mit Stricknadeln durch Schlüssellöcher sticht, um vermeintliche Voyeure zu treffen, wenn er nachts an das Bett seiner Frau schleicht, um sie zu töten, dann ist das in seiner »Ver-rücktheit« eigentlich schon genauso irreal wie die Wahnvorstellung in der Kirche, in der er den Priester höhnisch lachend am Altar stehen sieht.

L'enfant sauvage
(Der Wolfsjunge)

Frankreich, 1969

R: François Truffaut; A: Jean Gruault und François Truffaut nach dem Dokumentarbericht *Mémoire et rapport sur Victor de l'Aveyron* von Jean Itard; K: Nestor Almendros; D: Jean-Pierre Cargol, François Truffaut, Françoise Seigner, Jean Dasté

Der Film schildert einen historischen Fall: 1798 wird bei Aveyron ein etwa zwölfjähriger Junge (J. P. C.) aufgegriffen, der offenbar seit Jahren wie ein Tier im Wald gelebt hat, der sich auch wie ein Tier benimmt und unartikulierte Laute ausstößt. Der »Wolfsjunge« wird nach Paris gebracht, wo der berühmte Psychiater Professor Pinel (J. D.) ihn in eine Irrenanstalt einweisen will. Der Arzt Dr. Itard (F. T.) indessen glaubt, der Junge sei nur durch mangelnden sozialen Kontakt zurückgeblieben und könne »gebildet« werden. Man überläßt ihm und seiner Haushälterin (F. S.) das Kind, damit er seine Theorie beweisen kann. Itard versucht, das Kind an seine neue Umgebung zu gewöhnen, ihm Begriffe beizubringen, ihn vielleicht gar zum Sprechen zu bringen. Der Film endet, als Victor, so hat Itard den Jungen genannt, nach einer Flucht freiwillig zu Itard zurückkehrt.

Ein faszinierender, aber merkwürdig zwiespältiger Film. Ist er ein Dokument für die Opferbereitschaft eines Arztes, der einen »Kranken« mühevoll aus der Dunkelheit in das Licht des Bewußtseins führt? Oder steht Itard mit seiner Fortschrittsgläubigkeit und seinen oftmals pedantischen Methoden vielleicht eher in der Tradition der Erzieher aus *Les quatre cents coups*? Truffaut widmete seinen neuen Film Jean-Pierre Léaud, dem Jungen aus *Les quatre cents coups*! Victors Gefangennahme ist von äußerster Brutalität, seine »Sozialisierung« gleicht manchmal einem Dressurakt, und ganz gewiß ist er am Schluß nicht glücklicher als eingangs in den Wäldern. Man sieht, wie er bei seiner Flucht mit Schuhen nicht mehr fähig ist, einen Baum zu erklettern.

L'enfant sauvage ist sicher ein bitterer und skeptischer Film. Dazu paßt die kühl distanzierende Inszenierung, die zum Beispiel zu dem alten Mittel der Kreisblende greift, um einzelne Sequenzen zu trennen. Dazu passen auch Bilder

Les enfants du paradis (Gaston Modot, Jean-Louis Barrault)

aus einem Heim, das an Vigos *Zéro de conduite* erinnert; Vigos positiver Held Jean Dasté spielt hier übrigens den Professor Pinel.

Les enfants du paradis
(Kinder des Olymp)

Frankreich, 1943–45

R: Marcel Carné; A: Jacques Prévert; K: Roger Hubert, Marc Fossard; D: Arletty, Jean-Louis Barrault, Pierre Brasseur, Maria Casarès, Marcel Herrand, Louis Salou

Paris in der Mitte des 19. Jahrhunderts. Die schöne Garance (A.) verläßt den Anarchisten und kultivierten Verbrecher Lacenaire (M. H.) und wendet sich dem träumerischen Pantomimen Baptiste Debureau (J. L. B.) zu. Leidtragende ist Baptistes Kollegin Nathalie (M. C.), die ihn heimlich liebt. Aber sehr schnell läßt sich Baptiste bei Garance durch den selbstbewußten Schauspieler Frédéric Lemaitre (P. B.) verdrängen; und schließlich verlieren beide sie an den Grafen de Monteray (L. S.). Garance geht mit dem Grafen ins Ausland. Als sie Jahre später zurückkehrt, sind Baptiste und Frédéric berühmt geworden. Baptiste hat Nathalie geheiratet und ist Vater eines kleinen Jungen. Beide Männer verlieben sich abermals in Garance. Während Frédéric sich schnell tröstet, verläßt Baptiste um ihretwillen Frau und Kind. Auch Lacenaire taucht wieder auf. Am Karnevalstag tötet er den Grafen de Monteray, von dem er sich gedemütigt glaubt. Nathalie entdeckt Baptiste und Garance in einer Pension. Garance erkennt die Ausweglosigkeit ihrer Liebe und läuft auf den Boulevard hinaus. Baptiste folgt ihr; aber im Trubel der Masken verliert er sie aus den Augen.

Carné begann mit den Dreharbeiten während des Krieges in Nizza und setzte sie dann in Paris fort. Die Uraufführung fand am 9. März 1945 im befreiten Paris statt. So schlägt der Film gleichsam eine Brücke vom »poetischen Realismus« der Vorkriegszeit zum künstlerischen Neubeginn nach dem Krieg. *Les enfants du paradis* ist eines der reifsten und schönsten Werke der französischen Filmkunst. Er vereint in bestechender Harmonie Romantik und Realismus, Melancholie und Lebensfreude. Eine ganze Epoche, der Aufbruch künstlerischer und philosophischer Ideen werden in der Handlung und im Bild spontan lebendig. Der Autor Prévert sagte später: »Zeit und Vergänglichkeit sind die Hauptthemen des Films!«

»Es ist ein Film, den ich sehr bewundere. Er ist nach meiner Meinung das beste Werk von Car-

né. Im Gegensatz zum ›Autorenfilm‹, für den ich eine Vorliebe habe, weil er den Ausdruck einer einzigen Persönlichkeit darstellt, ist ›Kinder des Olymp‹ vielleicht der beste ›Film einer Équipe‹ des französischen Filmschaffens ... Der Aufbau des Drehbuchs ist von fast diabolischer Vollendung. Es ist ein Film, der nicht altert, oder, was auf dasselbe hinausläuft, der sehr schön altert« (François Truffaut).
Zu der von Truffaut zitierten »équipe« gehörten neben Carné, Prévert und den hervorragenden Schauspielern vor allem auch Alexander Trauner (Ausstattung) und Joseph Kosma (Musik).
Die Originalfassung des Films ist 190 Minuten lang. Später kamen verschiedentlich auch gekürzte Versionen in den Verleih.

Engelein Ⓢ

Deutschland, 1913

R: Urban Gad; A: Urban Gad; K: Axel Graatkjaer, Karl Freund; D: Asta Nielsen, Bruno Kastner, Max Landa, Alfred Kühne

Die siebzehnjährige Tochter (A. N.) des Redakteurs Schneider (A. K.) soll den reichen »Onkel« Peter (M. L.) aus Amerika beerben. Aber der Onkel, ein sittenstrenger Mann, darf nicht wissen, daß sie schon fünf Jahre vor der Heirat ihrer Eltern geboren ist. Als er nun nach Europa kommt, um seine Nichte endlich kennenzulernen, muß diese ihm also ein zwölfjähriges Mädchen vorspielen. Das wird um so schwieriger, als die »Zwölfjährige« sich alsbald in ihren Onkel verliebt, während der verständlicherweise ihre Avancen übersieht oder mißversteht. Aus Liebeskummer will das Mädchen gar ins Wasser gehen. Doch am Ende gibt es ein Happy-End – eine Hochzeit zwischen Onkel und Nichte.
Asta Nielsen war 33 Jahre alt, als sie diese Rolle spielte. Und doch wirkte das nicht gekünstelt oder abgeschmackt. Die Koketterie der Siebzehnjährigen stimmt genauso wie das Gekicher der Zwölfjährigen. Und noch heute bleibt der versuchte Selbstmord im Wasser, der an der niedrigen Wassertemperatur scheitert, ein Kabinettstück der Schauspielkunst.

Enjo

(Der Tempel zur goldenen Halle)

Japan, 1958

R: Kon Ichikawa; A: Kon Ichikawa, Keiji Hasebe und Natto Wada nach dem Roman *Der Tempelbrand* von Yukio Mishima; K: Kazuo Miyagawa; D: Raizo Ichikawa, Ganjiro Nakamura

Mizoguchi (R. I.), der Sohn eines Priesters, wird nach dem Tod seines Vaters Novize in dem berühmten Tempel zur goldenen Halle. Er stottert, darf selbst nicht darauf hoffen, jemals Priester zu werden, ist aber zufrieden, dem Heiligtum nah zu sein. Der Prior Tayama (G. N.), ein Freund seines verstorbenen Vaters, nimmt sich seiner an. Doch dann erlebt Mizoguchi, daß Unwürdige den Tempel betreten dürfen, daß das ehrwürdige Bauwerk zur Touristenattraktion degradiert wird und daß Tayama diese Entwicklung aus geschäftlichem Kalkül unterstützt. Tayama bemerkt die Konflikte Mizoguchis und schickt ihn zur Universität. Doch dort hänselt man den Stotterer; sein Versuch, bei einem Hinkenden Verständnis zu finden, scheitert, weil der sein Leiden längst durch Zynismus kompensiert hat. Als Mizoguchi dann noch den Prior im Vergnügungsviertel mit einer Geisha am Arm entdeckt, hat er nur noch einen Gedanken: Er will sich mit dem Tempel verbrennen. Nachdem er aber den Tempel angezündet hat, flieht er in panischer Angst. Er wird verhaftet. Bei den Vernehmungen schweigt er. Und als die Polizei ihn in eine andere Stadt überführen will, stürzt er sich aus dem Zug und stirbt.
Der Roman bezieht sich auf ein tatsächliches Ereignis aus dem Jahr 1950. Aber Buch und Film geht es nicht um eine Reportage. Ichikawa interessiert das Psychogramm eines Menschen, der seine Ideale geschändet sieht, der darüber hinaus einen stillschweigenden Konsens über die öffentlich sanktionierte Doppelmoral spürt. Dabei wird der Prior nicht etwa Mizoguchis Gegenspieler, sondern eher sein Pendant in einem ganz besonderen Sinn. Denn auch Tayama spürt die Diskrepanz, an der Mizoguchi zerbricht. Nur hat er nicht die Kraft, sich damit auseinanderzusetzen. Er arrangiert sich – im Bewußtsein seiner Schwäche; und er spürt etwas wie Bewunderung für Mizoguchi.

Die Entlassung / Schicksalswende

Deutschland, 1942

R: Wolfgang Liebeneiner; A: Curt Johannes Braun, Felix von Eckardt; K: Fritz Arno Wagner; D: Emil Jannings, Theodor Loos, Carl Ludwig Diehl, Werner Hinz, Werner Krauß

Die letzten Amtsjahre Bismarcks (E. J.) von 1888 bis 1890 unter den Kaisern Wilhelm I. (T. L.), Friedrich III. (C. L. D.) und Wilhelm II. (W. H.).
Die Entlassung Bismarcks, die vor allem aus tiefgreifenden Meinungsverschiedenheiten mit dem jungen Kaiser Wilhelm II. resultierte, wird hier fast ausschließlich als das Werk finsterer Neider und Intriganten interpretiert. Insbesondere die »graue Eminenz«, Geheimrat von Holstein (W. K.), erscheint als dämonischer Gegner; sein spitzbärtiges Gesicht taucht immer wieder lauernd und unergründlich aus dem Dunkel in ungewisses Licht. Der Zuschauer ahnt am Schluß, daß Deutschland sich selbst aufgegeben hat, als es Bismarck von der Macht verbannte.
Deutlicher vielleicht noch als Regisseur und Autoren es meinten, hat es der Hauptdarsteller Emil Jannings ausgesprochen. Erwin Leiser zitiert in seinem Buch »Deutschland erwache!« einen Aufsatz von Jannings, in dem dieser eine historische Linie »Friedrich der Große – Bismarck – Hitler« gezogen habe. Nicht wenige Besucher dieses Films dürften ähnlich gedacht haben.

Entr'acte Ⓢ

(Zwischenspiel)

Frankreich, 1924

R: René Clair; A: Francis Picabia; K: Jimmy Berliet; D: Jean Borlin, Inge Fries, Francis Picabia, Man Ray, Marcel Duchamp, Erik Satie, Georges Auric, Marcel Achard, Georges Charensol, Rolf de Maré

Entr'acte entstand im Auftrag von Rolf de Maré und war als kurzes »Zwischenspiel« für ein Ballett gedacht. Francis Picabia, damals einer der Wortführer der Dadaisten, schrieb ein sehr summarisches Drehbuch, das auf die übliche Handlung verzichtet und eine Folge absurder Situationen schildert. Zwei Männer (M. R., M. D.) spielen Schach, zwei andere (F. P., E. S.) bringen eine Kanone herbei. Dann erscheint Jean Borlin, der Star des Balletts. Er wird erschossen. Zwischendurch sieht man Bil-

Engelein (Mitte: Asta Nielsen; 2. v. r.: Bruno Kastner; r.: Max Landa)

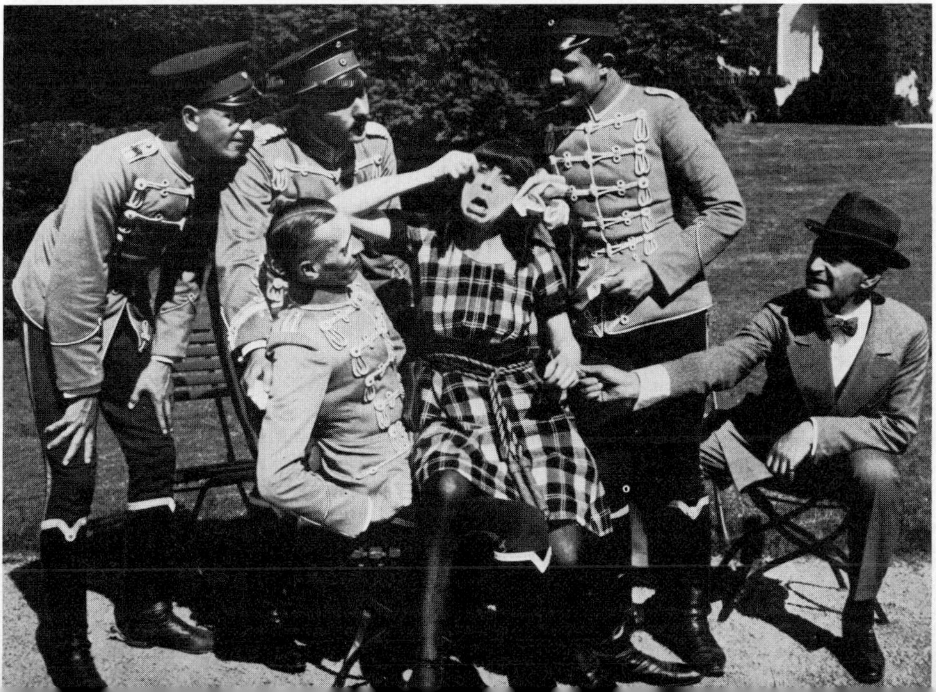

der aus Paris und eine Tänzerin. Borlin wird beerdigt. Der Leichenwagen ist mit Kränzen aus Brot behängt und wird von einem Kamel gezogen. Er fährt immer schneller und stürzt schließlich um. Aus dem geöffneten Sarg erhebt sich Borlin im Gewand eines Zauberers. Er zaubert zunächst die Trauergemeinde fort und dann sich selbst.
Man hat diesen Film zu deuten und zu erklären versucht. In Wirklichkeit ging es den Schöpfern – entsprechend dem Bestimmungszweck des Films – wohl nur darum, Menschen, Gegenstände und die Kamera tanzen zu lassen. Das Ergebnis war »cinéma pur«, mit dem ein Teil der damaligen französischen Avantgarde gegen den üblichen Kunstbetrieb im Kino protestieren wollte. In der Regie René Clairs wurde aus dieser seltsamen Mischung von Dada und Mack Sennett, aus »cinéma pur« und »slapstick comedy« ein reizvolles, poetisches Spiel mit dem Absurden.

Eroica

(Eroica – Polen 44)

Polen, 1957

R: Andrzej Munk; A: Jerzy Stefan Stawiński nach eigenen Erzählungen; K: Jerzy Wójcik; D: Barbara Polomska, Edward Dziewónski, Kazimierz Rudzki, Tadeusz Lomnicki, Leon Niemczyk

I. Teil – *Scherzo alla polacca*: August 1944, Aufstand in Warschau. Dzidzius (E. D.) entfernt sich still von den Aufständischen, weil er für seine Bequemlichkeit und sogar für seine Gesundheit fürchtet. Doch bei seiner Frau (B. P.) findet er einen ungarischen Offizier (L. N.), der ihm beiläufig mitteilt, er wolle mit seiner Einheit bei bestimmten Garantien durch die Russen die Fronten wechseln. Ganz gegen seinen Willen avanciert Dzidzius zum Vermittler in dieser delikaten Angelegenheit. Mißmutig und teils auch sehr betrunken wandert er zwischen den kämpfenden Fronten hin und her. Als die geplante Verbrüderung mißglückt, da schließt er sich aus Sympathie für einen netten Freund doch wieder den Aufständischen an.
II. Teil – *Ostinato lugubre*: Öder Alltag in einem Kriegsgefangenenlager für polnische Offiziere. Nur eines hält die seit Jahren eingesperrten Männer aufrecht: der Mythos vom Leutnant Zawistowski (T. L.), dem die Flucht aus dem Lager geglückt ist. In Wirklichkeit hält sich Zawistowski auf dem Dachboden einer Baracke versteckt, wo er von zwei Freunden mit Verpflegung versorgt wird. Als er die Einsamkeit nicht länger ertragen kann, vergiftet er sich. Um den überlebens-wichtigen Mythos nicht zu gefährden, wird seine Leiche heimlich aus dem Lager geschafft.
Zwei satirische Variationen über das Heldentum: Dzidzius engagiert sich gleichsam wider Willen und durch Zufall für eine gute Sache, während Zawistowski sein Leben für einen Ehrenkodex opfert, den der Film durch das Verhalten seiner Kameraden längst als sinnlos entlarvt hat. Der Film war nach seiner Uraufführung in den sozialistischen Ländern heftig umstritten und galt als »formalistisch, wenn nicht gar pessimistisch«; und natürlich wurde ihm auch vorgeworfen, das Andenken der polnischen Helden zu verunglimpfen. In Wirklichkeit wird hier der Mensch in Schutz genommen gegen die, die ihn manipulieren.

Es

BRD, 1965

R: Ulrich Schamoni; A: Ulrich Schamoni; K: Gerard Vandenberg; D: Sabine Sinjen, Bruno Dietrich, Horst Manfred Adloff, Bernhard Minetti, Tilla Durieux

Hilke (S. S.) und Manfred (B. D.) leben zusammen. Er ist Assistent eines Grundstücksmaklers (H. M. A.), sie technische Zeichnerin. Ihre Gemeinsamkeit scheint ohne Probleme. Dann erwartet Hilke ein Kind. Weil sie zu wissen glaubt, daß Manfred ein Kind als Fessel empfinden würde, und weil sie auch nicht »aus Pflichtgefühl« geheiratet werden möchte, will sie »es« abtreiben lassen. Sie verheimlicht Manfred ihren Zustand und sucht verschiedene Ärzte auf, die aber alle mit mehr oder weniger aufdringlichen Platitüden den Eingriff ablehnen. Als Bruno schließlich durch eine Freundin Hilkes die Wahrheit erfährt, hat sie soeben einen »Helfer« gefunden. Beide sitzen sich in ihrer Wohnung gegenüber – schweigend.

Der Film wurde als Auftakt des »jungen deutschen Films« berühmt. Was zahlreiche Regisseure im »Oberhausener Manifest« des Jahres 1962 gefordert hatten, das hatte hier ein 25jähriger Außenseiter mit geringem Budget und ohne staatliche Hilfe praktisch im Alleingang verwirklicht. Der Film erzählt seine Geschichte mit sympathischer Ungezwungenheit; er verzichtet auf Thesen und Nutzanwendungen, aber nicht auf eine eigene Position, die u. a. auch im Schlußbild, in der Unmöglichkeit der Kommunikation deutlich wird. Gleichsam nebenbei werden Praktiken der Grundstücksspekulation in Berlin, altes und neues Spießertum usw. vorgestellt. Der Stil des Films ist scheinbar verspielt – eine sehr bewegliche Kamera, temporeicher Schnitt, heitere Zwischenspiele. Stets wird der Eindruck der Improvisation erweckt; aber im Endeffekt scheint alles sorgfältig kalkuliert.

E. T. The extra-terrestrial

(E. T. Der Außerirdische)

USA, 1982

R: Steven Spielberg; A: Melissa Mathison; K: Allen Daviau; D: Dee Wallace, Henry Thomas, Peter Coyote, Robert MacNaughton, Drew Barrymore

E. T., ein liebenswertes Mini-Monster von einem anderen Stern, verpaßt bei einer Expedition zur Erde den Rückstart seines Raumschiffes und bleibt hilflos in einer US-Kleinstadt zurück. Zum Glück entdeckt ihn der kleine Elliott (H. T.), der den kuriosen Winzling zwischen den Plüschtieren in seinem Kinderzimmer versteckt. Elliott und der Außerirdische werden gute Freunde. Zwischen ihnen entsteht sogar eine metaphysische Beziehung, so daß es zum Beispiel Elliott in der Schule übel wird, als der ahnungslose E. T. im Kühlschrank an eine Flasche Bier gerät. Aber trotz dieser Freundschaft plagt den unfreiwilligen Erdenbesucher das Heimweh. Es gelingt ihm, Kontakt mit »seinem« Stern aufzunehmen. Ehe jedoch ein Raumschiff ihm zu Hilfe kommen kann, haben Suchtrupps der NASA ihn entdeckt. Elliotts Mutter (D. W.) sieht ihr Haus unversehens in ein steriles Labor verwandelt, in dem E. T. von den neugierigen Wissenschaftlern so gründlich untersucht wird, daß er ihnen unter den Händen stirbt. Als Elliott von ihm Abschied nehmen darf und schluchzend neben ihm kniet, bemerkt er plötzlich, daß das Herz des scheinbar Toten wieder zu schlagen beginnt. Zusammen mit seinem Bruder Michael (R. MN.) und dessen Klassenkameraden entführt Elliott seinen Freund; mit ihren BMX-Rädern hängen sie die Autos der Verfolger ab und bringen E. T. zum rettenden Raumschiff ...

Ein behutsam erzähltes Märchen, in dem alle technischen Tricks konsequent der Geschichte untergeordnet wurden, in dem Spannung, Humor und Gefühl in angemessenem Verhältnis stehen. So gelingt es dem Film mühelos, Sympathien für ein eher häßliches Lebewesen zu erwecken, das übrigens von Carlo Rambaldi mit ebensoviel Gespür wie Geschick geschaffen wurde. Und es gelingen sehr schöne Szenen – etwa, wenn E. T. sich zu Halloween endlich einmal sorglos unter die maskierten Kinder auf der Straße mischen darf und zunächst hinter den »Star Wars«-Masken »Brüder« vermutet.

Manche Kritiker haben dem Film vorgeworfen, sein Erfolg sei allzu kühl kalkuliert, zu geschickt in ein gigantisches Marketing-Programm eingepaßt. Tatsächlich hat dieser Film, in dem kein einziger Star mitspielt, im ersten Jahr in den USA an den Kinokassen rund 300 Millionen Dollar umgesetzt; und E. T. in Puppenform und auf T-Shirts hat noch einmal Riesensummen eingebracht. Aber am Anfang dieses gigantischen Erfolgs stand eben doch ein liebenswertes Mini-Monster ...

Extase

(Ekstase – Symphonie der Liebe)

Tschechoslowakei/Österreich, 1933

R: Gustav Machatý; A: Gustav Machatý, Frantisek Horký; K: Jan Stallich; D: Hedy Kiesler, Aribert Moog, Zvonimir Rogoz

Eva (H. K.) hat den reichen und wesentlich älteren Emil (Z. R.) geheiratet und fühlt sich in ihrer Ehe bald unglücklich. Sie besucht ihren Vater, der auf einem großen Gut Pferde züchtet. Als sie eines Tages nackt im See badet, trägt eine Stute, die einem Hengst zuläuft, ihre Kleider davon. Eva läuft hinterher und steht plötzlich einem Mann, Adam (A. M.), gegenüber.

Eva flieht, aber sie fühlt sich zu dem Mann hingezogen. Am Abend geht sie zu ihm und gibt sich ihm hin. Bei ihrer Rückkehr findet sie Emil vor, der sie nach Haus zurückholen will. Als Eva ihn zurückweist, begeht Emil Selbstmord. Eva ist erschüttert und verläßt Adam. Sie bringt ein Kind zur Welt und konzentriert sich ganz auf ihre Mutterschaft, während Adam, der Ingenieur, Vergessen in seiner Arbeit sucht.
Aus dieser Dutzendfabel wurde der wohl bekannteste und berühmteste Vorkriegsfilm der Tschechoslowakei; berühmt durch die für damalige Zeiten skandalösen Aktaufnahmen der jungen Hedy Kiesler, die später als Hedy Lamarr in Hollywood Karriere machte; berühmt aber auch durch seine ungewöhnliche, sensible Gestaltung. Die handlungsarme Geschichte kommt fast ganz ohne Dialog aus. Statt dessen gibt es eine Fülle von Symbolen, gibt es beiläufige Beobachtungen, Kameraeffekte, Montagen. Immer wieder versucht Machatý, psychologische Reaktionen und Entwicklungen ins Bild zu übersetzen. Dabei spielt das obligate Gewitter genauso seine Rolle wie die Beobachtung einer Fliege an einer Fensterscheibe. Manches wurde dabei vorbildlich für die Möglichkeiten der Bildsprache; und wenn viele Bilder des Films heute abgegriffen wirken, dann zum Teil auch deshalb, weil sie allzuoft von anderen Regisseuren wiederholt wurden.

F

Der Fall Gleiwitz

DDR, 1961

R: Gerhard Klein; A: Wolfgang Kohlhaase, Günther Rücker; K: Jan Čuřík; D: Hannjo Hasse, Hilmar Thate, Herwart Grosse

Der Film schildert die Affäre des angeblichen polnischen Überfalls auf den Reichssender Gleiwitz, der Hitler den Vorwand für den Überfall auf Polen lieferte. SS-Hauptsturmführer Naujocks (H. H.), einer von denen, die nach dem Ersten Weltkrieg nicht in ein bürgerliches Leben zurückgefunden und als Landsknechte bei den Nationalsozialisten Unterschlupf gesucht haben, erhält den Auftrag, diesen »Überfall« zu organisieren. Polnische Uniformen werden besorgt, polnisch sprechende »Volksdeutsche« abgestellt; ein KZ-Häftling (H. T.) wird angefordert, den man erschießen und als »Beweisstück« zurücklassen kann. Während Deutschland noch in trügerischer Ruhe liegt, beendet Naujocks seine Vorbereitungen, die dann mit mathematischer Präzision wie geplant ablaufen.
Regisseur Gerhard Klein ist der Versuchung entgangen, aus dieser Vorlage einen spannenden Reißer oder ein Melodrama zu machen. Er schildert die Fakten mit der gleichen kühlen Präzision, mit der man einst das ungeheuerliche Komplott geschmiedet und durchgeführt hat. Dabei gerät ihm auch zwangsläufig ein Mann wie Naujocks nicht zum bösartigen Außenseiter der Gesellschaft; er erscheint in seiner Gewissenlosigkeit vielmehr als Exponent und beinah notwendige Folge seiner verbrecherischen Umwelt, als ein Rad im Getriebe, das fast beliebig auswechselbar gewesen wäre. Die vorzügliche Kameraarbeit des Tschechoslowaken Jan Čuřík trägt dazu bei, diesen Stil zu verwirklichen.

Family plot
(Familiengrab)

USA, 1975

R: Alfred Hitchcock; A: Ernest Lehman nach dem Roman *The rainbird pattern* von Victor Canning; K: Leonard J. South; D: Karen Black, Bruce Dern, Barbara Harris, William Devane, Ed Lauter, Cathleen Nesbitt, William Prince

Die reiche und alte Julia Rainbird (C. N.) macht sich Vorwürfe, weil sie vor vielen Jahren ihre Schwester gezwungen hat, aus Gründen der Familienräson ihr uneheliches Kind Eddie wegzugeben. Jetzt beauftragt Julia die »Hellseherin« Blanche Tyler (B. H.), Eddie zu finden. Blanche hat zwar keinerlei übersinnliche Kräfte, aber viel Energie und Phantasie; und so macht sie sich mit ihrem Freund und Komplizen George Lumley (B. D.) daran, die ausgesetzte Prämie von 10 000 Dollar zu verdienen. Ein zweites Paar kommt ins Spiel: der Juwelier Adamson (W. D.) und seine Komplizin Fran (K. B.), die gemeinsam reiche Männer entführen und Lösegeld in Form von Diamanten kassieren. Blanche findet eine Spur – auf dem Friedhof von Barlow Creek, wo sich ein Familiengrab für Eddie und seine Pflegeeltern befindet. Aber es spricht viel dafür, daß Eddie nicht in diesem Grab liegt; ein Totenschein für ihn wurde erst vor kurzer Zeit von einem Mr. Maloney (E. L.) beantragt. Blanche möchte nähere Auskunft von dem ehemaligen Pfarrer (W. P.) des Dorfes, der mittlerweile Bischof geworden ist. Aber der Bischof wird vor ihren Augen aus der Kirche entführt – natürlich von Adamson und Fran. Diesem Adamson sagt der emsige Mr. Maloney auf den Kopf zu, daß er eigentlich Eddie Rainbird ist; er berichtet von den Nachforschungen Blanches, deren Motiv beiden unbekannt ist, und er erhält von Eddie alias Adamson den Auftrag, die lästigen Schnüffler zu beseitigen. Maloney demontiert die Bremsen an Lumleys Wagen, doch der Taxifahrer Lumley meistert eine mörderische Abfahrt; und als der Bösewicht Maloney noch einmal nachhelfen will, kommt er dabei selbst zu Tode. Bei Maloneys Beerdigung erfahren Blanche und George von seiner entnervten Witwe endlich die Wahrheit über Adamsons Identität. Blanche dringt in sein Haus ein, stört das Verbrecher-Paar bei der Übergabe des Bischofs und wird an seiner Stelle eingesperrt. Durch Zufall entdeckt George ihr Auto vor dem Haus und befreit seine Freundin. Gemeinsam überwältigen sie ihre Gegenspieler. Ironische Pointe: Wie durch übersinnliche Kräfte entdeckt Blanche die von Adamson raffiniert im Kristall-Lüster versteckten Diamanten!

Die Handlung ist ein kompliziertes Geflecht von absoluter Künstlichkeit, mit dem Hitchcock aber überaus geschickt eine sanfte, insistierende Spannung erzeugt. Die großen Aktionen, der rechte Nervenkitzel fehlen fast ganz und sind, wenn sie schon auftauchen, wie bei der rasenden Bergab-Fahrt ohne Bremsen, eher augenzwinkernd inszeniert. Dafür überrascht Hitchcock die Zuschauer mit einer Vielzahl »kleiner« Einfälle, mit plötzlichen Wendungen der Handlung, mit spielerischer Ironie. So scheut er sich z. B. nicht, die beiden Handlungszweige einfach dadurch zu verknüpfen, daß Fran im rechten Moment vor dem Auto mit Blanche und George die Straße überquert; und er läßt seine Kamera einfach der bis dahin unbekannten Fußgängerin folgen.

Bei alledem kommen Lieblings-Motive Hitchcocks natürlich wieder üppig zum Zuge. Das Verwirrspiel der Identitäten, das in so vielen seiner Filme eine Rolle gespielt hat, wird erneut zum eigentlichen Thema. So ist dieser Film zwar leiser und vielleicht auch ein wenig gemächlicher geworden; aber er zeigt Hitchcock noch einmal auf dem Höhepunkt seiner Kraft.

Fanfan la Tulipe
(Fanfan, der Husar)

Frankreich/Italien, 1951

R: Christian-Jaque; A: Christian-Jaque, Henri Jeanson und René Wheeler nach einer Idee von René Wheeler und René Fallet; K: Christian Matras; D: Gérard Philipe, Gina Lollobrigida, Marcel Herrand, Geneviève Page, Sylvie Pelayo

Eine Geschichte aus der Zeit Ludwigs XV.: Ein junger Mann, Fanfan (G. P.), meldet sich freiwillig zu den Soldaten, weil Adeline (G. L.), die attraktive Tochter des Werbers, ihm, als Zigeunerin verkleidet, Kriegsruhm und gar die Hand der Königstochter verheißt. Zwar durchschaut er den Trick bald; als er aber kurz darauf Madame Pompadour (G. P.) und Prinzessin

Henriette (S. P.) vor Wegelagerern rettet, glaubt er dennoch an die Prophezeiung. Er schleicht sich nachts in das Schloß des Königs, um Henriette wiederzusehen, wird jedoch festgenommen und zum Tode verurteilt. Da bittet Adeline, die Fanfan seit langem liebt, den König (M. H.) um Gnade. Diese wird gewährt, doch als Gegenleistung erhofft der König sich die Gunst Adelines. Sie antwortet mit einer Ohrfeige und flieht in ein Kloster. Fanfan ist nun endgültig klargeworden, daß er eigentlich Adeline liebt. Er jagt sie dem Kammerdiener des Königs ab, der sie aus dem Kloster entführt hat, gerät hinter die feindlichen Linien und stiftet dabei soviel Verwirrung, daß der Gegner sich ergibt. Der König adoptiert Adeline und gibt sie Fanfan zur Frau. Die Weissagung hat sich erfüllt.
Eine intelligente Abenteuer-Komödie, die viele schwache Nachahmungen bewirkt hat. Hier sind echte Spannung und parodistische Elemente so geschickt vereint worden, klingt die Burleske mit der Ironie so gut zusammen und bereiten darstellerische Leistungen und ein spritziger Dialog ein solches Vergnügen, daß Unterhaltung auf beträchtlichem Niveau zustande gekommen ist.

Fängelse
(Gefängnis)

Schweden, 1948

R: Ingmar Bergman; A: Ingmar Bergman; K: Göran Strindberg; D: Doris Svedlund, Birger Malmsten, Eva Henning, Hasse Ekman, Stig Olin

Der Filmregisseur Martin (H. E.) erhält im Studio Besuch von seinem alten Mathematiklehrer, der ihm die Anregung gibt, einen Film über die Hölle zu drehen. Der Film solle beginnen mit der Verurteilung des Mannes, der die erste Atombombe abgeworfen hat, und eines Mädchens, das sein Kind getötet hat. Als Martin am Abend dem trunksüchtigen Schriftsteller Thomas (B. M.) und dessen Frau Sophie (E. H.) von diesem Gespräch berichtet, schlägt Thomas ein anderes Sujet vor. Er erzählt die Geschichte der jungen Prostituierten Birgitta-Carolina (D. S.), die von ihrem »Verlobten« Peter (S. O.) auf die Straße geschickt wird. Als Birgitta ein Kind bekommt, wird es von Peter und seiner Schwester getötet. Tage später schlägt Thomas seiner Frau gemeinsamen Selbstmord vor. Als sie sich weigert, würgt er sie, bis sie eine Flasche über seinem Kopf zertrümmert. Nachdem er aus seiner Ohnmacht erwacht ist, glaubt er, Sophie umgebracht zu haben. Er geht zur Polizei; dort stellt sich aber heraus, daß Sophie lebt und Thomas verlassen hat. Thomas trifft bei einer ziellosen Wanderung durch die Stadt Birgitta-Carolina, mit der er eine Nacht verbringt. Birgitta erlebt in einem Alptraum noch einmal ihre Einsamkeit und die Tötung ihres Kindes. Aber sie kehrt doch zu Peter zurück. Als der sie an einen Sadisten verkuppelt, flieht sie in den Keller und stößt sich ein Messer ins Herz. Thomas und Sophie finden wieder zusammen. Am Schluß taucht noch einmal der alte Lehrer im Studio auf. Martin erklärt ihm: »Man kann Ihren Film nicht drehen, weil er mit einem Fragezeichen enden würde. Wenn man an Gott glauben würde, wäre alles kein Problem. Andernfalls gibt es keinen Ausweg.«
Der erste ganz persönliche und individuelle Film Bergmans. Die Suche nach dem Sinn unserer Existenz scheint dramaturgisch kompliziert und unübersichtlich. Es ist gleichsam die Geschichte eines Films, der nicht gedreht worden ist; Realität und Fiktion durchdringen einander. Thomas »erzählt« die Geschichte von Birgitta-Carolina als Filmthema und wird wenig später in das wirkliche Leben des Mädchens verwikkelt. Mehrfach werden Szenen aus dem Filmstudio gezeigt, wo Martin offenbar einen belanglosen Liebesfilm dreht. In der Nacht, die sie gemeinsam verbringen, sehen sich Thomas und Birgitta mit einem alten Projektor einen naiven Stummfilm an, der das Thema dieses Films variiert: Eine turbulente Verfolgungsjagd im »slapstick«-Stil endet abrupt, als der Tod auf der Leinwand erscheint. Aber die vielen Motive sind raffiniert verflochten: Das Leben wird zur Hölle; und eine Antwort auf die Frage nach dem Sinn unserer Existenz könnte man – vielleicht – im Glauben an Gott finden.

Fanny och Alexander

(Fanny und Alexander)

Schweden/Frankreich/BRD, 1982

R: Ingmar Bergman; A: Ingmar Bergman; K: Sven Nykvist; D: Börje Ahlstedt, Pernilla Alwin, Harriet Andersson, Gunnar Björnstrand, Allan Edwall, Stina Ekblad, Ewa Fröling, Bertil Guve, Erland Josephson, Jarl Kulle, Jan Malmsjö, Christina Schollin, Gunn Wallgren, Pernilla Wallgren

Uppsala 1907. Helena Ekdahl (G. W.) hat ihre drei Söhne und deren Familien zur traditionellen Weihnachtsfeier eingeladen: Oscar (A. E.) leitet zusammen mit seiner Frau Emilie (E. F.) das Theater der Stadt, das sich schon in der zweiten Generation im Besitz der Familie befindet; Carl (B. A.) ist ein mit sich und der Welt unzufriedener Trinker; Gustav Adolf (J. K.) ist als Geschäftsmann und als Schürzenjäger gleichermaßen erfolgreich. Und natürlich sind auch die Enkelkinder da – unter ihnen die achtjährige Fanny (P. A.) und ihr zehnjähriger Bruder Alexander (B. G.). Die Weihnachtsfeier gerät ebenso stimmungsvoll wie turbulent und – für Alexander wenigstens – ebenso fröhlich wie bedrohlich. Wenig später wird der Junge im Innersten verstört. Man holt ihn mit Gewalt an das Sterbebett seines Vaters; Oscar hat auf der Bühne einen Herzanfall erlitten. Emilie geht eine zweite Ehe ein mit dem fanatisch-strengen Bischof Vergérus (J. M.). Aus der sinnlich-heiteren Welt der Ekdahls geraten die Geschwister in eine Art Gefängnis, in dem Düsternis und Askese herrschen. Als Emilie erkennt, daß diese Ehe ein Irrtum war, scheint es zu spät. Vergérus verweigert ihr die Scheidung und droht, falls sie ihn verlassen sollte, die Kinder durch Gerichtsbeschluß in sein Haus zu holen. Doch Isak Jacobi (E. J.), ein weiser Jude und alter Freund Helenas, weiß Rat. Durch eine geschickte Intrige, der offenbar auch Gott durch ein Wunder hilft, entführt er die Kinder aus dem Haus des Bischofs. Und ein zweites, schreckliches »Wunder« geschieht. In Isaks Haus trifft Alexander dessen 16jährigen Neffen Ismael (S. E.), der wegen seiner magischen Fähigkeiten in einem verborgenen Raum des Hauses lebt. Ismael eröffnet Alexander, er trage soviel Haß in sich, daß er damit einen Menschen töten könne. Alexander ist entsetzt, will sich gegen diese furchtbare Kraft wehren, hat dann aber plötzlich die Vision einer brennenden Gestalt. Am anderen Tag wird bekannt, daß der Bischof durch einen Unfall in seinem Bett verbrannt ist. Am Ende feiern die Ekdahls wieder ein fröhliches Familienfest, eine doppelte Taufe für ein Kind Emilies aus ihrer Ehe mit dem Bischof und für ein Kind, das Emilies Kindermädchen Maj (P. W.) von Gustav Adolf empfangen hat. Und den Schlußpunkt setzt Emilies Entschluß, das alte Theater, das sie anläßlich ihrer Hochzeit geschlossen hatte, wieder zu eröffnen. Sie schlägt Helena vor, mit ihr zusammen *Ein Traumspiel* von Strindberg zu spielen, und liest ihr aus der »Vorbemerkung« des Stükkes vor: »... alles kann geschehen, alles ist möglich und wahrscheinlich. Raum und Zeit existieren nicht. Auf einem unbedeutenden wirklichen Grunde spinnt die Einbildung weiter und webt neue Muster ...«

Während der Dreharbeiten hat Bergman erklärt, dies solle sein letzter Spielfilm werden. Entstanden ist, als Extrakt einer vierteiligen Fernseh-Serie von insgesamt rund fünf Stunden Laufzeit, ein dreistündiger Kinofilm – der in seiner Vitalität und Virtuosität durchaus als krönender Abschluß seines filmischen Werkes gelten könnte. Wieder wird – typisch für Bergman – die Brüchigkeit der bürgerlichen Ordnung beschworen, werden die Ängste eines Kindes unter dem Terror einer lieblosen Disziplinierung geschildert. Die fröhlichen Feste der Ekdahls, die naive Sinnenfreude Gustav Adolfs etwa verweisen direkt zurück auf einen Film wie *Sommarnattens leende* aus dem Jahr 1955, die Bilder einer Laterna magica stehen – wie schon so oft in seinen Filmen – für die heimliche Flucht eines Kindes in das Land der Phantasie. Fast scheint es so, als habe Bergman hier in der Tat noch einmal Bilanz gezogen – eine Bilanz seiner Wünsche, Träume und Ängste, eine Bilanz aber auch seiner künstlerischen Möglichkeiten, die er hier abermals für einen wahrhaft meisterlichen Film genutzt hat.

Le fantôme de la liberté

(Das Gespenst der Freiheit)

Frankreich, 1974

R: Luis Buñuel; A: Luis Buñuel, Jean-Claude Carrière; K: Edmond Richard; D: Adriana

Asti, Julien Bertheau, Adolfo Celi, Jean-Claude Brialy, Paul Frankeur, Michel Lonsdale, Michel Piccoli, Claude Piéplu, Monica Vitti, Milena Vukotic, Jean Rochefort, Jean Champion, François Maistre, V. Blanco

Der Film hat keine durchgehende Handlung. Er besteht aus einer Vielzahl einzelner Episoden, von denen hier nur einige skizziert werden können: 1808, Eroberung Spaniens durch Napoleon. Man hört Rufe: »Es leben die Ketten! Nieder mit der Freiheit!« – Paris in der Gegenwart: Ein Mann schenkt kleinen Mädchen Postkarten und schärft ihnen ein, sie ja keinem Erwachsenen zu zeigen. Die Eltern (J. C. B., M. Vi.) der kleinen Véronique Foucauld bekommen sie doch zu Gesicht und sind empört. Es handelt sich um Ansichten bekannter Pariser Bauwerke. – In der Nacht hat Monsieur Foucauld einen seltsamen Traum und geht zu seinem Arzt (J. C.), dessen Krankenschwester (M. Vu.) um Urlaub bittet, weil ihr Vater im Sterben liegt. – Auf ihrer Reise gerät die Krankenschwester in ein merkwürdiges Gasthaus, in dem Mönche für ihren Vater beten und anschließend um Devotionalien pokern und in dem ein masochistischer Hutmacher (M. L.) ein merkwürdiges Schauspiel bietet. – Am nächsten Tag setzt die Krankenschwester ihre Reise gemeinsam mit einem Professor (F. M.) fort, der später den Schülern einer Polizeischule die Umwertung gesellschaftlicher Konventionen erläutert. Man sieht ein Beispiel: Eine vornehme Gesellschaft geht gemeinsam zur Toilette und macht dort Konversation, während die Mahlzeiten einzeln und verschämt in kleinen Zellen eingenommen werden. – Monsieur Legendre (J. R.) erfährt von seinem Arzt (A. C.), daß er unheilbar krank ist, und gibt ihm eine Ohrfeige. Legendres Tochter (V. B.) wird entführt, ist aber bei der Anzeige auf der Polizeiwache anwesend, um die notwendigen Auskünfte zur Person zu geben. – Der Polizeipräfekt (J. B.) wird verhaftet, als er das Grab seiner Schwester schänden will. Am nächsten Morgen verhört ihn ein zweiter Polizeipräfekt (M. P.), der ihn wie sein anderes Ich behandelt. Beide Herren besuchen gemeinsam den Zoo von Vincennes. Dort ertönen Schüsse und Geschrei; man hört Rufe: »Es leben die Ketten! Nieder mit der Freiheit!«

Die offene Form des Films, die ganz auf Assoziationen aufgebaut ist, in der die Szenen nicht dramaturgisch, sondern eher spielerisch, durch eine Person etwa, verknüpft werden, verweist stärker als andere »Alterswerke« Buñuels auf den Surrealismus seiner frühen Filme, ebenso die Tendenz, die bürgerliche Gesellschaft als ein Chaos, die bürgerlichen Freiheiten als ein Phantom darzustellen. Zu wirklicher Freiheit, so meint Buñuel hier, ist das liberale Bürgertum wohl ohnehin unfähig. Es ruft nach den Ketten, die es in widersinnigem Bemühen nur zum Schein abstreift. Ein Film nicht ganz ohne Längen, doch wieder voll überbordender Phantasie, optischem Einfallsreichtum und sarkastischem Humor. Buñuel argumentiert nicht; er lädt sein Publikum zu einem Spiel der Assoziationen ein, zu einer abenteuerlichen Reise durch das Un- und Unterbewußte.

Fat city
(Fat City)

USA, 1971

R: John Huston; A: Leonard Gardner nach seinem gleichnamigen Roman; K: Conrad Hall; D: Stacy Keach, Jeff Bridges, Susan Tyrrell, Nicholas Colasanto, Candy Clark

Der 29jährige Billy Tully (S. K.) ist ein zweitklassiger Boxer gewesen. Nachdem seine Frau ihn verlassen hat, ist er zum Trinker geworden, der sich mit Gelegenheitsarbeiten durchschlägt und immer noch von »Fat city«, von Reichtum und Erfolg, träumt. Als er den um zehn Jahre jüngeren Ernie Munger (J. B.) kennenlernt, überredet er ihn, sich ebenfalls als Boxer zu versuchen, und schickt ihn zu seinem Manager Ruben (N. C.). Der träumt davon, aus Ernie einen »Champion« zu machen. Doch der erste Kampf des künftigen Champions geht gleich in der ersten Runde verloren. Billy und Ernie verdingen sich als Landarbeiter, aber der Lohn scheint ihnen zu gering für die Schinderei. Während Ernie einen Schritt zum bürgerlichen Leben hin macht und seine Freundin Faye (C. C.) heiratet, die ein Kind von ihm erwartet, zieht Billy zu der Trinkerin Oma (S. T.), deren ständiger Zimmergefährte gerade im Gefängnis sitzt. Ernie boxt mit wechselndem Erfolg weiter, und Billy beschließt in einem jähen Anflug von Euphorie, einen neuen Anlauf zu wagen. Ruben verschafft ihm einen Kampf, und Billy

gelingt ein mieses, schlecht bezahltes Comeback gegen einen kranken Gegner. Hoffnung gibt dieser Sieg nicht. Und er tröstet auch nicht darüber hinweg, daß Omas Gefährte zurückkommt und Billy das Feld räumen muß. Er verspielt die geringe Chance, die der Sieg ihm geboten hat, und fängt wieder an zu trinken. Bei einer zufälligen nächtlichen Begegnung mit Ernie brechen seine ganze Verzweiflung und seine Hoffnungslosigkeit aus ihm hervor ...
Huston zeichnet ein realistisches Bild gescheiterter Existenzen im Milieu einer öden kalifornischen Kleinstadt. Billy und seine Freunde haben keine Chancen mehr. Und im Grunde wissen sie das auch, selbst wenn sie auf ihre Träume nicht verzichten mögen. Hellsichtig meint Billy einmal im Suff, das Leben sei schon verloren, bevor es angefangen habe. Natürlich kennt auch dieses Milieu seine Höhen und Tiefen. Hoffnung deutet sich an in einigen ganz unsentimentalen, aber einfühlsamen Szenen zwischen Billy und Oma, wo man plötzlich einmal glaubt, diese beiden Menschen könnten einander vielleicht helfen. Deprimierende Extremsituation auf der anderen Seite ist Billys Kampf gegen den mexikanischen Boxer, der in der Hoffnung auf ein paar Dollar Siegprämie seine Krankheit verschwiegen hat. Da schlagen zwei Gescheiterte aufeinander ein und merken nicht, daß sie mit jedem Schlag nur sich selbst treffen.

Faust – Eine deutsche Volkssage Ⓢ

Deutschland, 1926

R: F. W. Murnau; A: Hans Kyser nach Motiven von Johann Wolfgang Goethe, Christopher Marlowe und der alten Volks-Sage; K: Carl Hoffmann; D: Gösta Ekman, Emil Jannings, Camilla Horn, Yvette Guilbert, Wilhelm Dieterle, Frida Richard

Um seine von der Pest bedrohten Mitbürger zu retten, verschreibt Faust (G. E.) sich für einen Tag dem Teufel (E. J.). Mephisto schenkt ihm Jugend, Reichtum und Macht. Am Abend will Faust auf die Jugend nicht mehr verzichten; er verlängert den Vertrag. Mit Mephistos Hilfe entführt er die Herzogin von Parma an ihrem Hochzeitstag; später – nach seiner Rückkehr in die Heimat – trifft und verführt er Gretchen (C. H.). Die Szenen mit Marthe Schwerdtlein (Y. G.), der Tod der Mutter (F. R.) und Valentins (W. D.) folgen im wesentlichen Goethes Gestaltung. Gretchen muß an den Pranger, bringt ihr Kind zur Welt und irrt mit dem Neugeborenen durch den Schnee. Ihr Geist verwirrt sich: Sie glaubt das Kind in eine Wiege zu legen, legt es aber in Wirklichkeit in einen Schneehaufen, wo es erfriert. Jetzt wird sie als Kindsmörderin zum Tod auf dem Scheiterhaufen verurteilt. Angesichts ihrer Leiden verflucht Faust seine Jugend. Er steigt zu ihr auf den Scheiterhaufen und wird dadurch befreit und entsühnt. Der Erzengel triumphiert über den Widersacher aus der Finsternis; auf der Leinwand erscheint groß das Wort »Liebe«.
Seit der Erfindung des Films gehört das Faust-Motiv zu den beliebtesten Themen der Regisseure. Bereits 1896 drehte Louis Lumière den ersten *Faust*-Film; 1897 folgte Georges Méliès, der später noch mehrere andere *Faust*-Filme inszenierte; 1900 entstand der erste amerikanische *Faust.* Unter den zahlreichen späteren Filmen sind besonders bekannt geworden die Filme *La beauté du diable* (Pakt mit dem Teufel, Frankreich 1949) von René Clair, *Marguerite de la nuit* (Die Blume der Nacht, Frankreich 1955) von Claude Autant-Lara und *Faust* (BRD 1960), die von Peter Gorski besorgte Film-Version einer Inszenierung von Gustaf Gründgens.
Die ersten Regisseure mag am Faust-Thema das Phantastische fasziniert haben, die Möglichkeit, Filmtricks sinnvoll anzuwenden. Auch bei Murnau spürt man noch eine spielerische Freude an derartigen Details – etwa, wenn der Flug Fausts und Mephistos auf einem fliegenden Teppich über Gebühr ausgedehnt wird, um diese verblüffende Szene ausgiebig auszukosten. Überwiegend wurden aber hier die Tricks dramaturgisch sinnvoll angewandt: die apokalyptischen Reiter, die Beschwörung und Erscheinung Mephistos, die Verwandlung Fausts vom Greis zum Jüngling und umgekehrt usw.
Eine wesentliche Rolle spielen in diesem Film auch die Bauten. Robert Herlth und Walter Röhrig entwarfen u. a. eine mittelalterliche Stadt mit spitzen Giebeln, dunklen Winkeln und treppenartigen Straßen. Gleich am Anfang liegt sie wie hingeduckt unter dem Ansturm der apokalyptischen Reiter. In dieser engen Welt beginnt und endet das große Drama, der Kampf des Erzengels mit Mephisto, den der Mensch

durch seine freie Entscheidung nach vielen Irrwegen für das Licht und die Liebe entscheidet. Und trotz einiger Längen hat Murnau es vermocht, den religiös-philosophischen Gehalt seines Films mit suggestiver Stimmungsmalerei und praller, handfester Aktion zu vereinen.

Les favoris de la lune

(Die Günstlinge des Mondes)

Frankreich/Italien, 1984

R: Otar Iosseliani; A: Otar Iosseliani, Gérard Brach; K: Philippe Theaudière; D: Alix de Montaigu, Pascal Aubier, Gaspard Flori, Emilie Aubry, Katja Rupé, Bernard Eisenschitz

Von diesem Film eine übliche Inhaltsangabe zu machen, ist schlicht unmöglich! Da wird eingangs ein Hinweis auf kulturelle Leistungen im 18. und 19. Jahrhundert gegeben und die These vertreten, daß auch Kunstwerke sich durch Besitzwechsel abnutzen, »kleiner« werden. Anschließend wird dann ein buntes Panorama des 13. Bezirks in Paris gezeichnet, in dem eine Fülle von Menschen wie in einem komplizierten Reigen Revue passiert. Die handelnden Personen kennen einander nicht. Nur der Zuschauer merkt nach einer Weile, daß ein höheres Gesetz des Zufalls sie verbindet, ihre Handlungen und Entscheidungen beeinflußt. Dieser Zufall ist der Besitz von Gegenständen, die von Hand zu Hand gehen und so aus Unbekannten eine Kette von Verbundenen machen.
Iosseliani, der Georgier in Paris, hat hier einen humorvollen und poetischen Reigen geschaffen, der die Realität des Lebens in tänzerische Beschwingtheit auflöst. Zum Wesen der Komödie und natürlich speziell seiner Komödie sagte Iosseliani: »Ernsthaft sein, das heißt für mich, eine Komödie machen, denn eine Komödie ist niemals fraglich, sie ist immer offensichtlich. Bei einer Komödie hat man die Möglichkeit, sehr ernsthaft zu sein und völlig frei in dem, was man denkt. Ernsthaftigkeit in jeder anderen Form birgt die Gefahr, daß man prätentiös oder langweilig wird – was ich unter allen Umständen vermeiden will.« Und so ist diese Komödie auch geworden – heiter, beschwingt und nachdenklich stimmend.

Feldobott kö

(Der geworfene Stein)

Ungarn, 1968

R: Sándor Sára; A: Sándor Csoóri, Ferenc Kósa, Sándor Sára; K: Sándor Sára; D: Lajos Balázsovits, Todor Todorov

Bálazs Pástor (L. B.) wird zum Studium an der Filmhochschule nicht zugelassen, weil sein Vater wegen eines geringfügigen Vergehens von der Staats-Polizei verhaftet worden ist. Er fälscht seinen Lebenslauf, erklärt seinen Vater für tot und findet so wenigstens Arbeit als Landvermesser. Hier lernt er den Exilgriechen Ilias (T. T.) kennen, der ein linientreuer Kommunist ist, aber den Vorgesetzten ohrfeigt, weil dieser unnötigerweise Weinstöcke hat roden lassen. Ilias stirbt wenig später. Zusammen mit Pástor wollte er Bauern zur freiwilligen Zusammenarbeit überreden. Aber die politische Polizei suchte das gleiche Ziel mit Terror zu erreichen und hat Verhaftungen vorgenommen. Die aufgebrachte Menge lyncht den Griechen als den vermeintlich Schuldigen. Pástor wird als »Ingenieur« in ein Waldarbeiterlager geschickt. Hier wird er Zeuge, wie Zigeuner in einer entwürdigenden Szene kahlgeschoren und entlaust werden, weil sie nach landläufiger Vorstellung eben dreckig sind. Am Schluß wird er doch noch zum Studium zugelassen, und man sieht ihn sogar bei seiner ersten Spielfilm-Regie: Er inszeniert eine Schlüsselszene des Films, den man gerade gesehen hat ...
Dieser Schluß macht deutlich, wie sehr Sára seinen Film autobiographisch versteht. Er selbst wurde zunächst nicht zum Studium zugelassen und arbeitete als Landvermesser. Später machte er sich als Kameramann und Kurzfilmregisseur einen Namen, ehe er diesen ersten Spielfilm drehte. Der Film vereint Ästhetik und kritisches Engagement. Er enthält Einstellungen von ausgeklügelter Raffinesse; aber seine dekorativ düsteren Bilder spiegeln eindringlich ein düsteres Geschehen: Terror, Zwang, Entwürdigung des Menschen. Allerdings geht es Sára dabei nicht um eine politische Alternative, sondern um eine moralische: »Ich möchte zeigen, daß der Mensch niemals ›Nebensache‹ sein darf!«

Fellini: Satyricon

(Fellinis Satyricon)

Italien/Frankreich, 1969

R: Federico Fellini; A: Federico Fellini, Brunello Rondi und Bernardino Zapponi nach dem Roman *Satyricon* des Gaius Titus Petronius Arbiter; K: Giuseppe Rotunno; D: Martin Potter, Hiram Keller, Max Born, Alain Cuny, Lucia Bosé, Salvo Randone, Mario Romagnoli, Donyale Luna

Rom in vorchristlicher Zeit. Encolpius (M. P.) streitet sich mit Ascyltus (H. K.) um die Gunst des Knaben Giton (M. B.). Der Dichter Eumolpus (S. R.) nimmt Encolpius mit zum Gastmahl des Trimalchio (M. R.). Später trifft er Ascyltus und Giton auf einem Sklavenschiff wieder, dessen Kommandant (A. C.) sich in ihn verliebt und ihn »heiratet«. In einem Labyrinth muß Encolpius gegen den Minotaurus kämpfen; später erweist sich dieser Kampf als eine »Inszenierung« zu Ehren des Lachgottes. Im zweiten Teil dieses Schauspiels blamiert Encolpius sich durch Impotenz, sucht Heilung von diesem Gebrechen und findet sie bei der Zauberin Oenotea (D. L.). Ascyltus und später auch Eumolpus sterben. Der Dichter hat in seinem Testament angeordnet, daß, wer ihn beerben will, mithalten muß, seinen zerstückelten Leichnam zu verspeisen. Encolpius wendet sich von dieser Szene ab und fährt mit anderen Jünglingen auf einem Schiff in ein fernes Land.
Das sind nur einige Stationen aus einer aufwendigen, bizarren Szenenfolge, die nicht den Gesetzen der Logik, sondern denen des Traumes gehorcht. Encolpius erscheint gelegentlich eher als dramaturgisches Hilfsmittel, als verbindende Klammer für Szenen voller sinnlicher Schönheit, voller Grauen und Gewalt. *Satyricon* als Traum seines Regisseurs von der Vergangenheit – und von einer perfekten Kinowelt?
Es gibt andere, widersprüchliche Interpretationen. Die eine besagt, daß hier eine heidnische Zeit voll heilloser Verwirrungen gezeigt werde und daß sich in der letzten Szene die Geburt Christi ankündige. Die andere sieht in der vorchristlichen Szenerie eine Parallele zu unserer Zeit. Encolpius und seine Gefährten der Schlußszene entsprächen dabei der aufbegehrenden Jugend der Gegenwart und ihrer Suche nach »neuen Ufern«.

La femme de nulle part Ⓢ

(Die Frau von nirgendwo)

Frankreich, 1922

R: Louis Delluc; A: Louis Delluc; K: Gibory, Lucas; D: Ève Francis, Gine Avril, Roger Karl, André Daven

Nach dreißig Jahren kehrt eine Frau (E. F.) in das Haus zurück, das sie einst wegen eines jungen Mannes verlassen hat. Sie wird von den jetzigen Bewohnern freundlich aufgenommen und findet die junge Frau (G. A.) in der gleichen Situation, in der sie sich einst befunden hat. Unter dem Einfluß der Fremden widersteht diese Frau jedoch den Werbungen ihres Galans (A. D.). Als ihr Mann (R. K.) von einer Reise zurückkehrt, sinkt sie ihm in die Arme und bittet ihn, sie fortzubringen. Die Fremde verläßt das Haus wieder.
Delluc hat betont, daß es ihm weniger um die Frage gegangen sei, ob die junge Frau ihren Mann verläßt oder nicht, was aber eigentlich das einzige Spannungsmoment des Films ist. Tatsächlich hat ihn hier, wie in vielen seiner Filme, wohl wieder die Frage nach der Zeit und der Vergänglichkeit beschäftigt.
Moussinac schreibt, dieser Film sei bestimmt »von der Erinnerung, der Liebe und gleichermaßen von der Erinnerung an die Liebe und der Liebe zur Erinnerung«. Sadoul lobt die Geradlinigkeit des Films.

La femme infidèle

(Die untreue Frau)

Frankreich/Italien, 1968

R: Claude Chabrol; A: Claude Chabrol; K: Jean Rabier; D: Stéphane Audran, Michel Bouquet, Maurice Ronet

Der erfolgreiche Jurist Charles Devallées (M. B.) vernachlässigt seine Frau Hélène (S. A.), die ihn daraufhin mit dem jungen Victor (M. R.) betrügt. Der Ehemann schöpft Verdacht und engagiert einen Privatdetektiv, der ihm Namen und Adresse des Nebenbuhlers verschafft. Charles sucht Victor auf. Im Verlauf eines Gesprächs, in dem sich Charles zunächst eher ironisch-überlegen gibt, erschlägt er Victor plötzlich. Obwohl er die Leiche beseitigt, kommt die Polizei ihm auf die Spur und verhaf-

La femme infidèle (Stéphane Audran)

tet ihn. Hélène jedoch hat unterdessen begriffen, daß diese Tat ein »Opfer« für sie war, und verzeiht ihm.
Eine Kolportagegeschichte, die von Chabrol meisterhaft inszeniert wurde. In betont »schönen« Bildern und leuchtenden Farben zeichnet er das Bild einer ausgelaugten Ehe, die an Gleichgültigkeit und mangelndem Interesse gescheitert ist. Kleine Anspielungen, die dem Zuschauer kaum bewußt werden, signalisieren Unbehagen und Gefahr. Und im entscheidenden Gespräch baut Chabrol den Verdacht des Betrachters so geschickt ab, daß die blutige Tat dann wie ein Schock wirkt. Mord und Totschlag sind eingebettet in den Scheinfrieden der bürgerlichen Welt; sie erscheinen nicht, wie in vielen anderen Filmen, als absolute Verneinung unserer Gesellschaft, sondern als alltägliche Möglichkeit, die jedem von uns widerfahren kann. So entpuppt sich der scheinbar glatte Film als Ärgernis, die scheinbar intakte Gesellschaft wird als gewalttätig dekuvriert.

Une femme mariée
(Eine verheiratete Frau)

Frankreich, 1964

R: Jean-Luc Godard; A: Jean-Luc Godard; K: Raoul Coutard; D: Macha Méril, Bernard Noel, Philippe Leroy

Charlotte (M. M.) ist von ihrem Mann Pierre (P. L.) enttäuscht. Er hat zuwenig Zeit für sie, ist zuwenig rücksichtsvoll und zärtlich. Diese Zärtlichkeit findet sie bei ihrem Liebhaber Robert (B. N.). Am Schluß erwartet Charlotte ein Kind und weiß nicht genau, von wem.
Dieses »Fragment eines Films« (so Godard im Vorspann) reflektiert die Welt der Werbung. Immer wieder tauchen Werbesignale auf, blättert Charlotte in Zeitschriften voller suggestiver Anzeigen. Und unversehens scheinen sie und ihr Milieu selbst ein Stück dieser angeblich heilen Welt zu werden. Außerdem ist dies ein Film über die Frau, über ihre Position in der Gesellschaft, die in Statements, Situationen und Aktionen reflektiert wird. Allerdings scheint manches ein wenig aufgesetzt und apodiktisch.

Il ferroviere
(Das rote Signal)

Italien, 1956

R: Pietro Germi; A: Alfredo Giannetti, Luciano Vincenzoni, Pietro Germi; K: Ajace Parolin, Luigi Giacosi; D: Pietro Germi, Luisa della Noce, Saro Urzi, Edoardo do Nevola

Der Lokomotivführer Andrea Marcocci (P. G.) überfährt ein Haltesignal. Bei der Untersuchung des Vorfalls stellt man fest, daß er während der Fahrt getrunken hat und außerdem herzkrank ist, und versetzt ihn auf eine Rangierlok. Andrea ist tief gedemütigt. Er beginnt zu trinken, die Familie zerfällt. Als Streikbrecher kann er schließlich wieder in den Führerstand einer Schnellzug-Lokomotive klettern; aber die Verachtung seiner alten Freunde wirft ihn endgültig aus der Bahn. Er verläßt seine Frau (L. d. N.). Doch sein achtjähriger Sohn Sandrino (E. d. N.) holt ihn nach Haus zurück. Alles scheint wieder gut zu werden. Glücklich spielt Andrea auf seiner Gitarre, während seine Frau das Essen zubereitet. Plötzlich setzt die Musik aus. Andrea hat einen Herzschlag erlitten.

Pietro Germi, der in Filmen wie *Il cammino della speranza* (Der Weg der Hoffnung, 1951) oder *Un maledetto imbroglio* (Unter glatter Haut, 1959) gelegentlich den publikumswirksamen Rahmen seiner sozialkritischen Themen allzu effektvoll ausspielt, hat hier einen »bescheidenen«, aber ehrlichen Film gedreht. Das Milieu und die psychologischen Reaktionen des Helden werden glaubwürdig geschildert, die sozialen Folgen seiner »Degradierung« (niedrigerer Lohn!) erscheinen ganz unaufdringlich im Bild, und Germi selbst hat die Titelrolle ganz ohne Pathos und auch in ihren Widersprüchen glaubwürdig gespielt.

Le feu follet

(Das Irrlicht)

Frankreich, 1963

R: Louis Malle; A: Louis Malle nach dem gleichnamigen Roman von Pierre Drieu la Rochelle; K: Ghislain Cloquet; D: Maurice Ronet, Lena Skerla, Bernard Noël, Jeanne Moreau, Alexandra Stewart

Alain Leroy (M. R.), ein Playboy und Dandy, hat eine Entziehungskur in einem Privatsanatorium hinter sich. Jetzt ist er geheilt und kann in die Welt zurückkehren. Aber er läßt seinen Koffer im Sanatorium und schreibt auf den Spiegel in seinem Zimmer das Datum »23. Juli«. An diesem Tag will Alain sich töten. Er verbringt 24 Stunden in Paris und trifft sich mit alten Freunden: frühere Zechkumpane, exaltierte Künstler, politische Radikalisten. Dann kehrt er in die Klinik zurück und erschießt sich.

Drieu la Rochelle, der zur Mystik neigende Autor, geriet im Verlauf seines Lebens unter den Einfluß der Nationalsozialisten, deren vermeintliche Kraft er bewunderte. Er nahm sich 1945 das Leben. Seine innere Zerrissenheit lebt auch in dem Helden dieses Films, den Malle tatsächlich zum »Helden« stilisiert hat, indem er uns seine Fremdheit in einer überflüssigen Welt glaubhaft macht. Der Film sieht diese Welt, die Gesellschaft ganz mit den Augen Alains. Er findet seinen früheren Freund Dubourg (B. N.) verspießert, er schläft ohne weiteres Engagement mit Lydia (L. S.), einer Freundin seiner Frau, flirtet halbherzig mit seiner früheren Freundin Solange (A. S.) und beobachtet Eva (J. M.), die das ehemalige gemeinsame Leben ungeschickt fortzuführen sucht – und nirgendwo findet er einen Sinn, eine Richtschnur für sein Leben. So erscheint der Selbstmord als logischer Abschluß, der dann der Umgebung Alains angelastet wird. Am Schluß des Films erscheint ein Insert: »Ich töte mich, weil ihr mich nicht geliebt habt, weil ich euch nicht geliebt habe ... Ich lasse auf euch einen untilgbaren Makel.«

Diese Weltschau und die Entwicklung Alains hat Malle stilsicher und konsequent entwickelt. In den Bildern seines Films lebt eine düstere Resignation.

Feu Mathias Pascal Ⓢ

(Mattia Pascal)

Frankreich, 1924/25

R: Marcel L'Herbier; A: Marcel L'Herbier nach der Novelle *Il fu Mattia Pascal* von Luigi Pirandello; K: René Guichard, Jean Letort, Jimmy Berliet, Bourgassef; D: Marcelle Pradot, Iwan Mosjukin, Lois Moran, Michel Simon, Marthe Belot

Mathias Pascal (I. M.) ist Bibliothekar, ein Träumer und Phantast, der ganz unter dem Einfluß seiner Mutter (M. B.) steht. Fast durch einen Zufall nur heiratet er; und nun machen ihm Frau (M. P.) und Mutter das Leben zur Hölle. Als er durch ein entsetzliches Schicksal am gleichen Tag die Mutter und sein Kind verliert, flieht er verzweifelt, kommt nach Monte Carlo und gewinnt im Spiel ein Vermögen. Auf der Heimfahrt erfährt er, daß eine Leiche gefunden und als die seine identifiziert worden ist. Pascal erkennt die Möglichkeit, seinem tristen Leben zu entfliehen, und fährt nach Rom, wo er sich in Adrienne (L. M.) verliebt. Aber er kann sie nicht heiraten, da er ohne Papiere unter falschem Namen lebt; als ihm sein Geld gestohlen wird, kehrt er nach zweijähriger Abwesenheit nach Hause zurück. Er findet seine Frau wieder verheiratet, läßt sich scheiden und ist nun endgültig frei.

Ein epischer, sehr ausgewogener Film, an dem zeitgenössische Kritiker neben den darstellerischen Leistungen vor allem die Einbeziehung von Landschaft und Dekorationen (Alberto Cavalcanti, Lazare Meerson) in die Handlung rühmen.

I fidanzati

(Die Verlobten)

Italien, 1962

R: Ermanno Olmi; A: Ermanno Olmi; K: Lamberto Caimi; D: Anna Canzi, Carlo Cabrini

Giovanni (C. C.), ein ungelernter Arbeiter, läßt sich aus Norditalien nach Sizilien versetzen, weil ihm dort die Chance einer Ausbildung zum Facharbeiter geboten wird. Er bringt seinen Vater in ein Altersheim und läßt seine langjährige Verlobte Liliana (A. C.) allein zurück. Aber die Beziehung zu Liliana, die von Mißverständnissen und Krisen bedroht war, wird durch die Trennung überraschend gefestigt. Die Verlobten schreiben sich mühsam und unbeholfen kurze Briefe. Und eines Tages investiert Giovanni sogar das Geld für ein Ferngespräch – gleichsam als Symbol ihrer Zusammengehörigkeit.

Wieder greift Olmi ein Thema aus dem Alltag auf und behandelt es im besten Sinn »alltäglich«, indem er auf Effekte, Nebenhandlungen, publikumswirksame Konflikte ganz verzichtete. Dagegen besticht die realistische Schilderung: Die faden Sonntagsvergnügungen in tristen Tanzlokalen, die Bilder aus dem Altersheim, knappe Beobachtungen aus der Arbeitswelt, Milieuschilderungen aus dem Süden. Die Beobachtungsgabe Olmis spürt man auch in Kleinigkeiten – etwa in Giovannis Unsicherheit, als er auf Kosten seiner Firma für eine Nacht in einem Hotel untergebracht wird, oder in seinen Versuchen, in der neuen Umgebung Kontakt zu finden. Aus diesen Schilderungen entsteht nicht nur ein Porträt der Menschen, sondern auch ein Bild der Welt, in der sie leben und von der sie geformt werden.

Fièvre Ⓢ

(Fieber)

Frankreich, 1921

R: Louis Delluc; A: Louis Delluc; K: Gibory, Lucas; D: Éve Francis, Van Daele, Gaston Modot, Elena Sagrary, Léon Moussinac

In die Marseiller Hafenkneipe Topinellis (G. M.) kommen Matrosen, die soeben von einer Orient-Fahrt zurückgekehrt sind. Einer von ihnen, Militis (V. D.), hat eine Orientalin (E. S.) bei sich, die er geheiratet hat. Militis erkennt in Topinellis Frau Sarah (E. F.) seine frühere Geliebte wieder. Die Atmosphäre ist gespannt; und schließlich kommt es wegen der Orientalin zu einem Streit, in dessen Verlauf Topinelli Militis tötet. Als die Polizei kommt, findet sie Sarah neben dem Toten sitzen. Die Orientalin betrachtet abwesend eine Blume, die auf dem Schanktisch steht. Als sie merkt, daß es nur eine künstliche Blume ist, läßt sie sie achtlos fallen.

Der Film, dessen Thema Delluc zunächst zu einem Theaterstück verarbeitet hatte, sollte eigentlich *La boue* (Der Kot) heißen. Aber die Zensur verlangte eine Titeländerung und einige Schnitte. Léon Moussinac lobt die Intensität des Films und meinte: »Delluc denkt direkt in Bildern!« Sadoul schreibt: »Der zweite Teil ist weniger gut, weil hier das Anekdotische zuviel Raum einnimmt. Aber im ersten Teil wird mit kurzen und sicheren impressionistischen Strichen ein bemerkenswertes Bild einer Bar und ihrer Stammgäste gezeichnet.«

Film ohne Titel

BRD, 1947

R: Rudolf Jugert; A: Helmut Käutner, Ellen Fechner, Rudolf Jugert; K: Igor Oberberg; D: Hans Söhnker, Hildegard Knef, Willy Fritsch, Fritz Odemar, Peter Hamel

Ein Schauspieler (W. F.), ein Filmregisseur (P. H.) und ein Drehbuchautor (F. O.), allesamt als Flüchtlinge in ein Bauerndorf verschlagen, diskutieren über einen Film, den sie drehen möchten. Zwei Bekannte, das Bauernmädchen Christine (H. K.) und der Kunsthändler Martin Delius (H. S.), kommen hinzu; und die drei interessieren sich für das merkwürdige Schicksal der beiden. Martin hat Christine als seine Hausangestellte in Berlin kennen- und lieben gelernt, doch damals scheiterte diese Liebe an gesellschaftlichen Vorurteilen. Nach dem Krieg haben sie sich wiedergefunden. Aber wieder waren ihnen Standesunterschiede im Wege; denn jetzt war Martin ein armer Flüchtling und Christine eine gutgestellte Bauerntochter. Die drei möchten diese Liebesgeschichte gern zu Ende schreiben. Der Regisseur ist für einen tragischen Schluß, der Schauspieler liebäugelt mit einem publikumswirksamen Happy-End, der Autor findet beides schlecht. Darauf erzählen Martin und Christine den wirklichen Ausgang: Sie haben sich – aber weit weniger spektakulär als in der Phantasie des Schauspielers – tatsächlich gefunden. Und die drei Profis sind sich einig, daß diese Alltagsgeschichte keinen Film abgeben wird.

Deutlicher als in manchen anspruchsvollen Filmen dieser Zeit wird hier etwas von der Realität jener Tage sichtbar. Sie kommt unaufdringlich, oft in kleinen Randepisoden, ins Bild. In den eingeschobenen Phantasien des Regisseurs und des Schauspielers werden außerdem die Klischees der späteren Trümmer- und Heimatfilme ahnungsvoll vorweggenommen und parodiert.

Fin de fiesta

(Das Fest ist aus)

Argentinien, 1959/60

R: Leopoldo Torre Nilsson; A: Béatriz Guido, Leopoldo Torre Nilsson und Ricardo Luna nach dem gleichnamigen Roman von Béatriz Guido; K: Ricardo Younis; D: Arturo García Buhr, Lautaro Murúa, Graciela Borges, Leonardo Favio

Bei einem Ferienaufenthalt auf dem Gut seines einflußreichen Großvaters Mariano Braceras (A. G. B.) wird Adolfo (L. F.) durch einen Zufall Zeuge der Ermordung zweier politischer Gegner von Braceras. Er ist entsetzt, fühlt sich aber trotzdem zu Gustavino (L. M.), dem ergebenen Handlanger des Alten, hingezogen. Nach einer Auseinandersetzung schickt Braceras Adolfo auf eine Jesuitenschule, von der Adolfo aber nach wenigen Monaten flieht. Der Großvater verzeiht ihm. Als die Ermordung eines Senators bekannt wird, bemerkt Gustavino spontan, dieser Übergriff sei zu stark. Zwei Tage später ist Gustavino tot, und Adolfo entdeckt, daß Braceras den unbequemen Mitwisser hat beseitigen lassen. Noch ist Adolfo nicht stark genug, um sich mit seiner Kusine Mariana (G. B.), die er liebt, dem Alten entgegenzustellen. Aber bei der Hochzeit, die Braceras für seine Enkelin Julieta ausrichtet, zeigt sich das Ende seiner Macht. Nur wenige Gäste sind seiner Einladung gefolgt. Dann erscheint auch noch Adolfo, betrunken, und schreit dem Großvater entgegen, er sei ein Mörder. Braceras erleidet einen Herzanfall, ein Untersuchungsverfahren wird gegen ihn eröffnet, und Adolfo beobachtet ungerührt den langsamen Tod des einstigen »caudillo«.

Eine Attacke gegen das korrupte Regime der dreißiger Jahre, die aber mühelos auch als Angriff gegen die Verhältnisse im heutigen Argentinien verstanden werden kann – und verstanden wurde. Der Titel des Films wurde von politischen Gruppen sogar als Kampfparole benutzt. Formal überzeugen der klare Aufbau der weitverzweigten Handlung und die atmosphärische Schilderung des Verfalls einer Familie, wenngleich der Regisseur hier nicht ganz die Intensität seiner kammerspielhaften Filme erreicht. Ein ähnliches Thema, die Geschichte eines Mannes, der »Politik« mit Hilfe eines ergebenen »Killers« betreibt, behandelte Torre Nilsson im gleichen Jahr auch in dem Film *Un guapo del '900* (Der beste Mann). Hier überwiegen allerdings die privaten und melodramatischen Akzente.

La fin du jour

(Lebensabend)

Frankreich, 1939

R: Julien Duvivier; A: Charles Spaak, Julien Duvivier; K: Alex Joffre, Christian Matras; D: Louis Jouvet, Michel Simon, Victor Francen

Der einst gefeierte Schauspieler Saint Clair (L. J.) kommt, völlig mittellos, in ein Altersheim für Schauspieler. Er trifft dort u. a. den durch eine erfolglose Laufbahn verbitterten Marny (V. F.) und Cabrissard (M. S.), der stets nur die »zweite Besetzung« gewesen ist. Das Heim gerät in finanzielle Schwierigkeiten und soll aufgelöst werden. Aber jetzt wird die Öffentlichkeit aufmerksam; u. a. erklären sich prominente Schauspieler bereit, im Heim in einer Wohltätigkeitsveranstaltung aufzutreten. Einer der Gäste bleibt aus. Marny soll seine Rolle übernehmen. Cabrissard fleht ihn an, ihm den Vortritt zu lassen, und schlägt Marny, als der sich weigert, sogar nieder. Aber auf der Bühne bringt Cabrissard vor Aufregung kein Wort hervor. Er bekommt einen Herzanfall und stirbt. Zur gleichen Zeit wird deutlich, daß Saint Clair den Verstand verloren hat. Er wird in eine Heilanstalt gebracht. Am nächsten Tag spricht Marny am Grab seines alten Widersachers Cabrissard die Gedenkrede.

Duvivier, der stets ein »Schauspieler-Regisseur« gewesen ist, hat hier eine bittere, zum Teil grausame Analyse geliefert. Während die Handlung stellenweise pathetisch, gelegentlich melodramatisch ist, überzeugt die Schilderung der Charaktere und der Atmosphäre, überzeugen vor allem die Details, die kleinen Reaktionen und Gesten, die dem Ganzen dennoch Glaubwürdigkeit geben.

La fin du monde

(Das Ende der Welt)

Frankreich, 1930

R: Abel Gance unter Mitarbeit von Jean Epstein, Walter Ruttmann und Edmond T. Gréville; A: Abel Gance nach einer Idee von Camille Flammarion; K: Jules Kruger, Roger Hubert, Nicolas Roudakoff; D: Colette Darfeuil, Abel Gance, Victor Francen, Samson Fainsilber

Die schöne Geneviève (C. D.) wird von drei Männern umworben – von dem Dichter Jean Novalic (A. G.), seinem Bruder Martial (V. F.) und dem Bankier Schomburg (S. F.). Jean will einem Kind, das von seinen Eltern mißhandelt wird, beistehen und wird dabei so schwer verletzt, daß er geistiger Umnachtung verfällt. Als Martial, der Astronom, einen Kometen entdeckt, der auf die Erde zurast, glaubt Jean das Ende der Welt gekommen. Bevor er in eine Nervenheilanstalt gebracht wird, beschwört er seinen Bruder, die Menschheit unter Hinweis auf die drohende Katastrophe zur Einigung zu zwingen. Aber während die Völker in Panik versetzt werden, versuchen die Regierungen, die Wahrheit zu unterdrücken, und die Kapitalisten, an ihrer Spitze Schomburg, wollen selbst in dieser Situation nur Geld verdienen. Schomburg kommt ums Leben, als er Martial beseitigen will. Eine große Orgie wird veranstaltet; Martial verkündet unterdessen die »république universelle«. Am Ende des Films steht eine Bildmontage von Zerstörungen und Naturgewalten.

Wieder hat Gance in einem monströsen Werk das Grauen der Vernichtung beschworen, um damit an die Vernunft der Menschen zu appellieren. *La fin du monde* war einer der ersten französischen Tonfilme. Gance nutzte die neuen Möglichkeiten vor allem für musikalische Kontraste und suggestive Geräuscheffekte. Die meisten Dialoge werden dagegen noch durch Zwischentitel wiedergegeben. Gance distanzierte sich später von diesem Film, den der Produzent drastisch kürzen und verändern ließ.

Fitzcarraldo

BRD, 1981

R.: Werner Herzog; A: Werner Herzog; K: Thomas Mauch; D: Klaus Klinski, Claudia Cardinale, José Lewgoy, Miguel Angel Fuentes, Paul Hittscher, Huerequeque Enrique Bohorquez

Im lateinamerikanischen Urwald zur Zeit des Kautschuk-Booms. Der Abenteurer Brian Sweeney Fitzgerald (K. K.), der sich Fitzcarraldo nennt, ist besessen von der Idee, in der armseligen Stadt Iquitos ein großes Opernhaus zu bauen. Um das nötige Geld zu beschaffen, kauft er von den Ersparnissen seiner Freundin, der Bordellbesitzerin Molly (C. C.), einen verrotteten Flußdampfer und ein unzugängliches und daher noch unerschlossenes Kautschuk-Gebiet. Sein Plan ist atemberaubend: Um die unpassierbaren Stromschnellen des Rio Ucayali zu umgehen, will er den Rio Pachitea aufwärts fahren und sein Schiff an einer Stelle, wo beide

Flüsse sich sehr nahe kommen, über einen Berg in den Rio Ucayali schleppen. Und obwohl bis auf den Kapitän (P. H.), den Koch (H. E. B.) und einen Mechaniker (M. A. F.) die ganze Besatzung aus Furcht vor den Indios desertiert, gelingt dieser fantastische Plan – weil die abergläubischen Indios in Fitzcarraldos Auftauchen die Erfüllung mythischer Überlieferungen sehen und ihm helfen. Doch dieser Aberglaube wird ihm auch zum Verhängnis: Als das Schiff endlich im Wasser des Rio Ucayali schwimmt, kappen die Indios nachts heimlich die Trossen und lassen es gleichsam als »Opfergabe« in die Stromschnellen treiben. Zwar kann Fitzcarraldo seine Besatzung und sein Schiff retten; aber sein Plan, einer der Kautschuk-Barone zu werden, ist gescheitert. Doch einen Abglanz seines Traums verwirklicht er immerhin: Mit seinem letzten Geld engagiert er ein Opern-Ensemble und läßt bei einer Fahrt auf dem bereits wieder verkauften Schiff mitten im Urwald eine Oper aufführen.

Der Film handelt von einer Besessenheit; er spiegelt auch die Besessenheit seines Regisseurs, der ihn unter schwierigsten Bedingungen im Dschungel realisierte. Entstanden ist dabei die faszinierende Reportage einer »folie«, einer Verrücktheit, auf die der Film sich aber vorbehaltlos einläßt und deren bizarren Reiz er immer wieder auskostet, wenn etwa aus Fitzcarraldos Trichter-Grammophon Opern-Arien durch den Urwald tönen, wenn europäischer Belcanto die scheuen Indios erst neugierig macht und dann zu friedlichem Kontakt animiert. Dabei erwächst Spannung nicht nur aus der minutiösen Schilderung des waghalsigen Unternehmens, das Herzog übrigens – in der Nachfolge Fitzcarraldos – ohne Tricks und Modelle ganz realistisch bewältigte. Spannung im ursprünglichen Sinn des Wortes lebt unmittelbar in den Bildern, die die Schönheit der Szenerie ganz unspektakulär einfangen, die die (sehr diszipliniert gespielte) Exaltiertheit Fitzcarraldos gegen die undurchdringliche Gelassenheit und die unergründliche Fremdheit der Indios, den absolut künstlichen Glanz der Oper gegen die unberührte und – wie es scheint – unberührbare Natur setzen. Der hektische Traum Fitzcarraldos wird Realität in einem Film von großer Ruhe, Schlichtheit und Schönheit.

Die flambierte Frau

BRD, 1983

R: Robert van Ackeren; A: Robert van Ackeren, Catharina Zwerenz; K: Jürgen Jürges; D: Gudrun Landgrebe, Mathieu Carrière, Hanns Zischler, Matthias Fuchs

Eva (G. L.) bricht eines abends scheinbar spontan aus ihrer Ehe und ihrer bürgerlichen Existenz aus und etabliert sich als Edel-Prostituierte. Vermutlich als Reaktion auf jahrelange Unterdrückung in der Ehe spezialisiert sie sich als »Domina«, als eine, die Männern Lust verschafft, indem sie sie quält und erniedrigt. Bald lernt Eva den Kollegen Chris (M. C.) kennen, der seine Liebesdienste wahlweise an Frauen und Männer verkauft. Für kurze Zeit funktioniert eine seltsame Beziehung: Tagsüber »arbeiten« Eva und Chris in gemeinsamen »Geschäftsräumen«, abends genießen sie ein privates Liebesglück. Doch dann entwickelt Chris bürgerliche Neigungen. Er will ein Luxus-Restaurant eröffnen, denkt an eine Ehe mit Eva. Die verweigert sich diesen Plänen und provoziert damit den Haß des Mannes, der sie eines Tages mit hochprozentigem Alkohol übergießt und anzündet, gleichsam »flambiert«. Eva übersteht diese Attacke auf wundersame Weise und lacht im Schlußbild gemeinsam mit einer Freundin in die Kamera.

Van Ackeren hat dieses »skandalöse« Thema mit sicherem Stilwillen und aus kühler Distanz verfilmt. Besonders der erste Teil, in dem Eva ihr Bild von der Rolle der Ehefrau mit gelassener Selbstverständlichkeit umkehrt, ihre Gefühle gleichsam »geradebiegt« und damit die gesellschaftlichen Normen und Moralvorstellungen auf den Kopf stellt, ist zu einer beklemmenden und bedenkenswerten Metapher geworden. Im Mittelteil gibt es einige Längen und allzu demonstrative Verweise, ehe der Schluß wieder zu der anfänglichen Stringenz zurückfindet. Wesentlichen Anteil am Erfolg dieses ungewöhnlichen Films hat die Musik von Peer Raben.

Flammende Herzen

BRD, 1977/78

R: Walter Bockmayer, Rolf Bührmann; A: Walter Bockmayer, Rolf Bührmann; K: Horst

Knechtel, Peter Mertin; D: Peter Kern, Barbara Valentin, Katja Rupé, Evelyn Künneke

Peter Huber (P. K.) ist Kioskbesitzer in einer oberbayrischen Kleinstadt. Sein Lebensinhalt sind die Schlager von Peter Kraus und der Traum vom großen Glück in der Ferne. Eines Tages gewinnt Peter Huber eine Reise nach New York. Aber die große weite Welt zeigt sich nichts weniger als freundlich. Huber fühlt sich sehr bald deplaziert im Land der unbegrenzten Möglichkeiten. In der U-Bahn verhindert er den Selbstmord des Mädchens Karola (B. V.), das in Deutschland einmal den Liebesschwüren eines G. I. geglaubt hatte und nun hier in einem miesen Sex-Schuppen arbeitet. Da Karola auch Peter-Kraus-Fan ist, versteht man sich fast auf Anhieb. Gemeinsam besuchen die beiden, voller Heimweh, eine amerikanische Version des Oktoberfestes, und dort fällt ihnen abermals ein Gewinn zu – die prachtvolle Milchkuh Bessie. Aber die erweist sich in New York bald als Belastung. Peter geht das Geld aus; Karola hat sich aus Angst vor möglichen Konsequenzen der neuen Gefühle wieder in ihren Alltag abgesetzt; und daheim in Oberbayern hat die örtliche Prostituierte (K. R.) Besitz von Peters Kiosk ergriffen. Die Fahrt ins Glück endet im Nichts.
Der 14. Film des Teams Bockmayer und Bührmann ist der erste »richtige« Kinofilm der skurrilen Außenseiter aus Köln geworden. Wie ihre früheren Filme ist auch dieser eine traurige Parodie auf die Wirklichkeit. Er beschreibt und entlarvt kleinbürgerliche Träume und Glücksvorstellungen. Aber die Entlarvung denunziert nicht die Träumer, sondern die Realität, aus der sie sich fortträumen. Ihr Fluchtziel liegt weit weg von der Wirklichkeit in den Bereichen des Melodramas und des Kitsches. Dieser Kitsch jedoch ist gleichsam »mit Herzblut geschrieben«. Daß der Film das deutlich macht, daß seine oft grob und grell wirkenden Bilder zu solchen Nuancen fähig sind, ist zweifellos eine bemerkenswerte Leistung, an der neben den Autoren auch die Darsteller beträchtlichen Anteil haben.

Flesh

(Flesh)

USA, 1968

R: Paul Morrissey; A: Paul Morrissey; K: Paul Morrissey; D: Joe Dallesandro, Geraldine Smith, Patti Darbanville

Joe (J. D.) ernährt Frau und Kind als »Strichjunge«. Eines Morgens fordert seine Frau (G. S.) ihn auf, 200 Dollar zu verdienen, damit ihre Freundin (P. D.) eine Abtreibung finanzieren kann. Joe verdient 20 Dollar von einem jungen Burschen, 100 Dollar als Modell für Aktfotos; den Rest leiht er sich von einem alten Freund. Zwischendurch gibt er einigen Anfängern in diesem Gewerbe gute Ratschläge und besucht eine frühere Freundin, die als Nackttänzerin arbeitet. Als er nach Hause kommt, erfährt er, daß die Abtreibung nicht notwendig ist. Müde legt er sich ins Bett und schläft.
Ein Film aus der »Warhol-Factory«, der – obwohl von Andy Warhol nur produziert – doch die Merkmale seiner Arbeiten trägt. *Flesh* ist der erste von den inzwischen nur noch schwer zu zählenden Filmen Warhols, der in der Bundesrepublik in den Verleih gekommen ist. Viele Kritiker feierten in diesem Film »Die Wiederentdeckung des Menschen« und zitierten in diesem Zusammenhang Warhol: »Das Licht ist schlecht, die Kamera ist schlecht, die Projektion ist schlecht. Aber die Menschen sind schön.«
Tatsächlich ist der Film weniger an einer Geschichte als vielmehr an Informationen über einen Menschen interessiert. Dieser Mensch ist Joe Dallesandro – fast immer ist er im Bild, nicht zuletzt seine Gelassenheit gibt dem Film eine kühle Schönheit. Und Sexualität erscheint hier nicht als Problem, sondern als selbstverständlicher Bestandteil des Lebens; zum Problem wird die Notwendigkeit, zu arbeiten und Geld zu verdienen.

The flesh and the devil Ⓢ

(Das Fleisch und der Teufel / Es war)

USA, 1926

R: Clarence Brown; A: Benjamin Glazer nach dem Roman *Es war* von Hermann Sudermann; K: William Daniels; D: Greta Garbo, John Gilbert, Lars Hanson

Leo von Harden (J. G.) verliebt sich in die Gräfin Felicitas von Rhaden (G. G.). Als der Graf das Verhältnis entdeckt, fordert er Harden zum Duell; aber um die Ehre der Gräfin zu schützen, arrangiert man einen Streit beim Kartenspiel als Vorwand für die Auseinandersetzung. Der Graf fällt im Duell. Harden wird zu Festungshaft verurteilt und geht anschließend in die Kolonien, um Gras über die Sache wachsen zu lassen. Bei seiner Rückkehr findet er Felicitas als Frau seines besten Freundes, Ulrich von Kletzingk (L. H.). Wieder erwacht die alte Liebe, und wieder kommt es zum Duell. Doch die alten Freunde können nicht aufeinander schießen und fallen sich in die Arme. Felicitas, die zuvor ihre Liebe zu Harden gleichsam für ein kostbares Schmuckstück verkauft hat, das ihr Mann ihr geschenkt hat, bricht auf dem zugefrorenen See ein und ertrinkt, als sie in letzter Minute das Duell verhindern will.
Das Thema dieses Films war die Kraft der Erotik; und dieses Thema hat Clarence Brown überzeugend gestaltet – in Großaufnahmen und intelligenten Einstellungen. Die zeitgenössische Kritik rühmte außerdem die gute Milieuschilderung und die Sicherheit, mit der Brown seine Hauptdarsteller in dieses Milieu eingefügt habe.

Fome de amor
(Hunger nach Liebe)

Brasilien, 1968

R: Nelson Pereira dos Santos; A: Nelson Pereira dos Santos und Luis Carlos Ripper nach einer Erzählung von Guilherme Figueiredo; K: Dib Lutfi; D: Leila Diniz, Paulo Pôrto, Arduino Colasanti, Irene Stefania

In New York heiratet die revolutionär gesinnte Mariana (I. S.) den Maler Felipe (A. C.). Felipe überredet sie, mit ihm nach Brasilien auf eine angeblich ihm gehörende Insel zu kommen. Dort angekommen, entdeckt Mariana, daß die Insel offenbar dem blinden und taubstummen Alfredo (P. P.) gehört. Felipe erzählt, Alfredo sei ein Revolutionär, der bei einem Attentat verletzt worden sei; aber Alfredos Frau Ulla (L. D.) sagt, Alfredo sei Wissenschaftler und habe seine Verletzungen von einem Laborunfall. Als Mariana entdeckt, daß Felipe und Ulla ein Verhältnis haben, will sie die Insel verlassen. Zuvor wird zu Ehren zufälliger Besucher ein Maskenfest arrangiert, bei dem der hilflose Alfredo lächerlich aufgeputzt und verhöhnt wird. Im Schlußbild zieht Mariana mit Alfredo fort – über unwirtliche Berge der Revolution entgegen.
Der Film demonstriert den ohnmächtigen Zorn eines »Weltverbesserers«. Der Regisseur scheint besessen von der Überzeugung, daß die Dokumentation des Elends niemanden mehr aufrüttelt. Jetzt will er schockieren, indem er die Lebensgewohnheiten des Bürgertums und das Geschwätz der Pseudo-Revolutionäre entlarvt. Typisch, daß in diesem Film der einzige »echte« Revolutionär taubstumm und blind ist. Der Film wirkt durch die Kraft der Empfindung und des Engagements und durch seine bizarre Phantasie.

Foolish wives Ⓢ
(Närrische Frauen)

USA, 1921

R: Erich von Stroheim; A: Erich von Stroheim; K: Ben Reynolds, William Daniels; D: Erich von Stroheim, Maude George, Mae Busch, Georges Christians, Dale Fuller, Miss Dupont, Cesare Gravina, Malvine Polo

Graf Karamsin (E. v. S.), ein russischer Emigrant, lebt mit seinen beiden Cousinen (M. G., M. B.) in Monte Carlo. Als eines Tages ein amerikanischer Wirtschafts-Boß nach Monte Carlo kommt, verführt der Graf die Frau (M. D.) des Amerikaners – und bittet sie alsbald um Geld. Eines Nachts schließt die eifersüchtige Kammerjungfer (D. F.) des Grafen das Liebespaar ein und zündet das Haus an. Die Liebenden werden zwar gerettet, aber der Graf wird als Hochstapler entlarvt: Er ist kein Graf, die Frauen in seinem Haus sind keine Cousinen. Der falsche Graf findet ein furchtbares Ende. Nachdem er die schwachsinnige Tochter (M. P.) eines Geldfälschers (C. G.) vergewaltigt hat, wird er von dem Vater des Opfers getötet und in ein Kanalisationsloch gestopft.
Die monströse Handlung des Films wird von kritischer Aggressivität bestimmt. Stroheim formuliert in diesem Film seine Absage an die bürgerliche Welt. »Graf« Karamsin ist eine

Herausforderung an die Gesellschaft, die sich für normal und ihre Welt für wohlgeordnet hält. Und nicht zufällig hat Stroheim diesmal auch die Zeit, in der seine Geschichte spielt, genau fixiert – durch verstümmelte Soldaten, die an den prunkvollen Fassaden der Paläste vorbeihumpeln. Hinzu kommt ein zweites Thema, das Stroheim immer wieder beschäftigt hat: die Unterdrückung der Frau durch den Egoismus und die Gedankenlosigkeit des Mannes. Hier zeigt er gleich drei Variationen: die frustrierte Frau des Botschafters, die betrogene Kammerjungfer, von der der Held sich vorher hat aushalten lassen, und die schwachsinnige Vierzehnjährige, das unschuldigste Opfer.
Der Film war ursprünglich fünf Stunden lang. Für den Verleih wurde er auf rund 3½ Stunden gekürzt.

Forbidden paradise Ⓢ
(Das verbotene Paradies)

USA, 1924

R: Ernst Lubitsch; A: Hanns Kräly und Agnes Christine Johnston nach dem Bühnenstück *Zarina* von Lajos Biró und Melchior Lengyel; K: Charles van Enger; D: Pola Negri, Rod la Rocque, Adolphe Menjou, Pauline Starke

In einem fiktiven Balkanstaat erregen die Liebschaften der Zarin (P. N.) den Unwillen der Armee. Die Offiziere wollen rebellieren. Aber einer von ihnen, Alexej (R. l. R.), warnt die Herrscherin und wird zum Dank gleich in die Schar ihrer Liebhaber aufgenommen. Als er erkennt, daß er diesen Vorzug mit anderen teilt, stellt er sich an die Spitze der Verschwörung. Die Rebellen dringen in den Palast ein. Doch dort beschützt der Kanzler (A. M.) seine Herrin. Alexej wird verhaftet. Aber im Rausch eines neuen Glücks mit dem französischen Gesandten begnadigt ihn die Zarin. Er kann die Hofdame (P. S.) heiraten, die er schon geliebt hatte, als er noch der Günstling der Zarin war.
Ein typischer Lubitsch-Film, in dem das »große Spektakel« gleichsam auf menschliches Maß reduziert wird. Eine berühmte Szene, die in vielen Arbeiten über Lubitsch zitiert wird, ist die Besänftigung der in den Palast eingedrungenen Revolutionäre. Angesichts der Eindringlinge greift der Kanzler in die Tasche, zieht aber nicht, wie man vermutet, eine Waffe, sondern das Scheckbuch, mit dessen Hilfe er die Verschwörer kurzerhand kauft.

Fort Apache
(Bis zum letzten Mann)

USA, 1948

R: John Ford; A: Frank S. Nugent nach der Erzählung *Massacre* von James Warner Bellah; K: Archie Stout; D: John Wayne, Henry Fonda, Shirley Temple, Pedro Armendariz, Miguel Inclan, Victor McLaglen, John Agar

Oberst Thursday (H. F.) wird neuer Kommandant von Fort Apache, einem Vorposten in Arizona. Thursday ist ein engstirniger Militarist, der zum Beispiel die Heirat seiner Tochter (S. T.) mit dem Leutnant O'Rourke (J. A.) verhindern will, weil der Vater des Leutnants dem Mannschaftsstand angehört. Als er entdeckt, daß der Indianeragent die Apachen betrügt, verachtet er diesen Mann zwar, schützt ihn aber gleichzeitig als einen »Vertreter des Staates«. Er läßt Häuptling Cochise (M. I.), der seinen Stamm wegen dieser Betrügereien aus dem Reservat fortgeführt hat, von Hauptmann York (J. W.) und Sergeant Beaufort (P. A.) zur Rückkehr auffordern. Aber zum Treffpunkt mit Cochise kommt der Oberst nicht allein, wie York vereinbart hatte, sondern rückt mit der ganzen Garnison an. Er provoziert die Apachen zum Kampf, bei dem die Soldaten vernichtend geschlagen werden. Unter den wenigen Überlebenden ist York, der es auf einer Pressekonferenz duldet, daß das militärisch sinnlose und dilettantische Unternehmen in einen heroischen Kampf umgefälscht und der Oberst zum Helden verklärt wird.
Ford gesteht dem Oberst zwar persönlichen Mut zu, aber er läßt doch keinen Zweifel daran, daß von der schlechten Behandlung der Indianer bis zur unnötigen Attacke die Schuld an Kampf und Niederlage eindeutig bei den Weißen liegt. Und nicht ohne bittere Ironie zeigt er am Schluß, wie ein sinnloses Unternehmen zur Heldentat verbogen wird, wie ein Mythos entsteht. Hier klingt ein Thema an, das Ford später in *The man who shot Liberty Valance* in den Mittelpunkt eines Films stellte. Ganz allerdings

kann sich Ford der Faszination des Heldischen nicht entziehen – so, wenn er die zurückbleibenden Frauen im Fort in Untersicht wie antike Heldinnen gegen eine dräuende Wolkenwand aufnimmt und wenn Mrs. Collingwoods es ablehnt, ihren Mann, dessen Versetzung soeben telegrafisch angeordnet wurde, zurückzurufen.

Le fou

(Der Verrückte)

Schweiz, 1970

R: Claude Goretta; A: Claude Goretta; K: Jean Zeller, Edouard Winiger; D: François Simon, Camille Fournier, Arnold Walker, Pierre Walker, Jean Claudio

Georges Plond (F. S.) ist Magazinverwalter in einem mittleren Betrieb. Sein Leben ist eintönig. Längst hat er sich damit abgefunden, daß die Krankheit seiner Frau (C. F.) – sie ist gelähmt – ihn dazu zwingt, auf vieles zu verzichten. Doch ein gemeinsames Ziel beflügelt das Ehepaar: Sie sparen jeden Pfennig, um sich eines Tages ein eigenes Häuschen leisten zu können. Dann erleidet Plond, 50jährig, einen Herzinfarkt und wird vorzeitig pensioniert. Der Traum vom eigenen Haus scheint ausgeträumt. In seiner Enttäuschung vertraut Plond sein Geld einem windigen Geschäftsmann (J. C.) an, der ihm eine märchenhafte Rendite verspricht. Aber ein Jahr später ist alles verloren. Nach diesem neuen Schicksalsschlag, den er seiner Frau verheimlicht, verfällt Plond auf eine wahnwitzige Idee: Als Postbote verkleidet, bricht er sonntagmorgens in alleinstehende Villen ein. Seine Beute vergräbt er. Dieses Doppelleben macht ihn nun noch einsamer. Die Tatsache, daß er sich seiner Frau nicht mitteilen kann, entfremdet die Eheleute. Am Ende flüchtet sich Plond in eine verworrene Rebellion. Er schlägt die Fensterscheibe eines Juweliergeschäftes ein, provoziert – selbst unbewaffnet – Schüsse der herbeieilenden Polizisten und wird tödlich getroffen.

Goretta schildert in seinem Film nüchtern und karg in der Form die Mühsal eines kleinen Lebens. Plond ist kein Revolutionär. Er will die Welt nicht ändern, er will sich rächen. Und da das Leben ihn kleingemacht hat, ist auch seine Rache klein. Er übt sie im Verborgenen, sinnlos, mit falscher Zielrichtung und mit schlechtem Gewissen. Dies alles teilt sich in Gorettas wortkargem Film aus spröden Schwarzweiß-Bildern mit. Plonds Schicksal legt Zeugnis ab gegen die, die ihn schuldig werden ließen. Und auch das wird – ohne jede Sentimentalität – deutlich: Vielleicht hätte es für Plond genügt, wenn ein Mensch seine Einsamkeit, seine Verletzlichkeit erkannt hätte. Einmal wird diese Möglichkeit in den behutsamen, verständnisvollen Gesten eines jungen Mitarbeiters angedeutet. Doch da ist es wohl schon zu spät.

The four horsemen of the apocalypse Ⓢ

(Die vier apokalyptischen Reiter)

USA, 1920/21

R: Rex Ingram; A: June Mathis nach einem Roman von Vicente Blasco Ibánez; K: John F. Seitz; D: Rudolph Valentino, Alice Terry, Pomeroy Cannon, Josef Swickard, Alan Hale, Nigel de Brulier, John Sainpolis, Stuart Holmes

Die beiden Töchter des reichen Argentiniers Madariaga (P. C.) heiraten Einwanderer, die eine den deutschstämmigen Karl von Hartrott (A. H.), die andere den Franzosen Marcelo Desnoyers (J. Sw.). Nach dem Tod Madariagas kehren beide Schwiegersöhne mit ihren Familien in die jeweilige Heimat zurück. Während die Söhne von Hartrotts Wissenschaftler oder Offiziere werden, mag der leichtlebige Julio Desnoyers (R. V.) sich nicht recht für einen Beruf entscheiden. Er gerät unter den Einfluß des »Mystikers« Tschernoff (N. d. B.); außerdem hat er eine Liaison mit Marguerite Laurier (A. T.), die mit einem Freund seines Vaters verheiratet ist. Als der Krieg ausbricht, meldet sich Laurier (J. S.) aus Verzweiflung über die Untreue seiner Frau freiwillig. Marguerite wird Krankenschwester, trifft in einem Lazarett ihren Mann, der an den Folgen einer Verwundung erblindet ist, und beschließt, bei ihm zu bleiben. Das Schloß des alten Desnoyers wird von deutschen Truppen unter dem Kommando des Hauptmanns von Hartrott (S. H.) besetzt und verwüstet. Jetzt erkennt auch Julio, wo sein Platz ist. Er wird Soldat und stirbt in einem Granattrichter, Auge in Auge mit seinem deutschen Vetter. Am Schluß steht Tschernoff auf

einem Soldatenfriedhof und murmelt geheimnisvoll: »Ich habe sie alle gekannt!«
Ingram ließ die apokalyptischen Reiter tatsächlich auf Wolkenfetzen über die Leinwand preschen und kontrastierte diese Visionen mit derbem Realismus und karikaturistischen Übertreibungen – besonders in der Zeichnung der Deutschen. Paul Rotha schrieb ironisch: »Mit diesem Film etablierte sich Ingram als ein großer Regisseur – in den Augen des Publikums, in den Augen Hollywoods – und in seinen eigenen . . .«
Andere Kritiker sahen den Film positiver und rühmten vor allem, wie realistisch Ingram, der nie vorher in Frankreich war, das Milieu eingefangen habe. Der Film, der gerade zur rechten Zeit erschien, wurde trotz seiner Mängel der größte Kassenerfolg der Stummfilmzeit; er machte seinen Regisseur und seinen Hauptdarsteller berühmt.
Unter dem gleichen Titel drehte Vincente Minnelli mit großem Aufwand 1961 ein Remake des Films mit Glenn Ford, Ingrid Thulin, Lee J. Cobb, Karlheinz Böhm u. a. Die Handlung wurde in den Zweiten Weltkrieg verlegt. Das Ergebnis war enttäuschend.

Die Frau im Mond Ⓢ

Deutschland, 1929

R: Fritz Lang; A: Fritz Lang, Thea von Harbou; K: Kurt Kurant, Oskar Fischinger, Otto Kanturek, Konstantin Tschetwerikoff; D: Willy Fritsch, Gerda Maurus, Gustav von Wangenheim, Fritz Rasp, Klaus Pohl, Gustl Stark-Gstettenbauer

Nach Plänen von Professor Manfeld (K. P.) baut Wolf Helius (W. F.) ein Raumschiff, mit dem er zum Mond fliegen und die dort vermuteten Goldvorkommen ausbeuten will. Im Auftrag einer internationalen Finanzgruppe erpreßt der undurchsichtige Mr. Turner (F. R.) Helius, um an dem Flug teilnehmen zu können. Weitere Mitfahrer sind Helius' Assistent Windegger (G. v. W.), dessen Verlobte Friede (G. M.), in die sich Helius verliebt hat, und der kleine Gustav (G. S. G.), der sich als blinder Passagier an Bord geschlichen hat. Auf dem Mond stürzt Professor Manfeld tödlich ab, als Turner ihm das gefundene Gold abjagen will. Turner wird nach hartem Kampf von Helius getötet, hat aber vorher mit einem Revolverschuß die Sauerstoffversorgung des Raumschiffs beschädigt. Das bedeutet: Einer der Raumfahrer muß auf dem Mond zurückbleiben. Das Los trifft Windegger; aber der verliert die Nerven, so daß Helius sich opfert und das Raumschiff heimlich startet. Er glaubt, allein auf dem Mond zu sein. Doch aus dem Dunkel tritt Friede, die sich für ihn entschieden hat und gemeinsam mit ihm auf Rettung warten will.
Als technischen Berater für diesen Film holte Lang sich Hermann Oberth; aber in entscheidenden Punkten mißachtete er Oberths Ratschläge zugunsten filmischer Wirkung. Überhaupt schwankt der Film in seinem gesamten Handlungsablauf, im Regiestil, in der Darstellerführung unentschlossen zwischen Science-fiction und überaus naiver Abenteuerlichkeit.

Fräulein Else Ⓢ

Deutschland, 1929

R: Paul Czinner; A: Paul Czinner nach Motiven der gleichnamigen Novelle von Arthur Schnitzler; K: Karl Freund, Adolf Schlasy, Robert Baberske; D: Elisabeth Bergner, Albert Bassermann, Albert Steinrück

Rechtsanwalt Dr. Thalhoff (A. B.) hat sich durch Fehlspekulationen ruiniert und überdies strafbar gemacht. Seine Frau bittet ihre Tochter Else (E. B.), den reichen Herrn von Dorsday (A. S.) um Hilfe anzugehen. Aber Dorsday stellt recht eindeutige Gegenforderungen: Else soll sich ihm nackt zeigen. In ihrer Verzweiflung nimmt Else eine Überdosis Schlaftabletten und geht, nur mit einem Mantel bekleidet, in die Hotelhalle, wo sie den Mantel vor den Augen Dorsdays abwirft. Dann bricht sie ohnmächtig zusammen.
Schnitzler ist in diesem Film nur sporadisch gegenwärtig. Es überwiegen die recht breiten Schilderungen aus dem Leben der High-Society, die allerdings durch den spröden Charme der Bergner Ansehnlichkeit gewinnen.

Freaks

(Mißgestaltete)

USA, 1932

R: Tod Browning; A: Willis Goldbeck, Leon Gordon, Al Boasberg und Edgar Allan Woolf (Dialoge) nach dem Roman *Spurs* von Tod Robbins; K: Merritt B. Gerstad; D: Olga Baclanova, Henry Victor, Harry Earles, Daisy Earles

Ein Zirkus, der vornehmlich aus einer großen Abnormitätenschau zu bestehen scheint. Der Liliputaner Hans (H. E.) ist mit seiner Schicksalsgefährtin Frieda (D. E.) verlobt. Aber Hans verliebt sich in die attraktive Trapezkünstlerin Cleopatra (O. B.), die ihrerseits den stämmigen Athleten Hercules (H. V.) liebt. Zunächst macht sich Cleopatra über Hans lustig; aber als sie erfährt, daß er wohlhabend ist, heiratet sie ihn, um ihn nach der Hochzeit langsam zu vergiften. Aber die »Freaks«, die Mißgestalteten, beobachten sie. Und sie kommen alle, die Menschen ohne Arme und Beine, die siamesischen Zwillinge, die Frau mit dem Bart usw., um Hans zu rächen. Ihre Rache ist furchtbar: Am Ende sieht man Cleopatra, nur noch Kopf und Rumpf, gräßlich entstellt, lallend, irrsinnig ...

Ein gleichzeitig grauenerregender und humaner Film. Browning holte sich Mißgestaltete aus dem Zirkus und ließ sie in seinem Film spielen. Aber er bringt die Zuschauer im Verlauf des Films dazu, sie als warmherzige Geschöpfe zu akzeptieren, während sich hinter der Maske der blendend schönen Cleopatra Gemeinheit und Gier verbergen. Typisch ist etwa die Hochzeit, bei der alle »Freaks« in unproblematischer Fröhlichkeit vereint sind, während Cleopatra wie ein störender Fremdkörper wirkt.

Natürlich hat Browning auch die makabren Aspekte des Films ausgespielt. Auf dem Höhepunkt des Dramas kriechen, hüpfen, schleichen die »Freaks« wie in einer Vision von Bosch auf die völlig entsetzte Cleopatra zu, die darüber den Verstand verliert. Und das warmherzige Angebot der »Freaks«, eine der Ihren zu werden, das Cleopatra vorher haßerfüllt abgelehnt hat, erfüllt sich nun an ihr wie ein alttestamentarischer Fluch.

In einigen Ländern wurde der Film von der Zensur verboten. In England z. B. wurde dieses Verbot erst 1963 aufgehoben.

Der fremde Vogel Ⓢ

Deutschland, 1912

R: Urban Gad; A: Urban Gad; K: Guido Seeber; D: Asta Nielsen, Carl Clewing, Hans Mierendorf

Mit ihrer Familie kommt die attraktive und mondäne May (A. N.) zur Erholung in den Spreewald. Hier entwickelt sich bald eine Liebesgeschichte zwischen dem »fremden Vogel« und dem wackeren Spreewälder Paul (C. C.), der angesichts dieser ungewöhnlichen Frau seine Verlobte Grete schnell vergißt. Da Mays Familie und Pauls Mutter gegen diese Liebe sind, fliehen die beiden gemeinsam. Auf der Flucht stürzt May ins Wasser und ertrinkt.

Drehbuch und Regie dieses Films sind insgesamt belanglos. Eines ist Urban Gad allerdings gelungen: Er hat seine Handlung ganz selbstverständlich und überzeugend in die Landschaft hineinversetzt. Die Außenaufnahmen, der Wechsel stimmungsvoller Landschaftsbilder mit Spielszenen sind der größte und für damalige Zeiten überraschende Aktivposten dieses Films.

The French connection

(Brennpunkt Brooklyn)

USA, 1971

R: William Friedkin; A: Ernest Tidyman nach dem Tatsachenbericht *Heroin cif New York* von Robin Moore; K: Owen Roizman; D: Gene Hackman, Fernando Rey, Tony Lo-Bianco, Bill Hickman, Harold Gary, Frédéric de Pasquale, Ann Rebbot, Roy Scheider, Sonny Grosso, Marcel Bozzuffi, Ben Marino

Ein Mord in Marseille, eine Verhaftung in Brooklyn und ein Gespräch in einem luxuriösen Nachtclub in New York bringen Buddy Russo (R. S.) und Jimmy Doyle (G. H.), zwei Beamte des Rauschgiftdezernats, auf die Spur eines geplanten Heroinschmuggels. Doyle und Russo werden auf den Fall angesetzt; die FBI-Beamten Mulderig (B. H.) und Klein (S. G.) sollen sie unterstützen. Unterdessen schifft sich der »ehrbare« französische Geschäftsmann Charnier (F. R.) mit seiner Frau (A. R.) und Pierre Nicoli (M. B.), dem Mörder von Marseille, nach New York ein. 60 Kilo reines Heroin sind im Wagen des mitreisenden Filmstars Devereaux (F. d. P.) versteckt. Als Charnier in New York merkt, daß er beschattet wird, setzt er den Killer Nicoli auf Doyle an. Der überlebt den Anschlag, aber eine Passantin wird dabei getötet. Zur großen Auseinandersetzung kommt es, als Charnier den Wagen mit dem Rauschgift seinen Geschäftspartnern, Joel Weinstock (H. G.) und den Brüdern Sal (T. LB.) und Lou Boca (B. M.), übergeben will. Es gibt eine Schießerei, bei der Sal Boca getötet wird; und durch ein Versehen wird auch Mulderig von Doyle erschossen. Die Gangster werden verhaftet; doch Charnier, der eigentliche Drahtzieher, entkommt.

Ein vordergründiger Kriminalfilm, der nicht frei von gefährlichen Klischees ist: Die Rauschgifthändler sind Italiener oder Juden, ihre Kunden überwiegend Neger und Puertoricaner. Brutalität wird genüßlich ausgekostet. Und die Polizei erscheint nicht weniger rücksichtslos als die Gangster. Besonders Doyle wird als schießwütiger Fanatiker gezeichnet, den man sich mühelos auch auf der »anderen Seite« vorstellen könnte. Diese fragwürdige Vorlage ist jedoch mit äußerster Perfektion realisiert worden. Großartiger Höhepunkt des Films und typisch für seine Machart ist eine Verfolgungsjagd: Im Auto jagt Doyle nach dem Mordanschlag hinter Nicoli her, der mit der Hochbahn zu entkommen sucht. Die Zeitschrift »Filmkritik« resümierte begeistert: »Die Aktion zaubert die Ideologie weg!« Bedeutung gewinnt der Film aber vor allem als Vorläufer einer Welle amerikanischer Filme, in denen die Polizeiarbeit ähnlich fragwürdig und brutal erscheint, in denen die Polizei eher Konkurrent als Korrektiv der Verbrecher zu sein scheint.

1974/75 entstand *French connection II* (French Connection II), in dem Doyle dem Franzosen Charnier nach Marseille folgt und ihn dort stellt. Regisseur war diesmal John Frankenheimer.

Frenzy

(Frenzy)

USA, 1971

R: Alfred Hitchcock; A: Anthony Shaffer nach einem Roman von Arthur La Bern; K: Gilbert Taylor; D: Jon Finch, Alec McCowen, Barry Foster, Barbara Leigh-Hunt, Anna Massey

Die Londoner Polizei sucht einen Triebmörder, der mehrere junge Frauen mit einer Krawatte erdrosselt hat. Nachdem auch Brenda Blaney (B. L. H.) sein Opfer geworden ist, weisen ver-

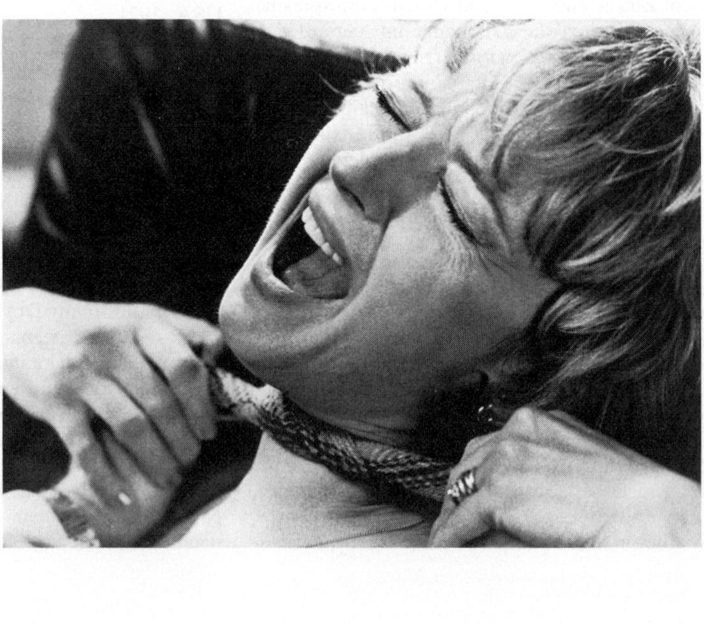

Frenzy
(Barbara Leigh-Hunt)

schiedene Indizien auf ihren geschiedenen Mann Richard (J. F.) hin, einen »Versager« im bürgerlichen Leben. Richard flieht vor der Polizei. Alte Freunde wenden sich von ihm ab; nur zwei halten zu ihm: das Barmädchen »Babs« (A. M.), das wenig später selbst ein Opfer des Mörders wird, und der Gemüsegroßhändler Bob Rusk (B. F.), der wirkliche Mörder. Bob bietet Richard großmütig Asyl in seiner Wohnung und benachrichtigt dann die Polizei. Richard wird verhaftet und verurteilt. Doch Inspektor Oxford (A. MC.) ist von seinen Unschuldsbeteuerungen und einigen Unklarheiten aufgestört. Er ermittelt weiter und erwacht zu fieberhafter Aktivität, als er erfährt, daß Richard aus dem Gefängnis geflohen ist. Kein Zweifel, daß er sich an dem wahren Täter rächen will. Oxford findet Richard abermals im Zimmer von Bob Rusk – neben der Leiche einer jungen Frau. Richard glaubt sich ein zweites Mal verloren. Aber dann kommt Bob Rusk, und diesmal wird er eindeutig überführt.
Hitchcock ist hier wieder auf der Höhe seiner Meisterschaft. Erneut behandelt er sein Lieblingsthema: Ein Mensch verliert seine »Identität« und wird für jemand gehalten, der er nicht ist. Und wieder findet er verblüffende Variationen für sein Thema, wobei der Humor als »retardierendes Moment« auch in dieser mörderischen Geschichte eine große Rolle spielt. Optische Höhepunkte sind u. a. die Eingangssequenz, die von einer Luftaufnahme Londons in eine Durchfahrt durch die Tower-Bridge übergeht, und der Gang des Mörders mit »Babs« in seine Wohnung, wobei die Kamera beiden durch das ganze Treppenhaus bis zur Wohnungstür folgt und dann gleichsam resignierend den gleichen Weg zurückfährt bis auf die gegenüberliegende Straßenseite.

The freshman Ⓢ

(Der Neuling / Harold Lloyd, der Sportstudent)

USA, 1925

R: Sam Taylor, Fred Newmeyer; A: Sam Taylor, John Gray, Ted Wilde, Tim Whelan; K: Walter Lundin; D: Harold Lloyd, Jobyna Ralston

Harold Lamm (H. L.) träumt davon, als Student auf der Universität Tate zu Starruhm zu gelangen. Auf der Fahrt nach Tate trifft er die hübsche Peggy (J. R.), in die er sich alsbald verliebt. Doch sein Start an der Universität ist nicht eben verheißungsvoll: Bei der Eröffnungsfeier gerät er versehentlich auf die Bühne, bei einem Ball geht sein unfertiger Smoking kaputt, und in der Fußball-Abteilung, der anzugehören sein ganzer Stolz ist, darf er nur den Balljungen spielen. Aber im Entscheidungsspiel geht ein Spieler seiner Mannschaft nach dem anderen k. o. Zehn Minuten vor Schluß darf er, gleichsam als »letztes Aufgebot«, auf den Platz und sichert sensationell den Sieg seiner Mannschaft. Harold ist der Held des Tages. Peggy, die er als Tochter seiner Zimmerwirtin wiedergetroffen hat, gesteht ihm ihre Liebe.
Ein typischer Harold-Lloyd-Film, in dem der Protagonist, bescheiden, unauffällig, liebenswert, stets bemüht ist, es allen recht zu machen und von allen beachtet und geachtet zu werden.
Eine kritische Auseinandersetzung mit dieser Ideologie versuchte Preston Sturges 1947 mit *Mad Wednesday* (Verrückter Mittwoch), dem letzten amerikanischen Spielfilm mit Harold Lloyd. Sturges benutzte die Schlußszene von *The freshman* als Prolog und schilderte, wie es einem Fußballhelden ergeht, wenn er vom College in die Welt des Berufslebens überwechselt. Der satirische Geist des Films erlahmte jedoch bald.

Die freudlose Gasse Ⓢ

Deutschland, 1925

R: G. W. Pabst; A: Willy Haas nach dem gleichnamigen Roman von Hugo Bettauer; K: Guido Seeber, Curt Oertel, Robert Lach; D: Asta Nielsen, Greta Garbo, Werner Krauß, Einar Hanson, Jaro Fürth, Valeska Gert, Tamara Tolstoi, Henry Stuart

Luxus und Elend der Inflationszeit in Wien. Hofrat Rumfort (J. F.) läßt sich vorzeitig pensionieren, spekuliert mit seiner »Abfindung« und verliert sein ganzes Vermögen. Er ist jetzt genauso arm wie seine Nachbarn in der einst gutbürgerlichen Melchiorgasse. Die neue »Oberschicht« sind die Händler – so der Metzger (W. K.), dem sich verzweifelte Mütter für ein Stück Fleisch hingeben und der später von einem seiner Opfer getötet wird, so die zwielichtige Frau Greifer (V. G.), die jungen Mädchen gern Kredit gibt, um sie später erpressen und verkuppeln zu können. Ein Mordfall erregt Aufsehen: Die reiche Frau Lia Leid (T. T.) wird in einem Hotel tot aufgefunden, der Bankbeamte Egon Stirner (H. S.), der ein Rendezvous mit ihr hatte, wird verhaftet und zu einer hohen Zuchthausstrafe verurteilt. Rumfort scheint noch einmal Glück zu haben. Der amerikanische Leutnant Davy (E. H.) zieht als Untermieter bei ihm ein. Er zahlt mit harten Dollars, und er verliebt sich in Rumforts Tochter Grete (G. G.). Doch der konservative Hofrat sieht in dem Offizier nur den Feind von gestern und weist ihn aus dem Haus. Aber die Liebe Davys rettet Grete, als sie den raffinierten Verlockungen der Frau Greifer zu erliegen droht. Schließlich findet auch der Mord an Frau Leid eine überraschende Auflösung: Das Straßenmädchen Marie (A. N.) gesteht die Tat. Ihr Geständnis enthüllt die Tragödie einer Frau, die ausgenutzt und in den Sumpf gestoßen wurde.

Pabst baute seine Elendsviertel im Atelier auf und fing sie in expressiven Bildern mit raffinierten Lichteffekten ein. Das gibt ihnen stellenweise einen etwas pittoresken, aufgesetzten Reiz. Aber mit diesen Stilmitteln beschrieb Pabst eine ganz bestimmte historische und soziale Situation. Man erlebt die Stunde der Spekulanten, den Niedergang und das Versagen breiter Schichten des Bürgertums, die lethargische Verzweiflung der Arbeiter. Und wo andere zeitgenössische Regisseure für die Verzweiflung griffige Symbole prägten, da zeigt Pabst eine Schlange wartender, abgehärmter Frauen, vor denen sich die Tür eines Metzgerladens schließt.

Fröken Julie

(Fräulein Julie)

Schweden, 1951

R: Alf Sjöberg; A: Alf Sjöberg nach dem gleichnamigen Schauspiel von August Strindberg; K: Göran Strindberg; D: Anita Björk, Ulf Palme, Anders Henrikson

Verfilmung des gleichnamigen Schauspiels von Strindberg: Die Grafentochter Julie (A. B.) läßt sich nach einer unglücklichen Kindheit und einer gescheiterten Verlobung in der Mittsommernacht von dem Diener Jean (U. P.) verführen und tötet sich anschließend aus Scham und Verzweiflung.

Alf Sjöberg hat seinen Film mit großem Respekt vor der literarischen Vorlage gedreht. Was er hinzufügte, das dient nicht nur der optischen Ausgestaltung, sondern gleichzeitig auch der Verdeutlichung von Strindbergs Intentionen. So wird besonders die Vorgeschichte (Julies Kindheit, die fatale Ehe ihrer Eltern, der pathologische Haß der Mutter auf den Vater), von der das Schauspiel nur gesprächsweise berichtet, hier Teil der Handlung. Sjöberg verzichtete dabei aber auf die übliche Technik der Rückblende; er betont die enge Verbindung zwischen Gegenwart und Vergangenheit vielmehr dadurch, daß er beides auch optisch und dramaturgisch zusammenzwingt. Ähnlich wie später bei Bergman (*Smultronstället*) erscheinen auch hier Vergangenes und Gegenwärtiges oft gleichzeitig im Bild. Man sieht etwa »Fräulein Julie« in einem Zimmer sitzen, in dem gleichzeitig ihre längst verstorbene Mutter mit der »kleinen Julie« auf dem Arm steht, Jean begegnet bei einem Spaziergang im Garten sich selbst in der Gestalt eines zehnjährigen Jungen usw. Auf diese Weise werden »die Fäden, die Maschinerie« der Entwicklung, die Strindberg zeigen wollte, auf intelligente Weise deutlich gemacht.

From here to eternity

(Verdammt in alle Ewigkeit)

USA, 1953

R: Fred Zinnemann; A: Daniel Taradash nach dem gleichnamigen Roman von James Jones; K: Burnett Guffey; D: Burt Lancaster, Montgomery Clift, Deborah Kerr, Frank Sinatra, Donna Reed, Ernest Borgnine, Philip Ober

Die Geschichte des Soldaten Prewitt (M. C.) und seiner Einheit bis zum Überfall auf Pearl Harbour. Prewitt soll die Boxstaffel der Kompanie verstärken; er weigert sich, weil er nicht mehr boxt, seit er durch einen unglücklichen Treffer einen Gegner blind geschlagen hat. Ungerührt erträgt er die Schikanen, mit denen man ihn zwingen will. Sergeant Warden (B. L.) hat ein Verhältnis mit der Frau (D. K.) des unfähigen

Die freudlose Gasse (Asta Nielsen, Hertha von Walther, Werner Krauß)

Kompanieführers (P. O.). Prewitts Freund Maggio (F. S.) wird von dem sadistischen Sergeant Judson (E. B.) zu Tode gequält. Prewitt tötet Judson, desertiert und versteckt sich bei einem leichten Mädchen (D. R.), in das er sich verliebt hat. Am Tag des Überfalls auf Pearl Harbour will er zu seiner Einheit zurückkehren und wird dabei erschossen.
Gute darstellerische Leistungen, einige präzise Milieuschilderungen und maßvolle Kritik am Kasernenhofdrill und der Unfähigkeit mancher Offiziere machten eine erfolgreiche Mischung aus, die von der Kritik und dem Publikum gleichermaßen goutiert wurde. Hinzu kamen einige Besonderheiten, wie das Debüt des Show-Stars Frank Sinatra als ernsthafter Schauspieler und eine für damalige Zeiten sehr realistische Liebesszene zwischen Deborah Kerr und Burt Lancaster in der Brandung des Ozeans. Die kritische Grundeinstellung, die Zinnemanns frühere Filme ausgezeichnet hatte, wurde hier allerdings von der Handlungsfülle über weite Strecken erdrückt.

The fugitive
(Befehl des Gewissens)

USA, 1947

R: John Ford; A: Dudley B. Nichols nach Motiven des Romans *Die Kraft und die Herrlichkeit* von Graham Greene; K: Gabriel Figueroa; D: Henry Fonda, Dolores Del Rio, Pedro Armendariz

In einem lateinamerikanischen Staat wird jede Betätigung für die Kirche untersagt. Ein Priester (H. F.) widersetzt sich diesem Verbot. Aber er hat Angst. Als er zum Messelesen Wein braucht, mag er sich nicht zu seinem Amt bekennen. Schließlich flieht er mit Hilfe eines Verbrechers aus dem Land. Doch man lockt ihn in eine Falle, indem man ihn über die Grenze zurückrufen läßt zu einem Sterbenden, bei dessen Hütte aber schon eine Polizeistreife auf ihn wartet. Er wird zum Tode verurteilt und erschossen. Angesichts des Todes verliert er endlich seine Angst. Und in der Stadt taucht ein neuer Priester auf, der sein Nachfolger wird.

Eine saubere, aber stellenweise pathetische Inszenierung John Fords. Der Film erreicht nicht das Niveau seiner »Western«, galt aber zur Zeit seiner Entstehung als beispielhafter religiöser Film.

Furuyo shonen
(Böse Jungen / Die Bewährung)

Japan, 1961

R: Susumu Hani; A: Susumu Hani nach einem Roman von Aiko Jinushi; K: Manji Kanau; D: Yamada, Katsuhiro Segawa, Chieko Wada

Der siebzehnjährige Waisenjunge Hiroshi Asai (Y.) ist ein Herumtreiber. Als er eines Tages mit einigen Kumpanen einen Überfall auf einen Juwelierladen verübt, wird er verhaftet und nach langwierigen Tests in eine Besserungsanstalt eingewiesen. Hier kommt es zu Auseinandersetzungen, weil er sich dem Terror einiger »Schläger« nicht fügen will. In einer anderen Gruppe findet er dagegen ein Vorbild, dessen Autorität er akzeptiert, und so fügt er sich allmählich in die Gemeinschaft ein. Schließlich wird Hiroshi zur Bewährung entlassen. Einen Augenblick zögert er in der leeren Halle; es wird ihm wohl bewußt, daß sein Abschied von der Anstalt auch ein Abschied von der Jugend ist.
Der Film ist das Erstlingswerk des Regisseurs Susumu Hani, der vorher Kurzfilme gedreht hatte, in denen er ebenfalls vorwiegend Probleme und Verhaltensweisen von Kindern und Jugendlichen behandelte. Ungewöhnlich sind die Methoden, mit denen er diesen Film drehte und die allesamt auf einen möglichst unverstellten Realismus zielen. Seine Darsteller waren Laien, er drehte viel mit der Handkamera und mit einer versteckten Kamera, von der oft nicht einmal die Darsteller wußten, wo sie sich befand.
»Ich lebte zusammen mit den Hauptdarstellern, aber ich sprach mit ihnen nicht über den Film, sondern über ihre Probleme; und so improvisierten wir den Film. Diese Jungen waren dynamisch ... Und um das wiedergeben zu können, was ich bei ihnen fand, mußte ich die meisten filmischen Grundregeln durchbrechen. Aber indem ich diese Regeln durchbrach, spürte ich, daß es mir viel besser gelang, den Schmerz und die Freude, ja das Wesen der Jugend einzufangen« (Susumu Hani).

Fury
(Raserei / Fury / Blinde Wut)

USA, 1936

R: Fritz Lang; A: Fritz Lang und Bartlett Cormack nach der Erzählung *Mob rule* von Norman Krasna; K: Joseph Ruttenberg; D: Spencer Tracy, Sylvia Sidney, Walter Abel, Walter Brennan

Auf der Fahrt zu seiner Verlobten Katherine (S. S.) wird Joe (S. T.) verhaftet. Er sieht einem gesuchten Kindesentführer ähnlich; da auch einige Indizien gegen ihn sprechen, wird er in das Gefängnis eingeliefert. Ein Teil der Bevölkerung will ihn lynchen. Das Gefängnis wird in Brand gesteckt, aber durch einen Zufall kann Joe entkommen. Voller Haß versteckt er sich bei seinen Brüdern. Und er bleibt auch dort, als sich längst seine Unschuld herausgestellt hat. Man soll glauben, er sei im Gefängnis verbrannt, damit die unterdessen angeklagten Anführer des Mobs wegen »Mordes« verurteilt werden. Erst Katherine bringt ihn dazu, sich zu stellen und die Angeklagten zu retten.
In einem Interview hat Fritz Lang gesagt, daß er von seinen Filmen *M* und *Fury* am meisten schätze. Höhepunkte in *Fury* sind die Szenen, in denen Lang gleichsam in kalter Wut die Entmenschlichung des Menschen schildert. Beim Brand des Gefängnisses hebt eine Mutter ihr Kind hoch, damit es die grausige Szene besser sehen kann; andere Zuschauer streiten sich um die besten Plätze. Aber Lang will auch zeigen, wie nahe Mordlust und Biedersinn zusammen wohnen können. Den 22 angeklagten Bürgern möchte man ein solches Verbrechen gar nicht zutrauen; doch dann läßt das Gericht sich Wochenschau-Aufnahmen vorführen, die zufällig gemacht worden sind. Man sieht noch einmal die gleichen biederen Bürger mit verzerrten Gesichtern nach Rache schreien. Hier wird gleichsam der düstere Untergrund bürgerlicher Reputation gezeigt, so wie *M* u. a. auch die bürgerliche Komponente der Verbrecher dargestellt hat.

Os fuzis
(Die Gewehre)

Brasilien, 1963

R: Ruy Guerra; A: Ruy Guerra, Miguel Torres; K: Ricardo Aronovich; D: Átila Iório, Nelson Xavier, Maria Gladys

Trockenheit und Hunger im Sertão. Ein Wanderprediger zieht mit einem ausgemergelten Ochsen durch das Land und verkündet, dieses Tier werde das »Regenwunder« vollbringen. Gläubig folgen ihm die Menschen. Unterdessen hat im Dorf Milagres der Händler Soldaten zum Schutz seiner gehorteten Vorräte angefordert. Aus Langeweile schießt einer der Soldaten auf eine Ziege und tötet dabei versehentlich einen Menschen. Doch nichts geschieht. Erst als die Vorräte vor den Augen der Hungernden abtransportiert werden sollen, will ein fremder Lastwagenfahrer (A. I.) das voller Empörung verhindern. Es kommt zu einer Schießerei. Wie in einem Blutrausch jagen die Soldaten den Aufrührer, schießen ihn nieder und brechen weinend zusammen, als sie aus ihrem Rausch erwachen. Jetzt ist auch die Dorfbevölkerung aufgestört. Aber ihre Empörung richtet sich gegen den »heiligen Ochsen«, der das verheißene Wunder nicht vollbracht hat und den sie in einem blutigen Gewaltakt zerfleischen.
Der Film beschwört in quälenden Bildern Eintönigkeit, Verzweiflung und Hoffnungslosigkeit im Sertão. Ungeheuerliches fügt sich da in die Schilderung des Alltags ein. Es schockiert kaum noch, wenn ein Mann beim Händler eine Kiste für das Begräbnis seines verhungerten Kindes erbettelt. So wird auch dem Zuschauer einsichtig, daß aus dieser äußersten Verzweiflung kein »Gegenplan«, sondern nur eine verzweifelte Geste der Empörung erwachsen kann. Die Hoffnungslosigkeit kulminiert in sinnlosem Blutrausch.

491
(491)

Schweden, 1963

R: Vilgot Sjöman; A: Lars Görling und Vilgot Sjöman nach dem gleichnamigen Roman von Lars Görling; K: Gunnar Fischer, Rolf Holmquist; D: Lars Lind, Frank Lundström, Lena Nyman, Leif Nymark, Åke Grönberg

Sechs kriminelle Jugendliche beziehen, anstatt ins Gefängnis zu kommen, eine gemeinsame Wohnung mit einem Erzieher (L. L.). Doch das Experiment mißlingt. Weil der Erzieher in der Wohnung ohne Absprache einen behaglichen Privatraum für sich abteilt, erbricht Nisse (Leif N.), der älteste und intelligenteste der Jungen, das Zimmer und verkauft Bücher und Möbel. Zur gleichen Zeit treffen die Jungen die kleine Prostituierte Steva (Lena N.). Als der Erzieher den Verlust seiner Habe entdeckt, bieten ihm die Jungen an, sie wollten ihm das Geld besorgen, damit er sein Eigentum zurückkaufen könne. Sie schicken Steva auf den Strich und machen den Erzieher damit gleichsam zum Zuhälter. Als die pervertierten Jungen anschließend Steva aber noch zur Sodomie mit einem Schäferhund zwingen, ruft der Jüngste der Bande die Polizei. Bei ihrem Erscheinen stürzt ausgerechnet er sich aus dem Fenster.
Ein vieldiskutierter Film, der allerdings vermutlich eher durch seine drastischen sexuellen Szenen als durch Qualität Aufsehen erregte. Er zeigt die Erzieher – den schwächlichen Christian, einen homosexuellen Inspektor (F. L.), einen beschränkten Pfarrer (Å. G.) – als Karikaturen, die Jungen als Klischees. In der Bundesrepublik wurde der Film erst nach erheblichen Schnitten und Veränderungen im Dialog freigegeben; ein endgültiges Urteil über ihn ist also nach Kenntnis nur der deutschen Fassung kaum möglich.
Der Titel stammt aus dem Matthäus-Evangelium, wo es heißt, sieben mal siebzigmal solle man den Menschen vergeben. Was hier geschieht, so meint also der Film, sei unverzeihlich.

G

Le gai savoir

(Die fröhliche Wissenschaft)

Frankreich, 1968

R: Jean-Luc Godard; A: Jean-Luc Godard, angeregt durch *Émile ou de l'éducation* von Jean-Jacques Rousseau; K: Jean-Louis Picavet; D: Juliet Berto, Jean-Pierre Léaud

Eine Frau (J. B.) und ein Mann (J. P. L.) begegnen sich in der Nacht in einem Niemandsland. Sie heißt Patricia und ist die Tochter Lumumbas und der Weltrevolution. Er heißt Émile Rousseau und ist von der Universität relegiert worden. Beide diskutieren miteinander, um zu verstehen, was um sie her vorgeht. Sie hören Radio, lesen Zeitungen, Illustrierte und Bücher und entdecken dabei überall Symptome einer fortschreitenden Unterdrückung.
Le gai savoir ist eine radikale Absage an die Dramaturgie des Films. Lange Gespräche vor einer starren Kamera wechseln mit Standfotos, Schriftinserts; über weite Strecken bleibt die Leinwand dunkel, während man nur noch Dialoge hört. Das Ergebnis kann zweifellos nicht mehr »als Kunst konsumiert« werden, beschränkt seine Wirkung dafür aber auch auf einen kleinen Kreis überzeugter Godard-Anhänger.

Gandhi

(Gandhi)

England/Indien, 1982

R: Richard Attenborough; A: John Briley; K: Billy Williams, Ronnie Taylor; D: Ben Kingsley, Candice Bergen, Edward Fox, John Gielgud, Trevor Howard, John Mills

Ein aufwendiges Porträt des »Mahatma« Gandhi (B. K.), das mit der Ermordung Gandhis im Jahr 1948 beginnt und dann in einer über dreistündigen Rückblende seinen Lebensweg schildert: die erste politische Tätigkeit in Südafrika, die Rückkehr nach Indien (1914) und den gewaltlosen Kampf gegen die britische Besatzungsmacht, Gandhis vergebliche Versuche, zwischen Moslems und Hindus zu vermitteln, und schließlich die Unabhängigkeit Indiens (1947), die Gandhi – wegen des ungelösten Religionskonfliktes und der Teilung des Landes in die beiden Staaten Pakistan und Indien – als »geistige Katastrophe« ansah.
22 Millionen Dollar konnte Attenborough für einen Film investieren, der sich in der Form und in der Professionalität der Produktion erfolgreich am Vorbild Hollywoods orientierte, was sich nicht zuletzt an den Kinokassen in aller Welt und bei den Juroren der »American Film Academy« auszahlte, die dem Film insgesamt acht »Oscars« verliehen.
Manche Kritiker monierten die »Personalisierung« historischer Ereignisse und die »unkritische Nachahmung des Starkinos aus Hollywood«. Aber hier wurde auch ein emotionaler

Gandhi (Rohini Hattan Gadhi, Ben Kingsley, Geraldine James)

Affekt genutzt, um eine humanistische Botschaft wirkungsvoll zu verbreiten. Unbestritten war die vorzügliche Leistung Ben Kingsleys in der Titelrolle.

Der Gang in die Nacht Ⓢ

Deutschland, 1920

R: F. W. Murnau; A: Carl Mayer nach dem Szenarium *Der Sieger* von Harriet Bloch; K: Max Lutze; D: Olaf Fönss, Conrad Veidt, Erna Morena

Der junge Arzt Dr. Boerne (O. F.) verfällt der Varieté-Tänzerin Lily (E. M.). Ihretwegen löst er seine Verlobung mit der schönen Helene und zieht als praktischer Arzt mit Lily in ein Fischerdorf. Hier lernen sie einen erblindeten Maler (C. V.) kennen, den Boerne heilt und in den Lily sich verliebt. Sie verläßt Boerne. Jahre später: Boerne ist ein berühmter Augenarzt geworden. Lily sucht ihn auf, weil der Maler erneut erblindet ist. Aber Boerne lehnt es ab, den Verführer seiner Frau zu behandeln. Lily begeht Selbstmord, um dieses psychologische Hindernis zu beseitigen; der Maler verzichtet verzweifelt auf eine Operation; Boerne nimmt sich aus Reue das Leben.

Der Gang in die Nacht gilt allgemein als ein Film, an dem die spätere Meisterschaft Murnaus deutlich abzulesen sei. Das dürfte eine Überschätzung sein. Tatsächlich bleibt dieser Film inhaltlich im Kolportage-Klischee und formal – von einigen Naturaufnahmen abgesehen – im aufgesetzten Stummfilm-Pathos stecken.

Il gattopardo

(Der Leopard)

Italien/Frankreich, 1963

R: Luchino Visconti; A: Suso Cecchi d'Amico, Pasquale Festa Campanile, Massimo Franciosa, Enrico Medioli und Luchino Visconti nach dem gleichnamigen Roman von Giuseppe Tomasi di Lampedusa; K: Giuseppe Rotunno; D: Burt Lancaster, Claudia Cardinale, Alain Delon, Paolo Stoppa

Der Film spielt zwischen 1860 und 1862. Sein historischer Hintergrund ist der Kampf Garibaldis für ein geeintes Italien, und er beginnt zum Zeitpunkt der Landung Garibaldis in Marsala. Fürst Fabrizio Salina (B. L.), ein konservativer Adeliger, stellt sich zur Überraschung seiner Standesgenossen auf die Seite der neuen Herrschaft, der sich auch sein Neffe Tancredi (A. D.), ein charmanter Opportunist, angeschlossen hat. Salinas Engagement ist ebenfalls ambivalent. Er lebt nach dem Wahlspruch, es müsse sich alles ändern, damit alles beim alten bleiben könne. Immerhin stimmt er zu, daß Tancredi nicht seine Tochter Concetta heiratet, sondern die bürgerliche Angelica (C. C.), die Tochter eines reichen Pächters (P. S.). Während am Schluß die Teilnehmer eines pompösen Festes übernächtigt nach Haus zurückkehren, hört man die Schüsse eines Exekutionskommandos: Vier Soldaten Garibaldis, die die Revolution weitertreiben wollten, sind als Deserteure erschossen worden.

»Der ganze Film wird von der Atmosphäre des Todes überlagert. Vom Tod einer Klasse, eines Individuums, einer Welt, einer bestimmten Mentalität, bestimmter Privilegien« (Luchino Visconti). Aber Visconti hat diese Atmosphäre nicht mit düsteren Effekten erzielt. Er malt mit einer fast manischen Besessenheit für das historische Detail ein breitflächiges Gemälde; der Untergang geht bei ihm zwar melancholisch, aber farbenfroh vonstatten. Er hat auch keine klassenkämpferische Allüre angelegt. Getreu seinen Worten, er habe »die Geschichte eines Mannes und das Abtreten einer Gesellschaft vermittels des Bewußtseins, das dieser Mann davon hat« schildern wollen, beurteilt er Salinas und seine Situation aus seiner Zeit heraus. Und dabei verspürt man zweifellos einige Sympathie des Regisseurs für den Fürsten.

Der vorzügliche Film leidet gelegentlich am Ausmaß der Detailschilderungen. Manches scheint dadurch unausgeglichen; hinzu kommt, daß einige wichtige Anspielungen nur von Kennern der italienischen Geschichte verstanden werden. Diese Einwände beziehen sich allerdings auf eine deutsche Fassung, in der mehr als eine halbe Stunde der 205 Minuten des Originals fehlt.

Geheimnisse einer Seele Ⓢ

Deutschland, 1926

R: G. W. Pabst; A: Colin Ross und Hans Neumann, psychoanalytische Beratung Dr. Karl Abraham und Dr. Hanns Sachs; K: Guido Seeber, Curt Oertel, Robert Lach; D: Werner Krauß, Ruth Weyher, Ilka Grüning, Jack Trevor, Pawel Pawloff

Durch einen Mord, der in der Nachbarschaft geschieht, wird ein Mann (W. K.) zu der Wahnvorstellung provoziert, er müsse seine Frau (R. W.) töten. Die Anfälle verstärken sich, als der Vetter (J. T.) seiner Frau, der ihr früher einmal den Hof gemacht hat, zu Besuch kommt. Schließlich geht er zu einem Psychiater (P. P.), der verdrängte Jugenderlebnisse und Minderwertigkeitskomplexe auf Grund der kinderlosen Ehe als Krankheits-Ursache diagnostiziert und seinen Patienten heilt. Im Schlußbild sieht man den Mann glücklich vereint mit Frau und Kind vor einem Gebirgspanorama.

Seelische Verwirrungen, die im deutschen Film der zwanziger Jahre meistens schicksalhafte Bedeutung hatten, werden hier kühl als Krankheitsfall analysiert. Das hätte aufklärerisch wirken können, wenn Pabst nicht über weite Strekken einer gewissen Überdeutlichkeit und schwerfälligen Lehrhaftigkeit verfallen wäre. Am besten gelangen noch die Angstträume, in denen der Kranke sich immer wieder als Mörder sieht.

Gejagt bis zum Morgen

DDR, 1957

R: Joachim Hasler; A: Artur A. Kuhnert nach Erinnerungen und unter Mitarbeit von Ludwig Turek; K: Joachim Hasler; D: Manja Behrens, Raimund Schelcher, Siegfried Schürenberg, Annemarie Hase, Friedrich Gnass, Wolfgang Obst

Als der Arbeiter Kurda um die Jahrhundertwende an den Folgen eines Arbeitsunfalls stirbt, gerät seine Familie in bittere Not. Der dreizehnjährige Ludwig (W. O.) versucht verzweifelt, die Mutter (M. B.) und seinen vierjährigen Bruder Ulli zu ernähren. Aber als Ulli sich erkältet, ist kein Geld für den Arzt im Haus, und der Kleine stirbt. Kurdas können nicht einmal einen Sarg für ihn bezahlen; und Ludwig will beim Tischler Baumann (F. G.) sein eigenes Bett für einen Sarg verpfänden. Es kommt zu einem Wortgefecht, bei dem Baumann in ein ausgehobenes Grab stürzt und einen Herzschlag erleidet. Ludwig glaubt sich schuldig, bedeckt den Toten mit Erde und wird tatsächlich eine ganze Nacht als vermeintlicher Mörder von der Polizei gejagt. Erst Baumanns Sohn (R. S.) hilft ihm, und die Liebe des jungen Baumann zu Frau Kurda verheißt ein künftiges besseres Los für Ludwig und seine Mutter.

Joachim Hasler, einer der führenden Kameraleute der DEFA, hat bei seiner ersten Spielfilm-Regie das Milieu der Jahrhundertwende realistisch beschworen, ohne sich dabei an pittoreske Details zu verlieren. Seinem präzisen Stil ist es auch zu verdanken, daß die gefühlvollen Aspekte der Vorlage niemals zur bloßen Sentimentalität geraten, daß hier vielmehr ein privates Schicksal allgemeine Probleme der Zeit einleuchtend widerspiegelt.

The general Ⓢ

(Der General)

USA, 1926

R: Buster Keaton, Clyde Bruckman; A: Buster Keaton, Clyde Bruckman, Al Boasberg, Charles Smith; K: J. Devereux Jennings, Bert Haines; D: Buster Keaton, Marion Mack, Glen Cavender

Lokomotivführer Johnnie Gray (B. K.) darf am amerikanischen Bürgerkrieg nicht aktiv teilnehmen, weil man ihn auf dem Führerstand seiner Lokomotive *The general* für unabkömmlich hält. Das kränkt seine Braut Annabella Lee (M. M.), die ihn erst wiedersehen will, wenn er eine Uniform trägt. Johnnie kann sich bald rehabilitieren: Als ein gegnerischer Kommandotrupp ihm Lokomotive und Braut entführt, jagt er dem Gegner mit einer anderen Lokomotive nach. Er rettet seine beiden liebsten Besitztümer, gerät unversehens in das gegnerische Hauptquartier, wo er den feindlichen Feldzugsplan auskundschaftet, und kann nach seiner nicht minder turbulenten Rückkehr die Schlacht für den Süden entscheiden, worauf er zum Leutnant befördert wird.

Einer der schönsten Filme Buster Keatons, in dem »der Mann, der niemals lachte« mit einem wahren Hexenkessel sich überschlagender Ereignisse konfrontiert wird. Keaton übersteht sie mit der ruhigen Würde des kleinen Mannes, den nichts erschüttern, nichts aus der Bahn werfen kann, weil er insgeheim Schlimmeres erwartet hatte. Und so widerfährt ihm auch stets das Unerwartete – sei es, weil die Technik, das Schicksal oder seine eigene Gedankenlosigkeit ihm einen Streich spielen. Die lange Zugfahrt wird zu einer Kette einfallsreicher Gags, die aber niemals aufgesetzt wirken, sondern die Handlung vorwärtstreiben, weil sie neue Situationen schaffen.

Der General (Buster Keaton)

Generalnaja linija / Staroje i nowoje Ⓢ

(Die Generallinie / Das Alte und das Neue / Der Kampf um die Erde)

UdSSR, 1926–29

R: Sergej Eisenstein; A: Sergej Eisenstein, Grigori Alexandrow; K: Eduard Tissé, Wladimir Popow; D: Marfa Lapkina, Wasja Busenkow, Kostja Wassiliew

Die Bäuerin Marfa Lapkina (M. L.) ist verzweifelt: Bei der Aufteilung des väterlichen Erbes sind ihr nur ein winziges Stück Land und eine Kuh geblieben. Sie bittet den reichen Kulaken um Hilfe, damit sie wenigstens mit einem Pferd den Acker bestellen kann; aber der hört sie nicht einmal an. Da gründet Marfa mit vier Gleichgesinnten eine Produktionsgenossenschaft. Trotz mancher Rückschläge setzt die Genossenschaft sich durch. Immer mehr Bauern schließen sich ihr an; und endlich kann das solchermaßen geeinte Dorf sich sogar einen Traktor leisten, der im Schlußbild eine schier endlose Kette von Wagen über die Hügel zieht. Eisenstein hat drei Jahre an diesem Film gearbeitet. Für die Verzögerung sorgten künstlerische Schwierigkeiten – und auch wohl die Berücksichtigung neuer Perspektiven der sowjetischen Landwirtschafts-Politik.

Erstmals hat Eisenstein hier ein Individuum in den Mittelpunkt eines Films gestellt – die Bäuerin Marfa Lapkina, gespielt von einer jungen Bäuerin namens Marfa Lapkina. Aber die Handlung zielt doch wieder auf die Verherrlichung kollektiver Bemühungen und Leistungen. So entlarvt Eisenstein gleich am Anfang die Situation der Einzelbauern, indem er die Kamera unter einem unendlich weiten Himmel über die jämmerlich kleinen Parzellen schwenken läßt. Er macht Konservativismus und Religion in einer großen Regenprozession verächtlich, bei der die Teilnehmer vergeblich auf ein Wunder hoffen; dieses Wunder geschieht dafür gleich nebenan bei Marfa Lapkina, wo der Milchseparator der Genossenschaft die erste Sahne liefert. Diesem Stil entsprechend werden der Zuchtbulle Foma und später der Traktor zu mythisch überhöhten und stellenweise recht naiven Sinnbildern für den Erfolg und die neue Zeit.

Genuine Ⓢ

Deutschland, 1920

R: Robert Wiene; A: Carl Mayer; K: Willy Hameister; D: Fern Andra, Ernst Gronau, John Gottowt, Hans Heinrich von Twardowski, Lewis Brody, Harald Paulsen

Als Angehörige einer geheimnisvollen Sekte mußte Genuine (F. A.) schon als Kind Blut trinken. Sklavenhändler rauben sie. Lord Melo (E. G.), ein reicher Sonderling, kauft sie auf dem Sklavenmarkt, richtet ihr in seinem geheimnisvollen Haus, das von einem Neger (L. B.) bewacht wird, eine unterirdische Grotte mit tropischen Pflanzen ein und läßt sie das Blut von Vögeln trinken. Nur der Barbier Guyard (J. G.), der Lord Melo täglich rasieren muß, darf das Haus betreten. Eines Tages schickt Guyard seinen Gehilfen und Neffen Florian (H. H. v. T.) als Vertreter. Florian trifft Genuine, und ihr »Blutwille« zwingt ihn, Lord Melo zu töten. Eine kurze Zeit rauschhafter Liebe folgt, dann verlangt Genuine nach Florians Blut. Sie befiehlt dem Neger, ihn zu töten. Doch der stößt Florian aus dem Haus und öffnet sich selbst die Pulsadern, um sein Blut Genuine zu schenken. Aber ihr Rausch ist verflogen; schaudernd weist sie den Becher zurück. Als Lord Melos' Enkel Percy (H. P.) erscheint, wird Genuine wieder von Liebe und Blutdurst gepackt. Unterdessen hat Florian durch wirre Reden das Mißtrauen der Bevölkerung erregt. Polizei dringt in das geheimnisvolle Haus ein. Doch Florian ist ihr zuvorgekommen und hat Genuine erdolcht. An ihrer Leiche bricht er zusammen.

Auf den Spuren »Caligaris« bemühte sich dieser Film um expressionistische Stilmittel. Das Ergebnis war heftig umstritten; die Urteile reichten von »vortreffliches Kunstwerk« (Deutsche Allgemeine Zeitung) bis »interessante Giftpflanze« (Berliner Börsenzeitung). Was das Urteil des Publikums angeht, so sah sich der Besitzer des Uraufführungskinos veranlaßt, über der Kasse ein Schild anzubringen, daß jeder Zuschauer den Film auf eigene Gefahr besuche und auf keinen Fall sein Geld zurückerhalte.

Gertrude

(Gertrud)

Dänemark, 1964

R: Carl Th. Dreyer; A: Carl Th. Dreyer nach dem gleichnamigen Schauspiel von Hjalmar Söderberg; K: Henning Bendtsen; D: Nina Pens Rode, Bendt Rothe, Ebbe Rode, Baard Owe, Axel Strøbye

Am gleichen Tag, an dem Rechtsanwalt Kanning (B. R.) seiner Frau Gertrud (N. P. R.) berichtet, er habe die Chance, Minister zu werden, eröffnet ihm Gertrud, daß sie ihn verlassen will. Sie hat erkannt, daß die Ehe mit Kanning längst Gewohnheit geworden ist; und sie hat sich besinnungslos in den Musiker Erland Jansson (B. O.) verliebt. Noch ehe sie ihren Entschluß verwirklichen kann, besucht Gertrud mit ihrem Mann eine Feier zu Ehren des Dichters Gabriel Lidman (E. R.), der Gertruds erste Liebe war. Hier trifft sie auch ihren Jugendfreund Axel Nygren (A. S.), der jetzt in Paris Psychiatrie studiert und sie auffordert mitzukommen. Gertrud lehnt ab. Von Lidman erfährt sie, daß Erland Jansson auf einer Party mit seinen »Eroberungen« geprahlt und dabei auch ihren Namen genannt hat. Gertrud ist tief verletzt; trotzdem will sie Jansson veranlassen, mit ihr fortzugehen. Da gesteht der Komponist, daß er eine andere heiraten wird, die ein Kind von ihm erwartet. Er meint, Gertrud könne doch mit Kanning verheiratet und mit ihm befreundet bleiben. Jetzt bricht Gertrud alle Brücken hinter sich ab. Sie lehnt ein Angebot Lidmans ab, mit ihm nach Rom zu gehen, und reist nach Paris, um zu studieren. In einem Epilog sieht man Gertrud Jahrzehnte später. Sie ist allein, aber sie hat ihr Leben selbst gestaltet.

Die Handlung des Films spielt um die Jahrhundertwende im Milieu des dänischen Großbürgertums. Es geht um die Emanzipation einer Frau, die ihr Leben selbst bestimmen will, die keine der Rollen akzeptiert, die eine von Männern geformte Gesellschaft für sie bereithält. Dreyer hat seine Vorlage sorgfältig und gleichsam »kalligraphisch« verfilmt, wobei er lediglich den im Schauspiel nicht enthaltenen Epilog hinzufügte, der Gertruds Entscheidung nachträglich ausdrücklich rechtfertigt. Er verzichtet auf pathetische Ausbrüche, hält seine Kamera auf Distanz, gibt dem Film einen ausgesprochen langsamen und bedächtigen Rhythmus – und erreicht damit eine erstaunliche Intensität und innere Spannung.

Geschichten vom Kübelkind

BRD, 1970

R: Ula Stöckl, Edgar Reitz; A: Ula Stöckl, Edgar Reitz; K-Team: Jobst Neuschäffer, Kenan Ormanlar, Guido Reitz, Jessy von Sternberg; D: Kristine de Loup, Heidewig Fankhänel, Alf Brustellin, Albert Guilhamot, Werner Herzog

Der Film besteht aus verschiedenen Episoden, die nach und nach gedreht worden sind und weiter fortgesetzt werden sollten. Die Episoden, zwischen einer Minute und 25 Minuten lang, sind in sich abgeschlossen, haben aber eine gemeinsame Hauptfigur: das Kübelkind (K. d. L.). Das Kübelkind kommt in einer Mülltonne zur Welt, wird von einer Frau Dr. Wohlfahrt (H. F.) entdeckt und von ihr »sozialisiert«. Das Kübelkind soll angepaßt werden. Aber alle Erziehungsversuche in exemplarischen Situationen enden damit, daß die »Natürlichkeit« des Kübelkindes deformiert wird, daß es zum Objekt von Ausbeutung und falschen Idealen wird. Kübelkind stirbt auch gelegentlich in diesen Episoden. Aber es taucht immer wieder so auf, wie es seit seiner Geburt aussieht: in einem roten geblümten Kleid mit roten Strümpfen, roten Schuhen und einem schwarzen Pagenkopf.

Insgesamt sollte der Film rund zehn Stunden lang werden. Nicht nur seine Dramaturgie, auch seine Produktions- und Vertriebsmethoden unterscheiden sich völlig von den überkommenen Formen. Edgar Reitz und Ula Stöckl drehten neue Episoden, wann immer sie Zeit, Geld und Lust hatten; sie wollten ihren Film so zeigen, daß die Zuschauer sich aus dem Angebot von Episoden nach eigenen Wünschen ein Programm zusammenstellen könnten. Die Konfrontation mit dem Kübelkind entlarvt die Gesellschaft, und sie entlarvt die Klischees von Filmgenres wie Musical, Gangsterfilm, Kostümfilm usw., deren Grundmuster in einzelnen Episoden zitiert werden.

Der geteilte Himmel

DDR, 1964

R: Konrad Wolf; A: Christa Wolf, Gerhard Wolf, Konrad Wolf, Willi Brückner und Kurt Barthel nach dem gleichnamigen Roman von Christa Wolf; K: Werner Bergmann; D: Renate Blume, Eberhard Esche, Hans Hardt-Hardtloff, Horst Weinheimer

Nach einem Nervenzusammenbruch kehrt Rita Seidel (R. B.) in ihre dörfliche Heimat zurück; hier überdenkt sie noch einmal die vergangenen Jahre. Die Bekanntschaft mit dem zehn Jahre älteren Chemiker Manfred Herrfurth (E. E.) hat ihr Kraft und Mut gegeben, als sie aus ihrem Beruf als Büroangestellte ausbrach, um Lehrerin zu werden. Sie zieht zu Manfred in die Stadt, besucht die Akademie und absolviert ein einjähriges Praktikum in der Fabrik. Während Manfred immer grüblerischer und verschlossener wird, lernt Rita durch ihre Arbeitskameraden in der »Brigade Ermisch«, vor allem durch den skurril-lebenskundigen Meternagel (H. H. H.), den Wert kollektiver Arbeit kennen. Manfred gerät unter den Einfluß bürgerlicher, westlich infizierter Intellektueller; und als ein von ihm entwickeltes Verfahren ohne ausreichende Begründung abgelehnt wird, geht er verbittert nach Westberlin. Rita besucht ihn dort, kann sich jedoch nicht entschließen, bei ihm zu bleiben. Sie kehrt in die DDR zurück. Aber diese Entscheidung stürzt sie in eine schwere seelische Krise, die sie in ihrer Heimat übersteht.

Ein formal und inhaltlich bemerkenswerter Film über das »geteilte Deutschland«. Wolf registriert sachlich Verhältnisse und Schwierigkeiten – auch im eigenen Lager. Bei ihm gibt es keine »positiven Helden« im Sinne des sozialistischen Realismus; die sympathischste Figur im Film ist vielmehr Meternagel, der Mann mit der »rückläufigen Kaderentwicklung«, der die Unbelehrbarkeit der Funktionäre längst in seine Weltanschauung einbezogen hat. Das Selbstverständnis der DDR-Bürger, ihr Bekenntnis zum eigenen Staat erscheint ganz ohne pathetische Begeisterung mit einer beiläufigen Selbstverständlichkeit, die die Skepsis nicht ausschließt. Und selbst Ritas Rückkehr wird nicht weltanschaulich motiviert; sie erscheint eher als hilfloser Protest dagegen, daß Manfred eine solche Entscheidung ohne sie getroffen hat. Einziger

Mißgriff: Die »bürgerlichen Intellektuellen« sind der Regie zur Karikatur geraten.
Formal glaubt man Einflüsse westlicher Filme zu spüren. Der Film erzählt seine Geschichte in kunstvoll verschachtelten Rückblenden, die das Geschehen distanzieren sollen. Hier und auch in der allzu geschmäcklerischen Kameraführung streift der Film allerdings gelegentlich die Grenzen des Kunstgewerbes.

Die Gezeichneten / The search

Schweiz, 1947

R: Fred Zinnemann; A: Richard Schweizer, David Wechsler; K: Emil Berna; D: Montgomery Clift, Aline MacMahon, Jarmila Novotna, Ivan Jandl

Westdeutschland 1945. In einem Auffanglager ist ein kleiner Junge, Karel Malik (I. J.), der – von Angst gehetzt – auf alle Fragen nur antwortet: »Ich weiß nichts!« Als Karel in ein anderes Lager gebracht werden soll, flieht er. Man findet seine Mütze am Flußufer und glaubt, er sei ertrunken. In Wirklichkeit hat ihn ein amerikanischer Soldat (M. C.) aufgelesen, der Karel liebevoll in das normale Leben zurückzuführen sucht. Als der Amerikaner in die USA zurückversetzt wird, bringt er Karel wieder in das Lager, um ihn später nachzuholen. Im Lager war unterdessen auch Karels Mutter (J. N.), die dem Tod im KZ entgangen ist. Gerade an diesem Morgen ist sie weitergefahren, um ihr Kind zu suchen, dessen Mütze sie erkannt hat, an dessen Tod sie aber nicht glauben will. Die Leiterin des Lagers (A. MM.) erkennt Karel wieder. Sie eilt mit ihm zum Bahnhof; und dort findet Karel seine Mutter, die sich angesichts eines neu eingetroffenen Kindertransportes entschlossen hatte, zu bleiben und zu helfen.
Ein eindrucksvoller dokumentarischer Spielfilm, der in den Ruinen süddeutscher Städte gedreht wurde. Das Thema ist nüchtern und realistisch behandelt. Zinnemann verschweigt nicht das Ausmaß des Elends, auch wenn er es an einem Einzelfall exemplifiziert. Im Schicksal eines heimatlosen, gehetzten und verstörten Kindes faßt er Not und Verzweiflung wie in einem Brennspiegel zusammen.

Ginger e Fred

(Ginger und Fred)

Italien/Frankreich/BRD, 1985

R: Federico Fellini; A: Federico Fellini, Tonino Guerra, Tullio Pinelli; K: Tonino Delli Colli, Ennio Guarnieri; D: Giulietta Masina, Marcello Mastroianni, Franco Fabrizi, Friedrich von Ledebur

Vor dreißig Jahren haben Amelia (G. M.) und Pippo (M. M.) als Tanzpaar »Ginger und Fred« zum letzten Mal gemeinsam auf einer Varieté-Bühne gestanden. Mittlerweile ist Pippo Vertreter und Amelia Großmutter und Ladenbesitzerin geworden. Und nun führt das Fernsehen sie in einer nostalgischen weihnachtlichen Unterhaltungssendung noch einmal zusammen. Doch das Wiedersehen bleibt ambivalent: Ihre Erinnerungen und ihre Proben werden beeinträchtigt durch den ebenso seelenlosen wie turbulenten Betrieb in der Fernsehanstalt; und ihr Auftritt wird gestört durch einen Schwächeanfall Pippos und durch einen Stromausfall. Am Ende aber gibt es Beifall für die Veteranen; und auf dem Bahnhof, wo sie sich nun wohl endgültig voneinander verabschieden, werden sie von Autogrammjägern umlagert, die sie auf dem Bildschirm gesehen haben.
Ein Film der nostalgischen Erinnerungen, die weit zurück verweisen auf Alberto Lattuadas *Luci del varietà* (Lichter des Varietés, Italien 1950), bei dem Fellini Co-Autor und die Masina Hauptdarstellerin war; und auch eine ironisch-bittere Abrechnung mit dem Medium Fernsehen, für das Fellini in den letzten Jahren vorwiegend Werbespots gedreht hat und das nach seiner Meinung wohl für die Information, aber kaum für die Kunst taugt. Eine gallige Karikatur ist entstanden, in der die geballte Macht und die Unterhaltungswut des Mediums der provinziellen Version des großen Tanzpaares Ginger Rogers und Fred Astaire auch noch den letzten Charme auszutreiben drohen. Nicht als wären Ginger und Fred hier die tragischen Opfer, denen vom Fernsehen der Garaus gemacht wird; ihr »Ende« haben sie gewissermaßen zu Beginn des Films längst hinter sich.
Allerdings kommt Fellini bei seiner bitteren Bilanz gelegentlich der rote Faden etwas abhanden. Da verliert er sich plötzlich an skurrile Figuren und monströse Details, die seinem Film

Ginger e Fred (Marcello Mastroianni, Giulietta Masina)

zwar irritierende Pointen, aber manchmal auch eine Art dramaturgischen Rösselsprungs bescheren.

Girlfriends
(Girl-Friends)

USA, 1978

R: Claudia Weill; A: Vicki Polon und Claudia Weill; K: Fred Murphy; D: Melanie Mayron, Viveca Lindfors, Bob Balaban, Amy Wright, Eli Wallach, Anita Skinner, Christopher Guest

Die Fotografin Susan Weinblatt (M. M.) teilt mit der etwas farblosen Anne (A. S.) eine Wohnung in New York. Beide kommen gut miteinander aus; und so ist es ein Schock für Susan, als Anne heiratet und sie in der Wohnung allein läßt. Susan versucht auf mancherlei Weise, ihre Einsamkeit zu bekämpfen: Sie stürzt sich in die Arbeit, streicht die ganze Wohnung rot an, sucht menschliche Kontakte irgendwelcher Art. Es gibt da zwar einen »festen Freund«; aber der ist ein verheirateter Rabbi (E. W.), und so ist diese Beziehung ohne Perspektive. Eine Liebesaffäre mit dem jungen Lehrer Eric (C. G.) beginnt nicht sehr verheißungsvoll und kommt auch nicht recht von der Stelle. Verzweifelt macht Susan einen Besuch bei Anne, wobei sie immerhin feststellt, daß auch eine Ehe keine Garantie für wolkenloses Glück ist. Auf der Rückfahrt nimmt sie eine Anhalterin (A. W.) mit und bietet ihr Unterkunft. Vielleicht könnte sie ein »Ersatz« für Anne sein. Als sich aber herausstellt, daß der Gast engere Kontakte sucht, verabschiedet Susan ihn höflich. Am Schluß gibt es Anlaß zu vorsichtigem Optimismus: Susan, die ihr Geld bisher als Fotografin bei Hochzeiten und Bar-Mizwa-Feiern verdient hatte, erhält von einer kleinen Galerie das Angebot, mit ihren Bildern eine Ausstellung zu machen. Außerdem überlegt sie, ob Eric nicht doch vielleicht ein passender Wohnungspartner sein könnte . . .

Claudia Weill plante ihren Film mit einer 10000-Dollar-Prämie des Amerikanischen Filminstituts als halbstündigen Kurzspielfilm. Doch dann fand sie private Geldgeber und idealistische Mitarbeiter, und so wuchs das Projekt zu einem abendfüllenden Spielfilm. Dem fertigen Film ist diese Entstehungsgeschichte nicht anzumerken. Trotz seiner episodischen Struktur ist er von bemerkenswerter Stringenz und Geschlossenheit. Claudia Weill begnügt sich scheinbar mit der genauen Beobachtung und der liebevoll-ironischen Schilderung banaler Alltäglichkeiten. Tatsächlich entstand aus diesem Material eine präzise Studie über Probleme und Konflikte der Frauen in unserer Gesellschaft – und zwar spielerisch, ganz ohne lehrhafte Attitüde. Ein Musterbeispiel dafür ist etwa Susans Besuch bei Anne. Hier wird in ein paar Einstellungen, einigen fast beiläufigen Dialogsätzen mehr über die Rolle und die Möglichkeiten der Frau gesagt als in vielen anderen »engagierten« Frauenfilmen. Claudia Weill sagte dazu: »Ich bin Feministin, und ich nehme an, daß mein Film auch einen feministischen Ton hat. Aber ich glaube nicht an Rhetorik ... Man kann Menschen nur verändern, wenn man sie zum Lachen oder zum Weinen bringt.«

Give us this day
(Haus der Sehnsucht)

England, 1949

R: Edward Dmytryk; A: Ben Barzman nach der Erzählung *Christ in concrete* von Pietro di Donato; K: C. Pennington Richards; D: Sam Wanamaker, Lea Padovani, Kathleen Ryan, Charles Goldner, Bonar Colleano

Der italienische Einwanderer Geremio (S. W.) arbeitet als Bauarbeiter in New York. Nachdem Kathleen (K. R.) seinen Heiratsantrag hochmütig abgelehnt hat, verliebt er sich in ein Bild von Annunziata (L. P.), das sein Freund Luigi (C. G.) ihm zeigt. Er schreibt nach Italien. Annunziata antwortet: Sie ist bereit, ihn zu heiraten, wenn er ein Häuschen besitzt. Und da Geremio ohnehin ein Haus auf Abzahlung kaufen will, schwindelt er Annunziata leichthin vor, er sei schon Hausbesitzer. Annunziata kommt; und nach der Hochzeit sparen beide für ihr »Traumhaus«. Aber es kommen Kinder, Wirtschaftskrisen verteuern das Leben und bringen Arbeitslosigkeit. Geremio verdingt sich schließlich als Vorarbeiter auf einer Baustelle, auf der die notwendigen Sicherheitsbestimmungen mißachtet werden. Eines Tages stürzt er ab und wird von nachfließendem Zement begraben. Der Witwe zahlt man 1000 Dollar aus – genug, um ein kleines Haus zu kaufen.

Der beste Film Dmytryks. Hier wird das Milieu der italienischen Arbeiter in New York präzise und realistisch geschildert – die primitiven Wohnungen, die Hinterhöfe, die schmutzigen Straßen. Dmytryk macht ganz unpathetisch deutlich, wie die ständige Sorge um den Arbeitsplatz und den Lebensunterhalt ein Leben verschleißen kann, wie eine glückliche Ehe durch die Sorgen des Alltags allmählich deformiert wird.

Da Dmytryk, »antiamerikanischer Umtriebe« verdächtigt, damals nicht in die USA reisen konnte, wurde die New Yorker Szenerie technisch brillant durch Rückprojektionen eingefügt.

Glomdalsbruden Ⓢ
(Reise in den Himmel / Die Braut von Glomdal)

Norwegen, 1926

R: Carl Th. Dreyer; A: Carl Th. Dreyer nach einem Roman von Jacob Breda Bull; K: Einar Olsen; D: Tove Tellback, Einar Sissener, Stub Wiberg

Berit (T. T.), die Tochter des reichen Ola Glamsgaarden, liebt den armen Landarbeiter Tove (E. S.). Da ihre Eltern gegen die Verbindung sind, flieht Berit aus dem Haus, stürzt aber unterwegs vom Pferd und wird von Tove gefunden. Er bringt sie zu seinen Eltern und pflegt sie. Ola sieht keine andere Möglichkeit, als nunmehr in die Heirat einzuwilligen; gleichzeitig ermuntert er aber den alten Gjermund, um Berit zu werben. Aber alle Versuche, Tove auszustechen, schlagen fehl. Die Hochzeit wird gefeiert; und angesichts des Glücks seiner Tochter gibt sich auch Ola schließlich geschlagen.

Keiner der großen Filme Dreyers, aber doch einer, der sein Milieu mit Präzision schildert und aus stimmungsvollen Außenaufnahmen Authentizität bezieht.

The go-between
(Der Mittler)

England, 1970

R: Joseph Losey; A: Harold Pinter nach einem Roman von L. P. Hartley; K: Gerry Fisher; D: Julie Christie, Alan Bates, Michael Redgrave, Edward Fox, Dominic Guard, Richard Gibson

England um die Jahrhundertwende. Der 12jährige Leo Colston (D. G.) verbringt seine Sommerferien auf dem Landsitz der wohlhabenden Maudsleys. Er fühlt sich fremd in dieser Umgebung – erst recht, als sein einziger etwa gleichaltriger Spielgefährte Marcus (R. G.) krank wird. Um so dankbarer ist er, daß Marian Maudsley (J. C.) sich gelegentlich um ihn kümmert, und voller Freude tut er ihr einen Gefallen: Er übermittelt Briefe zwischen Marian und dem Farmer Ted Burgess (A. B.). Als er erkennt, daß seine beiden erwachsenen »Freunde« ein Liebesverhältnis haben, obwohl Marians Verlobung mit Hugh Trimingham (E. F.) kurz bevorsteht, ist er schockiert und verwirrt. Diese Verwirrung führt schließlich zur Aufdekkung der Affäre. Doch sie wird vertuscht: Marian heiratet Hugh. Viele Jahre später besucht Leo Colston (M. R.) die unterdessen ergraute Lady Trimingham. Noch einmal bittet sie ihn um Hilfe: Ihr Enkel, der fast wie Ted Burgess aussieht, will nicht heiraten, weil er ahnt, daß seine Herkunft mit einem Makel belastet ist. Leo soll mit ihm reden. Aber auch jetzt taugt Leo allenfalls zum zuverlässigen »Mittler«.
Ein Pubertätsdrama und gleichzeitig das präzise Porträt einer Zeit. Psychologie und gesellschaftliche Realität entwickeln sich nicht aus der Handlung, sondern direkt aus Bildern von spröder Schönheit. Der Geist der Zeit spiegelt sich nicht zuletzt im geschickt arrangierten Dekor, das die Menschen umstellt, sie unterdrückt und deformiert. Die Anpassung wird gleichsam sinnlich erfahrbar. Raffiniert ist auch das Spiel mit den verschiedenen Zeitebenen. Losey erzählt chronologisch, schneidet aber kurze Einstellungen vom Besuch Colstons bei Lady Trimingham in die Handlung ein. Sie bleiben zunächst unverständlich und irritieren den Zuschauer, ehe sich aus diesen Motiven allmählich eine eigene Handlung formt, so daß sich Gegenwart und Vergangenheit oder die Gegenwart des Films und die Zukunft schließlich treffen.

The godfather
(Der Pate)

USA, 1971

R: Francis Ford Coppola; A: Mario Puzo und Francis Ford Coppola nach dem gleichnamigen Roman von Mario Puzo; K: Gordon Willis; D: Marlon Brando, Al Pacino, James Caan, Gianni Russo, Talia Shire, Simonetta Stefanelli, Sterling Hayden

Don Vito Corleone (M. B.) ist einer der Großen der amerikanischen Unterwelt. Der Film zeigt ihn eingangs bei der aufwendigen Hochzeitsfeier, die er für seine Tochter Connie (T. S.) arrangiert hat. Er zeigt, wie er hofhält, wie er Geldgeschenke entgegennimmt, wie er Macht verleiht, Schutz verspricht und »Gerechtigkeit« übt, wo das Gesetz versagt. Aber wichtig ist für ihn das Bewußtsein, anerkanntes Oberhaupt eines Familienclans zu sein; Gunst wird nur dem gewährt, der um sie bittet. Als Don Vito sich aus moralischen Gründen weigert, mit in das Rauschgiftgeschäft einzusteigen, kommt es zu einem mörderischen Krieg zwischen den rivalisierenden »großen Familien«. Sein erstes Opfer ist Don Vito selbst, der bei einem Feuerüberfall auf offener Straße schwer verletzt wird. Jetzt greift auch Vitos Sohn Michael (A. P.) ein, der sich bisher von den Geschäften seines Vaters ferngehalten hatte. Er tötet den Drahtzieher der Gegenseite und den korrupten Polizei-Captain McCluskey (S. H.) und flieht dann nach Sizilien. Hier verliebt er sich in die junge Apollonia (S. S.) und heiratet sie; aber wenig später wird die junge Frau das Opfer eines Bombenattentats. Nachdem auch Vitos ältester Sohn und Erbe Sonny (J. C.) erschossen worden ist, führt der schwerkranke Don Vito Friedensgespräche. Feierlich verzichten alle »großen Familien« auf Rache für die Opfer ihrer Auseinandersetzungen. Doch als Michael nach dem Tod seines Vaters dessen Position eingenommen hat, da räumen seine Killer in einer blutigen Symphonie, die der Film auch als solche zeigt, alle Rivalen aus dem Wege. Unter den Toten ist auch sein Schwager Carlo (G. R.), den er als Verräter entlarvt hat. Die Corleone-Familie hat ihre alte Machtposition wiedergewonnen. Nur wird Michael seine Geschäfte nüchterner und zweifellos noch rücksichtsloser führen als sein Vater.
Coppolas aufwendiger Drei-Stunden-Film hatte

The gold rush (Charles Chaplin)

in der ganzen Welt einen sensationellen Erfolg. Er verdankt ihn wohl weniger seinen vom Produzenten immer wieder zitierten zeitkritischen Absichten als vielmehr der eindrucksvollen Perfektion, mit der Hollywood hier ein in der Luft liegendes Thema abhandelte, und der Raffinesse, mit der Gewalt von der Regie als dramaturgisches Mittel genutzt wurde. So wurde dieser Film zum Wegbereiter für zahlreiche andere Mafia-Filme.
1974 erschien *The godfather, Part II* (Der Pate – Teil II), der nicht nur die Fortsetzung des 1. Teils, sondern – in Rückblenden – auch dessen Vorgeschichte enthält. Coppola berichtet in brillanter Erzähltechnik, wie der junge Vito Andolini im Jahr 1901 als einziger Überlebender einer sizilianischen Blutrache sein Heimatdorf Corleone verläßt und in Amerika zu Macht und Einfluß gelangt und wie sein Sohn Michael am Ende das ererbte »Mafia-Imperium« im Kampf um noch mehr Macht zerstört. Der Film hat alle Vorzüge des 1. Teils, übertrifft ihn aber noch durch den Verzicht auf allzu grelle Effekte und durch die größere Transparenz der gesellschaftlichen Bezüge.

The godless girl Ⓢ
(Das gottlose Mädchen)

USA, 1928

R: Cecil B. DeMille; A: Jeannie MacPherson; K: Peverell Marley; D: Lina Basquette, Mary Prevost, George Duryea, Eddie Quillan

Mary (L. B.) ist Vorsitzende des »Clubs der Gottlosen« an einer amerikanischen Schule. Ihr verhaßter Gegenspieler ist Bob (G. D.), den sie verächtlich »den Erzengel« nennt. Bei einer Sitzung des Clubs kommt es zu einer Prügelei, die sich auf der Treppe fortsetzt; dabei stürzt ein Kind und wird getötet. Mary, Bob und Bozo (E. Q.) werden zu je fünf Jahren Zwangserziehung verurteilt. In der Anstalt werden sie grausam behandelt, doch das gemeinsame Leid bringt Bob und Mary einander näher. Sie fliehen, werden aber schnell wieder gefangen und in Einzelhaft gesperrt. In der Anstalt bricht ein Feuer aus. Bob kann Mary im letzten Moment aus ihrer Zelle befreien, und gemeinsam mit Bozo und Anne (M. P.) retten sie auch den Wärter, der sie am grausamsten gequält hat. Zur Belohnung werden die vier jungen Leute begnadigt. Mary hat eine Wandlung durchgemacht: Sie glaubt an Gott.
Cecil B. DeMille versuchte sich hier abermals an einem religiösen Propagandastück. Der Film ist im ganzen belanglos, hatte aber großen Erfolg und wurde viel zitiert.

Die goldene Stadt

Deutschland, 1942

R: Veit Harlan; A: Alfred Braun und Veit Harlan nach dem Bühnenstück *Der Gigant* von Richard Billinger; K: Bruno Mondi; D: Eugen Klöpfer, Kristina Söderbaum, Rudolf Prack, Kurt Meisel

Anna (K. S.), die Tochter des reichen Bauern Melchior Jobst (E. K.), träumt von der »goldenen Stadt« Prag, der Heimat ihrer Mutter. Eines Tages fährt sie heimlich zu einem Besuch in die Stadt. Doch hier vergißt sie die Heimat, den Verlobten Thomas (R. P.) und erliegt den Verführungskünsten ihres Vetters Toni (K. M.), von dem sie bald auch ein Kind erwartet. Als ihr Vater sie enterbt, läßt Toni sie im Stich. Sie

erkennt, daß sie nicht in die Stadt gehört, und kehrt nach Haus zurück, wo sie gerade an dem Tag eintrifft, an dem ihr Vater seine Wirtschafterin heiratet. Verzweifelt läuft sie ins Moor, in dem schon ihre Mutter den Tod gesucht hat. Ihr Vater übergibt den Hof an Thomas, der das von Legenden umwobene Moor in fruchtbares Land verwandelt.
Die goldene Stadt ist einer jener Filme, die zu ihrer Entstehungszeit vom Publikum als »unpolitisch« empfunden wurden. Man schätzte diesen zweiten deutschen Farbfilm als aufwendige Literaturverfilmung mit prominenten Darstellern. In Wirklichkeit wird aber auch hier unterschwellig wenn nicht politisches, so doch weltanschauliches Gedankengut verbreitet. Der Mythos von »Blut und Boden« bestimmt den Film; den kernigen Bauern stehen zwielichtige Städter gegenüber, wobei in der Gestalt des Tschechen Toni zudem noch das »Artfremde« diskreditiert wird. Ein Motiv für Annas Freitod ist hier auch die Erkenntnis, daß Tonis Kind in der gesunden bäuerlichen Heimat niemals heimisch sein wird.

The gold rush Ⓢ
(Goldrausch)

USA, 1925

R: Charles Chaplin; A: Charles Chaplin; K: Jack Wilson, Rollie Totheroh; D: Charles Chaplin, Georgia Hale, Mack Swain, Tom Murray

Mit vielen anderen Goldgräbern zieht auch Charlie (C. C.) 1889 über den verschneiten Chilkoot-Paß. Während eines Schneesturms sucht er Zuflucht in der Hütte von Black Larsen (T. M.), wo bald auch Big Jim McKay (M. S.) auftaucht, der auf seinem Claim soeben Gold gefunden hat. Bald leiden die Eingeschlossenen unter Hunger; und auf Black Larsen fällt das Los, Verpflegung zu besorgen. Doch der macht sich aus dem Staub. Charlie kocht voller Verzweiflung schließlich einen seiner Schuhe, dessen Sohle er wie ein Feinschmecker verzehrt, während Big Jim unlustig das Oberleder kaut. Im Hungerwahn hält Big Jim Charlie für ein Huhn, das er vergeblich zu schlachten versucht. Als der Schneesturm nachläßt, trennen sich die beiden. Charlie gerät in eine Siedlung, wo er sich besinnungslos in eine Kabarettsängerin (G. H.) verliebt. Er lädt sie zur Silvesterfeier in seine Hütte ein. Doch am Abend des Festes sitzt er allein. Er träumt, sein Besuch sei gekommen, und führt mit zwei an Gabeln aufgespießten Brötchen den berühmten »Brötchentanz« vor. Als er erwacht, läuft er ins Dorf und beobachtet durch das Fenster die fröhliche Feier im Tanzsaal. So verpaßt er den Besuch der Tänzerin, die sich doch noch an seine Einladung erinnert hat. Schließlich trifft Charlie Big Jim wieder, dem er helfen kann, die Hütte und damit seinen Claim wiederzufinden. Gemeinsam durchleben sie noch ein gefährliches Abenteuer, als der Sturm die Hütte über den steilen Abhang weht. Dann können sie Jims Mine gemeinsam ausbeuten und werden Millionäre. Auf einem Schiff drängen sich Fotoreporter um die Glückspilze. Dabei verliert Charlie das Gleichgewicht und stürzt ins Zwischendeck – auf ein Bündel Taue direkt neben seine Geliebte, die nun seine Frau wird.
Der Film spielt in der Vergangenheit und in einem Milieu, das dem kleinen Tramp bisher fremd war. Aber hier kämpft er gegen die Elemente wie einstmals gegen die Gefahren der Großstadt. Und er besiegt sie mit der gleichen Naivität, wenn er zum Beispiel in der eintönigen Eiswüste eine Karte hervorzieht und sich traumhaft sicher mit einem Pfeil in Richtung Norden orientiert. Trotzdem ist die Situation jetzt anders: Er leidet hier nicht unter Bedingungen, die man verändern, verbessern könnte; er leidet mit vielen anderen in einer selbstgewählten abenteuerlichen Situation. Formal ist Chaplin hier auf der Höhe seiner Meisterschaft. Viele Szenen und Sequenzen dieses Films sind in die Filmgeschichte eingegangen: das Verzehren des Schuhs, wobei Chaplin mit vornehm gespreiztem Finger die Nägel abschleckt, als seien es Froschschenkel, und den Schuhriemen wie Spaghetti um seine Gabel wickelt; der Brötchentanz; die Szenen in der Hütte, die über dem Abgrund nur durch ein dünnes Seil gehalten wird usw.
The gold rush wurde wohl der geschäftlich erfolgreichste Chaplin-Film – und einer, dessen Erfolg nicht nachließ. Chaplin selbst hat 1942 und 1956 jeweils neue mit Kommentar und Musik versehene Fassungen des Films herausgebracht.

Der Golem, wie er in die Welt kam (Paul Wegener)

Der Golem Ⓢ

Deutschland, 1914

R: Henrik Galeen und Paul Wegener; A: Paul Wegener und Henrik Galeen; K: Guido Seeber; D: Paul Wegener, Lyda Salmonova, Albert Steinrück

Als Arbeiter im alten Prager Judenviertel einen Schacht graben, finden sie eine riesige Statue aus Lehm, die sie zu einem Antiquitätenhändler (A. S.) bringen. Der findet in einem alten Buch die Zauberformel, die einst der Rabbi Loew benutzte, um den Golem – um ihn handelt es sich – zum Leben zu erwecken. Der ungefüge Lehmkoloß (P. W.) wird zunächst zum blinden Werkzeug seines neuen Herrn. Durch seine unglückliche Liebe zu der Tochter (L. S.) des Antiquitätenhändlers erkennt er jedoch seine »unmenschliche« Einsamkeit. Er verliert gleichsam die Kontrolle über sich, wird zu einem zerstörerischen Ungeheuer und endet schließlich durch einen Sturz von einem Turm.

Der Film lebt vor allem von der Schauspielkunst Wegeners und von der düsteren Atmosphäre enger Gassen und verwinkelter Häuser, eines alptraumhaften Milieus, in dem das Unheimliche einleuchtend Gestalt gewann. Wegener hat das Thema dieses Films später in den Filmen *Der Golem und die Tänzerin* (1917) und *Der Golem, wie er in die Welt kam* (1920) fortgeführt. Eine Tonfilm-Version des Stoffes drehte u. a. Julien Duvivier (*Le Golem* – Der Golem, 1936) mit Harry Baur in der Hauptrolle.

Der Golem, wie er in die Welt kam Ⓢ

Deutschland, 1920

R: Paul Wegener, Carl Boese; A: Paul Wegener, Henrik Galeen; K: Karl Freund; D: Albert Steinrück, Paul Wegener, Lyda Salmonova, Otto Gebühr, Lothar Müthel, Ernst Deutsch, Loni Nest

Der Kaiser (O. G.) hat ein Dekret erlassen, daß alle Juden vor Neumond Prag verlassen müssen. Zur gleichen Zeit hat der Rabbi Loew (A. S.), Magier und Meister der schwarzen Kunst, nach jahrelangem Studium eine Statue aus Lehm – den Golem (P. W.) – geschaffen und ihr mit einer Zauberformel Leben eingehaucht. Der Rabbi erwirkt eine Audienz bei Hof, wo der Golem dem Kaiser das Leben rettet, als er mit übermenschlicher Kraft die herabstürzende Decke des Palastes abstützt. Zum Dank widerruft der Kaiser sein Dekret. Als der Rabbi ins Ghetto zurückeilt und seine Brüder mitten in der Nacht zum Dankgebet ruft, entdeckt der Famulus (E. D.) des Rabbi, daß Mirjam (L. S.), die Tochter seines Meisters, den Junker Florian (L. M.) in ihrer Kammer versteckt hat. Der eifersüchtige Famulus hetzt den Golem auf den Nebenbuhler. Der Golem tötet den Junker und schleift Mirjam an den Haaren durch das Ghetto. Durch eine unglückliche Konstellation der Gestirne droht der Golem gegen seinen Meister zu rasen. Doch vor dem Tor des Ghettos sieht der Golem ein kleines Mädchen (L. N.) im Gras liegen. Vorsichtig hebt er das Kind auf, es nimmt ihm den glitzernden Stern, das Geheimnis seines Lebens, von der Brust. Leblos sinkt der unheimliche Koloß zu Boden.

Paul Wegener hat mit diesem Film gleichsam die Vorgeschichte des 1914 entstandenen Films *Der Golem* nachgeliefert. Wieder hat ihn der Reiz des Unheimlichen und Unwirklichen angezogen, wieder wird die romantische Atmosphäre des mittelalterlichen Prag beschworen, die schon den Film *Der Student von Prag* (1913) bestimmt hatte. Anders als dort verzichtete man hier jedoch auf die Originalschauplätze. Hans Poelzig baute eine mittelalterliche Märchenwelt, die zum Vorbild für zahlreiche deutsche Stummfilme werden sollte. Man sieht enge, verwinkelte Gassen mit windschiefen Häusern. Es gibt kaum gerade Linien, nur Schrägen, Winkel, die die Perspektive verzerren und das Auge verwirren.

Los golfos

(Die Straßenjungen)

Spanien, 1959

R: Carlos Saura; A: Carlos Saura, Mario Camus, Daniel Sueiro; K: Juan Julio Baena; D: Manuel Zarzo, José Luis Marin, Juanjo Losada

Im Mittelpunkt des Films stehen fünf Jugendliche, die von kleinen Diebstählen leben. Einer von ihnen, Juan (M. Z.), träumt davon, ein berühmter Stierkämpfer zu werden. Und eines Tages fassen seine Freunde den Entschluß, ihm das Geld für sein Debüt als Torero zu verschaffen. Ihre Diebstähle werden raffinierter und wagemutiger: Sie überfallen einen Taxifahrer, brechen in eine Garage ein. Endlich ist das Geld beisammen. Aber gerade, als sie Werbezettel für Juans Debüt verteilen, wird einer von ihnen von dem überfallenen Taxifahrer erkannt und kommt auf der Flucht ums Leben. Juans Auftritt in der Arena findet zwar trotzdem statt, ist aber eine blamable Enttäuschung.

Saura ist vor allem an der Gruppe der jugendlichen Außenseiter interessiert, die am Rande der Gesellschaft ihre eigenen Pläne und Vorstellungen verwirklichen wollen. Ihre Existenz, ihr Leben, ihre Verhaltensweisen registriert er mit dokumentarischer Genauigkeit. Diese Dokumentation ersetzt ihm den Appell. Das klägliche Scheitern ihrer Träume, die sie in Juan personifiziert haben, spricht für sich.

Goluboi express Ⓢ

(Der blaue Expreß / Expreß Nanking – Su-Tschoi)

UdSSR, 1929

R: Ilja Trauberg; A: Ilja Trauberg und L. Jierichonow nach einer Idee von Sergej Tretjakow; K: B. Chrennikow, Juri Stilianudis; D: Sergej Minin, I. Tschernjak

China um 1925. Auf einem Bahnhof wartet der »blaue Expreß« auf das Abfahrtssignal. Doch die Abfahrt verzögert sich, weil man auf einen englischen Diplomaten wartet, der mit Vertretern der chinesischen Regierung verhandelt, die er im Kampf gegen das Volk unterstützen soll. Unterwegs revoltieren in einem Waggon Gefangene gegen ihre Wärter und verbrüdern sich mit den Armen. Sie übernehmen die Macht im Zug, der am Schluß – als Symbol der siegreichen chinesischen Revolution – senkrecht durch das Bild in die Sonne fährt.

Ein kraftvoller Film von Ilja Trauberg, dem jüngeren Bruder Leonid Traubergs. Besonders eindrucksvoll ist die Montage, mit der er die Armen in den Waggons und die Reichen in den Luxusabteilen konfrontiert. Hier ist er möglicherweise von Eisenstein beeinflußt, dessen Regieassistent er bei dem Film *Oktjabr* war.

Gone with the wind
(Vom Winde verweht)

USA, 1939

R: Victor Fleming; A: Sidney Howard nach dem gleichnamigen Roman von Margaret Mitchell; K: Ernest Haller, Ray Rennahan; D: Vivien Leigh, Clark Gable, Leslie Howard, Olivia de Havilland, Hatty McDaniel

Verfilmung des gleichnamigen Romans von Margaret Mitchell: Die Geschichte der schönen und eigensüchtigen Scarlett O'Hara (V. L.), die in und nach dem amerikanischen Sezessionskrieg zweimal zur Witwe wird, schließlich den Abenteurer Rhett Butler (C. G.) heiratet, um das Gut ihrer Eltern erhalten zu können, und zu spät erkennt, daß sie Rhett wirklich liebt.
Das große »Bürgerkriegs-Epos« von Margaret Mitchell, ein literarischer Sensationserfolg, wurde von Victor Fleming aufwendig und sorgfältig verfilmt, so daß ihm an den Kinokassen ein vergleichbarer Erfolg beschieden war. Jahrzehntelang galt *Gone with the wind* als größter Kassenerfolg der Filmgeschichte.
Grundlage dafür war nicht nur die Beliebtheit der literarischen Vorlage. Dem Film war es bei einer Laufzeit von rund dreieinhalb Stunden gelungen, den Handlungsreichtum und die Vielfalt der Personen in prächtigen Schaubildern und durch gute darstellerische Leistungen lebendig zu machen. Einzelne Szenen, wie etwa die Schlacht um Atlanta, waren nicht ohne Größe und bezeugten sicherlich filmisches Geschick. Als Co-Regisseure des Films werden gelegentlich George Cukor und Sam Wood genannt. Sie waren zunächst für die Regie verpflichtet worden, wurden dann aber von dem eigenwilligen Produzenten David O. Selznick, der als eigentlicher »Schöpfer« des Films gilt, wieder entlassen – offenbar, weil sie sich seinen Vorstellungen nicht fügen wollten.

Gösta Berlings saga Ⓢ
(Gösta Berling)

Schweden, 1923

R: Mauritz Stiller; A: Mauritz Stiller und Ragnar Hyltén-Cavallius nach dem gleichnamigen Roman von Selma Lagerlöf; K: J. Julius; D: Lars Hanson, Gerda Lundequist-Dahlström, Greta Garbo

Verfilmung des gleichnamigen Romans von Selma Lagerlöf: Die Geschichte von Gösta Berling (L. H.), der sein Pfarramt wegen Trunksucht verliert, der als »Kavalier« bei der Majorin Samzelius (G. L. D.) auf Ekeby eine neue Heimat findet und der nach mannigfachen Abenteuern an der Seite der ehemaligen Gräfin Dohna (G. G.) ein neues Leben beginnt.
Der Film hat die Handlungsfülle des Romans, der voll ist von Abschweifungen, Sagen und Anekdoten, sorgfältig zu bewahren versucht; und er hat seine besten Momente da, wo er die Landschaft Värmlands einfängt, wo er den Hintergrund schildert, vor dem Phantasien und Visionen so üppig gedeihen.
In Schweden war der Film nur mäßig erfolgreich; auch der Debütantin Greta Garbo attestierte man weniger darstellerische Leistungen als vielmehr Schönheit und Charme. Um so größer war der Erfolg in Berlin. Und letzten Endes verschaffte *Gösta Berlings saga* Stiller und – in seinem Gefolge – Greta Garbo ihr Engagement nach Hollywood, von dem allerdings die Schauspielerin wesentlich mehr profitierte als ihr Regisseur.

Goupi Mains-Rouges
(Eine fatale Familie)

Frankreich, 1943

R: Jacques Becker; A: Jacques Becker und Pierre Véry nach einem Roman von Pierre Véry; K: Pierre Montazel, Jean Bourgoin; D: Fernand Ledoux, Georges Rollin, Robert Le Vigan, Blanchette Brunoy, Maurice Schutz

Vier Generationen der Familie Goupi leben stolz und eigensinnig auf ihrem Hof. Sie erwarten die Ankunft von Goupi Monsieur (G. R.) aus Paris, der seine Cousine Goupi Muguet (B. B.) heiraten soll. Kurz nach seiner Ankunft entdeckt man, daß Goupi Tisane getötet worden ist und 10 000 Francs verschwunden sind. Monsieur wird verdächtigt. Goupi Mains Rouges (F. L.), ein undurchsichtiger Wilddieb, macht sich der verlassenen Braut zuliebe auf die Suche nach dem Täter. Er überführt Goupi Tonking (R. L. V.), der das Geld gestohlen, aber Tisane nur deshalb getötet hat, weil sie den kleinen Jean gequält und geprügelt hat. Tonking stirbt auf der Flucht vor der Polizei. Goupi

Mains-Rouges entdeckt auch noch den legendären Familienschatz der Goupis. Aber gemeinsam mit Goupi l'Empereur (M. S.), dem 106jährigen Familienoberhaupt, beschließt er, den Schatz erneut zu verstecken. Der Alte soll ihn erst auf dem Sterbebett seinem ältesten Sohn vermachen. Muguet und Monsieur werden ein Paar.

Die krude Geschichte ist für Jacques Becker nur ein Vorwand, um das Porträt einer Familie eigensinniger Bauern, einer Landschaft, eines Milieus zu zeichnen. Das »Land« ist hier nicht Schauplatz der Idylle; es herrscht kein ländlicher Friede, sondern eine beklemmend echt eingefangene Atmosphäre der Gewalt und des Mißtrauens, verbunden mit einem bizarren Humor. Man spürt den Einfluß Jean Renoirs, bei dem Becker jahrelang assistiert hatte; aber dieser hat doch auch eine eigene, unverwechselbare Handschrift entwickelt.

Goya – oder Der arge Weg der Erkenntnis

DDR/UdSSR, 1969–71

R: Konrad Wolf; A: Angel Wagenstein nach dem gleichnamigen Roman von Lion Feuchtwanger; K: Werner Bergmann, Konstantin Ryschow; D: Donatas Banionis, Olivera Katarina, Fred Düren, Tatjana Lolowa, Rolf Hoppe, Mieczyslaw Voit, Ernst Busch, Wolfgang Kieling, Gustaw Holoubek, Carmela

Francisco Goya (D. B.) ist Erster Hofmaler Karls IV. (R. H.) geworden. Er malt ein pompöses Bild der Königin Maria Luisa (T. L.) und verspottet die Thesen seines Freundes und Mitarbeiters Esteve (F. D.), der die Verantwortung der Kunst und des Künstlers für die Gesellschaft proklamiert. Doch durch Esteve lernt er reformfreudige Patrioten wie den Philosophen Jovellanos (E. B.), Bermudez (G. H.) und die Sängerin Maria Rosario (C.) kennen. Ihr Beispiel und ihre Reden beeinflussen Goya; aber noch ist er ganz erfüllt von der Liebe zur Herzogin von Alba (O. K.). Ihr Verhältnis wird zum Skandal. Die Herzogin wird vom Hofe verbannt, und Goya folgt ihr. Für sie malt er die »nackte« Maja und muß sich anschließend erneut vor dem Großinquisitor (M. V.) rechtfertigen. Doch unbewußt hat Goya bereits den »argen Weg der Erkenntnis« beschritten. Nach einem Zusammenstoß mit der Herzogin gesteht er sich endlich ein, daß der König und sein mächtiger Minister Godoy (W. K.) die Freiheit unterdrücken und daß der Widerstand der Herzogin von Alba gegen die Hofschranzen egoistischen Motiven entspringt. Ein Alptraum überfällt ihn, und er befreit sich von seinen düsteren und gefährlichen Visionen in den revolutionären Grafiken der »Caprichos«, die zu einem neuen Zusammenstoß mit der Inquisition führen. Damit ist der Hofmaler Goya endgültig zum Außenseiter geworden. In neuen Bildern geißelt er die Schwächen und Laster der Herrschenden, den Widersinn der Verhältnisse, Elend und Krieg. Dafür nimmt er Armut und Verfolgung auf sich und geht schließlich, 78jährig, nach Frankreich ins Exil.

Wolf ist in seinem überlangen und aufwendigen Werk geschickt der Gefahr entgangen, nur einen üppigen Kostümfilm oder eine der üblichen »Künstler-Biographien« zu schaffen. Er schildert konsequent die Selbstfindung eines Menschen, die Wandlung des höfischen Karrieremachers zum engagierten Moralisten. Dabei wird diese Wandlung, die sich in ständigem dialektischen Wechselspiel vollzieht, auf höchst intelligente Weise aus Goyas Werk entwickelt und durch sein Werk belegt. So entstand das Porträt eines Menschen, der fast wider Willen und gegen seine egoistischen Wünsche und Interessen zur Einsicht gezwungen wird, der eine Weile versucht, Anpassung und inneren Widerstand zu vereinen, und der schließlich in fast selbstzerstörerischem Eifer die Mauern des Hauses niederzureißen sucht, in dem er selbst so lange beschaulich gelebt hat.

Dieser Film ist aber auch formal von großer Schönheit. Wolf komponiert großartige Bilder, die indessen niemals bloße Schaueffekte bleiben. Nach einer etwas ungegliederten Einleitung dominiert in einem sehr klaren Aufbau zunächst die höfische Pracht, die aber von den düsteren Bildern der Wirklichkeit mehr und mehr überlagert wird. Und im gleichen Maße wie Goyas Erkenntnis ihn auf die Seite des Volkes treibt, wie er sich von der Malerei zur Grafik wendet, verdüstern sich und verblassen auch die Farben des Films, bis sich die Realität des Films am Schluß den Visionen Goyas anpaßt und die Übereinstimmung seiner bitteren Anklagen mit der Wirklichkeit seiner Zeit signalisiert.

Die Originalfassung wurde auf 70-mm-Film gedreht und war 161 Minuten lang. Für einen breiten Kinoeinsatz im Scope-Format hat Wolf selbst den Film um rund 30 Minuten gekürzt.

La grande illusion
(Die große Illusion)

Frankreich, 1937

R: Jean Renoir; A: Charles Spaak, Jean Renoir, Erich von Stroheim; K: Christian Matras, Claude Renoir; D: Jean Gabin, Pierre Fresnay, Erich von Stroheim, Marcel Dalio, Dita Parlo

An der Front treffen sich der französische Hauptmann de Boeldieu (P. F.) und der deutsche Offizier von Rauffenstein (E. v. S.) zum ersten Mal: Rauffenstein hat den anderen im Luftkampf besiegt. Jahre später sehen sie sich wieder. Rauffenstein ist nach einer schweren Verwundung Kommandant eines Gefangenenlagers geworden; Boeldieu wird nach mehreren Fluchtversuchen in dieses als besonders sicher geltende Lager verlegt. Zwischen den beiden adligen Offizieren entwickelt sich eine seltsame Gemeinschaft, fast Freundschaft. Sie endet tragisch: Um die Flucht des Leutnants Maréchal (J. G.) und seines Kameraden Rosenthal (M. D.) zu ermöglichen, fingiert Boeldieu selbst einen Ausbruchsversuch, bei dem Rauffenstein ihn erschießt. Maréchal und Rosenthal finden auf der Flucht bei einer deutschen Bäuerin (D. P.) Unterschlupf, deren Mann gefallen ist und die sich nun in Maréchal verliebt. Zum Abschied verspricht Maréchal ihr, nach dem Krieg wiederzukommen.

La grande illusion
(Erich von Stroheim, Pierre Fresnay)

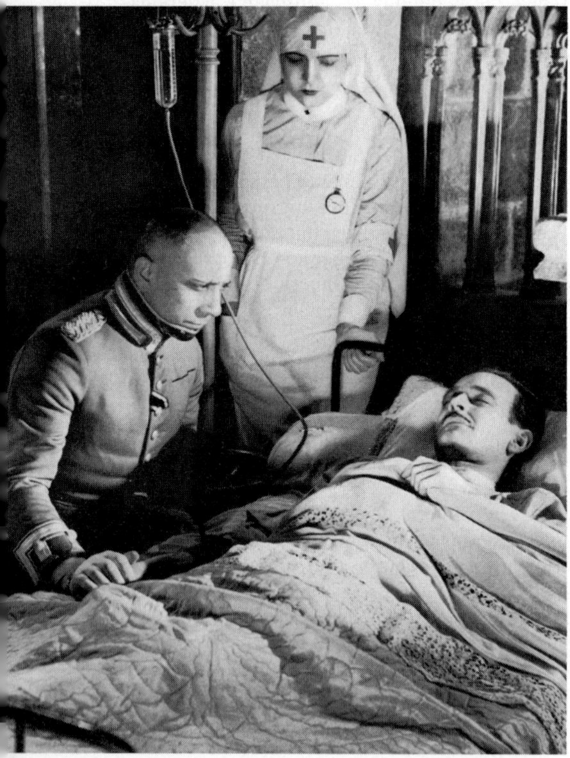

Allgemein verstand man diesen wohl berühmtesten Film Renoirs als Aufruf zur Verständigung, zum Frieden. Aber ein anderer Aspekt dürfte den Regisseur gleichermaßen interessiert haben – die Illustration seiner These, daß Menschen nicht durch Grenzen, sondern eher durch Klassenzugehörigkeit getrennt werden. Der Aristokrat Boeldieu, der es ablehnt, seine Kameraden zu duzen, findet trotz seines Patriotismus besseren Kontakt zu von Rauffenstein als zu seinem von ihm geschätzten Kampfgefährten Maréchal, der im Zivilleben einfacher Metallarbeiter ist. Andererseits gibt es keine Fremdheit zwischen Maréchal und der deutschen Bäuerin. Entsprechend gibt Renoir auch von den anderen französischen Gefangenen gleichsam knappe »soziologische Studien«. Er zeigt, daß die Uniformen und die Eintönigkeit des Lagerlebens die Menschen eben doch nicht gleichmachten. Lehrer, Ingenieur, Schauspieler, Kaufmann unterscheiden sich noch immer durch ihr Verhalten und ihre Reaktionen, die Renoir meisterhaft beobachtet und nachgezeichnet hat.
Beeindruckend ist auch die strenge Objektivität des Films, die im Endeffekt dazu führte, daß man ihm sowohl zu große Deutschfreundlichkeit als auch übermäßige Deutschfeindlichkeit nachsagte, daß man ihm Militarismus und Pazifismus gleichermaßen vorwarf, daß einige Journalisten schrieben, er sei antisemitisch, während Goebbels mehrere Szenen mit dem Juden Rosenthal herausschneiden ließ, weil sie ihm zu »positiv« waren.

The grapes of wrath (Dorris Bowdon, Jane Darwell, Henry Fonda)

The grapes of wrath
(Früchte des Zorns)

USA, 1939/40

R: John Ford; A: Nunnally Johnson nach dem gleichnamigen Roman von John Steinbeck; K: Gregg Toland; D: Henry Fonda, Jane Darwell, Dorris Bowdon, Russell Simpson, John Carradine

Verfilmung des Romans von Steinbeck: Die Geschichte der Joads, die von den Banken um ihre Farm gebracht werden, mit vielen Leidensgenossen verlockenden Angeboten folgen und quer durch das riesige Land nach Kalifornien ziehen, wo sie als Erntearbeiter ausgebeutet und unterdrückt werden. Mit Henry Fonda als Tom Joad, Jane Darwell als Ma, Russell Simpson als Pa, Dorris Bowdon als Rosasharn, John Carradine als Casy.

Steinbecks Buch war eine bittere Anklage gegen die sozialen Mißstände in seinem Heimatland; Fords Film hat dieses Engagement – abgesehen von einem vom Zensor verordneten versöhnlichen Schluß – getreulich bewahrt. Gefühlvolle und aggressive Szenen zielen letztlich allesamt darauf, das Publikum zu engagieren und zu aktivieren.

Filmische Höhepunkte bietet immer wieder die Fahrt der Joads mit einem uralten, wackeligen Auto über die Landstraße, besessen von der Hoffnung auf das »gelobte Land«. Und es fällt schwer zu glauben, daß Autor und Regisseur die Parallele zur großen »Landnahme« der ersten Siedler nicht bewußt ausgespielt haben: Wie damals die Planwagen, so ziehen jetzt die Autos in langen Kolonnen westwärts. In ihnen sitzen abermals Menschen voller Hoffnung auf ein neues Land, ein neues Leben. Wieder werden sie bekämpft und vertrieben – aber diesmal nicht von Indianern, sondern von den eigenen Landsleuten, von der Polizei. Aus dem glorreichen Kampf der Vergangenheit ist eine Art Bürgerkrieg geworden, aus dem Kampf der Rassen ein Kampf der Klassen.

In den deutschen Kinos lief eine um rund 20 Minuten gekürzte Fassung des Films. Erst das Fernsehen hat ihn hierzulande in seiner originalen Länge bekannt gemacht.

The great dictator
(Charles Chaplin)

Grazie, zia
(Danke, Tante)

Italien, 1968

R: Salvatore Samperi; A: Salvatore Samperi, Sergio Bazzini, Pier Luigi Murgia; K: Aldo Scavarda; D: Lisa Gastoni, Lou Castel, Gabriele Ferzetti

Alvise (L. C.), der siebzehnjährige Sohn eines reichen Industriellen, simuliert eine Lähmung seiner Beine und verbringt seine Tage im Rollstuhl. Während einer Reise seiner Eltern wird er in die Obhut seiner jungen Tante Lea (L. G.), einer hochgebildeten Ärztin, gegeben. Lea verliebt sich in ihren Neffen und wird so abhängig von Alvise, daß sie sich von ihm zwingen läßt, ihn in einem Akt der »Euthanasie« zu töten.
Eine wütende Attacke gegen die heutige Gesellschaft und die bürgerliche Ordnung. Einer Welt, die er verachtet, entzieht sich Alvise durch seine vorgetäuschte Krankheit. Er bricht ihre Tabus – ähnlich wie Fabrizio in *Prima della rivoluzione* von Bertolucci – durch ein Liebesverhältnis zu seiner Tante; aber er paßt sich anschließend nicht an, sondern verweigert sich endgültig durch seinen Tod, der auch seine Tante zerstört. Alvise wird dabei keineswegs zum positiven Helden stilisiert. Seine Störungen und Defekte werden jedoch deutlich als Reaktionen auf die gesellschaftlichen Verhältnisse ausgewiesen.

The great dictator
(Der große Diktator)

USA, 1938–40

R: Charles Chaplin; A: Charles Chaplin; K: Rollie Totheroh, Karl Struss; D: Charles Chaplin, Paulette Goddard, Jack Oakie, Reginald Gardiner, Billy Gilbert, Henry Daniell

Ein kleiner jüdischer Friseur (C. C.) verliert im Ersten Weltkrieg durch eine Kriegsverletzung sein Gedächtnis. Er »erwacht« erst wieder, als der Diktator Hynkel (C. C.), der ihm täuschend ähnlich sieht, die Macht im Land Tomania gewonnen hat und die Juden verfolgt. Der Friseur, der sich in das Mädchen Hannah (P. G.) verliebt hat, flieht zusammen mit einem Widerstandskämpfer (R. G.) vor den Verfolgungen, wird aber gefaßt und in ein Konzentrationslager gesperrt. Unterdessen fühlt sich Hynkel von Napoloni (J. O.), dem Diktator des Nachbarlandes Bacteria, bedroht. Zunächst will er ihm kurzerhand den Krieg erklären, doch dann lädt er ihn lieber zu einem Staatsbesuch ein. Bei einer Entenjagd für den hohen Gast taucht der Friseur wieder auf. Er ist in einer entwendeten Uniform aus dem Lager entflohen, wird von Hynkels Wachen mit dem Diktator verwechselt und zu einer riesigen Tribüne geschleppt, von wo aus er den Einmarsch in das Nachbarland Austerlich verkünden soll. Aber der kleine Friseur hält eine große Rede, die zum Frieden in der Welt aufruft.

Chaplin hatte sich mehrere Jahre mit diesem Thema beschäftigt und sein Konzept mindestens zweimal grundlegend geändert. In allen Versionen stand allerdings das Motiv des Doppelgängers im Mittelpunkt. Die Vorstellung ist so absurd nicht: Hynkel erscheint hier gleichsam als reinste Verkörperung des oftmals recht amoralischen Tramps aus Chaplins Frühzeit, der mit allen Mitteln um das eigene Überleben kämpft, während der Friseur für den anderen Chaplin, den Getretenen, Geschundenen und stets zu kurz Gekommenen steht.

The great dictator ist wohl der umstrittenste Film Chaplins. Während die einen ihn als Meisterwerk und als tödliche Entlarvung des Faschismus preisen, meinen andere, daß dieser Film seinem Thema nicht gerecht werde und – nach seiner Anlage – auch wohl nicht habe gerecht werden können. Chaplin setzt hier ganz auf die groteske Übersteigerung und auf die Hoffnung, daß Lächerlichkeit auch einen Hitler »töten« könne. Hynkel klettert wie ein Affe an einem Vorhang hoch; er tanzt eitel mit einem Globus im Arm, der dann zerplatzt, brüllt häufig unverständliches Zeug, das – besonders für Ausländer – »irgendwie deutsch« klingt. Und 3000 streikende Arbeiter will er kurzerhand erschießen lassen, weil er »keine unzufriedenen Arbeiter haben« will. Genau so dumm, eitel und selbstgefällig wie Hynkel sind auch sein Paladin Herring (Göring – B. G.) und sein Kollege Napoloni (Mussolini), während Garbitsch (Goebbels – H. D.) als zynischer Intellektueller erscheint, der den unbedarften und unbeherrschten Diktator in entscheidenden Szenen wie eine Marionette lenkt.

Auf der Seite der Guten und Unterdrückten vermag der liebenswert naive jüdische Friseur als positiver Gegenpol für dieses Panoptikum nicht ganz zu überzeugen. Nach der Anlage des Films und seiner Figur glaubt man ihm auch den großen – in sich anrührenden und bewegenden – Schlußappell nicht recht, der auf diese Weise nicht in die Handlung integriert ist, sondern als »Botschaft« Chaplins etwas aufgesetzt wirkt.

The great McGinty
(Der große McGinty)

USA, 1940

R: Preston Sturges; A: Preston Sturges; K: William C. Mellor; D: Brian Donlevy, Muriel Angelus, Akim Tamiroff

Der Barkeeper Dan McGinty (B. D.) erzählt einem ungetreuen Kassierer, der sich aus Furcht vor der Strafe erschießen will, die Geschichte seines Lebens: Als Landstreicher verkauft Dan seine Stimme bei Wahlen. Der Boß der Reformpartei (A. T.) wird auf ihn aufmerksam und fördert ihn. Dan wird Stadtrat und Bürgermeister und heiratet – weil Wählerinnen keine Junggesellen mögen – die Witwe Catherine (M. A.). Als Aushängeschild des korrupten Parteibosses entfaltet Dan fieberhafte Aktivität und wird schließlich gar Gouverneur. Aber nun wird er aufsässig. Er hat sich in seine eigene Frau verliebt; und ihr Glaube an das Gute in ihm färbt allmählich auf ihn ab. Der Boß ist empört über den Mann, der plötzlich vernünftige Reformpläne entwickelt, und will ihn erschießen. Das Attentat mißlingt, und der Boß wird verhaftet. Doch dann brechen die ersten Häuser zusammen, die Dan einst aus Gefälligkeit mit schlechtem Material hat bauen lassen. Unversehens ist Dan der Zellennachbar seines Gönners. Gemeinsam fliehen sie und landen auf einer Pazifik-Insel. – Als der Kassierer diese Geschichte gehört hat, packt er sein Schießeisen ein und geht.

Eine einfallsreiche Satire auf die Korruption in der Politik. Solange er skrupellos und berechnend ist, reüssiert McGinty; er stürzt, als er sich den Luxus von Gefühlen und sozialen Ideen erlaubt. Das Ganze wirkt wie eine bissige Antwort auf den Optimismus Frank Capras, in dessen Filmen jeweils die naiven Toren die Welt wieder ins Lot bringen.

The great train-robbery Ⓢ
(Der große Eisenbahnraub)

USA, 1903

R: Edwin S. Porter; A: Edwin S. Porter; K: Edwin S. Porter; D: George Barnes, Frank Hanaway, Max Aronson, Marie Murray

Banditen überfallen eine Bahnstation. Sie fesseln den Telegrafisten, stoppen den Zug und rauben die Reisenden und den Packwagen aus. Während die Banditen noch ihren Erfolg feiern, machen sich alarmierte Bürger an die Verfolgung. In einem Feuergefecht überwältigen sie die Eisenbahn-Räuber. Einer der Banditen (G. B.) schießt in einer Großaufnahme in die Kamera.
Porter erzählt hier eine richtige Geschichte in geschickt montierten Einstellungen, die die Handlung dynamisch erzählen und vorwärtstreiben. Allerdings ließ er noch alle Szenen vor einer starren Kamera spielen; und die einzige Großaufnahme des Films ist weniger dramaturgisches Mittel als vielmehr eine Art »Gütemarke«. Der Edison-Katalog vermerkt ausdrücklich, sie könne sowohl als Eingangs- als auch als Schlußsequenz geliefert werden. Aber trotz dieser Einschränkungen ist dies doch der erste typisch amerikanische Film geworden. Und wenn er auch in der Nähe von New York entstand, so begründete er das Genre des Western, eines ganz und gar eigenständigen Beitrags Hollywoods zur Filmgeschichte.
Der Darsteller Max Aronson übrigens, der sich später Max Anderson nannte, machte als »Broncho Billy« im Western eine große Karriere.

Greed Ⓢ
(Gier nach Geld)

USA, 1923

R: Erich von Stroheim; A: Erich von Stroheim nach dem Roman *McTeague* von Frank Norris; K: Ben Reynolds, William Daniels (nach anderen Quellen auch: Ernest B. Schoedsack); D: Gibson Gowland, Zasu Pitts, Jean Hersholt, Chester Conklin

McTeague (G. G.) hat sich ohne Approbation in San Francisco als Zahnarzt niedergelassen. Eines Tages kommt sein Freund Marcus Schouler (J. H.) mit seiner Freundin Trina (Z. P.) in seine Praxis. McTeague verliebt sich in das Mädchen und heiratet sie. Aber kurz vor der Hochzeit hat Trina in der Lotterie 5000 Dollar gewonnen, und das hat sie und Marcus gründlich verändert; beide sind jetzt von krankhafter Gier nach Geld besessen. Marcus zeigt seinen Freund an, weil er ohne Approbation arbeitet. Und als McTeague, um seine Existenz zu retten, 3000 Dollar braucht, verweigert ihm Trina das Geld. Sie kontrolliert schon seit langem alle Einnahmen ihres Mannes und hortet sie. McTeague verläßt sie und ermordet sie bei einem erneuten Wiedersehen. Als McTeague in die Wüste flieht, verfolgt ihn Marcus. Zwar kann McTeague seinen Verfolger töten; aber Marcus hat mit einem Schuß den Wasserbehälter seines Gegners getroffen. Das Schlußbild zeigt McTeague, wie er in Trinas blutbeflecktem Geld wühlt.
Stroheim hat seine literarische Vorlage mit äußerster Sorgfalt, gleichsam »Wort für Wort« verfilmt. Er war von der Idee besessen, der Zuschauer solle alles, was er sehe, »für wahr halten«. So rühmte er sich auch, daß nicht eine einzige Aufnahme des Films in einem Studio gedreht worden sei. *Greed* ist ein Film von bitterer und fast manischer Konsequenz. Mit einer Überfülle von Details macht Stroheim die Verwandlung des Menschen durch die Gier nach Geld deutlich; alle drei Hauptpersonen werden letztlich durch die Macht des Geldes pervertiert.
In einer Privatvorführung soll Stroheim eine Fassung des Films gezeigt haben, die 42 Rollen lang war. Zusammen mit Rex Ingram montierte er dann eine »endgültige« Fassung, die noch aus 18 Rollen bestand. Produzent Irving Thalberg beauftragte daraufhin die Drehbuchautorin June Mathis, den Film auf 10 Rollen (knapp 2 Stunden) zu kürzen. Stroheim beteiligte sich zwar an dieser Bearbeitung, lehnte es aber ab, sie zu autorisieren.

Il grido
(Der Schrei)

Italien, 1957

R: Michelangelo Antonioni; A: Michelangelo Antonioni, Elio Bartolini und Ennio de Concini nach einem Entwurf von Michelangelo Antonioni; K: Gianni Di Venanzo; D: Steve Cochran, Alida Valli, Dorian Gray, Betsy Blair, Gabriella Pallotta, Lynn Shaw

Aldo (S. C.) ist Arbeiter in einer Zuckerraffinerie. Seit sieben Jahren lebt er mit Irma (A. V.) zusammen. Sie haben eine Tochter. Irmas Mann ist vor eben diesen sieben Jahren nach Australien ausgewandert. Jetzt erhält Irma die Nachricht, daß er gestorben ist. Aber vergeblich hofft Aldo, Irma nun heiraten zu können. Sie erklärt ihm, daß sie seit Monaten einen anderen liebt. Als es Aldo nicht gelingt, sie umzustimmen, nimmt er seine Tochter Rosina und geht mit ihr auf eine verzweifelte Wanderschaft. Er besucht seine ehemalige Verlobte Elvira (B. B.) und wird für einige Zeit von der Tankstellenbesitzerin Virginia (D. G.) aufgenommen. Von hier aus schickt er Rosina zu Irma zurück. Dann zieht er weiter und trifft die Gelegenheitsprostituierte Andreina (L. S.). Schließlich kehrt er nach Hause zurück, klettert auf den Turm der Raffinerie und stürzt sich herab, während Irma entsetzt aufschreit.

Il grido ist die Geschichte einer verzweifelten Flucht, die Geschichte eines Mannes, der daran stirbt, daß er nicht vergessen kann. Antonioni hat diesen Fall mit einer Melancholie geschildert, die niemals sentimental wird. Davor bewahrt ihn schon die Nüchternheit im Detail. Realistisch schildert er die Situation des Arbeiters, begleitet ihn auf seinem Weg durch die eintönige Po-Ebene. Immer wieder sieht man Aldo, und immer besser versteht man ihn, obwohl weder innere Monologe noch symbolträchtige Großaufnahmen Auskunft über ihn und seine Verfassung geben. Allein aus dem Kontext der Szenen, aus alltäglichen Handlungen wird seine wachsende Vereinsamung deutlich, die ihn schließlich hoffnungslos zum Ausgangspunkt seiner Flucht zurückführt.

Große Freiheit Nr. 7

Deutschland, 1944

R: Helmut Käutner; A: Helmut Käutner, Richard Nicolas; K: Werner Krien; D: Hans Albers, Ilse Werner, Hans Söhnker, Hilde Hildebrand

Der ehemalige Matrose Hannes (H. A.) ist Stimmungssänger in einem Nachtlokal auf St. Pauli. Er hat abgemustert, nachdem sein Bruder Jan ihm das Geld aus der Tasche gezogen hatte, mit dem er sein Steuermannspatent finanzieren wollte. Jetzt greift Jan noch einmal in sein Leben ein: Auf dem Sterbebett vertraut er ihm das Mädchen Gisa (I. W.) an, das er einmal sitzengelassen hat. Hannes holt Gisa nach St. Pauli und verliebt sich bald in sie. Aber er wagt nicht, ihr seine Liebe zu gestehen; denn immerhin war Gisa ja einmal die Freundin seines Bruders. Als er endlich mit ihr sprechen will, ist es zu spät. Gisa hat sich ihrerseits in den jungen Arbeiter Willem (H. S.) verliebt. Hannes muß wohl oder übel verzichten. Und da er zu seiner »alten Liebe« (H. H.) auch nicht zurückkehren mag, geht er fort von St. Pauli ...

Im »Dritten Reich« hatte man erhebliche Einwände gegen diesen Film. Im Ausland wurde er zwar eingesetzt – als Devisenbringer; im Reichsgebiet jedoch war er verboten, vornehmlich wohl, weil er deutsche Männer nicht ganz so zeigte, wie man sie damals wünschte – redlich und stets zu großen Taten bereit. Außerdem lag über diesem Farbfilm ein Hauch von Melancholie und Resignation, während man doch damals den Optimismus staatlich förderte. Käutner ist den Klischees von Seemannsromantik und St. Pauli nicht ganz entgangen. Aber in der Produktion jener Zeit war sein Film ein Ausnahmefall – inhaltlich durch die Absage an alle Propagandaeffekte (ursprünglich hatte man von ihm ein Preislied auf die deutsche Marine erhofft!) und formal durch einen poetischen Realismus, der allerdings das Milieu gelegentlich allzusehr verschönte.

Der große König

Deutschland, 1941

R: Veit Harlan; A: Veit Harlan; K: Bruno Mondi; D: Otto Gebühr, Kristina Söderbaum, Gustav Fröhlich, Hans Nielsen, Paul Wegener, Hilde Körber, Claus Clausen

Nach der Niederlage bei Kunersdorf ist Friedrich II. (O. G.) deprimiert und gibt vorübergehend den Oberbefehl an seinen Bruder Heinrich ab. Aber während man in Wien und Paris bereits Siegesfeste feiert, stirbt die Zarin Elisa-

beth (H. K.); ihr Nachfolger schließt Frieden mit den Preußen; und Friedrich schlägt mit seiner reorganisierten Armee die Österreicher bei Torgau. In Berlin will man den Sieger feierlich empfangen. Doch die Staatskarosse, die durch die jubelnde Menge fährt, ist leer. Der König betet demütig in einer Kirche. – Dieses historische Geschehen wird begleitet und kommentiert vom Schicksal dreier Menschen: Luise (K. S.), die Tochter des Müllers von Kunersdorf, hat den König gehaßt, weil sie ihm die Schuld an der Zerstörung der väterlichen Mühle gibt. Aber das Beispiel ihres Mannes, des Feldwebels Treskow (G. F.), der an seinem mangelnden Vertrauen zum König zerbricht, und das des Feldwebels Niehoff (H. N.), der trotz einer schweren Verwundung die Fahne rettet, lassen sie die Größe des Königs erkennen.
Einer der erfolgreichsten Propagandafilme des »Dritten Reichs«, in dem die Parallelen zwischen dem »großen König« und dem »Führer« ganz deutlich wurden. Friedrich erscheint als der Einsame inmitten seiner kleingläubigen Umgebung, dem letztlich aber seine prophetische Sicherheit, seine Entschlossenheit, die Treue des Volkes und unerbittlicher Einsatz den Sieg schenken. Goebbels notierte in seinem Tagebuch zufrieden: »Der Film wird hier zum politischen Erziehungsmittel erster Klasse.« Und er meinte weiter, dieser Film sei sehr geeignet, »eine härtere Art der Kriegsführung auch auf diese Weise zu begründen und einzuleiten«. Der geschickt und attraktiv inszenierte Film wurde mit Auszeichnungen überhäuft. Als dritter Film erhielt er den Ehrentitel »Film der Nation«, Gebühr wurde Staatsschauspieler, Harlan erhielt (nach Jannings und Ucicky) den »Ehrenring des deutschen Films«.

Gruppo di famiglia in un interno

(Gewalt und Leidenschaft)

Italien/Frankreich, 1974

R: Luchino Visconti; A: Suso Cecchi d'Amico, Enrico Medioli und Luchino Visconti nach einer Idee von Enrico Medioli; K: Pasqualino De Santis; D: Burt Lancaster, Silvana Mangano, Helmut Berger, Claudia Marsani, Stefano Patrizi

Der Professor (B. L.) ist ein alternder Mann, der aus den USA in seine Heimat Rom zurückgekehrt ist, wo er sich vor der Umwelt in einem alten Palazzo abschirmt, an dessen Wänden kostbare Gemälde, Familienszenen aus dem 18. Jahrhundert, hängen. In diese leblose Idylle dringt eines Tages die Marchesa Brumonti (S. M.) ein, die mit dreister Aufdringlichkeit den Professor dazu bringt, ihr das Obergeschoß des Hauses zu vermieten, in dem ihr Geliebter Konrad (H. B.), ein junger deutscher Student, leben soll. Konrad ist eine zwielichtige Erscheinung, einer, der aus der Studentenrevolte des Jahres 1968 offenbar in die Kriminalität abgerutscht ist. Der Professor wird immer mehr in das turbulente Familienleben der Marchesa und ihrer Kinder Lietta (C. M.) und Stefan (S. P.) hineingezogen. Einerseits erkennt er in den Mietern das mögliche Abbild seiner Familie, die ihm nach einer früh gescheiterten Ehe versagt geblieben ist; andererseits liegen Welten zwischen seiner kultivierten Lebensart und der lärmenden, neureichen Aufdringlichkeit seiner Mieter. Zwischen Faszination und Abscheu beobachtet er diese fremde Welt bis zum Tod Konrads, der Unfall, Mord oder Selbstmord sein könnte, und bleibt am Ende allein – beunruhigt, aufgestört, zerstört.
Visconti hat den Familienszenen aus dem 18. Jahrhundert ein Gemälde aus dem 20. Jahrhundert gegenübergestellt. Sein Vordergrund ist grelle Aktion; den düsteren Hintergrund bilden (absichtlich?) vage Hinweise auf neofaschistische Tendenzen und drohendes Chaos im heutigen Italien. Die Komposition dieses Gemäldes ist Visconti vorzüglich gelungen, doch das »Personal« des Bildes scheint ein wenig allzu gewaltsam, zu wirkungsbewußt zusammengestellt. Die Figur Konrads ist zu sehr Versatzstück gängiger Klischees, die Akzente der unterschiedlichen Lebensformen sind stellenweise überdeutlich gesetzt. Was dagegen durchgehend fasziniert, das ist die melancholische Trauer der Einsamkeit des Professors, der im Bewußtsein eines nichtgelebten Lebens anfällig wird für die oberflächliche Lebensgier der Eindringlinge.

La guerre est finie

(Der Krieg ist vorbei)

Frankreich/Schweden, 1965

R: Alain Resnais; A: Jorge Semprun; K: Philippe Brun, Sacha Vierny; D: Yves Montand, Ingrid Thulin, Geneviève Bujold, Michel Piccoli

Drei Tage aus dem Leben des spanischen »Berufsrevolutionärs« Diego (Y. M.). Er kehrt auf eigene Faust aus Madrid zurück, weil ein Verbindungsmann verhaftet worden ist und er die Kameraden vor weiteren unüberlegten Aktionen warnen will. Aber in Paris tadelt man seine Eigenmächtigkeit und will die Arbeit in gewohnter Weise fortsetzen. Diego zögert. Im Gespräch mit Marianne (I. T.), seiner Geliebten, spricht er davon, sich »zurückzuziehen«. Durch Nadine (G. B.), deren Geistesgegenwart verhindert hat, daß man bei der Grenzkontrolle seinen gefälschten Paß erkannte, und mit der er in diesen drei Tagen ebenfalls schläft, lernt er eine Gruppe junger Revolutionäre kennen, die das Franco-Regime mit Bomben bekämpfen wollen. Vergeblich versucht Diego, ihnen klarzumachen, daß diese Kampfmethoden heute keinen Sinn mehr haben. Auf Befehl des Komitees muß er dann doch nach Madrid zurückkehren. Erst nach seiner Abfahrt stellt sich heraus: Seine Warnung war berechtigt, die spanische Polizei hat seine Identität entdeckt. Marianne reist ihm nach, um ihn aufzuhalten; aber es bleibt ungewiß, ob sie Erfolg haben wird.
Resnais erzählt seine Geschichte realistisch und kontinuierlich; nur gelegentlich tauchen Erinnerungs- oder Assoziationsbilder auf. Und er sieht seine Protagonisten ebenso realistisch, nicht ohne Ironie, Zynismus und Resignation: »Spanien ist das lyrische Alibi für die gesamte Linke!« – »Die Realität hat mich verblendet!« – »Niemand gewöhnt sich gern an die Vorstellung, im Exil zu sterben!« Vor allem geht es Resnais jedoch wieder um das Problem der Zeit. Es geht um die Rolle, die die Zeit seit Francos Sieg für das Selbstverständnis der Revolutionäre spielt. Zwanzig Jahre Exil haben objektive und subjektiv-psychologische Maßstäbe verschoben. Das erkennt Diego; damit muß er sich auseinandersetzen.

The gunfighter

(Der Scharfschütze / Scharfschütze Jimmy Ringo)

USA, 1950

R: Henry King; A: William Bowers und William Sellers nach einem Entwurf von William Sellers und André de Toth; K: Arthur Miller; D: Gregory Peck, Helen Westcott, Millard Mitchell, Skip Homeier

Der berühmte »Gunfighter« Jimmy Ringo (G. P.) möchte ins bürgerliche Leben zurückkehren und macht sich auf den Weg zu seiner Frau Peggy (H. W.), die sich vor Jahren von ihm getrennt hat. Aber sein Mythos verfolgt ihn. Unterwegs fordert ein junger Mann den berühmten Jimmy Ringo heraus; wieder ist Jimmy schneller. Und wieder wird er verfolgt, diesmal von den drei Brüdern des Toten. Mit knappem Vorsprung vor seinen Verfolgern kommt er in Cayenne an; doch Peggy will ihn nicht sehen. Abermals taucht einer auf, der sich mit ihm messen möchte, Hunt Bromley (S. H.). Sheriff Mark Strett (M. M.), der früher einmal zur gleichen Bande wie Jimmy gehört hat, bemüht sich, ihm zu helfen. Jimmy trifft mit seiner Frau und seinem Sohn zusammen, die drei Verfolger werden rechtzeitig verhaftet. Doch als Jimmy weiterreiten will, wird er von Hunt aus dem Hinterhalt erschossen. Jimmy stirbt; Hunt Bromley wird nun seinen Weg, den des Geächteten, weitergehen.
Eine interessante psychologische Studie über die Situation des Einzelgängers. Die meisten Filme verklären diese Figur, stilisieren sie zum furchtlosen »Superman«. King und Peck zeigen seine Einsamkeit, seine Verzweiflung, seine Angst. Ohne der Spannung des Films Abbruch zu tun, macht Henry King eigentlich von Anfang an klar, daß der »Gunfighter« ein Mann ist, der letzten Endes nur verlieren kann.

Gycklarnas afton

(Abend der Gaukler)

Schweden, 1953

R: Ingmar Bergman; A: Ingmar Bergman; K: Sven Nykvist, Hilding Bladh; D: Åke Grönberg, Harriet Andersson, Hasse Ekman, Gunnar Björnstrand, Anders Ek, Gudrun Brost

Direktor Albert Johansson (Å. G.) kommt mit seinem schäbigen Zirkus in die Stadt, in der seine Frau lebt, die er vor drei Jahren verlassen hat. Seither lebt er mit der Kunstreiterin Anne (H. A.) zusammen. Zur gleichen Zeit gastiert auch eine Schauspieltruppe in der Stadt; und Johansson kommt auf die Idee, dort ein paar Kostüme für die »Galavorstellung« zu erbitten. Zusammen mit Anne geht er ins Theater. Nachdem der Direktor (G. B.) ihn zunächst beleidigt hat, überläßt er ihm dann doch die Kostüme. Im Theater lernt Anne auch den attraktiven jungen Schauspieler Franz (H. E.) kennen. Als Johansson nachmittags seine Frau besucht, geht Anne wieder ins Theater. Während der deprimierte Johansson seine Frau bittet, bei ihr bleiben zu dürfen, und abgewiesen wird, läßt Anne sich von Franz verführen. Johansson erfährt die Wahrheit und rast vor Wut und Verzweiflung. Als Franz abends in der ausverkauften Vorstellung Anne verhöhnt, kommt es in der Manege zu einem Faustkampf zwischen den Rivalen, bei dem Johansson unterliegt. Voller Verzweiflung will er sich erschießen, aber die Pistole versagt. In der Nacht zieht der Zirkus weiter; aus dem Dunkel löst sich Anne, die sich schweigend zu Johansson gesellt.

Eine nuancierte psychologische Studie, die man jedoch auch als Symbol des beschwerlichen Erdenweges, der Mühsal und der vielen neuen Anfänge des Menschen interpretieren kann. Bergman hat das hier mit suggestiven Bildern und vorzüglichen darstellerischen Leistungen realisiert. Interessant und für Bergman typisch ist die Rolle der Frau, die in der Vernunft und der Leidenschaft überlegen ist, die Gefahr und Geborgenheit bringt. Bezeichnend und als Kontrastfigur wichtig ist der Clown Frost (A. E.). Am Anfang erzählt der Kutscher in der einzigen Rückblende des Films, wie Frosts Frau (G. B.) sich vor Jahren hat überreden lassen, mit einem Trupp junger Offiziere nackt zu baden, und wie Frost sie, ihre Blöße mühsam bedeckend, kilometerweit über steinigen Strand nach Hause getragen hat. Am Schluß erzählt Frost einen Traum: Er wurde kleiner und kleiner und verschwand schließlich als winziges Samenkorn im Schoß seiner Frau.

Gycklarnas afton (Harriet Andersson, Åke Grönberg)

H

Hadaka no shima

(Die nackte Insel)

Japan, 1960

R: Kaneto Shindo; A: Kaneto Shindo; K: Kiyoshi Kuroda; D: Nobuko Otowa, Taiji Tonoyama

Vater (N. O.), Mutter (T. T.) und zwei Kinder leben auf einer kleinen Insel. Tag für Tag müssen sie mehrmals über die Bucht zum Festland rudern und in Eimern das fehlende Süßwasser für ihren kleinen Acker und das tägliche Leben holen. Gelegentlich gibt es kurze Unterbrechungen: die Ernte, ein Kind stirbt und wird begraben, ein großer Fisch wird gefangen. Aber das alles bringt eben nur Unterbrechungen, keine Veränderung.

Kaneto Shindo, der diesen Film in eigener Produktion drehte, beobachtet detailversessen den Rhythmus der Arbeit, die stets gleichen Bewegungen und Handgriffe, den Kreislauf der Fron, die eintönige Wiederkehr, die keinen Sieg und keine Verzweiflung kennt.

Der Film, der auf Dialoge und einen Kommentar verzichtet, ist durch seine Nüchternheit offen für Interpretationsversuche: Dokument menschlicher Erniedrigung oder Bewährung, der Unbeugsamkeit oder der Ausweglosigkeit? Auf jeden Fall wird hier mit erstaunlichem ästhetischem Gespür ein Stück Realität eingefangen.

Hâkkari'de bir mevsim

(Eine Saison in Hakkari)

Türkei/BRD, 1982/83

R: Erden Kiral; A: Onat Kutlar nach einem Roman von Ferit Edgü; K: Kenan Ormanlar; D: Genco Erkal, Rana Cabbar, Berrin Koper, Serif Sezer, Erkan Yüzel

Mit einem Koffer in der Hand stapft ein Mann (G. E.) mühsam über tief verschneite Gebirgspfade: ein junger Lehrer, der für einen Winter in das Bergdorf Pirkanis in der anatolischen Provinz Hâkkari strafversetzt worden ist. Es gibt hier weder Straßen noch Elektrizität; fast drei Viertel des Jahres ist das Dorf in Schnee und Kälte isoliert. Die Dorfbewohner bestaunen den Lehrer wie einen Boten aus einer anderen Welt. Er beobachtet fassungslos ihre archaischen Lebensformen, bemüht sich, den Kindern den Lehrstoff beizubringen und den Erwachsenen eine Ahnung von dem zu vermitteln, was sich außerhalb ihres engen Gesichtskreises abspielt. Als der Schnee schmilzt, ist die »Saison in Hakkari« für den Lehrer beendet. War er erfolgreich? Die Kinder haben etwas gelernt; eine Frau (B. K.) hat es gewagt, gegen den mächtigen Dorfvorsteher (R. C.) aufzubegehren. Und auf jeden Fall hat er selbst etwas gelernt – Verständnis und Toleranz für Menschen, die unter anderen Bedingungen aufgewachsen sind und leben ...

Ein stiller und dabei doch intensiver, ja spannender Film. Erden Kiral stellt die bizarre Exotik seines Handlungsschauplatzes niemals spekulativ aus; er beobachtet vielmehr gelassen und verständnisvoll. So wird die erste Begegnung zwischen den Dorfbewohnern und dem neuen Lehrer zu einer ungeheuer aufregenden Szene, weil es der Regie gelingt, die Bedeutung, die ein solches Ereignis für die Bergbauern hat, auch den Zuschauern ganz unaufdringlich zu vermitteln. Der Film nimmt uns so sehr für diese einfachen, schweigsamen Menschen ein, daß ihre Alltagsprobleme uns unmittelbar und spontan berühren.

Hallelujah

(Halleluja)

USA, 1929

R: King Vidor; A: King Vidor, Wanda Tuchock, Richard Schayer, Ransom Rideout; K: Gordon Avil; D: Daniel L. Haynes, Nina Mae McKinney, William Fountaine, Victoria Spivey, die Dixie Jubilee Singers

Der Film spielt unter Negern in den Südstaaten. Die Johnsons sind eine glückliche Familie; die Baumwollernte war gut, und Zeke (D. L. H.), der älteste Sohn, soll sie mit seinem Bruder Spunk zur Baumwollmühle bringen. Aber in der Stadt verfällt Zeke der attraktiven Chick (N. M. MK.), läßt sich zum Würfelspiel überreden und verspielt den gesamten Erlös der Ernte an Chicks Begleiter Hot Shot (W. F.). Es kommt zu einem Handgemenge, und Spunk wird getötet. Von leidenschaftlicher Reue gepackt, wird Zeke zum Wanderprediger. Unter seinen Zuhörern entdeckt er eines Tages Chick und ihren Freund, die ihn verspotten wollen. Chick läßt sich bekehren, aber nur, weil sie Zeke für sich gewinnen will. Das gelingt, Zeke wird seiner Berufung untreu und nimmt eine Arbeit in einer Sägemühle an. Doch bald ist Chick das einfache Leben leid; sie flieht mit Hot Shot. Rasend vor Zorn verfolgt Zeke die Flüchtigen. Chick verunglückt, Hot Shot wird von Zeke getötet. Nach seiner Entlassung aus dem Zuchthaus kehrt Zeke nach Haus zurück. Alle verzeihen ihm, und seine Jugendfreundin Missy Rose (V. S.) hat auf ihn gewartet.

Zweifellos ist es King Vidor nicht ganz gelungen, sich von den Klischeevorstellungen über die Neger zu lösen. In seinem Film sind sie ein naives, heißblütiges, aber leicht zufriedenzustellendes Völkchen, das sein Schicksal als Fügung Gottes betrachtet. Ernsthafte Konflikte werden durch schwermütige Spirituals (Musik: Irving Berlin) überdeckt. Trotzdem verfügt der Film über beträchtliche Qualitäten. Zu einer Zeit, in der die meisten Regisseure sich mit den Tonfilmapparaturen in die sterile Welt der Studios zurückzogen, wurde er unter freiem Himmel auf den Baumwollfeldern gedreht. Er ist hervorragend fotografiert, wobei besonders die ekstatischen Szenen von Zekes Predigt expressive Wirkungen erzielen. Er lebt außerdem von einem unverfälschten Überschwang der Gefühle, der viele Filme Vidors auszeichnet.

Hallelujah the hills

(Halleluja – die Hügel)

USA, 1963

R: Adolfas Mekas; A: Adolfas Mekas; K: Ed Emshwiller; D: Peter H. Beard, Martin Greenbaum, Sheila Finn, Peggy Steffans, Ed Emshwiller

Jack (P. H. B.) und Leo (M. G.) werben um dasselbe Mädchen, um Vera. Das heißt, eigentlich ist es nicht dasselbe Mädchen; denn jeder sieht in ihr etwas ganz anderes, und konsequent wird Vera auch von zwei Schauspielerinnen (S. F., P. S.) gespielt. Vera bittet sich Bedenkzeit aus. Und so ziehen Jack und Leo Jahr für Jahr zu ihrer Hütte in den Wäldern von Vermont, um von Vera zu träumen. Nach sieben Jahren aber wird ihnen die bittere Erkenntnis, daß Vera sich für einen Dritten, für den bärtigen Gideon (E. E.) entschieden hat. Jack und Leo finden ein exquisites Ende: Sie fahren mit ihrem Jeep zwischen zwei Sträflingen hindurch, die sich mit gefundenen Pistolen duellieren – just als beide abdrücken. Man sieht nur noch eine Schwarzblende und den Titel »Ende«.

Die skurrile Handlung des Films hat wenig Bedeutung. Der Film lebt aus sich heraus, aus grotesken Gags, Verweisungen, Zitaten und Parodien. Realität im üblichen Sinn ist hier ganz ausgeschaltet, die einzige existierende Wirklichkeit ist die des Films. Dieses Stilprinzip ist mit ebensoviel Einfallsreichtum wie Konsequenz durchgehalten worden, so daß ein ganz unverwechselbarer, heiterer und poetischer Film entstanden ist.

Hamlet Ⓢ

Deutschland, 1920

R: Svend Gade, Heinz Schall; A: Erwin Gepard nach Prof. E. Vining und William Shakespeare; K: Curt Courant, Axel Graatkjaer; D: Asta Nielsen, Eduard von Winterstein, Hans Junkermann

Der Film folgt in seiner Handlung im wesentlichen dem Drama Shakespeares, geht allerdings von einer überraschenden Voraussetzung aus, die durch eine Vorgeschichte erklärt wird: Während seine Frau im Kindbett liegt, muß der dänische König in den Krieg ziehen. Gerade nachdem die Königin ein Mädchen zur Welt gebracht hat, kommt die Nachricht vom Tod des Königs. Um die Dynastie zu retten, läßt die Königin die Geburt eines Thronfolgers bekanntgeben. Doch der König lebt! Für eine »Berichtigung« ist es zu spät, und so wächst ein junges Mädchen als »Prinz Hamlet« (A. N.) heran.

Hamlet als Frau – das ist ein interessantes Denkspiel, und der Film hat es nicht ohne Geschick betrieben. Hamlets Verhalten gegenüber Ophelia und vieles mehr erhält verblüffende

Hamlet (Asta Nielsen)

neue Akzente. Wesentlichen Anteil daran, daß dieser Film niemals in die bloße Kuriosität abgleitet, hat zweifellos Asta Nielsen. Ihr Spiel ist über weite Strecken faszinierend; sie übertrifft darin den größten Teil ihrer Mitspieler bei weitem. Typisch ist etwa ihre Todesszene, die sie mit einigen Andeutungen und wenigen ganz echten Gesten gestaltet, während die Umstehenden pathetisch die Hände ringen und die Arme gen Himmel recken. Da zeigte sich, daß die Nielsen ihren Kollegen einfach eine kinematographische Entwicklungsstufe voraus war.
Übrigens gehörte der *Hamlet*, ähnlich wie *Faust*, zu den Lieblingsthemen des Films. Schon 1900 hatte Sarah Bernhardt vor der Kamera die Duellszene gespielt, 1907 drehte Georges Méliès einen *Hamlet*, 1910 entstand eine dänische Version unter der Regie von August Blom im historischen Schloß Kronborg usw. Die bekanntesten *Hamlet*-Verfilmungen wurden wohl die englische von und mit Laurence Olivier (1948) und der russische *Gamlet* (1964) von Grigori Kosinzew mit Innokenti Smoktunowski in der Titelrolle.

Hamlet
(Hamlet)

England, 1948

R: Laurence Olivier; A: Alan Dent und Laurence Olivier nach dem gleichnamigen Schauspiel von William Shakespeare; K: Desmond Dickinson; D: Laurence Olivier, Jean Simmons, Eileen Herlie, Basil Sydney, Felix Aylmer

Verfilmung des gleichnamigen Schauspiels von Shakespeare: Hamlet (L. O.), Ophelia (J. S.), Polonius (F. A.)
Die filmische Adaption blieb trotz bemerkenswerter darstellerischer Leistungen und der interessanten psychologischen Interpretation des Titelhelden zwiespältig. Olivier meinte: »Unsere Bearbeitung, die aus einem Bühnenstück von viereinhalb Stunden Spieldauer einen Film von zweieinhalb Stunden machen mußte, ging von dem Gedanken aus, ein neues und selbständiges künstlerisches Gebilde aus dem größeren und ursprünglichen des Schauspiels herauszuschneiden. Zu diesem Zweck haben wir die Fabel vereinfacht und damit allerdings viele herrliche Einzelheiten verloren . . .«
Aber nicht die notwendigen Kürzungen sind das Problem des Films, sondern eher die Tatsache, daß ein erklärtes Ziel der Regie nicht überzeugend erreicht wurde. Olivier sagte, er habe beabsichtigt, »einen nuancenreichen Kammerspielton gegen die bedeutungsvolle Schlichtheit der Bauten zu setzen«. Statt dessen hat die monumentale Stilisierung der Bauten die gesamte Inszenierung beeinflußt. Sie wurde statisch und stellenweise auch pathetisch. Und der Einfall, die Monologe von einer »Geisterstimme« sprechen zu lassen, während die Kamera in Großaufnahme ein Gesicht oder einen Gegenstand zeigt, nutzte sich sehr bald ab.

Der Händler der vier Jahreszeiten
BRD, 1970

R: Rainer Werner Fassbinder; A: Rainer Werner Fassbinder; K: Dietrich Lohmann; D: Hans Hirschmüller, Irm Hermann, Hanna Schygulla, Klaus Löwitsch, Kurt Raab

Der »fliegende Obsthändler« Hans Epp (H. H.) erleidet nach einem Streit mit seiner Frau

Der Händler der vier Jahreszeiten (Hans Hirschmüller, Karl Scheydt)

(I. H.) einen Herzinfarkt. Während seines Krankenhausaufenthaltes betrügt ihn seine Frau mit einer Zufallsbekanntschaft. Der Arzt verbietet ihm schwere körperliche Arbeit und den Alkohol. Für die Epps bedeutet just das den sozialen Aufstieg: Sie mieten einen festen Standplatz und engagieren einen Angestellten für den Obstkarren. Zunächst ist das ausgerechnet Frau Epps »Zufallsbekannter«; aber den intrigiert sie aus dem Haus. Hans Epp findet schließlich in einem Freund (K. L.) aus seiner Zeit bei der Fremdenlegion einen ehrlichen und eifrigen Mitarbeiter. Aber je reibungsloser der Betrieb ohne seine tätige Mithilfe läuft, desto schwermütiger wird Hans. Er trinkt sich bewußt zu Tode. Nach der Beerdigung bietet seine Frau dem Freund an, künftig ihr Geschäftspartner und Ehemann zu sein. Er akzeptiert.

Fassbinder erzählt die Geschichte eines Mannes, der von seiner Umwelt, speziell von den Frauen, zerstört wird. Die Mutter zwingt Hans, der lieber Mechaniker werden möchte, zum Besuch der Oberschule und treibt ihn damit in die Fremdenlegion. Ein Straßenmädchen kompromittiert ihn und provoziert damit seine Entlassung aus dem Polizeidienst. Seine »große Liebe« weist ihn ab, weil ein Obsthändler ihren gesellschaftlichen Ansprüchen nicht genügt, und akzeptiert ihn nur als Liebhaber für ein paar flüchtige Stunden. Seine Frau unterdrückt ihn mit ihrer lieblosen Vernunft und ihrer mürrischen Lebenstüchtigkeit. Und seine Schwester (H. S.), die einzige in der spießig-kleinbürgerlichen Familie, die ihn versteht, hat im entscheidenden Moment keine Zeit für ihn.

Der Film schildert das in einfachen, genau kalkulierten Bildern und in einem ruhigen, suggestiven Rhythmus. Knappe Rückblenden erzählen die Vorgeschichte; aber sie sind weniger dramaturgisches Mittel als Information. Eine Tragödie, die auf leisen Sohlen einherkommt.

Hangmen also die!

(Auch Henker sterben)

USA, 1943

R: Fritz Lang; A: John Wexley, Fritz Lang und Bert Brecht nach einer Vorlage von Bert Brecht; K: James Wong Howe; D: Brian Donlevy, Walter Brennan, Anna Lee, Alexander Granach, Hans Heinrich von Twardowski

Der Reichsprotektor Heydrich (H. H. v. T.) wird 1942 in Prag von Dr. Svoboda (B. D.), einem Mitglied der tschechischen Widerstandsbewegung, bei einem Attentat getötet. Mit Hilfe von Mascha Novotny (A. L.) kann Svoboda zunächst entkommen. Er verliebt sich in Mascha. Und als die Gestapo Geiseln verhaftet, unter denen sich auch Maschas Vater (W. B.) befindet, will Svoboda sich stellen. Aber er will nicht lebend in die Hände der Gestapo fallen. Unterdessen ist aber die Gestapo bereits auf seiner Spur. Als der Versuch mißlingt, Inspektor Gruber (A. G.), den Leiter der Fahndung, abzulenken, wird Gruber ebenfalls getötet. Um die Geiseln zu retten, liefert die Untergrundbewegung schließlich einen ihr bekannten Spitzel und Kollaborateur als »Täter« aus. Er wird hingerichtet, obwohl die Gestapo weiß, daß er nicht der Täter ist; aber die Geiseln werden nicht freigelassen. Der Schlußtitel verheißt: Das ist nicht das Ende . . .

Einer der wenigen Versuche deutscher Emigranten, im Ausland Filme gegen das Hitler-Regime zu drehen. Neben Lang, Brecht und einigen Schauspielern war auch der Komponist Hanns Eisler unter den Mitarbeitern. Brecht hat sich später von dem fertigen Film distanziert.

Wenn auch manche Details nicht die Realität jener Jahre treffen, wenn auch die Liebesgeschichte allzu klischeehaft erscheint, so fesselt doch die Grundkonzeption: die Diskussion über Berechtigung und Nutzen des Tyrannenmords. Und es überzeugt die Atmosphäre der Angst und lastender Bedrohung, die der Film eindringlich eingefangen hat.

Fritz Lang hatte übrigens vorher den Film *Man hunt* (Menschenjagd – USA 1941) inszeniert, der den Versuch eines Attentats auf Hitler schildert. 1944 drehte er nach einem Roman von Graham Greene *The ministry of fear* (Ministerium der Angst), einen Thriller über faschistische Agenten in England. Beide Filme erreichten aber nicht die Qualität von *Hangmen also die!*

Hannah and her sisters

(Hannah und ihre Schwestern)

USA, 1985

R: Woody Allen; A: Woody Allen; K: Carlo Di Palma; D: Woody Allen, Michael Caine, Mia Farrow, Barbara Hershey, Max von Sydow, Dianne Wiest

Mit einer Familien-Party am Thanksgiving-Day beginnt der Reigen um Hannah (M. F.), ihre Schwestern und deren Ehemänner und Liebhaber. Es verliebt sich zum Beispiel Hannahs Ehemann Elliott (M. C.) in seine Schwägerin Lee (B. H.), die mit einem griesgrämigen Kunstmaler (M. v. S.) liiert ist. Elliott und Lee haben eine kurze, heftige Liebesaffäre, bis Lee einen anderen Mann kennenlernt und Elliott zu Hannah zurückkehrt. Dann ist da ihre Schwester Holly (D. W.), die in verschiedenen Berufen genau so erfolglos ist wie in ihrem Bemühen, Hannahs Ex-Ehemann Mickey (W. A.) einzufangen. Der Hypochonder Mickey nämlich ist vollauf damit beschäftigt, seine eingebildeten Krankheiten zu bewältigen. Schließlich aber gibt es eine glückhafte Wendung: Holly findet ihre wahre Berufung, indem sie ihr chaotisches Leben zu einem Drehbuch verarbeitet; und der Fernseh-Regisseur Mickey entdeckt nicht nur die Qualitäten dieses Buches, sondern endlich auch die seiner Autorin. Am Ende des Films wird wieder Thanksgiving-Day gefeiert – zwei Jahre später . . .

Von *Annie Hall* über *Manhattan* (Manhattan, 1979) führt eine gerade Linie zu *Hannah and her sisters* – alles Filme über eine Stadt, über die »Landschaften«, aus denen diese Stadt besteht, und über die Menschen, die in ihr wohnen. Wiederum beobachtet Woody Allen wie beiläufig und dennoch scharf und exakt: Die Episoden dieses Films sind Bruchstücke von Schicksalen, von tragischen und komischen, die ohne Pathos und Aufgeregtheit aneinandergefügt sind; es sind »Lebenszeichen«, die man selbst miteinander verknüpfen, bei denen man auch gelegentlich fehlende Bindeglieder ergänzen muß. Eine »menschliche Komödie« alles in allem.

Hannibál tanár úr
(Professor Hannibal)

Ungarn, 1956

R: Zoltán Fábri; A: Zoltán Fábri, István Gyenes, Péter Szász nach der Erzählung *Der von den Toten erweckte Hannibal* von Ferenc Móra; K: Ferenc Szécsényi; D: Ernö Szabó, Noemi Apor, Emmi Buttykai

Ungarn um 1930. Der linkische Gymnasiallehrer Béla Nyul (E. S.) ist glücklich: Sein Aufsatz über Hannibal, in dem er eine neue Theorie über den Tod des karthagischen Feldherrn aufgestellt hat, ist in einer Festschrift der Schule abgedruckt worden. Am nächsten Tag hat sich die Situation jäh gewandelt. Nyuls These gilt als staatsfeindlich; rechtsradikale Gruppen attakkieren ihn. Er wird vom Schuldienst beurlaubt. Bei einer Massenkundgebung erreichen die Angriffe gegen ihn ihren Höhepunkt; und es kommt sogar zu Tätlichkeiten. Um sein Leben zu retten, drängt Nyul sich zum Mikrofon und widerruft seine These, die Frucht jahrelanger Arbeit. Vor dem jähen Jubel weicht er zurück, stürzt von der Tribüne und ist tot.
Hannibál tanár úr entstand kurz vor der Revolution in Ungarn. Die Tendenzen der Liberalisierung sind hier bereits unverkennbar: Der Film ist eine deutliche Absage an den Totalitätsanspruch jeglicher Ideologie, und er verteidigt konsequent die Rechte des Individuums. Formal zeugt der Film zwar vom Talent Fábris, ist aber dennoch uneinheitlich. Am besten gelangen wohl jene Szenen, in denen Nyul bei einem einflußreichen Freund Hilfe sucht; völlig aus dem Rahmen fallen dagegen einige Traumvisionen, in denen der Geist Hannibals dem armen Lehrer erscheint.

Harold and Maude
(Harold und Maude)

USA, 1971

R: Hal Ashby; A: Colin Higgins nach seinem gleichnamigen Roman; K: John A. Alonzo; D: Ruth Gordon, Bud Cort, Vivian Pickles, Charles Tyner

Harold (B. C.), von der Erziehung durch seine ebenso reiche wie gedankenlose Mutter (V. P.) gründlich verkorkst, verwendet seine Energie vornehmlich auf das Arrangement fingierter Selbstmordversuche und verbringt seine Freizeit am liebsten mit dem Besuch von Begräbnissen. Hier lernt er die fast achtzigjährige Maude (R. G.) kennen, die in einem phantastisch ausgestatteten ehemaligen Eisenbahn-Wagen lebt, gelegentlich Autos »enteignet« und Harold zu unbekümmerter Individualität ermuntert. Gemeinsam veralbern die beiden die gute Gesellschaft ebenso wie die Polizei; und gemeinsam vereiteln sie den Versuch von Harolds Mutter, den jungen Mann über die Vermittlung seines Onkels Victor (C. T.) in die Armee zu stecken und dort zu domestizieren. Die Beziehungen zwischen Harold und Maude werden schließlich so eng, daß der junge Mann sie gar um ihre Hand bittet; aber Maude macht an ihrem 80. Geburtstag wahr, was sie schon früher angekündigt hatte: Sie wählt den Freitod. Harold rast verzweifelt mit seinem Auto über die Klippen. Doch am Ende steht er unversehrt in einer traumhaft schönen Landschaft.
Eine Komödie voller Widerhaken hat Ashby hier gedreht, ein skurriles Spiel, das für Individualität ebenso wirbt wie für Pragmatismus und das die Ohnmacht der Institutionen bei der Lösung zwischenmenschlicher Konflikte zeigt. Der »American way of life« erscheint als Schreckensvision, die traditionellen Ordnungskräfte wie Militär und Polizei sind zur Karikatur degeneriert, und der Glaube eines Psychoanalytikers an seine Wissenschaft ist nur noch Anlaß zur Belustigung. Ashbys effektvoller Rundumschlag wurde ein großer und anhaltender Erfolg.

Der Hauptmann von Köln

DDR, 1956

R: Slatan Dudow; A: Henryk Keisch, Michael Tschesno-Hell, Slatan Dudow; K: Werner Bergmann, Helmut Bergmann; D: Rolf Ludwig, Erwin Geschonneck, Christel Bodenstein

Bei einem Soldatentreffen in Köln wird der stellungslose Kellner Albert Hauptmann (R. L.) für den totgeglaubten Ritterkreuzträger Hauptmann Albert gehalten, der auf der Kriegsverbrecherliste steht. Als der Kellner sieht, daß ihm die Verwechslung nützlich ist, läßt er sie sich gefallen. Er wird Personalchef eines Industrieunternehmens, Bundestagsabgeordneter und beinah Schwiegersohn eines milliardenschweren Industriellen. Im Bundestag vertritt er ein Gesetz für die Amnestie von Kriegsverbrechen. Und just diese Amnestie wird ihm zum Verhängnis. Denn nun taucht der echte Kriegsverbrecher (E. G.) wieder auf, der sich bisher unter falschem Namen verborgen hatte. Er zeigt seinen Doppelgänger an, der wegen »Hochstapelei« verurteilt wird. Schließlich gibt man sich nicht ungestraft als Kriegsverbrecher aus, wenn man gar keiner ist...

Der Film benutzt Motive tatsächlicher Ereignisse und ergänzt sie durch karikaturistische Übersteigerungen und Verzerrungen. Dabei gelangen ihm einige schlagkräftige satirische Pointen, die aber durch allzu grobe Übertreibungen einiges von ihrer Wirkung einbüßen. Dudow hat seine im Ansatz originelle Vorlage bemüht in Szene gesetzt und manche Überdeutlichkeiten des Drehbuchs noch überspielen können. Überwiegend herrscht hier jedoch jene naive Humorigkeit, die durch Namens-Anspielungen wie Pferdapfel für einen reichen Industriellen, Seekatz für einen »rechten« Politiker, Kesselmeyer für einen ehemaligen Generalfeldmarschall gekennzeichnet ist.

Häxan Ⓢ

(Hexen)

Schweden, 1921/22

R: Benjamin Christensen; A: Benjamin Christensen; K: Johan Ankarstjerne; D: Emmy Schönfeld, Tora Teje, Benjamin Christensen

Ein Prolog mit mittelalterlichen Darstellungen informiert über das Weltbild des Mittelalters und über den Hexenwahn in jener Zeit. Dann folgen einige episodische Spielszenen: Eine Hexe braut einen Liebestrank. – Eine schöne junge Frau liegt schlaflos neben ihrem Mann im Bett. Satan (B. C.) betritt das Zimmer, sie streckt die Arme aus, und er drückt sie an sich. – Ein Mann ist erkrankt. Während seine Verwandten sich um ihn bemühen, bittet eine einäugige Bettlerin (E. S.) um eine milde Gabe. Man verdächtigt sie, den »bösen Blick« zu haben. Aus Angst vor der Folter gesteht sie, Kinder vom Teufel empfangen und an einem Hexensabbat teilgenommen zu haben. Außerdem beschuldigt sie ihre Anklägerin, deren Mutter und Dienstmädchen, ebenfalls Hexen zu sein. In der nächsten Sequenz sieht man Folterwerkzeuge. Dann zeigt Christensen die Darstellerinnen der Hexen in ihrer alltäglichen Umgebung, einem Altersheim, und läßt sich von den Frauen bestätigen: »Natürlich gibt es den Teufel. Er hat schon an meinem Bett gesessen!« Es folgt ein fragwürdiger Exkurs, der diesen Aberglauben mit dem Schicksal einer hysterischen Frau (T. T.) vergleicht. Am Schluß stehen Bilder einer modernen Wahrsagerin und die resignierende Feststellung: »Der Aberglaube existiert immer noch!«

Ein frühes und stellenweise recht intelligentes Beispiel für einen »Essay-Film«. Der Film war damals sehr umstritten. Er galt als heftiger Angriff auf die katholische Kirche, und man warf ihm vor, er verfälsche historische Tatsachen. »Solche Vorwürfe gingen damals schon am wesentlichen Kern des Films vorbei. Sie übersahen nämlich, daß es Christensen nicht darauf ankam, historische Ereignisse nachzuerzählen, sondern daß er ein historisches Phänomen in seinen psychologischen Auswirkungen darstellen wollte« (ARD-Spielfilmbroschüre, 1969/70). Recht zweifelhaft war dabei allerdings der Versuch, eine Parallele vom Hexenglauben des Mittelalters zu seelischen Erkrankungen wie Hysterie und Kleptomanie zu ziehen. Ursprüngliches filmisches Talent bewies Christensen in den Spielszenen, die durchaus einen Eindruck von der wirren, düsteren Welt vermitteln, in denen Hexenprozesse gedeihen konnten.

Ház a sziklák alatt

(Das Haus unter dem Felsen)

Ungarn, 1958

R: Károly Makk; A: Sándor Tatay, Péter Bacsó; K: György Illés; D: János Görbe, Irén Psota, Margit Bara, Adám Szirtes

Ferenc (J. G.) kehrt krank aus dem Krieg zurück. Seine Frau ist unterdessen gestorben; zu Haus findet er seine bucklige Schwägerin Téra (I. P.), die für seinen kleinen Sohn gesorgt hat. Es dauert lange, bis Ferenc in ein normales Leben zurückfindet. Dann beginnt er wieder zu arbeiten; und er findet auch ein junges, hübsches Mädchen, Zsuzsa (M. B.), das er heiratet. Téra verläßt daraufhin wortlos das Haus. Aber sie ist enttäuscht und verzweifelt, macht einen Selbstmordversuch, kehrt schließlich zurück und pocht auf ihr Recht, in dem Haus, das sie so lange versorgt hat, wohnen zu dürfen. Langsam zerstört sie die Liebe zwischen Ferenc und Zsuzsa, so daß Ferenc sie eines Tages in einer Aufwallung, die aus der Verzweiflung geboren ist, von einer Klippe stürzt. Als er seiner Frau diese Tat beichtet, stößt sie ihn entsetzt zurück. Ferenc stellt sich der Polizei.

Einer der wichtigsten ungarischen Filme der fünfziger Jahre. Makk hat das Milieu realistisch und mit viel Sinn für bemerkenswerte Details gezeichnet. Er hat vor allem die psychologischen Reaktionen aller Beteiligten objektiv und glaubwürdig geschildert. Alle Personen des Dramas handeln von ihrem Standpunkt aus menschlich verständlich und konsequent; sie sind Opfer einer Situation, die auch in ihren sozialen und politischen Voraussetzungen deutlich gemacht wird.

Heaven's gate

(Das Tor zum Himmel)

USA, 1979/80

R: Michael Cimino; A: Michael Cimino; K: Vilmos Zsigmond; D: Kris Kristofferson, John Hurt, Christopher Walken, Sam Waterston, Isabelle Huppert, Jeff Bridges, Brad Dourif

Im Jahr 1870 feiern Averill (K. K.) und Irvine (J. H.) in Harvard den Abschluß ihres Studiums. 1891 begegnen sie sich in Johnson County wieder: Averill als vorzeitig gealterter Marshal, Irvine als Mitglied einer Viehzüchter-Vereinigung, die sich unter dem Vorsitz des gewissenlosen Canton (S. W.) gerade zum Kampf gegen die armen Einwanderer aus Osteuropa anschickt, die das Land überschwemmen. Die Viehzüchter engagieren den Revolverhelden Nate Champion (C. W.), der blutigen Terror verbreitet: Wenn einer der hungernden Siedler auch nur eine Kuh stiehlt, wird er erschossen. Doch Canton will eine noch radikalere Lösung. Er stellt eine Liste von 125 »Unruhestiftern« auf und heuert Killer an, die die nichtsahnenden Opfer für ein Kopfgeld von 50 Dollar ermorden sollen. Irvine, der ein Trinker und Zyniker geworden ist, ist von dieser Eskalation entsetzt und verrät den Plan an Averill. Der wiederum informiert den Wirt John H. Bridges (J. B.) und die Bordellbesitzerin Ella (I. H.), in die er sich verliebt hat und die er bittet, vor dem zu erwartenden Kampf die Gegend zu verlassen. Bridges gilt als Sprecher der Siedler, Ella wird von den Viehzüchtern vorgeworfen, sie gewähre verfolgten Viehdieben Unterschlupf. Unter der Leitung von Bridges organisieren die Siedler den bewaffneten Widerstand. Sie sind zwar in der Überzahl, aber die Revolvermänner haben mehr Erfahrung im Kampf. Als sich jedoch auch Averill auf die Seite der Siedler schlägt, wendet sich das Blatt. Die Söldner sind umstellt, ihr Schicksal scheint besiegelt. Im letzten Moment erscheinen Einheiten der Nationalgarde, trennen die kämpfenden Parteien und retten so die Revolvermänner. Der »Johnson County-Krieg« ist vorüber. In einem Epilog erinnert sich Averill, einsam an Bord eines Schiffes, an das, was dann geschah. Er wollte Ella heiraten und mit ihr das Land verlassen, aber der rachelüsterne Canton organisierte einen Überfall auf das Paar. Ella und Bridges kamen dabei ums Leben, Averill tötete die Mörder.

Nach dem großen Erfolg (u. a. 5 »Oscars«) seines umstrittenen Films *The deer hunter* (Die durch die Hölle gehen, USA 1977) waren Cimino von der United Artists erstaunliche künstlerische und finanzielle Freiheiten zugestanden worden. Er drehte *Heaven's gate*, einen Film, dessen Produktionskosten auf rund 50 Millionen Dollar anwuchsen, und der damit für die Produktionsfirma unversehens zu einer Frage von Leben und Tod wurde. So kam es zu Panik-Reaktionen: Der rund 220 Minuten lange Film wurde überstürzt gestartet und nach ersten negativen Urteilen von Presse und Publikum ebenso überstürzt wieder zurückgezogen. Beim Festival in Cannes wurde eine auf rund 150 Minuten zusammengeschnittene Fassung vorgestellt, die bei der Kritik endgültig durchfiel. Der Film verschwand in den Archiven; die finanziell angeschlagene Firma United Artists wurde verkauft.

Anfang 1985 kam dann auch in der Bundesrepublik Deutschland doch noch die (fast) integrale Fassung des Films in die Kinos. Und endlich konnte man sehen, daß der große Skandal in der Tat von einem großen Film verursacht worden war. Cimino erzählt seine Geschichte in einer faszinierenden Mischung aus besessener Detailschilderung und visionärer Kraft. Das Alltagsleben der Menschen im amerikanischen Westen ist selten so realistisch, so nah an der deprimierenden Wirklichkeit geschildert worden; aber gleichzeitig sind die Protagonisten des Films auch Symbole großer Ideen und Visionen. Soziale Gegensätze kulminieren in gewaltigen und gewalttätigen Konfrontationen; daneben gibt es lyrische Passagen von schlichter und selbstverständlicher Schönheit.

Der heilige Berg Ⓢ

Deutschland, 1925

R: Arnold Fanck; A: Arnold Fanck; K: Sepp Allgeier, Hans Schneeberger; D: Leni Riefenstahl, Luis Trenker, Ernst Petersen

Ohne es zu wollen und zu wissen, sind Vigo (E. P.) und sein Freund (L. T.) zu Rivalen um die Liebe der Tänzerin Diotima (L. R.) geworden. Als der Freund erkennt, daß Diotima einen andern liebt, bittet er Vigo, ihn auf eine gefährliche Bergtour zu begleiten, auf der er seinen Kummer vergessen will. Unterwegs erst erfährt er, daß Vigo sein glücklicherer Rivale ist. Er macht eine impulsive Bewegung, Vigo stürzt ab, aber der Freund kann ihn über dem Abgrund am Seil festhalten. So hält er ihn eine Nacht, bis die von Diotima alarmierte Rettungsmannschaft auftaucht. Aber da verlassen ihn die Kräfte. Das Seil entgleitet ihm; er springt dem stürzenden Vigo nach in die Tiefe.
Eine recht pathetische Handlung, die aber letzten Endes auch nur den Vorwand für eindrucksvolle Naturaufnahmen aus den Bergen abgab. Auf diesem Gebiet war Fanck zu seiner Zeit konkurrenzlos. Aber es entsprach wohl dem Zug und dem Stil der damaligen Zeit, daß die Natur mystifiziert wurde, daß die eigentliche Hauptrolle das spielte, was »größer ist als der Mensch«.

Heimkehr

Deutschland, 1941

R: Gustav Ucicky; A: Gerhard Menzel; K: Günther Anders; D: Paula Wessely, Peter Petersen, Attila Hörbiger, Berta Drews, Carl Raddatz

Polen 1939. Vergeblich kämpfen die Lehrerin Maria Thomas (P. W.), ihr Vater (P. P.) und ihr Verlobter (C. R.) für die Rechte der Volksdeutschen. Marias Verlobter wird erschlagen, ihr Vater verliert durch einen Schuß sein Augenlicht. Als die Volksdeutschen am 1. September heimlich in einer Scheune eine Rundfunkübertragung der Rede Hitlers hören, werden sie verhaftet und ins Gefängnis gebracht, wo sie erschossen werden sollen. Schon schiebt sich der Lauf eines Maschinengewehrs durch das Zellengitter; aber Ludwig Launhardt (A. H.), dessen Frau die Polen auf offener Straße gesteinigt haben, reißt den Lauf herunter. Fliegeralarm läßt die Peiniger in panikartiger Flucht verschwinden. Bald rollen die ersten deutschen Panzer in die Stadt. Am Schluß des Films ziehen die Volksdeutschen in einem großen Treck »heim ins Reich«.
Der Film sollte den deutschen Überfall auf Polen als »ultima ratio« deutscher Politik rechtfertigen. Die Polen erscheinen als »Untermenschen« von bestialischer Grausamkeit; die vom Untergang bedrohte deutsche Minderheit wird in letzter Minute durch die deutsche Armee gerettet. Allerdings hütet sich der Film, die politisch-diplomatische Vorgeschichte des Kriegs auch nur zu erwähnen. Statt dessen läßt er Marias Vater, den er zum »blinden Seher« hochstilisiert, beklagen, daß die deutsche Stimme in der Welt nur gehört werde, wenn sie mit »Kanonen und Stukas« rede.
Diese publikumswirksame Geschichtsklitterung wurde mit dem Ehrentitel »Film der Nation« ausgezeichnet.

Helden

BRD, 1958

R: Franz Peter Wirth; A: Johanna Sibelius und Eberhard Keindorff nach der gleichnamigen Komödie von G. B. Shaw; K: Klaus von Rautenfeld; D: O. W. Fischer, Liselotte Pulver, Ljuba Welitsch

Nach der gleichnamigen Komödie von Shaw: Die Geschichte des schweizerischen Hauptmanns Bluntschli (O. W. F.), der im Krieg zwi-

schen Serben und Bulgaren lieber vernünftig als tapfer ist und damit schließlich das Herz der schönen Raina (L. P.) gewinnt, die ihn zuvor wegen seiner Feigheit verachtet hatte.
Regisseur Franz Peter Wirth, der durch Fernseh-Inszenierungen bekannt geworden war, hat hier einen sorgfältigen und sauberen Film gemacht, der über weite Strecken die funkelnde und zuweilen bissige Ironie seiner Vorlage bewahrt. Wirth hat dabei auf spektakuläre Effekte verzichtet und vorwiegend dem spritzigen Dialog und seinen guten Darstellern vertraut.

Help!
(Hi-Hi-Hilfe)

England, 1965

R: Richard Lester; A: Marc Behm und Charles Wood nach einer Idee von Marc Behm; K: David Watkin; D: John Lennon, Paul McCartney, Ringo Starr, George Harrison, Leo McKern

Im Fernen Osten soll vor einem Götterstandbild ein junges Mädchen geopfert werden. Im letzten Moment entdeckt der Priester (L. MK.) das Fehlen eines heiligen Ringes, der für die Zeremonie unerläßlich ist. Diesen Ring trägt der »Beatle« Ringo Starr am Finger, ohne etwas von seiner Bedeutung zu ahnen. Eine wilde Verfolgungsjagd hebt an, die von England durch die österreichischen Alpen zu den Bahamas führt. Nachdem die »Beatles« vorher Wissenschaftler, Scotland Yard und die Armee um Hilfe angefleht haben, fällt dort der Ring von Ringos Finger. Ende des Films.
Die Absicht war, einen Musikfilm über die »Beatles« zu drehen; das Thema hätte Anlaß für einen Thriller nach Art der üblichen Agentenfilme sein können; entstanden ist eine nahezu surrealistische Groteske, die sich der Stilmittel des Films souverän bedient. Lester fotografiert aus verblüffenden Blickwinkeln, schneidet virtuos, spielt mit den Möglichkeiten des Tricks, verwendet Zwischentitel nach Stummfilmmanier usw. Und zwischendurch findet er sogar noch Zeit, sieben neue Nummern der »Beatles« vorzustellen. Eine neue und raffinierte Form des Musikfilms!

Henry V.
(Heinrich V.)

England, 1943/44

R: Laurence Olivier, Reginald Beck; A: Laurence Olivier und Alan Dent nach dem gleichnamigen Schauspiel von William Shakespeare; K: Jack Hildyard, Robert Krasker; D: Laurence Olivier, Leo Genn, Felix Aylmer, Harcourt Williams

Verfilmung des gleichnamigen Schauspiels von Shakespeare und eine der glücklichsten Synthesen zwischen Theater und Film.
Olivier hält sich streng an seine Vorlage, wo die Bühne einen angemessenen Rahmen für sie gibt; er benutzt filmische Mittel, wo der Bühnenraum ihm als Beengung erscheint. Der Film hat eine knappe Rahmenhandlung, die ihn gleichsam als zeitgenössische Aufführung im Globe-Theatre ausweist. Die Kamera wandert durch die Gänge und Logen des Theaters zur Bühne, auf der das Schauspiel beginnt. Man erlebt die Ankunft des französischen Gesandten am Hofe König Heinrichs (L. O.), seinen Entschluß zum Krieg gegen Karl VI. von Frankreich (H. W.) und die Vorbereitungen des Feldzugs. Und dann weitet sich fast unmerklich der Bühnenraum zum großen Schauplatz der realen Welt, bis der Übergang vom Theater zum Film bei der Ankunft des Heeres in Frankreich vollendet ist.
Filmischer Höhepunkt ist die Schlacht von Agincourt, in der Karl vernichtend geschlagen wird. Olivier inszenierte diese Schlacht nach dem Vorbild mittelalterlicher Miniaturen in leuchtend klaren Farben und mit verzerrten Perspektiven. Nach diesem Höhepunkt kehrt die Handlung behutsam auf die Bühne und in das Globe-Theatre zurück, wo Film und Vorstellung enden.
Von allen Shakespeare-Verfilmungen Oliviers ist dies die intelligenteste und einfallsreichste. Sie beläßt Shakespeare in seiner Zeit, bewahrt den Charakter des Schauspiels und fügt mit legitimen filmischen Mitteln die phantasievolle Ausgestaltung des Bühnengeschehens hinzu. Wesentlichen Anteil am Erfolg haben auch die einfallsreichen Dekorationen (Carmen Dillon, Paul Sheriff) und Kostüme (Roger Furse).

Os herdeiros

(Die Erben der Macht)

Brasilien, 1969

R: Carlos Diegues; A: Carlos Diegues; K: Dib Lutfi; D: Sergio Cardoso, Odette Lara, Mario Lago, Paulo Porto, Jean-Pierre Léaud, Isabel Ribeiro, André Gouveia

In den dreißiger Jahren, unter der Diktatur von Getulio Vargas, denunziert der Journalist Ramos (S. C.) im Gefängnis seinen besten Freund, um der Folter zu entgehen. Nach seiner Entlassung flieht er auf die Kaffeefarm von Almeida (M. L.), der einen grotesken Kampf gegen das System und gegen seine Verwandten kämpft, die ihm die Farm abnehmen wollen. Ramos profitiert von der Wahnvorstellung Almeidas, daß er unbedingt einen Erben brauche, und heiratet seine einzige Tochter (I. R.). Nach Vargas' Sturz im Jahre 1945 läßt er die Farm, Frau und Sohn zurück. Weitsichtig setzt er auf Vargas' Rückkehr an die Macht; diese erfolgt 1950, und bald sitzt er als Chef eines Fernsehsenders im Zentrum des politischen Geschehens. Nach dem Selbstmord von Vargas glaubt er sogar, selbst Präsident werden zu können, aber ausgerechnet sein Sohn (A. G.) verhindert die Wahl. Als die Beschlagnahme seiner Güter droht und sein Sohn sich weigert, ihm zur Flucht ins Ausland zu verhelfen, erschießt sich Ramos. Er endet wie Almeida, der seine Plantage in Brand gesetzt hat. Sein Sohn Joaquim tritt sein Erbe an als Angepaßter, als Erbe der Macht.

Ein Exkurs durch einige Jahrzehnte brasilianischer Geschichte, der aber nicht Geschichtsschreibung betreiben, sondern Verhaltensweisen beschreiben und politische Entwicklungen deutlich machen will. Wohl mit Absicht ist dabei der Stil so unterschiedlich wie die Motive. Es gibt realistische Szenen, allegorische Einschübe, Verweise auf literarische Vorlagen usw. Allegorisch z. B. ist der Auftritt von Jean-Pierre Léaud, der als französischer Rundfunkreporter namens Danton eine Rede auf die Revolution hält. Insgesamt ein uneinheitlicher, ungleichmäßig gelungener, aber brisanter und interessanter Film.

Herr Arnes pengar Ⓢ

(Herrn Arnes Schatz)

Schweden, 1919

R: Mauritz Stiller; A: Mauritz Stiller und Gustaf Molander nach dem gleichnamigen Roman von Selma Lagerlöf; K: J. Julius; D: Hjalmar Selander, Richard Lund, Mary Johnson

Im 16. Jahrhundert rebellieren die schottischen Söldner des schwedischen Königs Johann III. Als der Aufstand blutig niedergeschlagen wird, können drei Söldner fliehen. Sie überfallen das Pfarrhaus von Herrn Arne (H. S.), töten die Familie und rauben einen Schatz. Nur Arnes Pflegetochter Elsalill (M. J.) entgeht dem Blutbad. Sir Archie (R. L.), der Anführer der Mörder, verliebt sich in sie und will sie mitnehmen nach Schottland. Aber das zugefrorene Meer hält das Schiff fest, so daß die Mörder nicht entkommen können.

Ein eindrucksvoller Film, zweifellos Stillers Meisterwerk. Die Milieuschilderung schafft Atmosphäre und baut gleichsam den Hintergrund für das schwermütig-blutrünstige Geschehen, dem viragierte Szenen zusätzliche Akzente geben. Höhepunkt des Films ist seine Schlußszene, in der sich ein langer Menschenzug über das Eis zu dem eingefrorenen Schiff bewegt. Diese Szene ist von manchen Filmhistorikern mit der großen Bittprozession in Eisensteins *Iwan grosny* verglichen worden.

Gustaf Molander, der zusammen mit Stiller das Drehbuch geschrieben hatte, hat das gleiche Thema 35 Jahre später selbst verfilmt: *Herr Arnes pengar* (Verlorene Liebe, Schweden 1954). Trotz guter darstellerischer Leistungen (Ulla Jacobsson, Ulf Palme, Bibi Andersson) erreichte der Film die Qualität seines Vorgängers nicht.

Der Herrscher

Deutschland, 1937

R: Veit Harlan; A: Thea von Harbou und Curt Johannes Braun frei nach dem Schauspiel *Vor Sonnenuntergang* von Gerhart Hauptmann; K: Werner Brandes (Innenaufnahmen), Günther Anders (Außenaufnahmen); Künstlerische Oberleitung: Emil Jannings; D: Emil Jannings,

Marianne Hoppe, Hilde Körber, Paul Wagner, Hannes Stelzer, Käte Haack, Max Gülstorff

Matthias Clausen (E. J.), Besitzer einer großen Fabrik, verliebt sich als alternder Mann in die Sekretärin Inken Peters (M. H.). Das verstärkt den Konflikt mit seinen Kindern (H. K., P. W., H. S., K. H.), der bereits lange geschwelt hat. Einige von ihnen hatten nämlich um die künftige Erbschaft gekämpft und intrigiert, aber keiner war von Clausen als fähiger Nachfolger akzeptiert worden. Jetzt wollen die Kinder die Gelegenheit nutzen, ihren Vater entmündigen zu lassen. Erschüttert flüchtet Clausen zu seinem alten Freund, dem Sanitätsrat Geiger (M. G.). Als es der Familie auch noch gelingt, Inken Peters zu überzeugen, daß sie Clausen nur retten kann, wenn sie ihm ihren Ring zurückschickt, scheint Clausen am Ende seiner Kraft. Doch er rafft sich auf und diktiert sein Testament, in dem er sein Werk dem Staat und dem Volk vermacht. Und die Sekretärin, die dieses Testament aufnimmt, ist Inken Peters, die zu ihm zurückgekehrt ist. Der »Herrscher« hat wieder gesiegt.
Während bei Hauptmann der Konflikt zwischen Clausen (dort ein abgeklärter Kunstsammler) und seinen Kindern allein aus der Liebe zu Inken Peters resultiert, spielt hier seine Sorge um das Schicksal des Werkes eine große Rolle – diese entstammt der Verpflichtung, »für die Volksgemeinschaft« arbeiten zu müssen. Und während Hauptmann seinen Helden resignieren und freiwillig aus dem Leben scheiden läßt, sagt sich »der Herrscher« von seiner Familie los und vermacht sein Werk dem Staat. Einer aus der Fabrik soll sein Nachfolger sein, einerlei, ob Arbeiter oder Ingenieur. Denn: »Wer zum Führer geboren ist, der braucht keine Lehrer für sein eigenes Genie!«

Herr Tartüff / Tartüff Ⓢ

Deutschland, 1925

R: F. W. Murnau; A: Carl Mayer nach der Komödie *Tartuffe* von Molière; K: Karl Freund; D: Emil Jannings, Werner Krauß, Lil Dagover, André Mattoni, Hermann Picha, Rosa Valetti

Die Komödie Molières wird hier in eine Rahmenhandlung gestellt: Auf Betreiben seiner geldgierigen Haushälterin (R. V.) enterbt der reiche Herr Rat (H. P.) seinen Enkel (A. M.) und wirft ihn aus dem Haus. Doch der junge Mann kehrt verkleidet als Besitzer eines Wanderkinos zurück, führt einen Film über den heuchlerischen »Tartüff« vor und öffnet damit seinem Großvater die Augen. – Die Hauptrollen der Komödie spielen Emil Jannings (Tartüff), Werner Krauß (Orgon) und Lil Dagover (Elmire). Carl Mayer hat die Rahmenhandlung möglicherweise eingeführt, um dem normalen Kinobesucher zu zeigen, daß die Klassiker uns heute durchaus noch etwas »zu sagen« haben. Das Hauptgewicht des Films liegt aber eindeutig auf der Molière-Adaption, die sich durch atmosphärische Kameraarbeit und durch vorzügliche darstellerische Leistungen auszeichnet. Dabei hat Murnau seine beiden Hauptrollen ein wenig verblüffend besetzt. Man hätte eigentlich eher Krauß in der Rolle des Intriganten erwartet; und tatsächlich »zitiert« Jannings auch – bewußt oder unbewußt – nach seiner Entlarvung einige typische »Krauß-Reaktionen«. Jannings' Leistung war in der Kritik umstritten. Manche Kritiker fanden sein Spiel grobschlächtig und aufdringlich. In der Tat gibt er hier nicht einen raffinierten Intriganten (der der frühere Sträfling auch kaum sein dürfte!), sondern einen bauernschlauen Bösewicht. Aber diese Konzeption hielt er konsequent und überzeugend durch.

Hets

(Raserei / Die Hörige / Qualen)

Schweden, 1944

R: Alf Sjöberg; A: Ingmar Bergman; K: Martin Bodin; D: Stig Järrel, Alf Kjellin, Mai Zetterling, Olof Winnerstrand

Die Schüler einer Oberprima werden von ihrem Lateinlehrer (S. J.), den sie beziehungsvoll »Caligula« nennen, grausam gequält. Ganz besonders hat »Caligula« es auf den sensiblen Jan-Erik (A. K.) abgesehen, der sich ohnehin in einer Krise befindet. Die Ursachen sind mangelnder Kontakt im Elternhaus und seine Liebe zu der jungen Britta (M. Z.), von der er weiß, daß sie unter dem Sadismus eines anderen Mannes leidet. Eines Tages findet Jan-Erik Britta tot auf; im Nebenraum entdeckt er »Caligula«.

Zwar entlastet die polizeiliche Untersuchung den Lehrer von dem Verdacht, das Mädchen getötet zu haben; aber seine moralische Schuld an ihrem Selbstmord wird klar. Weinerlich fleht er um Verständnis, während Jan-Erik am Schluß nach einem Gespräch mit dem Schuldirektor (O. W.) befreit in den Sonnenschein hinaustritt.
Der Film entstand nach einem Original-Drehbuch Ingmar Bergmans, der für kurze Zeit auch als Regieassistent Sjöbergs an ihm mitarbeitete, dann aber ausschied. *Hets* verbindet Stilelemente des Expressionismus mit einem direkten politischen Bezug: »Caligula«, der pathologische Lehrer, erscheint bewußt in einer Himmler-Maske. Gleichzeitig deutet sich hier ein Thema an, das Bergman später in seinen ersten eigenen Inszenierungen mehrfach variierte: Der Protest der Jugend gegen die Welt der Erwachsenen, der hier allerdings noch in ein allzu oberflächlich-beruhigendes Happy-End mündet.
Peter Ustinov schrieb nach diesem Film ein Theaterstück, das unter dem Titel *Frenzy* 1948 in London uraufgeführt wurde.

Hideg napok

(Kalte Tage)

Ungarn, 1966

R: András Kovács; A: András Kovács nach einer Erzählung von Tibor Cseres; K: Ferenc Szécsényi; D: Zoltán Latinovits, Iván Darvas, Adám Szirtes, Tibor Szilágyi

Im Jahr 1946 sitzen Major Büky (Z. L.), Leutnant Tarpataki (I. D.), Leutnant Pozdor (T. S.) und der Soldat Szabó (A. S.) in einer Zelle des Untersuchungsgefängnisses. Man wirft ihnen die Beteiligung an einem Massaker vor, dem im Januar 1942 bei Ujvidék rund 3000 Menschen zum Opfer gefallen sind. In Gesprächen und Monologen setzen sich die Gefangenen mit den Ereignissen auseinander. Jeder gibt seine Lesart, die in Rückblenden gezeigt wird, versucht, sich zu entlasten. Im Mittelpunkt steht der Major Büky, der damals den Ereignissen tatenlos zugesehen hat und der seither unter der Vorstellung leidet, seine verschollene Frau könne unter den Opfern des Massakers gewesen sein. Als eine Erzählung Szabós diesen Verdacht bestätigt, stürzt er sich auf den Soldaten und tötet ihn.
Kovács wollte mit seinem Film an das Verantwortungsgefühl der Menschen appellieren. Er sagte: »Von meinen vier Hauptheldén hat keiner mit eigenen Händen gemordet, und keiner von ihnen war mit den Befehlshabern so ganz einverstanden. Aber weil sie nichts dagegen unternommen haben, sind sie Mitläufer jener fürchterlichen Maschinerie geblieben, die das grausame Verbrechen verrichtete – also Schuldige!«
Formal ist der Film ein faszinierendes Geflecht von Rückblenden. Aber Kovács bringt diese Rückblenden nicht chronologisch und auch nicht zusammenhängend; er fügt sie vielmehr assoziativ und ohne Übergang in die Handlungen und Gespräche der Gefangenen ein, wobei bestimmte Situationen auch aus verschiedenen Blickwinkeln und in verschiedenen Lesarten gezeigt werden.

High anxiety

(Mel Brooks' Höhenkoller)

USA, 1977

R: Mel Brooks; A: Mel Brooks, Ron Clark, Rudy DeLuca, Barry Levinson; K: Paul Lohmann, Spezialeffekte: Albert J. Whitlock; D: Mel Brooks, Madeline Kahn, Cloris Leachman, Harvey Korman, Albert J. Whitlock

Der weltberühmte Psychiater Dr. Thorndyke (M. B.) wird neuer Leiter des »Psycho-Neurotischen Instituts für die sehr, sehr Nervösen«, dessen bisheriger Chef plötzlich verstorben ist. Im Institut wird ihm der Industrielle Arthur Brisbane (A. J. W.) als besonders schwieriger Fall vorgeführt: Brisbane hält sich für einen Cocker-Spaniel. Schon bald merkt Thorndyke, daß in dem Institut einiges nicht stimmt und daß hinter den Kulissen die undurchsichtige Oberschwester Charlotte Diesel (C. L.) die Fäden zieht. Als Teilnehmer an einem Psychiater-Kongreß in San Francisco lernt Thorndyke Victoria (M. K.), die Tochter Brisbanes, kennen und erfährt dabei, daß der ihm vorgeführte Patient gar nicht der echte Brisbane war. Für die schurkische Schwester Diesel und den Oberarzt weiß Thorndyke damit zuviel, und sie versuchen, ihn zu beseitigen. Sie arrangieren einen

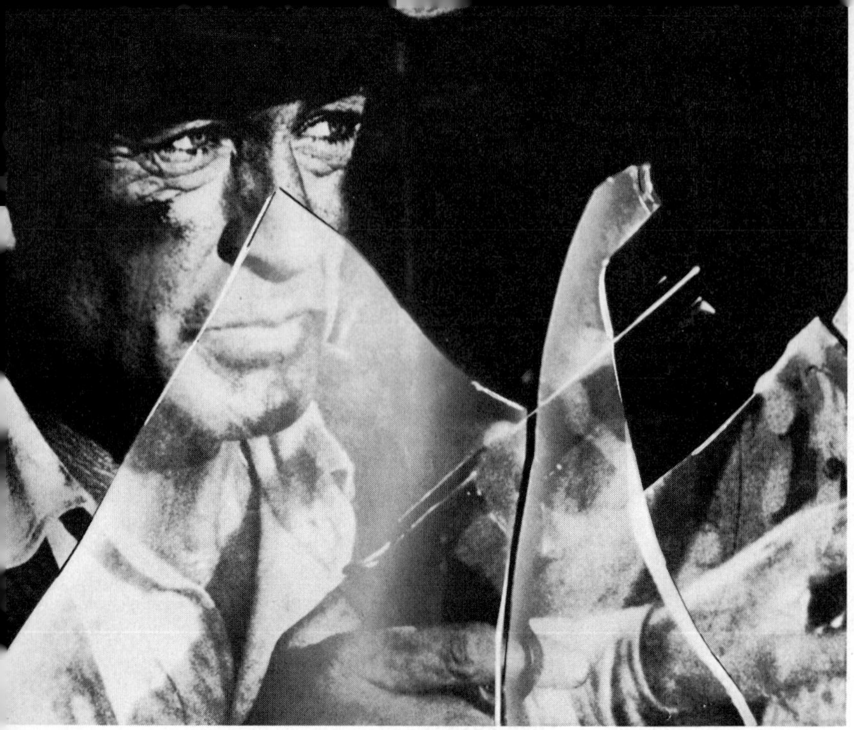

High noon (Gary Cooper)

Mord, den ein Doppelgänger Thorndykes in aller Öffentlichkeit in der Hotelhalle begeht. Thorndyke und Victoria fliehen, können die Polizei und ihre Gegenspieler überlisten, Victorias Vater in letzter Sekunde retten – und am Ende natürlich heiraten.
Nach Parodien über den Western (*Blazing saddles* – Is' was, Sheriff? / Der wilde, wilde Westen, 1973), den Gruselfilm (*Young Frankenstein* – Frankenstein Junior, 1974) und den Stummfilm (*Silent movie* – Mel Brooks' letzte Verrücktheit: Silent Movie, 1976) macht sich Mel Brooks hier über das Werk Alfred Hitchcocks her. Lieblingsmotive (der Identitätsverlust), Handlungselemente (z. B. der Angriff der Vögel, die hier aber nur ihren Mageninhalt auf den Helden entleeren) und filmische Stilmittel (etwa die langen Kamerafahrten, bei denen hier unversehens eine Hauswand durchbrochen wird) des Altmeisters wurden zusammengetragen und persifliert, wobei die Handlung nur mehr den roten Faden bildet, der die einzelnen »Nummern« zusammenhält. Neben brillanten Einfällen gibt es auch lahmen Ulk; und es gibt manche Pointen, die nur ein sehr guter Kenner von Hitchcocks Werk entdecken und goutieren kann. Außerdem ist die vulgäre Derbheit mancher Szenen und Sequenzen sicher nicht jedermanns Geschmack; schließlich irritiert auch die SS-Attitüde der machtbesessenen Oberschwester Diesel. Hier zeigt sich offenbar ein spezielles Trauma von Mel Brooks, der schon in dem Film *The producers* (Frühling für Hitler / Die Macher, 1967) den Nationalsozialismus als Thema seiner Komik entdeckt hatte.
Ein unausgeglichener Film also, umstritten wie nahezu das gesamte Werk von Mel Brooks, der aber gegenwärtig zu den erfolgreichsten Komikern Hollywoods zählt.

High noon

(Zwölf Uhr mittags)

USA, 1952

R: Fred Zinnemann; A: Carl Foreman nach dem Roman *The tin star* von John W. Cunningham; K: Floyd Crosby; D: Gary Cooper, Grace Kelly, Ian MacDonald, Katy Jurado, Lon Chaney jr.

Sheriff Kane (G. C.) von Hadleyville heiratet Amy (G. K.). Ihr zuliebe will er sogar seinen Beruf aufgeben; denn Amy stammt aus einer Quäker-Familie und verabscheut jede Gewalt. Doch am Tag der Hochzeit wird bekannt, daß Frank Miller (I. MD.), den Kane vor fünf Jahren ins Gefängnis gebracht hat, sich mit drei Freunden in Hadleyville treffen will. Es ist klar, daß er sich rächen will; und Kane ist selbstverständlich bereit, sein Amt so lange zu verwalten, bis diese Affäre erledigt ist. Amy versteht seine Entscheidung nicht und will allein abfahren. Auch Kanes Mitbürger wollen sich nicht engagieren. Statt ihm zu helfen, raten sie ihm bestenfalls zur Flucht. Als Miller um »zwölf Uhr mittags« mit dem Zug ankommt, muß Kane den vier Gangstern allein entgegentreten. Nur Amy kommt ihm im letzten Moment zu Hilfe. Aber Kane bleibt Sieger; seinen Mitbürgern wirft er den Sheriffstern vor die Füße und reist mit Amy ab.
High noon machte hierzulande das Genre des Western gesellschaftsfähig. Dieser Film kam auch in die großen Kinos, mit ihm beschäftigten sich auch die »ernsthaften« Kritiker.
Der Film ist konsequent nach den Regeln des Western gebaut, seine Charaktere sind aus vielen anderen Filmen bekannt: der pflichtbewußte, einzelgängerische Sheriff, die zweifelnde Braut, der Rächer, die passiven Bürger. Zinnemann hat diese Konstruktion perfekt ausbalanciert und sie mit Poesie und Menschlichkeit erfüllt. Er drehte seinen Film in einer Zeit, in der das Beispielhafte dieser Parabel den Erwartungen und Empfindungen des Publikums entgegenkam. Das Beispiel hieß hier: Jeder einzelne hat die Verpflichtung, die Gewalt zu bekämpfen.
Überzeugend gelungen ist in diesem Film auch der Einsatz der Musik (Dimitri Tiomkin). Das Lied »Do not forsake me, oh my darling« ist Leitmotiv des Films, dient als dramaturgische Klammer und balladesker Kommentar und erzeugt Atmosphäre.

Himlaspelet
(Himmelsspiel)

Schweden, 1942

R: Alf Sjöberg; A: Rune Lindström und Alf Sjöberg nach einem Laienspiel von Rune Lindström; K: Gösta Roosling; D: Rune Lindström, Eivor Landström, Holger Löwenadler, Emil Fjellström, Anders Henrikson

Der arme junge Bauer Mats Ersson (R. L.) und die hübsche Magd Marit (E. L.) lieben sich und wollen heiraten. Doch eine Seuche bricht aus, Marit wird als Hexe angeklagt und verbrannt. Mats macht sich auf, von Gott im Himmel Gerechtigkeit zu fordern und Marit zurückzuholen. Auf seiner Wanderschaft trifft er u. a. die Propheten Elias, Jesaias, Jonas und Jeremias, aber auch Maria und Joseph. »Gammel-Jerk« (E. F.), der Versucher, führt ihn an den Hof König Salomos (H. L.), wo aus dem ehrlichen Mats ein skrupelloser Intrigant wird. Er entführt eine von Salomos Frauen und verdingt sich mit ihr bei einem blinden Bauern. Als auf dem Grund des Bauern Bodenschätze gefunden werden, bringt er den Blinden um seinen Besitz, verjagt die Frau und heiratet ein junges Mädchen. Mats wird reich und alt und muß sterben. Der Teufel will ihn holen; aber Marit bittet bei Gottvater (A. H.) für ihn. Und Mats kommt in den Himmel, in dem Gott in der Gestalt eines gütigen alten Bauern über grüne Wiesen wandert, in dem Mats und Marit wieder jung sind. Eine Rahmenhandlung zeigt einen Maler, der in einem Bauernhaus in Dalarne diese Legende in naiven Bildern als Zimmerschmuck malt.
Himlaspelet war zunächst ein Laienspiel von Rune Lindström. Bei der Verfilmung, in der der Autor selbst die Hauptrolle übernahm, hat Sjöberg es verstanden, den naiven Stil echter Volkskunst zu bewahren. Er stellte das Überwirkliche so selbstverständlich in die schwedische Landschaft, daß ein Bild ungebrochener Übereinstimmung entstand. Der mystische Grundton des Films, die Einbeziehung der Landschaft und des Lebens einfacher Menschen in die Handlung schlug außerdem eine Brücke zur großen Tradition des schwedischen Stummfilms.

Die Hintertreppe Ⓢ

Deutschland, 1921

R: Leopold Jessner (Schauspielerführung), Paul Leni (Bildregie); A: Carl Mayer; K: Carl Hasselmann, Willy Hameister; D: Henny Porten, Fritz Kortner, Wilhelm Dieterle

Ein Dienstmädchen (H. P.) wartet sehnsüchtig auf einen Brief des Geliebten (W. D.), der eines Tages plötzlich verschwunden ist. Endlich kommt ein Brief mit einer neuerlichen Liebeserklärung. Doch das Mädchen entdeckt, daß der menschenscheue, hinkende Briefträger (F. K.) diesen Brief gefälscht hat, um sie in ihrem Kummer zu trösten. Sie beginnt, sich in diesen unscheinbaren Mann zu verlieben, als plötzlich der erste Geliebte wieder auftaucht. Er erklärt ihr, daß er im Krankenhaus gewesen sei und daß alle seine Briefe zurückgekommen seien. In einem Anfall von Verzweiflung und Eifersucht erschlägt der Briefträger den Nebenbuhler. Das Mädchen wird wegen des »Skandals« entlassen und begeht Selbstmord.
Paul Lenis Anteil an diesem Film war zweifellos wichtiger und gelungener als der Jessners. Die Schauspielerführung orientierte sich zu sehr am Bühnenpathos und ließ allerlei Exaltationen durchgehen. In der Bildgestaltung dagegen mischen sich expressionistische Studien geschickt mit sozialkritischen Akzenten. Stets verweilt die Kamera in der Enge niedriger Stuben und düsterer Hinterhöfe. Nur einmal sieht man ein Stück Himmel – als das Mädchen auf das Dach steigt, um sich hinabzustürzen. Sehr geschickt wird auch der soziale Unterschied zwischen »Vorderhaus« und »Hinterhaus« betont. Bis zum Schluß bleibt die »Herrschaft« praktisch unsichtbar. Der Kontakt zum Personal besteht in einem Klingelzug; nur einmal sieht man eine fröhliche Gesellschaft als Schattenriß am Fenster.

Hiroshima – mon amour

(Hiroshima – mon amour)

Frankreich/Japan, 1959

R: Alain Resnais; A: Marguerite Duras, Alain Resnais; K: Sacha Vierny, Michio Takahashi; D: Emmanuelle Riva, Eiji Okada, Pierre Barbaud

Eine französische Schauspielerin (E. R.) hat in Hiroshima Szenen für einen Antikriegsfilm gedreht. Kurz vor ihrer Abreise lernt sie einen japanischen Architekten (E. O.) kennen und lieben. Beide wissen, daß ihre Liebe eine Episode bleiben wird; aber der Mann bedrängt sie, wenigstens noch kurze Zeit zu bleiben. In dieser Situation tauchen in den Gedanken der Frau Erinnerungsfetzen ihrer ersten Liebe auf. In ihrer Heimat Nevers hatte sie einen deutschen Besatzungssoldaten geliebt. Am Tag der Befreiung wurde er vor ihren Augen erschossen, ihr schnitt man als Zeichen der Schande die Haare ab. Ihre Eltern verbargen sie im Keller, weil sie sich ihrer schämten, und schickten sie dann heimlich nach Paris. Unter dem Druck dieser Erinnerung nimmt sie Abschied und sagt: »Ich werde dich vergessen. Ich vergesse dich bereits . . .«
Ein Film über die Zeit, über die Erinnerung und auch über die Schrecken des Krieges. Marguerite Duras berichtet, Resnais habe ihr gesagt: »Schreibe Literatur, schreibe, als ob du einen Roman schriebst . . . Vergiß die Kamera.« Das Drehbuch hat so den Charakter eines unaufhörlichen Monologs, der gleichzeitig eine Art Dialog mit der Vergangenheit ist. Resnais hat sich auch nicht bemüht, diese Vorlage den üblichen dramaturgischen Gesetzen des Films anzupassen, ihre Teile auf konventionelle Weise zu integrieren. Die Realität von Hiroshima, die immer auch »die Bombe« heißen wird, taucht einleitend in einer Montage auf und bleibt dann stets gegenwärtig. Die Erinnerung an Nevers wird nicht säuberlich als Rückblende eingefügt, sie erscheint in kurzen, manchmal nur mühsam zu entschlüsselnden Fetzen und Visionen. Das Bewußtsein der Heldin wird nicht analysiert, nicht beschrieben, es wird auf intelligente und suggestive Weise direkt sichtbar gemacht.

Hitler, ein Film aus Deutschland

BRD/England/Frankreich, 1977

R: Hans Jürgen Syberberg; A: Hans Jürgen Syberberg; K: Dietrich Lohmann; D: Heinz Schubert, Peter Kern, Hellmut Lange, Martin Sperr, Harry Baer, André Heller, Johannes Buzalski, Alfred Edel

Syberbergs Film ist eine vierteilige, rund siebenstündige Phantasmagorie, von der sich kein Inhalt erzählen läßt, von der man allenfalls Inhalte und Motive andeutungsweise skizzieren kann.

1. Teil: »Der Gral – Von der Weltesche bis zur Goethe-Eiche von Buchenwald.« Ein NS-Würdenträger (P. K.) in Uniform wirbt mit dem Text Peter Lorres aus Fritz Langs *M* (»Ich kann doch nichts dafür...«) um Verständnis und Mitleid. Hitler, Himmler, Göring und Goebbels u. a. stellen sich als Puppen, die sichtbar von Schauspielern (J. B., H. S., P. K., H. L.) geführt werden, mit ihren »Glaubensbekenntnissen« vor. Exkurse über die deutschen Richter, Hollywood, die Ufa.

2. Teil: »Ein deutscher Traum – ... bis ans Ende der Welt.« Es treten u. a. auf: Himmlers Masseur (M. S.), Hitlers Diener (H. L.), der SS-Mann Ellerkamp (H. B.), der Hitlers Filmvorführer war. Hitler (H. S.) deklamiert: »Ich bin das schlechte Gewissen der demokratischen Systeme!« Er steigt aus dem Grab Richard Wagners auf. Gegen Ende gibt es eine Einführung in die Welteislehre und Erinnerungen des Kammerdieners an den »Privatmann Hitler«.

3. Teil: »Das Ende eines Wintermärchens – und der Endsieg des Fortschritts.« Im Mittelpunkt dieses Teils steht die »Endlösung« der Judenfrage, das heißt die organisierte Massenvernichtung der Juden. Himmler (H. S.) wird massiert und spricht dabei dokumentarische Texte über die Judenvernichtung, das Germanentum, über Tierschutz und mystische Heilslehren. Zitate aus den Erinnerungen des SS-Offiziers Gerstein. Ellerkamp (P. K.) spricht über das alltägliche Leben auf dem Obersalzberg. Eine Hitlerpuppe räsoniert über Unrecht und Verfolgung in unserer Welt, zitiert den Einmarsch der Russen in die CSSR und den UNO-Beschluß zum Zionismus u. a. und resümiert: »Wir haben doch gesiegt!«

4. Teil: »Wir Kinder der Hölle erinnern uns an das Zeitalter des Grals.« André Heller verliest fast 40 Minuten lang einen Essay über den Nationalsozialismus, während hinter ihm zeitweise Dokumentaraufnahmen aus der NS-Zeit eingeblendet werden. Dann Ton-Dokumente: Luftlagemeldungen, ein »Werwolf«-Sender, ein amerikanischer Sender meldet den Tod Roosevelts usw. Es folgt die Vision eines Hitler-Touristenzentrums in Bayern (»Das deutsche Disney-Land auf dem heiligen Berg bei Berchtesgaden!«). Als Kontrast: Visionen von der Siegesfeier, die Hitler für etwa 1950 geplant hatte. André Heller rechnet mit der Hitler-Puppe ab.

Hiroshima – mon amour
(Emmanuelle Riva, Eiji Okada)

Der Film sollte zunächst *Hitler in uns* heißen, und unter diesem Aspekt ist er auch gestaltet. Ein Sprecher charakterisiert ihn eingangs als »Bruchstücke einer inneren Projektion« und bedeutet: »Wir zeigen nicht die nicht wiederholbare Realität!« Dargestellt werden soll nicht in erster Linie eine historische Epoche, sondern eine Geisteshaltung, die den Ablauf der Historie ermöglicht und vielleicht gar bedingt hat. Darum verweist Syberberg auch auf vorhergehende Filme: Mit einem überdimensionalen Porträt Helmut Käutners in der Rolle des Karl May (*Karl May*, 1974) und deutlicher noch auf *Ludwig – Requiem für einen jungfräulichen König* (1972). Immer wieder taucht in seinem Film ein junges Mädchen mit einer »Ludwig«-Puppe auf, die eingangs eindringlich erinnert: »Ich habe immer gewarnt!« Es ist unübersehbar, daß für Syberberg das Thema seines Hitler-Films bereits im vorigen Jahrhundert beginnt, daß es bis in unsere Zeit hineinreicht. Aber Nutzanwendungen aus dieser Erkenntnis vermag man nur mühsam zu ziehen. Sie werden erschwert durch die ermüdende Langatmigkeit mancher Szenen, durch eine Überfülle optischer und akustischer Eindrücke in anderen. Und es ist durchaus zu befürchten, daß die Bedeutung zahlreicher Bild- und Tondokumente sich nur dem erschließt, der sie aus eigener Kenntnis noch identifizieren und einordnen kann. Mit anderen Worten: Der Film setzt nicht nur Geduld, sondern auch Kenntnis der Vergangenheit voraus. Andererseits freilich sind Syberberg auch faszinierende Sequenzen gelungen: Fast alle Puppenszenen zum Beispiel, die weinerlich-markige Selbstgerechtigkeit Himmlers auf der Massagebank, der Monolog des NS-Würdenträgers usw.

Hitler, ein Film aus Deutschland

Stilistisch wird hier das Prinzip des *Ludwig*-Films fortgesetzt: Spiel vor unrealistischen Kulissen oder Projektionen, Vermischung der Spiel- und Stilebenen, kontrapunktische Verwendung von Bild und Ton, wobei hier in großem Umfang auch Dokumentarmaterial verwendet wurde. Entstanden ist so ein Film von beinahe verbissener Originalität, von oft überbordender Phantasie und von manchmal schneidender Schärfe. Kein Wunder, daß das Ergebnis umstritten war. Während einige Kritiker den Film völlig ablehnten, bezeichnete die französische Zeitung *Le Monde* ihn als einen *Faust – Dritter Teil.*

Hitlerjunge Quex

Deutschland, 1933

R: Hans Steinhoff; A: K. A. Schenzinger und Bobby E. Lüthge nach dem gleichnamigen Roman von K. A. Schenzinger; Liedertexte: Baldur von Schirach; K: Konstantin Irmen-Tschet; D: Heinrich George, Berta Drews, Claus Clausen, Hermann Speelmans

Der kleine Heini Völker (gespielt »von einem Hitlerjungen«) wächst im »roten« Beusselkietz in Berlin auf. Sein Vater (H. G.) ist aus Verbitterung zum militanten Kommunisten geworden, während seine Mutter (B. D.) längst resigniert hat. Heini wird von dem KP-Funktionär Stoppel (H. S.) zu einem Ausflug der kommunistischen Jugend mitgenommen. Aber mehr als ihr ungeordnetes Treiben reizt ihn die Disziplin der HJ, die in einiger Entfernung ein Lager hat. Er schleicht sich dorthin und hört den Liedrefrain »Unsre Fahne flattert uns voran«. Als er erfährt, daß Kommunisten das HJ-Heim überfallen wollen, warnt er die Jungen. Für diesen Verrat soll er büßen. Verzweifelt dreht seine Mutter den Gashahn auf. Sie stirbt, während Heini gerettet wird. Jetzt nimmt man ihn bei der HJ auf; und unter dem Spitznamen Quex wird er dort einer der Eifrigsten. Aber als er im Beusselkietz NS-Wahlkampfzettel verteilt, wird er von Kommunisten gejagt und zu Tode geprügelt. An seinem Grab deutet sich an, daß sein Schicksal seinen Vater zum Nationalsozialisten geläutert hat.
Einer der wenigen Filme im »Dritten Reich«, die sich deutlich sichtbar politisch engagierten,

in denen die Partei und ihre Organisationen in Erscheinung traten. Später verzichtete man darauf zugunsten behutsamerer Infiltrationen.
Der Film verfolgt seine Ziele mit viel Geschick. Interessant ist auch die differenzierte Zeichnung der Kommunisten: Neben den unverbesserlichen Funktionären stehen Fehlgeleitete, für deren »Verirrung« der Film aus der Zeitsituation sogar ein gewisses Verständnis ableitet und deren »Läuterung« er zeigt. Man wollte offenbar für Teile des Publikums damals gleichsam »die Tür offenhalten«.

Un homme et une femme
(Ein Mann und eine Frau)

Frankreich, 1966

R: Claude Lelouch; A: Claude Lelouch, Pierre Uytterhoeven; K: Jean Collomb, Patrice Pouget, Claude Lelouch; D: Anouk Aimée, Jean-Louis Trintignant, Valerie Lagrange

Der Autorennfahrer Duroc (J. L. T.) und das Scriptgirl Anne Gauthier (A. A.) lernen sich in Deauville kennen, wo sie ihre Kinder im Internat besuchen. Beide sind verwitwet. Annes Mann, ein »Stuntman«, ist bei Filmaufnahmen verunglückt; Durocs Frau hat Selbstmord begangen, weil sie der Nervenbelastung nicht gewachsen war, die der Beruf ihres Mannes mit sich brachte. Anne und Duroc treffen sich wieder und empfinden bald eine tiefe Zuneigung füreinander. Nach einem Autorennen erhält Duroc ein Telegramm, in dem Anne ihm ihre Liebe gesteht. Überglücklich fährt er nach Deauville, um sie in die Arme zu schließen. Aber in einer plötzlichen Aufwallung verläßt Anne, die sich an den Unfalltod ihres Mannes erinnert, den Geliebten und fährt nach Paris zurück. Duroc gibt nicht auf. Er rast mit dem Wagen nach Paris und erwartet Anne am Bahnhof. Ihre erneute Umarmung ist voller Hoffnung.
Große Gefühle, schöne Bilder und eine eingängige Musik bestimmen diesen Film, der ein Publikumserfolg wurde. Die Kritik lehnte ihn – trotz einer »Goldenen Palme« beim Festival in Cannes und eines »Oscars« in Hollywood – überwiegend ab. Sie warf Lelouch vielfach vor, er habe seine handwerkliche und technische Perfektion benutzt, um eine sentimentale Geschichte im Luxusmilieu mit vorgetäuschter Bedeutsamkeit aufzuputzen. Das Wort vom »Lelouch-Touch« kam auf, das vielen als Synonym für ansehnliche, aber oberflächliche Künstlichkeit galt. Lelouch hatte Mühe, sich gegen dieses wohl übertriebene Verdikt zu behaupten. Mittlerweile hat er jedoch mit zahlreichen anderen Filmen eine erstaunliche Vielseitigkeit demonstriert. Er drehte u. a. die vitale Alltagskomödie *Smic, Smac, Smoc* (Smic, Smac, Smoc – die drei vom Trockendock, 1971), den ironischen Gangsterfilm *La bonne année* (Ein glückliches Jahr, 1973) und das Kammerspiel *Mariage* (Eine Ehe, 1974), praktisch ein Zwei-Personen-Stück, in dem die Geschichte einer Ehe über Jahrzehnte hinweg erzählt wird. Lelouch bezeichnete diesen Film, den er in 14 Tagen an Originalschauplätzen gedreht hat, als »negatives Gegenstück« zu *Un homme et une femme*. Dort hätten schöne Menschen mit der Mentalität von Siegern um ihr Glück gekämpft, während hier, in einer alltäglichen Ehe, die Protagonisten sich mit tropfenden Wasserhähnen und verklemmten Fenstern abplagen müßten. Und er meinte weiter, bisher habe er sich praktisch nur um die Sieger und um die Verlierer gekümmert, *Mariage* sei ein Versuch, sich auch mit Durchschnittsmenschen zu beschäftigen.

The honeymoon Ⓢ
(Die Flitterwochen)

USA, 1928

R: Erich von Stroheim; A: Erich von Stroheim, Harry Carr; K: Ben Reynolds, Hal Mohr; D: Erich von Stroheim, Fay Wray, Matthew Betz, Zasu Pitts

Fortsetzung des Films *The wedding-march*: Prinz Nicki von Wildeliebe-Rauffenburg (E. v. S.) lebt mit seiner Frau Cecilia (Z. P.) auf seinem Schloß in Tirol. Der eifersüchtige Schani (M. B.) dringt in das Schloß ein, um Nicki zu töten; aber Cecilia opfert sich für ihren Mann und wird an seiner Stelle ermordet. Schani stürzt in den Bergen ab und stirbt. Seine Witwe Mitzi (F. W.), die frühere Geliebte Nickis, geht in ein Kloster.
Wieder zeigt sich eine Frau den gedankenlos grausamen, eigensüchtigen Männern überlegen. Genau wie der erste Teil wurde auch dieser für die Kino-Auswertung beträchtlich gekürzt.

Die Hose Ⓢ

Deutschland, 1927

R: Hans Behrendt; A: Franz Schulz nach der gleichnamigen Komödie von Carl Sternheim; K: Carl Drews; D: Jenny Jugo, Werner Krauß, Rudolf Forster, Veit Harlan, Olga Limburg

Das Ehepaar Maske (J. J., W. K.) erregt Aufsehen, als Frau Maske mitten auf dem Marktplatz und just vor den Augen des Landesherrn das im Titel zitierte Kleidungsstück verliert. Das lenkt die Aufmerksamkeit zweier Bewerber in besonderem Maße auf die hübsche Frau des kleinen Beamten. Es sind der elegante Herr Scarron (R. F.) und der Friseur Mandelstam (V. H.). Herr Maske übersteht die Affäre jedoch unbeschadet und im Bewußtsein landesväterlicher Huld.

Ein sorgfältig inszenierter »Schauspieler-Film«, der vor allem Werner Krauß Gelegenheit für eine raffinierte und wirkungsvolle Karikatur des kleinstädtischen Spießers gab. Von der Morgenrasur bis zum Kegelabend lebt hier der ängstliche Gernegroß, dem die Barthaare vor Entrüstung zittern – solange mit dieser Entrüstung keine Gefahr verbunden ist, dem aber die devotesten Bücklinge zur Verfügung stehen, wenn es dem eigenen Vorteil nützt.

Hôtel du nord

(Hotel du Nord)

Frankreich, 1938

R: Marcel Carné; A: Henri Jeanson und Jean Aurenche nach einem Roman von Eugène Dabit; K: Armand Thirard; D: Arletty, Louis Jouvet, Jean-Pierre Aumont, Annabella, François Périer

Ein junges Liebespaar, Pierre (J. P. A.) und Renée (An.), will im Hotel du Nord aus wirtschaftlicher Not gemeinsam aus dem Leben scheiden. Doch als Pierre einen Schuß auf Renée abgegeben hat, verläßt ihn der Mut. Er flieht. Renée wird von dem Zuhälter Edmond (L. J.) gefunden und kann gerettet werden; aber Pierre stellt sich der Polizei, weil er glaubt, ein Mörder zu sein. Renée besucht ihn im Gefängnis, doch Pierres Schuldgefühl steht zwischen ihnen. Unterdessen hat Renée im Hotel du Nord Arbeit als Kellnerin gefunden. Edmond verliebt sich in sie. Er will sich von seiner Freundin Raymonde (Ar.) trennen und mit Renée auswandern. Kurz vor der Abreise spürt Renée, daß sie Pierre nicht vergessen kann, und sie flieht. Endlich kann sie auch Pierre überzeugen; beide wollen nach seiner Entlassung heiraten. Edmond kommt noch einmal zurück. Er ist ohne Renée auch nicht abgefahren. Er versteht sie und dankt ihr für die schönen Tage, die sie ihm geschenkt hat. Ruhig geht er in sein Zimmer, wo – wie er weiß – ein Komplize auf ihn wartet, den er verraten hat, um von ihm loszukommen. Er wird erschossen. Für Renée und Pierre beginnt eine gemeinsame Zukunft.

Der Film ist melodramatischer und weniger originell als die »großen« Filme Carnés aus den dreißiger Jahren. Zwar gibt es wieder meisterhafte Szenen in der Schilderung des Alltagslebens im Hotel, die Randfiguren sind mit wenigen Strichen plastisch geschildert; die eigentliche Handlung ist jedoch von sentimentalen Gefühlen überwuchert.

How green was my valley

(So grün war mein Tal / Schlagende Wetter / Schwarze Diamanten)

USA, 1941

R: John Ford; A: Philip Dunne nach dem gleichnamigen Roman von Richard Llewellyn; K: Arthur Miller; D: Walter Pidgeon, Maureen O'Hara, Donald Crisp, Robert McDonald, John Loder, Marten Lamont

Um 1900 im walisischen Kohlenrevier. Der alte Morgan (D. C.) und vier seiner Söhne arbeiten unter Tage, der fünfte und jüngste Sohn soll studieren, die Tochter Angharad (M. OH.) wird, so scheint es, den Geistlichen (W. P.) der Gemeinde heiraten. Aber die Lebensbedingungen verschlechtern sich. Es kommt zu Streiks, die Morgan weder versteht noch billigt. Die Söhne wandern nach Amerika aus; der Geistliche gibt Angharad frei, weil sie nicht in diesem Elend weiterleben soll. Sie heiratet ohne Liebe den Sohn des Bergwerksdirektors. Der aufgeschlossene Geistliche überredet die älteren Bergarbeiter, sich nicht gegen die Zeit zu stellen und eine Gewerkschaft zu gründen. Morgan verunglückt unter Tage und stirbt. Angharad

findet schließlich doch zu dem Geistlichen, den sie immer geliebt hat.
Der Film ist weniger realistisch als Carol Reeds *The stars look down*, der ein ähnliches Thema behandelt. Aber hinter den sentimentalen Einschüben spürt man doch einen Blick für echte soziale Konflikte.

Hsia nü

(Ein Hauch von Zen)

Taiwan, 1969

R: King Hu; A: King Hu nach einer Kurzgeschichte von Pu Sung-ling; K: Hua Hui-ying, Chou Yeh-hsing; D: Shih Chün, Hsü Feng, Pai Ying, Roy Chiao-hung, Han Ying-chieh, Hsüe Han

China zur Zeit der Ming-Dynastie (14.–17. Jh.). Ein Zufall führt den jungen Maler Ku (S. C.) mit dem Mädchen Yang (H. F.) und den ehemaligen kaiserlichen Generalen Shih (P. Y.) und Lu (H. H.) zusammen, die verkleidet auf der Flucht vor dem Geheimdienst des kaiserlichen Eunuchen Wei sind. Wei hat schon Yangs Vater, einen hohen Staatsbeamten, foltern und töten lassen und hat nun den General Hsü (H. Y.–c.) auf die Fährte der Flüchtigen gesetzt. Ein Versuch, die Verfolger mit »Spukgestalten« in eine verlassene Festung zu locken und zu überwältigen, gelingt nur teilweise. General Lu verliert bei dem listenreich geführten Kampf sein Leben; General Shih, das Mädchen Yang und Ku, der sich in Yang verliebt hat, fliehen in die Berge zu dem Mönch Hui Yüan (R. C.-h.), der ihnen schon vorher bei der Flucht geholfen hatte. Während Ku mit dem Kind, das Yang ihm dort geboren hat, aus den Bergen zurückkehrt, kommt es zum entscheidenden Kampf zwischen Verfolgern und Verfolgten, der schließlich zu einem Zweikampf zwischen dem Mönch Hui und dem General Hsü wird. Durch einen feigen Trick kann der General am Ende den Mönch töten, doch im Moment seines Todes berührt Hui Hsü mit der offenen Hand. Eine übernatürliche Kraft erfüllt den Sterbenden und tötet auch den General. Der tote Mönch verharrt in der Lotusstellung, goldener Staub entströmt seinen Wunden. Er hat das Nirwana erreicht ...

Der in Hongkong lebende Chinese King Hu demonstriert hier die reichen künstlerischen Möglichkeiten eines Genres, das hierzulande durch allzu viele spekulative Machwerke in Mißkredit geraten ist. In bemerkenswerter Geschlossenheit wird eine spannende Geschichte erzählt, werden die »martial arts« in präziser Perfektion vorgeführt und gleichzeitig philosophische und mystische Hintergründe des Zen-Buddhismus vermittelt. Da der rund dreistündige Film bei seinem Start in Ostasien ein kommerzieller Mißerfolg war, wurde er vom Produzenten eigenmächtig um rund ein Drittel gekürzt – in der Hoffnung, ihn so den Erwartungen des Publikums an einen üblichen »Kung Fu«-Film anzunähern. Erst Jahre später konnte King Hu die ursprüngliche Fassung wiederherstellen. Mit ihr gewann er 1975 beim Festival in Cannes einen großen Spezialpreis – verdiente Anerkennung für einen Film, der die Möglichkeiten der filmischen Mittel beispielhaft nutzt.

The hunchback of Notre Dame

(Der Glöckner von Notre Dame)

USA, 1939

R: William Dieterle; A: Sonya Levien und Bruno Frank nach dem Roman *Notre Dame de Paris* von Victor Hugo; K: Joseph H. August; D: Charles Laughton, Maureen O'Hara, Sir Cedric Hardwicke, Edmond O'Brien

Die Geschichte des mißgestalteten Glöckners Quasimodo (C. L.), der seinem Herrn, dem Archidiakon Frollo (C. H.), wie ein Hund gehorcht, bis dieser die schöne Zigeunerin Esmeralda (M. OH.) als Hexe dem Henker überantwortet und dafür von Quasimodo getötet wird.
Dieterle bemühte sich erfolgreich, gleichsam ein Inferno des Grauens und der Grausamkeit zu zeichnen, dem dann der kaum noch menschenähnliche und dennoch ergreifende Charles Laughton in der furchterregenden Maske des Buckligen menschliche Züge gibt. Der Film bevorzugt düstere Bilder mit expressiven Lichteffekten. Von allen Hollywood-Filmen Dieterles zeigt dieser am stärksten Einflüsse des deutschen Stummfilms.

Das gleiche Thema wurde bisher insgesamt achtmal filmisch aufbereitet. Die bekanntesten Versionen: *The hunchback of Notre Dame* (Der Glöckner von Notre Dame, USA 1923) von Wallace Worsley mit Lon Chaney in der Titelrolle, *Notre Dame de Paris* (Der Glöckner von Notre Dame, Frankreich 1956) von Jean Delannoy mit Anthony Quinn.

Húsz óra

(Zwanzig Stunden)

Ungarn, 1964

R: Zoltán Fábri; A: Miklós Köllö nach einem Roman von Ferenc Sánta; K: György Illés; D: Antal Páger, János Görbe, Emil Keres, Adám Szirtes, László György

Ein Reporter (E. K.) besucht eine Landwirtschaftliche Produktionsgenossenschaft. Er soll einen Bericht von ihrem Aufbau und vom Erfolg schreiben; doch die Informationen, die er erhält, sind widersprüchlich: Im Mittelpunkt des Geschehens der letzten zwanzig Jahre standen Varga (L. G.), Joska (A. P.), Antal (J. G.) und Kocsis (A. S.). Einst waren sie gute Freunde, die mit glühendem Eifer auf den Sozialismus warteten; heute ist die Freundschaft zerbrochen. Kocsis ist tot, getötet von Varga, der Parteisekretär geworden war und beim Aufstand 1956 vor den Dorfbewohnern fliehen mußte, die er jahrelang tyrannisiert hatte. Antal Balogh hatte schon vorher im Zorn über doktrinäre Maßnahmen sein Parteibuch zurückgegeben; auch er wäre beinah zum Mörder geworden. Er hat 1956 auf Joska geschossen, der als Vorsitzender der LPG zwar nicht alle Maßnahmen der Partei billigte, sie aber doch stützte. Die zwanzig Stunden, die der Reporter für seine Arbeit angesetzt hat, sind vorüber. Und sein Bericht wird nicht geschrieben.

Fábri erzählt seine Geschichte in einem raffinierten Geflecht von Rückblenden, wobei die Zeitebenen oft unvermittelt nebeneinanderstehen und durch den Ton verbunden werden, der dann weit in die nächste Szene überläuft. Dadurch wird der Zuschauer von den Bildern geradezu bedrängt, wird von ihnen genauso verwirrt wie der Reporter von seinen Informationen. Hinzu kommt, daß mehrfach die gleiche Szene aus verschiedenen Blickwinkeln und mit verschiedenen Interpretationen gezeigt wird. Das zwingt den Betrachter, selbst nach der Wirklichkeit und nach der Wahrheit zu forschen.

Politisch entspricht die Kritik des Films etwa dem »neuen Kurs«, den Parteichef Kadar damals propagierte. Aber bis zu jenem Zeitpunkt sind die Fehler der Vergangenheit wohl in keinem Film aus dem »sozialistischen Lager« so ungeschminkt beim Namen genannt worden.

I

I am a fugitive from a chaingang

(Jagd auf James A. / Ich bin ein entflohener Kettensträfling)

USA, 1932

R: Mervyn Le Roy; A: Sheridan Gibney und Brown Holmes nach der autobiographischen Erzählung *I am a fugitive from a Georgia chaingang* von Robert E. Burns; K: Sol Polito; D: Paul Muni, Glenda Farrell, Helen Vinson

James Allen (P. M.) kommt hochdekoriert aus dem Weltkrieg zurück. Er arbeitet wieder in der Schuhfabrik, obwohl er nach dem Dienst in einer Pionier-Einheit lieber Ingenieur geworden wäre. Schließlich gibt er seine Stellung auf, will umsatteln – und wird einer im Millionenheer der Arbeitslosen. Er wird unschuldig in einen Raubüberfall verwickelt und, da die Beweise gegen ihn sprechen, zu einer langjährigen Freiheitsstrafe verurteilt. In einem Arbeitslager muß er unter unmenschlichen Bedingungen Fronarbeit leisten. Die Verzweiflung gibt ihm die Kraft zur Flucht. Unter falschem Namen baut er sich eine neue Existenz als Ingenieur auf; aber aus Eifersucht verrät ihn seine Frau (G. F.). Obwohl die Öffentlichkeit auf seiner Seite steht, muß James in das Arbeitslager zurück – nur »pro forma« heißt es, bis zu seiner Begnadigung. Doch die Begnadigung bleibt aus; James flieht zum zweiten Mal. Jetzt wird er ein Gejagter bleiben. Noch einmal trifft er sich in einem dunklen Haustor mit der Frau (H. V.), die er liebt; dann verschwindet er in der Nacht.
Le Roys Film geißelt die merkwürdigen Formen polizeilicher Verhöre, die Selbstzufriedenheit der Gerichte und die grausame Brutalität in den Arbeitslagern. Er tut dies alles nicht nur mit gutem Willen, sondern in einer überzeugenden Form. Er verschmäht die Effekte nicht, aber sie bleiben bei ihm künstlerisch und psychologisch glaubwürdig. Typisch, weil aufreizend und erschütternd zugleich, ist der Schluß. Auf die Frage, wovon er lebe, haucht James ängstlich »Ich stehle!«. Die Justiz hat einen unbescholtenen Menschen zum Dieb gemacht.

Ich klage an

Deutschland, 1941

R: Wolfgang Liebeneiner; A: Eberhard Frowein und Harald Bratt nach Motiven des Romans *Sendung und Gewissen* von Hellmuth Unger; K: Friedl Behn-Grund, Franz von Klepacki; D: Paul Hartmann, Heidemarie Hatheyer, Mathias Wieman

Professor Heyt (P. H.), ein namhafter Mediziner, lebt in glücklicher Ehe mit seiner Frau Hanna (H. H.). Eines Tages erkrankt Hanna an multipler Sklerose. Heyt forscht vergeblich nach einem Mittel gegen die tückische Krankheit. Auf ihren eigenen Wunsch erlöst er Hanna mit einem Gifttrank von ihren Qualen. Hannas alter Freund Dr. Lang (M. W.) nennt ihn daraufhin einen Mörder. Es kommt zu einem Prozeß, bei dem die Geschworenen in einer Schlüsselszene das Problem diskutieren. Dr. Lang hat unter dem Eindruck eines Falles aus seiner Praxis seine Meinung geändert und verteidigt jetzt die Tat Heyts, der sich im Schlußwort des Films zu seiner Handlungsweise bekennt und auf die »Hunderttausende hoffnungslos Leidender« hinweist.
Obwohl der Film ein »offenes Ende« hat und zu dem angesprochenen Problem nicht abschließend Stellung bezieht, sind die Akzente doch so verteilt und werden die Sympathien der Zuschauer durch massive Gefühlsappelle so gelenkt, daß Heyt zum »positiven Helden« stilisiert wird. In die gleiche Richtung zielt auch die Wandlung seines einstigen Gegenspielers Dr. Lang.
Der Film entstand auf Initiative von Mitarbeitern der berüchtigten »Aktion Gnadentod«; aber Liebeneiner hat sich auch später noch zu diesem Film bekannt, der für ihn »ein Dokument der Humanität in einer unhumanen Zeit« war. Allerdings räumte er ein, man könne darüber streiten, »ob es richtig und ob es klug war, einen solchen Film gerade in der Nazizeit zu machen«. Es war sicher nicht richtig!
Fest steht wohl, daß sich Liebeneiner allen Wünschen nach aggressiveren und plumperen Tönen verweigert hat, daß sein Film wirklich nur das Problem der »Tötung auf Verlangen« behandelt, daß er – wenngleich parteiisch akzentuiert – Stimmen für und wider Heyt zu Wort kommen läßt. Aber weite Kreise des Publikums haben sicherlich den Unterschied zwischen der Tötung

Ich war neunzehn (Klaus Manchen, Jaecki Schwarz)

auf Verlangen und der »Vernichtung unwerten Lebens«, die damals geplant und propagiert wurde, nicht klar gesehen. So wurde der Film ein Politikum, ein Propagandamittel, das zweifellos den Mördern bessere Argumente zur Hand gab als den Opfern und ihren Verteidigern. Der Film wurde in diesem Sinn gezielt eingesetzt.

Ich war neunzehn

DDR, 1967

R: Konrad Wolf; A: Wolfgang Kohlhaase, Konrad Wolf; K: Werner Bergmann; D: Jaecki Schwarz, Alexej Ejboschenko, Kalmursa Rachmanow, Jenny Gröllmann

Mit acht Jahren mußte Gregor Hecker mit seinen Eltern aus Deutschland fliehen. Als neunzehnjähriger Sowjetoffizier kehrt er (J. S.) jetzt in seine Heimat zurück. Er wird als Stadtkommandant in der kleinen Stadt Bernau eingesetzt. Hier trifft er ein deutsches Mädchen (J. G.), das so alt ist wie er; er setzt sich mit dem Bürgermeister auseinander, einem kleinen Nationalsozialisten, der sich jetzt bei ihm anbiedern will. Vor allem aber fährt Gregor mit seinen Kameraden Sascha (A. E.) und Dsingis (K. R.) mit einem Lautsprecherwagen an die Front und fordert die deutschen Soldaten zur Kapitulation auf. Er erlebt die Befreiung des Konzentrationslagers Sachsenhausen. Und er erlebt einen Erfolg seiner »Propagandaarbeit«: Da sind einmal viele Soldaten zusammengekommen, die mit dem Krieg Schluß machen wollen. Und als die »Deserteure« von der SS beschossen werden, da hebt ein Unteroffizier die Waffen gegen die Unterdrücker von gestern. Aber gerade bei diesem Einsatz fällt Sascha. Gregor erkennt, daß es seine Aufgabe sein wird, am Aufbau eines besseren Deutschland mitzuarbeiten.

Der Film besteht aus einer Folge oft nur kurzer und vielfältiger Episoden, die in einer knappen Inhaltsangabe nicht einmal angedeutet werden können; Gregor begegnet Einsichtigen und Uneinsichtigen, Verständlichem und Unverständlichem. Er versucht, seine Heimat, die er nie richtig kennengelernt hat, zu verstehen, und er entschließt sich endlich, sie mit all ihren Widersprüchen zu akzeptieren. Das ist reportagehaft geschildert, unterschiedlich im Niveau, manchmal ganz unmittelbar zupackend, gelegentlich auch allzu deutlich auf den Beweis versessen –

wie zum Beispiel die Bewirtung entlassener kommunistischer Häftlinge durch Sowjetoffiziere. Aber der Film verliert sich nicht an die spannende Aktion und die Sentimentalität. Er appelliert an den kritischen Verstand der Zuschauer.
Sicher ist viel von den persönlichen Erinnerungen Wolfs in den Film eingeflossen. Er schrieb: »Umfangreiche Dokumente, politische, militärische, historische Literatur bildeten die Ausgangsbasis der tagebuchähnlichen filmischen Erzählweise, in die meine eigenen Aufzeichnungen, die ich als damals neunzehnjähriger Leutnant der Roten Armee festhielt, eingeflossen sind. Dazu kamen Wolfgang Kohlhaases Erlebnisse auf der anderen Seite, Erlebnisse eines jungen Deutschen, der im faschistischen Deutschland aufgewachsen war. Das ermöglichte es uns, den Menschen von heute alles so zu zeigen, wie es wirklich war...«

Ikiru
(Einmal wirklich leben)

Japan, 1952

R: Akira Kurosawa; A: Akira Kurosawa, Shinobu Hashimoto, Hideo Oguni; K: Asaichi Nakai; D: Takashi Shimura, Nobuo Kaneko, Miki Odagiri

Nach dreißigjähriger Arbeit im öffentlichen Dienst erfährt Kanji Watanabe (T. S.), daß er Magenkrebs hat und nur noch wenige Monate leben wird. Kanji, der seit dem frühen Tod seiner Frau nur noch für seinen unterdessen längst verheirateten Sohn Mitsuo (N. K.) gelebt hat, ist verzweifelt. Er beginnt zu trinken und zieht durch Bars und Striptease-Lokale; aber all das lenkt ihn nicht ab. Da trifft er eines Tages Toyo Odagiri (M. O.), die früher im gleichen Amt wie er gearbeitet hat. Toyo hat ihren Abschied genommen, um in einer kleinen Werkstatt Stoffhasen herzustellen. Kanji sieht, daß sie jetzt viel fröhlicher ist; und er beschließt, auch seinem Leben einen Sinn zu geben. Aus dem Papierberg auf seinem Schreibtisch nimmt er ein Aktenstück heraus. Es ist eine Eingabe von Bürgern, die einen stinkenden Abwasserteich beseitigt und statt dessen einen Kinderspielplatz eingerichtet haben wollen. Die Eingabe ist bereits so gut wie abgelehnt; aber mit viel Beharrlichkeit gelingt es Kanji, einen positiven Entscheid herbeizuführen. Als der Spielplatz eingeweiht ist, setzt er sich dort abends glücklich auf eine Schaukel. Schnee fällt um ihn her; und er stirbt in diesem Moment einen friedlichen Tod.
Kurosawa hat hier, ganz ohne Sentimentalität, einen sehr menschlichen Film gedreht. Er zeigt das verzweifelte Bemühen eines alten Mannes, seinem Leben einen Sinn zu geben, etwas zu hinterlassen, das ihn überdauert, das von ihm zeugt. Und dabei wird in dem individuellen Schicksal auch das allgemeine Problem der Entfremdung am Arbeitsplatz deutlich. Der Film verzichtet auf vordergründige Effekte und erzählt seine Geschichte detailliert, breit und doch lebendig.

Iluminacja
(Illumination)

Polen, 1972

R: Krzysztof Zanussi; A: Krzysztof Zanussi; K: Edward Kłosiński; D: Stanisław Latałło, Monika Dzienisiewicz-Olbrychska, Małgorzata Pritulak, Edward Zebrowski

Der Film beginnt mit einem Statement von Professor Tatarkiewicz. Er spricht über die philosophische Interpretation des Begriffes »Illumination«. Anschließend wird der Held des Films, Franciszek (S. L.), vorgestellt, indem man ihn bei der Aufnahmeprüfung für die Universität in Warschau zeigt. Er beginnt zu studieren, setzt sich mit dem neuen Milieu auseinander und lernt Agnieszka (M. D. O.) kennen, in die er sich verliebt. Bei einem Ferienaufenthalt in den Bergen wird Franciszek durch den Tod eines Freundes erschüttert. Dann trifft er Małgorzata (M. P.). Als sie ein Kind von ihm erwartet, heiraten die beiden. Da Franciszek seine Familie nicht ernähren kann, unterbricht er sein Studium, arbeitet in einer Fabrik und stellt sich gegen Bezahlung für Versuche in einer psychiatrischen Klinik zur Verfügung. Aber Franciszek wird innerlich mit dem Leben nicht fertig. Er verläßt Frau und Kind und geht in ein Kloster, um Antworten zu suchen auf die Fragen, die ihn quälen. Schließlich kehrt er nach Hause zurück, beendet sein Studium und übersteht auch die politischen Unruhen an der Universität in War-

schau im März 1968. Franciszek promoviert und wird Universitäts-Assistent. Er kann sich jetzt eine bessere Wohnung leisten.
In seinem dritten Spielfilm (nach *Struktura kryształu* – Struktur des Kristalls, 1969, und *Zycie rodzinne* – Familienleben, 1970) schildert Zanussi die Entwicklungsgeschichte eines jungen Mannes vom Beginn des Studiums bis zu seinem 30. Lebensjahr. Er stellt die Stationen dieses Weges nebeneinander, zeigt die Zweifel und Anfechtungen des Helden wie ein kühler Beobachter. Immer wieder wird dabei Ernüchterung deutlich: Franciszek erkennt, daß die Wissenschaft versagt, wenn er nach dem Sinn des Lebens fragt, daß die Zwänge des Alltags stärker sind als seine Ideale. Diese Ernüchterung birgt jedoch allemal auch Einsicht in die Vielfalt des Lebens.
»Mit dem Titel ›Illumination‹ will ich unterstreichen, daß Anstrengungen des Denkens allein nicht genügen, um Erkenntnis, Illumination, zu gewinnen. Der Mensch muß viel erleben und erfahren, um sich der Wahrheit zu nähern. Wissen allein genügt nicht« (Krzysztof Zanussi).
Zanussi drehte seinen Film mit Laien, überwiegend an den Originalschauplätzen und weitgehend ohne Buch. Die Dialoge wurden bei den Dreharbeiten spontan aus den jeweiligen Situationen entwickelt.

Imitation of life

(Solange es Menschen gibt)

USA, 1959

R: Douglas Sirk; A: Eleanore Griffin und Allan Scott nach einem Roman von Fannie Hurst; K: Russell Metty; D: Lana Turner, John Gavin, Juanita Moore, Sandra Dee, Susan Kohner, Terry Burnham, Karen Dicker

Die verwitwete Schauspielerin Lora Meredith (L.T.) möchte um fast jeden Preis Karriere machen. Dafür verzichtet sie auf ein neues Liebesglück mit dem Fotografen Steve Archer (J.G.); dafür vernachlässigt sie ihre Tochter Susie (T.B.) und überläßt sie der Obhut ihrer farbigen Haushälterin Annie Johnson (J.M.). Annie hat eine Tochter in etwa gleichem Alter, Sarah Jane (K.D.), und die schämt sich ihrer Rasse und ihrer Mutter, zumal sie selbst hellhäutig genug ist, um auch als »Weiße« gelten zu können. Lora hat Erfolg; nach jahrelangem Kampf wird sie tatsächlich ein Star. Aber sie verliert dabei ihr privates Glück und vor allem die Liebe ihrer Tochter (S.D.), die mittlerweile die Universität besucht. Und auch Annie hat ihr Kind verloren: Sarah Jane (S.K.) ist Tänzerin geworden und gibt sich jetzt endgültig als »Weiße« aus. Annies Tod und ihr Begräbnis, das genau so aufwendig ist, wie sie es sich immer gewünscht hat, führen die drei Frauen noch einmal zusammen.
Der letzte Hollywood-Film von Douglas Sirk (Detlef Sierck) begeisterte Rainer Werner Fassbinder (»Ein großer, wahnsinniger Film vom Leben und vom Tod ...«) und viele Kritiker. Handwerklich ist auch dieses Melodram wieder nahezu perfekt gemacht. Aber seinen Originaltitel könnte man auch programmatisch für das gesamte Werk Sirks verstehen: Von den großen Melodramen seiner UFA-Zeit bis hin zu den leiser intonierten in Hollywood hat er allemal das Leben nicht dargestellt, sondern es in absoluter und gewollter Künstlichkeit imitiert. Über den Wert dieser »Imitationen« haben Kritiker in aller Welt heftig und ausdauernd gestritten. Sicherlich aber hat Sirk für die großen Gefühle, zu denen er sich bekannte, auch immer wieder angemessene Mittel der künstlerischen Gestaltung gefunden.

The immigrant Ⓢ

(Der Einwanderer)

USA, 1917

R: Charles Chaplin; A: Charles Chaplin; K: Rollie Totheroh; D: Charles Chaplin, Edna Purviance, Albert Austin

Auf einem Schiff bemerkt Charlie (C. C.), daß eine alte Frau und ihre Tochter (E. P.) beim Kartenspiel betrogen werden. Er fordert die Gauner zu einer Partie und mogelt noch geschickter als sie, so daß er das Geld wiedergewinnen und den Frauen zurückgeben kann. Aber der Zahlmeister hat ihn beobachtet und hält nun Charlie für einen Betrüger. In New York trifft Charlie das Mädchen, dessen Mutter unterdessen gestorben ist, wieder. Er möchte ihm helfen und es zum Essen einladen, denn er

hat ein Geldstück gefunden. Doch die Münze ist längst wieder durch ein Loch in seiner Hosentasche gerutscht. Und nun gibt es zwischen Charlie, dem Kellner und einem alten Landstreicher einen erbitterten Kleinkrieg um die Münze. Am Ende stellt sich jedoch heraus, daß das Geldstück falsch ist. Jetzt taucht ein Maler auf, der Sympathien für das Mädchen und für Charlie empfindet und beide einladen möchte. Aber Charlie wehrt ab. Endlich hat er einen Freund gefunden, und von dem möchte er nicht gleich profitieren. Er behauptet, er könne seine Rechnung selbst zahlen. Und das gelingt ihm schließlich sogar – mit Hilfe des großzügigen Trinkgelds, das der Maler auf den Tisch gelegt hat. Charlie und das Mädchen kommen unbehelligt davon und heiraten.
Wieder schwingen ernste Töne in der Komödie mit. In den Szenen auf dem Schiff spürt man die Bitterkeit des Auswanderer-Schicksals. Und die Szene mit der Münze macht trotz aller raffinierten Gags und ihrer Virtuosität auch deutlich, wie bitter ernst dies Spiel für die armen Teufel ist, die es spielen.

Das indische Grabmal (I und II) Ⓢ
(I. Teil: *Die Sendung des Yoghi*; II. Teil: *Der Tiger von Eschnapur*)

Deutschland, 1921

R: Joe May; A: Thea von Harbou und Fritz Lang nach dem gleichnamigen Roman von Thea von Harbou; K: Werner Brandes; D: Conrad Veidt, Mia May, Olaf Fönss, Erna Morena, Paul Richter

Der Maharadscha von Eschnapur (C. V.) will furchtbare Rache an seiner Frau (E. M.) nehmen, die ihn mit dem Engländer Mac Allen (P. R.) betrogen hat. Er will die Liebenden lebendig einmauern lassen. Aber der Ingenieur Herbert Rowland (O. F.) weigert sich, diesen Auftrag durchzuführen. Der Maharadscha versucht, ihn zu zwingen, indem er Rowlands Verlobte (M. M.) in seine Gewalt bringt. Zwar gibt Rowland nicht auf; aber letzten Endes scheitern alle seine Bemühungen, den unglücklichen Liebenden zu helfen. Mac Allen wird von Tigern zerrissen, die Ehebrecherin gibt sich selbst den Tod.
Ein naiver Abenteuerfilm, der eigentlich nur durch seine aufwendigen Bauten (Martin Jacoby-Boy, Otto Hunte, Erich Kettelhut, Karl Vollbrecht) Beachtung verdient.
Die publikumswirksame Vorlage wurde in der Tonfilmzeit von Richard Eichberg (1937) und Fritz Lang (1958) neu verfilmt.

The informer
(Der Verräter)

USA, 1935

R: John Ford; A: Dudley Nichols nach einem Roman von Liam O'Flaherty; K: Joseph H. August; D: Victor McLaglen, Preston Foster, Margot Grahame, Wallace Ford

Dublin während des irischen Freiheitskampfes. Gypo Nolan (V. ML.), ein naiver Riese, wird aus den Reihen der Freiheitskämpfer ausgestoßen. Nur Katie (M. G.), seine Geliebte, hält noch zu ihm. Für sie will er Geld beschaffen; er verrät seinen Freund Frankie (W. F.), auf dessen Kopf 20 Pfund gesetzt sind, an die Polizei. Seine früheren Gefährten verdächtigen ihn; aber Gypo beschuldigt Mulligan, der schon immer Frankies Feind gewesen sei. Dann geht er beruhigt in eine Kneipe, um sich zu betrinken. Zwei Männer sind ihm gefolgt und sehen, daß seine Zeche genau 20 Pfund beträgt. Gypo wird von einem »Gericht« der Freiheitskämpfer zum Tode verurteilt. Noch einmal kann er fliehen und sich bei Katie verbergen. Aber als Katie bei Gallagher (P. F.) um Gypos Leben bittet, schickt dieser ein Exekutionskommando aus. Gypo wird auf der Straße erschossen. Sterbend schleppt er sich in eine Kapelle, um seinen Frieden mit Gott zu machen.
John Ford hat seine Vorlage in düster-suggestiven Bildern gestaltet, die nicht selten an die »Kammerspiele« des deutschen Stummfilms erinnern. Lichteffekte verwandeln dunkle Straßen in drohende Schluchten und geben der realistischen Handlung einen »mystischen« Hintergrund; fast so, als habe John Ford seiner irischen Heimat ein magisches Denkmal setzen wollen.
Jules Dassin hat das Handlungsgerüst später für seinen Film *Uptight* (Black Power, 1968) übernommen, in dem die irischen Freiheitskämpfer durch eine militante Negerorganisation er-

setzt wurden. Aber das Rezept erwies sich als unbrauchbar; sein Film wurde zum oberflächlichen Spektakel.

Ingmarsarvet Ⓢ
(Ingmars Erbe / Die Erde ruft)

Schweden, 1925

R: Gustaf Molander; A: Ragnar Hyltén-Cavallius und Gustaf Molander nach dem Roman *Jerusalem* von Selma Lagerlöf; K: J. Julius; D: Lars Hanson, Märta Halldén, John Ekman, Mathias Taube, Mona Martenson, Conrad Veidt, Jenny Hasselqvist

Fortsetzung der Filme *Ingmarssönerna* (1918) und *Karin Ingmarsdotter* (1919) von Victor Sjöström: Nachdem Elias (J. E.), der trunksüchtige Mann von Karin Ingmarsdotter (M. H.), gestorben ist, heiratet Karin Halfvor (M. T.), der schon vor ihrer Hochzeit mit Elias um sie geworben hatte. Karin und Halfvor geraten unter den Einfluß des Sektierers Hellgum (C. V.), der rund 150 Leute aus Dalarne dazu bringt, mit ihm nach Jerusalem zu ziehen. Unter ihnen sind auch Karin und Halfvor. Karins Sohn Ingmar, der mit Gertrud (M. M.), der Tochter des Schulmeisters, verlobt ist, bleibt in Dalarne, nachdem der Gemeindevorsteher ihm seine Tochter Barbro (J. H.) und den durch Elias' Mißwirtschaft verlorenen Ingmarshof angetragen hat. Gertrud geht allein mit nach Jerusalem.
Auch Molanders Film brachte die schwedische Landschaft und das bäuerliche Milieu geschickt ins Bild. Trotz unleugbarer Qualitäten erreichte er jedoch nicht die Kraft und die Intensität der ersten, von Sjöström gedrehten Teile.
Den letzten Teil des Romans verfilmte Molander im folgenden Jahr unter dem Titel *Till Österland*.

Ingmarssönerna (I und II) Ⓢ
(Die Ingmarssöhne – I und II / Abseits von den Wegen der Menschen)

Schweden, 1918

R: Victor Sjöström; A: Victor Sjöström nach dem Roman *Jerusalem* von Selma Lagerlöf; K: Julius Jaenzon; D: Victor Sjöström, Harriet Strindberg-Bosse, Tore Svennberg, Hildur Carlberg

Die Verfilmung der ersten Kapitel von Selma Lagerlöfs Roman. Im Mittelpunkt steht das Schicksal Britas (H. S. B.), die ihr neugeborenes Kind tötet, weil ihr Geliebter, Ingmar (V. S.), sie nicht heiraten will. Ingmar erkennt seinen Fehler und bittet sie nach ihrer Entlassung aus dem Gefängnis um ihre Hand. Ihre Liebe überwindet alle Hindernisse.
Ursprünglich plante Victor Sjöström, den zweiteiligen Roman von Selma Lagerlöf in fünf abendfüllenden Filmen nachzuerzählen. Alle fünf Teile sollten zusammen eine Laufzeit von 7 Stunden haben. Aber Sjöström konnte seinen Plan nicht verwirklichen. Er drehte den zweiteiligen Film *Ingmarssönerna* und im Jahr darauf *Karin Ingmarsdotter*, dann ging er nach Hollywood. Gustaf Molander vollendete deshalb den *Jerusalem*-Zyklus Jahre später mit den Filmen *Ingmarsarvet* (1925) und *Till Österland* (1926).
Ingmarssönerna zählt zu den Höhepunkten des skandinavischen Stummfilms. Sjöström erzählte seine Geschichte in raffiniert komponierten Bildern, er fügte die schwedische Landschaft als Wirkungselement überzeugend in seinen Film ein, und seine bildkräftige Phantasie verarbeitete auch Trickszenen nahtlos in die Dramaturgie seines Stoffes. Als Ingmar nach der schrecklichen Tat seiner Geliebten sie zu verstehen sucht, klettert er auf einer riesigen Leiter in den Himmel, um bei seinen Vorfahren Rat zu suchen. Sie empfehlen ihm, Brita zu verzeihen. Trotz des Einsatzes ausgeklügelter filmischer Mittel erreichte Sjöström in dieser Szene außerordentliche Schlichtheit und Selbstverständlichkeit. Diese Art der Darstellung des Übersinnlichen findet man später im schwedischen Film häufiger.

In jenen Tagen

BRD, 1947

R: Helmut Käutner; A: Helmut Käutner, Ernst Schnabel; K: Igor Oberberg; D: Erich Schellow, Gert Schaefer, Winnie Markus, Werner Hinz, Karl John, Gisela Tantau, Franz Schafheitlin, Hans Nielsen, Alice Treff, Willy Maertens, Ida Ehre, Erica Balqué, Hermann Speelmans, Fritz Wagner, Isa Vermehren, Margarete Haagen, Carl Raddatz, Bettina Moissi, Eva Gotthardt

Unmittelbar nach dem Krieg schlachten zwei Mechaniker (E. S., G. S.) ein altes Auto aus. Das Auto erzählt ihnen in sieben Episoden seine Geschichte.
1. Sybille (W. Mar.) entscheidet sich am 30. Januar 1933, dem Tag der »Machtergreifung«, für den Mann (W. H.), der als Verfolgter ins Ausland gehen muß.
2. Ein junges Mädchen (G. T.) entdeckt, daß die Mutter (A. T.) den geliebten Vater (F. S.) betrügt. Ihre Rachepläne verfliegen, als sie erfährt, daß der Geliebte (H. N.) der Mutter als Komponist »entarteter Musik« verfolgt wird.
3. Ein älteres Ehepaar (I. E., W. Mae.) geht gemeinsam in den Tod, als die Bedrohung für die jüdische Ehefrau offenbar wird.
4. Dorothea Wieland (E. B.) erfährt, daß ihr Mann der Geliebte ihrer Schwester (E. G.) und zusammen mit ihr Mitglied einer Widerstandsbewegung ist. Nachdem der Mann von der Gestapo ermordet worden ist, warnt Dorothea ihre Schwester und läßt sich an ihrer Stelle verhaften.
5. Zwei deutsche Soldaten, ein Offizier (F. W.) und sein Fahrer (H. S.), auf einer russischen Straße. Bei einem Partisanenüberfall wird der Fahrer getötet.
6. Nach dem 20. Juli 1944 versucht das tatkräftige Dienstmädchen Erna (I. V.), die alte Frau von Thorn (M. H.), deren Sohn an der Verschwörung beteiligt war, aus Berlin fort und in Sicherheit zu bringen. Doch das Auto wird angehalten, die alte Frau verhaftet.
7. Der Krieg geht zu Ende. Entgegen seinem Befehl bringt der Kradmelder Josef (C. R.) das Flüchtlingsmädchen Maria (B. M.) und ihr Kind nach Hamburg, anstatt auf dem kürzesten Weg zur Truppe zurückzukehren. Er wird festgenommen und soll als Deserteur verurteilt werden. Aber ein mitleidiger Posten läßt ihn fliehen.

Einer der ersten westdeutschen Nachkriegsfilme und für lange Zeit der gewichtigste. Die Zeit für Analysen war damals wohl noch nicht gekommen; so steht auch die episodische Struktur für das Fragmentarische des Neubeginns. In sieben Episoden begegnet man Menschen, die der Zeit ausgeliefert waren, die an ihr scheiterten, wobei mit Vertreibung, Arbeitsverbot, rassischer Verfolgung, Widerstand, Krieg u. a. wesentliche politische Stationen des NS-Reiches angesprochen werden. Käutner verstand seinen Film wohl als Plädoyer für die Menschlichkeit; und entsprechend ist er am überzeugendsten dort, wo das Menschliche und das Atmosphäri-

In jenen Tagen (Fritz Wagner, Hermann Speelmans)

sche deutlich im Vordergrund stehen. In der 3. Episode zum Beispiel skizziert er mit knappen Strichen eine verbrauchte, beinahe zerrüttete Ehe, die sich aber im Augenblick der Gefahr als unverletzbar erweist. Mißlungen ist dagegen der aufgesetzte Symbolismus der letzten Episode.

L'innocente

(L'innocente – Die Unschuld)

Italien/Frankreich, 1976

R: Luchino Visconti; A: Suso Cecchi d'Amico, Enrico Medioli und Luchino Visconti nach dem Roman *L'innocente* von Gabriele d'Annunzio; K: Pasqualino De Santis; D: Giancarlo Giannini, Laura Antonelli, Marc Porel, Jennifer O'Neill

Tullio Hermil (G. G.), ein römischer Graf, hat sich sein Leben rücksichtslos und egoistisch eingerichtet. Er mißachtet die Liebe seiner Frau Giuliana (L. A.), ist der Geliebte der Gräfin Raffo (J. ON.) und macht sich nicht einmal die Mühe, dieses Verhältnis vor seiner Frau und der Gesellschaft geheimzuhalten. Giuliana lernt eines Tages den Schriftsteller Filippo d'Arborio (M. P.) kennen und verliebt sich in ihn. Und diese Liebe macht sie stärker und selbstbewußter. Vielleicht ist es diese Veränderung, die Tullios Aufmerksamkeit erregt. In einer Mischung aus Eifersucht und Bewunderung nähert er sich seiner Frau erneut; und da d'Arborio unterdessen an einer Infektionskrankheit gestorben ist, findet das Paar erneut zusammen. Tullio akzeptiert zunächst sogar, daß seine Frau aus ihrer Liaison ein Kind erwartet. Aber auf die Dauer erträgt es sein Stolz nicht, Giulianas Liebe mit dem Kind eines anderen zu teilen. Giuliana indessen weigert sich, auf ihr Kind zu verzichten. So faßt Tullio einen mörderischen Entschluß. In der Weihnachtsnacht, während die Dienstboten und seine Familienangehörigen die Christmette besuchen, setzt er den hilflosen Säugling der eisigen Kälte aus. Das Kind stirbt. Aber durch diese Tat verliert Tullio auch seine Frau, die ihm ins Gesicht sagt, sie sei nur bei ihm geblieben, um dem Kind ein Heim und Sicherheit zu verschaffen. Und da seine Geliebte sich ebenfalls von ihm gelöst hat, erschießt er sich.

Auch in seinem letzten Film unterzieht Visconti eine vergangene Epoche einer kritischen Analyse. Aber ähnlich wie der Fürst Salinas in *Il gattopardo* ist auch Tullio Hermil Kind und Opfer seiner Zeit, ein Mann, dem wenn nicht Absolution, so doch mildernde Umstände zugestanden werden können. Tullio macht die Privilegien seines Standes geltend, die ihm ganz selbstverständlich eingeräumt werden. Als die Liebe zu seiner Frau ihn (wieder) überfällt, als er diese Liebe gegen alle Vorurteile verwirklichen will, da erweist sich, daß er für ein Leben ohne den schützenden Halt dieser Privilegien nicht gerüstet ist. Er tötet das Kind, das fleischgewordene Zeugnis der Untreue seiner Frau, des Verlustes seiner Ehre, seiner Privilegien. Und als er erkennt, daß er auch mit dieser Tat die Zeit nicht zurückdrehen kann, tötet er sich selbst. Damit tritt Tullio Hermil in den Reigen jener Viscontischen Helden, denen der Schritt aus einer überholten Vergangenheit nicht gelingt, die scheitern, weil ihre Zeit vorbei ist und sie sich in eine neue Zeit nicht einfügen können. Sein Selbstmord wird so zum Verdikt Viscontis über eine Epoche, deren Glanz und Eleganz er im schönen Schein prunkvoller Dekors und höfischer Feste mit Bewunderung und Leidenschaft eingefangen hat. Wieder macht er die Lust der Menschen an ihrer Gegenwart deutlich und demonstriert gleichzeitig, daß sie keine Zukunft mehr haben.

I.N.R.I. Ⓢ

Deutschland, 1923

R: Robert Wiene; A: Robert Wiene nach einem Roman von Peter Rosegger; K: Axel Graatkjaer, Ludwig Lippert, Reimar Kuntze; D: Henny Porten, Werner Krauß, Gregori Chmara, Asta Nielsen, Alexander Granach

Robert Wiene verfilmte die Leidensgeschichte Christi mit einem beachtlichen Aufgebot prominenter Darsteller: Der Russe Gregori Chmara als Christus, Henny Porten als Maria, Werner Krauß als Pontius Pilatus, Asta Nielsen als Maria Magdalena, Alexander Granach als Judas usw.

Der Stil des Films war deutlich angelegt auf das dekorative Arrangement, das sich an bekannten Darstellungen aus der bildenden Kunst orien-

tierte, und auf die Wirkung monumentaler Massenszenen, z. B. bei der Bergpredigt und beim Einzug in Jerusalem.
Die Kritik war damals fast einhellig positiv, wobei ein Argument aus der Besprechung der »Frankfurter Zeitung« interessant ist: »Die große und eigentliche Wirkung des Films aber, der die Welt erobern müßte, liegt im Wesen des so oft geschmähten Kinos selbst: nämlich in seiner Stummheit, in dem großen Schweigen, das über den sieben Akten ruht.« In der Tat hat ja später bei vielen tönenden Bibelfilmen das hohle Pathos des Dialogs oft stärker gestört als die meistens etwas ausgewogenere optische Gestaltung.

Interiors
(Innenleben)

USA, 1978

R: Woody Allen; A: Woody Allen; K: Gordon Willis; D: Kristin Griffith, Marybeth Hurt, E. G. Marshall, Diane Keaton, Geraldine Page, Maureen Stapleton, Richard Jordan

Die wichtigsten Ereignisse sind bereits geschehen, wenn der Film beginnt; sie werden von den Beteiligten in Erzählungen und Monologen, die teilweise direkt an das Publikum gerichtet sind, referiert. Arthur (E. G. M.), ein angesehener Jurist von gut sechzig Jahren, bricht endlich aus seiner Ehe aus. Er verläßt seine Frau Eve (G. P.), eine erfolgreiche Innenarchitektin, und seine drei Töchter und heiratet die naive, aber warmherzige Pearl (M. S.). Bei ihr findet er die Geborgenheit, die er in seiner Ehe stets vermißt hat; denn Eve ist eine kalte, dominierende Frau, die auch ihre Familie nach ihren Vorstellungen »gestalten« möchte. Kein Wunder, daß die Töchter ebenfalls von dieser beherrschenden Mutterfigur geformt und verformt sind. Die erfolgreiche Lyrikerin Renata (D. K.) dominiert ihren Mann (R. J.) genauso, wie sie es ihrer Mutter abgesehen hat; Flyn (K. G.) ist eine bekannte Schauspielerin, aber nur noch ein Produkt ihrer Karriere; und Joey (M. H.) leidet darunter, daß sie mangels künstlerischer Kreativität die Erwartungen ihrer Mutter nicht erfüllt hat. Aus dieser modernen Hölle flieht Arthur und stürzt damit seine Frau in eine schwere Identitätskrise. Sie kann nicht zugeben, daß sie versagt hat. Sie darf nicht verlieren – und schon gar nicht gegen eine Frau wie Pearl. So klammert sie sich an die Hoffnung, daß ihr Mann zu ihr zurückkehren wird. Als Arthur heiratet und ihre Niederlage damit besiegelt ist, bringt sie sich um.
Der Komiker Woody Allen hat hier ein psychologisches Drama geschaffen, dessen »klassischen Zuschnitt« manche Kritiker mit den Werken von O'Neill und Ibsen verglichen haben; ein anderer nannte diesen Film »Amerikas Antwort auf Ingmar Bergmans *Szenen einer Ehe*«. In der Tat gelang Allen hier ein Film von großer Sensibilität und Präzision. Dabei sind Inhalt und Form von seinen anderen, von den »komischen« Filmen gar nicht so sehr verschieden. Wieder geht es um den inneren Konflikt zwischen Intellekt und verkümmertem Gefühlsleben, der am laufenden Band *Stadtneurotiker* (so der Titel von Allens vorhergehendem Film) kreiert. Wieder spielt die Umwelt eine wichtige Rolle, nur daß Allen sie hier vornehmlich auf kalte, halbdunkle Wohnräume reduziert, die von den handelnden Personen gestaltet worden sind und damit ihre innere Kälte ganz direkt spiegeln. Vor diesem Hintergrund wirkt Pearl in ihren bunten Kleidern wie ein Fremdkörper; für Arthur, der sie im Urlaub, fern von der bedrükkenden Atmosphäre seines sogenannten Heims kennengelernt hat, muß sie wie eine Verheißung aus einer schönen fremden Welt erschienen sein. So greifen hier auch die scheinbar nebensächlichen Details der Gestaltung ineinander und fügen sich zu einem Bild, das Detailtreue mit Tiefenschärfe vereint.

Intolerance Ⓢ
(Intoleranz / Die Tragödie der Menschheit)

USA, 1916

R: David Wark Griffith; A: David Wark Griffith; K: G. W. Bitzer, Karl Brown; D: Lillian Gish, Mae Marsh, Robert Harron, Howard Gaye, Lillian Langdon, Margery Wilson, Eugene Pallette, Constance Talmadge, Elmer Clifton, Alfred Paget

Der Film besteht aus vier Episoden, die aber nicht in geschlossenen Kapiteln, sondern gleichsam parallel erzählt werden. Als roter Faden zieht sich durch die Handlung das Bild einer

jungen Frau (L. G.), die eine Wiege schaukelt. Später ändert sich die Beleuchtung der Einstellung, und im Hintergrund werden drei alte Frauen sichtbar, die an Spinnrädern sitzen.
Die »moderne Episode«, die auch unter dem Titel *The mother and the law* (Die Mutter und das Gesetz) bekannt geworden ist, spielt 1914. Sie behandelt den sozialen Konflikt zwischen Unternehmern und Arbeitern. Und wie in allen anderen Episoden auch, spielt sich vor diesem Hintergrund ein individuelles Schicksal ab: Der Junge (R. H.) gerät, arbeitslos, auf die schiefe Bahn und wird unschuldig des Mordes verdächtigt. Er kommt in die Todeszelle, wird aber in letzter Minute befreit und kehrt zu seiner Frau (M. M.) zurück. – Die »jüdische Episode« spielt im Jahr 27 n. Chr. Sie interpretiert die Verschwörung der Pharisäer gegen Jesus (H. G.) als ein Beispiel für religiöse Intoleranz und rücksichtsloses Machtstreben. – Die »mittelalterliche Episode« behandelt die Bartholomäusnacht 1572. »Brown eyes« (M. W.), ein junges Hugenottenmädchen, wird von fanatischen Glaubenskämpfern vergewaltigt und stirbt in den Armen des Geliebten (E. P.). – Die »babylonische Episode« schildert die Eroberung Babylons (539 v. Chr.) durch die Perser. König Belsazar (A. P.) scheitert am raffinierten Intrigenspiel der Priester, die politische Liberalisierung und religiöse Neuerungen befürchten. »Mountain girl« (C. T.) und der Mann (E. C.), der sie geliebt hat, sterben während der Eroberung der Stadt.
In einem Epilog beschwor Griffith mit einer suggestiven Montage künftige Katastrophen – die Bombardierung New Yorks in einem Krieg, Vernichtung, Zerstörung. Dem stellte er eine Vision des Friedens gegenüber und formulierte seine Mission in einem Zwischentitel: »Und vollkommene Liebe wird den ewigen Frieden bringen!«
Noch bevor *The birth of a nation* (1915) herausgebracht worden war, drehte Griffith *The mother and the law* als selbständigen Film. Erst als der Film völlig fertiggestellt war, entschloß sich Griffith, ihn als eine Episode in *Intolerance* einzubauen. Nach dem finanziellen Mißerfolg seines Mammutfilms wurden *The mother and the law* und gelegentlich auch die babylonische Episode als selbständige Filme gespielt.
Intolerance wurde in jeder Hinsicht ein Mammut-Unternehmen. Griffith ließ am Rand des damaligen Hollywood die größten Dekorationen aufbauen, die bis heute für einen Film errichtet wurden. Rund 70 Meter hoch waren die massiven Türme Babylons; Belsazars Festhalle faßte mehr als 5000 Menschen. In einer Kampfszene in der babylonischen Episode befehligte er von einem Ballon aus 16000 Komparsen.
Die Vorführdauer des Films betrug rund 3½ Stunden, wobei Griffith die Dreharbeiten wieder ohne Drehbuch bewältigte. Dafür beschäftigte er sechs Regieassistenten: George Siegman, W. S. Van Dyke, Joseph Henabery, Erich von Stroheim, Edward Dillon und Tod Browning. Nebenbei spielten sie fast alle auch kleinere Rollen.
Das ehrgeizige Unternehmen wurde ein finanzielles Fiasko. Sicher fand der leidenschaftliche, wenn auch stellenweise recht naive Aufruf zur Toleranz und zum Frieden im Jahr 1916 weder in den USA noch in Europa ein sonderlich aufgeschlossenes Publikum. Aber auch die Kritiker blieben kühl. Fast alle zogen *The birth of a nation* vor, viele monierten die »seltsame« oder »schier unverständliche« Erzählstruktur. Zweifellos war es ungewohnt und kühn, die einzelnen Episoden miteinander zu vermischen, anstatt sie säuberlich hintereinander zu erzählen. Griffith wollte damit wohl seinem Appell noch mehr Nachdruck verleihen. Während zunächst der Schnitt und damit der Wechsel zwischen den einzelnen Episoden eher gemächlich war, wird der Rhythmus des Films später immer schneller und erregender bis zum Höhepunkt: der »Junge« wird in die Todeszelle geführt, Christus wird gekreuzigt, die Hugenotten werden hingemetzelt, Babylon fällt . . .
Im späteren Verlauf der Filmgeschichte hat *Intolerance* trotzdem einen beträchtlichen Einfluß ausgeübt. Seine Montage-Technik hat den Stil Pudowkins und Eisensteins beeinflußt. Der Pomp der babylonischen Episode hat vor allem im eigenen Land Nachahmer auf den Plan gerufen. Hier wurde u. a. Cecil B. DeMille der lachende Erbe, der das Kapital von Griffith in kleiner Münze unter die Leute brachte. Später verpflichtete DeMille übrigens Griffith, um einzelne Sequenzen für seine Filme *The Ten Commandments* (Die zehn Gebote, 1923) und *The king of kings* (1927) zu inszenieren.
Nachahmer im eigenen Land fand auch die moderne Episode, *The mother and the law*. Ihr

nüchterner Realismus, verbunden mit den scharf pointierten Kontrasten zwischen den Milieus der Armen und Reichen, die ungeschminkte Schilderung einer brutalen Polizeiaktion gegen streikende Arbeiter – das alles hat zweifellos die späteren sozialkritischen Filme Hollywoods beeinflußt.

The iron horse Ⓢ

(Das Feuerroß)

USA, 1924

R: John Ford; A: Charles Kenyon, John Russell; K: George Schneiderman, Burnett Guffey; D: George O'Brien, Madge Bellamy, Cyril Chadwick, James Gordon, Winston Miller

Davy Brandon sen. (J. G.) träumt vom Bau der großen transamerikanischen Eisenbahn. Bei dem Versuch, eine Trasse für die Eisenbahn zu erkunden, wird er von Indianern getötet; sein kleiner Sohn (W. M.) kann sich retten. – Zwanzig Jahre später ist die Eisenbahnlinie im Bau. Der leitende Ingenieur Jesson (C. C.) ist mit Miriam (M. B.), der Jugendgespielin des kleinen Davy Brandon, verlobt. Jesson hat sich bestechen lassen, die Trasse so zu legen, daß ein Großgrundbesitzer dabei riesige Geschäfte machen kann. Da taucht Davy Brandon jr. (G. OB.) auf. Er erinnert sich an die Abkürzung, die sein Vater kurz vor seinem Tod gefunden hat. Als er ahnungslos Jesson diese Strecke zeigen will, versucht dieser, ihn zu töten. Davy entkommt, enthüllt Jessons Machenschaften, wird neuer Bauleiter und gewinnt Mary.

Ford hat diesen Film mit beträchtlichem Aufwand gedreht. Aber dabei ist ihm sein Film nicht zur Wildwest-Oper geraten. Er hat die weite Landschaft und viele realistische Details zu überzeugenden Bestandteilen der Handlung gemacht und eine glückliche Mischung von historischer Selbstdarstellung und Abenteuerdrama gefunden.

Iskanderija ... lih?

(Alexandria ... warum?)

Ägypten/Algerien, 1978

R: Youssef Chahine; A: Youssef Chahine, Mohsen Zayed; K: Mohsen Nasr; D: Mohsen Mohiedine, Naglaa Fathi, Farid Chawky, Ezzat el Alayli, Gerry Sundquist

Alexandria im Jahr 1942. Britische Truppen stehen im Land, Rommels Armee vor den Toren. In dieser unsicheren und unübersichtlichen Zeit sucht der achtzehnjährige Yehia (M.M.) einen Weg ins Leben. Er gehört zum ärmeren Zweig einer angesehenen Familie. Sein Vater ist ein Rechtsanwalt, der zu viele Skrupel hat, um Karriere zu machen. So kann Yehia zwar eine exklusive Schule besuchen, doch mehr als eine Banklehre scheint die Zukunft für ihn nicht bereitzuhalten. Yehia aber träumt von ganz anderen Dingen: von Esther Williams, von Hollywood, vom Film. Heimlich hat er sich um ein Stipendium am Pasadena Playhouse beworben; als Regisseur und Darsteller bei einer Schüleraufführung, die die politischen Tagesereignisse kabarettistisch spiegelt, versucht er vergeblich, sich für eine Film-Karriere zu profilieren. Schließlich sitzt er wirklich hinter einem Bankschalter. Doch eines Tages kommt die Nachricht, daß Yehia sein USA-Stipendium bekommen hat. Während die reichen Verwandten indigniert ihre Geldsorgen diskutieren, kratzt die Familie das letzte Geld zusammen und bezahlt Yehias Überfahrt nach New York, wo die Freiheitsstatue (in einer Trickaufnahme) ihn mit einem schiefen Lächeln begrüßt.

Diese stark autobiographisch gefärbte Entwicklungsgeschichte ist nur der rote Faden für die facettenreiche Chronik einer unruhigen Zeit. Im Schicksal Yehias und seiner Freunde erlebt man die Bedrohung durch den Krieg, den Umbruch in der ägyptischen Gesellschaft, das Ende einer kosmopolitischen Idylle, die einmal das Leben in Alexandria bestimmt hat.

Chahine, wohl der bedeutendste ägyptische Regisseur, zeichnet die Atmosphäre der Vergangenheit nicht nur kunstvoll nach. Er spiegelt sie auch in seiner oftmals hektischen, dann wieder lyrischen Erzählstruktur, in der Unbekümmertheit, mit der er Disparates zusammenzwingt und so verdeutlicht, welche Fülle von Eindrükken und Erlebnissen seinen Helden bedrängt. Da gibt es die erste Liebe, familiäre Konflikte und harmlose Pennälerstreiche; aber es gibt auch Tote, das Komplott einer nationalistischen Gruppe gegen die Engländer, den Traum von politischer Freiheit und die erste Ahnung des israelisch-arabischen Konfliktes. Dies alles dis-

kutiert der Film nicht wortreich; er demonstriert es in präzisen Episoden, oft nur in kleinen Handlungspartikeln, die sich im Kopf des Betrachters zu einem unterhaltsamen und informativen Mosaik fügen.
Die Geschichte Yehias, seine eigene also, hat Chahine weitererzählt in dem Film *Hadduta misrija* (Eine ägyptische Geschichte, Ägypten 1982), in dem aus dem Stipendiaten ein erfolgreicher Filmregisseur geworden ist, der durch eine Krankheit in eine menschliche und künstlerische Krise gerät.

It happened one night

(Es geschah in einer Nacht)

USA, 1933

R: Frank Capra; A: Robert Riskin nach der Kurzgeschichte *Night bus* von Samuel Hopkins Adams; K: Joseph Walker; D: Clark Gable, Claudette Colbert, Walter Connolly, Jameson Thomas

Die Millionärstochter Ellie Andrews (C. C.) heiratet gegen den Willen ihres Vaters (W. C.) den Glücksritter King Westley (J. T.) und wird kurzerhand von Privatdetektiven auf die Jacht ihres Vaters gebracht. Aber sie reißt aus und trifft im »Nachtbus« nach New York den hartgesottenen Reporter Peter Warne (C. G.), dem sein Chefredakteur nach einem Disput über seine Trinkgewohnheiten soeben gekündigt hat. Als Warne bei einem Aufenthalt entdeckt, daß sein ungeselliger Sitznachbar 10000 Dollar wert ist, die Mr. Andrews für das Auffinden seiner Tochter bietet, wittert er eine »Story«. Vor zwei mißtrauischen Detektiven provoziert er Ellie so geschickt, daß die Männer Zeugen eines, wie sie meinen, klassischen Ehestreites werden und anderweitig Ausschau halten. Einen Mitreisenden, der Ellie ebenfalls erkannt hat, schreckt er mit dem Hinweis, er sei Mitglied einer Gangsterbande, die Ellie entführt habe. Schließlich setzen die »Flüchtlinge« ihren Weg zu Fuß und per Anhalter fort. Dabei verlieben sie sich allmählich ineinander. Doch ein Mißverständnis zögert das Happy-End hinaus. Als Warne die schlafende Ellie verläßt, um seine »Story« zu verkaufen, glaubt sie, er wolle das »Kopfgeld« ihres Vaters kassieren, und kehrt freiwillig nach Haus zurück. Ihr Vater läßt die Ehe annullieren; Ellie besteht auf einer zweiten Hochzeit. Aber bei ihrer feierlichen »Wiederverheiratung« mit Mr. Westley taucht Warne auf; und Mr. Andrews persönlich ermuntert seine Tochter zur Flucht vor den Hochzeitsgästen und dem Ehemann.
Die Columbia hielt wenig von diesem Film und brachte ihn ohne große Werbung in die Kinos. Auch die Kritik war zunächst zurückhaltend; doch die Mundpropaganda machte *It happened one night* zu einem sensationellen Erfolg. Am Ende war dies der einzige Film, der jemals alle fünf »Haupt-Oscars« (bester Film, Regie, Buch, beide Hauptdarsteller) erhielt. Er wurde zum Vorbild für eine ganze Serie ähnlicher Charakterkomödien, der sogenannten »screwball comedies«, die in den dreißiger Jahren in Hollywood populär waren.
Capra und Riskin haben ein intelligentes Lustspiel geschaffen, das die großen romantischen Gefühle ironisiert, indem es die alltäglichen Mißverständnisse in einfallsreichen Dialogen und treffsicheren Pointen wirkungsvoll ausspielt. Einzelne Szenen des Films gewannen legendären Ruhm. So die gemeinsame Übernachtung von Warne und Ellie in einem Motel, wo sie sich als jungverheiratetes Paar ausgeben und wo Warne das Zimmer durch eine aufgehängte Decke züchtig und zynisch zugleich in zwei Hälften teilt.
Eine Kuriosität am Rande: Der Film wird viel zitiert als Beweis für die Leitbild-Funktion des Films und seiner Stars. Als Gable sich auszog, brachte er der amerikanischen Wäsche-Industrie einen meßbaren Umsatz-Rückgang. Das schockierte Publikum sah, daß er kein Unterhemd trug, und Millionen von Amerikanern wollten es ihm gleichtun.

It's a wonderful life

(Ist das Leben nicht schön?)

USA, 1946

R: Frank Capra; A: Frances Goodrich, Albert Hackett, Frank Capra; K: Joseph Walker, Joseph Biroc; D: James Stewart, Donna Reed, Lionel Barrymore, Thomas Mitchell, Henry Travers

Just am Weihnachtsabend herrscht im Himmel Bestürzung. Ein gewisser George Bailey (J. S.) wünscht sich, er wäre nie geboren, und ist drauf

und dran, Selbstmord zu begehen. Clarence Oddbody (H. T.), der diensthabende Engel, soll ihm helfen und wird über seine Probleme informiert. Eigentlich wollte George große Brücken und Häuser bauen; aber nach dem plötzlichen Tod seines Vaters ist er in Bedford Falls geblieben und hat zusammen mit Onkel Billy (T. M.) Vaters kleine Bausparkasse weitergeführt. Gegen den zähen Widerstand des reichen Mr. Potter (L. B.) hat er Häuser für die kleinen Leute gebaut. Aber nun hat Onkel Billy 8000 Dollar, die er bei der Bank einzahlen sollte, verloren. Das Geld ist Mr. Potter in die Hände gefallen, und dieser glaubt sich endlich am Ziel seiner Wünsche. Denn ein Revisor prüft gerade die Bücher der Bausparkasse, und wenn die 8000 Dollar nicht aufgetrieben werden, muß George höchstwahrscheinlich wegen Veruntreuung ins Gefängnis wandern. Auf jeden Fall aber wird die Bausparkasse in Konkurs gehen. George ist verzweifelt. Doch in diesem Augenblick taucht, in der Gestalt eines gutmütigen älteren Herrn, Clarence auf. Nachdem gutes Zureden nicht hilft, hat er eine geniale Idee: Dank himmlischer Unterstützung führt er George vor Augen, was aus den Menschen, die er liebt, und aus Bedford Falls geworden wäre, wenn George wirklich nie gelebt hätte. Und damit treibt er seinem Klienten den Wunsch, niemals geboren zu sein, gründlich aus. George läuft nach Hause zu Frau (D. R.) und Kindern, wo allerdings auch die Buchprüfer schon warten. Nun geschieht ein zweites, ein irdisches »Wunder«: Onkel Billy hat alle seine Freunde alarmiert, und die kleinen Leute haben, Dollar für Dollar, den Fehlbetrag gespendet.
Ein typischer Capra-Film. Typisch in seinem optimistischen Glauben an das Gute im Menschen und die Kraft der Solidarität; typisch auch in der einfallsreichen Machart, die realistische und märchenhafte Motive mit Geschick und Geschmack verbindet. Dabei hat Capra seine Geschichte wieder auf dem schmalen Grat zwischen Humor und Gefühl angesiedelt, wobei er reine Sentimentalität geschickt vermeidet, indem er gefühlvolle Szenen fast immer mit einem ironischen Gag gleichsam augenzwinkernd beendet.

Iwan grosny (I und II)

(Iwan der Schreckliche – I und II)

UdSSR, 1944–46

R: Sergej Eisenstein; A: Sergej Eisenstein unter Mitarbeit von B. Sweschnikow und L. Indenbom; K: Andrej Moskwin, Eduard Tissé; D: Nikolai Tscherkassow, Serafima Birman, Pawel Kadotschnikow, Ludmilla Zelikowskaja

I. Teil: Mit 17 Jahren wird Iwan (N. T.) gekrönt. Als erster russischer Herrscher nimmt er den Titel »Zar« an, mit dem damals in Rußland die Kaiser von Rom und Konstantinopel bezeichnet wurden. Im Kampf um die nationale Einheit erobert er Kasan und Astrachan. Seine Gegner unter den mächtigen Bojaren bekämpft er durch die Gründung einer neuen Lehnsaristokratie. Es sind die Opritschnina, Soldaten, die er für ihre Verdienste mit Ländereien belohnt und die ihm blind ergeben sind. Mitten in diesem Kampf trifft ihn ein schwerer Schlag: Seine Frau (L. Z.) wird ermordet. Iwan zieht sich in ein Kloster zurück. Aber in einer großen Bittprozession wallfahrtet das Volk zu ihm und bittet ihn, auf den Thron zurückzukehren.
II. Teil: Iwan kehrt nach Moskau zurück, wo die Bojaren seine Politik weiterhin bekämpfen. Sie finden mächtige Bundesgenossen in Iwans Tante Jefrosinia (S. B.) und in der Kirche, deren Vertreter ihn öffentlich als Ketzer anklagen. Jefrosinia will Iwan ermorden lassen, um ihren geistig zurückgebliebenen Sohn Wladimir (P. K.) zum Zaren zu machen. Aber bei einem Gelage kleidet Iwan den angstvoll-unentschlossenen Wladimir spottend in die Zarengewänder; so fällt durch eine Verwechslung Jefrosinias Sohn dem Mörder zum Opfer, den sie für Iwan gedungen hat. Der Zar greift nun zu immer härteren Mitteln, um seine Politik durchzusetzen. Mehr und mehr wird aus dem »großen« jetzt der »schreckliche« Iwan.
Eisenstein hatte seinen Film als Trilogie geplant. Der erste Teil zeigt Iwan als selbstbewußten Monarchen, als siegreichen russischen Helden. Für diesen Film wurde Eisenstein mit dem Stalin-Preis ausgezeichnet. Der zweite Teil schildert, wie Iwan Intrigen und Attentate seiner Gegner mit blutigem Terror bekämpft; das paßte 1946 nicht in das offizielle Geschichtsbild. Man glaubte wohl gar, Anspielungen auf den Terror Stalins zu erkennen. Das Zentralkomitee der Partei befaßte sich mit dem Film und

Iwan grosny
(Michail Scharow,
Nikolai Tscherkassow)

verdammte ihn am 4. September 1946 in einer öffentlichen Resolution.
Eisenstein übte Selbstkritik und bezeichnete seinen Film als »wertlos und sogar gefährlich im ideologischen Sinn«. Anschließend suchte er um ein Gespräch bei Stalin nach. Er schlug vor, den beanstandeten Film zu überarbeiten. Außerdem bat er, den geplanten dritten Teil drehen zu dürfen. In ihm sollte Iwan wieder als kriegerischer Held erscheinen, der für Rußland den Zugang zur Ostsee erkämpft. Stalin willigte ein; aber Eisensteins Krankheit und sein früher Tod am 11. Februar 1948 machten diese Pläne zunichte. Der zweite Teil des Films *Iwan grosny* wurde erst 1958 von Chruschtschow zur öffentlichen Vorführung freigegeben. Teile des dritten Teils, die Eisenstein bereits gedreht hatte, blieben bis heute verschwunden.
Beherrschendes Stilelement ist in diesem Film nicht mehr die Montagetechnik Eisensteins, die unterdessen als »formalistisch« verfemt war, sondern die expressionistische Schauspielkunst, wobei Eisenstein sich für die Maske und die äußere Erscheinung Iwans von El Greco anregen ließ. Neue Stilmittel bei Eisenstein sind auch prunkvolle Dekorationen und die Architektur. Im ersten Teil dominieren die hellen Farben der Außenaufnahmen; im zweiten Teil geht der spitzbärtige Iwan gebückt durch niedrige, düstere Gänge, wobei sein Schatten ihm gespenstisch und drohend voraushuscht. Als raffinierte Steigerung drehte Eisenstein das große Fest im letzten Drittel seines schwarzweißen Films in Farbe, wobei er nur die Farben Schwarz, Rot, Gold und ein wenig Blau verwandte.
Gelegentlich hat man dem Film sein Pathos vorgeworfen, das sich auch im Einsatz der Musik von Sergej Prokofieff zeigt. Eisenstein schrieb dazu: »Üblicherweise wird versucht, die historische Persönlichkeit, den historischen Helden ›zugänglich‹ zu machen, ihn als eine ganz gewöhnliche Person zu porträtieren, die die ganz gewöhnlichen Züge anderer Leute trägt, ihn, wie man sagt, ›in Schlafrock und Pantoffeln‹ zu zeigen ... Für unseren Film über Iwan wünschten wir einen anderen Ton. Wir wollten die majestätische Bedeutung dieser Gestalt deutlich machen. Und das führte uns dazu, majestätische Formen zu verwenden.«

Iwanowo detstwo
(Iwans Kindheit)

UdSSR, 1962

R: Andrej Tarkowski; A: Wladimir Bogomolow und Michail Papawa nach der Erzählung *Leuchtspur über dem Strom* von Wladimir Bogomolow; K: Wadim Jussow; D: Kolja Burljajew, Walentin Subkow, Jewgeni Scharikow

Am Ufer des Dnjepr wird von sowjetischen Truppen der zwölfjährige Iwan (K. B.) aufgegriffen und vor den Oberleutnant Galzew (J. S.) gebracht. Aber Iwan verlangt, den Chef der Aufklärung zu sprechen. Galzew willigt ein; und Hauptmann Cholin (W. S.) bestätigt ihm, daß Iwan, dessen Vater tot ist, dessen Mutter und Schwester verschollen sind und der selbst aus einem deutschen Vernichtungslager entkommen ist, als Kundschafter arbeitet. Cholin möchte Iwan nicht wieder fortlassen, ihn auf eine Schule schicken. Doch Iwan lehnt ab; er will zurück hinter die feindlichen Linien, und er setzt seinen Willen durch. Aber diesmal kehrt Iwan nicht zurück. Erst Jahre später erfahren Cholin und Galzew, was aus ihm geworden ist. Nach der Eroberung Berlins entdecken sie in einer Gestapo-Dienststelle ein Dokument, aus dem hervorgeht, daß Iwan von den Deutschen gefangengenommen und erschossen worden ist.
Tarkowski wollte die Zerstörung einer Kindheit durch den Krieg demonstrieren. Deshalb unterläuft er die Wirklichkeit immer wieder mit verfremdeten Erinnerungs- oder Traumbildern, die Krieg und Brutalität mit den »verpaßten Glücksmöglichkeiten« eines Kindes konfrontieren. Was in Kalatosows *Letjat schurawli* ein isolierter Einfall war (Boris erlebt im Augenblick seines Todes die Hochzeit mit Veronika, die nie stattfinden wird!), das wird hier zum Stilprinzip: Der Film verlängert die Schrecken des Krieges gleichsam in die Zukunft. Und dadurch werden letzten Endes auch die Passagen neutralisiert, in denen aus der Diskrepanz zwischen der Kindhaftigkeit des Protagonisten und seinen Handlungen doch ein gewisses Pathos entsteht; denn immer wieder wird deutlich, wie unangemessen dieses Pathos ist. Der Schluß wirkt dann etwas aufgesetzt und zu sehr der »Dramaturgie des Zufalls« überlassen.

J

J'accuse Ⓢ
(Ich klage an)

Frankreich, 1918

R: Abel Gance; A: Abel Gance; K: L. H. Burel, Bujard, Maurice Forster; D: Séverin Mars, Romuald Joubé, Marise Dauvray

Edith Laurin (M. D.) steht zwischen ihrem Mann (R. J.) und seinem Freund, dem Dichter Diaz (S. M.). Während beide an der Front sind, wird sie von einem deutschen Offizier vergewaltigt und erwartet ein Kind. Der Ehemann entdeckt allmählich die Beziehung seines Freundes zu seiner Frau. Aber angesichts des Grauens, das sie umgibt, verzeiht er dem Kameraden. Wenig später fällt er, während der Dichter als Krüppel in die Heimat zurückkehrt. Ehe auch er an den Folgen seiner Verwundung stirbt, erzählt er seine Vision vom Krieg: Millionen Gefallener steigen aus ihren Gräbern und kehren in einem endlosen Zug in die Heimat zurück, um Rechenschaft zu fordern, ob sich ihr Opfer gelohnt hat.
Gance drehte damals Propaganda-Filme für die französische Armee. Auch dieser Film entstand mit staatlichen Mitteln; aber er ist nichts weniger als Propaganda. Gance berichtet, man habe ihm mehrere Tausend Soldaten als Statisten zur Verfügung gestellt, die allesamt nach den Dreharbeiten hätten an die Front zurückkehren müssen. Sie hätten in der Gewißheit gespielt, daß der Tod auf sie warte. Das habe seinem Film die Echtheit und die aggressive Kraft gegeben. Tatsächlich entstand hier ein beeindruckendes Drama von der Sinnlosigkeit des Krieges, ein Film, der den Dreck der Schützengräben mit der Handkamera erstaunlich realistisch einfing, der seinen Schöpfer mit einem Schlag berühmt machte. Abel Gance hat das gleiche Thema mit einigen Variationen unter dem gleichen Titel noch einmal (1937) verfilmt.

Jagdszenen aus Niederbayern

BRD, 1968

R: Peter Fleischmann; A: Peter Fleischmann nach dem gleichnamigen Bühnenstück von Martin Sperr; K: Alain Derobe; D: Martin Sperr, Angela Winkler, Maria Stadler, Else Quecke, Hanna Schygulla

Nach längerer Abwesenheit kommt der zwanzigjährige Mechaniker Abram (M. S.) zu seiner Mutter (E. Q.) ins Dorf zurück. Sie sind keine Einheimischen. Bald gibt es Gemunkel: Abram sei im Gefängnis gewesen, er sei »schwul«, er habe sich an einem schwachsinnigen Jungen vergriffen... Die Jagd beginnt mit Witzen, hämischen Bemerkungen, Aggressionen. Als Abram fliehen und das Dorf verlassen will, ist es bereits zu spät: Eine Frau (M. S.) hat ihn angezeigt; und Hannelore (A. W.), die Dorfhure, behauptet, ausgerechnet er sei der Vater des Kindes, das sie erwartet. Als sie ihm zusetzt, verliert er den Kopf und tötet sie im Affekt. Nun beginnt die Hatz erst richtig. Man jagt Abram wie ein Tier. Und als er gefangen ist, wird fröhlich gefeiert.

Fleischmann hat die Szenerie des deutschen Heimatfilms wiederentdeckt. Aber Personal und Dekorationen sind gründlich verändert. Neben den Berufsschauspielern stehen Laien vor der Kamera, das Milieu wird mit kräftigen Strichen gezeichnet. Dabei ist der Regisseur nicht ganz der Gefahr entgangen, sein Dorf als Panoptikum, die Dörfler als abnorme Monstren zu zeichnen. Doch ganz deutlich wird die bornierte Engstirnigkeit, die Mechanik des Konformismus, die den »Andersartigen« ausstößt und jagt. Deutlich werden die Brutalität grobschlächtiger Witze, Unbelehrbarkeit, Vorurteile.

Jalsaghar

(Das Musikzimmer)

Indien, 1958

R: Satyajit Ray; A: Satyajit Ray nach einer Erzählung von Tarashankar Banerjee; K: Subrata Mitra; D: Chabi Biswas, Pinaki Sen Gupta, Padma Devi, Ganga Pada Basu

Der verarmte Großgrundbesitzer Huzur Roy (C. B.) sitzt auf dem Dachgarten seines verfallenen Palastes. Er hört Musik vom Besitz des Nachbarn, des Emporkömmlings Ganguly (G. P. B.) herüberklingen; Ganguly feiert die »Mannbarkeit« seines Sohnes. Roy erinnert sich, wie er seinem Sohn vor Jahren das gleiche Fest ausgerichtet hatte. Er hatte den Schmuck seiner Frau verkauft und bekannte Künstler für ein großes Konzert im Musikzimmer verpflichtet. Dann war seine Frau (P. D.) mit seinem Sohn (P. S. G.) zu ihrem Vater gefahren; bei der Rückkehr gerieten sie in ein Unwetter, ihr Boot kenterte, beide ertranken. Huzur Roy steigt vom Dach herab. Noch einmal will er Ganguly übertrumpfen. Mit seinem letzten Geld finanziert er ein prächtiges Fest im Musikzimmer, bei dem er Ganguly wiederum demonstriert, daß Geld allein noch keinen »Herrn« ausmacht. Dann besteigt Roy sein Pferd und reitet wie ein Besessener los. Das Pferd scheut, Roy stürzt und stirbt.

Dieser Tenor hat viele Filme Rays bestimmt: Das Neue kommt unausweichlich, aber der Untergang des Alten verdient Respekt. So ist auch dieser melancholische Abgesang auf feudalistische Herrlichkeit ambivalent. Huzur Roy ist ein Mensch, der die Zeichen der Zeit nicht verstehen kann und will; doch der Beharrlichkeit und Konsequenz, mit der er seinen Untergang gleichsam inszeniert, zollt der Film Achtung. Eine sehr sensible Kamera bringt die verblichene Pracht des alten Herrenhauses ins Bild, macht die Atmosphäre so präsent, daß der Betrachter – genau wie Roy – das Auftauchen eines Autos als Störung empfindet. Diese Atmosphäre wird auch wesentlich mitbestimmt von der Musik (Ustad Vilayat Khan), die hier eine große Rolle spielt.

Jaws

(Der weiße Hai)

USA, 1974/75

R: Steven Spielberg; A: Peter Benchley und Carl Gottlieb nach einem Roman von Peter Benchley; K: Bill Butler, Rexford Metz (Unterwasseraufnahmen), Ron und Valerie Taylor (Aufnahmen der echten Haie); D: Roy Scheider, Robert Shaw, Richard Dreyfuss, Lorraine Gary, Murray Hamilton

Jaws

Am Badestrand des idyllischen Badeortes Amity wird eines Nachts ein junges Mädchen von einem Hai getötet. Der Polizeichef Martin Brody (R. Sch.) will den Strand sofort sperren lassen; aber der Bürgermeister (M. H.) denkt an die Touristen und das Geld und überredet den Amtsarzt zu der Diagnose, die Verletzungen am Torso der Toten könnten auch von einer Schiffsschraube herrühren. Erst als zwei weitere Menschen dem Hai zum Opfer gefallen sind und der Wissenschaftler Matt Hooper (R. D.) feststellt, daß es sich offenbar um ein besonders großes und gefährliches Exemplar dieser Gattung handelt, lenkt der Bürgermeister ein. Er akzeptiert das Angebot des Haifischjägers Quint (R. Sh.), das Tier für eine Prämie von 10000 Dollar unschädlich zu machen. Quint, Hooper und Brody machen sich mit einem Fangboot auf. Ihr Kampf mit dem Hai wird zu einer gnadenlosen Auseinandersetzung. Im großen Showdown flüchtet Hooper, der den Hai mit Gift töten wollte, mit einem Taucheranzug auf den Meeresgrund. Die Bestie demoliert das Boot und tötet Quint. Brody bleibt schließlich der unerwartete Sieger, als es ihm gelingt, eine Preßluftflasche, die der Hai aufgeschnappt hat, mit einem Schuß zur Explosion zu bringen. Hooper kann wieder auftauchen, und schwimmend retten sich die beiden Überlebenden an Land.

Jaws war ein sensationeller Kassenerfolg. Schon nach wenigen Wochen Laufzeit setzte er sich an die Spitze der geschäftlich erfolgreichsten Filme aller Zeiten. Erfolgsträchtig ist dabei wohl vor allem der zweite Teil des Films. Während zunächst das Milieu breit geschildert und die kommunalpolitischen Konflikte angedeutet werden, die in der literarischen Vorlage eine große Rolle spielen, bringt der zweite Teil den einsamen Kampf dreier unterschiedlicher Männer gegen eine Bestie, die geschickt zu einer anonymen, ungreifbaren Macht hochstilisiert worden ist. Nicht von ungefähr erweckt der deutsche Verleihtitel Assoziationen zu Melvilles *Moby Dick*. Hier im zweiten Teil erst kommt streckenweise echte Spannung auf, hier in der Einsamkeit des Meeres wird die Bedrohung der Menschen durch eine unheimliche Naturgewalt sinnlich erfaßbar und erfahrbar. Im Vordergrund stehen allerdings auch hier die kruden Schockeffekte, die der Film vor allem der geschickten Montage (Schnitt: Verna Fields) und dem realistischen Modell der Bestie (Spezialeffekte: John M. Dwyer) verdankt.

Zunehmend vordergründiger und spekulativer gerieten zwei Fortsetzungen, die auf krasse Effekte statt auf neue Aspekte setzten: *Jaws II* (Der weiße Hai 2, USA 1977 – R: Jeannot Szwarc) und *Jaws 3-D* (Der weiße Hai III in

3-D, USA 1982 – R: Joe Alves). Für den letztgenannten Film wurde zur Erhöhung der »Schock-Schwelle« sogar das fast vergessene 3-D-Verfahren reaktiviert.

The jazz singer

(Der Jazzsänger)

USA, 1927

R: Alan Crosland; A: Alfred A. Cohn nach einem Bühnenstück von Samson Raphaelson; K: Hal Mohr; D: Al Jolson, May McAvoy, Warner Oland, Bobby Gorden

Den gottesfürchtigen Kantor Rabinowitz (W. O.) schmerzt es, daß sein Sohn Jackie (B. G.) sich in den Bars herumtreibt und Schlager singt. Er weist ihn aus dem Haus. – Jahre später ist aus Jackie Rabinowitz der mäßig erfolgreiche Sänger Jack Robin (A. J.) geworden. Die Revuetänzerin Mary Dale (M. MA.) verschafft ihm ein Engagement in New York und eine große Chance. Aber am Tag vor der Premiere erscheint die Mutter bei Jack und bittet ihn, an Stelle des erkrankten Vaters das »Kol-Nidre« beim Versöhnungsfest zu singen. Jack lehnt ab, weil er zur gleichen Zeit in der Premiere singen muß. Doch er will den Vater noch einmal sehen. Als er merkt, daß der Sterbende glaubt, sein Sohn wolle ihn beim Gottesdienst vertreten, hat er nicht die Kraft, ihn zu enttäuschen. Er läßt die Premiere platzen; man verzeiht ihm. Und als er dann zum ersten Mal auftritt, sitzt in der ersten Reihe, glücklich lächelnd, seine Mutter.
Der Film ist sentimental und auch formal belanglos; aber er hat Filmgeschichte gemacht. Seine Premiere am 23. Oktober 1927 gilt als Beginn des Tonfilm-Zeitalters.

Jeder für sich und Gott gegen alle

BRD, 1974

R: Werner Herzog; A: Werner Herzog; K: Jörg Schmidt-Reitwein, Klaus Wyborny (Traumsequenz); D: Bruno S., Walter Ladengast, Brigitte Mira, Hans Musäus, Michael Kroecher, Henry van Lyck

In einem düsteren Verlies sitzt ein verwahrloster junger Mann, Kaspar Hauser (B. S.), und spielt mit einem Holzpferd. Ein Unbekannter (H. M.) tritt ein, lehrt ihn einige Worte und führt ihn schließlich in die Freiheit. Er bringt ihn in eine kleine Stadt und drückt ihm einen Brief in die Hand. Kaspar steht bewegungslos, bis er zu dem Adressaten des Briefs, einem Kavallerieoffizier (H. v. L.), gebracht wird. Der liest, daß der seltsame Findling seiner Obhut empfohlen wird, und ist ratlos. Zunächst sorgt die Stadt für den Fremden und beherbergt und verpflegt ihn im Stadtgefängnis. Die Kosten werden teilweise dadurch gedeckt, daß man Kaspar mit anderen »Kuriositäten« in einem Zirkus ausstellen läßt. Dann nimmt ihn der verständnisvolle Daumer (W. L.) in sein Haus, wo Kaspar von der Haushälterin Käthe (B. M.) liebevoll gepflegt und von Daumer behutsam angeleitet wird. Er lernt sprechen, lesen und schreiben; aber das Geheimnis seiner Herkunft bleibt ungelöst. Neugier und Verwirrung der Zeitgenossen wachsen, als ein Attentat auf Kaspar verübt wird. Der englische Globetrotter Lord Stanhope (M. K.) will Kaspar adoptieren. Doch bei der Gesellschaft, auf der beide sich zum ersten Mal begegnen, sorgt Kaspar für einen Eklat. Der Engländer zieht sich zurück, und Kaspar bleibt bei Daumer, wo er sich offenbar wohl fühlt. Eines Tages jedoch tritt ihm ein Mann in den Weg und stößt ihm ein Messer in die Brust. Sterbend hat Kaspar einen Traum von einer Karawane, die von einem blinden Berber geführt wird. Sie erreicht eine Stadt. »Dort beginnt die Geschichte. Aber an die Geschichte erinnere ich mich nicht.«
Herzog hält sich in groben Zügen an die überlieferten Fakten des Falles Kaspar Hauser, doch ein »Dokumentarspiel« war keineswegs sein Ziel. So hat er auch ganze Sequenzen (wie etwa die Ausstellung im Zirkus) erfunden und anderes so ausgewählt, geordnet und akzentuiert, daß um so deutlicher wird, was ihn an diesem Stoff eigentlich interessiert: »Kaspar wurde als Jüngling brutal in die Welt gestoßen, von der er noch nichts gesehen hatte. Es handelt sich um den einzigen in der Geschichte bekannten Fall, daß ein Mensch erwachsen ›geboren‹ wird. Man hat ihn gezwungen, Kindheit und Jugend in nur zwei Jahren zu durchleben.« Hier sieht Herzog auch einen wesentlichen Unterschied zu Truffauts *L'enfant sauvage*, mit dem sein Film häufig

verglichen wurde. Der »Wolfsjunge« habe wenigstens eine »Wolfsnatur« gehabt, während Kaspar nach jahrelanger Dunkelhaft praktisch ein leeres Gefäß gewesen sei.
So erlebt man hier den jähen Zusammenprall eines Menschen mit der Welt und der Gesellschaft. Kaspar wird Regeln unterworfen, deren Sinn er nicht begreift; und nachdem er gelernt hat, seine Gedanken zu artikulieren, entlarvt er manche dieser Regeln durch seine gerade, unverbildete Logik. Herzog hat diese Einsamkeit eines Menschen unter seinesgleichen in stillen, kraftvollen Bildern gestaltet, wobei Kaspars Erlebnisse und Erfahrungen als Objekt der Gesellschaft, der Wissenschaft und der Kirche fast den Charakter eines Passionsdramas annehmen. So wird Kaspars Schicksal ein ständiger Kampf um Kommunikation, um das »Begreifen« von Realitäten und um die Verarbeitung düsterer Obsessionen, die in visionären Traumsequenzen (gedreht von Werner Herzog, seinem jüngeren Bruder und Klaus Wyborny) gezeigt werden.
Der Titel des Films ist übrigens ein Zitat aus dem Film *Macunaima* (Macunaima, Brasilien 1969) von Joaquim Pedro de Andrade. Ursprünglich gab es in Herzogs Film eine Szene, die diesen Titel deutlicher erklärte. Kaspar sagte dort: »Wenn ich um mich sehe und die Menschen betrachte, habe ich wirklich das Gefühl, daß Gott etwas gegen sie haben muß.« Diese Szene entfiel später beim Schnitt.

Jenny
(Jenny)

Frankreich, 1936

R: Marcel Carné; A: Jacques Prévert und Jacques Constant nach einem Roman von Pierre Rocher; K: Roger Hubert; D: Françoise Rosay, Albert Préjean, Charles Vanel, Lisette Lanvin, Jean-Louis Barrault

Jenny (F. R.) betreibt ein Nachtlokal, das gleichzeitig »Hauptquartier« einer Gangsterbande ist. Jennys Geliebter, Lucien (A. P.), wird gegen seinen Willen in die Machenschaften der Gangster verwickelt. Ein gewisser Benoit (C. V.) will Jenny und Lucien auseinanderbringen, wozu er sich der Hilfe eines Buckligen (J. L. B.) versichert. Jennys Tochter Danielle (L. L.) wird von ihrem Geliebten verlassen, weil er als guter Bürger an Jennys Beruf Anstoß nimmt. Sie bittet Lucien um Hilfe, und Danielle und Lucien verlieben sich ineinander. Bei einer Schlägerei mit Benoit wird Lucien verletzt. Im Krankenhaus erzählt er Jenny, daß er eine Jüngere liebt; sie errät, daß es sich um ihre Tochter handelt.
Eigentlich sollte Jacques Feyder diesen Film drehen. Da er aber ein Angebot nach England angenommen hatte, schlugen Feyder und Françoise Rosay dem Produzenten vor, Feyders langjährigem Assistenten Carné die Regie zu übertragen. Der melodramatische Film enthält in Grundzügen das Muster, das später die besten Filme Carnés bestimmte. Allerdings fehlt der düstere Fatalismus; denn hier enthält der Schluß eher einen optimistischen Ausblick.

Les jeux de l'amour
(Liebesspiele)

Frankreich, 1960

R: Philippe de Broca; A: Philippe de Broca und Daniel Boulanger nach einer Idee von Geneviève Cluny; K: Jean Penzer; D: Geneviève Cluny, Jean-Pierre Cassel, Jean-Louis Maury

Suzanne (G. C.), die Besitzerin eines Antiquitätenladens, lebt mit Victor (J. P. C.) zusammen. Suzanne möchte das Verhältnis legalisieren, vor allem aber möchte sie ein Kind. Victor sieht seine Freiheit in Gefahr und winkt ab. Darauf wendet sich Suzanne dem Hausfreund François (J. L. M.) zu, der gern bereit ist, beide Wünsche zu erfüllen. Doch Victor wird – programmgemäß – eifersüchtig, und alles kommt ins rechte Lot.
Der Film gilt als erste Komödie der »nouvelle vague«. Tatsächlich steht er thematisch ganz in der Tradition des französischen Filmlustspiels; Clair hätte ihn dreißig Jahre früher – wenngleich etwas weniger frivol – inszenieren können. Neu allerdings ist die Art der Gestaltung, die von Improvisationen lebt und auf unbekannte Darsteller vertraut. So gelang ein sehr unmittelbarer, sympathischer Film, der in spielerischer Form das Lebensgefühl der Jugend reflektierte. In der Art und der Tradition dieses Films drehte de Broca weitere Komödien wie *L'amant de cinq jours* (Liebhaber für fünf Tage, 1960),

Le farceur (Wo bleibt da die Moral, mein Herr?, 1960) und *Un monsieur de compagnie* (Ich war eine männliche Sexbombe, 1964).
Im gleichen Jahr wie *Les jeux de l'amour* entstand auch Jean-Luc Godards *Une femme est une femme* (Eine Frau ist eine Frau), der in einem anderen Milieu praktisch die gleiche Geschichte erzählt.

Jeux interdits
(Verbotene Spiele)

Frankreich, 1952

R: René Clément; A: Jean Aurenche, Pierre Bost, René Clément und François Boyer nach einem Roman von François Boyer; K: Robert Juillard, Jacques Robin; D: Brigitte Fossey, Georges Poujouly, Lucien Hubert

Frankreich 1940. Der elfjährige Bauernjunge Michel (G. P.) bringt die fünfjährige Paulette (B. F.) mit nach Hause, die bei einem Fliegerangriff auf einen Flüchtlingstreck ihre Eltern verloren hat. Mitleidig nehmen Michels Eltern die Waise auf. Die Kinder werden schnell Freunde. Gemeinsam begraben sie Paulettes Hündchen. Da ihnen dieses Spiel Freude macht, legen sie in einer abgelegenen Ecke des Gartens einen richtigen Tierfriedhof an, für den Michel die schönsten Kränze vom Friedhof und vom Leichenwagen stiehlt. Die Diebstähle verursachen im Dorf große Aufregung. Eines Tages tauchen zwei Gendarmen auf dem Hof auf. Obwohl Michels Vater versprochen hatte, Paulette dürfe bleiben, holen sie das Mädchen in ein Waisenhaus. Verbittert zerstört Michel den kleinen Friedhof.
Der Film hat seine besten Szenen in der Darstellung des Krieges und seines Grauens. Aber er attackiert ihn nicht nur mit realistischen Dokumentarszenen. Das makabre Spiel der Kinder, die dieses Grauen in ihre vermeintliche »heile Welt« integrieren, für die zum Spiel wird, was den Erwachsenen Angst einflößt, wirft ein grelles Licht auf die heillose Unordnung der Welt.

Jewo prisyw Ⓢ
(Sein Mahnruf / Lenins Mahnruf)

UdSSR, 1925

R: Jakow Protasanow; A: Wera Eri; K: Louis Forestier; D: W. Popowa, Marija Blumental-Tamarina, Anatoli Ktorow

Katja (W. P.) und ihre Großmutter (M. B. T.) ziehen in ein Dorf bei St. Petersburg, nachdem Katjas Vater bei Straßenkämpfen von Weißgardisten erschossen worden ist. Hier erlebt Katja nun bewußt die Revolution, die Enteignung und die Flucht der Ausbeuter. Parallel sieht man den Zerfall einer Emigrantenfamilie in Paris. Ein weißrussischer Offizier, der Mörder von Katjas Vater, kehrt nach Rußland zurück, um den Familienschmuck aus dem Versteck zu holen. Katja verliebt sich in ihn; aber der Fremde wird bei seinen ungesetzlichen Handlungen ertappt und erschossen. Am Schluß des Films steht die Nachricht von Lenins Tod, die die Menschen erschüttert und niederdrückt, die aber gleichzeitig ein Mahnruf für sie alle ist, an der Fortführung seines Werkes zu arbeiten.
Ein handlungsreicher, solide inszenierter und gut gespielter Hymnus auf Lenin, dessen Bedeutung für die Revolution er preist. Er tut das aber nicht in der plump pathetischen Weise, in der man später solche Heldenlieder gestaltete. Er stellt Lenin nicht als sein eigenes Denkmal vor, sondern charakterisiert ihn durch die Reaktionen der einfachen Menschen.

Jigoku-mon
(Das Höllentor)

Japan, 1953

R: Teinosuke Kinugasa; A: Teinosuke Kinugasa und Masaichi Nagata nach einem Roman von Kan Kikuchi; K: Kohei Sugiyama; D: Kazuo Hasegawa, Machiko Kyo, Isao Yamagata, Koreya Senda

Im Jahr 1159 erheben sich Rebellen gegen Kiyomori (K. S.), der im Namen eines schwachen Kaisers Japan beherrscht. Sie stürmen den Palast und wollen die Tochter des Kaisers als Geisel gefangennehmen. Aber im Wagen der Prinzessin verläßt die schöne Hofdame Kesa (M. K.) den Palast, wodurch die Aufständi-

schen auf eine falsche Fährte gelockt werden. Der Krieger Morito (K. H.) ist Kesas Begleiter und Beschützer. Er benachrichtigt auch Kiyomori von dem Aufstand und ermöglicht es ihm so, die Rebellen zu besiegen. Zur Belohnung gibt Kiyomori ihm einen Wunsch frei. Morito verlangt die Hand Kesas, in die er sich besinnungslos verliebt hat. Dieser Wunsch ist jedoch unerfüllbar, weil Kesa bereits mit Wataru (I. Y.) verheiratet ist. Morito ist blind vor Leidenschaft und beharrt auf seiner Forderung. Er entführt Kesa und droht ihr, sie und ihre Familie zu töten, wenn sie ihn nicht erhört. Kesa gibt scheinbar nach, verlangt aber, daß Morito zunächst ihren Mann tötet. Sie beschreibt ihm genau den Weg zu Watarus Schlafzimmer. Als Morito dann nachts blindlings auf die schlafende Gestalt einschlägt, tötet er Kesa, die sich für ihren Mann und ihre Ehre geopfert hat. Morito bietet Wataru sein Leben an. Doch dieser verzeiht ihm, weil nicht noch mehr Blut fließen soll. Morito büßt seine Schuld als Mönch.
Eine stimmungsvolle Ballade von Mut, Treue und Leidenschaft. Kinugasa hat sein Historiengemälde stilsicher inszeniert. Aufsehen erregte damals besonders die gute und dramaturgisch geschickt eingesetzte Farbgestaltung des Films.

Johnny got his gun
(Johnny zieht in den Krieg)

USA, 1971

R: Dalton Trumbo; A: Dalton Trumbo nach seinem Roman *Süß und ehrenvoll*; K: Jules Brenner; D: Timothy Bottoms, Kathy Fields, Marsha Hunt, Jason Robards, Diane Varsi

Joe (T. B.) wird, kaum 20jährig, im Ersten Weltkrieg von einer Granate buchstäblich zerfetzt. Doch ärztliche Kunst rettet sein Leben. Nun liegt er im Lazarett – ohne Arme, Beine, Augen, Nase, Mund und Ohren, ein atmender Fleischklumpen, den man künstlich ernähren muß und der sich nicht mitteilen kann. Joe ist eine Herausforderung an die ärztliche Wissenschaft, so hält man ihn durch ständigen Einsatz am Leben. Aber er ist auch eine einzige Anklage gegen den Krieg, und deshalb schirmt man ihn sorgfältig ab. Unterdessen arbeitet sein Verstand unablässig: Joe erinnert sich an seine Kindheit, die engen Bindungen an seinen Vater (J. R.), an die Einberufung und seine Verwundung. Dann mischen sich wüste Traumvorstellungen in diese Erinnerungen. Am Ende entdeckt Joe endlich eine Möglichkeit, Kontakt mit seiner Umwelt aufzunehmen: Mit ruckartigen Kopfbewegungen beginnt er zu »morsen«. Eine Krankenschwester (D. V.) entdeckt seine Versuche, und man entziffert seine Botschaft: »Tötet mich!« Die Schwester will seinen Wunsch erfüllen, will die Verbindung zu den Apparaten unterbrechen, die ihn am Leben erhalten. Aber man entdeckt ihr Vorhaben; sie wird entlassen. Joe morst weiter »SOS – Helft mir!« Doch man beachtet seine Zeichen nicht mehr: Ein solcher Wunsch ist unsoldatisch, unmöglich ...
Trumbos Roman erschien drei Tage vor Beginn des Zweiten Weltkrieges. In den sechziger Jahren wollte Buñuel ihn verfilmen, und Trumbo hatte bereits ein Drehbuch für ihn geschrieben. Aber das Projekt scheiterte. Da entschloß sich der renommierte Drehbuchautor Trumbo, der wegen eines Verdiktes des Ausschusses zur Untersuchung unamerikanischen Verhaltens 13 Jahre lang gar nicht oder nur unter Pseudonym arbeiten durfte, im Alter von 65 Jahren, erstmals selbst einen Film zu inszenieren.
Johnny got his gun ist von beklemmender Intensität. Trumbo schildert die Lazarettszenen in viragiertem Schwarzweiß, Erinnerungen und Träume sind farbig. Dabei werden die Erinnerungen überwiegend in ruhigen Bildern erzählt, während die Traumvisionen mit groteskem Einfallsreichtum gestaltet sind und vielfältige Einflüsse erkennen lassen. Aber diese drei stilistisch unterschiedlichen und uneinheitlichen Ebenen fallen niemals auseinander; sie fügen sich zu einer Höllenvision, in der die Momente der Idylle fast wie ironische Akzente wirken. Und mühelos gelingt es Trumbo, den extremen Einzelfall zum allgemeingültigen Gleichnis werden zu lassen: zu einem Gleichnis für die Kraft des menschlichen Geistes, wenn dieser unförmige Fleischklumpen doch eine Möglichkeit zur Kommunikation entdeckt; zum Gleichnis für die Verzweiflung aller Geschundenen und Unterdrückten, wenn sein mühsam formulierter Hilfeschrei unterdrückt wird und ungehört verhallt.

Jour de fête
(Tempo, Tempo / Tatis Schützenfest)

Frankreich, 1947

R: Jacques Tati; A: Jacques Tati, Henri Marquet, René Wheeler; K: Jacques Mercanton (Farbe), Marcel Franchi (Schwarzweiß); D: Jacques Tati, Guy Decomble, Paul Frankeur

Jahrmarkt in dem kleinen französischen Provinznest Sainte-Sévère. U. a. ist auch ein Kinozelt aufgebaut, in dem der Dorfbriefträger François (J. T.) voller Staunen einen Kurzfilm über die Leistungen der Post in den USA sieht. Die Schausteller überreden ihn, sich an diesem Vorbild zu orientieren; und alsbald versucht François, mit seinem klapprigen Fahrrad amerikanisches Tempo zu imitieren. Mit unterschiedlichem Erfolg ... Auf der Ladeklappe eines fahrenden Lastwagens stempelt er z. B. seine Briefe, er überholt mühelos die Fahrer der Tour de France, andererseits landet er bei seinen Bemühungen im Fluß. So kehrt er schließlich zum beschaulichen Alltag zurück.
Diese skurril-poetische Geschichte ist eingebettet in die liebevolle Schilderung eines französischen Dorfes, seiner Sonderlinge und seiner alltäglichen Ereignisse. Mittelpunkt aber ist stets Jacques Tati, der Briefträger und Menschenfreund, der allen helfen möchte und überall nur Unheil stiftet. Tati hat dabei bereits seine eigene Form des Humors entwickelt, der menschliche Schwächen zwar entlarvt, der aber niemals verletzt und bei dem die Requisiten, die toten Gegenstände, eine große Rolle spielen. Immer wieder sieht man ihn im Kampf mit der Tücke des Objekts, ob es sich nun um sein Fahrrad, einen Fahnenmast oder eine Bahnschranke handelt. Tati wollte den Film ursprünglich in Farbe drehen. Aber wegen technischer und finanzieller Schwierigkeiten langte es dann nur zu einzelnen Farbsequenzen. 1963 brachte er eine überarbeitete Fassung heraus, die u. a. auch eine Rahmenhandlung enthält, die dem Film aber eigentlich nichts hinzufügt: Ein junger Maler kommt in das Dorf und skizziert und kommentiert die Ereignisse.

Zu den Bewunderern des Films gehörte u. a. auch Buster Keaton. Er sagte: »Tati knüpft an dem Punkt an, an dem wir vor rund 40 Jahren stehengeblieben waren.«

Le journal d'un curé de campagne
(Tagebuch eines Landpfarrers)

Frankreich, 1950

R: Robert Bresson; A: Robert Bresson nach dem gleichnamigen Roman von Georges Bernanos; K: L. H. Burel; D: Claude Laydu, Jean Riveyre, Nicole Ladmiral, Marie-Monique Arkell, Bernard Hubrenne

Ein junger Priester (C. L.) versieht, von Krankheit und Zweifeln an seiner Zulänglichkeit geplagt, demütig sein Amt in einem Dorf. Zu den mißtrauischen Bauern gewinnt er kaum Kontakt; die »gräfliche Familie« bringt mit ihren Problemen zusätzlichen Konfliktstoff. Der Graf (J. R.) betrügt seine Frau (M. M. A.), die sich in eine Art von Zynismus flüchtet. Ihre Tochter Chantal (N. L.) begegnet dem jungen Pfarrer mit offener Feindseligkeit. Schließlich wird sein einziger »Sieg« der Beginn seiner Niederlage. Es gelingt ihm, das verhärtete Herz der Gräfin zu lösen. Aber in der Nacht nach ihrer Bekehrung stirbt sie; der Pfarrer erntet den bitteren Haß ihrer Angehörigen, die die Resignation einer frustrierten Frau jetzt ihm anlasten möchten. Seine Krankheit verschlimmert sich. Er stirbt schließlich in der Wohnung seines Freundes Dufréty (B. H.), eines abgefallenen Priesters.
Bresson hat nicht versucht, seine Vorlage auszuschmücken, sie leichter konsumierbar zu machen. Er bewahrte sogar die strenge Erzählstruktur des Tagebuches. So sieht man immer wieder die Hand des Pfarrers auf der Leinwand, der Zeile um Zeile schreibt, und hört dazu seine Stimme die Sätze zitieren. Man sieht immer wieder sein Gesicht, in dem sich Gedanken, Empfindungen, Zweifel spiegeln. Nichts ist dramatisch aufgeputzt in diesem Film; und die eigentlichen dramatischen Ereignisse werden oft nur durch ihre Auswirkungen beschrieben.
Aus dieser optischen Askese gewinnt Bresson eine erstaunliche Intensität. 1950, als der »filmische« Film die Leinwand beherrschte, als man Bewegung und schöne Bilder allein für die Grundsubstanz der Filmkunst hielt, wirkte Bressons Werk in den Kinos wie ein exotischer Fremdkörper. Unterdessen haben viele Regisseure von ihm gelernt.

Le journal d'une femme de chambre

(Tagebuch einer Kammerzofe)

Frankreich/Italien, 1963

R: Luis Buñuel; A: Luis Buñuel und Jean-Claude Carrière nach dem gleichnamigen Roman von Octave Mirbeau; K: Roger Fellous; D: Jeanne Moreau, Georges Géret, Michel Piccoli, Françoise Lugagne, Daniel Ivernel

Célestine (J. M.) tritt in der Provinz eine Stelle als Kammerzofe an. Ihre Herrin, Madame Monteil (F. L.), regelt ihr eheliches Leben nach den Vorschriften ihres Beichtvaters, weshalb Monsieur Monteil (M. P.) sich am Personal schadlos hält. Madames Vater hat eine fetischistische Vorliebe für alte Damenstiefelchen, die er sich von Célestine so lange vorführen läßt, bis ihn der Schlag trifft. Eines Tages wird ein zwölfjähriges Mädchen ermordet aufgefunden. Célestine ahnt, daß der Kutscher Joseph (G. G.), der faschistische und antisemitische Flugblätter verteilt und sich sehr für sie interessiert, der Täter ist. Durch eine List liefert sie ihn der Polizei aus. Aber Joseph wird aus Mangel an Beweisen freigelassen und eröffnet eine Gastwirtschaft in Cherbourg. Célestine heiratet den Hauptmann a. D. Mauger (D. I.), einen Nachbarn, der mit den Monteils verfeindet ist, und erreicht dadurch einen gesellschaftlichen Aufstieg.

Buñuel hat (ebenso wie Renoir in *The diary of a chambermaid* – USA, 1946) nur eine Episode des Romans verfilmt und sich dabei in Einzelheiten von seiner Vorlage gelöst. U. a. verlegte er die Handlung von der Jahrhundertwende etwa in das Jahr 1930 und veränderte den Charakter Célestines, die im Roman mit Joseph fortgeht, während sie sich im Film den Herrschenden anpaßt. Den politischen Hintergrund bildet im Roman die Dreyfus-Affäre, hier ist es die Aktivität der rechtsradikalen »action française«.

Der Film attackiert die bestehende Gesellschaftsordnung, indem er ihre Stützen – Bürgertum, Armee, Polizei, Religion – als morsch und verfault entlarvt.

Le jour se lève

(Der Tag bricht an)

Frankreich, 1939

R: Marcel Carné; A: Jacques Prévert nach einer Idee von Jacques Viot; K: Curt Courant, Philippe Agostini, André Bac; D: Jean Gabin, Arletty, Jules Berry, Jacqueline Laurent, Bernard Blier

Der junge Arbeiter François (J. G.) wird in seinem Zimmer in einer Pariser Vorstadt von der Polizei belagert. Während der Nacht erinnert er sich an die Ereignisse, die ihn zum Mörder gemacht haben: François liebt Françoise (J. L.), eine junge Blumenverkäuferin. Aber dann taucht ein Rivale auf, Valentin (J. B.), der in Lokalen und kleinen Varietés als Hunde-Dompteur auftritt. Seine komödiantische Eleganz fasziniert das junge Mädchen. Valentins Partnerin Clara (A.), die einmal auch seine Geliebte war, klärt François auf – und wird nun dessen Geliebte. Aber François kann die kleine Blumenverkäuferin nicht vergessen. Als Valentin ihn eines Tages aufsucht und ihn mit seinen angelernten weltmännischen Manieren und seiner Beredsamkeit zu demütigen sucht, schießt François den Verführer nieder. Als der Tag anbricht und die Polizei zum Angriff ansetzt, erschießt sich François.

Carné erzählt seine Geschichte nicht in einer zusammenhängenden Rückblende, sondern in Episoden. Immer wieder sieht man François allein in seinem Zimmer, und immer wieder erinnert er sich an die Vergangenheit. Die Ausweglosigkeit der Situation wurde so noch stärker betont. *Le jour se lève* gehörte denn auch zu den Filmen, die bei Kriegsbeginn als »demoralisierend« verboten wurden. Formal sind die Szenen in dem belagerten Zimmer eine strenge dramaturgische Klammer; sie halten den Film zusammen und bestimmen seinen Rhythmus. Das Milieu ist überzeugend gezeichnet. Die Fabrik, die kleinen Vorstadtstraßen, das armselige Mietshaus, in dem François eine Dachkammer bewohnt, wirken bezwingend echt.

Das Schlagwort vom »poetischen Realismus«, das man für die Meisterwerke des französischen Films vor dem Krieg geprägt hat, trifft hier präzise zu. Carné hat ein poetisches Werk geschaffen, das den Bezug zur Realität niemals verliert. Nicht umsonst sieht man den Helden nicht nur als Liebhaber, als Mörder, sondern

Le jour se lève (Jean Gabin, Jules Berry)

genauso auch bei seiner alltäglichen Arbeit in der Fabrik.
1947 drehte Anatole Litvak in den USA ein Remake dieses Films unter dem Titel *The long night* (Die lange Nacht) mit Henry Fonda in der Hauptrolle. Während aber Carné gleichzeitig ein Bild seiner Zeit zeichnete, in dem der Tod des Arbeiters als eine letzte Form des Protestes gegen eine überholte Gesellschaft gedeutet werden konnte, begnügte sich Litvak mit der Darstellung einer vordergründigen Kriminal- und Liebesaffäre.

Judex Ⓢ
(Judex)

Frankreich, 1916/17

R: Louis Feuillade; A: Arthur Bernède, Louis Feuillade; K: Guérin, andere Quelle: Klausse, A. Glattli; D: René Cresté, Yvette Andreyor, Louis Lebas, Musidora

Unter der Maske des geheimnisvollen Supermannes Judex (R. C.) verbirgt sich der junge Graf von Trémeuse. Er will seinen Vater rächen, der ein Opfer der Machenschaften des schurkischen Bankiers Favraux (L. L.) geworden ist. Seine Mission wird erschwert durch die Tatsache, daß er sich in Favraux' Tochter (Y. A.) verliebt. Doch nach zahlreichen Abenteuern gelingt es ihm, Favraux zu besiegen.
Nachdem es in der Öffentlichkeit zahlreiche Proteste gegen die damals beliebten Filmserien gegeben hatte, machte Feuillade in dieser zwölfteiligen Serie keinen Verbrecher, sondern einen Kämpfer für die Gerechtigkeit zum Helden seines Films und bemühte sich, seine Handlungsweise weitgehend zu rechtfertigen. Ansonsten aber herrschte hier die gleiche Atmosphäre wie etwa in *Fantômas* (Fantômas). Das zeigen schon Serientitel wie *Der geheimnisvolle Schatten, Die Keller des roten Schlosses* und auch *Vergebung aus Liebe*.
Aber die Qualitäten von *Judex* erschöpfen sich nicht in vordergründigen Effekten, wie sie diese Titel signalisieren. Feuillade wußte die Atmosphäre des Unheimlichen direkt ins Bild zu transponieren. Bei ihm ersetzen bedrohliche Bilder leerer Straßen und glatter Fassaden die

üblichen optischen Versatzstücke dieses Genres. Zu seinen Bewunderern zählten entsprechend nicht nur die vielzitierte »breite Masse« des Publikums, sondern gerade auch die Intellektuellen, die in seinem Film den Geist der Zeit eingefangen sahen. *Judex* war so erfolgreich, daß Feuillade wenig später *La nouvelle mission de Judex* (Die neue Mission des Judex) in ebenfalls 12 Episoden verfilmte.
1934 wurde der Film *Judex* von Feuillades Schwiegersohn Maurice Champreux neu verfilmt. Champreux verzichtete auf alle »Beschönigungen«, die er dem Einfluß der Zensur auf Feuillades Film zuschrieb.
Ein zweites Remake entstand 1963 unter dem gleichen Titel. Regisseur dieser originellen neuen Version war Georges Franju. Das Drehbuch nach dem Originalstoff schrieb übrigens Jacques Champreux, ein Enkel Feuillades.

Jud Süß

Deutschland, 1940

R: Veit Harlan; A: Ludwig Metzger, Eberhard Wolfgang Möller, Veit Harlan; K: Bruno Mondi; D: Ferdinand Marian, Heinrich George, Werner Krauß, Eugen Klöpfer, Kristina Söderbaum, Malte Jaeger

Der Herzog von Württemberg (H. G.) läßt sich vom Juden Süß-Oppenheimer (F. M.) sein ausschweifendes Leben finanzieren. Er belohnt Süß u. a. mit der Aufhebung des Judenbanns. Von allen Himmelsrichtungen strömen jetzt die Juden nach Württemberg. Der Gegenspieler des Süß ist der Landschaftskonsulent Sturm (E. K.); und ausgerechnet in dessen Tochter (K. S.) verliebt sich der mächtige Finanzberater. Zwar verheiratet der alte Sturm seine Dorothea schnell mit dem Aktuarius Faber (M. J.), den sie schon lange liebt; aber Süß gibt nicht auf. Er läßt Sturm als angeblichen Rebellen verhaften und erpreßt Dorothea mit der Drohung, den ebenfalls verhafteten Faber zu Tode foltern zu lassen. Dorothea gibt sich ihm hin und geht dann ins Wasser. Als Süß nun auch noch mit einem Staatsstreich den Herzog zum absoluten Herrscher machen will, ist das Maß voll. Das Volk erhebt sich, der Herzog erleidet einen Schlaganfall, Süß wird verhaftet und hingerichtet. Und alle Juden müssen innerhalb von drei Tagen das Land verlassen...
Der berüchtigtste, meistzitierte und vermutlich auch folgenreichste Propagandafilm des »Dritten Reichs«. Vor 1945 wurde er SS-Kommandos vor Einsätzen gegen Juden gezeigt; nach dem Krieg machte man mit seiner Hilfe im Nahen Osten Propaganda gegen Israel. In Westdeutschland wurde Harlan wegen dieses Films der Prozeß gemacht. Er endete mit einem Freispruch, weil bis heute nicht eindeutig geklärt werden konnte, ob und mit welchem Nachdruck man Harlan zu dieser Inszenierung gezwungen, wer Veränderungen des Drehbuchs und Schnitte im Film veranlaßt hatte. Ganz klar wurde nur, daß dieser Film initiiert wurde, um im deutschen Volk Haß und Abscheu gegen die Juden zu wecken oder zu stärken. Dafür opferte man, was in Kostümfilmen nicht eben selten ist, die historische Genauigkeit. Aber hier dient jede Veränderung dazu, den Joseph Süß-Oppenheimer zum aalglatten Weltverschwörer zu stilisieren, den selbst der Rabbi Loew vor seiner Hybris warnt. Und mahnend steht am Schluß die Warnung der Landstände, die ihr »Vertreibungsgesetz« ihren Nachfahren zur ständigen Beachtung empfehlen.
So, wie dieser Film ganz der Propaganda dienen sollte, lebt er auch ganz aus ihr. Die formale Gestaltung zielt raffiniert auf den Gefühlsappell – mit meist recht grobschlächtigen Kontrasten und eindrucksvollen darstellerischen Leistungen, wobei allerdings vor allem die »Bösewichter« überzeugen. Dagegen werden die »Guten« vom Drehbuch zu solch sentimentalem Pathos gezwungen, daß daran alles Bemühen zuschanden werden mußte. Aber Werner Krauß z. B. spielt in einer mimischen »Tour de force« neben dem Rabbi Loew noch den Süß-Sekretär Levi und einige Chargen – in bös karikaturistischer Übersteigerung, mit eiskalter Virtuosität. Und Ferdinand Marian bewahrt dem Erzschurken des Films gegen alle Plattheiten des Drehbuchs einen Rest von Charme und Sympathie. In einigen Szenen läßt er wenigstens noch ahnen, daß hier einer zum Jäger geworden ist, weil er es leid war, immer gejagt zu werden...

Jules et Jim
(Jules und Jim)

Frankreich, 1961

R: François Truffaut; A: François Truffaut und Jean Gruault nach dem gleichnamigen Roman von Henri-Pierre Roché; K: Raoul Coutard; D: Jeanne Moreau, Oskar Werner, Henri Serre

Vor dem Ersten Weltkrieg in Paris. Jim (H. S.) und sein deutscher Freund Jules (O. W.) verlieben sich in Cathérine (J. M.). Cathérine entscheidet sich für Jules und zieht mit ihm nach Deutschland, in den Schwarzwald. Nach dem Krieg taucht Jim bei ihnen auf. Er findet Cathérine und Jules unglücklich; bald beginnt eine seltsame Ehe zu dritt, gelegentlich zu viert. Sie endet in den dreißiger Jahren damit, daß Cathérine Jim und sich tötet, indem sie ihr Auto in die Seine lenkt.
Die kurzgefaßte Inhaltsangabe klingt nach schlimmer Kolportage; tatsächlich ist dies aber ein sehr sensibler, optisch erlesen gestalteter, gut gespielter und – mindestens in der Originalfassung – ironisch distanzierter Film. Trotzdem bleibt ein zwiespältiger Gesamteindruck: Vieles in diesem Film verweist auf den Traum von einer schönen Utopie, von der reinen Liebe im Dreieck oder Quadrat, von der Freundschaft über Grenzen und Schützengräben hinweg. Auf der anderen Seite gibt es das Bemühen um realistisches Zeitkolorit, gibt es die psychologisierende Problematisierung des seltsamen Liebesverhältnisses. Und diese beiden Aspekte fügen sich letzten Endes doch nicht ganz überzeugend zusammen.

Der junge Törless

BRD/Frankreich, 1965

R: Volker Schlöndorff; A: Volker Schlöndorff nach dem Roman *Die Verwirrungen des Zöglings Törleß* von Robert Musil; K: Franz Rath; D: Matthieu Carrière, Marian Seidowsky, Bernd Tischer, Alfred Dietz

In einem Internat wird der Schüler Basini (M. S.) von seinen Mitschülern Beineberg (B. T.) und Reiting (A. D.) grausam gedemütigt und gequält. Sie haben ihn in der Hand, weil sie wissen, daß er einen Diebstahl begangen hat. Reiting erweist sich als primitiver Sadist, während Beineberg seine subtileren Terrormethoden als wissenschaftliche Studie über den »Wert« Basinis ausgibt. An den geheimen »Verhandlungen« beteiligt sich halben Herzens auch der Zögling Törless (M. C.). Ihn treibt Neugier; er will wissen, was in Basini vor sich geht. Vorübergehend läßt er sich von Beinebergs Idee faszinieren. Als er durchschaut, daß es den Kameraden um die schiere Grausamkeit geht, will er sich von der Sache zurückziehen und Basini überreden, seinen Diebstahl selbst bei der Schulleitung anzuzeigen. Doch vorher kommt es zum Skandal, nachdem Beineberg und Reiting die anderen Schüler gegen Basini aufgehetzt haben. Während die beiden sich herausreden können, kann Törless sich den Lehrern nicht verständlich machen. Man rät ihm, die Anstalt zu verlassen. Seine Mutter, die in ihm noch immer ein unschuldiges Kind sieht, holt ihn ab.
Schlöndorff hat seinen Film mit kühler Exaktheit inszeniert. Das Milieu ist gut getroffen, die Zeit (vor dem Ersten Weltkrieg) wird nur in wenigen Andeutungen skizziert, ist aber stets gegenwärtig. Faszinierend ist vor allem das psychologische Spiel der Motive, die Zerrissenheit des Protagonisten, der die Gewalt verabscheut und sich doch von ihr faszinieren läßt. Geschickt sind aber auch die Pubertätskonflikte in das Spiel verwoben: Basinis plumpe Prahlereien, erste Erfahrungen der Jungen mit einem Mädchen aus dem Dorf, Reitings homosexuelle Praktiken und – abermals – Törless' Neugier, die ihn Reiting verabscheuen läßt, ihn freilich zu immer neuen Fragen über dieses Thema treibt. Schlöndorff schildert das alles sehr distanziert in genau kalkulierten Bildern und mit einer geschickt eingesetzten Musik, die Werner Henze komponierte.
Viele Kritiker haben diese Studie über die Faszination der Gewalt als eine Auseinandersetzung mit dem Faschismus, als einen Beitrag über die Möglichkeiten seiner Entstehung interpretiert.

Junost Maxima / Bolschewik
(Maxims Jugend / Der Bolschewik)

UdSSR, 1935

R: Grigori Kosinzew, Leonid Trauberg; A: Grigori Kosinzew, Leonid Trauberg; K: Andrej

Moskwin; D: Boris Tschirkow, Stepan Kajukow, Walentina Kibardina, Michail Tarchanow

1910 in Petersburg. Die Revolutionäre – unter ihnen Poliwanow (M. T.) und die Lehrerin Natascha (W. K.) – leben im Untergrund. Der junge Arbeiter Maxim (B. T.) begegnet eines Tages zufällig Natascha, und zusammen mit seinen Freunden Djoma (S. K.) und Andrej versteckt er sie im Fabrikhof. Am gleichen Tag verunglückt Andrej durch Verschulden des Meisters bei der Arbeit. Maxim und Djoma treffen Natascha wieder. Sie erzählt ihnen vom revolutionären Kampf. Als ein zweiter Arbeiter in der Fabrik tödlich verunglückt, wird sein Begräbnis zu einer großen Demonstration. Soldaten treiben die Arbeiter auseinander und verhaften u. a. auch Maxim und Djoma. Während Djoma zum Tode verurteilt wird, begegnet Maxim im Gefängnis Poliwanow. Nach seiner Entlassung schließt Maxim sich den Bolschewiki an und geht in den Untergrund. Die Partei schickt ihn schließlich mit einem wichtigen Auftrag nach Sormowo.

Erster Teil der sogenannten »Maxim-Trilogie«. Die beiden folgenden Teile sind *Woswraschtschenije Maxima* (1937) und *Wyborgskaja storona* (1938).

Kosinzew und Trauberg studierten zahlreiche Quellen und diskutierten mit Alt-Bolschewiki, um den Weg eines jungen Arbeiters zum Bolschewik »beispielhaft« gestalten zu können. Sie fingen mit einer beweglichen, einfallsreichen Kamera den Alltag und das Milieu überzeugend ein und bemühten sich erfolgreich, Klischees zu vermeiden.

Maxim ist eine fiktive Gestalt. Sie wurde jedoch so populär, daß sie in anderen Filmen und sogar in der ersten Kriegswochenschau zu neuem Leben erweckt wurde.

Justice est faite

(Schwurgericht)

Frankreich, 1950

R: André Cayatte; A: André Cayatte, Charles Spaak; K: Jean Bourgoin; D: Claude Nollier, Raymond Bussières, Jacques Castelot, Jean Debucourt, Marcel Pérès, Michel Auclair

Elsa Lundenstein (C. N.) ist des Mordes an ihrem Geliebten angeklagt. Es gibt Beweise, daß der kranke Maurice Vaudrémont sie gebeten hat, seinem Leiden ein Ende zu bereiten. Aber es gibt auch einen anderen Mann (M. A.) in ihrem Leben – und eine Erbschaft. Sieben Geschworene richten über sie und urteilen mit vier gegen drei Stimmen »schuldig«.

Im Mittelpunkt des Films stehen nicht die Tat und die Person der Angeklagten, sondern die sieben Geschworenen; dabei wird die Zufälligkeit der Urteilsfindung deutlich, die durch Erziehung, eigene Erlebnisse, Stimmungen beeinflußt wird. Sinnfällige Beispiele: Gilbert de Montesson (J. C.), der für »schuldig« plädiert und der betroffen sagt »Wenn ich das eher gewußt hätte . . .«, als er erfährt, daß seine Geliebte sich das Leben genommen hat. Andererseits ist der Kellner Félix Noblet (R. B.) glücklich, daß der Prozeß ihm die Chance für einen großen Auftritt bietet, der den Eltern seiner Freundin imponiert; dankbar stimmt er für »nicht schuldig«. Der einfache Bauer Malingré (M. P.) weiß, daß seine Frau ihn während seiner Abwesenheit mit dem Knecht betrügen wird; resigniert (»So sind sie alle!«) urteilt er »schuldig«.

Den größten Anteil am Erfolg des Films hatte sicher das geschickt gebaute Drehbuch, das Cayatte präzise ins Bild gesetzt hat. Seine kritische Auseinandersetzung mit der Justiz setzte der ehemalige Rechtsanwalt fort mit den Filmen: *Nous sommes tous des assassins* (1952) und *Le dossier noir* (1955).

Jutro

(Ein serbischer Morgen)

Jugoslawien, 1967

R: Puriša Djordjević; A: Puriša Djordjević; K: Mihajlo Popović; D: Milena Dravić, Ljubiša Samardžić, Mija Aleksić

1945 wartet Alexandra (M. D.) in einer Gefängniszelle auf ihre Hinrichtung. Als Partisanin ist sie im Krieg von den Deutschen gefangengenommen worden und hat auf der Folter die Namen einiger Mitkämpfer verraten. Zwar war sie besonnen genug, nur Namen von Toten zu nennen; aber sie hat nicht bedacht, daß die Deutschen sich auch an den Angehörigen der Gefallenen rächen würden. Malý (L. S.), Alexandras ehemaliger Liebhaber und Mitkämpfer, soll die Exekution durchführen. Zunächst weigern sich die Bewacher, daran mitzuwirken; aber die Zentrale bleibt unerbittlich. Um Alexandra wenigstens zum Schein die Schande zu ersparen, von den eigenen Leuten erschossen worden zu sein, um ihr die Bitternis des Todes zu »versüßen«, arrangiert man ein makabres Spiel: Man läßt Alexandra an der Hinrichtungsstätte fliehen. Aber Malý hat dafür gesorgt, daß ein deutscher Kriegsgefangener in voller Uniform zur Stelle ist, der die Flüchtende niederschießt. Malý tötet den Deutschen, den Zeugen dieser Tat. Endlich kann er Vollzugsmeldung erstatten; und vielleicht wird er jetzt Hauptmann...

Der zweite Teil einer Trilogie, zu der noch die Filme *San* und *Podne* gehören. Wieder wird ein Abschnitt der Geschichte, dem man in Jugoslawien gemeinhin Heldenlieder widmete, verantwortlich gemacht für die Zerstörung des Menschen. Nach starren Gesetzen und Ideologien muß Alexandra sterben, gerade als sie das Ziel erreicht glaubte, für das sie gekämpft hatte. Und Malý wird mitschuldig an ihrem Tod und deformiert damit seine Ideale. Djordjević hat seinen Film wieder auf einen lyrisch-elegischen Grundton gestimmt; dieser Film ist jedoch härter und zupackender als *San*.

K

Kagemusha

(Kagemusha – Der Schatten des Kriegers)

Japan, 1979/80

R: Akira Kurosawa; A: Akira Kurosawa, Masato Ide; K: Takao Saitô, Masaharu Ueda; D: Tatsuya Nakadai, Tsutomu Yamazaki, Kenichi Hagiwara, Kota Yui, Masayuki Yui

Im 16. Jahrhundert kämpfen verschiedene Clans um die Vorherrschaft im Lande, deren Symbol die Eroberung der Stadt Kyoto wäre. Aussichtsreichster Bewerber ist Shingen Takeda (T. N.). Shingen bedient sich gelegentlich der Dienste eines Doppelgängers, eines »Kagemusha« (wörtl.: der Schatten des Kriegers), der durch plötzliches Auftauchen die Gegner verwirrt. Nachdem sein jüngerer Bruder (T. Y.) in dieser Rolle nicht mehr glaubhaft ist, findet Shingen zufällig in einem zum Tod verurteilten Dieb (T. N.) einen idealen Doppelgänger. Kaum ist der Kagemusha in seine Rolle geschlüpft, wird Shingen von einer Gewehrkugel getroffen. Sterbend bestimmt er, daß sein Tod drei Jahre lang geheimgehalten werden soll. Der Kagemusha soll Platzhalter für seinen Nachfolger sein. Einige wenige Eingeweihte bestatten Shingen heimlich in einem See; der Kagemusha vertritt ihn mit Klugheit und Würde. Man glaubt allgemein, daß Shingen durch ein Wunder geheilt worden sei; aber Tokugawa (M. Y.), ein Rivale, erfährt die Wahrheit und nutzt die Situation, um einen Stützpunkt der Takedas zu überfallen. Gegen den Rat des Kagemusha beschließt Shingens Sohn Katsuyori (K. H.), den Stützpunkt zurückzuerobern. Sein Heer gerät an den Rand einer Niederlage, aber das Eingreifen des Kagemusha verwandelt die drohende Schlappe in einen Sieg. Gerade jetzt, wo seine Position endgültig gefestigt ist, macht der Kagemusha einen Fehler: Er versucht, auf Shingens Lieblingspferd zu reiten. Aber das kluge Tier wittert den Fremdling und wirft ihn ab. Als Shingens Konkubinen den Verletzten behandeln, merken sie, daß ihm die Narben des Clan-Chefs fehlen. Durch seine Enttarnung bringt der Kagemusha für die Takedas keinen

Kagemusha

Nutzen mehr; er wird mit Schimpf und Schande aus dem Haus gejagt. Katsuyori hat jetzt freie Hand für seine unbesonnenen Pläne und führt das Heer in eine vernichtende Niederlage. Der Kagemusha hat den Kampf, in einem Schilfdickicht verborgen, verfolgt. Er ergreift verzweifelt ein Banner und stürzt auf das Schlachtfeld, wo er von einer Kugel getroffen wird. Sterbend taumelt er zum Ufer eines Flusses, und das Wasser, in dem Shingen bestattet worden ist, trägt auch seine Leiche fort.

Erstmals seit zehn Jahren konnte Japans Altmeister Kurosawa wieder einen Film im eigenen Land drehen, aber das auch nur, weil amerikanische Freunde und Bewunderer wie George Lucas und Francis Ford Coppola sich für dieses Projekt finanziell engagierten.

Kurosawa beschwört in seinem dreistündigen Film Endzeitstimmung. Er zeichnet skeptisch das Bild einer ritualisierten und erstarrten Welt, in der die Vernunft des Doppelgängers nur so lange Gewicht hat, wie sie sich auf den Schein der Identität berufen kann, und in der die Kriegskunst der Samurai vom Schießpulver abgelöst wird. Nicht zufällig wird der weise Shingen Takeda von einer Gewehrkugel getötet, rennt das Heer des Takeda-Clans am Schluß sinnlos in mörderisches Gewehrfeuer. In diesen mitreißend inszenierten Kampfszenen wird auch deutlich, daß hier nicht nur ein paar hundert Samurai auf dem Schlachtfeld geblieben sind, daß mit ihnen vielmehr eine Epoche untergegangen ist. Das erinnert an Bressons *Lancelot du lac*, wo der Tod der Ritter ebenfalls gleichnishafte Bedeutung hatte und eine historische Zäsur markierte. In beiden Fällen hebt strenge Stilisierung diese Schlüsselszenen über die bloße Zufälligkeit hinaus.

Kagi
(Kagi)

Japan, 1959

R: Kon Ichikawa; A: Natto Wada, Keiji Hasebe und Kon Ichikawa nach dem gleichnamigen Roman von Junichiro Tanizaki; K: Kazuo Miyagawa; D: Machiko Kyo, Ganjiro Nakamura, Tatsuya Nakadai, Junko Kano

Ein alternder Mann (G. N.) spürt Leere in seiner Ehe. So hat er den Einfall, den Verlobten (T. N.) seiner Tochter (J. K.) auf seine Frau (M. K.) aufmerksam zu machen. Eifersucht, so hofft er, werde sie und ihn stimulieren. Aber zwischen der Frau und dem jungen Mann entwickelt sich mehr. Sie wird seine Geliebte. Als die Tochter das Spiel durchschaut, will sie ihre Mutter vergiften. Doch das Gift im Tee hat keine Wirkung. Die Köchin hatte die Büchsen vertauscht und das Gift in den Salat geschüttet, nach dessen Genuß nun die ganze Familie stirbt.
»Die Kritiker, die in diesem Film eine ›schwarze Komödie‹ sahen, haben ganz recht. Ich wollte eine komische Wirkung erzielen. Ich meine, wenn Menschen sich so sehr selbst betrügen, wie die Figuren in *Kagi* es tun, dann ist das komisch, gerade weil es so traurig ist« (Kon Ichikawa).
Die knappe Inhaltsangabe läßt einen haarsträubenden Schocker erwarten. Ichikawa hat aber seine Vorlage mit der kühlen Distanz eines klinischen Berichts inszeniert. Die »Krankengeschichte« wird bei ihm gleichzeitig zum Spiegelbild einer kranken Gesellschaft. Konsequent räumt am Schluß die Köchin mit dieser Gesellschaft auf.

Kamenny zwetok
(Die steinerne Blume)

UdSSR, 1946

R: Alexander Ptuschko; A: Pawel Baschow und Iwan Keller nach Märchen aus dem Ural; K: Fjodor Proworow; D: Wladimir Druschnikow, Tamara Makarowa, Michail Trojanowski, Jelena Derewschtschikowa, N. Temjakow, W. Krawtschenko

In Paris prahlt ein reicher Franzose gegenüber seinem russischen Gast (N. T.) mit einer wunderschönen, aus Stein geschliffenen Schatulle. Aber nach seiner Rückkehr in den Ural bestellt der Russe bei dem alten Handwerker Prokopytsch (M. T.) eine noch schönere Malachit-Schatulle. Prokopytsch kann den Auftrag nicht mehr ausführen; an seiner Stelle tut es sein Lehrling Danilo (W. K.), ein Leibeigener. Danilo ist wie besessen von seiner Kunst. Als er älter geworden ist, hört Danilo (W. D.) die Sage von der Herrscherin des Kupferbergs (T. M.), die die verborgensten Geheimnisse dieser Kunst enthüllen könne. Wer sie gesehen habe, der dürfe jedoch nie zu den Menschen zurückkehren. Am Hochzeitsabend verläßt Danilo seine Braut (J. D.) und geht zum Kupferberg. Er findet die steinerne Blume, meißelt eine Vase von wunderbarer Schönheit und gewinnt schließlich einen zweiten Sieg: Die Liebe zu seiner Braut ist so groß, daß er zu ihr zurückkehren darf.
Ptuschko, der mit einer originellen Version des Gulliver-Stoffes *Nowy Gulliver* (Der neue Gulliver, 1934) bekannt geworden war, spezialisierte sich auf die Verfilmung von Märchen und Legenden. Dabei nutzte er geschickt die Möglichkeiten des Films, um das »Zauberhafte« lebendig werden zu lassen. Bei ihm wirkt die Naivität lebendig und unmittelbar. Wie später *Sadko* (Sadkos Abenteuer, 1952) enthält auch dieser Film gekonnt verarbeitete Schauwerte. Besonders seine Farbgestaltung erregte Aufsehen.

Kameradschaft

Deutschland/Frankreich, 1931

R: G. W. Pabst; A: Ladislaus Vajda, Karl Otten und Peter Martin Lampel nach einer Idee von Karl Otten; K: Fritz Arno Wagner, Robert Baberske; D: Alexander Granach, Fritz Kampers, Gustav Püttjer, Ernst Busch, Daniel Mendaille, Pierre Louis

In einer grenznahen französischen Kohlengrube ereignet sich eine Bergwerks-Katastrophe. Auch eine deutsche Kolonne unter Führung von Wittkopp (E. B.) beteiligt sich an den Rettungsarbeiten. Wittkopp wird verletzt, als er mit einem phantasierenden Franzosen kämpft, der ihn mit seinem Atmungsgerät für einen deutschen Soldaten mit Gasmaske hält. Drei deutsche Kumpels (A. G., F. K., G. P.) haben ei-

nen anderen Weg gewählt: Vom eigenen Bergwerk führt ein Verbindungsschacht in die französische Grube; unter der Grenze ist er mit einem Gitter verschlossen. Sie entfernen das Gitter und finden einen alten französischen Bergmann, der heimlich durch einen stillgelegten Schacht eingestiegen ist, um auf eigene Faust seinen Enkel zu retten. Großvater, Enkel und die Deutschen werden durch einen Strebbruch eingeschlossen. Erst als man sicherheitshalber noch einmal alle Telefone durchprüft, entdeckt man die Eingeschlossenen und rettet sie. Während sich deutsche und französische Kumpels über Tage verbrüdern, wird unten im Verbindungsstollen das Gitter wieder angebracht.
Pabst inszenierte seinen Film mit fast dokumentarischem Realismus. Das Milieu ist präzise gezeichnet, auch die Darstellung der Katastrophe wirkt überzeugend. Bemerkenswert ist der dramaturgische Einsatz der Geräusche. Einer der ganz wenigen deutschen Filme, in denen die Arbeiter und ihre Welt treffend geschildert werden.

Kanał
(Der Kanal)

Polen, 1956

R: Andrzej Wajda; A: Roman Mann, Halina Krzyzanowska, Roman Wolyniec und Jerzy Stefan Stawińsky nach der gleichnamigen Erzählung von Jerzy Stefan Stawińsky; K: Jerzy Lipman; D: Wieńczysław Gliński, Tadeusz Gwiazdowski, Teresa Iźewska, Tadeusz Janczar

Nach dem Zusammenbruch des Warschauer Aufstandes von 1944 versuchen Soldaten der Freiheitsarmee und Zivilisten, durch die Kanalisation aus dem eingeschlossenen Stadtkern zu entkommen. Auch Oberleutnant Zadra (W. G.) führt seine bunt zusammengewürfelte Kompanie, bei der sich auch Frauen befinden, in das Dunkel der Kanäle. In gespenstischer Stille und tiefer Dunkelheit kämpfen sich die Fliehenden vorwärts. Eine kurze Liebesromanze zwischen dem schwerverwundeten Fähnrich Korab (T. J.) und der Studentin »Gänseblümchen« (T. I.) kann nur im gemeinsamen Tod ihre Erfüllung finden. Die Kompanie zerstreut sich mehr und mehr; aber Sergeant Kula (T. G.) spiegelt Zadra vor, seine Leute befänden sich noch immer hinter ihm. Erst als Zadra und Kula endlich gerettet sind, erfährt Zadra die Wahrheit. Er erschießt den Sergeanten und kehrt in das Dunkel zurück, um seine Kompanie zu suchen.
Abgesehen von einigen romantischen Einschüben hat Wajda das Thema mit bitterem Realismus behandelt. Enge, Schmutz und Dunkelheit werden bedrückend deutlich; das Tageslicht an den verminten oder bewachten Ausgängen der Kanalisation wirkt grell und bedrohlich. So entstand ein unpathetisches Bild vom Freiheitskampf, das die Größe seiner Helden an der Grausamkeit ihrer Niederlage demonstriert.

Karin Ingmarsdotter Ⓢ
(Karin Ingmarsdotter / Die Karin vom Ingmarshof)

Schweden, 1919

R: Victor Sjöström; A: Victor Sjöström und Esther Julin nach dem Roman *Jerusalem* von Selma Lagerlöf; K: Henrik Jaenzon (Außenaufnahmen), Gustaf Boge (Innenaufnahmen); D: Victor Sjöström, Tora Teje, Nils Lundell, Tor Weijden, Bertil Malmstedt

Fortsetzung des Films *Ingmarssönerna*: Die Geschichte von Karin Ingmarsdotter (T. T.). Halfvor (T. W.) freit um sie; Groß-Ingmar (V. S.) verspricht ihm ihre Hand, wenn er kein Trunkenbold werden wird wie sein Vater. Einmal wird Halfvor in seiner »Probezeit« schwach, und Karin heiratet Elias (N. L.). Doch dann ist es Elias, der zum Trinker wird, während Halfvor künftig sein Versprechen hält. Ein neuer Ingmarssohn wird geboren; aber Karin gibt den Jungen (B. M.) ins Schulhaus, um ihn von dem ständig betrunkenen Elias fernzuhalten. Dort wächst der Junge mit Gertrud, der Tochter des Schulmeisters, auf. Schließlich stirbt Elias, und Karin und Halfvor werden doch noch ein Paar.
Der Film war nicht so erfolgreich wie sein Vorgänger *Ingmarssönerna* (1918). Zeitgenössische Kritiken lobten zwar wieder die Außenaufnahmen, die Harmonie von Mensch und Natur. Dagegen wurde bemängelt, daß der Rest des Films zu theatralisch geraten sei.

Sjöström konnte seinen Plan, den gesamten Roman von Selma Lagerlöf zu verfilmen, nicht durchführen. Die beiden fehlenden Teile drehte an seiner Stelle Gustaf Molander: *Ingmarsarvet* (1925) und *Till Österland* (1926).

Karin Mansdotter

(Karin Mansdotter)

Schweden, 1953/54

R: Alf Sjöberg; A: Alf Sjöberg nach Motiven des Schauspiels *Erik XIV.* von August Strindberg; K: Sven Nykvist; D: Ulla Jacobsson, Jarl Kulle, Ulf Palme, Per Oscarsson, Olof Sundström

König Erik von Schweden (J. K.) verliebt sich in Karin Mansdotter (U. J.), die Tochter eines einfachen Soldaten. Diese Liebe wird von Eriks Berater Göran Persson (U. P.) begünstigt, der Karins Einfluß auf den König benutzen will, um die Macht des Adels zu brechen. Karin gebiert zwei Kinder; aber Erik entschließt sich zu einer Heirat mit Elisabeth von England. Als dieser Plan scheitert, heiratet er Karin und läßt sie zur Königin krönen. Perssons Macht wächst. Doch es wächst auch der Haß gegen ihn und den König, bei dem sich immer stärkere Symptome einer Geisteskrankheit zeigen. Es kommt zu einer Verschwörung. Eriks Bruder Johan (O. S.) wird zum König gekrönt, Persson enthauptet, die königliche Familie gefangengesetzt. Nach jahrelanger Haft wird Erik schließlich hingerichtet, Karin will nur noch für die Erziehung ihrer Tochter leben.

Sjöberg wollte ursprünglich Strindbergs Drama verfilmen, erhielt aber die Rechte nicht und begann den Film nach einem eigenen Drehbuch, das sich an Strindberg »vorbeimogelte«. Während der Dreharbeiten wurde die Rechtefrage positiv geklärt. Sjöberg entschloß sich, den Schluß nach der literarischen Vorlage zu drehen. Die dadurch entstandene Mischung verschiedener Stile hat jedoch einen eigentümlichen Reiz. Der Prolog erzählt Karins Jugend bis zur Begegnung mit Erik in Farbe und im Stil einer altertümlichen Ballade. Der (schwarzweiße) Mittelteil ist eine filmübliche Mischung aus Intrigenspiel und psychologischem Drama. Der Schluß, nach Eriks Sturz, folgt den strengen Regeln der literarischen Vorlage. So hat der Stil jeweils eine direkte Beziehung zum Charakter des Dargestellten.

Katzelmacher

BRD, 1969

R: Rainer Werner Fassbinder; A: Rainer Werner Fassbinder nach seinem gleichnamigen Bühnenstück; K: Dietrich Lohmann; D: Hanna Schygulla, Elga Sorbas, Irm Hermann, Harry Bär, Rainer Werner Fassbinder, Doris Mattes, Peter Moland

Eine Gruppe junger Menschen in einem Münchener Hinterhof. Sie hocken auf dem Geländer einer Kellertreppe, stammeln knappe Sätze, spielen Karten, gehen miteinander ins Bett. Gegenseitig versichert man sich seiner Freundschaft, hinterrücks wird geklatscht und verleumdet. Für Geld läßt man sich mit einem »Schwulen« ein. Ein leeres Leben mit kleinen Skandalen: Rosy (E. S.) verlangt von Franz (H. B.) Geld für ihre Liebe; Elisabeth (I. H.) schlägt Kapital aus ihrer Wohnung und läßt ihren Peter (P. M.) fallen, als ein Gastarbeiter (R. W. F.) eine saftige Miete zu zahlen bereit ist. Dieser Gastarbeiter wird zum Katalysator. Aggressionen wachsen. Und als die unansehnliche Gunda (D. M.), die sich ihm vergeblich angeboten hat, behauptet, von dem Gastarbeiter vergewaltigt worden zu sein, da schlägt man ihn gemeinsam zusammen. Anschließend scheint die Welt wieder heil; man hockt wortkarg nebeneinander.

Aus einem Nichts an Handlung hat Fassbinder unter Verzicht auf traditionelle filmische Mittel einen bemerkenswerten Film gemacht. Eine starre Kamera beobachtet den Treffpunkt im Hinterhof, der zum Gefängnis wird. Das Bild ist überbelichtet, flach, ohne Konturen. Mimik und Gestik werden ausgespart, die Sprache, die an Ferdinand Bruckner erinnert, ist auf Allgemeinplätze reduziert. Verkümmertes Leben wird sinnlich spürbar. Die Eintönigkeit wird noch betont durch kurze Spaziergänge, mit denen jeweils wechselnde Paare zu einem Schubert-Motiv Arm in Arm im Hinterhof den Trübsinn zu verklären suchen. Da ist man stolz »auf den Meinigen« und preist sein Glück. In dieser Welt muß dann ein »normaler« Mensch als Provokation erscheinen. Man schlägt ihn zusammen, weil »eine Ordnung muß sein«, und glaubt die Welt wieder heil. Innere Leere ist selten überzeugender dargestellt worden.

Každý den odvahu
(Mut für den Alltag)

ČSSR, 1964

R: Evald Schorm; A: Antonín Máša; K: Jan Čuřík; D: Jan Kačer, Jana Brejchová, Vlastimil Brodský, Jiřina Jirásková

Der Arbeiter Jarda Lukas (J. K.) soll in einer Zeitung als »Held der Arbeit« gefeiert werden. Aber Jarda hat begonnen, an seinen Idealen zu zweifeln; und der oberflächliche Zynismus des Journalisten (V. B.), der ihn interviewt, verwirrt ihn noch mehr. Er möchte sich mit seiner Freundin Vera (J. B.) aussprechen; doch sie interessiert sich nicht für seine Zweifel. Entscheidend wird für Jarda ein Einsatz auf dem Land, wo er als Funktionär der Jugendorganisation die Kaninchenzucht propagieren und an einem bunten Abend teilnehmen muß. Dieser Abend wird ein qualvoller Mißerfolg. Jarda fühlt sich lächerlich gemacht und betrogen. Nach einem Zerwürfnis mit Vera hat Jarda eine flüchtige Affäre mit der Frau (J. J.) des Journalisten, bis er erkennt, daß er für die frustrierte Frau nur ein »Gelegenheitsliebhaber« ist. Einsam und verzweifelt betrinkt Jarda sich in einer Kneipe, provoziert die Gäste und wird von der Polizei abgeführt. Am nächsten Morgen kommt Vera zur Fabrik, um sich mit ihm zu versöhnen. Jarda zögert, zu ihr hinauszugehen; ihr dauert das Warten zu lange, und sie geht fort.

Das klarsichtige Psychogramm eines Menschen, der jahrelang eingelernte Antworten gegeben hat und der nun plötzlich anfängt, selbst zu denken. Für Jarda wird seine ganze Existenz fragwürdig, als er beginnt, sich selbst zu erkennen. Mit ihm und durch ihn erkennt der Film auch die Gesellschaft, in der er lebt; er sieht Zynismus und Egoismus, den Bruch zwischen den Generationen, die getarnten Spießbürger. Schorm beobachtet das kühl und objektiv, schildert es mit einer Fülle von Nuancen.

Der Film erregte vielfaches Aufsehen. Er war vorübergehend verboten; Schorm mußte eine Änderung akzeptieren. Motto des Films war ursprünglich Kafkas kurze Fabel *Der Geier*. Er mußte sie durch ein Zitat des polnischen Schriftstellers Andrzejewski ersetzen, das optimistischer schließt: »Wer in den Tiefen seiner Verzweiflung wenigstens den leisesten Funken einer Hoffnung erspäht, der wird bestimmt nicht sagen: ich habe verspielt.«

La kermesse héroïque
(Die klugen Frauen)

Frankreich/Deutschland, 1936

R: Jacques Feyder; A: Bernard Zimmer nach einer Erzählung von Charles Spaak; K: Harry Stradling, Louis Page, André Thomas; D: Françoise Rosay, André Alerme, Louis Jouvet, Jean Murat, Micheline Cheirel

Deutsche Version – Dialoge: R. A. Stemmle; Dialogregie: Arthur Maria Rabenalt; D: Françoise Rosay, Will Dohm, Paul Hartmann, Charlott Daudert

In der flandrischen Stadt Boom wird im 17. Jahrhundert eine Kirmes vorbereitet. Zur gleichen Zeit verspricht Booms Bürgermeister (A. A./W. D.) seine Tochter (M. C./C. D.), die eigentlich den Maler Breughel liebt, dem reichen Metzgermeister. In die Festvorbereitungen platzt die Nachricht vom Anmarsch spanischer Truppen unter dem Kommando des Herzogs von Olivarez (J. M./P. H.). Teils aus Feigheit, teils aus List stellt der Bürgermeister sich tot und läßt sich in seinem Haus »aufbahren«. Seine Frau (F. R. in beiden Fassungen) macht dem Herzog klar, daß der Trauerfall einen gebührenden Empfang leider unmöglich mache. Gleichzeitig nutzt sie aber die Gelegenheit, einige Dinge ins reine zu bringen – zum Beispiel die Heirat ihrer Tochter mit dem Maler. Der »Tote« hört und sieht das wütend, aber hilflos mit an. Mit viel Geschick bewältigt die Bürgermeisterin die Situation. Und sie ist sogar diplomatisch genug, ihre Erfolge – z. B. Steuerfreiheit für ein Jahr – vor der Bevölkerung dem todesmutigen Einsatz des Bürgermeisters zuzuschreiben.

Eine intelligente Farce in historischem Gewand, die in der ganzen Welt Erfolg hatte. Lazare Meerson hatte prächtige Dekorationen im Stil niederländischer Maler entworfen; und Feyder

stellt in diese Dekorationen ein psychologisch stimmiges Intrigenspiel, das die »Unfähigkeit« der Männer ironisch entlarvt.
Der Film wurde von dem französischen Produzenten gleichzeitig in einer deutschen Fassung gedreht, ein Verfahren, das in den dreißiger Jahren durchaus üblich war.

The kid (Mann: Charles Chaplin; Junge: Jackie Coogan; Polizist: Tom Wilson)

The kid Ⓢ
(Das Kind / Der Vagabund und das Kind)
USA, 1920

R: Charles Chaplin; A: Charles Chaplin; K: Rollie Totheroh; D: Charles Chaplin, Edna Purviance, Jackie Coogan, Carl Miller

Ein Vagabund (C. C.) findet auf der Straße ein ausgesetztes Baby. Seine Versuche, die nutzlose Fundsache wieder loszuwerden, scheitern; er muß sich wohl oder übel um das Kind kümmern. Einige Jahre später hausen beide zusammen in einer schmutzigen Mansarde. Der Vagabund sorgt rührend für den Kleinen (J. C.); aber auch der beteiligt sich am gemeinsamen Haushalt: Zum Beispiel wirft er Fensterscheiben ein und besorgt seinem Pflegevater, der jetzt als Glaser arbeitet, damit Arbeit und Auskommen. Plötzlich taucht eine vornehme Dame (E. P.), die Mutter des Kleinen, auf. Vor Jahren war sie als unwissendes Mädchen von einem Maler verführt worden und hatte ihr Kind ausgesetzt; jetzt ist sie eine erfolgreiche Schauspielerin und hat ihr Kind gesucht und wiedergefunden. Der Vagabund bleibt allein zurück. In seinem Kummer träumt er einen schönen Traum, in dem alle Menschen Engel mit weißen Flügeln sind – sogar die Polizisten. Aber das Erwachen ist nicht traurig; ein eleganter Wagen wartet auf ihn; denn es ist nicht gut, wenn ein Junge keinen Vater hat...
The kid war Chaplins erster »langer« Film; er zählt zu seinen schönsten und persönlichsten Werken. In der Gestalt des Jungen hat Chaplin wohl ein Stück seiner eigenen harten Kindheit nachgestaltet. So wird der Junge fast so etwas wie ein Spiegelbild des Tramps. Daher mag auch die Zärtlichkeit dieses Films kommen, ein gefühlvolles Engagement, das manches Mal hart an die Grenze des Kitsches reicht, diese Grenze aber niemals überschreitet. Und das Happy-End könnte so etwas wie eine Variation über den erstaunlichen Aufstieg des armen Jungen Charlie Chaplin sein.
Daneben gibt es wieder viele typische Chaplin-Gags: So, wenn er sich aus einer alten Sardinenbüchse einen Zigarrenstummel klaubt – mit der Miene eines Weltmanns, der sein goldenes Zigaretten-Etui aus der Tasche zieht.

The killers
(Der Tod eines Killers)

USA, 1964

R: Don Siegel; A: Gene L. Coon nach der gleichnamigen Erzählung von Ernest Hemingway; K: Richard L. Rawlings; D: Lee Marvin, Angie Dickinson, John Cassavetes, Clu Gulager, Claude Akins, Ronald Reagan

Die beiden gedungenen Berufskiller Charlie (L. M.) und Lee (C. G.) erschießen in einer Blindenschule den Lehrer und ehemaligen Rennfahrer Johnny North (J. C.). Das Opfer läßt sich nahezu widerstandslos abschlachten. Die verblüfften Gangster erinnern sich, daß North vor Jahren in einen Postraub verwickelt war, der Millionen eingebracht hat, und sie beschließen, über ihren anonymen Auftraggeber an das Geld zu kommen. Johnnys ehemaliger Mechaniker Earl Sylvester (C. A.) erzählt ihnen von einer Frau, Sheila Farr (A. D.), in die Johnny verliebt war und die er verlassen hatte, als er erfuhr, daß sie die Geliebte des Gangsters Browning (R. R.) war. Ein ehemaliger Mitarbeiter Brownings gibt weitere Einzelheiten preis: Nach einem Unfall und dem Verzicht auf seine Karriere hat Johnny Sheila wiedergesehen. Aus Liebe zu ihr hat er sich in den Postraub verwickeln lassen, und sie hat ihn überredet, nach dem geglückten Überfall Browning auszubooten. Schließlich machen Charlie und Lee Browning ausfindig und zwingen ihn, auch Sheila herbeizurufen. Unter Druck gesteht sie, daß damals alles ein abgekartetes Spiel war, bei dem sie zusammen mit Browning Johnny betrogen hatte, der im letzten Moment schwerverletzt entkommen konnte. Die beiden Killer wähnen sich endlich am Ziel. Aber Browning kann Lee töten, Charlie verwunden und mit Sheila, die jetzt seine Frau ist, fliehen. Während das skrupellose Paar sich in seinem Bungalow endgültig in Sicherheit glaubt, erscheint Charlie blutüberströmt, erschießt die beiden und flieht mit der Beute. Doch nach wenigen Metern bricht auch er tot zusammen.
Don Siegel gehört zu den umstrittenen Regisseuren des Trivialfilms. Von einigen Kritikern fast kultisch verehrt, wird er von anderen als bloßer Routinier angesehen. Streit gab es auch um diesen Film. Man warf ihm vor, er habe aus der fast handlungslosen literarischen Vorlage ein turbulentes Gangsterdrama gemacht. Das stimmt. Aber Siegel gelang in der unprätentiösen Schilderung von Menschen, die jagen und gejagt werden, die Jäger und Opfer zugleich sind, die emotionslos auf Raub gehen, ein klarer, konsequenter Gangsterfilm, der die Mythen der dreißiger Jahre aufgreift, ohne sie einfach zu kopieren. Und in der distanzierten Kälte seiner Schilderung mag, wer will, durchaus auch den Geist der Kurzgeschichte Hemingways wiederfinden.
Die gleiche literarische Vorlage wurde 1947 bereits von Robert Siodmak verfilmt (*The Killers* – Rächer der Unterwelt).

Killer's kiss
(Der Tiger von New York)

USA, 1954

R: Stanley Kubrick; A: Stanley Kubrick; K: Stanley Kubrick; D: Frank Silvera, Irene Kane, Jamie Smith

Gloria (I. K.) arbeitet als Taxi-Girl in dem Lokal von »Killer« Vincent Rapallo (F. S.), der sich in das junge Mädchen verliebt. Da taucht eines Tages als Nebenbuhler der Boxer Davy (J. S.) auf. Rasend vor Eifersucht will der »Killer« Davy beseitigen; aber durch ein Versehen wird an Stelle von Davy dessen Freund und Manager umgebracht. Nach einer wechselvollen Jagd stehen sich die Gegner schließlich in einem Lagerhaus gegenüber. In einem Raum voller Modellpuppen kommt es zu einer blutigen Auseinandersetzung. Davy tötet Rapallo und befreit damit auch Gloria aus den Fängen der Gangster.
Kubrick war hier auch sein eigener Produzent (und Cutter) und drehte den Film mit geringem Aufwand größtenteils in den Straßen von New York. Das gibt der Kriminalhandlung Authentizität. Man erlebt die Einsamkeit der Menschen in den Straßen der Großstadt und in billigen Pensionen, die skrupellose Gewalt zwielichtiger Gangster, aber auch die Sehnsucht nach Ruhe und Geborgenheit.

The killing of a Chinese bookie (3. v. l.: Meade Roberts)

The killing of a Chinese bookie

(Die Ermordung eines chinesischen Buchmachers / Mord an einem chinesischen Buchmacher)

USA, 1975

R: John Cassavetes; A: John Cassavetes; K: Fred Elmes, Mike Ferris; D: Ben Gazzara, Azizi Johari, Meade Roberts, Soto Joe Hugh, Morgan Woodward

Seit 7 Jahren betreibt Cosmo Vitelli (B. G.) das »Crazy Horse West«, einen Strip-Club in Los Angeles. Als sein eigener Autor, Regisseur, Choreograph und Ansager bemüht er sich mit wahrer Leidenschaft, seinem Club eine persönliche Note zu geben. Nur die Conférence auf der Bühne überläßt er seinem »Doppelgänger«, Mr. Sophisticated (M. R.). Jetzt nach 7 Jahren hat er endlich die letzte Rate für seinen Club bezahlt, jetzt endlich ist er wirklich der Eigentümer. Am Tag nach diesem freudigen Ereignis folgt er einer Einladung zum Pokerspiel. Drei seiner Tänzerinnen begleiten ihn, darunter auch Rachel (A. J.), das farbige Mädchen, mit dem er zusammenlebt. Cosmo verliert, akzeptiert dankbar großzügige Kreditangebote und hat unversehens so hohe Schulden, daß er seinen Club praktisch verspielt hat. Er ist wie betäubt. Aber die Gegenseite macht ihm ihrerseits kein schlechtes Angebot: Wenn er einen unbequemen Konkurrenten (»nur« einen chinesischen Buchmacher!) aus dem Weg räumt, wird man die Schuldscheine zerreißen. In seiner Verzweiflung akzeptiert Cosmo. Er erschießt einen alten Mann (S. J. H.), den er gar nicht kennt, und merkt zu spät, daß die Gangster nun ihn, den unbequemen Mitwisser, töten wollen. Zwar kann er ihrer Falle entkommen, aber er wird schwer verletzt. Halbtot schleppt er sich in seinen Club, um die Ansage für den letzten Akt der Show ins Mikrophon zu sprechen.

Cassavetes, der in den Jahren zuvor mit *Husbands* (Ehemänner, USA 1969), *Minnie and*

Moscowitz (Minnie und Moscowitz, USA 1972) und *A woman under the influence* (Eine Frau unter Einfluß, USA 1973) wichtige Beiträge zur amerikanischen Filmszene lieferte, hat hier einen elegischen Film von schillernder Vieldeutigkeit gedreht. Ein Gangsterfilm, gewiß, dafür bürgt schon die Fabel. Aber dies ist auch ein Film über die Einsamkeit der Großstädte, über die Verlorenheit auf Highways und im Häusermeer. Und schließlich ist dies gar so etwas wie eine »Künstler«-Biographie, die Geschichte eines Mannes, der besessen für seine Vorstellung von Kunst und Perfektion arbeitet. Daß das Spektakel auf Cosmos Bühne ihn nicht eben als Meister seines Fachs ausweist, macht ihn höchstens liebens- und bedauernswerter und die tragische Sinnlosigkeit seines Einsatzes noch deutlicher. Man spürt sein leidenschaftliches Engagement, wenn er auf dem Weg zu seinem Opfer an einer Telefonzelle hält, um sich zu erkundigen, »ob die Show auch läuft«. Und man spürt auch, daß er eigentlich schon tot war, als er seinen Club verspielt hatte. Der Mord war für ihn nur ein verzweifelter Versuch, gegen alle Vernunft und Logik noch einmal ins Leben zurückzukehren.

Kind hearts and coronets

(Adel verpflichtet)

England, 1949

R: Robert Hamer; A: Robert Hamer und John Dighton nach dem Roman *Israel Rank* von Roy Horniman; K: Douglas Slocombe; D: Dennis Price, Valerie Hobson, Joan Greenwood, Alec Guinness

Louis Mazzini (D. P.), Sohn eines italienischen Tenors und einer britischen Adligen, möchte allzugern die Position im Stammbaum der D'Ascoynes einnehmen, die ihm nach seiner Meinung gebührt. Als die geliebte Sibella (J. G.) ihn, den kleinen Verkäufer, wegen eines reichen Bürgers verläßt, geben Schmerz und Enttäuschung ihm die nötige Kraft: Er bringt sämtliche Familienmitglieder, die zwischen ihm und dem Titel stehen (und die allesamt von Alec Guinness gespielt werden!), auf höchst einfallsreiche Weise um. Endlich ist er der zehnte Herzog von Chalfont und glaubt nun, auch ein weiteres Ziel erreichen und Edith (V. H.), die Witwe seines zweiten Opfers, ehelichen zu können. Aber Sibella, deren Gefühle für ihn gleichsam von Mord zu Mord wieder gewachsen sind, gibt nicht kampflos auf. Sie brockt ihm listig eine Mordanklage ein – Mord an ihrem, Sibellas, Ehemann. Bei einem Besuch im Gefängnis läßt sie ihn jedoch wissen, daß sich im Falle eines Eheversprechens ein Brief finden lassen könne, der Selbstmordabsichten ihres Mannes bekundet. Leichten Herzens schlägt Louis ein. Mein Gott, nur eine Frau zwischen ihm und der geliebten Edith! Leichten Herzens auch verläßt er das Gefängnis, nachdem Sibella tatsächlich den Brief dem Gericht vorgelegt hat. Und dann erst fällt Louis ein, daß er seine höchst offenherzigen Memoiren in der Zelle vergessen hat . . .

Eine der besten Produktionen des Ealing-Studios, das nach 1945 einige Jahre für seine einfallsreichen, hintergründigen Lustspiele bekannt war. Hier wird auf intelligente und geschmackvolle Weise mit dem Entsetzen Scherz getrieben; hier wird englische Lebensweise treffend karikiert. Die acht D'Ascoynes etwa, die im Film das Zeitliche segnen, sind allesamt Karikaturen, wie einer Synthese von »Punch« und »Times« entsprungen; Alec Guinness porträtiert sie als Vertreter uralter Dekadenz, deren skurrile Eigenheiten sich jeweils in der nächsten Generation in sanfter Steigerung wiederfinden. Hamer hat hier eine beispielhafte schwarze Komödie gestaltet, in der kein »normaler« Ton die Konsequenz der krausen Logik stört.

A kind of loving

(Nur ein Hauch Glückseligkeit)

England, 1962

R: John Schlesinger; A: Willis Hall und Keith Waterhouse nach einem Roman von Stan Barstow; K: Denys Coop; D: Alan Bates, June Ritchie, Thora Hird

Der junge Angestellte Vic Brown (A. B.) bemüht sich um die Stenotypistin Ingrid Rothwell (J. R.), die im gleichen Betrieb arbeitet. Es gibt den üblichen Flirt, Spaziergänge im dunklen Park, einen heimlichen Kuß im Kino. Als Vic erfährt, daß Ingrid noch Jungfrau ist, zuckt er zurück. Aber eines Tages »passiert es« doch. Ingrid erwartet ein Kind; sie heiraten. Das Fa-

milienleben im Haus der Schwiegermutter (T. H.) wird bald unerträglich. Ingrid hat eine Fehlgeburt. Vic verläßt sie und wird von seinen Eltern mit Vorwürfen empfangen. Am Schluß wollen es beide in einer eigenen Wohnung noch einmal miteinander versuchen.
Eine banale Geschichte, die von Schlesinger ohne Aufwand, ohne Dramatisierung, ohne falsche Effekte ins Bild gesetzt wurde. So entstand ein typisches Beispiel des »free cinema«. Besonders gut gelangen dabei die scheinbar nebensächlichen Beobachtungen, die kleinen Gesten und Reaktionen, aus denen sich das Bild eines Charakters, eines Milieus zusammensetzt.

A king in New York

(Ein König in New York)

England, 1957

R: Charles Chaplin; A: Charles Chaplin; K: Georges Périnal; D: Charles Chaplin, Dawn Addams, Oliver Johnston, Jerry Desmonde, Michael Chaplin, Maxine Audley

Vor einer Revolution flieht König Shahdov (C. C.) ins Exil nach New York. Da sein Ministerpräsident (J. D.) mit dem vorsorglich beiseite geschafften Staatsschatz durchbrennt, stehen Shahdov und sein ihm treu ergebener Botschafter Jaume (O. J.) unversehens vor dem Nichts. In dieser Situation bringt die attraktive Ann Kay (D. A.) die Rettung: Ohne sein Wissen macht sie Shahdov zum Star einer Werbesendung im Fernsehen. Der also hintergangene Ex-Monarch ist zunächst empört; aber angesichts seiner finanziellen Misere nutzt er die Gunst der Stunde und wird bald zum populären und hochbezahlten Werbe-Star. Nebenbei absolviert er allerdings auch noch repräsentative Aufgaben. Beim Besuch einer »modernen« Schule ödet ihn der zehnjährige Rupert (M. C.), ein hochbegabtes Kind, mit aggressiven und unausgegorenen Linksparolen an. Einige Zeit später trifft er Rupert frierend und heimatlos vor dem Hotel »Ritz« wieder. Ruperts Eltern sind wegen Mißachtung des Kongresses ins Gefängnis geschickt worden; sie hatten sich geweigert, vor dem Ausschuß zur Untersuchung unamerikanischen Verhaltens die Namen von kommunistischen Gesinnungsfreunden preiszugeben. Shahdov nimmt sich des Jungen an, sorgt für ihn und wird wegen dieser »Kontakte« selbst vor den Ausschuß geladen. Obwohl er (versehentlich) die Mitglieder des Ausschusses mit einem Feuerwehrschlauch vom Tisch fegt, wird seine Unschuld festgestellt. Ernüchtert beschließt er, die USA zu verlassen und zu seiner Frau (M. A.) nach Paris zu gehen. Vorher macht er noch einen Besuch in Ruperts Schule. Er findet das Kind gebrochen und verängstigt: Rupert hat, um seine Eltern zu retten, die Aussagen gemacht, die diese verweigert haben. Sein Lehrer betont, sie alle seien sehr stolz auf Rupert . . .
Chaplins sehr persönliche Abrechnung mit den USA geriet ihm zu einem unausgeglichenen Film, der zunächst weder bei der Kritik noch beim Publikum übermäßige Begeisterung auslöste. Im ersten Teil nimmt Chaplin auf kabarettistische Weise das Werbefernsehen, Hollywood, den CinemaScope-Film und Auswüchse des »American way of life« aufs Korn. Dabei gibt es »slapstick«-Nummern, die direkt an die Tradition seiner Stummfilme anknüpfen, die aber meist nicht mehr ganz deren Präzision und Einfallsreichtum haben. Mit dem Auftreten Ruperts ändert der Film seinen Charakter. Da spürt man plötzlich ein zorniges humanitäres Engagement, das den Operettenkönig zum Charakter und die Komödie zur Tragödie wandelt. Wo man sich eingangs über zwei gesetzte Herren amüsiert hatte, die durchs Schlüsselloch eine junge Dame beim Baden beobachten, wird man entlassen mit dem Bild eines verängstigten Kindes, das der kollektive Wahn einer verunsicherten Gesellschaft zerbrochen hat. Diese Bilder bleiben haften – vielleicht auch deshalb, weil der Film seine Zuschauer vorher in einer trügerischen Sicherheit gewiegt hatte.
In der Bundesrepublik wurde der Film erst 1976 erstaufgeführt. Zunächst hatte man offenbar befürchtet, er werde beim Publikum antiamerikanische Ressentiments wecken.

King Kong

(Die Fabel von King Kong / King Kong und die weiße Frau)

USA, 1932

R: Merian C. Cooper, Ernest B. Schoedsack; A: James Creelman, Ruth Rose und Merian C.

Cooper nach einer Idee von Edgar Wallace; K: Edward Linden, Verne Walker, J. O. Taylor; D: Robert Armstrong, Fay Wray, Bruce Cabot

Der Filmregisseur Denham (R. A.) fährt zu einer Südsee-Insel, auf der ein Ungeheuer namens King Kong leben soll. Er will King Kong zur Attraktion seines nächsten Films machen. Doch die abergläubischen Eingeborenen, die den Riesengorilla King Kong als Gott verehren, rauben dem Regisseur seinen weiblichen Star Ann Redman (F. W.), um ihn dem »Gott« als Opfer darzubringen. Eine Rettungsexpedition stößt auf vorzeitliche Untiere wie Brontosaurier etc. und beobachtet, wie King Kong seine attraktive Beute gegen diese Gegner verteidigt. Während alle anderen Mitglieder der Expedition getötet werden, kann der Steuermann Driscoll (B. C.) Ann retten und zum Schiff bringen. King Kong, der sich offenbar in Ann »verliebt« hat, verfolgt die beiden und wird am Strand mit einer Gasbombe betäubt. Gefesselt bringt man ihn nach New York, wo er als Attraktion ausgestellt werden soll. Doch schon bei der Premiere zerbricht er seine Ketten, raubt Ann und klettert mit ihr auf das Empire State Building. Hier wird er von einigen Kampfflugzeugen mit Maschinengewehren getötet, nachdem er eines der Flugzeuge noch mit geballter Faust zerstört hat. Ann wird gerettet.

Die naive Fabel ist mit für damalige Zeiten erstaunlichem technischen Raffinement aufbereitet worden. Dieser Gegensatz macht den größten Reiz des Films aus. Tricktechnisch bemerkenswert sind vor allem die Szenen mit den prähistorischen Ungeheuern, die Flucht King Kongs durch New York und das Finale auf dem Empire State Building. Der Mythos King Kongs wurde in mehreren Filmen von Schoedsack und von Epigonen wiederbelebt.

The king of kings Ⓢ

(Der König der Könige)

USA, 1927

R: Cecil B. DeMille; A: Jeannie MacPherson, Cecil B. DeMille, Denison Clift, Clifford Howard, Jack Jungmeyer; K: Peverell Marley, Fred Westerberg, Jack Badaracco; D: Henry Byron Warner, Dorothy Cummings, Ernest Torrence, Joseph Schildkraut

King Kong (Fay Wray)

Ein Christus-Film, der sich allerdings auf die drei Jahre des öffentlichen Wirkens Jesu beschränkt: Jesus Christus (H. B. W.), Maria (D. C.), Petrus (E. T.), Judas (J. S.). Der aufwendige Bilderbogen ersetzt geistige und religiöse Substanz durch ein Massenaufgebot von Komparsen. Im rein handwerklich technischen Bereich verfügt er über Qualitäten: gut komponierte Massenszenen, tricktechnisch einfallsreiche Bilder von der Auferstehung und der Himmelfahrt, sogar schon einige Farbsequenzen, für die Jack Badaracco als Spezial-Kameramann engagiert wurde.
Ein Remake unter dem gleichen Titel drehte Nicholas Ray 1960 mit Jeffrey Hunter in der Hauptrolle.

Kirmes

BRD, 1960

R: Wolfgang Staudte; A: Wolfgang Staudte nach einer Idee von Claus Hubalek; K: Georg Krause; D: Götz George, Juliette Mayniel, Hans Mahnke, Wolfgang Reichmann

In einem Eifeldorf stößt ein Karussell-Besitzer beim Aufbau seines Karussells auf das Skelett eines deutschen Soldaten. Der Film erzählt die Geschichte des Toten. In den letzten Kriegstagen ist Robert Mertens (G. G.) desertiert. Er versteckt sich in seinem Heimatdorf, um zu überleben. Doch niemand will ihm helfen, selbst sein Vater (H. M.) hat Angst vor dem Ortsgruppenleiter (W. R.). Nur eine französische »Fremdarbeiterin« (J. M.) kümmert sich um ihn. Als der Deserteur keinen Ausweg mehr sieht, erschießt er sich und wird verscharrt. Jetzt, 15 Jahre später, werden die Überreste des Toten feierlich beerdigt. Aber niemand möchte mehr über die peinliche Geschichte sprechen; denn am Grab stehen die gleichen Menschen, die damals versagt haben. Der ehemalige Ortsgruppenleiter ist heute Bürgermeister.
Einer der wenigen deutschen Filme jener Zeit, die sich nicht nur ernsthaft mit der Vergangenheit auseinandersetzen, sondern darüber hinaus Lehren für die Gegenwart ziehen wollen. Diesen Film hat Staudte mit spürbarem Engagement gedreht – mit dem negativen Erfolg u. a., daß er Menschen und Situationen voller Abscheu verzeichnet hat. Da unterlaufen dem begabten Regisseur dann plötzlich die üblichen Klischees von den beschränkten stiernackigen Nazis und sogar die von den leichtlebigen Französinnen. Die Bedingtheiten des Milieus in einem kleinen katholischen Eifeldorf werden so vernachlässigt, daß der Zuschauer es leicht hat, sich der persönlichen Nutzanwendung zu entziehen. In seinem Bemühen, deutlich zu sein, ist Staudte überdeutlich geworden und hat damit letzten Endes sein Thema um die erhoffte und zu wünschende Wirkung gebracht.

The knack ... and how to get it

(Der gewisse Kniff)

England, 1964

R: Richard Lester; A: Charles Wood nach dem Bühnenstück *The knack* von Ann Jellicoe; K: David Watkin; D: Rita Tushingham, Ray Brooks, Michael Crawford, Donald Donnelly

Colin (M. C.), Besitzer eines kleinen Hauses, beneidet seine Untermieter Tolen (R. B.) und Tom (D. D.) um ihr Glück bei Frauen. Besonders Tolen beherrscht den »gewissen Kniff«. Colin möchte bei ihm in die Lehre gehen und kauft sich zunächst einmal ein riesiges, eisernes, fahrbares Doppelbett. Bei der »Rückfahrt« mit dem Bett treffen er und Tom Nancy (R. T.), die vom Lande kommt und den Christlichen Verein Junger Mädchen sucht. Sie vertraut sich Colins Führung an und landet in seinem Haus, wo alsbald Tolen sich ihrer annimmt. Er entführt sie auf einem Motorrad. Als er im Park zudringlich wird, fällt Nancy in eine Ohnmacht, aus der sie alsbald wieder erwacht, um lauthals zu verkünden, sie sei soeben vergewaltigt worden. Tolen entzieht sich dieser Komplikation durch die Flucht. Colin versucht, Nancy zu beruhigen. Als Tolen zurückkommt, findet er beide in ein sehr persönliches Gespräch vertieft. Er ist fassungslos ...
Lester hat die turbulente Vorlage sehr stilsicher in Szene gesetzt. Die groteske Grundsituation wiederholt sich in der Form des Films, der die skurrilen Episoden mit damals verblüffenden Einfällen schildert. Heute wirken viele Szenen schon etwas verkrampft.

Kočár do Vídně
(Wagen nach Wien)
ČSSR, 1966
R: Karel Kachýňa; A: Jan Procházka, Karel Kachýňa; K: Josef Illík; D: Iva Janžurová, Jaromír Hanzlík, Luděk Munzar
In den letzten Kriegstagen zwingen zwei Soldaten der deutschen Wehrmacht eine tschechische Bäuerin (I. J.), sie mit Pferd und Wagen in Richtung Heimat, nach Wien, zu fahren. Einer von ihnen (L. M.) ist schwer verwundet, der andere (J. H.) sehr jung. Die Bäuerin sieht eine Gelegenheit, ihren von den Deutschen erschossenen Mann zu rächen. Sie versteckt ein Beil auf dem Wagen und wirft das Seitengewehr und die Pistole des Jungen fort. Als der Deutsche das merkt, jagt er die Bäuerin fort, die ihm aber heimlich weiter folgt. Der verwundete Soldat stirbt. Der Junge begräbt ihn und schläft dann übermüdet ein. Die Frau stürzt sich auf ihn; aber sie schlägt nur verzweifelt mit den Fäusten auf ihn ein; dann wird aus dem Kampf eine Umarmung. Nebeneinander schlafen beide ein. Am nächsten Morgen werden sie von tschechischen Partisanen entdeckt. Die Partisanen vergewaltigen die »Nazihure« und erschießen den Deutschen. Die Frau packt die Leiche auf ihren Wagen und fährt nach Hause.
Ein ungewöhnlicher und unbequemer Film über den Krieg, darüber, daß er Humanität auf jeden Fall ausschließt. Von dieser Erkenntnis nimmt Kachýňa auch die Partisanen nicht aus. Er zeigt den Teufelskreis: Menschen, die allesamt glauben, aus der richtigen moralischen Position heraus zu handeln, und die dabei sich selbst und andere zerstören. Vielleicht hat Kachýňa sein einfaches und sinnfälliges Gleichnis ein wenig zu sehr mit Symbolen und Lyrismen beladen. Insgesamt gelang ihm jedoch ein eindringlicher Film. Dabei war sich der Regisseur seiner Sache so sicher, daß er die knappen Dialoge bis zum Auftauchen der Partisanen, also etwa 90 Prozent des Films, realistisch in deutscher Sprache beließ.

Kohayagawa-ke no aki
(Der Herbst der Familie Kohayagawa)
Japan, 1961
R: Yasujiro Ozu; A: Kogo Noda, Yasujiro Ozu; K: A. Nakai; D: Ganjiro Nakamura, Setsuko Hara, Yoko Tsukasa, Michiyo Aratama, Keiji Kobayashi
Manbei Kohayagawa (G. N.) ist seit vielen Jahren Witwer; die Leitung der Sake-Brennerei hat er seinem Sohn (K. K.) überlassen. Vor seinem Tod möchte er gern noch seine Tochter Noriko (Y. T.) und die verwitwete Tochter Akiko (S. H.) verheiraten. Eines Tages trifft der Alte seine frühere Freundin. Er verfällt ihr erneut und läßt sich von ihr und ihrer lebenslustigen Tochter ausnutzen. Es gibt Streit in der Familie; und besonders seine Schwiegertochter Fumiko (M. A.) ist empört über die Liebschaft des Familienoberhauptes. Ein Herzanfall Manbeis läßt sie jedoch ihre Lieblosigkeit bereuen. Wenig später stirbt Manbei in den Armen seiner Freundin. Bei seinem Begräbnis erzählt Noriko, daß sie ihrem Freund in eine ungewisse Zukunft folgen will. Akiko entschließt sich endgültig, nicht wieder zu heiraten. Und die Sake-Brennerei der Kohayagawas wird fusionieren müssen, um nicht bankrott zu gehen.
Ozus Film zeigt deutlich den Gegensatz zwischen Tradition und Gegenwart in Japan. Er beginnt geradezu programmatisch mit dem Bild einer Leuchtreklame: »Modern Japan«. Dann erlebt man die Auflösung einer Familie, die ebenso vor der modernen Entwicklung kapituliert wie die Firma der Kohayagawas. Die Menschen erliegen den Einflüssen der modernen Zeit; die kleine Sake-Brennerei kann nicht mit den modernen Konzernen konkurrieren. Allerdings differenziert Ozu: Er billigt den Entschluß Norikos, ihr Schicksal selbst in die Hand zu nehmen; negatives Pendant ist die Tochter von Manbeis Freundin, die wahllos mit Amerikanern flirtet.
Auch die Form ist typisch für Ozu: Eine unbewegliche Kamera in Augenhöhe, die vorwiegend »amerikanische« Einstellungen einfängt und dabei doch ein Höchstmaß an Intensität erreicht.

Kohlhiesels Töchter Ⓢ

Deutschland, 1920

R: Ernst Lubitsch; A: Hanns Kräly, Ernst Lubitsch; K: Theodor Sparkuhl; D: Henny Porten, Emil Jannings, Gustav von Wangenheim, Jakob Tiedtke

Zwei Freier, Xaver (E. J.) und Sepp (G. v. W.), bewerben sich um Grete (H. P.), die reizende Tochter des Matthias Kohlhiesel (J. T.). Doch der will zuerst Gretes unansehnliche und zänkische Schwester Liese (H. P.) unter die Haube bringen. Sepp gelingt es, dem etwas tumben Xaver klarzumachen, daß er zunächst um Liese anhalten müsse, um später desto sicherer die Grete zu gewinnen. So sieht Xaver sich jählings mit Liese verheiratet, die sich nach der Hochzeit jedoch zu einer hübschen und liebenswürdigen Ehefrau wandelt.
Lubitsch rechnete diese Bauernkomödie, in der Henny Porten eine Doppelrolle spielte, zu seinen besten Lustspielen in Deutschland. Der Humor ist jedoch etwas schwerfällig und gewaltsam.
Das erfolgversprechende Thema wurde in Deutschland mehrfach neu verfilmt – so 1930 von Hans Behrendt, abermals mit Henny Porten, 1943 von Kurt Hoffmann mit Heli Finkenzeller und 1962 von Axel von Ambesser mit Liselotte Pulver.

Kolberg

Deutschland, 1943/44

R: Veit Harlan; A: Veit Harlan, Alfred Braun; K: Bruno Mondi; D: Heinrich George, Kristina Söderbaum, Horst Caspar, Paul Wegener, Gustav Diessl, Otto Wernicke, Irene von Meyendorff, Kurt Meisel

Breslau 1813. Gneisenau (H. C.) drängt den preußischen König, das Volk zum Kampf gegen Napoleon aufzurufen; denn dieser Krieg sei nicht Sache der Armee, sondern des Volkes. Um den König zu überzeugen, berichtet er vom Kampf um Kolberg in den Jahren 1806/07. – Oberst Loucadou (P. W.), der Kommandant der kleinen Festung, will Kolberg den vorrückenden Franzosen übergeben, da er die Sinnlosigkeit weiteren Widerstandes einsieht. Als der Bürgerrepräsentant Nettelbeck (H. G.) demgegenüber den Kampf bis zum letzten Mann propagiert, läßt Loucadou ihn verhaften und zum Tode verurteilen. Im Auftrag Nettelbecks schlägt sich das einfache Bürgermädchen Maria (K. S.) zur preußischen Königin (I. v. M.) durch und bittet um Hilfe für Kolberg. Unterdessen ist aber bereits Gneisenau zum Nachfolger Loucadous ernannt worden. Zusammen mit Nettelbeck verteidigt er die Festung, bis die Franzosen nach internen Meinungsverschiedenheiten die Beschießung einstellen. Symbole des Widerstandes sind am Schluß Nettelbeck, Gneisenau und Maria. Dabei hat die Frau am meisten verloren: den Vater (O. W.), der sich getötet hat, weil sein »schöngeistiger« Sohn Claus (K. M.) sich hat zwingen lassen, auf das Wohl Napoleons zu trinken, den Bruder Claus bei der Beschießung, den Bruder Friedrich im Kampf und den Geliebten, Leutnant Schill (G. D.). Unter dem Eindruck dieser Erzählung unterschreibt der König den Aufruf »An mein Volk«.
Über acht Millionen Mark kostete dieser pompöse Durchhalte-Film, den Goebbels am 1. Juni 1943 in Auftrag gegeben hatte und der gleichsam zweimal »uraufgeführt« wurde: am 30. Januar 1945 in der »Atlantikfestung La Rochelle« und am 31. Januar 1945 im fast völlig zerstörten Berlin. Harlan konnte mit nahezu unbegrenzten Mitteln arbeiten. *Kolberg* war der letzte Film, der den Ehrentitel »Film der Nation« erhielt.
Das Drehbuch hat die historische Wahrheit in manchen Punkten verschoben und verfälscht, um den Film der aktuellen Situation anzupassen; den handelnden Personen wurden Zitate von Goebbels und Hitler fast wörtlich in den Mund gelegt. Alles war darauf angelegt, das deutsche Volk in einer zunächst schwierigen, später hoffnungslosen Situation zum Kampf bis zum letzten Blutstropfen anzuspornen und ihm die Möglichkeit eines guten Endes vorzugaukeln.
Auch am fertigen Film ließ Goebbels noch Korrekturen vornehmen. Harlan berichtete in einem Interview, er habe »für zwei Millionen Mark Grauen« aus dem Krieg herausschneiden müssen. Dem Propagandaminister war wohl aufgegangen, daß eine allzu realistische Schilderung kriegerischer Zerstörungen beim Publikum unerwünschte Assoziationen wecken könnte.

Künstlerisch enttäuscht der Film durch allzuviel Pathos und Sentimentalität. Immerhin gibt es einige eindrucksvolle darstellerische Leistungen. Und auch die Massenszenen, an denen mehr Komparsen beteiligt waren als Soldaten bei den historischen Schlachten, sind überwiegend gut gelungen.

Kolleschski registrator Ⓢ

(Der Postmeister)

UdSSR, 1925

R: Juri Scheljabuschski; A: Walentin Turkin nach der gleichnamigen Novelle von Alexander Puschkin; K: Juri Scheljabuschski, Jewgeni Alexejew; D: Iwan Moskwin, Wera Malinowskaja, Boris Tamarin

Die Geschichte eines Postmeisters (I. W.), dessen Tochter (W. M.) einem gewissenlosen Verführer (B. T.) verfällt. Der Film, dramaturgisch und optisch sehr klar konturiert, bezahlt diese Vorzüge aber mit einer gewissen Spannungslosigkeit. Zu den Vorzügen des Films zählt eine gute Fotografie, die den Interieurs und auch der Landschaft plastische Realität gibt.

Die literarische Vorlage wurde noch mehrfach verfilmt, u. a. von Gustav Ucicky (*Der Postmeister*, Deutschland 1940) und Josef von Baky (*Dunja,* Österreich 1955).

Komödianten

Deutschland, 1941

R: G. W. Pabst; A: Axel Eggebrecht, Walter von Hollander und G. W. Pabst nach dem Roman *Philine* von Olly Boeheim; K: Bruno Stephan; D: Käthe Dorsch, Hilde Krahl, Henny Porten, Gustav Diessl, Richard Häußler, Ludwig Schmitz

Die Geschichte der Schauspielerin Karoline Neuber (K. D.), die im 18. Jahrhundert das deutsche Theater reformieren wollte. In der Herzogin von Weissenfels (H. P.) findet sie zunächst eine Gönnerin, bis der Neffe der Herzogin, Armin von Perckhammer (R. H.), die junge Philine Schröder (H. K.), ein Mitglied des Ensembles, heiraten will. Darüber kommt es zum Bruch mit der Herzogin; die Truppe folgt dem Herzog Biron (G. D.), der die Neuberin liebt, nach Rußland. Als Biron dort in Ungnade fällt, zieht die Neuberin nach Leipzig, wo sie den Hanswurst auf der Bühne verbrennt. Der arg getroffene Darsteller des Hanswurst (L. S.) sprengt mit seinen Kumpanen die Truppe. Philine kann die Herzogin von Weissenfels umstimmen, die der Neuberin jetzt ein festes Theater bauen will und sogar in die Heirat Philines mit Perckhammer einwilligt. Aber die Neuberin stirbt; und diesmal lehnt Philine die Werbung des Grafen ab. Statt dessen übernimmt sie die Leitung des Theaters, Perckhammer wird ihr Regisseur. Als erste Premiere gibt man *Emilia Galotti*. Der Adel erkennt die Künstler an.

Pabst, der seit 1932 im Ausland gelebt hatte und bei Kriegsausbruch in Frankreich interniert worden war, führte sich mit einem Film wieder ein, der durchaus in die damalige filmische Landschaft paßte. Lebensbilder großer Deutscher waren sehr beliebt. Immerhin wählte er eine Frau, deren Leben wenig Möglichkeit zu ideologischer Indoktrinierung bot. Und wenn er auch die Qualität seiner früheren Filme nicht erreichte, so zeichnete er doch ein vielfältiges und lebendiges Bild vergangener Zeiten. Einzelne Milieuschilderungen vom tristen Leben der fahrenden Komödianten sind vorzüglich.

Komsomolsk

(Komsomolsk – Die Stadt der Jugend)

UdSSR, 1938

R: Sergej Gerassimow; A: S. Markina, M. Wituchnowski, Sergej Gerassimow; K: Alexander Ginzburg, A. Sawjalow; D: Tamara Makarowa, I. Nowosselzew, Wiktor Kulakow

Tausende von Komsomolzen folgen 1932 einem Aufruf der Regierung und ziehen nach Osten, um am Amur eine neue Stadt zu bauen. Unter ihnen befinden sich auch Natascha Solowjewa (T. M.), die in der Stadt Komsomolsk ihren Mann Wassili treffen will, und ein »Diversant« (W. K.), der mit den Papieren des von ihm getöteten Komsomolzen Tschekanow reist. In Komsomolsk erlebt Natascha eine bittere Enttäuschung: Ihr Mann (I. N.) hat Angst vor den Schwierigkeiten seiner Arbeit und möchte die Stadt verlassen. Natascha trennt sich von ihm; aber die Genossen überreden ihn weiterzuma-

Der Kongreß tanzt (Lilian Harvey, Willy Fritsch)

chen, wobei er sich glänzend bewährt. Als er erfährt, daß Natascha ein Kind erwartet, holt er sie zurück. Der Aufbau der Stadt geht schnell voran. Doch eines Tages explodiert das Benzinlager. Der Schuldige war der falsche Tschekanow, der auf der Flucht noch zwei Komsomolzen tötet, dann aber von Natascha und Mitgliedern des NKWD gefaßt wird.
In seinen »Aufbauszenen« hat dieser Film einen Schwung, der das Pathos überspielt und ihm frische Lebendigkeit gibt. Wenig geglückt sind dagegen die Passagen um den Saboteur, die allzu aufdringlich und klischeehaft gerieten. Gerassimow hat sich später von ihnen distanziert.

Konez Sankt-Peterburga Ⓢ
(Die letzten Tage von St. Petersburg / Das Ende von St. Petersburg)
UdSSR, 1927
R: Wsewolod Pudowkin, Michail Doller; A: Nathan Sarchi; K: Anatoli Golownja; D: Alexander Tschistjakow, Iwan Tschuwelew, Anna Semzowa

Ein Bauernbursche (I. T.) kommt 1914 nach St. Petersburg, um Arbeit zu suchen. Ein Landsmann (A. T.) soll ihm dabei helfen. Aber der Bauer gerät in eine Streiksituation, die er nicht durchschaut, so daß er zum Streikbrecher und Verräter wird. Als er seinen Fehler mit den Fäusten korrigieren will, kommt er ins Gefängnis. Dann bricht der Krieg aus; und in den Schützengräben wird der Geschundene, zunächst nur dumpf Protestierende zum bewußt handelnden Bolschewiken. So kommt er nach St. Petersburg zurück und nimmt an der Erstürmung des Winterpalais teil.
Ein Gegenstück zu Eisensteins *Oktjabr*; Gegenstück auch insofern, als Pudowkin wiederum ein individuelles Schicksal in den Mittelpunkt seines Films stellte. Er schildert die Bewußtwerdung des einfachen Bauern Iwan und macht deutlich, daß diese Bewußtwerdung konsequent zur Revolution führt.
Gleichzeitig bemühte sich Pudowkin jedoch auch, die persönlichen Erfahrungen des Helden in die allgemeine Situation einzufügen. Es gibt z. B. eine große Montage von der Kriegsbegeisterung im Jahr 1914, in der unversehens das eherne Standbild von Alexander III. Tränen vergießt. Es gibt eine Attacke gegen die Kriegsgewinnler, die an der Börse das Steigen der Aktienkurse feiern und zwischen deren Freudenkundgebungen Pudowkin

Bilder vom Grauen des Krieges eingeschnitten hat.
Pudowkin drehte seinen Film zur gleichen Zeit wie Eisenstein seinen *Oktjabr*. Er berichtete: »Ich bombardierte das Winterpalais von der ›Aurora‹ aus, während Eisenstein es von der Festung St. Peter und Paul aus bestürmte. Eines Nachts sprengte ich einen Teil der Dachbalustrade fort und fürchtete, Schwierigkeiten zu bekommen, doch zertrümmerte Sergej Michailowitsch (Eisenstein) in derselben Nacht zum Glück die Scheiben von 200 Schlafzimmerfenstern.«

Der Kongreß tanzt

Deutschland, 1931

R: Eric Charell; A: Norbert Falk, Robert Liebmann; K: Carl Hoffmann; D: Willy Fritsch, Lilian Harvey, Conrad Veidt, Otto Wallburg

In Wien tagt und tanzt der Wiener Kongreß. Eine kleine Handschuhmacherin (L. H.) gerät unversehens in den Strudel von Politik und Vergnügen, weil sie allen in Wien einziehenden Potentaten einen Blumenstrauß mit ihrer Geschäftsadresse in den Wagen wirft. Der Zar von Rußland (W. F.) besucht ihr Geschäft tatsächlich – inkognito, als schmucker Offizier. Die beiden verlieben sich ineinander. Metternich (C. V.) fürchtet politische Schwierigkeiten und mischt sich ein; der Zar kontert, indem er die Polizei durch sein Double (W. F.) düpiert. Das bittere Ende kommt schnell: Als Christel mit dem Zaren beim Heurigen feiert, kommt die Nachricht, daß Napoleon wieder in Frankreich gelandet ist. Den Zaren ruft die Pflicht ...
Der Kongreß tanzt, gleichzeitig auch in einer englischen und französischen Fassung gedreht, wurde ein Welterfolg. Charell, der sich in Berlin durch die Inszenierung »sensationeller« Revuen einen Namen gemacht hatte, bewies in seinem Film Sinn für die Choreographie, für das spielerische Arrangement von Massenszenen. Dieses tänzerische Element vor allem machte den Film berühmt. Hinzu kamen aber auch die prunkvolle Ausstattung (Bauten: Robert Herlth, Walter Röhrig) und die Musik von Werner Richard Heymann, dessen Lied »Das gibt's nur einmal« in wehmütiger Variation (Das gab's nur einmal!) zum Schlagwort für sentimentale Erinnerungen an vergangene UFA-»Herrlichkeit« wurde.
Viel zitiert wurde aus diesem Film eine für damalige Zeiten ungewöhnliche technische Leistung – eine lange Fahrt in der Kutsche, bei der Lilian Harvey singt und der Originalton mitläuft. Mitlaufen mußten auch die »Kabelschlepper«, die gelegentlich im Bild erscheinen.

Körhinta

(Karussell)

Ungarn, 1955

R: Zoltán Fábri; A: Zoltán Fábri und László Nádasy nach der Novelle *Im Brunnen* von Imre Sarkadi; K: Barnabás Hegyi; D: Béla Barsi, Mari Töröcsik, Adám Szirtes, Manyi Kiss, Imre Soós

Körhinta (Mari Töröcsik, Imre Soós)

Mari (M. T.) und Maté (I. S.) sind zusammen auf dem Jahrmarkt. Der Schwung des Karussells scheint die Liebenden dem Alltag zu entrücken. Aber dieser Alltag holt sie schnell wieder ein. Maris Vater (B. B.), der aus der Genossenschaft wieder ausgetreten ist, hat einen anderen, reicheren Bräutigam für sie ausgesucht. Doch Maté will sich den alten Gesetzen der Bauern, daß »Land zu Land kommen« muß, nicht beugen. Auf einer Bauernhochzeit nimmt er Mari, die sich tagelang vor ihm versteckt hat, in die Arme und tanzt mit ihr. Und der Wirbel des Czardas entrückt sie genauso wie die Fahrt im Karussell. Als der Tanz zu Ende ist, sieht Mari ihrem Vater trotzig ins Gesicht; er spürt, daß er seine Macht über sie verloren hat.
Der Kampf zwischen dem Alten und dem Neuen, zwischen den Einzelbauern und denen in der Genossenschaft bestimmt zwar den Ablauf der Handlung. In erster Linie ist dies jedoch eine kammerspielhaft erzählte lyrische Liebesgeschichte, in der zwei junge Menschen ihren Anspruch auf Glück durchsetzen. Maté kämpft hier nicht für eine Ideologie, sondern für seine Liebe. Zoltán Fábri wurde mit diesem Film international bekannt.

Körkarlen Ⓢ

(Der Fuhrmann des Todes)

Schweden, 1920

R: Victor Sjöström; A: Victor Sjöström nach einer Erzählung von Selma Lagerlöf; K: Julius Jaenzon; D: Victor Sjöström, Tore Svennberg, Astrid Holm

Nach einer alten schwedischen Sage zieht in jeder Silvesternacht der Fuhrmann des Todes durchs Land, um nach einem Sünder zu suchen, der in dieser Nacht stirbt. Dieser Sünder muß im nächsten Jahr Fuhrmann sein. – In einer Silvesternacht kommt es auf einem Friedhof zwischen drei Zechern zum Streit und zu einer Schlägerei. Einer von ihnen, David Holm (V. S.), bleibt bewußtlos liegen. In seinen wüsten Träumen erlebt er noch einmal die Stationen seines verfehlten Lebens und glaubt sich vom Fuhrmann des Todes bedroht. Aber die Liebe seiner todkranken, frommen Schwester Edith (A. H.) rettet ihn und bringt ihn auf den rechten Weg.
Einer der Höhepunkte früher schwedischer Filmkunst. Sjöström hat es vorzüglich verstanden, die romantisch-mystische Stimmung seiner Vorlage vor allem im Spiel von Licht und Schatten einzufangen. Die Träume und die inneren Kämpfe seines Helden zeigte er mit Hilfe der Doppelbelichtung, die hier nicht als technischer Trick, sondern als sinnvolles dramaturgisches Mittel erscheint.
Nach der gleichen literarischen Vorlage drehte Arne Mattson 1959 einen gleichnamigen Film (mit George Fant, Ulla Jacobsson, Anita Björk), der aber trotz einiger Vorzüge im Detail sein Thema nicht recht bewältigte.

Koshikei

(Tod durch Erhängen)

Japan, 1967

R: Nagisa Oshima; A: Tsutomu Tamura, Mamoru Sasaki, Michinori Fukao, Nagisa Oshima; K: Yasuhiro Yoshioka; D: Yun-Do Yun, Akiko Koyama, Kei Sato, Toshiro Ishido

R. (Y. D. Y.), ein Angehöriger der koreanischen Minderheit in Japan, wird wegen Vergewaltigung und Mord an zwei Frauen zum Tode verurteilt. Doch die Exekution mißlingt, R. verliert durch den Schock das Bewußtsein seiner Identität. Aber in Japan gibt es ein Gesetz, daß niemand ohne Bewußtsein und Eingeständnis seiner Schuld hingerichtet werden darf. Unter Leitung ihres Vorgesetzten (K. S.) und halbherzig unterstützt von einem Priester (T. I.) versuchen die Beamten verzweifelt, R. seine Tat ins Gedächtnis zurückzurufen. Sie spielen ihm sein Verbrechen vor und verfahren dabei so realistisch, daß einer von ihnen ein Mädchen (A. K.) tötet. Doch die Tote wird – nur für R. und den schuldigen Beamten sichtbar – wieder lebendig. Sie ist jetzt eine Koreanerin, die R. verteidigt und sagt, an seinem Verbrechen sei in Wirklichkeit der japanische Imperialismus schuld. Im Gespräch mit dem Mädchen gewinnt R. seine Identität zurück. Er sieht ein, daß er tatsächlich unschuldig ist. Wie aus Protest läßt er sich dennoch hinrichten.
Das bizarre Thema ist für Oshima ein Anlaß, auf die verzweifelte Situation der koreanischen Minderheit hinzuweisen, die als Folge der japanischen Eroberungspolitik bis 1945 noch heute

in ärmlichen sozialen Verhältnissen lebt. Gleichzeitig ist der Film eine scharfe Attacke gegen die Todesstrafe und gegen die Allmacht des Staates, der sich das Recht anmaßt, »legal« zu töten. Oshima führt sein Plädoyer auf verschiedenen Ebenen, wobei er Realität und Fiktion, Wirklichkeit und Traumvorstellung geschickt miteinander verbindet.

Krajobraz po bitwie
(Landschaft nach der Schlacht)

Polen, 1970

R: Andrzej Wajda; A: Andrzej Wajda und Andrzej Brzozowski nach Erzählungen von Tadeusz Borowski; K: Zygmunt Samosiuk; D: Daniel Olbrychski, Stanisława Celińska, Tadeusz Janczar

Deutschland 1945. Ein Konzentrationslager wird von amerikanischen Truppen befreit. Aber nach kurzer Euphorie finden sich die befreiten Polen abermals hinter Stacheldraht in einem DP-Camp wieder. Die Insassen des Lagers versuchen, sich zu arrangieren. Einige retten sich in sinnloses militärisches Zeremoniell, andere beten, stehlen oder diskutieren. Tadeusz (D. O.) sammelt Bücher und schreibt Gedichte. Eines Tages trifft er Nina (S. C.), eine Jüdin, die nicht nach Polen zurückkehren will. Beide schleichen sich für einen Tag aus dem Lager und verleben gemeinsam einen wundervollen, ekstatischen Herbsttag. Als sie heimlich ins Lager zurückkehren wollen, wird Nina von einem übereifrigen, nervösen Wachsoldaten erschossen. Tadeusz ist erschüttert. Während seine Kameraden am Abend ein pathetisches Historienstück aufführen, faßt er einen Entschluß. Er packt seine Bücher auf einen Handwagen und macht sich zu Fuß auf den Weg – nach Polen.

Wajda analysiert kritisch das Verhalten seiner Landsleute am historischen Schnittpunkt nach dem Ende des Zweiten Weltkriegs – wie er es bereits mit seinem berühmten Film *Popiół i diament* getan hatte; er untersucht die Deformierung des Menschen durch die Unfreiheit – ähnlich wie in *Samson*. Tadeusz widersteht der Versuchung, Ersatzbefriedigungen im Nationalismus oder Militarismus, in Theorien oder Ideologien zu suchen. Seine Flucht ist äußeres Zeichen einer Selbstbefreiung, die ihm die Kraft zu einem neuen Anfang gibt.

Wajda hat das in genau kalkulierten Bildern geschildert, die aber die Wirklichkeit niemals verdecken. Die Befreiung zum Beispiel ist unter Verzicht auf realistische Details fast choreographisch gestaltet; die in kühlen Farben gehaltenen Bilder lassen jedoch das Grauen jener Zeit spüren. Die Szenen im DP-Camp haben stellenweise den Charakter höllischer Visionen, das historische Drama wird zum Alptraum, der triste Backsteinbau zum Grab der Hoffnung.

Kronika wypadków miłosnych
(Chronik einiger Liebesunfälle)

Polen, 1985

R: Andrzej Wajda; A: Tadeusz Konwicki und Andrzej Wajda nach dem gleichnamigen Roman von Tadeusz Konwicki; K: Edward Kłosinski; D: Paulina Młynarska, Piotr Wawrzyńczak, Krystyna Zachwatowicz, Jerzy Block, Bernadetta Machała

Frühling und Sommer 1939 im litauischen Wilna, damals bevölkert von einem bunten Gemisch verschiedenster Volksgruppen und Religionen. Hier lebt, in einer Vorstadt, der Gymnasiast Witek (P. W.), Sohn eines Selbstmörders, mit seinem sterbenden Großvater (J. B.) und einer Mutter (K. Z.), die ihn zu Großem berufen glaubt und deshalb ständig Großes von ihm erwartet. Zu Witeks Freundeskreis gehören Polen, Russen, Deutsche, Juden; hier hat sich eine Kumpanei gebildet, die bestimmt wird von großen Worten und Gefühlen und von melancholischer Resignation. Eines Tages wird für Witek alles anders. Er verliebt sich in die schöne Alina (P. M.), die Tochter des Obersten Nalecz. Doch Alinas Vater vertreibt den armen Jungen aus der Vorstadt mit einem Gewehr von seinem Grundstück, ein zugereister Vetter stört die heimlichen Zusammenkünfte der Liebenden, und am Ende fällt Witek gar durchs Abitur. Da besorgt die schwärmerische Alina vermeintlich tödliches Gift für einen gemeinsamen Freitod. Daß er mißlingt, ist eine ironische Pointe, die von der Realität überholt wird: Als die beiden nach ihrer ersten und letzten Liebesnacht auf einer Sommerwiese am Fluß erwa-

chen, detonieren neben ihnen die ersten Granaten des Zweiten Weltkriegs.
Wajda ist mit diesem Film – auch innerlich – nach Polen heimgekehrt. Wie in *Lotna* beschwört er eine Zeit herauf, die von der Erinnerung nicht zuletzt deswegen verklärt wird, weil sie so jäh und so unwiderruflich beendet wurde. Er tut dies in betörend schönen Bildern, in die er Zitate aus seinen früheren Filmen wie magische Zeichen eingefügt hat. Aber diese Bilder verkommen nie zu plakativer Nostalgie; denn in ihnen lebt ständig auch die Ahnung der Tragödie. Angst ist in diesem Film stets gegenwärtig; und ein »Unbekannter« (gespielt von Tadeusz Konwicki), der vielleicht Witeks Vater ist, kündet das Unheil für die, die es nicht sehen.

Kruschewa Ⓢ

(Spitzen)

UdSSR, 1928

R: Sergej Jutkewitsch; A: Juri Gromow, Wladimir Legoschin und Sergej Jutkewitsch nach der Erzählung *Die Wandzeitung* von M. Kolossow; K: Jewgeni Schneider; D: Nina Schaternikowa, Boris Tenin, Konstantin Gradopolow

Ende der zwanziger Jahre ist die Arbeit der Komsomolzen-Gruppe in einer Spitzenfabrik auf dem Tiefpunkt angelangt. Die meisten jungen Arbeiter lungern lieber in den Kneipen herum, randalieren und terrorisieren die Bürger. Da versucht die Komsomolzin Marusja (N. S.), die Jugendarbeit neu zu beleben. Sie schreibt einen kritischen Artikel für die Wandzeitung und interessiert damit auch die Rowdys für die Arbeit der Komsomolzen. Petka (K. G.), einer der Anführer der Rowdys, wird sogar zusammen mit Marusja neuer Jugendwerksleiter.
Der Film verzichtete auf große dramatische Höhepunkte zugunsten einer Beschreibung des sowjetischen Alltags zur Zeit des ersten Fünfjahresplanes. Aber Jutkewitsch gibt nicht ein realistisches Abbild der Wirklichkeit; er sucht in oftmals exzentrischer Stilisierung das Typische zu treffen, er bedient sich der Komik und auch der Burleske.

Kuhle Wampe oder: Wem gehört die Welt?

Deutschland, 1932

R: Slatan Dudow; A: Bertolt Brecht, Ernst Ottwald, Slatan Dudow; K: Günther Krampf; D: Hertha Thiele, Gerhard Bienert, Ernst Busch, Adolf Fischer

Eine Arbeiterfamilie. Nur Anni (H. T.), die Tochter, hat noch Arbeit und Verdienst. Ihr Bruder stürzt sich verzweifelt aus dem Fenster, als er erfährt, daß die Arbeitslosenunterstützung gekürzt werden soll. Die Familie kann die Miete nicht mehr aufbringen und wird aus der Wohnung geworfen. Annis Freund Fritz (E. B.) besorgt ihr Unterkunft in der Laubenkolonie »Kuhle Wampe«. Als Anni Fritz mitteilt, daß sie ein Kind erwartet, will er sie zu einer Abtreibung überreden; aber ein älterer Genosse (A. F.) macht ihm klar, daß er sich seiner Verantwortung nicht entziehen dürfe. So wird in »Kuhle Wampe« Verlobung gefeiert. Doch Fritz gibt zu erkennen, daß eine Ehe ihn beruflich belasten würde. Daraufhin verläßt ihn Anni und geht nach Berlin. Auf einem großen Arbeitersportfest treffen sie sich wieder. Ohne viele Worte wird deutlich, daß sie einen neuen Anfang wagen wollen. Auf der Heimfahrt in der U-Bahn diskutieren die jungen Arbeiter mit Bürgern über politische und wirtschaftliche Fragen und singen ihr Kampflied von der Solidarität.
Kuhle Wampe war der einzige eindeutig kommunistische Film der Weimarer Republik. Er wurde unter großen Schwierigkeiten unabhängig produziert. Rund ein Viertel der Szenen mußte in zwei Tagen abgedreht werden. Nach seinem Erscheinen wurde der Film von der Zensur verboten, weil er angeblich den Reichspräsidenten, die Justiz und die Religion beleidige. Nach heftigen Protesten von Künstlern und Kritikern u. a. und einigen Schnitten wurde das Verbot aufgehoben. Brecht machte später dem Zensor das ironische Kompliment, er sei einer der wenigen gewesen, die den Film wirklich verstanden hätten. Er habe z. B. ganz klar gesehen, daß der Selbstmord des jungen Arbeitslosen nicht individuell, sondern »typisch« gemeint sei.
Der Film ist am besten dort, wo er der dokumentarischen Chronik am nächsten ist, etwa in der Einleitungsmontage, die Arbeitslose bei der Arbeitssuche zeigt; auch die Szenen in der Fa-

milie, die nüchternen Reaktionen auf den Selbstmord beeindrucken. Später trübt gelegentlich Parteilichkeit im engen Sinn des Wortes die Sicht. Getreu der damaligen politischen Taktik der KPD attackiert der Film vor allem die älteren Arbeiter, die verdächtig sind, mit der SPD zu sympathisieren. Er zeichnet sie, etwa auf der Verlobungsfeier, als Kleinbürger, die sich durch Bier und gutes Essen von den eigentlichen Problemen ablenken lassen. Demgegenüber berichtet von der Existenz der NSDAP im ganzen Film nur einmal ein Blick auf das Titelblatt des »Völkischen Beobachters«. Allzubreit und wenig gelungen ist auch die Schilderung des Sportfestes, bei dem die jungen Kommunisten etwa so gezeichnet werden wie einige Jahre später die »Hitlerjungen« in den NS-Filmen.

Trotz aller Mängel jedoch ist dies ein ungewöhnliches Filmdokument aus jener Zeit; und in vielen Sequenzen wird hier eine Realität deutlich, die damals aus den meisten Filmen vertrieben war.

Ku nao ren de yiao

(Das Lachen eines in Schwierigkeiten befindlichen Mannes / Gestörtes Lachen)

VR China, 1979

R: Yang Yanjin, Deng Yimin; A: Yang Yanjin, Xue Qin; K: Yin Fukang, Zheng Hong; D: Li Zhiyu, Shi Jiufeng, Yuan Yue, Cheng Zhi, Bai Mu, Qiao Qi, Pan Hong

Shanghai 1975, während der Kulturrevolution. Der Journalist Fu Bin (L. Z.) kommt vom Arbeitseinsatz auf dem Land in die Redaktion zurück, wo sein Kollege Li (S. J.) ihn gleich warnt, daß sein Vorgänger vor drei Tagen verhaftet worden sei. Fu Bin ist zuversichtlich, wird aber sehr schnell mit der Realität konfrontiert. Im Zuge des Kampfes der Viererbande gegen die Intellektuellen soll ein Medizinprofessor (B. M.) zu Fall gebracht werden. Er muß sich vor einem Ausschuß rechtfertigen, Fu Bin und Li werden als Berichterstatter zu dieser Sitzung entsandt. Hier erleben sie, wie ein würdiger alter Mann unmenschlich gequält und gedemütigt wird. Fu Bin ist fest entschlossen, sich nicht zum Werkzeug dieser unwürdigen Kampagne machen zu lassen; aber er weiß auch nicht, wie er sich aus der Affäre ziehen kann. Vergeblich sucht er Rat bei seinem ehemaligen Lehrer (Q. Q.), den die Verzweiflung an den Rand geistiger Verwirrung gebracht hat. Vergeblich versucht er, mit dem Parteisekretär Song (Y. Y.) zu sprechen, der sich stets leutselig gebärdet, in Wirklichkeit aber zusammen mit dem Chefredakteur (C. Z.) der Drahtzieher der Kampagne ist. Fu Bin wird von Alpträumen geplagt, in denen er die Unterdrücker in der Maske von Feudalherren, Vampiren und Nazi-Soldaten sieht, spielt mit dem Gedanken, offen gegen die Viererbande aufzutreten, und wählt am Ende doch den leichtesten Weg: Er besorgt sich bei einem verständnisvollen Arzt ein falsches Attest. Aber es ist zu spät. Fu Bin und Li werden zum Parteisekretär bestellt und entdecken dort, als sie warten müssen, unterdrückte Leserbriefe, in denen die Verbrechen Songs und seiner Clique angeprangert werden. Als Song die beiden bei der Lektüre überrascht, denunziert Li seinen Freund, um die eigene Haut zu retten; Fu Bin aber sagt endlich offen, was er denkt. Wieder reagiert Song freundlich und verständnisvoll. Aber als Fu Bin nach Haus kommt, wartet schon die Polizei, um ihn zu verhaften. Der Schluß des Films zeigt Fu Bins Frau (P. H.), die dem Polizeiauto an der Spitze einer ständig wachsenden Menschenmenge nachläuft, und Demonstrationen zum Sturz der Viererbande.

Der Film engagiert sich leidenschaftlich gegen den Terror während der Kulturrevolution und für ein neues China, in dem mehr Freiheit und mehr Demokratie gewagt werden sollen. Wichtig ist dabei auch, daß der Kampf gegen die Viererbande nicht mit ideologischen Argumenten geführt wird; Argument des Films ist die Würde und Unverletzlichkeit des Individuums, ist auch das Recht auf privates Glück, das hier durch staatliche Willkür zerstört wird. Insofern ist dies einer der erstaunlichsten Filme der neueren chinesischen Produktion.

Auch formal werden hier neue Wege gesucht. Die chronologische Erzählweise wird aufgebrochen durch Rückblenden und Traumvisionen; Stimmungen und Gefühle werden durch symbolträchtige Montagen ausgedrückt. Daß die Regie dabei stellenweise diese formalen Möglichkeiten allzu extensiv nutzt, überrascht kaum, wenn man bedenkt, wie lange Chinas Künstler ohne Kontakt mit dem Ausland und ausländischer Kultur gelebt haben. Dort werden jetzt Experimente nachgeholt, die andernorts vielleicht längst überholt sind. Wichtig ist aber, daß diese Experimente im Jahr 1979 auch in China möglich wurden.

Kvarteret korpen
(Das Rabenviertel)

Schweden, 1963
R: Bo Widerberg; A: Bo Widerberg; K: Jan Lindeström; D: Thommy Berggren, Keve Hjelm, Emy Storm, Christina Frambäck

Schweden im Jahr 1936. Es ist die Zeit der Arbeitslosigkeit, der Richtungskämpfe in der Arbeiterschaft. Der junge Anders (T. B.) sucht nach einem Weg ins Leben. Er findet wenig Hilfe bei dieser Suche. Der Vater (K. H.) hat sich in den Alkohol geflüchtet. Die Mutter (E. S.) ist Putzfrau, ohne Hoffnung, nur auf die Gegenwart fixiert. Mit beiden findet Anders keine gemeinsame Basis für ein ernsthaftes Gespräch. Er versucht, sich selbst Klarheit zu verschaffen, indem er ein Buch über das »Rabenviertel« schreibt, in dem er groß geworden ist. Aber das Buch wird nicht gedruckt. Da verläßt Anders schließlich das Elternhaus; er verläßt auch das Mädchen (C. F.), das ein Kind von ihm erwartet, um einen ganz neuen Anfang zu wagen.
Widerberg hat seine Geschichte naturalistisch erzählt und auch die Zeit exakt datiert. Zweifellos war ihm der Rückgriff gerade auf das für Schweden bedeutsame Jahr 1936 wichtig. Im Mittelpunkt des Films steht jedoch nicht die historische Situation, sondern der Prozeß der Bewußtwerdung eines Menschen, der sich selbst, seinen Platz und seine Chancen in der Gesellschaft zu definieren sucht.

L

Lacombe Lucien
(Lacombe Lucien)

Frankreich/BRD/Italien, 1973
R: Louis Malle; A: Louis Malle, Patrick Modiano; K: Tonino Delli Colli; D: Pierre Blaise, Aurore Clément, Holger Löwenadler, Therese Giehse, Jean Bousquet

Frankreich im Juni 1944. Lucien Lacombe (P. B.), ein 17jähriger Bauernbursche aus der Provence, sucht einen Platz im Leben, der ihm mehr Selbstbestätigung gibt als sein Elternhaus und seine Tätigkeit als Pfleger in einem Altersheim. Er »bewirbt« sich beim lokalen Kontaktmann (J. B.) der »Résistance«, der französischen Widerstandsbewegung, wird abgewiesen und landet zufällig bei der »Police Allemande«, den französischen Helfern der Gestapo. Naiv verrät er schon im ersten Gespräch den »Kontaktmann«; eher gedanken- als bedenkenlos nimmt er an Terroraktionen teil. Er genießt die Macht, die er plötzlich gewonnen hat. Durch einen Kollegen lernt er den jüdischen Schneider Horn (H. L.) kennen, der mit seiner Mutter (T. G.) und seiner Tochter France (A. C.) versteckt lebt – verborgen und gleichzeitig erpreßt von diesem Kollegen. Lucien verliebt sich in France und nistet sich bei den Horns ein – prahlerisch, gleichzeitig unsicher und von dem alten Horn immer wieder demaskiert. Durch die ständige Anspannung eines Lebens zwischen Angst und Hoffnung verliert Horn eines Tages die Nerven und provoziert seine Verhaftung, die Lucien vergeblich zu verhindern sucht. Er flieht mit France und ihrer Großmutter in die Berge, wo die beiden jungen Leute für eine kurze Zeit eine Liebesidylle genießen. – Jäh erscheint ein Insert: »Lucien Lacombe wurde am 12. Oktober 1944 verhaftet. Er wurde von einem Militärgericht der Résistance zum Tode verurteilt und hingerichtet.«
Malle schildert mit großer Sorgfalt Atmosphäre und Milieu des Jahres 1944, Angst und Fanatismus der Kollaborateure, Untergangsstimmung, die sich noch einmal in blinder Brutalität entlädt. Der Film ist jedoch mehr als nur ein Stück

Ladri di biciclette (das Kind: Enzo Staiola; 2. v. r.: Lamberto Maggiorani)

französischer Vergangenheitsbewältigung. Louis Malle hat offensichtlich vor allem das Psychogramm Luciens interessiert: Ein junger Bursche, dem das Leben und die Macht alles und Ideologien nichts bedeuten. Seine Naivität und seine Amoralität halten sich die Waage, wenn er (im Jahr 1944!) ein sinkendes Schiff betritt, glücklich, die triste Vergangenheit vergessen zu können, und ebenso unfähig wie unwillig, über die Gegenwart hinaus zu denken. Malle spiegelt diese Erfahrungen und Empfindungen gleichsam in der Gestalt von Pierre Blaise, der – selbst Bauernsohn! – hier zum ersten Mal vor einer Filmkamera stand. Zur Faszination, die der Film aus der widersprüchlichen und doch in sich ganz glaubwürdigen Figur des Lucien gewinnt, gehört schließlich auch, daß Malle sich in seinem Film vor unverrückbaren »abschließenden« Urteilen hütet. Für den Zuschauer bleibt noch viel selbst zu entdecken, selbst zu beurteilen.

Ladri di biciclette

(Fahrraddiebe)

Italien, 1948

R: Vittorio De Sica; A: Cesare Zavattini, Oreste Biancoli, Suso Cecchi d'Amico, Vittorio De Sica, Adolfo Franci, Gherardo Gherardi und Gerardo Guerrieri nach einem Roman von Luigi Bartolini; K: Carlo Montuori; D: Lamberto Maggiorani, Enzo Staiola, Lianella Carell

Nach langer Arbeitslosigkeit hat Antonio Ricci (L. M.) endlich eine Stellung gefunden – als Plakatankleber. Aber dafür braucht er sein Fahrrad, das längst im Leihhaus gelandet ist. Mit dem letzten Besitz der Familie wird es wieder ausgelöst. Und stolz fährt Ricci los. Doch schon nach einer Stunde wird ihm das Rad, das jetzt seine Existenzgrundlage ist, gestohlen. Vergeblich sucht er Hilfe bei seinen Freunden; verzweifelt streift er am anderen Tag mit seinem kleinen Sohn Bruno (E. S.) durch die Stadt und sucht sein Rad. Aber als er den Dieb tatsächlich entdeckt, kann er ihm nichts

beweisen. Schließlich schickt Antonio Bruno fort – und stiehlt selbst ein Fahrrad. Doch er wird auf frischer Tat ertappt und gestellt; fassungslos sieht Bruno aus der Ferne, wie sein Vater zum Dieb geworden ist, wie fremde Leute ihn ungestraft beschimpfen. Verzweifelt geht Antonio allein durch die Straßen. Bruno läuft hinter ihm her und faßt seine Hand...
Der Film spielt gleichsam auf zwei Ebenen. Er zeigt das Elend eines Arbeitslosen, für den ein vergleichsweise geringfügiges Mißgeschick zur Existenzfrage wird, den Verzweiflung und Elend dann selbst zum Dieb machen. Entsprechend wird vorher der andere Dieb gezeigt, der genau solch ein armer Teufel wie Antonio ist. Außerdem ist das eine psychologische Studie über das Verhältnis zwischen Antonio und seinem Sohn. Bruno liebt den Vater zärtlich und bewundert ihn. Diese Beziehung wird jedoch durch die wachsende Verzweiflung des Vaters gestört. Antonio verliert die Nerven, er schlägt Bruno sogar und gefährdet so die Vertrauensbasis. Bruno wächst hingegen durch seine Erlebnisse; und die Schlußszene deutet an, daß Bruno die Situation seines Vaters zu begreifen beginnt.
De Sica drehte seinen Film mit Laien auf den Straßen von Rom. Er gewann dadurch für seine geradlinige Fabel Spontaneität und Authentizität. Die Suche Antonios nach seinem Fahrrad bot zudem die Möglichkeit, eine Fülle von Schauplätzen und Situationen überzeugend in die Handlung zu integrieren; so entstand zwanglos und wie zufällig ein breites Panorama italienischer Wirklichkeit aus jenen Tagen.
Ladri di biciclette hatte einen enormen internationalen Erfolg und machte den Neorealismus für einige Zeit auch beim breiten Publikum populär. Seine Mischung aus traditioneller Dramaturgie und einem erneuerten Verhältnis zur Realität hat außerdem die Entwicklung des Nachkriegsfilms – nicht nur in Italien – erheblich beeinflußt.

The lady from Shanghai
(Die Lady von Shanghai)

USA, 1947

R: Orson Welles; A: Orson Welles nach einem Roman von Sherwood King; K: Charles Lawton jr.; D: Rita Hayworth, Orson Welles, Everett Sloane, Glenn Anders

Der Abenteurer Michael O'Hara (O. W.) verliebt sich in die reiche Elsa Bannister (R. H.) und akzeptiert ihretwegen ein Angebot ihres Mannes (E. S.), als Matrose auf seiner Yacht anzuheuern. Bannisters Partner Grisby (G. A.) macht O'Hara ein makabres Angebot: Für 5000 Dollar soll er ein Geständnis unterschreiben, Grisby ermordet zu haben. Grisby will dann untertauchen; niemand wird ihn suchen, aber niemand kann auch O'Hara einen Mord nachweisen. O'Hara akzeptiert, weil er mit dem Geld Elsa aus der Abhängigkeit von ihrem gefühlskalten Mann befreien will. Doch Grisby wird tatsächlich ermordet und O'Hara verhaftet. Er flieht aus dem Gerichtssaal, um seine Unschuld zu beweisen. Bei seinen Nachforschungen erkennt er, daß Elsa die Mörderin ist, daß sie ihn nur als Werkzeug benutzt hat. Ihr Motiv war eine Versicherung, die Grisby und Bannister auf Gegenseitigkeit abgeschlossen haben; und wenn jetzt auch noch Bannister etwas zustößt, dann gehört alles Geld Elsa. Grisby allerdings, das erfährt O'Hara ebenfalls, war keinen Deut besser: Er hatte seinerseits die Ermordung Bannisters geplant. Im Spiegelkabinett eines Vergnügungsparks wird O'Hara Zeuge einer Auseinandersetzung und einer Schießerei zwischen Elsa und ihrem Mann, die sich gegenseitig tödlich verletzen. Als Elsa auch ihn töten will, flieht O'Hara.
Welles treibt hier den düsteren Pessimismus der »schwarzen Serie« auf die Spitze. Der Ich-Erzähler gerät in einen Dschungel der Intrigen, in dem jeder jeden übervorteilen, ausschalten, töten möchte. Der clevere, etwas skrupellose, aber noch immer liebenswerte Abenteurer, Idol so vieler Hollywood-Filme, wird von den raffinierten »Stehkragen-Verbrechern« mühelos überspielt. Gleichzeitig demontiert Welles den Mythos der amerikanischen Frau: Elsa Bannister ist eine geldgierige Intrigantin, für die ein Menschenleben nichts bedeutet. Und diese Rolle ließ Welles auch noch von Rita Hayworth spielen, die damals ein Idol des amerikanischen Filmpublikums (und Frau Welles!) war.
The lady from Shanghai war beim Publikum ein katastrophaler Mißerfolg und wurde der eigentliche Anlaß dafür, daß Orson Welles Hollywood verließ.

The ladykillers
(Ladykillers)

England, 1955

R: Alexander Mackendrick; A: William Rose; K: Otto Heller; D: Katie Johnson, Alec Guinness, Cecil Parker, Herbert Lom, Peter Sellers, Danny Green

Mrs. Wimmerforce (K. J.), eine gutmütig-schrullige alte Dame, vermietet zwei Zimmer ihres Hauses an Professor Markus (A. G.). Sie hält ihn für einen Gentleman, der mit seinen Freunden (C. P., H. L., P. S., D. G.) klassische Streichquintette spielt. Doch die Musik, der die alte Dame verzückt lauscht, kommt von einem Plattenspieler; die angeblichen Amateurmusiker hecken unterdessen den Plan für einen raffinierten Geldraub aus. Höhepunkt: Die total unverdächtige Mrs. Wimmerforce soll, ohne es zu wissen, die Beute aus der Gefahrenzone bringen. Alles klappt wie am Schnürchen; aber gerade als die Gauner sich aus dem Staub machen wollen, entdeckt die alte Dame die Wahrheit. Das Streichquintett beschließt, die lästige Mitwisserin zu beseitigen. Bei der Frage freilich, wer die gute Frau umbringen soll, kommt es zu tätlichen Auseinandersetzungen, bei denen schließlich alle Räuber auf der Strecke bleiben. Übrig bleibt nur das Geld. Kummervoll eilt Mrs. Wimmerforce zur Polizei, um die ganze Wahrheit zu enthüllen. Aber niemand glaubt ihr.

Das Drehbuch ist sehr geschickt gebaut und entwickelt sowohl die komischen als auch die kriminalistischen Aspekte der Handlung ganz folgerichtig. Komische Zwischenspiele sind gerade so ausbalanciert, daß sie die Spannung noch erhöhen; und die Spannung macht die absurden Aspekte dieser Komik noch deutlicher.

The lady vanishes
(Eine Dame verschwindet)

England, 1938

R: Alfred Hitchcock; A: Sidney Gilliatt, Frank Launder und Alma Reville nach dem Roman *The wheel spins* von Ethel Lina White; K: Jack Cox; D: Margaret Lockwood, Michael Redgrave, May Whitty, Paul Lukas

Auf der Rückreise in die Heimat wird die junge Iris (M. L.) auf dem Balkan in ein seltsames Abenteuer verstrickt. Miß Froy (M. W.), eine ältere Dame, die sich um sie gekümmert hatte, verschwindet spurlos aus dem fahrenden Zug; alle Mitreisenden beteuern, sie hätten Miß Froy nie gesehen. Nur Gilbert (M. R.), ein gutaussehender junger Mann, glaubt ihr und hilft bei der Suche. Sie entdecken Miß Froy, die in Wirklichkeit eine Geheimdienst-Agentin ist, in der Gewalt von Dr. Hartz (P. L.), der sie töten will. Zwar kann seine Intrige zunächst verhindert werden; aber der gegnerische Geheimdienst läßt den Wagen vom Zug abkoppeln, auf ein Nebengeleise fahren und sucht der Spionin mit Waffengewalt habhaft zu werden. Miß Froy singt dem Amateur-Musikforscher Gilbert eine Melodie vor, die als Schlüssel für ihre geheime Botschaft dient, und flieht zu Fuß, während Gilbert wenig später mit der Lokomotive der »Durchbruch« gelingt. In London treffen sich alle Beteiligten wohlbehalten wieder.

Ein typisches Beispiel für Hitchcocks Fähigkeit, Humor (die tantenhaft schrullige Spionin!) mit Spannung zu verbinden. Leicht karikiert, doch in den Grundzügen präzise ist auch die Zeichnung der Charaktere – von den gekauften Zeugen bis zu dem angesehenen Juristen, der seine Hilfe verweigert, weil er mit seiner Geliebten reist und eine Kompromittierung fürchtet. Dieser schäbige Egoist spielt am Ende auch die Rolle des »Appeasement«-Politikers. Er plädiert für die Auslieferung Miß Froys und kommt als einziger der Reisegesellschaft ums Leben. Angesichts des Entstehungsjahres des Films fällt es schwer, dabei nicht an einen gezielten Zeitbezug zu glauben.

Lancelot du lac
(Lancelot, Ritter der Königin)

Frankreich/Italien, 1974

R: Robert Bresson; A: Robert Bresson nach Motiven des Versromans von Chrétien de Troyes; K: Pasqualino De Santis; D: Luc Simon, Laura Duke Condominas, Humbert Balsan, Vladimir Antolek-Oresek, Patrick Bernard

Über 100 Ritter sind ausgezogen, den heiligen Gral zu finden; kaum 30 kommen zurück – mit leeren Händen. König Artus (V. A. O.) ist gelähmt vor Entsetzen. Hat er Gott versucht? Er verpflichtet seine Ritter zur Inaktivität, zur Meditation. Er tut es gegen den Rat seines Neffen Gauvain (H. B.), der das Heil im Risiko, im ritterlichen Kampf sieht. Und dann ist da der strahlende Lancelot (L. S.), der sich zum ersten Mal besiegt fühlt. Lancelot ist heimlich der Liebhaber der Königin (L. D. C.). Er leidet unter dieser Schuld, möchte seine Liebe unterdrücken, sein Leben ändern. Aber das Verderben ist nicht aufzuhalten. Ritter Mordred (P. B.), der Lancelot haßt, beobachtet ihn bei einem Rendezvous mit der Königin. Und als Lancelot sich nach einem Turnier verwundet in die Einsamkeit zurückzieht, enthüllt Mordred das Geheimnis seiner Liebe. Artus läßt die Königin, die sich zu ihrer Liebe bekennt, in ein Verlies werfen. Lancelot tötet die Wachen und befreit sie. Dann zieht er sich mit ihr und einem runden Dutzend Freunden auf ein Schloß zurück, das alsbald von König Artus belagert wird. Bei einem nächtlichen Ausfall tötet Lancelot, ohne den Gegner zu erkennen, seinen Freund Gauvain, der sich schweren Herzens dem König angeschlossen hat. Als Vermächtnis des toten Gauvain bietet Artus an, die Königin wieder aufzunehmen, falls Lancelot das Land verläßt. Die Liebenden beschließen, sich zu trennen. Doch als Lancelot die Königin in das Zelt des Königs führt, kommt die Nachricht, daß Mordred Anhänger gewonnen hat, um Artus zu stürzen. Sofort stellt sich Lancelot auf die Seite des Königs. In einem blutigen Gefecht werden Artus und die letzten Ritter der Tafelrunde erschlagen. Sterbend murmelt Lancelot den Namen der Königin.

Einen Film über die Ritter der Tafelrunde hatte Bresson schon vor vielen Jahren geplant. Er schildert hier eine schuldhafte, aber bedingungslose Liebe; und er zeichnet das Bild einer zum Untergang verurteilten Welt. Die heile Welt des Rittertums verliert ihren Angelpunkt – durch Schuld, durch Zweifel, durch ein wachsendes Bewußtsein, mit dem es sich selbst in Frage stellt. Am Ende werden die Ritter nicht von ihresgleichen, sondern von versteckten Bogenschützen getötet; und konsequent fallen sie scheppernd auf den Müllhaufen der Geschichte, wobei es der Regie gelingt, Unausweichlichkeit, Melancholie und Größe dieses Untergangs in einem Bild zusammenzufassen.

Bresson hat seinen Film mit äußerstem Stilwillen gestaltet. »Er geizt regelrecht mit den sprachlichen Zeichen, die ihm zur Verfügung stehen; nur selten sieht der Zuschauer all das, was er hört, und selten hört er auch alles, was er sieht« (Peter W. Jansen). So realisiert Bresson seine Theorie, daß Bild und Ton sich nicht kumulieren, sondern ergänzen sollen. Ein großes Turnier etwa erlebt man vornehmlich akustisch, während die Kamera sich fast ausschließlich auf die Beine der Pferde konzentriert. (Bresson: »Sie drücken die Kraft und Gewalt aus, die diese Szene bestimmen!«) Schattiges Halbdunkel beherrscht die Szenerie. Menschen und Dinge erscheinen in Großaufnahmen, im Anschnitt. In dem ganzen Film gibt es nur eine Totale: ein Wald, aus dem eine Rauchsäule steigt. Diese Methode, die einem Teil der Kritik als äußerstes Zeichen der Unfreiheit erschien, weil sie dem Zuschauer keinerlei Auswahl im Bild mehr lasse, ist andererseits aber geeignet, die Phantasie anzuspornen, über die Bilder des Films hinauszudenken in eine geistige Dimension, die stets das Thema der Filme Bressons gewesen ist.

Lang ist der Weg

BRD, 1948

R: Herbert B. Fredersdorf, Marek Goldstein; A: Georg Külb und Israel Becker nach einer Idee von Israel Becker; K: Franz Koch, Jack Jonilowicz; D: Israel Becker, Berta Litwina, Jakob Fischer, Bettina Moissi

Nach dem Einmarsch der Deutschen muß Jakob Jelin (J. F.) mit seiner Frau Hanne (B. L.) und seinem Sohn David (I. B.) in das Warschauer Ghetto ziehen. Später wird die Familie nach Auschwitz deportiert. David kann auf dem Transport fliehen, Jakob wird ermordet, Hanne überlebt. Nach dem Krieg wandern Hanne und David durch Europa und suchen sich. David trifft die deutsche Jüdin Dora Berkowicz (B. M.) und heiratet sie. In einem DP-Camp warten sie resigniert auf die Ausreise nach Israel. Hanne Jelin erleidet einen Nervenzusammenbruch. Aber schließlich hat eine Suchmeldung Erfolg. David findet seine Mutter, die Verwirrung ihres Geistes löst sich, und sie er-

kennt ihn. Das Schlußbild zeigt in einer Montage Davids Gesicht und Bilder aus Israel.
Der Film, eine der ersten Auseinandersetzungen im deutschen Film mit dem Problem der Judenverfolgung, begnügt sich nicht nur damit, die Leiden der Vergangenheit zu schildern; ihm geht es gleichermaßen um die Probleme der Gegenwart. Er tritt für eine Aussöhnung mit den Deutschen und die freie Einwanderung der Juden nach Israel (das bei Drehbeginn noch kein selbständiger Staat war!) ein. Formal recht geschickt gehandhabt wurde die Kombination von Spielszenen mit Dokumentaraufnahmen.

Lásky jedné plavovlásky
(Die Liebe einer Blondine)

ČSSR, 1964/65

R: Miloš Forman; A: Jaroslav Papoušek, Miloš Forman, Ivan Passer; K: Miroslav Ondřiček; D: Hana Brejchová, Vladimir Pucholt, Vladimir Menšik

Junge Arbeiterinnen in einem Wohnheim in Zruc. Unter ihnen ist auch Andula (H. B.). Der Männermangel im Städtchen macht den Funktionären der Textilfabrik große Sorgen, da die meisten Mädchen Zruc schnell wieder verlassen wollen. Also erreicht man, daß in der Stadt eine Garnison errichtet wird. Doch zur Enttäuschung der Mädchen wird sie mit ältlichen Reservisten belegt; entsprechend reserviert verläuft auch der erste gemeinsame Tanzabend. Nur Andula ist glücklich. Sie hat sich in den Pianisten Milda (V. P.) verliebt und verbringt die Nacht mit ihm. Einige Zeit später macht sich Andula an einem Wochenende auf den Weg nach Prag, um Milda zu besuchen. Sie trifft aber nur seine Eltern an, die von dem Besuch keineswegs begeistert sind. Die Mutter läßt sie schließlich in Mildas Zimmer übernachten. Als Milda spät nach Haus kommt, wird ihm ein Platz zwischen den Eltern im Ehebett zugewiesen, wo er von beiden Seiten abwechselnd beschimpft wird. Andula hört alles mit an und weint. Aber nach ihrer Rückkehr erzählt sie ihrer Freundin, wie nett Mildas Eltern sie aufgenommen haben.
Seit *Černý Petr* hat sich Forman handwerklich vervollkommnet, während die Spontaneität dabei etwas gelitten hat. Zwar gibt es vorzügliche Szenen vor allem im Zusammenspiel von Andula und Milda, doch stellenweise erliegt Forman auch der Versuchung, Gags zu plazieren, sich auf Kosten der Kleinbürger, die er beobachtet, lustig zu machen. Dabei gerät der Film (etwa bei der Schilderung des Tanzabends) in die Nähe oberflächlicher Belustigung.

The last command Ⓢ
(Sein letzter Befehl)

USA, 1928

R: Josef von Sternberg; A: John F. Goodrich nach einer Vorlage von Lajos Biró; K: Bert Glennon; D: Emil Jannings, Evelyn Brent, William Powell

Der russische Regisseur Leo Andrejew (W. P.) erkennt bei Dreharbeiten in Hollywood in dem Statisten Sergius Alexander (E. J.) den ehemaligen Großfürsten Sergius wieder. Er erinnert sich: Der Großfürst hatte im Krieg den kleinen Schauspieler Andrejew als vermeintlichen Drückeberger mit der Peitsche geschlagen; und er hat indirekt den Tod von Andrejews Gefährtin Natascha (E. B.) verursacht, die sich in den Großfürsten verliebt und ihm zur Flucht verholfen hatte, obwohl sie ihn eigentlich im Auftrag der Genossen töten sollte. Jetzt läßt Andrejew den ehemaligen Großfürsten im Atelier einen russischen General des Ersten Weltkriegs spielen. Er spielt ihn mit solcher Leidenschaft, daß er zusammenbricht und stirbt. Vor seinem Tod gesteht Andrejew ihm seine Hochachtung.
Sternberg benutzte diesen Film auch zu einer kritischen und stellenweise bissigen Auseinandersetzung mit dem Filmbetrieb in Hollywood. Übrigens schreibt Sternberg in seinen Memoiren, er selbst habe das Drehbuch nach einer Idee von Ernst Lubitsch geschrieben; den Namen Biro habe man nur auf Bitten der Produktionsgesellschaft in den Vorspann geschrieben.

The last detail
(Das letzte Kommando)

USA, 1973

R: Hal Ashby; A: Robert Towne nach einem Roman von Darryl Ponicsan; K: Michael Chapman; D: Jack Nicholson, Otis Young, Randy Quaid

In einem Lager der US-Kriegsmarine. Buddusky (J. N.) und Mulhall (O. Y.), zwei abgebrühte Berufssoldaten, erhalten den Auftrag, den Matrosen Meadows (R. Q.) ins Militärgefängnis nach Portsmouth zu bringen. Die beiden Begleiter sehen in diesem Auftrag vor allem die Möglichkeit, sich ein paar schöne Tage zu machen. Bald aber verunsichert sie die Erkenntnis, daß das Riesenbaby Meadows, dem man für einen Diebstahlsversuch acht Jahre Haft aufgebrummt hat, ein harmloser und sympathischer Junge ist, der allenfalls auf die Couch eines Psychiaters, aber nicht in eine Zelle gehört. Buddusky und Mulhall betäuben ihr schlechtes Gewissen, indem sie beschließen, Meadows die Fahrt so angenehm wie möglich zu machen und ihn auf das harte Leben im Gefängnis nach Möglichkeit vorzubereiten. Buddusky versucht, ihm Boxen beizubringen, sie veranstalten eine ausgedehnte Sauftour und finanzieren ihm schließlich sogar einen Besuch im Bordell. Ihre Erziehung trägt Früchte. Meadows wird immerhin so selbständig, daß er einen Fluchtversuch macht. Mühsam fangen die beiden ihn wieder ein und liefern ihn schließlich im Gefängnis ab. Sie finden ihren Job »beschissen«. Aber ein wenig haben sie doch gelernt: Sie lassen sich wegen Mißhandlung eines Gefangenen anpfeifen und verschweigen den Fluchtversuch, bei dem Meadows seine Verletzungen erlitten hat.
Wie in seinen vorhergehenden Filmen *The landlord* (Der Hausbesitzer, 1970) und *Harold and Maude* (1971) hat Ashby hier wieder eine böse Komödie gedreht, die mindestens ebensoviel Betroffenheit wie Heiterkeit bewirkt. Was da zunächst wie ein Kasernenhof-Spaß einherkommt, entpuppt sich sehr schnell als aggressive Attacke auf ein System, das keine Einsichten, sondern nur Befehle kennt, in dem Leute wie

The last picture show (Timothy Bottoms, Cloris Leachman)

Buddusky und Mulhall sich behaupten können, während Außenseiter wie Meadows keine Chancen haben. Aus dieser Grundeinsicht heraus werden dann all die naiven Versuche zur »Menschlichkeit«, die die beiden Bewacher auf ihrer turbulenten Reise unternehmen, Indizien gegen dieses System, dem man sie abzutrotzen sucht. Buddusky, die zeitgenössische Variante eines Western- und Pionierhelden, verdrängt diese Erkenntnis lange und verbreitet statt dessen die optimistische These, daß ein paar gut gezielte Schläge alle Fährnisse des Lebens überwinden können. Der Farbige Mulhall, durch eigene Erfahrungen offenbar hellsichtiger, stellt dagegen die entscheidende Frage, was denn dem Jungen die paar schönen Stunden nützen, wenn er anschließend acht Jahre ins Gefängnis muß. Darauf weiß Buddusky keine Antwort. Aber der Film gibt sie: Gar nichts!

The last picture show

(Die letzte Vorstellung)

USA, 1971

R: Peter Bogdanovich; A: Larry McMurtry und Peter Bogdanovich nach einem Roman von Larry McMurtry; K: Robert Surtees; D: Timothy Bottoms, Jeff Bridges, Cybill Shepherd, Ben Johnson, Cloris Leachman, Sam Bottoms, Ellen Burstyn, Gary Brockette

1951 in einer texanischen Kleinstadt, in der die Erwachsenen vor der lähmenden Eintönigkeit ihres Lebens längst resigniert haben und die Jungen mehr oder weniger bewußt der gleichen Resignation entgegengehen. Vergessen wollen sie ihre Misere im Kino und bei den Mädchen. Aber Sonnys (T. B.) erste Liebe geht beim Petting (nach dem Besuch von Minnellis Film *Vater der Braut*) in die Brüche, und er hat eine Affäre mit Mrs. Popper (C. L.), der verbitterten Frau des örtlichen Football-Trainers. Und Sonnys Freund Duane (J. B.) ist nur scheinbar glücklicher: Die reiche und attraktive Jacy (C. S.), die von ihrer Mutter (E. B.) auf gedankenlosen Genuß programmiert worden ist, schläft nur mit ihm, weil ihr reicher Freund Bobby (G. B.) partout keine Mädchen deflorieren mag. Sonny und Duane reagieren ihre Enttäuschungen ab, indem sie den schwachsinnigen Billy (S. B.) zur Dorfhure schleppen. Sonnys und Billys Pflegevater »Sam der Löwe« (B. J.), Besitzer des Kinos und des Cafés, ist voller Empörung über diesen Streich. Vorübergehend scheint es, er könne einen positiven Gegenpol abgeben; aber er hat seine Resignation wohl nur besser verarbeitet. Er stirbt bald darauf. Duane verläßt die Stadt. Jacy überredet Sonny, Mrs. Popper zu verlassen. Während eines Besuches schlägt der eifersüchtige Duane Sonny zusammen. Jacy möchte, daß Sonny sie heiratet; aber ihre Eltern verhindern diese unstandesgemäße Ehe, indem sie Jacy aufs College schicken. Duane meldet sich zur Armee. Seinen letzten Abend in der Stadt verbringt er mit Sonny in der letzten Vorstellung des Kinos, das der Konkurrenz des Fernsehens weichen muß. Man spielt *Red River* von Hawks. Billy wird von einem Lastwagen überfahren. Verzweifelt kehrt Sonny zu Mrs. Popper zurück, um sich trösten zu lassen.

Bogdanovich (»Alle guten Filme sind schon gedreht!«) erzählt seine bittere Reportage in einem Stil, der direkt an die Tradition des amerikanischen Erzählkinos von John Ford, Howard Hawks u. a. anknüpft. Aber seine Erzählweise ist keineswegs bloße Imitation seiner Vorbilder; ihre Welt erscheint nicht in nostalgischer Verklärung, sondern gebrochen durch die Einsicht in ihr Scheitern. Daraus entsteht wohl die eigentümliche Spannung dieses Films. Am Anfang konfrontiert er die heile Welt von *Vater der Braut* mit der Tristesse des Milieus, in dem dieser Film konsumiert wird und für das er konzipiert wurde. Am Ende ist *Red River* vielleicht eine Hommage an Howard Hawks; aber gleichzeitig benutzt Bogdanovich diesen Film, um deutlich zu machen, daß der Traum vom »guten alten Amerika«, vom Pioniergeist, von der Welt, in der der einzelne sich sieghaft behaupten konnte, nun ausgeträumt ist – und eigentlich schon ausgeträumt war, als diese optimistischen Legenden entstanden.

The last train from Gun Hill

(Der letzte Zug von Gun Hill)

USA, 1958

R: John Sturges; A: James Poe nach einem Entwurf von Les Crutchfield; K: Charles

Lang jr.; D: Kirk Douglas, Anthony Quinn, Earl Holliman, Carolyn Jones

Die junge Frau (C. J.) des Sheriffs Matt Morgan (K. D.) wird im Wald überfallen und getötet. Am Sattel des Pferdes, mit dem sein kleiner Sohn den Mördern entkommen kann, erkennt Morgan, daß das Pferd seinem alten Freund Craig Belden (A. Q.) gehört. Er fährt nach Gun Hill, um den Mörder zu finden. Belden und Morgan wird sehr schnell klar, daß Beldens Sohn Rick (E. H.) der Täter ist. Der gewalttätige Belden, der die Stadt beherrscht, bittet um Gnade für Rick; aber Morgan ist entschlossen, den Schuldigen vor Gericht zu bringen. Es gelingt ihm, Rick festzunehmen; doch Belden holt Männer zusammen, die die Abfahrt des Sheriffs verhindern sollen. Am Bahnhof kommt es zu einer Schießerei, bei der beide Beldens getötet werden.
Ein Western, der beliebte Motive dieses Genres geschickt psychologisiert, ohne dabei an Spannung zu verlieren. Interessant ist hier vor allem das Verhältnis der ungleichen Freunde Belden und Morgan; interessant und für die Problemstellung des Films von Bedeutung ist aber auch, daß Morgans Frau eine Indianerin ist, was in den Augen Beldens und seiner Anhänger die Schuld Ricks doch ein wenig mindert.

The Lavender Hill mob
(Einmal Millionär sein)

England, 1951

R: Charles Crichton; A: T. E. B. Clarke; K: Douglas Slocombe; D: Alec Guinness, Stanley Holloway, Sidney James, Alfie Bass

Mister Holland (A. G.) ist ein Bankbeamter von ungewöhnlicher Biederkeit. Er überwacht den Transport der Goldbarren von der Gießerei zur Bank; doch insgeheim träumt Mr. Holland davon, einen dieser Transporte privat zu nutzen. In jahrelanger Arbeit entwickelt er den Plan für einen perfekten Überfall. Dann lernt er Mr. Pendlebury (S. H.) kennen, der Souvenirs – u. a. kleine Eiffeltürme – produziert und exportiert. Und Mr. Holland erkennt: Als »vergoldete Eiffeltürme« kann man das Gold aus dem Land schmuggeln. Alles klappt – bis auf eine Kleinigkeit. Als die Partner in Paris ankommen, sind durch ein Versehen sechs Eiffeltürme an eine englische Schulklasse verkauft worden. Und bei der angstvollen Jagd auf diese Beweisstücke verraten sich die Amateur-Gangster. Zwar kann sich Mr. Holland noch seinen Traum von der Reise in ein »warmes Land« erfüllen; dort wird er jedoch verhaftet.
Eine vergnügliche englische Gaunerkomödie, bei der die skurrile Handlung nicht nur durch angemessene darstellerische Leistungen, sondern auch durch optische Gags transportiert wird. Außerdem ist das eine treffende Satire auf das Kleinbürgertum. Denn Mr. Holland ist nicht nur ein perfekter Kleinbürger; auch seine Versuche, diesem Milieu zu entfliehen, sind eigentlich nichts anderes als die genormten Träume der Kleinbürger.

Lebenszeichen

BRD, 1967

R: Werner Herzog; A: Werner Herzog; K: Thomas Mauch; D: Peter Brogle, Wolfgang Reichmann, Athina Zacharopoulou, Wolfgang von Ungern-Sternberg

Gegen Ende des Zweiten Weltkriegs wird der Soldat Stroszek (P. B.) nach einer Verwundung auf die friedliche griechische Insel Kos versetzt, wo er mit zwei Kameraden (W. R., W. v. U. S.) ein Munitionslager bewachen soll. Doch die Untätigkeit, die als Rekonvaleszenz gedacht ist, zermürbt den sensiblen Stroszek. Auch seine griechische Frau (A. Z.) kann ihn nicht mehr beruhigen. Eines Tages verjagt er die Kameraden aus dem Depot und versucht, mit selbstgebastelten Raketen die Stadt zu vernichten. Zwei Tage verschanzt und verteidigt er sich; dann wird er eines Nachts überwältigt und abtransportiert.
Der Film schildert mit minuziöser Genauigkeit die Zerstörung eines Menschen – nicht durch brutale Gewalt, sondern durch eine inhumane Welt, durch eine sinnlose Situation. Fast eine Stunde lang beobachtet die Kamera, nahezu ohne äußere Aktion, wie sich die Welt für Stroszek mehr und mehr zum Käfig verengt, wie die weißen Mauern des altertümlichen Bauwerks zusehends bedrohlicher erscheinen. Die Idylle, in der seine Kameraden antike Texte zu entziffern suchen oder skurrile Apparate zum Fangen

von Kakerlaken konstruieren, demoralisiert und enerviert den auf menschliche Kontakte angewiesenen Stroszek. Ohne Echo erstickt er an der Lautlosigkeit. In einem Tal, in dem sich Hunderte von Windmühlen drehen, bricht der Wahnsinn bei ihm aus. Und nachdem er sich im Kastell verschanzt hat, sieht man ihn nur noch aus der Ferne, verloren zwischen den Mauern, erdrückt von den Steinen.

Lenin w oktjabre / Wosstanije

(Lenin im Oktober / Der Aufstand)

UdSSR, 1937

R: Michail Romm; A: Alexej Kapler; K: Boris Woltschek; D: Boris Schtschukin, S. Goldschtab, Nikolai Ochlopkow, A. Kowalewski

Im Oktober 1917 kommt Lenin (B. S.) aus Finnland nach Petrograd, um die Führung der Revolution zu übernehmen. Kerenski (A. K.) gibt den Befehl, ihn festzunehmen; aber der Arbeiter Wassili (N. O.) bringt Lenin auf Befehl des ZK in die Wohnung von Freunden. Auf einer ZK-Sitzung am 10. Oktober verurteilt Lenin Trotzki und seine Anhänger und bringt eine Resolution über den bewaffneten Aufstand durch. Kamenew und Sinowjew wollen den Aufstand unmöglich machen, indem sie die Pläne verraten. Lenin soll im Auftrag der Provisorischen Regierung ermordet werden; doch mit Hilfe Stalins (S. G.) und treuer Arbeiter entgeht er allen Gefahren. Lenins Plan wird durchgeführt, die Revolution siegt.

Der Film folgt der Zeittafel der Historie, interpretiert sie jedoch sorgfältig nach der zur Entstehungszeit gültigen Lesart. Dazu gehört, daß neben Lenin vor allem Stalin ausführlich gepriesen wird; stets sieht man ihn hinter Lenin dekorativ im Bild, und auch der Text macht deutlich, daß Lenin ihn besonders schätzt. Dazu gehört ebenso, daß die Gegner Stalins – Trotzki vor allem – eine gebührende Abfuhr erhalten, wobei Lenin als Kronzeuge für ihre Verurteilung zitiert wird.

In den sechziger Jahren wurde der Film »restauriert« – man eliminierte die Gestalt Stalins durch einen technischen Trick. Die entsprechenden Szenen wurden mit dem »Rückpro-Verfahren« von einer Leinwand erneut abgefilmt, wobei man Schauspieler so vor der Leinwand postierte, daß sie Stalin auf dem Bild verdeckten. Dieses Verfahren wurde bei mehreren Filmen benutzt.

Positiv zu bewerten sind einige bewegte und lebendige Massenszenen. Ansonsten signalisiert der Film den Beginn des »Personenkultes« im sowjetischen Film, der die großen Führergestalten in dekorativer Pose verherrlichte. Romm selbst leistete einen weiteren pompösen Beitrag dazu mit seinem Film *Lenin w 1918 godu* (Lenin im Jahr 1918), der ein Jahr später entstand.

Der leone have sept cabeças

(Der Löwe mit den sieben Köpfen)

Frankreich/Italien, 1969

R: Glauber Rocha; A: Glauber Rocha, Gianni Amico; K: Guido Cosulich; D: Rada Rassimov, Gabriele Tinti, Jean-Pierre Léaud, Giulio Brogi, Reinhard Kolldehoff, Hugo Carvana de Holanda, Segolo dia Manungu, Miguel

Ein weißer Wanderprediger (J. P. L.) in Afrika verkündet das Ende der Welt. Er nimmt einen weißen Revolutionär (G. B.) gefangen und liefert ihn den Kolonialisten aus: einem Söldnerführer (R. K.), einem reichen Portugiesen (H. C. d. H.) und einem nordamerikanischen Kapitalisten. Diese drei beuten Afrika mit Hilfe eines schwarzen Komplizen (S. d. M.), den sie zum Präsidenten ernannt haben, rücksichtslos aus. Vierte im Bunde ist Marlène (R. R.), um die sich alle drei bewerben. Aber ein Neger (M.) ruft sein Volk zum Widerstand auf und verbündet sich mit dem weißen Revolutionär. Während der Prediger Marlène, die sich ihm angeschlossen hat, in einem blutigen Ritual kreuzigt, schließen sich die Afrikaner zusammen und schießen in einen dunklen Himmel, aus dem Flugzeugmotoren dröhnen.

Rocha drehte diesen Film unter schwierigsten Bedingungen in Kongo Brazzaville, wo in der Nacht zum zweiten Drehtag eine Revolution ausbrach. Ein normales Drehbuch gab es nicht. Vor den Aufnahmen wurden Zettel verteilt, auf denen die Texte für die jeweiligen Szenen skizziert waren; vieles wurde improvisiert.

Der Film ist eine offene Kampfansage an die Kolonialmächte, auf die schon der vielsprachige Titel zielt, und an den Kolonialismus. Wieder hat Rocha blutige Aktion und Symbole, religiöse und kultische Motive zu einem Film von barockem Übermaß zusammengefügt. Diesmal ist die politische Zielrichtung auch für den Uneingeweihten nicht zu übersehen. Ein faszinierendes Kolossalgemälde.

Letjat schurawli

(Wenn die Kraniche ziehen)

UdSSR, 1957

R: Michail Kalatosow; A: Wiktor Rosow nach seinem Bühnenstück *Die ewig Lebenden*; K: Sergej Urussewski; D: Tatjana Samoilowa, Alexej Batalow, Wassili Merkurjew, A. Schworin

Frühjahr 1939 in Moskau. Veronika (T. S.) und Boris (A. B.) lieben sich und wollen heiraten. Doch Boris muß in den Krieg. Veronika verliert durch einen Luftangriff ihr Heim und ihre Eltern. Die Eltern von Boris nehmen sie auf. Aber bei einem erneuten Luftangriff, als Veronika vor Angst fast den Verstand verloren hat, läßt sie sich von dem Bruder (A. S.) des Geliebten verführen. Sie heiraten und werden in das Landesinnere evakuiert. Bald zerbricht die Ehe; Veronika wartet weiter auf Boris, der unterdessen gefallen ist. Sie will nicht an seinen Tod glauben; als seine Einheit aus dem Krieg zurückkehrt, steht sie mit Blumen am Bahnhof. Erst jetzt wird ihr die Wahrheit bewußt. Weinend verschenkt sie ihre Blumen an fremde Soldaten.

Der Film zeigt, was im damaligen Sowjetfilm durchaus ungewöhnlich war, den »großen vaterländischen Krieg« nicht als heldisches Erlebnis des Kollektivs, sondern als bedrückenden Konflikt des Individuums. Er macht deutlich, daß auch der Sieg Boris nicht sein Leben wiedergeben oder das zerstörte Leben von Veronika heilen kann. Er betont das nachdrücklich in der einzigen Frontszene, die er enthält. Sie schildert den Tod von Boris, und sie zeigt in einer furiosen Montage eine Vision des Sterbenden: Er sieht seine Hochzeit mit Veronika, das Glück, das er nie erleben wird.

Formal bestimmt die artistische, sich manchmal fast verselbständigende Kameraarbeit Urussewskis den Film. Er schwelgt in lyrischen Grautönen, wagt raffinierte Schwenks und kühne Kamerafahrten (etwa beim Auszug der Truppen). Eine herausragende Leistung bot auch die Hauptdarstellerin Tatjana Samoilowa.

Die letzte Brücke

Österreich/Jugoslawien, 1953

R: Helmut Käutner; A: Helmut Käutner, Norbert Kunze; K: Elio Carniel; D: Maria Schell, Bernhard Wicki, Barbara Rütting, Carl Möhner

Die deutsche Ärztin Helga Reinbeck (M. S.) arbeitet während des Krieges in einem Lazarett in Jugoslawien. Sie verliebt sich in den Feldwebel Martin Berger (C. M.). Eines Tages wird Helga von Partisanen entführt, die ärztliche Hilfe für ihre Verwundeten brauchen. Boro (B. W.) überzeugt sie, daß auch kranke Partisanen Menschen sind, die der Hilfe bedürfen. Helga bleibt und hilft. Zusammen mit Militza (B. R.) schleicht sie sogar hinter die deutschen Linien, um Medikamente zu holen, die ein englisches Flugzeug abgeworfen hat. Als Militza getötet wird, bringt Helga die Medikamente zu den Partisanen. Aber die Deutschen sind aufmerksam geworden; es kommt zu einem Gefecht. Helga, die zu Martin und in die deutschen Linien zurückkehren will, wird zwischen den Fronten auf einer Brücke von einer Kugel getroffen und stirbt.

Ein ernstgemeinter Versuch zur Versöhnung und zum Verständnis. Der Film argumentiert nicht politisch und nimmt für keine der beiden Seiten Stellung; er zeigt einen Menschen, der erkennen muß, daß auch die andere Seite gute Argumente für sich hat. Aber dieses menschliche Problem wird mit mehr Ernsthaftigkeit und Realismus geschildert, als es damals im deutschsprachigen Film üblich war.

Die letzte Chance

Schweiz, 1945

R: Leopold Lindtberg; A: Richard Schweizer; K: Emil Berna; D: E. G. Morrison, John Hoy, Ray Reagan, Romano Calo, Therese Giehse

Oberitalien 1943. Leutnant Halliday (J. H.) und Sergeant Braddock (R. R.) können aus

Der letzte Mann (r.: Emil Jannings)

deutscher Kriegsgefangenschaft fliehen und werden von einem Pfarrer (R. C.) aufgenommen und versteckt. Hier treffen sie mit dem ebenfalls geflohenen englischen Major Telford (E. G. M.) zusammen. Als die Deutschen das italienische Dorf angreifen, finden die drei Soldaten eine neue Aufgabe: Sie führen eine Gruppe von Flüchtlingen aus verschiedenen Nationen über die Schweizer Grenze in die Freiheit.
Lindtberg hat diesen dokumentarischen Spielfilm mit nüchternem Realismus inszeniert. Er drehte überwiegend mit Laien, wobei die beiden englischen Soldaten und der amerikanische Sergeant einen Teil ihres eigenen Schicksals nachspielten; sie waren während des Krieges aus deutscher Gefangenschaft in die Schweiz geflüchtet. Die Aktualität des Themas und die Ehrlichkeit des Films in Absicht und Form machten ihn kurz nach dem Krieg zu einem großen Erfolg.

Der letzte Mann Ⓢ

Deutschland, 1924

R: F. W. Murnau; A: Carl Mayer; K: Karl Freund, Robert Baberske; D: Emil Jannings, Maly Delschaft, Hans Unterkircher, Max Hiller

Der Portier (E. J.) des Hotels Atlantic ist eine Respektsperson. In dem armseligen Hinterhof-Milieu, in dem er lebt, bewundert man in ihm den Repräsentanten der großen Welt. Doch eines Tages findet der Geschäftsführer (H. U.) des Hotels, daß der Portier zu alt für seinen Posten geworden ist; er degradiert ihn zum Toilettenwärter. Der alte Mann ist tief gedemütigt und verzweifelt. Zu Hause wagt er seinen sozialen Abstieg nicht einzugestehen. Als seine Nichte (M. D.) heiratet, stiehlt er heimlich die Portiers-Uniform, um bei der Feier den schönen Schein zu wahren. Aber dann wird sein Schwindel doch entdeckt. Hohn und Verachtung schlagen dem einstmals Bewunderten entgegen; der alte Mann scheint endgültig gebrochen. Doch da stirbt eines Tages ein reicher Hotelgast in seinen Armen, ihm fällt das Vermögen des Toten zu, und aus dem »letzten Mann« wird ein Hotelgast, dem alle mit kriecherischer Unterwürfigkeit begegnen.
Das Happy-End wurde Mayer und Murnau aufgezwungen; und Murnau hat es deshalb bewußt aufdringlich, ironisch und als Fremdkörper inszeniert. Ihn interessierte der Film nur bis zu der nahezu völligen physischen und psychischen Zerstörung eines alten Mannes, der sich plötzlich degradiert und gedemütigt sieht. Murnau hat den Film wohl kaum sozialkritisch gemeint –

auch wenn er etwa das Bild schlemmender Hotelgäste unvermittelt mit dem des Toilettenwärters kontrastiert, der aus einem Blechnapf seine dünne Suppe löffelt. Aber zur Sozialkritik hätte sicher auch eine Untersuchung des Verhältnisses zwischen dem Portier und seinen Nachbarn gehört, was Murnau bewußt ausspart. *Der letzte Mann* ist keine soziale, sondern eine psychologische Tragödie.
So zielen auch die künstlerischen Mittel Murnaus konsequent auf das individuelle Drama; denn sie dienen fast ausschließlich dem Bemühen, ein subjektives Bild des Milieus, der Charaktere und der Ereignisse zu zeichnen. Dabei hat die Kamera wesentlichen Anteil am Erfolg dieser Bemühungen. Murnau, Freund und dessen Assistent Baberske entfesselten sie gleichsam. Sie benutzten bereits eine Art Kamerakran, und gelegentlich schnallte Freund sich die Kamera auch vor die Brust. Viel zitiert wurde u. a. die Eingangssequenz, in der die Kamera mit dem Fahrstuhl in die Hotelhalle hinunterfährt und diese (auf einem Fahrrad!) durchquert bis zur Drehtür. Nicht minder berühmt wurde der Traum des Portiers, der seine Haltlosigkeit und Verzweiflung zeigt. Es gelang Murnau, komplizierte Zusammenhänge und seelische Vorgänge im Bild darzustellen. Im ganzen Film gab es nur einen einzigen Zwischentitel, der das Nachspiel erklärte.
1955 entstand in der Bundesrepublik ein Remake, wobei Hans Albers unter der Regie von Harald Braun die Titelrolle spielte. Diese Version geriet jedoch zum oberflächlichen Rührstück, bei dem das Happy-End – der Toilettenwärter avanciert zum Hoteldirektor! – nicht mehr in ironischer Distanz, sondern als wohlverdiente Belohnung durch das Schicksal erschien.

Die Liebe der Jeanne Ney Ⓢ

Deutschland, 1927

R: G. W. Pabst; A: Ilja Ehrenburg, Ladislaus Vajda nach dem gleichnamigen Roman von Ilja Ehrenburg; K: Fritz Arno Wagner; D: Edith Jehanne, Brigitte Helm, Uno Henning, Fritz Rasp, Adolf Edgar Licho

Jeanne Ney (E. J.) erlebt als Tochter eines französischen Journalisten die Wirren der russischen Revolution. Ihr Vater wird getötet; Jeanne kann mit Hilfe des Sowjetagenten Andreas (U. H.) nach Paris zurückkehren. Dort findet sie Unterkunft bei ihrem Onkel (A. E. L.) und dessen blinder Tochter (B. H.). Eines Tages taucht ein weißrussischer Agent (F. R.) auf, der Jeanne verfolgt und ihren Onkel tötet und beraubt. Der Mordverdacht fällt auf Andreas; aber Jeanne kann den wahren Mörder überführen und stellen.
Größter Aktivposten des Films sind seine realistischen Außenaufnahmen. Ehrenburg hat sich später von diesem Film distanziert, der nach seiner Aussage (in seiner Autobiographie *Menschen, Jahre, Leben*) noch während der Dreharbeiten auf direkte Intervention Hugenbergs verändert worden ist. Seine Einwände brachte er auf die Formel: »In meinem Buch ist das Leben schlecht eingerichtet – folglich muß man es ändern. Im Film ist das Leben gut eingerichtet – folglich kann man schlafen gehen.«

Liebe ist kälter als der Tod

BRD, 1969

R: Rainer Werner Fassbinder; A: Rainer Werner Fassbinder; K: Dietrich Lohmann; D: Ulli Lommel, Hanna Schygulla, Rainer Werner Fassbinder

Franz (R. W. F.) will nicht für das »Syndikat« arbeiten. Er bewundert insgeheim den geleckten Bruno (U. L.), der ihm einen Funken Zuneigung entgegengebracht hat, als das Rollkommando des Syndikats ihn zusammengeschlagen hat. Aus Dank möchte er sogar Johanna (H. S.), die für ihn auf den Strich geht, mit Bruno teilen. Bruno wiederum revanchiert sich, als Franz von einem Türken bedroht wird; gemeinsam erschießen sie ihn und eine Zeugin in einem Café. Dann wollen sie eine Bank überfallen. Aber Johanna verrät den Plan an die Polizei. Bruno reißt bei der Verhaftung seine MP-Attrappe hoch und wird erschossen. Johanna und Franz fliehen in einem Auto.
Der Film ist nicht auf kriminalistische Spannung aus. Ihm geht es um ein Modell des Genres, das hier zusammengesetzt ist aus eigenem, aus Verweisungen auf amerikanische Gangsterfilme und die Filme Melvilles. Bruno etwa ist auch in seiner Aufmachung eine deutliche Kopie De-

lons aus *Le samourai.* Daneben bringt Fassbinder ein sprödes Sentiment in den Film ein. So entstand ein Bericht nicht über die Welt, in der wir leben, sondern über die Welt des Films. Eine originelle Verweisung gibt es noch: Der Film enthält eine lange Kamerafahrt über eine nächtliche Straße, eine nicht verwendete Version aus Jean-Marie Straubs Film *Der Bräutigam, die Komödiantin und der Zuhälter.* Straub wiederum hatte in seinen Film Teile einer »antiteater«-Inszenierung Fassbinders eingefügt.

Liebelei

Deutschland, 1932

R: Max Ophüls; A: Hans F. Wilhelm, Felix Salten und Curt Alexander nach dem gleichnamigen Schauspiel von Arthur Schnitzler; K: Franz Planer; D: Magda Schneider, Wolfgang Liebeneiner, Gustaf Gründgens, Olga Tschechowa, Luise Ullrich, Paul Hörbiger, Willy Eichberger

Leutnant Lobheimer (W. L.) hat ein Verhältnis mit der Baronin von Eggersdorf (O. T.). Er löst es, als er das einfache Mädchen Christine (M. S.) kennen- und liebenlernt. Jetzt aber entdeckt der Baron von Eggersdorf (G. G.) Beweise für die Untreue seiner Frau. Er fordert Lobheimer zum Duell und tötet ihn. Verbittert über den sinnlosen Ehrenkodex nimmt Lobheimers Freund Kaiser (W. E.), der sich in Christines Freundin Mizzi (L. U.) verliebt hat, seinen Abschied. Christine stürzt sich aus dem Fenster.
Ophüls hat diese Vorlage leise und melancholisch inszeniert; wienerischer Charme paart sich mit Resignation. Alle lauten Effekte werden vermieden. So sieht man zum Beispiel auch das Duell nicht; die Kamera beobachtet nur Kaiser und Mizzi, die aus der Ferne den ersten Schuß des Beleidigten hören und in panischer Angst auf den zweiten Schuß warten, der nicht fällt. Entgegen den Wünschen der Produktion besetzte Ophüls die Hauptrollen mit jungen, damals unbekannten Schauspielern. Er engagierte Liebeneiner auf Grund seiner Stimme, die ihn bei einem Telefongespräch fasziniert hatte. Luise Ullrich und Magda Schneider waren ursprünglich »umgekehrt« besetzt und tauschten erst kurz vor Drehbeginn ihre Rollen.
Kurz nach der Uraufführung des Films mußte Ophüls emigrieren. In Paris drehte er 1933 unter dem Titel *Une histoire d'amour* (Eine Liebesgeschichte) eine französische Version von *Liebelei.*
Unter dem Titel *Christine* (Christine) drehte Pierre Gaspard-Huit 1958 in französisch-italienischer Coproduktion ein oberflächliches Remake des Films. Die Hauptrollen spielten Romy Schneider und Alain Delon.

Liebe Mutter, mir geht es gut

BRD, 1971

R: Christian Ziewer; A: Klaus Wiese, Christian Ziewer; K: Jörg Michael Baldenius; D: Claus Eberth, Kurt Michler, Manfred Meurer, Nikolaus Dutsch, Hans Rickmann

Während der Rezession 1966/67 wird der Schlosser Alfred Schefczyk (C. E.) als Transportarbeiter in eine Westberliner Fabrik vermittelt. Er findet Unterkunft in einem Wohnheim des Senats. Als dort die Mieten heraufgesetzt werden, versuchen einige Bewohner vergeblich, einen allgemeinen Protest zu organisieren. Der Heimleiter droht mit Kündigung, und die Bewohner resignieren. Alfred schreibt seiner Mutter, daß es ihm gut geht. Dann gibt es Gerüchte, die sich bald bestätigen, daß eine Abteilung der Fabrik geschlossen und ihre Produktion in die Bundesrepublik verlegt werden soll. Es kommt zu Unruhen; Alfred wird als »Fremdarbeiter« beschimpft, der seinen Berliner Kollegen die Arbeitsplätze wegnehme. Aber erst als die Akkordzeiten gekürzt werden, kommt es zu einem spontanen Streik. Die Arbeiter lehnen die Vermittlungsvorschläge des Betriebsratsvorsitzenden (K. M.) ab und wählen eigene Delegierte, die mit dem Betriebsleiter (M. M.) verhandeln sollen. Doch die taktisch ungeschulten Delegierten lassen sich in Einzelgesprächen von der Betriebsleitung beschwichtigen. Der Streik, der auch auf andere Abteilungen übergegriffen hatte, bricht zusammen. Wenige Tage später wird einer der Delegierten (H. R.) fristlos entlassen. Alfred bemüht sich vergeblich, die Belegschaft mit einer Unterschriftensammlung noch einmal zu mobilisieren.
Die Autoren, die ihren Film selbst als einen »Diskussionsbeitrag« ansehen, schildern nüch-

tern die Stationen gesellschaftlicher Konflikte und eines daraus resultierenden Arbeitskampfes. Ihre Bilanz ist nicht eben positiv: Sie zeigen, wie brüchig die vielzitierte Solidarität der Arbeiter ist und wie gering dadurch die Möglichkeiten sind, ihre Interessen selbst zu vertreten. Ziewer hat das nach ausführlichen Recherchen in einem reportagehaften Realismus geschildert, der ihm nur in einigen Szenen ein wenig zu lehrhaft geriet. Das besondere Verdienst seiner Arbeit ist es, daß hier wohl erstmals ein Spielfilm in der Bundesrepublik das Milieu und die Probleme der Arbeiter in angemessener Form behandelte. Arbeiter sind hier nicht, wie so oft zuvor, zu Statisten eines Rührstücks degradiert; sie erhalten vielmehr die Möglichkeit, sich durch diesen Film gleichsam selbst zu artikulieren.

Liebe 47

BRD, 1948

R: Wolfgang Liebeneiner; A: Wolfgang Liebeneiner unter Verwendung von Wolfgang Borcherts Schauspiel *Draußen vor der Tür* und Motiven von Kurt Joachim Fischer; K: Franz Weihmayr; D: Hilde Krahl, Karl John, Erich Ponto, Albert Florath

Am Elbufer treffen sich zwei Menschen, die mit dem Leben Schluß machen wollen: Beckmann (K. J.) und Anna Gehrke (H. K.). In Rückblenden wird ihr Schicksal erklärt: Beckmann fühlt sich verantwortlich für den Tod von elf Soldaten, deren Angehörige ihn in nächtlichen Alpträumen heimsuchen. Seine Eltern, Parteimitglieder, haben sich umgebracht, sein Kind ist gestorben, seine Frau hat einen anderen. – Anna Gehrke hat ihren Mann im Krieg verloren, ihr Kind ist bei der Flucht vor den Russen verunglückt. Die Misere der Nachkriegszeit liefert sie den Männern aus, die in ihr nie den Partner, immer nur das Objekt sehen. Sie will nicht mehr. Aber nun, wo sie jemanden gefunden hat, der sie braucht, deutet sich die Möglichkeit eines glücklichen Endes an.
Liebeneiner hatte Borcherts Schauspiel vom Heimkehrer Beckmann schon auf der Bühne inszeniert. Für die Verfilmung führte er die Parallel-Figur der Anna Gehrke ein, die beispielhaft für das Leid der Frauen im Krieg und in der Nachkriegszeit stehen soll. Der Film hat die irrealen Motive der literarischen Vorlage beibehalten: Gott (E. P.) tritt als »alter Mann«, der Tod (A. F.) als »Unternehmer« auf; aber er kombiniert sie in den Rückblenden mit dem üblichen Kino-Realismus; das gibt Stilbrüche. Allerdings gelangen der Regie auch einige bildhafte und eindringliche Sequenzen. Unter den »Trümmer-« und »Heimkehrerfilmen« der ersten Nachkriegsjahre war dieser zweifellos einer der interessantesten.

The life of an American fireman Ⓢ
(Das Leben eines amerikanischen Feuerwehrmannes)

USA, 1903

R: Edwin S. Porter; A: Edwin S. Porter; K: Edwin S. Porter; D: Arthur White, Vivian Vaughan

Einem Feuerwehrmann erscheint im Traum die Vision eines von Flammen bedrängten Kindes. In der nächsten Einstellung sieht man eine Hand, die eine Alarmglocke betätigt. Die Feuerwehr fährt zu einem brennenden Haus. Hier rettet der Feuerwehrmann zunächst eine Frau. Flehentlich bittet sie ihn, auch ihr Kind zu retten. Noch einmal klettert er die Leiter hinauf, verschwindet in dem brennenden Haus und erscheint nach einigen Sekunden mit dem Kind auf dem Arm zwischen Flammen und Rauch.
Porter hatte im Archiv der Firma Edison einen beträchtlichen Vorrat von dokumentarischen »Feuerwehr-Streifen« gefunden. Er benutzte sie als Basis für seinen Film, indem er einige Spielszenen drehte und diese durch die »Montage« mit dem Archivmaterial verknüpfte, das so in einem neuen Zusammenhang auch eine andere Wirkung brachte. Ein bemerkenswertes Detail ist noch die Großaufnahme der Hand, die die Alarmglocke betätigt. Hier zeigt sich schon Sinn für filmische Gestaltung: Eine Großaufnahme ersetzt eine ganze Spielszene.

Limelight

(Rampenlicht)

USA, 1952

R: Charles Chaplin; A: Charles Chaplin; K: Rollie Totheroh, Karl Struss; D: Charles Chaplin, Claire Bloom, Sydney Chaplin, Buster Keaton

London 1913. Der einst gefeierte Clown Calvero (C. C.) spürt, daß seine große Zeit vorüber ist. Da findet er in seiner Pension die junge Tänzerin Terry (C. B.), die versucht hat, sich mit Gas zu vergiften. Calvero gibt ihr neuen Lebensmut und besorgt ihr ein Engagement. Terry wird ein Star; der Komponist Neville (S. C.) verliebt sich in sie, aber sie liebt Calvero. Um ihrem Glück nicht im Wege zu stehen, verläßt Calvero sie heimlich und wird zum Straßenkomödianten. Terry geht auf eine Tournee rund um die Welt. Nach dem Krieg trifft Neville Terry wieder, die Calvero noch immer nicht vergessen hat. Eines Abends begegnet sie ihm auf der Straße. Sie arrangiert einen Gala-Abend für ihn, und noch einmal begeistert er das Publikum. Doch auf dem Höhepunkt seines Erfolges erleidet er einen Herzanfall und stirbt.

Limelight ist vermutlich Chaplins privatester Film, vielleicht einmal als sein »Abschied« geplant. Dafür spricht sein Thema, dafür spricht, daß der alte »Charlie« in zwei Einlagen wehmütig zitiert wird. In der optischen Gestaltung geht Chaplin neue Wege; stärker als je zuvor nutzt er die Beweglichkeit der Kamera, bedient er sich ursprünglich filmischer Mittel.

Vielleicht hat es Chaplin einmal gereizt, hinter seiner Maske hervorzutreten, einmal er selbst zu sein und seine »Kunstfigur« als solche zu entlarven. Manche Kritiker sehen in diesem Film auch eine Huldigung an seine Frau Oona O'Neill. Immerhin, als einige Nachaufnahmen notwendig wurden, für die Claire Bloom nicht zur Verfügung stand, konnte Oona für sie einspringen, ohne daß es aufgefallen wäre.

Lissy

DDR, 1957

R: Konrad Wolf; A: Alex Wedding und Konrad Wolf nach dem gleichnamigen Roman von F. C. Weiskopf; K: Werner Bergmann, Hans Heinrich; D: Sonja Sutter, Horst Drinda, Hans-Peter Minetti, Kurt Oligmüller

Lissy (S. S.) steht am Tabakstand eines Automatenbüfetts. Sie möchte heraus aus der dumpfen Hinterhausluft; und sie sieht eine Chance, als sie den Angestellten Alfred Fromeyer (H. D.) kennenlernt. Aber in der großen Wirtschaftskrise Ende der zwanziger Jahre verliert Fromeyer seine Stellung. In einer Mischung von Wut, Verzweiflung und Berechnung tritt er in die NSDAP ein und avanciert schließlich zum SA-Sturmführer. Lissy macht diesen Aufstieg als seine Frau mit; doch sie erkennt auch den Preis, den sie dafür zahlt. Als ihr Bruder Paul (H. P. M.), der früher einmal bei der Roten Jungfront war und jetzt auch die SA-Uniform trägt, von seinen Parteigenossen hinterrücks erschossen wird, weil seine Wut auf die Kapitalisten ihn verdächtig gemacht hat, zieht Lissy die Konsequenzen. Sie verläßt ihren Mann und versucht einen neuen, ehrlichen Anfang.

Einer der nüchternsten, ehrlichsten und erhellendsten Filme über die Frage, wie es geschehen konnte, daß Deutschlands Kleinbürger dem Nationalsozialismus fast widerstandslos anheimfielen. Der Film schildert sachlich die Situation der zwanziger Jahre und die Versuchung, die die emotionale Ansprache durch die Nationalsozialisten für unpolitische Menschen bedeutete. Wolf beobachtet genau; er versagt sich auch in der Zeichnung der Nationalsozialisten billige Klischees und errang mit *Lissy* seinen ersten großen Erfolg.

Little Big Man

(Little Big Man)

USA, 1970

R: Arthur Penn; A: Calder Willingham nach der gleichnamigen Erzählung von Thomas Berger; K: Harry Stradling jr.; D: Dustin Hoffman, Chief Dan George, Faye Dunaway, Richard Mulligan, Amy Eccles

Der 121jährige Veteran Jack Crabb (D. H.) erzählt einem Journalisten seine Lebensgeschichte. Als Zehnjähriger verliert er bei einem Überfall räuberischer Indianer seine Eltern und wird von den Cheyenne-Indianern aufgenom-

men, deren Häuptling Old Lodge Skins (C. D. G.) sein Adoptiv-Großvater wird. Bei einem Gefecht mit Soldaten rettet er sein Leben, indem er sich als »Weißer« zu erkennen gibt. Nun pendelt er mehrfach zwischen Indianern und Weißen hin und her. Bei den Indianern trifft er immer wieder auf seinen Großvater, lebt mit der hübschen jungen Sunshine (A. E.) zusammen, erlebt Terror und Gemetzel der Soldaten. Bei den Weißen wird er von einer liebesdurstigen Pastorenfrau (F. D.) erzogen, die er später in einem Bordell wiederfindet, versucht er sich als betrügerischer Quacksalber, Revolverheld und Geschäftsmann. Schließlich wird er Pfadfinder in der Armee von General Custer (R. M.), den er eigentlich wegen seines grausamen Terrors gegen die Indianer töten wollte. Er erlebt Custers Niederlage und Tod am »Little Big Horn« und hört Old Lodge Skins resignierten Kommentar: »Heute haben wir gewonnen, morgen werden wir nicht mehr gewinnen!«
Ein überlanger, aber nie langweiliger Film, der eine Fülle von Personen und Ereignissen vorstellt, der viele Mythen des »wilden Westens« zerstört und die Indianerkriege als das zeigt, was sie tatsächlich waren: blutige Gemetzel. Der legendäre General Custer etwa erscheint als starrköpfiger, eitler Indianerhasser, dem es zwar nicht an persönlichem Mut, wohl aber an Einsicht fehlt. Dabei entgeht der Film durch seine dramaturgische Struktur geschickt der Gefahr des Pathos oder der Sentimentalität. Die subjektiv gefärbten »Erinnerungen« Crabbs, dem die Indianer den Ehrennamen »Little Big Man« geben, sind mit einem gehörigen Schuß Ironie getränkt und zerstören derartige Ansätze rechtzeitig.

Little Caesar
(Der kleine Cäsar)

USA, 1930

R: Mervyn Le Roy; A: Robert N. Lee und Francis Edwards Faragoh nach einem Roman von W. R. Burnett; K: Tony Gaudio; D: Edward G. Robinson, Douglas Fairbanks jr., Glenda Farrell, Stanley Fields, Thomas Jackson

Caesar Enrico Bandello (E. G. R.) und Joe Massara (D. F.) sind zwei kleine Gauner, die ihr bisheriges Leben satt haben: Joe möchte ins bürgerliche Leben zurück, während Rico von einer großen Karriere als Gangster träumt. Beide haben Erfolg. Joe erhält ein gutes Engagement als Tänzer und verliebt sich bald in seine Partnerin Olga (G. F.). Rico, oder »Little Caesar«, wie seine neuen Kollegen ihn nennen, tritt in die »Gang« von Sam Vettori (S. F.) ein und bootet den alternden Gangsterboß bald aus. Kurze Zeit steht der »kleine Caesar« ganz oben; dann wird ihm seine Freundschaft mit Joe zum Verhängnis. Joe war Zeuge, wie Rico einen Polizisten erschossen hat; und als Rico von Joe weitere Mitarbeit verlangt, überredet Olga Joe, sich der Polizei als Kronzeuge gegen Rico zur Verfügung zu stellen. Als Rico nicht die Nerven hat, auf seinen alten Freund zu schießen, ist sein Schicksal besiegelt. Für kurze Zeit kann er noch untertauchen. Doch als der Polizeisergeant Flaherty (T. J.) ihn öffentlich einen Feigling nennt, stellt er sich zu einem aussichtslosen Kampf und wird erschossen.
Mit *Little Caesar* begann die große Zeit des amerikanischen Gangsterfilms. Seine Hauptfigur ist gleichsam der Protagonist vieler späterer Filme: der Junge aus der Gosse, der hartgesottene Killer, der für kurze Zeit Reichtum und Ruhm genießt und dann kaltblütig in den Tod geht. Aber Le Roy hat seinen Helden auch mit individuellen psychologischen Zügen ausgestattet. Geltungsdrang und Eitelkeit sind die Triebkräfte für seinen Aufstieg; diese Eitelkeit, auf die der Polizeisergeant spekuliert, bringt ihm auch den Tod. Man erkennt, daß hinter dieser Eitelkeit vielleicht doch kein ganz so harter Bursche verborgen ist. Ricos letzte Worte entlarven ihn: »O Gott, ist das das Ende von Rico?«

The little fugitive
(Der kleine Flüchtling / Der kleine Ausreißer)

USA, 1953

R: Ray Ashley, Morris Engel, Ruth Orkin; A: Ray Ashley, Morris Engel, Ruth Orkin; K: Morris Engel; D: Richie Andrusco, Winifred Cushing, Ricky Brewster

Der siebenjährige Joe (R. A.) lebt mit seiner verwitweten Mutter (W. C.) und seinem älteren Bruder Lennie (R. B.) in New York. Als die

Mutter verreisen muß, soll Lennie auf den kleinen Bruder aufpassen. Doch der stört seine Pläne, und zusammen mit seinen Freunden ersinnt Lennie einen Trick, um Joe loszuwerden. Er läßt ihn mit einem Luftgewehr schießen und gibt vor, Joe habe ihn dabei erschossen. Die Freunde bringen den verstörten Jungen nach Hause. Dort steckt Joe Lennies Geld ein und reißt aus – nach Coney Island. Hier amüsiert er sich in dem Vergnügungspark, bis er einem Schausteller auffällt. Der entlockt ihm Name und Adresse und benachrichtigt Lennie, der den Ausreißer abholt – gerade ehe die Mutter zurückkommt.
Einer der ersten Filme der sogenannten »New Yorker Schule«, die sich bewußt vom Produktions- und Inszenierungsstil Hollywoods distanzierte. Das Team Ashley, Engel und Orkin (Cutterin) begann den Film mit 5000 Dollar Eigenkapital. Sie zeigten Geldleuten die ersten Muster und liehen sich darauf einige zehntausend Dollar, mit denen der Film fertiggestellt wurde.
Beherrschendes Stilprinzip ist ein dokumentarischer Realismus. Joes Abenteuer wurden zum Teil mit versteckter Kamera gefilmt. Sie bestehen aus einer Folge von Episoden, in denen Joe sich kindliche Wünsche erfüllt oder erste Bewährungsproben in der großen Welt bestehen muß. Dabei wird die Welt des Kindes nie mit onkelhafter Neugier betrachtet, sondern stets ernst genommen. Der Film hat Authentizität und wirkt stilistisch geschlossen, obwohl er andererseits die Zufälligkeit gleichsam zum Stilprinzip erhebt.

The lodger Ⓢ

(Der Untermieter)

England, 1926

R: Alfred Hitchcock; A: Alfred Hitchcock, Eliot Stannard nach einem Roman von Mrs. Belloc-Lowndes; K: Baron Ventimiglia; D: Ivor Novello, June, Malcolm Keen

Eine Serie geheimnisvoller Frauenmorde beunruhigt die Bevölkerung, gerade als Jonathan Drew (I. N.) als Untermieter bei den Buntings einzieht. Häufiger Gast im Haus ist der junge Detektiv Joe Chandler (M. K.), der in Daisy (J.), die Tochter der Buntings, verliebt ist. Ihm kommt der neue Untermieter verdächtig vor. Unterdessen verlieben sich Drew und Daisy; aber wenig später wird der junge Mann auf Veranlassung von Joe verhaftet. Der Verdacht hat sich verstärkt, daß er der gesuchte Massenmörder ist. Drew kann fliehen und wird von einer wütenden Menge verfolgt. Gerade als er gelyncht werden soll, erfährt Joe, daß der wirkliche Mörder gefaßt ist. Im letzten Moment kann er Drew retten. Und jetzt klärt sich auf, warum Drew sich so verdächtig verhalten hatte: Seine Schwester war auch ein Opfer des Mörders geworden, und er wollte den Täter zur Strecke bringen.
In der literarischen Vorlage war Drew tatsächlich der Mörder. Aber der Produzent mochte das Image des damaligen Jungmädchen-Idols Ivor Novello nicht gefährden. So fand Hitchcock sich zu einem Kompromiß bereit – ähnlich wie später in *Suspicion* (Verdacht, USA 1941), wo es um den guten Ruf von Cary Grant ging.
Filmisch besticht *The lodger* durch die atmosphärische Schilderung des Milieus, nebelverhangener Straßen und ungewisser Bedrohung. Hitchcock, der damals gerade zwei Filme in Deutschland gedreht hatte, zeigt sich hier in Details deutlich vom Stil des deutschen »Kammerspiels« beeinflußt. *The lodger* wurde sein erster großer Erfolg.

La loi du nord

(Gesetz des Nordens)

Frankreich, 1939–42

R: Jacques Feyder; A: Jacques Feyder und Alexandre Arnoux nach einem Roman von Maurice Constantin-Weyer; K: Roger Hubert; D: Michèle Morgan, Pierre-Richard Willm, Charles Vanel, Jacques Terrane

Der amerikanische Bankier Shaw (P. R. W.) hat den Liebhaber seiner Frau erschossen. Er entgeht dem Todesurteil nur, weil er für unzurechnungsfähig erklärt und in eine Heilanstalt eingewiesen wird. Von dort gelingt ihm mit Hilfe seiner Sekretärin Jacqueline (M. M.) die Flucht. Beide wollen im menschenleeren Norden Kanadas untertauchen. Unterwegs treffen sie den Pelzhändler Dumontier (J. T.), der sich bereit erklärt, sie zu führen. Sie machen Rast in einer Blockhütte bei dem Polizeisergeanten Dal

(C. V.), der kurz nach ihrem Aufbruch den Steckbrief Shaws erhält und sich an die Verfolgung macht. Nach unsäglichen Strapazen kann er die Flüchtlinge einholen; aber nachdem er Shaw für verhaftet erklärt hat, bricht er erschöpft zusammen. Die Verfolgten pflegen ihn und treten mit ihm zusammen den Rückmarsch an. Unterwegs stirbt Jacqueline an Erschöpfung. Vorher bekennt sie Dumontier ihre Liebe, bittet ihn aber, sie in der letzten Stunde mit Shaw allein zu lassen, weil dieser das Bewußtsein ihrer Liebe brauche, um weiterleben zu können. Am Schluß läßt sich vermuten: Dal wird seinen Gefangenen nicht ausliefern, weil er glaubt, daß er seine Schuld gebüßt hat.
Feyder drehte diesen Film in Lappland und bezog die Landschaft geschickt als dramaturgischen Faktor in die Handlung ein. Die Einöde, das grausame Weiß des Schnees machen die Verlorenheit der Menschen besonders deutlich.

Lola Montès
(Lola Montez)

Frankreich/BRD, 1955

R: Max Ophüls; A: Franz Geiger, Annette Wademant, Max Ophüls und Jacques Natanson nach dem Roman *La vie extraordinaire de Lola Montès* von Cécil Saint-Laurent; K: Christian Matras; D: Martine Carol, Peter Ustinov, Adolf Wohlbrück, Will Quadflieg, Oskar Werner, Ivan Desny

Lola Montez (M. C.), krank und erschöpft, wird in einem Zirkus von einem cleveren Manager (P. U.) ausgebeutet. In der Arena posiert sie vor einem lüsternen Publikum und demonstriert Stationen ihres skandalumwitterten Lebens. In den Pausen erinnert sie sich an die gleichen Episoden – an ihren Mann (I. D.) und ihre unglückliche Ehe, an die Affäre mit Franz Liszt (W. Q.), die Liaison mit dem König von Bayern (A. W.), die Affäre mit einem schüchternen Studenten (O. W.). Am Schluß können die Besucher der schwerkranken »Gräfin« für einen Dollar die Hand küssen.
Das letzte Werk von Max Ophüls nutzt souverän die Möglichkeiten des Films. Die episodische Handlung spielt auf verschiedenen zeitlichen und stilistischen Ebenen. Geschickt werden einige Szenen des großen Welttheaters als »Zirkusnummern« inszeniert, dann wieder öffnet sich die Arena und entläßt die Kamera in die »Realität«. Dabei hat Ophüls auch das CinemaScope-Bild raffiniert eingesetzt; teilweise dient es ihm dazu, den Prunk der Dekorationen zu demonstrieren, in anderen Szenen wird es durch ausgeklügelte Kameraeinstellungen auf wohlkalkulierte Ausschnitte reduziert. Dieses artifizielle Spiel führte allerdings zu einem völligen Mißerfolg beim Publikum. Im verzweifelten Bemühen, zu retten, was noch zu retten war, wurde die ausgewogene Form des Films zerstört. In der Bundesrepublik erschien in den Kinos eine Fassung, in der zunächst fast dreißig und nach erneuten Schnitten rund vierzig Minuten des Originals (140 Minuten) fehlten, in der Komplexe umgestellt wurden, um einen chronologischen Ablauf zu erreichen, die – kurz gesagt – brutal verstümmelt war.

The loneliness of the long distance runner
(Die Einsamkeit des Langstreckenläufers)

England, 1962

R: Tony Richardson; A: Alan Sillitoe nach seinem gleichnamigen Roman; K: Walter Lassally; D: Tom Courtenay, Michael Redgrave, Avis Bunnage, Peter Madden

Der Direktor einer Erziehungsanstalt (M. R.) entdeckt bei seinem Zögling Colin Smith (T. C.) Talent für den Langstreckenlauf. Da ein Vergleichskampf mit einer »public school« bevorsteht, muß Colin Tag für Tag trainieren. Bei diesen einsamen Geländeläufen erinnert er sich – in Rückblenden – an die Stationen seines Lebens: Er sieht seinen sterbenden Vater (P. M.), die Mutter (A. B.), die mit ihrem Geliebten das Geld aus der Lebensversicherung verschleudert. Er erinnert sich an seine Freunde, an einige glückliche Stunden mit seiner Freundin und an den Einbruch, der ihn in die Erziehungsanstalt gebracht hat. Beim Wettkampf distanziert Colin seinen Gegner schnell. Aber wieder überfallen ihn Erinnerungen – an die blasierte Leutseligkeit seiner Vorgesetzten, an die Regeln eines ihm verhaßten Systems. Er verzichtet auf die bei einem Sieg in Aussicht gestellte vorzeitige Entlassung. Trotzig bleibt er kurz vor dem Ziel stehen und läßt seinen Gegner gewinnen.

Sillitoe, Richardson und Lassally haben jeder auf seine Weise beträchtlichen Anteil an der kurzen Blüte des englischen Films, die man mit dem Schlagwort »free cinema« bezeichnet – zupackender Realismus, Interesse für das soziale Souterrain, kritisches Engagement, das direkte politische Bezüge nicht scheut. Hier ist die Handlung von Poesie überstrahlt, ohne daß dabei die Substanz aggressiver Zeitkritik verfälscht wird. Der Langstreckenlauf, hervorragend fotografiert, ist dramaturgisches Korsett der Handlung und Metapher für den Lebensweg des einzelnen, der sich ganz bewußt und nicht nur in »halbstarkem« Trotz gegen diese Gesellschaft auflehnt. Auch da macht es sich der Film nicht leicht: Colins Gegenspieler, der Institutsdirektor, ist ein relativ sympathischer Idealist, der sich an »überkommene Werte« hält, dem Sportsgeist auch als Heilmittel für politische Probleme erscheint. Da gibt es dann keine Verständigungsmöglichkeiten mehr; Colins Trotzreaktion ist bewußter Protest, das einzige, was ihm in seiner Situation bleibt.

Long pants Ⓢ

(Lange Hosen / Die ersten langen Hosen)

USA, 1927

R: Frank Capra; A: Arthur D. Ripley; K: Glenn Kershner, Elgin Lessley; D: Harry Langdon, Priscilla Bonner, Alma Bennett

Als Jüngling erträumt Harry Shelby (H. L.) sich kühne Abenteuer. Nachdem er zum Geburtstag die ersten langen Hosen erhalten hat, machen seine Eltern Anstalten, ihn mit seiner Jugendfreundin Priscilla (P. B.) zu verheiraten. Doch Harry verliebt sich in die ruchlose Bebe Blair (A. B.), die von der Polizei wegen Rauschgiftschmuggels gesucht wird. Nachdem Bebe vor seinen Augen einen feurigen Liebesbrief ohne Anrede und Absender verliert, glaubt er sich wiedergeliebt. Und als er erfährt, daß Bebe verhaftet ist, eilt er ihr schleunigst zur Hilfe. Im Traum versucht er vorher noch, die lästige Priscilla zu ermorden, was ihm jedoch mißlingt. Da Bebe unterdessen aus dem Gefängnis entflohen ist, kommt es zu turbulenten Mißverständnissen, die schließlich in einer Schießerei zwischen Bebe und ihrem treulosen Ehemann münden. Beide bringen sich gegenseitig um; und Harry kehrt reumütig zu seinen Eltern und zu Priscilla zurück.

Der letzte Film, in dem Capra und Langdon zusammengearbeitet haben, war für beide ein großer Erfolg. Langdon hatte einige brillante Szenen – etwa sein erstes Zusammentreffen mit Bebe, bei dem er balzend auf dem Fahrrad um ihr geparktes Auto fährt. Der Film hat Tempo, und daneben fand Capra noch Zeit für einige realistische Alltagsszenen.

Look back in anger

(Blick zurück im Zorn)

England, 1959

R: Tony Richardson; A: Nigel Kneale nach dem gleichnamigen Schauspiel von John Osborne; K: Oswald Morris; D: Richard Burton, Claire Bloom, Mary Ure

Verfilmung des gleichnamigen Schauspiels von Osborne: Jimmy Porter (R. B.) treibt durch seine verzweifelte Aggressivität seine Frau Alison (M. U.) aus dem Haus und lebt mit Alisons Freundin Helena (C. B.) zusammen. Er nimmt Alison jedoch zärtlich auf, als sie nach einer Fehlgeburt verzweifelt und zerbrochen zurückkehrt.

Auf der Bühne resultierte der Zorn Jimmy Porters aus seinem Ekel vor dem gesamten Zustand der Gesellschaft und aus der Erkenntnis der eigenen Ohnmacht. Der Film hat seinen Haß psychologisch und logisch unterbaut, hat ihn damit begreifbarer gemacht – aber auch verharmlost. Dennoch ist Tony Richardsons erster Film bemerkenswert – als eine stilsichere Bühnenverfilmung, als ein literarischer Beitrag zum englischen »free cinema«, als eine exakte Milieustudie.

The lost weekend

(Das verlorene Wochenende)

USA, 1944

R: Billy Wilder; A: Charles Brackett und Billy Wilder nach einem Roman von Charles R. Jackson; K: John F. Seitz, Farciot Edouart, Gordon Jennings (Spezialeffekte); D: Ray Milland, Jane Wyman, Philip Terry

Der gutaussehende, wohlerzogene Don Birnam (R. M.), der eigentlich Schriftsteller werden möchte, ist ein haltloser Trinker. Alle Bemühungen seiner Verlobten Helen (J. W.) und seines Bruders (P. T.) scheinen erfolglos. An einem »verlorenen Wochenende«, das er allein in New York verbringt, überfällt ihn die Sucht von neuem. Er betrinkt sich sinnlos und landet in einer Alkoholiker-Station. Don flüchtet aus der Station und wankt nach Haus, wo er in ein Delirium verfällt. In diesem Zustand findet ihn Helen. Aber Don ist am Ende. Er nimmt Helens Pelzmantel und verläßt heimlich die Wohnung, um den Mantel beim Pfandleiher gegen seinen früher einmal beliehenen Revolver einzutauschen. Er will Schluß mit seinem verpfuschten Leben machen. Helen überzeugt ihn davon, daß er noch eine Chance hat. Er setzt sich an die Schreibmaschine, um die Stationen seiner Verzweiflung zu einem Buch zu verarbeiten.

Der Film ist routiniert, mit nüchternem Realismus gemacht. Besonders die darstellerischen Leistungen sind überzeugend. Es gibt Szenen, die haften bleiben: Wenn Don in einer Bar mit seinen zitternden Händen das Whisky-Glas nicht mehr zum Mund führen kann und sich bückt, um das Glas auszutrinken, das Delirium, das mit sparsamen Mitteln (ein Riß an der Wand, eine Fledermaus tötet eine weiße Maus) beklemmende Schockwirkung erreicht u. a. Das Happy-End indessen ist fatal. Wie es heißt, soll es eine Auflage des Produzenten wegen der damaligen Zensurbestimmungen gewesen sein, nach denen Alkoholismus nur gezeigt werden durfte, wenn man gleichzeitig auch die Möglichkeit der Heilung demonstrierte. Und Wilder soll daraufhin den Schluß bewußt übertrieben haben, um seine Absurdität deutlich zu machen.

Lotna

(Lotna)

Polen, 1959

R: Andrzej Wajda; A: Wojciech Żukrowski und Andrzej Wajda nach einer Erzählung von Wojciech Żukrowski; K: Jerzy Lipman; D: Jerzy Pichelski, Adam Pawlikowski, Jerzy Moes, Bozena Kurowska, Roman Polanski

September 1939. Ein Großgrundbesitzer schenkt dem Rittmeister Chodakiewicz (J. P.) eine herrliche Stute, die Lotna. Zwei Offiziere des Regiments, ein Leutnant (A. P.) und der Fähnrich Grabowski (J. M.), losen, wer von ihnen die Stute übernehmen wird, wenn der Rittmeister fällt. Der Fähnrich gewinnt. Der Rittmeister wird bei der legendären Attacke der polnischen Kavallerie gegen deutsche Tanks getötet. Die Soldaten begraben ihn und feiern am nächsten Tag die Hochzeit des Fähnrichs mit der Lehrerin Ewa (B. K.). Bei einem deutschen Luftangriff wird der Fähnrich getötet. Ewa will das Pferd töten, das nach ihrer Meinung Unglück bringt, wird aber von dem Leutnant gehindert, der Lotna nun in Besitz nimmt. Am Ende des Rückzugs, an der Landesgrenze, entläßt der Leutnant seine stark dezimierte Schwadron. Während er schläft, stiehlt der Wachtmeister die Stute. Aber auf der Flucht bricht sie sich ein Bein und muß erschossen werden.

Das Pferd steht hier gleichsam als Symbol für eine stolze Tradition, die unter den Schlägen der deutschen Angreifer unwiederbringlich zerbricht. Wajda hat die Tragödie vom Untergang der polnischen Armee nicht umsonst am Beispiel der Kavallerie demonstriert. Kindheitserinnerungen (Wajda ist der Sohn eines Kavallerieoffiziers und wuchs in Kasernen auf!) treffen zusammen mit der Lust an der Melancholie eines »stolzen Untergangs«. Und es ist mehr als nur eine dokumentarische Anekdote, wenn die polnischen Reiter von Panzerwagen niedergewalzt werden; hier stirbt mit der polnischen Kavallerie auch ein Zeitalter. Resignation, die bis in die gedämpften Farben spürbar ist, überschattet den Film.

Louisiana story

(Louisiana-Legende)

USA, 1946–48

R: Robert Flaherty; A: Robert und Frances Hubbard Flaherty; K: Richard Leacock; D: Joseph Boudreaux, Lionel Le Blanc, Frank Hardy

Die Familie Latour lebt in den sumpfigen Wäldern am Mississippi vom Fischfang und von der Jagd. Der zwölfjährige Sohn (J. B.) ist schon genauso eng mit der Natur verbunden wie sein

Vater. Sein Spielkamerad und bester Freund ist der Waschbär Jojo. Eines Tages bricht die Technik in diese unberührte Welt ein: Ein Bohrturm wird errichtet, Versuchsbohrungen beginnen. Aber der Zwölfjährige führt sein bisheriges Leben weiter; er erlebt alltägliche und gefährliche Abenteuer, u. a. den Kampf mit einem Alligator, bei dem Jojo spurlos verschwindet. Die Techniker ziehen ab, ihre Bohrungen waren erfolgreich, sie werden sicher wiederkommen.

Typisch für Flaherty ist die knappe Spielhandlung mit Alltagsszenen aus dem Leben der Menschen, die im Mittelpunkt des Films stehen. Typisch ist auch die Naturschilderung, die unübersehbar von der Liebe des Regisseurs zur unberührten Natur kündet. Neu allerdings ist, daß Flaherty auch die Schönheit und Notwendigkeit der Technik entdeckt.

Louisiana story wurde übrigens von der Ölgesellschaft Esso finanziert. Nach enttäuschenden Erfahrungen mit Hollywood vertraute Flaherty wohl darauf, bei filmfremden »Produzenten« mehr Freiheit und mehr Verständnis zu finden. Kameramann des Films war Richard Leacock, der später ganz andere Wege filmischer Dokumentation ging, der aber nie verleugnet hat, daß er ein Schüler Flahertys war.

Love and death

(Die letzte Nacht des Boris Gruschenko)

USA, 1974/75

R: Woody Allen; A: Woody Allen; K: Ghislain Cloquet; D: Woody Allen, Diane Keaton, Olga Georges-Picot, James Tolkan, Harold Gould, Norman Rose

Rußland 1812. In einem Kerker der französischen Armee sitzt nach einem mißglückten Attentat auf Napoleon (J. T.) der schmächtige Boris Gruschenko (W. A.) und erwartet gelassen seine Hinrichtung. Ein Engel hat ihm nämlich verheißen, er werde kurz vor der Exekution begnadigt. So überdenkt er unbeschwert sein Leben... Er denkt an seine Liebe zu Sonja (D. K.), die ihm leider zwei andere Männer vorgezogen hat. Er denkt an seine Bemühungen, ein schlechter Soldat zu sein, die so jämmerlich mißlungen sind. Militärischer Ruhm ist ihm in den Schoß gefallen, besonders nachdem er versehentlich – wie weiland Münchhausen – mit einer Kanone hinter die feindlichen Linien geschossen wurde und die Franzosen in Panik versetzt hatte. Dieser frische Ruhm verschaffte ihm die Zuneigung der liebesdurstigen Gräfin Alexandrowna (O. G. P.) und eine Duellforderung ihres etatmäßigen Liebhabers (H. G.). Kurz vor dem Duell hat er dann Sonja wiedergesehen, die ihm leichtfertig für den Fall des Überlebens ihre Hand versprach. Er überlebte, Sonja heiratete ihn und überredete ihn alsbald zu dem verhängnisvollen Attentat, das sich als ein einziges Intrigenspiel auf seine Kosten erwies... Am anderen Morgen schreitet Boris frohen Herzens zum Richtplatz. Doch der Engel war wohl nicht hinreichend informiert: Boris wird hingerichtet. Einige Tage später sieht die verwitwete Sonja ihren Boris in Begleitung eines Sensenmannes (N. R.) auf dem Acker. Sie erkundigt sich neugierig nach seinem Befinden. »Kennst du die Hühnchen in Treskys Restaurant?« fragt Boris zurück. »Gewiß«, meint Sonja. »Ich bin noch schlimmer dran!« sagt Boris düster.

Der Komiker Woody Allen gilt vielen als der legitime Nachfolger von Jerry Lewis; andere vergleichen ihn mit Chaplin und Keaton. Thematisch sind seine Filme häufig bestimmt vom Kampf des kleinen, schmächtigen Außenseiters Allen gegen die Tücke des Objekts, gegen eine feindliche Umwelt. Mit Zähigkeit, List und bissigem Humor kämpft er ums Überleben – und hat Erfolg. In diesem Film nun schlägt die skeptische Grundtendenz seiner früheren Filme in düsteren Pessimismus um; und man sieht eine Komödie, deren Held hingerichtet wird und sogar noch in der Hölle brät. Hier ist Boris alias Woody Allen endgültig der Geschlagene, dessen wenige Siege deprimierenden Zufällen zu verdanken sind und stets zu neuem Chaos führen und der am Ende eindeutig den kürzeren zieht. Ein bitterer und entlarvender Humor wird hier geboten, bei dem unsere Welt vor den legitimen und durchaus nicht unbescheidenen Glückserwartungen eines gutwilligen Außenseiters versagt.

Lucia

(Lucia)

Kuba, 1968/69

R: Humberto Solás; A: Humberto Solás, Julio García Espinosa, Nelson Rodriguez; K: Jorge Herrera; D: Raquel Revuelta, Eduardo Moure, Eslinda Nuñez, Ramon Brito, Adela Legra, Adolfo Llaurado

In drei Episoden und am Beispiel dreier Liebesgeschichten behandelt der Film wichtige Stationen der kubanischen Geschichte.
I. 1895 revoltieren die Kubaner wieder einmal gegen die spanische Oberhoheit. In dieser Zeit lernt Lucia I (R. R.), eine behütete Tochter aus gutem Hause, den attraktiven Rafael (E. M.) kennen, einen gebürtigen Spanier, der aber in der politisch-militärischen Auseinandersetzung offenbar nicht Partei bezieht. Sie verliebt sich besinnungslos in ihn und flieht mit ihm, obwohl sie weiß, daß er in Spanien verheiratet ist. Doch dann erkennt sie, daß Rafael sie nur benutzt hat, um durch sie ein Versteck der Rebellen zu finden, die von nachfolgenden spanischen Truppen aufgerieben werden. Halb wahnsinnig vor Enttäuschung kehrt sie in die Stadt zurück und tötet Rafael, der jetzt eine spanische Uniform trägt, auf offener Straße.
II. 1933 bewirken Revolutionäre den Sturz des Präsidenten Machado. Aber die neue Regierung gerät bald unter den Einfluß des reaktionären Generals Batista. Lucia II (E. N.) verliebt sich in den Revolutionär Aldo (R. B.) und kämpft an seiner Seite. Aldo gehört zu denen, die nach dem Sturz Machados erkennen, daß sich in Wirklichkeit nichts geändert hat. Er kämpft weiter und wird erschossen. Lucia bleibt allein zurück.
III. In den sechziger Jahren heiratet Lucia III (A. Le.) den Lastwagenfahrer Tomás (A. Ll.), dessen krankhafte Eifersucht es ihr unmöglich macht, wahre Gleichberechtigung zu praktizieren. Sie verläßt ihn, um wieder arbeiten zu können – Tomás hatte ihr dies verboten.
Die historischen Situationen sind typisch: der Aufstand gegen die Fremdherrschaft, die unvollendete Revolution, die Gegenwart, in der zwar die Verhältnisse sich geändert haben, in der der Kampf um den »neuen Menschen« aber weitergeht. Gleichzeitig ist dies eine Studie über die Emanzipation der Frau. Während sie früher in Konventionen gefangen war und ein Aufbegehren gleichsam nur im Affekt möglich war, können die Frauen sich heute zusammenschließen und ihr Leben selbst bestimmen – auch gegen den Widerstand des Mannes. Das allgemeine Fazit heißt: Unterdrückung richtet sich naturgemäß gegen die Schwachen; sie kann nur beendet werden, wenn die Schwachen durch Zusammenschluß stark werden.
Solás hat diese einfache These kunstvoll illustriert. Am eindrucksvollsten gelang wohl die erste Episode, die sorgfältig das verstaubte Milieu bürgerlicher Salons zeichnet und in der die Kamera sich dann gleichsam befreit in dem Kampf zwischen Spaniern und Kubanern, den sie in düsteren Bildern wie eine Vision beschwört. Die zweite Episode ist im Stil einer nüchternen Reportage gehalten, während die letzte gelegentlich den Charakter eines volkstümlichen Lustspiels annimmt.

Ludwig – Requiem für einen jungfräulichen König

BRD, 1972

R: Hans Jürgen Syberberg; A: Hans Jürgen Syberberg; K: Dietrich Lohmann; D: Harry Bär, Ingrid Caven, Hanna Köhler, Ursula Strätz, Peter Kern, Gerhard März, Anette Tirier, Johannes Buzalski, Balthasar Thomass

Ein Film, dessen Handlung sich allenfalls durch ein exaktes Protokoll befriedigend referieren ließe; denn Syberberg erzählt hier nicht einfach die Lebensgeschichte des bayerischen Königs Ludwig II., er zeigt den König (als Kind: B. T., als Mann: H. B.) vielmehr als Katalysator und Inkarnation von Mythen, Träumen, Entwicklungen, Hoffnungen. Er schildert nicht sein Leben, sondern sein Schicksal. Die Szenenfolge läuft – zu Wagner-Musik – vor gemalten Prospekten ab. Nur in Ausnahmefällen, etwa bei einer nächtlichen Schlittenfahrt durch verschneite Wälder, verläßt die Kamera das Studio. Syberberg teilt seinen Film in zwei Teile (1. *Der Fluch,* 2. *Ich war einmal*) und einzelne Kapitel, in denen Zeitgenossen, historische und mythische Persönlichkeiten, Gestalten der Literatur u. a. auftreten, um ihren Part in diesem Welttheater zu absolvieren. Und dieser Part kann in einer Szene, einem kurzen Auftritt, einem Statement bestehen: Lola Montez (I. C.) verflucht das Geschlecht der Wittelsbacher; Obsessionen und Meditationen Ludwigs; Begegnungen mit Zeitgenossen. Richard Wagner erscheint als Hermaphrodit in zwei Gestalten, als Mann (G. M.) und als Frau (A. T.), während andererseits Hitler und der Schriftsteller Emanuel Geibel von einem Schauspieler (J. B.) gespielt werden. Ludwig diniert mit Marie Antoinette und dem französischen König Ludwig XIV. und erlebt die Gründung des deutschen Kaiserreiches als Alptraum. Am Ende stirbt der König drei Tode: Zunächst seinen eigenen, von der Geschichte überlieferten Tod, dann den »traditionellen Tod der Könige« auf einem Schafott – und wird wieder zum Leben erweckt durch die Liebe und die Sehnsüchte des Volkes, und schließlich stirbt der König Isoldes Liebestod aus Wagners *Tristan und Isolde*, bei dem er sich seine überströmenden Gefühle wie einen Dolch in die Brust stößt.

Der auf verwirrende Weise faszinierende Film verfolgt offensichtlich zwei Prinzipien: Die Welt Ludwigs erscheint nicht als objektiv faßbare Realität, sondern als ein Traum, den Ludwig träumt, so daß auch seine Zeitgenossen gleichsam nur durch ihn lebendig werden. (»In einer Nacht wie dieser sah er sein Leben als Leben einer Nacht.«) Andererseits erscheint Ludwig hier nicht als Wahnsinniger oder als unschuldiges Opfer höfischer Intrigen. Er ist zum Untergang verurteilt als Wanderer zwischen historischen Epochen, allerorten unbehaust; und deshalb scheint es auch gerechtfertigt, Nachfahren wie Hitler und Röhm zu zitieren, Gestalten wie den Schriftsteller Karl May und dessen Romanfigur Winnetou, die alle ein Teil jener Welt sind, an deren Entwicklung Ludwig träumend und manchmal auch einsichtig passiv Anteil nahm.

Das Echo auf Syberbergs Film war überaus zwiespältig. Willfried F. Schoeller z. B. resümierte in der Korrespondenz »Filmreport«: »Syberbergs Film über Ludwig II. ist von enormer ästhetischer Lautstärke, aber nichtssagend – und deshalb unnötig wie ein Kropf.« Besonders in Frankreich war dagegen das Urteil überwiegend nahezu hymnisch. So schrieb etwa Georges Charensol in den »Nouvelles Litteraires« über den Film, dem er vorher schon »ungewöhnliche Schönheit« attestiert hatte: »Er berührt uns besonders, weil ihm das gelungen ist, was Luchino Visconti mißglückt ist: Ludwig zu verstehen; seine Leidenschaft für die barocken Schlösser, die Berge, den Schnee, über den ein Schlitten gleitet, zu übersetzen; in seine phantastische, irreale, magische Welt einzudringen.«

Lumière d'été

(Wetterleuchten / Weibergeschichten / Sommerlicht)

Frankreich, 1942

R: Jean Grémillon; A: Jacques Prévert, Pierre Laroche; K: Louis Page, Roger Arrignon; D: Madeleine Renaud, Pierre Brasseur, Madeleine Robinson, Paul Bernard, Georges Marchal

Der zynische Schloßherr Patrice le Verdier (P. Be.) hat seiner Geliebten Cri-Cri (M. Re.) in der Nähe seines Schlosses ein Hotel eingerichtet. Als eines Tages Michèle (M. Ro.) mit ihrem Freund Roland (P. Br.), einem erfolglosen und versoffenen Maler, in diesem Hotel auftaucht, verliebt sich Patrice in das junge Mädchen. Michèle wiederum verliebt sich in Julien (G. M.), der in der Nähe beim Bau eines Staudammes beschäftigt ist. Cri-Cri versucht vergeblich, Patrice zu halten, indem sie ihn daran erinnert, daß er auf der Jagd seine Frau getötet und ihren Tod als Unfall getarnt hat. Patrice lädt die ganze Gesellschaft zu einem makabren Kostümfest auf sein Schloß. Im Anschluß an dieses Fest wird Roland bei einem Autounfall getötet. Arbeiter vom Staudamm tauchen an der Unfallstelle auf und bedrohen den Schloßherrn. Auf der Flucht vor ihnen stürzt Patrice in eine Schlucht; Michèle bleibt bei Julien.

Man hat diesen Film mit Renoirs *La règle du jeu* verglichen. In beiden Filmen werden die Klassengegensätze scharf betont, in beiden herrscht bittere Ironie, und in beiden steht ein Fest im Schloß im Mittelpunkt. Grémillon hat hier wohl seinen besten Film gedreht – voll düsteren Humors, mit subtiler und gleichzeitig ätzend scharfer Charakterschilderung.

Die Attacke gegen die »Herrschenden«, die am Schluß untergehen, während das »Volk« triumphiert, hat die französische Vichy-Regierung bewogen, den Film zu verbieten.

Lutsch smerti Ⓢ
(Der Todesstrahl)

UdSSR, 1925

R: Lew Kuleschow; A: Wsewolod Pudowkin; K: Alexander Lewitzky; D: Sergej Komarow, Porfiri Podobed, Wladimir Fogel, Alexandra Chochlowa

Arbeiter-Revolution in einem kapitalistischen Land. Der Arbeiter Tomas Lann (S. K.) ist der Führer des Aufstandes in der Fabrik »Helium«. Als er verhaftet wird, verhelfen ihm die Genossen zur Flucht. Er reist in die Sowjetunion, um sich mit dem Erfinder der »Todesstrahlen« in Verbindung zu setzen, die dem Proletariat zum Sieg verhelfen könnten. Doch auch der Anführer der Faschisten (W. F.) erfährt von der Existenz des Gerätes und läßt den Erfinder (P. P.) entführen. Nach vielen Abenteuern erbeutet Lann das Gerät und kann mit seiner Hilfe die Ausbeuter vernichten.

Das Thema kam Kuleschows Neigung zum Phantastischen, zu technischen Tricks entgegen. Er experimentierte auch hier mit den Möglichkeiten des Films, u. a. mit einer ungewöhnlichen Montage. Übrigens arbeitete Pudowkin an diesem Film als Autor, Regieassistent, Darsteller und (zusammen mit Rachals) als Architekt mit.

M

M

Deutschland, 1931

R: Fritz Lang; A: Thea von Harbou, Fritz Lang, Karl Vosh; K: Fritz Arno Wagner, Gustav Rathje; D: Peter Lorre, Gustaf Gründgens, Otto Wernicke, Theo Lingen, Paul Kemp, Georg John

Ein Kindermörder (P. L.) geht um. Verzweifelt sucht die Polizei unter Leitung von Kriminalkommissar Lohmann (O. W.), seiner habhaft zu werden. Dauernde Razzien bringen keinen Erfolg, irritieren aber die Berufsverbrecher, die sich in ihrer Arbeit behindert fühlen. Der »Schränker« (G. G.), ein renommierter Ganove, beschließt gemeinsam mit den Vorsitzenden diverser Ringvereine (T. L., P. K. u. a.), den Mörder auf eigene Faust unschädlich zu machen. Während die Polizei mit ihren Methoden den Täter identifiziert, können die Verbrecher ihn fangen. Ein blinder Straßenverkäufer (G. J.) hat den Mann wiedererkannt, der einem der ermordeten Kinder einen Luftballon gekauft und dabei eine Melodie von Grieg gepfiffen hat. Der – noch – Ahnungslose wird mit einem großen »M« aus Kreide auf dem Rücken gezeichnet und wenig später gestellt. In einem Gerichtsverfahren vor der Unterwelt versucht der Mörder, sich zu rechtfertigen. Gerade als die aufgebrachten Verbrecher ihn lynchen wollen, erscheint die Polizei.

In der Premieren-Fassung wurde noch die ordentliche Gerichtsverhandlung gegen den Mörder gezeigt; aber diese Szenen wurden später entfernt. Übrig blieb nur der Satz einer Mutter aus dem Off: »Man muß halt besser uffpassen uff de Kleenen!« Erst 1986 wurde in gemeinsamer Arbeit des Münchener Filmmuseums und des Staatlichen Filmarchivs der DDR eine Fassung des Films rekonstruiert, die u. a. auch die Gerichtsverhandlung wieder enthält. Fritz Langs erster Tonfilm nutzte die Möglichkeiten des neuen Mediums voller Einfallsreichtum: Beispielhaft sind die Melodie von Grieg, die zum Erkennungszeichen und zum Leitmotiv wird, und besonders die raffinierte Montage

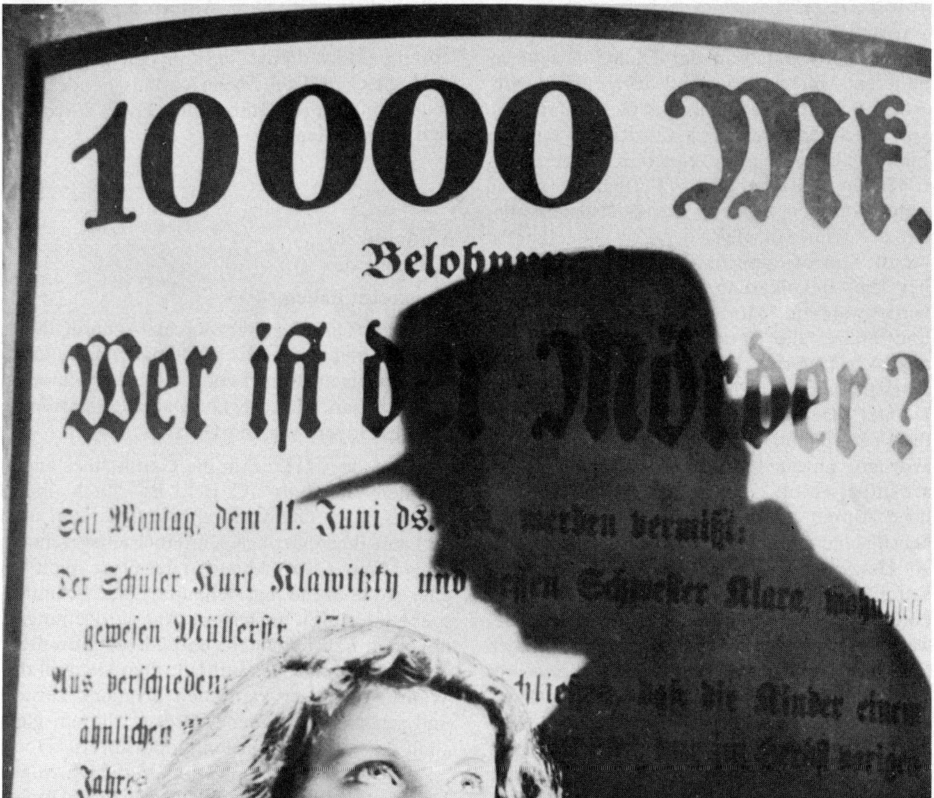
10000 Mk.
Wer ist
Seit Montag, dem 11. Juni ds.
Der Schüler Kurt Klawitzky und
gewesen Müllerstr.

M

zweier Gespräche, eines zwischen den Ganoven und das andere im Polizeipräsidium, die so montiert sind, daß der Dialog jeweils im anderen Milieu sinngemäß fortgeführt wird. Auch Schnitt und filmische Gestaltung sind vorzüglich. Der (einzige) Mord etwa, den der Film schildert, wird gezeigt durch einen wegrollenden Ball und einen Luftballon, der in Telefondrähten zappelt. Darüber hinaus aber hat der Film den Geist der Zeit eingefangen: Angst, Terror, unheimliche Bedrohung, wobei die Bevölkerung zum passiven Opfer wird, während Mörder, Verbrechersyndikat und Polizei die Partie gleichsam unter sich ausmachen. Fritz Lang hat diesen Akzent möglicherweise nicht einmal gesehen. Er meinte: »Der Tenor des Films ist aber nicht die Verurteilung des Mörders, sondern die Warnung an die Mütter: ›Man muß halt besser uffpassen uff de Kleenen!‹ Dieser menschliche Akzent lag meiner damaligen Frau, der Schriftstellerin Thea von Harbou, besonders am Herzen.«

Der Film machte auch seinen Hauptdarsteller Peter Lorre bekannt. Quallig und gedunsen bewegt er sich vor der Kamera und erweckt doch spätestens dann Mitgefühl, wenn er bei seiner Verteidigung vor dem Verbrecher-Syndikat verzweifelt aufschreit, daß er »morden muß«. Makabre Vorausschau, daß ausgerechnet der »Schränker« dann das »gesunde Volksempfinden« repräsentiert, das wenig später die Nationalsozialisten für sich in Anspruch nahmen. Sie verboten den Film dann auch schleunigst.

Joseph Losey drehte 1951 in den USA unter dem gleichen Titel *M* ein enttäuschendes Remake mit Luther Adler und David Wayne in den Hauptrollen.

Madame de . . .

(Madame de . . .)

Frankreich/Italien, 1953

R: Max Ophüls; A: Marcel Achard, Max Ophüls und Annette Wadémant nach dem gleichnamigen Roman von Louise de Vilmorin; K: Christian Matras; D: Danielle Darrieux, Charles Boyer, Vittorio De Sica

Madame de . . . (D. D.), die Gattin eines angesehenen Generals (C. B.), ist durch ihren Leichtsinn in Geldverlegenheiten geraten und verkauft ihre Ohrringe, ein Hochzeitsgeschenk ihres Mannes. Am Abend in der Oper spielt sie eine große Szene und behauptet, den Schmuck soeben verloren zu haben. Als die Zeitungen über den Fall berichten, enthüllt der Juwelier, der den Schmuck gekauft hat, dem General die Wahrheit. Dieser kauft den Schmuck zurück und schenkt ihn seiner Mätresse, die am gleichen Abend nach Konstantinopel abreist. Doch auch sie gerät in Not und verkauft die Ohrringe. Diesmal erwirbt sie der italienische Graf Donati

Madame de . . . (l.: Charles Boyer; 2. v. r.: Danielle Darrieux)

(V. d. S.), der soeben zum Gesandten in Paris ernannt worden ist. Als er dort Madame de... kennenlernt, verliebt er sich in sie und schenkt ihr zu ihrer großen Verblüffung ihren eigenen Schmuck. Auch Madame de... hat sich verliebt; und um dem Grafen eine Freude zu machen, trägt sie »seinen« Schmuck auf einem Ball. Ihrem Mann erzählt sie, sie habe die Ohrringe in einer Schublade wiedergefunden. Der General verdächtigt sofort den Grafen und fordert ihn zum Duell. Während sich die Gegner gegenüberstehen, stirbt Madame de... – aus Angst um den Geliebten und aus Verzweiflung.

Ophüls hat diese unwahrscheinliche Geschichte in kühler Distanz erzählt. Immer wieder werden die handelnden Personen in kunstvolle Dekors gestellt; die Kamera blickt durch Glasscheiben, fängt Aktion im Bild kostbarer Spiegel ein. So erhält die Welt der Madame de... ein hohes Maß von Künstlichkeit. Es schwingt auch Trauer darüber mit, daß die Liebe hier zum Intrigenspiel verkümmert ist.

Madame Dubarry Ⓢ

Deutschland, 1919

R: Ernst Lubitsch; A: Fred Orbing, Hanns Kräly; K: Theodor Sparkuhl; D: Emil Jannings, Pola Negri, Harry Liedtke, Reinhold Schünzel, Eduard von Winterstein

Jeanne Vaubernier (P. N.) beginnt ihre Karriere in einem Pariser Modesalon und als Geliebte des Studenten Armand (H. L.). Weitere Stationen ihres Liebeslebens und ihres sozialen Aufstiegs sind der spanische Gesandte und der Graf Dubarry (E. v. W.), bis sie schließlich König Ludwig XV. (E. J.) auffällt und gefällt. Um am Hofe eingeführt werden zu können, braucht sie allerdings einen Adelstitel, zu dem ihr die Heirat mit dem Bruder des Grafen Dubarry verhilft. »Die Dubarry« ist jetzt die mächtigste Frau im Land. Aber nicht lange. Der König stirbt, und sein Nachfolger, Ludwig XVI., verbannt sie. Armand ist unterdessen aus enttäuschter Liebe zum Revolutionär geworden. Nachdem das Volk die Bastille gestürmt hat, ist er der Vorsitzende des Revolutionsgerichtes, das die verhaßte Mätresse des Königs zum Tod verurteilt. Zwar versucht er, sie in letzter Minute noch zu retten; aber es ist zu spät. Armand stirbt unter den Kugeln der Revolutionäre, die Dubarry auf der Guillotine.

Der Film verblüfft durch seine Verbindung von Aufwand und intimem Charme, durch die Einbeziehung der Exterieurs (die zum größten Teil im Schloßpark von Sanssouci gedreht wurden) in ein ganz und gar »künstliches« Kammerspiel. Die Handlung wird über weite Strecken mit einer gewissen ironischen Distanz geschildert. Zum Beispiel hat der Machtkampf mit dem Herzog von Choiseul (R. S.), der der Dubarry schließlich zum Verhängnis wird, überwiegend den Charakter einer Salonkomödie, so daß Sentimentalität und Pathos sich nicht ungebührlich breit machen können. Gleichzeitig erweist sich Lubitsch in den Massenszenen aber auch als Meister des kunstvollen und großen Arrangements.

Mädchen in Uniform

Deutschland, 1931

R: Leontine Sagan, Carl Froelich; A: Christa Winsloe und F. D. Andam nach dem Schauspiel *Gestern und heute* von Christa Winsloe; K: Reimar Kuntze, Franz Weihmayr; D: Hertha Thiele, Dorothea Wieck, Emilia Unda

Nach dem Tod ihrer Mutter wird Manuela von Meinhardis (H. T.) in eine strenge Erziehungsanstalt gesteckt, in der Selbstzucht und Disziplin zu unmenschlichem Drill pervertiert sind. Manuelas einziger Trost ist ihre schwärmerische Verehrung für die hübsche Erzieherin Fräulein von Bernburg (D. W.). Als sie dieser Verehrung bei einer Schulfeier allzu offen Ausdruck gibt, kommt es zu Mißdeutungen und zu einem Skandal. Manuela wird von der Umwelt isoliert und eingesperrt. Als sie sich auch von Fräulein von Bernburg verlassen glaubt, will sie sich töten. Im letzten Moment wird sie gerettet. Schockiert und sehr allein geht die reaktionäre Heimleiterin (E. U.) in ihr Zimmer.

Wenn auch die kritische Substanz des Films heute vergleichsweise harmlos erscheint, so wirkt seine Milieu- und Charakterschilderung doch unverändert. Eintönigkeit wird da unvermittelt sichtbar in den Grautönen, die das Bild beherrschen, in strengen Linien, im symmetrischen Aufbau der Bilder und der strengen Formation der Gruppen vor der Kamera. Dann konfrontiert der Film die schwärmerischen Mädchen mit ihren frustrierten Erzieherinnen, deren Zeichnung gelegentlich an den Rand der Karikatur gerät. Seelische Not wird unvermittelt glaubwürdig – auch die des Fräuleins von Bernburg, die die Sicherheit ihrer Position aufgeben muß, um ihrem Gewissen zu folgen, und die dabei fast einen Moment zu lang geschwankt hätte.

Das Mädchen Rosemarie

BRD, 1958

R: Rolf Thiele; A: Erich Kuby, Rolf Thiele, Jo Herbst, Rolf Ulrich; K: Klaus von Rautenfeld; D: Nadja Tiller, Peter van Eyck, Carl Raddatz, Mario Adorf, Jo Herbst, Karin Baal

Zusammen mit ihrem Bruder Horst (M. A.) und dessen Freund Walter (J. H.) singt Rosemarie (N. T.) in Frankfurts Straßen und Hinterhöfen zeitkritische Lieder. Bei einem »Auftritt« im Hof eines feudalen Hotels lernt sie den reichen Industriellen Hartog (C. R.) kennen, der sich in sie verliebt und ihr eine Wohnung einrichtet. Im Auftrag der französischen Konkurrenz soll Fribert (P. v. E.) die Pläne der deutschen Industriellen erkunden. Er überredet Rosemarie, bei der die Freunde Hartogs bald regelmäßig verkehren, zur »Mitarbeit« und installiert in ihrer Wohnung ein Tonbandgerät. Die Quelle der Indiskretionen wird bekannt. Hartog bietet sich an, die Tonbänder zurückzukaufen; aber Rosemarie verlangt als Kaufpreis Hartogs Scheidung und die Ehe mit ihr. Diesmal hat sie zu hoch gespielt; sie wird ermordet.

Die Inhaltsangabe liest sich wie ein Kolportage-Drama. Tatsächlich haben Autor und Regisseur aber den (historischen) Mord an einer bekannten Frankfurter Lebedame zum Anlaß für eine über weite Strecken durchaus treffende Satire auf gesellschaftliche Zustände in der Bundesrepublik genommen. Der banale Handlungsablauf wird durch aggressive Songs (Musik: Norbert Schultze) unterbrochen und verfremdet; kabarettistische Einlagen reduzieren die Elemente der Sentimentalität auf ein Minimum. Und stärker als die Spekulation, zu der das Thema hätte verführen können, war zweifellos die Provokation, der sich der Zuschauer hier ausgesetzt sah. Gelegentlich allerdings klaffen Absicht und künstlerische Mittel auseinander. Die Versuche etwa, die Industriekapitäne zu furchterregenden Mafia-Bossen emporzustilisieren, wirken eher oberflächlich und naiv.

La madriguera

(Die Höhle / Höhle der Erinnerungen)

Spanien, 1968

R: Carlos Saura; A: Rafael Azcona, Geraldine Chaplin, Carlos Saura; K: Luis Cuadrado; D: Geraldine Chaplin, Per Oscarsson

Der Industrielle Pedro (P. O.) ist seit fünf Jahren mit Teresa (G. C.) verheiratet. Es ist eine sterile Ehe in einem einfallslos modernen Haus und einer teuren neumodischen Einrichtung. Eines Tages kommen alte Möbel aus Teresas Kindheit ins Haus. Man stellt sie in den Keller. Immer häufiger, zuletzt sogar nachtwandelnd, steigt Teresa nun in diese Höhle der Erinnerungen und spielt hier Spiele, die sie vor der Realität bewahren sollen. Später holt sie die Möbel nach oben, sie breiten sich in den kahlen Wohnräumen aus. Pedro ist aufgeschreckt, findet dann aber selbst Gefallen an den Spielen. Unter anderem spielen sie Vater und Tochter, Geliebter und Geliebte, Verlobung, Geburt. Jedoch das Spiel schafft keine neue Gemeinsamkeit, es entlarvt den Haß zwischen beiden. So spielen sie, konsequent, schließlich Trennung: Pedro nimmt seinen Koffer und geht; Teresa greift zur Pistole und erschießt vor der Haustür zunächst ihn, dann sich selbst. Die Schüsse aber sind blutige Wirklichkeit.

Das ist mehr als nur ein psychologisches Kammerspiel und ein übliches Ehedrama. Gesellschaftliche Bezüge sind unübersehbar, wenngleich vieldeutig. Deutungsversuche gingen bis in die detaillierte Allegorie: Da standen das hypermoderne Haus und die Einrichtung für den »american way of life«, der Spanien heute beeinflußt, die altertümlichen Möbel für die Konventionen des »alten« Spanien; aus dem Zusammenprall beider Lebensformen entsteht die Katastrophe, weil eine Synthese nicht gefunden wird. Anderen schien der Film eine Art Schauerdrama von den Neurosen der Reichen, ein Aufruf, die Menschen zu ändern, die die Gesellschaft formen. Auf jeden Fall aber ist dies ein faszinierendes Spiel mit Motiven, mit dem Unbehagen an einer Lebensform, mit der Heimatlosigkeit des Menschen.

The magnificent Ambersons
(Der Glanz des Hauses Amberson)

USA, 1942

R: Orson Welles; A: Orson Welles nach dem gleichnamigen Roman von Booth Tarkington; K: Stanley Cortez; D: Joseph Cotten, Dolores Costello, Don Dillaway, Anne Baxter, Tim Holt

Die Ambersons gehören um 1870 zu den angesehensten Familien im Staate Indiana; und so heiratet Isabel Amberson (D. C.) natürlich nicht Eugene Morgan (J. C.), den leichtfertigen Erfinder »pferdeloser Wagen«, den sie eigentlich liebt, sondern den ehrbaren Kaufmann Wilbur Minafer (D. D.). Zwanzig Jahre später kommt Eugene, unterdessen ein erfolgreicher Auto-Fabrikant, mit seiner Tochter Lucy (A. B.) in seine Heimat zurück. Wilbur Minafer stirbt; Isabel und Eugene kommen einander wieder näher und wollen heiraten. Aber Isabels eigensüchtiger und anmaßender Sohn George (T. H.) vereitelt diese Verbindung. Isabel stirbt einsam nach einer langen Auslandsreise. George verarmt und wird aus seiner Verzweiflung durch Lucys Liebe gerettet. Er erkennt seinen Fehler und bittet Eugene um Verzeihung.
Orson Welles hat sich von diesem Film distanziert, den die Produktion um runde drei Viertelstunden kürzte und mit einem versöhnlichen Schluß versah, den Welles »schwachsinnig« fand. Aber auch der solcherart umstrittene Torso ist noch eindrucksvoll. Am Beispiel der Ambersons und der Morgans erlebt man gleichsam eine »Zeitenwende«, die Geburt des neuen Amerika. Welles hat das im Stil einer Familienchronik sehr einfühlsam und sehr intensiv geschildert.

Mahanagar
(Die große Stadt)

Indien, 1963

R: Satyajit Ray; A: Satyajit Ray; K: Subrata Mitra; D: Madhabi Mukherjee, Anil Chatterjee, Haradhan Banerjee

Subroto (A. C.) muß als kleiner Buchhalter neben Frau und Kind auch seine Eltern und seine jüngere Schwester unterhalten. Als das Geld immer knapper wird, beschließt Subrotos Frau Arati (M. M.), ebenfalls Arbeit zu suchen. Sie wird Vertreterin für Strickmaschinen. Subrotos Vater (H. B.), ein traditionsbewußter Mann, ist empört über diesen neumodischen Einfall. Vergeblich versucht er, selbst eine Beschäftigung zu finden, um zum Unterhalt der Familie beitragen zu können. Arati aber hat Erfolg in ihrem Beruf und wird zusehends freier und selbstsicherer, während Subroto mißtrauisch und eifersüchtig wird. Fast ist er erleichtert, als Arati aus Empörung über ein Unrecht, das einer Kollegin angetan worden ist, ihre Stellung aufgibt und kündigt. Gerade jetzt wird Subroto entlassen. Das Schicksal der Familie ist ungewisser als zuvor.
Wieder behandelt Ray sein Lieblingsthema: Indien im Übergang von der Tradition zur Moderne. Diesmal steht er vorbehaltlos auf der Seite der jungen Frau, die sich durch ihre berufliche Tätigkeit emanzipiert. Ray hat diese Vorlage in epischer Breite behandelt, aber dabei wird ein Stück Alltag unversehens transparent für allgemeine Probleme und Konflikte.

The Maltese falcon
(Die Spur des Falken / Der Malteserfalke)

USA, 1941

R: John Huston; A: John Huston nach dem gleichnamigen Roman von Dashiell Hammett; K: Arthur Edeson; D: Humphrey Bogart, Peter Lorre, Mary Astor, Sydney Greenstreet

Sam Spade (H. B.), ein kleiner Privatdetektiv in San Francisco, erhält eines Tages von einer Klientin (M. A.) einen Routine-Auftrag: Ein Mann soll überwacht werden. Aber bei dieser Überwachung wird Spades Partner erschossen, und wenig später wird auch der Mann, den er

The Maltese falcon (Humphrey Bogart, Sydney Greenstreet, Peter Lorre, Mary Astor)

beschatten sollte, tot aufgefunden. Der Verdacht fällt auf Spade; dieser muß versuchen, den wahren Täter zu finden. Bald merkt er, daß seine Klientin ihn belogen hat und daß es hier um eine kostbare Beute geht – um eine goldene, mit Edelsteinen besetzte Falken-Statuette aus dem 16. Jahrhundert. Spades Klientin, Bridget O'Shaughnessy, der Gangsterboß Gutman (S. G.) und der undurchsichtige Einzelgänger Mr. Cairo (P. L.) sind hinter dem Falken her. Spade wird der vierte Bewerber und scheint nach einigen handgreiflichen Abenteuern der Sieger zu sein. Aber die Statuette, die er in den Händen hat, ist eine Fälschung. Nachdem das erhoffte »große Geld« verloren ist, bleibt ihm nur eine Chance: Er liefert alle Mitbewerber der Polizei aus, präsentiert dem Inspektor auch noch einen »Mitarbeiter« Gutmans als Täter für die Morde und kommt arm, aber mit einem blauen Auge aus der dunklen Affäre heraus.

Das Erstlingswerk John Hustons machte seinen Regisseur und seinen Hauptdarsteller Bogart, der seit mehr als zehn Jahren mit mäßigem Erfolg filmte, über Nacht bekannt. Huston hat den düsteren Pessimismus seiner Vorlage, den Zynismus und die Skrupellosigkeit, mit denen hier der Kampf ums Dasein geführt wird, unverfälscht in seinen Film übertragen. Ein harter Schlag für amerikanische Zuschauer: Selbst die Frau, mit der der Held anbändelt, wird von ihm kaltblütig der Polizei ausgeliefert, wenn es um die eigene Haut geht. Bogart fand hier sein ideales Rollenfach: den wortkargen Helden, den furchtlosen Einzelgänger, für den es schon ein Erfolg ist zu überleben.

Mama cumple 100 años

(Mama wird 100 Jahre alt)

Spanien/Frankreich, 1979

R: Carlos Saura; A: Carlos Saura; K: Teo Escamilla; D: Geraldine Chaplin, Fernando Fernan Gómez, José Vivó, Rafaela Aparicio, Amparo Muñoz, Norman Briski, Angeles Torres, Elisa Nandi

Dies ist gleichsam eine Fortsetzung des 1972 entstandenen Films *Ana y los lobos*: Zur Feier des 100. Geburtstags ihrer ehemaligen Herrin (R. A.) kehrt das frühere Kindermädchen Anna (G. C.) noch einmal an den Ort ihres Leidens zurück. Dort hat sich einiges geändert. Der Uniform-Fetischist José ist gestorben; der in religiösen Wahn verfallene Fernando (F. F. G.) hat seine Grotte verlassen und dilettiert als Drachenflieger; der sexuell verklemmte Juan (J. V.) hat mit seiner Mätresse das Haus und seine Frau verlassen. Aber auf merkwürdige Weise lebt die Besessenheit der vorigen Generation in Juans Töchtern, die Anna einst erzogen hat, weiter: Carlota (A. T.) hängt sentimentalen Erinnerungen an den Onkel José und seine prächtigen Uniformen nach; die jüngste Schwester Victoria (E. N.) ergeht sich heimlich in masochistischen Selbstkasteiungen, die an den religiösen Wahn Fernandos erinnern; Natalia (A. M.) verführt Annas Mann Antonio (N. B.). Geblieben ist auch die Abgeschlossenheit des Hauses, das durch verborgene Fallen gesichert ist, und geblieben ist die uneingeschränkte Herrschaft der greisen Patriarchin. Da die finanzielle Lage der Familie einer Katastrophe entgegensteuert, beschließen Juan, seine Frau und Fernando, sich der lästigen Tyrannin zu entledigen. An ihrem 100. Geburtstag, als die alte Frau einen Anfall erleidet, gibt man ihr eine falsche Medizin. Aber ihr vermeintlicher Tod ist nur ein Scheintod ...

Wie *Ana y los lobos* symbolisch den Zustand Spaniens in der Franco-Zeit spiegelte, so gibt dieser Film, sieben Jahre später, Auskunft über den heutigen Zustand der spanischen Gesellschaft. Sinnfälligster Unterschied: Sauras Film ist offener und verständlicher geworden; er braucht keine Zensur mehr zu unterlaufen, er kann sagen und zeigen, was er denkt. Auch sonst hat sich einiges geändert. Der »Militarist« ist tot, der religiöse Fanatiker nähert sich dem Himmel auf vergleichsweise realistische und pragmatische Weise, der sexuell Besessene schreibt keine anonymen Briefe mehr, sondern hat sich offen zu seinen Trieben bekannt. Aber Saura verfällt darüber nicht in Euphorie. Er zeigt, daß die neue Generation noch von den Fehlern der Väter, von der miterlebten Vergangenheit geprägt ist. Für ihn sind die Machtstrukturen nur unwesentlich verändert, die Herrschaft der Mutter dauert an. Und schließlich ist auch die freiwillige Isolation der Familie noch nicht aufgehoben. Saura konstatiert also eine Zeit des Übergangs, mit hoffnungsvollen Ansätzen, aber auch mit der Gefahr des Rückfalls. Er tut dies unerwartet locker, heiter, ja witzig. Hierin vor allem wohl spiegelt sich die Hoffnung.

La maman et la putain

(Die Mutter und die Hure)

Frankreich, 1973

R: Jean Eustache; A: Jean Eustache; K: Pierre Lhomme; D: Bernadette Lafont, Jean-Pierre Léaud, Françoise Lebrun, Isabelle Weingarten

Alexandre (J. P. L.) ist ein junger Mann, der keinem Beruf nachgeht, sondern statt dessen in Bistros herumsitzt, mit Freunden über Literatur und über Filme diskutiert oder Prousts *Auf der Suche nach der verlorenen Zeit* liest. Er lebt mit und von der etwas älteren Marie (B. L.), die eine Boutique führt. Beide lieben sich. Doch Alexandre leidet noch immer darunter, daß seine vorherige Geliebte, Gilberte (I. W.), seinen Heiratsantrag abgelehnt hat und sich soeben anschickt, einen anderen Mann zu heiraten, obwohl sie beteuert, ihn noch immer zu lieben. Eines Tages trifft er die Krankenschwester Véronika (F. L.), die ihn vage an Gilberte erinnert. Er spricht sie an; und bald schläft er mit ihr. Es ergibt sich ein Dreiecksverhältnis, unter dem Marie leidet. Vor den Augen von Alexandre und Véronika macht sie einen Selbstmordversuch. Véronika wird schwanger. Alexandre bittet sie, ihn zu heiraten.

»*La maman et la putain* ist die Erzählung einiger scheinbar bedeutungsloser Dinge. Es könnte die Erzählung ganz anderer Dinge an ganz anderen Orten sein. Was da passiert, und die Orte, an denen sich die Handlung abspielt, sind ohne jede Bedeutung. Eine Zusammenfassung des Drehbuchs würde keine Vorstellung von den Ambitionen und Möglichkeiten des Films geben. Nichtsdestoweniger kann *La maman et la putain* nur sein, was er ist. Kann nur dort spielen, wo er spielt. Ich möchte das erklären: Der einzige Grund, warum das geschieht, was geschieht, ist der, daß ich es mir so ausgedacht habe« (Jean Eustache).

Der rund dreieinhalbstündige Film, in dem vergleichsweise wenig passiert und so viel geschieht, ist ein verwirrend komplexes Werk. Optisch bestimmen ihn streng komponierte, oft quälend lange Einstellungen, die aus einer vordergründig »amateurhaften« Wirklichkeitsnähe zusätzliche Authentizität gewinnt. Die Sprache Eustaches löst sich radikal von der strengen französischen Tradition der für ein »Kunstwerk« verpflichtenden Hochsprache. Gossenjargon mischt sich in den Dialog, den der Regisseur aber artifiziell sprechen läßt, um zu einem »filmischen« Realismus zu gelangen. Die handelnden Personen verständigen sich zwar mit rüden Sex-Vokabeln, beharren aber gleichwohl auf dem distanzierten, zeremoniellen »Sie«.

Eustache gibt die von Resignation überschattete Bilanz einer Generation. Die Personen des Films haben den Glauben an eine politische Umwälzung längst verloren; die Mai-Unruhen von 1968 sind für sie nur noch eine ferne Erinnerung. Ihr Protest gegen das Bürgertum ist nur mehr eine leere Geste. In Wirklichkeit sehnen sie sich nach bourgeoiser Geborgenheit, nach der Sicherheit der Ehe, nach einem Kind. Dabei weist der Film aber auch über die Grenzen des von ihm so genau skizzierten Pariser Milieus hinaus. Er zeigt mit bitterer Melancholie, wie Ideen im Alltag versickern, wie Menschen zu Opfern ihrer eigenen Gesten werden, wie aus der Frustration die Sehnsucht nicht nach Veränderung, sondern nach Sicherheit wächst. Doch Eustache ist ehrlich und klug genug, diesen Abgesang auf eine revolutionäre Idee nicht als abschließende Bilanz auszugeben. Wenn Alexandre am Schluß Véronika einen Heiratsantrag macht, so, wie er am Anfang Gilberte heiraten wollte, dann ist zwar der Film zu Ende; aber es wird deutlich, daß die Geschichte weitergeht.

Mamma Roma

(Mamma Roma)

Italien, 1962

R: Pier Paolo Pasolini; A: Pier Paolo Pasolini; K: Tonino Delli Colli; D: Anna Magnani, Ettore Garofolo, Franco Citti, Silvana Corsini

»Mamma Roma« (A. M.), eine Prostituierte, möchte nach der Hochzeit ihres Zuhälters ein neues Leben beginnen. Sie holt ihren 16jährigen Sohn Ettore (E. G.), der nichts von ihrem Beruf weiß, zu sich und zieht mit ihm in ein bürgerliches Wohnviertel, wo sie als ehrbare »Obstfrau« zu leben gedenkt. Gleichzeitig sucht sie mit Beharrlichkeit und erpresserischer List, Ettores Karriere zu sichern. Aber eines Tages meldet sich ihr früherer Zuhälter Carmine (F. C.), dem der Weg ins bürgerliche Leben mißlungen ist; er droht, Ettore die Wahrheit zu sagen, wenn Mamma Roma nicht wieder für ihn arbeite. Verzweifelt willigt sie ein; Ettore erfährt die Wahrheit dennoch von seinen Gefährten. Aus Trotz und Wut wird er zum Dieb. Fast provoziert er seine Verhaftung; und er stirbt im Gefängnis bei einer »Sonderbehandlung« für »unruhige Gefangene«.

Mamma Roma schließt in Form und Inhalt an den ein Jahr zuvor entstandenen Film *Accattone* an. Wieder praktiziert Pasolini einen intelligenten Realismus, wieder gelingt eine fast dokumentarische Bestandsaufnahme, und wieder handelt der Film von Menschen, die auf der Schattenseite des Lebens stehen und verzweifelt versuchen, aus ihrem Elend auszubrechen. Es herrscht freilich kein kritikloses, sentimentales Mitleid. Mamma Roma handelt objektiv falsch, wenn sie für ihren Sohn einen sozialen Aufstieg erstrebt, ohne sich Gedanken über die Voraussetzungen dafür zu machen; wenn sie ihm in egoistischer Ehrpusseligkeit den Umgang mit Bruna (S. C.) verbietet, weil die einen »schlechten Ruf« hat. Ihr Mutterinstinkt ist genauso blind wie der von Brechts Mutter Courage. Aber Pasolini macht auch deutlich, warum seine Heldin so geworden ist . . .

Filmische Höhepunkte sind Carmines Hochzeitsfest, bei dem Mamma Roma und die Braut sich mit Spottliedern bekämpfen, eine lange Fahraufnahme, die Mamma Roma auf nächtlicher Straße bei der »Arbeit« zeigt, der Tod Ettores, wo er wie ein Gekreuzigter auf einem

Tisch festgeschnallt ist. Dieses Bild verweist wohl nicht zufällig auf Pasolinis späteren Film *Il vangelo secondo Matteo*.

Lange Passagen wirken wie Wochenschauaufnahmen. Aber sie machen mehr Wirklichkeit deutlich als jene.

Le mani sulla città
(Hände über der Stadt)

Italien, 1963

R: Francesco Rosi; A: Francesco Rosi, Raffaele La Capria, Enzo Provenzale, Enzo Forcella; K: Gianni Di Venanzo; D: Rod Steiger, Carlo Fermariello, Guido Alberto, Salvo Randone

Der reiche Bauunternehmer Nottola (R. S.) sitzt als Abgeordneter im Stadtrat von Neapel. Er sorgt dafür, daß für neue städtische Bauprojekte bevorzugt Gebiete ausgewählt werden, in denen er selbst zuvor Grundstücke billig aufgekauft hat. Doch eines Tages gibt es einen Skandal. Als Nottola beim Bau eines Hochhauses die Sicherheitsbestimmungen nicht beachtet, stürzt ein benachbartes Mietshaus ein. Es gibt Tote. Zwar können Nottolas Parteifreunde dafür sorgen, daß ein städtischer Untersuchungsausschuß die Sache im Sande verlaufen läßt; aber der Fall hat soviel unliebsames Aufsehen erregt, daß die Partei Nottola nahelegt, bei den nächsten Wahlen nicht mehr zu kandidieren. Nottola gibt nicht auf. Rechtzeitig wechselt er mit einigen Freunden die Partei und zieht abermals in das Parlament ein. Und diesmal avanciert er sogar zum Senator für das Bauwesen.
Francesco Rosi sagte: »Alle Personen und Ereignisse in diesem Film sind frei erfunden. Aber die sozialen und wirtschaftlichen Bedingungen, die sie entstehen ließen, sind es nicht.« Und gerade um diese allgemeinen Bedingungen geht es ihm. Er zeigt das Intrigenspiel hinter den Kulissen, das Demokratie zur Farce werden läßt; er zeigt, wie man Gesetze aushöhlen kann, indem man zwar nicht gegen ihren Buchstaben, wohl aber gegen ihren Geist verstößt. Dabei geht es Rosi aber nicht nur um die publizistische Wirkung: »Im Gegenteil, ich fühle mich sogar in erster Linie als Künstler. Aber eine präzise sozialpolitische Stellungnahme zu dem Stoff, den ich behandle, ist gleichzeitig ein elementares Gebot bei der künstlerischen Bewältigung des Stoffes.« Formal herrscht in diesem Film ein nüchterner, fast dokumentarischer Realismus.

Männer

BRD, 1985

R: Doris Dörrie; A: Doris Dörrie; K: Helge Weindler; D: Heiner Lauterbach, Uwe Ochsenknecht, Ulrike Kriener, Janna Marangosoff

Julius Armbrust (H. L.) ist ein Erfolgstyp. Er hat einen guten Job, eine attraktive Frau und ausreichend Affären ... Doch ausgerechnet an seinem 12. Hochzeitstag erfährt Julius, daß seine Frau Paula (U. K.) einen Liebhaber hat. Julius ist gekränkt und macht einen Plan. Angeblich geht er auf eine Reise; in Wirklichkeit macht er sich auf, den Rivalen, Stefan (U. O.), heimlich auszuspähen. Da Stefan jüngst seine ehemalige Freundin aus der Wohnung geworfen hat, bewirbt sich Julius – im Gammlerlook der neuen Umgebung unauffällig angepaßt – erfolgreich um das freigewordene Zimmer. So kann er in Ruhe nach Schwachstellen des erfolgreichen Nebenbuhlers fahnden; und die entscheidende ist schnell gefunden: Der Aussteiger Stefan ist offenkundig anfällig für die Verlockungen des beruflichen Erfolges! So wird, von Julius geschickt provoziert, aus dem Aussteiger im Handumdrehen ein Aufsteiger, eine Kopie des Ehemannes Julius vom wohlgescheitelten Kopf bis zum schmalen Aktenköfferchen. Damit aber erlischt auch Paulas Interesse an Stefan. Was soll sie schließlich mit einer Kopie, wenn sie schon des Originals überdrüssig geworden ist ...?
Ein reines Fernsehspiel wurde überraschend zum deutschen Kino-Hit. Ein Beleg für alle die also, die den »amphibischen Film« propagieren, der auf Bildschirm und Leinwand gleichermaßen attraktiv ist? Ob dieser Einzelfall nun gleich als »Beweis« ausreicht, sei dahingestellt. Sicher ist aber, daß hier aktuelle Themen und Motive mit unverkrampfter Natürlichkeit und ohne ideologische Scheuklappen auf unterhaltsam-ironische Weise abgehandelt wurden, d. h. man kann sich freundlich engagieren, ohne durch extreme Positionen verärgert zu werden. Ein originelles Drehbuch, eine saubere Inszenie-

Männer (Ulrike Kriener, Heiner Lauterbach, Uwe Ochsenknecht)

rung, stimmige Dialoge und unverkrampft-natürliche Darsteller – »gute Unterhaltung« alles in allem.

La mano en la trampa

(Die Hand in der Falle)

Spanien/Argentinien, 1960/61

R: Leopoldo Torre Nilsson; A: Béatriz Guido, Leopoldo Torre Nilsson, Ricardo Muñoz Suay und Ricardo Luna nach einer Originalstory von Béatriz Guido; K: Alberto Etchebehere, Juan Julio Baena; D: Elsa Daniel, Francisco Rabal, Leonardo Favio, Maria Rosa Gallo, Berta Ortegosa, Hilde Súarez

Die Klosterschülerin Laura Lavigne (E. D.) verlebt ihre Ferien zu Hause in der Provinz. Die Lavignes waren einst reich; heute leben Mutter (B. O.) und Tante (H. S.) zwar noch in einer vornehmen Villa, müssen sich aber als Schneiderinnen durchbringen. Außerdem soll im Obergeschoß ein schwachsinniges, uneheliches Kind von Lauras Vater leben, das so mißgestaltet ist, daß man es vor der Welt verbirgt. Laura ist fest entschlossen, sich dieses »Monstrum« anzuschauen, und entdeckt im Obergeschoß ihre Tante Inés (M. R. G.), die angeblich in den USA verheiratet ist. Inés erzählt Laura ihre Geschichte: Vor zwanzig Jahren war sie mit dem reichen und schönen Cristóbal Achával (F. R.) verlobt. Als Lauras Vater ein schwachsinniges Kind zeugt, zieht Cristóbal sich aus Angst vor einer Erbkrankheit von Inés zurück. Sie will ihn halten, indem sie sich ihm vor der Hochzeit hingibt. Aber Cristóbal läßt sich nicht umstimmen, und Inés ist entehrt. Als das schwachsinnige Kind stirbt, verscharrt man es im Garten, sperrt Inés – mit ihrer Zustimmung – ein und verbreitet das Gerücht von ihrer Abreise und Heirat. Die Ehre der Familie ist gerettet. Laura ist erschüttert vom Schicksal ihrer Tante. Sie sucht Cristóbal auf und führt ihn zu Inés, die vor Aufregung einen Herzschlag erleidet und heimlich im Garten begraben wird. Laura aber wird die Geliebte des noch immer attraktiven Cristóbal.

Die Handlung, die an Dramen aus der Zeit um die Jahrhundertwende erinnert, spielt im Film im Jahre 1960. Torre Nilsson hat erklärt, sie sei »typisch für die heutige Mentalität in der Provinz«. Unter diesen Voraussetzungen wird der Film zu einem Stück scharfer Kritik an der Gesellschaft, die sich in muffigen Räumen einschließt und falsche Ehrbegriffe konserviert. Diese Atmosphäre der Aussichtslosigkeit und Sterilität hat die Kamera überzeugend eingefangen. Größter Vorteil des Films ist seine gleichzeitig sensible und suggestive Schilderung einer Welt, unter deren glatter Oberfläche man Fäulnis und Verfall ahnt.

Man of Aran

(Die Männer von Aran)

England, 1932–34

R: Robert und Frances Hubbard Flaherty; A: Robert und Frances Hubbard Flaherty; K: Robert und Frances Hubbard Flaherty; D: Colman King, Maggie Dirrane, Mikeleen Dillane

Der Film schildert das Leben der Menschen auf den zerklüfteten Aran-Inseln an der Westküste Irlands. Man erlebt den mühsamen Kampf um ein Stück fruchtbaren Bodens, wobei auf dem felsigen Untergrund aus Tang und Erdkrume quadratmeterweise ein kleiner Acker entsteht; man erlebt auch den waghalsigen Einsatz der Fischer bei der Jagd auf Haifische. Im Mittelpunkt des Films stehen ein Fischer (C. K.), seine Frau (Ma. D.) und sein Sohn (Mi. D.). Wieder ließ Flaherty vor der Kamera Menschen ihren eigenen Alltag »nachspielen«; und wieder war die Natur für ihn ein rauher, aber angemessener Partner des Menschen, der im Kampf mit ihr sich selbst bestätigt. Dabei vermied er jedoch Pathos und Sentimentalität. Der Film hatte einen großen Erfolg. Die Vertreter der britischen Dokumentarfilm-Schule indessen, die Flaherty in London begeistert begrüßt hatten, waren enttäuscht. Sie vermißten die aktuellen politischen und sozialen Bezüge.

Ma nuit chez Maud

(Meine Nacht bei Maud)

Frankreich, 1969

R: Eric Rohmer; A: Eric Rohmer; K: Nestor Almendros; D: Françoise Fabian, Jean-Louis Trintignant, Marie-Christine Barrault

Jean-Louis (J. L. T.) beobachtet seit Tagen ein Mädchen (M. C. B.), das er in der Kirche gesehen hat. Christine ist für ihn der Inbegriff der Reinheit. Insgeheim weiß er, daß er sie heiraten möchte. In einem Café trifft er einen früheren Mitschüler, der ihn mitnimmt zu seiner Freundin, der geschiedenen Ärztin Maud (F. F.). In einem langen Gespräch wollen der Freund und Maud ihn zu einer Selbstdarstellung provozieren. Jean-Louis übernachtet bei Maud, aber obwohl erotische Spannung zwischen beiden besteht, will er sein Prinzip von Treue nicht verraten. Maud respektiert das und weist ihn schließlich selbst zurück, als er sich ihr doch nähert. Am nächsten Tag spricht Jean-Louis endlich Christine an und heiratet sie wenig später. Nach fünf Jahren erfährt er bei einer zufälligen Begegnung mit Maud, daß seine Frau das Mädchen war, mit dem ihr geschiedener Mann zusammengelebt hatte.

Eine von sechs »moralischen Geschichten«, die Rohmer verfilmt hat. Hier will er vor allem die moralischen Aspekte in der Beziehung von Menschen untersuchen. Zunächst wird das Prinzip des Helden erörtert und am Schluß der Zuschauer eingeladen, dieses Prinzip in Kenntnis der »Schlußpointe« noch einmal zu überdenken. Der Film ist in ruhiger Perfektion gedreht: Ein suggestiver Fluß der Erzählung, eine aufmerksame Kamera, die auch lange Gespräche immer wieder auflösen, lebendig werden lassen kann.

The man who knew too much

(Der Mann, der zuviel wußte)

England, 1934

R: Alfred Hitchcock; A: A. R. Rawlinson, Edwin Greenwood und Emlyn Williams nach einem Originalsujet von Charles Bennett und D. B. Wyndham-Lewis; K: Curt Courant; D: Leslie Banks, Peter Lorre, Edna Best, Nova Pilbeam, Pierre Fresnay

Die englische Familie Lawrence freundet sich im Urlaub in der Schweiz mit dem Secret-Service-Agenten Louis (P. F.) an. Als Louis wenig später ermordet wird, bittet er sterbend Mrs. Lawrence (E. B.), eine Botschaft, die in seinem Rasierpinsel versteckt ist, an seine Behörde weiterzuleiten. Kurz darauf erhält Mr. Lawrence (L. B.) einen Drohbrief, in dem er zum Schweigen aufgefordert wird; und als nachdrückliche Warnung wird seine Tochter (N. P.) entführt. Die Lawrences kehren nach England zurück, wo amtliche Stellen Mr. Lawrence vergeblich bitten, sein Schweigen zu brechen. Er spürt der geheimnisvollen Organisation auf eigene Faust nach, entdeckt auch das Haus, in dem seine Tochter festgehalten wird, wird dabei aber selbst gefangengenommen. Unterdessen kann seine Frau einen Mordanschlag der Organisation auf einen ausländischen Staatsmann verhindern. Die Polizei entdeckt das Versteck der Verbrecher, stürmt das Haus und verhaftet den Anführer (P. L.). Mrs. Lawrence kann im letzten Moment ihre Tochter retten.
Die Handlung des Films ist zwar stellenweise etwas sprunghaft; aber die Spannung ist perfekt kalkuliert, so daß »suspense« und Überraschungen einander raffiniert ergänzen. Die Belagerung und Eroberung des Verstecks der Bande ist einem berühmten zeitgenössischen Vorfall nachempfunden, bei dem Winston Churchill eine Polizeiaktion gegen eine Gruppe von Anarchisten geleitet hatte. Diese Anspielung brachte Hitchcock einige Schwierigkeiten mit der Zensur.

The man who knew too much

(Der Mann, der zuviel wußte)

USA, 1955

R: Alfred Hitchcock; A: John Michael Hayes und Angus MacPhail nach einem Originalsujet von Charles Bennett und D. B. Wyndham-Lewis; K: Robert Burks, John P. Fulton (Spezialeffekte); D: James Stewart, Doris Day, Brenda de Banzie, Bernard Miles, Daniel Gélin, Christopher Olsen

Remake des gleichnamigen Films, den Hitchcock 1934 in England gedreht hatte. Die Rolle des Ehepaares spielen hier James Stewart und Doris Day; aus der entführten Tochter wurde ein Sohn (C. O.), der ermordete Agent ist Daniel Gélin und der geheimnisvolle Gegenspieler Bernard Miles. Hitchcock hielt sich ziemlich eng an seinen ersten Film, fand aber selbst die zweite Version sorgfältiger und logischer gearbeitet, während der erste Film mehr Humor gehabt habe.

The man who shot Liberty Valance

(Der Mann, der Liberty Valance erschoß)

USA, 1961

R: John Ford; A: James Warner Bellah und Willis Goldbeck nach einer Erzählung von Dorothy M. Johnson; K: William H. Clothier; D: James Stewart, John Wayne, Lee Marvin, Vera Miles, Andy Devine, Edmond O'Brien

Zum Begräbnis von Tom Doniphon (J. W.) kommt Senator Stoddard (J. S.) mit seiner Frau (V. M.) erstmals nach vielen Jahren in die Stadt Shinbone zurück, in der seine Karriere begann und in der er berühmt wurde als »der Mann, der Liberty Valance erschoß«. Jetzt endlich erzählt Stoddard einem jungen Reporter und dem Chefredakteur (E. OB.) der Lokalzeitung die Wahrheit: Als junger Rechtsanwalt läßt sich Stoddard in Shinbone nieder. Bald gerät er in Auseinandersetzungen mit dem berüchtigten Banditen Liberty Valance (L. M.). Als es ihm nicht gelingt, Valance mit den Waffen der Gerechtigkeit und des Rechts unschädlich zu machen, tritt er ihm in besinnungsloser Wut mit der Waffe in der Hand entgegen. Natürlich hat der Rechtsanwalt nicht die geringste Chance gegen den erfahrenen »Gunman«, und tatsächlich geht Stoddards Schuß weit am Ziel vorbei. Aber Liberty Valance sinkt tot zu Boden, erschossen von Tom Doniphon, der die Szene heimlich beobachtet hat. Kein Mensch hat ihn gesehen; alle glauben, Stoddard habe seinen Gegner getroffen. Als der Senator seine Erzählung beendet hat, zerreißt der Chefredakteur die Aufzeichnungen seines Reporters. Er erklärt: »Unsere Legenden wollen wir uns bewahren. Sie sind für uns Wahrheit geworden.«
The man who shot Liberty Valance ist einer der schönsten Western von Ford – und einer der schönsten überhaupt. Zunächst einmal ist er ein solide gearbeitetes Kinostück, in dem Tom Doniphon im Sinne höherer Gerechtigkeit den un-

geschriebenen Ehrenkodex des Western durchbricht und seinen Gegner aus dem Hinterhalt erschießt. Er selbst kommentiert seine Tat: »Es war glatter Mord; aber ich kann trotzdem schlafen!« Er schießt, obwohl er weiß, daß der Mann, dem er das Leben rettet, ihm nun auch das Mädchen wegnehmen wird, das er liebt.
Interessanter ist jedoch, wie hier die Legenden und Mythen des Western in Frage gestellt werden, die Ford so oft besungen hat. Er selbst gehört zu denen, die dafür gesorgt haben, daß aus Legenden Wahrheiten geworden sind. Und wenn er diesen Mechanismus jetzt durchschaubar macht, so ist das nicht etwa eine Demontage des Genres, sondern eher wohl eine Liebeserklärung an den »Western«, in dem die Legenden stärker sind als die Wirklichkeit.

The man with the golden arm
(Der Mann mit dem goldenen Arm)

USA, 1955

R: Otto Preminger; A: Walter Newman und Lewis Meltzer nach dem gleichnamigen Roman von Nelson Algren; K: Sam Leavitt; D: Frank Sinatra, Eleanor Parker, Kim Novak, Darren McGavin, Robert Strauss

Frankie (F. S.) hat es schwer gehabt im Leben. Seine Frau Zosh (E. P.) ist durch seine Schuld an den Rollstuhl gefesselt – wenigstens glaubt er das. Jetzt will er nach Entziehungskur und Gefängnisstrafe ein neues Leben als Schlagzeuger anfangen. Doch Schwiefka (R. S.) braucht ihn als Bankhalter für seinen illegalen Nachtclub; und Louie (D. MG.) weiß, wie man einen Rauschgiftsüchtigen rückfällig macht. Bald ist wieder alles wie bisher. Aber dann trifft Frankie Molly (K. N.) und verliebt sich in sie. Frankie glaubt, sich von Schwiefka lösen zu können, wenn er ihm noch einmal einen großen Gewinn einbringt. Er spielt falsch, wird ertappt und jämmerlich zusammengeschlagen. Als Louie Frankie in seiner Wohnung sucht, überrascht er Zosh, die ihre Lähmung nur simuliert hatte, um ihren Mann zu halten. Es kommt zu einer Auseinandersetzung, bei der Louie über das Treppengeländer stürzt. Frankie gerät in den Verdacht, ihn getötet zu haben, und versteckt sich bei Molly. Sie gibt ihm die Kraft, auf das Rauschgift zu verzichten. Jetzt endlich will Frankie die Wahrheit sagen – der Polizei und seiner Frau. Als er zu seiner Wohnung geht, wird er Zeuge, wie Zosh voller Angst vor der Polizei flieht und dabei tödlich verunglückt. Frankie und Molly verlassen die Stadt.
Preminger zeichnet ein düsteres Sittenbild aus den schmutzigen Straßen und Hinterhöfen; und er macht wenigstens in Ansätzen deutlich, daß nicht Zufall und Veranlagung, sondern Herkunft und Milieu Frankies Weg bestimmen. Im

The man who shot Liberty Valance (James Stewart, Lee Marvin, John Wayne)

Detail ist der Film um Realismus bemüht; das Drehbuch allerdings fügt diese Detailbeobachtungen in ein handfestes »Kinostück« ein.

Maria Candelaria
(Maria Candelaria)

Mexiko, 1943

R: Emilio Fernandez; A: Emilio Fernandez; K: Gabriel Figueroa; D: Dolores del Rio, Pedro Armendariz, Alberto Galan, Miguel Inclán

Ein Maler (A. G.) erzählt Freunden die Geschichte eines seiner Bilder, das ein nacktes Indio-Mädchen darstellt: Maria Candelaria (D. d. R.) lebt als Blumenverkäuferin am Rande eines mexikanischen Dorfes. Sie wird von der Bevölkerung gemieden, weil ihre Mutter eine Prostituierte war. Nur Lorenzo Rafael (P. A.) läßt sich nicht beirren; er liebt sie und will sie heiraten. Als Maria krank wird, weigert sich der reiche Kaufmann Don Damian (M. I.), der selbst ein Auge auf die hübsche Indianerin geworfen hat, ihr Chinin zu geben. Lorenzo bricht nachts in den Laden ein, stiehlt das Chinin und nimmt noch einen hübschen Rock für Maria mit. Dafür muß er ein Jahr ins Gefängnis. In seiner Abwesenheit sitzt Maria dem Maler Modell, der ihr Gesicht malt und es mit dem Körper eines anderen Modells kombiniert, weil Maria sich weigert, sich auszuziehen. Aber in der Bevölkerung gilt das Bild als neuer Beweis ihrer Sittenlosigkeit. Aufgebrachte Dorfbewohner steinigen sie. Sie stirbt in den Armen Lorenzos, der die Tür seiner Zelle zertrümmert hat, um ihr zu helfen.
Der Film gilt als erstes Beispiel einer eigenständigen mexikanischen Filmkunst. Fernandez gelang hier eine eigentümliche Mischung von Melodrama, Folklore und Sozialkritik, die für viele seiner Filme typisch ist. Figueroa hat das in poetischen Bildern eingefangen, deren harte Schwarzweiß-Kontraste gleichzeitig Verzweiflung und Ausweglosigkeit suggerieren. Der Zusammenarbeit von Fernandez und Figueroa verdankt der mexikanische Film bis etwa 1950 seine schönsten und wesentlichsten Beiträge. Die große Zeit von Fernandez endete, als die Kommerzialisierung des mexikanischen Films begann.

The mark of Zorro Ⓢ
(Das Zeichen des Zorro)

USA, 1920

R: Fred Niblo, Douglas Fairbanks; A: Elton Thomas (Pseudonym für: Douglas Fairbanks) nach dem Roman *The curse of Capistrano* von Johnston McCulley; K: William H. McGann, H. Thorpe; D: Douglas Fairbanks, Marguerite de la Motte, Noah Beery, George Periolat

Don Diego Vega (D. F.) bereitet seinem Vater eine herbe Enttäuschung; denn nach seiner Rückkehr von Madrid nach Kalifornien spielt er den Salonlöwen und kümmert sich nicht im geringsten um die Machenschaften des üblen Gouverneurs (G. P.), der Diegos Vater aus seinem Amt vertrieben hat. Statt dessen kämpft ein geheimnisvoller maskierter Mann namens Zorro für die Gerechtigkeit und zwingt den Gouverneur schließlich zur Abdankung. Natürlich war Zorro niemand anders als Diego; und ebenso selbstverständlich gewinnt Zorro auch das hübsche Mädchen (M. d. l. M.), das er als Diego vergeblich umworben hat.
Ein einfallsreich und spritzig inszenierter Action-Film voller Verfolgungs- und Fechtszenen, artistischer Kunststücke und amüsanter Gags. Fairbanks überzeugt hier durch sein Temperament und durch einen Charme, der dem Action-Stoff genug komödienhafte Elemente beigab. Auf das Konto von Niblo dürften u. a. die Außenaufnahmen gehen, während für die Regie der Action-Szenen noch Ted Reed verpflichtet wurde.
In *Don Q* (Der Sohn des Zorro – R: Donald Crisp) versuchte Fairbanks 1925 vergeblich, den Erfolg dieses Films zu wiederholen. Die Gestalt des Zorro wurde später in zahlreichen Filmen in den USA, in Frankreich, Italien und Spanien beschworen.

Die Marquise von O . . .

BRD/Frankreich, 1975

R: Eric Rohmer; A: Eric Rohmer nach der gleichnamigen Novelle von Heinrich von Kleist; K: Nestor Almendros; D: Edith Clever, Bruno Ganz, Peter Lühr, Edda Seippel, Otto Sander

Verfilmung der gleichnamigen Kleist-Novelle. Einzige Änderung gegenüber der Vorlage: Der

Die Marquise von O . . .
(Bruno Ganz, Edith Clever)

Graf (B. G.) mißbraucht die Marquise (E. C.) nicht unmittelbar nach ihrer Rettung während ihrer Ohnmacht, sondern in der Nacht, als sie unter dem Einfluß eines Mohntrunks, den eine Dienerin ihr zur Beruhigung gegeben hat, fest schläft.

Rohmer schreibt in einem Vorwort zu seinem Drehbuch: »Kleists Text Wort für Wort zu folgen, ist das Leitmotiv unserer Verfilmung!« In der Tat hat sich Rohmer eng an seine Vorlage gehalten und sie gleichsam Satz für Satz verfilmt. Dabei kam ihm Kleists distanzierte Schilderung zugute. »Alles wird von außen beschrieben, mit der gleichen Unbeirrbarkeit wie der des Kameraobjektivs«, sagt Rohmer. Und da der Film auf psychologisierende Zutaten konsequent verzichtet, kann die Kamera hier mühelos die Stelle des Erzählers einnehmen. Sie hält sich zurück wie dieser, indem sie die Ereignisse möglichst aus halbnaher Position beobachtet und »aufdringliche« Großaufnahmen ganz vermeidet.

Sie registriert den Konflikt der Marquise zwischen dem absoluten Gefühl ihrer Unschuld und der unabweislichen Realität ihrer Schwangerschaft, den Konflikt des Grafen, der seine mutige Tat durch einen Augenblick der Schwäche desavouiert hat und der nun die Welt der Konventionen und seiner Empfindungen durch eine Heirat wieder in Ordnung bringen möchte, und den Konflikt der Familie, die durch die geliebte Tochter ihre bürgerliche Reputation in Gefahr sieht. Sie registriert dies alles mit dem Respekt, den die redlichen Emotionen der handelnden Personen uns abnötigen. Aber aus der Distanz sieht sie, in ironischem Einverständnis mit dem Zuschauer, auch andere, verblüffende Aspekte dieses vertrackten Falles; und so kehrt unversehens auch Humor in die Handlung ein, ohne daß dabei das Bewegende der Geschichte im mindesten in Frage gestellt würde. Rohmer ist in allem Kleist treu geblieben – im Handlungsablauf, in der Sprache, in der Ausstattung, in den Emotionen usw. Nur läßt er nie einen Zweifel daran, daß er dies alles rekonstruiert, daß er die Welt der Marquise von O . . . mit den Augen eines Menschen von heute betrachtet. So entstand der Glücksfall einer Literaturverfilmung, die die Möglichkeiten des neuen Mediums ganz genutzt und dabei den Geist der Vorlage ganz bewahrt hat. »Es ist nicht abwegig zu glauben, daß in einigen Fällen eine Verfilmung das klassische Werk von der Lackschicht, mit dem es die Zeit bedeckt hat, befreit und daß dieses Abtragen ihm, wie bei den Museumsgemälden, wieder seine echten Farben verleiht« (Rohmer).

The marriage circle Ⓢ
(Die Ehe im Kreise)

USA, 1924

R: Ernst Lubitsch; A: Paul Bern nach dem Bühnenstück *Nur ein Traum* von Lothar Goldschmidt; K: Charles van Enger; D: Marie Prevost, Florence Vidor, Adolphe Menjou, Monte Blue, Creighton Hale

Professor Stock (A. M.) möchte seine reizende Gattin Mizzi (M. P.) gern loswerden, da er argwöhnt, sie betrüge ihn. Tatsächlich versucht Mizzi gerade, ihrer besten Freundin Charlotte Braun (F. V.) den Mann (M. B.) wegzuschnappen, während andererseits Brauns Mitarbeiter Dr. Müller (C. H.) ein Auge auf Charlotte geworfen hat. Es gibt turbulente Verwechslungen und Mißverständnisse, an deren Ende Professor Stock endlich einen Grund gefunden hat, sich scheiden zu lassen. Die Ehe der Brauns bleibt intakt; und die frisch geschiedene Mizzi tröstet sich mit Dr. Müller.
Mit dieser leichtgewichtigen, aber perfekt ausbalancierten Komödie inspirierte Lubitsch eine ganze Generation amerikanischer Regisseure. Ihr Erfolg war ein Signal für einen neuen Stil in der amerikanischen Komödie: Die »slapstick comedy« wurde durch die »sophisticated comedy« abgelöst. Für Paul Rotha war dieses neue Genre eine Mischung aus dem »amerikanischen Sinn für Brillanz und dem deutschen Hang zur Psychologie«.

Marty
(Marty)

USA, 1955

R: Delbert Mann; A: Paddy Chayefsky; K: Joseph La Shelle; D: Ernest Borgnine, Betsy Blair, Esther Minciotti

Der schwerfällige Metzger Marty (E. B.) leidet darunter, daß er kein Glück bei Frauen hat, daß er immer noch unverheiratet bei seiner Mutter (E. M.) leben und seine Freizeit in tristen Kneipen mit seinen Freunden verbringen muß. Eines Tages lernt er die altjüngferliche Lehrerin Clara (B. B.) kennen, und beide verlieben sich ineinander. Trotz der Einwände seiner eifersüchtigen Mutter, trotz des miesen Spottes seiner Freunde ringt Marty sich nach langen Zweifeln zu einem Entschluß durch: Er bittet Clara um ihre Hand.
Marty war ursprünglich als Fernsehspiel geschrieben und von Delbert Mann inszeniert worden. Der große Erfolg der Sendung weckte das Interesse Hollywoods, das den jungen TV-Regisseur für eine Kinoversion des Stoffes verpflichtete. Damals galt *Marty* in Hollywood als revolutionär, als realistische Schilderung des Alltags kleiner Leute. Aus der Distanz sieht man, daß dieser Alltag romantisch eingefärbt, der vermeintliche Realismus mit viel Sentimentalität aufgeputzt ist. Allerdings sieht man auch die positiven Wirkungen, die Filme wie *Marty* und die jungen Fernseh-Regisseure, die damals nach Hollywood kamen, auf die Dauer gehabt haben.

Masculin féminin
(Masculin – feminin oder: Die Kinder von Marx und Coca-Cola)

Frankreich/Schweden, 1965

R: Jean-Luc Godard; A: Jean-Luc Godard nach Motiven der Novellen *La femme de Paul* und *Le signe* von Guy de Maupassant; K: Willy Kurant; D: Jean-Pierre Léaud, Chantal Goya, Michel Debord, Cathérine-Isabelle Duport, Marlène Jobert

Nach seiner Entlassung vom Militärdienst trifft Paul (J. P. L.) Madeleine (C. G.), die er flüchtig kennt. Madeleine will Sängerin werden; sie besorgt Paul eine Stellung bei einer Teenager-Illustrierten. In der Redaktion trifft er Madeleine wieder und verliebt sich in sie. Aber Madeleine bleibt abwartend. Zusammen mit seinem Freund Robert (M. D.) klebt Paul politische Plakate. Als er sein Zimmer verliert, möchte Paul bei Madeleine schlafen, die mit Elisabeth (M. J.) und Cathérine (C. I. D.) zusammenwohnt. Es kommt zu Komplikationen zwischen Paul, Madeleine und Elisabeth, während Robert sich in Cathérine verliebt. Cathérine weist ihn zurück und beginnt statt dessen, sich für Paul zu interessieren. Paul gibt seine Arbeit bei der Illustrierten auf und geht zu einem Meinungsforschungsinstitut; doch die Wahrheit über das Leben kann er auch dort nicht erfahren. Zum Schluß kommt Paul recht unvermittelt zu Tode. Madeleine und Cathérine sagen vor der Polizei aus, daß er durch

eigene Unachtsamkeit vom Balkon eines Neubaus gestürzt sei.
Masculin féminin bezeichnet Godards Wendung vom üblichen Spielfilm zum Essay-Film. Die Handlung verliert an Bedeutung, wichtiger werden Episoden, Szenen, Einstellungen und Zwischentitel, in denen sich die Intentionen des Autors oft ganz unverschlüsselt mitteilen. Ein Zwischentitel: »Dieser Film könnte auch heißen: Die Kinder von Marx und Coca-Cola.« Eine Szene: Ein Mann bittet Paul um Feuer. Er nimmt das angebotene Streichholz, überschüttet sich mit Benzin und verbrennt sich. Auf einem Zettel, den er hinterläßt, steht: »Frieden für Vietnam.«
Aus derartigen Details setzt sich ein »Bericht zur Lage der Jugend« zusammen. Er notiert die Verführung durch die Konsumwelt, die falschen Träume – dargestellt am Beispiel eines Interviews mit einer Schönheitskönigin, die politische Aktivität Roberts und die bohrende Neugier Pauls, der das Leben ergründen möchte.

Mat Ⓢ

(Die Mutter)

UdSSR, 1926

R: Wsewolod Pudowkin; A: Nathan Sarchi nach dem gleichnamigen Roman von Maxim Gorki; K: Anatoli Golownja; D: Wera Baranowskaja, Nikolai Batalow, Alexander Tschistjakow, Wsewolod Pudowkin

Der junge Arbeiter Pawel Wlassow (N. B.) arbeitet im zaristischen Rußland für die Sozialdemokraten. Er organisiert Streiks und versteckt Waffen. Pawels Vater (A. T.) läßt sich unterdessen für einige Gläser Wodka von Provokateuren kaufen, die beim nächsten Streik die Arbeiter zusammenschlagen wollen. Tatsächlich kommt es zu einer Schlägerei, bei der der alte Wlassow erschossen wird. Bei Wlassows wird eine Haussuchung durchgeführt; und nachdem der Offizier (W. P.) heuchlerisch Straffreiheit zugesichert hat, liefert die Mutter (W. B.) die versteckten Waffen aus. Pawel wird verhaftet und verurteilt. Doch am 1. Mai kann er fliehen. Er trägt bei dem großen Protestmarsch der Arbeiter die Fahne. Als er von einer Kugel getroffen wird, übernimmt seine Mutter die Fahne – bis sie von Soldaten niedergeritten und getötet wird.
Mat ist Pudowkins erster echter Spielfilm. Anders als Eisenstein vertraute er auf eine handfeste Fabel, auf individuelle Helden und gute Darsteller. Und wo Eisenstein bei der Montage Wert auf die »Kollision« der Bilder legt, bevorzugt Pudowkin den »Rhythmus«, der für ihn »ein machtvolles und sicheres Element der Wirkung« war. Dieser Rhythmus trägt lange Sequenzen – wie etwa die Szenen in dem schäbigen Wirtshaus, in dem die Hoffnungslosigkeit der Menschen sinnfällig deutlich wird, oder die Gerichtsverhandlung und den Besuch der Mutter im Gefängnis. Pudowkin hat übrigens den »kämpferischen« Aspekt gegenüber dem Buch noch verstärkt. Bei Gorki war der Vater eines natürlichen Todes gestorben, der Sohn zur Verbannung nach Sibirien verurteilt und die Mutter verhaftet worden.

Matka Joanna od aniołów

(Mutter Johanna von den Engeln)

Polen, 1960

R: Jerzy Kawalerowicz; A: Tadeusz Konwicki und Jerzy Kawalerowicz nach der gleichnamigen Erzählung von Jarosław Iwaszkiewicz; K: Jerzy Wójcik; D: Lucyna Winnicka, Mieczysław Voit, Anna Ciepielewska

Der Film bezieht sich auf die historischen Vorfälle in Loudon (Frankreich) um 1730, verlegt sie aber nach Polen. Pater Suryn (M. V.) soll in einem abgelegenen Kloster den Nonnen und speziell ihrer Oberin, der Mutter Johanna von den Engeln (L. W.), den Teufel austreiben. Schon bald wird klar, daß er an seiner Aufgabe scheitern wird. Die Dämonen wollen nicht aus der Äbtissin fahren; die Schwester Margarete vom Kreuz (A. C.) verbringt gar eine Nacht mit einem reichen Grundbesitzer im nahegelegenen Gasthaus, in dem auch der Pater wohnt. Ihr Abenteuer signalisiert ihm seine Bedrohung und den blutigen Ausgang. Es wird ihm klar, daß er Johanna liebt. Und wie Johanna sich den Dämonen ausliefert, weil sie keine Heilige geworden ist, so nimmt er die Sünde auf sich, weil er nicht lieben darf. Mit dem Beil tötet er zwei unschuldige Menschen, zieht so einen Schlußstrich unter seine Versuchungen und glaubt

Matka Joanna od aniołów (Lucyna Winnicka, Mieczysław Voit)

Mutter Johanna gerettet. Er hat die Boten des Satans auf sich gezogen, damit sie von Johanna lassen.

Der Film erzählt seine Geschichte auf drei Ebenen, wobei er sich aber niemals über die Zeit, in der er spielt, und über den Bewußtseinsstand ihrer Menschen erhebt. Zunächst ist das die tragische Liebesgeschichte zweier Menschen, die an den Bedingtheiten ihrer Existenz – ihr geistlicher Stand und ihr Glaube – scheitern. Dann ist es auch eine Auseinandersetzung mit einem kirchlichen Totalitätsanspruch, an dem zwei Menschen scheitern, weil sie ihm nicht gewachsen sind. Und damit wird ihr Schicksal doch zur überzeitlichen Parabel; denn sie scheitern nicht am Inhalt dieses Anspruchs, sondern an der Tatsache, daß er überhaupt erhoben wird. Ihr Schicksal zeugt gegen jeden derartigen Anspruch. Kawalerowicz hat das in einem ausgewogenen Film exemplifiziert. Düsternis beherrscht die Szene, die aber immer wieder von grellem Weiß aufgehellt wird. Weiß sind die Gewänder der Nonnen und das Kloster, schneeweiße Pferde jagen durch das Bild, und selbst die karge Landschaft scheint mit weißen Flekken präpariert zu sein. Aber dazwischen taucht die Kamera immer wieder in die düstere Stube des Gasthofs, in der die Dunkelheit nur schwach durch das Kaminfeuer aufgehellt wird, in der die Menschen angstvoll flüsternd das Geschehen kommentieren, in der Schwester Margareta der Versuchung erliegt. Die Kamera holt hier die handelnden Personen mit raffinierten Schwenks ins Bild, wechselt von der objektiven zur subjektiven Sehweise und erzeugt auch dadurch immer wieder Spannung.

Max, professeur de tango Ⓢ
(Max als Tangolehrer)

Frankreich, 1912

R: Max Linder; A: Max Linder; K:?; D: Max Linder, Leonora

Max (M. L.) hat dem Alkohol reichlich zugesprochen und verläßt schwankend ein Lokal. Genauso schwankend erscheint er als Gast auf einer Gesellschaft, wo man ihn für den Tangolehrer hält, den man für diesen Abend verpflichtet hat. Max zögert nicht, der Gesellschaft das Tanzen beizubringen – zumal die Tochter des Hauses (L.) ihn sehr interessiert. Er schwankt und taumelt, erfindet die ausgefallensten Tanzschritte und steckt damit die ganze Gesellschaft an. Doch dann erscheint der echte Tangolehrer, und Max verdankt es nur der Güte des von ihm umschwärmten Mädchens, daß er nicht auf die Straße geworfen wird.
Geschickt wird hier die Komik aus der Bewegung entwickelt, was dem Film ein zügiges Tempo gibt. Hinzu kommen bemerkenswerte Leistungen von Max Linder, der im Unterschied zu vielen Kollegen schon damals wußte, daß ein Maximum an mimischem Aufwand keineswegs besondere Wirkung garantiert.
Die Außenaufnahmen für diesen Film drehte Linder übrigens während eines Gastspiels in Berlin.

Max, victime du quinquina Ⓢ
(Max als Opfer der Chinarinde)

Frankreich, 1911

R: Max Linder; A: Maurice Delamare; K: ?; D: Max Linder

Der Arzt empfiehlt Max (M. L.), zur Stärkung nach langer Krankheit jeden Abend ein Glas Chinarinden-Sud zu trinken. Aber das Hausmädchen bringt aus Versehen ein riesiges Gefäß, Max trinkt einen Liter seiner Medizin und fühlt sich alsbald sehr munter. Auf der Straße streitet er sich mit einem Herrn um ein Taxi; und der empörte Widersacher überreicht ihm seine Karte – La Roze, Polizeikommissar. Auf ähnliche Weise erhält er noch die Karten des Grafen del Salvator und des Generals Dubidon. Als Max am Abend stark angeheitert nach Haus will, bekommt er Streit mit einem Polizeibeamten. Lässig zieht er die Karte des Polizeikommissars aus der Tasche, worauf die Polizisten ihn respektvoll in dessen Wohnung transportieren. Max entkommt nur mit Mühe. Das Spiel wiederholt sich mit einem anderen Polizisten und der Karte des Grafen. Schließlich landet er in der Wohnung des Generals, der ihn wenig später in seinem Bett findet und aus dem Fenster wirft. Jetzt erkennen die Polizisten ihren Irrtum und verprügeln ihn.
Der Film ist zügig durchgespielt und hält sein Tempo, ohne jemals überhastet zu wirken. Die Gags sind geschickt verteilt; und man spürt, daß Linder die damals üblichen Mittel der Komik auf intelligente Weise verfeinert hat. Das zeigt sich auch schon in Äußerlichkeiten: Zu einer Zeit, als seine Rivalen durch exotische Aufmachung vordergründige Heiterkeit erregen wollten, kreierte Linder den Typ des komischen Bonvivants, des tolpatschigen Jünglings aus gutem Hause. Charlie Chaplin schickte Linder ein Foto mit der Widmung: Dem Lehrer von seinem Schüler!

Meet John Doe
(Hier ist John Doe)

USA, 1941

R: Frank Capra; A: Robert Riskin nach einer Originalstory von Richard Connell und Robert Presnell; K: George Barnes; D: Gary Cooper, Barbara Stanwyck, Walter Brennan, James Gleason, Edward Arnold

Die junge Journalistin Ann Mitchell (B. S.) veröffentlicht aus Ärger über ihre Entlassung den fingierten Brief eines John Doe, in dem der Schreiber ankündigt, er wolle sich aus Protest gegen die Mißstände in der Welt vom Rathausdach stürzen. Der Brief hat ein solches Echo, daß die Zeitung nicht zugeben mag, er sei erfunden. Man sucht und findet einen jungen Mann (G. C.), der nach Manuskripten von Ann Mitchell die Rolle des John Doe spielt. Der Chefredakteur (J. G.) ist zufrieden, die Auflage steigt. Im ganzen Land werden John-Doe-Clubs gegründet; John Doe wird zum Volkshelden. Doch eines Tages entdeckt John Doe, daß der Verleger Norton (E. A.) diese Clubs skrupellos für seine dubiosen politischen Pläne ausnützt. Er deckt den Schwindel auf und muß nun vor

der Verachtung seiner früheren Anhänger fliehen. Aber schon bald fordert man ihn auf, ganz ernsthaft und seriös noch einmal von vorn zu beginnen.
Capra illustriert hier sein Lieblingsthema und seine private Philosophie: Der Mensch ist gut, wenn man ihm nur die Chance dazu und einen kleinen Anstoß gibt. Die »John-Doe-Clubs« verkörpern die Solidarität der Gutmütigen und Gutwilligen; Mister Norton und seine schwarzgekleidete, militärisch geschulte Schutztruppe sind ein deutlicher Hinweis auf den Faschismus.

Memorias del subdesarrollo

(Erinnerungen an die Unterentwicklung)

Kuba, 1968

R: Tomás Gutiérrez Alea; A: Tomás Gutiérrez Alea und Edmundo Desnoes nach einem Roman von Edmundo Desnoes; K: Ramón F. Suárez; D: Sergio Corrieri, Daisy Granádos, Eslinda Nuñez

Sergio (S. C.), ein etwa vierzigjähriger bürgerlicher Intellektueller, bleibt nach der Revolution in Kuba, obwohl seine Frau und seine Eltern das Land verlassen. Seine Beweggründe sind Trägheit und auch der Wunsch, sich mit der neuen Zeit auseinanderzusetzen. Er verliebt sich in Elena (D. G.), ein einfaches Bürgermädchen, und versucht, sie nach seiner Vorstellung zu formen. Das Experiment mißlingt auf lächerliche Weise: Elenas Familie bezichtigt ihn der Vergewaltigung; er muß in einem Prozeß mühsam seine Unschuld beweisen. Auch die Bilanz seiner Erinnerungen und Gedanken endet negativ: Er spürt den Beginn einer neuen Zeit; aber er weiß, daß es für ihn zu spät ist, sich ihr anzupassen.
Ein grüblerischer und spröder Film, der auf drei Ebenen spielt: die Gegenwart Sergios, seine Erinnerungen, in denen von verpaßten Chancen und Anpassung die Rede ist, und Dokumentaraufnahmen von politischen Ereignissen wie die Invasion in der Schweinebucht und die Raketenkrise um Kuba. Aus alledem formt sich das Porträt eines Mannes, dem wachsende Erkenntnis wachsende Unsicherheit beschert.
Alea sagte zu seinem Film: »Nach meiner Meinung ist es besonders wichtig, das Verhältnis dieser Person zur Wirklichkeit kritisch darzustellen, so daß es uns möglich ist, durch diese Person auch beim Zuschauer eine kritische Haltung hervorzurufen – und zwar kritisch nicht nur gegenüber diesem bürgerlichen Intellektuellen, sondern auch gegenüber meinem Film und gegenüber unserer Wirklichkeit, die wir täglich erleben.«

Menschen am Sonntag Ⓢ

Deutschland, 1929

R: Robert Siodmak, Edgar G. Ulmer; A: Billie Wilder, Fred Zinnemann, Edgar G. Ulmer, Robert Siodmak; K: Eugen Schüfftan, Edgar G. Ulmer, Fred Zinnemann; D: Brigitte Borchert, Christl Ehlers, Wolfgang von Waltershausen, Erwin Splettstößer, Annie Schreyer

Der Weinvertreter Wolf (W. v. W.) lernt am Samstag auf der Straße die Komparsin Christl (C. E.) kennen und lädt das Mädchen für den Sonntag zu einem Ausflug an den Wannsee ein. Am Abend spielt Wolf Skat mit seinem Freund, dem Taxifahrer Erwin (E. S.), was Erwins Freundin Annie (A. S.), die lieber ausgegangen wäre, ziemlich verärgert. Wolf lädt Erwin und Annie ebenfalls zu dem Ausflug ein. Aber am anderen Morgen hat Annie ihren Ärger noch nicht vergessen und bleibt schmollend zu Haus. Glücklicherweise tauchen am vereinbarten Treffpunkt dennoch zwei Mädchen auf: Christl hat ihre Freundin Brigitte (B. B.), eine Verkäuferin, mitgebracht. Im Verlauf des fröhlichen Sonntags mit Dampferfahrt, Spaziergängen, Sonnenbad etc. verliebt sich Wolf in Brigitte und verschwindet – zum Mißfallen Christls! – mit ihr im Wald. Als die vier am Abend in die Stadt zurückkehren, findet Erwin seine Annie im Bett. Sie hat den ganzen Sonntag verschlafen.
Fast ein Dokumentarfilm, dessen einzelne Teile aber durch eine angedeutete Spielhandlung zusammengehalten werden. Eigentlicher Mittelpunkt des Films ist die Stadt, sind die Menschen, die dem Zwang des Alltags zu entfliehen suchen und dabei doch keine neue Freiheit gewinnen. In vielen kleinen Episoden beobachtet der Film typische Verhaltensweisen der Bürger, die er oft nur in kurzen Zwischenschnitten, bezeichnenden Gesten und Reaktionen exemplifiziert. Von manchen ähnlichen Versuchen

unterscheidet sich dieser Film u. a. dadurch, daß er die glaubhafte Wirklichkeit nicht für publikumswirksame Pointen verfälscht. Seine Beobachtungen bleiben stets im Bereich des Wahrscheinlichen; so sind sie auch sozialkritisch relevant.

Mephisto

Ungarn/BRD, 1980/81

R: István Szabó; A: István Szabó und Péter Dobai nach dem gleichnamigen Roman von Klaus Mann; K: Lajos Koltai; D: Klaus Maria Brandauer, Ildikó Bánsági, Rolf Hoppe, Karin Boyd, Christine Harbort, György Cserhalmi, Péter Andorai

Die Geschichte des besessenen Schauspielers Hendrik Höfgen (K. M. B.), der sich in der »Weimarer Republik« für die »Linken« engagiert und sich im »Dritten Reich« durch Vermittlung der Schauspielerin Lotte Lindenthal (C. H.) bei dem »General« (R. H.) einschmeichelt, als dessen Protegé er es bis zum Intendanten des Staatstheaters bringt.
Die Autoren haben auf manchen Wildwuchs der Mannschen Phantasie (z. B. auf die erotischen Exzesse mit der schwarzen »Prinzessin Tebab«) verzichtet; und sie haben glücklicherweise nicht versucht, »Porträtähnlichkeit« mit den Figuren herzustellen, die dem Verfasser des Romans bei der Niederschrift ganz offensichtlich vor Augen gestanden haben. Gerade dadurch wird die damalige Realität in diesem Film präsent. Viel stärker als im Roman überzeugt die Figur des Schauspielers, dem das Theater mehr bedeutet als das Leben, der für eine Traumrolle auf der Bühne auch die Alptraumrolle akzeptiert, die er in der Wirklichkeit des »Dritten Reichs« spielt. Viel überzeugender sind auch Milieu und Atmosphäre jener Zeit geraten, die seltsame Mischung aus Euphorie und Angst, aus Bonhommie und Terror. Klaus Mann schrieb zu seinem Roman: »Alle Personen dieses Buches stellen Typen dar, nicht Porträts.« István Szabó und seine Mitarbeiter – allen voran die Schauspieler Brandauer und Hoppe – haben aus diesen »Typen« glaubwürdige Menschen gemacht und aus dem Roman einen Film, der kein Lehrstück ist, aus dem man aber gleichwohl Lehren ziehen kann.

Le mépris

(Die Verachtung)

Frankreich/Italien, 1963

R: Jean-Luc Godard; A: Jean-Luc Godard nach dem Roman *Il disprezzo* von Alberto Moravia; K: Raoul Coutard; D: Brigitte Bardot, Michel Piccoli, Jack Palance, Fritz Lang, Giorgia Moll

Der Regisseur Fritz Lang (F. L.) dreht für den amerikanischen Produzenten Prokosch (J. P.) einen Odysseus-Film. Der junge Autor Paul Javal (M. P.) soll das Drehbuch umschreiben. Erregt wird dabei die These diskutiert, Penelope habe Odysseus verachtet, weil er die Freier nicht getötet habe. Ein ähnlicher Konflikt stellt sich für Javal im Privatleben: Er bewahrt seine Frau Camille (B. B.) nicht vor den Nachstellungen Prokoschs und rafft sich nur zu einer schwachen Geste des Protestes auf: Er gibt den Drehbuchauftrag zurück. Camille und Prokosch kommen bei einem Autounfall ums Leben.
Eine »Hommage« für Fritz Lang, ein raffiniertes Spiel mit Zitaten und den verschiedenen Ebenen der Realität. Aber Moravias Psychologie kommt dabei zu kurz. So wirkt manches aufgesetzt, selbstzweckhaft und wenig überzeugend.

Merry-go-round Ⓢ

(Karussell / Rummelplatz des Lebens / Das goldene Wien)

USA, 1922

R: Erich von Stroheim, Rupert Julian; A: Erich von Stroheim; K: Ben Reynolds, William Daniels; D: Norman Kerry, Dorothy Wallace, Mary Philbin, Anton Wawerka

Während seiner Verlobungsfeier mit der Prinzessin Gisella (D. W.) verliebt sich Graf Francesco von Hohenegg (N. K.) in Mitzi (M. P.), die Tochter eines Puppenspielers. Doch Kaiser Franz Josef (A. W.) höchstpersönlich verhindert die unstandesgemäße Affäre seines Adjutanten. Der Krieg bricht aus. Hohenegg wird fälschlich für tot erklärt. Nach dem Tod seiner Frau kann er die Geliebte heiraten.
Der Film steht am Beginn eines Zyklus, für den sein Titel programmatisch sein könnte. In *The merry widow* (1925), *The wedding-march* (1926 bis 1928). *Queen Kelly* (1928) und *The honeymoon* (1928) zeichnet Stroheim mit ätzender

Schärfe die Welt des europäischen Adels. In allen Filmen steht die Liebe eines Adligen zu einem Mädchen aus dem Volk im Mittelpunkt; und alle Filme zeigen, wie die Liebe hier zum »Karussell« denaturiert ist.
Für *Merry-go-round* zeichnete Stroheim nur teilweise verantwortlich. Als der Film halb fertig war, gab es eine Auseinandersetzung mit dem Produzenten Irving Thalberg; Stroheim wurde entlassen und die Fertigstellung des Films dem zweitklassigen Regisseur Rupert Julian anvertraut. Grund für das Zerwürfnis dürften die in der Tat kostspieligen Arbeitsmethoden Stroheims gewesen sein. Paul Rotha zitiert, Stroheim habe zuviel Zeit damit verbracht, eine Gruppe von Soldaten in »typisch Stroheimscher Manier« salutieren zu lassen.

Metropolis Ⓢ

Deutschland, 1926

R: Fritz Lang; A: Thea von Harbou; K: Karl Freund, Günther Rittau; D: Brigitte Helm, Alfred Abel, Gustav Fröhlich, Heinrich George, Rudolf Klein-Rogge

Metropolis, die Stadt der Zukunft, ist streng unterteilt in zwei Bezirke: In kühnen Hochhäusern leben die »Herrenmenschen«, während in der »unteren Welt«, unter der Erde, die Arbeiter wohnen und schaffen. Der Industriemagnat Johann Fredersen (A. A.) kontrolliert jeden Winkel der Stadt. Sein Sohn Freder (G. F.) lehnt sich innerlich gegen die absolute Herrschaft des Vaters auf. Er sympathisiert mit den Arbeitern, seit er Maria (B. H.) kennengelernt hat, eine »Heilige der Unterdrückten«, die eine Befreiung der Arbeiter durch die Allmacht der Liebe und eine auf Verständigung aufgebaute Partnerschaft mit den Herrschenden predigt. Johann Fredersen erkennt die Gefahr. Er beauftragt den Erfinder Rothwang (R. K. R.), einen Roboter mit Marias Gestalt herzustellen, der die Arbeiter aufwiegeln und einen Vorwand für ihre endgültige Unterdrückung liefern soll. Rothwang erfüllt den Auftrag. Von der falschen Maria (B. H.) verführt, zerstören die Arbeiter die Maschinen und bringen sich selbst in höchste Gefahr, weil dadurch die »untere Stadt« überflutet wird. Im letzten Moment können Freder und die richtige Maria die Gefahr bannen und gleichzeitig durch ihre Verbindung die Kluft zwischen Arbeitern und Herrschenden

Merry-go-round (George Hackathorne, Mary Philbin)

überbrücken. Im Schlußbild reichen sich Johann Fredersen und der Führer der Arbeiter (H. G.) symbolhaft die Hand.
Der Film visiert einige ernsthafte Probleme exakt an, vor allem die Automation und die Entfremdung des Arbeiters von seiner Arbeit. Zweifellos beeindruckt der Film auch vom Technischen her: Seine Bauten (Otto Hunte, Erich Kettelhut, Karl Vollbrecht) sind großartig und phantastisch, seine Tricktechnik (Günther Rittau) und viele inszenatorische Details vorzüglich. Trotzdem war er ein Fehlschlag – künstlerisch und finanziell. Nicht nur, daß Fritz Lang die ernsthaften Probleme, die er anpackte, durch ein romantisches Happy-End – »unter Umgehung aller Tarif-Verhandlungen«, wie Béla Balázs mit gerechtfertigter Ironie anmerkte – zu lösen versuchte, daß er meinte, die Liebe und ein Händedruck unter aufrechten Männern könnten alle sozialen Probleme lösen. Er verquickte auch seine technische und soziale Utopie mit Handlungsmotiven, die Murnaus *Nosferatu* eher angestanden hätten. Der »Erfinder« Rothwang nämlich ist zweifellos mehr dem Genre des romantischen Gruselfilms entlehnt. Neben den Visionen gigantischer Maschinen wirkt er reichlich deplaziert. So bleibt *Metropolis* vornehmlich der Ruf, einer der aufwendigsten Filme der Filmgeschichte gewesen zu sein und die UFA in ernsthafte finanzielle Schwierigkeiten gebracht zu haben.

Michael Ⓢ

Deutschland, 1924

R: Carl Th. Dreyer; A: Carl Th. Dreyer und Thea von Harbou nach dem gleichnamigen Roman von Hermann Bang; K: Karl Freund, Rudolf Maté; D: Benjamin Christensen, Walter Slezak, Nora Gregor, Grete Mosheim

Der berühmte Maler Claude Zoret (B. C.) ist ganz unter den Einfluß seines Modells Eugène Michael (W. S.) geraten. Doch dann verliebt sich Michael in die Fürstin Zamikof (N. G.) und vernachlässigt den »Meister«. Der wahrt zwar vor der Außenwelt den Schein, indem er Michaels Schulden bezahlt und von Michael heimlich veräußerte Gemälde zurückkauft; aber innerlich zerreibt ihn die Enttäuschung. Er stirbt – allerdings friedlich und mit den für Dreyer typischen Worten: »Jetzt kann ich ruhig sterben; denn ich habe eine große Liebe gesehen!«
Insgesamt überwiegen in diesem Film Sentimentalität und Kolportage. Aber der Regie gelangen doch einige interessante Szenen. Sehr geschickt wird übrigens das Thema der homoerotischen Liebe behandelt. Die Regie beschränkt sich auf Andeutungen, die erst deutlich werden im Spiegelbild einer Ehekrise, die der Film parallel behandelt.

Le milieu du monde

(Der Mittelpunkt der Welt / Die Mitte der Welt)

Schweiz/Frankreich, 1974

R: Alain Tanner; A: Alain Tanner, John Berger; K: Renato Berta; D: Olimpia Carlisi, Philippe Léotard, Juliet Berto, Jacques Denis

Adriana (O. C.) ist Italienerin, 28 Jahre alt. Im Dezember 1973 tritt sie eine neue Stelle als Kellnerin in einem kleinen Gasthof im Schweizer Jura an. Zur gleichen Zeit entscheidet sich, daß Paul (P. L.), 34 Jahre alt, verheiratet, bei einer lokalen Wahl als Kandidat aufgestellt wird. Man darf vermuten, daß dies der Anfang einer bescheidenen politischen Karriere sein wird. Mitte Januar hält Paul eine Wahlrede in dem Gasthof, in dem Adriana arbeitet. Er verliebt sich in die dunkelhaarige Kellnerin, kommt wieder, und bald sind sie ein Liebespaar. Paul verbringt jede freie Stunde bei Adriana. Er nimmt in Kauf, daß die Leute über ihn reden, daß sein gesamtes Leben in Unordnung gerät. Seine Frau verläßt mit dem Kind die Wohnung; seine Wähler verübeln ihm die Affäre mit einer Kellnerin – dazu noch einer »Gastarbeiterin«. Als Paul bei der Wahl geschlagen wird, scheint er weder überrascht noch enttäuscht, sondern eher erleichtert, weil er nun nur noch an sein privates Glück zu denken braucht. Aber Adriana macht einen Strich durch diese Rechnung. Sie hat erkannt, daß Paul sie nicht als Partnerin, sondern als Objekt einer letztlich eigensüchtigen Liebe ansieht. Sie will nicht sein »Eigentum« werden. So zieht sie am 8. März zu einer Freundin in die deutsche Schweiz, wo sie eine Stellung in einer Fabrik annimmt. Paul bleibt allein zurück.
Tanner hat seinen vierten abendfüllenden Spielfilm erstmals mit einem normalen Budget ge-

dreht. Trotz des größeren technischen Aufwands entstand dabei jedoch wieder ein sehr intimer Film, dessen Handlung sich vor allem im Inneren der Menschen abspielt. Gezeigt wird die Geschichte einer Leidenschaft, die – wenigstens auf der Seite des Mannes – nicht zur wirklichen Liebe wird, der das Erlebnis einer echten Begegnung, der wahren Kommunikation zweier Menschen fehlt. Am Ende steht das Scheitern dieser Beziehung, aber es steht auch der optimistische Hinweis, daß Adriana, die einfache Frau aus dem Volk, diesen Mangel in ihrer Beziehung erkannt hat und daraus schmerzhafte, aber ehrliche Konsequenzen zieht. Tanner hat diese Geschichte unter Verzicht auf alle melodramatischen Effekte wie ein neutraler Beobachter erzählt. Immer wieder unterbrechen Zwischentitel mit der Angabe des Datums den Fluß der Bilder. Das betont, wie sehr dieser Film als Chronik konzipiert ist. Und immer wieder sind zwischen die winterlichen Bilder kurze Einstellungen farbiger Sommerlandschaften eingeschnitten – als Beleg für eine Hoffnung auf Reife und Erfüllung, die diesem Verhältnis versagt geblieben ist.
Auch in seinem Film *Jonas qui aura 25 ans en l'an 2000* (Jonas, der im Jahr 2000 25 Jahre alt sein wird, Schweiz 1976), der das Schicksal von acht Menschen auf virtuose Weise miteinander verknüpft, wird – in der Gestalt des Kindes Jonas – eine Hoffnung in die Zukunft projiziert.

1860

(1860)

Italien, 1933

R: Alessandro Blasetti; A: Emilio Cecchi, Alessandro Blasetti und Gino Mazzucchi nach der Erzählung *La processione incontro a Garibaldi* von Gino Mazzucchi; K: Anchise Brizzi, Giulio De Luca; D: Aida Bellia, Giuseppe Gulino, Gianfranco Giachetti

Sizilien zur Zeit der Befreiung durch Garibaldi. Ein Aufstand in Palermo ist von den Bourbonen niedergeschlagen worden. Aber mit Hilfe eines Geistlichen (G. Gi.) können die Rebellen den Hirten Carmine (G. Gu.) nach Genua schicken, wo er Garibaldi versichern soll, daß sie hinter ihm stehen. Während seine Braut Gesuzza (A. B.) in Sizilien zurückbleibt, durchquert Carmine Italien, schifft sich mit Garibaldi nach Sizilien ein und kämpft mit ihm in der blutigen Schlacht bei Calatafimi, die den Kampf gegen die Bourbonen entscheidet.
Einer der wenigen Höhepunkte des italienischen Films während der faschistischen Herrschaft. Blasetti inszenierte kein pathetisches Heldenlied, sondern eher eine engagierte Chronik der Ereignisse, die in Einzelheiten der filmischen Gestaltung fast zum Vorläufer des Neorealismus wird. Garibaldi erscheint nur am Rande, während die eigentliche Hauptrolle das Volk spielt. Blasetti drehte unter freiem Himmel mit Laiendarstellern und erreichte damit eine erstaunliche Authentizität. Carlo Lizzani nannte *1860* in seiner *Storia del cinema italiano* den »Gipfelpunkt des italienischen Films in den zwanzig Jahren faschistischer Herrschaft«.
Der Film blieb dennoch nicht ganz unbeeinflußt von faschistischem Gedankengut: In seiner ursprünglichen Fassung endete er mit dem Vorbeimarsch faschistischer Jugendorganisationen am Mussolini-Forum. 1951 wurde der Film in einer Neubearbeitung unter dem Titel *I mille di Garibaldi* (Die Tausend des Garibaldi) wiederaufgeführt.

Le million

(Die Million)

Frankreich, 1931

R: René Clair; A: René Clair nach einem Theaterstück von Georges Berr und M. Guillemaud; K: Georges Périnal, Georges Raulet; D: Annabella, René Lefèvre, Louis Allibert

Zwei arme Künstler, der Maler Michel (R. L.) und der Bildhauer Prosper (L. A.), bewohnen gemeinsam ein Atelier. Michel, der mit der Tänzerin Beatrice (A.) verlobt ist, gewinnt eines Tages eine Million Francs in der Lotterie. Bald tauchen Nachbarn und Gläubiger auf, um an seinem Reichtum zu partizipieren. Aber vergeblich sucht Michel sein Los: Es steckt in einer alten Jacke, die zum Trödler gewandert ist. Während Michel sich auf die Jagd nach der Jacke macht, wird er von Freunden unterstützt, von Gläubigern und Neugierigen selbst verfolgt.

Die Jacke ist an einen Operntenor verkauft worden; so dehnt sich die wilde Jagd auf die Opernbühne aus. Schließlich gewinnt Michel endgültig seine Beatrice und das Los; und die Meute der geldgierigen Gläubiger verwandelt sich jäh in eine lammfromme Herde zukünftiger Lieferanten.

Clair entnahm das Milieu und die Personen der Handlung der Wirklichkeit, verwandelte dann aber alles in ein groteskes tänzerisches Spiel, in dem die Wortkaskaden der Verfolger sich in Chansons und ihre wilde Verfolgungsjagd sich in Tanz auflösten. So wurde die realistische Szenerie zum Dekor eines temporeichen, genau kalkulierten musikalischen Lustspiels (Musik: Armand Bernard, Philippe Parès, Georges van Parys), das beispielhaft für die Möglichkeiten eines ganz neuen Filmgenres wurde. Vielen Filmhistorikern gilt *Le million* als Clairs bester Film.

Miracolo a Milano

(Das Wunder von Mailand)

Italien, 1950

R: Vittorio De Sica; A: Vittorio De Sica, Suso Cecchi d'Amico, Mario Chiari, Adolfo Franci und Cesare Zavattini nach der Novelle *Totò il buono* von Cesare Zavattini; K: Aldo Graziati, Gianni Di Venanzo (Trick-Fotografie: Vaclav Vích, Enzo Barboni); D: Francesco Golisano, Paolo Stoppa, Guglielmo Barnabo, Emma Gramatica

Nach dem Tod von Mutter Lolotta (E. G.) kommt der kleine Totò ins Waisenhaus. Mit 18 Jahren wird er (F. G.) entlassen und landet in einer Barackensiedlung am Stadtrand, wo man »Totò den Guten« bald als freundlichen Helfer und redlichen Schlichter schätzt. Bei einem Volksfest in dieser kleinen Welt wird plötzlich eine Erdölquelle entdeckt; jetzt erinnert sich

Miracolo a Milano (r.: Francesco Golisano)

der reiche Besitzer (G. B.) seines Grundstückes und möchte die Armen aus ihren primitiven Hütten vertreiben. Aber in höchster Not schickt Mutter Lolotta ihrem Totò eine weiße Taube vom Himmel, die ihrem Besitzer jeden Wunsch erfüllen kann. Totò legt mit ihrer Hilfe listig die Polizei lahm, indem er dem Mund des kommandierenden Offiziers nur Opernarien entströmen läßt. In seiner Gutmütigkeit erfüllt er jedoch auch die unsinnigsten Wünsche der Armen; ein Engel holt die mißbrauchte Taube entrüstet wieder ab. Jetzt hat die Polizei leichtes Spiel. Die Armen werden abtransportiert. Doch als der Transport mitten in der Stadt ist, hilft Mutter Lolotta noch einmal. Ihre weiße Taube erscheint, die Polizeiautos klappen auseinander, die Armen fliegen mit den Besen der Straßenfeger schnurstracks in den Himmel.
Miracolo a Milano ist ein modernes Märchen, für De Sica und Zavattini ein Versuch, die bloße Zustandsschilderung des Neorealismus, die sie als Fessel empfanden, zu überwinden. So schufen sie die Gestalt Totòs, der so sehr mit seinen Brüdern fühlt, daß er selbst hinkt, wenn ihm ein Hinkender entgegenkommt, der vor einem mißgestalteten Gesicht selbst das Gesicht verzerrt. Aber dieses Märchen mißachtet die Realität nicht. Es kennt Elend und Armut, es kennt den Hochmut der Reichen und ihre Geschicklichkeit, wenn es darum geht, die Armen mit freundlichen Worten einzulullen. So steht der Film in einem seltsamen Spannungsfeld zwischen Realität und Märchenhaftigkeit. Typisch ist dafür etwa die Szene vom Erwachen in der kleinen Siedlung, wenn die Sonne immer nur kreisförmige Segmente des Bodens bescheint und die Armen laufen müssen, um einen Sonnenstrahl zu erhaschen. Im Hintergrund sieht man dann einen D-Zug vorbeifahren, ein ganz realistischer Verweis auf Behaglichkeit und Luxus. So verdeckt das Märchenhafte, Spielerische, das in einer Fülle burlesker Szenen und einfallsreicher optischer Spielereien verwirklicht wird, doch nie den Blick auf die Realität. Und nach der Einübung in dieses Gestaltungsprinzip erkennt man auch am Schluß, der gelegentlich als »eskapistisches Happy-End« kritisiert wurde, daß der Ritt auf den Besen eben nur ein Märchen ist, daß die Wirklichkeit für diese Menschen anders aussehen wird und daß vorläufig jedes »Happy-End« für sie nur »märchenhaft« und unwirklich sein kann.

The misfits

(Misfits – Nicht gesellschaftsfähig)

USA, 1960

R: John Huston; A: Arthur Miller; K: Russell Metty; D: Marilyn Monroe, Clark Gable, Eli Wallach, Montgomery Clift

Roslyn (M. M.) kommt nach Reno, um sich scheiden zu lassen. Hier lernt sie Guido (E. W.) und den Rodeo-Reiter Gay (C. G.) kennen. Nach anfänglichem Interesse für Guido verliebt sie sich bald in Gay. Roslyn begleitet die beiden zu einer Mustangjagd, zu der als dritter auch noch Perce (M. C.) eingeladen wird. Was Roslyn für einen männlichen Sport gehalten hatte, erweist sich als brutaler Broterwerb. Die von Flugzeugen und Autos gejagten Tiere sollen zu Hundefutter verarbeitet werden. Perce, der sich in Roslyn verliebt hat, läßt sich von ihr überreden, die Pferde freizulassen. Im letzten Augenblick kann Gay den Leithengst noch einmal fangen; aber dann, nachdem er seine Überlegenheit gezeigt hat, läßt er das Tier laufen. Roslyn setzt sich neben ihn in den Wagen und legt den Kopf an seine Schultern.
John Huston hat die Diskrepanz zwischen Hollywoods Western-Tradition und dem intellektuellen Anspruch Millers nicht überspielen können. Der interessante Versuch, einen sozialkritischen Cowboy-Film aus der Gegenwart zu drehen, blieb in Halbheiten und Ansätzen stecken. Und selbst die attraktive Besetzung konnte ihm nicht mehr als einen Achtungserfolg bringen.

Missing

(Vermißt)

USA, 1981

R: Costa-Gavras; A: Costa-Gavras und Donald Stewart nach dem Tatsachenbericht *The execution of Charles Howard: an American sacrifice* von Thomas Hauser; K: Ricardo Aronovich; D: Jack Lemmon. Sissy Spacek, John Shea, Melanie Mayron

Ed Horman (J.L.) trifft eines Tages in einem nicht näher bezeichneten lateinamerikanischen Land ein, mit dem aber deutlich Chile gemeint ist, um seinen Sohn (J.S.) zu suchen, der im Verlauf eines Putsches der Rechten gegen das sozialistische Regime spurlos verschwunden ist.

Zusammen mit seiner Schwiegertochter Beth (S. S.), die der Konservative Horman für eine »linke Spinnerin« hält, betreibt er eine Spurensicherung, die seinen selbstgefälligen Patriotismus nachhaltig erschüttert. Er sieht Botschaftsgebäude, in denen sich Flüchtlinge drängen; er sieht das berüchtigte Fußballstadion, das als Auffanglager diente, und Kühlhäuser, in denen die Leichen zu Hunderten gestapelt werden. Aus Bruchstücken von Informationen rekonstruiert der Film auch das Schicksal seines Sohnes: Charles Horman ist mit Wissen von Angehörigen der US-Botschaft verhaftet, gefoltert und ermordet worden, weil er zufällig Kenntnis von der Verstrickung der Amerikaner in den Putsch erhalten hatte. Am Ende reicht Ed Horman Klage gegen zehn Botschaftsangehörige und gegen Außenminister Kissinger ein, denen er Mitschuld an der Ermordung seines Sohnes vorwirft.

Ein redlicher Film, der ein breites Publikum emotional anzusprechen vermag – nicht zuletzt durch eine bemerkenswerte darstellerische Leistung von Jack Lemmon, der seinen Starruhm zuvor seinen Talenten als Komiker verdankte. Allerdings erreicht der Film nicht die Qualität früherer Filme von Costa-Gavras wie etwa *Z*. Ein Grund dafür mag sein, daß Costa-Gavras hier als Vorlage ein »Tatsachenbericht« diente, der ihm bei der Gestaltung stellenweise wohl enge Grenzen setzte. Ganz sicher ist zum Beispiel nicht leicht zu vermitteln, daß in einem so komplexen und verwickelten Fall der dramaturgische Angelpunkt ein beim Frühstück zufällig mitgehörtes Gespräch ist. So etwas gibt es wohl nur in der Wirklichkeit ...

Mitasareta seikatsu

(Ein erfülltes Leben / Ein sinnvolles Leben)

Japan, 1961

R: Susumu Hani; A: Kunio Shimizu und Susumu Hani nach dem gleichnamigen Roman von Tatsuo Oshikawa; K: Shigeichi Nagano; D: Ineko Arima, Koshiro Harada, Takahiro Tamura, Yukari Ohba, I. George

Nach dreijähriger Ehe sieht die ehemalige Schauspielerin Junko (I. A.) ein, daß ihr Mann (I. G.) ein haltloser Mensch ist. Beide trennen sich in Freundschaft, und Junko geht zur Bühne zurück. Sie findet die Welt verändert und steht vor neuen Problemen. Vor allem bewegen sie die Studentendemonstrationen gegen den Sicherheitspakt zwischen den USA und Japan. Die Schauspieler diskutieren häufig unter der Leitung von Ishiguro (K. H.) über diese Demonstrationen; eines Tages steht Junko auf der Straße, um Unterschriften gegen den Pakt zu sammeln. Bei einem Zusammenstoß zwischen Demonstranten und der Polizei wird Ishiguro verletzt. Junko, die noch vor wenigen Tagen seinen Heiratsantrag abgelehnt hatte, entschließt sich nun, ihn zu heiraten.

Hier wird ein ungewöhnliches Bild der japanischen Frau gezeigt. Hani greift aktuelle Probleme auf und behandelt sie mit durchaus modernen Mitteln. Die Kamera mischt sich unter die Demonstranten, holt mit dem Teleobjektiv die Menschen und Gesichter heran, ist insgesamt mehr auf Information als auf schöne Bilder versessen. Allerdings stehen sich das politische Engagement und der Bericht über die persönlichen Probleme einer geschiedenen Frau dramaturgisch gelegentlich im Wege, so daß der Film stellenweise etwas unausgeglichen wirkt.

Mne dwadzat let

(Ich bin zwanzig Jahre alt)

UdSSR, 1962–64

R: Marlen Chuzijew; A: Gwennadi Schpalikow, Marlen Chuzijew; K: Margarita Pilichina; D: Marjana Wertinskaja, Walentin Popow, Nikolai Gubenko, Stanislaw Lubschin

Die Helden des Films sind drei junge Leute (W. P., N. G., S. L.), die sich nach dem Militärdienst im Moskauer Alltag nicht recht heimisch fühlen. Sie bummeln und legen Wert auf gute Kleidung, statt sich um die Parteiarbeit zu kümmern. Slawa ist verheiratet und empfindet Frau und Kinder als Belastung; Kolja hat Ärger mit seinen Vorgesetzten in der Fabrik; Sergej verliebt sich in Anja (M. W.), die Tochter eines unsympathischen Funktionärs. Besonders Sergej fragt immer wieder nach dem Sinn des Lebens. Und er fragt schließlich in einer Traumvision seinen im Krieg gefallenen Vater um Rat. Aber der fragt zurück: »Wie alt bist du?« – »Dreiundzwanzig!« – »Ich bin zwanzig Jahre alt!« sagt der Vater – und verschwindet. Sergejs

Verhältnis zu Anja zerbricht, als er einsieht, daß Wohlleben und Skeptizismus keine brauchbaren Leitlinien sind. Er will mit den Idealen der Revolution endlich Ernst machen.
Der Film hieß zunächst *Sastawa Iljitscha* (Vorposten für Iljitsch), eine bewußt zweideutige Formulierung: So heißt das Moskauer Stadtviertel, in dem die Jungen wohnen, aber gleichzeitig ist das natürlich ein Hinweis auf Lenin. Der Film mißfiel Chruschtschow, der sich in einer Rede ausführlich mit ihm auseinandersetzte und ihm vorwarf, er zeichne ein falsches Bild der sowjetischen Jugend und verbreite Pessimismus. Er attackierte besonders die Szene der Traumvision, die er durchaus richtig als einen Hinweis interpretierte, daß die Generation der Väter den Jungen keinen akzeptablen Rat mehr geben könne. Der Film wurde schließlich nach zwei Jahren unter dem neuen, abschwächenden Titel freigegeben.
Formal ist er wenig eindrucksvoll; und auch die berühmte Traumsequenz wirkt aufgesetzt und nicht überzeugend. Immerhin zeigt er ein Bild Moskaus und seiner Menschen, das bei aller Vorsicht doch den offiziellen Optimismus dementiert. Seine Helden verlangen unverhüllt, daß die Parteibürokratie sich endlich der Ideale der Revolution entsinnt.

Moana Ⓢ

(Moana / Sohn der Südsee)

USA, 1923–25

R: Robert Flaherty, Frances Hubbard Flaherty; A: Robert Flaherty, Frances Hubbard Flaherty; K: Robert Flaherty, Frances Hubbard Flaherty; D: Eingeborene der Südsee

Der Film schildert das glückliche Leben des alten Lupenga, seiner Söhne Pea und Moana und seiner Tochter Fa-angase auf der Insel Samoa. Man sieht die Eingeborenen bei ihrer täglichen Beschäftigung, bei Fischfang, Jagd, dem Muschelsammeln und dem Bestellen der Felder. Moana kann von allen Burschen des Dorfes am besten tanzen. Schließlich kommt der Tag für die Mannbarkeitserklärung und die Tätowierung Moanas. Jetzt erst kann er mit den anderen Männern richtig zum Fischfang fahren.
Auch hier – wie schon in *Nanook of the north* – demonstriert Flaherty wieder das Leben der Eingeborenen am Beispiel eines Individuums. Sein Thema ist abermals der Kampf des »Primitiven« gegen die Natur, die aber bei allen Anforderungen, die sie an den Menschen stellt, doch als »heile Welt« begriffen wird.

Eine moderne Jungfrau von Orléans Ⓢ

Deutschland, um 1900

R: Max Skladanowsky; A: Eugen Skladanowsky; K: Max Skladanowsky; D: Eugen Skladanowsky

Eine ebenso kräftige wie unternehmungslustige Köchin (E. S.) bewirbt sich auf ein Inserat, in dem ein Professor Hasenfuß eine »Köchin zum Schutz des Hauses« sucht. In ihrer neuen Stellung erringt sie die Dankbarkeit des Professors und seiner Frau, weil sie drei nächtliche Einbrecher windelweich prügelt. Ihren Sieg feiert sie mit einer Parade, bei der plötzlich ein halbes Dutzend Soldaten durch die Küche marschiert.
Der rund 15 Minuten lange Film hat eine gewisse volkstümlich derbe Naivität, wobei die Anklänge an die Kunststücke der Zirkusclowns unverkennbar sind, von denen wohl auch die großen Gesten und die pausenlosen hektischen Bewegungen der Darsteller entlehnt sind. Höhepunkte der Gestaltung sind einige harmlose Tricks: Nach einem kräftigen Schlag läuft einer der Einbrecher »kopflos« herum; andere werden mit Hilfe eines Schnitts gegen gleich gekleidete Puppen vertauscht, so daß die schlagstarke Köchin diese Gegner nun genüßlich breittreten oder durch die Luft werfen kann.

Modern times

(Moderne Zeiten)

USA, 1932–35

R: Charles Chaplin; A: Charles Chaplin; K: Rollie Totheroh, Ira Morgan; D: Charles Chaplin, Paulette Goddard, Chester Conklin

Charlie (C. Ch.) ist Arbeiter am Fließband. Die Monotonie seiner Tätigkeit raubt ihm den Verstand; er führt einen grotesken Tanz auf und landet schließlich in einer Heilanstalt. Nach seiner Entlassung sieht er einen Lastwagen, der die an einer langen Stange hängende rote Fahne verliert. Er läuft hinter dem Wagen her, schwenkt die Fahne, um den Fahrer auf seinen Verlust aufmerksam zu machen, und sieht plötzlich hinter sich eine demonstrierende Menge, die mehr Lohn verlangt. Als vermeintlicher Rädelsführer kommt er ins Gefängnis. Nach seiner Entlassung trifft er ein Mädchen (P. G.); die beiden beschließen zusammenzubleiben. Charlie findet wieder Arbeit; aber ein Streik kostet ihn seine Stelle, und ein unglücklicher Zufall bringt ihn wieder ins Gefängnis. Nach seiner Entlassung wird er Kellner und Sänger in dem billigen Café, in dem seine Angebetete tanzt. Die Polizei taucht auf und sucht das Mädchen wegen Landstreicherei. Charlie kann mit ihm fliehen; sie ziehen gemeinsam in die Ferne.

Das erste Drittel des Films ist großartig. Die Monotonie der Fließbandarbeit ist mit bitterer Präzision eingefangen. Eine riesige Maschine, die Charlie erfaßt, zeigt die Bedrohung des Menschen; spätestens, als eine »Frühstücksmaschine« ihm das Essen ins Gesicht wirft, stirbt die optimistische Fiktion, Maschinen seien nur zum Wohl der Menschen da. Chaplins Vorbemerkung zum Film scheint bestätigt, in der es heißt: »*Modern times* ist die Geschichte der Industrie, des privaten Unternehmertums, der Kreuzigung der Menschheit auf ihrer Jagd nach dem Glück.«

Nach der Einlieferung in das Gefängnis verliert der Film dann allerdings seine dramaturgische Linie und seine innere Logik. Es folgen nun einzelne Episoden, die mit dem Thema des Films nur noch lose verbunden sind, die Charlie wieder bei privaten Kümmernissen und Abenteuern zeigen. Trotzdem bleibt *Modern times* einer der wenigen Hollywood-Filme der dreißiger Jahre, die sich mit den Problemen der Industriegesellschaft ernsthaft auseinandergesetzt haben.

Übrigens ist Chaplin auch in diesem Film noch stumm – mit Ausnahme eines Liedes, das er verzerrt und in schrecklichem Kauderwelsch singt. Und die Stimmen seiner Partner verfremdete er nach Möglichkeit durch verschiedene Toneffekte.

Moi, Pierre Rivière, ayant égorgé ma mère, ma sœur et mon frère...

(Ich, Pierre Rivière, der ich meine Mutter, meine Schwester und meinen Bruder getötet habe...)

Frankreich, 1976

R: René Allio; A: René Allio, Pascal Bonitzer, Jean Jourdheuil und Serge Toubiana nach der gleichnamigen, kollektiv erstellten Dokumentation, herausgegeben von Michel Foucault; K: Nurith Aviv; D: Claude Hébert, Joseph Leportier, Jacqueline Millière, Annick Gehan, Nicole Gehan

Am 3. Juni 1835 werden in dem Dorf La Faucterie in der Normandie die Leichen von Madame Rivière (J. M.), ihrer ältesten Tochter (A. G.) und ihrem jüngsten Sohn (N. G.) entdeckt. Madame Rivière lebte getrennt von ihrem Mann (J. L.). Als Täter wird durch die Aussage der Nachbarn Pierre Rivière (C. H.), Sohn und Bruder der Ermordeten, identifiziert. Pierre flüchtet und hält sich einen Monat in den Wäldern verborgen. Dann läßt er sich widerspruchslos verhaften. In der Zwischenzeit haben die polizeilichen Ermittlungen ein Bild des Täters ergeben. Danach ist Pierre geistig zurückgeblieben, tückisch und grausam. Aber der Untersuchungsrichter erlebt einen anderen Pierre. Der verteidigt sich zunächst mit der Behauptung, Gott habe ihm die Tat befohlen. Dann gibt er an, Mutter und Schwester getötet zu haben, um den Vater, den er leidenschaftlich liebt, von den Frauen, die ihn gequält hätten, zu befreien. Den Bruder habe er getötet, weil dieser Mutter und Schwester geliebt habe. In der Zelle schreibt Pierre eine »Autobiographie«, in der er auch die Gründe und die näheren Umstände der Tat schildert. Von nun an erzählt der Film die Ereignisse in Rückblenden gleichsam parallel – einmal auf der Basis dieses Berichtes, zum anderen nach den Zeugenaussagen. Im Prozeß widersprechen sich die Aussagen des Angeklagten, der Zeugen und des Sachverständigen. Das Urteil spiegelt diese Widersprüche: Pierre wird zum Tode verurteilt, aber gleichzeitig der Gnade des Königs empfohlen. Tatsächlich wird das Todesurteil in lebenslängliche Haft umgewandelt; doch Pierre Rivière erhängt sich in seiner Zelle.

Der Film stützt sich auf die erhaltenen Vernehmungsprotokolle, auf die Prozeßakten und die

etwa fünfzigseitige »Autobiographie«, in der Pierre Rivière das Leben im Dorf, seine Gedanken und seine Motive geschildert hat. Diese Unterlagen wurden von einem Arbeitskreis unter Leitung des Psychiaters und Historikers Michel Foucault gesammelt, der mit diesem Material die Verhältnisse der damaligen Zeit im Spiegel eines ungewöhnlichen Kriminalfalles aufzeigen wollte.
René Allio wollte mit seinem Film die gleiche aufklärerische Wirkung erzielen. Deshalb bemühte er sich um größtmögliche Authentizität. Er filmte in einem abgelegenen Dorf in der Normandie, rekonstruierte das Milieu der Vergangenheit mit fanatischer Detail-Besessenheit, ließ einfache Bauern in die Rollen ihrer Vorfahren schlüpfen. Aber erst das Bild Pierres belebt diese Chronik. Es ist das Bild eines jungen Mannes, der an der häuslichen Misere und der Enge des dörflichen Lebens zerbrochen ist, noch ehe seine Persönlichkeit sich festigen konnte, und dessen widersprüchliche Handlungen und Aussagen Allio nicht zu erklären versucht. »Ein Rätsel, das noch heute auf die gleiche Weise verwirrend ist«, schreibt er über seinen Protagonisten. Und dieses Rätsel beunruhigt auch den Zuschauer, provoziert ihn, läßt ihn abwägen und engagiert nach der Wahrheit suchen.

Moi uniwersitety

(Maxim Gorkis Weg ins Leben III: Meine Universitäten)

UdSSR, 1939

R: Mark Donskoi; A: Ilja Grusdjew und Mark Donskoi nach der Autobiographie von Maxim Gorki; K: Pjotr Jermolow; D: N. Walbert, Stepan Kajukow, Nikolai Dorochin, Nikolai Plotnikow

Alexejs (N. W.) Versuch, sich an der Universität Kasan einschreiben zu lassen, scheitert. Seine »Universitäten« werden das weite Land und die einfachen Menschen, mit denen er lebt und arbeitet. Er wird in einer Bäckerei angestellt und schreibt seinen ersten Zeitungsartikel über die unmenschlichen Zustände in den Backstuben. Aber der Artikel ändert nichts. Als er einen Streik organisieren will, lassen ihn seine Gefährten im Stich. Verzweifelt will er seinem Leben ein Ende machen und schießt sich eine Kugel in die Brust. Nach seiner Genesung muß er Kasan verlassen, weil er sich der Polizei verdächtig gemacht hat. Kreuz und quer zieht er durch das Land. Studenten, Arbeiter und Bauern sind seine Freunde. Hier empfängt er auch das Rüstzeug für seine spätere Arbeit als Schriftsteller.
Letzter Teil der sogenannten »Gorki-Trilogie«. Die anderen Teile sind *Detstwo Gorkowo* (1938) und *W ljudjach* (1938). Dieser dritte Teil hat etwas von der Lebensfülle und Lebensnähe eingebüßt, einiges ist hier ein wenig lehrhaft geraten. Aber auch hier gibt es wieder glänzend beobachtete Details – etwa das Leben in der Backstube oder der Kampf um die Solidarität der Unterdrückten.

Molière ou la vie d'un honnête homme

(Molière)

Frankreich, 1977

R: Ariane Mnouchkine; A: Ariane Mnouchkine; K: Bernard Zitzermann; D: Frédéric Ladonne, Philippe Caubère, Armand Delcampe, Jean Dasté, Jean-Claude Penchenat, Yves Gourville, Odile Cointepas

Die Lebensgeschichte des Jean-Baptiste Poquelin, der sich als Schauspieler und Autor Molière nannte und unter diesem Namen weltberühmt wurde: Das Kind (F. L.) verliert früh seine Mutter (O. C.) und wird vom Großvater (J. D.) rührend umsorgt; zunächst erlernt Jean-Baptiste (P. C.) beim Vater (A. D.) das Tapezierer-Handwerk, dann studiert er die Rechte, wird ein armseliger Wanderschauspieler, ehe er die Gunst des Herzogs von Orléans (Y. G.) und die König Ludwigs XIV. (J.-C. P.) gewinnt.
Die erfolgreiche Filmaufzeichnung ihrer Bühneninszenierung des Revolutionsstückes *1789* (1789 – Frankreich 1974) ermutigte Ariane Mnouchkine, den *Molière* als eigenständiges Filmwerk zu schaffen. Sie realisierte ihr Projekt in zwei Versionen: Neben einer rund vierstündigen Filmfassung entstand eine fünfteilige Fernseh-Serie, die noch etwa eine Stunde länger ist. Signifikante Stilunterschiede gibt es zwischen beiden Versionen nicht.

Ariane Mnouchkine erzählt in ihrem Film nicht nur einfach eine Künstler-Biographie, sie liefert einen grandiosen Bilderbogen, der in suggestiven Szenen und Sequenzen ein vergangenes Zeitalter beschwört, der im Spannungsfeld von Theater und Film einen eigenen Stil findet, der das dialektische Verhältnis von Fiktion und Realität zu aufregenden Kontrasten nutzt.

Es gibt unvergeßliche, aussagekräftige Szenen: Ein rauschhaftes Karnevalsfest der Studenten in Orléans wird von der Polizei blutig unterdrückt; der König läßt für sein Schloß Versailles einige prunkvolle venezianische Gondeln über die verschneiten Alpen transportieren; Molière bricht in einer Aufführung seines Schauspiels »Der eingebildete Kranke« todkrank zusammen, wird wegen der vermeintlichen darstellerischen Leistung bejubelt, schleppt sich sterbend unendlich lange eine schier endlose Treppe hinauf. Das sind nur einige Höhepunkte einer Inszenierung, die scharfsinnige Analyse und »großes Spektakel« zugleich ist.

Il momento della verità

(Augenblick der Wahrheit)

Italien/Spanien, 1964

R: Francesco Rosi; A: Francesco Rosi, Pedro Portabella, Ricardo Muñoz Suay, Pedro Beltrán; K: Gianni Di Venanzo, Ajace Parolin, Pasquale De Santis; D: Miguel Mateo Miguelin, José Gomez Sevillano

Miguel (M. M. M.) will nicht als armer Bauer enden wie sein Vater. Er geht in die Stadt. Aber auch hier bringt er es nicht weit, bis er sich entschließt, Stierkämpfer zu werden. Nach langem, hartem Unterricht wird er »entdeckt«, hat Erfolg und wird zum »Star«. Auf dem Höhepunkt seines Ruhms wird er von einem Stier getötet.

Rosi hat weder eine Apotheose des Stierkampfes noch ein Pamphlet gegen ihn gedreht. Er registriert nüchtern. Dabei wird in seinem Film deutlich, wie in bestimmten sozialen Situationen dieses Spiel mit dem Tod die einzige Chance für ein besseres Leben ist. Rosi zeigt den ärmlichen Bauernhof des Vaters, die Straßen der Großstadt, die billigen Lokale – alles, dem Miguel entfliehen will. Und in raffinierten Bildern zeigt er immer wieder den Stierkampf, beschwört seinen Mythos und führt ihn gleichzeitig ad absurdum.

Mon oncle d'Amérique

(Mein Onkel aus Amerika)

Frankreich, 1979

R: Alain Resnais; A: Jean Gruault, inspiriert von den Arbeiten von Henri Laborit; K: Sacha Vierny; D: Gérard Depardieu, Nicole Garcia, Marie Dubois, Roger Pierre, Nelly Borgeaud, Pierre Arditi

Der Film »mischt« drei Schicksale und die Thesen des Verhaltensforschers Laborit. Jean (R. P.) stammt aus dem Bürgertum der Provinz. Er macht in Paris Karriere als Professor, Politiker, vorübergehend auch als Rundfunk-Direktor und heiratet seine Jugendfreundin Arlette (N. B.). – René (G. D.) ist das Kind armer Bauern. Er entflieht der häuslichen Misere und wird Textil-Ingenieur. – Auch Janine (N. G.) drängt es mit Macht aus dem Elternhaus. Ihr Vater ist ein klassenbewußter Arbeiter; sie wird Schauspielerin und hat einen kurzlebigen Erfolg in einem Avantgardestück. – Eines Tages kreuzen sich die Lebenswege dieser Menschen. Jean und Janine treffen sich in Paris und verlieben sich. Sie ziehen zusammen. Aber Arlette ist nicht bereit, kampflos zu verzichten, und gewinnt ihren Mann durch eine raffinierte Intrige zurück. Janine wechselt den Beruf und wird Designerin. So lernt sie René kennen, der sich eine gutbürgerliche Existenz aufgebaut hat und mit der Lehrerin Thérèse (M. D.) verheiratet ist. Aber der Familienbetrieb, in dem er arbeitet, wird von einem internationalen Konzern aufgekauft. René erhält eine neue Aufgabe, weit weg von seinem Wohnort, den Thérèse nicht verlassen will. Die Ehe wird zur Wochenend-Ehe. Bald zeigt sich, daß René den beruflichen und privaten Belastungen nicht gewachsen ist. Er macht einen Selbstmordversuch. Jean und Janine treffen sich noch einmal; und Janine erfährt, daß nur eine Lüge Arlettes sie damals zum Verzicht auf den Geliebten bewogen hat.

Der Film beobachtet drei Menschen bei ihrem Kampf um Erfolg und Glück. Ein Kampf ums Dasein! Mehrfach tritt zwischendurch Professor Laborit auf und unterbricht die Handlung, um

Die Mörder sind unter uns (Hildegard Knef, Ernst Wilhelm Borchert)

die Konfliktsituationen und die Reaktionen der Protagonisten mit den Theorien der Verhaltensforschung zu erklären. Am Ende laufen statt der Darsteller Ratten durch die Dekoration . . .
Resnais wollte hier sicher keinen »Lehrfilm« drehen, wollte nicht wissenschaftliche Theorien bebildern. In einem Interview sagte er, er habe es »amüsant« gefunden, einmal nicht aus einer erfundenen Geschichte und fiktiven Charakteren eine Theorie zu entwickeln, sondern Theorie und Fiktion zu trennen und ihnen »nur eine Koexistenz zu erlauben«. Entstanden ist dabei ein in der Tat amüsantes und gleichzeitig intelligentes Denkspiel, das das Spannungsfeld zwischen Schein und Sein auf ungewöhnliche Weise nutzt. Der gelegentlich geäußerte Vorwurf, Resnais beraube sich durch seine Berufung auf Laborit selbst der künstlerischen Freiheit und der Möglichkeiten der Phantasie, überzeugt nicht recht, da die Möglichkeiten der zitierten Koexistenz hier an einer durchaus phantasievollen Erzählung erprobt werden. Der im Titel beschworene »Onkel aus Amerika«, der dann nie auftaucht, verweist gleichzeitig auf eine ironische Brechung, für die Laborits Thesen wohl ohnehin nicht zuständig sind.

Monsieur Verdoux

(Monsieur Verdoux / Der Heiratsschwindler von Paris / Monsieur Verdoux – der Frauenmörder von Paris

USA, 1944–46

R: Charles Chaplin; A: Charles Chaplin nach einer Idee von Orson Welles; K: Rollie Totheroh, Curt Courant, Wallace Chewing; D: Charles Chaplin, Isobel Elsom, Martha Raye, Marilyn Nash, Mady Correll

Nachdem er beim großen Bankkrach 1929 seine Stellung verloren hat, wird der kleine Angestellte Monsieur Verdoux (C. C.) zum mörderischen Heiratsschwindler, der reichen alten Frauen ihr Vermögen abschmeichelt und sie dann umbringt. So ernährt er seine gelähmte Frau (M. C.) und seinen Sohn. Aber nach einem runden Dutzend gelungener Unternehmen gibt es Schwierigkeiten. Die ordinäre Annabelle (M. R.), der er sich als forscher Kapitän vorgestellt hat, widersteht mehreren Mordversuchen – sei es, weil ein Giftfläschchen vertauscht wird, sei es, weil bei einer Bootsfahrt plötzlich Zeugen auftauchen. Und als Annabelle auch noch bei seiner nächsten Hochzeit mit Madame Grosnay (I. E.) unter den Gästen auftaucht, bleibt ihm nur schnelle Flucht. Bei einer erneuten Bankkrise verliert er sein angesammeltes Vermögen; das besiegelt sein Schicksal. Als er in einem Restau-

rant von den Angehörigen eines Opfers erkannt wird, läßt er sich festnehmen, obwohl Renée (M. N.) ihm helfen will – Renée, die er einmal auf der Straße aufgelesen hat, um an ihr ein neues Gift auszuprobieren, von deren Geschichte er sich dann rühren ließ und die heute die Geliebte eines Rüstungsfabrikanten ist. Verdoux wird zum Tode verurteilt und hingerichtet.
Chaplin nannte seinen Film im Untertitel »A comedy of murder« (Eine Komödie des Mordes). Er stellt einen sanften Mörder vor, der sein Gewerbe ohne Skrupel wie eine schöne Kunst betreibt. Am Ende rechtfertigt sich Verdoux: »Ein einziger Mord stempelt den Menschen zum Mörder ... aber Millionen von Morden machen ihn zum Helden. Die Maßstäbe rechtfertigen alles, mein Lieber.« *Monsieur Verdoux* ist der erste normale »Dialogfilm« von und mit Chaplin. Die Verwandtschaft zwischen Verdoux und dem Landstreicher Charlie ist jedoch unverkennbar. Beide tragen den Kampf ums Überleben mit naiver Skrupellosigkeit aus. Schon Charlie war mit seinen Gegnern oft recht rücksichtslos verfahren; auch Verdoux hat sentimentale Anwandlungen, wenn er seinen Sohn mahnt, die Katze nicht zu quälen, oder wenn er eine Raupe liebevoll vom Gartenweg in Sicherheit bringt. Verdoux könnte so etwas wie eine Traumvorstellung Charlies sein – so erfolgreich und so elegant, wie jener stets gern sein wollte. Chaplin wurde wegen dieses Films heftig angegriffen; man warf ihm Sadismus und Perversität vor. Er erklärte lediglich: »Ich wollte unter bestimmten drastischen Bedingungen Mitleid für die ganze Menschheit wecken.«

Der Mörder Dimitri Karamasoff

Deutschland, 1931

R: Fedor Ozep (Bild), Erich Engels (Dialoge); A: Leonhard Frank, Fedor Ozep und Victor Trivas nach Motiven des Romans *Die Brüder Karamasow* von Fjodor Dostojewski; K: Friedl Behn-Grund; D: Fritz Kortner, Anna Sten, Max Pohl, Fritz Rasp, Bernhard Minetti

Dimitri Karamasoff (F. K.) erfährt, daß sein Vater (M. P.) ein Verhältnis mit der leichtlebigen Gruschenka (A. S.) hat. Als er den Vater zur Rede stellen will, lernt er Gruschenka kennen und verliebt sich selbst in sie. Er verläßt seine Braut und denkt sogar daran, den Vater zu töten. Zwar gibt er den Mordplan wieder auf, aber als er zu Gruschenka zurückeilt, wird der Vater von seinem unehelichen Sohn Smerdjakow (F. R.), der als Diener im Haus lebt, umgebracht. Während Dimitri mit Gruschenka seine Verlobung feiert, erscheint die Polizei. Dimitri wird verhaftet und trotz des Selbstmordes Smerdjakows als vermeintlicher Mörder seines Vaters in die Verbannung nach Sibirien geschickt. Gruschenka begleitet ihn.
Der russische Regisseur Ozep hat in seinem Film vor allem die Stimmungen ausgekostet. Eisenbahnfahrten, Abende im Haus Karamasoffs, selbst ausgelassene Feiern werden zu düster drohenden Visionen kommenden Unheils. Kortner spielt den Dimitri als einen Gehetzten, der gleichsam zum Untergang geboren ist; auch die Liebesszenen mit Anna Sten scheinen schon von der künftigen Katastrophe gezeichnet.

Die Mörder sind unter uns

DDR, 1946

R: Wolfgang Staudte; A: Wolfgang Staudte; K: Friedl Behn-Grund, Eugen Klagemann; D: Ernst Wilhelm Borchert, Hildegard Knef, Arno Paulsen

Der Arzt Dr. Mertens (E. W. B.) ist mit einem Schuldkomplex aus dem Krieg in das zerstörte Berlin zurückgekommen. Er ist in Polen Zeuge geworden, wie ein Offizier unschuldige Geiseln hat erschießen lassen. Und ausgerechnet diesen Offizier trifft er in der Gestalt des ehrbaren Fabrikanten Brückner (A. P.) in der Heimat wieder. Außerdem lernt er eine ehemalige KZ-Insassin (H. K.) kennen, die sich um ihn kümmert und ihn liebt. Sie hält ihn auch zurück, als er Brückner erschießen will. Im Schlußbild sieht man Brückner hinter den Gittern seines Fabriktores stehen und seine Unschuld beteuern, während über dieses Bild eine lange Kamerafahrt über Soldatengräber kopiert ist.
In der Originalfassung des Drehbuchs erschießt Mertens Brückner tatsächlich. Dieser Schluß wurde auf Wunsch des sowjetischen Kulturoffiziers geändert, da eine derartige Selbstjustiz nicht propagiert werden sollte.
Einige Kritiker haben Staudte später vorgeworfen, daß sein Film da ende, wo er hätte begin-

nen müssen; sie haben argumentiert, der Film handele von Einsamkeit, Verzweiflung und Ohnmacht des Individuums und er versage sich die nüchterne Analyse der Schuld und das klärende Gerichtsverfahren. Sicher sind diese Argumente nicht einfach von der Hand zu weisen. Damals allerdings war dieser Film (ähnlich wie Käutners *In jenen Tagen*) ein durchaus hoffnungsvoller Ansatz. Hier bekannte man sich wenigstens noch zur Vergangenheit und ihren Problemen. Aber dieser Ansatz wurde schnell verspielt. In späteren »Trümmerfilmen« wurde eigentlich nur noch den Betroffenen deutlich, wie diese Trümmer entstanden waren...

Formal bevorzugt Staudte hier ein magisches Helldunkel, ein expressives Spiel mit Lichtern und Schatten, das die innere Zerrissenheit des Helden widerspiegelt, das jedoch gelegentlich den Realismus der Szenerie in Frage stellt. Die Trümmerberge erscheinen manchmal eher als Symbole denn als reale Zeichen der Zerstörung.

Die Mörder sind unter uns war der erste Film, der nach dem Krieg in Deutschland gedreht wurde.

Morgenrot

Deutschland, 1932

R: Gustav Ucicky; A: Gerhard Menzel nach einer Idee von R. Freiherr von Spiegel; K: Carl Hoffmann; D: Rudolf Forster, Adele Sandrock, Fritz Genschow, Franz Nicklisch

Kapitänleutnant Liers (R. F.) versenkt mit »U 21« einen feindlichen Kreuzer, der einen alliierten General nach Rußland bringen soll. Dann wird »U 21« in ein Gefecht mit einer britischen »U-Boot-Falle« verwickelt. Zwar kann auch dieser Gegner unschädlich gemacht werden; aber bei dem Versuch, die feindliche Besatzung zu retten, wird das Boot von einem Zerstörer gerammt und versenkt. Zehn Überlebende sind im Boot, nur acht Tauchretter sind vorhanden; so wollen die Kameraden lieber gemeinsam sterben. Doch Oberleutnant Fredericks (F. G.) erfährt, daß das Mädchen, das er liebt, sich für den Kapitän entschieden hat. Er begeht Selbstmord. Der Matrose Petermann (F. N.) opfert sich für seine Kameraden. Die acht Überlebenden können sich retten.

Der Krieg erscheint hier als ritterliches Spiel, als die große, unausweichliche Bewährungsprobe. Liers hat bereits zwei Brüder im Krieg verloren, trotzdem philosophiert er angesichts des Todes: »Zu leben verstehen wir Deutschen vielleicht schlecht, aber sterben können wir jedenfalls fabelhaft!« Diese Einstellung bestimmte später viele deutsche Kriegsfilme.

Der Film entstand vor der Machtergreifung Hitlers. Noch gibt es in ihm auch Mitgefühl für die Leiden des Gegners; und wie der Heldentod nicht ohne Triumph ist, so bleibt der Sieg nicht ohne Bitterkeit. Aber das fatale Ideal, das hier gezeigt wurde, ließ sich ohne große Schwierigkeit ummünzen. Hitler konnte zufrieden sein, als er am 2. Februar 1933 die Uraufführung dieses Films besuchte.

Bei einer Kritikerumfrage der »New York Times« wurde dieser Film übrigens unter die zehn besten Filme des Jahres gewählt.

Morocco

(Marokko / Herzen in Flammen)

USA, 1930

R: Josef von Sternberg; A: Jules Furthman nach dem Roman *Amy Jolly* von Benno Vigny; K: Lee Garmes; D: Marlene Dietrich, Gary Cooper, Adolphe Menjou

Amy Jolly (M. D.), eine junge Kabarettkünstlerin, kommt mit dem Schiff nach Marokko. An Bord hat sich der reiche Mr. Kennington (A. M.) um sie gekümmert; aber sie hat sein Angebot, als seine Assistentin zu arbeiten, zurückgewiesen. Bald ist Amy die Attraktion einer Hafenkneipe. Dort trifft sie den Fremdenlegionär Tom Brown (G. C.), der ohne Hoffnung und einsam ist wie sie. Sie verlieben sich ineinander. Noch einmal taucht Kennington auf. Jetzt ist er sogar bereit, Amy zu heiraten. Sie folgt jedoch lieber ihrem Tom in die Wüste.

Der Film lebt weniger von seiner etwas klischeehaften und larmoyanten Handlung als vielmehr von der Atmosphäre einer großen Leidenschaft, eines unbedingten Gefühls, die Sternberg eindringlich beschwört. Zum echten Höhepunkt wird die Schlußszene, als Amy den abmarschierenden Fremdenlegionären folgt und neben anderen Frauen mühsam durch den Wüstensand stapft.

Morte a Venezia
(Der Tod in Venedig)

Italien, 1970

R: Luchino Visconti; A: Luchino Visconti und Nicola Badalucco nach der gleichnamigen Novelle von Thomas Mann; K: Pasquale De Santis; D: Dirk Bogarde, Björn Andresen, Silvana Mangano

Der Komponist Gustav von Aschenbach (D. B.) verbringt einen Urlaub in einem Luxushotel in Venedig. Er begegnet dort dem polnischen Knaben Tadzio (B. A.), einem Kind von rätselhafter Schönheit, der er vollständig verfällt. Aschenbach beobachtet, verfolgt, belauert Tadzio, ohne daß es auch nur zu einem Gespräch zwischen beiden käme. Der Komponist zerbricht an dieser Liebe. Er stirbt in einem Liegestuhl am Strand, während er wieder einmal Tadzio beobachtet. Vielleicht stirbt er an der Cholera, vielleicht deshalb, weil er weiß, daß Tadzios Mutter (S. M.) mit ihren Kindern abreisen wird, vielleicht auch an der Ausweglosigkeit seines Lebens.

Aus dem selbstbewußten Dichter in der Novelle Thomas Manns ist bei Visconti ein zerquälter, durch den Mißerfolg seiner letzten Komposition tief getroffener Komponist geworden. Gemeint ist wohl in beiden Fällen Gustav Mahler, aus dessen 3. und 5. Symphonie auch die Musik zu diesem Film stammt. Aus dieser Vorlage nun hat Visconti eine subtile und suggestive Studie des Untergangs gemacht. Schon die betörend schönen Bilder der Eingangssequenz, Aschenbachs Ankunft in Venedig, sind von Todesahnung erfüllt, zeigen den Komponisten eigentlich als Todgeweihten. Ähnlich wie in seinen vorhergehenden Filmen, aber noch konsequenter zelebriert Visconti den Untergang in Schönheit, dem er allerdings auch einen höhnischen Akzent aufsetzt: Aschenbach ist von einem geschäftstüchtigen Friseur beschwatzt worden, sich das Haar färben, die Lippen schminken und die Wangen pudern zu lassen. Im Todeskampf mischt sich die Haarfarbe mit den Schweißtropfen, die nun über seine Stirn laufen wie Blutstropfen.

»Das wirkliche Thema der Geschichte ist die Suche des Künstlers nach Vollendung und die Unmöglichkeit, je Vollendung zu finden; in dem Augenblick, in dem der Künstler zur Vollendung findet, erlischt er« (Luchino Visconti).

Morte a Venezia (Dirk Bogarde)

Mouchette
(Mouchette)

Frankreich, 1967

R: Robert Bresson; A: Robert Bresson nach der Erzählung *Die Geschichte der Mouchette* von Georges Bernanos; K: Ghislain Cloquet; D: Nadine Nortier, Jean-Claude Guilbert, Maria Cardinal

Die kleine Mouchette (N. N.) lebt unter menschenunwürdigen Umständen in einem Dorf in Südfrankreich. In ihrer Familie, in der Schule, bei Bekannten sucht sie vergeblich Liebe und Verständnis. Als der epileptische Wilderer Arsène (J. C. G.) sie vergewaltigt, sucht sie selbst dieser brutalen Tat noch einen Aspekt von Zärtlichkeit abzugewinnen. Mit dem Tod der Mutter (M. C.) erfüllt sich auch ihr Schicksal: Sie hüllt sich in ein altmodisches weißes Kleid, das neugierige Nachbarn ihr in vorgetäuschtem Mitleid geschenkt haben, und läßt sich langsam von einem Hügel ins Wasser hinabrollen.

Nach Bressons Worten herrscht in diesem Film eine »Solidarität des Bösen« gegen das einsame junge Mädchen; und zweifellos ist ihr Tod am Schluß weniger ein Selbstmord als vielmehr ein Mord, den ein ganzes Dorf an einem wehrlosen Kind begeht. In der Schilderung des elenden Milieus steckt viel Sozialkritik; aber die eigentliche Handlung spielt sich – typisch für Bresson – im Menschen ab. In kleinen Szenen, zum Beispiel auf dem Jahrmarkt, wird Mouchettes Sehnsucht nach Glück deutlich. Aber ein Fasan, der in einer Schlinge zappelt, signalisiert schon früh, daß es für Mouchette keine Befreiung geben wird.

Bresson hat das wieder mit Laiendarstellern in seiner strengen Bildsprache und unter Verzicht auf alle spektakulären Effekte gestaltet. Gerade die »Beiläufigkeit«, mit der er schildert, macht jedoch das Ungeheuerliche des Vorgangs deutlich.

Mouchette (Nadine Nortier)

Moulin Rouge
(Moulin Rouge)

England, 1952

R: John Huston; A: Anthony Veiller und John Huston nach einem Roman von Pierre La Mure; K: Oswald Morris; D: José Ferrer, Colette Marchand, Zsa Zsa Gabor, Suzanne Flon

Ein Lebensbild des Malers Toulouse-Lautrec (J. F.). Der verkrüppelte, zwergenhafte Mann glaubt, bei dem Straßenmädchen Marie Charlet (C. M.) Liebe gefunden zu haben, bis sie ihm brutal sagt, sie sei nur aus Berechnung bei ihm geblieben und habe sein Geld ihrem Liebhaber Bébert gegeben. Enttäuscht sucht Lautrec Vergessen im Alkohol und in der Arbeit. Seine bekanntesten Bilder, die Plakate für das »Moulin Rouge« entstehen. Durch die Sängerin Jane Avril (Z. Z. G.) lernt er die schöne Myriamme (S. F.) kennen. Sie liebt ihn; aber er mag an die Liebe nicht mehr glauben und stößt sie zurück. Weitere Ausschweifungen und schließlich ein Unfall machen seinem Leben ein Ende. Er stirbt im Schloß seiner Eltern.

Bemerkenswert ist an diesem Film vor allem die Farbgestaltung. Durch ein raffiniertes Aufnahmeverfahren wurden Farbwirkungen erzeugt,

die denen auf den Bildern Toulouse-Lautrecs entsprechen. Schon von hier gewinnt der Film Atmosphäre. Weniger glücklich beraten war Huston, als er viele Details der Bilder Lautrecs vor der Kamera so sorgfältig nachgestaltete, daß der Maler auf diese Weise gelegentlich als penibler Realist erscheint.
Vorzüglich sind auch Maske und darstellerische Leistung von José Ferrer in der Hauptrolle.

Mr. Deeds goes to town

(Mr. Deeds geht in die Stadt)

USA, 1936

R: Frank Capra; A: Robert Riskin nach der Erzählung *Opera hat* von Clarence Budington Kelland; K: Joseph Walker, E. Roy Davidson; D: Gary Cooper, Jean Arthur, George Bancroft, John Wray

Der Hobby-Posaunist und Kleinstadt-Poet Longfellow Deeds (G. C.) erbt unversehens 20 Millionen Dollar. Um die Erbschaft anzutreten, muß er nach New York, wo er sich äußerst unwohl fühlt, zumal in einer Zeitung lange Artikel über den »Cinderella-man« (Aschenbrödel-Mann) erscheinen, über die die ganze Stadt lacht. Deeds weiß nicht, daß Babe Bennett (J. A.), die er scheinbar zufällig getroffen hat und seither liebt, die Verfasserin der Artikel ist. Ein ruinierter Farmer (J. W.) will den spleenigen Millionär erschießen; statt dessen läßt sich Deeds von ihm über die Not der Farmer aufklären und beschließt, ihnen zu helfen. Ausgerechnet jetzt aber will ihn ein anderer Verwandter für unzurechnungsfähig erklären lassen, um selbst das Erbe antreten zu können. Es kommt zu einem Prozeß, bei dem Deeds – tief verletzt – auf eine Verteidigung verzichtet, da er unterdessen Babes Rolle erkannt hat. Erst als Babe in aller Öffentlichkeit erklärt, daß sie ihn liebt, rafft er sich auf und beweist, daß Richter, Geschworene und Sachverständige mindestens genauso »verrückt« sind wie er.
Der Film war ein großer Publikumserfolg – dank guter darstellerischer Leistungen, einer einfallsreichen Regie und eines Themas, das zur Zeit des »new deal« vielen Amerikanern auf den Nägeln brannte. In der Kritik war und blieb er umstritten. Es wurde ihm vorgeworfen, er habe ein ernsthaftes Problem allzu oberflächlich behandelt. Sicher wollte auch Capra die landwirtschaftlichen Probleme nicht durch Stiftungen schrulliger Millionäre lösen; er wollte in seiner Komödie Fehlhaltungen der Gesellschaft entlarven, die Gutmütigkeit und soziales Engagement sogleich als Zeichen von Dummheit interpretiert.

Mr. Smith goes to Washington

(Mr. Smith geht nach Washington)

USA, 1939

R: Frank Capra; A: Sidney Buchman nach einer Erzählung von Lewis R. Foster; K: Joseph Walker; D: James Stewart, Jean Arthur, Claude Rains, Edward Arnold, Guy Kibbee

Der gutmütig vertrottelte Jefferson Smith (J. S.) zieht in den Kongreß ein, wo Parteichef Taylor (E. A.), Gouverneur Hopper (G. K.) und Senator Paine (C. R.) ihn als »nützlichen Idioten« für ihre korrupten Machenschaften mißbrauchen wollen. Die erste Pressekonferenz wird für Smith nahezu zur Katastrophe, da er sich auf ihr vornehmlich als Vogelstimmenimitator betätigt. Er erhält vernichtende Pressekritiken und will nach Haus zurückkehren; aber seine Sekretärin Saunders (J. A.), die ihr Herz für ihn entdeckt hat, ermuntert ihn weiterzumachen. Sie entdeckt auch, daß Paine ihren Chef hintergeht. Paine schlägt zurück und bezichtigt seinerseits Smith der Korruption. Unter dem Einfluß von Saunders wird Smith zum furchtlosen Kämpfer. In einer 23stündigen Marathon-Rede im Senat deckt er die Machenschaften Paines und seiner Helfershelfer auf. Paine verliert die Nerven und gesteht. Smith sinkt ohnmächtig zusammen, während der Senat ihm applaudiert.
Ein typischer Capra-Film: Ein biederer und etwas skurriler Kleinbürger setzt sich gegen die korrupten Machenschaften der »Großen« durch. Diesmal ist der Humor etwas schwerfälliger, die politische Botschaft plakativer als etwa in dem vergleichbaren Film *Mr. Deeds goes to town.*

Mudar de vida

(Das Leben ändern)

Portugal, 1966

R: Paulo Rocha; A: Paulo Rocha und Antonio Reis; K: Elso Roque; D: Geraldo del Rey, Maria Barroso, Isabel Ruth, João Guedes, Nunes Vidal

Nach dem Militärdienst in Afrika kehrt Adelino (G. d. R.) in seine Heimat, ein armseliges Fischerdorf, zurück. Seine Freundin Julia (M. B.) ist unterdessen die Frau seines älteren Bruders (N. V.) geworden. Aber sie hat Adelino nicht vergessen, und sie verlangt nach ihm, als sie nach schwerer Krankheit stirbt. Das Dorf ist auf doppelte Weise vom Untergang bedroht: Die traditionellen Fischereimethoden sind unrentabel geworden, außerdem spült die Brandung Stück um Stück von den Dünen fort, auf denen die ärmlichen Hütten der Fischer stehen. Trotzdem will Adelino bleiben. Als sich herausstellt, daß seine Kriegsverletzung ihn für die schwere Arbeit auf See untauglich gemacht hat, arbeitet er für den Viehzüchter Inácio (J. G.). Dabei verliebt er sich in Inácios Schwester Albertina (I. R.), die als unberechenbare Einzelgängerin gilt. Ihr vertraut er an, daß man sein Leben ändern und irgendwo von vorn anfangen müsse. Mit ihr zusammen wird ihm dieser Anfang vielleicht gelingen.

Die Liebesgeschichte ist hier nur der rote Faden für die Behandlung sozialer Probleme, für eine Bestandsaufnahme des Lebens in einem kleinen portugiesischen Fischerdorf. Rocha hat gesagt: »Wenn ich etwas sehe, das vom Dokumentarischen her interessant für mich ist, so habe ich immer große Lust, es in eine Geschichte zu verwandeln. Ich bin fest davon überzeugt, daß man mit den Mitteln der Fiktion Dokumentarisches viel besser deutlich machen kann als mit den Mitteln des reinen Dokumentarfilms.« Hier ist die Verbindung beider Möglichkeiten einleuchtend gelungen. Das soziale Problem bedingt das private Schicksal; in der Liebesgeschichte spiegelt sich wiederum das Schicksal des ganzen Dorfes. Rocha filmte in einem spröden Stil, mit Schauspielern und Laien, in einem der Dörfer, dessen Schicksal er schildert. Was in seinem Erstlingswerk *Os verdes anos* (Die grünen Jahre, 1963) noch an Melodramatik gemahnte, das wird hier zur nüchternen Bilanz.

Der müde Tod Ⓢ

Deutschland, 1921

R: Fritz Lang; A: Fritz Lang, Thea von Harbou; K: Fritz Arno Wagner, Erich Nitzschmann, Hermann Saalfrank, Bruno Mondi; D: Bernhard Goetzke, Lil Dagover, Walter Janssen.

Ein junges Liebespaar (L. D., W. J.) kommt in eine kleine Stadt und lernt dort einen geheimnisvollen Fremden (B. G.) kennen, von dem man in Rückblenden erfährt, daß er ein Grundstück nah am Friedhof gekauft und mit einer hohen Mauer ohne Tor umgeben hat. Als die Frau den Mann einen Moment allein läßt, ist er mit dem Fremden verschwunden. Sie sucht ihn vergeblich, greift zum Giftbecher und sieht sich plötzlich vor der Mauer am Besitztum des Fremden. Sie begegnet dem Fremden, der der Tod ist. Verzweifelt bittet sie ihn, ihr den Geliebten zurückzugeben. Er führt sie in einen großen Saal voller flackernder Kerzen, Lebenslichter, und fordert sie auf, ihn zu besiegen und drei Kerzen vor dem Erlöschen zu bewahren. In drei eingeschobenen Episoden sieht man die Geschichten der Kerzen. Die erste Episode spielt in einer mohammedanischen Stadt, die zweite zur Renaissance-Zeit in Venedig, die dritte in einem märchenhaften China. In allen Episoden wird ein Liebespaar durch den Tod des Mannes getrennt. Das Schicksal ist nicht aufzuhalten. Aber der Tod gibt ihr noch eine Chance: Sie soll ein anderes Leben für das ihres Geliebten bringen. Aber weder der alte Apotheker noch ein Bettler oder die kranken Insassen des Spitals wollen ihr Leben für sie opfern. Als sie schließlich die Chance hätte, den Tod eines Kindes, das sie aus dem brennenden Spital gerettet hat, als Lösegeld zu bieten, da widerruft sie die Abmachung und folgt dem Geliebten ins Reich der Toten.

Romantische Stimmung und Resignation bestimmen diesen Film, in dem der Tod seines Amtes müde geworden ist und sich geradezu danach sehnt, von der jungen Frau »besiegt« zu werden. (Zwischentitel: »Ich bin es müde, die Leiden der Menschen mitanzusehen und hasse meinen Beruf.« – »Ich würde dich wahrlich segnen, wenn du mich besiegen könntest.«) Für Siegfried Kracauer (*Von Caligari bis Hitler*) manifestiert sich in diesem Film vor allem dumpfe Schicksalsgläubigkeit, die zu politischer Indifferenz, wenn nicht gar zur Bejahung einer autori-

Der müde Tod (Bernhard Goetzke, Lil Dagover)

tären Gesellschaftsordnung führt. Aber auch Kracauer rühmt die technisch und künstlerisch vollendete Bildsprache – vor allem in der Renaissance-Episode – und die trickreiche Märchenwelt des alten China, in der ein Zauberer fantastische »Wunder« vollbringt, die Douglas Fairbanks zu seinem Film *The thief of Bagdad* (Der Dieb von Bagdad, USA 1924) angeregt haben sollen.

Kaum weniger eindrucksvoll ist aber auch die gesamte »Haupthandlung« – die Szenen in dem romantisch verwinkelten deutschen Städtchen und in der majestätisch düsteren Halle des Todes. Wesentliche Wirkungen verdankt Lang dabei den Bauten (Walter Röhrig, Hermann Warm, Robert Herlth), die er vor allem durch geschickte Lichteffekte zu plastischem Leben erweckte und in seine Gestaltung einbezog.

Der Film hatte auch im Ausland einen großen Erfolg. Neben *Das Cabinet des Dr. Caligari* stand er damals für eine Erneuerung des deutschen Films. Für den Regisseur Fritz Lang bedeutete er den endgültigen Durchbruch.

La muerte de un burocrata

(Der Tod eines Bürokraten)

Kuba, 1966

R: Tomás Gutiérrez Alea; A: Alfredo L. del Cueto, Gaspar de Santelices, Ramón F. Suárez, Tomás Gutiérrez Alea; K: Ramón F. Suárez; D: Salvador Wood, Silvia Planas, Gaspar de Santelices, Manuel Estanillo

Paco ist einem ungewöhnlichen Arbeitsunfall zum Opfer gefallen: Eine von ihm konstruierte Maschine zur Herstellung vaterländischer Gedenkbüsten hat ihn buchstäblich verschluckt. Um den Toten zu ehren, haben ihm die Genossen sein Arbeitsbuch mit in den Sarg gelegt. Just dieses Buch braucht aber seine Witwe (S. P.), um eine Rente zu erhalten. Pacos Neffe (S. W.) weiß Rat: Man muß den Onkel exhumieren. Da das legal nicht gelingt, geschieht es nach mancherlei Zwischenfällen eben heimlich. Doch damit ist wenig gewonnen; denn nun muß der Onkel ja wieder beerdigt werden. Und das ist gar nicht so einfach bei einer Leiche, die offiziell längst friedlich im Grabe ruht. Auf seinem Weg durch Ämter und Institutionen macht Paco seltsame Erfahrungen, die schließlich dazu führen, daß er in einem Anfall geistiger Verwirrung den zuständigen »Bürokraten« erwürgt und in eine Anstalt gebracht wird.

Muerte de un ciclista (Alberto Closas, Carlos Casaravilla)

Der Film macht sich weidlich über Fehler und Mängel in der neuen Gesellschaft der Revolutionäre lustig. Er attackiert hohle Phrasen, organisierte Begeisterung, freiwillige Selbstverpflichtungen, den sozialistischen Realismus und vieles mehr.

Als Stilmittel zitiert und parodiert Alea ganz bewußt große Vorbilder – von den Tortenschlachten der Stummfilmzeit, die hier als »Kranzschlacht« auf dem Friedhof variiert werden, bis zu Angstträumen à la Buñuel. Aber er hat diese Fülle von Einflüssen, Zitaten und Parodien zu einem ganz persönlichen Stil verarbeitet. Dabei verwässert alles komische Durcheinander nicht den kritischen Aspekt des Films.

Muerte de un ciclista

(Der Tod eines Radfahrers)

Spanien/Italien, 1954

R: Juan Antonio Bardem; A: Juan Antonio Bardem nach einer Idee von Luis F. de Igoa; K: Alfredo Fraile; D: Lucia Bosé, Alberto Closas, Otello Toso, Carlos Casaravilla

Bei einer Ausfahrt mit seiner Geliebten, Maria José (L. B.), der Frau eines reichen Industriellen, überfährt und tötet der Universitätsdozent Juan (A. C.) einen Radfahrer. Er begeht Fahrerflucht; denn eine polizeiliche Untersuchung würde Maria José und ihn gesellschaftlich ruinieren. Es folgen Tage voller Angst, die sich steigert, als der Kunstkritiker Rafa (C. C.) Maria José andeutet, er besitze Informationen, deren Verschweigen sie ihm bezahlen müsse. Doch dann stellt sich heraus, daß Rafa nur von ihrem Kontakt zu Juan weiß; Maria José kann ihren Mann beruhigen. Während Maria José allem entfliehen will, indem sie ihren Mann auf eine Reise in die USA begleitet, ist Juan zur Einsicht gekommen. Er verzichtet auf seinen Posten an der Universität, den er nur der Protektion verdankt, und will sich der Polizei stellen. In einer Aussprache will er Maria José überzeugen, das gleiche zu tun. Aber sie will nicht auf Reichtum und Luxus verzichten. In

einem Affekt überfährt sie Juan und tötet ihn. In panischer Angst rast sie dann zum Flugplatz, wo ihr Mann auf sie wartet. Dabei verliert sie die Gewalt über den Wagen und verunglückt tödlich.
Zweifellos hat das Drehbuch melodramatische Züge. Aber Bardem hat seine Vorlage so kühl und distanziert verfilmt, daß daraus ein überzeugendes Porträt einer zynischen, auf Luxus und Wohlleben versessenen und tief verlogenen großstädtischen Gesellschaft wurde. Typisch für diese Gesellschaft scheinen Bardem ihre Intrigen, die Versuche, den Skandal zu vertuschen, und die Dialoge, in denen sich die Menschen nicht mehr verständigen können, sondern aneinander vorbeireden. Es ist bezeichnend, daß der Anlaß für Juans Selbsterkenntnis ein Besuch in den Armenvierteln und eine Studentendemonstration sind. Ähnlich kritisch hat Bardem später das Leben in der Kleinstadt (*Calle mayor*) und auf dem Land (*La venganza*) beobachtet.

Münchhausen

Deutschland, 1942

R: Josef von Baky (Dialogregie: Fritz Thiery); A: Dr. Berthold Bürger (Pseudonym für Erich Kästner); K: Werner Krien, Konstantin Irmen-Tschet (Trickaufnahmen); D: Hans Albers, Hermann Speelmans, Brigitte Horney, Ferdinand Marian, Gustav Waldau, Ilse Werner, Marina von Ditmar

Auf Schloß Bodenwerder hält der letzte Münchhausen (H. A.) ein gastliches Haus. Die junge Sophie von Riedesel (M. v. D.) verliebt sich in den Baron, der seinem berühmten Vorfahren so täuschend ähnlich sieht. Schließlich erfährt sie seine phantastische Geschichte: Im 18. Jahrhundert folgt der Baron Münchhausen (H. A.) mit seinem treuen Begleiter Christian Kuchenreutter (H. S.) einem Ruf nach Rußland. Er begegnet dem Grafen Cagliostro (F. M.), der ihm die ewige Jugend schenkt, genießt die Gunst der Zarin Katharina (B. H.) und zieht in den Krieg gegen die Türken. Auf einer Kanonenkugel reitet er in eine belagerte türkische Festung, befreit die Prinzessin Isabella d'Este (I. W.) und bringt sie nach Venedig, wo er dem alternden Casanova (G. W.) begegnet. Auf Grund eines Intrigenspiels muß er aus Venedig und von der Seite der geliebten Isabella fliehen. Er tut es mit einem Ballon, der ihn auf den Mond trägt, wo eine Stunde wie ein Jahr zählt. Der brave Kuchenreutter altert und stirbt an seiner Seite, während der Baron sich auf die sattsam bekannte Weise vom Mond rettet und weiterhin das Geschenk der ewigen Jugend genießt. Zum Schluß des Films erkennt er, wie zweifelhaft dieses Geschenk ist, und gibt es freiwillig zurück.
Münchhausen wurde von der UFA als Jubiläumsfilm zum 25jährigen Bestehen gedreht. Aus diesem festlichen Anlaß versicherte man sich sogar der Mitarbeit des politisch verfemten Erich Kästner, der sich allerdings hinter einem Pseudonym verbergen mußte. Der für damalige Zeiten üppig ausgestattete Farbfilm ist durchaus amüsant geraten; seine Tricktechnik ist bemerkenswert.

Murder

(Mord / Mary – Sir John greift ein!)

England/Deutschland, 1930

R: Alfred Hitchcock; A: Alma Reville nach der Erzählung *Enter Sir John* von Clemence Dane und dem gleichnamigen Bühnenstück von Clemence Dane und Helen Simpson in der Adaption von Alfred Hitchcock und Walter Mycroff; K: Jack Cox; D: Herbert Marshall, Norah Baring, Esme Percy, Donald Calthrop

Diana (N. B.) wird neben der Leiche ihrer Freundin, der Schauspielerin Edna Druce, gefunden. Sie ist wie erstarrt und kann sich an nichts erinnern. Man stellt sie wegen Mordes vor Gericht. Einer der Geschworenen, Sir John (H. M.), glaubt zwar an ihre Unschuld, beugt sich aber schließlich widerstrebend den scheinbar eindeutigen Indizien und stimmt ebenfalls für »schuldig«. Doch nach dem Urteilsspruch will er den Fall auf eigene Faust aufklären. Er besucht Diana im Gefängnis; aber offenbar verschweigt das Mädchen etwas. Schließlich findet Sir John den wahren Täter. Es ist Dianas Verlobter, der Schauspieler und Zirkusartist Handell Fane (E. P.). Sein Motiv: Er hatte ein Gespräch zwischen Diana und Edna belauscht, bei dem letztere sein Geheimnis ausgeplaudert hat – er ist ein Mischling. Fane bekennt sich in

einem Abschiedsbrief zu seiner Tat und begeht Selbstmord, indem er sich während einer Vorstellung in der Zirkuskuppel erhängt.
Hitchcock nannte *Murder* seinen ersten bedeutenden »who-done-it«-Film, einen Film also, bei dem die Suche nach dem Täter im Mittelpunkt steht. Aber die eigentliche Qualität des Films liegt schon hier nicht in der vordergründigen Spannung, sondern in seinem Stil, seiner Atmosphäre. Bemerkenswert ist vor allem die Eingangssequenz, die in einer geschickten Montage gleichzeitig realistische Milieuschilderung und stimmungsvoll düstere Ouvertüre ist.
Der Film wurde damals auch in einer deutschen Version (Bearbeitung: Georg C. Klaren und Herbert Juttke) gedreht, in der Alfred Abel und Olga Tschechowa die Hauptrollen spielten. In der deutschen Fassung änderte man das Motiv Fanes. Hier ist er ein entsprungener Sträfling, der seine Entlarvung und Wiederergreifung fürchtet.

Muriel ou le temps d'un retour

(Muriel oder Die Zeit der Wiederkehr)

Frankreich/Italien, 1962

R: Alain Resnais; A: Jean Cayrol; K: Sacha Vierny; D: Delphine Seyrig, Jean-Pierre Kerien, Jean-Baptiste Thierrée

Hélène (D. S.), die als Antiquitätenhändlerin in Boulogne-sur-Mer lebt, erhält Besuch von Alphonse (J. P. K.), der vor vielen Jahren ihr Geliebter war. Alphonse spricht in dunklen Andeutungen von einer Schuld, die er in Algerien auf sich geladen habe; aber es wird deutlich, daß er in Wirklichkeit nie in Algerien war. Hélènes Stiefsohn Bernard (J. B. T.) wird bedrängt von echten Erinnerungen an den Algerienkrieg und an das arabische Mädchen, das französische Soldaten zu Tode gequält haben. Bernard erschießt schließlich seinen alten Kriegskameraden Robert und ersetzt so die von der Gesellschaft nicht anerkannte Schuld, die ihn bedrückt, durch eine »normale« Tat gegen die Normen der Gesellschaft. Alphonse wird von seinem Schwager heimgeholt zu seiner Frau. Hélène flüchtet zu Freunden.
Jede Inhaltsangabe wird diesen Film notwendigerweise auf Formeln verknappen, die ihm nicht gerecht werden. Resnais selbst kommentierte: »Nicht der Handlungsablauf zählt, entscheidend sind die Empfindungen und Reflexionen der Beteiligten.«
Diese Reflexionen zeigen allesamt, daß die Protagonisten in der Gegenwart nicht heimisch sind. Ein optisches Signal: Hélènes Wohnung, die ihr gleichzeitig als »Lager« dient, ist vollgestopft mit Antiquitäten, die zum Teil bereits verkauft, zum Teil noch mit Preisschildern versehen sind. So sucht Hélène einen Zielpunkt in einer längst vergangenen Liebe, die vielleicht niemals so existiert hat, wie sie glauben möchte. Umgekehrt ist für Bernard die Vergangenheit eine Last, die er zu töten versucht. Alphonse schließlich erfindet eine Vergangenheit, um sein Versagen in der Gegenwart damit zu entschuldigen. Aus diesen Motiven hat Resnais ein raffiniertes Netz geknüpft, das den Zuschauer »einfängt«. Die Aktion des Films ist bruchstückhaft, zerstückelt, wie Fetzen einer Erinnerung.

Mutiny on the Bounty

(Meuterei auf der ›Bounty‹)

USA, 1935

R: Frank Lloyd; A: Talbot Jennings, Jules Furthman und Carey Wilson nach dem Roman *Schiff ohne Hafen* von Charles Nordhoff und James Norman Hall; K: Arthur Edeson; D: Charles Laughton, Clark Gable, Franchot Tone

1787. Das englische Kriegsschiff »Bounty« unter Kapitän Bligh (C. L.) läuft nach Tahiti aus. Schon bald kommt es zu Unruhen; die Besatzung haßt Bligh, der ein hervorragender Seemann, aber auch ein grausamer Leuteschinder ist. Noch kann der 1. Offizier Fletcher Christian (C. G.) die Matrosen beruhigen. Doch als Bligh auf der Rückfahrt einige gefangene Deserteure grausam bestrafen läßt, bricht eine Meuterei aus; jetzt stellt sich Christian an ihre Spitze. Bligh wird mit einigen Getreuen auf hoher See mit einem Boot ausgesetzt. Er schafft es, einen Hafen zu erreichen, von wo aus er sofort die Verfolgung der Meuterer aufnimmt. Die »Bounty« legt noch einmal in Tahiti an. Die meisten Matrosen nehmen tahitische Freundinnen an Bord und segeln mit ihnen zu der Insel Pitcairn, wo sie seßhaft werden. Einige andere,

Mutter Krausen's Fahrt ins Glück (Friedrich Gnass, Ilse Trautschold, Alexandra Schmidt)

unter ihnen der Kadett Byam (F. T.), die nicht aktiv an der Meuterei teilgenommen haben, bleiben auf Tahiti und kehren mit Bligh nach England zurück, wo sie vor Gericht gestellt werden. Als Byam die Todesstrafe droht, berichtet er endlich die ganze Wahrheit über Blighs grausames Regiment. Byam wird begnadigt, wieder in die Marine aufgenommen und nimmt auf Nelsons Schlachtschiff an der Schlacht von Trafalgar teil.

Die Grundzüge der Handlung sind historisch; noch heute leben die Nachkommen der Meuterer auf Pitcairn. Die abenteuerlich aufgeputzte Nacherzählung wurde dank guter darstellerischer Leistungen und ihres Handlungsreichtums ein Welterfolg.

Lewis Milestone drehte 1961 unter dem gleichen Titel ein Remake mit Trevor Howard (Bligh) und Marlon Brando (Fletcher Christian) in den Hauptrollen. Trotz großen Aufwandes erreichte dieser Film die Intensität des Originals nicht.

Das gleiche Thema wurde 1983 in England unter der Regie von Roger Donaldson verfilmt (*The Bounty* – Die Bounty). Dieser Film beruft sich jedoch auf eine andere literarische Vorlage, nämlich auf den Roman »Captain Bligh und Mr. Christian« von Richard Hough. Bligh (gespielt von Anthony Hopkins) ist hier ein einsamer Mann ohne Autorität; Fletcher Christian (Mel Gibson) erscheint als unsteter Abenteurer, der der Eintönigkeit des Lebens an Bord entfliehen will. Nicht nur wegen dieser Veränderung der Charaktere und Motive, für die der Autor Authentizität reklamiert, gelang Donaldson eine durchaus eigenständige und interessante Version.

Mutter Krausen's Fahrt ins Glück Ⓢ

Deutschland, 1929

R: Piel Jutzi; A: Willy Döll, Jan Fethke, Richard Pfeiffer und das Prometheus-Kollektiv nach Erzählungen von Heinrich Zille, berichtet von Otto Nagel; K: Piel Jutzi; D: Alexandra Schmidt, Holmes Zimmermann, Ilse Trautschold, Gerhard Bienert, Vera Sacharowa, Friedrich Gnass

Mutter Krause (A. S.), eine arme Zeitungsfrau, lebt mit ihrer Tochter Erna (I. T.) und ihrem arbeitslosen Sohn Paul (H. Z.) praktisch in einer Küche. Ihr einziges Zimmer hat sie an ein Straßenmädchen (V. S.) und dessen Zuhälter (G. B.) vermietet. Eines Tages vertrinkt Paul das Zeitungsgeld seiner Mutter, die daraufhin der Unterschlagung bezichtigt und angezeigt wird. Um ihr zu helfen, läßt Paul sich von dem Zuhälter zu einem Einbruch überreden. Als die Polizei erscheint, um ihn zu verhaften, bricht Mutter Krausens Welt endgültig zusammen. Sie öffnet den Gashahn und nimmt auch die kleine Tochter des Straßenmädchens mit auf ihre »Fahrt ins Glück«. Erna wird – hoffentlich – eine bessere Zukunft an der Seite des klassenbewußten Arbeiters Max (F. G.) erleben.

Die Tendenz des Films wird zusammengefaßt in einem Zille-Zitat, das einmal als Zwischentitel erscheint: »Man kann einen Menschen genauso mit einer Wohnung töten wie mit einer Axt!« Diese Tendenz verliert die Regie auch dann nicht aus den Augen, wenn sie geschickt und mit viel Sinn für Atmosphäre Genre-Bilder wie die von der Hochzeit zwischen Straßenmädchen und Zuhälter zeichnet. Überhaupt hat Jutzi es verstanden, seine Anklage zwingend aus Zustandsschilderungen zu entwickeln. Über die Anklage hinaus ist der Film aber auch als Appell gedacht. So steht neben dem Pessimismus und der Resignation von Mutter Krause das kämpferische Klassenbewußtsein des Arbeiters Max. Und konsequent endet der Film mit einer Einstellung, die die Beine von Max und Erna im Gleichschritt bei einer Demonstration zeigt. Mutter Krausens Tod war für Jutzi nur eine Station der Bewußtwerdung.

Mutter Krausen's Fahrt ins Glück war einer der wenigen deutschen Stummfilme, die sich direkt mit sozialen Problemen befaßten. Gewidmet ist dieser Film »dem großen Menschen und Künstler Prof. Heinrich Zille«; die ersten Zwischentitel sind faksimilierte Ausschnitte aus einem Zille-Brief.

My darling Clementine

(Faustrecht der Prärie / Tombstone)

USA, 1946

R: John Ford; A: Samuel G. Engel, W. Miller und Sam Hellman nach dem Roman *Wyatt Earp, frontier marshal* von Stuart N. Lake; K: Joseph MacDonald; D: Henry Fonda, Linda Darnell, Victor Mature, Grant Withers, Walter Brennan, Tim Holt, Don Garner

Wyatt Earp (H. F.) kommt mit seinen Brüdern als Viehtreiber in die Stadt Tombstone, die von Gaunern beherrscht wird. Nachdem Wyatts Bruder James (D. G.) erschossen worden ist, nimmt Wyatt das Angebot der Bürger an, als Sheriff in Tombstone zu bleiben. Bei seinen Bemühungen, für Recht und Ordnung zu sorgen, wird der alte Clanton (G. W.) sein schärfster Widersacher, während der undurchsichtige Berufsspieler Doc Holliday (V. M.) sich auf Wyatts Seite stellt, nachdem seine Geliebte (L. D.) ebenfalls erschossen worden ist. Als Wyatt auch noch feststellt, daß die Clantons für den Tod von James verantwortlich sind, kommt es zur großen Schlußabrechnung am »O. K. Corral«, bei der sämtliche Clantons von den Gebrüdern Earp und Doc Holliday erschossen werden.

Die Grundzüge der Handlung sind historisch; die berühmte Auseinandersetzung am »O. K. Corral« zum Beispiel hat am 26. Oktober 1881 tatsächlich stattgefunden. Die Charaktere allerdings sind von der Legende verändert worden; ganz gewiß war Wyatt kein so strahlender Held und der alte Clanton kein so finsterer Bösewicht.

John Ford hat seine Handlung geradlinig und folgerichtig entwickelt. Sein Film hat Tempo und Spannung, obwohl er sich die Zeit nimmt, auch das Milieu stärker als in vergleichbaren Filmen zu schildern. So erlebt man ein Theatergastspiel mit dem ergreifenden Drama *The convict's oath* und ein großes Volksfest aus Anlaß eines Kirchenbaus. Gerade durch derartige Szenen aber gewinnt der Film lebendige Überzeugungskraft.

N

Nachts, wenn der Teufel kam

BRD, 1957

R: Robert Siodmak; A: Werner Jörg Lüddecke nach einem Tatsachenbericht von Will Berthold; K: Georg Krause; D: Claus Holm, Mario Adorf, Hannes Messemer, Annemarie Düringer

Kriminalkommissar Kersten (C. H.) erfährt zufällig von einem Mord an einer Kellnerin in Hamburg, bei dem ihn einige Details an einen anderen, bisher ungeklärten Fall erinnern. Er forscht nach und entdeckt dabei eine Serie unaufgeklärter Frauenmorde mit identischen Tatmerkmalen. Seine Theorie, daß hier ein Massenmörder am Werk sei, erweckt das Interesse von SS-Gruppenführer Rossdorf (H. M.), der sich von der Entdeckung eines schwachsinnigen Triebmörders gute Argumente für die geplante Aktion gegen die Geisteskranken erhofft. Es gelingt Kersten, den Gelegenheitsarbeiter Bruno Lüdke (M. A.) als Täter zu überführen. Lüdke gesteht rund 80 Morde. Aber unterdessen hat Rossdorf seine Meinung geändert; man hat ihm klargemacht, das Volk wäre beunruhigt, wenn es erführe, daß ein arischer Massenmörder in Deutschland jahrelang ungestört gemordet hat. Der Fall Bruno Lüdke soll niedergeschlagen werden, für den Mord in Hamburg soll ein anderer büßen. Kerstens Bemühungen, wenigstens diesen Unschuldigen zu retten, bleiben erfolglos. Kersten wird zu einem Strafbataillon an die Ostfront versetzt, seine Freundin und Mitarbeiterin Helga Hornung (A. D.) flieht nach Schweden, Bruno Lüdke wird ohne Gerichtsverfahren »liquidiert«.

Ähnlich wie in Lorres *Der Verlorene* dient auch hier ein Fall von Rechtsbeugung als Argument gegen das NS-Regime. Aber Siodmaks Film ist weniger spektakulär, er ist realistischer und glaubwürdiger auch im Detail. Vieles trifft, so die zynische Bemerkung des Leiters der Mordkommission: »Täglich sterben an der Front Tausende, und ich verwalte hier einen Riesenapparat für ein paar kriminelle Einzelfälle!« Daneben gibt es freilich auch Mätzchen, wenn etwa in einer zerbombten Wohnung auf das Stichwort »Heil Hitler« der Rest der Decke herunterfällt. Überhaupt ist die Konstruktion der Handlung besser geraten als der Dialog, der Zeitatmosphäre durch einige Witzeleien beschwören will.

Gut in der Anlage und überzeugend verwirklicht sind vor allem die Figuren des Rossdorf und Bruno Lüdkes. Messemer spielt einen gebildeten, wohlerzogenen, fanatischen und durch diese Mischung eminent gefährlichen SS-Mann; Adorf ist ein tumber, beinah gutmütiger Massenmörder, der mit seinen Muskeln und seiner vom Gericht bestätigten Unzurechnungsfähigkeit prahlt.

Der Film hatte seinerzeit einen großen Erfolg. Er erhielt in der Bundesrepublik zahlreiche Preise und Auszeichnungen und errang auch einen der damals für die deutsche Filmproduktion besonders raren Festival-Preise (Regiepreis in Karlsbad).

Nachtwache

BRD, 1949

R: Harald Braun; A: Harald Braun, Paul Alverdes; K: Franz Koch; D: Luise Ullrich, Hans Nielsen, Dieter Borsche, René Deltgen, Angelika Voelkner

Der evangelische Pfarrer Heger (H. N.) kommt mit seiner zehnjährigen Tochter Lotte (A. V.) nach Burgdorf und tritt dort eine neue Stelle an. Er lernt die Ärztin Cornelie (L. U.) kennen, die nach dem Tod ihres Kindes im Krieg den Glauben an Gott verloren hat. Ein herzliches Verhältnis findet Heger auch zu seinem katholischen Amtsbruder von Imhoff (D. B.). Von Imhoff lädt seinen Freund, den Schauspieler Gorgas (R. D.) ein, vor der Kirche den *Jedermann* zu spielen. Cornelie erkennt in Gorgas den Vater ihres toten Kindes, lehnt es aber ab, zu ihm zurückzukehren. Gorgas trifft die kleine Lotte auf einem Jahrmarkt und lädt sie in die Schiffschaukel ein. Lotte stürzt ab und stirbt. Nach Verzweiflung und Zweifel findet Heger in seinem Glauben die Kraft, Gorgas, der sich am Tod des Kindes schuldig fühlt, vom Selbstmord abzuhalten. An seinem Beispiel erkennt Cornelie, daß Glaube mehr ist als eine leere Formel.

Der mit Problemen überfrachtete, allzu sentimentale und pathetische Film ist für die Entwicklung des deutschen Films nicht ohne Bedeutung. Die *Nachtwache* erschien damals vielen Kritikern beispielhaft; und sie hatte auch beim Publikum einen sensationellen Erfolg. Dies wohl nicht zuletzt deshalb, weil hier eine private Lösung der Zeitprobleme verheißen wurde.

Nackt unter Wölfen

DDR, 1963

R: Frank Beyer; A: Bruno Apitz nach seinem gleichnamigen Roman; K: Günter Marczinkowski; D: Erwin Geschonneck, Armin Mueller-Stahl, Fred Delmare, Gerry Wolff, Boleslaw Plotnicki

Als der Pole Zacharias Jankowski (B. P.) in das KZ Buchenwald eingeliefert wird, bringt er in einem großen Koffer ein jüdisches Kind mit sich, das er bisher vor der SS verbergen konnte. Die Häftlinge Höfel (A. M. S.) und Pippig (F. D.) verbergen das Kind vorläufig im Effektenlager. Höfel spielt eine führende Rolle im illegalen Lagerkomitee. Darf er also seine Arbeit, die für 50000 Häftlinge lebenswichtig ist, wegen eines Kindes gefährden? Schweren Herzens beschließt Bochow (G. W.), der Leiter der illegalen Parteiorganisation der Kommunisten, daß Jankowski und sein Schützling mit dem nächsten Transport das Lager verlassen müssen. Doch der Lagerälteste Walter Krämer (E. G.) greift ein. Unterstützt von vielen anonymen Helfern verbirgt er das Kind so lange, bis das Lager von den Russen befreit wird.
Der Fall ist authentisch; das damals gerettete Kind lebt heute in Israel. Der Autor Bruno Apitz war selbst acht Jahre im Konzentrationslager Buchenwald. Das war eine Voraussetzung für realistische Wirklichkeitsnähe, die der Film fast durchgehend erreicht. Gelegentlich stört ein gewisses Pathos, das die Guten allzu gut erscheinen läßt. Den Eindruck des Dokumentarischen verstärkt die Mitwirkung von Schauspielern verschiedener Nationalität, die im Film alle ihre Muttersprache sprechen.
Dieser Fall wird übrigens auch von Andrzej Munk in seinem Film *Pasażerka* in einer kurzen Szene angespielt.

The naked city

(Stadt ohne Maske / Die nackte Stadt)

USA, 1948

R: Jules Dassin; A: Albert Maltz und Malvin Wald nach einer Erzählung von Malvin Wald; K: William Daniels; D: Barry Fitzgerald, Howard Duff, Don Taylor, Dorothy Hart, Ted de Corsia

Die hübsche junge Anne Baxter wird ermordet in der Badewanne aufgefunden. Leutnant Muldoon (B. F.), der zusammen mit seinem Assistenten Halloran (D. T.) die Ermittlungen leitet, entdeckt bald, daß Anne zusammen mit ihrem Freund Frank Niles (H. D.) eine kleine Bande von Juwelendieben angeführt hat. Ein bekannter Arzt, der in Anne verliebt war, hatte die Tips für lohnende Raubzüge bei Parties und Empfängen gegeben. Unter den »Mitarbeitern« der Bande findet die Polizei schließlich auch den Mörder (T. d. C.), der auf der Flucht vor den Beamten von einer Brücke stürzt und stirbt.
Der Film verdankt seinen Ruf weniger der nicht sonderlich originellen Geschichte als vielmehr dem zupackenden Realismus der Inszenierung. Dassin drehte an den Originalschauplätzen, stellte dem Milieu der Reichen den Schmutz der Straßen gegenüber und zeichnete so, ohne die Spannung seiner Kriminalhandlung zu zerstören, gleichzeitig ein Porträt der Stadt New York.

Der Name der Rose

BRD/Italien/Frankreich, 1985/86

R: Jean-Jacques Annaud; A: Andrew Birkin, Gérard Brach, Howard Franklin und Alain Godard nach dem gleichnamigen Roman von Umberto Eco; K: Tonino Delli Colli; D: Sean Connery, Christian Slater, Feodor Chaliapin jr., F. Murray Abraham, Michael Lonsdale, Volker Prechtel, Valentina Vargas, Helmut Qualtinger, Ron Perlman

Als alter Mann erinnert sich der Mönch Adson von Melk: Im Jahr 1327 kommt er (C.S.) als Adlatus des Franziskaners William von Baskerville (S.C.) in ein einsam gelegenes Benediktiner-Kloster. Hier soll in Kürze eine Disputation zwischen Franziskanern und päpstlichen Legaten über den Streit um Armutsgelübde und weltliche Machtansprüche der Kirche stattfinden. Doch vorläufig beunruhigen einige mysteriöse Todesfälle, Morde offenbar, das Kloster, und der Abt (M.L.) bittet William, den Täter zu suchen. Unterdessen aber taucht die päpstliche Delegation, zu der auch der Inquisitor Bernardo Gui (F.M.A.) gehört, im Kloster auf. Die Disputationen bleiben fruchtlos, aber Bernardo Gui gelingt es, drei »Ketzer« zu »überführen«: die Mönche Remigio (H.Q.) und Salvatore (R.P.) und ein Mädchen, mit dem Adson stumm, wie getrieben eine Liebesnacht verbracht hat. Während schon die Scheiterhaufen angezündet werden, findet William im geheimnisvollen Labyrinth der Klosterbibliothek die Lösung des Kriminalfalles: den verschollen geglaubten zweiten Band der »Poetik« des Aristoteles, der von der befreienden Kraft des Lachens handelt. Der greise Bibliothekar Jorge de Burgos (F.C.), für den Lachen die Überwindung der Furcht ermöglicht und damit eine Gefahr für den Glauben bedeutet, hat dieses gefährliche Buch so präpariert, daß unbefugte Leser sich bei der Lektüre vergiften. Als Jorge und William sich gegenüberstehen, kommt es zu einem Handgemenge, bei dem die Bibliothek in Flammen aufgeht und der Bibliothekar den Tod findet. In dem entstehenden Tumult kann das Mädchen entfliehen, während Bernardo Gui von der aufgebrachten Menge in den Abgrund gestoßen wird. Noch einmal begegnen sich Adson und das Mädchen in einer öden Winterlandschaft. Doch Adson bleibt seinem Gelübde treu ...

Annaud hat aus dem dickleibigen Roman einen unterhaltsam spannenden Film gemacht. Natürlich mußten viele der kunstvollen Abschweifungen und doppelbödigen Reflexionen Ecos und sogar ganze Motive der Vorlage bei der Umwandlung in einen gut zweistündigen Film auf der Strecke bleiben. Auch steht im Film die mittelalterliche Kriminalaffäre im Vordergrund, die dem Roman eher nur als »roter Faden« diente. Aber Annaud hat den Roman nicht verraten. Was er nicht zeigen konnte, das wird in vielen Fällen wenigstens angedeutet; und durchgängig läßt der Film der Phantasie des Betrachters Zeit und Gelegenheit, in Gedanken weiter einzudringen in die Welt des Mittelalters, die hier mit unaufdringlicher Sorgfalt rekonstruiert worden ist. Nur der Schluß, der die Vielschichtigkeit der Vorlage zugunsten einer »Erfüllungs-Dramaturgie« aufgibt, die auf (fast) alle Fragen der Zuschauer vorsorglich Antworten gibt, ist da ein wenig enttäuschend.

Nana Ⓢ

(Nana)

Frankreich, 1926

R: Jean Renoir; A: Pierre Lestringuez nach dem gleichnamigen Roman von Emile Zola; K: Jean Bachelet, Corwin; D: Cathérine Hessling, Jean Angelo, Werner Krauß, Valeska Gert

»Ich habe den Roman ›Nana‹ auf die drei Hauptpersonen reduziert: Nana (C. H.), Muffat (W. K.) und Vandoeuvres (J. A.). Sie personifizieren in sich alle die, die ich opfern mußte« (Jean Renoir).

Trotz einiger theatralischer Effekte zeigt sich in diesem Film schon deutlich Renoirs Bemühen um realistische Zustandsschilderungen und psychologische Glaubwürdigkeit. Für Dekorationen und Kostüme zeichnete übrigens Claude Autant-Lara verantwortlich.

Nanook of the north Ⓢ

(Nanuk, der Eskimo)

USA, 1920/21

R: Robert Flaherty; A: Robert Flaherty; K: Robert Flaherty; D: Nanook, Nyla und ihre Kinder

Der Film schildert das alltägliche Leben des Eskimos Nanook und seiner Familie. Flaherty hatte monatelang unter Eskimos gelebt und Eindrücke gesammelt, ehe er diesen Dokumentarfilm drehte. Anders als die meisten Dokumentaristen versuchte er dabei, das Typische im Detail, das Allgemeine im Individuellen einzufangen. So haben seine Filme zwar keine übliche Fabel, wohl aber »Handlung« und »Hauptdarsteller«. Hier schildert er das Leben Nanooks und seiner Familie auf einer »Jagdwanderung«, die damit endet, daß Nanook die erbeuteten Felle auf der Handelsstation gegen Lebensmittel und Gebrauchsgegenstände eintauscht.

Flaherty ist dabei nicht immer einer gewissen Romantisierung entgangen, was ihn in Gegensatz etwa zu dem engagierten Dokumentaristen John Grierson brachte, mit dem zusammen er später den Film *Industrial Britain* drehte. Folgerichtig bezeichnete er selbst als seinen »geistigen Sohn« den Franzosen Georges Rouquier (*Farrebique*, 1945), der ebenfalls die Natur als »heile Welt« ansah, die den Menschen zwar fordert, die zu bezwingen und mit der sich eins zu fühlen aber schönster Lohn ist.

Napoléon Ⓢ
(Napoleon)

Frankreich, 1926

R: Abel Gance; A: Abel Gance; K: Jules Kruger, L. H. Burel, Jean-Paul Mundwiller, Roger Hubert, Émile Pierre, Jean Lucas, Briquet, Monniot, Eyvinge, Bourgassef; D: Albert Dieudonné, Antonin Artaud, Pierre Batcheff, Abel Gance, Georges Lampin, Wladimir Roudenko

Auf der Militärakademie in Brienne wird der junge Napoleon (W. R.) erzogen. Er ist ein Einzelgänger, beweist aber bei einer Schneeballschlacht bereits Mut und militärisches Genie. Es folgt eine episodische Szene, in der Rouget de l'Isle erstmals die Marseillaise vorträgt und die Franzosen begeistert. Der erwachsene Napoleon (A. D.) wird in Korsika zum Tode verurteilt. Er flieht mit einem kleinen Boot, das als Segel die Trikolore gesetzt hat. Zur gleichen Zeit herrscht Aufruhr im Konvent: der Untergang der Girondisten. Napoleon trifft Josephine Beauharnais. Er übernimmt das Kommando über die italienische Armee.

Der Film blieb ein Torso, gleichsam nur das Vorspiel zu dem, was Gance vorschwebte. Aber dieses Vorspiel war 15000 Meter lang (rund 9 Stunden Laufzeit!), es wurde für die Uraufführung auf 5000 Meter und für die kommerzielle Auswertung auf 3000 Meter gekürzt. 1932 stellte Gance eine Tonfassung mit stereophonischem Ton her; 1955 wurde abermals eine neue Fassung herausgebracht.

Finanzier des Films war zunächst Hugo Stinnes. Nach seinem Tod wurden die Arbeiten unterbrochen. Dann verzichteten die Mitarbeiter auf ihre Gagen, um die Fertigstellung des Films zu ermöglichen, bis schließlich ein neuer Geldgeber gefunden wurde. Bekannte Schauspieler und Literaten traten in dem Film in kleinen Rollen auf: Antonin Artaud (Marat), Pierre Batcheff (Hoche), Jean d'Yd (La Bussière), Annabella (Violine Fleuri). Gance selbst spielte den Saint Just. Vor Beginn der Dreharbeiten hatte er alle Mitarbeiter angefeuert: »Dieser Film erlaubt euch, durch das Riesentor der Geschichte in den Tempel der Künste einzugehen! Ihr müßt in euch die Flamme, die Tollheit, die Kraft der Soldaten des großen Korsen wiederfinden.«

Die geforderte »Tollheit« und »Kraft« brachte besonders Gance selbst mit, der seinen Film mit unbändiger Begeisterung und ebensolchem Einfallsreichtum drehte. Er wollte vor allem die Zuschauer in das Geschehen einbeziehen; und um das zu erreichen, gab er seinen Kameras eine für damalige Zeit ungeahnte Beweglichkeit. Ein großer Teil der Szenen wurde mit der »Handkamera« aufgenommen. An anderen Stellen wurde die Kamera auf Fahrräder und Pferderücken gesetzt, an Seile und Pendel gehängt, auf schiefe Ebenen gestellt. Dem Sänger der Marseillaise schnallte Gance die Kamera vor die Brust, um den Rhythmus seines Atems auf die Zuschauer zu übertragen.

Der meistzitierte Effekt dieses Films aber war die »dreifache Leinwand«, mit der Gance an zwei Stellen experimentierte – bei der Flucht von Korsika und beim Marsch der italienischen Armee. Die Korsika-Sequenz zeigt Napoleon mit seinem kleinen Boot in einem furchtbaren Sturm. Diese Szene erschien auf der mittleren Leinwand; und auf den beiden Seiten-Leinwänden wurde ihr symbolisch der »Sturm« im Konvent zugeordnet.Ähnlich benutzte Gance auch in den anderen Szenen die von ihm entdeckte Möglichkeit nicht einfach für eine Summierung der Effekte, sondern für eine sinnvolle Komposition.

Das Ergebnis dieses künstlerischen Kraftaktes, zu dem Arthur Honegger die Musik beisteuerte, war in der Tat überwältigend. Der Film war mit einem hervorragenden Sinn für Rhythmus geschnitten und ist in seiner suggestiven Eindringlichkeit zweifellos ein Höhepunkt der Filmgeschichte. Allerdings gab es auch kritische Stimmen: Moussinac rühmte zwar die technische Perfektion des Films, fand in seinem Drehbuch jedoch »faschistische Tendenzen«. Zu den großen Bewunderern des Films zählt Jean Mitry;

für ihn war dies »der erste wahrhafte ›Ausdrucksgesang‹ der Leinwand«.
Abel Gance konnte sein ehrgeiziges Unternehmen nicht fortsetzen. Der Regisseur Lupu Pick ließ sich aber von seinem Szenarium zu dem Film *Napoleon auf St. Helena* (Deutschland 1929) anregen.

Nattvardsgästerna

(Licht im Winter)

Schweden, 1962

R: Ingmar Bergman; A: Ingmar Bergman; K: Sven Nykvist; D: Gunnar Björnstrand, Ingrid Thulin, Max von Sydow, Gunnel Lindblom

Thomas (G. B.), der Pfarrer in einem kleinen schwedischen Dorf, hat nach dem Tod seiner Frau den Glauben an Gott verloren. Resigniert hält er vor einer Handvoll Kirchenbesucher Gottesdienst; teilnahmslos erduldet er die Liebesbezeugungen der unansehnlichen Lehrerin Marta (I. T.), mit der er ein Verhältnis hat. Und er versagt, als sich ihm eine wirkliche Aufgabe stellt: Die Frau (G. L.) des Fischers Persson (M. v. S.) bringt ihren Mann, der unter depressiver Angst vor der Atombombe leidet, zum Pfarrer. Aber Thomas kann dem Mann nicht helfen, weil er selbst hilflos ist. Persson erschießt sich wenig später draußen am Fluß. Am Ende des Films hält Thomas den Abendgottesdienst in einem Nachbardorf. Nur Marta sitzt in der Kirche, und Thomas spricht: »Heilig ist der Herr . . .«
Beherrschendes künstlerisches Mittel des Films ist seine optische Askese. Bergman zeigt den Pastor in quälend langen Einstellungen beim Gottesdienst; Großaufnahmen vor weißen Wänden isolieren die Darsteller; die enge Sakristei, in der große Teile des Films spielen, wirkt wie ein Gefängnis. Von daher verliert der vieldeutige Schluß viel von dem optimistischen Aspekt, den der deutsche Titel (statt des Originaltitels *Abendmahlsgäste*) suggeriert. In der Verzweiflung des Pastors lebt vielleicht eher der Aufschrei »Mein Gott, warum hast Du mich verlassen?«, der das Schicksal des Ungläubigen zum Symbol machen könnte. *Nattvardsgästerna* ist der zweite Teil einer Art Trilogie, zu der noch die Filme *Såsom i en spegel* und *Tystnaden* gehören.

The navigator Ⓢ

(Der Seefahrer / Buster Keaton, der Matrose / Die Kreuzfahrt der »Navigator« / Seefahrt tut not / Über, auf und unterm Wasser)

USA, 1924

R: Buster Keaton, Donald Crisp; A: Jean C. Havez, Joe A. Mitchell, Clyde Bruckman; K: Elgin Lessley, Byron Houck; D: Buster Keaton, Kathryn McGuire, Noble Johnson

Buster (B. K.) ist der Sohn reicher Eltern, von Dienstboten umgeben und unfähig, allein mit dem Alltag fertig zu werden. Durch einen Zufall gerät er mit seiner Braut, der lebenstüchtigen Betsy (K. MG.), auf einen Hochseedampfer, den Revolutionäre aus einem fremden Land mit Waffen und Munition beladen und dessen Trossen Geheimdienstagenten des gleichen Staates heimlich gelöst haben. Buster und Betsy schwimmen unversehens allein mit dem gefährlichen Schiff auf hoher See. Das Schiff strandet an einer Südsee-Insel, wo das Paar von Kannibalen überfallen wird. Nach aufregenden Kämpfen, bei denen Buster ungeahnte Fertigkeiten entwickelt, bleiben sie Sieger.
Ausgangspunkt des turbulenten Durcheinanders war für Keaton eine ganz reale soziale Situation. Er sagte, er habe die Idee gehabt, zwei Menschen auf einen verlassenen Dampfer zu bringen. Aber der Held habe diesmal kein armer Teufel sein dürfen, weil der sich mit Sicherheit zurechtgefunden hätte. So wurde Buster diesmal zum Millionärs-Sohn.

Nazarin

(Nazarin)

Mexiko, 1958

R: Luis Buñuel; A: Luis Buñuel und Julio Alejandro nach einem Roman von Benito Pérez Galdós; K: Gabriel Figueroa; D: Francisco Rabal, Rita Macedo, Marga López, Jesus Fernandez

Don Nazarin (F. R.) lebt als armer Priester zwischen Dirnen und Dieben. Er verzichtet auf persönlichen Besitz, und er beherbergt und pflegt wie selbstverständlich die Prostituierte Andara (R. M.), die in Notwehr einen Menschen getötet hat und dabei selbst verletzt worden ist. Als ihm wegen seines ungewöhnlichen Lebenswandels Untersuchung und Versetzung drohen, zieht er als Wanderprediger über Land. Unterwegs trifft er auf Andara und Béatriz (M. L.), die sich ihm anschließen und ihn für einen Wundertäter halten. Alle drei werden dann verhaftet. Nazarin wird nach Mißhandlungen durch einen Mitgefangenen allein zur Hauptstadt eskortiert. Unterwegs bietet eine Frau ihm eine Frucht an. Bescheiden will er ablehnen, doch dann nimmt er sie mit den Worten: »Gott wird Sie dafür belohnen!«

Der Film ist oft als Porträt eines beispielhaften »Urchristen« interpretiert worden. Zweifellos gehören Nazarin am ehesten die Sympathien Buñuels; heroisiert wird er jedoch nicht. Zu spektakulär sind seine Mißerfolge: Als er für ein einfaches Mittagessen schwere Arbeit verrichten will, empören sich die übrigen Arbeiter, weil er ihnen die Löhne verdirbt; als er einem pestkranken Mädchen vor dem Tod christlichen Beistand anbietet, verlangt sie nur nach ihrem Freund; am Lager eines kranken Kindes bemerkt er selbst realistisch, das Kind brauche keine Gebete, sondern einen Arzt – und ausgerechnet die Genesung dieses Kindes wird ihm von seinen Begleiterinnen als Wunder ausgelegt. Die These lautet eher wie in mehreren Filmen Buñuels, daß auch die bestgemeinte Caritas nichts hilft, wenn die sozialen Verhältnisse nicht geändert werden. So gerät Nazarin fast in die Nähe Don Quijotes: Er kämpft gegen Windmühlenflügel, für eine Illusion. Und er erkennt die Realität an in der brüderlichen Geste, mit der er am Schluß selbst ein Almosen entgegennimmt.

Nebo naschewo detstwa / Pastbistsche Bakaja

(Himmel unserer Kindheit / Die Weiden des Bakai)

UdSSR, 1966

R: Tolomusch Okejew; A: Kadyrkul Omurkulow, Tolomusch Okejew; K: Kadyrschan Kydyralijew; D: Mouratbek Ryskulow, Aliman Schankorossowa, Nasret Dubaschow, S. Schumadylow

Durch den Bau einer neuen Straße wird der alte Hirt Bakai (M. R.) von seinen angestammten Weideplätzen vertrieben. Sein Schwiegersohn Alym (S. S.) und sein jüngster Sohn Kalyk (N. D.) begrüßen die Neuerungen, während

Neobytschainyje prikljutschenija Mistera Westa w strane bolschewikow (Wsewolod Pudowkin, Porfiri Podobed)

Bakai die alten Traditionen fortführen möchte. Dazu gehört auch, daß der jüngste Sohn eines Tages seine Herde und den Hirtenstab übernehmen soll, anstatt in die Stadt zur Schule zu gehen. Aber die Straße wird gebaut, der Sohn geht in die Stadt; und auch Bakai sieht ein, daß man das Neue nicht aufhalten kann.
Ein Film aus Kirgisien, vom dortigen Kirgis-Film-Studio produziert. Wie viele andere Filme aus den fernöstlichen Sowjetrepubliken behandelt er die Verwandlung der Landschaft und die Veränderung der Gesellschaftsstrukturen durch die Industrialisierung und Modernisierung. Regisseur Okejew demonstriert zwar die Notwendigkeit von Veränderungen, zeigt aber Respekt für diejenigen, denen der Abschied von geheiligten Traditionen schwerfällt. Auch stilistisch ist der Film typisch. Er erzählt seine Geschichte ohne übertriebene dramatische Akzente in einem bedächtigen Rhythmus. Er zeigt den tagelang anhaltenden Regen, die Herden, das Auf- und Abbauen der Jurten. Aus der Summe dieser Beobachtungen wächst das Verständnis für die Denkweise der handelnden Personen.

Neobytschainyje prikljutschenija Mistera Westa w strane bolschewikow Ⓢ
(Die seltsamen Abenteuer des Mr. West im Lande der Bolschewiki)

UdSSR, 1924

R: Lew Kuleschow; A: Nikolai Asejew, Wsewolod Pudowkin; K: Alexander Lewitzky; D: Porfiri Podobed, Boris Barnet, Wsewolod Pudowkin, Alexandra Chochlowa

Der amerikanische Geschäftsmann Mr. West (P. P.) entschließt sich eines Tages zu einer Reise in die Sowjetunion. Durch Bildberichte in amerikanischen Zeitungen gewarnt, in denen die Bolschewiki als fellbehangene Wilde dargestellt werden, nimmt er den Cowboy Jeddy (B. B.) zu seinem persönlichen Schutz mit. In Moskau bringen ihn gerade seine klischeehaften Vorurteile schnell in Schwierigkeiten. Schban (W. P.) und seine Gaunerbande geben sich als politisch Verfolgte aus, um ihm das Geld aus der Tasche zu ziehen. Schließlich organisieren die Gauner eine »Razzia«, bei der West von angeblichen Kommissaren verhaftet und von einem fingierten »Revolutionsgerichtshof« zum Tode verurteilt wird. Die Befreiung soll ihn den Rest seines Bargeldes kosten. Doch der treue Jeddy, der sich längst akklimatisiert hat, kann seinen Herrn mit Hilfe eines echten Kommissars retten.
Ein amüsanter Film, der Unterhaltsamkeit auf intelligente Weise und mit spezifisch filmischen Mitteln erzielt. Kuleschow verspottet ausländische Klischeevorstellungen vom Bolschewismus, indem er sie mit dem gleichermaßen überzeichneten Bild eines »Yankee« konfrontiert, der die »Stars and Stripes« der amerikanischen Flagge sogar noch als Sockenmuster trägt. Formal imitiert, variiert und parodiert Kuleschow hier die Stilmittel des amerikanischen Abenteuerfilms.
Pudowkin, der an diesem Film als Darsteller, Co-Autor und Architekt mitwirkte, rühmte nach seiner Zusammenarbeit mit Kuleschow: »Er war der erste, der vom ABC des Films sprach.«

Nevinost bez zastite
(Unschuld ohne Schutz)

Jugoslawien, 1968

R: Dušan Makavejev; A: Dušan Makavejev; K: Branko Perak, Stevan Mišković; D: Dragoljub Aleksić, Ana Milosavljević, Vera Jovanović, Bratoljub Gligorijević

»Rohstoff« des Films ist ein melodramatischer Spielfilm, den der Artist Aleksić 1942 heimlich und gegen ein ausdrückliches Verbot der Deutschen gedreht hat, der erste serbische Tonfilm überhaupt. Er erzählt die Geschichte der schönen Waise Nada (A. M.), die von einer bösen Tante (V. J.) an einen reichen Widerling (B. G.) verkuppelt werden soll und im letzten Augenblick von dem todesmutigen Artisten Aleksić (D. A.) gerettet wird. Aleksić hatte Dokumentarbilder (deutsche Militärkapellen, ein prunkvolles Begräbnis u. a.) in seinen Film eingeschnitten, um ihm authentisches Zeitkolorit zu geben. Makavejev hat dieses Prinzip ausgebaut, hat Bilder vom Krieg und von der Unterdrückung eingefügt, so daß etwa in seiner Fassung Nadas seelenvoller Blick aus dem Fenster über eine vom Krieg gezeichnete Stadt geht. Er hat Kitsch und Sentimentalität durch

Die Nibelungen: Siegfried (Paul Richter)

das Viragieren einzelner Szenen betont. Schließlich hat er, als dritte Ebene, Gespräche mit Aleksić und noch lebenden Mitarbeitern in den Film eingebaut.

So entstand das, was Makavejev im Untertitel das »Porträt eines authentischen Übermenschen« nennt. Aber Makavejev macht sich über den gealterten Tausendsassa und seine künstlerische Jugendsünde nicht einfach lustig, obwohl natürlich Ironie und Satire manche Szene akzentuieren. Man glaubt sogar in diesem Film einen gewissen Respekt vor diesem naiven Filmemacher zu spüren, der damals schon auf die Idee kam, seine schmalzige Geschichte durch dokumentarische Einschübe zu verfremden. Außerdem ist die Demonstration eines Films, dessen Dokumente so weit von der Wirklichkeit jener Tage entfernt waren, auch eine Frage an die modernen Regisseure und ihr Verhältnis zur Wirklichkeit unserer Zeit.

Die Nibelungen (I und II) Ⓢ

(I. Teil: *Siegfried*; II. Teil: *Kriemhilds Rache*)

Deutschland, 1923/24

R: Fritz Lang; A: Thea von Harbou, Fritz Lang; K: Carl Hoffmann, Günther Rittau, Walter Ruttmann (für die Falkentraum-Sequenz); D: Paul Richter, Margarete Schön, Hanna Ralph, Theodor Loos, Hans Carl Müller, Erwin Biswanger, Bernhard Goetzke, Hans Adalbert Schlettow, Rudolf Klein-Rogge, Fritz Alberti

I. Teil: Siegfried (P. R.) hat bei Mime das Schmiedehandwerk gelernt und dabei schließlich sogar seinen Lehrer überflügelt. Als Mime ihn entläßt, hört er einen Knecht die Schönheit Kriemhilds (M. S.) rühmen und entschließt sich spontan, sie zu gewinnen. Unterwegs tötet er einen Drachen und badet in seinem Blut. In Worms wird er von Gunther (T. L.), Gernot (H. C. M.) und Giselher (E. B.) freundlich aufgenommen, obwohl Hagen (H. A. S.) die Könige vor ihm gewarnt hat. Um Kriemhild zu gewinnen, hilft Siegfried im Schutz seiner Tarnkappe dem König Gunther, Brunhild (H. R.) zu freien und sie in der Hochzeitsnacht zu besie-

gen. Als Brunhild durch eine unbedachte Bemerkung Kriemhilds davon erfährt, stachelt sie Gunther durch Lügen zum Mord an Siegfried an, den Hagen schließlich ausführt. Brunhild tötet sich an Siegfrieds Totenbahre, Kriemhild löst sich von ihren Brüdern und schwört Rache.
II. Teil: Kriemhild wird die Frau des Hunnenkönigs Etzel (R. K. R.); aber bevor sie ins Hunnenland zieht, versenkt Hagen den Nibelungenhort, den Siegfried einst dem Zwergenkönig Alberich abgenommen hatte, im Rhein. Auf Kriemhilds Betreiben lädt Etzel die Burgunderkönige nach Jahren an seinen Hof. Während eines Festes läßt Kriemhild das Gefolge der Burgunder überfallen. Es kommt zu einem erbitterten Kampf, der erst endet, als Dietrich von Bern (F. A.) die beiden letzten überlebenden Burgunder, Gunther und Hagen, gefesselt vor Kriemhild führt. Sie läßt Gunther töten und erschlägt Hagen eigenhändig, weil er ihr nicht sagen will, wo der Nibelungenhort versenkt ist. Voller Empörung tötet Hildebrand, der Waffenmeister Dietrichs von Bern, die Königin. Mit ihrer Leiche auf dem Arm geht Etzel in den brennenden Palast und wird von den Trümmern begraben.
Fritz Lang wollte – nach eigenen Worten – in diesem zweiteiligen Film vier verschiedene Welten schildern: die »überfeinerte Kultur« der Burgunderkönige, die »gespensterhaft-elfische« Welt des jungen Siegfried, die »bleiche, eisige Luft« im Isenland Brunhilds, und die Welt Etzels, »des Asiaten«. Dabei verwandte er für Isenland und besonders für Worms eine streng ornamentale Stilisierung. Nicht Menschenmassen, sondern riesige Bauten (Otto Hunte, Erich Kettelhut, Karl Vollbrecht) beherrschen die Leinwand. In kahlen Hallen oder vor großflächigem Hintergrund ordnete er die Menschen mit Vorliebe in symmetrischen Formationen, er kleidete sie in Gewänder, die sie fast wie Statuen erscheinen ließen. Und so statuarisch filmte er sie auch. So scheinen die Menschen verloren, einem unerbittlichen Schicksal ausgeliefert, das sich dann auch in zweiten Teil erfüllt. Im Isenland bemühte sich Lang um eine ähnliche Stilisierung mit riesigen kantigen Lavablökken und düsteren Schatten. Typisches Beispiel für Langs Stilwillen: Den Wald, durch den Siegfried reitet, ließ er aus Gips im Atelier bauen.
Die Welt der Hunnen und des Zwergenkönigs Alberich ist dagegen formlos, diffus. Die Hunnen hausen in »Wohnhöhlen«, schleichen geduckt durchs Bild und wirken – mit Ausnahme ihres Königs – allesamt gespensterhaft, unterirdisch. Es ist sicher kein Zufall, daß Mime, Alberich und Etzels Bruder Blaodel von dem gleichen Schauspieler (Georg John) gespielt wurden.
So unterscheiden sich beide Teile erheblich. Der erste ist statisch, monumental; hier ist fast jede Einstellung ein sorgsam kalkuliertes »schönes Bild«. Der zweite Teil ist chaotischer, dynamischer, voller Aktion, Bewegung und Blut. Im »Dritten Reich« wurde der erste Teil unter dem Titel *Siegfrieds Tod* in einer Tonfassung (1933) vorgeführt; den zweiten Teil beließ man im Archiv. 1966 wurden *Die Nibelungen* in der Bundesrepublik – ebenfalls in zwei Teilen – neu verfilmt. Unter der Regie von Harald Reinl spielten der Hammerwerfer Uwe Beyer den Siegfried, Maria Marlow die Kriemhild, Siegfried Wischnewski den Hagen. Herausgekommen ist dabei ein Abenteuerspektakel von zweifelhaftem Schauwert.

Nicht versöhnt

BRD, 1965

R: Jean-Marie Straub; A: Jean-Marie Straub und Danièle Huillet nach dem Roman *Billard um halbzehn* von Heinrich Böll; K: Wendelin Sachtler, Gerhard Ries, Christian Schwarzwald, Jean-Marie Straub; D: Henning Harmssen, Heinrich Hargesheimer, Chargesheimer, Martha Ständner, Heiner Braun, Ulrich von Thüna, Ulrich Hopman, Ernst Kutzinski, Joachim Weiler

Die Geschichte der Familie Fähmel. Der Architekt Heinrich Fähmel hat als junger Mann (C.) eine Benediktinerabtei gebaut und ist dadurch berühmt geworden. Sein Sohn Robert (U. H.) wird als Schüler durch seinen Freund Schrella (E. K.) in eine Verschwörung gegen den nationalsozialistischen Lehrer Vacano und seinen Schulkameraden Nettlinger gezogen. Fähmel und Schrella fliehen nach Holland; aber Fähmel kann nach zwei Jahren auf Grund der Beziehungen seiner Familie zurückkehren. Im Krieg sprengt Robert Fähmel (H. H.) als »Experte«

die Abtei in die Luft, die sein Vater gebaut hat; Roberts Sohn Joseph (J. W.) wird sie wieder aufbauen. Nach dem Krieg kehrt auch Schrella (U. v. T.) in die Heimat zurück. Er wird verhaftet, weil sein Name noch auf der Fahndungsliste steht. Nettlinger (H. B.), der inzwischen höherer Beamter im Ministerium ist, holt ihn aus dem Gefängnis und möchte eine Kameraderie herstellen, die Schrella ablehnt. Heinrich Fähmels Frau Johanna (M. S.), die das Unrecht der NS-Zeit geistig nicht verarbeiten konnte, schießt bei einem Festakt auf einen der »Mörder von einst«, die heute wieder oben sind.

Straub hat den verschachtelten, an vielfältigen Details reichen Roman in seinem nur gut 50 Minuten langen Film auf das Wesentliche zu reduzieren versucht. Geblieben ist der Kern des Romans, die These, daß es keine Versöhnung geben kann, solange Schuld nicht angenommen wird. Straub hat seinen Film so inszeniert, daß der Zuschauer gezwungen wird, Handlungselemente zu ergänzen, Situationen auszumalen, den Film gleichsam erst im eigenen Bewußtsein fertigzustellen. Das macht freilich das Verständnis schwierig, zumal Straub einen asketischen Bildstil bevorzugt, Laien als Darsteller einsetzt und sie zu einer durchaus laienhaften, eintönigen Sprechweise anhält.

Autor und Verleger waren von Straubs Interpretation so betroffen, daß es zu einer gerichtlichen Auseinandersetzung kam, die mit einem Vergleich endete. Bei einer ersten Aufführung während der Berliner Filmfestspiele erntete der Film den Hohn und Spott der deutschen Filmkritiker.

Aber viele dieser Kritiker von einst wandelten sich bald zu hymnischen Fürsprechern. Jetzt war die »rissige Oberfläche« des Films für sie ein Kunstmittel, die emotionelle Identifikation zu verhindern, die oftmals verwirrende Handlung ein notwendiger Denkanstoß, die laienhafte Sprechweise Mittel zum Zweck, »physische Präsenz« zu erreichen.

Demgegenüber stehen auch heute noch Gegner des Films, für die das von Straub konsequent verwirklichte Stilprinzip eine Sackgasse ist. Stärker als bei anderen Regisseuren haben sich am Beispiel Straub die Meinungen der Kritiker schier unversöhnlich polarisiert. Angemessen wäre vielleicht die Feststellung, daß hier ein Experiment in Teilen gelungen ist, daß man es fruchtbar machen könnte, wenn man Vorzüge und Fehler des Films leidenschaftslos abzuwägen versuchte.

Niemandsland

Deutschland, 1931

R: Victor Trivas; A: Victor Trivas nach einer Idee von Leonhard Frank und Victor Trivas; K: Alexander Lagorio, Georg Stilianudis; D: Ernst Busch, Wladimir Sokoloff, Hugh Stephens Douglas, Louis Douglas, Georges Péclet

In einer Ruine im Niemandsland an der Westfront treffen fünf Soldaten aufeinander: ein Deutscher (E. B.), ein Engländer (H. S. D.), ein Franzose (G. P.), ein Afrikaner (L. D.) und gleichsam »der unbekannte ›Soldat« (W. S.), einer, der durch einen Schock seine Sprache verloren hat. Nur kurz kommen Aggressionen und Meinungsverschiedenheiten auf. Der Afrikaner, ein Artist, der in vielen Ländern gearbeitet hat, betätigt sich als Dolmetscher; und die ehemaligen Feinde erkennen sehr bald den gemeinsamen Wunsch nach Frieden. Als die Ruine unter Beschuß genommen wird, weil beide feindlichen Seiten in ihr verdächtiges Leben beobachtet haben, arbeiten alle gemeinsam an primitiven Schutzvorrichtungen. Gemeinsam kriechen sie dann aus ihrem Erdloch und schlagen einen Drahtverhau zusammen.

Der Drahtverhau wird hier zum Symbol des Kriegerischen, des Trennenden; die karge Handlung hat eigentlich nur Beweis-Charakter. Sie soll zeigen, wie schnell menschliches Verständnis entsteht, wenn man die gegenseitigen Erwartungen und Bedürfnisse versteht.

Der Film will allerdings nicht nur an das Gefühl, sondern auch an die Einsicht appellieren. In einer sehr langen Einleitungsmontage sieht man die fünf Soldaten im Privatleben vor dem Krieg. Hier werden Zeichen gesetzt, wenn der Franzose in einer Schießbude auf Soldaten zielt oder der Deutsche seinem Kind eine Spielzeugkanone bastelt. Eine entlarvende Szene ist auch der Abschied des Deutschen. Bedrückt und mit gesenktem Kopf geht er mit Frau und Kind zur Kaserne. Dann ertönt von fern Marschmusik – die Köpfe heben sich, der Gang wird straffer, und schließlich marschiert die ganze Familie im gleichen Schritt und Tritt.

Niemandsland ist einer der wenigen pazifistischen Filme, die in der Weimarer Republik gedreht wurden; nach der Machtergreifung der Nationalsozialisten wurde er bald verboten.

The night of the hunter

(Die Nacht des Jägers)

USA, 1955

R: Charles Laughton; A: James Agee nach dem gleichnamigen Roman von Davis Grubb; K: Stanley Cortez; D: Robert Mitchum, Shelley Winters, Lillian Gish, Peter Graves, Billy Chapin, Sally Jane Bruce

Ben Harper (P. G.) wird zum Tode verurteilt, weil er bei einem Bankraub zwei Angestellte erschossen hat. Die Beute, 10000 Dollar, hat er heimlich seinem zehnjährigen Sohn John (B. C.) gegeben; sie sind in der Puppe von Johns Schwester Pearl (S. J. B.) versteckt. Seine letzten Lebenstage verbringt Harper in seiner Zelle gemeinsam mit dem zwielichtigen Wanderprediger Harry (R. M.), der vergeblich das Versteck der Beute von ihm zu erfahren sucht. Nach Harpers Hinrichtung wird Harry entlassen. Er sucht Harpers Witwe (S. W.) auf, gewinnt ihr Vertrauen, heiratet sie – und ermordet sie, als er merkt, daß sie das Versteck des Geldes nicht kennt. Dann quält er die Kinder so lange, bis Pearl es ihm verrät. Aber die Kinder können entkommen und werden nach einer alptraumhaften Flucht von Rachel (L. G.), einer resoluten alten Frau, aufgenommen. Als Harry ihre Spur entdeckt, verteidigt Rachel die Kinder mit einem Gewehr so lange, bis Hilfe kommt und Harry überwältigt wird.

Die einzige Regie-Arbeit des Schauspielers Charles Laughton ist ein eigenwilliger, manchmal monströser, aber immer faszinierender Film. Laughton bedient sich mancher Stilmittel der Stummfilmzeit, setzt weniger auf vordergründige Aktion, sondern kostet Gefühle und Stimmungen aus. Dabei gelingen ihm Bilder von naiver Schönheit und düsterer Kraft. Der Wahnsinn des Wanderpredigers wird zur dämonischen Besessenheit, die die Handlung wie Gift durchdringt. Die heile Welt Rachels – mit einer Bilderbuch-Weihnacht und rieselndem Schnee – steht als Zeichen für ein verlorenes Paradies der Unschuld.

Ningen no joken (I)

(Barfuß durch die Hölle)

Japan, 1958

R: Masaki Kobayashi; A: Zenzo Matsuyama und Masaki Kobayashi nach Band 1 und 2 eines Romans von Jumpei Gomikawa; K: Yoshio Miyajima; D: Tatsuya Nakadai, Michiyo Aratama, So Yamamura

Der Ingenieur Kaji (T. N.) wird von seiner Firma in die Mandschurei geschickt, wo er in einem Zweigwerk seine Theorie von der »Steigerung der Produktion durch bessere Arbeitsbedingungen« verwirklichen soll. Aber dort, im besetzten Land, herrschen Willkür und Terror. Vergeblich versucht Kaji, durch persönliche Integrität und individuelle Maßnahmen die Verhältnisse zu bessern. Unbeabsichtigt wird er zum »Märtyrer«, als man ihn zwingt, bei der Massenhinrichtung gefangener Chinesen zuzuschauen. Er protestiert gegen das Unrecht, stimuliert dadurch die Gefangenen zu einem Aufruhr, der die Hinrichtung tatsächlich verhindert, und erhält seinen Stellungsbefehl.

Erster Teil einer Trilogie, deren folgende Teile unter den Titeln *Zoku ningen no joken* und *Ningen no joken (III)* herauskamen.

Ningen no joken (III)

(. . . und dann kam das Ende)

Japan, 1960

R: Masaki Kobayashi; A: Zenzo Matsuyama und Masaki Kobayashi nach Band 5 und 6 eines Romans von Jumpei Gomikawa; K: Yoshio Miyajima; D: Tatsuya Nakadai, Taketoshi Naito, Keijiro Morozumi

Kurz vor der japanischen Kapitulation versuchen die versprengten Reste der Kwantung-Armee, sich nach Korea durchzuschlagen. Unter ihnen ist auch Kaji (T. N.). Endlich hat er begriffen, daß die alten Ideale nichts taugen. Er verhindert die Exekution einiger »Deserteure«,

und im Gefangenenlager protestiert er gegen einen Offizier, der in einer Ansprache die »Ehre des Vaterlandes« beschwört. Aber er gerät in neue Schwierigkeiten. Ein Soldat, den er einmal zusammengeschlagen hatte, weil der andere ein Mädchen vergewaltigt hatte, ist im Lager zum »Aufseher« avanciert und benützt seine Stellung, um sich an Kaji zu rächen. Kaji tötet den Aufseher, flieht und stirbt auf der Flucht.
Dritter Teil einer Trilogie, deren erste Teile unter den Titeln *Ningen no joken (I)* und *Zoku ningen no joken* erschienen sind.
»Kaji ist Unterdrückter und Unterdrücker zugleich. Am Ende muß er einsehen, daß er dem Schicksal des Unterdrückten nicht entgehen kann, ohne selbst ein Unterdrücker zu werden« (Masaki Kobayashi).
Man hat dem Film vorgeworfen, er versage seinem Helden allzu lange die Einsicht, daß man aktiv gegen das Unrecht kämpfen müsse; aber gerade durch diese Zurückhaltung erreicht Kobayashi diese Einsicht vermutlich beim Zuschauer. Denn die Schwäche von Kajis Position wird nie verschwiegen. Besonders im ersten Teil wirken seine Aktionen seltsam hilflos vor dem Hintergrund des allgemeinen Terrors. Im zweiten, filmisch geschlosseneren Teil dominiert das Grauen des Krieges, das jedoch nicht in der Art eines aufwendigen Spektakels, sondern vorwiegend in bezeichnenden Details und Großaufnahmen eingefangen wird. Der dritte Teil bringt dann Einsicht und Untergang des Helden.

Ninotchka
(Ninotschka)

USA, 1939

R: Ernst Lubitsch; A: Charles Brackett, Billy Wilder und Walter Reisch nach einer Idee von Melchior Lengyel; K: William Daniels; D: Greta Garbo, Melvyn Douglas, Bela Lugosi, Sig Rumann, Felix Bressart, Alexander Granach, Ina Claire

Kommissar Razinin (B. L.) erhält schlechte Nachrichten über seine Sendboten Iranoff (S. R.), Buljanoff (F. B.) und Kopalski (A. G.), die in Paris die Juwelen der Großherzogin Swana (I. C.) verkaufen sollen. Sie sind dem westlichen Lotterleben verfallen und schlagen gar vor, die in Paris lebende Großherzogin mit 50 Prozent der Kaufsumme zu beteiligen, da sie durch ihren Geliebten, Graf Leon

Ningen no joken (I)
(v. l.: Shinji Nambara, Toru Abe)

Ninotchka (Alexander Granach, Greta Garbo, Felix Bressart, Sig Rumann)

(M. D.), Ansprüche geltend gemacht habe. Razinin schickt Ninotschka (G. G.), seine beste Agentin, nach Paris. Ninotschka geht mit den drei wankelmütigen Genossen hart ins Gericht; doch dann begegnet sie zufällig dem Grafen Leon und verliebt sich in ihn – ohne zu wissen, wer er ist. Als sie es erfährt, ist es auch schon zu spät. Ein Diener hat den Safe, den sie aus Versehen offengelassen hat, geplündert und die Juwelen zu Swana gebracht. Diese erpreßt Ninotschka kurzerhand: Leon oder die Juwelen. Das Pflichtbewußtsein siegt, die Heimat braucht Devisen. Ninotschka erhält die Juwelen zurück und reist schnurstracks mit den Genossen in die Sowjetunion. Monate sind vergangen, als Kommissar Razinin erneut unangenehme Nachricht erhält: Die Genossen Iranoff, Buljanoff und Kopalski erregen in der Türkei durch ständige Trunkenheit Aufsehen. Wieder muß Ninotschka nach dem Rechten sehen. Doch diesmal kommt alles anders: Die drei Genossen wollen nicht mehr in die Heimat zurück; sie haben ein russisches Restaurant eröffnet, in dem Leon auf seine Ninotschka wartet.

An die Stelle der Fürstentümer vom Balkan und ihrer schneidigen Offiziere setzte Lubitsch hier die Sowjetunion und ihre Kommissare. Sein Rezept blieb fast das gleiche: Historie im Kleinformat als Vehikel komischer Verwicklungen und gutmütigen Spotts. Sein Film ist leichthändig inszeniert und einfallsreich vor allem in den skurrilen Randtypen, während die Garbo und Melvyn Douglas ein wenig zu sehr »Starkomödie« spielen.

Das Drehbuch wurde später zu einem Broadway-Musical umgearbeitet und dann als Musical erneut verfilmt: *Silk stockings* (Seidenstrümpfe, USA 1957) mit Cyd Charisse und Fred Astaire unter der Regie von Rouben Mamoulian.

Nju Ⓢ

Deutschland, 1924

R: Paul Czinner; A: Paul Czinner nach dem gleichnamigen Schauspiel von Ossip Dymow; K: Reimar Kuntze, Axel Graatkjaer; D: Elisabeth Bergner, Emil Jannings, Conrad Veidt

Nju (E. B.), eine sensible junge Frau, ist von ihrer bürgerlichen Ehe enttäuscht. Als sie einen jungen Schriftsteller (C. V.) kennenlernt, verliebt sie sich besinnungslos in ihn und verläßt seinetwegen ihren Mann (E. J.). Doch das Verhältnis zu dem Geliebten gerät bald in die gleichen ausgefahrenen Gleise. Nju verläßt auch ihren Geliebten und begeht, als sie ihren Mann in Begleitung einer »Nachfolgerin« sieht, verzweifelt Selbstmord.
Der Film hat sein Thema in geschickter Zurückhaltung behandelt. Nur in bezeichnenden Andeutungen wird die bürgerliche Eintönigkeit von Njus Ehe geschildert. Und das erneute Scheitern belegt Czinner vornehmlich durch die Gleichartigkeit beiläufiger Gesten, die den romantischen Liebhaber als Bruder im Geiste des bürgerlichen Ehemannes entlarven.

Nobi (Eiji Funakoshi)

Nobi

(Nobi)

Japan, 1959

R: Kon Ichikawa; A: Natto Wada nach dem gleichnamigen Roman von Shohei Ooka; K: Setsuo Kobayashi; D: Eiji Funakoshi, Osamu Takizawa, Mickey Curtis

Die Philippinen-Insel Leyte im Frühjahr 1945. Die Amerikaner haben den Widerstand der Truppen des Tenno gebrochen. Unter den japanischen Soldaten, die ungeordnet zur Küste fliehen, ist auch der lungenkranke Tamura (E. F.). Weder bei seiner Einheit noch im Lazarett will man sich mit dem Kranken belasten. So irrt er allein durch den Dschungel – in ständigem Regen, voller Todesangst, ohne Verpflegung. Die Rauchzeichen (japanisch: Nobi) der Partisanen säumen seinen Weg. In einem verlassenen Dorf überrascht er ein junges Paar. Seine demütigen Gesten werden mißverstanden, das entsetzte Mädchen schreit; wie in einer Reflexbewegung schießt Tamura. Zum ersten Mal hat er einen Menschen getötet. Schließlich bricht er zusammen. So findet ihn Nagamatsu (M. C.), der mit dem verwundeten Yasuda (O. T.) in einem Versteck haust. Er versorgt Tamura und Yasuda mit Fleisch – mit Affenfleisch, wie er sagt. Aber Tamura hat noch nie Affen auf der Insel gesehen. Und eines Tages überrascht er Nagamatsu, wie er sich über Yasuda stürzt, den er getötet hat. Tamura schießt ihn nieder und geht mit erhobenen Händen auf die Rauchzeichen der Partisanen zu.
Einer der wenigen Kriegsfilme, die jedes Mißverständnis des Krieges als eines »fairen, spannenden Zweikampfes« ausschließen. Krieg, das heißt hier Hunger, Dreck und ständige Todesangst. Krieg führt den Menschen in eine Grenzsituation, in der er nicht mehr Mensch ist. Der Kannibalismus steht als Zeichen für diesen Endpunkt. Nach dieser Erfahrung flüchtet Tamura zu den Partisanen, von denen er kaum Pardon erwarten kann, die aber immerhin Menschen

sind. Ichikawa hat das ohne Pathos und Symbole in einem sehr direkten Realismus deutlich gemacht.

Les noces rouges
(Blutige Hochzeit)

Frankreich/Italien, 1973

R: Claude Chabrol; A: Claude Chabrol; K: Jean Rabier; D: Stéphane Audran, Michel Piccoli, Claude Piéplu, Clotilde Joano, Eliana de Santis

Ein kleines Städtchen an der Loire. Stadtrat Pierre Maury (M. P.) hat ein Verhältnis mit Lucienne Delamare (S. A.), der Frau des Bürgermeisters. Beide leben in einer unglücklichen Ehe; beide Ehen werden jedoch wegen der bürgerlichen Reputation aufrechterhalten. Eines Tages wählt Pierre einen wahnwitzigen Ausweg aus diesem Dilemma: Er tötet seine Frau Clotilde (C. J.). Zwar schöpft der Arzt keinen Verdacht; aber die Liebenden müssen nun noch vorsichtiger sein; denn würde ihre Liaison publik, so würde man sicher auch über den plötzlichen Tod von Madame Maury reden. Doch trotz aller Vorsicht werden die Liebenden eines Nachts von Paul Delamare (C. P.) ertappt. Der betrogene Ehemann reagiert mit zynischer Gelassenheit und erpreßt Pierre, ihn bei einer undurchsichtigen Grundstücksspekulation zu unterstützen. Die Liebenden fühlen sich bedroht. Pierre tötet Paul und täuscht zusammen mit Lucienne einen Verkehrsunfall vor. Da Delamare auch Abgeordneter in der Nationalversammlung war, bekommt die Polizei Anweisungen, alles Aufsehen zu vermeiden; der angebliche Unfalltod wird nicht weiter untersucht. In der Stadt wird dennoch geredet, und Luciennes Tochter Hélène (E. d. S.) schreibt einen Brief an die Polizei, in dem sie um eine Untersuchung bittet, die den guten Ruf ihrer Mutter wiederherstellen soll. Jetzt wird die Polizei aktiv. Schon bei der ersten Befragung gibt Lucienne zu, daß Pierre ihr Geliebter ist; und als die Polizei zu Pierre kommt, gesteht dieser beide Morde.
Chabrol ließ sich zu diesem Film von einer wahren Begebenheit anregen; und die Realität lieferte ihm nahezu ideale Argumente für seine Attacken gegen eine bürgerliche Scheinwelt. Pierre und Lucienne sind so verwachsen in ihrem Milieu, daß sie statt einer Scheidung lieber einen Mord, statt der öffentlichen »Schande« lieber das heimliche Verbrechen in Kauf nehmen. Als der Kommissar sie nach ihrer Verhaftung fragt, warum sie denn nicht fortgegangen seien, wenn sie sich so sehr liebten, sehen sie ihn erstaunt an. Dieser Gedanke ist ihnen nicht gekommen. Sie haben sich ihre Freiheit zu ergaunern versucht; aber jeder mörderische Akt der »Befreiung« hat sie in Wirklichkeit nur unfreier gemacht, weil sie noch mehr Rücksicht auf ihre Umgebung nehmen mußten. Eine fast schon zynische Schlußpointe ist es dann, daß ausgerechnet Hélènes Sorge um den guten Ruf der Mutter die Katastrophe herbeiführt. Deutlicher kann man kaum noch demonstrieren, daß Freiheit nicht nur durch einen Gewaltakt, sondern vor allem durch eine innere und innerliche Entscheidung gewonnen werden muß. Und kaum jemals waren Chabrols Attacken gegen die bürgerliche Gesellschaft frappierender und schlüssiger als hier.

Ai no corrida / L'empire des sens
(Im Reich der Sinne)

Japan/Frankreich, 1976

R: Nagisa Oshima; A: Nagisa Oshima; K: Hideo Ito; D: Tatsuya Fuji, Eiko Matsuda

Kichizo (T. F.) ist Besitzer eines Geisha-Hauses. Eines Tages beginnt er ein Verhältnis mit Sada (E. M.), die in seinem Haus als Dienerin und Gelegenheitsprostituierte beschäftigt ist. Was wie eine übliche Affäre beginnt, verwandelt sich mehr und mehr in eine »amour fou«. Kichizo und Sada sind von einer alles verzehrenden sexuellen Leidenschaft erfüllt, die unaufhörlich ohne Rücksicht auf Zeit und Ort nach Verwirklichung drängt. Am Ende erdrosselt Sada in einer ekstatischen Vereinigung ihren Partner mit dessen Einverständnis und amputiert sein Geschlechtsteil. Ein Insert teilt mit, als sie Tage später von der Polizei verhaftet worden sei, habe sie es noch immer bei sich getragen – und vor Glück gestrahlt.
Oshimas Film beruft sich auf eine wahre Begebenheit, die in Japan im Jahre 1936 geschehen und offenbar noch heute allgemein bekannt ist. Der Film ist aber nicht als historische Reportage

gedacht, sondern als »Hommage« an die beiden Liebenden. In einem Interview sagte Oshima, er habe Wert darauf gelegt, »Gesten und Worte einer einzigen Sprache zu gebrauchen: die der Liebe. Wäre dies nicht der Fall, würde ich meinen Film als einen Fehlschlag bezeichnen. Die gewählte Thematik ist die der Liebe und des Todes, für mich ist dies gleichbedeutend mit Japan.«
So wird hier die unbändige, tatsächlich nicht zu bändigende Kraft einer erotischen Leidenschaft gezeigt – in ihrer zerstörerischen, aber gleichzeitig auch in ihrer suggestiven Kraft. Viele Kritiker verglichen den Film mit den Bildern der japanischen Meister erotischer Kunst; viele Gerichte verboten ihn als Pornographie. In der Bundesrepublik Deutschland wurde er erst nach einer Verhandlung vor dem Bundesgerichtshof zur Vorführung freigegeben.

La noire de . . .
(Die Schwarze aus Dakar)

Senegal, 1966

R: Ousmane Sembène; A: Ousmane Sembène; K: Christian Lacoste; D: Mbissine Thérèse Diop, Anne-Marie Jelinek, Robert Fontaine, Momar Nar Sene

Die junge Afrikanerin Diousana (M. T. D.) wird von ihrer französischen »Herrschaft« (A. M. J., R. F.) für ein Vierteljahr in die Sommerwohnung nach Antibes geholt. Diousana ist als Kindermädchen engagiert worden, wird aber als Köchin und Putzfrau ausgenutzt. In Rückblenden erfährt man, wie sie in Afrika lange Arbeit gesucht hat, schließlich in das Haus der Weißen gekommen ist und dort in Dakar zunächst auch zufrieden war. Als Diousana sich in Europa immer einsamer fühlt, kommt es mehrfach zu Auseinandersetzungen mit der »Herrschaft«; schließlich schneidet die junge Negerin sich in der Badewanne die Pulsadern auf.
Sembène gilt als der Wegbereiter afrikanischer Filmkunst. Als erster Afrikaner hat er für seine Spielfilme Preise und Auszeichnungen erhalten.
La noire de . . . ist ein Film über die Einsamkeit des Afrikaners in Europa, über den Hochmut der Weißen, die Aufgeschlossenheit noch immer mit Gönnerhaftigkeit verwechseln, über die Schwierigkeit, eine gemeinsame Sprache zu finden. Diskriminierung zeigt sich nicht mehr in offener Verachtung, sondern in fast beiläufigen Szenen – so, wenn ein gutsituierter älterer Herr aufsteht, als Diousana serviert, sie küßt und dazu erklärend bemerkt, er habe noch nie eine Negerin geküßt.

North by northwest
(Der unsichtbare Dritte)

USA, 1959

R: Alfred Hitchcock; A: Ernest Lehman; K: Robert Burks, A. Arnold Gillespie, Lee Leblanc (Spezialeffekte); D: Cary Grant, Eva Marie Saint, James Mason, Leo G. Carroll

Der Werbefachmann Roger Thornhill (C. G.) wird von zwei Männern aus einem Restaurant entführt und in ein ihm unbekanntes Haus gebracht. Sie nennen ihn George Kaplan, fragen ihn nach Dingen, die er nicht weiß, und versuchen schließlich, ihn umzubringen. Als Thornhill seine mysteriösen Erlebnisse aufklären will, wird er in einen Mord verwickelt, und zwar so, daß die Polizei ihn für den Täter halten muß. Verzweifelt flieht er und sucht George Kaplan. Aber der existiert nicht, ist nur eine Mystifikation der amerikanischen Spionage-Abwehr, deren Chef (L. G. C.) sich freut, daß die feindlichen Agenten ihm auf den Leim gegangen sind. Er kann und will Thornhill nicht helfen. Das tut statt dessen Eva Kendall (E. M. S.), die ihn aber kurz darauf an seinen Gegenspieler Vandamm (J. M.), den feindlichen Agenten, verrät. Nach langer Jagd löst Thornhill schließlich das Rätsel und befreit Eva, eine Agentin der Abwehr, aus den Fängen Vandamms, während die Abwehr die feindlichen Spione unschädlich macht.
Wieder variiert Hitchcock sein Lieblingsthema, die verlorene Identität, wobei hier aber die Verwechslung mit einer fiktiven Person zusätzliche Verwirrung schafft. Thornhills Versuch, seine eigene Identität zu beweisen, wird über das spannende Kriminaldrama hinaus zum verzweifelten Alptraum, den die Regie aber in geschickter Dosierung durch Humor auflockert. Berühmteste Szenen des Films sind freilich zwei Action-Sequenzen: Einmal wird Thornhill auf ein ödes weites Feld gelockt, wo man ihn von

einem Flugzeug aus zu ermorden sucht; verblüffend auch die Schlußszenen am Mount Rushmore, in den die Porträts von drei US-Präsidenten eingemeißelt sind, deren Gesichter so zum Schauplatz eines blutigen Kampfes werden.

Nosferatu Ⓢ

Deutschland, 1921

R: F. W. Murnau; A: Henrik Galeen nach Motiven des Romans *Dracula* von Bram Stoker; K: Fritz Arno Wagner; D: Max Schreck, Alexander Granach, Gustav von Wangenheim, Greta Schröder

Der Häusermakler Knock (A. G.) schickt seinen Angestellten Hutter (G. v. W.) mit einem Auftrag zum Grafen Orlok (M. S.) in die Karpaten. In einem Gebirgsgasthaus begegnet Hutter abergläubischer Angst der Gäste bei der Erwähnung des Grafen; die Lektüre eines Buches über den Vampir Nosferatu, das ihm zufällig in die Hände fällt, verunsichert ihn zusätzlich. Eine geheimnisvolle Kutsche holt ihn schließlich ab und bringt ihn zum Schloß des Grafen. Und hier entdeckt Hutter bald, daß Graf Orlok in Wirklichkeit der Vampir Nosferatu ist, der nach seinem Blut trachtet. Hutter wird jedoch gerettet, weil seine Braut Ellen (G. S.) gerade in dem Moment in der Heimat seinen Namen flüstert, als der Vampir sich über ihn beugt. Am nächsten Morgen entdeckt Hutter den Vampir in einem Sarg in der Schloßgruft. Entsetzt flieht er; aber der Vampir folgt ihm in einem Sarg – zunächst auf einem Floß, dann auf einem Schiff. Als das Schiff in Bremen eintrifft, sind auf ihm nur noch zahllose Ratten und Nosferatu. Und mit ihm kommt die Pest. Nur das Opfer eines reinen Mädchens könnte die Stadt retten. Ellen nimmt dieses Opfer auf sich. In ihrem Zimmer erwartet sie Nosferatu, der am anderen Morgen, von einem Strahl der aufgehenden Sonne getroffen, zu Staub zerfällt.

Nosferatu ist wirklich das geworden, was der Untertitel verspricht: eine Symphonie des Grauens. Düstere Gewölbe und enge Gassen (Bauten: Albin Grau), Nebelschwaden, zuckende Lichter, geheimnisvolle Schatten und abgezirkelte Gesten, die das Pathos des Unheimlichen haben, beschwören eine drückende Atmosphäre. Ein Paradestück des Grauens ist die Fahrt durch den Geisterwald zu Nosferatus Schloß. Murnau setzte diese ganze Szene im Negativ in die Kopie ein und gab ihr außerdem durch Veränderung der Aufnahmegeschwindigkeit ruckartige, unrealistische Bewegungen. Andererseits kam Murnau auch ohne Kulissen und technische Tricks aus, um die Realität zu verfremden. Er drehte in Lübeck und in den Karpaten und gewann der Natur durch Kameraeinstellungen und Montage die Stimmungen ab, die er brauchte. *Nosferatu* wurde zum Vorbild für eine Vielzahl von »Horrorfilmen«.

1930 wurde *Nosferatu* übrigens ohne Wissen Murnaus in einer verballhornten Fassung unter dem Titel *Die zwölfte Stunde – Eine Nacht des Grauens* wiederaufgeführt. Für die »künstlerische Bearbeitung« zeichnete Dr. Waldemar Roger verantwortlich. Der Film war länger geworden, da man offenbar Szenen nachgedreht und Teile von Murnaus Schnittmaterial mit verwendet hatte. Eingefügt wurden u. a. Szenen ländlichen Lebens und eine Totenmesse, die aber von der Zensur verboten wurde. Außerdem hatte man dem Film mit geringem Aufwand ein Happy-End gegeben, indem man die Szenen des glücklichen Lebens von Hutter und Ellen vom Anfang an den Schluß setzte.

Nosferatu – Phantom der Nacht

BRD/Frankreich, 1978

R: Werner Herzog; A: Werner Herzog nach Motiven des Romans *Dracula* von Bram Stoker und dem Drehbuch *Nosferatu* von Henrik Galeen; K: Jörg Schmidt-Reitwein; D: Klaus Kinski, Isabelle Adjani, Bruno Ganz, Roland Topor, Walter Ladengast

Herzogs Film folgt im wesentlichen der Erstverfilmung des Romans durch Friedrich Wilhelm Murnau (*Nosferatu*, Deutschland 1921), wobei Herzog die originalen Namen der literarischen Vorlage benutzt, die Murnau aus juristischen Gründen verändert hatte: Der Makler Renfield (R. T.) schickt seinen Angestellten Jonathan Harker (B. G.) nach Transsylvanien zum Grafen Dracula (K. K.), der ein Haus in Wismar kaufen will. Dracula verliebt sich in das Bild von Harkers Frau Lucy (I. A.) und macht sich, nachdem Harker durch einen Biß des Grafen

ebenfalls zum »Untoten« geworden ist, auf den Weg nach Wismar.
Mit der Ankunft Draculas in Wismar löst Herzog sich von seiner Vorlage. Die Menschen erstarren angesichts der Bedrohung nicht in lähmender Furcht, sondern kompensieren ihre Verzweiflung mit orgiastischen Festen. Dr. van Helsing (W. L.), der Dracula unschädlich machen will, wird für diese Tat verhaftet. Und Lucy, die sich opfert, um den Grafen zu vernichten, empfindet durchaus geheime Lust bei diesem Opfer. Am Ende trägt Jonathan Harker nach dem Tod seines »Meisters« dessen Unheil weiter in die Welt. Lucys Opfer ist vergeblich.
Werner Herzog hat nicht einfach ein Remake eines berühmten Stummfilms gemacht (Lotte Eisner: »Das ist kein Remake, das ist eine Wiedergeburt!«); er hat vielmehr einem klassischen Werk der Filmkunst seine Reverenz erwiesen, hat mit der Vorlage gespielt, sie zitiert, sie variiert und sie verändert. Verändert ist bei ihm auch die Figur des Dracula, die nicht nur Schreckgespenst, sondern zugleich bemitleidenswerter Außenseiter ist – von ferne den Außenseitern in manchen anderen Filmen Herzogs verwandt. Dracula scheitert auch hier; aber diesmal reißt sein Scheitern die ganze Welt mit in den Untergang. Die Kontinuität des Bösen – das ist ein Thema, das durchaus modern und zeitgerecht erscheint. Werner Herzog will seinen Film nicht nur als filmhistorisches Phänomen, als cineastische Anknüpfung an die große Tradition des deutschen Stummfilms verstanden wissen. Er wollte auch »Zeitgeist« einfangen – die Angst und die Unsicherheit unserer Gegenwart.

Notorious

(Weißes Gift / Berüchtigt)

USA, 1946

R: Alfred Hitchcock; A: Ben Hecht nach einer Idee von Alfred Hitchcock; K: Ted Tetzlaff; D: Cary Grant, Ingrid Bergman, Claude Rains, Leopoldine Konstantin, Reinhold Schünzel

Alicia Huberman (I. B.), deren Vater soeben als Nazi-Spion zu einer Zuchthausstrafe verurteilt worden ist, trifft auf einer Party den amerikanischen Abwehrmann Devlin (C. G.) und verliebt sich in ihn. Sie ist bereit, ihm zu helfen, in Rio de Janeiro eine Agenten-Zentrale der Nazis auszuheben. Unter Berufung auf ihren Vater führt sie sich bei Sebastian (C. R.) ein, und um ihrer Aufgabe willen nimmt sie sogar seinen Heiratsantrag an. Bei einem Empfang im Haus verschwindet sie mit Devlin im Keller, wo sie in einigen Weinflaschen eine seltsame, offenbar uranhaltige Masse entdecken. Als Sebastian sie überrascht, motivieren sie ihren Ausflug durch eine improvisierte Liebesszene. Aber Sebastian durchschaut das Komplott. Er bleibt unverändert liebenswürdig, versucht aber, Alicia mit Hilfe seiner Mutter (L. K.) langsam und unauffällig zu vergiften. Erst im letzten Augenblick kann Devlin sie retten und gleichzeitig seinen Auftrag ausführen.
Ein solider, spannender Hitchcock-Film, dem in Deutschland ein seltsames Schicksal widerfuhr. Als er 1951 in den Kinos erschien, hatte man in der deutschen Fassung aus den nationalsozialistischen Spionen internationale Rauschgiftschmuggler gemacht und den Originaltitel entsprechend in *Weißes Gift* umgeändert. Das deutsche Fernsehen brachte später eine werkgetreue Synchronisation unter dem Titel *Berüchtigt* heraus.

La notte

(Die Nacht)

Italien/Frankreich, 1960

R: Michelangelo Antonioni; A: Michelangelo Antonioni, Ennio Flaiano, Tonino Guerra; K: Gianni Di Venanzo; D: Jeanne Moreau, Marcello Mastroianni, Monica Vitti, Bernhard Wicki

Der Schriftsteller Giovanni (M. M.) und seine Frau Lidia (J. M.) besuchen den gemeinsamen Freund Tommaso (B. W.) im Krankenhaus. Lidia verläßt das Krankenzimmer ein wenig früher; als Giovanni sie auf dem Parkplatz wiedersieht, hat sie Tränen in den Augen. Am Nachmittag muß Giovanni bei einem Empfang im Verlag sein neuestes Buch signieren, dann geht er nach Hause. Lidia bummelt unterdessen durch die Stadt. Als sie anruft, holt Giovanni sie irgendwo ab. Gemeinsam besuchen sie ein Nachtlokal und landen auf der Party eines reichen Industriellen. Giovanni interessiert sich

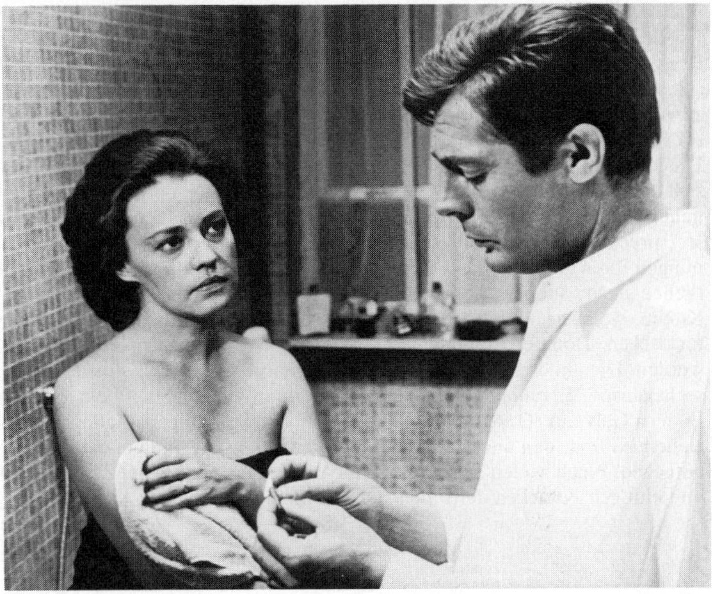

La notte
(Jeanne Moreau,
Marcello Mastroianni)

für die Tochter (M. V.) des Gastgebers, während Lidia mit einem Fremden eine Autofahrt unternimmt. Im Morgengrauen gehen Giovanni und Lidia gemeinsam durch den Park. Lidia sagt ihm, daß sie ihn nicht mehr liebt, daß Tommaso in der Nacht gestorben ist, daß Tommaso sie geliebt hat, während sie geglaubt hatte, Giovanni zu lieben. Giovanni wirft sich über sie, versucht vergeblich, sie durch seine Küsse zum Schweigen zu bringen.

Stärker noch als in *L'avventura* wird hier die Verlorenheit des Menschen deutlich, die die Protagonisten allerdings nicht verzweifelt bekämpfen, sondern eher resigniert akzeptieren. Entsprechend fehlen hier auch alle dramatischen Effekte; der Tod Tommasos etwa wird erst mitgeteilt, wenn die Wirkung des Ereignisses schon bekannt ist. Die Kamera umkreist statt dessen die Menschen, notiert scheinbar nebensächliche Details, deren Bedeutung sich erst aus dem Zusammenhang erschließt. Antonioni führt gleichsam stumme Dialoge, wenn er im Trubel des nächtlichen Festes immer wieder die beiden Hauptpersonen verfolgt und ihre ziellosen Gesten und Gänge konfrontiert. Die Einsamkeit wird nicht durch ein sorgsames Arrangement symbolisiert, sie ist unmittelbarer Bestandteil des Geschehens auf der Leinwand. Wieder ist auch die Frau der sensiblere Teil, sie spürt am ehesten die innere Leere der Beziehung, sie hat den Mut zur Offenheit und zur Konsequenz. Sie wehrt ab, als der Mann am Schluß die psychische Diskrepanz durch einen Akt physischer Vereinigung zu kaschieren sucht. Sie weiß, daß nichts mehr zu ändern ist, daß die Beziehung zerbrochen und ihr Leben am Nullpunkt angelangt ist.

La notte di San Lorenzo
(Die Nacht von San Lorenzo)

Italien, 1981

R: Paolo und Vittorio Taviani; A: Paolo und Vittorio Taviani und Giuliani D. De Nagri unter Mitarbeit von Tonino Guerra; K: Franco Di Giacomo; D: Omero Antonutti, Margarita Lozano, Claudio Bigagli, Micol Guidelli, Dario Cantarelli

In der Nacht des heiligen Lorenzo, so sagt man in Italien, gehen Wünsche in Erfüllung, die man beim Fallen einer Sternschnuppe äußert. In dieser Nacht erzählt eine Mutter (M. G.) ihrer kleinen Tochter eine selbsterlebte Geschichte; und sie wünscht sich, daß ihr die Erzählung gelingen möge. Ihre Geschichte ist dieser Film.

Die Handlung spielt im Jahr 1944, als die Front sich dem kleinen italienischen Dorf San Martino nähert. Ein Teil der Dorfbewohner vertraut den Versprechungen der Deutschen und den Mahnungen ihres gutgläubigen Pfarrers (D. C.). Sie fliehen nicht, sondern versammeln sich in der Kirche, wo viele von ihnen Opfer eines heimtückischen Bombenattentates der Deutschen werden. Die anderen, zu denen auch die damals sechsjährige Erzählerin gehört, folgen dem Bauern Galvano (O. A.). Im Dunkel der Nacht ziehen sie fort, den anrückenden Amerikanern entgegen. Nach vielen Strapazen, Abenteuern und blutigen Attacken der Faschisten gewinnen sie schließlich die Freiheit. Sinnbild der erfüllten Hoffnung wird eine erfüllte Sehnsucht: Galvano und Concetta (M. L.), die sich seit Jahrzehnten lieben, finden in der ersten Nacht der Freiheit endlich die Erfüllung ihrer Liebe.

Ein breites, vielfach gefächertes Panorama wird hier entfaltet: Krieg und Gewalt, Geschichten von Treue und Verrat, von der Freundschaft, der Liebe, vom Tod. In der Form mischt sich handfester Realismus mit traumhaft-phantastischen Elementen, mit märchenhaften Episoden, die man dem Blickwinkel des kleinen Mädchens zurechnen mag, aber auch mit höchst kunstvoll stilisierten, fast opernhaften Einschüben. So ist ein Film entstanden, der in seiner farbigen Vielfalt die Naivität echter Volkskunst hat, in dem die künstlerischen Mittel mit spielerischer Selbstverständlichkeit gehandhabt werden.

La notte di San Lorenzo

Le notti di Cabiria

(Die Nächte der Cabiria)

Italien/Frankreich, 1956

R: Federico Fellini; A: Federico Fellini, Tullio Pinelli, Ennio Flaiano, Pier Paolo Pasolini; K: Aldo Tonti; D: Giulietta Masina, Amadeo Nazzari, François Périer, Franca Marzi, Dorian Gray

Das kleine Straßenmädchen Cabiria (G. M.) glaubt trotz aller Enttäuschungen unbeirrt an das Glück und an die Liebe. Zu Beginn des Films verbrennt sie alle Erinnerungsstücke an einen Mann, den sie monatelang unterstützt hat und der sie dann in den Fluß gestoßen hat, um ihr das letzte Geld zu rauben. Sie trifft den Schauspieler Alberto (A. N.), der sie nach einem Streit mit seiner Freundin halb amüsiert und halb gerührt in seinen Wagen packt und mit nach Hause nimmt. Aber während Cabiria im siebten Himmel schwebt, kommt die Freundin zurück, und Cabiria muß verschwinden. In einem Vorstadt-Varieté lernt sie schließlich einen Mann (F. P.) kennen, von dem sie fest überzeugt ist, daß er der Mann fürs Leben sein wird – ein kleiner Buchhalter, der sie heiraten will. Frohen Herzens verkauft sie ihren ganzen Besitz und verreist mit ihm. Doch auch er hat sie belogen, hat es nur auf ihr Geld abgesehen. Als sie das erkennt, wirft sie ihm schreiend vor Enttäuschung und Angst ihre Tasche vor die Füße. Cabiria kehrt nach Rom zurück. Als sie auf der nächtlichen Straße einer fröhlichen Gesellschaft begegnet, schließt sie sich ihr schüchtern an ... und lächelt!

Cabiria ist eine Verwandte der Gelsomina aus *La strada*. Mit ihr hat sie die Naivität gemein, und auf sie verweist sogar der etwas clowneske Anstrich von Cabirias Garderobe. Aber Cabiria ist aktiver; sie kämpft um ihr Glück, wenn auch mit geringem Erfolg. Fellini geht es hier wohl nicht um Sozialkritik. Daß Cabiria eine Prostituierte ist, dürfte nur Metapher für ihre äußerste Einsamkeit und Erniedrigung sein. Eher ist der Film eine Hommage für eine Arme im Geiste, die sich trotz aller Enttäuschungen den Glauben, die Hoffnung und die Liebe nicht hat nehmen lassen.

Nous sommes tous des assassins

(Wir sind alle Mörder)

Frankreich, 1952

R: André Cayatte; A: Charles Spaak, André Cayatte; K: Jean Bourgoin, Louis Stein; D: Marcel Mouloudji, Georges Poujouly, Raymond Pellegrin, Antoine Balpêtre, Claude Laydu, Paul Frankeur, Verdier, Marcel Pérès

René Le Guen (M. M.) lernt in der Widerstandsbewegung das Töten; und er tötet nach dem Krieg wieder – aus persönlichen Motiven. Er wird verhaftet und zum Tode verurteilt. In der Todeszelle lernt er Leidensgenossen kennen: Dr. Dutoit (A. B.), der allem Anschein nach das Opfer eines Justizirrtums ist, den Korsen Gino (R. P.), der seinen heimatlichen Gesetzen der Blutrache gefolgt ist, Bauchet (V.), der sein Kind erschlagen hat, weil es ihn »nicht schlafen ließ«, Malingré (M. P.), den krankhaften Lustmörder. Drei dieser Männer werden zur Guillotine geschleppt; um René, aber kämpft sein Anwalt Arnaud (C. L.). In letzter Minute versucht er noch, mit dem Präsidenten der Republik zu telefonieren. Aber er bekommt keine Verbindung; während er noch telefoniert, blendet das Bild ab, und auf der Leinwand erscheint ein großes Fragezeichen.

In der deutschen Fassung sieht der Schluß anders aus. Man sieht Arnaud, sieht Renés jüngeren Bruder (G. P.), der gleichfalls auf die schiefe Bahn zu kommen droht, in der Wohnung des Rechtsanwalts. Und Arnaud wiederholt ins Telefon feierlich: »Der Präsident hat also das Gnadengesuch genehmigt ...« Cayatte erklärte: »Man hat mir gesagt, dieser Schluß entspräche mehr der Mentalität des deutschen Publikums.«

Cayatte macht hier die Mitschuld der Gesellschaft an den Taten ihrer Außenseiter deutlich. Daraus, und aus der nüchtern realistischen Schilderung des Lebens in der Todeszelle gewinnt der Film eine Intensität, die ihn zum besten Teil der Justiz-Trilogie Cayattes macht (*Justice est faite*, 1950; *Le dossier noir*, 1955).

Novecento
(1900)

Italien, 1974/75

R: Bernardo Bertolucci; A: Bernardo Bertolucci, Franco Arcalli, Giuseppe Bertolucci; K: Vittorio Storaro; D: Robert de Niro, Gérard Dépardieu, Donald Sutherland, Burt Lancaster, Laura Betti, Dominique Sanda, Sterling Hayden, Stefania Sandrelli, Alida Valli, Werner Bruhns

Im Sommer 1900 werden auf dem Gut der Berlinghieris in der italienischen Provinz Emilia zwei Kinder geboren: Alfredo, Enkel des patriarchalischen Gutsbesitzers Alfredo Berlinghieri (B. L.), und Olmo, Enkel des Vorarbeiters Leo Dalco (S. H.). Beide Kinder wachsen zusammen auf und werden ihr ganzes Leben lang vereint bleiben – getrennt nur durch ihre soziale Stellung, ihre politische Einstellung und ihre Liebesaffären. Nach der Rückkehr aus dem Ersten Weltkrieg lernt Olmo (G. D.) die Lehrerin Anita (S. S.) kennen, die er später heiratet, und engagiert sich in der Arbeiterbewegung. Alfredo (R. d. N.) verliebt sich in die mondäne Ada (D. Sa.), die er bei seinem liberalen Onkel Ottavio (W. B.) kennengelernt hat, und übernimmt nach dem Tod seines Vaters das Gut. Das Aufkommen des Faschismus beobachtet er mit Mißtrauen, aber aktiven Widerstand mag er nicht leisten. Alfredos Hochzeit mit Ada kränkt seine Cousine Regina (L. B.), die sich selbst Hoffnungen gemacht hatte, Gutsherrin zu werden. Verbittert heiratet sie den Verwalter Attila (D. Su.), einen fanatischen Faschisten. Regina hat richtig kalkuliert. Attilas Einfluß und Ansehen wächst während der faschistischen Herrschaft; mit Mord und Massenerschießungen festigt er seine Macht. Alfredo paßt sich an und versucht, mit kleinen Gesten seine innere Unabhängigkeit zu beweisen. Ada ist von dieser Haltung so enttäuscht, daß sie zur Trinkerin wird. Olmo, dessen Frau im Kindbett gestorben ist, leistet Widerstand und gehört zu denen, die das Land 1945 befreien. Attila wird von den aufgebrachten Bauern getötet. Auch Alfredo, der Patron, soll von einem Standgericht verurteilt werden. Aber Olmo plädiert dafür, ihn am Leben zu lassen – als lebenden Beweis dafür, daß es keine Herren mehr gibt. In einem Epilog sieht man Alfredo und Olmo als Greise, die sich weiterhin streiten und anrempeln ...

Der rund fünfeinhalbstündige Film sollte ein Panorama der politischen, sozialen und kulturellen Strömungen in der ersten Hälfte unseres Jahrhunderts zeigen. Diese Ambition signalisiert schon der Titel, der sinngemäß und dem italienischen Sprachgebrauch entsprechend besser mit »Das 20. Jahrhundert« zu übersetzen wäre. Und Bertolucci hat auch den Blickwinkel dieser großen Retrospektive bezeichnet. In Interviews hat er betont, dies sei ein »kommunistischer Film«, der »die rote Fahne auch in die USA tragen« solle, der sich an ein breites Publikum wende. Doch der Regisseur, der einzelne Entwicklungsstränge klarsichtig erkannt hat, der gelegentlich auch komplizierte Sachverhalte in verblüffend prägnanten Bildern zusammenfaßt, hat sein selbstgestecktes Ziel letzten Endes nicht erreicht. Allzusehr hat er sich in die Möglichkeiten des Mediums verliebt, hat mit schönen Bildern, verwegenen Kamerafahrten und rasanten Schwenks den Blick des Zuschauers auf die Oberfläche gelenkt. Allzu vordergründig auch ist die Symbolisierung des Faschismus in der Gestalt des stets blindwütigen Attila geraten. Und die rund halbstündige Schlußsequenz, die Verhandlung gegen den Patron, wird in dem an Jancsó gemahnenden Ritual der Gesten und Bewegungen, der Aufmärsche und der Lieder zu einer Art »Polit-Ballett«, bei dem die Ideologie von der Choreographie überwuchert wird. Die angestrebte Mischung aus großem Hollywood-Kino und russischem Revolutionsfilm hat, hier wenigstens, nicht funktioniert.

Nowy Wawilon Ⓢ
(Das neue Babylon / Kampf um Paris)

UdSSR, 1929

R: Grigori Kosinzew, Leonid Trauberg; A: Grigori Kosinzew, Leonid Trauberg; K: Andrej Moskwin, Jewgeni Michailow; D: Jelena Kusmina, Pjotr Sobolewski, David Gutmann, Sergej Gerassimow

Paris 1870/71. Louise (J. K.), Verkäuferin im Kaufhaus »Das neue Babylon», lernt den jungen Soldaten Jean (P. S.) kennen. Die beiden verlieben sich. Doch als die französischen Armeen geschlagen sind und die Arbeiter den Kampf unter dem Zeichen der Kommune fortsetzen wollen, werden die Liebenden getrennt. Louise ist auf der

Seite der Kommune; Jean, der Bauernsohn, will nur zurück auf seinen Hof, läßt sich dann aber zum Einsatz gegen die Kommune kommandieren. Nach der Niederlage der Arbeiter wird er sogar Mitglied eines Exekutionskommandos, das u. a. auch Louise erschießt.

Mängel des Films werden über weite Strecken überspielt vom furiosen Tempo der Inszenierung, vom spürbaren Engagement, das sich mit einer gewissen ruhigen Selbstverständlichkeit der karikaturistischen wie der pathetischen Übersteigerung gleichermaßen bedient. Die Karikatur gilt dem Bürgertum, das rauschende Feste feiert, während die Arbeiter niedergemetzelt werden. Den Arbeitern ist der abschließende, siegverheißende Triumph gegönnt: Auf die Mauer, vor der sie erschossen werden, hat einer der Todgeweihten mit zitternder Hand geschrieben: »Vive la Commune!«. Und mit dieser Einstellung schließt der Film.

In verschiedenen Unterlagen werden die Namen des Liebespaares mit Jeanne und Pierre angegeben. Wahrscheinlicher ist aber die obengenannte Lesart, da die Heldin Züge der (historischen) Louise Michel trägt.

Nóż w wodzie
(Das Messer im Wasser)

Polen, 1961

R: Roman Polanski; A: Roman Polanski, Jerzy Skolimowski, Jakub Goldberg; K: Jerzy Lipman; D: Leon Niemczyk, Zygmunt Malanowicz, Jolanta Umecka

Andrzej (L. N.) ist ein erfolgreicher Sportredakteur; er besitzt ein Segelboot und fährt einen westlichen Wagen. Als er mit seiner Frau Krystyna (J. U.) auf dem Weg zu einem Wochenende in Masuren ist, stellt sich ein junger Bursche (Z. M.) mitten auf die Straße und zwingt ihn zu halten. Andrzej beantwortet diese Herausforderung mit einer Einladung auf sein Boot. Hier kann er den unerfahrenen Gegner zunächst überspielen. Aber dieser lernt aus seinen Fehlern, hält im psychologischen Kleinkrieg mit und sieht schließlich wie der Sieger aus: Während Andrzej – in dem Glauben, der junge Mann sei bei einer Auseinandersetzung durch seine Schuld ertrunken – an Land geht, um Hilfe zu holen, gibt sich Krystyna dem Fremden hin. Doch sie fällt auch das abschließende Urteil: »Du wirst genauso werden wie er!« Ohne Andrzejs Rückkehr abzuwarten, verabschiedet sich der Bursche, um per Anhalter in die Stadt zu kommen. Später gesteht Krystyna ihrem Mann die List des jungen Mannes, aber Andrzej zweifelt an ihren Worten. Auf der Rückfahrt hält er an einer Kreuzung und überlegt, ob er nicht doch zur Polizei gehen soll.

Dieser erste abendfüllende Spielfilm Polanskis ist Parabel und psychologisches Kammerspiel zugleich. Wie in seinem Kurzfilm *Ssaki* (Säugetiere, 1962) zeigt Polanski, daß oben und unten keine naturgegebenen Positionen sind, daß sie sich durch einen Lernprozeß verändern lassen. Im Mittelpunkt des Films steht hier das Porträt des alt gewordenen und saturierten ehemaligen Revolutionärs Andrzej. Seine Selbsteinschätzung beruht noch auf dem, was er einmal war; Krystyna dagegen weiß längst, daß er sich angepaßt, daß die Gegenwart seine Erinnerungen dementiert hat. Voller Ironie läßt Polanski Andrzej selbst in Bruchstücken, die der Entwicklung der Handlung parallel laufen, eine Geschichte erzählen, die die Schwäche seiner Position charakterisiert: Ein Matrose will sich produzieren. Er zerschlägt ein paar Flaschen und springt mit bloßen Füßen auf die Scherben; Blut spritzt auf. Der Matrose hatte diesen Sprung früher schon oft gemacht, denn er war Heizer und hatte vom Laufen auf der heißen Asche eine dicke Hornhaut an den Füßen. Aber jetzt hatte er monatelang pausiert; die Hornhaut hatte sich zurückgebildet. Daran hatte er nicht gedacht.

La nuit américaine
(Die Amerikanische Nacht)

Frankreich/Italien, 1972

R: François Truffaut; A: François Truffaut, Jean-Louis Richard, Suzanne Schiffman; K: Pierre-William Glenn; D: Jacqueline Bisset, Valentina Cortese, Alexandra Stewart, Jean-Pierre Aumont, Jean-Pierre Léaud, Danièle Graule, François Truffaut, Jean Champion, Marc Boyle

In den Studios von Nizza wird der Film *Meine Ehefrau Pamela* gedreht. Sein Inhalt: Der junge Alphonse (J. P. L.) stellt seinen Eltern Séverine

(V. C.) und Alexandre (J. P. A.) seine Frau Pamela (J. B.) vor. Vater und Schwiegertochter verlieben sich und brennen durch. – Während der Regisseur Ferrand (F. T.) diesen Film dreht, gibt es am Rande und hinter den Kulissen menschliche und technische Probleme. Die Darstellerin der Séverine hat Angst vor dem Alter und vor ihrer Rolle und macht sich mit allzuviel Champagner Mut. Der Darsteller des Alphonse verliebt sich in die Assistentin (D. G.) des Scriptgirls und will sie nach einer Liebesnacht gleich heiraten; doch die unentschlossene Geliebte macht sich mit einem Stuntman (M. B.) davon. »Alphonse« ist tief getroffen und weigert sich weiterzuspielen, bis seine Partnerin »Pamela«, der Hollywood-Star Julie Baker, ihn eines Nachts tröstet. Nun will er sie ganz für sich allein; aber »Pamela« ist verheiratet, und durch die Unverfrorenheit ihres Liebhabers gerät ihre Ehe in Gefahr. Eine teuere Einstellung wird im Kopierwerk verpfuscht. Und schließlich verunglückt der Darsteller des Alexandre mit seinem jungen Freund, den er zu seinem Adoptivsohn machen wollte, tödlich. Doch der Produzent (J. C.) läßt weiterdrehen; und mit einigen Veränderungen am Drehbuch und einem Double kann »Alexandres« Ausfall vertuscht werden. Die Dreharbeiten sind endlich beendet; das Team geht auseinander.

Der Titel ist programmatisch: *La nuit américaine* ist die in Frankreich übliche Bezeichnung für Nachtaufnahmen, die mit Hilfe von Spezialfiltern am Tage gedreht werden. Ein Blick hinter die Kulissen also, ein Hinweis auf die Täuschungs- und »Spiel«-Möglichkeiten des Films. Hinter dem Spiel wird jedoch auch eine andere Realität sichtbar: die der Schauspieler und der übrigen Mitarbeiter, die den Film natürlich beeinflußt. Hier wird nicht nur Film im Film geboten; es wird gezeigt, daß Film eben auch wirkliches Leben ist. Daneben gibt es autobiographische Einschübe: In einer Traumsequenz zum Beispiel sieht sich der Regisseur als kleinen Jungen, der aus einem Kino-Foyer Aushang-Fotos (von *Citizen Kane*) stiehlt. Und man mag auch das Selbstverständnis des Regisseurs autobiographisch sehen: Ferrand wird nicht als »besessener Künstler« gezeichnet, sondern als eine Art ehrlicher Makler, der in geduldiger Kleinarbeit das eigene Konzept mit Hilfe vieler Mitarbeiter zu realisieren sucht.

La nuit fantastique

(Eine phantastische Nacht)

Frankreich, 1942

R: Marcel L'Herbier; A: Louis Chavance, Maurice Henry, Marcel L'Herbier, Henri Jeanson; K: Pierre Montazel, Henri Tiquet; D: Fernand Gravey, Micheline Presle, Saturnin Fabre, Jean Parédès

Weil man ihm Geld gestohlen hat, muß sich der Student Denis (F. G.) seinen Lebensunterhalt als Lastträger in den Hallen verdienen. Übermüdet schläft er immer wieder ein, träumt und verwechselt schließlich Traum und Wirklichkeit. So hält er die schöne Irène (M. P.) für ein Traumgeschöpf; und als er ihr eines Tages in den Hallen begegnet, folgt er ihr wie ein Traumwandler. Er wird in ein phantastisches Komplott verwickelt: Irène ist die Tochter des Zauberkünstlers Thales (S. F.). Sie spielt die Verrückte, um so der Heirat mit Cadet (J. P.), dem Assistenten ihres Vaters, zu entgehen. Als Thales und Cadet Irène in eine Irrenanstalt einsperren, befreit Denis sie und alle anderen Patienten. Die beiden Gauner sehen sich durchschaut; sie verabreichen Denis ein Schlafmittel und bringen ihn zu seinem Arbeitsplatz in den Hallen, wo er nach dem Erwachen alles wieder für einen wüsten Traum hält. Erst ein wenig Lippenstift auf seiner Wange überzeugt ihn von der Realität seiner Erlebnisse. Und dann taucht auch Irène auf ...

Ein phantasievolles Spiel zwischen Traum und Wirklichkeit, dem möglicherweise René Clairs *Les belles de nuit* (1952) einige Anregungen verdankt. Die skurrile Geschichte wird stellenweise bewußt ins Absurde übersteigert, bleibt aber immer in sich stimmig und geschlossen.

08/15

BRD, 1954

R: Paul May; A: Ernst von Salomon nach dem gleichnamigen Roman von Hans Hellmut Kirst; K: Heinz Hölscher; D: Joachim Fuchsberger, Paul Bösiger, Hans Christian Blech, Emmerich Schrenk, Eva Ingeborg Scholz, Helen Vita

Der Gefreite Asch (J. F.) versteht es raffiniert, sich anzupassen, um zu überleben. Aber als er während seiner Ausbildungszeit erlebt, wie die

Vorgesetzten – Wachtmeister (»Schleifer«) Platzek (H. C. B.) und Hauptwachtmeister Schulz (E. S.) – seinen Freund, den gänzlich unsoldatischen Kanonier Vierbein (P. B.), schikanieren, wird er aktiv. Durch seinen Einsatz und durch eine geschickte Intrige erreicht er, daß die beiden Vorgesetzten bestraft und damit geduckt werden.

In der Fülle romantischer und pathetischer Kriegsfilme der deutschen Nachkriegsproduktion fällt dieser durch einige kritische Akzente auf. In einigen Szenen zumindest wird die Problematik preußischer Disziplin im Dienst einer Diktatur angesprochen. Leider wird der kritische Blick allzuoft durch anekdotisches Rankenwerk verdeckt. Noch deutlicher ist die Hinwendung zum Konsumkino in den beiden vom selben Regisseur gedrehten Fortsetzungen *08/15 – Zweiter Teil* (1955) und *08/15 in der Heimat* (1955), obwohl hier realistische Kriegsszenen ebenfalls für Momente bedrückende Intensität gewinnen.

The nutty professor

(Der verrückte Professor)

USA, 1962

R: Jerry Lewis; A: Jerry Lewis, Bill Richmond; K: Wallace Kelley, Paul K. Lerpae (Spezialeffekte); D: Jerry Lewis, Stella Stevens, Del Moore, Kathleen Freeman

Professor Julius S. Kelp (J. L.) ist vom Schicksal zweifellos benachteiligt. Nicht nur, daß er bei einem mißglückten Experiment den Chemiesaal in die Luft sprengt, auch sein Äußeres gibt wenig Anlaß zur Freude, und zudem ist er von tölpelhafter Schüchternheit. Als ein muskelbepackter Student ihm eines Tages während der Vorlesung seine körperliche Überlegenheit demonstriert, sinnt der gedemütigte Professor auf Abhilfe. »Body-building« versagt leider völlig, und so sucht der Chemiker sein Heil in der Droge. Nach vielen Experimenten mixt er einen Zaubertrank, der den »verrückten Professor« unversehens in den attraktiven und sieghaften Beau Buddy Love (J.L.) verwandelt. Als Buddy Love brilliert er auf der Tanzfläche, an der Bar und im Flirt mit der Studentin Stella (S. S.), die ihm irritiert verfällt; denn eigentlich liebt sie heimlich den linkischen Professor Kelp. Kelps Wunderdroge hat allerdings einen Nachteil. Ihre Wirkung läßt nach einiger Zeit ohne weitere Vorwarnung nach, was den Professor in mancherlei unangenehme Situationen bringt. Schließlich kommt es zum dramatischen Höhepunkt. Buddy Love hat sich überreden lassen, bei einem großen Schulfest mit dem Orchester Tommy Dorsey zu singen; und vor aller Augen ereignet sich mitten im Lied die Rückverwandlung des Sängers in den Professor mit der piepsigen Stimme. Doch dem genialen Erfinder wird verziehen – zuerst und vor allem natürlich von Stella.

Nicht der erfolgreichste, aber wohl einer der typischsten Filme des Komikers Jerry Lewis, der hier auch als Co-Autor und Regisseur fungiert. Die Parodie auf Stevensons *Dr. Jekyll und Mr. Hyde* gab ihm reichlich Gelegenheit zu jener grimassierenden, drastischen Groteskkomik, die ihn berühmt, aber auch umstritten gemacht hat. Daneben gibt es jedoch auch Szenen, die deutlich machen, daß Lewis' Talent sich nicht in vordergründiger Blödelei erschöpft. Er bewährt sich hier nicht nur als routinierter Entertainer; es gibt auch gute Beobachtungen und treffsichere, entlarvende Pointen, die weit über den bloßen Klamauk hinausweisen.

Nybyggarna

(Die Neubürger / Das neue Land)

Schweden 1969–71

R: Jan Troell; A: Bengt Forslund und Jan Troell nach den Romanen *Die Neubauern* und *Der letzte Brief nach Schweden* von Vilhelm Moberg; K: Jan Troell; D: Max von Sydow, Liv Ullmann, Eddie Axberg, Allan Edwall, Pierre Lindstedt, Monica Zetterlund

Fortsetzung des Films *Utvandrarna*: Karl Oskar Nilsson (M. v. S.), seine Frau Kristina (L. U.), sein Bruder Robert (E. A.) und ihre Landsleute haben die neue Heimat in Minnesota erreicht. Der neue Anfang ist schwer. Da es schon spät im Jahr ist, können sie zunächst nur eine einfache Holzhütte bauen. Obwohl Nachbarn ihnen für den ersten Winter eine Kuh leihen, haben sie wieder mit dem Hunger zu kämpfen. Die ersten Kontakte mit den Indianern, denen das

Nybyggarna (Liv Ullmann, Max von Sydow)

Land einmal gehört hat, erwecken vor allem bei Kristina, die schon wieder ein Kind geboren hat, das Gefühl einer unheimlichen Bedrohung. Doch Karl Oskar arbeitet mit zäher Beharrlichkeit und verbessert die Lebensumstände der Familie. Nur der intelligente, aber unstete Robert ist unzufrieden. Eines Tages überredet er seinen Freund Arvid (P. L.), mit ihm auf die Goldfelder nach Kalifornien zu ziehen. Neue Nachbarn siedeln sich an. Es sind überwiegend Landsleute; und wieder bringt religiöser Fanatismus Zwietracht in die Gemeinde.

Karl Oskar hat es schließlich zu Wohlstand und Ansehen gebracht. Aber auch Schicksalsschläge hat es gegeben: Die um ihr Land betrogenen Indianer überfallen die Siedlung, und unter ihren Opfern ist auch Danjel (A. E.). Der Aufstand wird durch eine blutige Vergeltungsaktion der Armee niedergeschlagen und durch eine öffentliche Massenhinrichtung vergolten. Robert kehrt schwerkrank von den Goldfeldern zurück. Er hatte das große Glück in der Hand, ist dann aber einem gerissenen Betrüger aufgesessen. Das Geld, das er Karl Oskar und Kristina stolz überreicht, erweist sich als wertlos. Es kommt zu einer heftigen Auseinandersetzung zwischen den Brüdern. Wenig später stirbt Robert, nachdem er in quälenden Fiebervisionen noch einmal seine Abenteuer und den Tod Arvids erlebt hat. Auch Kristina stirbt, sechsunddreißigjährig, an einer Schwangerschaft, vor der der Arzt sie gewarnt hatte, die sie aber im Vertrauen auf Gottes Fügung auf sich genommen hatte. Karl Oskar wird fast doppelt so alt. Er stirbt als ein Fremder in der neuen Heimat, in der sich erst seine Kinder wirklich zu Haus fühlen. Sein Tod wird vom Pfarrer an die Freunde und Verwandten in seinem Heimatdorf gemeldet; denn seine Kinder können nicht mehr schwedisch sprechen und schreiben. Sie sind auch keine Nilssons mehr, sie heißen Nelson.

Auch dieser zweiteilige Film war in den deutschen Kinos in einer um rund 40 Minuten gekürzten einteiligen Fassung (*Das neue Land*) zu sehen, während die originale Version vom Fernsehen gezeigt wurde. – Mehr als sechs Stunden hat sich Jan Troell insgesamt Zeit genommen, um das Leben und das Schicksal der Familie Nilsson zu beschreiben. Schon das bewahrt sein Epos vor den Verkürzungen, Vereinfachungen und den Klischees, an denen manche ähnliche Unternehmungen leiden – und oftmals scheitern. Troell erzählt mit großer Gelassenheit. Er hat – genau wie Vilhelm Moberg in der literarischen Vorlage – immer wieder im Detail, in der scheinbaren Nebensächlichkeit das Signifikante gefunden. Sein Film ist inhaltlich bestimmt vom großen Atem des Erzählers und formal von einer strengen Schönheit der Bilder, die allein in der visionären Schilderung von Roberts Abenteuern vielleicht ein wenig selbstzweckhaft ausufert. Zweifellos ist Troells vierteilige Auswanderer-Saga eines der markanten Beispiele des Erzählkinos, dessen Möglichkeiten hier fast optimal genutzt werden.

O

Obchod na korze

(Das Geschäft in der Hauptstraße)

ČSSR, 1964/65

R: Ján Kadár, Elmar Klos; A: Ján Kadár, Elmar Klos und Ladislav Grosman nach der gleichnamigen Erzählung von Ladislav Grosman; K: Vladimir Novotný; D: Ida Kamińská, Jozef Króner, František Zvarik

Die Slowakei im Jahr 1942. Allmählich beginnen auch hier die Judenverfolgungen. Tono Brtko (J. K.) hat es nicht weit gebracht im Leben. Eines Tages verschafft ihm sein Schwager, Offizier der »Hlinka-Garde«, einen Posten als »arischer Treuhänder« im Kurzwarengeschäft der jüdischen Witwe Lautmann (I. K.). Die alte Frau versteht zwar nicht, was der junge Mann bei ihr will; aber wohlmeinende Nachbarn reden ihr ein, Tono sei ein entfernter Verwandter, der ihr helfen wolle. Tono spielt das Spiel mit, weil die alte Frau ihm leid tut. So etwas wie eine Idylle scheint sich anzubahnen. Dann aber beginnen die Deportationen. Zufällig hat man vergessen, die Witwe Lautmann auf die Liste zu setzen. Tono beschwört sie zu fliehen. Und seine Aufregung, seine Worte erwekken schließlich in der alten Frau Erinnerungen an Pogrome und Verfolgungen. Vor Aufregung stirbt sie an einem Herzschlag. Tono erkennt, daß er trotz allem schuldig geworden ist. Er erhängt sich.

Ein eindrucksvoller Film, der von den großartigen darstellerischen Leistungen der Hauptdarsteller Króner und Kamińská und von der stilistischen Konsequenz einer realistischen Inszenierung lebt, die nur in einigen Traumsequenzen an Intensität verliert.

»An der literarischen Vorlage fesselte uns vor allem die seltsame Mischung von Komödie und Tragödie ... Es interessierte uns, diese diametral verschiedenen Ebenen zu einem harmonischen Ganzen zu verbinden. Beide sind für das Grundthema wesentlich: An der Gewalt sind nicht nur die Menschen mit dem Revolver im Gürtel schuld, sondern auch die ordentlichen, braven Menschen, die sich vor den Gewalttätern fürchten und deshalb zu ihren Mitarbeitern werden« (Kadár und Klos).

Obsession

(Schwarzer Engel)

USA, 1975

R: Brian De Palma; A: Paul Schrader nach einer Geschichte von Paul Schrader und Brian De Palma; K: Vilmos Zsigmond; D: Cliff Robertson, Geneviève Bujold, Wanda Blackman, John Lithgow

New Orleans 1959. An ihrem zehnten Hochzeitstag wird Elizabeth (G. B.), die Frau des Bauunternehmers Michael Courtland (C. R.), mit ihrer kleinen Tochter Amy (W. B.) entführt. Im Vertrauen auf die Schlagkraft der Polizei läßt Courtland sich überreden, statt des geforderten Lösegeldes einen Koffer mit Papierschnipseln zu hinterlegen. Aber die Befreiung der Entführten mißlingt; Courtland verliert seine Frau und sein Kind. Sechzehn Jahre später fliegt der einsame, von Selbstvorwürfen gepeinigte Courtland mit seinem Partner nach Florenz. In sentimentaler Erinnerung besucht er jene Kirche, in der er einst mit Elizabeth getraut wurde; und dort stockt ihm buchstäblich der Atem. Er sieht eine Restauratorin, Sandra (G. B.), bei der Arbeit, die haargenau seiner Frau gleicht, so wie er sie seit sechzehn Jahren in Erinnerung hat. Courtland ist wie besessen von der Idee, sein Leben gleichsam noch einmal führen zu können. Er wirbt um Sandra, die für ihn immer mehr zu Elizabeth wird, und gewinnt sie. Sie folgt ihm nach New Orleans. Doch kurz vor der Hochzeit scheint sich sein Unglück zu wiederholen: Auch Sandra wird entführt, und obwohl Courtland diesmal bereit ist, alle Forderungen zu erfüllen, mißlingt auch diesmal die Übergabe. Erst als er alles verloren glaubt, erkennt der Unglückliche die Wahrheit. Sandra ist in Wirklichkeit seine Tocher Amy. Sie war Partnerin einer Intrige, die sein Geschäftspartner inszeniert hat, um ihn zu vernichten. Er hatte Amy, die den Unfall des Fluchtwagens der Gangster überlebt hatte, ins Ausland gebracht; er hatte ihr eingeredet, daß Courtland schuld sei am Tod ihrer Mutter. Jetzt will Amy/Sandra nach Italien zurück. Aber im Flugzeug macht sie, von Reue gepeinigt, einen Selbstmordversuch. Das Flugzeug kehrt um, und am Flughafen fallen sich nach kurzem Zögern Vater und Tochter in die Arme.

Eine krude Story, die von Zufällen und Unglaubwürdigkeiten strotzt, die in gewalttätigen, grellen Bildern erzählt wird und die gerade daraus eine suggestive Wirkung bezieht. Brian De Palmas Regie reiht gleichsam nur Höhepunkte aneinander, läßt den Zuschauer kaum zu Atem kommen und entläßt ihn dadurch auch niemals aus dieser total künstlichen Welt, die aber mit innerer Folgerichtigkeit erdacht und gestaltet ist. Brian De Palma, der sich häufig auf Hitchcock beruft und aus seiner Verehrung für den Meister des »Suspense« keinen Hehl macht, hat hier dessen Lieblingsthema von der verlorenen Identität zu einer aberwitzigen Pointe gesteigert, die in ihrer absoluten Künstlichkeit die Logik aufhebt und zum Selbstzweck wird. Hier berühren sich gleichsam die Extreme: die sanfte, hinterhältige Erzählweise Hitchcocks und die ungebärdig-eruptive von De Palma sind beide auf ihre Weise »cinéma pur«.

Obžalovaný

(Der Angeklagte)

ČSSR, 1964

R: Ján Kadár, Elmar Klos; A: Vladimir Valenta, Ján Kadár und Elmar Klos nach der gleichnamigen Novelle von Lenka Hašková; K: Rudolf Milić; D: Vlado Müller, Jaroslav Blažek, Jiří Menzel

Josef Kudrna (V. M.), Direktor eines volkseigenen Elektrizitätswerkes, steht vor Gericht. Die Anklage wirft ihm vor, verbotene Leistungsprämien an die Arbeiter gezahlt zu haben. Mitangeklagt sind zwei ihm unterstellte Mitarbeiter. Ihr Fall ist einfach; sie haben sich persönlich bereichert. Aber Kudrna fühlt sich unschuldig; denn nur die Prämien haben das Arbeitstempo beschleunigt und die Volkswirtschaft vor einem großen Verlust bewahrt. Die Richter wollen einen Kompromiß schließen und verurteilen Kudrna zu einer geringfügigen Gefängnisstrafe, die durch die Untersuchungshaft als verbüßt gilt. Doch Kudrna nimmt das Urteil nicht an. Er sagt: »Dieses Urteil klärt nichts! Und es gäbe eine Menge zu klären!«

Ein interessantes und frühes Beispiel nüchterner Selbstkritik aus dem »sozialistischen Lager«, interessant vor allem deshalb, weil es hier nicht um ein Versagen untergeordneter Funktionäre, sondern um ein Prinzip geht. Kadár und Klos formulierten vorsichtig: »Auf der einen Seite steht die Tendenz, das Leben auf eine denkbar einfache Formel zu reduzieren, auf der Gegenseite eine komplizierte Realität.«
Filmisch interessant ist die Verwendung der Rückblenden, die unvermittelt in die Gerichtsverhandlung eingeschnitten werden, so daß der Film oft innerhalb eines Satzes die Zeitebene wechselt. Interessant ist auch der Einsatz der Darsteller. Die Regisseure beschäftigten zum Teil Laien – so z. B. Jaroslav Blažek, der Jurist ist und hier den Richter spielt. Blažek schrieb einen Teil seines Textes selbst, nach dem Studium von »Prozeßakten«, die Kadár und Klos sorgfältig präpariert hatten.

Odd man out

(Ausgestoßen)

England, 1946/47

R: Carol Reed; A: F. L. Green und R. C. Sherriff nach einer Erzählung von F. L. Green; K: Robert Krasker; D: James Mason, Robert Newton, Kathleen Ryan

Johnny McQueen (J. M.), einer der Führer der irischen Freiheitsbewegung, ist aus dem Gefängnis geflohen und versteckt sich bei Kathleen (K. R.), ohne zu merken, daß die »Kampfgefährtin« sich in ihn verliebt hat. Da der Organisation das Geld ausgegangen ist, plant man einen Überfall auf die Kasse einer Fabrik. Aber der sorgsam ausgeklügelte Plan mißlingt: Ein Kassierer wird getötet, Johnny angeschossen und schwer verletzt. Bei der Flucht wird Johnny von seinen Kameraden getrennt. Den ganzen Abend und die halbe Nacht schleppt sich Johnny allein durch die Stadt und sucht Hilfe. Während der gleichen Zeit suchen ihn seine Freunde und vor allem Kathleen, um ihm zu helfen. Sie haben für ihn einen Platz auf einem Schiff gefunden, das in der Nacht auslaufen soll. Doch die ganze Stadt wird von der Polizei sorgfältig überwacht. Kurz vor Mitternacht findet Kathleen Johnny endlich und will mit ihm auf das rettende Schiff flüchten. Aber die Polizei kommt ihnen zuvor. Als Kathleen sieht, daß es keinen Ausweg mehr gibt, schießt sie auf die Polizisten und provoziert damit einen Kugelhagel, in dem Johnny und sie sterben.
Odd man out behandelt ein politisches Thema und metaphysische Aspekte mit der Dramaturgie eines handfesten Thrillers. Das »irische Problem« war für die Engländer damals Tagesgespräch; Reed hat es kühl, ohne moralische Werturteile als Faktum aufgegriffen. Metaphysische Bezüge gibt es in mehreren Szenen – wenn Johnny auf einem Schuttabladeplatz unter der Statue eines Gipsengels zusammenbricht oder wenn ein halbverrückter Maler (R. N.) ihn malen will und dabei in eine Christus-Vision verfällt u. a. Hier schleichen sich auch melodramatische Elemente in die Handlung, die aber von den geschickt dosierten und servierten Spannungselementen überspielt werden. Spannung entsteht zunächst schon aus der Parallelität der beiden Handlungen: Johnnys Flucht und die Bemühungen, ihn zu retten. Reed weiß jedoch Nervenkitzel auch im Detail auszuspielen. Typisch für seine Methode ist etwa eine Szene, in der Johnny sich in einem alten Luftschutzunterstand verbirgt. Der Ball eines spielenden Mädchens hüpft die Treppe herunter, rollt vor seine Füße; das Kind läuft hinterher und bleibt eine quälend lange, aber genau kalkulierte Zeit vor dem Mann stehen, ehe es sich stumm abwendet.
Bei allem Nervenkitzel macht Reed allerdings auch deutlich, daß Johnny eigentlich von Anfang an verloren ist, weil er – wenn auch schuldlos – schuldig geworden ist am Tod eines Menschen.

Offret

(Opfer)

Schweden/Frankreich/England, 1985

R: Andrej Tarkowski; A: Andrej Tarkowski; K: Sven Nykvist; D: Erland Josephson, Susan Fleetwood, Allan Edwall, Valérie Mairesse, Tommy Kjellkvist

In einem einsam gelegenen Haus irgendwo an der Küste feiert Alexander (E. J.), ein alternder Schauspieler, seinen Geburtstag. Zunächst pflanzt er mit seinem kleinen Sohn (T. K.) einen Baum, später kommen Familienangehörige und

Offret
(Tommy Kjellkvist)

ein befreundeter Lehrer (A. E.), der jetzt als Briefträger arbeitet, zum Feiern. In dieses idyllische Beisammensein platzen Nachrichten aus dem Radio von einer nicht näher bezeichneten Katastrophe, die offenbar die ganze Welt und alles Leben bedroht. Unheimlicher Lärm – Raketen oder tieffliegende Flugzeuge? – erschreckt die Menschen; dann fällt der Strom aus und läßt sie in beunruhigender Ungewißheit. Besonders Alexander ist im Innersten verstört und aus dem Gleichgewicht geworfen. In panischer Angst betet er um die Rettung und bietet sich selbst als Opfer an, wenn am nächsten Tag alles wieder so ist, wie es war. Und er handelt konsequent: Nach dem Frühstück, als die übrigen Familienmitglieder fortgegangen sind, steckt Alexander sein Haus in Brand. Die Feuerwehr versucht vergeblich zu löschen; der vermeintlich geistesgestörte Alexander wird unterdessen von Krankenwärtern abtransportiert. Sein kleiner Sohn begießt den Baum, den sie zusammen gepflanzt haben, und spricht zum ersten Mal in diesem Film: »Am Anfang war das Wort ... Warum, Papa?«

In strengen, kühlen Bildern und in langsamen Einstellungen, die viele Elemente seiner früheren Filme zitieren, erzählt Tarkowski seine Parabel, die den Zuschauer ängstigt, obwohl sie letzten Endes von der Hoffnung, von der Rettung handelt. Tarkowski war bereits schwer krank, als er diesen Film drehte und ihn seinem Sohn widmete. So hat er ihn bestätigt als Vermächtnis an eine neue Generation, die vielleicht aus dem Opfer der vorigen die Kraft, den Mut und die Beharrlichkeit schöpft, für einen neuen Anfang zu arbeiten, auf eine neue Chance zu hoffen. Der Film evoziert diese Empfindungen beim Betrachter ohne melodramatische Effekte mit einem Minimum an Aufwand und einem Maximum an suggestiver Intensität. Äußerlich zum Beispiel wird die drohende Katastrophe nur durch einen zerbrechenden Milchkrug bezeichnet; aber der Zuschauer zweifelt nicht einen Moment daran, daß sie tatsächlich an die Grundlagen der Welt und an das Innerste unserer Existenz rührt. Hier wird in den Bildern und durch die Bilder eine metaphysische, eine religiöse Dimension sichtbar.

Ohm Krüger

Deutschland, 1941

R: Hans Steinhoff unter Mitarbeit von Herbert Maisch und Karl Anton (Massenszenen); A: Harald Bratt und Kurt Heuser nach Motiven des Romans *Mann ohne Volk* von Arnold Krieger; K: Fritz Arno Wagner, Friedl Behn-Grund, Karl Puth; D: Emil Jannings, Gustaf Gründgens, Ferdinand Marian, Franz Schafheitlin, Otto Wernicke, Werner Hinz, Ernst Schröder

Der Krieg der Buren gegen die Engländer: Cecil Rhodes (F. M.), der finanzielle Interessen im »Kapland« hat, konspiriert mit dem Kolonialminister Chamberlain (G. G.), um die Buren in einen Vernichtungskampf zu verstricken. Noch einmal kann Ohm Krüger (E. J.) durch einen Vertrag den Frieden und die staatliche Selbständigkeit sichern; doch dann bricht der Kampf los. Zunächst siegen die Buren. Das Blatt wendet sich jedoch, als Lord Kitchener (F. S.) den Oberbefehl übernimmt und Terrormethoden anwendet. Farmen werden niedergebrannt, Brunnen verseucht, Frauen und Kinder in ein »Konzentrationslager« gesteckt und der Willkür eines sadistischen Kommandanten (O. W.) ausgeliefert. Vergeblich sucht Ohm Krüger in Europa Hilfe; die britische Diplomatie hat ihn isoliert.
Der aufwendigste und wohl auch bekannteste antibritische Propagandafilm des »Dritten Reichs«. Er wurde mit dem Ehrentitel »Film der Nation« ausgezeichnet. Obwohl formal uneinheitlich, hatte er damals einen großen Erfolg – nicht zuletzt durch gute darstellerische Leistungen, die den raffinierten Gefühlsappell des Films wirkungsvoll unterstützten. Sein oberstes Ziel war die Bebilderung des Propagandaschlagworts vom »heuchlerischen, perfiden Albion«. Typisches Beispiel: Eine Szene, in der britische Missionare beim Gottesdienst Bibeln und Gewehre an mordlustige Eingeborene verteilen.

Okraina

(Vorstadt)

UdSSR, 1933

R: Boris Barnet; A: Konstantin Finn und Boris Barnet nach der gleichnamigen Erzählung von Konstantin Finn; K: Michail Kirillow, A. Spiridonow; D: Nikolai Bogoljubow, Nikolai Krjutschkow, Jelena Kusmina, Sergej Kamarow, Hans Klering, Alexander Tschistjakow

Der Weltkrieg bricht aus, und die Bewohner einer armseligen Vorstadt werden von nationaler Begeisterung gepackt. Besonders begeistert sind die Fabrikanten, die hoffen können, mit Heereslieferungen betraut zu werden. Unter denen, die an die Front geschickt werden, ist Nikolai Kadkin (N. B.), der Sohn eines einfachen Schusters (A. T.). Nikolai gilt schon lange als heimlicher Revolutionär. Sein Bruder Senka (N. K.) meldet sich freiwillig und wird bald mit der furchtbaren Realität des Krieges konfrontiert. Deutsche Kriegsgefangene kommen in die Stadt. Einer von ihnen (H. K.) verliebt sich in Manka (J. K.), die Tochter des Schuhfabrikanten Greschin (S. K.). Greschin jagt ihn aus dem Haus, obwohl Manka ruft: »Er ist doch auch ein Schuster!« Die Februarrevolution bricht aus, aber die provisorische Regierung führt den Krieg weiter. Doch die Soldaten wollen nicht mehr kämpfen. Nikolai Kadkin ist einer der ersten, die die weiße Fahne schwenken. Er wird von einem Offizier erschossen. Auch in die Vorstadt kommt die Revolution. In der Reihe der Demonstranten marschiert der deutsche Kriegsgefangene neben dem alten Kadkin.
Boris Barnet kam durch Kuleschow zum Film. *Okraina* ist zweifellos sein Meisterwerk. Besonders gelungen sind die Milieuschilderung und die Charakterzeichnung. Es gelang Barnet, die episodische Form, die auf einen »repräsentativen« Helden verzichtet, in ein ausgewogenes Gleichgewicht zu bringen und die neuen Möglichkeiten des Tons geschickt zu nutzen.

Oktjabr Ⓢ

(Oktober / Zehn Tage, die die Welt erschütterten)

UdSSR, 1927

R: Sergej Eisenstein; A: Sergej Eisenstein; K: Eduard Tissé, Wladimir Popow, Wladimir Nilsen; D: Boris Liwanow, Wassili Nikandrow, Wladimir Popow

Acht Monate Weltgeschichte – vom Frühjahr bis zum Herbst 1917 – sind das Thema des

Oktjabr

Films: Das Versagen der »Provisorischen Regierung« und Kerenskis (W. P.), die Ankunft Lenins (W. N.) auf dem Finnischen Bahnhof, die Niederlage des konterrevolutionären Generals Kornilow vor Petersburg, die fruchtlosen Diskussionen der Politiker und der Aufstand des Volkes, der im Sturm auf das Winterpalais gipfelt.
Der Film sollte den zehnten Jahrestag der Revolution feiern. Dafür stellte man Eisenstein riesige Mittel zur Verfügung. Monatelang durfte er im Winterpalais drehen; auf dem Höhepunkt der »Stromkrise« hatte er stets Strom für Nachtaufnahmen; an manchen Tagen kommandierte er ein Heer von 10000 Statisten. Und es heißt, bei den Dreharbeiten, die zur gleichen Zeit wie die zu Pudowkins *Konez Sankt-Peterburga* stattfanden, sei das Palais stärker beschädigt worden als bei den Kämpfen im Jahr 1917. Trotz aller Großzügigkeit kam aber der Film nicht rechtzeitig zu den Jubiläumsfeiern in die Kinos. Nach seiner Fertigstellung nämlich wurde Trotzki in Acht und Bann getan; Eisenstein mußte den mißliebigen Politiker aus seinem Film entfernen und seine Verdienste um den Sieg der Revolution verschweigen.
Helden der Revolution wurden nun die Massen – und Lenin, der hier erstmals in einem Spielfilm dargestellt wurde, und zwar von dem Arbeiter Nikandrow, der ihm täuschend ähnlich sah. Auf Ähnlichkeit war Eisenstein auch sonst versessen. Viele Szenen hat er nach Augenzeugenberichten originalgetreu nachgestellt. Später tauchten Teile des Films gelegentlich sogar in Dokumentarberichten auf, weil man sie für Wochenschauaufnahmen aus dem Jahr 1917 hielt.
Eisenstein wollte aber nicht nur eine Reportage drehen; er hat die Ereignisse gleichzeitig kom-

mentiert und interpretiert. Gegner der Revolution werden erbarmungslos karikiert, Kerenski erscheint als eitler Psychopath, der sich insgeheim mit Napoleon vergleicht. Und Interpretation wird auch mit der Montage betrieben. Kornilows Losung »Für Gott und Vaterland« benutzt Eisenstein zu einem höhnischen Exkurs: Er zeigt in schnellem Wechsel hintereinander Götter- und Götzenbilder und stellt damit für den Zuschauer diesen Begriff in Frage.

Los olvidados
(Die Vergessenen)

Mexiko, 1950

R: Luis Buñuel; A: Luis Buñuel, Luis Alcoriza; K: Gabriel Figueroa; D: Roberto Cobo, Alfonso Mejia, Miguel Inclán, Estella Inda

Verwahrloste Jugendliche in den Elendsvierteln von Mexico City. Jaibo (R. C.) ist der Anführer einer Bande streunender Kinder, die Krüppeln und blinden Bettlern das Geld stehlen. Der sensible Pedro (A. M.), der unter der Härte seiner Mutter (E. I.) leidet, wird eines Tages Zeuge, wie Jaibo einen anderen Jungen, einen vermeintlichen Spitzel, zu Tode prügelt. Er will nicht mehr mitmachen, aber das kann Jaibo nicht dulden. Jaibo verübt einen Diebstahl und lenkt den Verdacht auf Pedro. Als Pedro seine Unschuld zu beweisen sucht, als er bei einer Schlägerei mit Jaibo unterliegt und in ohnmächtiger Wut herausschreit, daß Jaibo ein Mörder ist, da tötet Jaibo auch ihn. Jaibo wird von der Polizei gejagt und angeschossen. Er stirbt allein und einsam in einem Winkel. Pedros Leiche wird von einem Mann, der in die Sache nicht hineingezogen werden möchte, heimlich auf eine Müllhalde geschafft.
Buñuel moralisiert nicht, er demonstriert. Er zeigt Elend und Gemeinheit, aber er sucht die Ursache dafür nicht bei seinen Protagonisten. Jaibo, hier gleichsam das Prinzip des Bösen, stirbt so, daß man die Kälte spürt, die ihn umgibt und die ihn zum Mörder gemacht hat. Sterbend hat er einen Traum: Ein räudiger Hund läuft über ein weites Feld. Noch ein anderer Traum spielt eine Rolle. Pedro träumt ihn, nachdem er seine Mutter vergeblich um ein Stück Fleisch gebeten hat. Seine Mutter reicht ihm ein großes blutiges Fleischstück, das die Hand Jaibos, der unter dem Bett versteckt ist, ihr entreißen will. Ein Zeichen für Pedros Hunger nach Liebe, für den Wunsch, bei der Mutter Geborgenheit zu finden. Auch die »Opfer« der Jungen sind ambivalent gezeichnet. Der blinde Bettler (M. I.), den die Kinder verhöhnen, erweist sich als Lüstling und Denunziant. Ähnlich wie später in *Viridiana* wird die Frage der Moral unerheblich vor den Zwängen der Realität. Als Pedro in eine Besserungsanstalt eingewiesen wird, gibt ihm der Direktor ein Zeichen seines Vertrauens: Er drückt ihm Geld in die Hand und schickt ihn, etwas einzukaufen. Aber Jaibo stiehlt ihm das Geld, und Pedro traut sich nicht zurück in die Anstalt. Die pädagogische Geste und Pedros Anständigkeit versagen zwangsläufig in dieser Wirklichkeit.
Buñuel hat diesen Film mit einer Intensität und einem Realismus gedreht, der ihm gelegentlich sogar den Vorwurf der Spekulation eingebracht hat. Tatsächlich ging es ihm aber darum, die Realität, die er sah und die ihn bedrängte, aufrichtig wiederzugeben. Zu dieser Aufrichtigkeit gehört die ungeschminkte Wirklichkeit genauso wie der Alptraum des Entsetzens.

Once upon a time in America
(Es war einmal in Amerika)

USA, 1983

R: Sergio Leone; A: Sergio Leone, Leonardo Benvenuti, Piero De Bernardi, Enrico Medioli, Franco Arcalli und Franco Ferrini frei nach dem autobiographischen Roman *The hoods* von Harry Grey (David Aaronson); K: Tonino Delli Colli; D: Robert De Niro, James Woods, Elizabeth McGovern, Larry Rapp, William Forsythe, Treat Williams

Die Geschichte beginnt in den zwanziger Jahren auf der Lower East Side in New York. Noodles, Max und seine Freunde bilden eine jugendliche Straßenbande, die eher spielerisch ihr erstes Geld ergaunert. Doch bald wird aus dem Spiel Ernst: Einer aus der Gang wird von einem neidischen Konkurrenten erschossen, Noodles ersticht den Mörder und muß ins Gefängnis. – Zehn Jahre später kommt Noodles (R. D. N.) zurück und trifft Max (J. W.) und die Freunde von damals als Mitglieder eines gut funktionierenden Gangster-Syndikats. Er trifft auch Deborah (E. MG.) wieder, für die er schon als Kind geschwärmt hatte. Doch der Traum von Glück, Macht und Reichtum währt nicht lange. Die Beziehung zu Deborah zerbricht, als Noodles glaubt, auch zwischenmenschliche Probleme mit Gewalt lösen zu können. Zudem gibt es »beruflich« Schwierigkeiten. Es kommt zu Meinungsverschiedenheiten mit Max, der im Milieu durch Gehorsam und Anpassung Karriere machen will, während Noodles eher emotional und gleichsam anarchistisch reagiert. Weil Max sich trotz aller Warnungen daranmacht, einen schier selbstmörderischen Coup durchzuführen, greift Noodles zum letzten Mittel, um den Freund zu retten: Er informiert die Polizei. Als er erfährt, daß Max bei diesem Polizeieinsatz getötet worden ist, taucht er unter. Erst 35 Jahre später kehrt er als alter Mann nach New York zurück und erfährt endlich die Wahrheit: Nicht er, Noodles, ist der »Verräter« gewesen. Max hatte damals eine raffinierte Intrige eingefädelt, um seine Karriere voranzutreiben und Noodles aus dem »Geschäft« zu drängen. Und Max' Rechnung ist aufgegangen; denn der angeblich Tote ist ein reicher Mann und sogar ein erfolgreicher Politiker geworden.

Leone erzählt seine Geschichte, die in zahlreiche Episoden und Anekdoten auswuchert, nicht chronologisch, sondern in einem kunstvollen Geflecht von Rückblenden. Dennoch ist es ihm gelungen, die innere Kontinuität seiner Chronik zu bewahren, die freilich keineswegs den Anspruch erhebt, ein realistisches Bild jener Zeit in den USA zu zeichnen. Eher hat man das Gefühl, er habe seine Geschichte statt in der Wirklichkeit in den Archiven Hollywoods recherchiert. Ganz bewußt wird hier der Mythos des Gangsterfilms beschworen, so wie Leone 15 Jahre zuvor in *C'era una volta il West* ... dem Mythos der Western-Filme ein opulentes Denkmal gesetzt hatte. Hier nun ist ein großflächiges Panorama entstanden, das nicht immer der Gefahr entgeht, sich in Einzel-Episoden zu verlieren oder durch allzu extensive »action« das dramaturgische Gleichgewicht zu gefährden. Insgesamt aber spürt man doch das Geschick und die Vitalität eines phantasievollen Erzählers.

Leone wollte den Film zunächst in einer zweiteiligen, rund sechs Stunden langen Fassung herausbringen. Produktion und Verleih konzedierten ihm aber lediglich einen Teil in einer Länge von rund 230 Minuten. In der Bundesrepublik kam neben dieser originalen Fassung auch eine um rund 60 Minuten gekürzte Version in den Verleih.

O něčem jiném

(Von etwas anderem)

ČSSR, 1963

R: Věra Chytilová; A: Věra Chytilová; K: Jan Čuřík; D: Eva Bosáková, Věra Uzelacová, Josef Langmiler, Jiří Kodet

Der Film schildert den Alltag zweier Frauen: Eva (E. B.) gehört als Kunstturnerin zur Spitzenklasse. Ihr Alltag heißt Training, Konzentration, schwere körperliche Belastung, Monotonie der Wiederholung. Věra (V. U.) ist verheiratet, hat ein Kind. Sie empfindet das Leben als »normale« Hausfrau nicht weniger eintönig. Als ihr ein junger Mann (J. K.) den Hof macht, erliegt sie schnell seiner Werbung. Am Schluß scheint Eva die Siegerin zu sein, sie bewährt sich in einem Wettkampf und gewinnt damit den Lohn für ihre Mühen. Věra dagegen entdeckt, daß auch ihr Mann (J. L.) ein Verhältnis hat, und kämpft in einem hysterischen Anfall um den Bestand ihrer Ehe.

Věra Chytilová schildert das Leben zweier Frauen – parallel, doch ohne daß beide Hauptpersonen sich einmal begegnen. Trotzdem gelingt es ihr, Gemeinsames deutlich zu machen. Beide Frauen machen im Verlauf des Films eine Krise durch. Und gerade weil ihre Situationen so verschieden sind, fügen sich die Symptome dieser Krise zu einer geschlossenen Analyse. So entstand ein interessanter Film über die Situation der Frau in einer von Männern bestimmten Gesellschaft.

Der Film bemüht sich konsequent um Wirklichkeitsnähe: Die tschechoslowakische Olympiasiegerin Eva Bosáková spielt sich selbst, ebenso wie ihre Trainerin und ihr Trainer. Auch für die Rolle der Věra verzichtete Věra Chytilová auf eine Berufsschauspielerin. Typisches Beispiel für den Stil: Im fertigen Film ist eine Szene enthalten, in der Věras kleiner Sohn (der das auch in Wirklichkeit ist!) quengelt: »Mama, ich mag nicht mehr filmen!«

One flew over the cuckoo's nest

(Einer flog über das Kuckucksnest)

USA, 1975

R: Miloš Forman; A: Lawrence Hauben und Bo Goldman nach dem gleichnamigen Roman von Ken Kesey; K: Haskell Wexler; D: Jack Nicholson, Louise Fletcher, William Redfield, Will Sampson, Brad Dourif

McMurphy (J. N.), wegen angeblicher und von ihm bestrittener Verführung einer Minderjährigen inhaftiert, ist im Arbeitslager so aufsässig, daß man ihn zur Beobachtung in eine Nervenheilanstalt einweist. Er ist es zufrieden und meint, auf diese Weise den Rest seiner Haftzeit vergleichsweise angenehm hinter sich zu bringen. Unbekümmert begegnet er den Kranken der Station mit hemdsärmeliger Aufgeschlossenheit, ermuntert sie zu Spielen und betätigt sich so ungewollt als guter Therapeut. Und er findet dabei sogar einen Freund: den »Häuptling« (W. S.), einen hünenhaften, angeblich taubstummen Indianer, dessen Sprachlosigkeit aber, wie McMurphy entdeckt, nur ein totaler Protest gegen seine Umwelt ist. Doch schon bald erkennt McMurphy, daß es auch in der Heilanstalt Regeln und Vorschriften gibt, die von der Oberschwester Ratched (L. F.) mit hinterhältiger Unerbittlichkeit durchgesetzt werden. Und wieder rebelliert McMurphy – zunächst eher spielerisch, dann mit einem illegalen Tagesausflug, bei dem er seine Leidensgenossen als Ärzteteam ausgibt. Als er erfährt, daß die Ärzte beschlossen haben, ihn wegen seines Benehmens über das Ende seiner Haftzeit hinaus in der Klinik zu behalten, geht er zum offenen Widerstand über. Als Gegenmaßnahme unterzieht man ihn einer Elektroschock-Behandlung. Nun beschließt McMurphy zu fliehen. Zum Abschied organisiert er auf der Station eine nächtliche Party. Am anderen Morgen kommt es zur Katastrophe: Der an einem schweren Mutterkomplex leidende Billy (B. D.) wird von der verunsicherten Oberschwester in den Selbstmord getrieben; McMurphy vergißt seine Flucht und stürzt sich auf die Oberschwester, die er beinah erwürgt. Er wird überwältigt, einer Gehirnoperation unterzogen und kehrt als willenloses Wrack auf die Station zurück. Als der »Häuptling«, der mit ihm fliehen will, den Zustand seines Freundes erkennt, »befreit« er ihn auf seine Weise. Er erstickt ihn mit einem Kopfkissen und springt dann durch das Fenster in die Freiheit.

Der mit 5 »Oscars« ausgezeichnete Film will sicher kein realistisches Bild zeichnen; er benutzt das Motiv des Irrenhauses vielmehr für eine satirische Attacke auf gesellschaftliche Zustände. Er engagiert sich für den Individualismus in einer von sinnlosen Normen und sturen Zwängen verstellten Umgebung. Und er zeigt die Vernichtung eines Menschen, der sich den üblichen Normen nicht anpaßt. Stellenweise ist Forman diese Attacke brillant gelungen. Die ersten, noch beinah spielerischen Machtproben zwischen McMurphy und der Oberschwester lassen bei aller komödiantischen Leichtigkeit die Katastrophe ahnen, die der Film dann später ein wenig zu gewaltsam und zu demonstrativ herbeiführt. Ein Nachteil ist sicherlich auch, daß »das System« in der Gestalt der Oberschwester allzusehr personifiziert wurde, so daß man meinen könnte, ein Wechsel in der Stationsleitung könne den größten Teil der Probleme aus der Welt schaffen. Und schließlich entging Forman auch nicht der Gefahr, die Symptome der Kranken zu nicht immer geschmackssicheren Gags zu vermarkten, sich über sie lustig zu machen.

Onna ga kaidan o agaru toki

(Die Mädchen der Ginza / Eine Frau geht die Treppe hinauf)

Japan, 1959

R: Mikio Naruse; A: Ryuzo Kikushima; K: Masao Tamai; D: Hideko Takamine, Masayuki Mori, Tatsuya Nakadai, Daisuke Katoh, Keiko Awazi

Die Witwe Keiko (H. T.) ist Geschäftsführerin einer Bar in der Ginza, dem Vergnügungsviertel von Tokio. Sie träumt davon, eine eigene Bar aufmachen zu können. Aber ihre Einkünfte reichen nicht, zumal sie noch ihre Familie unterstützen muß. So hofft sie auf Darlehen von einigen Stammkunden; doch die haben entweder selbst kein Geld oder stellen eindeutige Gegenforderungen. Keiko nimmt daher schließlich den Heiratsantrag von Herrn Sekine (D. K.) an; doch sie erfährt, daß Herr Sekine längst verheiratet ist. Zum ersten Mal in ihrem Leben betrinkt sie sich und nimmt anschließend

Herrn Fujisaki (M. M.) mit in ihre Wohnung; am folgenden Morgen erzählt ihr Geliebter ihr, daß er in eine andere Stadt versetzt worden ist. Ihr Sekretär (T. N.) macht ihr Vorwürfe wegen ihres »Fehltritts«; doch Keiko begrüßt am anderen Tag mit gewohnter Freundlichkeit die Gäste der Bar.
Naruse gilt als »Frauenregisseur«; Kritiker haben ihn den »japanischen Bergman« genannt. Auch hier hat er wieder die desolate Situation der Frau in der japanischen Gesellschaft einfühlsam geschildert: Keikos Schicksal wird kontrastiert von dem ihrer Freundin Yuki (K. A.), die es zwar zu einer eigenen Bar gebracht hat, die aber mit den hohen Belastungen nicht fertig wird, und von dem vieler kleiner Angestellten, die ähnliche Träume haben wie Keiko. Die Männer erscheinen in diesem Bild blasser und unsympathischer. Naruses Interesse und sein Mitgefühl gelten den Frauen, die er als Unterprivilegierte der Gesellschaft, als Gefangene traditioneller Zwänge und Institutionen sieht.

On the waterfront
(Die Faust im Nacken)

USA, 1954

R: Elia Kazan; A: Budd Schulberg nach einem eigenen Roman und Berichten von Malcolm Johnson; K: Boris Kaufman; D: Marlon Brando, Lee J. Cobb, Rod Steiger, Karl Malden, Eva Marie Saint

Der gescheiterte Berufsboxer Terry Malloy (M. B.) wird durch seinen Bruder Charlie (R. S.) in die Machenschaften des korrupten Gewerkschaftsbosses Johnny Friendly (L. J. C.) verwickelt. Ohne es zu wissen und zu wollen, wird er mitschuldig an dem Mord an einem aufsässigen Dockarbeiter, in dessen Schwester (E. M. S.) er sich später verliebt. Diese Liebe und die Worte eines sozial engagierten Pfarrers (K. M.) machen ihn unsicher. Friendly fürchtet, Terry könne vor der Polizei aussagen, und beauftragt Charlie, ihn zur Vernunft oder zum Schweigen zu bringen. Charlie will seinen Bruder decken. Und noch am gleichen Abend findet Terry, der gerade selbst einem Mordanschlag entgangen ist, Charlie tot auf der Straße. Jetzt entschließt er sich. Er sagt vor einem Untersuchungsausschuß gegen Friendly aus und provoziert ihn am nächsten Tag zu einer Schlägerei. Zwar wird er von Friendlys Leibwache zusammengeschlagen; aber die Dockarbeiter haben endlich ihre Angst überwunden. Als Terry sie auffordert, die Arbeit wieder aufzunehmen, folgen sie ihm.
Für Hollywood wurde in diesem Film das damals wohl größtmögliche Maß an Realismus erreicht. Kazan drehte nach einem Tatsachenbericht am Ort des Geschehens, im Hafen von New York. Die Hafenatmosphäre hat er geschickt in seinen Film eingebaut: trostlose Eintönigkeit, schmutziges Wasser, fast ständig ist im Hintergrund das Heulen der Schiffssirenen und Dampfpfeifen zu hören. Und er hat es auch verstanden, seine Stars überzeugend in dieses Milieu zu integrieren.
Kazan vertritt in seinem Film einen optimistischen Fortschrittsglauben. Zum Gegenpol für die finsteren Machenschaften Friendlys wird das Recht. (»Bekämpfe ihn nicht wie einen Gangster im Dunkeln – sondern mit der Wahrheit!«) Dieses Recht triumphiert am Schluß nachdrücklich. Allerdings deutet auch Kazan an, daß die Niederlage Friendlys noch nicht den endgültigen Sieg bedeutet. In einer kurzen Szene sieht man einen offenbar wohlsituierten Herrn die Verhandlung gegen Friendly am Fernsehapparat verfolgen. Als der Angeklagte genügend diskriminiert ist, stellt er seinen Apparat ab und informiert seinen Diener, daß er für Mr. Friendly nicht mehr zu sprechen sei. Und die Macht dieses Drahtziehers ist natürlich am Schluß nicht angetastet.
Weniger überzeugend als darstellerische Leistungen und optische Gestaltung wirkt in diesem Film die etwas klischeehafte Dramaturgie. Außerdem sind die Dialoge – wenigstens in der deutschen Fassung – reichlich pathetisch.

Ordet
(Das Wort)

Dänemark, 1954

R: Carl Th. Dreyer; A: Carl Th. Dreyer nach dem gleichnamigen Schauspiel von Kaj Munk; K: Henning Bendtsen; D: Henrik Malberg, Emil Hass Christensen, Preben Lerdorff Rye, Cay Kristiansen, Birgitte Federspiel, Gerda Nielsen, Ejnar Federspiel

Ordet (Cay Kristiansen, Henrik Malberg, Birgitte Federspiel, Emil Hass Christensen)

Der Großbauer Morten Borgen (H. M.) ist trotz seines Reichtums und seines Ansehens in der Gemeinde nicht glücklich. Seine Frau ist tot. Sein ältester Sohn Mikkel (E. H. C.) hat nicht den starken Glauben des Vaters, die Schwiegertochter Inger (B. F.) hat dem Hof noch keinen Erben geboren, und sein jüngster Sohn Anders (C. K.) liebt die Tochter (G. N.) des sektiererischen Schneiders (E. F.). Am meisten aber bedrückt ihn das Schicksal seines zweiten Sohnes, Johannes (P. L. R.), der während seines Theologiestudiums in geistige Umnachtung verfallen ist und sich nun für Christus hält. Eines Tages stirbt Inger, nachdem sie einen toten Sohn zur Welt gebracht hat. Johannes will sie ins Leben zurückrufen; aber er versäumt es, Gottes Hilfe zu erbitten. Als Gott ihn nicht erhört, bricht er ohnmächtig zusammen. Doch am Tag des Begräbnisses tritt er wieder an den Sarg. Er wirft den Trauernden vor, sie hätten nur deshalb Gott nicht gebeten, ihnen Inger zurückzugeben, weil sie nicht wirklich glaubten. Das Vertrauen von Ingers kleiner Tochter gibt ihm die Kraft und den Glauben zurück. Er spricht zu Inger: »Im Namen Jesu Christi, so wie Gott es will, sage ich Dir: Weib stehe auf!« Inger richtet sich auf; und vor diesem Wunder versöhnen sich auch Morten Borgen und der Schneider.

Ein religiöses Drama, in dem sich verschiedene Formen des Glaubens gegenüberstehen, in dem – ganz im Sinne Kierkegaards – für ein persönlich erlebtes Christentum plädiert wird. Dreyer zeigt, wie Glaubensstärke zur Starrheit werden kann, wie der Glaube eines Einfältigen das Wunder bewirkt. Er hat diese Vorlage ganz realistisch verfilmt, und zwar ohne Studios in dem kleinen Ort Vedersö, in dem der Autor Kaj Munk als Pfarrer gewirkt hat. Wiederum hat Dreyer mit seiner schmucklosen Bildersprache, die lange Einstellungen und einen ruhigen Fluß der Montage bevorzugt,

einen Film von großer innerer Spannung geschaffen.
In der Kritik umstritten war die Szene der »Totenerweckung«. Aber dadurch, daß Dreyer auch hier auf Symbole und eine verschlüsselte Bildsprache verzichtet hat, daß er einfach einen Menschen zeigt, der sich im Sarg aufrichtet, gewinnt diese Szene eine naive Kraft und erscheint im Kontext des Films durchaus überzeugend.

Orphée
(Orphée)

Frankreich, 1949

R: Jean Cocteau; A: Jean Cocteau; K: Nicolas Hayer; D: Jean Marais, Maria Casarès, François Périer, Marie Déa, Edouard Dermithe, Juliette Gréco, Jean-Pierre Melville

Eine moderne Version der Sage von Orpheus und Eurydike. Durch den Tod seines Freundes Cégeste (E. D.) lernt Orpheus (J. M.) die »Prinzessin« (M. C.) kennen, die eine Botin des Todes ist. Die Prinzessin verliebt sich in ihn und tritt jede Nacht aus einem Spiegel, um seinen Schlaf zu beobachten. Eifersüchtig bewirkt sie den Tod seiner Frau Eurydike (M. D.). Doch ihr Chauffeur Heurtebise (F. P.), der Eurydike liebt, zeigt Orpheus einen Weg in das Schattenreich des Todes. Dort verurteilt ein Tribunal die eigenmächtige Handlungsweise der Prinzessin. Eurydike darf ins Leben zurückkehren, aber Orpheus und Eurydike dürfen sich nicht mehr ansehen. Orpheus verstößt gegen die Bedingung; Eurydike stirbt erneut; Orpheus wird von den »Bacchantinnen« getötet. Im Reich des Todes opfern sich die Prinzessin und Heurtebise. Orpheus und Eurydike werden gerettet; der Tod stirbt – das Zeichen der Unsterblichkeit für den Dichter.

Le testament d'Orphée (Jean Cocteau)

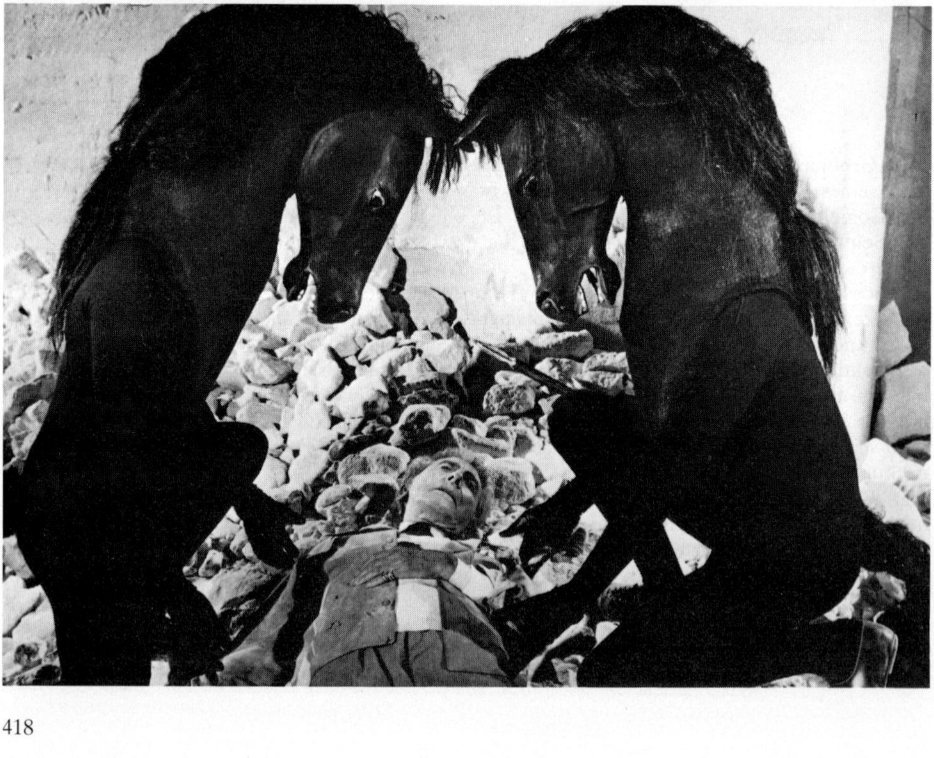

Cocteau spielt hier auf faszinierende Weise mit Mythen und Bildern. Er schafft eine Welt der Halbschatten, der Rätsel, in der Spiegel zur Tür ins Jenseits, schwarz uniformierte Motorradfahrer zu Boten des Todes werden. Die betont alltäglichen, realistischen Bilder werden zum Vehikel geheimnisvoller Anspielungen: Der Tod trägt das gleiche Gesicht wie die Liebe, der Dichter ist der Liebling des Todes. Das Irreale dringt in die Realität ein – der Tod wandert durch die Straßen von Paris; und das Jenseits gibt sich mit seinem Ritual von Verhören und Verhandlungen betont diesseitig. Diesen Schwebezustand der Realität hat Cocteau mit durchaus filmischen Mitteln erreicht. Er selbst meinte, *Orphée* sei eine Instrumentation des Themas, das er in *Le sang d'un poète* erst mit einem Finger angeschlagen habe.
1960 drehte Cocteau mit *Le testament d'Orphée* (Das Testament des Orpheus) gleichsam eine Fortsetzung von *Orphée*. Aber dieser Film ist weniger überzeugend. Cocteau selbst tritt im Kreis alter und neuer Freunde auf: Maria Casarès, Jean Marais, Edouard Dermithe, François Périer, Charles Aznavour, Pablo Picasso, Yul Brynner, Roger Vadim, Françoise Sagan, Brigitte Bardot u. a. Einzelne Sequenzen sind faszinierend; doch die gesamte, locker verbundene Szenenfolge wirkt eher zufällig.

O slavnosti a hostech

(Vom Fest und den Gästen)

ČSSR, 1965

R: Jan Němec; A: Ester Krumbachová, Jan Němec; K: Jaromír Šofr; D: Ivan Vyskočil, Jan Klusák, Karel Mareš, Evald Schorm

Eine fröhliche Gesellschaft sitzt beim Picknick im Wald. Plötzlich erscheinen ein paar junge Männer, deren Anführer Rudolf (J. K.) sie brüsk auffordert, ihm zu folgen. Eingeschüchtert folgen ihm alle. Nur Karel (K. M.) wagt Widerspruch und Widerstand; aber seine Freunde distanzieren sich von ihm, weil sie fürchten, er könne Rudolf reizen. Dann taucht ein soignierter Herr (I. V.) auf, der sich für das Benehmen seines Adoptivsohnes Rudolf entschuldigt und die »Gefangenen« höflich zu einem Fest bittet. Erleichtert folgen ihm alle, ohne zu merken oder zuzugeben, daß sie genau das tun, was Rudolf erzwingen wollte. Doch auf dem Höhepuntkt des Festes steht ein Mann (E. S.) aus der Gesellschaft auf und geht fort. Die ganze Gesellschaft ist empört. Und alle machen sich auf, um ihn zum Fest zurückzubringen.
Ein Film, der seine allegorischen Bezüge manchmal fast zu deutlich, zu demonstrativ herausstellt: Die lähmende Angst vor der Gewalt, das Bemühen, dem Unterdrücker zu gehorchen, um ihn nicht zu reizen, der Selbstbetrug, daß schon alles nicht so schlimm werde, wenn man sich füge – der perfekte Mechanismus der Anpassung. Dann das erleichterte Aufatmen, als der Zwang mit Freundlichkeit und höflichen Worten kaschiert wird, die falsche Solidarität, die zur Jagd auf den bläst, der den sanften Zwang durchschaut und sich ihm entzieht. Němec hat das kühl diagnostiziert. Und dabei gelang ihm doch eine bedrückende Folgerichtigkeit.

Ossessione

(Ossessione ... von Liebe besessen)

Italien, 1942

R: Luchino Visconti; A: Mario Alicata, Alberto Moravia, Antonio Pietrangeli, Gianni Puccini, Giuseppe De Santis und Luchino Visconti nach dem Roman *The postman always rings twice* von James M. Cain; K: Aldo Tonti, Domenico Scala; D: Massimo Girotti, Clara Calamai, Juan De Landa, Elio Marcuzzo

Giovanna (C. C.) und ihr wesentlich älterer Mann (J. D. L.) bewirtschaften im Po-Delta eine kleine Trattoria mit einer Tankstelle. Eines Tages engagiert der Mann den Landstreicher Gino (M. G.) als Mechaniker. Gino und Giovanna verlieben sich und beschließen, Giovannas Mann zu ermorden. Sie fingieren einen Unfall und können die Polizei täuschen. Aber bald zerstreiten sich die Komplizen: Giovanna bekommt eine Lebensversicherung ausgezahlt, und Gino argwöhnt, sie sei nicht von Liebe, sondern von Habgier zu der Tat getrieben worden. Außerdem möchte Gino fortziehen, während Giovanna ihre gesicherte Existenz nicht aufgeben will. Sie finden wieder zusammen, als Gino erfährt, daß Giovanna ein Kind erwartet. Gemeinsam fliehen sie, weil die Polizei ihnen

auf der Spur ist. Dabei wird Giovanna durch einen Unfall getötet; Gino wird verhaftet.
Die Kriminalgeschichte war für Visconti nur ein Anlaß, italienische Wirklichkeit zu zeigen. In einer Zeit, als italienische Filme überwiegend das Bild von sauberen, heldenhaften Menschen zeichneten oder belanglose Lustspiele im Luxusmilieu gedreht wurden, holte er das »andere Italien« vor die Kamera: die eintönige Landschaft des Po-Deltas, einsame Straßen, verfallene Häuser, Menschen, die ihren Trieben und Begierden ausgeliefert sind. Die Wirkung war entsprechend. Während einige, vorwiegend jüngere Kritiker den Film begeistert feierten (in der Diskussion um *Ossessione* wurde der Begriff »Neorealismus« geprägt), wurde der Film von der etablierten Kritik wütend befehdet. Die Zensurbehörde verlangte entscheidende Kürzungen. Das Negativ verschwand auf ungeklärte Weise. Aus einem erhaltenen Dup-Negativ wurde später eine Fassung rekonstruiert, die dem Original nahekam, ohne ihm jedoch ganz zu entsprechen.
Der Film hatte großen Einfluß auf die Entstehung des italienischen Neorealismus. Visconti wiederum sagte: »Ich selbst stand unter dem Einfluß des französischen Realismus, das heißt, eines bestimmten Filmgenres, unter dem Einfluß von Renoir, Duvivier, Carné ...«
Der gleiche Roman wurde in den USA unter dem Originaltitel *The postman always rings twice* (Im Netz der Leidenschaften, 1946) von Tay Garnett mit Lana Turner und John Garfield in den Hauptrollen verfilmt. Es war ein spannender Kriminalfilm – aber auch nicht mehr. Eine weitere Verfilmung, in der ebenfalls mehr Wert auf die Milieuschilderung gelegt wurde, entstand 1980 unter der Regie von Bob Rafelson in den USA: *The postman always rings twice* (Wenn der Postmann zweimal klingelt). Die Hauptrollen spielten Jessica Lange und Jack Nicholson.

Ostatni etap

(Die letzte Etappe)

Polen, 1948

R: Wanda Jakubowska; A: Wanda Jakubowska, Gerda Schneider; K: Boris Monastyrski; D: Wanda Bartówna, Barbara Drapińska, Stanisław Zaczek, Tatjana Górecka, Antonina Górecka, Stefan Śródka

Abendappell in Birkenau, einer »Filiale« von Auschwitz. Ein neuer Transport ist angekommen; der Lagerkommandant bemerkt, daß die Jüdin Marta (B. D.) gut deutsch spricht, und macht sie zur Dolmetscherin. Während des Appells beginnen bei Helena (W. B.) die Wehen. Das Neugeborene wird trotz des Protestes der russischen Ärztin Eugenia (T. G.) vom deutschen Arzt durch eine Injektion getötet. Im Frauenlager bildet sich der »Generalstab« einer Widerstandsbewegung, dem u. a. Eugenia, Helena und Anna (A. G.) angehören. Durch die Häftlinge Tadek (S. Z.) und Bronek (S. Ś.) halten sie Kontakt zum Männerlager. Als eine internationale Kommission das Lager besucht, sagt Eugenia mutig aus, daß Ordnung und Sauberkeit in den Baracken nur eine jämmerliche Maskerade für Unterdrückung und Tod sind. Sie büßt ihren Mut mit Folterungen und mit ihrem Leben. Ihre Nachfolgerin ist eine Jüdin, die sich aus Opportunismus als »arisch« ausgibt. Sie denunziert Anna und gefährdet damit die gesamte Widerstandsbewegung im Lager. Marta und Tadek flüchten, um die deutschen Pläne zur Vernichtung aller Lagerinsassen bekannt zu machen. Zwar werden sie gefangen, aber ihre Botschaft gelangt zu einer geheimen Rundfunkstation, die sie verbreitet. Marta wird zum Tod durch den Strang verurteilt. In einem letzten Akt des Protestes ohrfeigt sie ihren Henker.
Die Handlung ist nur der rote Faden für eine dokumentarische Chronik, in der Wanda Jakubowska, selbst einst Häftling in Auschwitz, bezeichnende Episoden aus dem Alltagsleben im Lager einfängt. Dabei hat sie sorgsam nuanciert: Es gibt die Masse der Leidenden, die Opportunisten und die, die Widerstand leisten. Es gibt auch Personen wie Tadek, der selbst einst Rassist war und erst im Lager eingesehen hat, daß man den Faschismus bekämpfen muß. *Ostatni etap*, einer der ersten »KZ-Filme« und noch heute einer der bedeutendsten, brachte dem polnischen Film seinen ersten Welterfolg.

Otto e mezzo (Marcello Mastroianni)

Otto – Der Film

BRD, 1985

R: Xaver Schwarzenberger, Otto Waalkes; A: Bernd Eilert, Robert Gernhardt, Peter Knorr, Otto Waalkes; K: Xaver Schwarzenberger; D: Otto Waalkes, Jessika Cardinahl, Elisabeth Wiedemann, Sky Dumont, Peter Kuiper

Den Provinzler Otto (O. W.) zieht es in die große Stadt Hamburg. Bei dem Versuch, sich hier zu etablieren, gerät er einerseits in die Fänge eines Kredithais (P. K.) und verliebt sich andererseits in das hübsche und reiche Fräulein Silvia von Kohlen und Reibach (J. C.), das ihm nach mancherlei Abenteuern auf einer Südsee-Insel in die Arme sinkt.

Das ist der dünne rote Faden, an dem Deutschlands erfolgreichster und wohl auch bester Komiker sich entlanghangelt. Es gibt die für derartige Produktionen schon typischen »Durchhänger«, es gibt Blödeleien, die ihren Namen allzu wörtlich nehmen; aber es gibt auch einige herausragende Beispiele brillanter Albernheit, zielstrebigen Unsinns und satirischer Entlarvung. Entstanden ist dabei einer der kommerziell erfolgreichsten bundesdeutschen Nachkriegsfilme. So ist es kein Wunder, daß bereits zwei Jahre später versucht wurde, an diesen Erfolg anzuknüpfen (*Otto – Der neue Film*, BRD 1987).

Otto e mezzo

(8½)

Italien/Frankreich, 1962

R: Federico Fellini; A: Federico Fellini, Tullio Pinelli, Ennio Flaiano, Brunello Rondi; K: Gianni Di Venanzo; D: Marcello Mastroianni, Anouk Aimée, Claudia Cardinale, Sandra Milo

Der Regisseur Guido Anselmi (M. M.) befindet sich in einer Krise. Sein Produzent erwartet einen neuen Film von ihm; Anselmi hat keine Vorstellung, was er drehen soll. Vorläufig entscheidet er sich für einen utopischen Film und läßt eine riesige Raketen-Abschußrampe bauen. Aber Anselmi hat auch Schwierigkeiten im Privatleben. Seine Gesundheit ist angeschlagen, er befindet sich in einem Sanatorium; außerdem hat er eine Affäre mit der kleinbürgerlichen Carla (S. M.), seine Frau Luisa (A. A.) sagt ihm die Wahrheit über seinen Egoismus und seine Selbstgefälligkeit, und sein »Traumbild« (C. C.) entpuppt sich als clevere Schauspielerin, die zunächst einmal ihren Manager nach der Gage für ihre Rolle fragen läßt. Guido wird von Erinnerungen an seine Kindheit überfallen, hat seltsame Träume, in denen sich Erlebtes mit Vorstellungen von seinem Film mischt. Auf einer Pressekonferenz am Fuß der Abschußrampe verkündet er, daß er seinen Film nicht drehen kann. Aber dann tauchen plötzlich einige Zirkusmusikanten auf; die Teilnehmer der Pressekonferenz formieren sich zu einem Reigen; Anselmi gibt Regieanweisungen und tanzt schließlich selbst mit. Offenbar beginnen die Dreharbeiten für seinen Film ...

Die Inhaltsangabe sagt wenig über diesen kompromißlos subjektiven Film aus, dessen Titel sich auf die Zahl der von Fellini bisher gedrehten Filme bezieht. Offenbar hat Fellini hier Stationen seiner Arbeit und seiner Zweifel gespiegelt; und konsequent lebt der Film nicht von seiner Story, sondern aus einzelnen Szenen und der Harmonie ihres Zusammenklangs. Es gibt großartige Höhepunkte: etwa gleich am Anfang eine Metapher für die Situation Anselmis. In einem Tunnel stauen sich Autos, gleichgültige Gesichter schauen sich durch die Fensterscheiben an. Anselmi ist unter den Autofahrern. Er bekommt keine Luft und versucht vergeblich, ein Fenster oder eine Tür zu öffnen. Oder die alptraumhafte Kindheitserinnerung an das vitalhäßliche »Urweib« Saraghina, das für die Jungen eines Internats einen plump aufreizenden Tanz zelebriert; die Erinnerung an die darauffolgenden Vorwürfe der Patres und der Mutter, an Schuldkomplexe.

Realität und Traum mischen sich in diesem Film unentwirrbar. Eine Szene am Brunnen des Badeortes, die man gerade noch als Realität aus dem Leben Anselmis akzeptiert hat, wird in der nächsten Szene von seinem Drehbuchautor als »Filmszene« kritisiert. Das gemeinsame Band für alle Szenen ist eigentlich nur die Persönlichkeit Fellinis, der hier zwar einen ganz subjektiven Film gedreht hat – einen »komischen« übrigens, wie er selbst sagte – und dabei in seiner Beschreibung eines sensiblen Menschen in einer Streß-Situation unversehens »objektive« Ergebnisse erzielt hat. Sein ganzes Werk, von dem Hypnotiseur aus *Le notti di Cabiria* bis zu den Zirkusmusikanten aus *La strada*, lebt in diesem Film. Und auch seine Kritiker kommen zu Wort: »Du willst nur erzählen, wie verwirrt ein Mensch innerlich sein kann«, sagt sein Produzent zu Anselmi.

Our daily bread

(Der letzte Alarm)

USA, 1934

R: King Vidor; A: King Vidor, Elizabeth Hill, Joseph L. Mankiewicz; K: Robert Planck; D: Tom Keene, Karen Morley, Addison Richards

Während der Weltwirtschaftskrise werden auch der Arbeiter John Sims (T. K.) und seine Frau (K. M.) arbeitslos. Johns Onkel rät ihnen, eine brachliegende Farm zu übernehmen. John, der wenig Ahnung von der Landwirtschaft hat, bietet Leidensgenossen aus dem Heer der Arbeitslosen an, mit ihm zusammenzuarbeiten. So entsteht nach und nach eine »Kommune«, zu der Farmer, aber auch Handwerker gehören. Gemeinsam verhindern sie eine Zwangsversteigerung, teilen sie den Boden unter sich auf, überstehen sie eine Hungerperiode bis zur ersten Ernte. Und gemeinsam graben sie auch einen Kanal, der das dürre Land bewässert und den Erfolg ihres Unternehmens endgültig sichert.

Der Film, den Vidor selbst produziert hat, da er keine Geldgeber fand, erhielt eine »Goldmedaille« des Völkerbundes und einen Preis auf dem Festival in Venedig. Doch er ist auch hart kritisiert worden. Man warf ihm vor, die Rückkehr zur Scholle sei keine Lösung für die damaligen Wirtschaftsprobleme gewesen. Aber dabei wurde wohl übersehen, daß es Vidor hier um die Demonstration des kollektiven Einsatzes ging, der am Beispiel einer Farm sicherlich realistischer zu zeigen war als etwa durch den gemeinsamen Aufbau einer Schiffswerft. Wenig geglückt ist eine konventionelle Eifersuchtsgeschichte, die für dramatische Verwicklungen sorgen soll. Die erste Hälfte und der pathetisch-visionäre Schluß jedoch sind beeindruckend.

Our hospitality Ⓢ

(Gastfreundschaft / Bei mir – Niagara)

USA, 1923

R: Buster Keaton, Jack G. Blystone; A: Jean C. Havez, Clyde Bruckman, Joseph A. Mitchell; K: Elgin Lessley, Gordon Jennings; D: Buster Keaton, Natalie Talmadge, Joe Roberts

Willie McKay (B. K.) ist der letzte Überlebende seiner Familie, die in wechselseitiger Blutrache von den Canfields ausgerottet worden ist. Willie kennt allerdings die blutige Familienchronik nicht, da seine Mutter ihn als Baby ahnungsvoll einer Tante in Pflege gegeben hat. So fährt er eines Tages frohen Mutes in die Heimat, um sein Erbe anzutreten. Bei der turbulenten Eisenbahnfahrt lernt er ein nettes Mädchen (N. T.) kennen, das ihn zum Diner einlädt und sich als Virginia Canfield entpuppt. Angesichts des Erbfeindes stürzen ihre Brüder zum Gewehrschrank, doch Vater Joseph (J. R.) hält an den ehernen Gesetzen der Gastfreundschaft fest: Unter seinem Dach ist Willie sicher. Und so klammert der sich zunächst mit allen Kräften an das rettende Haus. Als er schließlich das Weite sucht, gibt es eine wilde Verfolgungsjagd bei der Willie in den Fluß fällt. Schwimmend passiert er Virginia, die am Ufer um ihn trauert. Am Traualtar wird schließlich die Familienfehde begraben.

Einer der erfolgreichsten Filme Keatons, voller Einfallsreichtum und Gags. Im ersten Teil dominiert das komische Requisit bzw. das Spiel mit den Möglichkeiten der Technik; später tritt der Schauspieler Keaton mehr in den Vordergrund.

Keaton beschäftigte übrigens in diesem Film neben seiner Frau Natalie Talmadge auch seinen Sohn (Joseph Keaton Talmadge) im Prolog und seinen Vater (Joe Keaton) als Lokomotivführer.

Out of Africa

(Jenseits von Afrika)

USA, 1985

R: Sydney Pollack; A: Kurt Luedtke nach literarischen Vorlagen von Tania (Karen) Blixen, Isak Dinesen, Judith Thurman, Errol Trzebinski; K: David Watkin; D: Meryl Streep, Robert Redford, Klaus Maria Brandauer, Michael Kitchen, Malick Bowens

Kurz vor Beginn des Ersten Weltkriegs heiratet die Dänin Karen Dinesen (M. S.) ihren Vetter Bror von Blixen-Fineckel (K. M. B.), mit dem zusammen sie in Kenia eine Rinderfarm aufbauen will. Doch bei ihrer Ankunft in der neuen Heimat stellt Karen, die von ihren Freunden

Out of Africa (Robert Redford, Meryl Streep)

Tania genannt wird, fest, daß ihr Mann sich mittlerweile für eine Kaffeeplantage entschieden hat, der Fachleute in diesem Klima wenig Chancen geben. Bald bricht der Krieg aus; und Karen erwirbt sich legendären Ruhm, als sie in einem gefahrvollen Treck durch das ganze Land die Truppen an der Grenze zu Deutsch-Ostafrika mit Proviant versorgt. Es dauert nicht lange, bis Karen klar wird, daß Bror als Ehemann genau so unzuverlässig ist wie als Geschäftspartner. Als Folge seiner amourösen Abenteuer erkrankt sie an Syphilis und muß zu einer langwierigen Behandlung nach Dänemark reisen. Nach ihrer Heilung und der Rückkehr nach Kenia trennt sie sich von ihrem Mann. Die Beziehung zu dem Abenteurer Denys Finch Hatton (R. R.), die allmählich zu echter Liebe wird, bringt neue Unruhe in ihr Leben. Doch die Liebe, die ihr Partner keineswegs mit gleicher Bedingungslosigkeit erwidert, ist auch für sie schließlich nur noch ein Teil ihres Lebens, das Erfüllung im engen Verhältnis zu diesem Land und in der Leitung der Plantage findet. Als ein Brand die Plantage zerstört und Denys mit dem Flugzeug tödlich verunglückt, verläßt Karen Afrika.
Sorgfältig und bedachtsam erzählt dieser Film die Lebensgeschichte einer ungewöhnlichen Frau in einer Zeit, die geprägt ist vom Krieg und in der sich das Ende des Kolonialismus bereits ankündigt. Eindrucksvolle Bilder und bemerkenswerte darstellerische Leistungen werden geboten; nicht weniger als sieben »Oscars« (u. a. für den besten Film, die Regie, die Kamera und das Drehbuch) heimste der Film ein. Aber insgesamt wirkt das Ganze doch recht bieder, und stellenweise ist der Film wohl eher langatmig als vom »großen Atem« beseelt.

The Ox-Bow incident

(Ritt zum Ox-Bow)

USA, 1942

R: William A. Wellman; A: Lamar Trotti nach einem Roman von Walter Van Tilburg Clark; K: Arthur Miller; D: Henry Fonda, Dana Andrews, Anthony Quinn, Jane Darwell, Frank Conroy, Henry Morgan, Francis Ford

Gil Carter (H. F.) und Art Croft (H. M.) kommen in eine kleine Stadt in Nevada und werden im Saloon in eine Schlägerei verwickelt. Plötzlich meldet ein Reiter, der Farmer Kinkaid sei erschossen, sein Vieh geraubt worden. Während der Sheriff in Amtsgeschäften unterwegs ist, lassen sich 28 Männer von Major Tetley (F. C.) und Ma Grier (J. D.) zu einer widerrechtlichen Jagd auf die Täter aufhetzen. Auch Gil und Art schließen sich der Meute an. Bald überrascht man drei Männer, Martin (D. A.), einen Mexikaner (A. Q.) und einen Alten (F. F.), gegen die in der Tat einige Indizien sprechen. Bei sieben Gegenstimmen (unter ihnen Gil!) wird mit Mehrheit beschlossen, die »Mörder« an Ort und Stelle aufzuhängen. Auf dem Rückweg treffen die Männer den Sheriff und erfahren, daß Kinkaid nur verletzt ist und die wahren Täter schon gefaßt sind. Tetley reitet nach Hause und erschießt sich; die anderen gehen in den Saloon, um ihre Zerknirschung in Alkohol zu ertränken. Hier liest ihnen Gil Martins Abschiedsbrief vor und reitet dann mit Art los, um der Witwe des Opfers zu helfen.
Der Roman, nach dem der Film entstand, wurde in den Jahren 1937/38 geschrieben – unter dem Eindruck der Nachrichten über die Gewalttaten der Nationalsozialisten. Aber sein Autor hat bitter registriert, kein Rezensent habe gesehen, daß sein Roman auch auf die Verhältnisse in der US-Gesellschaft ziele. »Was ich sagen wollte, war dies: Es kann bei uns geschehen, es ist bei uns geschehen, in geringerem, aber hinreichend alarmierendem Maß und sehr oft!«
Wellman hat diese Anklage in seinen Film übernommen, und er hat gleichzeitig viele Tabus des Western demontiert. Sein Held, Gil, ist kein strahlender Draufgänger, sondern allenfalls jemand, der ein Verbrechen nicht mitmacht und früher zur Einsicht kommt. Das Städtchen ist kein Symbol amerikanischen Aufbauwillens, sondern wird zum Hexenkessel, die Nachkommen der vielgepriesenen Pioniere erscheinen als blutgieriger Pöbel, die in vielen Filmen besungene Pioniersfrau hetzt zum Mord, der standesbewußte Major organisiert ihn mit routinierter Perfektion. Und eines der unschuldigen Opfer ist ein Mexikaner, Angehöriger einer Minderheit, die bisher in den Western meistens den Bösewicht stellte.
Das alles ist aber im Milieu, mit den Mitteln und der Spannung üblicher Western inszeniert worden – gleichzeitig ein Paradestück dieser Gattung!

P

Padenije Berlina

(Der Fall von Berlin)

UdSSR, 1949

R: Michail Tschiaureli; A: Michail Tschiaureli, Pjotr Pawlenko; K: Leonid Kosmatow; D: Boris Andrejew, M. Kowalewa, Michail Gelowani

I. Teil: Die Lehrerin Natascha (M. K.) pflückt mit ihren Schulkindern Blumen, um Alexej Iwanow (B. A.) zu feiern, der seine Norm um 160 Prozent übererfüllt hat. Alexej und Natascha verlieben sich. Alexej wird von Stalin (M. G.) empfangen und beglückwünscht. Dann bricht der Krieg aus; Alexej wird Soldat, während Natascha von den Deutschen verschleppt wird. Mit vielen anderen Gefangenen zieht sie unter dem Fenster der Reichskanzlei vorbei, in der Hitler auf die Nachricht von der Einnahme Moskaus wartet. Dann beginnt die russische Offensive. Aber die Konferenz von Jalta macht deutlich, daß der Sieg im Westen Deutschlands noch nicht gesichert ist und daß Churchill auf jeden Fall vor den Russen in Berlin sein will.
II. Teil: Die sowjetischen Truppen rücken auf Berlin vor, wo Hitler in seinem Bunker wahnsinnig wird. Selbst seine langjährige Sekretärin verflucht ihn, als sie die zerfetzte Leiche ihres Sohnes auf der Straße findet. Alexej ist unter denen, die die rote Fahne auf dem Reichstagsgebäude hissen. Tausende strömen zusammen, um Stalin in Berlin zu begrüßen. Dabei finden sich auch Alexej und Natascha wieder. Natascha küßt Stalin und stattet damit symbolisch den Dank von Millionen Menschen ab. Der Film endet mit einer Ansprache Stalins: »So wollen wir den Frieden der Welt hüten, das Glück für Euch alle, meine Freunde!«
Ein pompöses Schlachtengemälde, das einen der Höhepunkte des Personenkultes im sowjetischen Film markiert. Stalin, gespielt von dem auf diese Rolle abonnierten Michail Gelowani, erscheint als genialer Schlachtenlenker, der mit einem Telefonat ganze Feldzüge entscheidet. Das Rollenverzeichnis nennt außer der sowjetischen Generalität auch Hitler, Eva Braun, Göring, Goebbels, Roosevelt, Churchill u. a.

Padre padrone

(Mein Vater – mein Herr)

Italien, 1977

R: Paolo und Vittorio Taviani; A: Paolo und Vittorio Taviani nach dem gleichnamigen Buch von Gavino Ledda; K: Mario Masini; D: Omero Antonutti, Marcella Michelangeli, Fabrizio Forte, Saverio Marioni

Der sechsjährige Gavino (F. F.) wird von seinem Vater (O. A.) mit Gewalt aus der Schule geholt. Er soll die Schafe hüten und als ältester Sohn zum Lebensunterhalt beitragen. Das Kind leidet unter der Einsamkeit in den Bergen, aber es gehorcht. Erstmals wagt Gavino sich aufzulehnen, als er Musikanten begegnet, die auf einer Ziehharmonika spielen. Er schlachtet zwei Schafe, um so ein Instrument einzutauschen. Der Vater straft ihn erbarmungslos. – Der Vater versucht den sozialen Aufstieg. In mühevoller Arbeit legt er einen Olivenhain an. Aber in einem strengen Winter erfrieren die Bäume. – Der mittlerweile erwachsene Gavino (S. M.) will der Armut entfliehen und als Arbeiter nach Deutschland gehen. Weil er Analphabet ist, merkt er nicht, daß der Vater ihm seine Einwilligung nicht in die Papiere geschrieben hat. Er wird abgewiesen und muß in das Dorf zurückkehren. – Der Vater versucht einen neuen Weg zum Wohlstand: Er verkauft seinen ganzen Besitz und legt das Geld auf die Bank. Die Kinder werden als Arbeitskräfte ebenfalls »verkauft«. – Gavino geht zum Militär. Dort stellt er fest, daß ihm nicht nur die Schriftsprache, daß ihm die Sprache überhaupt fehlt. Die Kameraden verstehen seinen sardischen Dialekt nicht. Diese Erkenntnis ist für Gavino ein Wendepunkt: Er lernt die Hochsprache, Lesen und Schreiben, wird sogar Schriftsteller. Als ein anderer kehrt er in seine Heimat zurück; aber das Dorf ist unverändert geblieben ...
Der Film beschreibt, nach der Autobiographie von Gavino Ledda, einen ungewöhnlichen Emanzipationsprozeß. Es ist nicht die Geschichte des jungen Genies, das sich gegen alle Widerstände durchsetzt und verwirklicht. Es ist vielmehr die Geschichte einer exemplarischen Möglichkeit, gegen alle Chancen zu gewinnen. Aber dieser Gewinn ist kein Anlaß zum Triumph; er verweist vielmehr unübersehbar auf die vielen Verlierer.

Der Film ist auch ein Dokument des Elends und der Hoffnungslosigkeit in den sardischen Bergen. Gavinos Vater, der wie Abraham bereit ist, seinen Sohn zu opfern, tut dies aus Verzweiflung: Er muß Gavino, den Ältesten, »opfern«, um die anderen Kinder zu erhalten. Er muß dabei auch an den Profit denken; denn er ist eben nicht nur der Vater, sondern auch der »Herr«, der Arbeitgeber seines Kindes.
Die Brüder Taviani demonstrieren diese Thesen durch eine genaue Beobachtung und eine fast dokumentarische Schilderung, die in ihren Höhepunkten das Anliegen ohne aufdringliche Symbolisierung wie in einem Brennglas zusammenfaßt: Wenn zum Beispiel Gavino in der Einsamkeit der Berge erstmals Musik hört und zu ahnen beginnt, daß es noch eine »andere« Welt gibt, wenn die jungen Burschen bei der alljährlichen Prozession das Gnadenbild tragen und unter dem tuchverhangenen Gestell, von der Last des Bildes niedergedrückt, keuchend beratschlagen, wie man in das ferne, verheißungsvolle Deutschland kommt ...

Paisà
(Paisa)

Italien, 1946

R: Roberto Rossellini; A: Federico Fellini und Roberto Rossellini nach einem Sujet von Klaus Mann, Sergio Amidei, Federico Fellini, Victor Haines, Marcello Pagliero, Roberto Rossellini, Vasco Pratolini; K: Otello Martelli; D: Carmela Sazio, Maria Michi, John Kitzmiller, William Tubbs, Carlo Pisacane, Renzo Avanzo, Robert Van Loon, Gar Moore, Harriet White, Alfonsino Pasca, Dale Edmonds

Der Film berichtet in sechs Episoden vom Vormarsch der Amerikaner in Italien und vom Aufstand der Partisanen.
I. Ein amerikanischer Soldat (R. V. L.) soll nach der Landung auf Sizilien ein altes Kastell bewachen, während seine Kameraden das Gelände erkunden wollen. Er trifft eine junge Frau (C. S.), und zwischen beiden gibt es eine kurze Idylle. Der Amerikaner wird von einer deutschen Patrouille erschossen. Als die Frau in verzweifelter Wut mit der Waffe des Toten zurückschießt, wird sie ebenfalls getötet. Die zu-

Paisà
(John Kitzmiller,
Alfonsino Pasca)

rückkehrenden Amerikaner halten sie für eine Verräterin.

II. In Neapel »fängt« ein kleiner Junge (A. P.) einen betrunkenen farbigen Soldaten (J. K.) und will ihn, d.h. seine Ausrüstung, verkaufen. Schließlich stiehlt er ihm aber nur die Stiefel. Der Soldat erkennt den Jungen am nächsten Tag auf der Straße wieder und will mit ihm zu seinen Eltern, um eine Strafe für den Dieb zu erwirken. Doch der Junge hat weder Eltern noch Wohnung; er haust mit Leidensgenossen in einer Höhle. Als der Soldat das Elend sieht, springt er in seinen Jeep und flieht.

III. Sechs Monate nach der Befreiung Roms trifft ein betrunkener amerikanischer Soldat (G. M.) eine Prostituierte (M. M.) und schwärmt ihr von einem Mädchen vor, das er beim Einmarsch kennengelernt hat. Das Mädchen ist sie selbst gewesen. Sie hofft auf eine Rückkehr ins bürgerliche Leben und verspricht ihm für den nächsten Tag ein Rendezvous mit dem Mädchen. Am vereinbarten Treffpunkt wartet sie jedoch vergebens – der Soldat hat den vorigen Abend vollkommen vergessen und fährt an die Front zurück.

IV. Die amerikanische Krankenschwester Harriet (H. W.) ist vor Florenz eingesetzt, wo sie vor Jahren studiert und den Maler Guido geliebt hat. Dieser Guido ist – unter dem Decknamen »Wolf« – jetzt Partisanenführer in der Stadt. Als man Harriet berichtet, daß er schwer verwundet sei, schleicht sie sich in die noch umkämpfte Stadt ein. Begleitet und geführt wird sie von Massimo (R. A.), der seine Frau und seine Tochter sucht. Unterwegs hilft Harriet einem sterbenden Partisanen, von dem sie erfährt, daß Guido/Wolf tot ist.

V. Nach der Befreiung eines Klosters in der Romagna bitten drei alliierte Feldprediger bei den Mönchen um Unterkunft. Doch zu ihrem Schrecken erfahren die frommen Brüder, daß nur einer von ihnen (W. T.) Katholik ist. Seine Begleiter sind ein Protestant und ein Jude. Beim gemeinsamen Abendessen, das die Gäste durch großzügige Geschenke bereichert haben, fasten die Mönche – in der Hoffnung, durch dieses Opfer die beiden nichtkatholischen Priester zum rechten Glauben zu bekehren.

VI. Im Po-Delta kämpfen italienische Partisanen und entflohene amerikanische Gefangene gegen die Deutschen. Als sie schließlich überwältigt werden, nimmt man die Amerikaner gefangen. Die Partisanen werden getötet, indem man ihnen einen Stein ans Bein bindet und sie ins Wasser wirft. Als einer der Amerikaner (D. E.) sich entsetzt auf die Deutschen stürzt, wird er erschossen. (Diese Episode wurde geschnitten, als der Film in der Bundesrepublik in die Kinos kam!)

Dieser wohl beste Film Rossellinis vermeidet alle Nachteile des üblichen Episodenfilms, die Zufälligkeit des Arrangements, das verzweifelte Bemühen um eine Folge von »Spitzenleistungen«. André Bazin nannte den Film ein überzeugendes Äquivalent zu einer Novellensammlung und meinte, der soziale, historische und menschliche Hintergrund der einzelnen Geschichten gebe ihm Einheit genug. Tatsächlich wird hier in sechs Bildern kunstvoll und realistisch zugleich, zum Teil fast in der Manier der direkten Reportage, die Chronik von der Befreiung Italiens erzählt. Dabei ist es typisch für Rossellini, daß es keinen Triumph, sondern nur eine Folge unendlicher Leiden gibt. Selbst der Kampf der Partisanen endet bei ihm nicht mit dem Sieg, sondern mit dem Untergang. Zweifellos sind die einzelnen Episoden künstlerisch und historisch ungleichwertig. Die III. Episode mag zuviel Sentimentalität, die V. etwas zuviel Naivität haben. Aber diese Nachteile fallen wenig ins Gewicht, wenn man den Film als Ganzes sieht und begreift.

The paleface Ⓢ

(Das Bleichgesicht)

USA, 1921

R: Buster Keaton, Eddie Cline; A: Buster Keaton, Eddie Cline; K: Elgin Lessley; D: Buster Keaton, Joe Roberts

Auf der Jagd nach Schmetterlingen gerät Buster (B. K.) in die Gewalt blutrünstiger Indianer, die ihn am Marterpfahl rösten wollen. Er kann entkommen und besorgt sich als vorsichtiger Mann einen Asbestanzug. So kann er bei seiner nächsten Gefangennahme dem Feuer trotzen und wird von den staunenden Indianern als vermeintlicher Wundertäter stracks zum Ehrenhäuptling ernannt. Buster stellt sich jetzt an die Spitze der Indianer und ertrotzt von der landgierigen Ölgesellschaft, die die Indianer vertrei-

ben will, eine Besitzurkunde, in der das Recht der Rothäute auf ihr Land garantiert wird. Als Belohnung überläßt der »große Häuptling« (J. R.) ihm die Hand seiner hübschen Tochter.
Ein turbulenter Kurzfilm aus Keatons früher Zeit. Aber schon hier wird ein typisches Merkmal seiner Rollen deutlich: Keaton spielt immer wieder Menschen, die sich bemühen, ihren Job so gut wie eben möglich auszuführen. Da er nun einmal zum Häuptling befördert worden ist, tut er genau das, was nach seiner Meinung ein guter Häuptling tun muß.

Pale rider

(Pale Rider – Der namenlose Reiter)

USA, 1985

R: Clint Eastwood; A: Michael Butler, Dennis Shryack; K: Bruce Surtees; D: Clint Eastwood, Michael Moriarty, Carrie Snodgress, Richard Dysart, John Russell, Sydney Penny

Am Anfang wird eine Gruppe armer Goldschürfer von Arbeitern einer Bergwerksgesellschaft überfallen. Verzweifelt betet die halbwüchsige Megan Wheeler (S. P.) um Hilfe – und in einer Folge von Überblendungen taucht gleichsam aus dem Nichts der »Preacher« (C. E.), so genannt, weil er den weißen Kragen eines Geistlichen trägt, als Retter auf. Anfangs begnügt er sich damit, als Ratgeber zu wirken, die Goldsucher zur Solidarität aufzurufen. Doch dann engagiert Coy LaHood (R. D.), der Boss der Bergwerksgesellschaft, die es auf die Claims der kleinen Leute abgesehen hat, den korrupten Marshall Stockburn (J. R.) und seine sechs Deputies. Und als diese Killer einen der Goldsucher erschießen, der nach einem großen Fund in rauschhaftem Überschwang die Konkurrenz herausgefordert hat, da greift auch der »Preacher« zur Pistole. Er siegt über seine Widersacher und verschwindet dann in der unendlichen Weite einer schneebedeckten Landschaft.
Viele Kritiker fühlten sich von diesem Film an George Stevens' *Shane* (1953) erinnert. Tatsächlich hat Clint Eastwood hier klassische Motive des Western aufgegriffen – zum Beispiel die Figur des einsamen Rächers, der gleichsam aus dem Nichts erscheint und den Schwachen gegen die Bösen beisteht. Aber er hat dem Western auch neue Möglichkeiten gewonnen: Die handelnden Personen sind vielschichtiger in ihrem Charakterbild geworden, die Realität des alltäglichen Lebens wird sorgfältiger geschildert, und Landschaft ist nicht mehr nur – glänzend fotografierte – Kulisse, sie wird zum »Lebensraum«, dessen Zerstörung durch die umweltfeindlichen Methoden der Bergwerksgesellschaft, die das Gold mit »Druckwasser« auswäscht, ein weiteres Argument gegen die »Bösen« ist. Unter diesen Umständen ist es verständlich, daß manche Kritiker an diesen Film die Hoffnung knüpften, er könne zu einer Renaissance des Western beitragen.

Panic in the streets

(Unter Geheimbefehl)

USA, 1950

R: Elia Kazan; A: Richard Murphy und Daniel Fuchs nach den Erzählungen *Quarantine* und *Some like 'em cold* von Edna und Edward Anhalt; K: Joseph MacDonald; D: Richard Widmark, Paul Douglas, Barbara Bel Geddes, Jack Palance, Zero Mostel, Guy Thomajan

Im Hafen von New Orleans wird ein Toter gefunden. Bei der Obduktion stellt sich heraus, daß der Mann erschossen worden ist, daß er aber außerdem an Lungenpest erkrankt war. Es gilt, den Mörder schnell zu finden; denn innerhalb von 48 Stunden kann sich die Seuche über etwaige Kontaktpersonen ausbreiten. Captain Warren (P. D.) und Dr. Reed (R. W.) vom Gesundheitsamt beginnen eine fieberhafte Suchaktion. Blackie (J. P.), der den Mann nach einer Poker-Partie erschossen und beraubt hat, und seine Komplizen Fitch (Z. M.) und Poldi (G. T.) werden unruhig und mißtrauisch. Sie können sich die fieberhafte Aktivität der Polizei nur so erklären, daß der Tote etwas Wertvolles bei sich gehabt hat, das einer von ihnen beiseite geschafft haben muß. Argwöhnisch belauern sie sich gegenseitig. Als die Frau eines Kneipenbesitzers an der Pest gestorben ist, bequemt sich ihr Mann schließlich zu einer Aussage, die Dr. Reed im letzten Moment auf die richtige Spur bringt.
Eine geschickt konstruierte, spannende Story. Aber stärker als die Arbeit der Autoren über-

zeugt doch der Regisseur Kazan. Zwar sind seine Effekte hier manchmal noch etwas grobschlächtig; er hat jedoch über weite Strecken Realität überzeugend eingefangen. Die Bilder von den halbdunklen Straßen, den Hinterhofkneipen, aus dem Hafenmilieu gehören zu den größten Vorzügen dieses Films.

Paracelsus

Deutschland, 1943

R: G. W. Pabst; A: Kurt Heuser; K: Bruno Stephan; D: Werner Krauß, Mathias Wieman, Harald Kreutzberg, Martin Urtel, Rudolf Blümner

Deutschland im 16. Jahrhundert. Theophrastus Bombastus von Hohenheim, genannt Paracelsus (W. K.), kommt in eine freie Reichsstadt, wo er durch die Heilung des Buchhändlers Froben (R. B.) schnell zum bekanntesten Arzt wird. Er heilt auch den pestkranken Gaukler Fliegenbein (H. K.) und rettet die Stadt vor der Seuche, indem er empfiehlt, die Verbindungen zur Außenwelt abzubrechen. Bald hat er unter den neidischen Kollegen und den Händlern viele Feinde. Als sein Famulus Johannes (M. U.), der die Erfolge seines Herrn in dumpfem Aberglauben auf ein geheimnisvolles »Arkanum« zurückführt, dieses Wunderheilmittel entdeckt zu haben glaubt, kommt es zu einer Katastrophe. Johannes behandelt Froben mit diesem Mittel, und der Buchhändler stirbt, obwohl Paracelsus ihn im letzten Moment zu retten versucht. Man will dem Arzt den Prozeß machen; aber der dankbare Gaukler führt ihn heimlich aus der Stadt auf die Landstraße, die Heimat der Heimatlosen. Als ein Gesandter eintrifft, um Paracelsus an den Hof des Kaisers zu berufen, ist der Arzt längst verschwunden.

Pabst beschwor hier das Mittelalter in suggestiven Massenszenen als eine Welt des Aberglaubens und düsterer Verstrickungen. Das Grauen, die Angst vor der Pest werden besonders deutlich in den Szenen, in denen Harald Kreutzberg die Todesangst tänzerisch interpretiert. Auf der Gegenseite steht die gleichsam überlebensgroße Gestalt des Wundertäters, den kleinliche Anfeindungen vertreiben.

Paris nous appartient

(Paris gehört uns)

Frankreich, 1958

R: Jacques Rivette; A: Jean Gruault, Jacques Rivette; K: Charles Bitsch; D: Betty Schneider, Gianni Esposito, Françoise Prévost, Jean-Claude Brialy, Daniel Crohem

Anne (B. S.) ist Studentin in Paris. Sie gerät in eine Gruppe junger Intellektueller aus verschiedenen Ländern, die unter der Leitung von Gérard (G. E.) Shakespeares *Perikles* einstudieren wollen. Doch im Moment leben die jungen Leute in lähmender Spannung: Juan, der die Bühnenmusik geschrieben hat, ist tot. Mord oder Selbstmord? Der Amerikaner Philip (D. C.) glaubt, Juan sei ein Opfer der weltumspannenden Verschwörung einer – vermutlich faschistischen – Geheimorganisation, und überzeugt seine Freunde von dieser Theorie. Gérard verrät seine Prinzipien und verrät Anne, die sich in ihn verliebt hat, um seine Inszenierung bei einem großen Theater unterzubringen. Aber schließlich ist seine Kompromißbereitschaft überfordert; er legt die Regie nieder. Anne, die unterdessen nach einem verschwundenen Tonband mit Juans Bühnenmusik gesucht hat, sieht in Gérard das nächste Opfer der Verschwörung und will ihn retten. Doch Gérard stirbt, und seine Freundin Terry (F. P.) tötet Annes Bruder Pierre als vermeintlich schuldigen Agenten der Geheimorganisation. Am Ende erfährt man, daß Gérard Selbstmord begangen hat. Und alle geheimnisvollen Ereignisse entpuppen sich als Folgen banaler privater Intrigen.

Rivette gelingt es hier mit einfachen Mitteln, die Realität ins Zwielicht zu rücken. Das vertraute Bild ist voller Abgründe; am Ende kann sich die logisch unangreifbare Erklärung kaum gegen das Gespinst der Bedrohungen behaupten. Der Film propagiert jedoch dieses Zwielicht nicht. Zum Schluß heißt es u. a.: »Es ist so einfach, alles mit einer Idee zu rechtfertigen!« und »Alpträume sind ein Alibi für Feigheit!« »Die von Jacques Rivette dargestellte Welt der Zerrissenheit, der Verwirrtheit und der Verschwörung spiegelt nicht nur Gefühle oder Probleme wider. Man muß schon sehr kurzsichtig sein, um hier nicht das wahre Gesicht unserer heutigen Welt zu erkennen. Und vielleicht ist es vor allem dieses Zusammentreffen einer poetischen Vorstellung und eines realistischen Aus-

Paris, Texas (Harry Dean Stanton, Dean Stockwell)

drucks, das *Paris nous appartient* zu einem interessanten Film macht, der uns alle angeht.« (Aus einer Erklärung, die von Claude Chabrol, Jacques Démy, Jean-Luc Godard, Pierre Kast, Jean-Pierre Melville, Alain Resnais, François Truffaut und Agnès Varda unterzeichnet wurde.)

Paris qui dort Ⓢ

(Das schlafende Paris)

Frankreich, 1923

R: René Clair; A: René Clair; K: Maurice Desfassiaux, Paul Guichard; D: Albert Préjean, Henri Rollan, Martinelli, Myla Seller, Madeleine Rodrigue, Marcel Vallée, Pré Fils

Ein skurriler Gelehrter (M.) hat geheimnisvolle Strahlen entdeckt, mit denen man die Zeit und das Leben »anhalten« kann. Als der Wächter des Eiffelturms (H. R.) eines Morgens vom Turm herabsteigt, findet er ganz Paris erstarrt, schlafend; nur bis zur Höhe des Turms haben die Strahlen nicht gereicht. Verwirrt wandert er durch die Stadt und trifft schließlich fünf Menschen, die gleich ihm nicht erstarrt sind: den Piloten (A. P.) und vier Insassen eines soeben gelandeten Flugzeugs. Durch die Nichte (M. S.) des Erfinders erfahren sie, wer für die Verzauberung der Stadt verantwortlich ist. Sie bestürmen den Alten, das Leben wieder in Gang zu setzen. Aber der findet sich in seinen eigenen Formeln nicht mehr zurecht: Mal läuft das Leben rasend schnell, mal wie in Zeitlupe ab. Als die Welt endlich wieder »normal« ist, werden der Gelehrte und die Augenzeugen der seltsamen Ereignisse als »Narren« eingesperrt.

Clair wollte hier das Kino »auf seine Ursprünge zurückführen« und »die wahren Mittel der Kamera nutzen«. Es entstand ein einfallsreicher Film, teils Ballett, teils Komödie, teils technisches Spiel und teils nachdenklich stimmendes Gleichnis, von dem Charensol sagte: »Der Film wurde von Jarry und Apollinaire beeinflußt, aber man findet in ihm auch Mack Sennett und Dada wieder.«

Paris, Texas

BRD/Frankreich/England, 1983

R: Wim Wenders; A: Sam Shepard; K: Robby Müller; D: Harry Dean Stanton, Nastassja Kinski, Sam Berry, Bernhard Wicki, Dean Stockwell, Hunter Carson, Aurore Clément

Aus der Wüste zwischen Texas und Mexiko taucht wie eine Vision Travis (H. D. S.) auf. Vor vier Jahren hat er seine attraktive junge Frau Jane (N. K.) und seinen Sohn Hunter verlassen und ist untergetaucht. Hunter (H. C.) findet er bei seinem Bruder Walt (D. S.), wo auch Travis eine Weile bleibt. Stück für Stück erobert er in dieser Zeit das Vertrauen und die Zuneigung des Kindes; und eines Tages machen sie sich gemeinsam auf, um Hunters Mutter zu suchen. Sie finden sie schließlich in einer heruntergekommenen Gegend in einer merkwürdigen »Peep Show«, bei der Travis sich mit Jane über ein Mikrofon unterhalten und sie durch eine Glasscheibe sehen kann, während die Scheibe für Jane ein Spiegel ist. Hier, in der Anonymität, kann Travis endlich offen mit Jane sprechen, kann er ihr wenigstens ansatzweise seine Gefühle zeigen. Hier gelingt es ihm auch, Mutter und Kind wieder zusammenzuführen. Er selbst aber zieht weiter – vielleicht in das kleine Städtchen Paris in Texas, wo seine Eltern sich einst geliebt und ihn vermutlich gezeugt haben, und wo Travis schon vor Jahren ein kleines Stück Land gekauft hat ...

Wieder einmal ist der Held eines Films von Wim Wenders auf den Straßen unterwegs, wieder ist das Ziel seiner Reise ungewiß. Ein merkwürdig zwiespältiger Film ist dabei entstanden, dessen Milieu auf allzu »typische« Bilder reduziert scheint, dessen dramaturgischer Motor eine schwer verständliche Besessenheit ist. Das heißt: Es ist nicht einzusehen, warum Travis unbedingt Mutter und Kind zusammenführen will, wenn sein von ihm zärtlich geliebter Sohn bei seinem Bruder offensichtlich viel besser aufgehoben wäre. Aber auf der anderen Seite gibt es immer wieder Szenen und Sequenzen, die auf unspektakuläre Weise intensiv und eindrucksvoll sind – so zum Beispiel Travis' wortkarger Kampf um die Zuneigung seines Sohnes.

Paris, Texas brachte Wenders einen großen internationalen Erfolg, u. a. auch die »Goldene Palme« bei den Filmfestspielen von Cannes 1984. In der Bundesrepublik konnte der Film als Folge eines Rechtsstreites zwischen dem Produzenten und dem Verleiher (Filmverlag der Autoren) erst im Januar 1985 erstaufgeführt werden.

Une partie de campagne

(Eine Landpartie)

Frankreich, 1936–46

R: Jean Renoir; A: Jean Renoir nach einer Novelle von Guy de Maupassant; K: Claude Renoir, Jean Bourgoin; D: Sylvia Bataille, Georges Darnoux, Jean Renoir, Marguerite Renoir

Eine Pariser Kleinbürgerfamilie verbringt den Sonntag auf dem Land. Als die Männer angeln oder schlafen, macht die unternehmungslustige Mutter (M. R.) mit ihrer Tochter Henriette (S. B.) einen Spaziergang und läßt sich von zwei jungen Männern zu einer Kahnpartie einladen. Während die Mutter sich von dem einen jungen Mann schnell verführen läßt, entsteht zwischen Henriette und Henri (G. D.), dem zweiten jungen Mann, eine tiefe Zuneigung. Henriette gibt sich ihm hin – aus Liebe. Zwei Jahre später begegnen Henri und Henriette sich an der gleichen Stelle wieder. Melancholisch fragt er Henriette, die unterdessen mit einem Angestellten ihres Vaters verheiratet ist, ob sie jenen Tag vergessen habe. Sie antwortet: »Ich denke noch jeden Abend daran ...«

Die Dreharbeiten zu diesem Film wurden abgebrochen, weil sie sich wegen des schlechten Wetters allzu lange hinzogen, weil alle Beteiligten allmählich unzufrieden wurden und weil Renoir *Les bas-fonds* drehen wollte. Der Produzent kam später auf die Idee, die wenigen fehlenden Sequenzen einfach durch Zwischentitel zu ersetzen. Aber die Arbeitskopie war im Krieg zerstört worden, so daß Marguerite Renoir mit Zustimmung Renoirs, der sich damals in den USA befand, vom Original-Negativ eine neue Kopie montierte. In dieser Fassung kam der Film 1946 heraus.

Une partie de campagne hat die literarische Vorlage mit viel Feingefühl nachgestaltet. Die Sonne, das Wasser, die Bäume scheinen fast sinnlich präsent; hier bewährte sich u. a. eine Kunst der »Landschaftsmalerei«, die Renoir später bei

Pasażerka (Anna Ciepielewska)

Le déjeuner sur l'herbe (Das Frühstück im Grünen, 1959) wiederholte. Doch auch die Atmosphäre ist ganz die Maupassants.
Regieassistenten bei diesem Film waren u. a. Jacques Becker, Yves Allégret, Luchino Visconti.

Pasażerka
(Die Passagierin)

Polen, 1961–63

R: Andrzej Munk, Witold Lesiewicz; A: Andrzej Munk, Zofia Posmysz-Piasecka; K: Krzysztof Winiewicz; D: Aleksandra Śląska, Anna Ciepielewska, Jan Kreczmar, Marek Walczewski

Auf einem Ozeandampfer sieht die ehemalige KZ-Aufseherin Lisa (A. Ś.) eine Frau, in der sie Martha (A. C.), eines ihrer Opfer, zu erkennen glaubt. Verstört spricht Lisa endlich mit ihrem Mann (J. K.) über ihre Vergangenheit; und der Film zeigt ihre Erzählung, in der sie die Rolle der Beschützerin Marthas spielt. Aber allein mit sich selbst sieht Lisa die gleichen Ereignisse noch einmal. Jetzt erscheinen sie als ein selbstsüchtiger Kampf der Aufseherin um Marthas Vertrauen und vielleicht gar Liebe. Doch Martha hat sich ihr verweigert, hat sie zuletzt sogar gezwungen, sie dem Lagerkommandaten auszuliefern, weil es zwischen den Henkern und ihren Opfern keine Gemeinschaft geben kann.
Der Film blieb unvollendet. Munk starb während der Dreharbeiten bei einem Autounfall. Sein Freund und früherer Mitarbeiter Witold Lesiewicz hat den Film herausgebracht – aber ohne jede eigene Zutat. Aus Äußerungen Munks ist bekannt, daß er die Szenen auf dem Schiff neu drehen wollte, da ihm seine erste Version nicht mehr gefiel. Lesiewicz hat das insofern respektiert, als er diese Partien in einer Montage aus Standfotos zeigt. Ebenso weiß man, daß Munk eine dritte, »objektive« Version der Ereignisse im Lager drehen wollte. Aber er selbst wußte noch nicht, wie sie aussehen sollte.
Lesiewicz hat in seiner etwa einstündigen Fassung das Fragmentarische des Films nicht zu verwischen gesucht. Gerade daraus entstehen innere Spannung und ästhetischer Reiz. Die KZ-Episoden erscheinen wie ein düsterer Alptraum im Spiegel der Erinnerungen – nicht realistisch und doch real in ihrem Schrecken. Munk

hatte gesagt: »Wir wollten auf alle Bilder verzichten, die den Anspruch stellen könnten, die wahre Atmosphäre der Brutalität im Lager wiederzugeben.«

A passage to India

(Reise nach Indien)

England, 1984

R: David Lean; A: David Lean nach dem gleichnamigen Roman von E. M. Forster und einem Theaterstück von Santha Rama Ran; K: Ernest Day; D: Judy Davis, Victor Banerjee, Peggy Ashcroft, Alec Guinness, James Fox, Nigel Havers

Adela Quested (J. D.) fährt zu ihrem Verlobten (N. H.) nach Indien. Dessen Mutter, Mrs. Moore (P. A.), begleitet sie. Doch am Ziel ihrer Reise ist Adela vom Snobismus und Rassismus der englischen Kolonialbeamten enttäuscht. Sie bevorzugt die liberale Haltung (und bald auch die Gesellschaft) des Lehrers Richard Fielding (J. F.), der mit dem indischen Arzt Dr. Aziz (V. B.) befreundet ist. Fielding und Aziz begleiten die beiden Damen auch zu den berühmten Höhlen von Marabar, wo es zu einem dramatischen Zwischenfall kommt. Nachdem Mrs. Moore und Fielding zurückgeblieben sind, verlieren auch Aziz und Adela sich aus den Augen. Aziz kehrt allein zurück, während Adela, die offenbar in der Höhle ein schreckliches Erlebnis gehabt hat, blutend und verstört aufgefunden wird. Für die englische Kolonie ist schnell klar, daß Dr. Aziz seine Begleiterin vergewaltigt hat. Da Adela dem nicht widerspricht, kommt es zu einem Prozeß, in dem Adela überraschend die Unschuld des Arztes bestätigt. Dr. Aziz wird freigesprochen. Enttäuscht von den Engländern wird er zu einem Sprecher der nationalen Bewegung.

Nach vierzehnjähriger Pause, in der er (1977) lediglich eine Fernseh-Produktion inszeniert hatte, hat David Lean diesen Film gedreht, der vom Drehbuch über Regie und Schnitt ganz und gar sein Werk ist. Dabei ist es ihm über weite Strecken gelungen, die pathetische Geste seiner Großproduktionen mit dem Charme und der Intensität seiner frühen Kammerspiele zu vereinen. Der fast dreistündige Film zeichnet ein breites Panorama vergangener Zeiten; sein Aufwand läßt aber stets Raum für präzise Konturierung und behutsame Charakterzeichnung. So hat David Lean mit diesem Film, um dessen Stoff er sich schon lange bemüht hatte, ein eindrucksvolles Alterswerk geschaffen.

Pas si méchant que ça ...

(Ganz so schlimm ist er auch nicht)

Schweiz/Frankreich, 1974

R: Claude Goretta; A: Claude Goretta, Charlotte Dubreuil; K: Renato Berta; D: Gérard Dépardieu, Marlène Jobert, Dominique Labourier, Philippe Léotard

Nach dem Tod seines Vaters übernimmt Pierre Vaucher (G. D.) dessen Möbelschreinerei. Bei Durchsicht der Bücher stellt er schnell fest, daß der kleine Familienbetrieb nicht mehr konkurrenzfähig und praktisch pleite ist. Pierre mag sich weder seiner Frau (D. L.) noch den Angestellten anvertrauen und verfällt statt dessen auf einen wahnwitzigen Ausweg. Er fährt die neue, unverkäufliche Produktion auf eine Müllhalde und verbrennt sie. Dann überfällt er eine Sparkasse und bringt die Beute als angeblichen Verkaufserlös nach Haus. Und weil das so gut geklappt hat, wiederholt er die Sache bei Bedarf. Doch bei einem Überfall auf ein Postamt verliebt er sich eines Tages in die Posthalterin Nelly (M. J.). Er kehrt an den Tatort zurück, und da die Frau seine Gefühle erwidert, wird sie bald seine Geliebte – und seine Komplizin. Ein paar Monate funktioniert dies seltsame Doppelleben, dann kommt man Pierre durch einen dummen Zufall auf die Spur. Als er bei einem dörflichen »bunten Nachmittag« gerade als »Tellknabe« auf die Bühne gehen will, erscheint die Polizei. Zwar läßt man ihn seinen Auftritt noch absolvieren, doch dann wird er abgeführt.

Das Thema erinnert an Gorettas früheren Film *Le fou*. Dort war der Magazinverwalter Plond durch einen Spekulanten um seine Ersparnisse gebracht worden und hatte sich an der Gesellschaft gerächt, indem er leerstehende Villen beraubte und die Beute verscharrte. Auch Pierre will seinen Konflikt mit der Gesellschaft nach eigenen Gesetzen austragen. Und gemeinsam ist beiden schließlich auch, daß sie sich nieman-

La passion de Jeanne d'Arc

dem anvertrauen können oder wollen. So handeln beide Filme auch von Kommunikationsschwierigkeiten, vom mangelnden Vertrauen, von der Einsamkeit, die sich in dubiosen Aktionen entlädt. Aber Pierre in seiner naiven Bauernschläue begnügt sich nicht mit sinnlosen Protesten à la Plond. Er will mit den Überfällen eine Maschine finanzieren, die den Betrieb wieder konkurrenzfähig machen könnte. So redet er sich erfolgreich ein, daß sein Doppelspiel legitimiert ist, weil es eigentlich für alle Beteiligten nur Vorteile bringt. Und lediglich Details verraten die Anspannung, unter der er insgeheim doch leidet. Goretta zeichnet hier nicht das Porträt eines jugendlichen Gangsters, sondern das eines jungen Mannes, der als »Chef«, als Vater und vielleicht sogar als Ehemann (noch) überfordert ist, der seine Zweifel und Probleme aber nicht artikulieren kann, sondern sich den Anforderungen der Gesellschaft öffentlich anzupassen sucht, indem er heimlich falschspielt. Pierre scheitert daran, daß er von den Umständen gezwungen wird, eine Rolle im Leben zu spielen, der er nicht gewachsen ist; denn tatsächlich wäre die Rolle des »Tellknaben«, die er auf der Bühne spielt, seinem Naturell wohl eher angemessen. Das Motiv des »Rollenspiels« taucht übrigens auch in Gorettas Film *L'invitation* (Die Einladung, Schweiz 1973) auf. Dort feiern kleine Angestellte ein Sommerfest bei einem plötzlich zu Geld gekommenen Kollegen; und sie fallen dabei im wahrsten Sinne des Wortes »aus der Rolle«, aus der, die sie im Büro sonst spielen müssen.

En passion

(Passion)

Schweden, 1968

R: Ingmar Bergman; A: Ingmar Bergman; K: Sven Nykvist; D: Liv Ullmann, Max von Sydow, Bibi Andersson, Erland Josephson, Erik Hell

Der Schriftsteller Andreas Winkelman (M. v. S.) hat sich verbittert auf eine abgelegene Insel zurückgezogen. Hier lernt er das Ehepaar Eva (B. A.) und Elis (E. J.) Vergerus sowie Evas Freundin Anna Fromm (L. U.) kennen. Nach einem kurzen Abenteuer mit Eva verliebt sich Andreas in Anna, und beide leben zusammen. Andreas hat eine gescheiterte Ehe hinter sich. Anna hat ihren Mann und ihr Kind bei einem Autounfall verloren. Sie schwelgt in Erinnerungen an ein verlorenes Glück, doch in Wirklichkeit war ihre Ehe ein Fehlschlag. Bald erweist sich, daß Andreas und Anna sich nichts mehr zu sagen haben. Auch die äußeren Umstände sind bedrückend: Andreas muß von dem zynischen Architekten Vergerus finanzielle Hilfe akzeptieren. Dann gibt es Aufregungen auf der Insel: Ein Sadist quält und tötet Tiere. Die aufgebrachte Bevölkerung verdächtigt einen alten Sonderling (E. H.) und hetzt ihn zu Tode. Diese Gewalttat scheint Andreas und Anna aufzustören. Nachdem ein Mordanschlag von Andreas auf Anna mißglückt ist, sucht Anna in einem Auto gemeinsam mit ihm den Tod. Aber auch dieses Vorhaben mißlingt. Am Schluß bleibt Andreas allein und ratlos auf der Landstraße zurück, während Anna verzweifelt davonfährt.

En passion ist der letzte Teil einer Art Trilogie, zu der außerdem die Filme *Vargtimmen* und *Skammen* gehören. Hier betont Bergman diesen Zusammenhang, indem er die Schlußszene von *Skammen* als Traumvision in seinen Film einfügt. Wieder geht es um das Zusammenleben zweier Menschen (gespielt von den gleichen

Schauspielern!) in einem isolierten Milieu, wieder ist der Mann ein Künstler, wieder zerbricht die Gemeinschaft, und wieder gibt eine Bedrohung, das Erlebnis einer blutigen Gewalttat das eigentliche Signal für das Scheitern. Der Mensch, so könnte man Bergman interpretieren, ist nur oberflächlich »domestiziert«; sobald er sich bedroht fühlt, brechen Egoismus und Mordlust auf. Andererseits lebt in allen drei Filmen eine schreckliche Einsamkeit, die der der Schwestern aus *Tystnaden* verwandt ist, erlebt man in allen drei Filmen den Menschen als Gefangenen seines eigenen Ichs – seiner Obsessionen in *Vargtimmen*, seiner Ängste in *Skammen*, seiner Hoffnungen in *En passion*.

La passion de Jeanne d'Arc Ⓢ

(Die Passion der Jungfrau von Orléans / Johanna von Orléans)

Frankreich, 1928

R: Carl Th. Dreyer; A: Carl Th. Dreyer, Joseph Delteil; K: Rudolf Maté; D: Maria Falconetti, Sylvain, Antonin Artaud, Michel Simon

Der Film schildert Verhör, Verurteilung und Feuertod der Jeanne d'Arc (M. F.). Nachdem Dreyers Film *Du skal aere din hustru* (1925) in Frankreich ein großer Erfolg geworden war, bot ihm eine französische Filmgesellschaft an, einen Film in Frankreich zu drehen. Man ließ ihm die Wahl, die Geschichte einer von drei großen Frauengestalten – Katharina von Medici, Marie Antoinette, Jeanne d'Arc – zu verfilmen. Dreyer entschied sich für die Heilige aus Domrémy.

Er bemühte sich in seinem Film um absolute Echtheit. Den Ablauf der Handlung und auch die Texte für die Zwischentitel entnahm er den Prozeßakten. Die Bauten (Hermann Warm, Jean Hugo) ließ er nach dem Vorbild alter Miniaturen errichten – und zwar nicht im Atelier, sondern auf einem Freigelände, wobei er darauf achtete, daß sie solide genug waren, um den Darstellern echte Bewegungsfreiheit zu garantieren. Und eine besondere Art von Realismus praktizierte er auch bei der Besetzung: Für die Hauptrolle verpflichtete er Maria Falconetti, die zuvor vorwiegend als Modell für kosmetische Präparate bekannt geworden war, er holte Schauspieler wie Michel Simon, Literaten wie Antonin Artaud und auch einen Café-Besitzer – weil ihre Gesichter den Rollen »ähnlich« waren, die sie spielen sollten.

Aber Dreyer stellte diesen Realismus nicht in den Dienst einer altertümelnden Chronik; er gab ihm vielmehr die sichere Basis, um die geistigen und geistlichen Hintergründe des Prozesses deutlich zu machen, den Glauben, der im Menschen und durch den Menschen lebt.

Entsprechend waren eindrucksvolle Großaufnahmen sein vorherrschendes Stilmittel in diesem Film. Er selbst meinte dazu: »Nichts in der Welt ist dem menschlichen Gesicht vergleichbar. Es ist ein Land, das zu erforschen man niemals müde wird.« Und in diesem Land hat er ungeahnte Entdeckungen gemacht. In seinen Großaufnahmen wird der Charakter der handelnden Personen deutlich, sieht man ihre Reaktionen, spürt man ihre Gedanken. Beeindruckt resümierte der Filmhistoriker Béla Balázs in seinem Buch *Der Film*: »So hat der Stummfilm den Versuch eines geistigen Dramas besser zu bewältigen vermocht als das geschriebene Schauspiel.«

In der Bundesrepublik wurde der Film nach 1945 in einer Tonfassung bekannt, bei der man der Handlung klassische Musik unterlegt hatte. Man gab ihm damit eine steife, pompöse Feierlichkeit, die in krassem Gegensatz zu seinem bei aller Innerlichkeit lebendigen Stil stand.

Passport to Pimlico

(Blockade in London)

England, 1950

R: Henry Cornelius; A: T. E. B. Clarke; K: Lionel Banes; D: Stanley Holloway, Margaret Rutherford, Hermione Baddeley, Paul Dupuis

Im Sommer 1950 wird im Londoner Stadtteil Pimlico bei der Explosion eines Blindgängers eine Kassette gefunden. Sie enthält einen Goldschatz – und einen uralten Freibrief, in dem König Edward IV. dieses Gebiet als unabhängiges »burgundisches Land« anerkennt. Die Folgen sind ungeheuer; denn die Bewohner Pimlicos sind plötzlich Ausländer. Und als ihnen die »Wiedereinbürgerung« zu lange dauert, als gar ein Nachfahre des Burgunderherzogs (P. D.) auftaucht, erklärt sich Pimlico als neues Land

Burgund für unabhängig, schafft die Rationalisierung ab und schließt seine Grenzen zum »Nachbarstaat« England. England kontert mit einer strengen Bockade, sieht sich aber unter dem Druck der öffentlichen Meinung zu Verhandlungen gezwungen, die schließlich zum freiwilligen Anschluß Burgunds an England führen.
Dieser Film des Reinhardt-Schülers Henry Cornelius gehört zu den besten Produktionen des Ealing-Studios, wo nach dem Krieg eine Anzahl überwiegend realistischer und zeitkritischer Komödien entstand. Formal zunächst ist dies ein einfallsreicher, zügig inszenierter Film, der es sich leisten kann, mit seinen Gags verschwenderisch umzugehen. Und diese Gags zielen allesamt auf Eigenarten und Eigenheiten des britischen Nationalcharakters, was natürlich auch für den ganzen Film gilt. Einer seiner Kernsätze, typisch für seine Absicht und seine und der Engländer skurrile Logik, dürfte die Feststellung einer »burgundischen« Frau sein: »Natürlich sind und bleiben wir Engländer. Aber gerade weil wir Engländer sind, bestehen wir auf unserem Recht, Burgunder zu werden!«

Pather panchali
(Apus Weg ins Leben: Auf der Straße / Auf der Straße / Das Lied der Straße)

Indien, 1952–55

R: Satyajit Ray; A: Satyajit Ray nach einem Roman von Bibhuti Bhusan Bandopadhaya; K: Subrata Mitra; D: Subir Bandopadhaya, Kanu Bandopadhaya, Karuna Bandopadhaya, Uma das Gupta

Der kleine Apu (S. B.) wächst auf dem Land in Bengalen auf. Sein Vater (Kan. B.) ist Laienpriester und Poet, ein weltfremder Träumer. Schließlich gibt der Vater dem Drängen seiner lebenstüchtigen Frau (Kar. B.) nach und geht in die Stadt, um dort Geld zu verdienen. Lange Zeit schreibt er nur ab und zu eine Postkarte. Dann kommt er zurück, um seine Familie nachzuholen. Aber in seiner Abwesenheit ist Apus kleine Schwester Durga (U. d. G.) an einer Lungenentzündung gestorben. Bedrückt verläßt die Familie das Dorf und zieht nach Benares.
Der filmbegeisterte Laie Ray begann die Dreharbeiten mit einem Team von Freunden, von denen nur ein einziger gewisse Kenntnis vom Handwerk des Films hatte. Nach drei Monaten hatte Ray seine gesamten Ersparnisse verbraucht. Da gelang es ihm, die bengalische Regierung für das Projekt zu interessieren. Man fand, der Film könne die staatlichen Hilfsmaßnahmen für die Landbevölkerung propagandistisch unterstützen, und gab dem Regisseur Geld – aus dem Etat für das Straßenbauprogramm.
Es entstand auf diese Weise ein ungewöhnlicher Film, der auch im Ausland Aufsehen erregte. Er ist voller Stimmungen, schöner Bilder und langsamer, genau kalkulierter und in sich geschlossener Einstellungen. Es heißt, Ray sei nach Monaten noch einmal in das Dorf Nitschimdapur zurückgekehrt, wo er den Film gedreht hat, um eine bestimmte Herbststimmung auf einer Wiese einzufangen. Die schönen Bilder sind freilich niemals Selbstzweck; sie vermitteln gleichzeitig mit erstaunlicher Intensität Armut, Hoffnungslosigkeit und eine ganz unaufdringliche Menschlichkeit, die sich vor diesem Hintergrund bewährt. Der Authentizität sollen schließlich auch der getragene Rhythmus des Films, seine Weitläufigkeit und seine Erzählstruktur dienen. Ray kommentierte: »Das Leben in einem bengalischen Dorf ist weitläufig!«
Die weiteren Erlebnisse Apus schilderte Ray in zwei Fortsetzungen: *Aparajito* und *Apur sansar*.
In verschiedenen Unterlagen taucht der bengalische Name Bandopadhaya auch in seiner modernen, anglisierten Schreibweise Banerjee auf.

Paths of glory
(Wege zum Ruhm)

USA, 1957

R: Stanley Kubrick; A: Calder Willingham, Jim Thompson und Stanley Kubrick nach dem gleichnamigen Roman von Humphrey Cobb; K: George Krause; D: Kirk Douglas, Adolphe Menjou, George MacReady, Ralph Meeker

Frankreich 1916. Auf Anordnung von General Broulard (A. M.) befiehlt General Mireau (G. MR.) den Angriff auf eine stark befestigte deutsche Stellung. Mireau weiß, daß das Unter-

Pather panchali
(Subir Bandopadhaya)

nehmen fast aussichtslos ist, läßt sich aber durch die Aussicht auf eine Beförderung bewegen, seine Bedenken zurückzustellen. Die Truppe unter Führung von Colonel Dax (K. D.) bleibt im Artilleriefeuer der Deutschen stecken. Wutschäumend befiehlt General Mireau, auf die eigenen zurückweichenden Soldaten zu schießen. Nach dem Scheitern des Angriffs will er 100 Mann wegen Feigheit vor dem Feind erschießen lassen. Zwar ändert General Broulard den Befehl. Aber trotz aller Bemühungen von Colonel Dax werden drei Soldaten nach einer Kriegsgerichtsverhandlung erschossen. Dax, der die Hintergründe dieses Urteils kennt, wird als lästiger Mitwisser wieder in die vorderste Linie geschickt.
Die Handlung beruht in ihrem Kern auf historischen Ereignissen. Kubrick machte daraus eine radikale Anklage nicht nur gegen den Krieg, sondern auch gegen den Militarismus. Krieg erscheint hier in brutalem Realismus als ein schmutziges Geschäft, dem in der Wirklichkeit nichts Heldisches, kein Pathos anhaftet. Der »Weg zum Ruhm« geht für die Protagonisten über die Leichen derer, die sie leichtfertig oder gar zynisch opfern. Dieser Effekt wurde hier nicht durch leicht durchschaubare pyrotechnische Bemühungen, sondern durch die dramaturgische Konzeption erzielt.
Der Film wurde in mehreren Ländern – u. a. in Frankreich und der Schweiz – von der Zensur verboten.

Pension Mimosas
(Spiel in Monte Carlo)

Frankreich, 1934

R: Jacques Feyder; A: Jacques Feyder, Charles Spaak; K: Roger Hubert; D: Françoise Rosay, Paul Bernard, Jean Max, Lise Delamare, Alerme, Arletty

Louise (F. R.) und Gaston (Al.), die Inhaber der »Pension Mimosas« in Monte Carlo, sorgen rührend für Pierre, den kleinen Sohn eines alten Kunden, der zu einer Gefängnisstrafe verurteilt worden ist. Doch früher als erwartet holt der Vater Pierre wieder ab. Zehn Jahre später gerät Pierre (P. B.) in Paris in schlechte Gesellschaft. Louise hilft ihm erneut, als der Spielsaalunternehmer Romani (J. M.) ihn zusammenschlagen läßt, weil Pierre ihm seine Freundin Nelly (L. D.) ausgespannt hat. Louise holt Pierre zurück in die Pension und verschafft ihm eine Stellung. Bald taucht auch Nelly auf; und Louise nimmt sie auf, verschweigt sogar, daß sie Nelly bei einem Diebstahl überrascht hat – nur um Pierre nicht zu verlieren. Erst als Nelly Pierre überreden will, die Pension zu verlassen, verständigt Louise Romani, der sie sofort abholt. Als Pierre Geld unterschlagen und verspielt hat, will Louise ihn noch einmal retten. Zum ersten Mal in ihrem Leben spielt sie im Casino – und gewinnt. Aber sie kommt mit dem Geld zu spät. Pierre hat sich vergiftet und liegt im Sterben. Er hält sie für Nelly, und Louise opfert sich noch einmal. Sie gibt ihm den Abschiedskuß, der dem Sterbenden die Rückkehr Nellys vorgaukelt.

Neben *La kermesse héroique* war dies Feyders größter Tonfilmerfolg. Er hat die wirkungsvolle, düster fatalistische Geschichte in sorgfältigem Realismus in Szene gesetzt. Die Charaktere sind plastisch gezeichnet, das Milieu ist exakt getroffen. Den düsteren Grundton der Handlung und die atmosphärische Milieuschilderung findet man später wieder in den Filmen Carnés, der auch bei diesem Film Feyder assistierte.

Pépé le Moko

(Pépé le Moko – Im Dunkel von Algier)

Frankreich, 1937

R: Julien Duvivier; A: Julien Duvivier und Henri Jeanson nach einem Roman von Roger Ashelbé; K: Jacques Kruger, Marc Fossard; D: Jean Gabin, Mireille Balin, Lucas Gridoux, Marcel Dalio

Seit zwei Jahren hält sich der Gangster Pépé le Moko (J. G.), der aus Paris geflüchtet ist, in der Kasbah von Algier verborgen. Die Bemühungen der Polizei, ihn zu fangen, schlagen fehl, da Pépé zum ungekrönten König der Kasbah geworden ist und sich durch ein gut funktionierendes Warnsystem schützt. Inspektor Slimane (L. G.) wählt einen anderen Weg. Er hat erfahren, daß Pépé sich in Gaby (M. B.), die Freundin eines reichen Kaufmanns, verliebt hat und mit ihr fliehen will, um ein neues Leben zu beginnen. Slimane spielt Gaby die Nachricht zu, Pépé sei erschossen worden; Pépé läßt er wissen, daß Gaby ihn für tot halte und mit dem Schiff abreise. Pépé verläßt die Kasbah, um Gaby alles zu erklären. Dabei läuft er in eine Falle und wird verhaftet. In einem unbewachten Augenblick, gerade als eine Sirene die Abfahrt des Schiffes signalisiert, stößt Pépé sich ein Messer ins Herz.

Duvivier hat hier Motive des amerikanischen Gangsterfilms geschickt adaptiert und variiert. Sein Film wurde ein internationaler Erfolg. Der düstere Fatalismus, bei dem der Hoffnungsschimmer einer Liebe und die Erkenntnis einer vagen Glücksmöglichkeit die Düsternis nur noch drückender erscheinen läßt, fand in den dreißiger Jahren nicht nur in Frankreich ein aufnahmebereites Publikum.

Es gibt verschiedene Remakes des Films, die aber alle unbedeutend blieben.

Peppermint frappé

(Peppermint frappé)

Spanien, 1967

R: Carlos Saura; A: Rafael Azcona, Angelino Fons, Carlos Saura; K: Luis Cuadrado; D: Geraldine Chaplin, José Luis López Vázquez, Alfredo Mayo

Julián (J. L. L. V.), ein 45jähriger Arzt in der Provinzhauptstadt Cuenca, glaubt in Elena (G. C.), der Frau seines Freundes Pablo (A. M.), ein Mädchen wiederzuerkennen, das er einst beim traditionellen Trommelritus der Karwoche in Calanda getroffen hat. Da Elena für den verklemmten, frustrierten Mann unerreichbar ist, beginnt er, seine unscheinbare Sprechstundenhilfe Ana (G. C.) nach dem Vorbild der heimlich Geliebten umzuformen. Er bringt ihr bei, sich wie Elena zu kleiden, zu schminken, zu bewegen usw. Als er bei einem gemeinsamen Wochenende erkennt, daß Pablo und Elena ihn durchschaut haben und sich über ihn amüsieren, bringt er sie mit Hilfe von Gift im Peppermint frappé um. Damit steht gleichzeitig der totalen Identifizierung Anas mit seinem Wunschbild nichts mehr im Wege.

Zunächst ist dies das entlarvende Psychogramm eines frustrierten Spießers, das in manchen Details an die Filme Buñuels erinnert. Auf dieser Ebene ist der Film vorzüglich. Aber gemeint ist sicherlich auch ein Abbild der Situation Spaniens und seiner Gesellschaft. Da werden immer wieder Vergangenheit und »moderne« Gegenwart gegeneinandergestellt, da wird die Frustration als Phänomen einer reaktionären Ge-

Pépé le Moko (Lucas Gridoux, Jean Gabin)

sellschaftsordnung angeprangert, da verdrängt aber auch das Absichtsvolle gelegentlich die sinnliche Präsenz des Films.

La petite marchande d'allumettes Ⓢ
(Das Mädchen mit den Schwefelhölzern / Die kleine Streichholzverkäuferin)

Frankreich, 1928

R: Jean Renoir; A: Jean Renoir nach dem gleichnamigen Märchen von Hans Christian Andersen; K: Jean Bachelet; D: Cathérine Hessling, Jean Strom

Die Geschichte von der kleinen Streichholzverkäuferin (C. H.), die im Winter auf der Straße einschläft, einen wunderschönen Traum hat, in dem sie endlich einmal glücklich ist, und erfriert. – Renoir hat diese Vorlage ausgeweitet. Bei ihm wird aus dem Kind ein junges Mädchen, das im Traum eine romantische Liebesgeschichte mit einem Offizier erlebt, den es als einfachen jungen Mann auf der Straße gesehen hat. Aber ein Polizist verwandelt sich im Traum in den Tod und beendet die Romanze.
Der Film ist voller Verwandlungen und technischer Tricks. So entführt der Liebhaber das junge Mädchen in den Himmel. Am Schluß stürzt das Mädchen herab, wird vom Tod aufgefangen und stirbt. Seine Gestalt löst sich auf, ein Rosenstock erblüht, aber seine Blütenblätter verwandeln sich in Schneeflocken, in denen dann die Leiche des Mädchens auftaucht.
Renoir experimentierte bei diesem Film mit dem panchromatischen Filmmaterial. Er entwickelte den Film selbst und zog auch die erste Kopie. Aber als der Film endlich herauskam, war der Tonfilm populär geworden. *La petite marchande d'allumettes* wurde ein katastrophaler Mißerfolg.

Les petites fugues
(Kleine Fluchten)

Schweiz/Frankreich, 1977/78

R: Yves Yersin; A: Yves Yersin, Claude Muret; K: Robert Alazraki; D: Michel Robin, Fred Personne, Mista Préchac, Dore de Rosa, Fabienne Barraud, Laurent Sandoz, Leo Maillard

Pipe (M. R.) hat sein Leben als Knecht auf einem Bauernhof im Schweizer Jura verbracht. Jetzt hat er das Rentenalter erreicht. Natürlich arbeitet er weiter; aber von seinen ersten Ren-

Les petites fugues (Michel Robin)

tenzahlungen kauft er sich ein Mofa, und das verändert sein Leben. Nach schwierigem, aber letztlich erfolgreichem Fahrunterricht durch seinen italienischen Arbeitskollegen (D. d. R.) beginnt er (endlich), seine Umwelt zu er-fahren. Er lernt Landschaften, Städte und vor allem Menschen kennen und erlebt auf seinem knatternden Zweirad unversehens ein Stück Freiheit. Der einst so pflichtbewußte Pipe kümmert sich nun nicht mehr darum, daß seine Ausflüge, die er bald auch an Arbeitstagen veranstaltet, den Arbeitsablauf auf dem Bauernhof durcheinanderbringen. Doch dann betrinkt er sich auf einem Ausflug, verursacht einen harmlosen Unfall, und die Polizei nimmt ihm die Fahrerlaubnis ab. Glücklicherweise findet Pipe ein neues Hobby. Auf seiner letzten Fahrt hat er bei einer Motocross-Veranstaltung im Quiz eine Sofortbild-Kamera gewonnen. Er beginnt, sich selbst und seine Umwelt in zahllosen Bildern zu reproduzieren. Und er leistet sich noch einen letzten großen Ausbruch: einen Hubschrauber-Flug zum Matterhorn, dessen Bild schon immer in seinem Zimmer hing. Am Ende hat die beunruhigende Verwandlung des Knechtes Pipe wohl dazu beigetragen, daß auch die Menschen seiner Umwelt sich ändern. Der Bauer (F. P.) übergibt den Hof an seinen Sohn (L. S.); Josiane (F. B.), die Tochter, die mit einem unehelichen Kind (L. M.) auf dem Hof lebt, beginnt, aus ihrer egoistischen Lethargie aufzuwachen. Pipe aber wird endgültig aufs Altenteil geschickt.

Yves Yersin hat einen stillen, aber sehr intensiven Film gedreht, einen sinnlich erfaßbaren von hoher Intelligenz. Er zeigt die »kleinen Fluchten« eines alten Mannes aus der Enge seiner Existenz, über Zäune, die in einem langen Leben immer höher geworden sind. Was sich aber ansieht wie eine anekdotische Alltagsschilderung, ist gleichzeitig eine kluge Analyse. Pipes erste Erfahrungen, die Fahrten mit dem Mofa, sind vornehmlich nur eine räumliche Erweiterung seines Lebensbereiches, die freilich auch neue Einsichten und Denkanstöße vermittelt. Sinnfälliges optisches Zeichen ist eine Szene, in der die Kamera Pipe bei der Fahrt auf einem Waldweg über die Schulter sieht und sich dann plötzlich wie ein Vogel hoch in die Luft erhebt. Als ein Unfall Pipes Aktivitäten beendet, ist er konsequent: Er verbrennt das nutzlos gewordene Fahrzeug. In der zweiten Phase kommt nach dem Erfahren das Begreifen. Durch seine Bilder setzt sich Pipe mit sich und seiner Umwelt auseinander, er beginnt zu verstehen, Nuancen und Hintergründe wahrzunehmen. Als dritte Phase folgt schließlich die Erkenntnis. Pipe, der schon vorher mit seinem Mofa sehnsüchtig ein Segelflugzeug bis auf einen Jura-Gipfel verfolgt hatte, fliegt mit einem Hubschrauber um das Matterhorn. Aber er ist merkwürdig unberührt, bricht den Flug sogar vorzeitig ab. Er hat wohl erkannt, daß manchmal die Wirklichkeit weniger eindrucksvoll ist als das Bild, das man sich von ihr macht.

Von alledem – wohlgemerkt – spricht Yves Yersin nie. Er erzählt scheinbar nur die skurrile Geschichte eines »unwürdigen Greises«, eines eigenbrödlerischen Knechtes. Das nuancierte Drehbuch, die behutsam insistierende Kamera und nicht zuletzt die hervorragende Leistung des Hauptdarstellers Michel Robin sorgen dafür, daß man hinter den Bildern eine andere Realität erkennt.

Phantom Ⓢ

Deutschland, 1922

R: F. W. Murnau; A: Thea von Harbou und H. H. von Twardowski nach einem Roman von Gerhart Hauptmann; K: Axel Graatkjaer, Theophan Ouchakoff; D: Alfred Abel, Lya de Putti, Aud Egede Nissen, Lil Dagover, Frida Richard

In einer knappen Rahmenhandlung sieht man Lorenz Lubota (A. A.), der auf Anraten seiner Frau (L. D.) die Geschichte seines Lebens aufschreibt. Er stammt aus ärmlichen Verhältnissen, wird Stadtschreiber und verfaßt heimlich pathetische Gedichte. Eines Tages wird er von einer Kutsche angefahren und stürzt. Dieser Sturz verändert seinen Charakter. Zunächst faßt ihn eine leidenschaftliche Liebe zu dem Mädchen (L. d. P.), das in der Kutsche gesessen hat. Als er erkennt, daß sie, die Tochter eines reichen Kaufmannes, für ihn unerreichbar ist, wendet er seine ganze Leidenschaft an ein leichtlebiges Mädchen (L. d. P.), das der unerreichbaren Geliebten ähnlich sieht. Für sie betrügt er seine Tante, erschwindelt Geld von ihr und beteiligt sich sogar an einem Einbruch in ihr Haus, bei dem sie von einem Komplizen getötet wird. Die Zeit im Gefängnis ist für ihn Strafe und Sühne zugleich; nach der Niederschrift seiner Erlebnisse ist er geheilt.

Der Roman erhebt sich nur wenig über Illustrierten-Niveau (und erschien auch zuerst in einer Illustrierten). Murnau hat ihm immerhin die Möglichkeit abgewonnen, Milieu realistisch zu zeichnen und die Gefährdung des Helden streckenweise suggestiv zu schildern. Früher soll der Film mehr irreale Sequenzen, die die geistige Verwirrung Lubotas signalisieren, enthalten haben. Vielleicht hat ein Bearbeiter (Verleiher?) sie entfernt. In der erhaltenen Fassung sieht man nur noch einmal, wie die Häuser einer Straße über Lorenz »zusammenstürzen«; außerdem taucht einige Male wie ein Phantom die Kutsche auf, die ihn überfahren hat. Möglicherweise hat früher die stärkere Betonung des Irrealen die kolportagehaften Akzente der Handlung gemildert und dem Bild mehr Intensität gegeben.

Piątka z ulicy Barskiej

(Die Fünf aus der Barska-Straße)

Polen, 1954

R: Aleksander Ford; A: Aleksander Ford und Kazimierz Kózniewski nach einer Novelle von Kazimierz Kózniewski; K: Jarosław Tuzar, Karol Chodura; D: Tadeusz Janczar, Mieczysław Stoor, Andrzej Kozak, Marian Rulka, Włodzimierz Skoczylas, Aleksandra Śląska, Ludwik Benoit

Zu den Jugendlichen, die das Erlebnis des Krieges, der Konzentrationslager, des Warschauer Aufstandes aus der Bahn geworfen hat, gehören auch fünf Jungen aus der Barska-Straße. Sie sind Mitglieder einer Diebesbande geworden und arbeiten für eine vom Ausland bezahlte illegale Organisation. Eines Tages stehen sie vor dem Jugendgericht. Sie erhalten einen »Paten« (L. B.), der den Kampf um ihre Resozialisierung aufnimmt. Er bringt den hochbegabten Zbych (M. R.) auf eine Musikschule, Jacek (A. K.) erhält Arbeit in einer Zeitungsredaktion, Marek (M. S.), Kazek (T. J.) und Franek (W. S.) arbeiten zusammen mit ihrem »Paten« auf dem Bau. Natürlich gibt es Rückschläge. Ein älterer Arbeiter stellt Kazek vor seinen Kollegen als ehemaligen Dieb bloß, und zur gleichen Zeit nimmt auch ihr alter Bandenchef wieder Verbindung mit ihnen auf. Die Feinde Volkspolens wollen zur Eröffnung der großen Ost-West-Achse durch Warschau einen Tunnel sprengen lassen. Aber die Jungen machen nicht mehr mit. In den Abflußkanälen der Stadt kommt es zu einem heftigen Kampf, bei dem Kazek schwer verletzt wird. Hanka (A. Ś.), das Mädchen, das ihn liebt, beugt sich über ihn und schreit: »Er muß leben!«

Der Film ist nicht frei von romantischen Klischees und übertreibt die expressive Bildgestaltung ein wenig. Auch die Agentenstory wirkt aufgesetzt. Überall dort aber, wo es um die Beschreibung von Zuständen und Situationen geht, wo ganz einfach die Not entwurzelter Jugendlicher im Mittelpunkt steht, erreicht Ford eindringliche Wirkungen.

Pickpocket
(Pickpocket)

Frankreich, 1959

R: Robert Bresson; A: Robert Bresson; K: L. H. Burel; D: Martin Lassalle, Marika Green, Pierre Etaix, Kassagi, Jean Pelegri

Michel (M. L.) wird aus Armut und intellektuellem Hochmut zum Taschendieb. Bestimmte Menschen, so glaubt er, haben das Recht, sich über die Gesetze hinwegzusetzen. Er vertritt diese These auch gegenüber Jeanne (M. G.), die ihn liebt, und gegenüber einem Kriminalkommissar (J. P.), der ihn verdächtigt, ohne ihn überführen zu können. Als die Polizei seine beiden Komplizen (P. E., K.) verhaftet, verläßt er Paris. Nach seiner Rückkehr trifft er Jeanne wieder, die ein Kind von einem anderen erwartet. Er stiehlt abermals, um Mutter und Kind zu unterstützen; und abermals packt ihn der Rausch. Endlich wird er ertappt und verurteilt. Im Gefängnis besucht ihn Jeanne, und plötzlich bricht die Liebe zu ihr in ihm auf.
Wie Raskolnikoff ist Michel von dem Gedanken besessen, außerhalb der Gesetze zu stehen. Ihn packt der Rausch der Macht, der Geschicklichkeit, der Virtuosität. Er muß sich und anderen seine Überlegenheit beweisen. Hinreißend das »Ballett der Hände«, das Bresson inszeniert, als er Michel bei der Arbeit zeigt; da wird die Suggestivkraft deutlich, die ihn treibt. Aber deutlich wird auch Jeannes und des Kommissars Bemühen um seine Rettung. Und so ist die Schlußszene Heilung und Läuterung, ein Beweis für die Kraft der Liebe, der Vernunft und des Glaubens.
Stilistisch ist der Film typisch für Bresson: äußerste Kargheit im Bild, Verzicht auf Effekte, Reduzierung des Dialogs auf die Deklamation des Textes. Daraus entsteht mitreißende innere Spannung.

Pierrot le fou
(Elf Uhr nachts)

Frankreich, 1965

R: Jean-Luc Godard; A: Jean-Luc Godard nach dem Roman *Obsession* von Lionel White; K: Raoul Coutard; D: Jean-Paul Belmondo, Anna Karina

Ferdinand (J. P. B.), genannt »Pierrot le fou«, trifft seine frühere Freundin Marianne (A. K.) wieder. Sie scheint für eine zwielichtige »Organisation« zu arbeiten, und ihre Bedingung für eine gemeinsame Zukunft ist, daß Ferdinand ihr hilft, eine Leiche zu beseitigen. Nach einer abenteuerlichen Autofahrt in den Süden und ein paar glücklichen Tagen auf einer einsamen Insel entdeckt Ferdinand, daß Marianne ihn betrogen hat. Ihr angeblicher Bruder ist in Wirklichkeit ihr Geliebter. Er erschießt Marianne und den Nebenbuhler und sprengt sich selbst mit einer Ladung Dynamit in die Luft.
Godard erzählt seine Geschichte, durch ironische Zwischentitel verfremdet, mit einer verblüffenden Vielfalt stilistischer Mittel. Dabei hebt sich sein Film bewußt von der Realität ab. Er verweist auf die Stilmittel, die er verwendet, und damit gleichzeitig auf den Prozeß der Gestaltung selbst.

The pilgrim Ⓢ
(Der Pilger)

USA, 1922/23

R: Charles Chaplin; A: Charles Chaplin; K: Rollie Totheroh; D: Charles Chaplin, Edna Purviance, Mack Swain

Ein entflohener Sträfling (C. C.) stiehlt auf der Flucht die Kleider eines badenden Geistlichen; so wird er in einem kleinen Ort als neuer Prediger willkommen geheißen. Er bleibt gern – besonders, da er ein hübsches junges Mädchen (E. P.) entdeckt hat, in das er sich alsbald verliebt. Und er stellt sich auf die Seite des Gesetzes, als ein früherer Gefängniskollege der Mutter des Mädchens die Ersparnisse stiehlt. Er bringt das Geld zurück. Aber als der Sheriff ihn mit Hilfe eines Steckbriefs identifiziert, muß er trotzdem verhaftet werden. Der Sheriff indessen will ihm eine Chance geben: Er bringt ihn an die mexikanische Grenze, doch der Gefangene versteht nicht; er befiehlt ihm, in Mexiko Blumen zu pflücken; der Gefangene tut es und kommt zurück; da befördert der Sheriff ihn schließlich mit einem Fußtritt in die Freiheit. In Mexiko aber attackieren ihn schießwütige Banditen. Und so sieht man ihn im Schlußbild gleichsam zwischen Skylla und Charybdis auf

der Grenze hüpfen – mit einem Bein in Mexiko, mit dem anderen in den USA.
Vielzitiertes artistisches Glanzstück des Films ist Chaplins erste Predigt in seinem neuen Wirkungsbereich, bei der er die Gemeindemitglieder mit einer pantomimischen Darstellung des Kampfes zwischen David und Goliath verblüfft. Aber nicht derartige Kabinettstückchen machen die Bedeutung des Films aus: Wichtiger ist die Konsequenz, mit der Chaplin die heitere Unschuld seines Helden in einer turbulenten Welt schildert. Typisch dafür ist der Schluß, als der kleine Pilger gleichsam heimatlos zwischen zwei Ländern einherhüpft, weil er weiß, daß ihn hüben wie drüben nur Ungemach erwartet.

El pisito
(Die kleine Wohnung)

Spanien, 1958

R: Marco Ferreri, Isidoro M. Ferri; A: Rafael Azcona und Marco Ferreri nach der gleichnamigen Erzählung von Rafael Azcona; K: Francisco Sempere; D: José Luis López Vázquez, Maria Carillo, Concha López Silva, Maria Luisa Ponte

Seit 12 Jahren sind Rodolfo (J. L. L. V.) und Petrita (M. C.) verlobt; heiraten können sie nicht, weil sie in Madrid keine Wohnung finden. Sie hoffen auf den Tod von Doña Martina (C. L. S.), bei der Rodolfo zur Untermiete wohnt; denn die achtzigjährige Greisin hat versprochen, daß Rodolfo ihre Wohnung übernehmen kann. Doch dann erfährt Rodolfo, daß man Wohnungen nur an Verwandte vererben kann; nach Doña Martinas Tod wird der Hauswirt über ihre Wohnung verfügen. Aus der Verzweiflung von Rodolfo und Petrita wächst ein makabrer Plan: Rodolfo macht Doña Martina einen Heiratsantrag und ist wenig später ihr Ehemann. Doña Martina blüht auf, seitdem sie für einen Menschen sorgen kann, und vergißt ihre Gebrechen; und auch Rodolfo scheint die Fürsorge der Greisin zu genießen. Petrita wird verbittert und eifersüchtig. Doch endlich, nach zwei Jahren, ist das Ziel erreicht. Während Doña Martina im Sterben liegt, ergreift Petrita bereits Besitz von der Wohnung. Für sie wird die Beerdigung zum Freudenfest. Sie merkt nicht, daß Rodolfo um die Tote wirklich trauert, und sie spürt auch nicht die wachsende Entfremdung zwischen ihm und ihr.
Azcona schrieb Erzählung und Drehbuch nach einer wahren Begebenheit. Ferreris Regie spielt die skurrilen und absurden Aspekte des Themas geschickt aus, bewahrt aber stets die Beziehung zur Realität, so daß eigentlich jeder Gag auch die Absurdität der Realität belegt.

Pjotr perwy (I und II)
(Peter der Große – I und II)

UdSSR, 1937–39

R: Wladimir Petrow; A: Wladimir Petrow und Alexej Tolstoi nach dem gleichnamigen Roman von Alexej Tolstoi; K: Wjatscheslaw Gardanow, Wladimir Jakowlew; D: Nikolai Simonow, Nikolai Tscherkassow, Alla Tarassowa

I. Teil: Bei Narwa werden die Russen von den Schweden besiegt. Zar Peter (N. S.) begreift, daß Land und Armee gründlich reorganisiert werden müssen. Er schickt junge Bojaren zum Studium nach Westeuropa; im Ural entsteht eine einheimische Waffenproduktion. So gerüstet schlägt das russische Heer die Schweden; Marienburg wird erobert, der Zugang zur Ostsee gewonnen. Unter den Gefangenen des Feldzugs ist auch ein Dienstmädchen (A. T.). Der Soldat Fedka beansprucht die junge Frau für sich; doch der Feldmarschall Scheremetjew nimmt sie ihm. Später wird sie unter dem Namen Jekaterina die neue Zarin. Peter ist glücklich, daß sie ihm einen Sohn schenkt; denn der Zarewitsch Alexej (N. T.), sein ältester Sohn, steht auf der Seite der Reaktionäre.
II. Teil: Bei Poltawa erringen die Russen den entscheidenden Sieg über die Schweden. Rußland ist jetzt eine Großmacht, und alsbald fühlen sich Frankreich, England und der deutsche Kaiser von der neuen Macht bedroht. Verschwörer im eigenen Land wollen Alexej auf den Thron setzen. Alexej, der nach Italien geflüchtet ist, wird nach Rußland gebracht und zum Tode verurteilt. Peter aber muß wieder in den Krieg ziehen. Nach dem Sieg seiner Flotte über die vereinigte Flotte des »Dreierbundes« kehrt er nach Petersburg zurück, das auf seinen Befehl gebaut worden ist.

Pjotr perwy markiert die Hinwendung des sowjetischen Films zur »zaristischen Historie«. Am Vorabend des Weltkriegs mobilisierte man das Nationalgefühl durch Erinnerungen an die ruhmreiche Vergangenheit. Entsprechend zeichnete Petrow nach mehrmaliger Umarbeitung des Drehbuchs Peter als einen vorausschauenden, strengen, aber im Grunde gütigen Herrscher – gleichsam ein historisch verkleidetes Idealporträt Stalins, dessen Gegner sich in der Gestalt des Zarewitsch denunziert sahen. Formal war der streng komponierte Film eine Mischung aus Genrebild und Schlachtenpanorama, einer der bemerkenswertesten Vertreter dieses Genres.
In der Bundesrepublik wurde eine stark gekürzte, einteilige Fassung des Films gezeigt, die nicht einmal die Hälfte des Originals enthielt. Vor allem fehlten die realistischen Milieuschilderungen.

A place in the sun
(Ein Platz an der Sonne)

USA, 1951

R: George Stevens; A: Michael Wilson und Harry Brown nach dem Roman *Eine amerikanische Tragödie* von Theodore Dreiser; K: William C. Mellor; D: Montgomery Clift, Elizabeth Taylor, Shelley Winters

Neuverfilmung des Romans von Dreiser: George Eastman (M. C.), Angela Vickers (E. T.), Alice Trapp (S. W.).

In der Verfilmung Josef von Sternbergs (*An American tragedy*, 1931) waren die Akzente deutlicher, aber zum Teil auch plakativer gesetzt. Stevens zeichnet in oft lyrisch getönten Bildern einen »amerikanischen Traum«, der sich allmählich zur Tragödie wandelt. Eine sorgfältige Inszenierung mit guten darstellerischen Leistungen.

Plácido
(Placido)

Spanien, 1961

R: Luis García Berlanga; A: Rafael Azcona, Luis García Berlanga, J. L. Colina, J. L. Font; K: Francisco Sempere; D: Casto Sendra »Cassen«, José Luis López Vázquez, Elvira Quintanilla

In einer kleinen spanischen Stadt veranstaltet ein Fabrikant aus Publicity-Gründen einen großen Wohltätigkeitsrummel: Die Wohlhabenden sollen am Weihnachtsabend einen armen Mitbürger zum Essen einladen. Einer der bescheidenen Helfer der Aktion ist Placido (C. S. C.), der seinen Dreirad-Lieferwagen für billiges Geld in den Dienst der guten Sache gestellt hat. Dieses Geld möchte er aber möglichst schnell kassieren, weil die erste Rate für sein Gefährt fällig ist und man ihm seine Existenzgrundlage pfänden will. Doch vor lauter Wohltätigkeit haben die Veranstalter keine Zeit, an ihn zu denken. Erst spät in der Nacht hat er Erfolg: Als er die Leiche eines Alten abtransportieren soll, den an einer reich gedeckten Tafel der Schlag getroffen hat, stellt er ein Ultimatum – Geld oder keine Fahrt und damit ein Skandal. Jetzt endlich bekommt er sein Geld.
»Jeder, der in Spanien zur Feder greift, um über die Spanier zu schreiben, ist gezwungen, seine Zuflucht bei dem zu suchen, was man den ›schwarzen Humor‹ nennt« (Luis García Berlanga).
Nach den eher gemütvollen Mahnungen von *Bienvenido, Mr. Marshall* und *Calabuch* (Calabuig, Spanien/Italien 1956) hat Berlanga hier eine gallenbittere Satire geschaffen. Er zeigt, wie die »Wohltätigkeit« zum Rummel wird, wie man »seinen« Armen stolz den Nachbarn und dem Vorgesetzten präsentiert und ihn so schnell wie möglich abschiebt, wenn er als Statussymbol unbrauchbar geworden ist. Er entlarvt heuchlerischen Biedersinn, seichte Frömmigkeit und geschwätzige Anteilnahme. Er tut das alles in einem handfesten Volksstück und mit einer Turbulenz, die den Zuschauer am Schluß atemlos und verstört entläßt.

Le plaisir
(Pläsier)

Frankreich, 1951

R: Max Ophüls; A: Jacques Natanson und Max Ophüls nach den Erzählungen *Die Maske, Das Haus Tellier* und *Das Modell* von Guy de Maupassant; K: Christian Matras (I. und II. Episode), Philippe Agostini (III. Episode); D: Claude Dauphin, Madeleine Renaud, Danielle Darrieux, Pierre Brasseur, Jean Gabin, Daniel Gélin, Simone Simon, Adolf Wohlbrück

I. Ein entfesselter Tänzer (C. D.) bricht auf dem Tanzboden erschöpft zusammen. Hinter seiner Maske entdeckt der Arzt das Gesicht eines Greises.
II. Das Freudenhaus der Madame Tellier (M. R.) bleibt zum Leidwesen der Stammkunden für ein Wochenende geschlossen. Madame macht mit der Belegschaft eine Reise aufs Land, um an der Erstkommunion ihrer Nichte teilzunehmen.
III. Der Maler Jean (D. G.) treibt durch seine Eifersucht seine Geliebte (S. S.) zu einem Selbstmordversuch. Sie bleibt am Leben, aber gelähmt. Jean heiratet sie.
Ein Episodenfilm von unterschiedlicher Intensität. Am stärksten ist die zweite Episode. Mit liebevoller Sorgfalt wird das Milieu im »Etablissement« gezeichnet, während die Szenen auf dem Land etwas von der sinnlichen Heiterkeit von Renoirs *Une partie de campagne* haben. Das Zusammentreffen von Madames »Damen« mit der naiven Bevölkerung, die aufkeimende, hoffnungslose Liebe ihres Schwagers (J. G.) zu einem der Mädchen (D. D.) sind mit ironischer Distanz geschildert, poetisch, aber niemals sentimental.

Pociąg
(Nachtzug)

Polen, 1959

R: Jerzy Kawalerowicz; A: Jerzy Lutowski, Jerzy Kawalerowicz; K: Jan Laskowski; D: Lucyna Winnicka, Leon Niemczyk, Zbigniew Cybulski

Ein Nachtzug verläßt den Bahnhof. In einem Schlafwagenabteil treffen sich Marta (L. W.), die ihren Geliebten verlassen hat, und der Arzt Jerzy (L. N.), dem an diesem Tag ein junges Mädchen bei seiner ersten großen Operation gestorben ist. Marta hat ihre Karte auf dem Bahnhof von einem Unbekannten gekauft und nicht darauf geachtet, daß es sich um ein »Männerabteil« handelte. Marta und Jerzy arrangieren sich, während Martas Liebhaber (Z. C.), der sich ebenfalls im Zug befindet, sie vergeblich bedrängt zurückzukehren. In der Nacht gibt es einen Zwischenfall: Die Polizei hält den Zug an und sucht einen Mörder. Jerzy gerät in Verdacht, weil er in dem Bett schläft, das der Gesuchte vorbestellt hatte. Marta erkennt die Zusammenhänge, als sie im Zug den Mann entdeckt, der ihr die Schlafwagenkarte verkauft hat. Er ist der Mörder, und er wird nach einer Jagd, an der sich mehrere Reisende beteiligen, gefaßt. Am anderen Morgen gehen Marta und Jerzy auseinander.
Eine psychologische Studie, die zwei extreme Situationen kontrastiert. Marta und Jerzy sind einsam, unfähig sich jemandem anzuvertrauen; nur ein Zufall kann ihre Kontaktlosigkeit überwinden. Die Jagd nach dem Mörder dagegen vereint Menschen, die einander nie gesehen haben, zu einer Meute gleich handelnder, gleich empfindender Jäger. Ein Geistlicher fragt sich anschließend bestürzt: »Warum bin ich nur mitgelaufen? Warum? ... Mein Gott, was steckt nur im Menschen?«

Podne
(Ein serbischer Mittag)

Jugoslawien, 1968

R: Puriša Djordjević; A: Puriša Djordjević: K: Mihajlo Popović, Jovan Jovanović; D: Ljubiša Samardžić, Neda Arnerić, Faruk Begoli

Personen aus den ersten beiden Teilen der Trilogie von Djordjević arrangieren sich im Nachkriegs-Jugoslawien. Der Partisanen-Leutnant Ljubiša (L. S.) ist Geschäftsführer einer Bar; Neda (N. A.) trifft den Russen Misko wieder und heiratet ihn. Man sieht Dorfälteste, die nach wie vor servil ihr Amt verrichten, und Partisanen-Offiziere, die sich als Schuhputzer durchschlagen. Dann kommt der 28. Juni 1948: Jugoslawien wird aus der Kominform ausgeschlossen. Jäh ändert sich die Szenerie. Neda erfährt, daß ihr junges Glück nicht in die neue Zeit paßt. Der Dorfälteste, der gestern noch die jugoslawisch-sowjetische Heirat gepriesen hat, jagt sie aus dem Dorf. Ein stalinistischer Inspektor muß fliehen und wird an der bulgarischen Grenze erschossen. Ljubiša darf wieder

verfolgen, verhören und töten. Einer demonstriert: Er nimmt die jugoslawische und die sowjetische Fahne, stellt sich aufrecht auf einen Zug und läßt sich gegen eine Tunnelwand fahren.
Der dritte Teil einer Trilogie, zu der die Filme *San* und *Jutro* gehören. Djordjević macht die Verklammerung hier besonders deutlich, indem er Zitate aus den beiden vorhergehenden Filmen als Erinnerungsbilder einblendet. Auch hier benutzt er einen genau definierten historischen Zeitabschnitt für eine kritische Bilanz. Eine politische Entscheidung verändert über Nacht das Leben der Protagonisten. Der Held von gestern ist der Verräter von heute; wer scheinbar abgewirtschaftet hatte, erhält eine neue Chance; nur der Konformist und Opportunist kann darauf vertrauen, die Situation heil zu überstehen. Resignierend heißt es einmal: »Warum kann uns die Freiheit nicht so lieben, wie wir die Freiheit im Krieg geliebt haben?«

La Pointe Courte
(La Pointe Courte)

Frankreich, 1954

R: Agnès Varda; A: Agnès Varda; K: Louis Stein, Paul Soulignac; D: Silvia Monfort, Philippe Noiret

Die Fischer des Ortes La Pointe Courte haben Sorgen. Ihre Muschelgründe sind durch Abwässer, die ins Meer geleitet werden, vergiftet worden. Da sie zu arm sind, um sich auf andere Fangmöglichkeiten zu spezialisieren, fischen sie verbotenerweise weiterhin auf ihren Muschelbänken und geraten dadurch in Konflikt mit der Polizei. Mit dieser dokumentarischen Milieuschilderung, die sich auf tatsächliche Ereignisse stützt, ist ein zweites Thema verwoben: Ein Mann (P. N.), der seine Kindheit in La Pointe Courte verbracht hat, besucht mit seiner jungen Frau (S. M.) seine Heimat. Und hier lernt die Frau, die in ihrer Ehe nicht glücklich ist, ihren Mann besser zu verstehen.
Der Debütfilm der damals 25jährigen Theaterfotografin Agnès Varda. Schauspieler und Aufnahmestab arbeiteten größtenteils ohne Gage, um die Produktion abseits der Routine zu ermöglichen. Die ungewöhnlichen Produktionsmethoden sowie das Wechselspiel zwischen Reportage und Reflexion hatten beträchtlichen Einfluß auf die jungen französischen Regisseure, die man später als »nouvelle vague« etikettierte. Zu den Mitarbeitern des Films (als Cutter) gehörte auch Alain Resnais.

Pokajanije
(Die Reue)

UdSSR, 1984

R: Tengis Abuladse; A: Nana Dshanelidse, Tengis Abuladse, Reso Kwesselawa; K: Michail Agranowitsch; D: Awtandil Macharadse, Seinab Bozwadse, Edischer Giorgobiani, Ketewan Abuladse, Merab Ninidse

Warlam Arawidse (A.M.), Bürgermeister einer georgischen Stadt, ist gestorben und wird feierlich zu Grabe getragen. Doch in der Nacht wird seine Leiche ausgegraben und im Garten seines Sohnes Abel (A.M.) deponiert. Heimlich begräbt man ihn erneut, doch abermals taucht die Leiche in Abels Garten auf. Nun stellt man dem Grabschänder eine Falle und faßt ihn auch. Es ist eine Frau, Ketewan (S.B.), die Tochter des Künstlers Sandro Barateli (E.G.) und seiner Frau Nino (K.A.). Eine Gerichtsverhandlung enthüllt in Rückblenden das Motiv der Tat: Arawidse hat in der Stadt mit brutalem Terror geherrscht, hat Menschen unterdrückt, die Kirche verfolgt und Kulturdenkmäler zerstört. Weil Sandro Barateli gegen diese Willkürherrschaft protestiert hat, sind er und seine Frau verhaftet worden und spurlos in den Straflagern verschwunden. Als Ketewan vor Gericht schwört, sie werde den Körper des Toten wieder und wieder ausgraben und ihn »den Raben vorwerfen«, verfällt der Clan der Arawidses auf eine »elegante« Lösung: Der Prozeß wird eingestellt, die Angeklagte als »unzurechnungsfähig« in eine Irrenanstalt gesperrt. Doch Abels Sohn Tornike (M.N.), der noch bei der Festnahme auf Ketewan geschossen hatte, fragt nun seinen Vater nach der Wahrheit über die Verbrechen der Vergangenheit. Als ihm klar wird, daß wieder alles vertuscht werden soll, begeht er verzweifelt Selbstmord. Abel bricht zusammen. Er selbst zerrt jetzt die Leiche seines Vaters aus dem Grab und wirft sie in eine Schlucht. Zum Schluß sieht man Ketewan, wie am Anfang, in ihrer Küche stehen und kunstvoll

Popiół i diament (Zbigniew Cybulski, Adam Pawlikowski)

verzierte Torten backen. Auf dem Tisch liegt noch immer die Zeitung, in der Arawidses Tod gemeldet worden ist; und dem Zuschauer wird klar, daß alles nur ein Traum – Alptraum oder Wunschtraum? – war. Dann tritt eine alte Frau an das Küchenfenster und fragt, ob dies der Weg zur Kirche sei. Als Ketewan verneint, fragt die Frau irritiert: »Wozu ist dann der Weg da? Wozu braucht man überhaupt einen Weg, der nicht zur Kirche führt?«
Obwohl der Name Stalin nicht genannt wird, hat bisher wohl kein anderer Film in der UdSSR so schonungslos mit den Verbrechen der Vergangenheit abgerechnet. Da ist von Unterdrükkung, Terror und Mord die Rede; da wird der kommunistische Funktionär Arawidse schon durch seine äußere Erscheinung, die wie eine Mischung aus Berija, Himmler und Mussolini wirkt, ganz deutlich in eine Reihe mit den Faschisten gestellt. Formal ist das nicht ohne Mängel. Die Stilelemente verschiedener Genres stehen sich stellenweise ein wenig im Wege; und die Effekte des Fantastischen (Arawidses Leibwache zum Beispiel besteht aus gepanzerten Rittern, die seinen schwarzen Mercedes zu Pferde eskortieren!) sind nicht immer ganz überzeugend integriert. Aber eine suggestive Kraft der Gestaltung, die die große Geste und den grellen Effekt nicht scheut, überspielt diese Unebenheiten. Und immer wieder gelingen Abuladse erschütternde Bilder, die seine Anklage sinnfällig verdichten: so wenn Frauen und Kinder auf einem Bahnhof an einer schier endlosen Reihe von Baumstämmen vorbeigehen und nach Zeichen suchen, die Zwangsarbeiter heimlich in das Holz geritzt haben.

Popiół i diament
(Asche und Diamant)

Polen, 1958

R: Andrzej Wajda; A: Jerzy Andrzejewski und Andrzej Wajda nach dem gleichnamigen Roman von Jerzy Andrzejewski; K: Jerzy Wójcik;

D: Zbigniew Cybulski, Ewa Krzyżewska, Adam Pawlikowski, Wacław Zastrzeżyński

In einer polnischen Kleinstadt melden Lautsprecher die Kapitulation der deutschen Wehrmacht. Am gleichen Tag bereiten die ehemaligen Untergrundkämpfer Maciek (Z. C.) und Andrzej (A. P.) ein Attentat auf den Funktionär der Arbeiterpartei Szczuka (W. Z.) vor. Der Anschlag mißlingt; aber zwei unbeteiligte Arbeiter werden dabei getötet. Dieses Ergebnis weckt in den Attentätern Zweifel am Sinn ihres Kampfes. Andrzej bekennt sich schnell wieder zu unbedingter Disziplin; bei Maciek geht der Konflikt tiefer. Während in dem Hotel, in dem er wohnt, eine rauschende Siegesfeier stattfindet, lernt er das Barmädchen Krystyna (E. K.) kennen und lieben. Maciek gesteht sich und ihr, daß er endlich ein normales Leben führen und studieren möchte. Doch er will auch den Idealen der Vergangenheit nicht untreu werden. In den frühen Morgenstunden erschießt er Szczuka und wird selbst auf der Flucht, auf einem Schuttabladeplatz, getötet.
Wajda meinte: »Ich wollte mit meinem bescheidenen Film vor dem Zuschauer die komplizierte und schwierige Welt dieser Generation enthüllen, der auch ich selber angehöre.« So zeichnet er das Bild einer verworrenen Zeit und verwirrter Menschen. Er zeigt den blutigen Kampf zwischen nationalen und kommunistischen Untergrundkämpfern in den ersten Tagen der Freiheit. Kampfgenossen von gestern werden zu Gegnern, als der gemeinsame Feind besiegt ist. Sie alle können mit der Gegenwart nicht fertig werden – nicht die Nationalisten, die mit Terrormaßnahmen gegen die Kommunisten kämpfen; aber auch nicht die Vertreter der »neuen Ordnung«, die bei der Siegesfeier pathetische Phrasen absondern oder ihre Unsicherheit in Weltschmerz und Alkohol ertränken. Dabei wird Maciek zum Symbol einer Generation, die der Krieg zerstört hat, die ihre Ratlosigkeit hinter Zynismus verbirgt.

Il porcile

(Der Schweinestall)

Italien/Frankreich, 1969

R: Pier Paolo Pasolini; A: Pier Paolo Pasolini; K: Tonino Delli Colli, Armando Nannuzzi, Giuseppe Ruzzolini; D: Pierre Clementi, Franco Citti, Jean-Pierre Léaud, Anne Wiazemsky, Alberto Lionello, Ugo Tognazzi, Marco Ferreri

Zwei ineinander verschachtelte Episoden berichten jeweils von einem jungen Mann, der sich in einer feindlichen Umwelt behaupten muß. Die erste Episode spielt in nicht näher bezeichneter Vergangenheit, vielleicht im 15. Jahrhundert. Ein Mann (P. C.) lebt in einer Wüste und ernährt sich von Insekten und Schlangen. Dann tötet er einen Soldaten und wird zum Kannibalen. Ein Gefährte (F. C.) findet zu ihm, eine Gruppe bildet sich. Schließlich werden die Kannibalen von Soldaten überwältigt und nach einer Gerichtsverhandlung gefesselt in der Wüste ausgesetzt. – Die zweite Episode spielt 1967 in Bonn. Julian Klotz (J. P. L.), der Sohn eines reichen Industriellen (A. L.), ist von einer rätselhaften Lethargie befallen und hütet offenbar ein düsteres Geheimnis. Klotz senior hat wirtschaftliche Sorgen und ist hoch erfreut, als sein Spitzel Hans Günter (M. F.) ihm enthüllt, daß sein schärfster Konkurrent, Herdhitze (U. T.), in Wirklichkeit ein ehemaliger Nazi ist, der wegen Kriegsverbrechen gesucht wird. Doch sein Erpressungsversuch scheitert, weil Herdhitze unterdessen Julians Geheimnis ausgekundschaftet hat: Julian liebt keine Frauen – er liebt Schweine. Unter diesen Umständen entschließen sich Klotz und Herdhitze zur Fusion. Aber während man dieses Ereignis feiert, kommt die Nachricht, daß Julian von den Schweinen aufgefressen worden ist.
Beide Teile des Films, die parallel erzählt werden, wobei die Szenen beider Episoden oft übergangslos aufeinander folgen, sind durch vielfältige Parallelen und Verweise verknüpft. Beide Protagonisten stehen außerhalb der menschlichen Normen, beide werden von Tieren verschlungen. Die Kannibalen werfen die Köpfe ihrer Opfer in einem rituellen Akt in das Loch eines Vulkans; Herr Herdhitze erscheint im Film als jener deutsche Professor, der sich im Krieg die abgeschnittenen Köpfe ermordeter russischer Kommissare schicken ließ, um sie unter dem Aspekt seiner abstrusen Rassentheorien zu untersuchen.
Episode Nr. I erzeugt im Zuschauer Entsetzen über eine unmenschliche Entartung; Episode Nr. II demonstriert, wie die moderne Gesellschaft vergleichbare Entartungen schnell ver-

drängen bzw. für schmutzige Erpressungen nützen kann. Formal ist bemerkenswert die raffinierte Verschränkung beider Episoden, die strenge Symmetrie der Bildkompositionen und die Entwicklung der »historischen« Episode, die ohne Dialoge auskommt. Erst gegen Ende spricht der Protagonist. Er wiederholt mehrfach: »Ich habe meinen Vater getötet, ich habe Menschenfleisch gegessen, und ich zittere vor Freude!«

Porgy and Bess

(Porgy und Bess)

USA, 1959

R: Otto Preminger; A: N. Richard Nash nach dem Opernlibretto von Du Bose Heyward und Ira Gershwin, das nach einer Erzählung und einem Schauspiel von Du Bose und Dorothy Heyward entstand; K: Leon Shamroy; D: Sidney Poitier, Dorothy Dandridge, Sammy Davis jr., Brock Peters

Verfilmung der gleichnamigen Oper von Gershwin: Der verkrüppelte Bettler Porgy (S. P.) verliebt sich in die hübsche Bess (D. D.). Er tötet ihren früheren Liebhaber Crown (B. P.). Aber während die Polizei ihn, den niemand verdächtigt, zur Identifizierung der Leiche Crowns holt, verfällt Bess dem Talmi-Charme von »Sportin' life« (S. D.).

Der Film hat das Milieu der Oper stilisiert und besonders die Gestalt des Titelhelden ziemlich geschönt. Das verdeckt die Realitätsbezüge, die das Opernlibretto immerhin noch hatte, dient andererseits aber wohl der inneren Geschlossenheit der filmischen Wiedergabe. Da Regisseur Preminger (der den ursprünglich vorgesehenen Rouben Mamoulian ablöste) außerdem die technischen Möglichkeiten der großen Todd-AO-Leinwand und des Stereo-Tones geschickt nutzte, entstand einer der wenigen geglückten Opernfilme. Wesentlichen Anteil daran hat sicher auch das vitale Spiel der farbigen Darsteller.

Porte de Lilas

(Die Mausefalle)

Frankreich/Italien, 1956

R: René Clair; A: René Clair und Jean Aurel nach Motiven des Romans *La grande ceinture* von René Fallet; K: Robert Le Febvre; D: Pierre Brasseur, Georges Brassens, Henri Vidal, Dany Carrel

Artiste (G. B.) und der kindlich-naive Juju (P. B.) sind liebenswerte Tagediebe. Das Gleichmaß ihres friedlichen Lebens wird eines Tages gestört, als Barbier (H. V.), ein steckbrieflich gesuchter Verbrecher, sich in dem baufälligen Haus von Artiste versteckt. Weder Juju noch Artiste bringen es über sich, Barbier zu verraten, obwohl sie aus der Zeitung erfahren, daß er ein dreifacher Mörder ist. Und während Artiste sich bemüht, dem Flüchtling einen falschen Paß zu besorgen, umhegt Juju den ungebetenen Gast in schrankenloser Bewunderung und Zuneigung. Hier ist endlich ein Mensch, der ihn braucht. Doch eines Tages erfährt er, daß Barbier Maria (D. C.), die hübsche Tochter des Wirts, kennengelernt und überredet hat, ihrem Vater Geld zu stehlen, daß er ihr versprochen hat, sie später ins Ausland nachzuholen. Als Barbier ihm all das erzählt hat und hinzufügt, natürlich denke er nicht daran, sein Versprechen zu halten, da schießt der täppische, unbeholfene Juju Barbier nieder.
Der Film lebt ganz aus der Stimmung, aus der Atmosphäre, aus dem Milieu; und hier ist René Clair wieder in seinem Element. Einfühlsame Kameraarbeit, gute Schauspieler und die aggressiv-melancholischen Chansons von Georges Brassens klingen raffiniert zusammen. Diese »kleine Welt« in einem Pariser Vorort ist wiederum auch eine »heile Welt«. Sie hat Platz für Originale und kleine Gaunereien; Mord ist außerhalb des Vorstellungsbereiches, aber Lieblosigkeit wird mit dem Tode bestraft.

Po sakonu Ⓢ

(Nach dem Gesetz / Dura lex / Sühne)

UdSSR, 1926

R: Lew Kuleschow; A: Lew Kuleschow und Wiktor Schklowsky nach der Erzählung *The unexpected* von Jack London; K: Konstantin

Kusnezow; D: Alexandra Chochlowa, Sergej Komarow, Wladimir Fogel

Fünf Goldgräber in Alaska. Nach langer, vergeblicher Suche findet einer von ihnen endlich Gold. Doch der Glückliche ist ausgerechnet Jack (W. F.), der einzige in der Gruppe, der als Diener verpflichtet worden und nicht am Gewinn beteiligt ist. Als Jack auch noch am meisten arbeiten soll, verliert er die Nerven und schießt zwei seiner Kameraden und Peiniger nieder. Der Anführer, Fred Nelson (S. K.), will den Mörder sofort umbringen; aber Edith (A. C.), seine Frau, hält ihn zurück: Jack muß nach dem Gesetz gerichtet werden. Einen ganzen Winter lang bewachen sie ihn, eingeschlossen in der Eiswüste. Dann verlieren sie die Nerven und improvisieren ein Gerichtsverfahren. Fred ist der Ankläger, Edith vertritt Zeugen und Geschworene; das Urteil lautet »Tod durch den Strang«. In stürmischem Wind wird Jack zur Richtstätte geführt. Fred legt die Schlinge um seinen Hals. Dann sitzen die beiden Überlebenden entsetzt und erschüttert in ihrer Hütte. Plötzlich öffnet sich die Tür, und Jack tritt ein. Der Sturm hat ihn vom Baum gerissen. Aber er hat sein Verbrechen gesühnt und ist frei.

Kuleschows Meisterwerk und ein meisterhafter Film. Er zeigt die Fragwürdigkeit irdischer Gerechtigkeit, indem er ihre Möglichkeiten hier in monströser Verzerrung durchspielt. Die Gerechtigkeit wird gleichsam zur quälenden Last: Jack bittet um seinen Tod, Edith verweigert ihn unter Hinweis auf die Ordnung, bis schließlich auch sie die Situation nicht mehr ertragen kann. Das Ganze ist auf einen Raum und auf drei Menschen konzentriert. Kuleschow hat es mit einer Mischung aus realistischer Präzision und artistischem Raffinement gestaltet.

Postava k podpírání

(Josef Kilian)

ČSSR, 1963

R: Jan Schmidt, Pavel Juráček; A: Pavel Juráček, Jan Schmidt; K: Jan Čuřík; D: Karel Vašiček, Consuela Morávková, Ivan Růžička

Jan Herold (K. V.) entdeckt eines Tages in einer kleinen Gasse einen Laden mit dem Schild »Katzenverleihanstalt«. Nach langwierigen Formalitäten überläßt man ihm eine Katze. Doch als er am nächsten Tag zufällig wieder durch die gleiche Gasse geht, ist der Laden verschwunden und niemand weiß von seiner Existenz. Herold ist von der Vorstellung besessen, man werde ihn bestrafen, wenn er die Leihfrist überschreitet; verzweifelt sucht er ein Amt, das es ihm ermöglicht, die Katze zurückzugeben. Man bedeutet ihm, daß der Referent Josef Kilian ihm weiterhelfen könne. Aber Kilian ist verschollen. Herold trifft einen Mann, dem es ähnlich ergeht wie ihm. Der andere schleppt statt einer Katze einen unförmigen Badeofen mit sich. Einmal glaubt Herold, Kilian, den er von früher kennt, in einer Bierstube gefunden zu haben. Er spricht ihn an, aber der Mann wehrt ab und geht fort. Als Herold ihm nachsieht, entdeckt er, daß der Mann eine Katze unter dem Arm trägt.

Ein »halblanger« Spielfilm (38 Minuten), der aber von großer Bedeutung für die Entwicklung des tschechoslowakischen Films und der tschechoslowakischen Kunst in den sechziger Jahren ist. Mit einfachen filmischen Mitteln wird hier eine kafkaeske Atmosphäre erzeugt, wird die Verlorenheit des Individuums in einer total bürokratisierten und organisierten Welt gezeichnet.

Der Postmeister

Deutschland, 1940

R: Gustav Ucicky; A: Gerhard Menzel nach der gleichnamigen Novelle von Alexander Puschkin; K: Hans Schneeberger; D: Heinrich George, Hilde Krahl, Siegfried Breuer, Hans Holt

In einer einsamen Poststation lebt ein alter Postmeister (H. G.) mit seiner hübschen Tochter Dunja (H. K.). Dunja folgt eines Tages dem schneidigen Rittmeister Minski (S. B.) nach St. Petersburg. Minski ist ihrer bald überdrüssig, läßt sie fallen, und Dunja schenkt ihre Gunst vielen Kavalieren, bis sich ein junger Offizier (H. H.) ernsthaft in sie verliebt. Der Vater hört Gerüchte über Dunjas Lebenswandel und fährt nach St. Petersburg, um sich an Minski zu rächen. Um dem Vater Kummer zu ersparen, überredet Dunja Minski zu einer fingierten Hochzeit im Beisein des Alten. Der fährt glücklich in seine Poststation zurück. Dun-

ja nimmt sich das Leben, nachdem ihr Geliebter als Gast der »Hochzeit« die Wahrheit über sie erfahren hat. Aber Minski erfüllt ihren letzten Wunsch und schreibt dem Vater, Dunja sei als seine Frau gestorben.
Der Film hat nicht die »schmucklose Schlichtheit«, die man der hier frei bearbeiteten literarischen Vorlage nachrühmt; doch hat Ucicki seine Vorlage mit Geschmack und Geschick gestaltet. Viel verdankt der Film seinem Hauptdarsteller George, der auch die sentimentalen Ausbrüche des Drehbuchs vital und virtuos überspielt.
Nach dem Einmarsch in Rußland wurde der Film aus dem Verleih gezogen. Das Bild, das George vom russischen Menschen gezeichnet hatte, stimmte mit der nun wieder anrollenden Propaganda gegen den »russischen Untermenschen« wohl zuwenig überein.
1955 wurde die literarische Vorlage in Österreich unter dem Titel *Dunja* neu verfilmt. In dieser belanglosen Version spielten unter der Regie Josef von Bakys Walter Richter, Eva Bartok und Ivan Desny die Hauptrollen.

Il posto
(Der Job)

Italien, 1961

R: Ermanno Olmi; A: Ermanno Olmi, Ettore Lombardo; K: Roberto Barbieri, Lamberto Caimi; D: Sandro Panzeri, Loredana Detto, Tullio Kezich

Der sechzehnjährige Domenico (S. P.) hat Glück: Er besteht die »Eignungsprüfung« in einem großen Betrieb und wird angestellt – als zweiter Bürodiener. Immerhin hat er vielleicht eine Lebensstellung und die Möglichkeit aufzusteigen. Der Film entlarvt die Kehrseite dieses Glücks: den trostlosen Alltag im Büro, Mißgunst und Frustration der Kollegen, die schale Ersatzbefriedigung eines Betriebsfestes. Eine schüchterne Liebesgeschichte mit Antonietta (L. D.) deutet sich an; aber die strenge Hierarchie des Betriebes und sein Organisationsschema trennen die jungen Leute. Schließlich rückt Domenico wirklich auf. Durch den Tod eines Schreibers wird ein Platz frei – ganz hinten in dem großen Saal. Vielleicht wird er es noch weiter bringen. In zwanzig Jahren sitzt er vielleicht ganz vorn, dort, wo das Licht etwas besser ist ...
Olmi hat seinen Film wie ein Dokument gestaltet. Das zeigt sich nicht nur in dem Entschluß, Laiendarsteller einzusetzen, es zeigt sich in jeder Einstellung, jeder Sequenz. Da wird nichts gefällig arrangiert, kein Effekt gesucht, nichts karikiert oder parodiert. »So ist es!« sagt dieser Film; und er sagt es leise, ein wenig traurig und vielleicht gerade darum so eindrucksvoll. Er zeigt das Bild einer Gesellschaft, in der menschliche Arbeitsleistung billig ist, in der man nicht leichthin einen »Job« annimmt, wie der ungeschickte deutsche Titel suggeriert, sondern in der man verzweifelt um eine Lebensstellung kämpft.

Potomok Tschingis-Chana Ⓢ
(Sturm über Asien / Der Nachkomme des Tschingis Khan)

UdSSR, 1928

R: Wsewolod Pudowkin; A: Ossip Brik nach einer Novelle von I. Nowokschonow; K: Anatoli Golownja; D: Waleri Inkischinoff, A. Dedinzew, Alexander Tschistjakow, Boris Barnet

Während des russischen Bürgerkriegs stehen englische Interventionsgruppen in der Mongolei. Auf einem Markt kommt es eines Tages zu einem Tumult, weil der junge Mongole Bair (W. I.) beim Verkauf eines wertvollen Pelzes betrogen worden ist. Bair verwundet einen Weißen und flieht zu den Partisanen. Als er wenig später bei einem Überfall in die Hände der Engländer fällt, wird er zum Tode verurteilt, wird aber bei der Exekution nur schwer verwundet. So kann man ihn gesund pflegen, als bei seinen Habseligkeiten ein Dokument entdeckt wird, das ihn als Nachkommen Dschingis Khans ausweist. Die Engländer wollen ihn als Marionette bei ihrem politischen Spiel benutzen. Das scheint zunächst auch zu gelingen; aber dann erkennt Bair die wahren Absichten der Eindringlinge. Er flieht; und am Schluß sieht man ihn an der Spitze mongolischer Reiter über die Steppe jagen.
Pudowkin drehte diesen Film nach einem knappen Manuskript von nur 15 Seiten jenseits des

Baikal-Sees – in einem echten Lama-Kloster und in den einfachen Jurten der Mongolen. Das gibt dem Film Glaubwürdigkeit auch im Detail. Dabei ging es Pudowkin aber nicht um historische Genauigkeit (englische Truppen drangen nie bis in die Mongolei vor!), sondern um eine Darstellung der Idee der Revolution – verkörpert durch die Wandlung Bairs vom naiven Pelzjäger über die Marionette in der Hand der Mächtigen bis zum bewußt handelnden Menschen.

Zu den Höhepunkten des Films zählen der Gang eines unlustigen englischen Soldaten mit dem Delinquenten zur Hinrichtungsstätte und die Erschießung, die der Engländer in einer Art Panik ausführt; eine Ankleide-Zeremonie des englischen Generals (A. D.), bei der Pudowkin ihn höhnisch zur »Kleiderpuppe« degradiert; der mitreißende Ritt über die Steppe, den zeitgenössische sowjetische Kritiker (und das Zentralkomitee unter Leitung Stalins!) allerdings als »formalistisch« attackierten. Der Film verschwand in den Archiven.

1949 wurde ohne Mitarbeit Pudowkins eine um rund 40 Minuten gekürzte und umgeschnittene Tonfassung des Films hergestellt, bei der man den handelnden Personen regelrechte Dialoge in den Mund legte. Die Regie bei dieser Bear-

Potomok Tschingis-Chana

beitung führte W. Gontschukow, der zusammen mit L. Slawin auch die Dialoge schrieb. Erst 1977 entstand in der BRD eine exakte Rekonstruktion der originalen Fassung mit der von Pudowkin autorisierten Musik, die Werner Schmidt-Boelcke zur deutschen Premiere des Films (6. Januar 1929) geschaffen hatte.

Prasdnik swjatowo Jorgena Ⓢ

(Das Fest des hl. Jürgen)

UdSSR, 1930

R: Jakow Protasanow; A: Jakow Protasanow nach Motiven des gleichnamigen Romans von Harald Bergstedt; K: Pjotr Jermolow; D: Anatoli Ktorow, Igor Ilinski, Michail Klimow

Am Vorabend des Festes vom hl. Jürgen flieht der Dieb Korkis (A. K.) aus dem Gefängnis. Zusammen mit seinem Komplizen Franz Schulz (I. I.) mischt er sich unter das Volk und beschließt, am Reichtum der Kirche zu partizipieren. Er will in die Kirche einbrechen, Franz soll ihn dort wieder abholen. Aber Franz wird von der Polizei verfolgt und Korkis von den Gläubigen überrascht. Schnell schlüpft er in feierliche Gewänder und gibt sich als leibhaftiger hl. Jürgen aus. Der Polizeichef erkennt ihn jedoch und informiert einen Geistlichen. Dieser will die Sache ohne Skandal bereinigen und verlangt von dem »Heiligen« ein Wunder. Schulz reagiert blitzschnell, simuliert Lahmheit und läßt sich von Korkis heilen. Angesichts der allgemeinen Ergriffenheit bleibt dem Geistlichen nichts anderes übrig, als den Heiligen und den wundersam Geheilten mit reichlichem Zehrgeld aus der Stadt zu komplimentieren.
Protasanow hat diese antikirchliche Komödie mit Witz und Einfallsreichtum in Szene gesetzt. Es gibt intelligente Einfälle, eine Fülle skurriler Typen, überraschende Wendungen und ein zügiges Tempo der Inszenierung. Das Genre, das im frühen sowjetischen Film nicht eben häufig ist, wird hier sehr angemessen repräsentiert.
1935 wurde der Film unter der Oberleitung von Protasanow auch vertont.

Prästänkan Ⓢ

(Nach Recht und Gesetz / Die Pfarrerswitwe)

Schweden, 1921

R: Carl Th. Dreyer; A: Carl Th. Dreyer nach einer Erzählung von Kristofer Janson; K: George Schnéevoigt; D: Einar Röd, Greta Almroth, Hildur Carlberg

In einer Kleinstadt bewerben sich im 17. Jahrhundert drei junge Theologen um eine Pfarrstelle. Der Sieger (E. R.) muß nach altem Brauch die Witwe (H. C.) seines Vorgängers heiraten, die schon drei Männer überlebt hat. Angesichts des Reichtums der Pfarrei nimmt er das auch auf sich, bringt aber eine Geliebte (G. A.) als angebliche Schwester mit ins Haus. Zwar entdeckt die alte Frau den Schwindel; aber sie stirbt und überläßt dem jungen Paar das Feld.
Der Däne Dreyer zeigt sich hier stark von der schwedischen Schule beeinflußt. Er drehte den ganzen Film ohne Atelier und bezog die Landschaft geschickt in die Handlung ein. Daneben spürt man aber auch schon sein Interesse für menschliche Gesichter. Besonders das Gesicht von Hildur Carlberg tastet er immer wieder mit der Kamera ab und entdeckt dabei diffizile Reaktionen eines Menschen, der zwischen Gutmütigkeit und Verbitterung schwankt.

Prima della rivoluzione

(Vor der Revolution)

Italien, 1964

R: Bernardo Bertolucci; A: Bernardo Bertolucci, Gianni Amico; K: Aldo Scavarda; D: Francesco Barilli, Adriana Asti, Allen Midgette, Morando Morandini, Cristina Pariset

Der junge Bürgerssohn Fabrizio (F. B.) möchte unter dem Einfluß des marxistischen Lehrers Cesare (M. M.) einen eigenen Weg für sein Leben finden. Demonstrativ trennt er sich von seiner Jugendfreundin Clelia (C. P.). Der Selbstmord seines sensiblen Freundes Agostino (A. M.) stürzt ihn in eine Krise, in der er ein Liebesverhältnis mit seiner jungen Tante Gina (A. A.) beginnt. Aber Gina, die von einem Nervenleiden gequält wird, beendet dies Verhältnis schon nach wenigen Tagen und verläßt

die Stadt. Enttäuscht und hilflos paßt Fabrizio sich an. Am Schluß steht seine Trauung mit Clelia.
Ironisch hat Bertolucci seinem Film als Motto einen Satz von Talleyrand vorangestellt: »Wer nicht in den Jahren vor der Revolution gelebt hat, der weiß nichts von der Süße des Lebens.« Der Held des Films erfährt in den Jahren vor einer erhofften Revolution, von der man nicht weiß, wann, wie und ob sie kommt, die Bitterkeit des Lebens. Er verabscheut die bürgerliche Ordnung, die sich ihm in der Vernunftheirat mit Clelia manifestiert und die er durch das Verhältnis mit seiner Tante zu verletzen sucht. Aber er durchschaut auch Cesare, den Vertreter eines behäbigen Kommunismus, der von der Vergangenheit statt von der Zukunft träumt. Während sein Freund Agostino sich der Gesellschaft durch seinen Tod radikal verweigert, paßt Fabrizio sich schließlich an.
Bertolucci zeigt das in einer kühlen Schilderung mit zahlreichen Verweisungen und Anspielungen. Manche Szenen scheinen zunächst bedeutungslos und enthüllen ihren Sinn erst später aus dem Zusammenhang.

La primera carga al machete

(Die erste Schlacht mit der Machete)

Kuba, 1969

R: Manuel Octavio Gómez; A: Manuel Octavio Gómez, Julio García Espinosa, Alfredo L. de Cueto, Jorge Herrera; K: Jorge Herrera; D: José Rodriguez, Eslinda Nuñez, Idalia Anreus, Pablito Milanes

Im Oktober 1868 erheben sich auf Kuba Nationalisten gegen die spanische Oberhoheit. Es gelingt ihnen, die wichtige Stadt Bayamo zu erobern. Die Spanier wollen die Anhänger der Rebellen durch Terror einschüchtern und glauben, ihre schlecht ausgerüsteten Truppen dann leicht besiegen zu können. Zwei spanische Armeen rücken gegen Bayamo vor. Aber eine von ihnen gerät in einen Hinterhalt. In einer blutigen Schlacht, in der die Kubaner vorwiegend mit ihren Macheten kämpfen, werden die Spanier besiegt.
Dieses »Heldenlied« aus Kubas Geschichte ist ganz ohne aufdringliches Pathos gestaltet. Gómez ist so verfahren, als habe es zum Zeitpunkt des Aufstandes bereits Kameras und Tonbänder gegeben; und er erzählt seine Geschichte im Stil einer »zeitgenössischen« Fernsehdokumentation. Ein Team liefert aktuelle Aufnahmen von der Front, ein anderes beobachtet die Stimmung und die Reaktionen bei der Bevölkerung; dazwischen gibt es Interviews mit Politikern und Militärs beider Seiten, Kommentare und Nachrichten zur Vorgeschichte des Aufstandes und zur gegenwärtigen Lage. Überdies hat Gómez seine Bilder so kopiert, daß sie an alte Daguerreotypien erinnern. Die Kritiker Stempel und Ripkens resümierten: »Intellektuelles Kalkül, ja Raffinement, im Dienst starker emotionaler Überzeugungskraft.«
Diesem Gestaltungsprinzip entsprechend gibt es auch keine »Hauptdarsteller«. Nur gelegentlich werden einzelne Personen als Individuen vor die Kamera geholt: der spanische Generalkapitän (J. R.), eine Frau (E. N.), die Plünderung und Vergewaltigung erlitten hat, eine Gefangene (I. A.), die von den Spaniern als Geisel mitgeschleppt wird u. a. Sie alle aber bleiben Interviewpartner des unsichtbaren Kommentators. Auf einer weiteren Ebene schließlich wird die Handlung von den Balladen eines Sängers (P. M.) untermalt und kommentiert.

The private life of Henry VIII.

(Das Privatleben Heinrichs VIII. / Sechs Frauen und ein König)

England, 1932

R: Alexander Korda; A: Arthur Wimperis, Lajos Biro; K: Georges Périnal; D: Charles Laughton, Merle Oberon, Elsa Lanchester, Robert Donat, James Mason, Binnie Barnes, Everley Gregg

Geschichten um Heinrich VIII. von England (C. L.), der nach seiner eigenmächtig durchgeführten Scheidung von Katharina von Aragon seine Beziehungen zu Anna Boleyn (M. O.) durch eine Heirat legitimiert. Anna wird schon bald unter der Anklage der Untreue hingerichtet. Heinrich schließt weitere Ehen – u. a. mit Anna von Cleve (E. L.), die ihm in der Hochzeitsnacht beim Kartenspiel sein Geld abnimmt und von der er sich im beiderseitigen Einvernehmen scheiden läßt, mit Katharina Howard (B. B.), die er zusammen mit ihrem Liebhaber

Thomas Culpeper (R. D.) hinrichten läßt, und schließlich – resigniert – mit seiner Kinderfrau Katharina Parr (E. G.).
Korda hat sich bei der Wiederbelebung des historischen Ausstattungsfilms vermutlich von Lubitsch und speziell von dessen *Anna Boleyn* beeinflussen lassen. In einer aufwendigen Dekoration wird die Handlung mit ironischer Distanz erzählt und Historie dabei auf das »Allzumenschliche« reduziert. Das Rezept bewährte sich. *The private life of Henry VIII.* wurde einer der größten Erfolge des englischen Films – auch auf dem europäischen und dem amerikanischen Markt. Dazu trugen neben der großen Ausstattung und Kordas gepflegtem Inszenierungsstil auch die gute Fotografie und vorzügliche darstellerische Leistungen bei. Charles Laughton wurde durch diesen Film weithin bekannt und lebte im Bewußtsein seiner Bewunderer noch lange als der Dickwanst, der schmatzend und mit fetttriefenden Fingern gebratene Hähnchen verschlingt und die Knochen ungeniert hinter sich wirft.
Das Erfolgsrezept dieses Films, die »private-life«-Sicht, wurde in den folgenden Jahren nicht nur von Korda selbst vielfach imitiert.

Prividenie, kotoroje ne woswraschtschajezja Ⓢ

(Das Gespenst, das nicht wiederkehrt / Menschen-Arsenal)

UdSSR, 1929

R: Abram Room; A: Walentin Turkin nach Motiven der Erzählung *Und doch keine Heimkehr* von Henri Barbusse; K: Dmitri Feldman; D: B. Ferdinandow, Olga Schiznewa, D. Wwedenski, Maxim Schtrauch

Auseinandersetzungen zwischen Arbeitern und einer Erdölgesellschaft in Südamerika. Der Streik der Arbeiter wird mit Gewalt gebrochen, die Anführer kommen in das berüchtigte Zuchthaus von Sankt Pietro, das von den Arbeitern »das Menschenarsenal« genannt wird. Hier treffen sie auf den Arbeiterführer José Rell (B. F.), der seit Jahren in diesem Käfig sitzt, verfolgt vom Haß des Gefängnisdirektors (D. W.). Als Rell nach zehnjähriger Haft Anspruch auf einen Tag Urlaub hat, weigert er sich, davon Gebrauch zu machen, weil er fürchtet, bei dieser Gelegenheit ermordet zu werden. Von seinen Gegnern getäuscht, willigt er schließlich doch ein, in seinen Heimatort zu fahren. Dort wollen ihn seine Kameraden nicht mehr fortlassen. Es kommt zu Auseinandersetzungen mit der Polizei, bei denen Rell entkommt.
»Room fotografierte diesen Film in fast expressionistischer Manier und bemühte sich auch um Anwendung von Montagen; am überzeugendsten wirken aber auch hier die satirisch zugespitzten Charakterzeichnungen einiger Figuren, etwa des specknackigen Agenten, der am liebsten Blumen pflückt (Maxim Strauch), sowie die langen Traumsequenzen, in welchen der Gefangene seinen Freunden und seiner Frau begegnet« (Gregor/Patalas, *Geschichte des Films*).

Prizzis's honor

(Die Ehre der Prizzis)

USA, 1984

R: John Huston; A: Richard Condon und Janet Roach nach dem gleichnamigen Roman von Richard Condon; K: Andrzej Bartkowiak; D: Jack Nicholson, Kathleen Turner, William Hickey, Anjelica Huston, John Randolph, Lee Richardson

Charley Partanna (J. N.) hat es gut! Als Patensohn des Mafia-Bosses Don Corrado Prizzi (W. H.), als ehemaliger Liebhaber von Corrados Enkelin Maerose (A. H.) und als hauptamtlicher Killer des Familien-Clans, dem sein Vater Angelo als »consigliere«, als Rechtsberater, dient, kann er ohne Sorgen in die Zukunft blicken. Und dann winkt ihm auch noch die große Liebe. Bei der Hochzeit einer Cousine nämlich sieht er in der Kirche eine Frau von wundersamer Schönheit, die alle besseren Empfindungen in ihm weckt. Natürlich vergißt er darüber seine beruflichen Pflichten nicht. Und ausgerechnet bei der Erledigung eines Auftrags in Kalifornien trifft er die unbekannte Schöne, Irene (K. T.), wieder und entdeckt schließlich, daß sie eine Berufskollegin ist. Nach kurzer Zeit der Verwirrung erblüht die große Liebe, und die beiden kommen überein zu heiraten. Vorher allerdings gilt es, im Auftrag der Prizzis noch einen Bankdirektor zu entführen. Nun

Prizzi's honor (Kathleen Turner, Jack Nicholson)

überschlagen sich die Ereignisse: Irene macht bei diesem Unternehmen einen Fehler und erschießt eine unbeteiligte Frau, bedauerlicherweise die Gattin eines Polizeibeamten. Die mannstolle und eifersüchtige Maerose versöhnt sich mit ihrem Vater Dominic (L. R.) und behauptet, um sich an Charley zu rächen, dieser habe sie vergewaltigt. Worauf Dominic in gerechter Empörung einen Killer anheuert, der seinen eigenen Chef-Killer umbringen soll. Seine Wahl fällt auf Irene. Doch jetzt muckt der »consigliere« auf und schlägt sich auf die Seite seines Sohnes. Nicht Charley muß sterben, sondern Dominic. Und mit dem entführten Bankier als Faustpfand taktiert Angelo so geschickt, daß Don Corrado sich zu einem großzügigen Vorschlag genötigt sieht: Charley soll Chef des ganzen Clans werden; Irene aber muß geopfert werden, damit der Unmut der Polizisten gedämpft wird. Charley protestiert, aber nur kurz und gleichsam anstandshalber ...

John Huston hat hier kein weises Alterswerk geschaffen, sondern einen boshaft-zynischen Kinospaß, voll von Scherz, Satire, Ironie und tieferer Bedeutung. Denn die makabere Komödie, die mit den Klischees des Genres so geistvoll und geschickt spielt, die Disparates so gleichmütig und dadurch so schockierend zusammenzwingt, nutzt die Welt und die Moralvorstellungen der Prizzis listig als Spiegelbild unserer Gesellschaft.

Le procès de Jeanne d'Arc

(Der Prozeß der Jeanne d'Arc)

Frankreich, 1961

R: Robert Bresson; A: Robert Bresson nach den Akten der Prozesse von 1431 und 1456; K: L. H. Burel; D: Florence Carrez, Jean-Claude Fourneau, Roger Honorat

Eine Chronik vom Sterben der »Jungfrau von Orléans« (F. C.). Der Film verzichtet auf die glorreiche und kriegerische Vorgeschichte und berichtet nur vom Prozeß und von Jeannes Tod auf dem Scheiterhaufen.
Keiner der üblichen »Gerichtsfilme«, die aus dem Gegensatz zwischen Anklage und Verteidigung, aus Rede und Gegenrede dramatische Spannung destillieren. Bresson drehte einen Film der Gesichter und der Worte – ohne Affekte und Effekte. Präzise sind die Fragen der Richter, fast kühl die Antworten des Mädchens, beides ohne äußere Dramatik vorgetragen. Dazwischen Szenen, die Jeanne im Kerker zeigen und ihre Situation oft nur durch ein Detail – die Fessel, ein Teller mit dem kärglichen Essen – signalisieren.
Anders als Dreyer (*La passion de Jeanne d'Arc*) zielt Bresson nicht auf Emotionen. Er hat auf Berufsschauspieler verzichtet – und auch auf Großaufnahmen, Schwenks, spektakuläre Kamerafahrten. Aber aus dieser optischen Askese entstand ein Film, der in wenig mehr als einer Stunde das Phänomen dieser Gestalt deutlich macht.

Professor Mamlock

DDR, 1961

R: Konrad Wolf; A: Karl-Georg Egel und Konrad Wolf nach dem gleichnamigen Bühnenstück von Friedrich Wolf; K: Werner Bergmann; D: Wolfgang Heinz, Ursula Burg, Hilmar Thate, Lissy Tempelhof, Harald Halgardt, Günter Naumann

Der prominente jüdische Chirurg Professor Mamlock (W. H.) ist das, was man wohl mit einem Schlagwort einen »bürgerlichen Humanisten« nennen würde. Er sieht im Aufkommen der Nationalsozialisten keine Gefahr und versteht nicht, daß der Arbeiter Walter (G. N.), den er behandelt, seine Gesundheit im politischen Straßenkampf aufs Spiel setzt. Nazis wie den Dr. Hellpach (H. H.) findet er »wenig objektiv«; und als sein Sohn Rolf (H. T.) sich im Kampf gegen die Nazis engagiert, weist er ihn aus dem Haus. Denn Professor Mamlock glaubt, daß die Vernunft auch ohne Gewalt siegen wird. Dann, als man ihm die Arbeit in seiner Klinik verbietet und Freunde sich stumm von ihm abwenden, sieht er ein, daß man kämpfen muß. Doch nun ist es zu spät; Mamlocks letzter Ausweg ist der Selbstmord. Aber vorher sagt er der jungen Ärztin Inge Ruoff (L. T.), die sich unter dem Eindruck dieser beschämenden Ereignisse von einer NS-Sympathisantin zu einer Gegnerin der braunen Gewalt gewandelt hat: »Sie müssen einen anderen Weg gehen ... Und grüßen Sie meinen Jungen, wenn Sie ihn sehen, auf dem anderen Weg.«
Konrad Wolf verfilmte das 1934 entstandene Schauspiel seines Vaters, das 1938 bereits nach einem Drehbuch von Friedrich Wolf von Herbert Rappaport und Adolf Minkin in der UdSSR verfilmt worden war. Wolfs Version ist geprägt von bemerkenswerten darstellerischen Leistungen und einem nüchternen Realismus, der auf pathetische Effekte ganz verzichtet und die Atmosphäre jener Zeit überzeugend einfängt.

Proschtschanije

(Abschied von Matjora)

UdSSR, 1983

R: Elem Klimow; A: Larissa Schepitko, Rudolf Tjurin, German Klimow nach der gleichnamigen Novelle von Valentin Rasputin; K: Alexej Rodionow, Juri Schirtladse, Sergej Taraskin; D: Stefanija Stanjuta, Lew Durow, Alexej Petrenko, Leonid Krjuk, Vadim Jakowenko

Matjora, ein kleines Inseldorf in idyllischer Landschaft, soll einem Stausee weichen. Damit sind neben alten Häusern und Bäumen auch überlieferte Traditionen und gewachsene menschliche Bindungen dem Untergang geweiht. Der Vollzugsbeamte Woronzow (A.P.) plant die Evakuierung der Bevölkerung mit kalter Routine, immerhin stehen in der Stadt Wohnblocks für die Dorfbewohner zur Verfügung. Der Vorsitzende des Dorfsowjets, Pawel Pinegin (L.D.), der für die technische Abwick-

Proschtschanije

lung verantwortlich ist, sieht dagegen die Schwierigkeiten und die Probleme. Die Grenze zwischen Anhängern und Gegnern der Maßnahme nämlich geht mitten durch seine Familie: Während sein Sohn Andrej (V. J.) sich rückhaltlos für die Evakuierung einsetzt, kann seine Mutter Darja (S. S.) sich nicht aus der Bindung an die alte Heimat lösen. Sie ist der Mittelpunkt und die Wortführerin einer Gruppe von »Unbelehrbaren«, die absichtlich das letzte Schiff versäumen und auf der Insel bleiben. Als Woronzow von diesem Akt gewaltlosen Widerstandes erfährt, will er die renitenten Mitbürger erbost selbst abholen. Doch sein Schiff gleitet ziellos durch dichten Nebel, in dem Matjora verschwunden zu sein scheint.

Ursprünglich wollte Klimows Lebensgefährtin Larissa Schepitko, die vor allem durch ihre zum Passionsdrama überhöhte Partisanengeschichte *Woschoschdenije* (Die Erhöhung, 1976) international bekannt wurde, diesen Film inszenieren. Doch sie starb unmittelbar nach Beginn der Dreharbeiten bei einem Autounfall. In der Regie Klimows entstand dann – nach einem überarbeiteten Drehbuch – ein Film von großer poetischer Intensität und beachtlicher politischer Sprengkraft. Klimow ergreift unübersehbar Partei für die einfachen Menschen und gegen Technokraten und Bürokraten, für die Natur und gegen einen blinden Fortschritts-Aktionismus. Er tut dies aber nicht mit Parolen und großen Worten, sondern mit Bildern von düsterer Eindringlichkeit und vollendeter Schönheit. Wenn hier die alten Bauernhäuser niedergebrannt werden, damit sie später nicht die Schifffahrt auf dem Stausee gefährden können, wenn ein uralter Baum den Holzfällern so lange trotzt, bis sie ihn schließlich verzweifelt ebenfalls in Brand stecken, dann bedürfen diese Bilder keines Kommentars. Und statt eines großen Monologs gibt Klimow der alten Darja eine stumme Szene von bezwingender Kraft: Als sie ihr Haus endgültig verlassen muß, verwendet sie Stunden darauf, es noch einmal, zum allerletzten Mal wie zu einem großen Festtag zu putzen und zu schmücken. Früher hätten die Adepten des sozialistischen Realismus das gleiche Thema vermutlich gekrönt mit Bildern einer gigantischen Staumauer, rasender Turbinen, strahlender Gesichter; hier verirren sich am Schluß ein paar ratlose Technokraten im Nebel.

Klimows Film wurde zunächst in kleine Vorortkinos abgedrängt und mit einem Exportverbot belegt. Erst der »neue Kurs« Gorbatschows brachte ihm die verdiente Publizität auch im Ausland.

Prostoi slutschai Ⓢ
(Ein gewöhnlicher Fall / Es ist so schön zu leben / Es lebt sich wunderbar)

UdSSR, 1929–32

R: Wsewolod Pudowkin; A: Alexander Rschewski; K: G. Bobrow, G. Kabalow; D: A. Baturin, Jewgenia Rogulina, Alexander Tschistjakow

Pawel Langowoi (A. B.) kämpft an der Seite seiner Frau Mascha (J. R.) gegen die Weißgardisten. Mascha ist Maschinengewehrschütze. Nach dem Krieg entfremden sich die Eheleute; Pawel verliebt sich in eine andere Frau. Aber als er zu Mascha zurückkehrt, verzeiht sie ihm. Am Schluß sieht man die Eheleute bei einem Manöver; wieder stehen sie Seite an Seite, nur ist Mascha jetzt Krankenschwester.
Der Film war seinerzeit heftig umstritten und wurde von der offiziellen Kritik als »formalistisch« abgelehnt. Pudowkin nahm daraufhin einzelne Sequenzen, so z. B. eine Montage über die »Entstehung des Lebens« aus seinem Film heraus, fügte sie aber später an anderer Stelle wieder ein.
Von seiner Arbeit mit den Schauspielern berichtet Pudowkin u. a., er habe eine bestimmte hysterische Reaktion von Jewgenia Rogulina dadurch erreicht, daß er angeordnet habe, sie dürfe drei Tage und drei Nächte nicht schlafen und darauf einen Tag nichts essen. Dann setzte er sie vor die Kamera. Von der Nebenbuhlerin Maschas sah man im ganzen Film fast nur die Beine. Pudowkin wollte damit andeuten, daß die Beziehung Pawels zu ihr ganz oberflächlich und nur sexuell bestimmt war.
Für Pudowkin war *Prostoi slutschai* ein großer Mißerfolg. Er sagte später selbstkritisch: »Der Film ähnelte eher einem Katalog der einem Regisseur zur Verfügung stehenden Möglichkeiten als einem Bericht über das Leben eines Sowjetmenschen.«

Psycho
(Psycho)

USA, 1960

R: Alfred Hitchcock; A: Joseph Stefano nach einem Roman von Robert Bloch; K: John L. Russell, Clarence Champagne (Spezialeffekte); D: Anthony Perkins, John Gavin, Janet Leigh, Vera Miles, Martin Balsam

Die Sekretärin Marion Crane (J. L.) unterschlägt Geld, um endlich ihren Freund Sam Loomis (J. G.) heiraten zu können. Auf ihrer Flucht gerät sie in ein abgelegenes Motel, wo sie der junge Besitzer Norman Bates (A. P.) empfängt. Am gleichen Abend wird sie unter der Dusche durch Messerstiche brutal ermordet. Der Täter ist offenbar Normans Mutter, die in pathologischer Liebe an ihrem Sohn hängt und eine mögliche Rivalin ausschalten wollte. Um seine Mutter zu schützen, beseitigt Norman alle Spuren des Verbrechens. Marions Schwester Lila (V. M.) sucht nach der Verschwundenen mit Hilfe eines Privatdetektivs (M. B.), der dabei ebenfalls ermordet wird. Und auch Lila wird angefallen, als sie dem Rätsel auf die Spur kommt; aber Sam Loomis kann sie im letzten Augenblick retten. Den Täter entlarvt man: Es ist Norman Bates. Er hat vor Jahren seine Mutter getötet, die Leiche im Keller auf einen Stuhl gesetzt, wo sie – mumifiziert – noch heute hockt, und ist – von Schuldkomplexen geplagt – in die Rolle seiner Mutter geschlüpft, wobei er sich so weit mit ihr identifiziert, daß er von Zeit zu Zeit ihre Kleider anzieht, mit ihrer Stimme spricht und gleichsam auch in ihrem Sinne handelt.
Der Film ist »blutiger« und brutaler als die meisten Werke Hitchcocks. Besonders die Mordszene im Badezimmer und die Entdekkung der Mumie im Keller sind auf Schock-Effekte berechnet. Aber seine eigentliche Wirkung erzielt Hitchcock auch hier wieder mit genuin filmischen Mitteln. Die Atmosphäre des Grauens wird durch das Bild erzeugt. Das düstere Haus der Bates wirkt wie ein Schloß des Schreckens, ein Blick durch eine verregnete Windschutzscheibe verzerrt die Umwelt, Kameraperspektiven signalisieren Bedrohung.
In zwei Fortsetzungen – jeweils wiederum mit Anthony Perkins in der Hauptrolle – versuchte man, den Faden der Handlung weiterzuspinnen. In *Psycho II* (Psycho II, USA 1982 – R:

Richard Franklin) wird Norman Bates nach 22jähriger Haft und psychiatrischer Behandlung entlassen, von seiner Umwelt aber wieder in den Wahnsinn getrieben. *Psycho III* (Psycho III, USA 1985 – R: Anthony Perkins) hingegen läßt Norman aus eigener Schwäche wieder dem düsteren Zwang zum Töten verfallen.

The public enemy

(Der Staatsfeind)

USA, 1931

R: William A. Wellman; A: Harvey Thew nach der Erzählung *Beer and blood* von Kubec Glasmon und John Bright; K: Dev Jennings; D: James Cagney, Edward Woods, Jean Harlow, Murray Kinnell, Donald Cook, Beryl Mercer

Tom (J. C.) und Matt (E. W.) haben sich für die Gangsterlaufbahn entschieden wie andere Leute etwa für eine Banklehre. Als der Hehler Putty Nose (M. K.) sie mit einem Einbruch beauftragt, mißlingt das Unternehmen; ein Komplize wird erschossen, Putty läßt seine Kumpane im Stich. Aber Tom und Matt werden in der Zeit der Prohibition schnell reich, und alle Vorhaltungen von Toms Bruder Mike (D. C.) schlagen sie in den Wind. Als sie Putty in einem Nachtlokal wiedersehen, erschießen sie ihn, um sich für seinen Verrat zu rächen. Diese Tat provoziert einen blutigen Kampf zwischen zwei »Gangs«. Matt wird erschossen, Tom kommt verletzt in ein Krankenhaus, wo er sich endlich mit seinem Bruder aussöhnt. Doch dann wird Tom von seinen Gegnern entführt. Sie werfen seine Leiche, wie ein Paket verpackt, vor die Haustür seiner Mutter (B. M.).
Von allen Gangsterfilmen untersucht dieser wohl am sorgfältigsten die sozialen Bedingungen des Verbrechens und der Verbrecher. Tom wird gleichsam vom Schicksal in eine vorherbestimmte Laufbahn getrieben – vorherbestimmt durch seine armselige Jugend in den Schluchten enger Straßen und Hinterhöfe. Der Film schildert die Stationen seines »Werdegangs« in kurzen Episoden: Erste Unterweisung durch einen Bar-Pianisten, der den Jungen beim Taschendiebstahl unterstützt, der Übergang von den kleinen Diebstählen zum Einbruch, dann die »Meisterprüfung«, der Alkoholschmuggel. Wellman hat das mit überzeugendem Realismus ins Bild gesetzt – und auch die gehetzte Existenz des Gangsters zwischen Luxus und Gosse, seine Unfähigkeit zur echten Bindung. Die Frau, die Freundin ist für ihn ebenfalls nur Objekt. Nicht umsonst enthält gerade dieser Film die berühmte Szene, in der Cagney seiner Freundin (J. H.) gelassen eine halbe Grapefruit ins Gesicht drückt, um ihren Redefluß zu stoppen.

I pugni in tasca

(Die Fäuste in der Tasche)

Italien, 1965

R: Marco Bellocchio; A: Marco Bellocchio; K: Alberto Marrama; D: Lou Castel, Paola Pitagora, Marino Masè, Liliana Gerace, Pier Luigi Troglio

Eine »kranke« Familie: Die Mutter (L. G.) ist blind, drei Kinder sind epileptisch, nur Augusto (M. M.), der älteste Sohn, ist gesund. Sein Bruder Alessandro (L. C.) neidet Augusto Gesundheit und Vorrangstellung. Um sie ihm streitig zu machen, tötet er seine Mutter und seinen Bruder Leone (P. L. T.). Seine Schwester Giulia (P. P.), der er sich anvertraut, ist zunächst fasziniert. Aber als sie befürchten muß, das nächste Opfer zu werden, löst sie sich von Alessandro und überantwortet ihn dem Tod, indem sie ihm bei einem Anfall ihre Hilfe versagt.
Das grausige und grausame Spiel steht als Zeichen für die Dekadenz einer bürgerlichen Ordnung, deren Verteidiger ihren Untergang durch blinden Aktionismus noch beschleunigen. Doch diese gesellschaftskritischen Bezüge sind – zum Vorteil des Films – niemals ausdrücklich betont. Sie ergeben sich, beiläufig und zwangsläufig zugleich, aus der erstickenden Atmosphäre einer einsamen alten Villa, deren Bewohner dumpf dahinvegetieren. Bellocchio hat die Stationen der Handlung mit brutaler Deutlichkeit gestaltet. Er läßt Alessandro triumphierend über den offenen Sarg seiner Mutter springen, zeigt dessen Tod realistisch und fast überdeutlich. Er kostet das Abseitige aus, um aufzurütteln und zu schockieren, bricht Tabus, um zu provozieren. *I pugni in tasca* ist der Beginn einer neuen Entwicklung im italienischen Film geworden, ein Vorbild für Regisseure, die sich kritisch mit den Grundlagen der italienischen Gesellschaft auseinandersetzen.

Die Puppe Ⓢ

Deutschland, 1919

R: Ernst Lubitsch; A: Hanns Kräly und Ernst Lubitsch nach einer Erzählung von E. A. Willner, die Motive von E. T. A. Hoffmann verarbeitete; K: Theodor Sparkuhl; D: Ossi Oswalda, Hermann Thimig, Victor Janson, Jakob Tiedtke, Gerhard Ritterband

Lancelot (H. T.), ein überaus schüchterner Jüngling, flieht aus Angst vor der Ehe in ein Kloster. Doch die Mönche, die sich die von Lancelots Onkel ausgesetzte Mitgift verdienen möchten, überreden ihn zur Heirat – mit einer Puppe. Unglücklicherweise zerbricht der Puppenbauer (V. J.) die für diesen Zweck vorgesehene kunstvolle Figur, die er eigens nach dem Vorbild seiner reizenden Tochter (O. O.) gestaltet hat. Um den wahren Schuldigen, den jungen Gehilfen (G. R.) des Meisters, zu schützen, spielt die Tochter die Rolle der Puppe. Und sie spielt sie so gut, daß es schließlich ein Happy-End mit Lancelot gibt.

Lubitsch nannte seinen Film im Untertitel eine »Komödie aus einer Spielzeugschachtel«. Am Anfang sieht man den Regisseur selbst, der auf einem Tisch die ersten Dekorationen des Films wie eine Spielzeug-Szenerie aufbaut. Dieser Stil zwischen Phantasie und Ironie wurde später sowohl in der Dekoration (Kurt Richter), die zum größten Teil aus Pappe und Papier bestand, als auch im Spiel der Darsteller durchgehalten. Der Film distanziert sich immer wieder von der Realität – so etwa, wenn die Liebenden mit einer Pferdekutsche auf die Hochzeitsreise gehen und die Zugtiere jeweils aus zwei Menschen in einer »Pferdehaut« bestehen.

The purple rose of Cairo

(The Purple Rose of Cairo)

USA, 1984

R: Woody Allen; A: Woody Allen; K: Gordon Willis; D: Mia Farrow, Jeff Daniels, Danny Aiello, Alexander H. Cohen, Dianne Wiest

New Jersey. – Während der Depressionszeit arbeitet Cecilia (M.F.) als Kellnerin in einer Imbißstube. Von ihrem kargen Lohn unterhält sie auch noch ihren arbeitslosen Mann (D.A.), ein rechtes Ekel. Trost vermittelt Cecilia allein das Kino an der Ecke, wo sie so oft wie möglich sitzt, sieht und träumt. Eines Tages geschieht dann das Unfaßbare: Beim fünften oder sechsten Besuch des Films *The purple rose of Cairo* steigt dessen Held Tom Baxter (J.D.) von der Leinwand herab, küßt sie und brennt mit ihr durch. Die verbliebenen Figuren auf der Leinwand weigern sich, ohne Baxter weiterzuspielen, das Publikum will sein Geld zurückhaben, und der entnervte Kinobesitzer alarmiert den Produzenten (A.H.C.). Der wiederum schickt den Baxter-Darsteller Gil Shepherd (J.D.) los, damit der die Sache ins Lot bringt. Doch Baxter bleibt störrisch. Zurück auf die Leinwand will er allenfalls mit Cecilia. Shepherd, als Rivale der von ihm kreierten Figur, kontert geschickt, indem er Cecilia den Hof macht und sie nach Hollywood mitzunehmen verspricht. Baxter kehrt enttäuscht in den Film zurück, der daraufhin schleunigst abgesetzt wird. Shepherd läßt Cecilia sitzen, die alsbald ins Kino läuft, um die traurige Wirklichkeit zu vergessen. Und dort sitzt sie am Ende des Films – und himmelt Fred Astaire an.

Eine Komödie zwischen Traum und Wirklichkeit, zwischen Kino und Realität. Woody Allen nutzt die Möglichkeiten seines Themas für ein intelligentes Verwirr-Spiel über die Grenzen zwischen Schein und Sein und darüber, wie die Menschen mit diesen Grenzen umgehen. Und ganz nebenbei wird daraus noch eine Liebeserklärung an das Kino, das im Schein seine eigene Realität (er)findet.

Putjowka w schisn

(Der Weg ins Leben)

UdSSR, 1931

R: Nikolai Ekk; A: Nikolai Ekk, Regina Januschkewitsch, Alexander Stolper; K: Wassili Pronin; D: Jywan Kyrla, Nikolai Batalow, Michail Scharow, Regina Januschkewitsch, Michail Dschagofarow

Kurz nach dem Bürgerkrieg. Verwahrloste Jugendliche, »Besprisorni«, treiben sich im Land herum. Sie schließen sich zu Banden zusammen und verüben Überfälle. Kolka (M. D.), der Bürgerssohn, gerät unter den Einfluß einer solchen Bande; der Anführer schätzt seine Intelligenz. Wenig später wird die Bande ausgehoben.

Die Jungen kommen in eine Art Arbeitslager, wo sie fast ohne äußeren Zwang durch kollektive Arbeit resozialisiert werden sollen. Das Experiment des Erziehers Sergejew (N. B.) scheint zu gelingen. Selbst Mustafa (J. K.), der notorische Dieb, ordnet sich in die Gemeinschaft ein. Da taucht der Anführer der Bande wieder auf, der sein »Personal« zurückgewinnen will. Er macht in der Nähe des Lagers eine Kneipe auf; und immer mehr Jungen verbringen hier ihre Freizeit. Kolka und Mustafa zerstören deshalb die Kneipe. Der Bandenführer rächt sich, indem er eine Eisenbahnstrecke beschädigt, die die Jungen gebaut haben. Am Tag der Einweihung entgleist Mustafa mit einer Draisine und stirbt. Der erste Zug, der die Strecke befährt, führt auf einer Bahre vor der Lokomotive Mustafas Leiche mit sich.

Ekks Film, der erste abendfüllende Tonfilm der UdSSR, ist noch stark vom Stil der Stummfilmzeit beeinflußt. Die Montage orientiert sich an den Klassikern des sowjetischen Revolutionsfilms; die Dialoge sind sparsam, und häufig werden Zwischentitel verwendet. Dennoch gelang Ekk ein sehr persönlicher Film, der dokumentarischen Realismus mit starkem Engagement verbindet. Wenn auch das Fazit optimistisch ist, so gibt Ekk doch vorher ein düsteres Bild des Elends und einer Problematik, die auch zur Entstehungszeit des Films noch nicht ganz überwunden war. Als Darsteller holte er sich überwiegend ehemalige »Besprisorni«, was nicht wenig zur Glaubwürdigkeit des Films beigetragen haben dürfte.

Das gleiche Thema wurde 1955 von A. Massljukow und M. Majewskaja neu verfilmt.

Pyschka Ⓢ

(Fettklößchen)

UdSSR, 1934

R: Michail Romm; A: Michail Romm nach der Novelle *Boule de suif* von Guy de Maupassant; K: Boris Woltschek; D: Galina Sergejewa, Andrej Fajt, K. Gurnjak

Während des Krieges von 1870 ist eine Postkutsche auf der Fahrt ins unbesetzte Frankreich. Unter den Fahrgästen befindet sich auch »Fettklößchen« (G. S.), eine Prostituierte, die von den übrigen Reisenden demonstrativ verabscheut wird. Bei einer Kontrolle will ein deutscher Offizier (A. F.) »Fettklößchen« zu einem Schäferstündchen überreden. Als gute Patriotin weigert sie sich, worauf der Offizier kurzerhand die Weiterfahrt der Kutsche verbietet. Und nun reden alle guten Bürger – Graf und Gräfin, Geschäftsleute, Nonnen – auf »Fettklößchen« ein, dem Wunsch des Offiziers nachzugeben. Endlich läßt sie sich überreden. Doch als die Kutsche am nächsten Morgen weiterfährt, da sind wieder alle voller Verachtung für das schamlose Geschöpf. Nur einer hat eine freundliche Geste für sie: Der einfache deutsche Soldat (K. G.), der die Kutsche begleitet, schenkt ihr ein Brot.

Obwohl der Tonfilm sich längst durchgesetzt hatte, drehte Romm diesen Film als Stummfilm; erst 1955 wurde er als »Tonkopie« mit einem Kommentar und Musik neu herausgebracht. Zwar wurden in der UdSSR noch lange Stummfilme gedreht, weil viele Kinos noch ohne Tonapparaturen waren; aber Béla Balázs (*Der Film*) meint, Romm habe sich hier freiwillig beschränkt. Als Beispiel und Beleg zitiert er die Szene, in der die Nonnen »Fettklößchen« zu überreden suchen: »Es ist die Mimik der Rede, die in diesem Film ausdrucksvoller und überzeugender zutage tritt, als der Sinn der Worte es ermöglicht hätte.«

Romm gelang in seinem Erstlingswerk eine meisterhafte Satire, die in ihrer Bildsprache und ihrem Rhythmus vorzüglich ausbalanciert ist.

Q

Quai des brumes

(Hafen im Nebel)

Frankreich, 1938

R: Marcel Carné; A: Jacques Prévert nach einem Roman von Pierre Mac Orlan; K: Eugen Schüfftan, Louis Page; D: Jean Gabin, Michèle Morgan, Michel Simon, Pierre Brasseur

Jean (J. G.), ein desertierter Soldat, geht nach Le Havre, um per Schiff ins Ausland, in die Freiheit zu fliehen. In einer Hafenkneipe, wo ein lebensmüder Maler Selbstmord begeht und ihm seine Zivilkleider, Geld und Papiere hinterläßt, trifft er das Mädchen Nelly (M. M.). Er verliebt sich in sie und wird durch sie in die Auseinandersetzung zwischen ihrem Vormund Zabel (M. S.) und Lucien (P. B.) hineingezogen. Er ohrfeigt den geltungssüchtigen Lucien, der Nelly belästigt hat. Jean findet einen Platz auf einem Schiff nach Venezuela, verbringt eine Nacht mit Nelly und besucht sie kurz vor der Abfahrt des Schiffes noch einmal. Dabei überrascht er Zabel, der bereits einen Freund Nellys ermordet hat, bei dem Versuch, sich ihr gewaltsam zu nähern. In blinder Wut tötet Jean den Alten. Als er das Haus verläßt, um auf sein Schiff zurückzukehren, wird er von Lucien erschossen. Jean stirbt in Nellys Armen, während die Sirene seines auslaufenden Schiffes ertönt.

Carné und Prévert ging es nicht um die Kriminalaffäre, die mit zahlreichen Zufällen und Unwahrscheinlichkeiten belastet ist, auch nicht um eine realistische Schilderung von Le Havre. Die Hafenstadt wird zur tristen Bühne, auf der das Scheitern menschlicher Bemühungen exemplarisch dargestellt wird. Jean ist von Anfang an zum Untergang verurteilt; man spürt, daß er keine Chance hat, und schon früh resümiert er bitter: »Das Leben ist eine Gemeinheit!« Aber

Quai des brumes (Jean Gabin, Michèle Morgan)

auf die eine oder andere Weise sind auch Nelly, Zabel, Lucien und der Maler gescheitert. Es ist wohl bittere Ironie, daß nur ein Mensch in diesem Film seinen Traum vom Glück verwirklichen kann: ein Tagedieb, der davon geträumt hat, einmal in einem weißbezogenen Bett zu schlafen.

Quatorze juillet
(Der 14. Juli)

Frankreich, 1932

R: René Clair; A: René Clair; K: Georges Périnal; D: Georges Rigaud, Annabella, Pola Illery

Im Trubel des Volksfestes zum 14. Juli treffen sich der Taxichauffeur Jean (G. R.) und das Blumenmädchen Anna (A.) und verlieben sich ineinander. Doch da ist auch noch die attraktive Pola (P. I.), die ein Auge auf Jean geworfen hat. Pola ist die Komplizin einiger Ganoven, und durch sie gerät Jean in schlechte Gesellschaft. Als Annas Mutter stirbt, gibt Anna den Blumenstand auf und nimmt eine Stellung in einem Café an. Aber nach mancherlei Verwicklungen und Enttäuschungen treffen sich Jean und Anna im Jahr darauf am 14. Juli wieder; und jetzt endlich erkennen sie, daß sie für immer zusammengehören.
Ein liebenswürdiges Bild aus dem französischen Alltag – allerdings von der Poesie verklärt. In diesem Film ist die Liebe wirklich die allerwichtigste Sache der Welt, hier stiften betrunkene Sonderlinge Glück, und selbst die Ganoven gehen ihrem Gewerbe mit vergleichsweise biederem Sinne nach. Clair hat dieses Bild mit Charme, Esprit und stellenweise auch distanzierender Ironie gezeichnet.

Les quatre cents coups
(Sie küßten und sie schlugen ihn)

Frankreich, 1959

R: François Truffaut; A: François Truffaut, Marcel Moussy; K: Henri Decae; D: Jean-Pierre Léaud, Albert Rémy, Claire Maurier, Guy Decomble

Der zwölfjährige Antoine Doinel (J. P. L.) wächst in einer engen Wohnung in bedrückenden Verhältnissen auf. Sein Vater (A. R.) ist ein Schwächling, seine Mutter (C. M.) hat ein Verhältnis mit einem anderen Mann, was Antoine zufällig entdeckt. Zunächst schockiert ihn diese Entdeckung, aber dann benutzt er sie der Mutter gegenüber als Waffe. Auch sein Lehrer (G. D.), ein verknöcherter Pedant, findet keinen Kontakt zu dem Jungen. So kommt Antoine auf die schiefe Bahn, stiehlt eine Schreibmaschine, wird erwischt und in eine Besserungsanstalt gesteckt. Hier werden die Jungen zwar von einer Psychologin befragt, gleichzeitig aber auch mit Ohrfeigen traktiert. Antoine flieht. Man sieht ihn am Meeresstrand auf das Wasser zulaufen. Verzweifelt dreht er sich zu seinen Verfolgern um und blickt in die Kamera. Das Bild friert ein . . .
Der Originaltitel des weitgehend autobiographischen Films zielt auf die »400 Streiche«, die nach einem französischen Sprichwort jeder Mensch macht, ehe er vernünftig wird. Das kommentiert gleichsam die Handlung, in der diese Streiche für einen Jungen durch die Ungunst der Umstände und das Unverständnis der Umwelt zur Katastrophe werden. Truffaut hat seinen Erstlingsfilm mit Verve und Engagement inszeniert. Das hat ihn zu einigen Übertreibungen verführt, sichert dem Film aber auch Spontaneität und Authentizität.

Quattro passi fra le nuvole
(Vier Schritte in die Wolken / Die Lüge einer Sommernacht)

Italien, 1942

R: Alessandro Blasetti; A: Cesare Zavattini, Piero Tellini, Aldo De Benedetti, Giuseppe Amato, Alessandro Blasetti; K: Václav Vích; D: Gino Cervi, Adriana Benetti, Umberto Sacripante

Ein kleiner Handlungsreisender (G. C.), verheiratet und in tristen Verhältnissen lebend, trifft in einem Autobus eine junge Frau (A. B.). Sie ist schwanger und traut sich nicht nach Hause, weil sie für ihr Kind keinen Vater hat. Der Handlungsreisende läßt sich überreden, für einen Tag den Ehemann zu spielen. Aus dieser frommen Lüge entwickelt sich ein tragikomi-

sches Spiel, in dessen Verlauf schließlich Verständnis und Verzeihung der Familie erwirkt werden. Der Handlungsreisende kehrt in seinen Alltag zurück.
Zusammen mit dem ungleich gewichtigeren Film *Ossessione* von Visconti markiert dieser Film die eigentliche Geburtsstunde des Neorealismus. Zu einer Zeit, als im italienischen Film die »weißen Telefone«, d.h. das Luxusmilieu und sieghafter Optimismus, die Leinwand beherrschten, wirkte diese melancholische Komödie aus dem Alltag revolutionär. Wenn auch einige Gefühlsmomente zu stark ausgespielt wurden, so gibt es doch besonders im ersten Teil sehr präzise Milieu- und Charakterstudien. Der italienische Film hatte die Wirklichkeit entdeckt.

Queen Kelly Ⓢ

(Königin Kelly)

USA, 1928

R: Erich von Stroheim; A: Erich von Stroheim; K: Ben Reynolds (nach anderen Quellen auch Gordon Pollock und Paul Ivano); D: Gloria Swanson, Walter Byron, Seena Owen, Sylvia Ashton

In Ruritanien bereitet die Königin (S. O.) ihre Hochzeit mit ihrem Vetter Wolfram (W. B.) vor. Aber Wolfram sieht unter den Zöglingen eines Waisenhauses die junge Patricia Kelly (G. S.) und verliebt sich in sie. Er steckt das Waisenhaus in Brand, entführt Patricia und bringt sie ins Schloß. Doch dort taucht die Königin auf und jagt Patricia mit der Peitsche auf die Straße. Patricia stürzt sich in einen Fluß, wird aber gerettet und in das Waisenhaus zurückgebracht. Dort trifft ein Telegramm ihrer Tante (S. A.) ein, die sie zu sich nach Afrika einlädt. Die Tante ist Besitzerin eines Bordells und läßt sich auf dem Sterbebett versprechen, daß Patricia einen reichen alten Lebemann heiraten wird. Die Hochzeit wird gefeiert.
Hier endet der Film, den man Stroheim vor seiner Fertigstellung aus den Händen nahm und den er nicht einmal selbst schneiden durfte. Das Drehbuch sah weiter vor: Wolfram kommt nach Afrika, findet Patricia wieder und heiratet sie nach dem Tod ihres Mannes. Die Königin wird ermordet. Wolfram ist der Thronfolger; und Patricia wird nun wirklich »Queen Kelly«.
Während der Dreharbeiten für diesen Film begann der Siegeszug des Tonfilms. Die Produzenten (Gloria Swanson und Joseph Kennedy, der Vater des späteren US-Präsidenten) ließen die Dreharbeiten abbrechen und das bereits vorliegende Material zu einem einigermaßen sinnvollen Film zusammenschneiden. Aber da man den Film nicht nachsynchronisieren wollte und konnte, kam er in den USA nie in die Kinos; lediglich in Europa wurde das fragmentarische Werk gelegentlich gezeigt. Für Georges Sadoul ist *Queen Kelly* das »perfekteste Werk« Stroheims.

Que viva Mexico!

(Que viva Mexico!)

USA, 1930–32

R: Sergej Eisenstein; A: Sergej Eisenstein, Grigori Alexandrow; K: Eduard Tissé; D: Mexikanische Bauern

Ein unvollendeter, praktisch nicht existenter Film Eisensteins. Der Film sollte aus vier Episoden, einem Prolog und einem Epilog bestehen. Der Prolog sollte die Totenzeremonien der Mayas schildern.
Die 1. Episode, »Sandunga«, erzählt die Liebesgeschichte des Mädchens Conception, das nach alter Sitte Jahr um Jahr für ein goldenes Halsband spart, das dann am Tag der Hochzeit wertvollster Bestandteil des Brautschmucks ist.
2. Episode – »Maguey« (Die Agaven): Der Peon Sebastian muß seine Braut dem Haciendero vorstellen. Dabei wird sie von einem betrunkenen Gast vergewaltigt. Sebastian lehnt sich auf, wird aber mit seinen Kameraden gefangen und bis zum Hals in den Sand eingegraben. Dann reiten die Unterdrücker wieder und wieder über die Köpfe der Wehrlosen hinweg und »reiten sie zu Tode«.
3. Episode – »Fiesta«: Ein Stierkampf wird vorbereitet, zeremoniell legen die Matadore ihre Gewänder an. Einer verläßt heimlich die Arena, um sich mit einer verheirateten Frau zu treffen, und entgeht nur knapp der Rache des Ehemannes.

4. Episode – »Soldadera«: Das Schicksal der Frauen, die in der mexikanischen Revolution 1912 mit den Soldaten zogen und sie versorgten. Die Episode sollte mit dem Sieg der Revolution enden.
In einem Epilog wollte Eisenstein das Leben im heutigen Mexiko schildern – moderne Bauten, Straßen, Fabriken und den Tag der Toten (Calavera), an dem man den Sieg des Lebens über den Tod feiert.
Eisenstein wollte in seinem Film Vergangenheit und Gegenwart Mexikos, deren enge Verflechtung ihn faszinierte, behandeln. Er wollte zeigen, wie die verschiedenen Kulturen sich berühren. Dieses Konzept diktierte ihm die episodische Form des Films, den Verzicht auf eine durchlaufende Handlung, auf Schauspieler und künstliche Dekorationen. Eisenstein wollte so die Entwicklung Mexikos zum modernen sozialen Staat zeigen, in dem am Schluß der eingangs zitierte Mythos des Todes überwunden wird. Das »soziale Prinzip« sollte über das »biologische Prinzip« triumphieren. Die erhaltenen Teile des Films können zwar nicht mit Sicherheit belegen, ob Eisenstein dieses ehrgeizige Ziel erreicht hätte; sie zeigen jedoch Episoden von ungewöhnlicher Dynamik und Schönheit.
Produzent dieses Films war der amerikanische Schriftsteller Upton Sinclair. Eisenstein zog ein Jahr durch Mexiko, beobachtete und drehte. Als rund 70000 Meter Zelluloid belichtet waren, verlor Sinclair das Vertrauen in Eisenstein und den Film. Es kam zu einem Zerwürfnis, und Sinclair sperrte schließlich weitere Zahlungen. Eisenstein seinerseits wurde dringend aufgefordert, in die UdSSR zurückzukehren, die er vor drei Jahren verlassen hatte. Entgegen ursprünglichen Vereinbarungen überließ Sinclair Eisenstein auch nicht das abgedrehte Material zur Montage. Er versuchte vielmehr, es in den USA zu Geld zu machen. Zunächst ließ er den Produzenten Sol Lesser daraus einen Spielfilm montieren, der unter dem Titel *Thunder over Mexico* (1933) herauskam. Im gleichen Jahr erschienen Teile des Epilogs als Kurzfilm (*Death day*). 1939 versuchte Marie Seton in dem Film *Time in the sun* eine Vorstellung von Eisensteins Gestaltungs- und Montageprinzip zu geben. 1954 erhielt der Filmhistoriker Jay Leyda Zugang zu dem restlichen Material und montierte es zu dem rund fünfeinhalbstündigen Film *Eisenstein's Mexican project* (Eisensteins mexikanisches Projekt), der nicht für eine öffentliche Aufführung, sondern für filmkundliche Zwecke gedacht war.
Schließlich erhielt mit Grigori Alexandrow erstmals auch ein Mitarbeiter Eisensteins Zugang zu dem Material, das fast vollständig im »Museum of Modern Art« in New York archiviert ist. Er stellte 1978/79 eine Fassung von normaler Spielfilm-Länge zusammen (*Da sdrawstwujet Meksika* – Que viva Mexico!), die sich an Eisensteins Konzept orientierte, wobei nicht gedrehte Partien durch Standfotos und Kommentare ersetzt wurden.

R

Raduga

(Der Regenbogen)

UdSSR, 1944

R: Mark Donskoi; A: Wanda Wassilewskaja nach ihrer gleichnamigen Novelle; K: Boris Monastyrski; D: Natascha Uschwi, Nina Alissowa, Wera Iwaschewa, Hans Klering, Nikolai Braterski, Jelena Tjapkina

Die Partisanin Olena (N. U.) kommt im Zweiten Weltkrieg in ein von Deutschen besetztes Dorf, um ihr Kind zur Welt zu bringen. Der Bürgermeister (N. B.) denunziert sie bei dem deutschen Ortskommandanten Kurt Werner (H. K.), der mit der Russin Pusja (N. A.) zusammenlebt. Werner verhört Olena. Als sie schweigt, läßt er zunächst ihr Kind, dann sie selbst erschießen. Aber für die Dorfbewohner kündigt sich Hoffnung an: Ein russisches Flugzeug wird bejubelt, Partisanen töten den Bürgermeister. Und schließlich tauchen russische Soldaten auf. Werner wird getötet, Pusja von ihrem Mann umgebracht. Als die erbitterten Dorfbewohner auch die gefangenen Deutschen niedermetzeln wollen, werden sie von Fedosja (J. T.) zurückgehalten.
Einer der markantesten Filme, die vom Widerstand gegen die Deutschen und vom Partisanenkampf handeln. Das Drehbuch bleibt zwar, zumal in der Zeichnung der Deutschen, reichlich undifferenziert; aber die Regie Donskois ist flexibel und einfallsreich. Er nimmt die einzelnen Elemente der Handlung zurück und macht nicht den einzelnen, sondern die Dorfgemeinschaft zum Helden seines Films, in dem auch die eintönige Weite der winterlichen Landschaft eine große Rolle spielt.

Raices

(Raices / Wurzeln)

Mexiko, 1954

R: Bénito Alazraki; A: Carlos Velo, Bénito Alazraki, Manuel Barbachano, Maria Elena Lazo, J. M. García Ascot und Fernando Espejo nach vier Erzählungen von Francisco Rojas Gonzalez; K: Walter Reuter, Hans Beimler (II. Episode), Ramon Muñoz; D: Beatriz Flores, Juan de la Cruz, Olympia Alazraki, Dr. Gonzalez, Miguel Angel Negron, Antonia Hernandez, Alicia del Lago, Carlos Robles Gil, Teodulo Gonzalez

I. »Las vacas«: Martina (B. F.) und Esteban (J. d. l. C.) sind Otomie-Indianer. Sie leben mit ihrer kleinen Tochter in äußerster Armut auf einem Stück Land, auf dem infolge anhaltender Trockenheit so gut wie nichts wächst. Eines Tages hält ein Auto vor der Hütte; ein Ehepaar aus der Stadt sucht eine Amme. Obwohl ihr eigenes Kind noch nicht entwöhnt ist, läßt Martina es zurück und fährt mit. So kann Esteban wenigstens im nächsten Jahr wieder Saatgut kaufen.

II. »Nuestra señora«: Eine amerikanische Studentin (O. A.) studiert die Lebensgewohnheiten der Indianer und freundet sich dabei mit ihnen an. Kurz vor ihrer Abreise vermißt sie eine Reproduktion der »Mona Lisa«. Nach ihrem Examen kehrt sie zu den Indianern zurück und wird fast feindselig empfangen. Sie erfährt, daß die Indianer die »Mona Lisa« gestohlen und als vermeintliche Darstellung der Mutter Gottes in die Kirche gebracht haben. Jetzt fürchten sie, die Frau wolle ihr Bild zurückfordern.

III. »El tuerto«: Ein einäugiger Junge (M. A. N.) wird von den anderen Kindern gequält und gemieden, weil Einäugige nach altem Aberglauben Unglück bringen. Die Mutter (A. H.) macht in ihrer Verzweiflung mit dem Kind eine Wallfahrt. Am Wallfahrtsort trifft ein Feuerwerkskörper das gesunde Auge des Kindes, das nun völlig erblindet ist. Doch die Mutter glaubt ihre Bitte erfüllt und dankt Gott; denn einem Blinden begegnet man überall mit Ehrfurcht und Mitgefühl.

IV. »La potranca«: Der amerikanische Archäologe Eric (C. R. G.), der mit seiner Frau in einem abgelegenen mexikanischen Dorf arbeitet, verliebt sich in die Tochter (A. d. L.) seines Gastgebers (T. G.). Als sie seine Werbungen zurückweist, möchte er sie ihrem Vater mit einer großen Geldsumme »abkaufen«. Die stolze Verachtung, die ihm begegnet, treibt ihn aus dem Dorf.

Uralte Tradition, Christentum, das Erlebnis jahrhundertelanger Knechtschaft – das sind die Wurzeln der Kultur und der Lebensgewohnheiten der mexikanischen Indianer, denen dieser Film gewidmet ist. Alazraki hat wohl den ersten realistischen und authentischen Film über die Ureinwohner Mexikos und ihr heutiges Schicksal gedreht. Die einzelnen Episoden wirken über lange Strecken wie Dokumentarfilme, und nur in die letzte Episode schleichen sich ein wenig dramatisches Pathos und filmische Symbolsprache ein.

Raiders of the lost ark

(Jäger des verlorenen Schatzes)

USA, 1981

R: Steven Spielberg; A: Lawrence Kasdan nach einer Geschichte von George Lucas und Philip Kaufman; K: Douglas Slocombe, Paul Begson; D: Harrison Ford, Karen Allen, Paul Freeman, Denholm Elliott, Wolf Kahler

Eingangs sieht man den amerikanischen Archäologen Indiana Jones (H. F.) in Südamerika, wie er bei der Erforschung eines reich ausgestatteten Grabes mit knapper Not einer imposanten Fülle von Gefahren entgeht. Doch alsbald warten neue Abenteuer auf ihn. Deutsche Nazis sind im Jahr 1936 im Orient auf der Suche nach der Bundeslade, in der einstmals die Gesetzestafeln des Moses verwahrt wurden. Dem Heiligtum werden magische Kräfte zugeschrieben, die den Deutschen beim Kampf um die Weltherrschaft helfen sollen. Indiana Jones tritt den ruchlosen Agenten furchtlos entgegen und jagt ihnen die Beute, die sie schon sicher in ihren Händen zu haben glaubten, noch im letzten Moment ab. Zwar kann er sie nicht für sich und für die USA gewinnen; aber er sorgt wenigstens dafür, daß sie zerstört wird und den Nazis nicht mehr nützen kann.

Das haarsträubende Thema und die oftmals verworrene und unlogische Handlung sind für diesen Film genau so nebensächlich wie die Charaktere der handelnden Personen. Wichtig ist allein die perfekt kalkulierte und raffiniert gestaltete Abfolge szenischer Effekte – turbulente Kampfszenen, wilde Verfolgungsjagden, Abenteuer in Höhlen und Schlangengruben usw. Ganz bewußt wird hier auf das gesetzt, was viele abfällig »Kintopp« nennen, was man freundlicher als »Kino der Attraktionen« bezeichnen könnte – auf den vordergründigen Reiz, der freilich mit absoluter Perfektion dargeboten wird. Die Methode erinnert streckenweise an klassische Stummfilm-Serien wie Feuillades *Judex*. Und konsequent erlebte Spielbergs Held schon zwei Jahre später weitere »unglaubliche« Abenteuer in dem Film *Indiana Jones and the temple of doom* (Indiana Jones und der Tempel des Todes, USA 1983, Regie: Steven Spielberg), der mitten im Himalaya spielt und von der Jagd nach einem magischen Diamanten handelt.

Ran

(Ran)

Japan/Frankreich, 1985

R: Akira Kurosawa; A: Akira Kurosawa, Hideo Oguni, Masato Ide nach Motiven des Schauspiels *König Lear* von William Shakespeare; K: Takao Saitô, Masaharu Ueda, Asaichi Nakai; D: Tatsuya Nakadai, Akira Terao, Jinpachi Nezu, Daisuke Ryu, Mieko Harada, Peter, Takeshi Nomura

Japan im 16. Jahrhundert. – Fürst Hidetora Ichimonji (T. Na.) ist 70 Jahre alt geworden und möchte den in vielen Kriegen eroberten Besitz unter seine drei Söhne aufteilen. Taro (A. T.), der älteste Sohn, soll sein Nachfolger werden. Als Saburo (D. R.), der jüngste Sohn, aus Mißtrauen gegen seine Brüder diesem Plan widerspricht, wird er von Hidetora verstoßen. Schon bald zeigt sich, daß Saburo recht hatte: Unter dem Einfluß seiner rachsüchtigen Frau Kaede (M. H.), deren Vater einst von Hidetora im Kampf besiegt und unterworfen wurde, demütigt und vertreibt Taro seinen Vater. Bald darauf läßt Jiro (J. N.), der zweitälteste Sohn, seinen Bruder Taro ermorden und heiratet dessen Witwe. Hidetora verliert den Verstand und irrt in Begleitung seines treuen Hofnarren Kyoami (P.) durch die Länder, die er einst beherrscht hat. Saburo, der ihm helfen will, wird ebenfalls in Jiros Auftrag ermordet; Jiro wird mit seinen Truppen von Saburos Schwiegervater in eine Falle gelockt und auf dem Schlachtfeld getötet. Hidetora stirbt darüber an gebrochenem Herzen, sein Reich teilen sich die Nachbarfürsten.

Ein Alterswerk von großer Schönheit und Kraft, aber auch ein überaus pessimistischer Abschied! *Ran* ist das japanische Wort für Chaos; und in der Tat zeigt dieser Film eine aus den Fugen geratene Welt, in der der Kampf um die Macht zur düsteren Endzeit-Vision eskaliert. Weder Vernunft noch Menschlichkeit können die Selbstzerstörung der Ichimonji-Sippe verhindern. Nur ein vager Hoffnungsschimmer bleibt am Ende: Der blinde Tsurumaru (T. No.), der auf einen Abgrund zugeht, bleibt kurz vor dessen Rand stehen. Vielleicht werden also die Blinden doch einmal rechtzeitig das Unheil erkennen, so wie der Narr den verstörten Hidetora geleitet und geführt hat.
Kurosawa hat die vielschichtige Parabel und bedeutende Shakespeare-Paraphrase in einem fast dreistündigen Film mit kraftvoller Präzision gestaltet – behutsam in den differenzierten kammerspielhaften Passagen und souverän und suggestiv in den opulenten Massenszenen.

Rani radovi

(Frühe Werke)

Jugoslawien, 1969

R: Želimir Žilnik; A: Želimir Žilnik, Branko Vucicević; K: Karpo Godina; D: Milja Vujanović, Bogdan Tirnanić, Čedomir Radović, Marko Nikolić

Das Mädchen Jugoslava (M. V.), das aus ärmlichen Verhältnissen stammt, hat seinen Marx nicht nur gelesen, sondern möchte ihn auch anwenden. Zusammen mit drei Freunden (B. T., C. R., M. N.) zieht Jugoslava über Land und entdeckt erhebliche Diskrepanzen zwischen Theorie und Wirklichkeit des Sozialismus. Aber ihr Versuch, die Bauern und die Genossen zu revolutionären Änderungen zu bewegen, scheitert kläglich. Die »Agitationstruppe« wird verprügelt, Jugoslava vergewaltigt. Sie erkennt, daß ihre Mission gescheitert ist, und kehrt nach Haus zurück. Unterwegs aber wird sie von ihren Freunden eingeholt, erschossen, mit Benzin übergossen und verbrannt. Am Schluß steht ein Zitat von St. Just: Wer die Revolution nur halb macht, schaufelt sich sein eigenes Grab!
Žilnik hat sein allegorisches Spiel in eine Umwelt gestellt, die er mit krassem Realismus zeichnet. Attacken gegen eine erstarrte Gesellschaft, die sich mit Halbheiten zufrieden gibt, die die Chance zur Freiheit nicht nutzt, werden in Pop-Manier vorgetragen. Despektierlich wird das »Establishment der Revolutionäre« attakkiert; und die Sympathie des Regisseurs für eine Jugend, die die Revolution »ganz« machen will, ist unverkennbar. In Jugoslawien war man entsprechend getroffen und betroffen; doch ein gefordertes Verbot des Films wurde durch Gerichtsbeschluß abgelehnt.

Rashomon

(Rashomon – Das Lustwäldchen)

Japan, 1950

R: Akira Kurosawa; A: Akira Kurosawa und Shinobu Hashimoto nach zwei Erzählungen von Ryunosuke Akutagawa; K: Kazuo Miyagawa; D: Toshiro Mifune, Masayuki Mori, Machiko Kyo, Takashi Shimura, Minoru Chiaki

Ein Samurai (M. M.) ist im »Wald der Dämonen« getötet, seine Frau (M. K.) vergewaltigt worden. Aber was ist wirklich geschehen? Vor einem Gericht, das unsichtbar bleibt, das die Kamera oder der Zuschauer ist, werden vier Versionen angeboten. Zunächst sagt ein Holzfäller (T. S.) aus: Er hat den Toten gefunden, einen Frauenhut und einen zerschnittenen Strick. Er ist entsetzt davongelaufen und hat Meldung erstattet. Mehr will er nicht wissen, nicht gesehen haben. – Dann wird, in Fesseln, der berühmte Räuber Tajomaru (T. M.) vorgeführt: Ja, er hat die Frau vor den Augen des gefesselten Ehemannes vergewaltigt, aber ihr Widerstand hat sich schnell in Hingabe verwandelt. Dann hat sie ihn gebeten, ihren Mann zu töten. Doch er hat den Samurai in ehrlichem Zweikampf besiegt. Die Frau ist geflohen. – Nun ist die Frau an der Reihe: Sie hat sich hingegeben, um den Ehemann zu retten. Dann hat sie, als der Räuber fort war, seine Fesseln zerschnitten. Aber er hat sie nur verächtlich angesehen. Sie hat ihm in ihrer Verzweiflung den Dolch in die Brust gestoßen, ist ohnmächtig geworden und hat nicht mehr die Kraft gehabt, sich selbst zu töten. – Durch den Mund eines Geisterbeschwörers spricht schließlich der tote Samurai: Voller Abscheu hat er gesehen, mit welcher Lust sich seine Frau dem Räuber hinge-

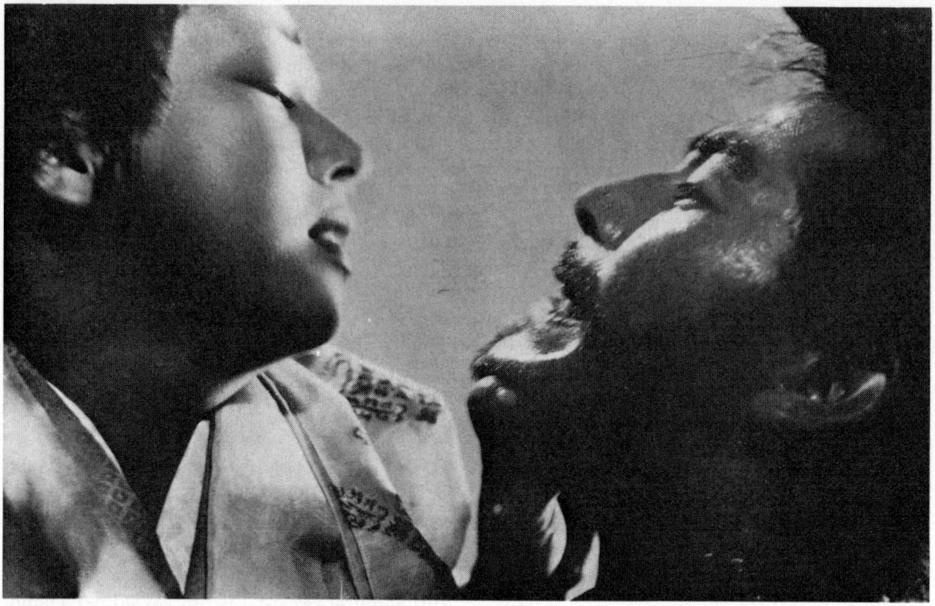

Rashomon (Machiko Kyo, Toshiro Mifune)

geben hat. Selbst Tajomaru war angewidert. Er hat die Frau fortgejagt und den Mann befreit. Der Samurai hat sich verzweifelt selbst getötet.

Am Ende des Films revidiert der Holzfäller im Gespräch mit einem Mönch und einem weiteren Zuhörer seine Aussage und entpuppt sich als Augenzeuge: Der Räuber hat die Frau gebeten, seine Frau zu werden. Sie konnte sich nicht entscheiden und hat ihrem Mann die Fesseln gelöst. Aber der hat sich geweigert, um sie zu kämpfen. Sie hat beide Männer beschimpft und zum Kampf gezwungen, der aber bald zu einer jämmerlichen Prügelei von Feiglingen entartet ist. Der Räuber hat den Samurai eher zufällig getötet. Die Frau ist geflohen. Vor Gericht hat der Holzfäller gelogen, weil er den Dolch des Toten gestohlen hat. Und genau wie er haben alle anderen aus eigensüchtigen Motiven die Unwahrheit gesagt. Dem Mönch mag diese Aussage eine Antwort auf die Frage nach der Wahrheit sein, die er schon am Anfang des Films verzweifelt gestellt hat. Der Holzfäller nimmt sich am Schluß des Films eines ausgesetzten Kindes an; und diese Tat scheint dem Film wichtiger als die Frage des Mönchs.

Kurosawa schuf hier einen kunstvoll komponierten Film, der die zeremonielle Geste des Samurai, die ungestüme Wildheit des Banditen, die sanften Bewegungen der Frau zu raffinierten Variationen nutzt. Die Natur wird zum Bestandteil der Handlung, flirrende Lichtreflexe auf den Blättern der Bäume wiederholen und verstärken den Eindruck der Unsicherheit.

Mit *Rashomon* wurde die japanische Filmproduktion auch in Europa bekannt und für einige Zeit sogar populär.

Raskolnikow Ⓢ

Deutschland, 1923

R: Robert Wiene; A: Robert Wiene nach dem Roman *Schuld und Sühne* von Fjodor Dostojewski; K: Willi Goldberger; D: Gregori Chmara, Pawel Pawlow, Maria Kryschanowskaja, Alla Tarassowa

Robert Wiene hat Dostojewskis Roman mit Schauspielern des Moskauer Künstlertheaters verfilmt. Von Andrej Andrejew ließ er eine expressionistische Dekoration entwerfen, die den Raum auflöste: Winklige Häuser mit riesigen Hausnummern, Straßenlaternen, die diagonal ins Bild ragen, Türen, die sich schräg nach oben öffnen. In dieser zerstörten Umwelt spielt sich Raskolnikows (G. C.) Drama ab, das Wiene ganz als psychologische Studie in eindrucksvollen Großaufnahmen gestaltete, wobei die fieberhaften Visionen des Helden mit dem Formenspiel des Dekors korrespondieren. Oft zitiert wird eine Szene zwischen Raskolnikow und dem Untersuchungsrichter (P. P.), in der ein kleines spinnenähnliches Ornament in der angstvollen Vorstellung Raskolnikows zu leben beginnt, wächst und ihn bedroht – bis schließlich der Untersuchungsrichter ihn wie eine Spinne im Netz belauert.

Weitere bekannte Adaptionen, alle unter dem Originaltitel des Romans: *Crime and punishment*, USA 1935, R: Josef von Sternberg, D: Peter Lorre, Edward Arnold. *Crime et châtiment*, Frankreich 1935, R: Pierre Chenal, D: Pierre Blanchar, Harry Baur. *Crime et châtiment*, Frankreich 1956, R: Georges Lampin, D: Robert Hossein, Jean Gabin. Lampin hat die Handlung nach Paris und in die Gegenwart verlegt.

Der Rat der Götter

DDR, 1950

R: Kurt Maetzig; A: Friedrich Wolf, Philipp Gecht; K: Friedl Behn-Grund; D: Paul Bildt, Fritz Tillmann, Willy A. Kleinau, Hans-Georg Rudolph, Inge Keller

Der »Rat der Götter« sind die leitenden Direktoren der Firma IG-Farben unter dem Vorsitz von Geheimrat Mauch (P. B.). Für diesen Konzern arbeitet der Chemiker Dr. Scholz (F. T.), dessen Schwester Edith (I. K.) die Geliebte von Direktor Tilgner (H. G. R.) ist. Dr. Scholz lebt nur für seine Forschung. Er sieht nicht, daß die Firma durch ihre enge Verflechtung mit amerikanischen Konzernen an der Aufrüstung und später am Krieg Milliarden verdient; er erfährt zu spät, daß man aus seinen Grundformeln Giftgas entwickelt hat. Nach dem Krieg müssen sich die Direktoren zwar in einem Prozeß in Nürnberg verantworten, kehren dann aber wieder auf ihre Posten zurück. Dr. Scholz glaubt, nun werde man endlich für den Frieden produzieren. Und als eine Explosion im Werk aufdeckt, daß man schon wieder mit Raketentreibstoffen und Sprengstoffen experimentiert, schreit er endlich die Wahrheit hinaus.

Der Film war ein aufwendiges Prestige-Unternehmen der DEFA. Zu den prominenten Künstlern, die an ihm mitarbeiteten, zählt auch der Komponist Hanns Eisler. Aber unter der Regie von Kurt Maetzig geriet dann nahezu alles in diesem Film so plakativ, so überdeutlich, daß die angestrebte Wirkung nicht selten in ihr Gegenteil umschlug. Künstlerisch war der Film ohne große Bedeutung.

Der Rebell

Deutschland, 1932

R: Luis Trenker, Kurt Bernhardt; A: Luis Trenker, R. A. Stemmle und Walter Schmidtkunz nach einem Entwurf von Luis Trenker; K: Sepp Allgeier und Albert Benitz (Außenaufnahmen), Willi Goldberger und Reimar Kuntze (Innenaufnahmen); D: Luis Trenker, Victor Varconi, Albert Schultes, Luise Ullrich

Sommer 1809. Der Student Severin Anderlan (L. T.) reitet nach Tirol, um den Anderlan-Hof gegen die verbündeten französischen und bayrischen Truppen zu verteidigen. Unterwegs lernt er Erika (L. U.), die Tochter des bayrischen Amtmannes Rieder, kennen. Beide verlieben sich. Als Severin bei seiner Heimkehr vor der Ruine des väterlichen Hofes steht, erschießt er im Zorn zwei Soldaten einer französischen Patrouille. Dann flieht er in die Berge. Aber Erika bleibt dem steckbrieflich gesuchten Rebellen treu, weil sie ihn versteht. Gleichgesinnte stoßen zu Severin, der gegen den Wunsch des Bauernführers Harrasser (A. S.) nur gegen die französischen Eindringlinge kämpfen will. Ein Verräter zeigt den Franzosen einen Weg in Severins Versteck; aber dieser kann entkommen. Wenig später sieht Erika ihn wieder: In der Uniform eines bayerischen Hauptmanns kundschaftet er den Angriffsplan der Franzosen aus. Trotz heldenhaften Kampfes unterliegen die Tiroler Bauern schließlich. Severin und seine Ge-

treuen werden standrechtlich erschossen. Aber schemenhaft marschieren sie am Schluß mit wehenden Fahnen in die Zukunft. Ihr Geist lebt weiter.
Als Goebbels in seiner ersten Rede vor deutschen Filmschaffenden Vorbilder zitierte, gehörte zu den vier Titeln, die er nannte, auch »Der Rebell«. Kein Wunder: Die nationale Erhebung, der unbeirrbare Einzelgänger, der Kampf gegen die Franzosen und die Beschwörung der deutschen Blutsbrüderschaft – das waren Stichworte, die gut in sein Konzept paßten. Auch die Schlußapotheose des Films machte Schule. Noch oft marschierten später tote Kameraden »im Geist in unseren Reihen mit«. Der Nationalismus der Weimarer Republik bot den Nationalsozialisten viele Ansatzpunkte für ihre Propagandafilme.
Von dem Film wurde auch eine amerikanische Version hergestellt, bei der Edwin H. Knopf als Co-Regisseur fungierte. Neben Luis Trenker spielten Vilma Banky und Rod La Roque die Hauptrollen.

Rebel without a cause

(. . . denn sie wissen nicht, was sie tun)

USA, 1955

R: Nicholas Ray; A: Stewart Stern und Irving Schulman nach einer Geschichte von Nicholas Ray; K: Ernest Haller; D: James Dean, Natalie Wood, Sal Mineo, Jim Backus, Ann Doran, Corey Allen

Aus Angst, ein »Pantoffelheld« wie sein Vater zu werden, bestätigt sich Jim (J. D.) in sinnlosen Aktionen. Er kommt mit der Polizei in Konflikte, was für seine rechthaberische Mutter (A. D.) ein Grund ist, immer wieder in eine andere Stadt zu ziehen. An einer High-School in Los Angeles lernt Jim das Mädchen Judy (N. W.), den großsprecherischen Buzz (C. A.) und den Einzelgänger Plato (S. M.) kennen. Buzz verwickelt den »Neuen« in eine Messerstecherei und provoziert ihn zu einer Mutprobe, bei der zwei Jungen mit gestohlenen Autos auf einen Abhang zurasen müssen. Wer zuerst abspringt, ist als Feigling gebrandmarkt. Buzz stürzt mit dem Auto ab. Jim will sich der Polizei stellen; aber seine Eltern, denen er sich anvertraut hat, fürchten einen Skandal. Jim läuft von zu Hause fort, trifft Judy und findet bei ihr Verständnis und Liebe. Sie verstecken sich in einem abseits gelegenen kleinen Schloß, wo auch Plato auftaucht, um Jim zu warnen. Die »Klassen-Bande« glaubt, er habe sie an die Polizei verraten. Es kommt zu einer Auseinandersetzung mit den Mitschülern, bei der Plato einen von ihnen durch einen Schuß verletzt. Kopflos flieht er in eine verlassene Sternwarte, die wenig später von der Polizei umstellt wird. Jim überredet Plato, sich zu stellen. Als jedoch die Polizei-Scheinwerfer aufleuchten, verliert Plato die Nerven und wird versehentlich von einem Polizisten erschossen. Sein Tod bringt Jims und Judys Eltern zur Einsicht. Sie beginnen, ihre Kinder zu verstehen, die sich für immer gefunden haben.
Der Film entstand zu einer Zeit, als die sogenannten Halbstarken-Filme nahezu ein eigenes Genre bildeten. Wie die meisten dieser Filme handelt auch *Rebel without a cause* sein Thema und seine These an einem extremen, kriminalistisch gefärbten Einzelfall ab; auch hier verfängt sich die Psychologie häufig in Klischees und Schablonen. Ray hat sein Thema jedoch sorgfältig und effektvoll zugleich aufbereitet. Und vor allem bot dieser Film eine große Identifikations-Rolle für den Schauspieler James Dean. Dieses Porträt eines jungen, von seinen Eltern unverstandenen Einzelgängers in der Welt von heute hat sein Image vermutlich stärker geprägt als seine Rolle in *East of Eden*. Dieser Film bereitete den Boden, auf dem der James-Dean-Kult gedieh.

Red river

(Red River / Panik am roten Fluß)

USA, 1948

R: Howard Hawks; A: Borden Chase und Charles Schnee nach dem Roman *The Chisholm trail* von Borden Chase; K: Russell Harlan; D: John Wayne, Montgomery Clift, Walter Brennan, Joanne Dru

Thomas Dunson (J. W.) und Groot (W. B.) kommen mit einem Siedlertreck an den Red River, wo Dunson sich eine Ranch aufbaut. Der junge Matthew Garth (M. C.) wird von Dunson wie ein Sohn aufgenommen. Vierzehn Jahre später ist Dunson Herr über eine riesige Rinderherde. Er beschließt, 10000 Rinder nach Missouri zur Eisenbahnstation zu treiben. Das Unternehmen erweist sich als mörderische Strapaze. Aber Dunson treibt seine Männer mit unerbittlicher Härte an und schreckt nicht davor zurück, »Meuterer« niederzuschießen. Schließlich stellt sich auch Garth, der von der Sinnlosigkeit des Unternehmens überzeugt ist, auf die Seite der Widerspenstigen. Er übernimmt die Führung, läßt Dunson allein zurück und treibt die Herde zum näher gelegenen Abilene, wo er sie im Namen Dunsons mit hohem Gewinn verkauft. Doch dann taucht Dunson auf, und es kommt zu einer handgreiflichen Auseinandersetzung zwischen Dunson und Garth, die mit der Versöhnung endet.

Der Film spielt gleichsam auf zwei Ebenen. Einmal ist er ein psychologisches Porträt des harten Ranchers Dunson, der sich berechtigt glaubt, seine eigenen Gesetze zu machen und durchzuführen, und des intelligenteren Garth, der einsieht, daß die Zeit der Männer wie Dunson vorüber ist. Außerdem ist der Film eine realistische Beschreibung des waghalsigen Trecks mit all seinen Schwierigkeiten und Gefahren. Dramatischer Höhepunkt ist ein großer Ausbruch der Tiere, die unter Mühen und Gefahren wieder gebändigt werden müssen. Hawks hat beide Ebenen überzeugend vereint, wobei ihm allerdings der Schluß ein wenig klischeehaft unverbindlich geriet.

In den deutschen Kinos war der Film nur in einer stark gekürzten Fassung zu sehen. Erst das Fernsehen hat ihn hierzulande in seiner vollständigen Fassung vorgestellt.

The red shoes

(Die roten Schuhe)

England, 1948

R: Michael Powell, Emeric Pressburger; A: Michael Powell, Emeric Pressburger; K: Jack Cardiff, Christopher Challis; D: Moira Shearer, Leonide Massine, Ludmilla Tscherina, Anton Walbrook (Adolf Wohlbrück), Marius Goring, Albert Bassermann

Der Ballett-Impresario Lermontow (A. W.) hat eine Truppe zusammengestellt, zu der neben erfahrenen Kräften wie dem Ballettmeister Ljubow (L. M.), dem Bühnenbildner Ratow (A. B.) und der Solotänzerin Boronskaja (L. T.) auch der junge Komponist Julian Craster (M. G.) und die Anfängerin Victoria Page (M. S.) gehören. Als die Boronskaja heiratet und das Ballett verläßt, kommt die große Chance für Victoria. In Julian Crasters Ballett *Die roten Schuhe* nach dem Märchen von Andersen wird sie zum neuen Star. Aber als sie sich in Julian verliebt, kommt es zu einem Auftritt mit dem besessenen Lermontow; Julian und Victoria verlassen die Truppe und heiraten. Zu Beginn der nächsten Saison treffen Victoria und Lermontow sich zufällig in Monte Carlo. Sie läßt sich überreden, die Rolle in den *roten Schuhen* wieder zu übernehmen. Doch am Zwiespalt zwischen Liebe und Beruf zerbricht sie schließlich und nimmt sich das Leben.

Der Film lebt weniger von seiner ziemlich banalen Story als vielmehr von seinen »Show«-Elementen: der Musik Brian Easdales, von Thomas Beecham vorzüglich interpretiert, der farbenprächtigen Ausstattung Hein Heckroths und vor allem der Choreographie Robert Helpmans. *The red shoes* war wohl der erste Film, der klassisches Ballett nicht nur als Objekt der Reproduktion ansah. Helpman hatte seine Choreographie eigens für den Film geschaffen. Die Kamerabewegung folgte den rhythmischen Gesetzen des Tanzes; das Ballett wurde nicht abgefilmt, es entstand erst durch die Gestaltungsmittel des Films.

La règle du jeu

(Die Spielregel)

Frankreich, 1939

R: Jean Renoir; A: Jean Renoir, Carl Koch; K: Jean Bachelet; D: Marcel Dalio, Nora Gregor, Roland Toutain, Paulette Dubost, Gaston Modot, Julien Carette, Jean Renoir

Der berühmte Flieger Jurieux (R. T.) wird zu einer Jagdgesellschaft auf das Schloß von Robert de la Chesnaye (M. D.) eingeladen, dessen Frau Christine (N. G.) er liebt. Obwohl Robert selbst eine Mätresse hat, stört ihn die Werbung Jurieux'; es kommt sogar zu einer Schlägerei zwischen den Rivalen; aber die »Vernunft« siegt, und sie vertragen sich wieder. Parallel-

Handlung des Dienstpersonals: Marceau (J. C.) umwirbt das Zimmermädchen Lisette (P. D.), die Frau des Jagdhüters Schumacher (G. M.). Die Katastrophe ereignet sich im Verlauf eines Maskenfestes: Schumacher will den Liebhaber seiner Frau erschießen, trifft aber Jurieux, der ein Rendezvous mit Christine hatte. Sein Tod wird als Jagdunfall ausgegeben, um einen Skandal zu vermeiden.
Was sich äußerlich als frivoles Liebesspiel, als turbulente Verwechslungskomödie gibt, ist in Wirklichkeit ein Stück bitterer Gesellschaftskritik. »Es gibt in diesem Film nicht eine Person, die zu retten der Mühe wert wäre«, kommentierte Renoir. Aber: »Nicht, daß sie ihren Leidenschaften nachgehen, wirft Renoir ihnen vor, sondern daß sie alles hinter einer Fassade von Selbsttäuschungen und sanktionierter Lüge tun. Das ist nämlich die Spielregel: das vermeintlich gute Gesicht wahren. Und der Film zeigt, was passiert, wenn einmal die Spielregel durchbrochen wird. Dann sind Herrschaften und Diener mit ihren Instinkten und Trieben gleich – gleich erbärmlich und gleich hilflos, nur daß die Diener eine Portion ehrlicher sind als die Herrschaften« (Spielfilme im Deutschen Fernsehen, 1967/68).
Der Film war bei seiner Uraufführung ein katastrophaler Mißerfolg und verschwand schnell aus dem Programm. Auf Betreiben der Zensur und des Verleihers wurden aus ihm in Etappen rund 25 Minuten herausgeschnitten; erst nach dem Krieg hat man die Originalversion mühsam rekonstruiert. Nach Kriegsausbruch wurde der Film als »demoralisierend« verboten, nach der Besetzung Frankreichs bestätigte die deutsche Zensur das Verbot.
Formal zeichnet sich der Film durch lange Einstellungen und ungewöhnliche Kamerafahrten aus. Es gibt wenige Großaufnahmen und Schnitte; die Tiefenschärfe des Bildes erlaubt es statt dessen, mehrere Handlungsfäden gleichsam in einer Szene zusammenzufassen, wobei der Akzent dann geschickt vom Vorder- in den Mittel- oder Hintergrund verlagert wird. Die gleiche Methode wandte Orson Welles später in *Citizen Kane* an.
La règle du jeu hat nach seiner Wiederentdekkung zahlreiche junge Cineasten in Frankreich beeindruckt und beeinflußt. Für viele Filmhistoriker ist er der wichtigste französische Film der dreißiger Jahre.

. . . reitet für Deutschland

Deutschland, 1941

R: Arthur Maria Rabenalt; A: Fritz Reck-Malleczewen, Richard Riedel und Josef Maria Frank nach der von Clemens Laar bearbeiteten Biographie des Freiherrn von Langen; K: Werner Krien; D: Willy Birgel, Herbert A. E. Böhme, Gertrud Eysoldt, Wolfgang Staudte, Hans Quest, Gerhild Weber

In den letzten Kriegstagen wird Rittmeister von Brenken (W. B.) schwer verwundet; der ehemalige Turnierreiter ist nahezu völlig gelähmt. Aber mit Hilfe seines alten Freundes Kolrep (H. A. E. B.) besiegt er allmählich seine Krankheit. Er will als erster deutscher Turnierreiter nach dem Krieg einen Sieg für Deutschland erringen. Als Schieber und Kriegsgewinnler Brenkens Gut versteigern lassen wollen, erreicht Kolrep einen Aufschub, während Brenken nach Genf reist, um mit seinem alten Pferd Harro im Preis von Europa zu starten. Auf dem Parcours empfangen ihn zunächst eisiges Schweigen, dann wütende Pfiffe des Publikums. Doch mit einem fehlerfreien Ritt im Stechen wird Brenken Sieger. Ein Beifallssturm bricht los, das Deutschlandlied ertönt, Kolreps Tochter Toms (G. W.), die sich in Brenken verliebt hat, laufen die Tränen über das Gesicht. Überdies kann Brenken mit dem Siegespreis noch sein Gut sanieren.
Die zweifellos bemerkenswerte sportliche Leistung des Freiherrn von Langen wird hier in den Dienst nationalsozialistischer Propaganda gestellt, obwohl das Wort Nationalsozialismus nicht einmal fällt. Doch es wird die Dolchstoß-Legende aufgewärmt, die Weimarer Republik wird als Tummelplatz schäbiger Spekulanten gezeichnet, die von Juden beherrscht und dirigiert werden; und vor diesem düsteren Hintergrund erscheint um so strahlender die Führergestalt des einsamen und nie verzagenden Reiters, dem eine innere Stimme den rechten Weg weist, der gegen alle Logik und alle Erwartungen auch zum Erfolg führt.
Nach einigen Schnitten, vor allem in den antisemitischen Komplexen, wurde der Film nach dem Krieg wieder aufgeführt.

Rękopis znaleziony w Saragossie
(Die Handschrift von Saragossa)

Polen, 1964

R: Wojciech J. Has; A: Tadeusz Kwiatkowski nach dem gleichnamigen Roman von Jan Potocki; K: Mieczysław Jahoda; D: Zbigniew Cybulski, Iga Cembrzyńska, Joanna Jędryka, Kazimierz Opaliński, Beata Tyszkiewicz, Adam Pawlikowski

Während einer Schlacht um Saragossa entdeckt ein spanischer Hauptmann in einem Manuskript die Niederschrift der unglaublichen Erlebnisse eines Vorfahren. Dieser, der Hauptmann van Worden (Z. C.), steigt in finsterer Einöde in einem verlassenen Gasthof ab. Hier trifft er zwei Mohammedanerinnen, die Schwestern Emina (I. C.) und Zibelda (J. J.), die in ihm einen Angehörigen des Geschlechts der Gomelez begrüßen und ihn bitten, der Vater ihrer Kinder zu werden. Van Worden beginnt, sein Abenteuer zu genießen, verliert aber nach einem Trunk die Besinnung und wacht am nächsten Morgen unter einem Galgen auf. Nun beginnen phantastische Abenteuer für ihn: Gehenkte und Besessene begegnen ihm. Er fällt in die Fänge der Inquisition, wird von geheimnisvollen Männern befreit, flüchtet auf das Schloß eines Kabbalisten (A. P.). Am Schluß erfährt er, was der Zuschauer längst vermutet hat: Alle Abenteuer waren inszeniert, um seinen Mut zu prüfen. Nach dieser Erklärung setzt van Worden seinen Weg zum Königshof fort. Er kehrt in einem Gasthof ein, wo man ihm mitteilt, daß zwei Damen mit ihm zu speisen wünschen. Es sind Emina und Zibelda; van Worden flieht eilends.

Der Film hat seine literarische Vorlage, die zwischen 1803 und 1815 entstanden ist, werkgetreu realisiert. Natürlich mußte sich Has, obwohl sein Film eine Länge von rund 210 Minuten hat, auf eine Auswahl aus dem dickleibigen Roman beschränken. Aber Geist, Gehalt und Erzählstruktur wurden dabei weitgehend bewahrt.

Die Handlung ist voller Phantasie und Einfallsreichtum. Wie die Puppen in der Puppe enthält jede einzelne Geschichte neue, die in verschachtelten Rückblenden erzählt werden. Immer wieder wird ein Handlungsfaden aufgegriffen und neuerlich verwirrt durch Bezüge und Andeutungen. Und am Ende wird das verwirrende Geflecht spielerisch und augenzwinkernd aufgelöst. Das ist mit hoher Intelligenz, sicherem Stilempfinden und einem Gespür für romantische Ironie gestaltet.

Rembrandt
(Rembrandt)

England, 1936

R: Alexander Korda; A: Carl Zuckmayer, Arthur Wimperis, June Head; K: Georges Périnal; D: Charles Laughton, Gertrude Lawrence, Elsa Lanchester

Auf dem Höhepunkt seines Ruhms erhält Rembrandt (C. L.) den Auftrag, die Offiziere der Stadtwache zu malen; zur gleichen Zeit stirbt seine über alles geliebte Frau Saskia. Das Bild »Die Nachtwache« wird von den Auftraggebern nicht verstanden. Rembrandt ist enttäuscht und fühlt sich vereinsamt; er macht seine Haushälterin (G. L.), die ihn schon lange umworben hat, zu seiner Geliebten. Zehn Jahre später sind Geld und Ruhm verloren. Als er es ablehnt, Bilder nach dem Geschmack der Massen zu malen, verläßt ihn seine Gefährtin. Er findet Trost bei Hendrikje Stoffels (E. L.), die seine neue große Liebe wird. Doch Hendrikje wird wegen »sittenlosen Lebenswandels« aus der Stadt gejagt, weil sie Rembrandt für ein Aktbild Modell gestanden hat. Als es ihm etwas besser geht, heiratet er sie; aber auch Hendrikje stirbt bald. Wiederum einige Jahre später ist Rembrandt völlig verarmt. Ein ehemaliger Schüler schenkt ihm fünf Gulden, damit er sich etwas zu essen kaufen kann. Statt dessen kauft er Farbe und Pinsel und beginnt, sein berühmtes Selbstbildnis zu malen.

Korda versuchte hier offenbar, mit dem gleichen Hauptdarsteller und dem gleichen Kameramann, dessen Mitarbeiter hier Richard Angst und Robert Krasker waren, den großen Erfolg seines Films *The private life of Henry VIII.* zu wiederholen. Das gelang nicht ganz, wohl weil er hier auf die ironische Distanz und das übliche Schaugepränge verzichten mußte. Aber ein Prestigeerfolg wurde der sorgfältig inszenierte Film dennoch. Interessant ist der Versuch, die Technik des Malers Rembrandt auf die Bildgestaltung des Films zu übertragen.

Remorques

(Orkan)

Frankreich, 1939–41

R: Jean Grémillon; A: Roger Vercel, Charles Spaak, André Cayatte und Jacques Prévert nach dem Roman *Remorques* von Roger Vercel; K: Armand Thirard, Louis Née, Philippe Agostini; D: Jean Gabin, Madeleine Renaud, Michèle Morgan

Kapitän Laurent (J. G.) wird von der Hochzeitsfeier eines seiner Besatzungsmitglieder abgerufen: Ein Schiff funkt SOS. Mit seinem Schlepper will er das Schiff in den Hafen bringen. Aber durch die Unzuverlässigkeit der Besatzung und des Kapitäns des fremden Schiffes reißt zweimal das Schlepptau. Laurent lernt bei dem Bergungsmanöver Cathérine (M. M.), die Frau des anderen Kapitäns, kennen. Laurent und Cathérine verlieben sich ineinander. Doch als er an das Sterbebett seiner seit langem kränkelnden Frau geholt wird, verläßt Cathérine die Stadt. Laurent bleibt allein.

Die Natur spielt in diesem Film eine große Rolle. Ohne aufdringliche Symbolik wird das Meer gleichsam zur handelnden Person, zum Partner Laurents. Die besten Szenen des Films bleiben auch mit der Natur verknüpft: die Schilderung eines Orkans, ein Spaziergang der Liebenden am einsamen Strand.

Repulsion

(Ekel)

England, 1965

R: Roman Polanski; A: Roman Polanski, Gérard Brach; K: Gilbert Taylor; D: Cathérine Deneuve, Yvonne Furneaux, John Fraser, Patrick Wymark, Ian Hendry

Die Maniküre Carol (C. D.), eine Französin offenbar, die mit ihrer Schwester Helen (Y. F.) in London wohnt, fühlt sich von ihrer Umwelt merkwürdig behelligt. Die Anwesenheit von Helens Freund Michael (I. H.) in der gemeinsamen Wohnung, seine Liebesnächte mit ihrer Schwester, selbst seine Toilettensachen im Badezimmer erfüllen sie mit Ekel. Carols Zustand verschlimmert sich, als Helen und Michael eine längere Urlaubsreise machen. Bei der Arbeit schneidet sie einer Kundin in den Finger und wird beurlaubt. Sie schließt sich in der Wohnung ein und glaubt, die Wände vor sich bersten zu sehen. Als ihr Freund Colin (J. F.) beunruhigt in die verriegelte Wohnung eindringt, erschlägt sie ihn mit einem Kerzenleuchter und schleppt seine Leiche in die Badewanne. Durch die nur notdürftig wieder verschlossene Tür zwängt sich der Hauswirt (P. W.), um die Miete zu kassieren. Als er Carol allein findet, versucht er, sich ihr zu nähern. Sie tötet ihn auf gräßliche Weise mit einem Rasiermesser. Als Helen zurückkehrt, findet sie Carol völlig entkräftet unter einem Bett liegen.

Polanskis Film ist ein klinischer Krankenbericht. Mit sorgsamer Akribie, ohne Mitleid und ohne Vorwurf, verzeichnet er die Stationen von Carols Auflösung, die mit einer banalen »Empfindlichkeit« beginnt und mit zwei furchtbaren Bluttaten und ihrer psychischen Zerstörung endet. Aber Carols Schicksal ist auch Chiffre – für die Einsamkeit in einer fremden Umwelt, für die Beziehungslosigkeit der Menschen in der heutigen Gesellschaft und wohl auch für die Rolle der Frau in einer von Männern beherrschten Sozialordnung. So, wie Carol sich an Kleinigkeiten reibt, so konfrontiert der Film den Zuschauer immer wieder mit »kleinen« Beobachtungen, mit alltäglichen Geräuschen, nichtssagenden Gesprächsfetzen, die ihn schließlich in ähnlichem Maße beunruhigen wie Carol. Denn dieser Wust von »Zufälligkeiten« ist mit einer suggestiven Konsequenz geordnet, der man sich kaum entziehen kann.

Riddaren av i går Ⓢ

(Erotikon)

Schweden, 1920

R: Mauritz Stiller; A: Mauritz Stiller, Arthur Nordgren und Gustaf Molander nach dem Schauspiel *Der Blaufuchs* von Ferenc Herczeg; K: Henrik Jaenzon; D: Anders de Wahl, Tora Teje, Lars Hanson, Karin Molander, Vilhelm Bryde

Professor Carpentier (A. d. W.) widmet sein Leben der Insektenforschung. Er vernachlässigt dabei seine hübsche Frau Irene (T. T.), die ihre Gunst deshalb dem Bildhauer Preben Wells (L. H.) zuwendet, während der Professor Verständnis für seine Arbeit bei seiner Nichte Marthe (K. M.) findet. Irene will einen Bruch mit ihrem Mann herbeiführen und »beichtet« ihm einen Ehebruch, was aber vor allem den Bildhauer eifersüchtig macht. Als er gerade eingesehen hat, daß dieser Ehebruch erfunden war, glaubt er Irene am Arm des Barons Felix (V. B.) zu sehen, der sich ebenfalls um ihre Gunst bemüht. Aber diesmal handelt es sich um eine Verwechslung. Irene, die zu ihrer Mutter zurückgekehrt ist, verzeiht ihrem Liebhaber unter der Bedingung, daß er von nun an ihr gehören muß.

Ein ironisch-frivoles Lustspiel, das damals einen großen Erfolg hatte. Stillers Inszenierung war schwungvoll und elegant. Sadoul vergleicht *Erotikon* mit den frühen Komödien Cecil B. DeMilles; Lubitsch hat erklärt, daß Stillers Komödien-Stil ihn beeinflußt habe. Die literarische Vorlage wurde 1938 in Deutschland von Viktor Tourjansky unter dem Titel *Der Blaufuchs* abermals verfilmt. Die Hauptrollen spielten Zarah Leander, Willy Birgel und Paul Hörbiger.

Le rideau cramoisi

(Der scharlachrote Vorhang)

Frankreich, 1952

R: Alexandre Astruc; A: Alexandre Astruc nach einer Novelle von Jules-Amédée Barbey d'Aurevilly; K: Eugen Schüfftan; D: Anouk Aimée, Jean-Claude Pascal

Ein junger Offizier (J. C. P.) wird im Haus einer bürgerlichen Familie einquartiert. Schon bald verliebt er sich in Albertine (A. A.), die Tochter; aber sie scheint ihn nicht zu beachten. Doch eines Nachts steht sie plötzlich bei ihm im Zimmer und gibt sich ihm wortlos, bedingungslos hin. Von nun an kommt sie jede Nacht, während sie tagsüber weiter die Gleichgültige spielt. Eines Nachts stirbt sie in seinen Armen. Zwar möchte er auch die tote Geliebte nicht kompromittieren. Doch er wagt nicht, sie in ihr Bett zu tragen, weil er dabei das Schlafzimmer der Eltern durchqueren müßte. Verzweifelt reitet er davon, während im offenen Fenster seines Zimmers der scharlachrote Vorhang im Nachtwind weht.

Ein wichtiger Vorläufer für stilistische Entwicklungen, die man später mit dem Schlagwort von der »nouvelle vague« kennzeichnete. Astruc drehte seinen Film ohne Dialoge; während ein Sprecher den Text der Novelle verliest, laufen die Bilder parallel. Sie werden aber niemals bloße Illustration, sondern lassen vielmehr den Text erst Gestalt werden. Astruc meinte: »Der Stoff eines literarischen Werkes muß ohne Mittler in den Film eingehen. Die Bilder sprechen direkt.«

Le rideau cramoisi ist nur ca. 50 Minuten lang. In den Kinos wurde er zusammen mit dem halblangen Film *Mina de Vanghel* von Maurice Clavel und Maurice Barry unter dem Obertitel *Les crimes de l'amour* (Verbrechen aus Liebe) gezeigt.

Ride the high country

(Sacramento)

USA, 1961

R: Sam Peckinpah; A: N. B. Stone jr.; K: Lucien Ballard; D: Randolph Scott, Joel McCrea, Ronald Starr, Mariette Hartley, James Drury

Die erfahrenen Westmänner Steve Judd (J. MC.) und Gil Westrum (R. Sc.) sowie der junge Heck Longtree (R. St.) werden von einer Bank in Sacramento engagiert, um Gold aus einer im Gebirge gelegenen Goldgräberstadt abzuholen. Auf ihrem Ritt schließt sich ihnen ein junges Mädchen, Elsa Knudsen (M. H.), an, das mit einem Goldgräber verlobt ist. In der Stadt wird Elsa eilig mit ihrem Billy (J. D.) getraut, der sich gleich anschließend sinnlos betrinkt, während seine Brüder Elsa zu vergewaltigen suchen. Heck rettet Elsa, und sie reitet mit den Männern zurück. Als Billy und seine Brüder sie mit Waffengewalt zurückfordern, schießen sich die drei den Weg frei. Auf dem Rückweg wollen Gil und Heck nun endlich ihren Plan ausführen und das Gold für sich beiseite schaffen. Aber Steve stellt sich ihnen in den Weg und entwaffnet sie. Als sie Elsa nach Hause zurückbringen wollen, laufen sie in eine Falle, die von Billy und seinen Brüdern gelegt wurde. Steve wird getötet. Doch er weiß, daß Gil zu sich zurückgefunden hat und den Transport sicher nach Sacramento bringen wird.

Steve und Judd sind zwei alte »Gunmen«, die von der guten alten Zeit träumen. Diese Erinnerungen bestimmen auch den Stil des Films, geben ihm einen melancholischen Charme und eine Verhaltenheit, die dann von der großen Schlußabrechnung wirkungsvoll unterbrochen wird.

Rio, 40 graus

(Rio bei 40 Grad)

Brasilien, 1954/55

R: Nelson Pereira dos Santos; A: Nelson Pereira dos Santos nach einem Entwurf von Arnaldo de Farias; K: Helio Silva; D: Jece Valadao, Glauce Rocha, Roberto Batalin, Claudia Morena

In episodischer Struktur gibt der Film einen Querschnitt durch das tägliche Leben in Rio. Der rote Faden ist das Schicksal einiger Negerjungen, die an einem Sonntag aus den Slums, den Favelas, in die Stadt hinabsteigen, um durch den Verkauf von Erdnüssen ein paar Pfennige zu verdienen. Ein Kind geht zum Strand von Copacabana und betrachtet mit naivem Staunen den Luxus. Ein zweiter Junge gerät in das Fußballstadion von Maracana, wo hinter den Kulissen soeben ein Spieler von seinem »Besitzer« manipuliert wird. Es gibt eine Begegnung mit einem Politiker, Liebe, Tod und ein Samba-Fest in den Favelas. Die einzelnen Episoden sind ineinander verschränkt, so daß aus den Kontrasten zusätzliche Wirkung entsteht. Die Handlung endet in der späten Nacht.

Nelson Pereira dos Santos produzierte den Film mit einigen Gleichgesinnten auf genossenschaftlicher Basis. Der Film passierte die Zensur, wurde aber bald nach seinem Start von der Polizei verboten – und zwar u. a. mit der denkwürdigen Begründung, er sei unwahrhaftig, weil die höchste in Rio je gemessene Temperatur 39,6 Grad betrage. *Rio, 40 graus* ist wohl der erste brasilianische Film, der das Elend in den Slums von Rio ungeschminkt einfing. Nelson Pereira dos Santos wurde mit diesem sozialkritischen Bericht, der mit dramaturgischer Ökonomie gestaltet ist, zum Wegbereiter des »cinema nôvo« in Brasilien. Der Film war als erster Teil einer Trilogie gedacht. Der zweite Teil entstand 1957 unter dem Titel *Rio, zona norte* (Rio, nördliche Zone), ein dritter Teil (*Rio, zona sul* – Rio, südliche Zone) wurde nicht realisiert.

Riso amaro

(Bitterer Reis)

Italien, 1949

R: Giuseppe De Santis; A: Carlo Lizzani, Gianni Puccini, Carlo Musso, Ivo Perilli, Libero Solaroli, Corrado Alvaro, Giuseppe De Santis; K: Otello Martelli; D: Silvana Mangano, Raf Vallone, Vittorio Gassman, Doris Dowling

Die »Mondine« sind Saisonarbeiterinnen, die einmal im Jahr zur Reisernte in die Po-Ebene kommen, wo sie in großen »Camps« wohnen. In einem solchen Camp taucht auch Francesca (D. D.), die Geliebte und Komplizin des Ganoven Walter (V. G.), unter. Aber Walter wendet sich von ihr ab und der vitalen Silvana (S. M.) zu. Mit ihrer Hilfe will er die Frauen um einen Teil ihres Lohns betrügen. Doch Francesca, die an dieser Gemeinheit nicht mitschuldig werden will, kann rechtzeitig den Polizisten Marco (R. V.) benachrichtigen. Zwischen beiden Männern, die überdies Rivalen um die Gunst Silvanas sind, kommt es im Schlachthaus zu einem Kampf auf Leben und Tod. Als Walter Marco zu erstechen droht, erwacht Silvana wie durch einen Schock. Sie erschießt Walter, der zusammenbricht und sich an einem Fleischerhaken aufspießt.

Für De Santis war dies ein Drama der Leidenschaften im privaten und sozialen Bereich. Realistisch schildert er die harte Arbeit und die schlechten Lebensbedingungen der »Mondine«. Und der blutige Kampf im Schlachthaus soll sicher auch ein Zeichen sein für den Aufstand der Ausgebeuteten und Unterdrückten – die Gewalt als befreiende Tat. Seinen großen Publikumserfolg verdankte der Film indessen eher Äußerlichkeiten – den leichtgeschürzten Arbeiterinnen, der erotischen Ausstrahlung seiner Hauptdarstellerin. In der Umgangssprache in der Bundesrepublik galt »bitterer Reis« geraume Weile als Synonym für überproportionierte Busen. So geriet in den Ruch des Spektakels, was trotz mancher Kolportage-Elemente im Ansatz ein realistisches Stück Sozialkritik war.

Riten

(Der Ritus)

Schweden, 1969

R: Ingmar Bergman; A: Ingmar Bergman; K: Sven Nykvist; D: Ingrid Thulin, Gunnar Björnstrand, Anders Ek, Erik Hell

In einem nicht näher bezeichneten Land müssen sich drei Künstler – Thea Winkelmann (I. T.), Hans Winkelmann (G. B.) und Sebastian Fisher (A. E.) – einer gerichtlichen Untersuchung unterwerfen. Man wirft ihnen vor, eine ihrer pantomimischen Nummern sei obszön. Die Untersuchung führt Richter Abramsson (E. H.), der die Beschuldigten zunächst gemeinsam, dann einzeln verhört. Dabei erfährt man wenig über den Gegenstand der Anklage, um so mehr über die Beteiligten: Thea und Hans sind verheiratet, aber Thea betrügt ihren Mann mit Sebastian. Hans weiß und duldet das, weil er weder die Frau noch den Freund verlieren will. Richter Abramsson wird als frustrierter Spießer entlarvt, der Thea während eines Verhörs zu vergewaltigen sucht. Während der Untersuchung zerbricht die Gemeinschaft der Künstler; Hans kündigt an, er werde sich ins Privatleben zurückziehen. Und als Richter Abramsson sich die beanstandete Pantomime in seinem Dienstzimmer vorführen läßt, erleidet er einen Herzschlag und stirbt.

Der Film war heftig umstritten. Seine Gegner ziehen ihn leerer Geschwätzigkeit; seine Anhänger interpretierten ihn als »einen einzigen Schrei nach Erlösung«. Bergman lehnte eine Erklärung ab und meinte: »Jeder kann mein Stück interpretieren und deuten, wie er selbst mag.« Zweifellos ist hier wieder eine Grenzsituation des Menschen mit äußerster Konsequenz und quälender Intensität geschildert worden. Und äußerste Verzweiflung provoziert den Ruf nach Hilfe.

The river

(Der Strom)

USA, 1951

R: Jean Renoir; A: Jean Renoir und Rumer Godden nach einem Roman von Rumer Godden; K: Claude Renoir; D: Patricia Walters, Rhada, Adrienne Corri, Thomas E. Breen

Die Handlung des Films spielt in Indien am Ufer des Ganges. Harriet (P. W.) ist 14 Jahre alt, Tochter des Vorarbeiters in einer Jute-Fabrik. Sie möchte Schriftstellerin werden und führt, gleichsam als Vorübung, ein Tagebuch. Sie hat zwei etwas ältere Freundinnen: Valerie (A. C.), die Tochter des Fabrikbesitzers, und Melanie (R.), Tochter eines Engländers und einer Inderin. In diese Jungmädchen-Idylle bricht Leutnant John (T. E. B.) ein, ein junger Amerikaner, der im Krieg ein Bein verloren hat und der vor der Rückkehr in die Heimat in Indien einen neuen Weg und ein neues Ziel für sein Leben finden will. Alle drei Mädchen verlieben sich in ihn, alle drei erleben diese Liebe anders, und alle werden auf andere Weise durch sie verwandelt. Leutnant John reist – ebenfalls verändert – wieder ab. Seinen ersten Brief lesen die Mädchen gemeinsam. Während sie ihn lesen, wird im Haus ein Kind geboren; Harriet, deren kleiner Bruder im Verlauf der Handlung umgekommen ist, hat eine Schwester bekommen. Der Strom des Lebens fließt weiter.

Der erste Farbfilm Renoirs stellt ein psychologisches Kammerspiel in eine fremde, exotische Welt, die er liebevoll schildert. Die stets wiederkehrenden Bilder des Stroms, der Schiffe, der Menschen, die an seinem Ufer wohnen, sind dabei wohl mehr als nur dekorativer Zierat. Ähnlich wie der Held des Films suchte Renoir offenbar in Indien eine verlorengegangene Harmonie; und seine Suche ist nicht ohne naive Romantik.

Beobachter bei den Dreharbeiten war übrigens Satyajit Ray, dessen Entschluß, Filme zu drehen, und dessen Stil von Renoir deutlich beeinflußt wurden.

The robber symphony

(Räubersymphonie)

England, 1935/36

R: Friedrich Feher; A: Anton Kuhl, Jack Trendell; K: Ernö Metzner, Eugen Schüfftan; D: George Graves, Magda Sonja, Hans Feher

Eine skurrile Räuberbande will den Sparstrumpf einer Wahrsagerin stehlen, doch dabei kommt den Bösewichtern eine Gruppe fahrender Musikanten – Großvater (G. G.), Mutter (M. S.) und Kind (H. F.) – in die Quere. Der

Sparstrumpf wird zwar erbeutet, muß aber gleich wieder versteckt werden und gerät so in das Walzenklavier der Musikanten. Nun werden die Musikanten von den Räubern und diese alsbald von der Polizei gejagt. Die turbulenten Ereignisse überstürzen sich. Schließlich fängt der junge Musikant die Räuber und darf das Geld als Belohnung behalten.
Ein ungewöhnlicher, eigenwilliger und fast eigensinniger Film, den eine Gruppe von Emigranten in England gedreht hat. Einflüsse des deutschen Expressionismus (Feher hatte in *Das Cabinet des Dr. Caligari* einen Irren gespielt!) vermischen sich mit Surrealismus, naiver Spielfreude, einem Schuß Dilettantismus und einer Prise Sozialkritik. Aber bestimmend sind doch der märchenhafte Grundton und der musikalische Rhythmus des Films. Da herrscht die krause Logik des Absurden, die wackelige Dekorationen ebenso zu rechtfertigen scheint wie das hölzerne Spiel der Darsteller. Man denkt an das Kasperletheater; denn genauso turbulent, unlogisch und so vergnüglich geht es hier zu.

Robin Hood Ⓢ

(Robin Hood)

USA, 1922

R: Allan Dwan; A: Lotta Woods nach einem Entwurf von Elton Thomas (Pseudonym für: Douglas Fairbanks) und Kenneth Davenport nach der gleichnamigen Ballade von Alfred Noyes; K: Arthur Edeson, Charles Richardson; D: Douglas Fairbanks, Enid Bennett, Wallace Beery, Sam De Grasse

Der Graf von Huntingdon (D. F.) wird nach einem glänzenden Turniersieg von König Richard Löwenherz (W. B.) zum Heerführer ernannt, der den König auf dem Kreuzzug in das Heilige Land begleiten soll. Vorher verlobt er sich heimlich mit Mary (E. B.), einem Mündel des Königs. Prinz Johann (S. D. G.) benutzt die Abwesenheit Richards, um sich selbst zum Herrscher zu machen, aber Mary sendet Huntingdon eine Botschaft und berichtet ihm von den Untaten des Prinzen. Da der König ihm nicht glaubt, kehrt Huntingdon heimlich nach England zurück. Er findet sein Schloß zerstört; Mary ist verschwunden. Unter dem Namen Robin Hood sammelt Huntingdon Anhänger des Königs um sich; und als »edler Räuber« verfolgt er die Reichen und hilft den Armen. Schließlich fällt er in die Hände Johanns und soll getötet werden. Doch im letzten Augenblick rettet der König, der verkleidet schon längere Zeit zu seinen Mitstreitern gehört hat, ihn und Mary.
Der ganze Film war eigentlich nur ein üppiger Rahmen für seinen Star Douglas Fairbanks, der strahlend, vital und temperamentvoll seine Abenteuer bestand. Ein typisches Beispiel für die frühen Fairbanks-Filme, die ihre Wirkungen vor allem aus der Persönlichkeit ihres Hauptdarstellers bezogen.

Rocco e i suoi fratelli

(Rocco und seine Brüder)

Italien/Frankreich, 1960

R: Luchino Visconti; A: Luchino Visconti, Vasco Pratolini, Suso Cecchi d'Amico, Pasquale Festa Campanile, Enrico Medioli und Massimo Franciosa nach dem Buch *Il ponte della Ghisolfa* von Giovanni Testori; K: Giuseppe Rotunno; D: Alain Delon, Renato Salvatori, Annie Girardot, Katina Paxinou, Max Cartier, Rocco Vidolazzi, Spiros Focas, Paolo Stoppa

Die Witwe Rosaria (K. P.) zieht mit ihren Söhnen Rocco (A. D.), Simone (R. S.), Ciro (M. C.) und Luca (R. V.) aus dem Süden nach Mailand, wo ihr fünfter Sohn, Vincenzo (S. F.), den Brüdern Arbeit verschaffen soll. Aber Vincenzo kann nicht helfen, und so müssen die Brüder sich selbst bemühen. Am erfolgreichsten scheint zunächst Simone zu sein, der von einem Boxmanager (P. S.) entdeckt wird. Doch Simone verliebt sich in das Mädchen Nadia (A. G.), gerät in schlechte Gesellschaft und kommt auf die schiefe Bahn. Rocco möchte Nadia retten, und beide verlieben sich ineinander. Als Simone das erfährt, überfällt er die beiden auf einem Spaziergang, schlägt Rocco zusammen und vergewaltigt Nadia vor den Augen des Bruders. Erschüttert fordert Rocco Nadia auf, zu Simone zurückzukehren, weil er nun weiß, daß der Bruder sie mehr braucht. Simone wird immer haltloser. Er macht Schulden; um sie bezahlen zu können, verpflichtet sich Rocco für zehn Jahre als Boxer. Aber bei einer Siegesfeier für Rocco taucht Simone auf und bekennt, daß er Nadia ermordet hat. Ciro, der ein guter

Rocco e i suoi fratelli (Renato Salvatori, Katina Paxinou)

Bürger geworden ist, benachrichtigt die Polizei.

Ein gewaltiges und gewalttätiges Stück Sozialkritik und gleichzeitig das Drama der beiden ungleichen Brüder Rocco und Simone. Rocco, der Asket, der sich für seinen Bruder opfert, und Simone, der hemmungslose Gewalt- und Genußmensch, sie scheitern beide an den sozialen Bedingtheiten ihrer Existenz. Das verbindet sie; und am Schluß wälzen sich beide in einer quälend intensiven Szene schreiend auf dem Bett, als Simone seine Tat gestanden hat.

Gezeigt wird das Schicksal einer Familie, die aus dem unterentwickelten Süden in die Großstadt flieht, wo sie sich bessere Chancen erhofft. (Im Drehbuch wurden die Motive dieser Flucht noch eingehend geschildert, doch diese Passagen wurden offenbar nie gedreht.) Aber Erfolg hat auch in Mailand nur, wer sich entweder »verkauft« oder wer sich anpaßt – wie Ciro, der die erneute Unterdrückung akzeptiert. Rocco sucht einen Ausweg aus dieser Misere. Visconti schildert ihn als Märtyrer, der zehn Jahre seines Lebens für seinen Bruder opfert. Doch indem er auch die Sinnlosigkeit dieses Opfers zeigt, macht er die Ausweglosigkeit evident. Märtyrer sind keine Alternativen mehr...

Die deutsche Fassung ist rund 15 Minuten kürzer als das dreistündige Original. Entfernt wurden dabei u. a. auch die Zwischentitel (es waren die Namen der Brüder!), die gleichsam als Kapitelüberschriften den chronikhaften Charakter des Films betonten.

Rocky

(Rocky)

USA, 1976

R: John G. Avildsen; A: Sylvester Stallone; K: James Crabe; D: Sylvester Stallone, Talia Shire, Burt Young, Carl Weathers, Burgess Meredith, Joe Spinell

Rocky (S. S.) ist ein unbekannter Boxer, der in Hinterhofkämpfen ein paar Dollar verdient und »hauptberuflich« als »Kassierer« für einen illegalen Finanzmakler (J. S.) arbeitet. Sein eigentliches Zuhause ist Mickeys (B. M.) Box-Zentrum. Als Mickey ihn eines Tages vor die Tür setzt, weil er nicht mit ansehen will, wie Rocky sein Talent vergeudet, scheint der endgültig am Ende. Doch gerade jetzt kommt seine große Chance. Die Manager des Schwergewichts-

Weltmeisters Apollo Creed (C. W.) planen eine große Schau. Zur 200-Jahr-Feier der USA wollen sie gleichsam den »amerikanischen Traum« illustrieren: Ein unbekannter Boxer soll die Möglichkeit erhalten, gegen den Champion anzutreten. Die Wahl fällt auf Rocky. Nach kurzer Unsicherheit ist Rocky fest entschlossen, seine Chance zu nutzen. Die Liebe zu Adriana (T. S.), der Schwester seines besten Freundes Paulie (B. Y.), motiviert ihn zusätzlich. Und Mickey hat sich mit ihm versöhnt und trainiert ihn. Am Tag des Kampfes ist Rocky physisch in Hochform – aber unsicher und ohne Selbstvertrauen. Doch im Ring wächst er über sich hinaus und liefert Creed einen großen Kampf. Zwar kann er ihn nicht besiegen; aber er schickt ihn gleich in der ersten Runde zu Boden, und er trotzt dem Champion länger als irgendein Boxer vor ihm. Rocky ist über Nacht berühmt geworden.

Der Film überzeugt vor allem da, wo er Zustände beschreibt: das Milieu der Hinterhöfe, die Situation eines jungen Mannes, der vom Erfolg träumt und dem das Leben keine Chance gegeben hat, das dafür notwendige Selbstvertrauen zu entwickeln usw. Die Story dagegen erscheint eher oberflächlich und zufällig, eine allzu breite Einleitung für den hervorragend gefilmten Boxkampf, der einen effektvollen Höhepunkt setzt. *Rocky* wurde ein Riesenerfolg. Den Grund dafür hat der Autor und Hauptdarsteller Stallone wohl klarsichtig diagnostiziert: »Zweifellos der Optimismus der ganzen Geschichte. Die Leute haben die Nase voll von den depressiven Jahren der Nixon- und Ford-Ära.«

Der große Publikums-Erfolg bewog die Produzenten zu mehreren Fortsetzungen, bei denen Sylvester Stallone auch noch die Regie übernahm. In *Rocky II* (Rocky II, USA 1979) scheint es zunächst, als werde der Optimismus des ersten Teils dementiert. Rockys Ruhm vergeht schnell, das durch die Werbung verdiente Geld ist bald ausgegeben, eine aus dem ersten Kampf herrührende Augenverletzung scheint zum endgültigen Ende seiner Boxer-Karriere zu führen, Adriana wird nach einer Frühgeburt schwer krank. Doch über Nacht kommt die Wende. Adriana wird gesund. Rocky erhält einen Rückkampf, mit dem der erboste Apollo Creed seinen ramponierten Ruf aufpolieren will; und er gewinnt diesen Kampf. Rocky ist Weltmeister!

Rocky III (Das Auge des Tigers, USA 1981) variiert die Story des zweiten Teils: Rocky ist vom Erfolg verwöhnt und verliert seinen Titel an den Neger Clubber Lang; sein Freund und Trainer Mickey stirbt. Doch zur rechten Zeit sagt seine Frau ihm die Meinung und bietet sich ihm Apollo Creed als neuer Trainer an. Rocky gewinnt den Titel zurück!

Rocky IV (Rocky IV – Der Kampf des Jahrhunderts, USA 1985) münzt die naive Erfolgsstory in ein politisches Glaubensbekenntnis um: Rocky besiegt den russischen Champion Ivan Drago, der zuvor Apollo Creed im Ring buchstäblich totgeschlagen hat. Vom Realismus des ersten Teils ist hier so gut wie nichts mehr übriggeblieben; statt dessen setzt Stallone nun vor allem auf die oberflächlichen Reize schick montierter Bilder.

The Rocky horror picture show

(Die Rocky Horror Picture Show)

England, 1974

R: Jim Sharman; A: Jim Sharman und Richard O'Brien nach dem gleichnamigen Rock-Musical von Richard O'Brien; K: Peter Suschitzky; D: Tim Curry, Susan Sarandon, Barry Bostwick, Peter Hinwood, Meatloaf, Richard O'Brien

Das arglose Liebespaar Brad (B. B.) und Janet (S. S.) hat in düsterer Regennacht eine Autopanne und gerät bei der Suche nach Hilfe in ein Horror-Schloß, wo der geheimnisvolle Frank-N-Furter (T. C.), ein sinnenfroher außerirdischer Transvestit, soeben den »Transsylvanischen Jahreskongreß« veranstaltet. Verstört beobachtet das junge Paar die monströse Gesellschaft und die abenteuerliche Veranstaltung, deren Höhepunkt die Erschaffung des künstlichen Wesens Rocky (P. H.) ist. Dann bricht das totale Chaos aus: Der Homunkulus im Goldlamé-Höschen, den Frank-N-Furter zu eigenem Vergnügen geschaffen hat, verliebt sich in Janet; der dickliche Eddie (M.), ein früherer Liebhaber Franks, tritt singend und randalierend auf und wird von Frank mit einem Eispikkel erschlagen; und schließlich putscht der bucklige Haushofmeister Riff Raff (R. OB.) gegen den Schloßherren, der sich – nach Riff Raffs Meinung – zu sehr seinen privaten bisexuellen Interessen widmet. Frank und Rocky sterben im

The Rocky horror picture show (Nell Campbell, Patricia Quinn, Tim Curry, Richard O'Brien)

Swimming-Pool, Brad und Janet können sich mit knapper Not retten, ehe das Spukschloß wie eine Rakete abhebt und im Weltraum verschwindet.

Musical und Film zitieren und parodieren ungeniert die Schätze der Kunst- und Kulturgeschichte, sie fürchten weder Kitsch noch grelle Geschmacklosigkeit, schwelgen hemmungslos in falschen Gefühlen und tun dies alles mit so hinreißendem Einfallsreichtum, daß der Film zu einem faszinierenden Spektakel wurde – und zum Prototyp des »Kultfilms«.

Der wohl ohne allzu große finanzielle Erwartungen gestartete Film (Musik: Richard O'Brien, Choreografie: David Toguri) entwikkelte sich zum zählebigen Dauerbrenner und wird von Fans in aller Welt in regelmäßigen Abständen Dutzende von Malen besucht. Die echten Adepten erscheinen dabei in den Kostümen der handelnden Personen und greifen aktiv in das Geschehen ein, indem sie etwa bei der Hochzeit, mit der der Film beginnt, Reis streuen und den großen Regen auf der Leinwand mit Wasserpistolen im Zuschauerraum imitieren.

Roma città aperta

(Rom – offene Stadt)

Italien, 1944/45

R: Roberto Rossellini; A: Sergio Amidei, Federico Fellini, Roberto Rossellini; K: Ubaldo Arata; D: Aldo Fabrizi, Anna Magnani, Marcello Pagliero, Harry Feist, Vito Annicchiarico, Maria Michi

Rom während der Besetzung durch die Deutschen. Pina (A. M.) und Marcello (V. A.) wollen heiraten. Marcello ist Drucker und beteiligt sich an der Herstellung illegaler Zeitungen für die Widerstandsbewegung. Zu den Anführern der Organisation gehört Manfredi (M. P.), der bereits von der Polizei überwacht wird. Den Kontakt zu ihm übernimmt deshalb der unverdächtige Priester Don Pietro (A. F.), der gleichzeitig auch einen aus Gewissensgründen desertierten deutschen Soldaten betreut. Bei einer Razzia wird Marcello verhaftet. Pina wird erschossen, als sie in fassungslosem Schmerz hinter dem Wagen herläuft, mit dem die Gefangenen abtransportiert werden. Wenig später wird der

Wagen von Partisanen überfallen; Marcello ist wieder frei und taucht unter. Auch Manfredi wird verhaftet – durch die Schuld seiner rauschgiftsüchtigen Freundin (M. M.), die für einen Pelzmantel auch Don Pietro, den Deserteur und Marcello verrät. Nur Marcello entkommt durch einen Zufall. Die SS foltert die Verhafteten, um von ihnen Informationen zu erpressen. Dabei stirbt Manfredi. Der Deserteur erhängt sich in seiner Zelle. Don Pietro wird im Morgengrauen erschossen, während die Kinder seiner Pfarrgemeinde durch einen Zaun zusehen.

Rossellini konzipierte das Drehbuch zusammen mit Sergio Amidei bereits während der deutschen Besetzung. Zwei Monate nach der Befreiung Roms begannen die Dreharbeiten, wobei es die größte Sorge der Produktion war, genügend Rohfilm für die Beendigung des Films zu organisieren. Gedreht wurde auf den Straßen, wo sich diese oder ähnliche Ereignisse abgespielt hatten. Amidei hatte einige der hier geschilderten Vorfälle – Einrichtung illegaler Druckereien, Razzien, Flucht über die Dächer – selbst erlebt; ähnlich erging es mehreren Darstellern, unter denen sich auch Laien befanden. Aus diesen Voraussetzungen erwuchs die Echtheit und Spontaneität des Films. Und Rossellini war klug genug, den dokumentarischen Charakter nicht zu verspielen. Er berichtet im Stil einer Chronik, schildert soziale Bedingungen und Zusammenhänge, fügt Fakten einleuchtend aneinander und verzeichnet alle wichtigen Stationen der Handlung – auch die grausamen Details der Folterung. Er läßt diese Fakten für sich sprechen, verbrämt sie nicht durch Einschübe und große Worte. So wurde in diesem Film das theoretische Konzept der Neorealisten verwirklicht, der Film müsse ein Zeugnis seiner Zeit geben und die Kluft zur Realität des menschlichen Lebens überwinden.

Angesichts der Vorzüge dieses Films wiegen einige Mängel – z. B. die klischeehafte Zeich-

Roma città aperta (Anna Magnani)

Romanze in Moll (Paul Dahlke)

nung des deutschen SS-Mannes (H. F.) und einige Zufälligkeiten im dramaturgischen Ablauf – gering. Allerdings erscheint Rossellinis nächster Film, *Paisà*, trotz seiner episodischen Struktur noch geschlossener und überzeugender.

Romanze in Moll

Deutschland, 1943

R: Helmut Käutner; A: Willy Clever und Helmut Käutner nach Motiven einer Novelle von Guy de Maupassant; K: Georg Bruckbauer; D: Marianne Hoppe, Paul Dahlke, Ferdinand Marian, Siegfried Breuer

Ein Mann (P. D.) versetzt im Leihhaus den Schmuck seiner schwerkranken Frau. Mit dem Erlös will er ihr Leben retten. Dabei erfährt er, daß sich unter diesem Schmuck eine überaus wertvolle Perlenkette befindet. Die Geschichte dieser Kette erzählt der Film: Madeleine (M. H.) ist mit einem gutmütigen älteren Angestellten verheiratet. Ein junger Komponist (F. M.) verliebt sich in sie und läßt sich von ihr zu der Melodie seiner »Romanze in Moll« inspirieren; zum Dank schenkt er ihr die Kette, die sie vor ihrem Mann als wertlose Imitation ausgibt. Madeleine verliebt sich ebenfalls in den Komponisten und führt nun ein Doppelleben. Aber eines Tages berühren sich beide Lebensbereiche. Der Vorgesetzte ihres Mannes (S. B.) erkennt in ihr die Geliebte des Komponisten und will sie mit diesem Wissen erpressen, sich ihm hinzugeben. Verzweifelt, und auch um dem trotz allem geachteten Ehemann die Wahrheit zu ersparen, nimmt Madeleine Gift – und stirbt.

Für Sadoul war *Romanze in Moll* der einzige Film von künstlerischem Wert, der während des »Dritten Reichs« in Deutschland gedreht wurde; andere französische Kritiker bestätigen, dies sei der Film, der am reinsten den Geist Maupassants beschworen habe.
Käutner hat sich hier in einer Zeit allgemeiner Politisierung ganz auf private Konflikte zurückgezogen und damit gleichsam eine Absage an die »Volksgemeinschaft« formuliert, die von Goebbels übel vermerkt wurde. Tatsächlich gehört *Romanze in Moll* zu den wenigen Filmen des »Dritten Reichs«, die auch unterschwellig in keiner Weise im Sinn der herrschenden Ideologie interpretierbar waren.
Formal orientierte sich Käutner offenbar am »poetischen Realismus« des französischen Vorkriegsfilms. Er setzte auf eindrucksvolle darstellerische Leistungen, auf einen pessimistischen Grundton, der in düsteren Bildern manchmal ein wenig zu symbolhaft beschworen wird. Licht und Schatten spielen hier eine große Rolle. Ihr Kontrast zeichnet eine abgeschlossene Welt, in der – wie bei Carné – die reinen Gefühle sich nicht gegen die widrige Umwelt behaupten können, in der die Heldin fast schuldlos schuldig wird und dafür büßen muß.

La ronde

(Der Reigen)

Frankreich, 1950

R: Max Ophüls; A: Jacques Natanson nach dem gleichnamigen Bühnenstück von Arthur Schnitzler; K: Christian Matras; D: Simone Signoret, Serge Reggiani, Simone Simon, Daniel Gélin, Danielle Darrieux, Fernand Gravey, Odette Joyeux, Jean-Louis Barrault, Isa Miranda, Gérard Philipe, Adolf Wohlbrück

Ein Straßenmädchen (S. Sig.) begegnet einem Soldaten (S. R.). Der liebt eigentlich ein Zimmermädchen (S. Sim.), das den Sohn (D. G.) der »Herrschaft« verführt, der anschließend eine Affäre mit einer Dame von Welt (D. D.) hat. Ihr Mann (F. G.) liebt sie zwar, betrügt sie aber mit einer Grisette (O. J.), die eigentlich einen Dichter (J. L. B.) verehrt. Doch der Dichter zieht ihr eine Schauspielerin (I. M.) vor. Diese Schauspielerin wiederum liebt einen Offizier (G. P.), der am Schluß ein Abenteuer mit dem Straßenmädchen vom Anfang erlebt. Ein »Spielführer« (A. W.) dirigiert diesen Reigen der Liebe.
Schnitzlers Vorlage ist hier intelligent und geschmackvoll realisiert worden. Der Film war, wie seine Vorlage, wegen angeblicher Unmoral heftig umstritten. In Wirklichkeit ist er eine stilsichere und melancholische Variation über die Unzulänglichkeit des Menschen und seiner Gefühle; der Rhythmus des »Reigens« bestimmt auch Kameraführung und Montage. Das musikalische Leitmotiv des Films, ein Walzer von Oscar Straus, wurde weltbekannt.
1964 schrieb Jean Anouilh das Buch für eine Neuverfilmung. Unter der Regie von Roger Vadim spielten Anna Karina, Maurice Ronet, Jean-Claude Brialy, Jane Fonda, Cathérine Spaak u. a. An der Kamera stand Henri Decae. Dieses vergröbernde Remake blieb jedoch weit hinter dem Original zurück.

Ronja rövardotter

(Ronja Räubertochter)

Schweden/Norwegen, 1983/84

R: Tage Danielsson; A: Astrid Lindgren nach ihrem gleichnamigen Roman; K: Rune Ericson; D: Hanna Zetterberg, Dan Hafström, Börje Ahlstedt, Lena Nyman, Per Oscarsson

Dies ist die Geschichte von Ronja (H. Z.), der Tochter des Räuberhauptmanns Mattis (B. A.), und von Birk (D. H.), dem Sohn des rivalisierenden Räuberhauptmanns Borka (P. O.). Den Zwist zwischen beiden Räuber-Dynastien hat gleichsam der Himmel begründet; denn in der Nacht, in der Ronja geboren wurde, hat ein Blitz Mattis' Räuberburg in zwei Hälften geteilt und durch eine tiefe Kluft getrennt. In eine abgetrennte und für unzugänglich gehaltene Hälfte ist eines Tages Borka mit seinen Leuten gezogen und hat sich dort ungeniert breitgemacht. Das ist natürlich ein ausreichender Grund für eine herzhafte und handfeste Dauerfehde, an der sich auch Ronja zunächst lustvoll beteiligt. Bis sie eben Birk kennenlernt. Wie das Märchen so spielt, verlieben sie sich ineinander; und am Ende steht die Hoffnung, daß Mattis' und Borkas Leute künftig gemeinsam räubern werden ...
Der Glücksfall eines Kinderfilms: Eine phanta-

sievolle, fabulierfreudige literarische Vorlage, ein einfallsreicher und einfühlsamer Regisseur, hervorragende Darsteller voller Spielfreude – und nicht zuletzt eine angemessene finanzielle Ausstattung, die es erlaubte, verblüffende Spezial-Effekte (Per Ahlin) einzusetzen und einen angemessen bunten Rahmen für das Ganze zu schaffen. *Ronja rövardotter* zeigt wieder einmal, wie wichtig man in Skandinavien das Genre des Kinderfilms nimmt. Und daß Ronjas und Birks Abenteuer außerdem – wie eigentlich alle guten Kinderfilme – auch den Erwachsenen ungeteiltes Vergnügen bereiten können, sei am Rande vermerkt.

Room at the top

(Der Weg nach oben)

England, 1958

R: Jack Clayton; A: Neil Paterson nach dem gleichnamigen Roman von John Braine; K: Freddie Francis; D: Laurence Harvey, Simone Signoret, Heather Sears, Donald Wolfit, Allan Cuthbertson

Joe Lampton (L. H.), der aus ärmlichen Verhältnissen stammt, tritt eine neue, untergeordnete Stellung am Finanzamt der Kleinstadt Warnley an. Joe ist 25 und träumt von einer großen Karriere. Der Traum scheint sich zu erfüllen, als er im örtlichen Theaterclub Susan (H. S.), die Tochter des reichen Mr. Brown (D. W.), kennenlernt. Susan verliebt sich in ihn; aber ihre Eltern schicken sie nach Frankreich, um die Romanze zu beenden. In ihrer Abwesenheit verliebt sich Joe in die verheiratete Alice Aisgill (S. S.); und diesmal ist seine Liebe echt. Doch er verläßt Alice, als ihr Mann (A. C.) droht, ihn öffentlich als Verführer bloßzustellen. Nach Susans Rückkehr stimmt Mr. Brown ihrer Heirat mit Joe zu, weil Susan ein Kind von Joe erwartet. Aber am Hochzeitstag denkt Joe nur an Alice, die an der Trennung zerbrochen und mit ihrem Wagen in den Tod gefahren ist. Seine Einsicht reicht jedoch nur zu einem ohnmächtigen und folgenlosen Protest.

Die Charakterstudie eines jungen Mannes, den das Erlebnis der Armut gezeichnet hat. Joe will Karriere um jeden Preis machen – Karriere im Rahmen der Kleinstadtgesellschaft, die er kennt und die für ihn einziger Maßstab ist. Dieses Milieu hat der Film sehr überzeugend getroffen, während die doppelte Liebesgeschichte ihm bei aller Zurückhaltung etwas melodramatische Akzente gibt. Durch seine realistische Milieuschilderung und seine sozialen Bezüge wurde der Film zu einem Vorläufer des »free cinema«.

A room with a view

(Zimmer mit Aussicht)

England, 1985/86

R: James Ivory; A: Ruth Prawer Jhabvala nach dem gleichnamigen Roman von E. M. Forster; K: Tony Pierce-Roberts; D: Helena Bonham Carter, Maggie Smith, Denholm Elliott, Julian Sands, Daniel Day Lewis

Im Jahr 1907 reist die junge Lucy Honeychurch (H. B. C.), ein wohlbehütetes Mädchen aus gutem Hause, in Begleitung (und unter Aufsicht) ihrer wesentlich älteren Cousine Charlotte Bartlett (M. S.) nach Florenz. Zur Enttäuschung der beiden Damen erhalten sie in der Pension aber nur Zimmer mit Blick auf den Hinterhof. Mr. Emerson (D. E.), ein älterer Herr, der mit seinem Sohn George (J. S.) zwei der begehrten Zimmer mit Aussicht auf den Arno bewohnt, bietet freundlich einen Zimmertausch an. Cousine Charlotte willigt erst nach langen Verhandlungen ein, da das spontane Angebot ihres Erachtens gegen die Etikette verstößt. In der Folge kommen George und Lucy sich näher; und als sie sich bei einem Ausflug plötzlich in einem Kornfeld gegenüberstehen, gibt George Lucy einen Kuß. Charlotte überrascht die beiden, reist am nächsten Morgen mit Lucy ab und läßt ihren verwirrten Schützling schwören, mit niemandem über den peinlichen Zwischenfall zu sprechen. Nach der Rückkehr in die heimatliche englische Kleinstadt willigt Lucy ein, ihren Verehrer Cecil Vyse (D. D. L.), einen Snob aus reichem Haus, zu heiraten. Und auch als ein Zufall es fügt, daß die Emersons ein leerstehendes Haus in der Nachbarschaft mieten, bleibt sie gelassen, da sie sich durch ihre Verlobung gegen jegliche Versuchung gefeit glaubt. Doch ausgerechnet Cecil sorgt ahnungslos für einen Zwischenfall. Als George die Familie Honeychurch besucht, liest Cecil eine schwülstige Passage aus einem neuen Roman vor, die auf fatale Weise der Kuß-Szene in Florenz gleicht. Lucy springt

A room with a view (Julian Sands, Helena Bonham Carter)

auf, und es gibt einen Moment der Verwirrung, den George nutzt, um Lucy zum zweiten Mal einen Kuß zu rauben. Obwohl er ihr gleich anschließend seine Liebe gesteht, fordert Lucy ihn auf, das Haus zu verlassen. Dann aber löst sie ihre Verlobung mit Cecil und macht Anstalten zu einer neuerlichen Auslandsreise. Doch kurz vor der Abreise trifft sie den alten Mr. Emerson, und der bringt sie dazu, sich ihre wahren Gefühle einzugestehen. Im Frühjahr 1908 beziehen Lucy und George ein Zimmer mit Aussicht in Florenz – als Hochzeitsreisende ...

Ein Meisterwerk behutsamer Präzision. Ivory hat sich seiner literarischen Vorlage mit spürbarem Respekt genähert; und es ist ihm dabei gelungen, ihre Vielschichtigkeit zu bewahren und ihre literarischen Qualitäten unmittelbar ins Bild zu übertragen. So ist sein Film vieles in einem: behutsames Psychogramm, liebevolles Porträt und geistvoll ironische Paraphrase englischer Lebens- und Eigenart und nicht zuletzt eine Studie über die Veränderung des Menschen durch die Begegnung mit einem anderen Kulturkreis – ein Thema übrigens, das, deutlicher konturiert, in vielen Filmen Ivorys wiederkehrt.

Rosemary's baby
(Rosemaries Baby)

USA, 1967

R: Roman Polanski; A: Roman Polanski nach einem Roman von Ira Levin; K: William Fraker; D: Mia Farrow, John Cassavetes, Sidney Blackmer, Ruth Gordon

Der Schauspieler Guy Woodhouse (J. C.) und seine Frau Rosemarie (M. F.) ziehen in ein altertümliches Haus. Ihre Nachbarn, das ältere Ehepaar Castevet (R. G., S. B.), bemühen sich recht aufdringlich um sie. Guy fühlt sich zu den Castevets hingezogen, während Rosemarie Distanz halten möchte. Eines Tages bringt Minnie Castevet Rosemarie ein Dessert, nach dessen Genuß sie von einem wüsten erotischen Alptraum heimgesucht wird, in dem sie eine Vereinigung mit dem Satan erlebt. Wenig später fühlt sie, daß sie schwanger ist. Mit fortschreitender Schwangerschaft wächst ihr Mißtrauen gegen die Nachbarn, in denen sie schließlich gar Hexen und Teufel sieht. Als ihr Kind geboren ist, sagt ihr der Arzt – auch er von den Castevets empfohlen –, das Kind sei tot. Aber heimlich schleicht sie sich eines Abends in die Wohnung des Nachbarn. Dort findet sie eine ekstatische Gesellschaft von Teufelsanbetern, unter ihnen Guy, um eine Wiege stehen und »Das Jahr Eins Satans« feiern. In der Wiege liegt ihr Kind, das sie vom Teufel empfangen hat. Ihre erste Reaktion: Sie will das Monstrum töten. Doch dann drückt sie es an sich, und die Gemeinde betet: Ave Rosemarie, Ave Satan...

Eine Horrorgeschichte, die ihre Wirkung vor allem daraus bezieht, daß sie das Absurde in unsere Gegenwart stellt und mit kühler Selbstverständlichkeit berichtet. Lange Zeit kann man das Ganze als psychologische Studie der Zwangsvorstellungen einer Schwangeren ansehen – falls man »ungläubig« ist und z. B. überhört, daß Rosemarie aus ihrem Alptraum mit dem Schrei hochschreckt: »Das ist kein Traum, das ist Wirklichkeit!« So enthüllt sich das Raffinement des Films nur dem, der sich ganz der Logik seiner Erzählung überläßt, der z. B. akzeptiert, daß Guy durch »teuflische« Hilfe ein Engagement bekommen hat, weil sein Konkurrent plötzlich erblindet ist.

Rosen für den Staatsanwalt

BRD, 1959

R: Wolfgang Staudte; A: Georg Hurdalek; K: Erich Claunigk; D: Martin Held, Walter Giller, Ingrid van Bergen, Werner Peters

In den letzten Kriegstagen beantragt der Kriegsgerichtsrat Dr. Schramm (M. H.) wegen »Wehrkraftzersetzung« das Todesurteil gegen den Soldaten Rudi Kleinschmidt (W. G.), der zwei Tafeln Fliegerschokolade auf dem schwarzen Markt gekauft hat. Ein Zufall verhindert die Ausführung des Urteils. Jahre später treffen sich beide Männer wieder. Kleinschmidt ist Straßenhändler, Schramm ein angesehener Oberstaatsanwalt. Schramm ist gerade in eine üble Affäre verwickelt; er hat den wegen antisemitischer Äußerungen angeklagten Studienrat Zirngiebel gewarnt und ihm damit die Flucht ins Ausland ermöglicht. Eine neue Affäre kann er sich nicht leisten. So versucht er, Kleinschmidt durch Schikanen aus der Stadt zu vertreiben. Dieser schlägt zurück: Er stiehlt zwei Tafeln Schokolade und provoziert damit eine Anklage. In der Verhandlung verliert Dr. Schramm die Nerven – und beantragt abermals die Todesstrafe. Kleinschmidt erzählt seine Geschichte; der Oberstaatsanwalt muß zurücktreten; ein Disziplinarverfahren wird vorbereitet.

Zeit- und Gesellschaftskritik wird hier an einem einleuchtenden Beispiel exemplifiziert. Vieles ist richtig gesehen in diesem Film – zum Beispiel das Verhalten der braven Bürger, denen Kleinschmidt seine Geschichte erzählt, die sich empören und dann doch nichts zu unternehmen wagen. Aber dann gibt es eine unnötige Liebesgeschichte, es gibt karikaturistische Übertreibungen und kabarettistische Einlagen, die im Endeffekt eine vorzügliche Idee um ihre Wirkung bringen. Schramm wird so sehr der Lächerlichkeit preisgegeben, daß er über weite Strecken weniger gefährlich als vielmehr bemitleidenswert komisch wirkt.

Rotaie Ⓢ

(Schienen)

Italien, 1929

R: Mario Camerini; A: Corrado d'Errico; K: Ubaldo Arata; D: Maurizio d'Ancora, Käthe von Nagy, Daniele Crespi

Ein junges Liebespaar (K. v. N., M. d. A.) will in einem schäbigen Hotelzimmer gemeinsam aus dem Leben scheiden. Ein Zufall verhindert den Doppelselbstmord. Auf einem ziellosen Spaziergang durch die Straßen finden die beiden eine Brieftasche mit Geld und fahren an die Riviera, wo der Mann noch zusätzlich beim Roulette gewinnt. Aber der Gewinn zerrinnt ihnen zwischen den Fingern. Ein Fremder (D. C.) bietet dem Mann Geld an. Aber als dieser erkennt, daß der großzügige Spender damit seine Frau kaufen will, wirft er ihm die

Scheine vor die Füße. Er sucht Arbeit in einer Fabrik und beginnt ein neues Leben.
Wichtiger als die Handlung ist in diesem Film die Schilderung von Stimmungen und Situationen, von Atmosphäre und Milieu. In der italienischen Produktion jener Zeit überrascht dieser Film durch seine Hinwendung zum Realismus und zum Alltag. Er wurde stumm gedreht und später mit einer Tonspur versehen, die Musik, Geräusche und einige kurze Dialogpassagen enthielt.

Rotation

DDR, 1949

R: Wolfgang Staudte; A: Wolfgang Staudte, Fritz Staudte, Erwin Klein; K: Bruno Mondi; D: Paul Esser, Irene Korb, Reinhold Bernt, Karl Heinz Deickert, Werner Peters

Kriegsende. SS-Leute wollen politische Gefangene in einem Gefängnis erschießen. Unter ihnen ist auch der Arbeiter Hans Behnke (P. E.). Er erinnert sich: In den zwanziger Jahren heiratet Behnke seine Lotte (I. K.). Beide sind arbeitslos. Ihr Kind, der kleine Helmut, leidet bald an Unterernährung. 1933 findet der gelernte Drucker Behnke Arbeit in einem Zeitungsbetrieb. Er paßt sich an, tritt in die Partei ein, als ihm ein Aufstieg winkt, schließt das Fenster, als jüdische Nachbarn abtransportiert werden. Erst als sein Schwager, der politisch aktive Kurt Blank (R. B.), im Gefängnis ermordet wird, ringt Behnke sich zu einer Entscheidung durch und engagiert sich gegen den Unrechtsstaat. Aber sein eigener Sohn (K. H. D.), ein gläubiger Hitlerjunge, denunziert ihn; und Behnke wird verhaftet. – Unterdessen haben SS-Leute die Gefangenen auf dem Hof zusammengetrieben. Doch im letzten Moment verhindert ein russischer Stoßtrupp die geplante Exekution. Behnke ist gerettet, während seine Frau in den letzten Kriegstagen getötet worden ist. Später kommt auch Helmut aus der Gefangenschaft zurück. Behnke verzeiht ihm. Eine Schlußmontage zeigt neuen Krieg und neue Unterdrückung in der Welt.
Staudte attackiert den unpolitischen Kleinbürger, der sich nicht engagiert und der sich später rechtfertigt: »Ich habe den Krieg nicht gemacht. Ich tue nur meine Pflicht.« Aber am Schluß erkennt Hans Behnke seine Schuld. Als sein Sohn heimkommt, bittet der Vater den Sohn um Verzeihung für sein Versagen, dafür, daß er ihn nicht davor bewahrt hat, ein »gläubiger Hitlerjunge« zu werden. Dieses individuelle Schicksal wird realistisch geschildert und unaufdringlich objektiviert, indem Staudte es immer wieder in zeitgeschichtliche Zusammenhänge stellt.

La roue Ⓢ

(Das Rad / Rollende Räder – rasendes Blut)

Frankreich, 1922/23

R: Abel Gance; A: Abel Gance; K: L. H. Burel, Bujard, Albert Dubergen (Duverger); D: Séverin Mars, Ivy Close, Gabriel de Gravone

Der Lokomotivführer Sisif (S. M.) wird Zeuge eines Eisenbahnunglücks. Ein kleines Mädchen, das dabei zur Waise geworden ist, nimmt er zu sich und gibt seinem Sohn Elie damit eine Schwester. Als Norma (I. C.) erwachsen wird, verliebt sich Sisif in seine Adoptivtochter; sogar seine Lokomotive nennt er nach ihr. Und als Norma fortgeht, um einen anderen Mann zu heiraten, treibt Sisif auf dem Führerstand seine Lokomotive zu halsbrecherischem Tempo, von der Versuchung getrieben, beide Normas zu vernichten. Sisif erblindet, muß seinen Beruf aufgeben und zieht mit seinem Sohn Elie (G. d. G.) in die Berge. Als Norma ihren Adoptivvater besucht, geraten ihr Mann und Elie in einen erbitterten Streit und stürzen beide tödlich ab. Norma findet in Sisif wieder einen Vater.
Der Film »vereinigt Blumen und Schlacke in einem großen lyrischen Hauch« (Léon Moussinac). Gance hatte einen erstaunlich modernen Film gemacht. Sein Thema war der gleichsam überdimensionale Mensch, den Séverin Mars mit kantigen Konturen ausstattete. Und zu einer Zeit, da der schwedische Film den Menschen in die Landschaft einfügte, zeigte Gance ihn vor dem Hintergrund sozialer Bedingungen und Abhängigkeiten.
Eine große Rolle spielt in diesem Film die Eisenbahn, deren optische Möglichkeiten Gance fasziniert haben müssen. Hier ist ein Höhepunkt die rasende Fahrt, als Sisif von der Versuchung gepackt wird, seine Lokomotive zuschan-

den zu fahren. Gance schneidet Bilder von Schienen, Rädern, Kolben, Kurbelstangen, Signalen usw. hart aneinander und macht so die Bewegung unmittelbar sichtbar. Von dieser Sequenz führt ein gerader Weg zu Jean Mitrys Kurzfilm *Pacific 231* – für beide lieferte Arthur Honegger die Musik.
Die Landschaftsbilder am Schluß bieten dann einen genau kalkulierten Gegensatz zum Hauptteil des Films. An die Stelle der düstergrauen Szenerie der Bahnhöfe tritt das grelle und grausame Weiß des Schnees, das den blinden Sisif umgibt.
La roue erregte bei der Uraufführung großes Aufsehen. Jean Cocteau schrieb: »Es gibt das Kino vor ›La roue‹ und das Kino danach, so wie es eine Malerei vor und nach Picasso gibt.«

Run of the arrow
(Hölle der 1000 Martern)

USA, 1956

R: Samuel Fuller; A: Samuel Fuller; K: Joseph Biroc; D: Rod Steiger, Sarita Montiel, Ralph Meeker, H. M. Wynant

Der Bürgerkrieg ist zu Ende. Mit seinem letzten Schuß hat O'Meara (R. S.) den »Yankee« Driscoll (R. M.) vom Pferde geholt. Seine Kugel wird ihm als spätes »Souvenir« ausgehändigt, dann geht er zu den Sioux, um mit ihnen weiter gegen den Norden zu kämpfen. Unterwegs hätte ihn zwar der Häuptling Crazy Wolf (H. M. W.) beinahe umgebracht; aber ein Indianermädchen (S. M.) rettet ihm das Leben. Er heiratet sie und bleibt bei den Sioux, die unterdessen auch das Kriegsbeil begraben haben. Hier trifft er Driscoll wieder, als die Regierung mit Zustimmung der Sioux im Reservat ein Fort baut. Driscoll, der Kommandant des Bautrupps, errichtet es an einer anderen Stelle als vereinbart. Als O'Meara im Auftrag der Sioux mit ihm verhandeln will, läßt Driscoll den Feind von ehedem als Verräter zum Tode verurteilen. Im letzten Moment wird O'Meara von den Sioux gerettet, die das halbfertige Fort überfallen. Driscoll wird an den Marterpfahl gestellt; aber O'Meara erlöst ihn mit der Kugel, die ihn schon einmal getroffen hat. Damit hat er gegen die Gesetze der Sioux verstoßen. O'Meara verläßt die Indianer und zieht mit den überlebenden Yankees ab.
Ein ungewöhnlicher Western, in dem es keinen »Helden« und auch nicht die übliche Struktur des Genres gibt. Statt dessen zeichnet Fuller ein durchaus glaubwürdiges Bild jener Zeit. Er wird den Indianern gerecht und macht gleichzeitig den Unterschied verschiedener Lebensbereiche realistisch deutlich.

Rysopis
(Besondere Kennzeichen: keine)

Polen, 1964

R: Jerzy Skolimowski; A: Jerzy Skolimowski; K: Witold Mickiewicz; D: Jerzy Skolimowski, Elźbieta Czyźewska

Jeder polnische Student ist während seines Studiums automatisch vom Wehrdienst befreit. Auch Andrzej Leszczyc (J. S.) könnte studieren; aber er meldet sich freiwillig zum Militär. Noch ein paar Stunden bleiben ihm bis zur Abreise in die Garnison. Er geht nach Hause zu der Frau (E. C.), mit der er zusammenlebt. Er kauft ein, geht mit zwielichtigen Freunden in ein Café, trifft ein blondes Mädchen (E. C.); doch alles ist unverbindlich, episodenhaft. In der Universität lernt er eine Studentin (E. C.) kennen. Fur einen Moment scheint es, als konne diese Begegnung sein Leben verändern. Zu Hause hat er eine letzte Auseinandersetzung mit der Frau. Dann geht er zum Bahnhof.
Der Film setzt aus scheinbar zufälligen Beobachtungen das Bild eines Menschen zusammen. Andrzej entzieht sich den Forderungen der Gesellschaft, weiß aber auch keine Alternative. Sein Entschluß, zum Militär zu gehen, ist eine Flucht, ein Ausdruck seiner Ratlosigkeit.
Rysopis entstand auf ungewöhnliche Weise. Skolimowski drehte während seines Studiums an der Filmhochschule eine Reihe von Fragmenten und Studien, die später das Rohmaterial für diesen Film abgaben. Aus dieser Entstehungsweise erklärt es sich wohl auch, daß Skolimowskis Frau, die Schauspielerin Elźbieta Czyźewska, alle drei Frauen spielt, die dem Helden begegnen.
Als in sich abgeschlossene Fortsetzung dieses Films drehte Skolimowski ein Jahr später den Film *Walkower*.

S

Saikaku ichidai onna

(Das Leben der Frau Oharu)

Japan, 1952

R: Kenji Mizoguchi; A: Yoshikata Yoda und Kenji Mizoguchi nach einem Roman von Ibara Saikaku; K: Yoshimi Kono, Yoshimi Hirano; D: Kinuyo Tanaka, Toshiro Mifune, Ichiro Tsugai

Die schöne Oharu (K. T.), Zimmermädchen einer Prinzessin, übernachtet mit ihrem Geliebten (T. M.), einem Samurai niederer Klasse, in einem Gasthaus. Sie werden von der Polizei entdeckt und wegen ihrer unerlaubten Beziehungen verurteilt. Oharu wird mit ihren Eltern verbannt, ihr Geliebter hingerichtet. Ein reicher Kaufmann empfiehlt Oharu dem Lehnsherrn Matsudaira als Geliebte. Doch als sie den sehnlich erwünschten Erben geboren hat, wird sie verstoßen. Ihr Vater (I. T.), der von den Beziehungen Oharus zu profitieren gedacht hatte, verkauft sie enttäuscht als Kurtisane. Ein Mann verliebt sich in sie, will sie freikaufen, wird aber als Betrüger entlarvt. Es kommt zu einem Skandal, und Oharu wird nach Hause geschickt. Nun gibt ihr Vater sie als Dienstmädchen zu Matsudaira, aber dessen eifersüchtige Frauen fürchten Oharus Konkurrenz und vertreiben sie. Jetzt verheiratet ihr Vater sie mit einem einfachen Angestellten. Die Ehe scheint glücklich zu werden, doch der Mann wird getötet. Oharu mag nun nicht mehr nach Hause zurückkehren und wird Prostituierte. Schließlich ist sie auch für diesen Beruf zu alt. Da hört sie, daß Matsudaira sie zu sprechen wünscht. Hoffnungsvoll geht sie zum Palast und erfährt, daß Matsudaira sie des Landes verweisen will, damit niemand von ihrem Lebenswandel erfährt, der auch ihn belasten würde. Oharu kann fliehen und geht ins Kloster.
Mizoguchi hat gesagt, ihm sei es darum gegangen, »Mann und Frau in der Gesellschaft jener Epoche« (17. Jahrhundert) zu zeigen. Er griff damit wieder ein Thema auf, das ihn besonders beschäftigt hat: das Leiden der Frau in einer von Männern beherrschten Gesellschaft. Die Geschichte wird in einfachen, schönen Bildern erzählt – mit vielen Totalen und wenigen Kamerabewegungen.

Le salaire de la peur

(Lohn der Angst)

Frankreich / Italien, 1952

R: Henri-Georges Clouzot; A: Henri-Georges Clouzot und Jérome Géronimi nach dem gleichnamigen Roman von Georges Arnaud; K: Armand Thirard, Louis Née; D: Yves Montand, Charles Vanel, Folco Lulli, Peter van Eyck, Vera Clouzot

Gestrandete Existenzen in Las Piedras in Venezuela, einer Stadt am Ende der Welt. Doch eines Tages gibt es eine Chance: Eine Ölquelle, 500 Kilometer entfernt, ist in Brand geraten; zum Löschen muß man auf behelfsmäßig hergerichteten Lastwagen Nitroglyzerin zum Ölfeld bringen. Vier Männer wagen das Spiel mit dem Tod, das den Gewinnern 2000 Dollar bringt: der Korse Mario (Y. M.), der Ex-Gangster Jo (C. V.), der Italiener Luigi (F. L.), der Deutsche Bimba (P. v. E.). Die gefährliche Fahrt, auf der jede Unebenheit die Ladung zur Explosion bringen kann, beginnt. Schon bald verliert der großsprecherische Jo die Nerven; aber sein Beifahrer Mario will nicht aufgeben – auch nicht als der Wagen von Luigi und Bimba in die Luft geflogen ist. Mario wagt jedes Risiko. Als es gilt, den Krater zu durchfahren, den die Explosion des anderen Wagens gerissen und den eine zerfetzte Ölleitung mit Öl gefüllt hat, überfährt er mit zusammengebissenen Zähnen auch seinen Freund Jo, der ausgerutscht und vor den Wagen gefallen ist. Jo ist schwer verletzt; und als Mario endlich auf dem Ölfeld ankommt, zieht man ihn tot aus dem Wagen. Mario erhält dadurch sogar 4000 Dollar. Aber auf dem Rückweg vergißt er im Rausch des Glücks alle Vorsicht und verunglückt tödlich.
Clouzot hat seinen Film perfekt inszeniert. Er beschwört zunächst die lähmende Monotonie in Las Piedras und schildert dann mit eiskalter Präzision die gefährliche Fahrt. Es gelingt ihm dabei, die Zuschauer tatsächlich zu überzeugen, daß die Gefahr existent ist – daraus gewinnt jedes Detail der Handlung Spannung: der Felsblock, der den Weg versperrt, eine Bodenrinne, eine wackelige Rampe an einer Spitzkehre. Clouzot verließ sich freilich nicht nur auf die äußeren Effekte; Spannung erwächst auch aus den Beziehungen der vier Männer, die er mit psychologischem Feingefühl beobachtet.

La salamandre
(Der Salamander)

Schweiz, 1971

R: Alain Tanner; A: Alain Tanner, John Berger; K: Renato Berta; D: Bulle Ogier, Jean-Luc Bideau, Jacques Denis, Marcel Vidal

Zwei Freunde, ein Schriftsteller und ein Journalist, sollen gemeinsam ein Drehbuch schreiben. Ihr Thema ist eine Zeitungsmeldung: Ein Mädchen namens Rosemonde (B. O.) soll auf seinen Onkel (M. V.) geschossen haben. Rosemonde allerdings bestreitet diese Tat; nach ihrer Aussage hat sich der Onkel beim Reinigen des Gewehres selbst verletzt. Pierre (J. L. B.) sucht der Wahrheit mit den Werkzeugen seines Berufes, mit Tonbandgerät und Kamera, auf die Spur zu kommen, wobei er allerdings nur widersprechende Aussagen registrieren kann. Paul (J. D.) hingegen setzt sich an die Schreibmaschine und »erfindet« Rosemondes Geschichte. Dann bringt Pierre eines Tages Rosemonde mit zu Paul. Der stellt überrascht fest, daß er Details der Wirklichkeit offenbar verblüffend genau getroffen hat, daß aber trotzdem die echte Rosemonde nichts mit seiner Geschichte gemein hat. Als der Kontakt der drei immer enger wird, erfahren die Freunde schließlich sogar die Wahrheit über ihren »Fall«. Doch unterdessen sind sie so sehr in das Schicksal Rosemondes integriert worden, daß diese Wahrheit für sie ohne Belang ist. Sie werden ihr Drehbuch ohnehin nicht schreiben.

Tanner wurde nach Gastspielen in England und Frankreich und nach längerer Tätigkeit für das Schweizer Fernsehen dem Kinopublikum durch seinen Spielfilm *Charles – mort ou vif* (Charles – lebend oder tot, 1969) bekannt. Er gehörte zu den Gründungsmitgliedern der Produktionsgruppe »Groupe 5«, der der Schweizer Film wesentlich seinen neuerlichen Aufstieg verdankt.

In *La salamandre* hat er eine Studie über die Schwierigkeiten beim Schreiben (oder Filmen) der Wahrheit geschaffen. Er zeigt, daß Dichtung, Reportage und Realität drei sehr verschiedene Dinge sind; und er demonstriert das spielerisch-ironisch in einem Film, der scheinbar gesicherte Erkenntnisse immer wieder relativiert und in Frage stellt, der damit aber gleichzeitig dem Zuschauer das Material an die Hand gibt, eine eigene, persönliche Wahrheit zu entdecken.

Salò o le centoventi giornate di Sodoma
(Die 120 Tage von Sodom)

Italien/Frankreich, 1975

R: Pier Paolo Pasolini; A: Pier Paolo Pasolini, Sergio Citti nach dem Roman *Die 120 Tage von Sodom* des Marquis de Sade; K: Tonino Delli Colli; D: Paolo Bonacelli, Aldo Valletti, Giorgio Cataldi, Umberto Paolo Quintavalle, Sonia Saviange

Pasolini hat die literarische Vorlage gekürzt, gestrafft und in die jüngste Vergangenheit versetzt: In Mussolinis kurzlebiger (1943–45) Republik von Salò am Gardasee geben sich vier Notabeln – ein Herzog (P. B.), ein Präsident (A. V.), ein Monsignore (G. C.) und ein Prälat (U. P. Q.) – in einer abgelegenen Villa makaberen Ausschweifungen hin. Mit Hilfe faschistischer Schergen haben sie acht junge Männer und acht Mädchen aus gutem Haus in ihre Gewalt gebracht, die sie in einer dreitägigen Orgie von Sex und Gewalt brutal mißbrauchen, demütigen, schänden und am Ende ermorden. Drei »Erzählerinnen« peitschen die Phantasie der lüsternen Lebemänner zusätzlich durch perverse Berichte auf, eine »Pianistin« (S. S.) begleitet die widerlichen Ausschweifungen.

Salò blieb Pasolinis letzter Film und gewann dadurch für Anhänger und Gegner eine besondere Bedeutung. In Italien wurde der Film wegen »sexueller Perversionen« verboten. Auch in der Bundesrepublik gab es einen Prozeß, der aber mit der Feststellung endete, daß der Film nicht »pornographisch« sei. Er konnte gezeigt werden; viele Kinobesitzer verzichteten aber darauf.

Es kann kein Zweifel darüber bestehen, daß es Pasolini nicht darum zu tun war, einen möglichst spektakulären Sexfilm zu drehen. Er wollte warnen, attackieren, den Faschismus und darüber hinaus jede absolute Macht denunzieren, die den Menschen ausnutzt, erniedrigt und schließlich zerstört. Pasolini selbst: »Im Faschismus manifestiert sich wie kaum woanders jenes fast zwangsläufig zu Terror, Erniedrigung und unmenschlichen Greueln führende Prinzip, das auch de Sades Zentralfiguren eignet.« So ist *Salò* sicherlich ein politischer und ein »moralischer« Film. Aber es scheint, als habe Pasolini in seinem Engagement die Kontrolle über seine Bilder verloren. In einem Interview mit der Zeitung *Corriere della Sera* sagte er: »*Salò* wird

The salvation hunters (Georgia Hale, George K. Arthur, Bruce Guerin)

ein grausamer Film sein. So grausam, daß ich (so nehme ich an) mich zwangsläufig davon distanzieren muß, so tun, als würde ich das alles nicht glauben, als sei ich ganz starr vor Überraschung...« Er hat dabei wohl nicht bedacht, daß auch das Publikum sich »distanzieren« könnte, daß die Fülle der über fast zwei Stunden ausgebreiteten Scheußlichkeiten zwar zum Ekel, aber nicht zur Erkenntnis führen würde. Das Unerträgliche wird verdrängt, und am Ende bezieht sich die Abwehrreaktion der meisten Zuschauer auf das Dargestellte und nicht mehr auf die Ideologie, die durch die Darstellung entlarvt werden sollte.

The salvation hunters Ⓢ
(Die Heilsjäger)

USA, 1925

R: Josef von Sternberg; A: Josef von Sternberg; K: Edward Gheller; D: George K. Arthur, Georgia Hale, Otto Matiesen, Olaf Hytten

»The boy« (G. K. A.) und »the girl« (G. H.) leben auf einem Schlammbagger im Hafen. Der verbitterte und unentschlossene »boy« sucht vergeblich Arbeit, um für seine Gefährtin und ein etwa sechsjähriges Waisenkind, das sie aufgenommen haben, sorgen zu können. Nach einem Streit mit dem Besitzer (O. H.) des Baggers, der das Kind geprügelt hat, verlassen die drei den Bagger und suchen eine Wohnung in der Stadt. »The man« (O. M.) nimmt sie auf – aber offenbar nur deshalb, weil er Absichten auf »the girl« hat. So kommt es eines Tages zu einer Auseinandersetzung zwischen beiden Männern. »The boy« siegt und gewinnt dadurch Vertrauen in sich selbst und Mut für einen neuen Anfang.

Sternbergs erster Film verdankt Entstehung und Erfolg abenteuerlichen Zufällen. Der Schauspieler Arthur wollte unbedingt zum Produzenten avancieren und gewann Sternberg, mit einem Budget von 6000 Dollar für ihn einen Film zu drehen. Leider stellte sich heraus, daß Arthur überhaupt nicht über soviel Geld verfügte, so mußte Sternberg eigene Ersparnisse und eilig gepumptes Geld zuschießen. Der Film entstand schließlich für 5000 Dollar. Die erste öffentliche Vorstellung war ein Mißerfolg. Doch dann überredete Arthur Chaplins Vorführer, den Film »aus Versehen« bei einer privaten abendlichen Filmvorführung in Chaplins Villa zu zeigen. Chaplin war begeistert, sein positives Vo-

tum bewog die United Artists, den Film zu kaufen, und Sternberg war berühmt.
Sternberg drehte seinen Film im Hafen und in den Straßen von San Pedro; der ungeschminkte Realismus gehört sicher zu seinen größten Vorzügen. Dabei gelang es Sternberg aber auch, die innere Leere, die fast besessene Verzweiflung seiner handelnden Personen unpathetisch deutlich zu machen. Manche Kritiker halten noch heute *The salvation hunters* für Sternbergs besten oder zum mindesten doch persönlichsten Film.

Salvatore Giuliano

(Wer erschoß Salvatore G.? / Der Fall Salvatore Giuliano)

Italien, 1961

R: Francesco Rosi; A: Francesco Rosi, Suso Cecchi d'Amico, Enzo Provenzale, Franco Solinas; K: Gianni Di Venanzo; D: Frank Wolff, Salvo Randone

Am 5. Juli 1950 wurde in der sizilianischen Ortschaft Castelvetrano die Leiche des 28jährigen Banditen Salvatore Giuliano gefunden, dessen Name damals fast in der ganzen Welt bekannt war. Sein Leben war von Geheimnissen umwittert: Der Mord an einem Polizisten treibt Giuliano in die Berge. Wenig später erscheint er als Figur im politischen Spiel um die Unabhängigkeit Siziliens. Dann lebt er von Raub, Entführungen und Erpressungen. Nach jahrelanger Verfolgung wird er getötet; sein engster Vertrauter, Gaspare Pisciotta (F. W.), wird verhaftet. In seinem Prozeß sagt Pisciotta überraschend aus, er selbst habe Giuliano getötet. Aber warum? Als Pisciotta eine »wichtige Erklärung« abgeben will, entzieht ihm der Gerichtspräsident (S. R.) das Wort. Hinweise auf Verbindungen Giulianos zu Politikern und hohen Beamten werden unterdrückt. Pisciotta wird wenig später in seiner Zelle vergiftet.
Rosi ging es nicht um eine romantische Räuberballade; er hat vielmehr in der Form einer dokumentarischen Chronik nach der Wahrheit gefragt. Er hat an den Originalschauplätzen überwiegend mit Laien gedreht. Und ihn haben dabei vor allem die politischen und sozialen Voraussetzungen für Giulianos Existenz und seine Erfolge interessiert. Darum ersetzt der Film oberflächliche Spannung durch kritische Distanz, die er u. a. durch häufig abrupten Wechsel der Zeitebenen erreicht. Darum tritt Giuliano in seinem legendären weißen Staubmantel eigentlich nur am Rande in Erscheinung; denn nach Meinung Rosis war er auch in der Wirklichkeit nur eine Schachfigur in der Hand einflußreicher Hintermänner. Und deshalb schließlich verzichtet der Film auf Spekulationen über die Hintergründe des Falles Salvatore Giuliano. Die Tatsache, daß sie nicht geklärt werden konnten, ist für Rosi erhellend genug.

Le samourai

(Der eiskalte Engel)

Frankreich/Italien, 1967

R: Jean-Pierre Melville; A: Jean-Pierre Melville nach dem Roman *The ronin* von Gowan McLeod; K: Henri Decae; D: Alain Delon, Nathalie Delon, Cathy Rosier, François Périer

Der Berufskiller Jeff Costello (A. D.) tut seine Arbeit: Er besorgt sich bei seiner Freundin Jane

Le samourai (Alain Delon)

(N. D.) ein Alibi und erschießt einen Nachtclubbesitzer. Er wird zwar verhaftet, muß aber wieder freigelassen werden, da man ihm die Tat nicht nachweisen kann. Doch die Polizei behält ihn im Auge, und dadurch wird er für seine Auftraggeber ein Sicherheitsrisiko. Als er sein Honorar kassieren will, soll er beseitigt werden. Aber Jeff kann verletzt entkommen. Der Killer wird nun zum Gejagten. Zwar nimmt er noch einen Auftrag an – jedoch nur, um mit dem geheimnisvollen Chef des Syndikats abrechnen zu können. Als er sieht, daß er keine Chance mehr hat, bedroht er das Mädchen (C. R.), das er töten sollte, mit einem ungeladenen Revolver und provoziert damit die Polizei, ihn zu erschießen.
Melville bezieht keine Stellung gegenüber seinem Protagonisten, entschuldigt oder erklärt seine Handlungen nicht. Jeff ist eine Kunstfigur, deren Schicksal präzise und unausweichlich nach festgelegten Regeln abläuft. Hier berührt der Gangsterfilm die antike Tragödie. Als Motto dient dem Film der Satz: »Es gibt keine größere Einsamkeit als die des Samurais, es sei denn die des Tigers im Dschungel!« Jeff ist beides – der Samurai, der seine Arbeit nach festgelegtem Ritual verrichtet, und der Tiger, der im Dschungel der Großstadt kämpft.
In einigen Filmen Rainer Werner Fassbinders kann man deutliche Einflüsse gerade dieses Films feststellen – bis hin zu einer Kopie des Erscheinungsbildes von Jeff Costello in *Liebe ist kälter als der Tod*.

Samson
(Samson)

Polen, 1961

R: Andrzej Wajda; A: Kazimierz Brandys und Andrzej Wajda nach einem Roman von Kazimierz Brandys; K: Jerzy Wójcik; D: Serge Merlin, Alina Janowska, Jan Ciecierski, Elżbieta Kępińska

Kurz vor dem Krieg lernt Jakob Gold (S. M.) auf der Universität den Antisemitismus kennen. Bei einer Auseinandersetzung mit fanatisierten Kommilitonen tötet er durch einen unglücklichen Zufall einen Menschen und wird zu einer langjährigen Gefängnisstrafe verurteilt. Die Niederlage Polens öffnet ihm vorzeitig die Gefängnistore; aber bald sieht er sich erneut eingesperrt – im Ghetto. Er flieht; doch er wird von Zweifeln gequält, ob er sich dem Schicksal seiner Brüder entziehen darf. So verläßt er die Frau (A. J.), bei der er Unterschlupf gefunden hat und die ihn liebt. Herr Malina (J. C.), der mit ihm im Gefängnis gesessen hat, hilft ihm und verbirgt ihn in seinem Keller. Als der Alte stirbt, verschweigt seine Nichte Kazia (E. K.) Jakob den Tod des Onkels und die Zerstörung des Ghettos, um ihn ganz für sich zu haben. Aber Jakobs Zweifel bleiben. Eines Tages geht er auf die Straße und sucht, geblendet vom Tageslicht, den Weg ins Ghetto. Ein Widerstandskämpfer nimmt sich seiner an und führt ihn in ein Versteck. Als deutsche Soldaten durch einen Zufall das Versteck entdecken, sprengt Jakob sich mit ihnen in die Luft, um die Widerstandskämpfer zu retten.
Wajdas Interesse geht über die reine Reportage hinaus. Er konzentriert sich auf die seelischen Probleme eines Menschen unter dem Druck einer unmenschlichen Zeit. Jakob geht es nicht in erster Linie darum, sein Leben zu retten, sondern darum, sein Überleben zu rechtfertigen oder seinem Tod einen Sinn zu geben. Deshalb hat Wajda auch wohl bewußt die Handlung mit symbolischen Akzenten versehen und sie in Beziehung zur alttestamentarischen Geschichte des Samson gesetzt.

San
(Ein serbischer Traum)

Jugoslawien, 1966

R: Puriša Djordjević; A: Puriša Djordjević; K: Mihajlo Popović; D: Olivera Vučo, Ljubiša Samardžić, Mihajlo Janketić

Zwei serbische Dörfer sind vorübergehend von den Partisanen befreit worden. Man feiert gemeinsam den Erfolg; eine junge Partisanin (O. V.) und ein Partisan (M. J.) träumen von einer gemeinsamen Zukunft. Beim nächsten Einsatz der Partisanen wird der Junge getötet; aber in den Träumen und Visionen des Mädchens bleibt er lebendig. Sie träumt das Glück, das sie nie erleben wird. Die Partisanen erbeuten einen deutschen Panzer, sie probieren in einem Dorf den Sozialismus aus und enteignen die Grundbesitzer. Doch dann greifen die Deut-

schen wieder an und nehmen einen mit Partisanen besetzten Zug unter Feuer. Sterbend träumen auch diese Partisanen ihren Traum. Das Mädchen stirbt. Zum Schluß fährt der Zug mit den Leichen der Partisanen in eine andere Welt. Auf einem Hügel versammeln sich die Toten. Unter ihnen ist auch ein dicker deutscher Soldat, der zwei Kinder an der Hand führt. Die Kinder sagen: »Das ist der Onkel, der uns totgemacht hat!«
Die vielfältigen Brechungen zwischen Realität und Vision relativieren den üblichen Partisanenmythos, der lange Jahre das Hauptthema der jugoslawischen Filmproduktion gewesen ist. Hier wird der Zuschauer zu kritischer Analyse aufgefordert, zum Nachdenken darüber, ob der Traum des Jahres 1941 25 Jahre später verwirklicht worden ist. Der lyrische Grundton des Films hat allerdings ein gewisses Pathos; und eine poetische Kameraführung überdeckt gelegentlich das Grauen der Realität.
Djordjević hat das hier angeschlagene Thema später in seinen Filmen *Jutro* und *Podne* wieder aufgegriffen.

San Francisco
(San Franzisko)

USA, 1936

R: William S. Van Dyke; A: Anita Loos nach einem Entwurf von Robert Hopkins; K: Oliver Marsh; D: Clark Gable, Jeannette MacDonald, Spencer Tracy, Jack Holt

Mary (J. MD.) singt im Vergnügungsetablissement von Blackie Norton (C. G.) und im Kirchenchor von Father Mullin (S. T.), mit dem Blackie eng befreundet ist, obwohl er nichts von der Religion hält. Dann taucht ein Mr. Burley (J. H.) auf, der Mary zur Oper bringen will. Nach einem Streit mit Blackie folgt Mary Burleys Angebot und verlobt sich sogar mit ihm. Während Mary Karriere macht, steht Blackie bald vor dem Ruin – nicht zuletzt durch Machenschaften Burleys. Seine letzte Hoffnung ist der »Chickens-Ball«, auf dem alljährlich die beste Varieté-Leistung mit 10 000 Dollar prämiiert wird. Auf diesem Ball erfährt auch Mary von Burleys Intrigen. Sie steht auf, singt für Blackies »Paradise« das Lied »San Francisco« und holt ihm den Preis. Mitten in der Siegerehrung beginnt ein großes Erdbeben. Die Stadt wird vernichtet, aber Mary, Blackie und Mullin treffen sich in einem Lager wieder – und Blackie dankt Gott für die Rettung.
Der Film genießt in weiten Kreisen einen legendären Ruf, den er wohl nicht zuletzt dem populären Lied »San Francisco« verdankt. Verdient haben ihn sonst allenfalls die Hauptdarsteller, die die recht konventionelle Geschichte über zwei Drittel der Zeit in Gang halten. Im letzten Drittel sorgt dann die Tricktechnik (James Basevi) bei der für damalige Zeiten ungewöhnlich realistischen Darstellung des Erdbebens für spektakuläre Spannung.

Le sang d'un poète
(Das Blut eines Dichters)

Frankreich, 1930

R: Jean Cocteau; A: Jean Cocteau; K: Georges Périnal, Preben Engbarg; D: Lee Miller, Enrique Rivero, Pauline Carton, Odette Talazac

Der Dichter (E. R.) zeichnet einen Kopf, dessen Mund lebendig wird. Bei dem Versuch, die Zeichnung fortzuwischen, öffnet sich der Mund in seiner Handfläche. Eine Statue (L. M.) wird lebendig und fordert den Dichter auf, in einen Spiegel zu springen. Er tut es und gelangt in einen Hotelkorridor, wo er durch die Schlüssellöcher in die Zimmer blickt. Er sieht nacheinander die Hinrichtung Kaiser Maximilians von Mexiko, eine Frau (P. C.), die einem Kind das Fliegen beibringt, einen Opiumraucher, einen Hermaphroditen. Eine Frauenhand reicht dem Dichter eine Pistole. Er erschießt sich, wird wieder lebendig, läuft zurück und zertrümmert die Statue. Kinder machen eine Schneeballschlacht, bis eines von ihnen blutend am Boden liegt. Diese Szene wird zur Bühne, auf der der Dichter mit der Statue Karten spielt. Er zieht dem blutenden Kind die benötigte Karte aus der Jacke. Aber er verliert trotzdem und tötet sich zum zweiten Mal. Die Zuschauer in der Loge klatschen Beifall.
Der Vicomte de Noailles, der Mäzen Buñuels, finanzierte auch diesen Film. Ursprünglich war ein Zeichenfilm geplant; Cocteau schlug dann vor, einen »realen« Film zu drehen, »der ebenso frei wäre wie ein Zeichenfilm«. Es entstand ein Film voll poetischer Einfälle, skurriler Wider-

sprüche, paradoxer Erfindungen, von dem eine summarische Inhaltsangabe nur einen unzulänglichen Eindruck vermittelt. Cocteau nannte seinen Film »einen realistischen Dokumentarfilm über unwirkliche Ereignisse«. Er betonte das Traumhafte, Unwirkliche, indem er den Film mit den Bildern eines einstürzenden Fabrikschornsteins beginnen und enden läßt, so daß seine »subjektive« Dauer also auf Bruchteile von Sekunden reduziert wird.

Sicher ging es Cocteau hier um die Situation des Dichters, dem seine Berufung (der Mund) wie eine Wunde, wie ein Makel anhaftet, der seine eigene Kindheit für den Erfolg betrügt, dessen Tod vom Publikum beklatscht wird usw. Viele thematische und optische Motive des Films kehren später in *Orphée* wieder.

Sansho Dayu

(Landvogt Sansho / Sansho Dayu – Ein Leben ohne Freiheit)

Japan, 1954

R: Kenji Mizoguchi; A: Fuji Yahiro und Yoshikata Yoda nach dem gleichnamigen Roman von Ogai Mori; K: Kazuo Miyagawa; D: Kinuyo Tanaka, Yoshiaki Hanayaki, Kyoko Kagawa, Eitaro Shindo

Japan im 11. Jahrhundert. Tamaki (K. T.) ist mit ihren Kindern Zushio und Anju unterwegs und sucht ihren Mann, der als Gouverneur abgesetzt und verbannt worden ist, weil er sich für die Bauern eingesetzt hat. Sie fallen Menschenhändlern in die Hände. Tamaki wird als Kurtisane auf eine Insel gebracht, wo sie altert und wo man ihr schließlich die Sehnen der Füße durchschneidet, um eine Flucht zu verhindern. Die Kinder werden Sklaven des grausamen Landvogts Sansho (E. S.). Nur Sanshos Sohn Taro hat Mitleid mit ihnen; aber Taro flieht schließlich selbst vor der brutalen Härte seines Vaters. Nach vielen Jahren überredet Anju (K. K.) ihren Bruder zur Flucht. Sie selbst ertränkt sich im See, um nicht unter Foltern ihren Bruder zu verraten. In einem Tempel trifft Zushio (Y. H.) auf Taro, der ihm einen Geleitbrief für einen Minister mitgibt. Der Minister erkennt Zushio an einem Amulett, das sein Vater ihm gegeben hat, und ernennt ihn zum Gouverneur der Provinz, in der Sansho lebt. Zushio ordnet die Freilassung aller Sklaven an. Als Sansho sich ihm widersetzt, läßt er ihn verhaften. Dann tritt er von seinem Amt zurück und macht sich auf die Suche nach seiner Mutter. Er findet sie alt und blind; beide sinken sich in die Arme.

Mizoguchi erzählt seine Geschichte vom Leid des einzelnen und vom Leid des Volkes in einer grausamen Zeit in strengen Bildern, in vielen Totalen und langen Einstellungen. Aber sein Film ist nicht nur Stimmungsbild aus der Vergangenheit; er enthüllt mit aller Deutlichkeit soziale und Herrschaftsstrukturen, die das Volk unterdrücken. Und hinter Zushios Rücktritt steht wohl nicht nur die Liebe des Sohnes, der seine Mutter sucht, sondern auch die resignierende Einsicht, daß ein einzelner die Verhältnisse nicht grundsätzlich ändern kann.

Sans toit ni loi

(Vogelfrei)

Frankreich, 1985

R: Agnès Varda; A: Agnès Varda; K: Patrick Blossier; D: Sandrine Bonnaire, Macha Méril, Stéphane Freiss, Sylvain, Yahiaoui Assouna

Am Anfang wird, irgendwo in winterlicher Kälte im Süden Frankreichs, die Leiche einer jungen Frau gefunden. Sie war offensichtlich eine Vagabundin und ist erfroren. Der Film sucht Aufschluß über ihre Existenz und ihren Tod. Man sieht Mona (S. B.), so hieß sie, zunächst bei einem Bad im winterlichen Meer. Dann trampt sie mit Rucksack und Zelt durch das Land. Sie begegnet vielen Leuten, die sich nur ungenau oder gar nicht an sie erinnern. Andere erinnern sich – so die Biologin Landier (M. M.), die sich mit dem Sterben der Platanen befaßt, der philosophierende Ziegenhirt Sylvain (S.) oder der tunesische Arbeiter Assouna (Y. A.). Gelegentlich, aber nur wenn sie dringend Geld für ihren Lebensunterhalt braucht, arbeitet Mona. Einmal wird sie vergewaltigt; aber sie prostituiert sich auch – vielleicht weil sie nicht »bitte« sagen will. Am Ende verliert sie bei einem Brand in ihrem Quartier einen großen Teil ihrer Habseligkeiten, vor allem Rucksack, Schlafsack und Zelt. Letzten Endes ist das der Grund, warum sie erfriert.

Agnès Varda meint: »Menschen, die im Winter umherziehen! Das hat mich schon immer fasziniert. Ich finde das sowohl skandalös als auch mysteriös. Letzten November hatte ich Lust, einen Film darüber zu machen ... Ich könnte den Film in drei Worten bestimmen: Weite, Rebellion und Einfachheit. Das andere ist die Geschichte einer Vagabundin, deren größte Stärke es ist, nur im Vorbeigehen zu leben. Ich wollte daraus so etwas wie ein Spiel mit Spiegeln machen: Die Leute, die Mona begegnet waren, reagieren persönlich und zeigen sich selbst, indem sie erzählen, welche Wirkung Mona auf sie hatte. Mona ist eine Person, die stört und verwirrt, weil sie alles zurückweist, auch die geringste soziale Anbiederung, jegliche Perspektive. Sie stört auch, weil sie nie Opfer ist, nie bedauernswert. Und das provoziert sehr heftige Reaktionen.«
Der Film handelt von totaler Unabhängigkeit und totaler Einsamkeit. Er will keine psychologische Studie sein, allenfalls ein Psychogramm. Er will nicht erklären, sondern schildern. Das tut er in wortkargen Szenen und in präzise komponierten Bildern, die beim Zuschauer einen Denkprozeß in Gang setzen. Man findet keine einleuchtende Erklärung für Monas Existenz; aber der Gedanke an sie, an Menschen wie sie, frißt sich fest. Die Obsession der Regisseurin wird zur Obsession des Betrachters.

Sans toit ni loi (Sandrine Bonnaire)

Såsom i en spegel
(Wie in einem Spiegel)

Schweden, 1961

R: Ingmar Bergman; A: Ingmar Bergman; K: Sven Nykvist; D: Harriet Andersson, Max von Sydow, Gunnar Björnstrand, Lars Passgård

Karin (H. A.) verbringt die Sommerferien mit ihrem Mann Martin (M. v. S.), ihrem Vater David (G. B.) und ihrem Bruder Minus (L. P.) auf einer einsamen Ostsee-Insel. Karin ist latent geisteskrank. Ihr Mann, der Arzt, kann ihr nicht helfen; eine Mauer scheint zwischen den Eheleuten zu stehen. David versagt jämmerlich; er beobachtet Karins Krankheit halb abgestoßen, halb fasziniert, sieht in ihr möglicherweise gar Stoff für ein neues Buch, das ihm, dem oberflächlichen Schriftsteller, endlich einen wirklichen Erfolg bringen wird. Er schreibt diese Gedanken selbstkritisch in sein Tagebuch, das Karin liest. In ihrer Verzweiflung klammert sie sich an Minus und zieht ihn dabei in eine leidenschaftliche inzestuöse Umarmung, die den halbwüchsigen Jungen völlig verstört. Am Schluß des Films hört Karin Stimmen, sieht den sehnsüchtig erwarteten Gott als riesige Spinne erscheinen und wird mit einem Hubschrauber zurück in die Heilanstalt gebracht. Aber die Zurückbleibenden sind verändert. David sucht Trost im Vertrauen auf Gott und findet endlich zu einem Gespräch mit seinem Sohn.
Der Titel des Films ist dem 1. Korintherbrief des heiligen Paulus entnommen: »Denn jetzt sehen wir nur dunkel, wie in einem Spiegel – dann aber von Angesicht zu Angesicht ...« Das Zitat verweist gleichermaßen auf die religiösen Bezüge wie auf die dramaturgische Konzeption des Films. Dies ist einer der wenigen Filme Bergmans, die Hoffnung aus dem Glauben beziehen. Andererseits schildert er, wie alle Personen der Handlung sich dadurch verändern, daß sie im Spiegelbild des anderen einen Teil ihres Ichs sehen. Demonstriert wird das in einer kühlen, klaren Bildsprache, die sich ganz auf das Wesentliche konzentriert. Bergman hat einmal gesagt: »Alle anderen Filme, die ich bisher gemacht habe, waren nur Etüden. Dies ist mein Opus Nr. 1.«

Såsom i en spegel ist der erste Teil einer Art Trilogie, die Bergman mit *Nattvardsgästerna* und *Tystnaden* fortsetzte.

Saturday night and Sunday morning
(Samstagnacht bis Sonntagmorgen)

England, 1960

R: Karel Reisz; A: Alan Sillitoe nach seinem gleichnamigen Roman; K: Freddie Francis; D: Albert Finney, Shirley Anne Field, Rachel Roberts

Arthur Seaton (A. F.) verdient als Arbeiter nicht schlecht, reibt sich aber an der Enge seiner Existenz, aus der er gleichwohl keinen Ausweg weiß. Samstagnacht und Sonntagmorgen sind den Vergnügungen gewidmet: Angeln, Kinobesuch, ein »Saufduell« in der Kneipe, Liebe mit Brenda (R. R.), der Frau eines mickrigen Kollegen. Drei Ereignisse geben seinem Leben eine andere Richtung: Brenda erwartet ein Kind, und Arthur besorgt ihr eine Adresse. Ihr Mann entdeckt das Liebesverhältnis und läßt den Nebenbuhler von einigen Freunden zusammenschlagen. Und schließlich trifft Arthur die junge Doreen (S. A. F.), die Anstalten macht, ihn aufs Standesamt zu locken. Im Schlußbild wirft er einen Stein gegen das Reklameschild einer Baugesellschaft; aber es ist abzusehen, daß dieser zahme und sinnlose Protest ihn nicht davon abhalten wird, zusammen mit Doreen eines der neu entstehenden Häuser zu beziehen.
Karel Reisz hat das Leben seines Helden sorgfältig beobachtet und dokumentarisch geschildert. Er registriert die Beschränktheit der Denkansätze, die schale Oberflächlichkeit der Vergnügungen; doch er verweist auch auf Ursachen: das erdrückende Milieu und das geisttötende Einerlei am Arbeitsplatz u. a. So bleibt auch die Rebellion Arthurs ungezielt und unreflektiert. Ihm gilt die Lohntüte mehr als die Solidarität, seine Proteste sind nicht selten kindisch, und es scheint ziemlich sicher, daß er einmal genauso gedankenlos und frustriert wird wie sein Vater. Ein zwiespältiger »Optimismus« ist allein an das Mädchen Doreen gebunden: Sie ist geschickt und konsequent genug, ihre kleinbürgerlichen Glücksvorstellungen zu verwirklichen. Aber dazu braucht sie einen Partner, der nicht mit Steinen wirft ...

Scarface: Shame of a nation
(Scarface)

USA, 1932

R: Howard Hawks; A: Ben Hecht, Seton I. Miller, W. R. Burnett, J. Lee Mahin und Fred Pasley nach einer Erzählung von Armitage Trail; K: Lee Garmes; D: Paul Muni, Ann Dvorak, Karen Morley, Osgood Perkins, George Raft

Tony Camonte (P. M.), der Leibwächter Costillos, läßt sich von Costillos Gegenspieler Lovo (O. P.) kaufen und ermordet seinen Boß. Im Auftrag Lovos schaltet er weitere Konkurrenten aus; und schließlich erschießt er auch Lovo, um dessen Macht und dessen Freundin Poppy (K. M.) zu gewinnen. Camonte ist jetzt der mächtigste Mann in der Stadt. Aber sein alter Mitstreiter Rinaldo (G. R.) verliebt sich in Camontes Schwester Cesca (A. D.). Das paßt Camonte nicht, und er erschießt Rinaldo. Cesca ruft die Polizei. Zu spät bereut sie ihren Entschluß. Camontes Villa wird umstellt. Cesca wird von einer Kugel getroffen; Camonte bettelt zunächst um sein Leben und wird dann bei einem Fluchtversuch erschossen.
Vorbild für das Schicksal Tony Camontes war der Lebenslauf des Gangsters Al Capone. Hawks hat die historischen Gemetzel sowie das Milieu und den Habitus der Gangster mit Sorgfalt nachgezeichnet. Sein Held ist ein machthungriger, schießwütiger Gangster; aber am Schluß deutet der Film auch eine Mitschuld der Gesellschaft an: Über die Leiche Camontes zuckt eine Lichtreklame mit dem Text: »Die Welt gehört Dir.« *Scarface* genießt als Prototyp des amerikanischen Gangsterfilms einen legendären Ruf.

The scarlet pimpernel
(Die scharlachrote Blume / Das scharlachrote Siegel)

England, 1934

R: Harold Young; A: Robert Sherwood, Lajos Biro, Sam Bermann und Arthur Wimperis nach dem gleichnamigen Roman von Baronesse Orczy; K: Harold Rosson, Osmond Borroidaile; D: Leslie Howard, Merle Oberon, Raymond Massey, Walter Rilla

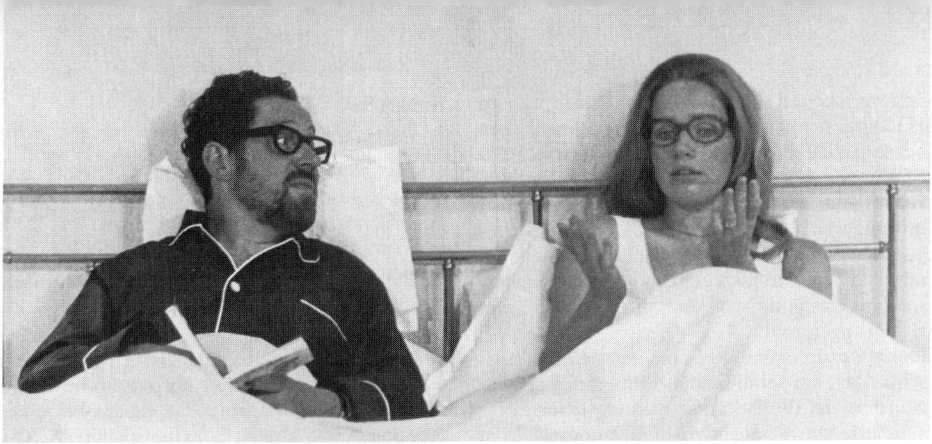

Scener ur ett aektenskap (Erland Josephson, Liv Ullmann)

Französische Revolution. Ein geheimnisvoller Abenteurer, der als »Scarlet Pimpernel« bekannt ist, rettet verfolgte Adelige vor der Guillotine. Hinter dieser Maske verbirgt sich Sir Percy Blakeney (L. H.), der sich im Privatleben so geschickt als eitler Geck tarnt, daß nicht einmal seine Frau (M. O.) etwas von seinem Doppelleben ahnt. Als Percys Schwager und Mitverschworener Armand Saint Just (W. R.) verhaftet wird, verrät Lady Blakeney, um ihren Bruder zu retten, ungewollt ihren Mann. Schon scheint alles verloren: Der Schlupfwinkel Pimpernels ist umstellt, seine Frau, die ihn warnen wollte, verhaftet. Aber wieder siegt Pimpernel. Die französischen Grenadiere sind seine verkleideten Freunde, die ihn sicher auf das rettende Schiff geleiten.
Ein amüsanter Abenteuerfilm, der die große Aktion in ironischer Distanz schildert und plumpe Spekulationen geschickt vermeidet. Das ist nicht zuletzt ein Verdienst seines Hauptdarstellers. Leslie Howard spielte einen Tausendsassa, der seine Erfolge nicht überlegener Muskelkraft, sondern seiner Intelligenz, seinem Charme und seiner Eleganz verdankt.

Scener ur ett aektenskap
(Szenen einer Ehe)

Schweden, 1973

R: Ingmar Bergman; A: Ingmar Bergman; K: Sven Nykvist; D: Liv Ullmann, Erland Josephson, Bibi Andersson, Jan Malmsjö, Barbro Hiort af Ornäs, Gunnel Lindblom

Marianne (L. U.) ist Rechtsanwältin, Johan (E. J.) ist Wissenschaftler. Beide sind zehn Jahre verheiratet, haben zwei Töchter und werden eingangs als eine Art Muster-Ehepaar vorgeführt. Auch das Gegenbeispiel wird gezeigt, eine völlig zerrüttete Ehe: Katarina (B. A.) und Peter (J. M.) kommen zu Besuch und geraten in der Wohnung der Freunde in einen erbitterten, verletzenden Streit. Der Besuch einer Mandantin (B. H. a. O.), die sich nach 20jähriger Ehe scheiden lassen will, bringt Marianne dazu, über ihre eigene Ehe nachzudenken; aber ein Versuch, mit Johan über ihre Probleme zu sprechen, scheitert. Dann überrascht Johan seine Frau mit der Mitteilung, daß er die 22jährige Paula liebe und mit ihr ins Ausland fahren wolle. Vergeblich bittet ihn Marianne zu bleiben. Nach 8 Monaten kehrt Johan zurück – enttäuscht von der besitzergreifenden Liebe Paulas und geschmeichelt durch die Aussicht auf eine Professur an einer bedeutenden Universität. Johan und Marianne schlafen miteinander, doch sie finden keine echte Gemeinsamkeit mehr. Johan geht erneut, und endlich beschließen beide, sich scheiden zu lassen. In Johans Büro sollen die Papiere unterzeichnet werden. Aber jetzt hat sich die Situation verändert: Marianne hat im Alleinsein die Freiheit entdeckt und neues Selbstvertrauen gewonnen; Johan ist verletzt und bitter, weil seine beruflichen Pläne gescheitert sind und seine Bindung an Paula ihn mehr und mehr belastet. Er macht

Schwierigkeiten. Es kommt zum Streit und zu Handgreiflichkeiten. Haßerfüllt unterzeichnen beide schließlich die Papiere. Und diesmal ist es Marianne, die geht. Jahre später treffen sich Johan und Marianne wieder. Beide sind jetzt mit anderen Partnern verheiratet. Sie verbringen ein gemeinsames Wochenende, schlafen miteinander, und jetzt endlich können sie gelassen und verständnisvoll über ihre Probleme und Erfahrungen reden.
Der rund dreistündige Film, der sich fast ausschließlich auf seine beiden Protagonisten konzentriert, ist die gekürzte Fassung einer Fernseh-Serie von 6 Folgen zu je 50 Minuten. Man spürt die Dramaturgie der Serie noch in der Einteilung des Films in sechs »Szenen«. Aber das gereicht ihm nicht zum Schaden, läßt ihn nicht schematisch oder lehrhaft erscheinen, sondern unterstreicht die Konsequenz, mit der hier eine Entwicklung gezeigt wird: die allmähliche Bewußtwerdung Mariannes, das langsame Scheitern Johans, die Denaturierung einer Liebesbeziehung zum blanken Haß und ein Neubeginn, der zwar keine Gewißheit, aber Hoffnung schenkt. Am Ende haben beide etwas Liebe gelernt. Johan ist auf eine neue Weise zärtlich zu Marianne, und Marianne vermag sich endlich einmal in Ruhe und Geduld ihrer Mutter zuzuwenden. Diese Entwicklung wird aber von Bergman nicht als bewußter Lernprozeß dargeboten. Er zeigt, wie beide ihren Weg verzweifelt und oftmals blindlings suchen. Sie geraten in Sackgassen, auf Seitenwege und finden manchmal ein Stück Straße, das sie weiterführt. Bergman selbst sagte von seinen Protagonisten: »Sie sind recht widersprüchlich geworden, manchmal kindlich ängstlich, manchmal recht erwachsen. Sie reden eine Menge dummes Zeug, manchmal sagen sie etwas Vernünftiges.« Diese alltägliche Erfahrung der Probleme und der Widersprüchlichkeit des Lebens ist hier so eindrucksvoll verdichtet, daß der Film und die Fernseh-Serie trotz ihres Anspruchs, ihrer spröden Detailversessenheit und der mangelnden Schauwerte nicht nur bei der Kritik, sondern auch beim Publikum ein großer Erfolg wurden.

Schatten Ⓢ

Deutschland, 1923

R: Artur Robison; A: Rudolf Schneider und Artur Robison nach einer Idee von Albin Grau; K: Fritz Arno Wagner; D: Fritz Kortner, Ruth Weyher, Gustav von Wangenheim, Alexander Granach

Ein junger Ehemann (F. K.) wird von der Eifersucht geplagt. Ganz offensichtlich hat seine Frau (R. W.) einen Liebhaber (G. v. W.), und außerdem bemühen sich noch drei Kavaliere um die attraktive Dame. Da taucht bei einer Abendgesellschaft ein Schattenspieler (A. G.) auf, der mit seinen Puppen und durch Hypnose den Akteuren die möglichen Folgen ihres Verhaltens – ein blutiges Drama der Leidenschaften! – vorspielt. Allen Beteiligten ist diese Lektion eine Lehre. Der Liebhaber und die Kavaliere verlassen das Haus. Ehemann und Frau sinken sich glücklich in die Arme.
Der Film, von dem nur eine verstümmelte Fassung erhalten ist, scheint nicht ganz konsequent in der Handhabung der verschiedenen Ebenen von Schein und Sein. Offenbar hat das Publikum schon damals so empfunden: Neben einer Fassung ohne Zwischentitel brachte man eine zweite mit Titeln heraus. Und nachdem der Erfolg ausblieb, wurde eine dritte, gekürzte Fassung mit noch mehr erklärenden Titeln hergestellt.
Bemerkenswert ist der Film im Rückblick durch seine klare Distanzierung vom Fatalismus, der die deutschen Filme jener Zeit überwiegend bestimmte. Während man sonst vornehmlich Menschen zeigte, die rettungslos einem blinden Schicksal oder ihren Trieben ausgeliefert waren, demonstriert dieser Film die rationale Bewältigung der Situation nach der Einsicht in die möglichen Folgen des eigenen Handelns.

Scherben Ⓢ

Deutschland, 1921

R: Lupu Pick; A: Carl Mayer, Lupu Pick; K: Friedrich Weinmann; D: Werner Krauß, Hermine Straßmann-Witt, Edith Posca, Paul Otto

In einem einsamen Bahnwärterhaus, in dem ein Bahnwärter (W. K.) mit Frau (H. S. W.) und Tochter (E. P.) lebt, trifft ein Inspektor (P. O.)

zur Revision ein. Schon bald entdeckt die Mutter, daß der elegante Inspektor ihre Tochter verführt hat. Verzweifelt eilt sie aus dem Haus, um am Waldrand vor einem Kruzifix zu beten, wo sie im Schneesturm erfriert. Nachdem der Inspektor nunmehr die Liebe der Tochter zurückweist, erleidet das Mädchen einen Nervenzusammenbruch und erzählt dem Vater die Hintergründe des Todes ihrer Mutter. Der Bahnwärter erwürgt den Verführer, hält einen Zug an und stellt sich mit den Worten »Ich bin ein Mörder« der Gerechtigkeit.
Einer der ersten großen deutschen Stummfilme, die fast ganz ohne Zwischentitel auskamen. Außer kurzen Hinweisen, die den Ablauf der Zeit kennzeichnen (Untertitel des Films: Drama in fünf Tagen), enthält er nur den einen Titel: »Ich bin ein Mörder«. Sonst macht Pick den Ablauf der Handlung und ihre psychologischen Hintergründe allein im Bild deutlich. Dabei benutzt er allerdings zahlreiche Symbole. Symbolisch ist schon der Titel, den der Film aufgreift, indem er einen Scherbenhaufen als Anfangs- und Schlußbild zeigt. Als der Morseapparat die Ankunft des Inspektors meldet, zerbricht der Sturm ein Fenster, und ein Windstoß fegt durch das friedliche Zimmer; nachdem der Inspektor die Leiche der Mutter gesehen hat, geht er in sein Zimmer und wäscht sich die Hände usw. Auf diese Weise wird der Handlungsablauf stark vereinfacht und gleichsam auf das »Typische« reduziert. Bemerkenswert ist insgesamt die Kamera, die auch bei den Außenaufnahmen im Riesengebirge erstaunliche Bilder einfing.

Schinel Ⓢ

(Der Mantel)

UdSSR, 1926

R: Grigori Kosinzew, Leonid Trauberg; A: Juri Tynjanow nach den Novellen *Der Mantel* und *Newski-Prospekt* von Nikolai Gogol; K: Andrej Moskwin, Jewgeni Michailow; D: Andrej Kostritschkin, Sergej Gerassimow, Antonina Jeremejewa

Die Geschichte des kleinen Schreibers Akaki Akakiewitsch (A. K.), den der Diebstahl seines neuen Mantels zu Tode bringt und der sich nach seinem Tod an denen rächt, die ihn gedemütigt haben.
Der erste große Erfolg des Teams Kosinzew und Trauberg. In expressionistischer Manier zeichnen sie die bedrohliche Umwelt. Das Spiel von Licht und Schatten, die Einsamkeit einer verschneiten Straße isolieren den Helden, bringen seine Verlassenheit, seine Hilflosigkeit in einer feindlichen Umwelt direkt zum Ausdruck.
Die literarische Vorlage wurde noch mehrfach verfilmt. Den größten Erfolg hatte dabei der italienische Regisseur Alberto Lattuada (*Il capotto* – Der Mantel, Italien 1952).

Schiwoi trup Ⓢ

(Der lebende Leichnam / Das Ehegesetz)

UdSSR/Deutschland, 1929

R: Fedor Ozep; A: Boris Gusman und Anatoli Marienhof nach dem gleichnamigen Schauspiel von Leo Tolstoi; K: Anatoli Golownja, Piel Jutzi; D: Wsewolod Pudowkin, Maria Jacobini, Gustav Diessl, Boris Barnet

Die Geschichte von Fjodor Protassow (W. P.), der einen Selbstmord vortäuscht, um seiner Frau Lisa (M. J.) die Ehe mit dem von ihr geliebten Karenin (G. D.) zu ermöglichen. Als herauskommt, daß Protassow nicht tot ist, wird Lisa als Bigamistin angeklagt; Protassow erschießt sich nun tatsächlich, um Lisa zu helfen.
Eine deutsch-sowjetrussische Coproduktion, die in Berlin gedreht wurde. Gegenüber der literarischen Vorlage wurde die Figur Protassows aufgewertet; er erscheint hier als ruheloser Einzelgänger, der von der Gesellschaft ausgestoßen wird, weil er ihr heuchlerisches Spiel nicht mitmachen will. Der Regisseur Pudowkin, der hier seine größte Aufgabe als Darsteller zu bewältigen hatte, machte die nervöse Unrast dieses Menschen bezwingend deutlich. Für Fedor Ozep war dieser Film der Höhepunkt einer Karriere, die später (in Frankreich und Kanada) in der Mittelmäßigkeit endete.

Schiwyje i mjortwyje

(Die Lebenden und die Toten)

UdSSR, 1964

R: Alexander Stolper; A: Alexander Stolper nach dem gleichnamigen Roman von Konstantin Simonow; K: Nikolai Olonowski; D: Kirill Lawrow, Anatoli Papanow, Ludmilla Ljubimowa

Iwan Sinzow (K. L.) ist politischer Kommissar bei der Roten Armee. Beim Einmarsch der Deutschen begibt er sich in die vorderste Front, wird von seiner Truppe abgeschnitten und irrt wochenlang mit einigen Leidensgenossen durch die Wälder. Als er sich ohne Papiere zu den eigenen Truppen durchgeschlagen hat, empfängt man ihn mit Mißtrauen und behandelt ihn als potentiellen Spion. Selbst seine Frau Mascha (L. L.), die unterdessen für die Abwehr arbeitet, traut ihm nicht vollständig. Sinzow kämpft verzweifelt und erfolglos um seine Rehabilitierung und meldet sich schließlich als einfacher Soldat an die Front, die unterdessen schon vor Moskau steht.

Der Film diskutiert erstaunlich offen und freimütig über die Fehler der militärischen und politischen Führung bei Ausbruch des Krieges. Sein beherrschendes Motiv aber ist die Atmosphäre des Mißtrauens, der Verdächtigungen. Zum Schluß des Films sagt ein Offizier sinngemäß: »Genossen, in letzter Zeit haben wir zu oft und zu leicht angenommen, daß der Mensch kein Vertrauen verdient... An unsere Menschen muß man glauben. Ohne Glauben an sie wird die Wachsamkeit zur Verdächtigung, zur Panik.«

Formal bleibt der Film durchschnittlich. Seine Qualitäten liegen in seiner Ehrlichkeit, seinem Engagement. Der überlange Film (rund 200 Minuten) wurde in der Bundesrepublik um etwa 40 Minuten gekürzt. *Schiwyje i mjortwyje* war als erster Teil einer Trilogie gedacht. Der zweite Teil, der weitere Erlebnisse und Erfahrungen Sinzows behandelt, wurde 1967/68 unter dem Titel *Soldatami ne roschdajutsja / Wosmesdije* (Man wird nicht als Soldat geboren) gedreht. Dieser zweite Teil wurde eine Weile zurückgehalten, ehe er in die Kinos kam; der dritte Teil wurde, soweit feststellbar, nicht gedreht.

Schloß Vogelöd Ⓢ

Deutschland, 1921

R: F. W. Murnau; A: Carl Mayer nach dem gleichnamigen Roman von Rudolf Stratz; K: Fritz Arno Wagner, László Schäffer; D: Olga Tschechowa, Paul Bildt, Paul Hartmann, Lothar Mehnert

Auf Schloß Vogelöd ist eine Jagdgesellschaft versammelt. Peinliche Betroffenheit verbreitet sich, als – ungebeten – Graf Johann Oetsch (L. M.) erscheint, den man seit Jahren verdächtigt, seinen Bruder ermordet zu haben. Da die Witwe (O. T.) des Bruders mit ihrem zweiten Mann, dem Baron Safferstädt (P. B.), ebenfalls anwesend ist, nötigt man den Grafen zur Abreise. Der Graf aber hat ein doppeltes Spiel gespielt: In der Maske des Paters Faramund, eines entfernten Verwandten der Familie, bringt er die Baronin dazu, bei ihm zu beichten. Endlich erfährt Graf Oetsch die Wahrheit über den Tod seines Bruders: Baron Safferstädt ist der Mörder. Er wird überführt und nimmt sich das Leben.

Eine belanglose Kolportagegeschichte. Und belanglos und plakativ sind auch die Zwischentitel. Es gelang jedoch der Regie über weite Strecken, die unheimliche Atmosphäre im Schloß deutlich zu machen. Dazu trugen auch die Bauten Hermann Warms bei, dessen Schloßmodell in stürmischer Nacht sehr echt wirkte. Auch die Rückblende, die den Tod des Grafen zeigt, hat Murnau geschickt in den Film eingebaut.

Schtschors

(Schtschors)

UdSSR, 1938

R: Alexander Dowschenko; A: Alexander Dowschenko; K: Juri Jekeltschik, Juri Goldabenko; D: Jewgeni Samoilow, Iwan Skuratow, L. Ljaschenko

Die Ukraine 1919. Die Truppen der Bolschewiki unter dem Kommando von Nikolai Schtschors (J. S.) kämpfen gegen die Regierung des Nationalisten Petljura. Nach erbitterten Kämpfen wird durch das persönliche Eingreifen von Schtschors der Sieg gesichert; und die Sieger träumen von der Zukunft des Landes...

Doch noch im gleichen Sommer dringen polnische Truppen in die Ukraine ein. Schtschors und sein Mitstreiter, der heißblütige Boschenko (I. S.), müssen erneut in den Kampf ziehen – zumal auch die Konterrevolutionäre die Gunst der Stunde nutzen wollen und erneut aktiv werden. Boschenko fällt, aber Schtschors und seine Soldaten besiegen die Feinde der Sowjetmacht.

Die Anregung zu diesem Film gab Stalin, der Dowschenko noch während der Dreharbeiten zu *Aerograd* sagte: »Jetzt müssen Sie uns einen ukrainischen ›Tschapajew‹ geben!« und ihm die Gestalt von Nikolai Schtschors empfahl. Diese Empfehlung hatte ihre Nachteile: Das Drehbuch, an dem insgesamt 11 Monate gearbeitet wurde, und die Dreharbeiten, die rund 20 Monate dauerten, mußten exakt auf Stalins tatsächliche oder vermeintliche Wünsche abgestellt werden. So geriet die Gestalt des Titelhelden auch allzu steril; manches überlieferte Detail, manche historische Gestalt mußten ausgespart werden, weil sie nicht mehr in die offizielle Geschichtsschreibung der Partei paßten. Dowschenko konzentrierte besonderes Interesse auf die Gestalt Boschenkos, den er zwar als wackeren Patrioten und Kommunisten, aber auch als vitalen Sonderling zeichnete, dem Wodka und Peitsche vertrauter waren als das kommunistische Manifest. Auch in diesem Film hat Dowschenko Dokumentarisches mit poetischen und fast mystischen Bildern vereint. Immer wieder appellieren insbesondere stimmungsvolle oder pathetische Landschaftsbilder an die Emotionen des Zuschauers.

Schuhpalast Pinkus Ⓢ

Deutschland, 1916

R: Ernst Lubitsch; A: Hanns Kräly, Erich Schönfelder; K: ?; D: Ernst Lubitsch, Ossi Oswalda, Guido Herzfeld, Else Kenter

Sally Pinkus (E. L.) scheitert in der Schule und in seiner ersten Stellung wegen allzu großen Interesses für das andere Geschlecht. Just dies Interesse bringt ihm später Glück: Die Tänzerin Melitta (E. K.) finanziert ihm ein eigenes Schuhgeschäft; und da der clevere Herr Pinkus seine Geldgeberin heiratet, braucht er das Darlehen nicht einmal zurückzuzahlen.

Lubitsch überzeugt hier als Schauspieler noch mehr denn als Regisseur. Amüsant ist eine vorausschauende Parodie auf die Werbung – in einer großen »Stiefelschau«; und interessant, wie hier das Milieu des jüdischen Kleinbürgertums zur Zielscheibe des Witzes wird.

Sciuscià

(Schuschia / Schuhputzer)

Italien, 1946

R: Vittorio De Sica; A: Sergio Amidei, Adolfo Franci, Vittorio De Sica, Cesare Giulio Viola, Cesare Zavattini; K: Anchise Brizzi; D: Franco Interlenghi, Rinaldo Smordoni, Aniello Mele

Pasquale (F. I.) und Giuseppe (R. S.) sind streunende Jugendliche im Rom der frühen Nachkriegszeit. Sie verdienen ihr Geld als Schuhputzer und träumen davon, vom Pferdehändler Ranucci ein Pferd kaufen zu können. Bei ihren Versuchen, das nötige Geld zusammenzubekommen, werden sie in eine Diebstahlsaffäre verwickelt und zu einer Gefängnisstrafe verurteilt. Da Pasquale, aus Angst um den vermeintlich im Verhör geschlagenen Giuseppe, gesteht, zerbricht auch die Freundschaft der beiden Jungen. Giuseppe kann fliehen; und nun fürchtet Pasquale, er wolle sich allein den gemeinsamen Traum erfüllen. Er flieht ebenfalls, trifft Giuseppe und verprügelt ihn. Dabei fällt Giuseppe so unglücklich, daß er stirbt. Weinend hält Pasquale den toten Freund im Arm.

Die besten Filme De Sicas sind immer von einer unmittelbaren Anteilnahme für seine Helden geprägt. So fehlt auch hier jeder ideologische Anspruch. De Sica sagte: »Ich sah ein paar Jungen auf der Straße. Ich interessierte mich für sie und bat Zavattini herauszufinden, was diese Kinder eigentlich treiben und wie sie leben.« Das Ergebnis ist ein ungleichmäßiger, gelegentlich etwas romantischer, aber in Details sehr schöner Film, der das Milieu der Straßen, Hinterhöfe und Gefängnisse realistisch einfängt und das Versagen der Erwachsenen mit zornigem Engagement anklagt.

Sedmikrásky

(Tausendschönchen)

ČSSR, 1966

R: Věra Chytilová; A: Ester Krumbachova, Věra Chytilová; K: Jaroslav Kučera; D: Ivana Karbanová, Jitka Cerhová, Marie Češková

Zwei Mädchen, Marie I (J. C.) und Marie II (I. K.), finden die Welt verdorben und beschließen, genauso verdorben zu sein. Sie übertölpeln liebeshungrige Männer, lassen sich zum Essen einladen und machen sich dann aus dem Staub; sie stehlen einer freundlichen Toilettenfrau Geld; sie veranstalten in ihrem Zimmer ein Festmahl mit aus Illustrierten ausgeschnittenen Bratenstücken und ebensolchen Männern und stecken dann Papiergirlanden in Brand. Zum Schluß geraten sie in einen Saal, in dem ein üppiges kaltes Büfett aufgebaut ist, das sie systematisch verwüsten. Voller Übermut schaukeln sie am Kronleuchter – und fliegen durch das Fenster in einen Fluß. Sie schreien um Hilfe; aber so mußte es ja enden! Doch dann sieht man sie, in Zeitungspapier gewickelt, das kalte Büfett notdürftig reparieren.

Der Film hat weder eine übliche Handlung noch übliche »Helden«; denn beide Mädchen existieren deutlich nur für und durch den Film. Leichtem Konsum widersetzt er sich zusätzlich durch Widerhaken, durch den abrupten Wechsel scheinbar unsinniger Szenen. Dabei ist er wohl selbst ein Film gegen den sinnlosen Konsum – hier symbolisiert durch ständiges Essen, durch die Lust an der Zerstörung, durch schrankenlose Individualität. Der Film variiert dieses Motiv noch einmal dadurch, daß er in einfallsreichen Tricks seine Form, ja auch die Gestalt der Mädchen »zerstört«. Věra Chytilová hat das vielleicht allzu kompliziert verspielt, aber in einfallsreichen Bildern, die abwechselnd farbig, schwarzweiß oder monochrom eingefärbt sind, realisiert. In der Tat ein »burleskes philosophisches Dokument« (Věra Chytilová).

Selskaja utschitelniza

(Die Dorfschullehrerin / Erziehung der Gefühle)

UdSSR, 1947

R: Mark Donskoi; A: Maria Smirnowa; K: Sergej Urussewski; D: Wera Marezkaja, Dimitri Ssagal, Wolodja Lepeschinski, W. Maruta

Petersburg vor dem Ersten Weltkrieg. Die Abiturientin Warja (Wera M.) verliebt sich in den Revolutionär Martynow (D. S.). Doch Martynow wird verhaftet, und Warja geht als Lehrerin in ein sibirisches Dorf, wo sie sich bald die Achtung und Zuneigung der mißtrauischen Bevölkerung erobert. Als Martynow aus der Verbannung zurückkommt, heiraten sie; aber nach der Hochzeit wird Martynow erneut verhaftet. Der Krieg und die Revolution folgen. Jetzt kann Warja endlich ihren begabten, aber armen Schüler Prow Woronow (W. L.) auf eine höhere Schule bringen. Auf dem Rückweg findet sie einen schwerverwundeten Kommissar der Roten Armee. Es ist Martynow, der in ihren Armen stirbt. Das Dorf wird zur Stadt; Warja wird alt und räumt ihren Platz in der Schule. Eines Tages kommt Woronow (W. M.), der unterdessen Professor geworden ist, zurück und veranlaßt eine Feier zu Ehren Warjas. Aber das Fest wird durch die Nachricht vom Ausbruch des Zweiten Weltkriegs unterbrochen. Warja kehrt wieder auf ihren Posten zurück. Am Tag des Sieges läßt sie die Vergangenheit noch einmal an sich vorüberziehen.

Zu einer Zeit, als die handelnden Personen im sowjetischen Film fast ausschließlich »Ideenträger« waren, die nur von ihrem sozialen Status und ihrem politischen Bewußtsein definiert wurden, gelang Donskoi ein sympathischer und eindringlicher Film, dessen Held ein wirklicher Mensch zu sein schien. Der Film reflektiert historische Ereignisse in einem überzeugenden individuellen Schicksal. Und er verschweigt auch nicht, daß seine Heldin im Zuge der Kollektivierung der Landwirtschaft beinah selbst zum Opfer geworden wäre.

Semlja Ⓢ
(Erde)

UdSSR, 1930

R: Alexander Dowschenko; A: Alexander Dowschenko; K: Daniel Demuzki; D: Stepan Schkurat, Semjon Swaschenko, Julia Solnzewa, Jelena Maximowa, Pjotr Masocha, Mikola Nademskij

Im Prolog sieht man den stillen, friedlichen Tod des Großvaters Semjon (M. N.) unter einem Apfelbaum. In ruhiger Anteilnahme stehen seine Angehörigen um ihn. Dann kommt Bewegung in den Film: Die Kooperative hat einen Traktor angeschafft. Wassili (S. Sw.) fährt ihn voller Stolz in das Dorf; aber in der Nacht, als Wassili sich von seiner Braut Natalja (J. M.) verabschiedet hat und vor Freude tänzelnd nach Haus läuft, wird er von Choma (P. M.), dem Sohn des Kulaken, erschossen. Während Natalja in wahnsinniger Verzweiflung in ihrer Stube auf und ab läuft, ohne zu bemerken, daß sie nackt ist, krümmen sich die Kulaken in tierischer Angst vor der erwarteten und – wie sie selber wissen – verdienten Strafe. Die Dorfbevölkerung trägt Wassili feierlich zu Grabe. An seinem Sarg erkennt sein Vater (S. Sch.), daß er das Werk seines Sohnes fortsetzen muß, während zur gleichen Zeit Wassilis Mutter ihrem jüngsten Sohn das Leben schenkt.

Der Hinweis auf den Kreislauf des »Stirb und werde« wird in diesem Film unübersehbar deutlich, gerät aber nie in die Bereiche des Kitsches oder der Sentimentalität. Vom ruhigen Tod des Großvaters bis zur Geburt am Schluß des Films spannt sich ein Bogen, den Dowschenko mit Kraft und Poesie füllt. Der Film erschien zu einer Zeit, als die Partei die Kollektivierung in der Ukraine mit Eifer betrieb; Dowschenko stützte diese Politik nicht mit propagandistischen Argumenten, sondern mit der ruhigen Zuversicht, daß das Neue notwendig über das Alte siegen müsse. Die zeitgenössische Kritik in der UdSSR hat ihm vorgeworfen, er habe die Gegenspieler der neuen Politik, die Kulaken und Popen, allzu harmlos gezeichnet; für Dowschenko waren sie offenbar harmlos, da er an ihrem Untergang nicht zweifelte. Aus dieser inneren Sicherheit wuchs ein breiter, ausgewogener Rhythmus, der seinem Film eine klare Schönheit gibt.

Senso
(Sehnsucht)

Italien, 1954

R: Luchino Visconti; A: Luchino Visconti, Suso Cecchi d'Amico, Giorgio Prosperi, Carlo Alianello und Giorgio Bassani nach der gleichnamigen Novelle von Camillo Boito; K: G. R. Aldo, Robert Krasker und Giuseppe Rotunno; D: Alida Valli, Farley Granger, Massimo Girotti, Heinz Moog

Venedig 1866. Während einer Theateraufführung werfen italienische Patrioten Flugblätter, auf denen die österreichischen Okkupanten angegriffen werden, ins Publikum. Dabei kommt es zu einem Streit zwischen dem Herzog Ussoni (M. G.), einem der Anführer der Patrioten, und dem österreichischen Leutnant Mahler (F. G.). Um Ussoni vor den Folgen dieses Vorfalls zu schützen, geht die Gräfin Livia Serpieri (A. V.) als »Vermittlerin« zu Mahler. Doch die Gräfin, deren Mann (H. M.) auf seiten der Österreicher an der Front steht, verliebt sich in Mahler und verrät um seinetwillen alle moralischen Bindungen und politischen Überzeugungen. Schließlich gibt sie ihm sogar Geld, das sie im Auftrag der italienischen Patrioten aufbewahrt, damit er die Militärärzte bestechen kann, ihn noch nicht fronttauglich zu schreiben. Aber als sie ihn in den Armen einer anderen Frau überrascht und erfährt, daß er sie die ganze Zeit hintergangen hat, zeigt sie ihn bei seinen Vorgesetzten an. Mahler wird erschossen; die Gräfin ist Zeuge der Exekution.

Visconti hat hier die Stilmittel des Neorealismus auf ein historisches Thema angewendet und dabei die historischen Bezüge ebenso deutlich gemacht wie in *La terra trema* die sozialen. In seinem Film herrscht ein raffiniertes Gleichgewicht zwischen privatem Schicksal und historisch-politischer Problematik. Beide sind eng miteinander verflochten, bedingen einander, beeinflussen sich.

Viscontis Film ist in seiner integralen Fassung nur einmal, auf dem Festival in Venedig, öffentlich gezeigt worden. Unmittelbar nach der Uraufführung verlangte die italienische Zensur Schnitte, die sich offenbar auf allzu realistische Schlachtenszenen bezogen. Der Produzent führte weitere Kürzungen durch, und in die Bundesrepublik kam schließlich nur eine arg verstümmelte Fassung. Aber auch sie läßt noch

erkennen, wie eindrucksvoll Visconti das Bild einer Zeit gezeichnet hat, wie er gleichzeitig in den Konflikten des Risorgimento aktuelle politische Probleme spiegelt, wie er den Zuschauer in die Vergangenheit entführt, um ihm die Gegenwart bewußt zu machen.
Kameramann Aldo starb während der Dreharbeiten des Films. Robert Krasker und Giuseppe Rotunno rückten an seinen Platz und brachten es fertig, den Film ohne einen erkennbaren Stilbruch abzudrehen.

Senza pietà
(Ohne Gnade)

Italien, 1948

R: Alberto Lattuada; A: Federico Fellini und Tullio Pinelli nach einer Idee von Ettore Maria Margadonna; K: Aldo Tonti; D: Carla del Poggio, John Kitzmiller, Giulietta Masina

Kurz nach dem Krieg wird Angela (C. d. P.) Zeugin, wie der farbige US-Soldat Jerry (J. K.) von einem Deserteur angeschossen wird. Sie gerät selbst in Verdacht, die Tat begangen zu haben, und wird verhaftet. Aber sie kann fliehen und schließt sich mit ihrer Freundin Marcella (G. M.) einer Schmugglerbande an. Sie trifft Jerry wieder und überredet ihn im Auftrag ihres »Chefs«, mit seinem Lastwagen eine Fahrt für die Schmuggler zu machen. Doch Jerry wird von der MP gefaßt und vor ein Militärgericht gestellt. Auch er kann ausbrechen und sich zu Angela durchschlagen. Beide haben sich ineinander verliebt und wollen zusammenbleiben; aber sie brauchen Geld, um falsche Papiere für Jerry zu besorgen. Angela gibt Jerry einen Tip, und er holt sich das Geld mit Gewalt von dem Anführer der Schmuggler. Dieser jedoch verfolgt Jerry und erschießt Angela, als sie sich schützend vor den Geliebten wirft. Jerry legt die Tote behutsam auf seinen Lastwagen, fährt mit ihr zum Meer und rast die Steilküste hinunter.
Die Handlung erscheint konstruiert und kolportagehaft, obwohl sie in ihren Details vermutlich der Wirklichkeit jener Tage entspricht. Den Reiz des Films macht sie sicher nicht in erster Linie aus. Bemerkenswerter sind da einzelne Beobachtungen, kurze Sequenzen, die von der Verzweiflung künden, und jene Atmosphäre der Hoffnungslosigkeit, die so merkwürdig mit dem zähen Kampf um ein bißchen Glück kontrastiert, den die beiden Protagonisten führen.

Seppuku
(Harakiri)

Japan, 1962

R: Masaki Kobayashi; A: Shinobu Hashimoto nach einer Erzählung von Yasuhiko Takiguchi; K: Yoshio Miyajima; D: Tatsuya Nakadai, Shima Iwashita, Akira Ishihama

Im 17. Jahrhundert machten in Japan eine lange Friedenszeit und die Auflösung zahlreicher Fürstentümer viele Samurai brotlos. Bei den verarmten Kriegern entwickelte sich ein Brauch: Sie zogen zum Palast eines Fürsten und baten darum, in ihrem Haus Harakiri begehen zu dürfen. Gewöhnlich gab man ihnen dann etwas Geld und schickte sie fort. Der Film beginnt mit einer solchen Bitte, die ein alter Samurai (A. I.) vorträgt. Um ihn abzuschrecken, erzählt man ihm die Geschichte eines Vorgängers. Einen jungen Samurai (T. N.), dessen Bitte offensichtlich nicht ernst gemeint war, hat man gezwungen, mit einem Bambusdolch Harakiri zu machen. Der Alte gibt sich als Schwiegervater dieses Toten zu erkennen. Er erzählt die Lebensgeschichte seines Schwiegersohnes, berichtet vom Kampf gegen das Elend und von der verzweifelten Hoffnung des Jüngeren, auf diese Weise Frau (S. I.) und Kind vor dem Hungertod zu retten. Aber Abgesandte des Fürsten haben seine Leiche zurückgebracht und vor die Haustür geworfen. Der alte Samurai erzählt weiter, wie er den Toten gerächt hat, indem er die Abgesandten im Kampf besiegt und ihnen die Haarlocke abgeschnitten hat. Dann greift er abermals zum Schwert, kämpft gegen die ganze Versammlung um ihn her, stürzt den Pfahl mit dem »Hausgott« des Fürsten um und stürzt sich, von einer Gewehrkugel verwundet, in sein Schwert. Der Fürst läßt die Affäre vertuschen.
Kobayashi erzählt die Geschichte in einem zeremoniellen Stil, der jedoch niemals pathetisch wird, und gleichzeitig in einem wahren Exzeß an Aktion und Brutalität. Beides hat seine Funktion im Ablauf des Films, der seine Hand-

lung auf verschiedenen Ebenen in raffiniert verschachtelten Rückblenden erzählt. Das Zeremonielle steht hier für eine erstarrte Tradition und für den Versuch der Samurai, das Ende ihrer Epoche nicht zur Kenntnis zu nehmen. Und brutal wird das Ritual des Harakiri seiner romantischen Verklärung beraubt. Kobayashi zollt dem Individuum seinen Respekt, wo es – wie der alte Samurai – nach dem Maß seiner möglichen Erkenntnisse handelt; gleichzeitig aber erhebt er Anklage gegen eine ganze Epoche am Beispiel ihrer hohlen oder überlebten Traditionen.

Das rund 135 Minuten lange Original wurde für den Kinoeinsatz in der Bundesrepublik um etwa 20 Minuten gekürzt.

The servant

(Der Diener)

England, 1963

R: Joseph Losey; A: Harold Pinter nach dem gleichnamigen Roman von Robin Maugham; K: Douglas Slocombe; D: Dirk Bogarde, Sarah Miles, James Fox, Wendy Craig

Der träumerisch-labile Tony (J. F.) ist glücklich, in Barrett (D. B.) einen geradezu idealen Diener gefunden zu haben, der ihm bald unentbehrlich wird. Eines Tages taucht Barretts Schwester Vera (S. M.) auf, die bald Tonys Geliebte wird. Doch Vera ist keineswegs die Schwester des Dieners, sondern auch dessen Geliebte. Als Tony das entdeckt, wirft er beide hinaus. Aber er ist einsam und unglücklich; und als er eines Tages einen scheinbar reuigen und von guten Vorsätzen erfüllten Barrett trifft, stellt er ihn aufatmend wieder ein. Barrett weiß Rat für alles. Er bringt schließlich auch die von Tony insgeheim schmerzlich vermißte Vera ins Haus zurück. Eines Tages fühlt Barrett sich stark genug, sogar gegen Tonys Verlobte Susan (W. C.) anzutreten. Barrett gewinnt; Susan verläßt das Haus, in dem Tony in totaler Willenlosigkeit versinkt und zum Sklaven seines Dieners wird.

Eine überzeugende psychologische Studie, die Losey wegen ihres Modellcharakters eine »Studie über Diener und Herren« nannte. Aber stärker als die anvisierten sozialen Aspekte dieser aparten Konstellation sind doch wohl die erotischen, die in verschiedenen Anspielungen auf eine homoerotische Bindung der beiden Männer deutlich werden. Auf jeden Fall ist dieser Film über weite Strecken von beklemmender Intensität.

The seventh cross

(Das siebte Kreuz)

USA, 1944

R: Fred Zinnemann; A: Helen Deutsch nach dem gleichnamigen Roman von Anna Seghers; K: Karl Freund; D: Spencer Tracy, Signe Hasso, Hume Cronyn

Verfilmung des gleichnamigen Romans von Anna Seghers: Die Flucht von sieben Häftlingen aus einem Konzentrationslager, von denen aber nur Georg (S. T.) dank der Solidarität seiner Freunde und der mutigen Liebe einer jungen Frau (S. H.) ins Ausland fliehen kann.

Die Handlung des Romans spielt Mitte der dreißiger Jahre, als Konzentrationslager noch brutale Straflager, aber keine organisierten Vernichtungsmaschinerien waren. Der Film hält sich gewissenhaft an die Aussage seiner Vorlage; und er ist redlich auch darin, daß er Pathos und Karikatur gleichermaßen meidet. Gewiß spielt er die Spannungselemente von Flucht und Verfolgung effektvoll aus, doch er sorgt dafür, daß sie nicht Selbstzweck werden.

Natürlich konnten Milieu und Umwelt trotz aller Bemühungen in Hollywood nicht in allen Teilen authentisch rekonstruiert werden. Was dagegen stimmt, das ist die Atmosphäre der Angst und der Ungewißheit jener Tage; einer Angst, die die Menschen dazu bringt, dem Freund, dem sie helfen möchten, doch die Hilfe zu versagen. Der Mechanismus der Anpassung wird deutlich an Georg Heislers Jugendfreundin, die einen Nazi geheiratet hat. Und man sieht die Verführbarkeit der Jugend, wenn Kinder mit fröhlichen, offenen Gesichtern einen Flüchtling hetzen – wie beim Indianerspiel.

In kleineren Rollen spielten übrigens einige deutsche Emigranten: Felix Bressart, Alexander Granach, Helene Weigel.

Shadow of a doubt

(Im Schatten des Zweifels)

USA, 1943

R: Alfred Hitchcock; A: Thornton Wilder, Alma Reville und Salley Benson nach einer Erzählung von Gordon McDonnell; K: Joseph Valentine; D: Joseph Cotten, Teresa Wright, Macdonald Carey, Patricia Collinge

Charles Oakley (J. C.) besucht seine verheiratete Schwester Emma Newton (P. C.) in einer Provinzstadt. Seiner Nichte (T. W.), die ihm zu Ehren Young Charlie heißt und die ihn zärtlich liebt, bringt er einen wertvollen Ring mit. In der Stadt wird Charles bewundert, weil er auf der Bank ein Konto mit 40 000 Dollar Einlage eröffnet. Doch dann erscheinen zwei »Regierungsbeamte«, die die Newtons als »typisch amerikanische Durchschnittsfamilie« interviewen wollen. Onkel Charles wird unruhig. Zu Recht; denn einer der Beamten, Jack Graham (M. C.), enthüllt Young Charlie, ihr Onkel werde verdächtigt, der gesuchte »Mörder der lustigen Witwen« zu sein. Zwar glaubt sie das nicht; aber sie selbst entdeckt Indizien gegen ihren Onkel und erfährt schließlich, daß der geschenkte Ring dem letzten Opfer des Mörders gehört hat. Doch anstatt ihn zu verraten, warnt Young Charlie den Onkel. Sie deutet ihm an, daß sie ein Geheimnis kenne, und rät ihm, schleunigst abzureisen. Am nächsten Tag hört sie zu ihrer Erleichterung von Graham, ein anderer sei als Täter verhaftet worden. Doch nun wird Young Charlie das Opfer von zwei merkwürdigen Unfällen, bei denen sie knapp dem Tod entgeht. Ihre Zweifel wachsen wieder. Charles macht der Stadt eine großherzige Stiftung und reist ab. Als seine Nichte sich im Abteil von ihm verabschieden will, hält er sie fest und versucht, sie aus dem fahrenden Zug zu stoßen. Aber er selbst stürzt ab und verunglückt tödlich. Bei seinem ehrenvollen Begräbnis kennen nur Young Charlie und Jack Graham die Wahrheit über Charles Oakley.

Gleichsam eine Umkehrung der von Hitchcock so geschätzten Identitätsverwechslung. Werden in seinen anderen Filmen oft ehrbare Menschen für Verbrecher oder Agenten gehalten, so erscheint hier ein Verbrecher in der Maske des Biedermannes. Die Regie erzeugt geschickt eine Atmosphäre der Ungewißheit, des Zweifels. Zwar ahnt der Zuschauer Onkel Charles' Geheimnis schon sehr bald; die letzte Gewißheit wird ihm jedoch vorenthalten. So entsteht gleichsam eine »schleichende Spannung« aus den Mutmaßungen des Zuschauers über einen Charakter. Auf das Konto des Co-Autors Thornton Wilder dürfte u. a. die genaue Zeichnung des Milieus einer amerikanischen Mittelstandsfamilie gehen.

Shadows

(Schatten)

USA, 1958/59

R: John Cassavetes; A: John Cassavetes; K: Erich Kollmar; D: Lelia Goldoni, Ben Carruthers, Hugh Hurd, Anthony Ray

Lelia (L. G.) lebt mit ihren Brüdern Hugh (H. H.) und Ben (B. C.) in einer kleinen Wohnung in New York. Sie sind Mischlinge und gelten nach den Spielregeln der Gesellschaft als Neger. Aber während Hugh auch wie ein Neger aussieht, könnten Lelia und Ben sich mühelos als »Weiße« ausgeben. Hugh ist ein erfolgloser Nachtclub-Sänger, und entsprechend mäßig sind auch seine Engagements. Er lebt in ständiger Spannung zwischen seinem Ehrgeiz und seinen Möglichkeiten. Lelia lernt auf einer Party Tony (A. R.) kennen. Sie schläft mit ihm (ihre erste sexuelle Erfahrung); doch als Tony Hugh kennenlernt, ist er irritiert. Hugh wirft ihn aus der Wohnung; Tony versucht verzweifelt, Lelia wieder zu treffen, die sich demonstrativ einem jungen Neger zuwendet. Ben, der Jazztrompeter werden möchte, zieht mit zwei weißen Freunden durch die Stadt. Als sie bei einer Schlägerei verprügelt werden, geht Ben allein weiter.

John Cassavetes war Hollywood-Schauspieler, gründete dann eine Schauspielschule und finanzierte schließlich mit eigenem Geld und Spenden (u. a. von Joshua Logan, William Wyler, Hedda Hopper) diesen Film. *Shadows* war der erste »Off-Hollywood-Film«, der ein breites Publikum erreichte. Der Film wurde mit einer 16-mm-Kamera an Originalschauplätzen gedreht und später auf 35 mm »aufgeblasen«. Das so entstandene grobkörnige Bild wirkt realistischer, wirklichkeitsnäher als das übliche Filmbild. Dieser Eindruck findet seine Entsprechung in der Handlung. Es geht nicht nur um das Rassenproblem. Eigentliches Thema ist die Beobachtung von Menschen in ihrer Umwelt und in der Gesellschaft. Cassavetes exemplifiziert das an verschiedenen Beispielen und auf verschiedenen Ebenen; und stets erweist er sich dabei als intelligenter Beobachter, der nicht nur Fakten registriert, sondern auch Bedingungen sichtbar macht.

Shane

(Mein großer Freund Shane)

USA, 1953

R: George Stevens; A: A. B. Guthrie jr. und Jack Sher nach einem Roman von Jack Schaefer; K: Loyal Griggs; D: Alan Ladd, Jean Arthur, Van Heflin, Emile Meyer, Brandon de Wilde

Unter Führung von Joe Starrett (V. H.) lassen sich einige Farmer auf dem Land nieder, das der Viehzüchter Rufus Ryker (E. M.) für sich beansprucht. Eines Tages taucht bei Starrett ein Fremder (A. L.) auf, der sich Shane nennt, der wie ein »Gun-man« aussieht und der doch bereit ist, als Knecht für Starrett zu arbeiten. Starrett schätzt ihn bald sehr, obwohl er sieht, daß seine Frau (J. A.) sich gegen ihren Willen zu dem Fremden hingezogen fühlt und daß sein Sohn Bobby (B. d. W.) ihn noch mehr verehrt als seinen Vater. Wegen Rykers Drohungen verlassen einige Siedler ihr Land; aber Starrett bleibt fest. Eines Tages bestellt Ryker ihn zu einer Aussprache. Shane hat erfahren, daß das ein Hinterhalt ist. Er provoziert einen Streit mit Starrett, schlägt ihn nieder und geht an seiner Stelle. Vor den Augen von Bobby, der ihm heimlich gefolgt ist, tötet er Ryker in Notwehr. Dann setzt er sich, selbst schwer verwundet, auf sein Pferd und reitet fort. Künftig wird im Tal Frieden herrschen.

Der Film hat Ton und Stil einer Legende. Shane ist der Archetyp des edlen Helden, der aus dem Dunkel kommt, das Böse besiegt und dann weiterzieht. Auch die historische Situation, der Streit zwischen Viehzüchtern und Farmern, dient hier nur als Ansatzpunkt für eine poetische Ballade, die Wahrheit und Dichtung des Westens überzeugend integriert.

Shanghai Express

(Schanghai Express)

USA, 1932

R: Josef von Sternberg; A: Josef von Sternberg und Jules Furthman nach einer Erzählung von Harry Hervey; K: Lee Garmes; D: Marlene Dietrich, Clive Brook, Anna May Wong, Warner Oland

Eine bunt zusammengewürfelte Reisegesellschaft im Expreß zwischen Peking und Shanghai: u. a. die kapriziöse »Shanghai-Lily« (M. D.), der englische Captain Harvey (C. B.), die Chinesin Hue Fei (A. M. W.) und der undurchsichtige Mr. Chang (W. O.). Auf der fünftägigen Fahrt wird der Zug zunächst von Regierungstruppen angehalten; einer der Reisenden, der Vertraute eines Rebellenführers, wird verhaftet. Wenig später halten die Rebellen den Zug an. Chang entpuppt sich als ihr Führer, und er betrachtet die Passagiere als Geiseln für die Freilassung seines verhafteten Kuriers. Als Chang sich der »Shanghai-Lily« nähert, schlägt Harvey ihn nieder und soll dafür sterben. »Shanghai-Lily« bittet für sein Leben, und Chang läßt ihn frei. Mit einem Sonderzug trifft der verhaftete Kurier ein. Aber gerade als der Expreß sich wieder in Bewegung setzen soll, gibt es erneute Aufregung: Chang ist tot, getötet von der zarten Hue Fei. Schließlich geht die Fahrt weiter, und in Shanghai schließt Harvey endlich seine Lebensretterin in die Arme.

Sternberg hat die romantische Abenteuergeschichte mit ungewöhnlichen Kameraeinstellungen und geschickter Montage überspielt. Trotzdem bleibt sie weitgehend Rahmen für die Selbstdarstellung Marlene Dietrichs – so wie Sternberg sie sah und wie das Publikum sie sehen wollte: blond, schön, langbeinig, mit dunkler Stimme und von Geheimnis umwittert.

The sheikh Ⓢ

(Der Scheich)

USA, 1921

R: George Melford; A: Monte M. Katterjohn nach dem gleichnamigen Roman von Edith Maude Hull; K: William Marshall; D: Agnes Ayres, Rudolph Valentino, Adolphe Menjou, Walter Long

Auf einer Reise durch die Sahara verkleidet sich die junge Engländerin Diana Mayo (A. A.) als Sklavenmädchen. Sie begegnet Scheich Ahmed (R. V.), der sich in sie verliebt und sie entführt. Aber Diana lehnt seine Werbung ab. Bei einem Ausritt mit Saint Hubert (A. M.), einem Freund Ahmeds, wird Diana von den Männern Omars (W. L.) gefangengenommen. Ahmed sammelt seine Leute, überfällt Omars Lager und befreit Diana in dem Moment, als sie verzweifelt Selbstmord begehen will. Omar wird bei dem Kampf getötet; aber auch Ahmed ist schwer verwundet. Endlich gesteht sich Diana ein, daß sie ihn liebt. Sie pflegt Ahmed gesund, und sie heiraten.
Ein typisches Beispiel für die romantischen Dramen, durch die Rudolph Valentino populär wurde. Zur Romantik gehört wohl auch, daß Ahmed sich als Europäer entpuppt, der als Kind seine Eltern verloren hat und von Arabern aufgezogen worden ist. Zeitgenössische Kritiken weisen auf die realistischen Wüstenaufnahmen hin. Der Kritiker der »New York Times« empfahl den Besuchern, Sonnenbrillen mitzubringen.

Shichinin no samurai

(Die sieben Samurai)

Japan, 1953

R: Akira Kurosawa; A: Hideo Oguni, Shinobu Hashimoto, Akira Kurosawa; K: Asaichi Nakai; D: Takashi Shimura, Yoshio Inaba, Toshiro Mifune, Keiko Tsushima

In jedem Jahr nach der Ernte wird ein kleines Dorf von einer Bande räuberischer Soldaten überfallen. Der Dorfälteste schlägt vor, eine Truppe von Samurai zur Verteidigung anzuwerben. Er findet Verständnis bei dem erfahrenen Samurai Kambei (T. S.), mit dessen Hilfe noch sechs weitere Samurai ausgewählt werden. Die geübten Krieger bilden die Bauern im Kampf aus und bereiten die Verteidigung vor. Im Herbst tauchen tatsächlich die Banditen wieder auf. Sie sind in der Überzahl; und es kommt zu einem tagelangen erbitterten Kampf, bei dem die Angreifer schließlich bis auf den letzten Mann niedergemacht werden, während nur wenige Bauern und vier der sieben Samurai unter den Toten sind. Den letzten Banditen hat der hünenhafte Samurai Kikuchiyo (T. M.) getötet, obwohl er selbst schon tödlich verletzt war. Am Grabe seiner Kampfgefährten erkennt Kambei: »Die Bauern haben den Kampf gewonnen und nicht wir Samurai. Die Bauern leben für immer mit ihrer Ernte!«
Im Original war der Film rund 200 Minuten lang; 40 Minuten davon fehlen in der deutschen Fassung. Aber auch diese verstümmelte Version ist noch von erstaunlicher Eindruckskraft. Kurosawa erzählt seine gewalttätige Handlung in genau kalkulierten Einstellungen und benutzte u. a. Teleaufnahmen und Zeitlupe, um bestimmte Bildeffekte zu erreichen. Dabei ging es ihm aber nicht nur darum, einen attraktiven Abenteuerfilm zu drehen; er greift in der Gegenüberstellung Bauern – Samurai soziologische Probleme auf und schafft interessante psychologische Bezüge zwischen den handelnden Personen.
Ein Remake dieses Films drehte John Sturges in den USA unter dem Titel *The magnificent seven* (Die glorreichen Sieben, 1960). Er verlegte die Handlung nach Mexiko und machte aus den Samurai Abenteurer. Yul Brynner spielte die Rolle Shimuras, Horst Buchholz die Mifunes. Das Ergebnis war achtbar, blieb aber doch beträchtlich hinter dem Original zurück.

Shin heike monogatari

(Die Samurai-Sippe der Taira)

Japan, 1955

R: Kenji Mizoguchi; A: Yoshikata Yoda, Masashige Narusawa und Kyuchi Tsuji nach einer Originalstory von Eiji Yoshikawa; K: Kazuo Miyagawa; D: Raizo Ichikawa, Yoshiko Kuga, Michiyo Kogure, Naritoshi Hayashi

Im 12. Jahrhundert gibt es in Japan Machtkämpfe und Intrigen zwischen einer Gruppe von Mönchen am Hof des Kaisers und den Samurai. Die Samurai Torodai Taira (N. H.) und sein Sohn Kiyomori (R. I.) zum Beispiel werden von den Mönchen um den verdienten Lohn für eine erfolgreiche Aktion gegen die Piraten gebracht. Torodai ist über den Undank des Hofes besonders erbittert, weil er dem Kaiser vor langer Zeit einen großen Dienst erwiesen hat: Er hat eine kaiserliche Konkubine, die schwanger war, geheiratet und das Kind des

Kaisers als sein eigenes aufgezogen. Als Kiyomori endlich die Wahrheit über seine Herkunft erfährt, da wird das für ihn ein Anlaß zur Selbsterkenntnis und Selbstbefreiung. Er wendet sich offen gegen das Intrigenspiel der Mönche. Und als es zu einer Konfrontation kommt, da schokkiert er die Mönche, indem er die »heilige Sänfte« mit Pfeilen beschießt. Er vertraut darauf, daß diese Geste nicht ohne Folgen bleiben wird.

»Klassenkampf« im alten Japan. Zwar steht nicht das Volk auf; aber die Samurai wollen dem totalen Machtanspruch ihrer mönchischen Konkurrenten den Garaus machen. So wird Kiyomoris Tat doch über die individuellen Aspekte der Selbstbefreiung hinaus zu einer Absage an den Totalitätsanspruch der Herrschenden.

Mizoguchi läßt die Kamera das Geschehen vornehmlich in Totalen und Halbtotalen einfangen und ordnet so den Menschen in seine Umwelt und in das Geflecht seiner Abhängigkeiten ein.

The shining

(Shining)

England, 1979

R: Stanley Kubrick; A: Stanley Kubrick und Diane Johnson nach einem Roman von Stephen King; K: John Alcott; D: Jack Nicholson, Shelley Duvall, Danny Lloyd, Scatman Crothers, Barry Nelson

Der ehemalige Lehrer Jack Torrance (J. N.) möchte in aller Ruhe und ohne finanzielle Sorgen einen Roman schreiben. So übernimmt er einen Job als Wächter in einem Hotel in den Bergen Colorados, das während des Winters geschlossen wird. Es schreckt ihn auch nicht, als er erfährt, daß einer seiner Vorgänger in der Einsamkeit wahnsinnig geworden ist und seine Familie umgebracht hat. Während die letzten Angestellten das Hotel verlassen, kommt Jack mit seiner Frau (S. D.) und seinem kleinen Sohn (D. L.) an; und eine Begegnung des Kindes mit dem farbigen Koch (S. C.) erzeugt erste Irritation: Der Farbige attestiert dem Kind, es habe die Gabe des »Shining«, des »Zweiten Gesichts«. In der Folgezeit evoziert tatsächlich die Phantasie des Kindes geheimnisvolle Szenen, die u. a. offenbar die Mordtat des früheren Hausmeisters wiederholen. Gleichzeitig wird Torrance von der seltsamen Atmosphäre des riesigen leeren Hotels zunehmend verstört und in den Wahnsinn getrieben. Eine Weile scheint es so, als könne seine literarische Arbeit, der er mit pedantischer Regelmäßigkeit nachgeht, ihn vor dem Zusammenbruch bewahren. Doch dann entdeckt seine Frau, daß das dickleibige Manuskript in Wirklichkeit nur aus einem einzigen, ständig wiederholten Satz besteht. Und während der farbige Koch in seinem Winterurlaub von ungewisser Angst aufgestört wird und sich auf den Weg macht, um dem kleinen Jungen im Hotel in einer Gefahr beizustehen, wird Torrance von der Wahnidee ergriffen, er müsse seine Familie umbringen. In einem furiosen Finale verfolgt er das Kind durch einen als Labyrinth angelegten Garten. Doch der Junge kann ihn überlisten; Torrance verirrt sich und erfriert.

Kubrick wollte mit seinem Ausflug ins Horror-Gewerbe offenbar Maßstäbe setzen – so wie es ihm beim Science-fiction-Film (*2001: A space odyssey*) und beim historischen Abenteuerfilm (*Barry Lyndon*) gelungen war. Über weite Strecken funktioniert das auch: am Anfang mit einer wahrhaft atemberaubenden Zufahrt auf die einsame Straße, die zum Hotel führt, in virtuosen Kamerafahrten durch die leeren Hotelgänge, am Schluß bei der Verfolgungsjagd durch das Labyrinth. Aber merkwürdigerweise scheint Kubrick diesmal seinen eigenen Möglichkeiten zu mißtrauen. Wenn unwirkliche Bedrohung sich aus scheinbar alltäglichen Bildern längst ergeben hat, setzt er noch unnötige und nicht immer originelle Effekte darauf und läßt zum Beispiel buchstäblich Ströme von Blut durch die Gänge fließen. Jack Nicholson darf szenenweise ziemlich hemmungslos chargieren. Und die Musik (Bartók, Penderecki, Ligeti u. a.) dräut in manchen Sequenzen allzu aufdringlich. So entstand ein merkwürdig uneinheitlicher Film, der im Rahmen seines Genres sicher einen achtbaren Platz einnimmt, der aber nicht – wie die beiden oben zitierten Filme – über sein Genre hinausweist.

Shooting stars Ⓢ
(Sternschnuppen)

England, 1927

R: Anthony Asquith, A. V. Bramble; A: Anthony Asquith, J. O. C. Orton nach einer Story von Anthony Asquith; K: Stanley Rodwell, Henry Harris; D: Annette Benson, Brian Aherne, Donald Calthrop

Die junge Filmschauspielerin Mae (A. B.) ist mit ihrem Kollegen Julian (B. A.) verheiratet, hat aber ein Verhältnis mit Andy (D. C.), der als Komiker für die gleiche Produktion arbeitet. Als Julian die Wahrheit erfährt, fürchtet Mae einen Skandal, der ihre Karriere ruinieren könnte. In ihrer Verzweiflung faßt sie den Plan, Julian zu ermorden. Bei den Vorbereitungen für eine Filmszene, die sie mit Julian zusammen spielen soll, vertauscht sie in einem Revolver, der auf ihren Mann abgefeuert wird, die Platzpatrone mit einer echten Patrone. Im letzten Moment bereut sie ihre Tat; aber ihre verzweifelten Schreie »Nicht schießen!« werden als darstellerisches Bemühen mißverstanden. Julian bleibt gleichwohl unversehrt; durch einen Zufall tötet die Kugel, die ihm zugedacht war, seinen Rivalen Andy. Aber Julian ahnt die Wahrheit und trennt sich von Mae. Ein Epilog zeigt Julian Jahre später als erfolgreichen Regisseur, während Mae nur noch winzige Rollen spielt. Für eine Inszenierung Julians wird sie aus einer Schar wartender Komparsen verpflichtet. Sie spielt eine Frau, die in eine Kirche kommt und betet. Julian erkennt sie nicht einmal.
Die zeitgenössische Kritik hat zwar die melodramatischen Akzente dieses Films angemerkt. Aber sie rühmt die filmische Sprache, die raffinierte Exposition und den Schluß. Mae kniet noch überwältigt vor dem Altar, während die Szene längst beendet ist und alle Mitarbeiter außer Julian das Studio schon verlassen haben. Langsam steht sie auf, zögert einen Moment in der Nähe Julians und geht dann weiter durch den riesigen dämmerigen Raum; und nur ein kleiner Lichtschein im Hintergrund zeigt, daß sie die Tür öffnet und fortgeht.

Shoulder arms Ⓢ
(Gewehr über)

USA, 1918

R: Charles Chaplin; A: Charles Chaplin; K: Rollie Totheroh; D: Charles Chaplin, Edna Purviance, Sidney Chaplin, Jack Wilson

Charlie (C. C.) ist Soldat, und er ist im Schützengraben einsam wie eh und je. Er hat niemanden, der an ihn denkt, ihm schreibt. So sieht er den Glücklicheren beim Lesen ihrer Briefe über die Schultern und freut sich maßlos, wenn ein anderer Vater geworden ist. Zwischendurch träumt er von den Bars in New York; und diese Träume lassen ihn die Wache im strömenden Regen ertragen. Doch Charlie ist nicht etwa ein Versager. Flaschen öffnet er, indem er den Hals von deutschen Scharfschützen abschießen läßt. Er zündet sich an den umherfliegenden Kugeln kaltblütig Zigaretten an und nimmt sogar einen ganzen deutschen Stoßtrupp gefangen. »Ich habe sie umzingelt!« erklärt der Zwischentitel schlicht. Schließlich gelingt ihm der ganz große Coup: In einem sorgsam ausgeklügelten Unternehmen nimmt er den deutschen Kaiser (S. C.) und den Kronprinzen (J. W.) gefangen. Der Krieg ist beendet. Doch dann erwacht Charlie aus seinem Traum, und der Regen fällt weiter auf ihn.
Ursprünglich war ein anderer Schluß vorgesehen: Charlie wird für seine Heldentat von den führenden Staatsmännern der Alliierten geehrt. Im Schloß von Versailles geben sie ihm einen Empfang. Und während Charlie, vom Champagner angenehm beschwipst, eine Rede hält, dreht der englische König ihm heimlich einen Knopf ab – als Andenken.
Obwohl »Charlie« in diesem Film eine Uniform trägt, hat er seinen Charakter kaum verändert. Das zeigt sich besonders in den Szenen von der militärischen Ausbildung, die der eigenwillige Rekrut zur entlarvenden Farce werden läßt. Es zeigt sich aber auch am Schluß, der die Hilflosigkeit des kleinen Mannes und die Nutzlosigkeit seiner Träume deutlich macht.

Le signe du lion
(Im Zeichen des Löwen)

Frankreich, 1959

R: Eric Rohmer; A: Eric Rohmer, Paul Gégauff; K: Nicolas Hayer; D: Jess Hahn, Jill Olivier, Michèle Girardon, Van Doude

Der erfolglose Komponist und Bohémien Pierre (J. H.) erhält die Nachricht vom Tod seiner Tante. In Erwartung einer Erbschaft gibt er ein großes Fest, zu dem auch der Journalist Jean-François (V. D.) geladen ist. Unmittelbar nach dem Fest muß Jean-François zu einer Reportage ins Ausland. Bei seiner Rückkehr erfährt er, daß nicht Pierre, sondern sein Vetter geerbt hat. Er sucht Pierre, erfährt aber lediglich in einigen Hotels, daß sein Freund wegen unbezahlter Rechnungen ausziehen mußte. Pierre versucht unterdessen sich durchzuschlagen. Wochen später erfährt Jean-François, daß Pierres Vetter verunglückt ist und sein Freund nun wirklich geerbt hat. Aber Aufrufe in den Zeitungen bleiben erfolglos; denn Pierre lebt unterdessen als Clochard. Durch einen Zufall trifft Jean-François ihn schließlich in einem Lokal.
Die Handlung des Films scheint banal, das Happy-End konstruiert. Aber tatsächlich erlebt man hier den schicksalhaften Leidensweg eines Menschen. Pierre glaubt an die Sterne, an das Glück derer, die im Zeichen des Löwen geboren sind. Das erklärt den Fatalismus, mit dem er dem Schicksal begegnet. Die Regie teilt diesen Fatalismus nicht. Sie zeigt mit entnervender Deutlichkeit die Stationen des Niedergangs, macht deutlich, was ein gerissener Schnürsenkel, ein Flecken auf dem einzigen Anzug, eine verlorene Métro-Karte für Pierre bedeuten. Der Schluß hebt diesen Alptraum nicht auf, betont vielmehr noch, wie blind das Schicksal seine Gaben verteilt. Überdies hat Rohmer noch die Gelegenheit genutzt, das sommerliche, von den Bewohnern entvölkerte Paris in eindringlichen Bildern zu zeigen.

Le silence de la mer
(Das Schweigen des Meeres)

Frankreich, 1947/48

R: Jean-Pierre Melville; A: Jean-Pierre Melville nach der gleichnamigen Erzählung von Vercors; K: Henri Decae; D: Howard Vernon, Nicole Stéphane, Jean-Marie Robain

1940 bezieht ein deutscher Offizier (H. V.) Quartier in einem französischen Haus. Seinem taktvollen Werben um Verständigung begegnen der Hausherr (J. M. R.) und seine Nichte (N. S.) mit Schweigen. Als der Deutsche erkennen muß, daß die Politik seines Landes nicht auf Verständigung, sondern auf Zerstörung abgestellt ist, meldet er sich verzweifelt an die Ostfront. Seinem Abschiedsgruß antwortet die Nichte zum erstenmal – mit dem Wort »Adieu«.
Die literarische Vorlage hatte in den Zeiten der Résistance große Bedeutung und beträchtliche Wirkung. Melville hat sie werkgetreu verfilmt, hat in strengen Bildern und oft quälend langen Einstellungen die Atmosphäre dieser makabren Gemeinsamkeit eingefangen.

Le silence est d'or
(Schweigen ist Gold)

Frankreich, 1946/47

R: René Clair; A: René Clair; K: Armand Thirard; D: Maurice Chevalier, François Périer, Marcelle Derrien

Paris um die Jahrhundertwende. Émile (M. C.), alternder Schwerenöter und »Filmregisseur«, wird unversehens von der Tochter (M. D.) einer Jugendfreundin heimgesucht. Er soll auf das junge Mädchen aufpassen. Statt dessen verliebt er sich Hals über Kopf in seinen Schützling; aber just mit den von Émile erlernten Tricks schleicht sich sein junger Freund und Mitarbeiter Jacques (F. P.) in das Herz des Mädchens. Eine Tragödie bahnt sich an. Als Jacques und die geliebte Madeleine diese Tragödie jedoch vor der Filmkamera spielen, greift ein leibhaftiger Sultan ein, der sich als Gast bei den Dreharbeiten eingefunden hat. Er fordert einen Filmschluß ohne Tränen. Émile begreift und ersinnt ein Happy-End für seinen Film und für die jungen Leute.
Nach seiner Rückkehr aus dem Exil knüpfte Clair da an, wo er rund 15 Jahre vorher aufgehört hatte: Er drehte eine liebenswürdige Komödie aus dem Alltag einfacher Leute. Gleichzeitig war dies aber ein »Hommage« an die

Pioniere des französischen Films. Und die liebevolle Ironie, mit der er die Welt des Films zeichnete, gehört zum Besten in *Le silence est d'or*.

Singin' in the rain

(Du sollst mein Glücksstern sein)

USA, 1952

R: Gene Kelly, Stanley Donen; A: Adolph Green, Betty Comden; K: Harold Rosson; D: Gene Kelly, Debbie Reynolds, Donald O'Connor, Jean Hagen

1928. In Hollywood setzt sich der Tonfilm durch. Zwei Künstler profitieren davon: Don Lockwood (G. K.) wandelt sich vom schmalzigen Liebhaber zum Tanz- und Gesangsstar; sein Freund Cosmo Brown (D. OC.), der bisher die Stars bei den Aufnahmen durch gefühlvolle Klaviermusik in Stimmung bringen mußte, avanciert zum Leiter der Musikabteilung. Gemeinsam verwandeln sie Lockwoods letztes Liebesdrama, das vom Publikum ausgelacht worden ist, in ein zündendes Musical. Lina Lamont (J. H.) allerdings, der weibliche Star des Films, hat eine total ungeeignete Stimme. Auch hier findet man Rat: Lockwood entdeckt die kleine Tänzerin Kathy Selden (D. R.), in die er sich alsbald verliebt, als Synchronstimme für Lina. Während Lina diesen Zustand beibehalten möchte, sorgen Lockwood und Brown dafür, daß Kathy nicht anonym bleibt: Als Lina bei der Premiere an der Rampe Gesang mimt, während Kathy hinter dem Vorhang für sie singt, öffnen sie kurzerhand den Vorhang. Das ist der Beginn von Kathys Karriere.

Ein einfallsreiches und temperamentvolles Musical, das die Möglichkeiten des Mediums geschickt nutzt und sie gleichzeitig, genauso wie ein Stück Filmgeschichte dazu, einfallsreich persifliert. Großartige Einzelszenen wie Gene Kellys Tanz im Regen und Donald O'Connors akrobatischer Tanz im Atelier sind gut integriert. Neben *On the town* (1949) wohl der beste Film des Gespanns Kelly–Donen.

Det sjunde inseglet

(Das siebente Siegel)

Schweden, 1956

R: Ingmar Bergman; A: Ingmar Bergman; K: Gunnar Fischer; D: Max von Sydow, Gunnar Björnstrand, Bengt Ekerot, Nils Poppe, Bibi Andersson

Im 14. Jahrhundert kehrt der Ritter Antonius Blok (M. v. S.) mit seinem Knappen (G. B.) von einem Kreuzzug zurück. Er findet Schweden von der Pest verwüstet; und der Ritter beginnt, an Gott zu zweifeln. Als der Tod (B. E.) ihn holen will, begehrt Blok auf: Erst will er eine Antwort auf seine Frage nach dem Sinn des Lebens. Der Tod gewährt ihm eine Gnadenfrist für die Dauer eines Schachspiels, das er mit dem Ritter spielen will. Zwischen den Zügen erlebt der Ritter Tod und Verzweiflung der Menschen; aber er entdeckt auch einen Funken Hoffnung in der Begegnung mit dem einfältigen Gaukler Jof (N. P.), seiner Frau Mia (B. A.) und ihrem Kind. Als der Ritter sein Schloß erreicht hat, da ist auch die Schachpartie zu Ende. Durch einen Trick hat der Tod gesiegt. Jof und Mia sehen im Morgengrauen, wie der Tod den Ritter, seine Frau und sein Gefolge in einem seltsamen Totentanz mit sich zieht.

Der Pfarrerssohn Bergman hat von Jugenderinnerungen berichtet: Als Kind hat er seinem Vater bei der Predigt zugehört und dabei die Kirchenfenster und ihre Bildmotive betrachtet. Sie zeigten Heilige und Dämonen, »und in einem Wald saß der Tod und spielte Schach mit einem Ritter«. Später schrieb Bergman ein Bühnenstück über einen Ritter, der während einer Pestepidemie dem Tod begegnet. Und schließlich entstand dieser Film, dessen Titel auf die »Geheimen Offenbarungen« des heiligen Johannes verweist (»Als das Lamm das siebente Siegel brach...«) und in dem die Pest zum Sinnbild unheimlicher Gefährdung des Menschen wird.

Optisch und in seiner stilistischen Einheit ist dies vielleicht der beste Film Bergmans. Das Mittelalter ist in realistischen Bildern beschworen, hinter denen aber apokalyptische Visionen lauern. Eine Schenke, der Zug der Flagellanten, die Hexenverbrennung u. a.: weit entfernt von einem Bilderbuch-Realismus ist stets der Geist der Vergangenheit eingefangen.

Skammen

(Schande)

Schweden, 1968

R: Ingmar Bergman; A: Ingmar Bergman; K: Sven Nykvist; D: Liv Ullmann, Max von Sydow, Gunnar Björnstrand, Sigge Fürst

Vor einem Bürgerkrieg ist das Musiker-Ehepaar Jan (M. v. S.) und Eva (L. U.) Rosenberg auf eine Insel geflüchtet, wo besonders der hypochondrische Jan in wachsender Angst vor dem sich nähernden Krieg lebt. Besatzungstruppen tauchen auf und erpressen von Jan und Eva ein Interview, das für Propagandazwecke ausgenutzt wird. Als »die anderen« zurückkehren, gelten die Rosenbergs deshalb als Kollaborateure und werden verhaftet. Doch Oberst Jacobi (G. B.) schützt das Ehepaar; er beginnt ein Verhältnis mit Eva und steckt ihr seine Ersparnisse zu. Dann erscheinen Partisanen, die den Oberst töten wollen, wenn er nicht ein Lösegeld zahlt, das etwa seinen Ersparnissen entspricht. Aber Jan hat das Geld an sich genommen und gibt es nicht heraus. Auf Befehl der Partisanen erschießt Jan den Oberst. Das Haus der Rosenbergs wird zerstört. Jan tötet einen jungen Deserteur, obwohl Eva ihn um das Leben des Unbekannten bittet. Mit einem Boot wollen die beiden fliehen; am Ende sieht man sie mit diesem Boot zwischen den Leichen Ertrunkener auf dem Meer treiben.

Wie in seinem vorigen Film *Vargtimmen* zeigt Bergman auch hier ein Ehepaar (gespielt übrigens von den gleichen Darstellern!), das auf einer Insel einer Bedrohung ausgesetzt ist. Waren es vorher die individuellen Obsessionen eines Künstlers, so sind es diesmal die Gefährdungen durch einen Krieg. Und wieder trennt die Bedrohung die beiden Menschen, reißt sie die Abgründe auf, die vorher mühsam und oberflächlich verdeckt waren, bewirkt sie nur eine Art »Notgemeinschaft«, die das Trennende deutlicher macht als das Verbindende. Daneben gewinnt aber auch der Krieg Realität – eine schmutzige Realität, die nichts von Heldentum weiß, sondern nur von Verrat, Terror, Erpressung, in der ein Mensch getötet wird, weil seine Stiefel dem Mörder »nützlich« erscheinen.

Bergman variierte das Thema dieses Films auch in seinem Film *En passion*, der sich mit einem Bildzitat direkt auf *Skammen* bezieht.

Slatyje gory / Stschastliwaja uliza

(Goldene Berge / Die glückliche Straße)

UdSSR, 1931

R: Sergej Jutkewitsch; A: A. Michailowski, Wladimir Nedobrowo, Sergej Jutkewitsch, Lew Arnschtam, Alexej Tschapygin; K: Joseph Martow, Wladimir Rapoport; D: Boris Poslawski, J. Korwin-Krukowski, W. Fedosjew, N. Mitschurin

In den Erdölraffinerien von Baku kommt es 1914 infolge der unzumutbaren Arbeitsbedingungen zu Streiks. Auch in der Fabrik von Putilow (J. K. K.) gärt es. Neue Arbeiter werden gebraucht; man wirbt sie im bäuerlichen Hinterland an. Unter denen, die in die Stadt ziehen, ist auch Pjotr (B. P.), der daheim von einem Großgrundbesitzer ausgenutzt wird. In der Stadt möchte er das Geld für ein Pferd verdienen. Putilows Sohn (W. F.) will ihn zum Anführer von Streikbrechern machen; und unter dem Einfluß des Meisters Nikolai (N. M.) beteiligt sich Pjotr sogar an einem Anschlag auf den Bolschewiken Wassili. Aber gerade dadurch kommt er mit den revolutionären Arbeitern in Berührung; und als er dann noch erfährt, daß seine kleine Landwirtschaft ruiniert ist, da gibt er das Signal zum Streik.

Der Film wurde von vielen Kritikern als Gegenstück zu Pudowkins *Konez Sankt-Peterburga* angesehen. In beiden Filmen wandelt sich ein Bauer in der Stadt zum Revolutionär. Während aber Pudowkin seinen Helden als Stellvertreter der gesamten Landbevölkerung ansah, ist Pjotr ein Individuum, das aus persönlichen Erfahrungen eine persönliche Entscheidung trifft.

Slatyje gory wurde als Stummfilm begonnen. Erst während der Dreharbeiten beschloß man, eine Tonfassung herzustellen, für die Dimitri Schostakowitsch als Komponist gewonnen wurde. Jutkewitsch bemühte sich dabei, den Ton »kontrapunktisch« einzusetzen, wie Eisenstein und Pudowkin es in ihrem berühmten »offenen Brief« gefordert hatten. Trotz technischer Schwierigkeiten – in der UdSSR gab es damals noch keine geeigneten Ton-Apparaturen – geriet der Film sehr eindrucksvoll.

Smultronstället (Victor Sjöström, Ingrid Thulin)

Smultronstället
(Wilde Erdbeeren)

Schweden, 1957

R: Ingmar Bergman; A: Ingmar Bergman; K: Gunnar Fischer; D: Victor Sjöström, Ingrid Thulin, Gunnar Björnstrand, Bibi Andersson, Folke Sundquist, Björn Bjelvenstam

Der Film beginnt mit einer Traumvision: Ein alter Mann erlebt seinen eigenen Tod, sieht sich als Leiche. Der Mann erwacht. Es ist Professor Isaak Borg (V. S.), der heute, am 50. Jahrestag seiner Promotion, von der Universität Lund geehrt werden soll. Seine Schwiegertochter Marianne (I. T.) bringt ihn mit dem Wagen nach Lund; diese Fahrt wird zu einer bitteren Bilanz seines Lebens. Er unterhält sich mit drei jungen »Anhaltern« (B. A., F. S., B. B.), besucht die Stelle, wo er als Kind wilde Erdbeeren gesucht hat und sieht sich in Gedanken zurückversetzt in den Kreis der Geschwister und Spielgefährten. Schließlich wirft Marianne, deren Ehe zu scheitern droht, ihm vor, egoistisch und selbstherrlich zu sein. Isaak Borg sieht ein, daß er sich den Menschen entfremdet, sich selbst um sein Glück betrogen hat. Er läßt die Ehrungen über sich ergehen. Aber am Abend macht er einen Versuch, sich seinem Sohn (G. B.) und seiner Schwiegertochter zu öffnen, die Ehe und das Glück dieser beiden Menschen, die er liebt, zu retten.

Der Film ist mehr als nur ein elegisches »Spiel der Erinnerungen«. Bergman stellt die Frage nach der Verantwortung des Menschen für den Menschen, nach dem Sinn des Lebens; und dabei gewinnt der Einzelfall exemplarische Bedeutung. Hier plädiert Bergman noch für ein Glück, das in der Offenheit für die Welt und in der Begegnung mit dem Mitmenschen liegt. In späteren Filmen war seine Bilanz bitterer.

Formal besticht die Kraft und Stilsicherheit, mit der die Traumsequenzen in die Schilderungen der Realität eingefügt wurden. Die Konfrontation Isaak Borgs mit den Gefährten der Jugend, die den alten Mann auch optisch in den Kreis seiner Jugendgespielen zurückversetzt, ist nicht nur von großem ästhetischen Reiz, sie macht auch ganz direkt deutlich, was »alt sein« heißen kann. Bemerkenswert ist ebenso die Gestaltung der Hauptrolle durch Victor Sjöström, einen der großen Regisseure aus der Blütezeit des schwedischen Stummfilms.

So ist das Leben Ⓢ

(Takovy je život)

Deutschland/Tschechoslowakei, 1929

R: Carl Junghans; A: Carl Junghans; K: László Schäffer; D: Wera Baranowskaja, Theodor Pistek, Mana Zeniskova, Valeska Gert

Eine Prager Waschfrau (W. B.) bemüht sich verzweifelt, ihre Familie über Wasser zu halten, nachdem ihr Mann (T. P.) seine Arbeit in einer Kohlenhandlung verloren hat. Ihre Bemühungen bleiben vergeblich: Die Tochter (M. Z.) erwartet ein Kind von ihrem Freund und verliert ihre Stellung als Maniküre, weil sie einen zudringlichen Kunden energisch zurückgewiesen hat; der Mann vertrinkt das für die Miete zurückgelegte Geld mit seiner Freundin (V. G.). Als die Waschfrau das Kind einer Nachbarin, das bei ihr spielt, davor bewahren will, aus dem Fenster zu stürzen, stößt sie ihr Waschfaß um, verbrüht sich und stirbt – an den Folgen des Unglücksfalls, aber auch an Überarbeitung, Sorgen und Enttäuschung.

Junghans drehte seinen Film unter schwierigen Bedingungen in ständiger Geldnot. Das Drehbuch hatte er schon 1925 geschrieben; eigentlich sollte die Handlung in Dresden spielen. Aber es fand sich kein Produzent. Schließlich überredete Junghans den populären tschechischen Komiker Pistek, die erste tragische Rolle seines Lebens ohne Gage zu spielen. Andere Darsteller folgten Pisteks Beispiel. Die Prometheus-Film wollte sich ursprünglich mit 40 000 Mark beteiligen. Wie Junghans berichtet, stornierte sie jedoch den Vertrag, als er es ablehnte, einen von der Prometheus gewünschten »positiven« Schluß mit klassenkämpferischen Parolen zu drehen. So kam das Unternehmen gerade über die Runden. Die notwendigen Außenaufnahmen drehte Junghans zum Beispiel in drei Stunden an einem Sonntag, buchstäblich mit seinen letzten 120 Metern Film. Als der Film fertig war, fand sich kein Verleiher. Und als die Ufa ihn schließlich übernahm, war die Zeit des Tonfilms angebrochen; das Publikum zog die neuen »Sprechfilme« vor.

So ist das Leben beeindruckt auch heute noch durch seinen unpathetischen Realismus, der den Alltag weder poetisch verklärt noch ihn zu vordergründiger Agitation mißbraucht. Höhepunkte sind die Geburtstagsfeier der Waschfrau, bei der vermeintliches Glück die Beengtheit ihrer Existenz eigentlich besonders deutlich dekuvriert, die Szenen in der Kneipe und der Schluß – Begräbnis und Leichenschmaus mit Kaffee und Kuchen zu den Klängen eines Pianolas. Junghans war vor allem daran gelegen, seiner getretenen und geschundenen Waschfrau eine stille Würde zu geben, was der Baranowskaja mit einem sehr beherrschten Spiel vorzüglich gelang.

Im Jahr 1964 stellte Junghans übrigens selbst eine Tonfassung des Films her, die aber nur Musik und einige signifikante Geräusche enthält.

Soljaris

(Solaris)

UdSSR, 1971/72

R: Andrej Tarkowski; A: Andrej Tarkowski und Friedrich Gorenstein nach dem gleichnamigen Roman von Stanisław Lem; K: Wadim Jussow; D: Donatas Banionis, Natalia Bondartschuk, Nikolaj Grinko, Juri Jarvet, Wladislaw Dworshezki, Anatoli Solonizyn, Sos Sarkissian

Der Psychologe Kris Kelvin (D. B.) erhält den Auftrag, zum Planeten Solaris zu fliegen, weil aus der dort befindlichen Raumstation nur noch verworrene Botschaften zur Erde gelangen. Die letzten Tage vor dem Abflug verbringt Kelvin bei seinem Vater (N. G.) in einem romantischen Landhaus. Dort trifft er Berton (W. D.), der ihn vor der Anwendung extremer Mittel warnt und ihn an die Verantwortung der Wissenschaft erinnert. Insbesondere warnt Berton ihn vor dem geheimnisvollen Ozean auf Solaris. Die Raumstation befindet sich bei Kelvins Ankunft in einem desolaten Zustand. Nach dem Selbstmord des Physikers Gibarian (S. S.) sind von der ursprünglich 85 Mann starken Besat-

zung nur der Kybernetiker Snaut (J. J.) und der Biologe Sartorius (A. S.) übriggeblieben; und die sind in einer höchst befremdlichen Verfassung. Noch mehr schockiert Kelvin aber die unerklärliche Anwesenheit von Kindern und jungen Mädchen in der Station. Plötzlich steht auch Hari (N. B.) vor ihm, seine erste Frau, die vor Jahren Selbstmord begangen hat, worüber Kelvin noch heute Schuldgefühle empfindet. Als Erklärung für diese seltsamen Phänomene bietet sich nur eine ungeheuerliche Hypothese an: Der geheimnisvolle Ozean ist ein riesiges übersinnliches Potential, das Träume, Ängste und Schuldgefühle der Männer in der Raumstation materialisiert. Kelvin wagt ein Experiment, übermittelt dem Ozean sein Enzephalogramm und erblickt auf der Oberfläche das Haus und den Garten seines Vaters. Am Ende sieht man ihn in diesem Garten – als Rückkehrer auf der Erde oder als Geschöpf des Ozeans?
Lems Roman ist sicher einer der intelligentesten und hintergründigsten Beiträge zur Science-fiction-Literatur; Tarkowskis Inszenierung ist eine der grüblerischsten und faszinierendsten dieses Genres. Dabei versagt sich Tarkowski effektvolle Trickaufnahmen und attraktive Spekulationen über technische Möglichkeiten der Zukunft. Statt dessen riskiert er lange Dialoge, Gespräche zwischen den Wissenschaftlern, bei denen die Grenzen menschlicher Erfahrungsmöglichkeiten diskutiert werden. Es gelingt ihm so, Unrast und Unsicherheit im Zuschauer zu erzeugen, für den die Grenzen zwischen Realität und Fiktion schwankend zu werden beginnen, für den die Möglichkeiten des Machbaren nicht mehr nur optimistische Zukunftsvision, sondern gleichzeitig auch Gefährdung und Bedrohung sind. Tarkowski zeigt die Raumstation mit ihrer raffinierten technischen Ausrüstung und der merkwürdigen »künstlerischen« Ausstattung gleichsam als Symbol dessen, was die Menschheit zu leisten imstande ist; aber er zeigt auch, daß bei allem Fortschritt der Mensch, seine Wünsche und Träume unverändert bleiben. Sein Film gewinnt unübersehbar einen metaphysischen, einen religiösen Bezug, wenn er Begriffe wie Schuld und Reue in die wissenschaftliche Terminologie einführt. Kelvins Problem ist es letztlich, daß er eben nicht nur ein glänzender Wissenschaftler und Spezialist, sondern auch ein Mensch mit menschlichen Empfindungen und moralischen Wertvorstellungen ist. Es bedarf des geheimnisvollen Ozeans von Solaris, um ihn daran zu erinnern.

Solo Sunny

DDR, 1979

R: Konrad Wolf, Wolfgang Kohlhaase; A: Wolfgang Kohlhaase; K: Eberhard Geick; D: Renate Krößner, Alexander Lang, Dieter Montag, Klaus Brasch, Heide Kipp

Ingrid Sommer (R. K.), von ihren Freunden »Sunny« genannt, hat es scheinbar geschafft: Die Fabrikarbeiterin ist Schlagersängerin geworden und tingelt mit den »Tornados« durch die DDR. Aber so rosig ist auch diese Existenz nicht. Sunny möchte ein »Solo«, einen großen Auftritt haben; und sie möchte eigentlich nicht gern länger »solo« in ihrem tristen Berliner Hinterhof-Milieu leben. Zudem gefährdet sie ihre Position in der Band, indem sie die eindeutigen Avancen des Saxophonisten Norbert (K. B.) mit Hilfe eines hoch- und spitzhackigen Schuhs abwehrt. Auch die unerschütterliche Liebe des Taxi-Kleinunternehmers Harry (D. M.) vermag sie nicht zu erwärmen. Die Begegnung mit dem stellungslosen Diplom-Philosophen Ralph (A. L.) weckt dagegen Optimismus. Doch dieses Glück ist von kurzer Dauer; denn eines Nachts findet sie eine andere Frau in Ralphs Bett. Auch beruflich gibt es Probleme: Als der drittklassige Conférencier einen taktlosen Witz auf ihre Kosten macht, dreht Sunny durch und verpatzt einen Auftritt. Die »Tornados« engagieren eine andere Sängerin. Zwar bekommt Sunny in einem Nachtclub sogar das so lange erhoffte Solo. Aber als ein Mann während ihres Auftritts ungerührt ein Steak verzehrt, gibt ihr das den Rest. Sie macht einen Selbstmordversuch. Nur ihre Freundin Christine (H. K.) kümmert sich jetzt um sie und bringt sie mit gesundem Menschenverstand (»Man muß nicht unbedingt hoch hinaus wollen!«) wieder auf die Beine. Aber der gesunde Menschenverstand ist letzten Endes doch nicht genug für Sunny; das zeigt sich auch bei einer versuchten und mißglückten Liebesnacht mit Harry. So fängt sie noch einmal von vorn an: diesmal als

Sängerin bei einer jungen, unbekannten Rock-Gruppe ...
Autor Wolfgang Kohlhaase hat in einem Interview mit Klaus Wischnewski für die Ostberliner Zeitschrift »Film und Fernsehen« (I/1980) einen »Kurzinhalt« des Films formuliert: »Der Roman einer Schlagersängerin, eine Geschichte von Liebe suchen, Liebe finden, auf die Fresse fallen, wieder aufstehen. Da sie nicht gestorben ist, wird sie – kräftiger, wünschen wir ihr – weiterleben. Christine sagt zu ihr: ›Du bist nicht allein.‹ Das ist wahr.« Diese saloppen Formulierungen treffen Stil und Absicht eines Films, der sich ohne Pathos und Schönfärberei auf den »sozialistischen Alltag« einläßt, der von den Träumen der Menschen genau so handelt wie von täglichen Problemen und Schwierigkeiten, der Sprache, Verhaltensweise und Lebensformen der Jugendlichen ganz unmittelbar einfängt. Er stellt eine »Heldin« vor, die zunächst und vor allem an sich und ihre Selbstverwirklichung denkt, deren Spontaneität und Schlagfertigkeit unser Interesse und unsere Sympathie weckt. Hier wird das Lebensgefühl junger Leute, werden ihre Konflikte und Probleme unterhaltsam und treffend gestaltet, wobei die genau lokalisierte Geschichte doch auch allgemeine Verbindlichkeit gewinnt.

Sommaren med Monika

(Die Zeit mit Monika)

Schweden, 1952

R: Ingmar Bergman; A: Ingmar Bergman und Per-Anders Fogelström nach dem gleichnamigen Roman von Per-Anders Fogelström; K: Gunnar Fischer; D: Harriet Andersson, Lars Ekborg, Åke Grönberg

Monika (H. A.) stammt aus einer düsteren Vorstadt, aus beengten sozialen Verhältnissen; sie arbeitet in einer Fischfabrik. Ihr Freund Harry (L. E.) steht sozusagen eine soziale Stufe höher. Auf Monikas Veranlassung »borgen« sie das Motorboot von Harrys Vater und verbringen gemeinsam einen Sommer auf den Seen. Sie leben völlig ungebunden, und wenn die Vorräte zu Ende gehen, ergänzen sie sie durch einen Einbruch. Aber der Sommer geht zu Ende, Monika ist schwanger, sie müssen nach Stockholm zurückkehren. Kurz bevor das Kind zur Welt kommt, heiraten sie. Doch das Eheleben ist nichts für Monika. Sie verläßt Harry und das Kind.
Das Thema ist typisch für die frühen Filme Bergmans: Zwei junge Menschen, die inmitten einer feindlichen Umwelt ihre Liebe und ihr Glück verteidigen wollen und dabei scheitern. Freilich macht Bergman auch klar, daß schon der Traum von der unbeschwerten Freiheit eines Sommers nur Fiktion ist, daß unsere heutige Gesellschaft keine »Freiräume« mehr hat. Das ist suggestiv ins Bild gesetzt. Wenige Einstellungen am Anfang genügen, um die triste Einöde einer Arbeitervorstadt deutlich zu machen und den Wunsch, ihr zu entfliehen, zu motivieren.

Sommarnattens leende

(Das Lächeln einer Sommernacht)

Schweden, 1955

R: Ingmar Bergman; A: Ingmar Bergman; K: Gunnar Fischer; D: Ulla Jacobsson, Eva Dahlbeck, Harriet Andersson, Margit Carlquist, Gunnar Björnstrand, Jarl Kulle, Björn Bjelvenstam, Naima Wifstrand, Åke Fridell

Rechtsanwalt Egerman (G. B.) hat zum zweiten Mal geheiratet. Seine achtzehnjährige Frau Anne (U. J.) ist aber noch immer unberührt, und sie wird von Egermans Sohn aus erster Ehe, dem Theologiestudenten Henrik (B. B.), heimlich verehrt. Nachdem Egerman bei einem Besuch seiner alten Freundin, der Schauspielerin Désirée (E. D.), von dem eifersüchtigen Grafen Malcolm (J. K.) entdeckt worden und in blamablem Aufzug auf die Straße geflüchtet ist, begegnet sich die ganze Gesellschaft einige Tage später auf dem Landgut von Désirées Mutter (N. W.) wieder. Hier will Henrik sich aus unglücklicher Liebe erhängen. Aber sein mißglückter Selbstmordversuch setzt in dem alten Haus einen geheimen Mechanismus in Tätigkeit, der ein großes Bett mit seiner Stiefmutter in sein Zimmer fährt. Endlich gesteht auch Anne ihre Liebe zu Henrik, und beide fliehen noch in der gleichen Nacht. Egerman will sich bei der Gräfin Malcolm (M. C.) schadlos halten, wird aber wieder vom Grafen überrascht und zum »russischen Roulette« gefordert. Und abermals macht Malcolm den Rivalen lächerlich: Eger-

man »erschießt« sich mit einer Ruß-Patrone. Geschwärzt sinkt er endlich in Désirées Arme, während Malcolm seiner Frau »Treue auf seine Weise« schwört und die Dienerin Petra (H. A.) in einem nahegelegenen Heuhaufen dem Diener (Å. F.) das Heiratsversprechen abluchst.
Ein intelligenter, romantisch verspielter Reigen. Bergman schildert das Wechselspiel der Liebe mit leichter Hand und ironischer Distanz. Im Hintergrund bleibt stets spürbar, daß auch in diesem amüsanten Spiel Menschen auf der Suche nach dem Glück und nach sich selbst sind.

Sonnensucher

DDR, 1957–59

R: Konrad Wolf; A: Karl-Georg Egel, Paul Wiens; K: Werner Bergmann; D: Ulrike Germer, Günther Simon, Erwin Geschonneck, Viktor Awdjuschko, Manja Behrens

Das Mädchen Lutz (U. G.) besucht in Berlin seine ältere Freundin Emmi (M. B.), wird zusammen mit ihr bei einer Razzia aufgegriffen und zum Uranbergbau nach Aue verpflichtet. Hier lernt Lutz den sowjetischen Ingenieur Sergej (V. A.) und den deutschen Obersteiger Franz Beier (G. S.) kennen. Beide Männer arbeiten zwar zusammen, betrachten sich aber dennoch voller Mißtrauen. (Sergejs Frau ist von den Deutschen ermordet worden; Beier ist ehemaliger Waffen-SS-Mann.) Doch die gemeinsame Arbeit überwindet dieses Mißtrauen. Lutz heiratet Beier, der aber bald nach der Hochzeit tödlich verunglückt. Emmi trifft in dem Bergmann König (E. G.) einen alten Bekannten wieder, den sie einst vor den Faschisten versteckt hatte. Und König löst am Ende einen unfähigen Parteisekretär ab.
Wolf verglich die Atmosphäre des Jahres 1950 im Urangebiet mit der von »Goldgräberstädten des Wilden Westens«. Das und manche Seitenhiebe gegen unfähige Funktionäre machten den Film verdächtig. Nach einigen Schnitten und Nachaufnahmen wurde er auf Eis gelegt, bis die Schöpfer des Films Ulbricht um eine Entscheidung baten. Ulbricht sprach sich für eine Aufführung aus, und Ende 1959 wurde die Uraufführung angekündigt. Aber am Morgen des Premierentages wurde der Film endgültig zurückgezogen – wie es hieß »im Einverständnis mit den Schöpfern« wegen »Inaktualität«. Tatsächlich soll ein Einspruch des sowjetischen Botschafters erfolgt sein, der zu einem Zeitpunkt, als die Sowjetunion die totale Abschaffung der Kernwaffen forderte, einen Film über die Uranförderung in der DDR für »inopportun« gehalten habe.
Zu denen, die sich damals mit öffentlichem Lob für den Film eingesetzt haben, gehören u. a. Wolfs Kollegen Slatan Dudow und Kurt Maetzig. Trotzdem wurde der Film erst 1972 im Rahmen einer Retrospektive im Fernsehen der DDR uraufgeführt. Aber auch bei dieser verspäteten Uraufführung überzeugten die darstellerischen Leistungen, die dichte Atmosphäre und die Milieuschilderung.

Sorok perwy Ⓢ

(Der Einundvierzigste)

UdSSR, 1926

R: Jakow Protasanow; A: Boris Lawrenjew und Boris Leonidow nach der gleichnamigen Erzählung von Boris Lawrenjew; K: Pjotr Jermolow; D: Ada Woizik, Iwan Kowal-Samborski

Nur durch einen Zufall verfehlt Marjutka (A. W.), Scharfschütze bei der Roten Armee, einen weißrussischen Offizier (I. K. S.), der ihr 41. Opfer gewesen wäre. Wenig später gerät der Offizier jedoch in Gefangenschaft, und Marjutka gehört zu dem Begleitkommando, das ihn über den Aral-See zum Stab bringen soll. Im Sturm kentert ihr Boot, nur Marjutka und der Gefangene können sich auf eine einsame Insel retten. Hier verlieben sie sich ineinander und träumen vom Glück; aber als sich ein Boot mit Weißgardisten nähert, erkennt Marjutka, daß der Mann sich nicht geändert hat. Sie tut ihre Pflicht als Rotarmistin und schießt; doch dann wirft sie sich weinend über ihr 41. Opfer.
Eine sehr saubere und sorgfältige Inszenierung, die sich weder die leichten Effekte der Sentimentalität noch die des Pathos erlaubt.
Die gleiche literarische Vorlage wurde dreißig Jahre später von Grigori Tschuchrai erneut verfilmt (*Sorok perwy* – Der Einundvierzigste / Der letzte Schuß, UdSSR 1956). Tschuchrai hat eine sehr differenzierte Beschreibung der Probleme des Bürgerkriegs gegeben. Er zeichnet eine Idylle und ihr tödliches Ende; und er vermerkt

dieses Ende mit einer Mischung aus Melancholie und Bitternis. Die Handlung ist bewußt in eine schöne Landschaft gestellt worden, die der Film in leuchtenden Farben schildert. So erscheint der tödliche Ausgang doppelt unnatürlich und sinnlos.

Le souffle au cœur

(Herzflimmern)

Frankreich/Italien/BRD, 1970

R: Louis Malle; A: Louis Malle; K: Ricardo Aronovich; D: Lea Massari, Benoit Ferreux, Daniel Gélin, Gila von Weitershausen, Fabien Ferreux, Marc Winocourt, Corinne Kersten, François Werner

Laurent (B. F.) ist der nachgeborene Sohn des erfolgreichen Arztes Chevalier (D. G.), der mit der vital-attraktiven Italienerin Clara (L. M.) verheiratet ist. Während Chevalier kaum Zeit für seine Familie hat, ist die Mutter ihren Kindern mehr »Kumpel« als Respektsperson; und um die Pubertätsnöte Laurents kümmern sich vornehmlich seine älteren Brüder (F. F., M. W.). Sie nehmen ihn schließlich mit in ein Bordell, dringen aber just dann störend ins Zimmer, als Laurent mit einer jungen Dame (G. v. W.) im Bett liegt. Als bei Laurent ein leichter Herzfehler diagnostiziert wird, reist seine Mutter mit ihm zur Kur. Hier macht ihr Laurent, der längst weiß, daß sie einen Liebhaber (F. W.) hat, eine Eifersuchtsszene. Clara beendet ihr Verhältnis. Ausgelassen feiert sie mit Laurent den 14. Juli, und als sie, leicht angetrunken, mit ihm ins Hotel zurückgeht, wird aus zunächst harmlosen Liebkosungen eine inzestuöse Vereinigung. Clara sagt ihrem Sohn, er solle sich nicht schämen, aber auch mit niemandem darüber sprechen und dieses Erlebnis als einen »wunderschönen Augenblick« in Erinnerung behalten. Laurent schleicht sich fort und verbringt den Rest der Nacht bei der gleichaltrigen Daphne (C. K.). Als er am anderen Morgen mit den Schuhen in der Hand in sein Zimmer zurückschleicht, erwartet ihn dort die gesamte Familie, die bei seinem Anblick in ein befreiendes Gelächter ausbricht.

Malle hat seinen Film mit hoher Kunstfertigkeit gestaltet. Da paßt jede Einstellung und sitzt jede Pointe. Der Alltag der (allerdings wenig alltäglichen) Familie Chevalier ist genauso getroffen wie oberflächliche Betriebsamkeit und verblichener Luxus des Badeortes. Auf diese Weise ist ein Film entstanden, der sein heikles Thema mit unbeschwerter Natürlichkeit behandelt, der die Erotik als Element des Lebens bejaht und die These von der alles bezwingenden und alles reinigenden Kraft der Liebe symbolhaft an einem extremen Beispiel bestätigt.

La souriante Madame Beudet Ⓢ

(Die lächelnde Madame Beudet)

Frankreich, 1923

R: Germaine Dulac; A: André Obey nach dem gleichnamigen Bühnenstück von Denys Amiel und André Obey; K: Paul Parguel, Maurice Forster; D: Germaine Dermoz, Alex Arquillière

Madame Beudet (G. D.) lebt als Frau eines Kaufmanns (A. A.) in der Provinz. Sie möchte aus ihrem eintönigen, mittelmäßigen Leben ausbrechen; aber die Befreiung gelingt ihr nur in übersteigerten, düsteren Träumen. Durch häufige Auseinandersetzung wird die Kluft zwischen den Eheleuten immer tiefer. Auch Beudet haßt seine Frau jetzt. Und er liebt es, mit seinem Selbstmord zu drohen, einen ungeladenen Revolver an seine Schläfe zu setzen und abzudrücken. Eines Tages lädt Madame Beudet den Revolver heimlich. Aber es kommt nicht zum tödlichen Schuß; das Leben geht weiter.

Die literarische Vorlage hatte bewußt wesentliche Dinge ausgespart, die gleichsam zwischen den Zeilen gelesen und in den Pausen gespürt werden mußten. Diese »Zwischenräume« hat Germaine Dulac in ihrem Film mit Phantasie und Einfallsreichtum ausgefüllt. Besondere Bedeutung haben im Film die Träume, die die Regisseurin mit allen technischen Mitteln des Films (Verformungen, Doppelbelichtung, Zeitlupe etc.) gestaltete. Doch daneben schildert der Film mit gleicher Meisterschaft auch das alltägliche Leben in der Provinz und forscht den psychologischen Reaktionen der Beteiligten nach.

Sous les toits de Paris
(Unter den Dächern von Paris)

Frankreich, 1930

R: René Clair; A: René Clair; K: Georges Périnal, Georges Raulet; D: Albert Préjean, Pola Illery, Gaston Modot, Edmond T. Gréville

Der Straßensänger Albert (A. P.) liebt die hübsche Pola (P. I.). Fred (G. M.) versucht vergeblich, die beiden Liebenden zu entzweien. Als Albert irrtümlich verhaftet wird, kümmert sich sein Freund Louis (E. T. G.) um Pola; unversehens verlieben sich die beiden. Albert kommt aus dem Gefängnis zurück, und es gibt eine handfeste Schlägerei zwischen ihm und Louis. Doch als Albert erkennt, daß Pola und Louis sich wirklich lieben, verzichtet er. Zum Schein würfelt er zwar mit Louis um Pola; aber er läßt den Freund und Rivalen absichtlich gewinnen.
Clairs erster Tonfilm wurde in Paris zwiespältig aufgenommen. Erst sein überragender Erfolg in Berlin war der Start zum Welterfolg.
Er schildert mit melancholischer Ironie eine Geschichte aus dem Milieu der Gassen und Hinterhöfe, der Straßensänger, der kleinen Gauner und der skurrilen Bürger. Aber sein Griff in die Gegenwart gerät ihm nicht zur realistischen Zustandsschilderung, sondern zur poetischen Romanze, für die die Wirklichkeit nur ein Aspekt des Lebens ist. Besonders gut gelungen ist dabei die Verwendung des Tons. Nachdem Clair das neue Medium zunächst strikt abgelehnt hatte, entdeckte er hier seine Möglichkeiten. Das Lied des Straßensängers wird zum roten Faden, der verschiedene Schauplätze verknüpft und zeitliche Abstände überbrückt. Eine Schlägerei findet im Dunkeln statt und wird dem Zuschauer nur durch die Geräusche mitgeteilt. Dafür sieht man eine Auseinandersetzung, deren Inhalt uninteressant, weil voraussehbar ist, ohne Ton – durch eine Glastür fotografiert. Kurz: Ton wird vornehmlich da angewandt, wo er eine Bereicherung ist, und dort ausgespart, wo er überflüssig scheint. So entstand ein Film, der Gefühl, Humor und Intelligenz vereint.

The southerner
(Der Mann aus dem Süden)

USA, 1945

R: Jean Renoir; A: Jean Renoir und Hugo Butler nach dem Roman *Hold autumn in your hand* von George Sessions Perry; K: Lucien

Sous les toits de Paris (Pola Illery, Edmond T. Gréville)

Andriot; D: Zachary Scott, Betty Field, Beulah Bondi, J. Carrol Naish

Sam Tucker (Z. S.) pachtet ein Stück brachliegendes Land. Mit Frau (B. F.), Kindern und der Großmutter (B. B.) macht er sich auf den Weg in die neue Heimat. Der Anfang ist wenig verheißungsvoll: Der Winter ist hart, sein Nachbar Devers (J. C. N.) begegnet ihm mit offener Feindseligkeit, ein Kind erkrankt. Aber allmählich leben die Tuckers sich in der neuen Heimat ein, und die erste Ernte ist gut. Dann kommen Rückschläge, und schließlich wird eine ganze Ernte durch ein Unwetter vernichtet. Sam Tukker will aufgeben; doch jetzt hat er schon Freunde gefunden, die ihm helfen wollen, wenn er durchhält.
Ein sehr schlichter, aber realistischer und glaubwürdiger Film, der den Lebenskampf einer Farmer-Familie mit dokumentarischer Echtheit schildert. Er gilt allgemein als der beste Film, den Renoir während seiner Emigration in den USA gedreht hat. Am Drehbuch soll als Berater auch William Faulkner mitgearbeitet haben; Regieassistent war Robert Aldrich.

I sovversivi

(Die Subversiven)

Italien, 1967

R: Paolo und Vittorio Taviani; A: Paolo und Vittorio Taviani; K: Gianni Narzisi, Giuseppe Ruzzolini; D: Ferruccio De Ceresa, Lucio Dalla, Giorgio Arlorio, Giulio Brogi, Pier Paolo Capponi, Marija Tocinowsky

Vor dem Hintergrund des Begräbnisses von Togliatti erzählt der Film vier kunstvoll verschlungene Geschichten: Giulia (M. T.) erkennt ihre latente lesbische Neigung, bekennt sich zu ihr und verläßt ihren Mann. Der Venezolaner Ettore (G. B.) entschließt sich nach dreijährigem Exil in Rom, in seine Heimat zurückzukehren und den revolutionären Kampf fortzusetzen. Ermanno (L. D.), Doktor der Philosophie und Berufsfotograf, sucht verzweifelt seine eigene Position in der Welt zu ermitteln. Und ratlos ist auch der Filmregisseur Ludovico (F. D. C.), der an einer schweren, vielleicht tödlichen Krankheit leidet. Er dreht einen Film über Leonardo da Vinci und möchte zeigen, daß Leonardo schließlich sein Werk als relativ erkannt und den Kontakt zum Menschen gesucht hat.
Alle vier Geschichten reflektieren letzten Endes die Bewußtwerdung eines Menschen. Alle vier Protagonisten sind Anhänger Togliattis; sein Tod stört sie auf und bringt sie dazu, die eigene Position zu überprüfen. Ihre Reaktionen sind dabei unterschiedlich und auch in sich oft widersprüchlich. So verbringt zum Beispiel Ettore, der doch für die Rechte des Menschen kämpfen will, die letzten Tage vor der Abreise mit einem Mädchen, dem er die Selbstachtung zerstört. Die Brüder Taviani stellen keine makellosen Helden, sondern zwiespältige Persönlichkeiten, Menschen mit all ihren Widersprüchen vor.

Spalovač mrtvol

(Der Leichenverbrenner)

ČSSR, 1968

R: Juraj Herz; A: Juraj Herz und Ladislav Fuks nach der gleichnamigen Novelle von Ladislav Fuks; K: Stanislav Milota; D: Rudolf Hrušinský, Vlasta Chramostová, Ilja Prachař, Miloš Vognič, Jana Stehnová

Herr Kopfrkingl (R. H.) ist Angestellter in einem Krematorium; er ist seiner Frau (V. C.), die er zärtlich-romantisch Lakmé nennt, ein guter Mann und seinen Kindern Mili (M. V.) und Zina (J. S.) ein treusorgender Vater. Doch eines Tages trifft er seinen alten Kriegskameraden Walter Reinke (I. P.). Jäh kommt Herrn Kopfrkingl zu Bewußtsein, daß auch er deutscher Abstammung ist, daß er rechtens zu denen gehört, die jetzt in Prag und in ganz Europa die Macht haben. Bald ist auch Kopfrkingl mächtig; er wird neuer Krematoriumsdirektor. Da trifft ihn wie ein Keulenschlag die Erkenntnis, daß die Mutter seiner geliebten Lakmé Jüdin war. Kopfrkingl tötet seine Frau, und er tötet seinen Sohn, der seine Freundschaft mit einem Juden nicht aufgeben will. Seine Tochter entgeht dem gleichen Schicksal nur durch die Flucht; aber seine »Volksgenossen« sagen, daß sie sich ihrer »annehmen« wollen. Auf Kopfrkingl warten neue Aufgaben. Im Geist sieht er sich schon als oberster Leichenverbrenner eines »Großdeutschen Reiches«.
Juraj Herz treibt mit dem Entsetzen Scherz, um das Entsetzliche deutlich zu machen. Er zeich-

net einen biederen, reichlich romantischen Kleinbürger, dessen Pedanterie sich bis zum Irrsinn steigert. Aber seine Abnormität kann sich nur in einer Gesellschaft entwickeln, die die Normen der Menschlichkeit nicht akzeptiert. So ist letzten Endes Herr Kopfrkingl ein Zeuge gerade gegen die Gesellschaft, in die er sich so gern integrieren möchte. Aus der Fülle von Filmen, die mit den Untaten des NS-Regimes abrechnen, ragt dieser heraus, weil er nicht einfach Schrecken reproduziert, sondern den Wurzeln des Unheils in den Menschen nachspürt. Und damit wird er auch zur Warnung vor jeder Art von Totalitarismus.

Die Spinnen (I und II) Ⓢ

(I. Teil: *Der goldene See*; II. Teil: *Das Brillantenschiff*)

Deutschland, 1919/20

R: Fritz Lang; A: Fritz Lang; K: Fritz Schünemann (I. Teil), Karl Freund (II. Teil); D: Carl de Vogt, Ressel Orla, Lil Dagover

Eine Forschergruppe, die in den Tempelruinen von Yucatan gefangen ist, kann mittels Flaschenpost auf ihr Schicksal und einen wertvollen Schatz hinweisen. Detektiv Kay Hoog (C. d. V.) eilt mit einem Ballon herbei. Zwar kann die Geheimorganisation der »Spinnen«, die von der chinesischen Millionärin Lio Sha (R. O.) geführt wird, die Bergung des Maya-Schatzes vereiteln; aber während der größte Teil der »Spinnen« dabei den Tod findet, rettet Kay Hoog die Priesterin (L. D.), die den Schatz bewacht und in die er sich verliebt hat. In Berlin jedoch wird sie auf Befehl von Lio Sha getötet. – Im zweiten Teil erfährt Kay Hoog, daß die »Spinnen« sich einen Brillanten aneignen wollen, der nach alter Überlieferung die Herrschaft über Asien verheißt. Eine wilde Verfolgungsjagd hebt an, die auf den Falkland-Inseln endet, wo die »Spinnen« und Lio Sha in den giftigen Dämpfen eines Kraters sterben, während Kay Hoog den Edelstein und die von den Gangstern hypnotisierte Tochter eines Wissenschaftlers rettet.
Der Geschmack der damaligen Zeit triumphiert: Supermann und Geheimorganisationen spielen die Hauptrollen, Falltür und unterirdische Gänge sind die wichtigsten Requisiten. Buch und Regie sind noch ziemlich wirr, die abenteuerlichen Situationen manchmal eher erheiternd als atemberaubend. Aber der Film bietet richtiges »Kino« ohne Leerlauf; er wendet sich konsequent stets zur Aktion. Derartige »Fortsetzungsfilme« mit häufig sehr vielen Folgen waren damals überaus populär.

Spione Ⓢ

Deutschland, 1928

R: Fritz Lang; A: Thea von Harbou nach ihrem gleichnamigen Roman; K: Fritz Arno Wagner; D: Rudolf Klein-Rogge, Willy Fritsch, Gerda Maurus, Lien Deyers, Lupu Pick

Generaldirektor Haghi (R. K. R.) führt ein Doppelleben als scheinbar gelähmter Bankier und als Chef eines internationalen Spionagerings. Vom Leiter des Staatlichen Abwehrdienstes wird der Agent Nr. 326 (W. F.) auf die Spur des unbekannten Staatsfeindes gesetzt; dieser wiederum läßt »Nr. 326« durch seine Agentin Sonja (G. M.) bekämpfen. Daß Sonja sich in ihren Gegner verliebt, bringt Haghi den ersten entscheidenden Rückschlag. Als »Nr. 326« auch ein Eisenbahn-Attentat übersteht, geht Haghis Spiel seinem Ende entgegen. Für kurze Zeit kann er noch in seiner »dritten Existenz«, als Clown Nemo, untertauchen. Aber auch dort kommt man ihm auf die Spur; und Nemo erschießt sich auf offener Bühne – beklatscht von einem Publikum, das dies für den Höhepunkt seiner Nummer hält.
Spione gehört zu den renommierten Filmen Fritz Langs. In Wirklichkeit ist dieser überlange Film recht schwerfällig in Aufbau und Inszenierung. Im Gedächtnis bleiben allenfalls einige Einstellungen, in denen geschickt mit Licht- und Schatteneffekten gearbeitet wird.

The spiral staircase

(Die Wendeltreppe)

USA, 1946

R: Robert Siodmak; A: Mel Dinelli nach dem Roman *Some must watch* von Ethel Lina White;

K: Nicholas Musuraca; D: Dorothy McGuire, Ethel Barrymore, George Brent, Gordon Oliver, Kent Smith

Helen (D. MG.) hat als Kind durch einen Schock die Sprache verloren. Sie arbeitet halb als Zimmermädchen und halb als Gesellschafterin bei Mrs. Warren (E. B.), die mit ihren unverheirateten Söhnen Prof. Warren (G. B.) und Steve (G. O.) zusammenwohnt. Als Helen im Gasthof der Stadt einen Stummfilm ansieht, wird in einem der Gästezimmer ein hinkendes Dienstmädchen erwürgt. Dr. Parry (K. S.), der Helen liebt und sie gern zu einem Spezialisten schicken möchte, bringt sie nach Hause, wo Mrs. Warren ihr rät, schnell abzureisen. Da dies bereits der dritte Mord an einer mit einem Gebrechen behafteten Frau ist, fürchtet sie für Helens Leben. Das nächste Opfer wird im Haus der Warrens gefunden; es ist Blanche, die Sekretärin des Professors. Helen verdächtigt Steve und schließt ihn im Keller ein. Aber als sie nach oben zurückkehrt, steht der Professor vor ihr. Mit irrem Blick streift er sich ein Paar Gummihandschuhe über. Vergeblich versucht Helen zu telefonieren. Der Mörder kommt näher. Da fallen Schüsse: Mrs. Warren hat ihren Sohn niedergeschossen. Helen kann ins Telefon stammeln: »Dr. Parry, kommen Sie. Hier ist Helen.« Der Schock hat sie geheilt.

Die Handlung ist schematisch und die psychologische Erklärung wenig überzeugend: »Meinem verstorbenen Mann imponierte nur Kraft, seine Söhne waren für ihn Schwächlinge!« Und das macht einen der »Schwächlinge« zum pathologischen Mörder, der die Welt »von allem, was schwach ist« befreien will.

Aber aus dieser Vorlage hat Siodmak einen bemerkenswerten Film gemacht, der die Atmosphäre unheimlicher Bedrohung 90 Minuten lang durchhält. In dem Haus mit den düsteren Korridoren tanzen Licht und Schatten, schlürfen Schritte, Regen peitscht gegen die Fenster, und während des ganzen Films entlädt sich »das längste Gewitter der Filmgeschichte« (ein Kritiker). Details spielen eine wichtige Rolle: Hände schieben sich ins Bild, gleich am Anfang fährt die Kamera auf das Auge des Mörders zu, bis es die ganze Leinwand füllt. Und dieses ganze Arsenal des Grusels und des Schreckens konfrontiert der Film mit einem hilflosen, stummen Mädchen ...

Stagecoach

(Ringo / Höllenfahrt nach Santa Fé)

USA, 1939

R: John Ford; A: Dudley Nichols nach dem Roman *Stagecoach to Lordsburg* von Ernest Haycox; K: Bert Glennon, Ray Binger; D: Claire Trevor, John Wayne, Thomas Mitchell, John Carradine, Andy Devine, Donald Meek, Louise Platt, George Bancroft, Berton Churchill

In der Postkutsche nach Lordsburg trifft sich eine buntgemischte Gesellschaft: das Barmädchen Dallas (C. T.), das von sittenstrengen Damen aus der Stadt getrieben worden ist, der ewig betrunkene Arzt Dr. Boone (T. M.), der Glücksspieler Hatfield (J. C.), der Whisky-Vertreter Peacock (D. M.), die schwangere Lucy Mallory (L. P.), deren Mann als Offizier in Lordsburg stationiert ist, der Bankier Gatewood (B. C.), der seine eigene Bank beraubt hat, und Sheriff Wilcox (G. B.), der auf der Jagd nach dem entsprungenen Häftling Ringo-Kid (J. W.) ist. Und just dieser Ringo-Kid steht bald darauf am Weg, weil ihm sein Pferd verendet ist. Der Sheriff entwaffnet und verhaftet ihn. Auf einer Zwischenstation gibt es einen längeren Aufenthalt, weil Mrs. Mallory ihr Kind zur Welt bringt. Dann wächst die Gefahr von Indianerüberfällen. Und kurz vor Lordsburg greifen die Indianer tatsächlich an. Vor allem Ringo, Boone und Wilcox verteidigen die Kutsche, die der Kutscher (A. D.) in tollkühner Fahrt in Sicherheit bringt. In Lordsburg wird der Bankier festgenommen, da seine Unterschlagung bereits telefonisch gemeldet worden ist. Ringo erhält vom Sheriff Urlaub, um mit dem Mörder seines Bruders abzurechnen, und darf dann mit Dallas die Stadt verlassen, um ein neues Leben zu beginnen.

Einer der schönsten Western überhaupt. Der Ausgangspunkt ist nicht eben neu: die »geschlossene Gesellschaft«, die mit einer Gefahr konfrontiert wird, wobei sich vor allem die »Unterprivilegierten« bewähren. Aber diese Palette ist bei Ford besonders raffiniert abgestuft. Die Charaktere der Reisenden geben Anlaß zu nahezu allen möglichen Effekten vom burlesken Zwischenspiel bis zur Liebesgeschichte und zur pathetischen Geste. Ford achtet darauf, daß dabei stets die Relationen stimmen, daß nichts ungebührlich die Oberhand gewinnt und daß

Stagecoach

vor allem unter diesen Zwischenspielen die durchgehende Spannung nicht leidet, die raffiniert gesteigert wird. Den Höhepunkt bildet dann die berühmte Szene des Überfalls, bei der die Spannung in der rasenden Fahrt der Kutsche kulminiert. Und bei alledem wird die Handlung zwar auf engstem Raum entwickelt, ist die Landschaft aber stets gegenwärtig. Hier sind soziale und psychologische Probleme in eine bestimmte historische Situation gestellt und vom Mythos des Western überstrahlt worden.

A star is born

(Ein neuer Stern am Himmel)

USA, 1954

R: George Cukor; A: Moss Hart nach einem Drehbuch von Dorothy Parker, Alan Campbell und Robert Carson und einer Erzählung von William A. Wellman und Robert Carson; K: Sam Leavitt; D: Judy Garland, James Mason, Jack Carson, Charles Bickford

Bei einer Wohltätigkeitsveranstaltung stolpert der prominente Star Norman Maine (J. M.) betrunken auf die Bühne. Nur die Geistesgegenwart der jungen Sängerin Esther Blodgett (J. G.) bewahrt ihn vor einer Blamage. Aus Dankbarkeit vermittelt er ihr Probeaufnahmen bei dem Studiochef Oliver Niles (C. B.), und wenig später ist sie unter dem Künstlernamen Vicki Lester ein gefeierter Star. Norman und Esther heiraten; aber schon bald beginnt Norman wieder zu trinken. Als Esther den Akademiepreis erhält, kommt er betrunken auf die Bühne und schlägt sie. Nach diesem Skandal geht er freiwillig in eine Heilanstalt. Kurz nach seiner Rückkehr hat er ein Gespräch mit dem

Pressechef Libby (J. C.), der taktlos andeutet, daß Norman vom Geld seiner Frau lebt. Norman sucht wieder Vergessen im Alkohol. Eines Abends hört er unbeobachtet, wie Esther Niles erklärt, sie wolle vorläufig nicht mehr filmen, um ihren Mann pflegen zu können. Verzweifelt läuft er zum Strand hinunter, schwimmt auf das Meer hinaus, bis ihn die Kräfte verlassen, und ertrinkt. Esther ist erschüttert und will nie mehr auftreten. Doch dann erkennt sie, daß Norman sich gerade für ihre Kunst geopfert hat. Bei einer Wohltätigkeitsveranstaltung steht sie erstmals wieder auf der Bühne und erringt einen triumphalen Erfolg – diesmal unter dem Namen Mrs. Norman Maine.
Cukor, der im Melodrama (*Camille* – Die Kameliendame, USA 1936) genauso zu Hause war wie im Revuefilm (*Les girls* – Les Girls, USA 1957), hat hier beide Genres gleichsam vereint. Die melodramatische Ehegeschichte ist wirkungsvoll in Szene gesetzt worden; daneben gibt es großartige Musical-Nummern (Musik: Harold Arlen), die aber stets dramaturgischer Bestandteil der Handlung bleiben. Unvergessen ist vor allem die vielzitierte, rund 15 Minuten lange Musical-Szene *Born in a trunk*, die biographische Züge der Hauptdarstellerin Judy Garland trägt. Für die Garland war der Film nach vierjähriger Pause ein triumphales Comeback und einer der Höhepunkte ihrer Karriere. – Die Story wurde übrigens unter dem gleichen Titel bereits im Jahr 1937 von William A. Wellman verfilmt.

Stärker als die Nacht

DDR, 1954

R: Slatan Dudow; A: Kurt Stern, Jeanne Stern; K: Karl Plintzner, Horst Brandt; D: Wilhelm Koch-Hooge, Helga Göring, Kurt Oligmüller

1933. Während seine Frau Gerda (H. G.) ihr erstes Kind erwartet, geht der kommunistische Arbeiter Hans Löning (W. K. H.) in die Illegalität. Er wird verhaftet und verbringt zusammen mit seinem Kameraden Erich Bachmann (K. O.) sieben Jahre in einem der berüchtigten »Moorlager« der Nazis. Als er 1940 entlassen wird, bedeutet man ihm, daß er beim »nächsten Mal« mit dem Todesurteil rechnen müsse. Aber gemeinsam mit Erich baut Hans Löning sofort wieder eine Widerstandsgruppe auf, die nach dem deutschen Überfall auf die Sowjetunion ihre Aktivität immer mehr verstärkt. Am Ende wird Hans Löning verraten und hingerichtet.
Auch hier steht ein »positiver Held« im Mittelpunkt des Films; Slatan Dudow zeichnet ihn jedoch nicht so »überlebensgroß« wie viele seiner DEFA-Kollegen zur damaligen Zeit. Dafür kontrastierte er das Schicksal Lönings dramaturgisch geschickt und auch entlarvend mit dem eines »unpolitischen« Ehepaares, das am Volksempfänger bewundernd die deutschen Siege verfolgt und am Schluß fassungslos vor den Trümmern seines Hauses steht. Ohne lehrhaft erhobenen Zeigefinger macht Dudow damit deutlich, daß man unter einem Gewaltregime nicht »unpolitisch« sein kann.

The stars look down

(Die Sterne blicken herab)

England, 1939

R: Carol Reed; A: J. B. Williams und A. Coppel nach dem gleichnamigen Roman von A. J. Cronin; K: Mutz Greenbaum, H. Harris; D: Michael Redgrave, Emlyn Williams, Margaret Lockwood

Richard Barras, Bergwerksbesitzer in Sleesdale in Schottland, treibt ein riskantes Spiel mit dem Leben anderer Menschen. Er läßt einen Stollen ausbeuten, der von Wassereinbrüchen bedroht ist. Zwei junge Leute aus dem Dorf, David Fenwick (M. R.) und Joe Gowland (E. W.), wollen dieses Spiel nicht mitmachen und gehen in die Stadt. David will studieren, um sich später besser für die Bergarbeiter einsetzen zu können. Aber er lernt die leichtfertige Jenny (M. L.) kennen, bricht sein Studium ihretwegen ab und kommt als Lehrer nach Sleesdale zurück. Dort trifft er auch Joe wieder, der sich zu einem skrupellosen Manager entwickelt hat. Als Jenny Joes Geliebte wird, zerbricht Davids Ehe. Davids Kampf für die Interessen der Bergarbeiter bleibt erfolglos; auf Joes Betreiben wird der gefährdete Schacht erneut befahren. Es kommt zur Katastrophe, zu einem Wassereinbruch, bei dem auch Davids Vater und Bruder getötet werden. David kehrt in die Stadt

Star wars

zurück, um sein Studium abzuschließen und mit besseren Mitteln für die ausgebeuteten Bergarbeiter kämpfen zu können.
Carol Reed gelang hier ein unpathetischer, eindrucksvoller sozialkritischer Report. Das Milieu ist überzeugend eingefangen; die handelnden Personen vertreten zwar Positionen, die durch Herkunft und Klassenzugehörigkeit bestimmt sind, sie bleiben aber dabei stets lebendige, individuelle Menschen, an deren Schicksal man auch persönlichen Anteil nimmt. Und im Mittelpunkt des Films stehen nicht sentimentale Effekte, sondern handfeste Probleme.

Star wars

(Krieg der Sterne)

USA, 1976

R: George Lucas; A: George Lucas; K: Gilbert Taylor, Trickaufnahmen: John Dykstra, Spezialeffekte: John Stears; D: Mark Hamill, Harrison Ford, Carrie Fisher, Peter Cushing, Alec Guinness, Anthony Daniels, Kenny Baker, Peter Mayhew, David Prowse

Die »Imperial Forces« wollen das Weltall unterjochen. Mutigen Rebellen auf dem Planeten Alderaan gelingt es, die Konstruktionspläne des »Todessterns«, der Machtbasis des Imperiums, zu entwenden. Aber die schöne Prinzessin Leia Organa (C. F.), der sie die Pläne übergeben, wird von Helfershelfern des Oberschurken Grand Moff Tarkin (P. C.) und seines Adjutanten Lord Darth Vader (D. P.) gefangengenommen. Im letzten Moment kann sie den ihr treu ergebenen Robotern C-3PO (A. D.) und R2-D2 (K. B.) die Pläne übergeben. Die eilen zu Ben (Obi-Wan) Kenobi (A. G.), dem letzten der »Laserstrahl-Ritter«, der genau wie sein mißratener Schüler Darth Vader im Besitz geheimnisvoller Kräfte ist. Ben und der Farmer Luke Skywalker (M. H.), dem der alte Ritter seine Fähigkeiten und seine Ideale weitergegeben hat, machen sich auf, die schöne Prinzessin zu retten. Luke chartert das Piraten-Raumschiff des zynischen Han Solo (H. F.) und seines Co-Piloten, des Affen Chewbacca (P. M.), und nimmt gemeinsam mit Ben und den beiden Robotern den Kampf gegen die Mächte der Finsternis auf. Dank der Pläne kann er die verwundbare Stelle des Todessterns ausmachen;

und mit todesmutigem Einsatz gelingt es ihm, die Prinzessin zu befreien und den gefährlichen Stern zu vernichten. Nur ein Bösewicht entkommt dem Inferno: Lord Darth Vader.
George Lucas: »Vielleicht sollte man *Krieg der Sterne* in die Kategorie Märchenfilme einreihen? Es ist ein Märchen ohne utopisches Versprechen. Das Drehbuch könnte von den Brüdern Grimm stammen, zeitversetzt um einige Jahrtausende. Die Übertechnisierung im Weltraum mischt sich mit naivem Kinderglauben. Eine Weltraumphantasie im Stil von Edgar Rice Burroughs. Sollte wieder einmal ein Handbuch der Filmgeschichte erscheinen, würde ich *Krieg der Sterne* gern als ›Raumfahrtoper‹ bezeichnet wissen. Bis dahin kann man ihn auch getrost in die Kategorie Western, Abenteuer- oder Piratenfilme einreihen.«
In der Tat ist die Grundstruktur der Story märchenhaft. Und auch das Personal – von der schönen Prinzessin über den strahlenden Helden, die düsteren Bösewichter, den zottigen Chewbacca bis zu den tolpatschig-schlauen Robotern – scheint Märchen entlehnt. Der Film setzt diese naiven Strukturen aber mit ungeheuerer technischer Raffinesse ins Bild. Aus dieser Diskrepanz entsteht ein eigentümlicher Reiz, der die Schlichtheit der Story und manche stilistische Ungereimtheit sogar als Pluspunkt erscheinen läßt.
Nach dem großen Erfolg seines Films kündigte Lucas eine erweiterte Filmfolge (drei Teile mit jeweils drei »Episoden«) an, in der der Krieg der Sterne fortgesetzt, aber auch die Vorgeschichte dieses Krieges erzählt werden sollte. In dieser Zählung ist *Star wars* die vierte Episode. Als unmittelbare Fortsetzungen sind zwei weitere Filme bereits erschienen, die zwar wiederum sehr erfolgreich waren, aber den naiven Charme des ersten Teils nicht mehr erreichten: *The empire strikes back* (Das Imperium schlägt zurück, 1979 – R: Irvin Kershner) und *Return of the Jedi* (Die Rückkehr der Jedi-Ritter, 1982 – R: Richard Marquand). Sie führen die Geschichte fort bis zum Tode Darth Vaders, der sich als Vater der Prinzessin Leia und Luke Skywalkers entpuppt, und bis zur endgültigen Vernichtung des Todessterns.

Statschka Ⓢ
(Streik)

UdSSR, 1924

R: Sergej Eisenstein; A: Ein Kollektiv des Proletkult-Theaters: W. Pletnjow, Sergej Eisenstein, I. Krawtschunowski, Grigori Alexandrow; K: Eduard Tissé, Wasili Chwatow; D: Maxim Schtrauch, Grigori Alexandrow, Michail Gomorow

Eine große Fabrik im zaristischen Rußland. Viele Mißstände haben die Arbeiter schweigend ertragen. Aber jetzt begeht einer der ihren Selbstmord, weil man ihn zu Unrecht des Diebstahls bezichtigt hat; und dieser Funke löst den Brand aus. Die Arbeiter streiken. Der Anfang ist vielversprechend: Während die Aktionäre große Verluste erleiden, arbeiten die Streikenden ihre Forderungen aus. Doch die werden verächtlich abgelehnt. Statt dessen schickt die Polizei Spitzel aus. Und endlich gelingt es, den Streikenden, die vom Hunger fast zermürbt sind, die Ausschreitungen einiger gekaufter Halunken in die Schuhe zu schieben. Berittene Truppen werden gegen die Arbeiter eingesetzt. Es gibt zahlreiche Tote.
Der Film war ursprünglich als erster Teil eines Filmzyklus geplant, der unter dem Titel *Zur Diktatur* die Geschichte der Arbeiterbewegung im zaristischen Rußland schildern sollte. Aber die weiteren Teile wurden nie gedreht.
Eisenstein verzichtete in seinem Erstlingswerk auf den individuellen Helden und die kinoübliche Fabel. Statt dessen sollte die Masse zum Hauptdarsteller und ihr Schicksal zum Inhalt des Films werden; alle handelnden Personen sollten in erster Linie typische Vertreter ihrer Klasse sein. Bei den Dreharbeiten allerdings hat das künstlerische Temperament Eisensteins diese allzu engen Fesseln mehr als einmal gesprengt. Er gab der Masse wieder individuelle Züge; und besonders in die Aktionen der Polizeispitzel schleichen sich skurrile Komik und auch Elemente des »bürgerlichen« Abenteuerdramas ein. Schon während der Dreharbeiten gab es deswegen Auseinandersetzungen mit den Proletkult-Leuten. Wenig später traten Eisenstein und fünf seiner Schauspieler aus dem Ensemble des Theaters aus.
Obwohl dieser Film formal nicht ganz einheitlich ist, besitzt er doch Kraft, Frische und Einfallsreichtum. Eisenstein hat hier seine Theorie der

»Montage der Attraktionen« überzeugend verwirklicht – etwa, wenn er den brutalen Einsatz der Polizei gegen die Streikenden zeigt und diese Szenen mit Aufnahmen aus einem Schlachthof vermischt. Der »unvermittelte Zusammenprall« dieser Bilder sollte beim Zuschauer »Ideen auslösen und Einsichten bewirken«.

Stella

(Stella)

Griechenland, 1955

R: Michael Cacoyannis; A: Michael Cacoyannis nach einem Schauspiel von J. Cambanelis; K: Costa Theodorides; D: Melina Mercouri, Georges Foundas, Aleko Alexandrakis

Die Nachtclub-Sängerin Stella (M. M.) hat ein Verhältnis mit dem reichen Aleko (A. A.). Doch als ihr Liebhaber sie heiraten will, lehnt sie ab; sie will ihre Freiheit nicht verlieren, keine »Dame« werden. Aleko verläßt sie, und Stella verfällt dem Fußballspieler Milto (G. F.). Von ihm läßt sie sich halb überreden und halb zwingen, in eine Heirat einzuwilligen. Aber als der temperamentvolle und lebenslustige Milto ein Häuschen am Stadtrand kauft, wird ihr klar, daß er sie in ein bürgerliches Leben drängen will. Sie geht nicht zur Trauung, sondern genießt den Trubel des Nationalfeiertages an der Seite des jungen Antonio. Plötzlich steht Milto vor ihr. Obwohl sie weiß, was sie erwartet, geht Stella ruhig auf ihn zu. Milto zieht ein Messer und tötet sie.

Was auf den ersten Blick wie ein Stück Kolportage, wie ein »Sittendrama« aussieht, ist in Wirklichkeit das Porträt einer jungen Frau, die ihr eigenes Leben führen und sich nicht den Vorstellungen der Männer anpassen will. Diese Variation über die Emanzipation ist von Cacoyannis geschickt inszeniert worden, wobei der Film auch die Welt der Vorstädte und der Hinterhöfe überzeugend eingefangen hat.

Stella Dallas Ⓢ

(Stella Dallas / Das Opfer der Stella Dallas)

USA, 1925

R: Henry King; A: Frances Marion nach einem Roman von Olive Higgins Prouty; K: Arthur Edeson; D: Belle Bennett, Ronald Colman, Alice Joyce, Jean Hersholt

Nach dem Selbstmord seines Vaters heiratet Stefan Dallas (R. C.) überstürzt das Dorfmädchen Stella Martin (B. B.). Eine Tochter, Dolly, wird geboren, aber die Ehe wird nicht glücklich, da Stella sich dem gesellschaftlichen Status ihres Mannes nicht anpassen kann. Als Stefan sie eines Tages mit dem Stallmeister Ed Munn (J. H.) überrascht, verläßt er sie. Stella sorgt rührend für ihre Tochter und erträgt geduldig alle Demütigungen durch kleinstädtische Vorurteile. Schließlich willigt sie auch in eine Scheidung ein, um Stefan eine neue Ehe mit seiner früheren Verlobten Helen (A. J.) zu ermöglichen, und überläßt Helen sogar die weitere Erziehung ihrer Tochter. Sie selbst heiratet Ed Munn, der zum Trinker wird. Als Dolly einen Mann aus guter Gesellschaft heiratet, beobachtet Stella, unterdessen völlig heruntergekommen, die Zeremonie von der Straße aus. Sie ist glücklich.

Stella Dallas wurde von der Reklame angepriesen als »der größte Film über die Mutterliebe, der je gedreht worden ist«. Aber die Qualitäten des Films liegen sicher nicht vorrangig in seiner sentimentalen Geschichte. Paul Rotha rühmt die darstellerischen Leistungen und die feinfühlige Zeichnung eines Charakters und seiner Entwicklung über fast ein ganzes Leben.

King Vidor drehte 1937 ein Remake des Films unter dem gleichen Titel mit Barbara Stanwyck in der Hauptrolle.

Sterne

DDR / Bulgarien, 1958/59

R: Konrad Wolf; A: Angel Wagenstein; K: Werner Bergmann; D: Sascha Kruscharska, Jürgen Frohriep, Erik S. Klein

Bulgarien 1943. In einem kleinen Städtchen macht ein Transport griechischer Juden auf dem Weg nach Auschwitz halt. Walter (J. F.), ein deutscher Unteroffizier, lernt über den Stacheldraht ein jüdisches Mädchen (S. K.) kennen. Er beginnt, sich für sie zu interessieren; und da sein Kamerad Kurt (E. S. K.) ihm zwei Begegnungen mit der Gefangenen ermöglicht, sprechen und diskutieren sie miteinander. Er versucht

Sterne
(Sascha Kruscharska, Jürgen Frohriep)

vergeblich, ihr seine Resignation und seine Distanz zu den Gewalttaten des Nationalsozialismus begreiflich zu machen. Ihre Argumente und vor allem ihr Schicksal rütteln ihn auf. Er will sie befreien. Aber als er sich endlich entschlossen hat, kommt er zu spät. Der Transport ist bereits weitergefahren. Jetzt hat Walter jedoch erkannt, daß die »innere Emigration« nicht genügt. Er sucht Kontakt zur bulgarischen Widerstandsbewegung.

Eine bewegende und ehrliche Auseinandersetzung mit der Vergangenheit, die besonders in der Schilderung der Charaktere besticht. Walter ist der Typ des »anständigen Intellektuellen«, der trotz aller Vorbehalte gegen die Verhältnisse doch nicht die Kraft hat, sich persönlich zu engagieren. Erst seine Begegnung mit dem jüdischen Mädchen läßt ihn handeln. Kurt dagegen ist der korrekte Landsknecht: Gewissenhaft bewacht er die todgeweihten Juden; aber es ist selbstverständlich für ihn, daß er älteren Gefangenen höflich in die Waggons hilft, die sie in den Tod fahren.

Gerade die Entwicklung des Helden wurde leider in der Bundesrepublik eines wesentlichen Aspektes beraubt. Die Schlußszene, in der Walters Kontakt zur Widerstandsbewegung angedeutet wird, wurde hier geschnitten.

La strada

(La Strada / Das Lied der Straße)

Italien, 1954

R: Federico Fellini; A: Ennio Flaiano, Tullio Pinelli, Federico Fellini; K: Otello Martelli; D: Giulietta Masina, Anthony Quinn, Richard Baschart

Für 10 000 Lire »kauft« der Schausteller Zampano (A. Q.) die naiv törichte Gelsomina (G. M.) ihrer Mutter ab. Sie begleitet ihn auf seiner ziellosen Wanderschaft, kocht und wäscht für ihn und assistiert linkisch, wenn er in Dörfern und kleinen Städten als Kettensprenger auftritt. Zampano ist ein jähzorniger, verschlossener Mensch, für den Gelsomina nur Objekt ist. Ihre schüchternen Versuche, mit ihm wirklich zu sprechen, scheitern. Dann lernt sie bei einem kleinen Zirkus »Il Matto« (R. B.) kennen, der im glitzernden Engelskostüm auf dem Seil tanzt. Er spricht ein paar Worte mit ihr, und Gelsomina ist glücklich. Aber wenig später treffen »Il Matto« und Zampano aufeinander. Es kommt zum Streit, zu einer Schlägerei; Zampano tötet den Seiltänzer. Dann fährt er weiter und läßt Gelsomina, die ihm lästig geworden ist, zurück. Jahre später erfährt er aus einem beiläufigen Gespräch, daß Gelsomina gestorben ist. Er betrinkt sich, schreit den Menschen ins

Gesicht, daß er sie haßt, und geht ans Meer, wo ihn am Strand zum ersten Mal ein Gefühl der Einsamkeit überfällt. Zampano weint.

»*La strada* ist eine Geschichte, die ich schon seit Jahren in mir trug, und ich kann sagen, daß sie geradezu ein Stück meiner selbst ist, weil dieser Film zutiefst mit meinen Gedanken und Überzeugungen verbunden ist. *La strada* ist entstanden aus der Vorstellung von einem Mann und einer Frau, die äußerlich zusammen leben, aber in ihrem Innern durch astronomische Weiten voneinander getrennt sind.«

»Gewiß ist die Grundidee der *Strada* eine christliche Vorstellung: die Liebe ... Und wenn François Mauriac von der ›Gnade‹ als Element dieses Films gesprochen hat, so kann ich das nur dankbar unterschreiben« (Federico Fellini).

La strada wurde ein Welterfolg – beim Publikum und bei den Fachleuten, die ihn mit Preisen und Auszeichnungen überhäuften. Aber der Film blieb nicht unumstritten. Einige italienische Kritiker warfen Fellini »Verrat am Neorealismus« vor und bemängelten die »Vieldeutigkeit« und »Verschwommenheit« seiner Aussage. Nun ist *La strada* zweifellos im positiven Sinn ein »schillernder« Film. Deutlich sind jedoch zwei Kernpunkte: die Ausbeutung der Frau durch den Mann, seine patriarchalische Verständnislosigkeit – ein nüchtern sozialkritischer Aspekt; ferner die Überzeugung, daß auch das unscheinbarste Leben einen Sinn hat, daß die Liebe etwas bewirken, einen Menschen ändern kann – dies die christliche Botschaft.

Das und einiges mehr hat Fellini in einem Milieu verwirklicht, dessen Tristesse und Eintönigkeit er realistisch eingefangen hat. Darüber hinaus allerdings hat er es verstanden, die Wanderschaft Zampanos in seinem seltsamen Gefährt – halb Motorrad und halb Wohnwagen – zur Metapher für die Wanderschaft und Unbehaustheit des Menschen werden zu lassen, was ihm nahezu ohne Konzessionen an den Wirklichkeitsbezug der Handlung gelungen ist. Wesentlichen Anteil am Erfolg haben hier auch die darstellerischen Leistungen: die urwüchsige Vitalität Anthony Quinns und die träumerische Naivität Giulietta Masinas.

Strangers on a train

(Der Fremde im Zug / Verschwörung im Nordexpreß)

USA, 1951

R: Alfred Hitchcock; A: Raymond Chandler und Czenzi Ormonde nach einem Roman von Patricia Highsmith adaptiert von Whitfield

La strada (Giulietta Masina, Anthony Quinn)

Cook; K: Robert Burks, H. F. Koenekamp (Spezialeffekte); D: Farley Granger, Robert Walker, Ruth Roman, Leo G. Carroll, Patricia Hitchcock, Laura Elliott

Während einer Bahnfahrt wird der Tennis-Champion Guy Haines (F. G.) von dem exzentrischen Bruno Anthony (R. W.) angesprochen, der ihm einen makabren Vorschlag macht: Mord auf Gegenseitigkeit. Bruno will Guys Ehefrau umbringen, dafür soll Guy Brunos allzu strengen Vater töten. Niemand würde die Täter entdecken, da beide für ihre Tat kein Motiv hätten. Guy hält den Vorschlag für einen schlechten Scherz und lehnt ab. Zwar ist es kein Geheimnis, daß seine Ehe nicht intakt ist; aber nie würde er seiner Frau den Tod wünschen. Wenig später ist Miriam Haines (L. E.) tot. Ermordet. Guy gerät in Verdacht, da er kein Alibi hat. Die Polizei beschattet ihn. Und zu allem Überfluß erscheint auch noch Bruno, erklärt stolz, daß er den Mord begangen hat, und verlangt von Guy die »vereinbarte« Gegenleistung. Als Guy sich weigert, droht Bruno, Guys Feuerzeug, das er sich angeeignet hat, an der Fundstelle von Miriams Leiche zu plazieren und Guy damit den Mord endgültig anzuhängen. Nach einem dramatischen Wettrennen überrascht Guy den geistesgestörten Mörder am Tatort. Bruno stirbt unter den Trümmern eines Karussells, auf dem die große Schluß-Auseinandersetzung stattgefunden hat.
In gewissem Sinn spielt auch hier Hitchcocks Lieblingsthema, der Identitätsverlust, eine Rolle. Guy Haines sieht sich plötzlich einem Mann gegenüber, der unbeirrbar behauptet, er habe mit ihm einen furchtbaren Vertrag abgeschlossen, und der jetzt auf Vertragserfüllung drängt. Die Regie zieht daraus eine intensive Spannung, die im Schlußdrittel ihren Höhepunkt erreicht. Während Bruno zum Tatort fährt, muß Guy ein Tennismatch bestreiten. Er darf keinen Verdacht erregen und muß seinen Gegner möglichst schnell schlagen, um seinen Zug zu erreichen. Doch Guy spielt zerfahren, das Match zieht sich hin. Zur gleichen Zeit verliert Bruno das falsche Beweisstück. Es fällt in einen Abfluß-Gully, und Bruno verliert kostbare Zeit, es wiederzubekommen. So kommt es zum Showdown auf dem fahrenden Karussell, das bei dem Kampf beschädigt wird, sich immer schneller dreht und schließlich zusammenbricht.

Die Straße Ⓢ

Deutschland, 1923

R: Karl Grune; A: Karl Grune; K: Carl Hasselmann; D: Eugen Klöpfer, Lucie Höflich, Aud Egede Nissen, Max Schreck

Ein Mann (E. K.) stürmt eines Abends aus seiner Wohnung, deren Enge ihn erdrückt, um etwas zu erleben. In einem Lokal verspielt er einen ihm anvertrauten Scheck, den er aber später zurückgewinnt. Dann folgt er einer Frau (A. E. N.) in ihre Wohnung. Im Nebenzimmer berauben und ermorden der Ehemann der Frau und sein Kumpan einen anderen erlebnishungrigen Mann. Alle, die in die Tat verwickelt sind, fliehen in panischer Angst. Der Mann wird verhaftet und als vermeintlicher Täter eingesperrt, bis die Frau die Wahrheit gesteht. Nach seiner Entlassung kehrt er voller Reue nach Hause zurück, wo seine Frau (L. H.) die vorsorglich warm gestellte Suppe vom Ofen holt.
Der Film ist größtenteils gut fotografiert und montiert. Eindrucksvoll sind auch die Bauten (Karl Görge-Prochaska, Ludwig Meidner); ganze Straßenzüge entstanden durchaus realistisch und überzeugend im Atelier. Buch, Regie und Darstellungsstil sind dagegen überwiegend sentimental-pathetisch geraten.

La strategia del ragno

(Die Strategie der Spinne)

Italien, 1970

R: Bernardo Bertolucci; A: Marilú Parolini, Edoardo De Gregorio und Bernardo Bertolucci nach der Erzählung *Tema del traditore e dell' eroe* von J. L. Borges; K: Vittorio Storaro, Franco Di Giacomo; D: Giulio Brogi, Alida Valli, Pippo Campanini, Franco Giovanelli, Tino Scotti

Nach dem Krieg kommt Athos Magnani (G. B.) in die kleine Stadt, in der 1936 sein Vater ermordet worden ist. Draifa (A. V.), die frühere Geliebte seines Vaters, fordert ihn auf, die Schuldigen zu entlarven; aber Athos stößt auf eine Mauer des Schweigens. Zwar gilt der Tote als antifaschistischer Held, dem man sogar ein Denkmal gesetzt hat, doch an den Umständen seines Todes scheint niemand interessiert. Allmählich gewinnt Athos dennoch Klarheit:

Sein Vater (G. B.) bildete mit drei Freunden (P. C., F. G., T. S.) eine Widerstandsgruppe, die ein Attentat auf den Duce plante. Der Plan wurde verraten. Zur gleichen Stunde und am gleichen Ort, da der Duce sterben sollte, starb Magnani – bei einer Festaufführung des *Rigoletto*. Magnani selbst hatte das geplante Attentat aus Angst verraten. Als er sich entdeckt sah, hatte er seinen eigenen Tod inszeniert, weil ein toter Märtyrer wichtiger ist als ein bestrafter Verräter. Athos verläßt die Stadt, in der das Gestern noch nicht überwunden ist.
Das Thema hätte sowohl den Stoff zu einer spannenden »Kriminalaffäre« als auch die Möglichkeiten für ein psychologisches Kammerspiel geboten. Bei Bertolucci wird es »ein Film über das Ende der Bourgeoisie, über die Notwendigkeit, Helden abzuschaffen« (Bertolucci). Der Film zeigt in den Rückblenden Menschen, die Faschisten sind, ohne zu wissen warum, und bürgerliche Antifaschisten, die ebensowenig ein Konzept haben. Vor allem aber projiziert Bertolucci die Probleme der Vergangenheit auf seinen Helden. Seine Suche nach der Wahrheit über den Tod seines Vaters ist gleichzeitig ein verzweifelter Versuch, seine Position in der Gegenwart zu bestimmen. Die Zerstörung des Vaterbildes ist für ihn ein Schritt hin zur Freiheit.

A streetcar named desire
(Endstation Sehnsucht)

USA, 1951

R: Elia Kazan; A: Oscar Saul, Elia Kazan und Tennessee Williams nach dem gleichnamigen Schauspiel von Tennessee Williams; K: Harry Stradling; D: Vivien Leigh, Marlon Brando, Kim Hunter, Karl Malden

Verfilmung des gleichnamigen Schauspiels von Williams: Blanche DuBois (V. L.), Stanley Kowalski (M. B.), Stella Kowalski (K. H.), Mitch (K. M.).
Kazan hatte das gleiche Stück zuvor in nahezu der gleichen Besetzung der Hauptrollen auf der Bühne inszeniert. Für die Verfilmung wurde lediglich Vivien Leigh anstelle von Jessica Tandy für die Rolle der Blanche verpflichtet.
Es entstand eine sehr werkgetreue Verfilmung, die nicht auf optische Gags versessen ist, die eigentlich nur darauf aus war, den brutalen und suggestiven Psychologismus der Vorlage mit den Mitteln des Films optimal zu gestalten. Vorzügliche darstellerische Leistungen, dichte Atmosphäre und stilistische Konsequenz der Regie sind die Hauptvorteile des Films.

The street with no name
(Straße ohne Namen)

USA, 1948

R: William Keighley; A: Harry Kleiner; K: Joseph MacDonald; D: Mark Stevens, Richard Widmark, Lloyd Nolan, Barbara Lawrence

In den dreißiger Jahren spezialisiert sich eine Bande in Chikago darauf, bei ihren Überfällen Beweise gegen Unschuldige zurückzulassen, um die Polizei so von der richtigen Spur abzulenken. FBI-Inspektor Cordell (M. S.) taucht in der Unterwelt unter und gewinnt das Vertrauen des Bandenbosses Stiles (R. W.), der sich rühmt, einen Verbindungsmann beim FBI zu haben. Bei den Bemühungen, diesen Mann ausfindig zu machen, enthüllt Cordell seine Identität. Stiles will ihn ausschalten, aber im letzten Augenblick gelingt es der Polizei, den Verbrecher unschädlich zu machen.
The street with no name gehört zu den bekanntesten Vertretern des »dokumentarischen« Kriminalfilms, in dem nicht der Gangster, sondern die Polizei, nicht das Verbrechen, sondern seine Aufklärung im Mittelpunkt steht. Diese Filme entstanden oft in Anlehnung an tatsächliche Ereignisse; und sie wurden gewöhnlich überwiegend auf den Straßen gedreht, um den dokumentarischen Charakter zu betonen.

The strong man Ⓢ
(Der starke Mann)

USA, 1926

R: Frank Capra; A: Arthur Ripley, Hal Conklin, Frank Capra, Eddy Robert; K: Elgin Lessley, Glenn Kershner; D: Harry Langdon, Gertrude Astor

Als Soldat in Belgien erhält Harry (H. L.) Post von einer unbekannten Brieffreundin aus den USA. Aber schon bald wird er von einem schnauzbärtigen Deutschen gefangengenommen. Nach dem Krieg kommt er als Assistent eben jenes Mannes, der sich als »Zandow – Kraftakte« in Varietés produziert, in die Staaten zurück. Hier macht er sich alsbald auf die Suche nach seiner unbekannten Freundin Mary. Er findet sie nach mancherlei Zwischenfällen als blinde Tochter (G. A.) eines Pfarrers in der von Gangstern beherrschten Stadt Cloverdale. Als der große Zandow hier wegen Volltrunkenheit nicht auftreten kann, muß Harry aushelfen. In einer turbulenten Vorstellung demoliert er das ganze Vaudeville-Theater, erfüllt damit den Wunsch von Marys glaubensstarkem Vater, der seit sieben Tagen darum betet, das Haus möge zusammenstürzen wie einst die Mauern Jerichos, gewinnt Marys Hand und einen Posten als Sheriff im gesäuberten Cloverdale.

Die spezielle Kunst Langdons, der stets wirkt wie eine »verschreckte weiße Maus« (Kevin Brownlow), bewährt sich hier auf das schönste. Typisch ist gleich der Beginn, als er vergeblich versucht, einen Gegner mit dem Maschinengewehr zu »erledigen«. Solches sind seine Waffen nicht: Er treibt den Feind wie weiland David mit einer Schleuder in die Flucht. Und in Cloverdale verhilft ihm wiederum nicht Kraft, sondern Einfallsreichtum zu seinem Sieg über die Ganoven. Nicht ohne kritische Ironie vermerkt ein Zwischentitel übrigens nach dem Sieg des Ortsfremden: »Und wieder zog Cloverdale die Bettdecke bis ans Kinn und schlief in Frieden.« Capra sorgte allerdings dafür, daß Langdon nicht etwa zum strahlenden Helden wurde. In der Schlußszene muß ihm seine blinde Frau helfen, als der neugebackene Sheriff über einen Stein stolpert.

Stschastje / Stjaschateli Ⓢ

(Das Glück / Die Habsüchtigen)

UdSSR, 1934

R: Alexander Medwedkin; A: Alexander Medwedkin; K: Gleb Trojanski; D: Pjotr Sinowjew, Jelena Jegorowa

Der arme Bauer Chmyr (P. S.) findet einen Beutel mit Geld und kauft sich ein Pferd. Aber das Tier erweist sich als eigenwilliger Charakter; es klettert auf die Hütte und frißt das Stroh vom Dach, während Chmyrs Frau Anna (J. J.) nach wie vor den Pflug ziehen muß. Und dann wird das Pferd auch noch gestohlen. Ein zweites Mal hat Chmyr Glück. Er hat im Herbst eine reiche Ernte. Doch nun erscheinen der Kulak, der Pope, Nonnen usw. und nehmen ihm sein Geld ab – für alte Schulden oder als Spende. Als Chmyr verzweifelt sterben will, wird er wegen dieser »eigenmächtigen Handlungsweise« sogar ausgepeitscht. Erst das dritte Glück ist dauerhaft: die Kolchose. Zwar ist Chmyr zunächst ein schlechter Arbeiter, während Anna unter den neuen Verhältnissen aufblüht. Aber schließlich vereitelt Chmyr eine Brandstiftung des Kulaken Foka und wird ein vollwertiges Mitglied der Gemeinschaft.

Medwedkin hat eine in Form und Inhalt ungewöhnliche Satire geschaffen. Zwar läßt er keinen Zweifel, daß die Kolchose das wahre Glück bringt; aber er verschweigt auch die Probleme und Schwierigkeiten der neuen Zeit nicht. Formal bevorzugt Medwedkin einen märchenhaften Expressionismus, der ein wenig an Lubitschs *Bergkatze* erinnert: Die handelnden Personen sind grotesk übersteigert oder tragen gar, wie die marschierenden Soldaten, Masken. Auch die einzelnen Szenen sind stilisiert, so die Versuchung eines Traktorfahrers, dem der Kulak Foka eine Wodkaflasche in den Weg stellt. Ein rundes dutzendmal fährt der Wackere verlangend um die Flasche herum, bis er sie schließlich austrinkt, während der nun führerlose Traktor ihn weiter umkreist. *Stschastje* war vermutlich der formal interessanteste sowjetrussische Film der dreißiger Jahre.

Der Student von Prag Ⓢ

Deutschland, 1913

R: Stellan Rye; A: Hanns Heinz Ewers; K: Guido Seeber; D: Paul Wegener, John Gottowt, Grete Berger, Lyda Salmonova, Lothar Körner, Fritz Weidemann

Der Student Balduin (P. W.) verkauft dem undurchsichtigen Abenteurer Scapinelli (J. G.) für »100 000 Goldgulden« sein Spiegelbild. Bald darauf verliebt sich Balduin in eine schöne junge Gräfin (G. B.). Die Gräfin erwidert seine Neigung; aber auf Wunsch ihres Vaters (L. K.) soll sie ihren Vetter (F. W.) heiraten. Nach einem Zusammenstoß zwischen Balduin und seinem Rivalen kommt es zu einem Duell. Zwar

Der Student von Prag (Paul Wegener, Lyda Salmonova)

verspricht Balduin, der als bester Fechter Prags gilt, dem Grafen, seinen Gegner zu schonen; aber durch Scapinellis Machenschaften wird er daran gehindert, rechtzeitig am vereinbarten Duellplatz zu sein. In seiner Abwesenheit hat sein Spiegelbild, sein Doppelgänger, den Rivalen bereits getötet. Vergeblich versucht Balduin, sich vor der Geliebten zu rechtfertigen. Bei dieser Aussprache erkennt sie, daß er kein Spiegelbild hat, und wendet sich entsetzt von ihm ab. Voller Verzweiflung schießt Balduin auf seinen unheimlichen Doppelgänger – sein Schuß tötet ihn selbst.

Am Schluß sitzt der Doppelgänger auf Balduins Grab, getreu dem Schlußvers eines Gedichtes von Alfred de Musset, das im Film mehrfach zitiert wird: »... Wo Du bist, werd auch ich stets sein / bis zu der Stund, wo auf dem Stein / ich sitze – über Deinem Grab.«

In diesem Film wurden Motive aufgegriffen, die später für den deutschen Film große Bedeutung gewinnen sollten: die psychologisierende Auseinandersetzung mit dem eigenen Ich und die angstvolle Erkenntnis der furchtbaren Möglichkeiten des Menschen, die Hinwendung zu Sagen und Märchenstoffen, die den Film aus der Wirklichkeit der Gegenwart in eine düstere Traumwelt versetzten.

Stellan Rye hat dabei die Möglichkeiten des Films bereits sehr einfallsreich genutzt. Er drehte an den Originalschauplätzen in Prag und erreichte dadurch Atmosphäre und Echtheit des Milieus. Er bediente sich geschickt des Tricks als dramaturgischen Mittels – zum Beispiel, wenn Scapinelli das Spiegelbild Balduins aus dem Spiegel hervorlockt und mit sich nimmt, oder wenn später das Spiegelbild Balduin immer wieder entgegentritt und ihn erschreckt. Überhaupt gelangen in diesem Film die Szenen zwischen Balduin und Scapinelli weit besser als die im Haus der Gräfin. Hier herrschte eine düster suggestive Atmosphäre, während dort über weite Strecken hölzernes und larmoyantes Theater geboten wurde.

Obwohl Paul Wegener in der Stabliste nur als Hauptdarsteller erscheint, dürfte sein Einfluß auf diesen Film doch größer gewesen sein. In den Filmen *Der Golem* (1914) und *Der Golem, wie er in die Welt kam* (1920), für die Wegener als Co-Autor und Co-Regisseur zeichnete, findet man in der Darstellung des Unheimlichen und Unwirklichen durchaus verwandte Mittel.

Das wirkungsvolle Buch wurde übrigens 1926 von Henrik Galeen (mit Conrad Veidt und Werner Krauß als Balduin und Scapinelli) und

1935 von Artur Robison (mit Adolf Wohlbrück und Theodor Loos) neu verfilmt. Beide Remakes erreichten aber nicht die Qualität des Originals.

Subida al cielo

(Der Weg, der zum Himmel führt)

Mexiko, 1951

R: Luis Buñuel; A: Manuel Altolaguirre, Juan de la Cabada und Luis Buñuel nach einem Entwurf von Manuel Altolaguirre; K: Alex Phillips; D: Esteban Márquez, Lilia Prado, Carmelita González

Während der Hochzeitsfeier wird Oliverio (E. M.) von der Seite seiner jungen Frau (C. G.) gerissen. Seine Mutter liegt im Sterben; sie will nicht, daß ein Haus in der Hauptstadt, das sie besitzt, den älteren Söhnen zufällt; Oliverio soll aus der nächsten größeren Stadt den Notar holen. Seine Fahrt dauert zwei Tage: Der altersschwache Bus bleibt in einem überschwemmten Fluß stecken, er gerät in ein Unwetter, eine mitreisende Frau bekommt vorzeitig ihre Wehen, der Fahrer besteht darauf, alle Reisenden zur Geburtstagsfeier seiner Mutter einzuladen usw. Und auf der ganzen Reise verfolgt die Dorfprostituierte Raquel (L. P.) Oliverio mit ihrer Liebe. Während eines Unwetters auf dem Paß »Subida al cielo« erreicht sie schließlich ihr Ziel. Als Oliverio mit einem vom Notar entworfenen Testament, das die Mutter nur noch unterschreiben muß, nach Hause zurückkehrt, ist die Mutter tot. Alles scheint umsonst; denn die älteren Brüder haben die Hand der schon bewußtlosen Frau geführt und ihre Unterschrift auf das alte Testament gesetzt. Aber Oliverio nimmt pietätvoll die Hand der Toten und drückt ihren Daumenabdruck auf sein Papier. Der Ausgang bleibt offen.

Die Vorlage ist weder sonderlich originell noch übermäßig gewichtig. Buñuel hat jedoch durch seine Inszenierung der Handlung Hintergrund und Poesie verliehen. Bei ihm wird die Fahrt zum Sinnbild des Lebens; komödiantischer Überschwang geht fast unmerklich in Nachdenklichkeit über, wobei Elemente des einen im anderen stets gegenwärtig sind. Ein typisches Beispiel, wie dieser »Stimmungswandel« sich im gleichen Motiv vollzieht: Der Bus bleibt im Fluß stecken. Während die Männer nach vergeblichen Bemühungen, ihn wieder flott zu bekommen, sich ausgiebig streiten, zieht hinter ihrem Rücken ein kleines Mädchen den Wagen mit einem Ochsengespann ans Ufer. Bei der Rückfahrt ist das gleiche Kind tot, an einem Schlangenbiß gestorben, und alle Reisenden gehen mit dem Begräbnis.

Sullivan's travels

(Sullivans Reisen)

USA, 1941/42

R: Preston Sturges; A: Preston Sturges; K: John F. Seitz; D: Joel McCrea, Veronica Lake, William Demarest

Der erfolgreiche Hollywood-Regisseur Sullivan (J. MC.) beschließt, einen engagierten, sozialkritischen Film zu drehen. Um Milieu-Studien betreiben zu können, verkleidet er sich als Tramp. Sehr bald lernt er ein Mädchen (V. L.) kennen, das darauf besteht, ihn bei seiner Reise durch das Elend zu begleiten. Doch das Experiment bleibt unbefriedigend, und Sullivan – von altgedienten Tramps als »Amateur« beschimpft – gibt auf. Ein letztes Mal will er sich noch verkleiden und 5-Dollar-Noten unter die Tramps verteilen. Doch ein habgieriger Bursche, der ihm vorher schon seine Schuhe gestohlen hatte, überfällt den Wohltäter, schlägt ihn nieder und stopft den Bewußtlosen in einen Güterwaggon. Der Räuber gerät kurz darauf unter einen Zug; ein Ausweis, den die Studio-Bosse vorsichtshalber in Sullivans Schuhen versteckt hatten, führt dazu, daß man seine verstümmelte Leiche als die Sullivans identifiziert. Sullivan indessen, von seinem K. o. noch wie betäubt, schlägt in einem Handgemenge einen Bahnbeamten nieder und wird zu sechs Jahren Arbeitslager verurteilt. Erst nach der Schnellgerichtsverhandlung besinnt er sich auf seine Identität. Aber da er keine Briefe schreiben darf, stehen seine Chancen schlecht. Da hat er eine Idee: Er bezichtigt sich des Mordes an Sullivan, sein Bild geht durch alle Zeitungen, er wird identifiziert und befreit. Durch seine Erlebnisse hat sich sein Weltbild gründlich gewandelt. Er heiratet seine Freundin und beschließt, nur noch anspruchslose Lustspiele zu drehen, weil er gesehen hat, wie die Häftlinge im Lager bei

der Vorführung von Mickey-Mouse-Filmen ihr Elend vergessen und gelacht haben.
Sturges hat zwar Details aus dem Leben der Tramps und vom Elend der Kettensträflinge realistisch geschildert. Sein eigentliches Thema ist jedoch eine bissige Satire auf Hollywood, auf die sozialkritischen Filme und den optimistischen Glauben, man könne mit diesen Filmen etwas ändern. Höhnisch urteilt er, daß solche Filme nichts bewirken – nicht einmal ein paar schöne Stunden für die, denen man angeblich helfen will.

Sumurun Ⓢ

Deutschland, 1920

R: Ernst Lubitsch; A: Hanns Kräly und Ernst Lubitsch nach der gleichnamigen Pantomime von Friedrich Freksa und Victor Holländer; K: Theodor Sparkuhl, Guido Seeber; D: Pola Negri, Paul Wegener, Jenny Hasselqvist, Carl Cleving, Ernst Lubitsch, Harry Liedtke

Der Sultan (P. W.) überrascht eine junge Tänzerin (P. N.), die er für seinen Harem gekauft hat, in den Armen seines Sohnes (C. C.). Er erwürgt die Tänzerin und verprügelt seinen Sohn. Wenig später entdeckt der Sultan, daß auch Sumurun (J. H.), seine Favoritin, ihn betrügt – mit einem Kaufmann (H. L.). Als er den Nebenbuhler töten will, wird er selbst umgebracht, und zwar von einem buckligen Gaukler (E. L.), der die Tänzerin geliebt und ihren Tod gerächt hat.
Sumurun war als Pantomime an Reinhardts Bühne ein großer Erfolg gewesen; ihre Umsetzung in den Film blieb enttäuschend. Damit erlitt *Sumurun* ein ähnliches Schicksal wie der Film *Eine venetianische Nacht* (1913). Diese »phantastische Pantomime« von Carl Vollmöller war von Reinhardt selbst mit Mitgliedern seines Ensembles verfilmt worden. Aber auch hier glückte die Umsetzung in ein anderes Medium nicht.

Sunrise Ⓢ
(Sonnenaufgang)

USA, 1926/27

R: F. W. Murnau; A: Carl Mayer nach der Novelle *Die Reise nach Tilsit* von Hermann Sudermann; K: Charles Rosher, Karl Struss; D: George O'Brien, Janet Gaynor, Bodil Rosin, Margaret Livingstone

Sudermanns Vorlage ist erheblich verändert worden. Die Handlung spielt jetzt an einem See, wo der junge Bauer Ansas (G. OB.) von einem Vamp aus der Stadt (M. L.) verführt und seiner Frau Indre (J. G.) entfremdet wird. Der Vamp überredet Ansas schließlich, seine Frau zu töten. Bei einer Bootsfahrt in die Stadt will er sie über Bord stoßen. Aber der Plan mißlingt, und der Tag in der Stadt führt sogar zur Aussöhnung des Ehepaares. Ansas verliebt sich aufs neue in Indre; ein gemeinsamer Besuch in der Kirche unterstreicht und festigt diese Bindung. Auf der Rückfahrt werden sie von einem Sturm überrascht. Das Boot kentert. Ansas kann sich retten und sucht verzweifelt nach seiner Frau. Schließlich wird auch sie geborgen. Der Vamp kehrt besiegt und enttäuscht in die Stadt zurück.
Es steht nicht fest, ob dieses Happy-End (bei Sudermann ertrinkt Ansas!) von Mayer und Murnau gewollt oder eine Auflage des Produzenten war. Auf jeden Fall ist es vollkommen in die Handlung integriert. Der Film ist konsequent in seiner Manier, dramatische Aktion aus Stimmungen zu entwickeln und zu deuten, Stimmungen durch Ausleuchtung, Kamerabewegung und Bildrhythmus zu erzeugen. Wieder spielt die Umwelt eine große Rolle: See und Moor, die Stadt mit ihren verschiedenen Schauplätzen wie Kirche und Lunapark. Murnau drehte den Film an einem See, an dem Rochus Gliese ihm ein deutsches Dorf aufgebaut hatte. Eindrucksvoll sind auch die Traumsequenzen bzw. »Visionen«, mit denen Murnau die Gedanken der handelnden Personen sichtbar macht. Als der Vamp Ansas mit lockenden Schilderungen von der Großstadt zum Mord überreden will, sieht man sowohl die so beschworenen Großstadt-Bilder als auch den geplanten Mord in fließenden Konturen im Bildhintergrund.
Sudermanns Vorlage wurde 1938 in Deutschland unter ihrem Originaltitel *Die Reise nach*

Tilsit von Veit Harlan verfilmt. Die Hauptrollen spielten Frits van Dongen (Ansas), Kristina Söderbaum (Indre) und Anna Dammann (die Magd). Harlan hielt sich enger an Sudermann, so ist bei ihm auch die Verführerin eine Magd und nicht eine Fremde.

Sunset Boulevard

(Boulevard der Dämmerung)

USA, 1949

R: Billy Wilder; A: Charles Brackett, Billy Wilder, D. M. Marshman jr.; K: John F. Seitz, Gordon Jennings (Spezialeffekte); D: William Holden, Gloria Swanson, Erich von Stroheim, Nancy Olson

Der einstige Stummfilm-Star Norma Desmond (G. S.) träumt in einer verwahrlosten Villa am Sunset Boulevard von einem Comeback. Norma wird in ihrem Wahn bestärkt durch Max (E. v. S.), der einst ihr Regisseur und erster Ehemann war und der heute ihren Diener spielt. Ein Zufall führt den jungen, erfolglosen Drehbuchautor Joe Gillis (W. H.) in ihr Haus. Sie findet Gefallen an ihm und engagiert ihn, ein Drehbuch, das sie geschrieben hat, zu überarbeiten. Schließlich wird Gillis auch ihr Geliebter. Aber Gillis verliebt sich in ein junges Mädchen (N. O.); und unter ihrem Einfluß nimmt er die Arbeit an einem eigenen Drehbuch wieder auf. Er will sich von Norma befreien. Bei einer Auseinandersetzung sagt er ihr schonungslos die Wahrheit – daß sie vergessen ist, daß die Verehrerbriefe, die sie immer noch erhält, von Max geschrieben werden. Als er geht, schießt Norma ihn nieder. Polizei und Wochenschau kommen ins Haus. Norma, deren Geist jetzt völlig verwirrt ist, hält die Wochenschau-Reporter für Kameramänner, die eine Filmszene mit ihr drehen. Hoheitsvoll schreitet sie die Treppe herab – und wird verhaftet.

Eine düster-pessimistische Story, die zur bitteren Abrechnung mit Hollywood wird. Wilder konfrontiert die Vergessenen, die von verblichenem Ruhm träumen, mit den Erfolglosen, die skrupellos für ihren Aufstieg kämpfen. Dabei wird durchaus deutlich, wie dünn die Fassade ist, die nach außen den Glanz der Filmmetropole signalisiert.

Wilders Stil ist ein reportagehafter Realismus, der hier zusätzliche Glaubwürdigkeit aus der Tatsache gewinnt, daß bekannte Hollywood-Persönlichkeiten wie Cecil B. DeMille, Hedda Hopper, Buster Keaton und H. B. Warner sich selbst spielen.

Sunset Boulevard (Mitte: Gloria Swanson)

Sürü
(Die Herde)

Türkei, 1978/79

R: Zeki Ökten; A: Yilmaz Güney; K: Izzet Akay; D: Tuncel Kurtiz, Tarik Akan, Yaman Okay, Levent Inanir, Melike Demirağ, Erol Demiröz

In Anatolien leben die Sippen der Veysikans und der Halilans in Blutfehde. Hamo (T. K.) ist das Oberhaupt der Veysikans, uneingeschränkter Herrscher über den Besitz und seine Söhne Sivan (T. A.), Abuzer (Y. O.) und Silo (L. I.). Sivan ist mit Berivan (M. D.) verheiratet, einer Halilan, die einst als »Friedenspfand« gegen ihren Willen zu den Veysikans gebracht worden ist. Ihre ohnehin schwierige Situation ist zusätzlich dadurch belastet, daß sie nach drei Fehlgeburten als »verflucht« gilt. Sivan, der sie aufrichtig liebt, möchte gern mit ihr zu einem Arzt in die nächste Stadt gehen; aber Berivan weigert sich, sich von einem Arzt untersuchen zu lassen. Als Hamo Helfer braucht, um seine Schafherde zum Verkauf nach Ankara zu bringen, geht Sivan nur unter der Bedingung mit, daß er Berivan mitnehmen darf, um mit ihr in Ankara zu einem Spezialisten gehen zu können. Die Reise nach Ankara bringt das Ende der stolzen Veysikans. Korrupte Bahnbeamte, Diebe und Unglücksfälle dezimieren die Herde. Abuzer bleibt bei den toten Schafen zurück. In Ankara weigern sich die Händler, den vereinbarten Preis zu zahlen und lassen Hamo ohne Futter für seine Herde eine Woche warten. Berivan stirbt, und Sivan erwürgt einen der Händler, empört über dessen kaltherzige Menschenverachtung. Bei einem Gang durch die Stadt läuft Silo dem Vater weg; die Kamera verliert schließlich auch Hamo irgendwo im Menschengewühl von Ankara.

Dieser Film über die kurdischen Nomaden ist ein Dokument der Verzweiflung. Er schildert die rückständigen feudalen und patriarchalischen Traditionen in den abgelegenen Winkeln Anatoliens, wo noch immer fast mittelalterliche Machtstrukturen das soziale Leben bestimmen, wo Blutrache noch zum alltäglichen Leben gehört, wo Frauen noch Menschen zweiter Klasse sind, wo fast nichts von dem verwirklicht ist, was Kemal Atatürk einmal für sein Land gefordert hat. Der Film belegt auch, daß diese Rückständigkeit nicht das Ergebnis unbelehrbaren Starrsinns, sondern die Folge bitterer Armut und völliger Unwissenheit ist. Gerade die Fahrt in die Stadt zeigt, daß der Staat diese seine ärmsten Bürger im Stich läßt, daß sie mißachtet, unterdrückt und ausgenutzt werden. Dabei wird dann sogar der selbstgerechte und scheinbar unbelehrbare Hamo zur tragischen Figur, weil er im Rahmen seines Wissens und seiner Erfahrung wohl nicht anders handeln kann.

Das Drehbuch hat die Stationen des Leidensweges der Veysikans ebenso schlicht wie schlüssig aneinandergereiht. Ohne lehrhaft zu wirken, vermittelt es doch genau die Informationen, die auch einem Außenstehenden die innere Logik der Charaktere, ihrer Handlungen und des Scheiterns verdeutlichen. Die Regie hat unter Verzicht auf alle pittoresken Effekte und formalen Spielereien die ernüchternde Realität des exotischen Milieus mit dokumentarischer Treue vor Augen geführt. Sein soziales Engagement hat dem Film im eigenen Land Schwierigkeiten beschert; seine schlichte Menschlichkeit brachte ihm den bisher wohl größten Auslandserfolg eines türkischen Films.

Suworow
(Suworow)

UdSSR, 1940/41

R: Wsewolod Pudowkin, Michail Doller; A: Georgi Grebner, H. Rawitsch; K: Anatoli Golownja, Tamara Lobowa; D: Nikolai Tscherkassow, A. Jatschnitzki, S. Kiligin

General Suworow (N. T.) wird nach seinem Sieg bei Warschau (1794) hoch geehrt; aber als Zar Paul I. (A. J.) den Thron besteigt, nimmt Suworow seinen Abschied, da er die militärischen Reformen des neuen Zaren ablehnt. Nachdem Napoleon seine ersten Erfolge erzielt hat, möchte Paul Suworow zurückholen; aber der erklärt dem Zaren offen, daß er mit dem durch seine Reformen »verdorbenen« Heer nicht kämpfen kann. Erst als Napoleon auch Rußland bedroht, übernimmt Suworow wieder den Oberbefehl. 1799 zieht er nach Italien und vertreibt die Franzosen. Sein Plan, Paris zu erobern, wird von den verbündeten Österreichern zunichte gemacht. Nachdem Suworow mit seinen Truppen den St. Gotthard bestiegen hat, gerät er durch den Verrat seines Angriffs-

planes in eine schwierige Situation; aber durch sein Beispiel angefeuert, schlagen die russischen Soldaten die Franzosen.
Nachdem Pudowkin in *Minin i Poscharski* (Minin und Poscharski, 1938) zwei Führergestalten aus dem Krieg gegen Schweden und Polen gepriesen hatte, setzte er nun in einem aufwendigen Kostümfilm dem General Suworow ein Denkmal. Es war die Zeit, in der russische Helden besonders gut in die filmische Landschaft paßten, in der man mit dem Glanz der Historie die Gegenwart zu vergolden suchte. Pudowkin hat sein Thema mit Geschmack bewältigt, wobei er seine Bilder offenbar zum Teil an zeitgenössischen Illustrationen orientierte. Wesentlichen Anteil am Erfolg hatte auch sein Hauptdarsteller Nikolai Tscherkassow, der mit dem ungleich berühmteren Darsteller des Zaren Iwan u. a. nicht identisch ist. Tscherkassow vermied die pathetische Geste, die Suworow zum reinen Standbild hätte degradieren können.

S. W. D. – Sojus wjelikogo djela

(S. W. D. – Der Bund der großen Tat)

UdSSR, 1927

R: Grigori Kosinzew, Leonid Trauberg; A: Juri Tynjanow, Juri Oxman; K: Andrej Moskwin; D: Sergej Gerassimow, Andrej Kostritschkin, Pjotr Sobolewski, Konstantin Chochlow, Sofija Magarill, Michael Mischel

Dezember 1825. Der Falschspieler Medoks (S. G.) ergaunert beim Kartenspiel einen Ring mit den Initialen S. W. D., dem Erkennungszeichen des revolutionären Bundes der Dekabristen. Als der Oberleutnant Suchanow (P. S.) Medoks verhaften will, benutzt der den Ring, um sich vor Suchanow als vermeintlicher Gesinnungsgenosse auszugeben. Suchanow läßt ihn laufen, da der geplante Aufstand kurz bevorsteht. Beim Ausbruch des Aufstandes am 26. Dezember denunziert Medoks, jetzt unter dem Namen Obolinski, dessen Anführer, den General Wischnewski (K. C.). Der daraufhin verhaftete General wird zwar befreit, aber dann mit seinem Regiment von der Artillerie des Generals Weismar (M. M.) zusammengeschossen. Zu den wenigen, die dem Massaker entkommen, gehört auch Suchanow. Er flüchtet in einen Offiziersclub, wo Medoks gerade eine Orgie feiert und prahlerisch verkündet, er könne Wischnewskis Frau (S. M.) mit Hilfe des Ringes zu seiner Geliebten machen. Mit einem Brief und dem Ring als Erkennungszeichen lockt er sie tatsächlich in den Club. Aber sie durchschaut den Verräter und deckt Suchanows Flucht. Der verwundete Suchanow taucht bei einer Zirkustruppe unter, wo er eines Abends ein Gespräch belauscht, das Weismar und Medoks in einer Loge führen. Man will den verhafteten Dekabristen scheinbar einen Ausbruch ermöglichen, um sie dann ohne Gerichtsverfahren »auf der Flucht« erschießen zu können. Suchanow provoziert seine Verhaftung, um die Freunde warnen zu können. Aber die wagen den Ausbruch trotzdem – und gehen in eine Falle. Dabei kommen sowohl Suchanow als auch Medoks um.
Der Film ist eine der legendären Produktionen der Leningrader »Fabrik des exzentrischen Schauspielers« (FEKS), die im Ausland gefeiert und im eigenen Land lange als »formalistisch« diffamiert und verfemt wurden. Lange Zeit galt dieses Werk von Kosinzew/Trauberg als verschollen; erst 1974 wurde eine vollständige Kopie der französischen Fassung entdeckt und restauriert.
Kosinzew und Trauberg haben die melodramatische Handlung einem strengen Stilwillen unterworfen. Anders als die theatralischen Historiengemälde, die damals auch in der russischen Produktion den Ton angaben, will dieser Film keine Rekonstruktion, sondern eine Interpretation der Geschichte geben. Er will die Leidenschaft der Revolutionäre und den blinden Haß der Reaktionäre deutlich, ja spürbar machen. Dem dienen Handlungselemente wie das stets wiederkehrende Motiv des Sturms, dem dient das – wahrhaft exzentrische – Spiel der Darsteller, und dem dient auch der virtuose Einsatz von Licht und Schatten, mit dem die Kraft der revolutionären Idee ebenso symbolisiert wird wie die tragische Einsamkeit der Revolutionäre. So entstand ein Film, dessen Spannung weniger aus dem Ablauf der Fakten entsteht als vielmehr aus den leidenschaftlichen Empfindungen, die die Bilder transportieren und evozieren.

Sylvester Ⓢ

Deutschland, 1923

R: Lupu Pick; A: Carl Mayer; K: Carl Hasselmann (Innenaufnahmen), Guido Seeber (Außenaufnahmen); D: Eugen Klöpfer, Edith Posca, Frida Richard

Ein Mann (E. K.) feiert mit seiner Frau (E. P.) und seiner Mutter (F. R.) Silvester. Die Rivalität zwischen beiden Frauen steigert sich an diesem Abend zum offenen Haß, der sich schließlich in einem wilden Handgemenge entlädt. Der Mann mag in diesem Streit nicht Stellung nehmen; er flieht vor seinen Konflikten und erhängt sich. Man findet seine Leiche, während draußen der Silvestertrubel seinen Höhepunkt erreicht.

Ein typisches Werk des filmischen »Kammerspiels«. Ein Drehbuch, das subtilen Seelenregungen nachspürt, ein Regisseur, der sie ohne Zwischentitel verdeutlicht, wobei drohende Symbole und düstere Lichteffekte das Geschehen überschatten. Am Schluß herrscht Resignation: Der Tod des einzelnen erscheint als Warnung für die Gesellschaft; aber die tanzt, anstatt zu hören und zu sehen.

Szegénylegények

(Die Hoffnungslosen)

Ungarn, 1965

R: Miklós Jancsó; A: Gyula Hernádi nach einem Roman von Zsigmond Moricz; K: Tamás Somló; D: János Görbe, Tibor Molnár, András Kozák, Gábor Agárdy

Um 1865 werden einige hundert Männer in einem seltsamen Fort in eintöniger Ebene zusammengetrieben. Offiziell richtet sich die Aktion gegen Straßenräuber; vor allem aber will man die Reste der Kossuth-Rebellen von 1848/49, möglicherweise sogar den legendären Führer Sandor, aufspüren. Die Verhafteten schweigen; aber die Unterdrücker haben raffinierte Methoden. Sie überführen einen Mörder (J. G.), schenken ihm das Leben und machen ihn zum Spitzel. Dann überliefern sie ihn der Rache seiner Gefährten und machen damit andere zu Verdächtigen. Diesmal sind es Vater (T. M.) und Sohn (A. K.). Um sich gegenseitig zu retten, werden auch sie zu Verrätern. Doch Sandor, den man vor allem identifizieren will, ist nicht unter den Gefangenen. So verkünden die Unterdrücker Gnade und reihen die Gefangenen in die Armee ein. Hier aber werden sie gnadenlos zusammengeschossen. Kann man den einen nicht herausfinden, so liquidiert man eben alle . . .

Jancsó hat seinen Film aller Nebensächlichkeiten entkleidet, was ihn stellenweise schwer konsumierbar macht. Es gibt keine Atempause, keine Idylle, keine Ablenkung von der Hoffnungslosigkeit. Die Grausamkeit der Unterdrückung liegt darin, daß man die Opfer korrumpiert. Formal ist das ganz auf grafische Wirkungen gestellt. Das einsame Fort in einer unendlich weiten Ebene, Gefangene, die zum täglichen Rundgang mit unförmigen Kapuzen bekleidet werden, damit sie ihre Gesichter nicht sehen – das alles hat seinen dramaturgischen Sinn und ist gleichzeitig von eminenter Schönheit in der Bildkomposition. Gelegentlich scheint diese Schönheit allerdings zum Selbstzweck zu werden, gerinnt die Statik des Bildes zur Pose.

Szerelem

(Liebe)

Ungarn, 1970

R: Károly Makk; A: Tibor Déry nach Motiven seiner Erzählungen *Liebe* und *Zwei Frauen*; K: János Tóth; D: Lili Darvas, Mari Töröcsik, Iván Darvas

Eine schwerkranke alte Frau (L. D.) wird von ihrer Schwiegertochter (M. T.) im unklaren über das Schicksal ihres Sohnes (I. D.) gelassen. In Wirklichkeit ist János verhaftet und zu einer hohen Gefängnisstrafe verurteilt worden. Die Schwiegertochter liest der alten Frau jedoch fingierte Briefe vor, in denen János von einer Filmregie in Hollywood berichtet, die ihn noch für längere Zeit von der Heimat fernhalten werde. Parallel erlebt man im Alltag der Schwiegertochter das Schicksal der Frau eines »Politischen«: Sie verliert ihre Stellung, Untermieter werden in ihre Wohnung eingewiesen, alte Freunde lassen sich verleugnen usw. Die alte Frau stirbt schließlich; wenig später wird János ohne Angabe von Gründen vorzeitig entlassen.

Der Regie-Veteran Makk hat hier einen bewegenden und formal einfallsreichen Film geschaffen. Erinnerungsbilder der alten Frau fallen immer wieder blitzartig in die Handlung ein und unterbrechen so die Monotonie der bitteren Komödie, die die Schwiegertochter Tag für Tag spielen muß. Besonders reizvoll ist das, wenn die Mutter die fingierten und teilweise überspannten Briefe mit ihren Vorstellungen illustriert, die sich an Erlebnissen aus ihrer Jugend orientieren. Makk ist da konsequent: Wenn z. B. von einem Empfang beim amerikanischen Präsidenten berichtet wird, dann taucht das Bild von Theodore Roosevelt auf. In wenigen Szenen wird aber auch das Schicksal des Häftlings präsent. Ein paar Einstellungen im Gefängnis genügen, um seine hoffnungslose Verzweiflung deutlich zu machen. Und seine Entlassung, die offenbar genauso willkürlich erfolgt wie seine Verhaftung, ist weit von einem Happy-End entfernt. Sie unterstreicht noch einmal, wie blind und anonym hier über ein Schicksal entschieden wird.

T

Tabiate bijan

(Stilleben / Ein stilles Leben)

Iran, 1974

R: Sohrab Shahid Saless; A: Sohrab Shahid Saless; K: Houshang Baharlou; D: Zadour Bonyadi, Zahra Yazdani, Habibollah Safarian

Mohamad Sardari (Z. B.) ist seit 33 Jahren Schrankenwärter an einer Nebenstrecke in Nordpersien. Seine Frau (Z. Y.) knüpft Teppiche, um das kärgliche Gehalt ein wenig aufzubessern. Eines Tages wird das eintönige Gleichmaß dieses stillen Lebens gestört. Ein Inspektor erscheint, der Mohamad nach seinem Alter fragt. Der weiß keine Antwort; aber ein Beamter, der den Inspektor begleitet, schätzt »60 oder 70 Jahre«. Wenig später tauchen die Teppichhändler wieder einmal auf. Sie behaupten, Brücken seien kaum noch abzusetzen und drükken den Preis auf eine lächerliche Summe.

Schließlich gibt es eine erfreuliche Abwechslung: Der Sohn (H. S.), der zur Zeit seinen Militärdienst ableistet, besucht seine Eltern. Aber er ist so müde, daß er eigentlich nur schlafen möchte. Dann kommt die Katastrophe. Ein Brief trifft ein, den Mohamad, der Analphabet, sich vorlesen lassen muß. Er erfährt, daß er in den »wohlverdienten Ruhestand« versetzt worden ist. Das bedeutet für ihn den Verlust seiner Dienstwohnung und noch drückendere Armut. Verzweifelt fährt der Alte zur Verwaltung in die Stadt. Aber dort ist er für die Beamten nur ein lästiger Störenfried, den man möglichst schnell wieder abschiebt.

Beherrschendes Stilmittel dieses Films ist seine Kargheit, sein Verzicht auf Effekte und »schöne Bilder«. Es wird kaum gesprochen, und die handelnden Personen, Laien übrigens, haben keine Möglichkeit, ihre Probleme zu artikulieren. Ihre Einsamkeit, ihre Verzweiflung und ihre Verständnislosigkeit »spricht« dagegen aus genau kalkulierten, langen, sehr ruhigen Einstellungen. So hat der Zuschauer Zeit, in der Umwelt dieser Menschen Details zu entdecken, sich in ihre Situation einzufühlen, ihre Reaktionen nachzuvollziehen. Dabei setzt Saless nicht

auf die Emotionen seiner Zuschauer, sondern auf ihren Intellekt.
Tabiate bijan ist – nach *Yek ettefaghe sadeh* (Ein einfaches Ereignis, 1973) – der zweite Spielfilm des Regisseurs, eine Produktion der »Neuen Filmgruppe« im Iran, die sich bewußt vom kommerziellen Film des Landes distanzierte. Wenig später hat Saless in der Bundesrepublik Deutschland u. a. einen Film über die Probleme türkischer Gastarbeiter in Berlin (*In der Fremde*, BRD/Iran 1975) und einen Fernsehfilm über die Einsamkeit eines Kindes (*Reifezeit*, BRD 1976) gedreht.

Tabu Ⓢ

USA, 1929–31

R: F. W. Murnau; A: Robert Flaherty und F. W. Murnau nach einer Idee von Robert Flaherty; K: Floyd Crosby, Robert Flaherty; D: Eingeborene aus der Südsee

Reri, das Mädchen, und Matahi, der junge Mann, leben auf einer idyllischen Südsee-Insel. Sie lieben sich und sind glücklich. Aber eines Tages kommt Hitu, der alte Häuptling, mit einer Hiobsbotschaft: Man hat Reri den Göttern geweiht und sie für »tabu« erklärt, kein Mann darf sie jetzt mehr berühren. Reri und Matahi fliehen auf eine fremde Insel, wo Matahi Perlentaucher wird. Doch Hitu vergißt seine Pflicht gegenüber den Göttern nicht. Er folgt der Spur der beiden und erscheint eines Tages, um Reri zurückzuführen. Matahi verfolgt Hitus Boot, auf dem sich seine Geliebte befindet, und kommt dabei in den Wellen um.
Flahertys Original-Idee hatte mehr Gewicht auf soziologische Aspekte, zum Beispiel die Ausbeutung der Perlenfischer durch die chinesischen Händler, gelegt. Doch dann konnte die kleine Produktion, für die Murnau und Flaherty ihren Film drehen wollten, das Unternehmen nicht mehr finanzieren; die beiden entschlossen sich, eine neue Story zu schreiben, an der die Firma keine Rechte hatte, und den Film in eigener Produktion zu drehen. Während der rund anderthalbjährigen Drehzeit trennten sich Murnau und Flaherty – vermutlich, weil Flaherty keine rechte Aufgabe für sich sah, nachdem Murnau der Regisseur und Crosby Kameramann war.
Murnau hat aus der Vorlage eine Romanze von Liebe und Tod gemacht. Obwohl er niemals dem Klischee vom »letzten Paradies« verfällt, spürt man doch seine leidenschaftliche Liebe zu dieser Welt, in die er zurückkehren und in der er weitere Filme drehen wollte. Er hat keinen der üblichen Kultur-Spielfilme gedreht, die im Rahmen einer Spielhandlung Wissen vermitteln wollen; ihm ging es um die Atmosphäre einer fernen, fremden Welt. Hier bewährte sich noch einmal seine bildhafte Phantasie in Einstellungen und Sequenzen von leuchtender Schönheit.

Tagebuch einer Verlorenen Ⓢ

Deutschland, 1929

R: G. W. Pabst; A: Rudolf Leonhardt nach einem Roman von Margarete Böhme; K: Sepp Allgeier; D: Louise Brooks, Fritz Rasp, Josef Rovensky, Franziska Kinz, André Roanne, Andrews Engelmann, Valeska Gert, Edith Meinhard

Thymian (L. B.), die Tochter des Apothekers Henning (J. R.), wird vom Provisor (F. R.) verführt und bekommt ein Kind. Die entsetzte Familie nimmt ihr das Kind fort und steckt Thymian in ein Heim, wo die Mädchen vom Heimleiter (A. E.) und der Erzieherin (V. G.) sadistisch gequält werden. Zusammen mit einer Freundin (E. M.) und mit Unterstützung des Grafen Osdorff (A. R.), der sie liebt, flieht Thymian aus dem Heim. Als sie erfährt, daß ihr Kind tot ist, macht sie in einem zwielichtigen Restaurant als Kokotte Karriere. Nach dem Tod ihres Vaters erbt sie dessen Vermögen. Sie verzichtet jedoch zugunsten ihrer kleinen Stiefschwester, um ihr ein Schicksal wie das ihre zu ersparen. Als Osdorff von diesem Verzicht erfährt, stürzt er sich aus dem Fenster. Thymian lernt den Onkel des Grafen kennen, der sich in sie verliebt und sie heiratet. Als Mitglied eines vornehmen Komitees zur Rettung gefährdeter Mädchen muß sie nun auch das Erziehungsheim inspizieren, in dem sie selbst einst gewesen ist. Sie bekennt sich dort zu ihrer Vergangenheit, um den Mädchen und speziell ihrer wieder eingelieferten Freundin helfen zu können. Der Schlußtitel verheißt: »Ein wenig mehr Liebe,

und niemand kann mehr verloren sein auf dieser Welt!«
Die Handlung ist reine Kolportage; aber die Wirkung des Films geht darüber hinaus. Die Elemente der Kolportage werden bei Pabst gleichsam zu einem Alptraum der bürgerlichen Welt, die er durch das erstaunlich moderne Spiel seiner Hauptdarstellerin entlarvt. An ihrer natürlichen Gelassenheit mißt er die muffige Prüderie des Elternhauses, die sadistische Atmosphäre im Heim, die berechnenden Exaltiertheiten der »Bohémiens« usw.
Die gleiche Vorlage war 1918 unter dem gleichen Titel bereits verfilmt worden mit Erna Morena (Thymian), Werner Krauß (Provisor), Conrad Veidt (Osdorff) u. a. Die Regie hatte Richard Oswald.

Talpalatnyi föld
(Ein Fußbreit Land)

Ungarn, 1948

R: Frigyes Bán; A: Frigyes Bán und Pál Szabó nach dem Roman *Hochzeit, Taufe, Wiege* von Pál Szabó; K: Árpád Makai; D: Adám Szirtes, Agi Mészáros, Árpád Lehotay, István Egri

Ungarn 1930. Der Großbauer Zsiros Tóth (A. L.) hat die hübsche Marika (A. M.) für seinen Sohn (I. E.) »gekauft«; denn Marikas Eltern sind bei Tóth hoch verschuldet. Aber bei der Hochzeitsfeier flieht Marika mit ihrem Geliebten, mit Jóska Goz (A. S.). Bald erwartet Marika ein Kind, das den Namen seines Vaters tragen soll. Der Sohn von Zsiros Tóth ist bereit, sich scheiden zu lassen, wenn Marika und Jóska ihm seine Auslagen für die Hochzeit erstatten und ihm ein »Schmerzensgeld« zahlen. Die beiden brauchen also Geld. Auf Jóskas winzigem Grundstück legen sie unter unsäglichen Mühen einen Gemüsegarten an; aber Zsiros Tóth läßt ihn durch ein paar Halunken zerstören. Marika und Jóska fangen noch einmal von vorn an; doch diesmal bricht eine verheerende Trockenheit aus. In ihrer Verzweiflung zerstören die Bauern schließlich den Kanal, der Wasser in die Fischteiche der Großbauern führt, und lassen es statt dessen auf ihre ausgedörrten Felder laufen. Gendarmen kommen, Jóskas Freund wird getötet, er selbst zu einer langen Gefängnisstrafe verurteilt.
Einer der ersten ungarischen Filme nach dem Krieg und der erste, der sich mit den Problemen der Landbewohner befaßte. Frigyes Bán, der sonst eher als Komödien-Regisseur bekannt wurde, schuf hier zweifellos den wichtigsten Film seiner Laufbahn, einen handwerklich sauberen, realistischen und einfühlsamen Bericht aus einem bis dahin unbekannten Milieu. Sein Versuch allerdings, mit dem Film *Felszabadult föld* (Befreites Land, 1951) an diesen Erfolg anzuknüpfen, scheiterte. Bán stellte seine Helden Marika und Jóska hier in eine allzu rosig und klischeehaft gezeichnete Gegenwart.

Tarzan of the apes Ⓢ
(Tarzan bei den Affen)

USA, 1917

R: Scott Sidney; A: Fred Miller und Lois Weber nach einem Roman von Edgar Rice Burroughs; K:?; D: Elmo Lincoln, Gordon Griffith, Enid Markey, George French, True Boardman, Kathleen Kirkham

1885. Lord Greystoke (T. B.) wird von der englischen Regierung beauftragt, den Sklavenhandel in Afrika zu unterbinden. Auf der Überfahrt meutern die Matrosen und setzen Greystoke, dessen Frau (K. K.) und den getreuen Binns (G. F.) im Urwald aus. Binns wird von Sklavenhändlern gefangen, Lady Greystoke stirbt bei der Geburt ihres Kindes, und auch der Lord kommt im Urwald um. Der Erbe der Greystokes wird von der Äffin Kala großgezogen. Jahre später kann Binns entfliehen und trifft auf den jungen Tarzan (G. G.), dem er Lesen und Schreiben beibringt. Abermals werden beide getrennt. Binns kehrt nach England zurück und rüstet eine Expedition aus, um den Greystoke-Erben zurückzuholen. Ihr gehört auch Jane (E. M.) an, die in Afrika plötzlich vor dem erwachsenen Tarzan (E. L.) steht. Nach einigen glücklich überstandenen Abenteuern verlieben sich Tarzan und Jane und beschließen, künftig das Urwaldleben gemeinsam zu bestehen.
Die Affen wurden in diesem Film von Menschen dargestellt. Aber daneben gab es auch gute Tieraufnahmen; Tarzans Kampf mit wilden Tieren war so realistisch gefilmt, daß er damals als echte Sensation wirkte. Der Film hatte einen

überragenden Publikumserfolg, und man mußte eilig Fortsetzungen drehen; schließlich wurden »Tarzan-Filme« nahezu eine eigene Filmgattung. Bis heute entstanden über 40 Filme, in denen zahlreiche Darsteller (häufig ehemalige Sportler und Olympiasieger) Tarzans Abenteuer nacherlebten, die oft mit den literarischen Vorlagen von Burroughs nichts mehr zu tun hatten. Der wohl kurioseste Tarzan-Film dürfte *Tarzan triumphs* (Tarzan und die Nazis, 1942) von William Thiele sein. Darin wird Tarzan zum Kampf gegen deutsche Kommandotrupps in Afrika aktiviert.

A taste of honey

(Bitterer Honig)

England, 1961

R: Tony Richardson; A: Shelagh Delaney und Tony Richardson nach dem gleichnamigen Schauspiel von Shelagh Delaney; K: Walter Lassally; D: Dora Bryan, Rita Tushingham, Murray Melvin, Paul Danquah

Die achtzehnjährige Jo (R. T.) lebt mit ihrer leichtfertigen Mutter Helen (D. B.) zusammen, die sich mehr um ihren zehn Jahre jüngeren Verehrer als um ihre Tochter kümmert. Jo sucht und findet Zärtlichkeit bei dem farbigen Matrosen Jimmy (P. D.), von dem sie alsbald ein Kind erwartet. Auch das nimmt Helen gelassen hin; als ihr Verehrer bereit scheint, Helen zu heiraten, läßt sie ihre Tochter ungerührt allein. Jo, die als Schuhverkäuferin arbeitet, lernt den homosexuellen Kunststudenten Geoffrey (M. M.) kennen, der sich um sie kümmert und zu ihr zieht. Trotz all ihrer Probleme ist Jo einigermaßen zufrieden. Doch dann taucht Helen auf, deren Verehrer sich aus dem Staub gemacht hat, und zerstört die kleine Idylle. Helen setzt Geoffrey an die Luft; Mutter und Tochter ziehen wieder zusammen.

Der Film entstand nach einem Schauspiel, das die 19jährige Arbeiterin Shelagh Delaney auf Grund einer Wette geschrieben hat. Ihre Welt steht auch im Mittelpunkt des Films – »eine verkommene Pension in Manchester und die Straße davor«. Aber Schauspiel und Film liefern keine soziale Analyse, sondern eher eine pessimistische Zustandsschilderung, die von melancholischer Poesie überhaucht ist. Zwar registriert Richardson eintönige Straßen, düstere Hinterhöfe, schmutzige Docks und schale Vergnügungsstätten; wichtiger ist ihm jedoch die Psychologie der handelnden Personen, denen es notfalls auch gelingt, inmitten des Schmutzes eine »Insel der Glückseligkeit« zu schaffen.

Tätowierung

BRD, 1967

R: Johannes Schaaf; A: Günter Herburger, Johannes Schaaf; K: Wolf Wirth; D: Christof Wackernagel, Helga Anders, Alexander May, Rosemarie Fendel

Der sechzehnjährige Benno (C. W.) lebt in einem Westberliner Jugendheim, stiehlt dort einem Kameraden eine Pistole und weigert sich, das Versteck der Beute preiszugeben. Als die anderen ihn mit Gewalt zum Reden bringen wollen, wird Benno von seinem Adoptivvater abgeholt. Er lebt fortan bei dem Ehepaar Lohmann (A. M., R. F.). Herr Lohmann biedert sich ihm mit wohlfeiler Kameradschaftlichkeit an und zwingt ihm das unerwünschte »Du« auf. Zusammen mit seiner Frau animiert er Benno zu einer Affäre mit seiner Nichte Gaby (H. A.), die ebenfalls im Haus wohnt. Gaby, raffinierter und erfahrener als Benno, nutzt die Situation zu ihrem Vorteil. Bei einem Familienausflug läßt sie Benno stehen und steigt zu einem jungen Mann ins Auto. Benno richtet seine Pistole auf den Stiefvater und erschießt ihn; in einem Hallenbad, in dem er nackt ins Wasser gesprungen ist, wird er verhaftet.

Der Film zeigt Berlin in den bunten Farben eines Werbeprospektes und dekuvriert gleichzeitig die Absurdität einer Stadt, in der »die Mauer« Besichtigungsobjekt und Anlaß zu fröhlichen Streichen wird. Er zeigt einen scheinbar grenzenlos verständigen, kameradschaftlichen Erzieher und entlarvt die Penetranz des Unverständnisses, die hinter seinen Phrasen steht. Er zeigt ein liberales, aufgeklärtes Ehepaar, das die erotischen Beziehungen der jungen Leute nicht nur duldet, sondern sogar fördert; aber man spürt sehr schnell, daß es hier um Voyeurismus geht, daß die »Liberalität« Ersatzbefriedigung für eigene verschüttete oder verdrängte Wünsche liefern soll. Muffigkeit wird hier in glänzender Kulisse demonstriert; der Schuß ist ein Akt der Selbstbefreiung. Ein Einwand: Die Bilanz der Verlogenheit wird etwas zu demonstrativ und zu enzyklopädisch gezogen.

Taxi driver
(Taxi-Driver)

USA, 1975

R: Martin Scorsese; A: Paul Schrader; K: Michael Chapman; D: Robert de Niro, Cybill Shepherd, Leonard Harris, Jodie Foster, Garth Avery, Harvey Keitel

Travis Bickle (R. d. N.), ein vom Leben und offenbar auch durch die Erfahrung des Vietnam-Krieges verstörter Mann, wird Taxifahrer. Eines Tages sieht er Betsy (C. S.), ein wohlerzogenes Mädchen aus gutem Hause, das bei einer Wahlkampagne für den Politiker Charles Palantine (L. H.) mitarbeitet, und verliebt sich auf den ersten Blick in sie. Es gelingt ihm auch, ihre Bekanntschaft zu machen, indem er sich als Anhänger Palantines ausgibt. Aber diese Bekanntschaft endet sehr bald, weil er Betsy ahnungslos in einen Sexfilm führt, was sie tief schockiert. Als er versucht, sie wiederzusehen, läßt sie ihn aus dem Büro werfen. Noch ein zweites Mädchen lernt Travis kennen: die minderjährige Iris (J. F.), die von ihrem »Freund« Sport (H. K.) zur Prostitution angehalten wird. Sein Versuch, sie zur Rückkehr ins bürgerliche Leben zu überreden, scheitert. Nach dem Bruch mit Betsy wird Travis immer merkwürdiger und versponnener. Er schreibt seinen Eltern seltsame Briefe, in denen er vorgibt, beim Geheimdienst zu sein. Er besorgt sich ein ganzes

Taxi driver (Jodie Foster, Robert de Niro)

Waffenarsenal. Und er entwickelt Charles Palantine, der zufällig sein Fahrgast wird, seine Theorie von der »Säuberung« der Städte. Eines Tages steckt er seine sämtlichen Waffen ein und geht zu einer Straßenkundgebung von Palantine. Offenbar will er ihn erschießen. Doch ein Sicherheitsbeamter wird auf ihn aufmerksam, und Travis muß fliehen. Er geht zu der Straße, in der Iris »arbeitet«, und erschießt nach einem kurzen Wortwechsel ihren Zuhälter. Dann dringt er in Iris' Zimmer ein, wobei er noch drei weitere Männer tötet, die sich ihm in den Weg stellen. Er selbst wird auch verletzt und läßt sich widerspruchslos verhaften. Es kommt offenbar nicht einmal zu einer Gerichtsverhandlung. Die Zeitungen feiern Travis als Helden. Iris' Eltern schreiben ihm einen Dankesbrief, weil ihre Tochter nach Hause zurückgekehrt ist und wieder zur Schule geht. Und auch Travis scheint befreit, ausgeglichener. Als Betsy in sein Taxi steigt, kann er sich ganz ruhig mit ihr unterhalten.

Scorsese gelingt es, die tödliche Einsamkeit seines Helden ohne viel Worte deutlich und nachvollziehbar zu machen. Die Großstadt wird zum Dschungel, in dem Betsys »heile Welt« und Palantines große Worte seltsam deplaciert wirken. Schmutz, Dunkelheit und Hoffnungslosigkeit bestimmen die Welt des Travis Bickle, der sich freiwillig für die Nachtschicht gemeldet hat, weil er »doch nicht schlafen kann«. Scorsese ist dabei nicht ganz der Gefahr entgangen, die Armenviertel der Großstadt, die in seinem Film *Mean streets* (Hexenkessel, USA 1972) noch bittere Realität waren, in ausgeklügelten Bildern zu dämonisieren; aber die trostlose Situation der Menschen, die in einem solchen Hexenkessel leben müssen, wird auch hier wieder unmittelbar deutlich. Fragwürdig allerdings ist der Schluß: Die kunstvoll arrangierte Orgie der Gewalt wird allzu detailliert und genüßlich dargeboten; und die positiven Folgen des Amoklaufes werden so unreflektiert vermittelt, daß der Zuschauer versucht ist, den Massenmord als befreiende Tat zu akzeptieren. Scorsese selbst hat dieser Deutung Vorschub geleistet, indem er seinen Protagonisten als »Racheengel« bezeichnet hat.

The Ten Commandments Ⓢ

(Die zehn Gebote)

USA, 1923

R: Cecil B. DeMille; A: Jeannie MacPherson; K: Peverell Marley, Bert Glennon, Archibald Stout, Roy Pomeroy (Trick); D: Theodore Roberts, Edythe Chapman, Richard Dix, Rod la Rocque, Leatrice Joy

Die Knechtschaft der Kinder Israels und ihr Auszug aus Ägypten. Als Moses (T. R.) das Goldene Kalb zerstört, blendet der Film in die Gegenwart über. Eine Mutter (E. C.) liest ihren Söhnen John (R. D.) und Dan (R. l. R.) aus der Bibel vor. Dan ist gelangweilt; er denkt nur an Geld. Und er verdient es, indem er als Bauunternehmer minderwertiges Material verbraucht. Eine Kirche, die er gebaut hat, bricht zusammen, während seine Mutter sich in ihr befindet. Um den Skandal zu vertuschen, braucht Dan Geld. Als seine Freundin es ihm verweigert, erschießt er sie. Seine Frau Mary (L. J.) deckt ihn und ermöglicht ihm die Flucht. Aber bei einem Schiffsunglück ertrinkt er. John bewahrt die verzweifelte Mary vor dem Selbstmord. Als sie später an Aussatz erkrankt, liest er ihr aus der Bibel vor, wobei sämtliche Zeichen der Krankheit aus ihrem Gesicht verschwinden.

Ein aufwendiges, sentimentales Spektakel, das – wie so oft bei DeMille – einige technische Höhepunkte enthält: gelungene Technicolor-Passagen vor allem und die von Roy Pomeroy gestaltete Tricksequenz des Durchzugs durch das Rote Meer. DeMille hat 1956 einen Tonfilm mit dem gleichen Titel gedreht, der sich aber auf die biblischen Ereignisse beschränkt.

Teorema

(Teorema – Geometrie der Liebe)

Italien, 1968

R: Pier Paolo Pasolini; A: Pier Paolo Pasolini nach seiner gleichnamigen Novelle; K: Giuseppe Ruzzolini; D: Terence Stamp, Silvana Mangano, Massimo Girotti, Anne Wiazemsky, Andres José Cruz, Laura Betti

In das Haus einer großbürgerlichen Familie kommt eines Tages ein seltsamer Gast (T. S.),

Teorema (Silvana Mangano)

dessen Charme die Hausbewohner verzaubert. Alle verlieben sich in ihn; alle fühlen sich durch ihn verändert, aufgestört. Nach seiner Abreise packt das Hausmädchen (L. B.) die Koffer und kehrt in sein Heimatdorf zurück. Dort wird die Frau als Heilige verehrt und vermag nach langen Gebeten und Meditationen tatsächlich, in der Luft zu schweben. Der Vater (M. G.) schenkt seine Fabrik den Arbeitern und geht nackt in die Wüste, die Mutter (S. M.) sucht Befreiung in hemmungsloser Sexualität, die Tochter (A. W.) verfällt in eine rätselhafte krampfartige Starre, der Sohn (A. J. C.) fühlt sich plötzlich zum Künstler berufen, versucht damit aber nur, seine innere Leere zu betäuben.

Ein christlich-marxistisches Lehrstück. In einem Interview hat Pasolini gesagt, er verstehe den geheimnisvollen Gast durchaus als Sendboten Gottes im Sinne des Alten Testaments. Der Anruf des Menschen durch Gott, durch die Religion ist also gemeint. Aber eigentlich wird nur das Dienstmädchen durch diesen Anruf wirklich verwandelt; die Vertreter des Bürgertums sind bereits so weit korrumpiert, daß sie sich nur noch in sinnlose Aktivität retten oder in Verzweiflung verfallen können.

Dieses »Theorem« ist hier mit poetischer Kraft und Einfallsreichtum formuliert worden. Es finden keine langatmigen Erörterungen und Diskussionen statt; Gedanken und Vorstellungen werden direkt ins Bild übertragen; menschliche Beziehungen in knappen Gesten deutlich gemacht.

Teresa

(Teresa)

USA, 1951

R: Fred Zinnemann; A: Stewart Stern nach einer Story von Alfred Hayes und Stewart Stern; K: William J. Miller; D: Pier Angeli, John Ericson, Patricia Collinge

Der amerikanische Soldat Philip (J. E.) lernt während des Krieges die Italienerin Teresa (P. A.) kennen und verliebt sich in sie. Als er verwundet wird, heiraten sie. Nach dem Krieg folgt Teresa ihrem Mann in die USA. Statt des Paradieses, von dem ihre Bekannten daheim geschwärmt haben, findet sie eine trostlose kleinbürgerliche Wohnung, in der Philips Mutter (P. C.) mit eifersüchtigem Besitzanspruch

über ihren Sohn wacht. Auch Philip hat Schwierigkeiten, sich im Zivilleben wieder zurechtzufinden. Die junge Ehe droht zu scheitern; Teresa verläßt ihren Mann. Dank der Hilfe eines Psychiaters erkennt Philip die Gründe für seine Schwierigkeiten. Er holt Teresa zu sich zurück.
Die psychologischen Aspekte der Handlung wirken ein wenig aufgesetzt und nicht sehr originell. Aber dieser Mangel wird überspielt von dem zupackenden Realismus, von einer im amerikanischen Film damals seltenen Sicht der Wirklichkeit. Bemerkenswert zum Beispiel Teresas Ankunft in New York, bei der der Traum vom Paradies ganz unpathetisch zerstört wird, überzeugend auch die Milieuschilderung aus der Welt der Hinterhöfe und der engen Wohnungen.

Terje Vigen Ⓢ

(Terje Vigen)

Schweden, 1916

R: Victor Sjöström; A: Victor Sjöström und Gustav Molander nach einer Ballade von Henrik Ibsen; K: Julius Jaenzon; D: Victor Sjöström, Bergliot Husberg, August Falck, Edith Erastoff

Zu Beginn des 19. Jahrhunderts. Nach der Geburt seiner Tochter macht der Seemann Terje Vigen (V. S.) sich als Fischer selbständig. Wenig später schließt sich Norwegen Napoleon an; norwegische Häfen werden durch englische Schiffe blockiert. Eine Hungersnot bricht aus. Terje Vigen will mit seinem kleinen Boot Lebensmittel aus Dänemark holen; aber auf dem Rückweg wird er in Sichtweite seines Hauses von einem englischen Schiff aufgebracht und fünf Jahre in England festgehalten. Als er endlich nach Haus zurückkehrt, erfährt er, daß seine Frau (B. H.) und sein Kind verhungert und auf dem Armenfriedhof begraben sind. Sein Haus ist verkauft. Jahre später gerät vor der Küste eine Vergnügungsjacht in Seenot. Terje Vigen eilt zur Hilfe und findet an Bord den englischen Kapitän (A. F.), der sein Glück zerstört hat, mit seiner Frau (E. E.) und seiner Tochter. Auch der Kapitän erkennt Terje Vigen und zittert vor Angst. Aber Vigens Mitleid mit der Frau und dem Kind ist größer als sein Haß. Er rettet die Schiffbrüchigen.
Fast die ganze Handlung spielt auf oder am Meer; Sjöström hat das geschickt als dramaturgisches Mittel verwandt. Die Menschen wirken vor diesem Hintergrund seltsam klein und verloren; und erst als Terje Vigen die Größe hat, dem Feind zu verzeihen, scheint er sich in Einklang mit der Natur zu befinden. *Terje Vigen* begründete den Ruhm des schwedischen Stummfilms und seiner »Landschaftsmalerei«.

Terra em transe

(Land in Trance)

Brasilien, 1967

R: Glauber Rocha; A: Glauber Rocha; K: Luiz Carlos Barreto; D: Jardel Filho, Glauce Rocha, José Lewgoy, Paulo Autran

Der Schriftsteller Paulo Martins (J. F.) ist von den Kugeln einer Polizeistreife getroffen worden und liegt im Sterben. Noch einmal ziehen die wichtigsten Stationen seines Lebens vorbei: Als junger Mann verhilft er dem rechtsstehenden Porfirio Diaz (P. A.) durch seine Artikel zum Erfolg. Eines Tages kommt Sara (G. R.), eine Mitarbeiterin des Linkskandidaten Vieira (J. L.), zu ihm und zeigt ihm Bilder vom Elend im Lande. Ernüchtert geht Martins zu Vieira über. Aber er verläßt auch ihn, weil er erkennt, daß Vieira taktieren und gar mit den Großgrundbesitzern paktieren muß. Martins widmet sich nur noch der Literatur. Als er erfährt, daß Diaz wieder versucht, an die Macht zu kommen, stellt er ihn in einer Fernseh-Sendung bloß. Diaz kann schließlich den Präsidenten veranlassen, Vieira als Gouverneur abzusetzen. Während Vieira kapituliert, will Martins weiterkämpfen. Dabei wird er von den tödlichen Kugeln getroffen.
Rocha hat die Handlung in dem fiktiven Land Eldorado angesiedelt und sie wie eine Vision inszeniert. Er selbst nennt *Terra em transe* einen »sehr exakten Dokumentarfilm«, der die brasilianische Wirklichkeit einfange.

La terra trema

(Die Erde bebt)

Italien, 1947

R: Luchino Visconti; A: Luchino Visconti nach dem Roman *I malavoglia* von Giovanni Verga; K: G. R. Aldo, Gianni Di Venanzo; D: Laien

Nach der Rückkehr aus dem Krieg erkennt der junge sizilianische Fischer Ntoni, daß er und seine Freunde von den Händlern ausgebeutet werden. Die Jungen beschließen, diesmal an Stelle der Alten die Verhandlungen zu führen. Sie entdecken, daß die Händler sie betrügen, und werfen sie samt ihren dubiosen Waagen ins Wasser. Die Fischer werden eingesperrt, aber bald wieder freigelassen, weil die Händler auf ihre Arbeit angewiesen sind. Das macht Ntoni die eigene Macht bewußt. Nachdem er vergeblich versucht hat, Mitstreiter zu finden, nimmt er eine Hypothek auf das Haus seiner Eltern auf und kauft sich ein Boot, mit dem er auf eigene Rechnung fischt. Doch nach vielversprechendem Anfang zerstört ein Sturm das Boot. Die Familie verliert jetzt auch noch ihr Haus und bricht auseinander. Ntoni muß wieder auf einem Boot der Händler Arbeit suchen; sein Bruder wandert aus.

Visconti wollte ursprünglich eine kritische Trilogie über Probleme der sizilianischen Schwefelarbeiter, Fischer und Bauern drehen. Aber sein Epos über die Fischer geriet ihm bereits überlang; die beiden anderen Teile wurden nie gedreht.

Der Film entstand in einem kleinen Fischerdorf, wo die Fischer sich und ihre Probleme vor der Kamera selbst spielten. Trotzdem wurde mehr daraus als nur eine dokumentarische Reportage; denn Visconti hat die vorgefundene Realität, ohne sie zu verfälschen, einem strengen Formwillen unterworfen. Ein vielzitiertes Beispiel: Wenn beim Ausfahren der Boote die Frauen am Strand stehen, dann wirken sie in der raffinierten Bildkomposition wie antike Statuen, gleichzeitig wird aber in dieser Einstellung die Eintönigkeit und die Hoffnungslosigkeit ihres Lebens deutlich. Die Kamera führt den Zuschauer unmittelbar in das Geschehen ein, läßt ihm jedoch auch genügend Distanz zur kritischen Analyse. Und die Laiendarsteller werden von Visconti nicht einfach beobachtet, sondern sorgsam geführt, so daß aus dem Gegensatz von Spontaneität und Gestaltung eine irritierende Spannung entsteht.

In den Kinos wurde der Film ein katastrophaler Mißerfolg. Der Produzent wollte ihn durch Schnitte und einen zusätzlichen Kommentar attraktiver machen, zerstörte dabei aber den Rhythmus und die Harmonie des Originals. Regieassistenten Viscontis waren übrigens Francesco Rosi und Franco Zeffirelli.

Das Testament des Dr. Mabuse

Deutschland, 1932

R: Fritz Lang; A: Thea von Harbou, Fritz Lang; K: Fritz Arno Wagner, Karl Vass; D: Rudolf Klein-Rogge, Oskar Beregi, Otto Wernicke

Dr. Mabuse (R. K. R.) lebt geisteskrank in der Nervenklinik des Dr. Baum (O. B.), der allmählich ganz unter den Einfluß des Verbrechers gerät und ein Doppelleben führt. Die Terrormaßnahmen und Verbrechen, die Mabuse ersinnt und in seiner Zelle wie von Furien gehetzt auf verstreute Blätter schreibt, werden von einer Bande unter der Führung Baums ausgeführt. Die Polizei ist zunächst ratlos; und gerade als die ersten Spuren auf Mabuse hinweisen, stirbt der Verbrecher, ohne daß die Verbrechen aufhören. Dr. Baum hält sich für eine Art Reinkarnation des Toten und für den Vollstrecker seines Testaments. Aber die Polizei unter der Führung von Kriminalkommissar Lohmann (O. W.) kommt Baum schließlich auf die Spur. Als er verhaftet werden soll, findet man ihn in der Zelle Mabuses wahnsinnig.

Fritz Lang versuchte hier, den Erfolg seines Stummfilms *Dr. Mabuse, der Spieler* (1922) zu wiederholen. Doch die für den 24. März 1933 angesetzte Uraufführung wurde abgesagt, wenige Tage später wurde der Film verboten. Fritz Lang emigrierte. Auch eine geschnittene Fassung wurde im Oktober 1933 von Goebbels nicht freigegeben, so daß der Film in Deutschland erst nach dem Krieg gezeigt werden konnte. Fritz Lang hat später erklärt, er habe mit diesem Film den Nationalsozialismus entlarven wollen. Zweifellos weisen manche Aspekte des Films, seine Betonung von Terror und Unterdrückung z. B., auf die folgende Diktatur hin; doch mag man streiten, inwieweit dies kalkuliert und beabsichtigt war. Naheliegender

scheint, daß Lang auch hier wieder Zeitströmungen eher intuitiv erspürt und verarbeitet hat.
Künstlerisch ist *Das Testament des Dr. Mabuse* wesentlich schwächer als sein Vorläufer.
Der Film entstand gleichzeitig auch in einer französischen Version, die aus Deutschland herausgeschmuggelt werden konnte.
Die Uraufführung der deutschen Fassung erfolgte am 12. Mai 1933 in Wien.

Des Teufels General

BRD, 1955

R: Helmut Käutner; A: Georg Hurdalek und Helmut Käutner nach dem gleichnamigen Schauspiel von Carl Zuckmayer; K: Albert Benitz; D: Curd Jürgens, Victor de Kowa, Karl John, Eva Ingeborg Scholz, Marianne Koch

Verfilmung des gleichnamigen Bühnenstücks um den Fliegergeneral Harras (C. J.), den SS-Obergruppenführer Schmidt-Lausitz (V. d. K.), den Saboteur Oderbruch (K. J.) u. a.
Das Drehbuch hat der Vorlage nichts von ihrer kritischen Substanz genommen. Im Gegenteil: »Meist pflegt der Film seine Theatervorlage zu verwässern. Käutner hat sie gepfeffert« (Gunter Groll). Verschiedene Szenen sind filmwirksam aufgelöst, andere hinzugefügt worden. Am überzeugendsten war bei diesen Veränderungen die Profilierung des Gegenspielers Schmidt-Lausitz, dem nunmehr scharfe Intelligenz und brillante Bösartigkeit zugestanden wurden. Victor de Kowa spielte diese Rolle mit überzeugender Präzision. In der damals vielgerühmten Milieuschilderung wirkt heute manches genrehaft.

The harder they fall

(Schmutziger Lorbeer)

USA, 1956

R: Mark Robson; A: Philip Yordan nach dem gleichnamigen Roman von Budd Schulberg; K: Burnett Guffey; D: Humphrey Bogart, Rod Steiger, Mike Lane, Jersey Joe Walcott

Der arbeitslose Sportjournalist Eddie Willis (H. B.) wird Reklamefachmann bei dem Boxmanager Nick Benko (R. S.). Benko hat den hünenhaften Argentinier »Toro« Moreno (M. L.) »importiert« und will mit ihm ein großes Geschäft machen. Moreno ist stark, aber als Boxer unbegabt. Doch gekaufte Gegner lassen sich von ihm schlagen. Kurz vor dem Weltmeisterschaftskampf will Moreno aufhören zu boxen: Sein letzter Gegner ist schwerkrank in den Ring gegangen und an den Folgen eines Niederschlages gestorben. Um ihn von seinem Schuldgefühl zu befreien, schenkt Willis ihm reinen Wein ein. Im Weltmeisterschaftskampf wird Moreno, wie geplant, jämmerlich zusammengeschlagen. Angewidert will Willis Benko verlassen und seinen und Morenos Anteil kassieren. Aber Benko hat seinen Vertrag mit Moreno an einen anderen Manager weiterverkauft, der den gutmütigen Riesen jetzt in der Provinz von zweitklassigen Boxern zusammenschlagen lassen will. Außerdem rechnet Benko Willis vor, daß er selbst zwar 17 000 Dollar zu bekommen habe, daß Morenos Anteil nach Abzug aller Unkosten aber nur 50 Dollar seien. Willis steckt Moreno die eigenen 17 000 Dollar in die Tasche und setzt ihn heimlich in ein Flugzeug nach Argentinien. Er selbst setzt sich an die Schreibmaschine, um einen Bericht über den »schmutzigen Lorbeer« zu schreiben.
Ein typisches Beispiel der »kritischen« Filme, die Mitte der fünfziger Jahre in Hollywood entstanden. Robson hat seine Vorlage handwerklich sauber und ehrlich bemüht in Szene gesetzt. Und wenn auch Korruption und »Menschenhandel« im Boxsport hier publikumswirksam aufbereitet wurden, so spürt man doch deutlich, daß der ehemalige Amateurboxer Schulberg das Milieu kennt, von dem sein Buch handelt.

O thiassos

(Die Wanderschauspieler)

Griechenland, 1975

R: Thodoros Angelopoulos; A: Thodoros Angelopoulos; K: Giorgos Arvanitis; D: Eva Kotamanidou, Aliki Goegoulis, Petros Zarkadis, Vanghelis Kazan, Stratos Pachis

Die Erlebnisse der Mitglieder einer griechischen Wanderbühne in den Jahren zwischen

1939 und 1952 werden geschildert. Sie zieht durch die Provinz und führt in Dörfern und kleinen Städten das Stück *Golfo, die Schäferin* auf. Aber das banale Schäferspiel hat hier eher Kontrastfunktion. Im Schicksal der Schauspieler spiegelt sich der Mythos der Atriden-Familie; und ihre alltäglichen Erfahrungen reflektieren die geschichtlichen Ereignisse jener Zeit – von der Diktatur des Generals Metaxas über den Kampf gegen italienische und deutsche Okkupanten bis zum Ende des Bürgerkriegs. Orest (P. Z.), der Sohn des Prinzipals, gilt als »Linker« und wird von der Polizei gesucht. Er flieht in die Berge, wo er gegen die Besatzungstruppen kämpft. Mittlerweile wird sein Vater (S. P.) von einem Spitzel und Kollaborateur (V. K.) ermordet, der nun die Leitung der Truppe übernimmt. Seine Mutter (A. G.), die an dem Mord beteiligt war, lebt mit dem Mörder zusammen. Orest kommt als Rächer, tötet mit Hilfe seiner Schwester Elektra (E. K.) die Mutter und ihren Liebhaber auf offener Bühne. Später nimmt er am Bürgerkrieg teil und gehört zu denen, die sich weigern, ihre Waffen niederzulegen und eine Loyalitätserklärung für das Regime abzugeben. Nach seiner Verhaftung stirbt er im Gefängnis. Die Schauspieler ziehen weiter über Land ...

Angelopoulos hat sich hier keineswegs auf das beliebte Spiel einer »Modernisierung« antiker Stoffe eingelassen. Das Atriden-Drama ist für ihn weniger dramaturgisches Hilfsmittel als vielmehr philosophisches Argument. Zwar ist es der rote Faden, der durch eine Fülle zeitgeschichtlicher Szenen und Verweise führt; vor allem aber soll hier wohl die lebendige Kraft des Mythos demonstriert werden, der sich in stets neuen Ausprägungen realisiert. In einem Interview sagte Angelopoulos, Orest verkörpere für ihn die Idee der Revolution. Der Mythos vom Untergang wird zum Fanal der Erneuerung.

Angelopoulos bevorzugt in seinem fast vierstündigen Film, der seine Handlung nicht kontinuierlich, sondern in verblüffenden Zeitsprüngen und kühnen Ellipsen erzählt, lange Einstellungen, oft in der Totalen, und langsame Schwenks. Es gibt Szenen von fast zehn Minuten Länge, die ohne Schnitt gedreht wurden und in denen die Kamera nicht selten über lange Zeit unbeweglich verweilt. Der Film will ganz offenbar den Zuschauer nicht emotional aktivieren, er will ihn zum objektiven Augenzeugen der Ereignisse machen.

»Wenn ich die Einstellung wechselte und etwas anderes zeigte, wäre es, als ob ich bestimmen wollte, was zu sehen ist. Da ich aber die Szene nicht unterbreche, ermögliche ich dem Zuschauer eine bessere Sicht auf das Bild. So kann er aus jeder Szene die Elemente aussuchen, die für ihn von Bedeutung sind« (Thodoros Angelopoulos).

Thieves like us

(Diebe wie wir)

USA, 1973

R: Robert Altman; A: Calder Willingham, Joan Tewkesbury und Robert Altman nach dem gleichnamigen Roman von Edward Anderson; K: Jean Boffety; D: Keith Carradine, Bert Remsen, John Schuck, Shelley Duvall, Louise Fletcher

Der Süden der USA im Jahr 1937. Drei »Lebenslängliche« sind aus dem Staatsgefängnis von Mississippi ausgebrochen: T. W. Masefeld alias »T-Dub« (B. R.), Elmo Mobley alias »Chicamaw« (J. S.) und Bowie Bowers (K. C.). Die drei tauchen bei Verwandten von Chicamaw unter; dort verliebt Bowie sich in die schüchterne Keechie (S. D.), die als reizloses Mauerblümchen gilt und seine Liebe dankbar erwidert. Die Flüchtlinge leben von Banküberfällen. Sie sind nicht auf spektakuläre Erfolge aus, sondern fahren wie Handlungsreisende in Sachen Überfall über Land und betreiben den Bankraub wie einen normalen Broterwerb. T-Dub merkt einmal stolz an, dies sei seine 33. Bank ... Doch dann geht alles schief: Bowie wird bei einem Autounfall verletzt; um ihn zu retten, erschießt Chicamaw zwei Polizisten. Keechie bittet Bowie, ein neues Leben anzufangen; aber nach seiner Gesundung beteiligt er sich an einem weiteren Überfall, bei dem ein Bankangestellter erschossen wird. Auf der Rückfahrt hört Bowie im Radio, das überhaupt im Film als allgegenwärtiges Medium erscheint, daß T-Dub auf der Flucht erschossen und Chicamaw gefangengenommen worden ist. Bowie befreit Chicamaw, indem er sich als Sheriff ausgibt; aber er wendet sich von seinem Komplizen ab, als dieser Keechie beleidigt und auch noch kaltblütig eine Geisel erschießt. Bowies Unterschlupf in einem Motel wird verraten; ein Riesenaufgebot von Polizisten umzingelt das schäbige Holzhaus. Die Verfolger feuern minutenlang durch die dünnen Wände, bis Bowie regelrecht durchsiebt ist. Dann zerren sie seinen Körper nach draußen und werfen ihn achtlos in den Schlamm. Keechie, die ein Kind von Bowie erwartet und den »Kampf« mit angesehen hat, bricht schreiend zusammen.

Andersons Roman wurde 1947 unter dem Titel *They live by night* (Sie leben bei Nacht / Im Schatten der Nacht) bereits einmal von Nicholas Ray verfilmt. Aber was damals nur die Romanze eines gehetzten Liebespaares war, das erscheint hier als vielschichtiges und schillerndes Porträt einer Zeit, in der der einzelne ratlos vor den Problemen steht, die das Versagen von Staat und Gesellschaft ihm aufgebürdet hat. Altman denkt keineswegs daran, seine Protagonisten zu modernen »Robin Hoods« hochzustilisieren. T-Dub möchte eigentlich friedlich auf einer Farm leben; Chicamaw ist Halbindianer, und der Haß auf die Weißen ist zweifellos eine Triebfeder seiner Handlungen; Bowie ist in den Slums aufgewachsen, er will einfach heraus aus dem Elend und besser leben. Letzten Endes aber würden alle drei gern im Einklang mit der Gesellschaft leben, wenn die Verhältnisse es nur zuließen. Und T-Dub versucht sogar, diesen Einklang im Umkehrschluß noch herzustellen, wenn er sich naiv rechtfertigt: Wir stehlen Geld von den Banken. Aber die haben es den kleinen Leuten abgenommen. Also sind sie Diebe wie wir . . . Am Ende ist Bowies Leiche der blutige Beleg dafür, daß die Gesellschaft die Dinge anders sieht.

The thin man

(Der Unauffindbare / Mordsache »Dünner Mann«)

USA, 1934

R: W. S. Van Dyke; A: Albert Hackett und Frances Goodrich nach einem Roman von Dashiell Hammett; K: James Wong Howe; D: William Powell, Myrna Loy, Maureen O'Sullivan, Edward Ellis, Porter Hall

Der Erfinder Wynant (E. E.) plant eine Reise, über deren Ziel und Zweck er schweigt. Er verspricht seiner Tochter (M. OS.), bis zu ihrer Hochzeit, deren Termin bereits feststeht, zurück zu sein. Aber bald geschehen seltsame Dinge; die Polizei schaltet sich ein, und auch Nick Charles (W. P.), der einmal ein berühmter Detektiv war, ehe er eine reiche Frau (M. L.) geheiratet hat, wird von Wynants Tochter um Hilfe gebeten. In Wynants Fabrik findet man die Leiche eines Mannes. Hat Wynant ihn ermordet? Wenig später wird auch Wynants Sekretärin tot aufgefunden. Nick Charles entdeckt bei einer neuerlichen Durchsuchung der Fabrik auch Wynants Leiche; er lädt alle Verdächtigen zu einer Party und überführt dabei Wynants Rechtsanwalt (P. H.) als Mörder.

Van Dyke erzählt seine Kriminalgeschichte im Stil einer intelligenten, etwas frivolen Salonkomödie. Der Detektiv ist kein »Superman«, sondern ein trinkfroher Bonvivant, der den Fall mit Geist und dem Glück des Tüchtigen löst. Der Film wurde ein großer Publikumserfolg und machte seine beiden Hauptdarsteller zu Stars.

Die Produktionsgesellschaft versuchte, den Erfolg mit insgesamt fünf Fortsetzungen zu wiederholen, die aber alle die Qualitäten des ersten Films nicht mehr erreichten.

Drei weitere Filme drehte Van Dyke: *After the thin man* (Dünner Mann: 2. Fall / Und sowas nennt sich Detektiv, 1936), *Another thin man* (Dünner Mann: 3. Fall, 1938) und *Shadow of the thin man* (Der Schatten des dünnen Mannes, 1941); je einen Film drehten Richard Thorpe (*The thin man goes home* – Der dünne Mann kehrt heim, 1944) und Edward Buzzell (*Song of the thin man* – Das Lied des dünnen Mannes, 1946).

The third man

(Der dritte Mann)

England, 1949

R: Carol Reed; A: Graham Greene nach seiner gleichnamigen Erzählung; K: Robert Krasker, John Wilcox, Stan Pavey; D: Joseph Cotten, Alida Valli, Trevor Howard, Orson Welles, Ernst Deutsch, Erich Ponto, Paul Hörbiger, Siegfried Breuer

Der amerikanische Schriftsteller Holly Martins (J. C.) will kurz nach dem Krieg in Wien seinen Freund Harry Lime (O. W.) besuchen. Doch er kommt gerade zu Limes Begräbnis zurecht, bei

The third man (l.: Orson Welles)

dem er dessen Freundin Anna (A. V.) und Calloway (T. H.), den Chef der britischen Militärpolizei, kennenlernt. Calloway deutet an, daß Lime in dunkle Geschäfte verwickelt gewesen sei. Martins stellt Nachforschungen an, um seinen Freund zu rehabilitieren. Er spricht mit Kurtz (E. D.), Popescu (S. B.) und einem Hausmeister (P. H.), die sich als Augenzeugen des Unfalls bezeichnen, dem Lime zum Opfer gefallen ist. Ihre Aussagen sind widersprüchlich, und Martins wird mißtrauisch. Er forscht weiter und entdeckt schließlich, daß Lime tatsächlich ein Penicillinschieber ist, der sich durch einen vorgetäuschten Tod den Nachforschungen der Polizei entziehen wollte. Nachdem Calloway ihm drastisch vor Augen geführt hat, wie viele Menschen dahinsiechen oder sogar sterben müssen, weil Schieber das Penicillin verwässert haben, hilft Martins bei der Fahndung nach Lime, der nach aufregender Jagd durch die Kanalisation Wiens stirbt. Der Film endet, wie er begonnen hat: mit dem Begräbnis Limes. Martins Hoffnung, Limes Freundin für sich gewinnen zu können, erfüllt sich nicht.

The third man machte Carol Reed weltberühmt und wurde vermutlich der größte Erfolg des englischen Films. Und obwohl der Autor Graham Greene später erklärte: »Wir wollten sie (die Zuschauer!) einfach unterhalten, sie ein wenig erschrecken, sie zum Lachen bringen!«, kursierten bald zahlreiche tiefgründige Interpretationen, die in dem Film gar mythische Elemente entdeckten. Dabei sind die Ansätze dazu wohl der schwächere Teil eines sonst perfekt gemachten Thrillers, der die Atmosphäre einer besetzten und geteilten Stadt nach dem Krieg überzeugend einfing. Die Kamera arbeitet geschickt mit Licht und Schatten und erzeugt spielerisch die Atmosphäre der Ungewißheit und lastender Bedrohung. Auch Details sind vorzüglich gelungen: Limes erster Auftritt aus dem Dunkel, bei dem man zunächst nur seine Füße sieht, das Gespräch zwischen Lime und Martins im Riesenrad des Praters, die Schlußeinstellung, in der Anna auf dem herbstlichen Friedhof unendlich lange von der Kamera weggeht usw.

Der Zuschauer konnte bei aller effektvollen Spannung auch noch ein psychologisches Drama verfolgen: Martins muß erkennen, daß sein Freund ein Lump ist und daß gerade seine Freundschaft Lime ins Verderben stürzt; denn seine Bemühungen, den Freund zu rehabilitieren, machen dessen Plan zunichte. Berühmt wurde auch die Musik des Films, das nervöse Zirpen der Zither von Anton Karas.

The thirty-nine steps

(Die 39 Stufen)

England, 1935

R: Alfred Hitchcock; A: Alma Reville, Charles Bennett und Ian Hay nach einem Roman von John Buchan; K: Bernard Knowles; D: Robert Donat, Madeleine Carroll, Lucie Mannheim, Godfrey Tearle, Wylie Watson

Der Kanadier Richard Hannay (R. D.) besucht in London ein Varieté, in dem u. a. der Gedächtniskünstler Mr. Memory (W. W.) auftritt. Dort lernt Hannay eine Frau (L. M.) kennen, die ihn in seine Wohnung begleitet und ihm erzählt, sie sei einer Spionage-Organisation auf der Spur, deren Chef in einem kleinen schottischen Dorf lebe. In der Nacht wird die Frau in Hannays Wohnung erstochen. Während die Polizei ihn als Mörder verdächtigt, fährt Hannay nach Schottland, um den geheimnisvollen Spion zu suchen. Als der Zug kontrolliert wird, versucht er vergeblich, ein mitreisendes Mädchen (M. C.) zu bewegen, die Polizei durch einen vorgetäuschten Flirt abzulenken. Er springt aus dem Zug, findet den geheimnisvollen Professor Jordan (G. T.) und wird von ihm niedergeschossen, wobei eine Bibel in seinem (gestohlenen) Mantel die Kugel auffängt. Als Hannay sich an die Polizei wendet, will man ihn als Mörder verhaften. Er entkommt, trifft das Mädchen aus dem Zug wieder und wird gemeinsam mit ihr von als Polizisten verkleideten Mitgliedern des Spionagerings »verhaftet«. Nach abenteuerlicher Flucht, bei der Hannay und das Mädchen durch Handschellen aneinandergefesselt sind, führen die Spuren schließlich in das Varieté zurück. Hier endlich werden Jordan und Mr. Memory, der dank seiner besonderen Fähigkeiten als »Nachrichtenspeicher« gedient hat, entlarvt. Jordan erschießt Mr. Memory, als der das Geheimnis zu verraten droht, und wird selbst von der Polizei erschossen.
Einer der berühmtesten Filme Hitchcocks. Er enthält in perfekter Ausprägung ein Lieblingsmotiv des Regisseurs: Der Einzelgänger zwischen zwei rivalisierenden Machtgruppen, die ihn beide verfolgen, weil mindestens eine ihn für etwas anderes hält, als er tatsächlich ist. Berühmte Szenen u. a.: Ein Auftritt Hannays als Redner in einer politischen Versammlung, in die er auf der Flucht geraten ist; die gemeinsame Flucht in Handschellen, wobei das Mädchen ihn zunächst tatsächlich für den Mörder hält, während eine Wirtin in den beiden, die sich notgedrungen eng aneinanderdrücken, ein frischgetrautes Ehepaar sieht.
1959 erschien unter dem gleichen Titel eine vergröbernde Neuverfilmung von Ralph Thomas, die vor allem die humoristischen Aspekte der Handlung betonte. Eine weitere Verfilmung des Romans besorgte Don Sharp (England 1978), der Action-Elemente geschickt mit einer sorgfältigen Milieuschilderung kombinierte.

This sporting life

(Lockender Lorbeer)

England, 1962/63

R: Lindsay Anderson; A: David Storey nach seinem eigenen Roman; K: Denys Coop; D: Richard Harris, Rachel Roberts, Alan Badel

Der Bergarbeiter Frank Machin (R. H.) wird eines Tages Berufs-Rugbyspieler. Seine ebenso geschickte wie brutale Spielweise gefällt dem Publikum und dem Fabrikanten Weaver (A. B.), dem Mäzen des Clubs. So macht Frank Karriere, kann sich ein Auto und modische Anzüge leisten. Zur gleichen Zeit macht er seine Vermieterin Mrs. Hammond (R. R.), eine Arbeiterwitwe mit zwei Kindern, zu seiner Geliebten. Allerdings beschränken sich ihre Beziehungen ganz auf den sexuellen Bereich. Mrs. Hammond, verbittert und auch hysterisch, will keine tiefere Bindung. An einem Weihnachtstag schlägt man Frank auf dem Sportplatz die Schneidezähne aus, eine Weihnachts-Party bei Weaver macht ihn, den Emporkömmling, unsicher; und zum ersten Mal deutet sich die Möglichkeit einer engeren Bindung zwischen ihm und Mrs. Hammond an. Aber bald gibt es wieder Streit, und Frank verläßt das Haus. Als er zurückkommt, hat man Mrs. Hammond mit einer Gehirnblutung ins Krankenhaus gebracht, wo sie wenig später stirbt. Frank kehrt auf den

Rugbyplatz zurück; und zum ersten Mal erlebt er, daß das Publikum ihn auspfeift.
Lindsay Anderson wollte in seinem ersten Spielfilm offenbar die realistischen Elemente des »free cinema« mit einer modernen Erzähltechnik vereinen. Sein Film setzt bei dem Unfall am Weihnachtstag ein und erzählt die Vorgeschichte in mehreren eingestreuten Rückblenden. Allerdings gibt diese Struktur für den Film wenig her. Im Gegenteil – sie verlagert die Akzente der melancholischen Reportage vom Schicksal eines Arbeiters, der seinem Milieu entfliehen will, allzusehr auf den psychologischen Bereich. Im einzelnen aber gelangen hier eindringliche realistische Sequenzen.

Three godfathers

(Spuren im Sand)

USA, 1948

R: John Ford; A: Frank S. Nugent und Lawrence Stallings nach der gleichnamigen Erzählung von Peter B. Kyne; K: Winton C. Hoch, Charles P. Boyle; D: John Wayne, Pedro Armendariz, Harry Carey jr., Mae Marsh

Die Bankräuber Bob (J. W.), Pete (P. A.) und Kid (H. C.) fliehen vor ihren Verfolgern in die Wüste. Hier finden sie in der Nähe eines zerstörten Wasserreservoirs eine sterbende hochschwangere Frau in einem Planwagen. Unversehens werden sie zu Geburtshelfern und lassen sich sogar das Versprechen abnehmen, für das Kind zu sorgen. Aber schon bald erliegt Kid den Strapazen der Flucht. Sterbend verlangt er nach einer Bibel und erinnert die Gefährten daran, daß bald Weihnachten ist. Auch Pete muß zurückbleiben; doch Bob erreicht am Heiligabend völlig erschöpft mit dem Kind die Stadt Neu-Jerusalem. Er findet milde Richter und die Chance für ein neues Leben.
Die literarische Vorlage war bereits mehrfach verfilmt worden – u. a. auch von John Ford (1919). Sein Remake widmete der Regisseur dem Schauspieler Harry Carey, der in den beiden ersten Verfilmungen die Rolle des Kid gespielt hatte, die diesmal sein Sohn übernahm. Ford spielt geschickt mit den religiösen Bezügen des Themas, ohne sie aufdringlich auszuspielen. Der gesamte Handlungsablauf bleibt im traditionellen Rahmen des Western, dem sich die Bezüge organisch einfügen.
In der Bundesrepublik kam der Film in einer erheblich gekürzten Fassung in die Kinos.

Thunder over Mexico

(Donner über Mexiko)

USA, 1933

Montiert von Don Hayes und Howard Aices aus dem Material des unvollendeten Films *Que viva Mexico!*; R: Sergej Eisenstein; A: Sergej Eisenstein, Grigori Alexandrow; K: Eduard Tissé; D: Mexikanische Bauern

Nachdem Eisenstein und der als Produzent für *Que viva Mexico!* fungierende Schriftsteller Upton Sinclair sich zerstritten hatten, bot Sinclair das Material zunächst einem sowjetischen Filmbüro zum Kauf an, wo man das Angebot aber nicht akzeptieren konnte oder wollte. Dann schloß Sinclair mit dem Produzenten Sol Lesser einen Vertrag, der Lesser das Recht gab, aus Eisensteins Material einen Spielfilm zu montieren. So entstand *Thunder over Mexico*.
Das Material zu diesem Film stammt fast ausschließlich aus der zweiten Episode (Die Agaven): Um die Jahrhundertwende stellt ein Peon nach alter feudalistischer Tradition seine Braut vor der Hochzeit im Herrenhaus vor. Dort feiert man gerade ein Fest. Die Herren finden Gefallen an dem jungen Mädchen. Es wird vergewaltigt. Der Peon will sich rächen und findet auch Kameraden, die mit ihm kämpfen wollen. Aber die Aufrührer werden überwältigt und gefangen. Dann gräbt man sie bis zum Hals in den Sand ein, und die Soldaten reiten wieder und wieder über die Wehrlosen her. Vergleicht man diesen Film nicht mit dem Projekt Eisensteins, so bleibt ein nicht ungeschickt montierter, geradlinig erzählter Film, dessen Bilder und Sequenzen zum Teil von großer Ausdruckskraft sind. Es war jedoch unsinnig und unseriös, diesen Film als ein Werk Eisensteins auszugeben.

Tillies punctured romance (Charles Chaplin, Marie Dressler)

La tia Tula
(Tante Tula)

Spanien, 1964

R: Miguel Picazo; A: José Miguel Hernán, Luis S. Enciso, Manuel López Yubero und Miguel Picazo nach dem gleichnamigen Roman von Miguel de Unamuno; K: Juan Julio Baena; D: Aurora Bautista, Carlos Estrada, Enriqueta Carballeira, José Prado

Nach dem Tod ihrer Schwester führt die ebenso schöne wie tugendhafte Tula (A. B.) ihrem Schwager Ramiro (C. E.) und seinen Kindern den Haushalt. Ramiro und Tula fühlen sich bald immer stärker zueinander hingezogen; aber einen Heiratsantrag Ramiros weist Tula als »geschmacklos« zurück. Eines Tages versucht Ramiro, Tula zu überrumpeln, und reißt sie in seine Arme. Verstört flieht Tula zu ihrem Beichtvater (J. P.), der ihr rät, ihren Stolz aufzugeben und Ramiro zu heiraten. Doch es ist zu spät. Als Tula nach langem Zweifeln endlich bereit ist, erfährt sie, daß Ramiro ihre junge Cousine (E. C.) verführt hat und heiraten wird. Die Erkenntnis, daß sie sich selbst um ihr Glück gebracht hat, raubt Tula für einen Augenblick fast den Verstand; doch dann faßt sie sich und reist ab. Sie wird die »Tante Tula« bleiben.

Unamunos Roman entstand bereits 1921. Er zeichnet das Porträt einer Frau, deren ganzes Wesen von überkommenen Vorstellungen von Stolz und Würde geprägt ist. Aber Buch und Film decken auch die verborgenen Grausamkeiten auf, die unter den jahrhundertealten Schichten spanischer Tradition verborgen sind. Die Atmosphäre einer verdeckten und oftmals verdrängten Sinnlichkeit, diese »Weltanschauung«, die Form und Gesetze oft höher stellt als den Menschen, hat Picazo nicht durch bittere Attakken, sondern durch die strenge Stilisierung seines Films beklemmend deutlich gemacht.

Tichi Don Ⓢ

(Der stille Don)

UdSSR, 1930

R: Olga Preobraschenskaja, Iwan Prawow; A: Olga Preobraschenskaja und Iwan Prawow nach dem gleichnamigen Roman von Michail Scholochow; K: Dmitri Feldman, B. Epstein; D: N. Podgornyj, Andrej Abrikossow, Emma Zesarskaja, G. Kowrow, R. Puschnaja, S. Tschurakowski

Der Film gibt nur den ersten Teil des bekannten Romans wieder: Der Kosake Grigori (A. A.) verliebt sich in Axinia (E. Z.), die Frau seines Nachbarn Stepan (G. K.). Grigori flieht mit Axinia auf das Gut des Generals Listnitzki, wo beide zusammen leben. Grigori muß in den Krieg und trifft hier Stepan wieder, der ihn im Kampf niederschießt und schwer verwundet. Als Grigori nach Hause zurückkehrt, ist Axinia die Geliebte des jungen Listnitzki (S. T.) geworden. Grigori verprügelt den Nebenbuhler und kehrt zu seiner Frau Natalia (R. P.) zurück, die er einst auf Geheiß seines Vaters (N. P.) geheiratet hatte.
Dem Film gelang eine realistische Schilderung des Kosakenmilieus. Er wurde zunächst stumm gedreht und später »vertont«. 1957/58 entstand eine dreiteilige Neuverfilmung unter der Regie von Sergej Gerassimow.

Tiger shark

(Tiger-Hai / Der Fischer von San Diego)

USA, 1932

R: Howard Hawks; A: Wells Root nach der Novelle *Tuna* von Houston Branch; K: Tony Gaudio; D: Edward G. Robinson, Zita Johann, Richard Arlen

Beim Untergang seines Fischkutters hat Kapitän Mike Mascarenhas (E. G. R.) die Rettung seines Steuermannes Bob Burleigh (R. A.) teuer bezahlen müssen – ein Hai hat ihm die rechte Hand abgerissen. Aber mit einem neuen Kutter gehen Mike und Bob wieder auf Fischfang. Als der alte Manuel Silva über Bord fällt und ertrinkt, überbringt Mike Manuels Tochter Quita (Z. J.) die Nachricht; und er macht ihr ein großzügiges Geschenk, indem er ihr vorschwindelt, Manuel sei versichert gewesen. Allmählich verliebt sich Mike, der nie Glück bei Frauen gehabt hat, in Quita. Und sie heiratet ihn – aus Dankbarkeit. Doch schon bald verliebt sie sich in Mikes besten Freund, in Bob. Beide leiden unter ihrer heimlichen Liebe. Schließlich besteht Quita darauf, mit an Bord zu gehen. Dort erklärt ihr Bob, daß er abmustern werde, um seinen Freund nicht länger zu betrügen. Gerade diese Szene belauscht Mike. Er will sich rächen. Aber er verwickelt sich in der Fangleine der Harpune, die Bob den Tod bringen sollte, und stürzt über Bord. Die Haie besiegeln sein Schicksal.
Hawks hat dieses psychologische Drama präzise verfilmt. Er hat vor allem das Milieu mit fast dokumentarischer Treue geschildert. Und entscheidende Stationen der Dramaturgie werden durch Ereignisse bestimmt, die Hawks aus der Arbeitswelt der Protagonisten ableitet. So wird ohne großes Pathos und viele Worte deutlich, daß die harte Arbeit der Hochseefischer ihr ganzes Leben bestimmt. Das private Drama gewinnt allgemeine Bedeutung.

Tillies punctured romance Ⓢ

(Tillies geplatzte Romanze / Das verrückte Idyll von Charlie und Lolotte)

USA, 1914

R: Mack Sennett; A: Hampton Del Ruth nach der musikalischen Komödie *Tillies nightmare* von Edgar Smith und A. Baldwin Sloane; K: Frank D. Williams; D: Marie Dressler, Charles Chaplin, Mabel Normand, Mack Swain, Chester Conklin

Tillie (M. D.), eine recht rustikale Bauerntochter, wird von einem Tramp (C. C.) umgarnt, dem sie alsbald Herz und Sparbuch zu Füßen legt. Beide ziehen in die Stadt, wo der Tramp die unansehnliche Tillie zugunsten einer attraktiveren Rivalin (M. N.) verläßt. Die Situation ändert sich grundlegend, als Tillies Onkel, ein Millionär, bei einer Bergtour verunglückt und Tillie damit zur reichen Erbin macht. Der Tramp, der früher als sie davon erfahren hat, kehrt skrupellos zu ihr zurück und heiratet sie. Beide genießen ihren Reichtum, bis der fälschlich totgesagte Onkel genesen ist, zurückkehrt und sie aus dem Haus wirft. Tillie durchschaut

ihren Verehrer endlich. Gemeinsam mit der ehemaligen Rivalin hetzt sie den gewissenlosen Verführer über einen Hafendamm ins Wasser.
Der Film war für damalige Zeiten ungewöhnlich lang (6 Rollen). Mack Sennett hatte für ihn mehrere seiner berühmtesten Komiker aufgeboten; aber der Star war zweifellos Marie Dressler, die mit viel Temperament die Szene beherrschte. Für Chaplin, damals noch der »neue Mann« bei Sennett, war es zweifellos ein Erfolg, daß er die zweite Hauptrolle neben ihr spielen durfte; und auch er hat seine großen Szenen: die Liebeserklärung an Tillie, während er auf einem Gartenzaun balanciert, und der Einzug in den Millionärspalast zum Beispiel, bei dem er sich über die Garde der Lakaien lustig macht.
Für Sennetts Regiestil ist der Film nicht ganz typisch, da er hier auf viele seiner besten Möglichkeiten – das hektische Tempo, die Verfolgungsjagden etc. – zugunsten einer kontinuierlichen und komplizierten Handlung verzichtete. In Ansätzen allerdings findet man diese Ingredienzien in dem turbulenten Fest gegen Schluß des Films.

Till Österland Ⓢ

(Im Heiligen Land / Die Erde ruft II)

Schweden, 1926

R: Gustaf Molander; A: Ragnar Hyltén-Cavallius und Gustaf Molander nach dem Roman *Jerusalem* von Selma Lagerlöf; K: J. Julius; D: Lars Hanson, Jenny Hasselqvist, Mona Martenson, Harald Schwenzen

Fortsetzung des Films *Ingmarsarvet*: Während die schwedische Gemeinde in Jerusalem unter dem Klima und der Feindseligkeit der Bevölkerung leidet, hat Ingmar (L. H.) Barbro (J. H.) liebgewonnen. Aber noch immer fühlt er sich schuldig, weil er Gertrud (M. M.) verlassen hat. Er fährt nach Jerusalem. Dort überzeugt er die Mitglieder der Gemeinde, daß sie wieder – genau wie in Schweden – den Boden bearbeiten müssen, und gibt ihnen damit ein neues Ziel. Außerdem führt er Gertrud und Gabriel Mattsson (H. S.) zusammen. Nach seiner Rückkehr wird ihm ein Sohn geboren. Ingmar lebt glücklich mit Barbro.
An die Stelle der schwedischen Landschaft tritt hier der exotische Reiz ferner Länder. Molander hat in Jerusalem gedreht und das fremde Milieu geschickt als Kontrast genutzt. Trotzdem erreichte er nicht die Kraft und Intensität Victor Sjöströms, der die ersten drei Teile dieser insgesamt fünfteiligen Romanverfilmung drehte.

Time in the sun

(Unter Mexikos Sonne)

USA/England, 1939

Gestaltung Marie Seton und Paul Burnford aus dem Material des unvollendeten Films *Que viva Mexico!*; R: Sergej Eisenstein; A: Sergej Eisenstein, Grigori Alexandrow; K: Eduard Tissé; D: Mexikanische Bauern

Nachdem Eisenstein seinen Film *Que viva Mexico!* 1932 abbrechen mußte und ihm auch verwehrt worden war, das bereits gedrehte Material zu montieren, haben Marie Seton und Paul Burnford mit viel Respekt versucht, wenigstens eine Ahnung von Eisensteins Konzeption zu vermitteln. Allerdings stand ihnen dafür nur ein Teil des Negativmaterials zur Verfügung. Sie übernahmen vor allem Teile der ersten und zweiten Episode und montierten sie mit Bildern aus der Vergangenheit (Mayakultur, Eroberung, Christianisierung) und Milieuschilderungen aus der dritten Episode. So wollten sie Eisensteins Absicht deutlich machen, eine »lebendige Geschichte Mexikos« zu gestalten.
Trotz aller Bemühungen hat der Film ein wenig den Charakter eines Bilderbuches, in dem zwar Bilder von großer Schönheit zu sehen sind, das aber die große Linie vermissen läßt.

The tin star

(Der Stern des Gesetzes)

USA, 1957

R: Anthony Mann; A: Dudley Nichols, Barney Slater, Joel Kane; K: Loyal Griggs; D: Henry Fonda, Anthony Perkins, Betsy Palmer, Neville Brand

Morg Hickman (H. F.) ist Kopfjäger, einer, der auf eigene Faust und wegen des Kopfgeldes gesuchte Banditen jagt. In einer kleinen Stadt, in der er sich eine Prämie für eine Leiche abholen will, trifft er den jungen und unerfahrenen Sheriff Ben Owens (A. P.). Hickman rettet ihm bei einer Auseinandersetzung mit dem Gauner Bogardus (N. B.) das Leben, indem er seinem Gegner die Pistole aus der Hand schießt. Aber er weiß, daß Bogardus wiederkommen wird, und so weiht der Ex-Sheriff Hickman den Jüngeren in wenigen Tagen in die Geheimnisse seines Berufs ein. Als Owens tatsächlich Bogardus wieder gegenübersteht, da hat er unterdessen den kleinen Trick gelernt, der die entscheidende Zehntelsekunde Vorsprung sichert. Bogardus fällt, Hickman verläßt befriedigt die Stadt.

Das Ritual des Western ist hier gleichsam zum Thema erhoben worden. Ein Film über die Kunst, schnell zu ziehen und genau zu schießen. Henry Fonda demonstriert diese Kunst auf suggestive Weise, mit Charme und Grazie. Und dem Film gelingt es, das Wesen des Western-Helden in dieser entscheidenden Geste zu konzentrieren.

Tirez sur le pianiste
(Schießen Sie auf den Pianisten)

Frankreich, 1960

R: François Truffaut; A: Marcel Moussy und François Truffaut nach einem Roman von David Goodis; K: Raoul Coutard; D: Charles Aznavour, Marie Dubois, Nicole Berger, Michèle Mercier, Albert Rémy, Richard Kanayan

Charlie (C. A.) ist Pianist in einem kleinen Café. Eines Tages taucht sein Bruder Chico (A. R.) auf, der von zwei Ganoven verfolgt wird. Charlie hilft ihm zu entkommen; aber Chicos Verfolger hängen sich jetzt an ihn. Am nächsten Morgen werden Charlie und Lena (M. D.), die als Kellnerin im Café arbeitet, von den Gangstern in ein Auto gezerrt und entführt. Sie können entkommen und verstecken sich in Lenas Zimmer. Hier hängt ein großes Plakat, das ein Klavierkonzert mit Edouard Saroyan ankündigt. Eine Rückblende erklärt: Vor Jahren wurde Edouard Saroyan alias Charlie von dem Konzertagenten Schmeel entdeckt und gefördert. Doch eines Tages beichtet ihm seine Frau Thérèse (N. B.), daß sie als Preis für seinen Vertrag Schmeels Geliebte geworden ist. Thérèse stürzt sich aus dem Fenster, Edouard ändert seinen Namen und taucht unter. Lena und Charlie wollen zusammenbleiben. Aber unterdessen haben die Gangster Charlies jüngeren Bruder Fido (R. K.), der bei ihm lebt, entführt; und als der Besitzer des Cafés Lena belästigt, tötet Charlie ihn bei einem Handgemenge. Jetzt sucht auch die Polizei nach ihm. Lena bringt ihn aufs Land zu seinen Brüdern. Es kommt zu einer grotesken Schießerei mit den Gangstern, bei der Lena getötet wird. Im Schlußbild stellt die Witwe des Café-Besitzers dem Pianisten Charlie eine neue Kellnerin vor.

Truffaut hat einmal erklärt, er habe diesen Film wegen eines einzigen Bildes aus der Romanvorlage gedreht: »Eine abfallende verschneite Straße, die ein Auto ohne Motorenlärm hinuntergleitet!« Sicher ist, daß es nicht die Kriminalaffäre war, die ihn interessiert hat. Er drehte einen Film über Dinge, über Situationen, er zeichnete das Porträt eines schüchternen Künstlers, der in absurde Situationen gerät, der das Unglück gleichsam anzieht, und er schuf märchenhafte Variationen über den amerikanischen Gangsterfilm. *Tirez sur le pianiste* ist ein Film, der absichtlich außerhalb jeder Realität steht, der aber im freien Spiel der Bilder eine außerordentliche Schönheit und Konsequenz erreicht.

Tischina
(Die Stille)

UdSSR, 1964

R: Wladimir Bassow; A: Wladimir Bassow und Juri Bondarew nach dem gleichnamigen Roman von Juri Bondarew; K: Timofei Lebeschew; D: Witali Konjajew, Wladimir Jemeljanow, Larissa Luschina, Natalia Welitschko, Georgi Martynjuk

Die Geschichte der beiden Kriegsteilnehmer Sergej (W. K.) und Kostja (G. M.) in den Jahren von 1945 bis 1956. Sie studieren, wählen einen Beruf, heiraten. Aber ihr Leben wird auch beeinflußt von den politischen Fehlentwicklungen jener Jahre. Sergejs Vater (W. J.) wird denunziert und verhaftet, Sergej aus der

Partei ausgeschlossen, weil er es versäumt hat, die Verhaftung seines Vaters zu melden. Am Schluß steht optimistische Verheißung: An Sergejs Arbeitsplatz in der Wüste schreibt ein Kollege »20. Parteitag« auf einen Felsen neben eine neuentdeckte Ölquelle. Die »Ent-Stalinisierung« beginnt ...

Der zweiteilige Film ist formal recht belanglos; er wurde bekannt durch seine politischen Aspekte. Man sieht Schwarzhändler und Denunzianten, erlebt Konformismus und Ungerechtigkeit. Eindrucksvoll vor allem und für sowjetische Verhältnisse sicherlich kühn sind die bedrückenden Szenen einer nächtlichen Verhaftung und die Schilderung der Parteiversammlung, in der über Sergejs Ausschluß aus der Partei verhandelt wird.

Titanic

Deutschland, 1942

R: Herbert Selpin, Werner Klingler; A: Walter Zerlett-Olfenius nach einem Entwurf von Harald Bratt; K: Friedl Behn-Grund, Ernst Kunstmann (Trickaufnahmen); D: Ernst Fritz Fürbringer, Kirsten Heiberg, Hans Nielsen, Otto Wernicke, Sibylle Schmitz

Kurz vor der Jungfernfahrt der »Titanic« herrscht gedrückte Stimmung bei der White-Star-Line; die Aktien fallen. Aber Sir Bruce Ismay (E. F. F.) beruhigt seinen Aufsichtsrat: Die »Titanic« wird das »blaue Band« für die schnellste Atlantik-Überquerung erringen, und dieser Werbeeffekt wird die Kurse wieder in die Höhe treiben. Sir Bruce gibt dem Kapitän (O. W.) Anweisung, die kürzeste Route zu wählen, obwohl von dort Eisberge gemeldet werden. Der Kapitän folgt der Anweisung trotz aller Warnungen seines 1. Offiziers (H. N.). Nach der Kollision mit einem Eisberg sinkt das angeblich unsinkbare Schiff; und es erweist sich, daß nicht einmal das Rettungsgerät in Ordnung ist. 1500 Menschen finden den Tod.

Nach Auseinandersetzungen Selpins mit dem Propagandaministerium wurde der Film von Werner Klingler beendet. Selpin starb später unter ungeklärten Umständen in Gestapo-Haft. »Titanic« war als antibritischer Propagandafilm konzipiert. Er erhielt auch das Prädikat »staatspolitisch wertvoll«, wurde aber trotzdem während des »Dritten Reichs« nur in den besetzten Gebieten gezeigt. Offenbar hatte Goebbels erkannt, daß »Untergangsstimmung« hier allzu suggestiv beschworen worden war.

Nach dem Krieg wurde der Film zunächst von der britischen Militärregierung verboten, so daß er seine deutsche Erstaufführung – nach einigen Schnitten – erst 1950 erlebte. Bemerkenswert waren an diesem Film neben den Bauten von Fritz Maurischat vor allem die Trickaufnahmen, die nach dem Krieg noch in den englischen »Titanic«-Film *A night to remember* (Die letzte Nacht der Titanic, 1958 – R: Roy Baker) eingeschnitten wurden.

Tobacco road

(Die Tabakstraße)

USA, 1940

R: John Ford; A: Nunnally Johnson nach dem Bühnenstück von Kirkland und dem gleichnamigen Roman von Erskine Caldwell; K: Arthur Miller; D: Charley Grapewin, Marjorie Rambeau, Gene Tierney, Dana Andrews, William Tracy

Verfilmung des gleichnamigen Romans von Caldwell: Die Geschichte des Baumwollfarmers Lester (C. G.) und seiner Frau (M. R.), die ihre Farm verloren haben und in dem langsam verfallenden Gebäude hoffnungslos dem Tod entgegendämmern, während ihre 17 Kinder in alle Winde zerstreut sind. Im Roman verbrennen sie durch eine Unachtsamkeit mit dem Rest ihrer Habe; der Film endet damit, daß der Sohn ihres früheren Arbeitgebers ihnen für sechs Monate die Miete zahlt, was die Katastrophe hinausschiebt, ohne sie zu verhindern.

Wenn Ford auch auf den spektakulären Schlußpunkt verzichtet, so ist sein Bild aus dem Süden der USA doch deprimierend genug. Es gibt keinen Lichtblick, kaum eine Hoffnung. Der einzige Lester, der dem Elend entflieht, Dude (W. T.), erreicht das nur, indem er eine Witwe heiratet, die dreimal so alt ist wie er. Nach *The grapes of wrath* hat Ford hier wieder einen Film gegen den Optimismus seiner Landsleute gemacht.

To be or not to be

(Sein oder Nichtsein)

USA, 1942

R: Ernst Lubitsch; A: Edwin Justus Mayer nach einer Vorlage von Ernst Lubitsch und Melchior Lengyel; K: Rudolf Maté; D: Carole Lombard, Jack Benny, Robert Stack, Felix Bressart, Tom Dugan, Sig Ruman, Stanley Ridges

Ein Theater in Warschau probt 1939 ein Anti-Nazi-Stück. Auf Einspruch der Regierung, die die Deutschen nicht reizen will, wird das Stück abgesetzt. Polen wird besetzt. Der Fliegerleutnant Sobinsky (R. S.), der stets den Moment benutzte, in dem Joseph Tura (J. B.) als Hamlet seinen großen Monolog »Sein oder Nichtsein« begann, um Turas Frau Maria (C. L.) in der Garderobe seine Aufwartung zu machen, kann nach England fliehen. Die Schauspieler gehen in den Untergrund, wobei ihnen die Kostüme des abgesetzten Stücks trefflich zustatten kommen. Sobinsky und seine Kameraden nämlich haben in London dem angeblichen Widerstandskämpfer Professor Siletzki (S. Ri.), der in Wirklichkeit deutscher Agent ist, Namen und Adressen von Freunden und Bekannten verraten. Als Sobinsky mit dem Fallschirm über Warschau abspringt, um die Sache zu reparieren, scheint es bereits zu spät. Aber die Schauspieler lenken den Professor ab, indem sie ihm ein waschechtes »Gestapo-Hauptquartier« vorspielen. Andererseits schicken sie einen Spion in das echte Hauptquartier. Und schließlich kapert der »Hitler-Darsteller« (T. D.) des abgesetzten Stücks bei einem Besuch des »Führers« in Warschau gar dessen Flugzeug, mit dem das ganze Ensemble nach England, in die Freiheit fliegt.

Lubitsch, der drei Jahre vorher in *Ninotchka* den Kommunismus persifliert hatte, versucht hier, die Nazis durch Lächerlichkeit zu töten. Er ist seinem Ziel dabei immerhin so nah gekommen, daß sein Witz niemals degoutant wirkt. Die Angst der Verfolgten kann komisch sein, weil sie hier zwar nicht die Gefährlichkeit der Verfolger, wohl aber ihre Mediokrität entlarvt. Aus dem gleichen Grund mag man auch noch den Gestapo-Chef (S. Ru.) komisch finden, der sich köstlich darüber amüsiert, daß man ihn im Ausland den »Concentration-Camp-Ehrhardt« nennt. Entstehen konnte dieser Film wohl nur, weil man damals in den USA die ganze grausige Wirklichkeit noch nicht kannte; aber es spricht für den Geschmack und die künstlerische Kraft Lubitschs, daß sein Film auch in Kenntnis dieser Wirklichkeit Bestand hat.

Mel Brooks drehte 1983 (*To be or not to be – Mel Brooks & Anne Bancroft in Sein oder Nichtsein*) ein Remake des Films. Der Respekt vor seiner Vorlage und ihrem Regisseur zähmte offenbar Brooks' Hang zu drastischen und nicht immer geschmackssicheren Effekten. So entstand wiederum eine Komödie, die auf akzeptable Weise mit dem Entsetzen Scherz treibt. Allerdings wirkt sie eher wie eine »Hommage« an Lubitsch als wie eine typische Brooks-Komödie.

To koritsi me ta mavra

(Das Mädchen in Schwarz)

Griechenland, 1956

R: Michael Cacoyannis; A: Michael Cacoyannis; K: Walter Lassally; D: Ellie Lambetti, Dimitri Horn, Eleni Zafiriou, Notis Pergialis

Der Schriftsteller Pavlos (D. H.) und sein Freund Antonis (N. P.) wollen auf der Insel Hydra ausspannen. Aber der geplante fröhliche Urlaub wird unversehens mit Problemen belastet. Sie wohnen bei einer einst begüterten Familie. Nach dem Tod des Mannes hat seine Witwe einen Liebhaber genommen und sich damit der Verachtung des Dorfes ausgesetzt. Am meisten leidet die Tochter Marina (E. L.) unter der Feindschaft der Nachbarn, die sich auch auf Pavlos ausdehnt, als der sich in Marina verliebt und von ihr wiedergeliebt wird. Es kommt sogar zu einem Attentat auf Pavlos. Aber nun gewinnt Marina die Kraft, die schwarzen Kleider der Schande abzuwerfen und sich offen zu ihrer Liebe zu bekennen.

Der erste internationale Erfolg des griechischen Regisseurs Cacoyannis und praktisch auch des griechischen Films überhaupt. Cacoyannis hat hier ein Familiendrama nach dem Muster antiker Tragödien inszeniert und es in ein mit sozialem Engagement beschriebenes Milieu gestellt. Bemerkenswert ist dabei besonders, wie die Kamera die karge Landschaft abtastet und sie in eine überzeugende Beziehung zur Handlung setzt.

Tokyo monogatari

(Eine Geschichte aus Tokio / Die Reise nach Tokio)

Japan, 1953

R: Yasujiro Ozu; A: Kogo Noda, Yasujiro Ozu; K: Yushun Atsuta; D: Chishu Ryu, Chiyeko Higashiyama, So Yamamura, Haruko Sugimura, Setsuko Hara

Shukishi (C. R.) und seine Frau Tomi (C. H.) wollen zum ersten Mal ihre verheirateten Kinder in Tokio besuchen. Aber der Sohn Koichi (S. Y.), der als Arzt in einem Vorort lebt, kann sich kaum um die Eltern kümmern; und auch die Tochter Shige (H. S.) hat keine Zeit, da sie zu sehr mit ihrem Kosmetiksalon beschäftigt ist. Beide Kinder legen zusammen und finanzieren den Eltern eine Reise in den Badeort Atami. Im Hotel ist es den beiden aber zu laut, und sie kehren nach Tokio zurück. Shige erwartet Gäste und kann sie nicht aufnehmen; und Koichi, bei dem sie vorher gewohnt haben, wollen sie nicht wieder zur Last fallen. So verbringt Tomi die Nacht bei Noriko (S. H.), der Witwe ihres gefallenen Sohnes, während Shukishi sich mit alten Freunden verabredet und spät in der Nacht mit einem Gefährten betrunken bei Shige abgeliefert wird. Auf der Heimfahrt wird Tomi krank und stirbt bald nach der Rückkehr. Zwar kommen alle Kinder zur Beerdigung, aber sie wollen so schnell wie möglich zurückfahren. Wieder ist allein Noriko verständnisvoll. Shukishi dankt ihr für alles und rät ihr, sich wieder zu verheiraten.

Ozu selbst betrachtete diesen Film als sein Meisterwerk. Tatsächlich ist hier sein Lieblingsthema – die Familiengemeinschaft, der Gegensatz der Generationen, der Einbruch der Neuzeit in festgefügte Traditionen – mit besonderer Schönheit und Geradlinigkeit gestaltet worden. Der Film verzichtet auf alle Effekte, auf Formspielereien, auf sentimentale Exkurse. Er ist statt dessen mit mathematischer Exaktheit konstruiert; diese Konstruktion, die durchaus sichtbar wird, erscheint jedoch als Ordnungsprinzip von hoher künstlerischer Vollendung. Wieder verharrt die Kamera fast unbeweglich in halber Höhe; aber dieser Purismus der Gestaltung, der alle Filme Ozus bestimmt, scheint hier noch um eine Nuance »klarer«, einer noch strengeren Auswahl der Details unterworfen.

Tol'able David Ⓢ

(David, das Muttersöhnchen)

USA, 1921

R: Henry King; A: Edmund Goulding und Henry King nach einem Roman von Joseph Hergesheimer; K: Henry Cronjager; D: Richard Barthelmess, Warner Richmond, Edmund Gurney, Marion Abbott

David Kinemon (R. B.), der Sohn einfacher Bergbauern, hat nur einen Wunsch: Er möchte die Post austragen. Aber diesen Beruf übt schon sein Bruder Allen (W. R.) aus. Eines Tages wird Allen von drei Gangstern zum Krüppel geschlagen. Allens Vater (E. G.) will die Tat rächen, besinnt sich aber auf Gesetz und Recht, setzt das Gewehr wieder ab und wird daraufhin selbst erschossen. Jetzt ist David das Oberhaupt der Familie und müßte eigentlich den Toten rächen. Aber seine Mutter (M. A.) hält ihn davon ab, und David wird Verkäufer im Kolonialwarenladen. Eines Tages wird ihm die Post für einen Rundgang anvertraut. Dabei läuft er ausgerechnet dem berüchtigten Hatburn-Trio in den Weg. Die drei versuchen, ihm die Post zu rauben. Aber diesmal kämpft David und bleibt Sieger. Sein Lohn: Er darf fortan die Post austragen.

Für Paul Rotha ist *Tol'able David* einer der besten Filme, die bis dahin in den USA produziert worden waren. Er rühmt seine Charakterzeichnung, die Detailschilderungen und die Einbeziehung der Landschaft in das Geschehen. Zu den Bewunderern dieses Films gehörte auch Pudowkin, der seine Montage und seine »plastische Schilderung« lobte.

Tom Jones

(Tom Jones – Zwischen Bett und Galgen)

England, 1962

R: Tony Richardson; A: John Osborne nach einem Roman von Henry Fielding; K: Walter Lassally; D: Albert Finney, Susannah York, Hugh Griffith, Edith Evans, Joan Greenwood, David Warner

18. Jahrhundert. Als unehelicher Sohn einer Magd und des Schloßherrn wird Tom Jones (A. F.) geboren. Mit zwanzig verliebt er sich in Sophie (S. Y.), die Tochter eines Gutsherrn

Toni
(Max Dalban,
Célia Montalvan)

(H. G.), was ihn aber nicht von diversen weiteren Liebeleien abhält. Als Sophies Tante (E. E.) eine Ehe zwischen ihrer Nichte und Toms heuchlerischem Halbbruder Blifil (D. W.) stiften will, wird Tom davongejagt. In London fällt er einer mannstollen Abenteurerin (J. G.) in die Arme und beinah einem Komplott seines Halbbruders zum Opfer. Wegen eines ihm untergeschobenen Diebstahls wird er zum Tod am Galgen verurteilt. Doch Sophies Vater eilt voller Reue herbei, rettet sein Leben und sanktioniert die Heirat mit seiner Tochter.
Ein vitales, prall realistisches Sittengemälde aus dem 18. Jahrhundert, in dem die literarische Vorlage auch entstand. Deren sozialkritische Bezüge treten im Film zurück und sind allenfalls noch in der ironischen Distanz spürbar. Dafür herrscht auf der Leinwand lebensvolle Sinnenlust – im Rausch einer Jagd genauso wie in der Leidenschaft der Liebe. Höhepunkt des Films ist ein Essen Toms mit einer Geliebten, bei dem die schwelgerisch genossenen Gaumenfreuden zum erotischen Symbol und zum Sinnbild des Genusses schlechthin werden.

Toni
(Toni)

Frankreich, 1934

R: Jean Renoir; A: Carl Einstein und J. Lebert nach Gerichtsakten; K: Claude Renoir; D: Charles Blavette, E. Delmont, Max Dalban, Jenny Hélia, Célia Montalvan

Toni (C. B.) kommt als »Gastarbeiter« aus Italien nach Südfrankreich. Er wohnt bei Marie (J. H.), die bald seine Geliebte wird. Doch dann begegnet er Josepha (C. M.), einer Spanierin, in die er sich verliebt und die er heiraten möchte. Aber Josepha, die heimlich die Geliebte ihres Vetters ist, läßt sich von dem großsprecherischen Vorarbeiter Albert (M. D.) verfüh-

ren und heiratet ihn. Toni resigniert und heiratet Marie. Doch seine Ehe wird nicht glücklich, weil er Josepha nicht vergessen kann. Nach zwei Jahren unternimmt Marie einen Selbstmordversuch und weist Toni aus dem Haus. Er geht in die Berge, von wo aus er unablässig den Hof beobachtet, auf dem Josepha und ihr Mann wohnen. Und er ist zur Stelle, als ein Unglück geschieht. Josepha wollte ihrem Mann, der den Hof ruiniert und sie mißhandelt hat, Geld stehlen und mit ihrem Vetter fliehen. Albert hat sie dabei überrascht und geschlagen; Josepha hat ihn im Affekt erschossen. Ihr Liebhaber läßt sie im Stich, aber Toni versucht, ihr zu helfen. Als der Versuch mißlingt, Alberts Tod als Selbstmord hinzustellen, nimmt Toni die Schuld auf sich und flieht. Bald wird er von den Bauern gejagt. Als Josepha die Wahrheit gesteht, ist es zu spät. Toni ist von einer Kugel getroffen worden und stirbt an der großen Eisenbahnbrücke, über die eben ein neuer Zug mit italienischen Arbeitern fährt.
Das Drehbuch beruht auf einem authentischen Fall, der nach Gerichtsakten und Augenzeugenberichten rekonstruiert wurde. So entstand ein eindrucksvoller Film, der am Beispiel eines etwas melodramatischen Einzelfalles doch die Probleme der nach Frankreich eingewanderten Arbeiter realistisch behandelte. Tonis Tod ist kein poetisches Symbol; er demonstriert vielmehr die Ausweglosigkeit einer sozialen Situation und das Versagen der Gesellschaft.
Anläßlich einer Wiederaufführung von *Toni* schrieb Renoir 1956: »Unser Wunsch war es damals, das Publikum solle sich einbilden können, eine unsichtbare Kamera habe die Phasen eines Konflikts gefilmt, ohne daß die Menschen, die unbewußt in diese Aktionen verwikkelt waren, etwas davon gemerkt hätten.«
Diesem Bemühen, die Wirklichkeit und die Wahrheit einzufangen, entspricht es auch, daß Renoir ohne Studio auf den Straßen und in den Häusern drehte, daß er zahlreiche Laiendarsteller beschäftigte und daß die wenigen Berufsschauspieler, die er verpflichtete, zum größten Teil aus dem Land und aus dem Milieu stammten, das ihrer Rolle im Film entsprach.
Produziert wurde der Film übrigens von dem Dramatiker Marcel Pagnol; einer der Regieassistenten war Luchino Visconti.

Touch of evil

(Im Zeichen des Bösen)

USA, 1957

R: Orson Welles; A: Orson Welles nach dem Roman *Badge of evil* von Whit Masterson; K: Russell Metty; D: Orson Welles, Charlton Heston, Janet Leigh, Akim Tamiroff, Victor Milan, Joseph Calleia

Auf seiner Hochzeitsreise wird der mexikanische Polizeibeamte Vargas (C. H.) in den USA Zeuge eines Mordes und ist Beobachter bei den Ermittlungen durch Captain Hank Quinlan (O. W.). Er entdeckt, daß Quinlan Beweisstücke gegen einen der Tat verdächtigen Mexikaner (V. M.) fälscht. Quinlan fühlt sich bedroht und wird deshalb zum Komplizen des Gauners Grandi (A. T.), der sich an Vargas rächen will, weil der seinen Bruder als Rauschgifthändler verhaftet hat. Grandi will Vargas' Frau (J. L.) in eine Rauschgiftaffäre verwikkeln. Doch während Vargas entdeckt, daß es bei zahlreichen Untersuchungen Quinlans seltsame Beweisstücke gegeben hat, tötet Quinlan seinen Mitwisser Grandi. Quinlans Untergebener und Mitarbeiter (J. C.) spielt Vargas schließlich Beweisstücke gegen seinen Chef zu, der erschossen wird, als er Vargas töten will. Der verdächtige und mit falschen Beweisstükken belastete Mexikaner gesteht unterdessen seine Schuld.
Orson Welles spielt imponierend den Quinlan, der zum fanatischen Feind der Verbrecher geworden ist, nachdem Gangster seine Frau ermordet haben. In seiner Gestaltung bleibt dem gewalttätigen Mann, der selbst zum Mörder wird, ein Hauch von Größe. Auf ihn trifft zu, was Welles in einem Interview sagte: »Wie kann man von einem Menschen sagen, er sei schuldig, wo wir doch alle nur Menschen sind!«
Der Regisseur Welles hat aber nicht nur sich selbst in Szene gesetzt. Auch winzigen Nebenrollen, besetzt mit Hollywood-Stars wie Marlene Dietrich, Zsa Zsa Gabor und Joseph Cotten, gibt er Profil. Und vor allem beschwört er meisterhaft die Atmosphäre einer kleinen Grenzstadt, eines menschenleeren Motels oder eines schmierigen Vergnügungsetablissements.

The towering inferno
(Flammendes Inferno)

USA, 1974

R: John Guillermin, Irwin Allen (Actionszenen); A: Stirling Silliphant nach den Romanen *Der Turm* von Richard Martin Stern und *The glass inferno* von Thomas N. Scortia und Frank M. Robinson; K: Fred Koenekamp, Joseph Biroc, MacGillivray/Freeman-Film (Actionszenen), Bill Abbott (Spezialaufnahmen); D: Steve McQueen, Paul Newman, William Holden, Faye Dunaway, Fred Astaire, Jennifer Jones, Richard Chamberlain

Zur Einweihung des höchsten Wolkenkratzers der Welt hat der Bauherr Duncan (W. H.) 200 prominente Gäste in die 135. Etage geladen. Unter ihnen befinden sich sein Schwiegersohn Simmons (R. C.), der Architekt Roberts (P. N.), dessen Verlobte (F. D.) und der zwielichtige Claiborne (F. A.). Noch während der Begrüßung bricht im 81. Stockwerk ein Feuer aus, das von Duncan zunächst verharmlost wird. Während die Feuerwehr unter Leitung von O'Hallorhan (S. MQ.) vergeblich gegen das Feuer ankämpft, während Roberts erkennt, daß man aus Sparsamkeitsgründen nicht das von ihm geforderte extrem belastbare Material für die elektrische Anlage benutzt hat, geht die Party in der 135. Etage weiter. Als Duncan endlich seine Gäste bittet, das Erdgeschoß aufzusuchen, ist es zu spät. Der Lift bleibt im 81. Stockwerk stecken und wird zur Todesfalle, die Türen zum Treppenhaus sind versperrt, und der Außenlift kann nur wenige Menschen retten, weil die gesamte Stromversorgung zusammenbricht. Hubschrauber kommen zu Hilfe, doch sie können wegen starker Windböen nicht auf dem Dach landen. Erst als O'Hallorhan und Roberts in tollkühnem Einsatz den riesigen Wasserbehälter auf dem Dach sprengen, wird das Feuer gelöscht. Aber nur wenige Gäste haben das *Flammende Inferno* überlebt.
Eine perfekt inszenierte Show der Superlative. Zwei Hollywood-Studios (Warner Bros. und 20th Century Fox) brachten die Produktionskosten von 20 Millionen Dollar gemeinsam auf. Raffinierte Tricktechnik (Spezialeffekte: A. D. Flowers, Logan Frazee) und ein großes Aufgebot an Stars verstärkten die Effekte dieser gigantischen »Materialschlacht«: In 56 Studios wurden 57 Schauplätze gebaut, von denen am Ende nur 8 intakt blieben.
Der Welterfolg von *The towering inferno* löste eine neue Welle sogenannter Katastrophenfilme aus, mit denen Hollywood die unbewußten Ängste des Publikums in spektakuläre Kassenerfolge ummünzte. Die Zielrichtung wird aus dem Presseheft zu diesem Film ganz deutlich: »Wie die Helden von *Flammendes Inferno* empfinden heute offenbar viele Menschen. Der Glaube an die unermeßliche Ausbeutung der Natur- und Energieresourcen, an die obligatorische Steigerung von Wohlstand und Gewinn hat sich praktisch in Nichts aufgelöst. Wer glaubt heute schon noch daran, alle Träume realisieren zu können? Zeigt nicht *Flammendes Inferno*, wie ein solcher Traum, ein trügerischer Traum, flammend untergeht? Das internationale Publikum scheint die Zeichen der Zeit auf der Leinwand jedenfalls so zu deuten.«
Nach einem ähnlichen Erfolgsrezept wie dieser Film entstanden u. a. Mark Robsons *Earthquake* (Erdbeben, USA 1974) und Jack Smights *Airport 1975* (Giganten am Himmel, USA 1974).

Transport z ráje
(Transport aus dem Paradies)

ČSSR, 1962

R: Zbyněk Brynych; A: Zbyněk Brynych und Arnošt Lustig nach der Erzählung *Nacht und Hoffnung* von Arnošt Lustig; K: Jan Čuřík; D: Ilja Prachař, Čestmir Řanda, Helga Čočková, Jindřich Narenta, Zdenek Štěpánek

Im »Muster-KZ« Theresienstadt wird ein Transport für das Vernichtungslager Auschwitz vorbereitet. Der Film schildert in episodischer Struktur die letzten Stunden vor seiner Abfahrt. David Löwenbach (Z. Š.) vom »Ältestenrat« ahnt sehr schnell, wohin der Transport gehen soll. Er weigert sich, die Liste der für Auschwitz bestimmten Leidensgenossen zu unterschreiben. Er wird eingesperrt, und sein Nachfolger Marmulstaub (Č. Ř.) unterschreibt. Eine authentische Episode: Die Insassen von Theresienstadt drehen auf Befehl der Deutschen einen Film mit dem Titel *Der Führer schenkt den Juden eine Stadt*, der der Welt beweisen soll, wie schön es sich hier lebt. In der Lagergasse hängt plötzlich ein Schild mit der Aufschrift »Nieder mit dem Faschismus«. Voller Wut quält und demütigt der SS-General Knecht (J. N.) die Lagerbewohner: Bei einem Appell müssen sich alle als »Saujude« melden. In der Nacht vor dem Abtransport gibt sich das Mädchen Lizinka (H. Č.) einigen jungen Männern hin. Sie sollen wenigstens einmal die Liebe kennenlernen, ehe sie sterben. Dann geht der Transport ab. David Löwenbach schließt sich ihm freiwillig an; Ignac Marmulstaub bleibt, von Selbstvorwürfen gequält, zurück.

Der Film verzichtet im Bild und in der Dekoration bewußt auf den Anschein der Authentizität – wohl aus der Einsicht, daß die Wirklichkeit von Theresienstadt sich nicht »nachstellen« läßt. Und er erreicht gerade dadurch und durch eine kluge Verteilung der Akzente eine Art modellhafter Eindringlichkeit. Gelegentlich stören einige Effekte der Regie, aber sie beeinträchtigen den Gesamteindruck nicht entscheidend.

Traumulus

(Deutschland, 1935)

R: Carl Froelich; A: R. A. Stemmle und Erich Ebermayer nach dem gleichnamigen Bühnenstück von Arno Holz und Oskar Jerschke; K: Reimar Kuntze; D: Emil Jannings, Herbert Hübner, Hannes Stelzer, Hilde Weißner, Hilde von Stolz, Arno Paulsen

Professor Niemeyer (E. J.), dem Direktor eines Gymnasiums in einer Provinzstadt, wird allzu große Nachsicht gegen seine Schüler, von denen einige auch seine Pensionäre sind, vorgeworfen. Außerdem schadet dem idealistischen, aber weltfremden Pädagogen der Leichtsinn seiner zweiten Frau (H. W.) und seines verbummelten Sohnes (A. P.) aus erster Ehe. Niemeyers Hauptgegner ist der Landrat von Kannewurf (H. H.). Kurz vor einer feierlichen Denkmalsenthüllung, zu der auch »Majestät« erwartet wird, sieht man den Primaner Kurt von Zedtlitz (H. S.) in den frühen Morgenstunden aus dem Haus der Schauspielerin Lydia Link (H. v. S.) kommen. Zedtlitz bestreitet sein nächtliches Abenteuer, um dem Professor nicht zu schaden und Frau Link nicht zu kompromittieren. Am folgenden Tag fliegt eine geheime Schülerverbindung »Anti Tyrannia« auf, deren Zweck vorwiegend heimlicher Bier- und Tabakgenuß der Jungen gewesen ist. Unter den Verhafteten befindet sich auch Zedtlitz; er hat sein Wort gebrochen und den von Niemeyer verhängten Hausarrest nicht beachtet, um seine Mitschüler zu überreden, ihre Vereinigung aufzulösen. Aber der tief enttäuschte und verletzte Professor lehnt alle Erklärungen des Jungen ab, der sich daraufhin verzweifelt das Leben nimmt. An seiner Bahre erkennt Niemeyer, daß er in einer unwirklichen Welt gelebt hat. Er kündigt an, er werde um seine Pensionierung bitten. Aber er hofft auf eine neue Jugend und eine neue Zeit.

Eine sorgfältige Inszenierung, in der Milieuschilderung und die Zeichnung der Charaktere und Probleme noch deutlich vom Stil der zwanziger Jahre geprägt sind. Jannings spielt sehr eindrucksvoll einen idealistischen Starrkopf (Kannewurf: »Sie kennen eben nur Schwarz oder Weiß!«), der moralische Prinzipien höher stellt als den Menschen und der am Schluß erkennt: »Mir ist recht geschehen. Warum war ich so blind!« Der tragische Zwiespalt in dieser Figur macht den eigentlichen Reiz des Films aus. In der Schilderung einer idealen künftigen Jugend konnte man einen Hinweis auf den Nationalsozialismus sehen.

The treasure of the Sierra Madre

(Der Schatz der Sierra Madre)

USA, 1947

R: John Huston; A: John Huston nach dem gleichnamigen Roman von B. Traven; K: Ted McCord; D: Humphrey Bogart, Walter Huston, Tim Holt, Bruce Bennett

Mexiko, Mitte der zwanziger Jahre. Die beiden Amerikaner Dobbs (H. B.) und Curtin (T. H.) sind in Tampico gestrandet. Ihre letzte Hoffnung ist es, irgendwo Gold zu finden. Zusammen mit dem alten Goldsucher Howard (W. H.) ziehen sie in die Berge. Und sie haben Glück. Aber je mehr Gold sie finden, desto brüchiger wird ihre Gemeinschaft, desto mißtrauischer belauern sie sich gegenseitig. Dann

taucht der Abenteurer Cody (B. B.) auf; und sie müssen ihn beteiligen, weil sie ohne Lizenz schürfen und Cody sie kurzerhand erpreßt. Aber schon bald wird der neue Teilhaber bei einem Überfall von Banditen getötet. Die drei Überlebenden wollen endlich zurück in die Zivilisation und ihren Gewinn einstreichen. Doch unterdessen sind sie zu erbitterten Feinden geworden. Der alte Howard hat genug von diesem Haß. Er bleibt bei einem Indianerstamm zurück, um ein krankes Kind zu retten. Dobbs verwundet Curtin bei einer Auseinandersetzung um das Gold schwer und läßt ihn hilflos liegen. Er selbst wird kurz vor dem Ziel von Indianern überfallen und getötet. Die Indianer schlitzen die Säcke mit dem Goldstaub auf, den der Wind über die weite Ebene treibt.
Ein spannender und hintergründiger Abenteuerfilm, der seine Wirkung aus realistischen Schilderungen, psychologischer Exaktheit und guten darstellerischen Leistungen bezieht. Eindrucksvoll, wie hier die Entfremdung durch das Gold und das wachsende Mißtrauen ohne pathetischen Aufwand deutlich werden. Der Film wurde ein großer Erfolg insbesondere für Humphrey Bogart und John Huston, der mit dem Film zwei »Oscars« (Regie und Drehbuch) gewann; einen dritten »Oscar«, für die beste Nebenrolle, erhielt sein Vater Walter Huston.

Tre fratelli

(Drei Brüder)

Italien/Frankreich, 1981

R: Francesco Rosi; A: Tonino Guerra und Francesco Rosi in Anlehnung an eine Erzählung von Andrej Platonow; K: Pasqualino De Santis; D: Philippe Noiret, Michele Placido, Vittorio Mezzogiorno, Charles Vanel, Sara Tafuri, Andrea Ferreol, Marta Zoffoli

Zur Beerdigung ihrer Mutter kehren drei Brüder noch einmal auf den elterlichen Bauernhof zurück: der Arbeiter Nicola (M. P.), der mit Streiks die Gesellschaft verändern will, der Lehrer Rocco (V. M.), der sich um straffällige Jugendliche kümmert und die Utopie einer gewaltfreien Gesellschaft träumt, der Richter Raffaele (P. N.), der in ständiger Angst vor einem Attentat lebt und pragmatisch für den Bestand einer – wenn auch mit Mängeln behafteten – Demokratie arbeitet. Der Kontakt zum Vater (C. V.) ist gefühlvoll, aber doch lose; eine echte Beziehung zu dem alten Mann findet eigentlich nur Nicolas achtjährige Tochter (M. Z.). Es passiert nicht viel in diesem Film: Die Brüder gehen durchs Dorf, suchen vertraute Plätze auf, und Nicola besucht eine Jugendfreundin, die einen anderen Mann geheiratet hat. Wichtiger sind die Gespräche, Erinnerungen und Träume. Der Vater erinnert sich an das Glück

Tre fratelli

seiner Liebe und seiner Ehe; Nicola träumt von seiner geschiedenen Frau, Rocco von einem friedlichen Aufstand der Jugend, Raffaele von seiner Ermordung durch Mitglieder der Roten Brigaden. An der Beerdigung nimmt der Vater nicht teil. Die Brüder werden, nach einem Moment der Gemeinsamkeit in der Trauer, jeder in sein Leben zurückkehren.
Die Konstruktion der Handlung und das Ensemble der Protagonisten wirken auf den ersten Blick allzu schematisch. Aber Rosis insistierende Beschreibung bringt so viel wirkliches Leben in den Film ein, daß dieser Eindruck bald schwindet. Da wird die unendliche Einsamkeit des Vaters genauso unmittelbar im Bild deutlich wie die merkwürdige Irritation, die die Brüder bei der Begegnung mit den Stätten ihrer Jugend überfällt. Es gibt unendlich zarte und packende Szenen in der Begegnung zwischen Großvater und Enkelin. Da ist ferner eine Traumsequenz, die stilistisch völlig aus dem Rahmen fällt: Rocco träumt in einer Art Musical-Szene vor gemalten Kulissen, daß die Jugend die Welt von ihrem »Schmutz« (Waffen, Rauschgift, Geld) reinigt. Rosi hat erklärt, gerade diese Szene sei ihm so wichtig, daß Fragen des Stils hier zweitrangig für ihn seien.
Interessant ist auch, daß Rosi, der in früheren Filmen viel Verständnis für die aufgebracht hatte, die die Gesellschaft mit Gewalt verändern wollten, in diesem Film dem pragmatischen Richter die stärkste Position und die besten Argumente gegeben hat. Seine Erklärung in einem Interview: Wenn man jahrzehntelang auf einem bestimmten Weg vergeblich versucht habe, zum Ziel zu kommen, dann bestehe der begründete Verdacht, daß dieser Weg falsch sei.

Tretja Meschtschanskaja Ⓢ

(3. Meschtschansker Straße / Bett und Sofa / Liebe zu dritt / 3. Kleinbürgerstraße)

UdSSR, 1927

R: Abram Room; A: Wiktor Schklowski, Abram Room; K: Grigori Giber; D: Nikolai Batalow, Ludmilla Semjonowa, Wladimir Fogel

Ein Arbeiter (W. F.) kommt aus der Provinz nach Moskau. Da er keine Wohnung findet, übernachtet er bei einem Kriegskameraden (N. B.) auf dem Sofa. Die Hausfrau (L. S.) findet bald Gefallen an dem höflichen und rücksichtsvollen Mitbewohner. Als der Ehemann die Beziehung zwischen Frau und Freund entdeckt, verläßt er das Haus. Aber auch er findet keine Bleibe, kehrt zurück und übernachtet nun seinerseits auf dem Sofa. Der vorher rücksichtsvolle Hausfreund ändert sein Verhalten, sobald er zum Ehemann geworden ist, worauf die Frau zu ihrem ersten Mann zurückkehrt. Als sie ein Kind erwartet, leugnen beide Männer die Vaterschaft und wollen sie zu einer Abtreibung überreden. Enttäuscht verläßt daraufhin die Frau beide Männer.
Der Film erzählt seine Geschichte in einer Mischung aus Ernsthaftigkeit und Ironie, nimmt aber eindeutig Stellung gegen Theorien von der »freien Liebe«, die damals in der UdSSR vertreten wurden, und gegen die Überheblichkeit der Männer. Dabei beweist Room einen scharfen Blick für die Details des täglichen Lebens. So entstand hier ein unprätentiöses, überzeugendes Bild vom sowjetischen Alltag.

Tristana

(Tristana)

Spanien/Italien/Frankreich, 1970

R: Luis Buñuel; A: Luis Buñuel und Julio Alejandro nach einem Roman von Benito Pérez Galdós; K: José F. Aguayo; D: Cathérine Deneuve, Fernando Rey, Franco Nero

Die achtzehnjährige Tristana (C. D.) kommt als Waise in das Haus ihres rund vierzig Jahre älteren Vormunds Don Lope (F. R.), der ihr verfällt und sie dazu bringt, mit ihm zu schlafen. Aber bei einem Spaziergang lernt Tristana den Maler Horacio (F. N.) kennen, dem sie nach Madrid folgt. Dort erkrankt Tristana schwer und läßt sich zu Don Lope zurückbringen, der unterdessen eine Erbschaft gemacht hat und für sie sorgen kann, als ihr ein Bein amputiert werden muß. Tristana schickt den Maler fort und bleibt bei Don Lope. Auf Drängen des Pfarrers akzeptiert sie schließlich sogar eine Heirat. Doch während sich Don Lope am Ziel seiner Wünsche glaubt, verweigert sie sich ihm. Und als er in einer Winternacht schwer erkrankt, läßt sie ihn hilflos sterben. Sie öffnet das Fenster und atmet tief die frische Luft; Erinne-

rungsbilder dringen gleichsam durch das Fenster in den Raum.
Wieder zeigt Buñuel die Befreiung eines Menschen von Zwängen der Gesellschaft und der Überlieferung. Aber dieser Akt der Befreiung ist hier noch vieldeutiger als in seinen früheren Filmen: Don Lope ist Unterdrücker, aber auch Wohltäter Tristanas; sie kehrt freiwillig zu ihm zurück, als sie Hilfe braucht; ihre Flucht in die Freiheit zahlt sie mit ihrer »Unversehrtheit«; und der Akt der endgültigen Befreiung ist heimtückisch und brutal. Dazwischen gibt es in suggestiven Bildern typisch Buñuelsche Irritationen: Tristana sieht sich bedrängt von den erotischen Wünschen des taubstummen Sohns von Don Lopes Haushälterin, im Traum sieht sie den abgeschnittenen Kopf ihres Vormunds als Klöppel in einer Glocke usw. Ein faszinierendes Bild einer Welt, in der Zwänge und Bedrohungen direkt in den Bildern sichtbar werden.

Trotta

BRD, 1970

R: Johannes Schaaf; A: Johannes Schaaf und Maximilian Schell nach dem Roman *Die Kapuzinergruft* von Joseph Roth; K: Wolfgang Treu; D: András Bálint, Rosemarie Fendel, Doris Kunstmann, Elma Bulla, Heinrich Schweiger

1914. Unmittelbar vor dem Einrücken ins Feld heiratet der junge österreichische Baron Trotta (A. B.) die reiche Bürgerstochter Elisabeth Kovacs (D. K.). Aber noch in der Hochzeitsnacht verläßt ihn seine Frau, weil Trotta diese Nacht am Sterbebett seines treuen Dieners verbringt. Nach dem Krieg kommt Trotta in eine veränderte Welt zurück, in der er sich nicht zurechtfinden kann. Das Familienvermögen zerrinnt; ein Versuch, mit seinem Schwiegervater (H. S.) Geschäfte zu machen, scheitert. Seine Frau hat er als Gefährtin der emanzipierten Almarin (R. F.) wiedergefunden, von der sie eifersüchtig bewacht wird. So verbringt Trotta seine Tage ziellos mit Freunden im Café. Ein einziges Mal macht er einen Ansatz, sein Leben zu bewältigen: Zusammen mit seiner Mutter (E. B.) richtet er im Elternhaus eine Pension ein. Jetzt kehrt auch Elisabeth zu ihm zurück. Aber Trottas Interesse an der Pension, in der vornehmlich die Freunde herumlungern, ohne zu zahlen, erlischt bald. Er wird immer lethargischer. Und als Elisabeth ihn endgültig verläßt, um zu Almarin zurückzukehren, macht er keinen Versuch mehr, sie zu halten.
Schaaf hat seinen Film mit sehr viel Sinn für atmosphärische Details gestaltet. Der Untergang der Monarchie und der Abgesang eines Zeitalters vollziehen sich hier mehr in Stimmungen als in Aktionen. Der Regisseur versetzt sich dabei gleichsam in den Bewußtseinsstand Trottas und zeichnet seinen Niedergang, sein Versagen mit mitfühlender Sorgfalt, ohne sein Schicksal für aufdringliche ideologische Nutzanwendungen in Anspruch zu nehmen. So entstand ein durchaus »konventioneller« Film, der von Geschmack und sicherem Stilwillen geprägt ist. Ein Einzelgänger in der neueren Produktion der BRD, weder an den Experimenten der Jungen noch an den Spekulationen der Alten orientiert.

Le trou

(Das Loch)

Frankreich/Italien, 1959

R: Jacques Becker; A: Jacques Becker, José Giovanni und Jean Aurel nach einem Bericht von José Giovanni; K: Ghislain Cloquet; D: Jean Kéraudy, Michel Constantin, Philippe Leroy, Raymond Meunier, Mark Michel

Die Untersuchungshäftlinge Roland (J. K.), Monsignore (R. M.), Manu (P. L.) und Géo (M. C.) bereiten unter Leitung des erfahrenen Roland einen Ausbruch vor; sie wollen einen Gang aus der Zelle in die Freiheit graben. Als Gaspard (M. M.) zu ihnen in die Zelle gelegt wird, bleibt ihnen nichts anderes übrig, als ihn einzuweihen. Gaspard macht begeistert mit. Doch dann erfährt er bei einem Gespräch mit dem Gefängnisdirektor, daß seine Frau ihre Anklage auf vorsätzlichen Mordversuch gegen ihn zurückgezogen hat, daß er bald frei sein wird. Gaspard verrät seine Kameraden, die auf frischer Tat ertappt werden.
Becker verzichtet auf alle moralischen Aspekte. Sein Film ist auch keine Anklage gegen die Justiz oder den Strafvollzug. Er ist weniger als das und vielleicht mehr: Er zeigt, wie sich Gemeinschaften je nach den persönlichen Interessen bilden und auflösen. Und er demonstriert

The trouble with Harry

mit fanatischer Akribie den Einfallsreichtum, den der Mensch in einer scheinbar ausweglosen Situation entwickeln kann. Aus der Beschränktheit der Möglichkeiten, des Schauplatzes macht Becker ein Spiel von erstaunlicher Vielfalt, in dem Details – ein Hammerschlag, ein falsch angesetzter Meißel – ungeheuere Wichtigkeit erlangen können. Becker, der noch vor der Uraufführung dieses Films starb, drehte ihn mit Laien und erreichte durch seine präzise Regie gleichzeitig Virtuosität und Authentizität.
Der Film bezieht sich auf ein tatsächliches Geschehen, bei dem sein Hauptdarsteller Jean Kéraudy beteiligt war.

The trouble with Harry
(Immer Ärger mit Harry)

USA, 1956

R: Alfred Hitchcock; A: John Michael Hayes nach einem Roman von Jack Trevor; K: Robert Burks; D: Edmund Gwenn, John Forsythe, Shirley MacLaine, Mildred Natwick, Barry Macollum

Harry ist zu Beginn des Films bereits eine Leiche, die still im Walde liegt. Und just das bringt den Ärger. Dort nämlich entdeckt der pensionierte Kapitän Wiles (E. G.) Harry und hält ihn für das Opfer seiner schwachen Schießkünste bei der Kaninchenjagd. Auch die ältliche Miss Gravely (M. N.) fühlt sich schuldig, weil sie zu Harrys Lebzeiten ihre Unschuld mit einem Nagelschuh gegen ihn verteidigt hat. Selbst der Maler Sam (J. F.) kann nicht umhin zu argwöhnen, er könne vielleicht Harrys Tod fahrlässig verschuldet haben. Und schließlich macht sich auch Jennifer Rogers (S. ML.) Vorwürfe; denn Harry war einmal ihr Mann, und als er sie jetzt besucht hatte, hatte sie ihm bei seinem Abgang eine gefüllte Milchflasche nachgeworfen. Die potentiellen Totschläger versuchen unabhängig voneinander, Harry zu beseitigen; aber auf überraschende Weise taucht er immer wieder auf. Als sich schließlich auch die Polizei einschaltet, weil man Harrys Schuhe an den Füßen eines Landstreichers (B. M.) gefunden hat, wird Harry in Mrs. Rogers Haus geschafft und zur Klärung des Sachverhaltes dem Hausarzt präsentiert. Der stellt als Todesursache Herzschlag fest, und erleichtert bringen die nunmehr Verschworenen Harry in den Wald zurück, wo ihn nun ganz offiziell die Polizei finden soll. Und erleichterten Herzens können jetzt Harrys gar nicht sonderlich traurige Witwe und der Maler sich einander zuwenden ...
Hitchcock hat diese makabre Komödie in einer farbenprächtigen Herbstlandschaft realisiert; und es gelingt ihm dabei, »Harry« allmählich in die Idylle zu integrieren, sein Spiel mit dem Entsetzen so zu treiben, daß beim Zuschauer kein Entsetzen, sondern Verblüffung und Spannung aufkommen. Hitchcock selbst zählt *The trouble with Harry* zu seinen Lieblingsfilmen und meinte, dies sei seine Art des Humors.

Tschapajew
(Tschapajew)

UdSSR, 1933/34

R: Sergej Wassiljew, Georgi Wassiljew; A: Sergej Wassiljew und Georgi Wassiljew nach einem Roman von Dmitri Furmanow und einem Drehbuchentwurf von Anna Furmanowa; K: Alexander Sigajew, Alexander Xenofontow; D:

Boris Babotschkin, Boris Blinow, Illarion Pewzow, Warwara Mjasnikowa, Leonid Kmit

Der Film entstand in Anlehnung an die Erlebnisse des legendären Bürgerkriegskämpfers Tschapajew. Tschapajew (B. Ba.) kämpft im Ural erfolgreich gegen die Truppen des Obersten Borosdin (I. P.). Aber seine »Armee« ist in Wirklichkeit ein disziplinloser Haufen, so daß die Partei den Kommissar Furmanow (B. Bl.) entsendet, der für Ordnung sorgen soll. Nach anfänglichem Mißtrauen werden beide Männer Freunde; und gemeinsam gelingt es ihnen, dem Feind empfindliche Verluste zuzufügen. Furmanow wird versetzt; Weißgardisten überfallen Tschapajews Stabsquartier und töten den Kommandeur. Doch seine Truppen vernichten die Angreifer.

Ein handlungsreicher Film, der sich weniger um neue Wege der Filmkunst als vielmehr um kräftige Wirkungen bemühte. Tempo, Aktion und Optimismus bestimmen seinen Stil. Neben der liebevoll ausgemalten Gestalt seines Helden zeichnet er eine Vielzahl lebendiger und oft auch humorvoller Randfiguren, wie die Partisanin Anna (W. M.), die sich zunächst von dem jungen Petka (L. K.) die Handhabung der Waffe erklären lassen muß und später mit ihrem Maschinengewehr dazu beiträgt, einen feindlichen Angriff zu stoppen.

Stalin lobte den Film der beiden Wassiljews, die übrigens nicht miteinander verwandt waren, die Bezeichnung »Gebrüder Wassiljew« später aber als eine Art »Gütemarke« benutzten. Sein Lob verschaffte dem Film große Publizität. Für Béla Balázs machte der Film die Idee der kommunistischen Partei sichtbar. Und Dowschenko sagte: »Als ich den Film *Tschapajew* sah, wurde ich – genau wie das ganze Land – durch diesen Film tief erschüttert.«

Tschelowek s ruschjom

(Der Mann mit dem Gewehr)

UdSSR, 1938

R: Sergej Jutkewitsch; A: Nikolai Pogodin nach seinem gleichnamigen Bühnenstück; K: Joseph Martow; D: Boris Tenin, Maxim Schtrauch, Michail Gelowani, Nikolai Tscherkassow, S. Fjodorowa

Tschelowek s ruschjom (l.: Boris Tenin)

Rußland 1917. In einem Erdbunker diskutieren einige Soldaten über den Krieg und über die »neuen Lehren« Lenins. Vieles bleibt ihnen unklar, und sie beschließen, den Soldaten Iwan Schadrin (B. T.) als Delegierten zu Lenin zu schicken. Schadrin kommt nach Petrograd, als die Oktoberrevolution kurz bevorsteht. Er trifft seine Schwester (S. F.), die als Dienstmädchen für die Bourgeoisie arbeitet, und gelangt in das Zentrum der Revolutionsvorbereitung, in das Smolni-Institut. Hier gerät er zunächst in den Verdacht, ein Provokateur zu sein; aber hier kann er schließlich auch mit Lenin (M. S.) sprechen – freilich ohne ihn zu erkennen, da er noch nie ein Bild Lenins gesehen hat. Lenin überzeugt ihn, daß man jetzt das Gewehr nicht fortwerfen darf, daß man für das Rußland der Arbeiter und Bauern kämpfen muß.

Thematisch ein typischer Film der dreißiger Jahre. Gezeigt wird die Geschichte einer politischen Bewußtwerdung, gleichsam die »Geburt« eines positiven Helden. Aber Jutkewitsch hat dieses Schema durch seine sensible Gestaltung weitgehend aufgebrochen, hat die Entwicklung psychologisch abgesichert und glaubwürdig gemacht. Im Original taucht auch Stalin (M. G.) ausgiebig auf; diese Szenen wurden nach dem XX. Parteitag entfernt.

Tschistoje nebo
(Klarer Himmel)

UdSSR, 1960

R: Grigori Tschuchrai; A: Daniel Chrabrowizki; K: Sergej Polujanow; D: Jewgeni Urbanski, Nina Drobyschewa

Durch einen Zufall lernt das Mädchen Sascha (N. D.) den berühmten Testflieger Alexej Astachow (J. U.) kennen. Wenig später bricht der Krieg aus. Astachow zeichnet sich mehrfach aus; aber schließlich kommt die Nachricht, daß er gefallen ist und daß man den Toten zum »Helden der Sowjetunion« ernannt hat. Aber Sascha gibt die Hoffnung nicht auf. Sie bringt Astachows Kind zur Welt und wartet auf seine Rückkehr. Tatsächlich kommt Astachow eines Tages – als gebrochener Mann. Zerbrochen hat ihn nicht so sehr die Gefangenschaft als das Mißtrauen in der Heimat, wo man ihn zum Verräter gestempelt hat, weil er sich hat gefangennehmen lassen. Sein Ehrentitel wird ihm aberkannt, seine Parteimitgliedschaft nicht erneuert; der erfahrene Flieger muß als ungelernter Arbeiter sein Brot verdienen. Und die Kollegen meiden den Verfemten. Astachow beginnt zu trinken. Doch eines Tages stirbt Stalin; und jetzt wird auch Astachow rehabilitiert.
In der Originalfassung des Films gab es eine Rahmenhandlung, die diese Geschichte als Erinnerung ausweist und ganz deutlich macht, daß Astachow auch wieder als Testpilot arbeitet. In der Bundesrepublik wurde diese Rahmenhandlung vom Verleih geschnitten.
Beeindruckend ist weniger die (konventionelle) Form des Films als vielmehr sein klares politisches Engagement. Stalin wird zum Symbol der Unterdrückung, aber er erscheint nicht als der einzige Schuldige. Im Verfahren gegen Astachow sitzen die Funktionäre servil unter einem riesigen Standbild Stalins; die vielgepriesene »sozialistische Volksgemeinschaft« versagt völlig, denn Astachows Kollegen erweisen sich als feige Konformisten. Viel zitiert wurde die künstlerisch umstrittene »Tauwetter-Montage«, die die Wandlung nach Stalins Tod mit Bildern von der Schneeschmelze und vom Frühling symbolisiert.

Twelve angry men
(Die zwölf Geschworenen)

USA, 1957

R: Sidney Lumet; A: Reginald Rose nach seinem gleichnamigen Fernsehspiel; K: Boris Kaufman; D: Henry Fonda, Lee J. Cobb, E. G. Marshall

Zwölf Geschworene beraten über den Schuldspruch für einen Angeklagten, der des Mordes an seinem Vater angeklagt ist. Nach amerikanischem Recht muß ihr Spruch einstimmig gefällt werden. Der Fall scheint klar. Doch bei der Abstimmung stimmen nur elf Männer für »schuldig«. Der Geschworene Nr. 8 (H. F.) hat Zweifel. Er ist nicht etwa von der Unschuld des Angeklagten überzeugt, aber er mag sie nicht ausschließen. In der anschließenden Diskussion werden immer mehr Geschworene unsicher an ihrem ersten Urteil. Schließlich stimmt nur noch ein Geschworener (L. J. C.) für »schuldig«. Bei einem erbitterten Wortgefecht verliert er die Nerven, enthüllt in einem großen Ausbruch die Konflikte, die er selbst mit seinem Sohn hat, und bricht dann mit den Worten »nicht schuldig« weinend zusammen.
Ein Dialogstück, das fast ausschließlich in einer Dekoration spielt, das aber von Regie und Kamera geschickt aufgelöst wurde, so daß der Eindruck der Eintönigkeit niemals entsteht. Hinzu kommen gute darstellerische Leistungen eines ausgewogenen Ensembles.

Two tars Ⓢ
(Zwei Matrosen)

USA, 1928

R: James Parrott; A: Leo Mc Carey; K: George Stevens; D: Stan Laurel, Oliver Hardy

Zwei Matrosen (S. L., O. H.) haben beim Landgang zwei Mädchen kennengelernt. Um

Two tars (r. neben Auto: Oliver Hardy, Stan Laurel)

den Damen zu imponieren, leihen sie sich ein Auto und machen eine Spazierfahrt. Leider verursachen sie dabei eine Verkehrsstockung. Es gibt Streit mit dem Fahrer des Wagens, den sie behindert haben, wobei die Streithähne sich gegenseitig voller Empörung die Wagentüren abreißen. Der Streit greift auf die Fahrer der anderen Wagen über, die in langer Reihe warten müssen. Sie werden allesamt von Zerstörungswut ergriffen und demolieren sich lustvoll gegenseitig die Fahrzeuge. Schließlich fahren die Matrosen weiter, und die ganze Kolonne folgt ihnen. Sie kommen vom Weg ab und fahren in einen Eisenbahntunnel. Plötzlich sieht man sämtliche Wagen rückwärts wieder aus dem Tunnel herauskommen; den Schluß bildet der Wagen der beiden Matrosen – von einer Lokomotive wie eine Ziehharmonika zusammengequetscht.
Ein beliebtes Thema bei Laurel und Hardy: die Eskalation der Zerstörung. Sie variierten es ein Jahr später meisterhaft in ihrem Film *Big business*. Hier zerflattert es noch ein wenig durch die Beteiligung allzuvieler Personen. Außerdem wirkt der Schlußgag ein wenig aufgesetzt.

2001: A space odyssey
(2001: Odyssee im Weltraum)

England/USA, 1965–68

R: Stanley Kubrick; A: Stanley Kubrick und Arthur C. Clarke nach der Kurzgeschichte *The sentinel* von Arthur C. Clarke; K: Geoffrey Unsworth; D: Keir Dullea, Gary Lockwood, William Sylvester

Der Film beginnt mit der »Morgendämmerung der Menschheit«. Ein Affenrudel hockt um ein Wasserloch; ein merkwürdig schillernder Monolith kommt ins Bild, bei dessen Anblick einer der Affen die Möglichkeit entdeckt, einen Knochen als Keule zu benutzen. Triumphierend wirft er sein Werkzeug in die Luft; es wird überblendet auf ein Raumschiff. Das Jahr 2001. Auf dem Mond hat man einen Monolithen gefunden, wie er im Vorspiel auftauchte. Aber man hat auch entdeckt, daß er Strahlen aussendet, daß er offenbar eine »Beobachtungsstation« ist. Ein Raumschiff soll die Empfänger im Bereich des Jupiter lokalisieren. An Bord des Schiffes befinden sich die Astronauten Bowman (K. D.) und Poole (G. L.), drei in Tiefschlaf versetzte Wissenschaftler und der Computer H. A. L. 9000. Als der Computer nach einem von ihm gemachten Fehler abgeschaltet werden soll, reagiert er menschlich. Er unterbricht die Energiezufuhr für die Wissenschaftler, schneidet Poole die Luftzufuhr ab, als er sich auf einer Erkundung im Weltraum befindet, und sperrt Bowman, der Poole retten will, aus. Bowman kann jedoch an Bord zurückkehren und den Computer abschalten. Führerlos rast das Raumschiff in den Weltraum. Überraschend endet die Fahrt in einem Raum mit Louis-XVI-Möbeln. Bowman sieht sich selbst sterbend als Greis in einem Bett, an dessen Fußende ein Monolith liegt. Er berührt ihn, wird neu geboren und kehrt als Embryo in den Weltraum zurück.

Der Film entstand nach einer Kurzgeschichte, die nur ein rundes Dutzend Seiten umfaßt. Kubrick machte daraus einen 140-Minuten-Film im 70-mm-Format. Aber nicht der riesige Aufwand und die brillante Tricktechnik allein machen diesen Film sehenswert. Bemerkenswert ist vor allem der Blickwinkel der Regie, die sich nicht in technischen Spielereien verliert. Kubrick zeigt im Vorspiel die Entwicklungsgeschichte der Menschheit, den Moment der Bewußtwerdung, des ersten Denkprozesses. Er gestaltet einen Mittelteil, der am ehesten den üblichen Science-fiction-Filmen ähnelt. Und er bietet einen Schluß, der einerseits in der farblich hervorragenden Reise durchs All echte und eigenständige psychedelische Kunst bietet, der darüber hinaus in der vieldeutigen Schlußszene anzudeuten scheint, daß es für die menschliche Intelligenz eine Grenze gibt.

Tystnaden (Ingrid Thulin, Gunnel Lindblom)

Tystnaden

(Das Schweigen)

Schweden, 1963

R: Ingmar Bergman; A: Ingmar Bergman; K: Sven Nykvist; D: Ingrid Thulin, Gunnel Lindblom, Håkan Jahnberg, Birger Malmsten, Jörgen Lindström

Ester (I. T.), ihre Schwester Anna (G. L.) und Annas neunjähriger Sohn Johan (J. L.) werden auf einer Reise in die Heimat durch einen Zusammenbruch der lungenkranken Ester in einer fremden Stadt festgehalten, in der die Menschen eine unverständliche Sprache sprechen. Sie nehmen Zimmer in einem Hotel, in dem außer ihnen offenbar nur eine Artistentruppe, Liliputaner, wohnt. Es kommt zu Auseinandersetzungen zwischen Anna und Ester, die von Anna anscheinend mehr als nur schwesterliche Liebe erwartet. Während Ester mit Johan im Hotel zurückbleibt und von einem seltsamen alten Kellner (H. J.) umsorgt wird, geht Anna aus. Nach ihrer Rückkehr berichtet sie der Schwester mit brutaler Deutlichkeit, was sie an

diesem Nachmittag erlebt hat: Sie hat sich einem Mann (B. M.) hingegeben, der sie stumm umworben hat. Dann trifft Anna sich mit diesem Mann in einem leeren Zimmer des Hotels. Ester kommt hinzu und will die Schwester zurückhalten. Wieder kommt es zu einem Streit. Als Anna am anderen Morgen die Schwester zusammengebrochen vor der Tür findet, reist sie mit ihrem Sohn überstürzt ab. Zum Abschied schreibt Ester dem kleinen Johan ein paar Wörter der fremden Sprache auf einen Zettel und sagt: »Du wirst verstehen!« Aber es bleibt offen, ob sich die Hoffnung erfüllt.
In dem Film *Nattvardsgästerna* spricht an einer entscheidenden Stelle der Kirchendiener zu dem Pastor Thomas Ericsson über das Leiden Christi. Er sagt: »Kurz bevor Christus starb, wurde er von furchtbaren Zweifeln gepackt. Pastor, das muß doch wohl der Augenblick gewesen sein, in dem er am meisten gelitten hat, ich meine – durch Gottes Schweigen!« Man kann Bergmans nächsten Film sicher im Zusammenhang mit diesem Zitat sehen. In *Tystnaden* stürzt das Schweigen Gottes die Schwestern Ester und Anna in eine Hölle der Verzweiflung. Und sowenig Ester durch die Einsicht in ihre Lage der Angst entrinnen kann, sowenig kann Anna durch die Lust die Verzweiflung überwinden. Allein Johan verkörpert ein wenig Hoffnung und verheißt vielleicht – wie sein Namensvetter Johannes der Täufer – eine neue Erlösung.
Aber diese Andeutungen und Bezüge bleiben vieldeutig – genauso wie die Rolle der Liliputaner, wie die Panzer auf der nächtlichen Straße, wie die gesamte Atmosphäre lauernder Gefahr, die Bergman durch schmucklose Bilder evoziert. So geriet *Tystnaden* wie kaum ein Film zuvor in den Widerstreit der Meinungen. Für die meisten Kritiker war der Film die erschütternde Vision einer Welt ohne Gott; andere sahen in ihm nur scheinbaren Tiefsinn, eine Inflation der Symbole. Besonders heftig war die Reaktion auf einige Szenen sexuellen Inhalts. Als »Spekulation« und als »nicht beschreibbar« erschienen sie damals einem der Gegner des Films, »wie Peitschenhiebe der Flagellanten« einem seiner Verteidiger. *Tystnaden* ist der dritte Teil einer Art Trilogie, zu der die Filme *Såsom i en spegel* und *Nattvardsgästerna* gehören.

U

Uccellacci e uccellini

(Große Vögel, kleine Vögel)

Italien, 1966

R: Pier Paolo Pasolini; A: Pier Paolo Pasolini; K: Mario Bernardo, Tonino Delli Colli; D: Totó, Ninetto Davoli, Femi Benussi

Ein Mann (T.) und sein Sohn (N. D.) befinden sich auf einer Wanderschaft, begegnen absonderlichen Menschen und bestehen seltsame Abenteuer. Da gesellt sich ein sprechender Rabe zu ihnen, der sie über ihre Situation aufklären möchte. Der Rabe erzählt ihnen schließlich eine Geschichte. In dieser Geschichte werden Vater und Sohn in Gestalt demütiger Mönche in das Jahr 1200 versetzt. Sie lauschen den Worten des heiligen Franziskus, der ihnen aufträgt, die Sprache der Vögel zu lernen und den Tieren die

Uccellacci e uccellini (Totó, Ninetto Davoli)

Liebe zu predigen. Nach jahrelangen Bemühungen hat Bruder Ciccillo (T.) diese schwere Aufgabe gelöst. Jubelnd predigt er den Falken und den Spatzen; aber anschließend stürzen sich die Falken schnurstracks auf die Spatzen, um sie aufzufressen. Bruder Ciccillo ist verzweifelt, doch der heilige Franziskus tröstet ihn. Man dürfe nicht aufgeben, eines Tages würden alle Geschöpfe den Anruf der Liebe verstehen. Zurück in der Gegenwart bestehen Vater und Sohn weitere Abenteuer, bei denen sie abwechselnd Jäger und Gejagte, Ausbeuter und Ausgebeutete sind. Sie begegnen dem Leichenzug Palmiro Togliattis, einer seltsamen Gesellschaft fahrender Schausteller und dem sehr entgegenkommenden Mädchen Luna (F. B.), mit dem sie sich nacheinander in einem Maisfeld vergnügen. Und immer gibt der Rabe seine klugen Kommentare, die den beiden schließlich so auf die Nerven gehen, daß sie dem Tier den Hals umdrehen, es braten und verzehren.

Wieder plädiert Pasolini mit christlichen und marxistischen Argumenten für den Menschen; seine Kronzeugen für soziale Gerechtigkeit sind dabei Franziskus und Togliatti. Und wieder artikuliert er sich nicht in langen Diskussionen, sondern unmittelbar in Bildern von poetischer Schönheit. Der seltsame Weg durch Zeit und Raum, den die beiden Helden zurücklegen, führt sie immer wieder in Situationen, in denen komplexe Probleme gleichsam auf Ur-Erfahrungen zurückgeführt werden, in denen knappe Anspielungen spielerisch auf vielfältige Probleme verweisen – etwa, wenn ausgebeutete Pächter chinesisch gekleidet sind, chinesisch sprechen und Vogelnester verzehren.

»Wer in diesen Film unter der Voraussetzung geht, Kino sei Erzählung und Prosa, versteht seinen Charakter nicht. Man muß ihn unter dem Aspekt anschauen, daß er einem Gedicht gleicht, bzw. ein Gedicht ist« (Alberto Moravia).

Ugetsu monogatari

(Erzählungen unter dem Regenmond)

Japan, 1953

R: Kenji Mizoguchi; A: Matsutaro Kawaguchi nach zwei Erzählungen von Akinari Ueda; K: Kazuo Miyagawa; D: Machiko Kyo, Mitsuko Mito, Kinuyo Tanaka, Masayuki Mori, Sakae Ozawa

Die Schwäger Genjuro (M. Mo.) und Tobei (S. O.) sind Bauern. Aber Tobei will Samurai werden. Er kauft sich eine Rüstung, und als er zufällig den Kopf eines toten Generals an sich bringt und sich als Sieger über diesen schrecklichen Gegner ausgibt, macht er schnell Karriere. Genjuro gerät in das Schloß der Prinzessin Wakasa (M. K.) und wird ihr Geliebter. Bei einem Besuch in der Stadt erfährt er jedoch, daß die Prinzessin ein Geist ist. Er kämpft gegen ihren Zauberbann und erwacht im Gras neben der verwitterten Ruine des Schlosses, in dem er mit Wakasa gewohnt hat. Unterdessen ist Genjuros Frau (K. T.) von Soldaten getötet und Tobeis Frau (M. Mi.) vergewaltigt worden. Sie geht in ein Bordell und trifft hier auf ihren Mann Tobei. Genjuro kehrt nach Haus zurück, wo seine Frau ihn erwartet und begrüßt. Erst am nächsten Morgen erfährt er, daß sie längst tot ist und daß ihm ein Geist erschienen ist. Tobei kehrt mit seiner Frau in die Heimat zurück.

Ein Film von der vergeblichen Jagd nach dem Glück, das weder auf dem Schlachtfeld noch im »Jenseits« zu finden ist. Mizoguchi erzählt seine Geschichte in poetischer Distanz, in langsamen, schwebenden Bildern. Er bevorzugt Totalen und Halbtotalen, lange Einstellungen und fließende Übergänge. Dadurch wird das phantastische Geschehen einerseits entrückt, gewinnt aber andererseits erstaunliche Intensität. Die Schrecken des Krieges, die etwa bei Kurosawa mit grellen Akzenten geschildert werden, erscheinen hier – nicht minder eindrucksvoll – als lähmende, entsetzliche Bedrohung. Ein Film, alles in allem, dessen Schönheit vor allem in seiner vollendeten Harmonie liegt.

Ukamau

(Ukamau)

Bolivien, 1965/66

R: Jorge Sanjinés; A: Jorge Sanjinés nach einer Idee von Oscar Soria; K: Hugo Roncal; D: Vicente Verneros Salinas, Benedicta Mendoza Huanca, Nestor Peredo

Andres Mayta (V. V. S.), ein armer Indio-Bauer vom Ufer des Titicaca-Sees, will sich aus der

Abhängigkeit von dem Zwischenhändler Rosendo Ramos (N. P.) lösen und seine Produkte selbst verkaufen. Deshalb fährt er eines Tages mit seinem Boot zum Markt. In seiner Abwesenheit kommt Ramos in sein Haus und versucht, mit Maytas hübscher Frau Sabina (B. M. H.) zu flirten. Sabina weist ihn zurück, es kommt zu einem Handgemenge, bei dem Sabina schwer verletzt wird. Ramos flieht. Andres findet seine Frau im Todeskampf, aber sie kann ihm noch den Namen des Täters nennen. Andres fürchtet, daß er vor einem Gericht kein Recht erhalten wird; deshalb erhebt er keine Anklage und führt sein Leben wie bisher. Ramos glaubt, daß niemand sein Geheimnis kennt. Doch als Ramos eines Tages über Land reitet, folgt Andres ihm zäh und geduldig. Auf einer weiten Hochebene stellt er den Mörder seiner Frau und tötet ihn im Kampf.
Ukamau – auf deutsch heißt dieses Indio-Wort: So ist es! – ist der erste bolivianische Spielfilm. Sein Regisseur war damals Direktor des Staatlichen Filminstituts; aber nach der Uraufführung dieses Films wurde er entlassen. Offenbar hatte man sich die Selbstdarstellung des Landes so nicht vorgestellt.
Sanjinés drehte seinen Film mit niedrigem Etat in den Indio-Dörfern am Titicaca-See mit Laien in den Hauptrollen. Der Film erzählt seine Geschichte geradlinig, realistisch. Er bezieht Landschaft und Milieu ein – aber nicht als exotisches Reizmittel. Und die barbarisch-primitiven Sitten und Gebräuche der Indios denunziert er klar als Fesseln, die die Entwicklung der einfachen und nicht nur durch ihre Unwissenheit rechtlosen Menschen verhindern.

Ugetsu monogatari (Masayuki Mori, Machiko Kyo)

Ukigusa

(Treibendes Schilf / Abschied in der Dämmerung)

Japan, 1959

R: Yasujiro Ozu; A: Kogo Noda, Yasujiro Ozu; K: Kazuo Miyagawa; D: Ganjiro Nakamura, Machiko Kyo, Haruko Sugimura, Hiroshi Kawaguchi, Ayako Wakao

Komajuro Arashi (G. N.), der Direktor einer kleinen Wanderbühne, gastiert mit seiner Truppe auf einer Insel im Süden Japans. Hier trifft er Oyoshi (H. S.), die vor Jahren einmal seine Frau war. Beide haben zusammen einen nunmehr erwachsenen Sohn (H. K.), der bei der Mutter wohnt und Arashi für seinen Onkel hält. Sumiko (M. K.), die jetzige Geliebte des Direktors und gleichzeitig der Star der Truppe, wird eifersüchtig. Sie veranlaßt ihre hübsche Kollegin Kayo (A. W.), Arashis Sohn den Kopf zu verdrehen; aber aus dem Spiel Kayos wird Ernst. Nach dem geschäftlichen Fiasko des Gastspiels muß Arashi seine Truppe auflösen. Er willigt ein, daß Kayo bei seinem Sohn bleibt. Sumiko zieht mit ihm weiter, um gemeinsam mit ihm ein neues Ensemble aufzubauen.
Ukigusa ist der einzige Film Ozus, der in der Bundesrepublik in die Kinos gekommen ist. Leider fehlten in der deutschen Fassung die »Bühnenszenen« des Originals, die für die Handlung und für den Rhythmus des Films wichtig sind. Auch der so verbliebene Torso allerdings nötigt Respekt und Bewunderung ab. Das Psychogramm eines alternden Mannes, der mit seinen Fehlern konfrontiert wird, sie er-

kennt – und gleichzeitig begreift, daß er nichts mehr ändern kann, ist von großer Intensität. Unter Verzicht auf alle »Kameraspiele«, auf Blenden und Montagen wird der Film hier in dem typischen, eigenwilligen Stil Ozus ganz auf das Bild reduziert. Die Kamera bleibt fast stets in »Augenhöhe«, das heißt in der Höhe, in der man sieht, wenn man auf traditionelle japanische Weise auf der Bastmatte sitzt. Aber dieser gleichbleibende Blickwinkel wirkt hier nicht starr, sondern zwingend und intensiv.
Ukigusa ist ein Remake des Films *Ukigusa monogatari* (Geschichte vom treibenden Schilf), den Ozu 1934 gedreht hatte.

Ulica graniczna
(Die Grenzstraße)

Polen, 1948

R: Aleksander Ford; A: Ludwik Starski, Aleksander Ford, Jan Fethke; K: Jarosław Tuzar, Robert Vyhlidki, Julian Appel; D: Maria Broniewska, Jurek Złotnicki, Władysław Godik, Jerzy Leszczyński, Władysław Walter, E. Kruk, Tadeusz Fijewski, Jerzy Pichelski

Polen im Sommer 1939. Spielgefährten und ihr Elternhaus werden vorgestellt: der unternehmungslustige Bronek (T. F.), Władek (E. K.), der Sohn eines antisemitischen Offiziers, Fredek, der hinterhältige Sohn des Kneipenbesitzers Kusmirek, der kleine David Libermann (J. Z.), sein Großvater (W. G.) und schließlich Hedwig (M. B.), die Tochter des wohlhabenden Arztes Dr. Bialek (J. L.). Krieg, Niederlage und Unterdrückung folgen. Libermann verbirgt Władeks Vater (J. P.), der dann aber doch von den Deutschen getötet wird. Die Libermanns müssen ins Ghetto und erhalten heimlich Hilfe von Bronek. Kusmirek kollaboriert mit den Deutschen und steckt seinen Sohn in die Hitlerjugend. Er entdeckt auch die jüdische Abstammung Dr. Bialeks und denunziert ihn, um seine Wohnung zu bekommen. Bialek stirbt im Ghetto. Der Aufstand im Ghetto beginnt. David und Hedwig fliehen durch die Kanalisation und werden von Bronek und Władek gerettet. Aber David kehrt ins Ghetto zurück, um mit seinen Brüdern zu kämpfen und zu sterben. Władek schenkt ihm die Pistole, die sein Vater ihm vor seinem Tod als Andenken gegeben hat.
Der Film zeigt eindringlich die Zerstörung einer friedlichen Lebensgemeinschaft durch den Krieg. Er verschweigt nicht die Risse in der polnischen Gesellschaft, den latenten Antisemitismus im Vorkriegspolen, die Bereitschaft zu Kollaboration. Władeks Geste am Schluß soll auch symbolische Verheißung für die Zukunft sein. Im Detail ist das eindrucksvoll und realistisch. Die Dramaturgie allerdings wirkt etwas gekünstelt. Und es gibt auch klischeehaft sentimentale Motive – so, wenn Hedwig den Hund eines SS-Mannes rettet und später von dem dankbaren Tier gleich zweimal gerettet wird.

Ultimo tango a Parigi
(Der letzte Tango in Paris)

Italien/Frankreich, 1972

R: Bernardo Bertolucci; A: Bernardo Bertolucci, Franco Arcalli; K: Vittorio Storaro; D: Marlon Brando, Maria Schneider, Jean-Pierre Léaud, Massimo Girotti

Der alternde amerikanische Hotelbesitzer Paul (M. B.) und die 19jährige Jeanne (M. S.) treffen sich zufällig in einer leeren, zur Vermietung ausgeschriebenen Wohnung. Fast übergangslos kommt es zu einem brutalen sexuellen Kontakt, dem sich beide rückhaltlos hingeben. Beiden ist klar, daß sie sich wieder hier treffen werden. Und auf Pauls Wunsch schließen sie eine Art Vertrag: Sie werden einander fremd bleiben, nichts über ihre Lebensumstände sagen, dem anderen nicht einmal den Namen nennen. So treffen sie sich immer wieder, ihre sexuellen Kontakte werden intensiver. Zwischendurch lebt jeder sein eigenes Leben: Paul sucht eine Erklärung für den Selbstmord seiner Frau, von dem man in Rückblenden erfährt. Jeanne trifft sich mit ihrem Verlobten Tom (J. P. L.), einem jungen Regisseur, der einen Cinéma-Verité-Film über sie drehen will. Doch dann bricht Paul die von ihm selbst vorgeschlagene Abmachung. Er beginnt, über sein Leben zu sprechen, seine privaten Probleme auszubreiten. Schließlich schlägt er Jeanne sogar vor, sie solle mit ihm ganz bürgerlich zusammenleben. Und nun erst scheint Jeanne ihn wirklich zu erken-

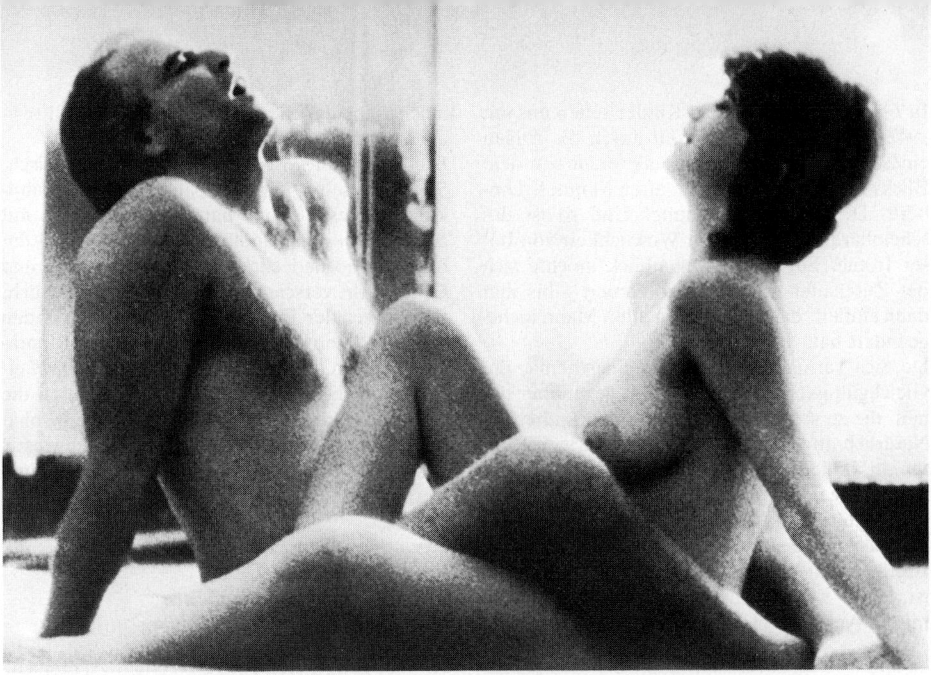

Ultimo tango a Parigi (Marlon Brando, Maria Schneider)

nen – einen alternden, gescheiterten Mann. Noch einmal haben sie einen gemeinsamen großen Auftritt mit einem obszönen Tangotanz in einem merkwürdig sterilen Tanzlokal; dann will Jeanne ihre Beziehung zu Paul lösen. Doch der gibt nicht auf und verfolgt sie bis in die Wohnung ihrer Mutter. Als er sich ihr nähern will, erschießt sie ihn.

Der Film errang einen Skandal-Erfolg wegen seiner erotischen Freizügigkeiten, doch er erschöpft sich nicht in diesem Bereich. Bertolucci gelingt vielmehr über weite Strecken die beklemmende Studie zweier Menschen, die aus der Welt, der Zeit, der Gesellschaft fliehen wollen, die sich auf den privatesten Bereich, den der Erotik, zurückzuziehen suchen und die selbst dort scheitern, weil sie zu einer echten Partnerschaft unfähig sind. Daß ihr Versuch keine Chancen hat, zeigt die lähmende Tristesse ihrer Begegnungen. Der Versuch scheitert endgültig, als Paul ihr Verhältnis »legitimieren« und damit den hoffnungslosen Traum in der Alltagswelt etablieren will. – Allerdings ist nicht zu übersehen, daß die grellen Effekte der erotischen Szenen sich stellenweise allzusehr in den Vordergrund schieben.

Umberto D.

(Umberto D.)

Italien, 1951

R: Vittorio De Sica; A: Cesare Zavattini, Vittorio De Sica; K: G. R. Aldo; D: Carlo Battisti, Maria Pia Casilio, Lina Gennari

Umberto D. (C. B.) ist ein pensionierter Beamter, dessen Ruhegeld nicht einmal für das Existenzminimum reicht. Er hat Mietschulden, und die Wirtin (L. G.) möchte ihn aus seinem ärmlichen Zimmer werfen. Nur zwei Freunde hat er: das Zimmermädchen (M. P. C.) in der Pension, das selbst genügend Sorgen hat, weil es ein Kind erwartet, und seinen Hund. Umberto kommt sogar auf die Idee zu betteln; aber er kann seinen Stolz nicht überwinden. Schließlich will er sich zusammen mit seinem Hund umbringen. Er stellt sich auf die Schienen; doch als der Zug heranbraust, springt der Hund jaulend von seinem Arm. Umberto D. läuft hinter dem Tier her und wird so gerettet. Aber der verängstigte Hund läuft vor ihm davon, und Umberto hat Mühe, das Vertrauen seines Freundes zurückzugewinnen. Als ihm das endlich gelingt, ist er glücklich.

In *I bambini ci guardano* (Kinder sehen uns an, 1942) hatte De Sica die Welt durch die Augen eines Kindes gesehen, hier zeigt er sie aus dem Blickwinkel eines einsamen alten Mannes. Umberto D. ist ohne Hoffnung. Und so ist das scheinbare Happy-End in Wirklichkeit von böser Ironie: Für einen Augenblick möchte sich der Zuschauer mit Umberto freuen – bis ihm dann einfällt, daß sich für den alten Mann nichts geändert hat.
De Sica variiert hier sein Lieblingsthema, die Gleichgültigkeit der Gesellschaft gegenüber denen, die zu schwach sind, sich selber zu helfen. Natürlich attackiert er auch die niedrigen Renten in Italien; aber genauso kritisiert er die mangelnde Hilfsbereitschaft der Umwelt, ihre oberflächliche Anteilnahme. Dabei verzeichnet De Sica mit fast pedantischem Realismus die Enttäuschungen, denen Umberto D. ausgesetzt ist; und er weckt damit ganz ohne Sentimentalität die Anteilnahme der Betrachter.

Underworld Ⓢ
(Unterwelt)

USA, 1927

R: Josef von Sternberg; A: Robert N. Lee und Charles Furthman nach einer Story von Ben Hecht; K: Bert Glennon; D: Clive Brook, Evelyn Brent, George Bancroft, Fred Kohler

Machtkämpfe zweier rivalisierender Gangster in Chicago. Auf der einen Seite stehen Bull Weed (G. B.), seine Geliebte, »Feathers« McCoy (E. B.), und der »Professor« (C. B.); ihr Gegenspieler ist Buck Mulligan (F. K.), den Bull schließlich in einem Anfall von Eifersucht niederschießt, weil er auf dem Ball der Ganoven »Feathers« zu nahe getreten ist. Für diese Tat kommt Bull ins Gefängnis. Ein Befreiungsversuch des »Professors« mißlingt. Aber Bull, der sich von allen verlassen glaubt, kann aus eigener Kraft ausbrechen. In seinem Schlupfwinkel wird er von der Polizei umstellt: und den Schlüssel zum getarnten Notausgang hat der »Professor«, der Bull im Vertrauen auf das Gelingen seines eigenen Befreiungsplanes am Bahnhof erwartet. Im letzten Augenblick kann er sich zu Bull durchschlagen und ihm den Schlüssel geben. Dann sinkt er ohnmächtig zusammen, und »Feathers« umarmt den Ohnmächtigen, den sie seit langem liebt. Bull resigniert und ergibt sich der Polizei.
Die Handlung ist reichlich melodramatisch. Sternberg selbst gestand später: »Um das Publikum zu besänftigen, hatte ich den Film mit allerlei Zwischenhandlungen versehen und dabei die moosbedeckten Themen von Liebe und Opfer nicht verschmäht.« Aber er meinte auch, für ihn sei der Film »ein Experiment mit den Möglichkeiten der Fotografie und der Montage« gewesen. Tatsächlich wurde *Underworld* einer seiner besten Filme – vor allem durch die plastische Milieuschilderung und die Atmosphäre düsterer Ausweglosigkeit, die er suggestiv beschwor. Er setzte Maßstäbe für den Gangsterfilm der dreißiger Jahre.

Die unendliche Geschichte

BRD, 1983

R: Wolfgang Petersen; A: Wolfgang Petersen, Herman Weigel und Robert Easton nach dem gleichnamigen Roman von Michael Ende; K: Jost Vacano, Franz Rath; D: Noah Hathaway, Barret Oliver, Tami Stronach, Moses Gunn, Patricia Hayes, Tilo Prückner

Der Film erzählt etwa die erste Hälfte des Romans von Michael Ende nach: die Geschichte des verträumten Jungen Bastian (B.O.), der sich vor dem Spott seiner Mitschüler gern in eine Phantasiewelt flüchtet und der eines Tages an ein magisches Buch gerät. Es berichtet die Geschichte des Landes Phantasien, das von einem tödlichen Unheil, vom alles zerfressenden Nichts bedroht wird. Schon ist die Kindliche Kaiserin (T.S.), die Herrscherin des Landes, schwer erkrankt; und nun ruhen alle Hoffnungen der skurrilen Wesen, die Phantasien bevölkern, auf Atrèju (N.H.), einem Jungen in Bastians Alter, der sich aufmacht, das Land zu retten. Atemlos verfolgt Bastian Atrèjus Abenteuer – seine Flucht vor dem Höllenhund Gmork, seine Begegnung mit der weisen Schildkröte Gmorla, seinen Kampf gegen den Sumpf der Hoffnungslosigkeit, seine Rettung durch den Glücksdrachen Fuchur. Und ungläubig verspürt Bastian, daß er selbst mehr und mehr in die Geschichte Atrèjus hineingezogen wird, daß am Ende er, Bastian, das Land Phantasien und die Kindliche Kaiserin retten kann, weil er einer

der wenigen Menschen ist, die sich zur Phantasie und zu ihren Träumen bekennen. So taucht er in die Geschichte ein und hilft, sie zu einem guten Ende zu bringen.
Rund 60 Millionen DM wurden hier investiert, um mit einer »europäischen Großproduktion« den übermächtigen Hollywood-Erzeugnissen Paroli bieten zu können. Das Ergebnis ist mehr als nur ein Erfolgsfilm aus der Retorte. Regisseur Petersen hat den Aufwand, die Tricks und die technische Perfektion nicht einfach zur Schau gestellt, er hat beides genutzt, um eine spannende Geschichte zu erzählen, um dem Zuschauer ein phantastisches Universum für seine eigenen Träume anzubieten. Im eher kargen Alltag der deutschen Filmproduktion war *Die unendliche Geschichte* ein bunter und belebender Akzent.
Der Autor Michael Ende hat sich von dem Film distanziert und seinen Namen zurückgezogen, weil er sein Buch auf der Leinwand nicht wiederfand. Sein Vorbehalt mag stimmen, doch ist die andere, die »Filmversion« seines Romans sicherlich auch aller Ehren wert.

Union Pacific

(Union Pacific / Die Frau gehört mir)

USA, 1938/39

R: Cecil B. DeMille; A: Jack Cunningham, Walter de Leon, C. Gardner Sullivan und Jesse Lasky jr. nach einer Erzählung von Ernest Haycox; K: Victor Milner, Dewey Wrigley; D: Joel McCrea, Barbara Stanwyck, Robert Preston, Brian Donlevy, Anthony Quinn

1862 wird der Bau der großen »Union-Pacific«-Eisenbahnlinie begonnen, die die Küsten der USA verbinden soll. Der Glücksritter Sid Campeau (B. D.) soll auf Betreiben eines Spekulanten die Arbeit verlangsamen. Campeau sucht in seiner Kneipe die Arbeitsmoral der Bautrupps zu beeinträchtigen und wiegelt sogar Indianerstämme zum Aufstand auf. Seine rechte Hand ist der leichtsinnige Dick Allen (R. P.), während Dicks Freund Jeff (J. MC.) von der Eisenbahngesellschaft angestellt wird, um für Ruhe und Ordnung zu sorgen. Als Jeff Dick zur Rechenschaft ziehen will, tritt die temperamentvolle Mollie (B. S.) dazwischen, in die Jeff sich verliebt hat. Mollie liebt ihn ebenfalls. Aber aus Trotz heiratet sie Dick, der bald darauf flüchten muß, weil ihm die Verhaftung droht. Am 10. Mai 1869 ist die Bahnlinie fertiggestellt. Doch Campeau hat seinen Gegenspieler nicht vergessen. Er will mit Jeff abrechnen, aber seine Kugel trifft Dick, der in Jeffs Armen stirbt und ihm seine Frau anvertraut.
Ein aufwendiges Gemälde, das seine Verwicklungen vor dem Hintergrund historischer Ereignisse ausbreitet und seiner Intrige recht geschickt Glaubwürdigkeit sichert, indem es diese mit belegbaren Fakten verbindet. Die besten Passagen sind zweifellos die, die sich direkt auf die Historie beziehen: die realistische Schilderung der gewaltigen Arbeit und der Arbeitsbedingungen jener Tage.

Unser täglich Brot

DDR, 1949

R: Slatan Dudow; A: Slatan Dudow, Hans Joachim Beyer, Ludwig Turek; K: Robert Baberske; D: Paul Bildt, Viktoria von Ballasko, Inge Landgut, Harry Hindemith, Paul Edwin Roth, Alfred Balthoff

Beim ehemaligen Kassenverwalter Webers (P. B.) und seiner zweiten Frau (V. v. B.) sind nach dem Krieg verschiedene Familienmitglieder untergeschlüpft, die auf ihre Weise den Kampf ums tägliche Brot angehen. Voller Mißtrauen sieht Vater Webers, wie sein Sohn Ernst (H. H.) die Fabrik, in der auch der Vater früher gearbeitet hat, auf genossenschaftlicher Basis wieder aufbauen will. Einleuchtender scheint dem Vater der Weg seines Lieblingssohnes Harry (P. E. R.), der auf zwielichtige Weise leichtes Geld zu verdienen sucht. Die Söhne verlassen das Haus, die Tochter Inge (I. L.) findet Arbeit in der Fabrik. Nachdenklich wird der Vater erstmals, als er hört, daß der Ingenieur Bergstetter (A. B.), ein Mann »aus seinen Kreisen«, den das Wohnungsamt in seine Wohnung eingewiesen hat, ebenfalls in der neuen Fabrik arbeitet. Als schließlich ein böser Zufall es will, daß ausgerechnet Vater Webers im Dunkeln von seinem heruntergekommenen Sohn Harry überfallen wird, da entscheidet er sich endgültig für die Fabrik und für die neue Zeit.
Der Film nimmt zu damals aktuellen Problemen und Fragen Stellung; er sollte offensichtlich die

Angehörigen des Bürgertums für den Sozialismus erwärmen. Dieses Ziel wird besonders in der schematischen Konstruktion des Drehbuchs allzu deutlich. Der Regie dagegen gelangen überzeugende Bilder vom Alltag jener Zeit.

Unter den Brücken

Deutschland, 1944

R: Helmut Käutner; A: Walter Ulbrich und Helmut Käutner; K: Igor Oberberg; D: Hannelore Schroth, Carl Raddatz, Gustav Knuth, Hildegard Knef

Hendrik (C. R.) und Willi (G. K.) sind Binnenschiffer – gleichzeitig Eigner und Mannschaft ihres Schleppkahns. Eines Abends sehen sie auf einer Brücke ein Mädchen, das sich offenbar in den Fluß stürzen will. Sie greifen entschlossen ein. Zwar wollte Anna (H. S.) nur einen Geldschein ins Wasser werfen, um damit eine bedrückende Erinnerung loszuwerden; aber die Bekanntschaft ist gemacht, und Anna läßt sich überreden, mit dem Kahn nach Berlin zu fahren, worauf beide Freunde sich alsbald in sie verlieben. Doch die Idylle zerbricht. Anna ist durch eine ungeschickte Bemerkung verletzt und geht von Bord. Die beiden Freunde schließen ein Abkommen: Wer Anna gewinnt, verliert seinen Anteil am Kahn. Siegesgewiß geht Willy an Land, während Hendrik allein weiterfährt. Willy kümmert sich rührend um Anna. Doch bald spürt er, daß Anna in Wirklichkeit Hendrik liebt; und nach kurzem Zögern teilt er das dem Freund auch mit. Das Abkommen wird leichten Herzens gebrochen: Anna, Hendrik und Willy werden künftig gemeinsam mit dem Kahn fahren.
In der Schlußphase des Krieges entstand dieser ganz private Film, wohl der beste, der im »Dritten Reich« gedreht wurde. Während man allenthalben die »Volksgemeinschaft« und den fanatischen Einsatz beschwor, drehte Käutner hier das Hohelied des ungebundenen Lebens, der zweckfreien Freundschaft und des privaten Glücks. Die Abwesenheit jeglicher Politik war hier zweifellos ein Politikum.
Käutners Film ist stark lyrisch gefärbt. Zwar hat er das Milieu realistisch gezeichnet; aber vor allem geht es ihm doch um die Atmosphäre, um Stimmungen, die er mit einer sehr einfühlsamen Kamera beschwor und durch Musik (Bernhard Eichhorn) und Geräusche geschickt verstärkte. Einzelne Sequenzen werden zu suggestiven Studien, die man »Abend am Fluß« oder »Nebel über dem Wasser« nennen könnte, die aber den balladenhaften Rhythmus des Films niemals stören. Denn Landschaft und Milieu sind letzten Endes wieder Spiegelbild der Stimmungen der Akteure; so wird eine banale Handlung schließlich zu einem sehr schönen, in sich geschlossenen Film.

Der Untertan

DDR, 1951

R: Wolfgang Staudte; A: Wolfgang Staudte und Fritz Staudte nach dem gleichnamigen Roman von Heinrich Mann; K: Robert Baberske; D: Werner Peters, Paul Esser, Renate Fischer, Sabine Thalbach, Friedrich Richter

Diederich Heßling, Sohn eines Papierfabrikanten, lernt schon in frühester Jugend die Bedeutung der Autorität kennen und dient ihr freudig als folgsamer Schüler und heimlicher Denunziant. Der Studiosus Heßling (W. P.) vervollkommnet sich als Korpsstudent in Chauvinismus und reaktionärem Denken. Er hat ersten Kontakt zum weiblichen Geschlecht, lehnt es aber ab, besagte Dame (S. T.) zu ehelichen, da ein deutscher Mann nur ein unberührtes Weib zum Traualtar führen kann. Nach dem Tod seines Vaters übernimmt er die Leitung der Fabrik und wird zum Herold der Reaktion in seiner Heimatstadt Netzig. Das bringt ihn u. a. in die Verlegenheit, in einem Prozeß wegen Majestätsbeleidigung gegen seinen Konkurrenten Lauer (F. R.) aussagen zu müssen. Diesmal scheint er zu weit gegangen zu sein; man schneidet ihn in der Stadt. Aber als Regierungspräsident von Wulkow (P. E.) sich demonstrativ auf seine Seite stellt und ihm auch Aufträge zuschanzt, ist er gerettet. Diederich wird Stadtverordneter, er heiratet die reiche Guste Daimchen (R. F.) und darf auf der Hochzeitsreise in Italien gar seinem Kaiser ins Auge sehen. Nach der Rückkehr forciert er den Bau eines Kaiserdenkmals in Netzig. Er soll auch die Festrede bei der Denkmalsenthüllung halten. Aber ein Wolkenbruch vertreibt die Festgäste; allein steht Diederich seinem bronzenen Kaiser gegenüber. Eine

Schlußmontage zeigt: Das Denkmal bleibt stehen, während die Zeiten wechseln und Netzig in Trümmer sinkt.
Eine entlarvende Charakterstudie, ein satirisches Porträt des Untertanen-Geistes. Staudte hat das nicht bieder als »Entwicklungsroman« dargeboten, sondern die pointierte Entlarvung mit filmischen Mitteln betrieben. Er hat Menschen und Situationen satirisch überzeichnet und durch raffinierte Montagen und Überblendungen Kontrastwirkungen erzielt. Die Kamera beobachtet die zechenden Studenten durch ihre Biergläser und verzerrt sie dadurch zu seltsamen Monstren, sie erhöht in Untersicht die Vertreter der Macht und läßt Diederich zum Wurm schrumpfen, wenn er devot neben dem Wagen des Kaisers einherläuft und dabei von oben herab beobachtet wird. Ein Schönheitsfehler des Films ist, daß dieser karikaturistischen Übersteigerung auf seiten der »Reaktionäre« bei den Arbeitern und Sozialdemokraten eine beinah pathetische Überhöhung gegenübersteht. Das stört die Einheit des Films.
Staudte schrieb das Drehbuch übrigens zusammen mit seinem Vater Fritz Staudte, der auch eine kleine Rolle (Amtsgerichtsrat Kühlemann) übernahm.

Utvandrarna
(Die Auswanderer / Emigranten)

Schweden, 1969–71

R: Jan Troell; A: Bengt Forslund und Jan Troell nach den Romanen *Bauern ziehen übers Meer* und *Neue Heimat im fernen Land* von Vilhelm Moberg; K: Jan Troell; D: Max von

Der Untertan (Werner Peters)

Utvandrarna (unten l.: Max von Sydow)

Sydow, Liv Ullmann, Eddie Axberg, Allan Edwall, Pierre Lindstedt, Monica Zetterlund

Schweden in der Mitte des vorigen Jahrhunderts. Karl Oskar Nilsson (M. v. S.) heiratet die junge Kristina (L. U.) und übernimmt von seinem Vater einen kleinen Bauernhof. Schon bald erweist sich, daß der karge Boden, Mißernten und die drückende Verschuldung es dem jungen Paar unmöglich machen, ein menschenwürdiges Dasein zu führen. Als die älteste Tochter in einem Hungerwinter stirbt, ist Karl Oskar bereit, einen neuen Anfang zu wagen. Den letzten Anstoß gibt ein Gespräch mit seinem Bruder Robert (E. A.), der als Knecht im Nachbardorf arbeitet und in seiner Kammer nachts bei Kerzenlicht wahre Wunderdinge vom »neuen Land« Amerika gelesen hat. Karl Oskar verkauft den Hof und macht sich mit seiner Familie auf den Weg übers Meer. Ihm schließen sich ein Nachbar, Roberts Freund Arvid (P. L.) und eine Gruppe religiöser Sektierer unter Führung von Kristinas Onkel Danjel (A. E.) an. Auf der Überfahrt an Bord eines kleinen Segelschiffes setzen Not und Entbehrung sich fort. Bei einem Sturm verwandelt sich das Zwischendeck in ein Chaos; widrige Winde verzögern die Fahrt, so daß die Verpflegung knapp wird. Hinzu kommen Reibereien innerhalb der Gruppe: Danjel gebärdet sich wie ein Prophet, Kristina legt sich mit der »bekehrten« Dorfhure Ulrika (M. Z.) an, deren »neuer Ehrbarkeit« sie mißtraut. Dann wird Kristina schwer krank. Doch sie überlebt, während Danjels Frau zu den acht Passagieren gehört, die auf der Reise sterben. Aber die Auswanderer gewinnen auch ein festes Ziel: Sie treffen ein altes Ehepaar, das seinem Sohn nachfolgt. Wo er wohnt, da wollen auch Karl Oskar und seine Freunde hinziehen – nach Minnesota. In New York erfahren sie, daß dieses Ziel noch fern ist. Mit dem Zug und dem Dampfboot geht es weiter nach Nordwesten, wobei der schwergeprüfte Danjel noch ein Kind durch die Cholera verliert. Endlich finden sie ihren Landsmann in einer ärmlichen Hütte; und Karl Oskar findet auch die Stelle, wo er sich eine neue Existenz aufbauen will.
Dieser zweiteilige Film war in den deutschen Kinos (um rund 40 Minuten gekürzt) in einem Teil unter dem Titel *Emigranten* zu sehen. Die originale Version wurde im Fernsehen gezeigt. Das weitere Schicksal der Auswanderer hat Troell in dem ebenfalls zweiteiligen Film *Nybyggarna* geschildert.

Troell erzählt die große Saga vom Elend der schwedischen Bauern und von ihrem Aufbruch in ein neues Land in epischer Breite und mit großer Ruhe. Er läßt sich Zeit für Details, für die sorgsame Schilderung von Einzelheiten, die in ihrer Gesamtheit aber immer wieder für den großen Handlungsbogen Bedeutung erlangen. Er zeigt Bilder von beeindruckender Schönheit, die aber ohne jedes Pathos sind und niemals Selbstzweck werden. Für ihn ist es wohl ein Teil seiner »optischen Redlichkeit«, wenn er zeigt, daß Elend auch in einer schönen Landschaft existieren kann, daß Stürme schön und mörderisch zugleich sein können. Schließlich hatte Troell eine Reihe vorzüglicher Darsteller zur Verfügung, die die schwerblütigen Protagonisten der Roman-Vorlage völlig glaubwürdig verkörpern.

V

Les vacances de Monsieur Hulot

(Die Ferien des Herrn Ülo / Die Ferien des Monsieur Hulot)

Frankreich, 1951

R: Jacques Tati; A: Jacques Tati, Henri Marquet; K: Jacques Mercanton, Jean Mousselle; D: Jacques Tati, Nathalie Pascaud, Valentine Camax, René Lacour

Hulot (J. T.), ein biederer Kleinbürger, fährt mit einem uralten Auto in die Bretagne, um am Meer den wohlverdienten Urlaub zu genießen. Er mietet sich in einer kleinen Pension ein, wirbt schüchtern um ein junges Mädchen (N. P.) und bemüht sich vor allem, sich beliebt zu machen und zur Unterhaltung der übrigen Gäste beizutragen. Aber alle Bemühungen des linkischen Hulot führen zu Verwirrungen, Mißverständnissen, wenn nicht gar Katastrophen. Schließlich entzündet er durch ein Mißgeschick sogar vorzeitig das große Feuerwerk. Unter schweigender Mißbilligung der übrigen Gäste verläßt er dann sein Ferienquartier; nur eine spleenige Engländerin (V. C.) und ein wackerer Schweizer (R. L.) wagen es, sich heimlich von dem Verfemten zu verabschieden.

Wie *Jour de fête* ist auch dieser Film Tatis eine Folge einfallsreicher Gags, die an einem dünnen Handlungsfaden lose aufgereiht sind. Daß der Film trotzdem nicht in einzelne Sketche zerfällt, verdankt er einer intelligenten Verknüpfung der einzelnen Pointen, die lange vorbereitet werden, nachwirken und sich gegenseitig bedingen. Es gibt da komplizierte Strukturen, wobei jeweils der krönende Abschluß eines Gags gleichzeitig wieder Vorbereitung und Ausgangspunkt für den nächsten ist. Vorzüglich ist auch der Tonstreifen des Films (den Tati 1961 noch einmal überarbeitete), bei dem die Geräusche genausoviel Gewicht haben wie der knappe Dialog. Die Hauptperson zum Beispiel, Monsieur Hulot, spricht in dem ganzen Film nur ein Wort: »Hulot«. Ansonsten teilt sich Tati durch Mimik und Gebärden hinreichend mit.

The vagabond Ⓢ

(Der Vagabund)

USA, 1916

R: Charles Chaplin; A: Charles Chaplin; K: William C. Foster, Rollie Totheroh; D: Charles Chaplin, Edna Purviance, Leo White, Charlotte Mineau

Charlie (C. C.) entdeckt neben einem Zigeunerwagen ein wunderschönes Mädchen (E. P.), das Kleider wäscht und von einer häßlichen alten Vettel (L. W.) herumkommandiert wird. Er will das Mädchen aufheitern und spielt ihm auf seiner Geige vor. Doch dann ziehen die Zigeuner weiter. Ohne Übergang sieht man eine weißhaarige Frau (C. M.) traurig das Bild eines Kindes betrachten. Charlie verfolgt die Zigeuner und entführt das Mädchen samt Zigeunerwagen, in dem dann beide glücklich leben. Vorübergehend gibt es Probleme, als ein Maler auftaucht und das Mädchen malt. Und dieses Bild führt schließlich auch zur Katastrophe. In einer Ausstellung erkennt die weißhaarige Dame auf dem Bild ihre verschwundene Tochter wieder. Vater und Mutter holen die verlorene Tochter in einem eleganten Auto ab; Charlie bleibt traurig allein. Doch plötzlich kommt der Wagen zurück, und Charlie wird auch mitgenommen.

Im Privatbesitz Chaplins gab es eine zweite Schlußversion. Charlie springt verzweifelt ins Wasser. Zwar rettet ihn eine alte Frau, aber als er ihr Gesicht gesehen hat, stürzt er sich endgültig in die Fluten.

The vagabond gehört zu den schönsten der frühen Chaplin-Filme. Der Rhythmus ist klar und übersichtlich; und besonders die Szenen vor dem Zigeunerwagen sind auch im Detail voller Einfallsreichtum. Nur der Schluß befriedigt eigentlich in beiden Fassungen nicht recht. Das Happy-End dürfte eine Konzession an das Publikum sein, und der Selbstmord überzieht die Pointe ein wenig. Später hätte Chaplin den Film vermutlich mit der Einstellung enden lassen, wie der Vagabund einsam dem davonfahrenden Wagen nachsieht.

Valahol Európában

(Irgendwo in Europa)

Ungarn, 1947

R: Géza Radványi; A: Géza Radványi, Béla Balázs; K: Barnabás Hegyi; D: Arthur Somlay, Miklós Gábor, Zsuzsa Bánki, Ladislas Horváth

Eltern- und heimatlose Kinder schließen sich unmittelbar nach dem Krieg zu einer »Bande« zusammen und ziehen stehlend durch das Land. Sie kommen zu einer halbverfallenen Burg, in der ein Komponist (A. S.) Schutz vor dem Lärm des Krieges gesucht hat. Nach anfänglicher Aggression finden sie unter seiner Anleitung allmählich zu Arbeit und Disziplin zurück. Doch noch fahndet die Polizei nach ihnen. Polizisten verhaften drei Jungen, in denen sie Mitglieder der Bande vermuten, und verhören sie brutal. Die Bande zieht aus und befreit die Jungen. Dann wird die Burgruine befestigt und verteidigungsbereit gemacht. Beim Kampf mit den Polizisten wird der kleine Kuksi (L. H.) schwer verletzt; um seine ärztliche Versorgung zu sichern, »ergeben« sich die Kinder. Der Verwundete stirbt trotzdem. In einer Gerichtsverhandlung gegen die Bande stellt der Richter fest, daß nicht die Kinder, sondern die Erwachsenen schuldig sind. Er spricht sie frei und überläßt ihnen sogar die Ruine für ein neues, normales Leben.

Der erste große Nachkriegserfolg des ungarischen Films. Der Film ist überzeugend in all den Teilen, die die Welt der Kinder zeigen und die sich auf einen nüchternen Reportagestil beschränken. Eindrucksvoll ist besonders der Anfang, wenn in einer stummen Montage aus zerstörten Häusern, aus Kellerlöchern und den Trümmern eines Vernichtungstransportes die Kinder hervorkriechen und sich zusammenfinden. Ihre »Vergangenheitslosigkeit« ist eines der Kunstmittel des Films. Weniger überzeugend ist die Welt der Erwachsenen geraten. Die Gestalt des Komponisten z. B. ist allzu naiv allegorisch gezeichnet, und das Leben in der Burg symbolisiert einen recht romantischen Freiheitsbegriff. Das Vorbild, Nikolai Ekks *Putjowka w schisn*, ist deutlich spürbar, wird aber nicht erreicht.

Valparaiso mi amor
(Die Kinder von Valparaiso)

Chile, 1969

R: Aldo Francia; A: Aldo Francia, José Román; K: Diego Bonacina; D: Hugo Cárcamo, Sara Astica, Rigoberto Rojo, Liliana Cabrera, Pedro Manuel Alvarez, Marcelo

Mario (H. C.) ist Witwer mit vier Kindern. Er lebt mit der Waschfrau Maria (S. A.) zusammen. Nachdem Mario seine Arbeit verloren hat, wird er zum Viehdieb, um seine Familie ernähren zu können. Er wird ertappt und zu fünf Jahren Gefängnis verurteilt. Zwar sorgt Maria, die ein Kind von ihm erwartet, in seiner Abwesenheit für die Kinder. Aber sie kann nicht verhindern, daß Marcelo (M.) an den Folgen unzureichender ärztlicher Versorgung stirbt, daß Ricardo (R. R.) von einem Ganoven als Helfershelfer angelernt wird, daß sich Antonia (L. C.) zur Prostitution verführen läßt und Chirigua (P. M. A.) zum Dieb wird.
Der Kinderarzt Francia drehte seinen ersten abendfüllenden Spielfilm nach einer tatsächlichen Begebenheit überwiegend mit Laiendarstellern in den Armenvierteln von Valparaiso. In Thema und Form sind Anklänge an den italienischen Neorealismus spürbar. Francia sagte: »Der chilenische Film muß zum soziologischen und ökonomischen Fortschritt des Landes beitragen. Vor allem: Er muß die chilenische Wirklichkeit zeigen. Es wäre absurd, hier das Gleiche wie in Europa versuchen zu wollen, das gleiche Kino der ›Inkommunikation‹ wie in diesen überentwickelten Ländern, wo der soziale und wirtschaftliche Fortschritt zu einer Deshumanisierung, zum Fehlen vitaler Gefühle führt.«

Il vangelo secondo Matteo
(Das erste Evangelium – Matthäus)

Italien, 1964

R: Pier Paolo Pasolini; A: Pier Paolo Pasolini nach dem Matthäus-Evangelium; K: Tonino Delli Colli; D: Enrique Irazoqui, Margherita Caruso, Susanna Pasolini

Das Leben Jesu Christi (E. I.) von der Geburt bis zur Auferstehung.

Ein Kritiker-Bonmot zu diesem Film ist viel zitiert worden: Dies sei der beste aller mißlungenen Christus-Filme. Gemessen an seinen Absichten und seinem Anspruch allerdings, ist dieser Film kaum mißlungen. Pasolini hat sich streng an den Text des Evangeliums gehalten; aber er hat dabei in Auswahl und Gestaltung natürlich Akzente gesetzt. Er zeichnet das Bild eines strengen, kämpferischen Christus, der Nächstenliebe und soziales Engagement predigt. Das hat von vornherein süßliche Verzeichnung ausgeschlossen. Es gibt keine gefällige Aufbereitung, nicht das abgenutzte dramaturgische Konzept, das Leben Christi im Schicksal seiner Zeitgenossen zu spiegeln. Hier stehen – ganz sinnfällig – stets Christus und sein Anspruch im Mittelpunkt des Films.
Den sozialen Aspekt seines Films betont Pasolini auch dadurch, daß er ihn in einem unterentwickelten Gebiet Süditaliens drehte, daß er die Kreuzigung mit einem russischen Revolutionslied unterlegte.
»Der besondere Wert des Matthäus-Evangeliums für unsere Zeit beruht darauf, daß es ein Beispiel großer Strenge und absoluter Kompromißlosigkeit darstellt, ohne aber je moralisierend zu wirken« (Pier Paolo Pasolini).

Vanina Ⓢ

Deutschland, 1922

R: Arthur von Gerlach; A: Carl Mayer nach Motiven der Novelle *Vanina Vanini* von Stendhal; K: Frederik Fuglsang; D: Asta Nielsen, Paul Wegener, Paul Hartmann

Vanina (A. N.), Tochter eines Generals (P. W.), verliebt sich in einen Revolutionär (P. H.). Der Geliebte wird verhaftet und in das Gefängnis gebracht, dessen Kommandant Vaninas Vater ist. Als der durch Kriegsverletzungen verkrüppelte Vater sich weigert, dem Gefangenen die Flucht zu ermöglichen, entreißt Vanina ihm seine Krücken und fälscht vor den Augen des Hilflosen eine Entlassungsurkunde für den Geliebten. Aber dem Vater gelingt es, die Wachen zu alarmieren. Als die beiden Flüchtlinge am Ende eines langen Ganges die scheinbar rettende Tür öffnen, stehen sie in einem Innenhof vor der Hinrichtungsstätte.

Der Film ist nur noch in Bruchstücken erhalten; aber diese Bruchstücke muten heute noch erstaunlich frisch und lebendig an. Die Regie hat ohne spektakuläre Mittel eine Atmosphäre düsterer Bedrohung geschaffen. Die Darsteller vermeiden pathetische Übertreibungen, was sich besonders in der großen Szene zwischen Vater und Tochter bewährt. Die Inszenierung ist lebendig und spannend.
Die literarische Vorlage wurde später auch von Roberto Rossellini verfilmt: *Vanina Vanini* (Der furchtlose Rebell, Italien/Frankreich 1961).

Vargtimmen

(Die Stunde des Wolfs)

Schweden, 1967

R: Ingmar Bergman; A: Ingmar Bergman; K: Sven Nykvist; D: Liv Ullmann, Max von Sydow, Ingrid Thulin, Naima Wifstrand, Mikael Rundqvist, Mona Seilitz

Ein Titelvorspann teilt mit, der Maler Johan Borg sei vor einigen Jahren auf rätselhafte Weise aus seinem Haus auf einer Insel verschwunden, der Film basiere auf seinem Tagebuch und den Erzählungen seiner Lebensgefährtin Alma. Alma (L. U.) erzählt von der friedlichen Ankunft mit Johan (M. v. S.), von ihrer Liebe und der wachsenden Besessenheit des Mannes, der sich von seltsamen Gestalten verfolgt glaubt. Doch dann erscheint im Verlauf der Handlung auch Alma die seltsame Frau (N. W.), die nach Johans Erzählung »mit dem Hut auch ihr Gesicht abnehmen kann«. Sie rät Alma, Johans Tagebuch zu lesen. Es gibt eine makabre Party auf dem Schloß der Familie von Merkens. Johan angelt und stürzt einen Jungen (M. R.), in dem er einen Dämon zu erkennen glaubt, über die Klippen. Später wird Johan zu einem Rendezvous mit seiner früheren Geliebten Veronika Vogler (I. T.) in das Schloß eingeladen. Es kommt zu einem Streit mit Alma. Johan schießt auf sie und verletzt sie leicht; aber voller Angst läßt Alma sich zu Boden fallen und stellt sich tot. Dann läuft er zum Schloß, wo die Frau endlich »ihr Gesicht abnimmt«, wo er für sein Rendezvous geschminkt wird und eine Frau (M. S.) wie eine Leiche aufgebahrt findet. Doch als er das Tuch entfernt, wird die »Tote« lebendig und zieht ihn in eine leidenschaftliche Umarmung, aus der ihn das höhnische Lachen von Zuschauern aufstört. Er stürzt davon, und Alma wird Zeuge, wie er von vampyrischen Verfolgern zerrissen wird.
Der Film gibt nicht vor, Realität zu spiegeln. Er bekennt sich schon im Vorspann dazu, »Kunstprodukt« zu sein, indem er als Geräuschuntermalung die Stimmen eines Filmteams mit den charakteristischen Kommandos »Ton läuft«, »Kamera läuft« usw. verwendet. Bergman schafft eine eigene Welt aus Obsessionen, Variationen und Verweisen, die auf seine früheren Filme zielen. So lädt der Film zu vielfältigen Interpretationen ein. Vielleicht schildert er die Besessenheit und Einsamkeit eines Künstlers. Vielleicht zeugt er von der Liebe und von der Verwirrung einer Frau, die sich ihrem Mann nicht gewachsen fühlt. Die seltsamen Erscheinungen mögen real sein; oder sie sind für Alma nur deshalb auch sichtbar, weil die Liebe sie so eng mit Johan verbunden hat. Auf jeden Fall ist dies ein suggestives Spiel mit den Möglichkeiten des Films und den Ängsten der Menschen.
Der Film ist Teil einer Art Trilogie, zu der noch die Filme *Skammen* und *En passion* gehören.

Varieté Ⓢ

Deutschland, 1925

R: E. A. Dupont; A: E. A. Dupont und Leo Birinski nach Motiven des Romans *Der Eid des Stephan Huller* von Felix Holländer; K: Karl Freund; D: Emil Jannings, Maly Delschaft, Lya de Putti, Warwick Ward

Der Film ist die Geschichte des Gefangenen Nr. 28 (E. J.), der sie dem Zuchthausdirektor erzählt: Früher nannte man ihn Boß; er war Besitzer einer Schaubude in St. Pauli. Dort nimmt er eines Tages ein exotisches Mädchen (L. d. P.) auf, dessen Mutter bei der Überfahrt auf dem Schiff gestorben ist. Er verliebt sich besinnungslos in die Fremde und verläßt ihretwegen Frau (M. D.) und Kind. Die beiden schlagen sich als Luftakrobaten auf dem Rummelplatz durch und werden dort von einem Impresario entdeckt, der für den weltbekannten Trapezkünstler Artinelli (W. W.) einen neuen Partner sucht. Boß wird »Fänger« und genießt

für eine Weile Ruhm und Reichtum. Eines Tages erfährt er, daß seine Geliebte ihn mit seinem Partner betrügt, worauf er den Rivalen ersticht und sich der Polizei stellt. Dann wird die Rahmenhandlung wieder aufgenommen: Symbolisch öffnen sich die Gefängnistore.
Dupont und Karl Freund haben hier einen fast sinnlich wahrnehmbaren Realismus verwirklicht. Ob es sich um die Schaubude in St. Pauli oder den Berliner »Wintergarten«, um den Wohnwagen des Beginns oder später um das Luxushotel handelt – stets sind Milieu und Umgebung überzeugend echt. Siegfried Kracauer urteilte in seinem Buch *Von Caligari bis Hitler*: »Duponts Leistung bestand darin, daß er mit denselben filmischen Mitteln, wie man sie ursprünglich zur äußeren Sichtbarmachung einer Innenwelt verwendet hatte, jetzt auch der Außenwelt seines Films sichtbare Gestalt gab.« Der Film brachte Dupont einen Welterfolg – und ein Engagement nach Hollywood.

Eine venetianische Nacht Ⓢ

Deutschland, 1913

R: Max Reinhardt; A: Carl Vollmöller; K: Friedrich Weinmann; D: Maria Carmi, Joseph Klein, Alfred Abel, Ernst Matray

Die Abenteuer des cand. phil. Anselmus Aselmeyer (A. A.), der nach seiner Ankunft in Venedig im Gasthof Zeuge der Hochzeit eines dicken Ölhändlers (J. K.) mit seiner schönen jungen Frau (M. C.) wird. Nachts erscheinen ihm die Personen der Realität in einem wüsten Alptraum von Leidenschaft, Eifersucht und Tod. Am anderen Morgen flieht Aselmeyer entsetzt aus seiner unheimlichen Herberge.
Reinhardt nannte diesen Film, den er mit dem Ensemble seines Theaters drehte, im Untertitel »Ein mimisches Drama«. Tatsächlich fällt aber eher die Betonung der Pantomime auf. An einigen Stellen gelangen stimmungsvolle Szenen und Sequenzen, aber es überwiegt doch die Mittelmäßigkeit. Die Übersetzung der auf der Bühne erfolgreichen Vorlage in die filmische Form blieb unbefriedigend.

La venganza

(Die Rache)

Spanien/Italien, 1957

R: Juan Antonio Bardem; A: Juan Antonio Bardem; K: Mario Pacheco; D: Jorge Mistral, Carmen Sevilla, Raf Vallone

Zehn Jahre hat der Landarbeiter Juan (J. M.) unschuldig im Gefängnis gesessen, weil er den Sohn einer reichen Familie getötet haben soll. Jetzt kommt er heim zu seiner Schwester Andrea (C. S.) und sinnt auf Rache. Aber die einst vornehme Familie, von der er sich hintergangen glaubt, ist verarmt und auseinandergebrochen. Nur einer der Söhne, Luis (R. V.), ist noch im Dorf. Er arbeitet jetzt als Schnitter. Juan schließt sich den Schnittern an und wartet auf eine Gelegenheit zur Rache. Doch die gemeinsame harte Arbeit bringt die Männer einander immer näher; und Juans Schwester Andrea verliebt sich schließlich gar in Luis. Ihr vertraut er an, daß einer seiner Brüder damals den Mord begangen hat und daß er aus »Familiensinn« geschwiegen habe. Andrea verzeiht ihm. Zwischen Luis und Juan kommt es doch noch zu einer Auseinandersetzung, bei der sich aber auch die neue Gemeinsamkeit als stärker erweist als der alte Haß.
Bardem hatte bereits das Leben in der Großstadt (*Muerte de un ciclista*) und in der Kleinstadt (*Calle mayor*) kritisch behandelt; jetzt beobachtete er die Verhältnisse auf dem Lande. Aber zweifellos ist dieser Film der schwächste Teil seiner »Trilogie«. Daran mögen Eingriffe der Zensur nicht schuldlos sein; u. a. verlangte man von Bardem die Verlegung der Handlung in die Vergangenheit und die Änderung des ursprünglich vorgesehenen Titels »Die Schnitter«. Es gibt vorzügliche Szenen von der eintönigen Arbeit auf dem Feld, vom sprachlosen Entsetzen der Schnitter, als sie zum erstenmal moderne Mähmaschinen bei der Arbeit sehen. Aber daneben unterlaufen Bardem in der Charakterzeichnung und in der Dramaturgie auch enttäuschende Klischees. Und insgesamt ist die Handlung allzu melodramatisch geraten.

El verdugo
(Der Henker)

Spanien/Italien, 1963

R: Luis García Berlanga; A: Luis García Berlanga, Rafael Azcona, Ennio Flaiano; K: Tonino Delli Colli; D: Nino Manfredi, José Isbert, Emma Penella, José Luis López Vázquez

José Luis (N. M.), Angestellter in einem Bestattungsinstitut, lernt eines Tages Don Amadeo (J. I.), den Henker, kennen. Und da Amadeo eine ansehnliche Tochter (E. P.) hat, ist José Luis unversehens der Schwiegersohn des spanischen Scharfrichters. Amadeo überredet ihn sogar, sein Nachfolger im Amt zu werden – Altersversorgung und bevorzugte Wohnungszuweisung sind gute Argumente, und hingerichtet wird ohnehin kaum noch. So läßt sich José Luis breitschlagen. Doch eines Tages ist in Palma de Mallorca eine Hinrichtung angesetzt. Der neue Henker ist verzweifelt. Aber Amadeo wiegelt ab: Nach seinen Erfahrungen wird man den Delinquenten begnadigen. So bricht die ganze Familie recht frohgemut zur Reise an den schönen Urlaubsort auf. Doch dort denkt man nicht an Begnadigung. Vergeblich versucht José Luis zu demissionieren, seinen Schwiegervater als Ersatz anzubieten. Gnadenlos schleppt man ihn zur Hinrichtungsstätte – einem Delinquenten ähnlicher als dem Henker.
Wieder treibt Berlanga Sozialkritik im Gewand der Komödie. Unter dem Deckmantel des schwarzen Humors und skurriler Situationskomik, die er seine beiden vorzüglichen Hauptdarsteller breit ausspielen läßt, fragt der Regisseur hier nach der Verantwortung des Individuums in der Gesellschaft. So entstand eine ungewöhnliche, satirische Attacke gegen die Todesstrafe, deren Argument nicht die Zerstörung des Opfers, sondern die des Henkers ist.

Verlogene Moral Ⓢ

Deutschland, 1921

R: Hanns Kobe; A: Carl Mayer nach einer isländischen Novelle; K: Karl Freund; D: Adele Sandrock, Gerd Fricke, Käthe Richter, Marija Leiko, Eugen Klöpfer

John (G. F.) wächst unter der Obhut seiner strengen Tante Turid (A. S.) auf. Sie hat Gudrun (K. R.), die Tochter seines Vormunds, zu seiner Frau bestimmt. Als die Magd Anna (M. L.) ein Kind von John erwartet, trennt sie die Liebenden und bringt Anna zu der Hebamme Groah, deren Sohn, der Sargtischler Torgeir (E. K.), in Anna verliebt ist. Um jede Verbindung zwischen John und Anna zu beseitigen, stiehlt Turid Annas Kind, worauf Anna schwer erkrankt. John läßt sich überreden, Gudrun zu heiraten. Zum Hochzeitsfest erscheint auch Torgeir. Er schleppt als »Geschenk« einen Sarg mit Annas Leiche herbei. In rasendem Zorn erwürgt John seine Tante.
Der Film sollte ursprünglich *Brandherd* heißen; und einige der ersten Kritiken verzeichnen auch noch diesen Titel. In Filmgeschichten wird er seltsamerweise überwiegend unter dem Titel *Torgus* (wohl in Anlehnung an den Namen Torgeir) zitiert. Der eindringlich gespielte Film zeigt in der Bildgestaltung deutliche Anklänge an *Das Cabinet des Dr. Caligari.* Möbel und Wände (Bauten: Robert Neppach) sind häufig mit seltsamen Schraffuren bemalt, die den Bildern unrealistische, holzschnittartige Wirkung geben. In einigen Szenen sind auch die Schatten aufgemalt. Wirkungsvolle Lichteffekte sorgen weiterhin für eine Atmosphäre düsterer, auswegloser Bedrohung.

Der Verlorene

BRD, 1951

R: Peter Lorre; A: Peter Lorre, Benno Vigny und Axel Eggebrecht nach einer Idee von Egon Jameson; K: Václav Vích; D: Peter Lorre, Karl John, Renate Mannhardt, Eva-Ingeborg Scholz

Unter falschem Namen treffen sich Dr. Rothe (P. L.) und Hösch (K. J.) nach dem Krieg in einem Flüchtlingslager. Dr. Rothe erinnert sich ... Im Krieg war Hösch sein Mitarbeiter – und gleichzeitig Agent des SD. Eines Tages entdeckt Dr. Rothe, daß seine Braut (R. M.) ihn mit Hösch betrogen und außerdem die Ergebnisse seiner Forschung an die Alliierten weitergegeben hat. Er verliert die Nerven und tötet seine Braut. Dr. Rothe wird nicht zur Verantwortung gezogen, weil seine Forschungen »kriegswichtig« sind; der Mord wird als Selbstmord hingestellt. Aber Dr. Rothe wird mit

seinem Schicksal nicht fertig; etwas in ihm zwingt ihn, einen zweiten Mord zu begehen. Er tötet eine unbekannte Frau in der Hochbahn; und diesmal verwischt eine Bombennacht die Spuren des Verbrechens. Nach dem Krieg taucht er als Arzt in einem Flüchtlingslager unter. Als er nun dem Mann gegenübersteht, mit dem sein Verhängnis begann, tötet er zum dritten Mal – diesmal ganz bewußt. Dann geht er selbst in den Tod.
Die einzige Regiearbeit des Schauspielers Peter Lorre zeigt, ähnlich wie später Siodmaks *Nachts, wenn der Teufel kam*, die Rechtsbeugung als Symptom und Symbol entarteter Staatsmoral. Formal hat der Film Anklänge an die frühen Filme Fritz Langs, vor allem an *M*, in dem Lorre die Hauptrolle spielte. In düsteren Bildern entwickelt Lorre in *Der Verlorene* die Handlung aus der Atmosphäre, expressive Montagen verdichten das Geschehen, Details gewinnen oft symbolische Bedeutung. Mißlungen und klischeehaft verzeichnet ist dabei die Darstellung des Widerstandes gegen Hitler.

Die verlorene Ehre der Katharina Blum

BRD, 1975

R: Volker Schlöndorff, Margarethe von Trotta; A: Volker Schlöndorff und Margarethe von Trotta nach der gleichnamigen Erzählung von Heinrich Böll; K: Jost Vacano; D: Angela Winkler, Mario Adorf, Dieter Laser, Jürgen Prochnow, Karl Heinz Vosgerau, Heinz Bennent

An einem Abend im Karneval lernt Katharina Blum (A. W.) einen jungen Mann, Ludwig Götten (J. P.), kennen. Sie verliebt sich spontan in ihn und nimmt ihn mit in ihre Wohnung. Am anderen Morgen wird diese Wohnung mit massivem Polizei-Einsatz regelrecht gestürmt: Götten, der rechtzeitig verschwunden ist, wird als Deserteur, vermutlicher Bankräuber und möglicher Terrorist gesucht. Katharina gerät in die Mühlen rüder polizeilicher Ermittlungsarbeiten des Kommissars Beizmenne (M. A.); vor allem aber wird sie das Opfer einer schlüpfrig-spekulativen Pressekampagne der »Zeitung«, deren Reporter Tötges (D. L.) ungeniert in ihrem Privatleben wühlt, Informationen mit dem befreundeten Beizmenne tauscht und Katharina mit verleumderischen Artikeln denunziert. Tötges verfälscht auch die letzten Worte von Katharinas sterbender Mutter, nachdem er in die Intensivstation des Krankenhauses eingedrungen ist, in dem die Mutter behandelt wird. Unterdessen wird Götten im Landhaus von Alois Sträubleder (K. H. V.), der Katharina geliebt und ihr den Schlüssel zu diesem Haus aufgedrängt hat, verhaftet. Katharina, gedemütigt und verzweifelt, bestellt Tötges zu einem »Exklusiv-Interview« in ihre Wohnung. Als er ihr dort zynisch zu ihrer Popularität gratuliert und sie auffordert, mit ihm zu »bumsen«, erschießt sie ihn und stellt sich der Polizei.
Der Film wurde von vielen Kritikern hymnisch gefeiert und war auch ein großer Publikumserfolg. So galt er weithin als eine Verheißung, daß der anspruchsvolle deutsche Film nun auch den Weg zum Publikum gefunden habe. Zweifellos verfügt dieser aggressiv-direkte Film über manche Qualitäten. Ein gewichtiger und vielleicht entscheidender Nachteil ist jedoch, daß er unentschlossen schwankt zwischen satirischer Übersteigerung und dem Bemühen, bundesdeutsche Wirklichkeit zu zeigen. Da wirken viele Effekte aufgesetzt – wie etwa die Unterstellung, der Verfassungsschutz observiere Verdächtige mit einer 16-mm-Kamera; da wirkt manches allzu theatralisch – wie die Begegnung Katharinas mit Götten nach ihrer Verhaftung; und da gerät vor allem die wichtige Figur des Journalisten Tötges zur reinen Karikatur, von der man sich allzuleicht und problemlos distanzieren kann. Am überzeugendsten ist dieser Film eigentlich dann, wenn er sich auf das Spiel, das Gesicht seiner Hauptdarstellerin konzentriert. Da ahnt man dann die Auswirkung einer wirklichen Bedrohung.

La vida criminal de Archibaldo de la Cruz / Ensayo de un crimen

(Das verbrecherische Leben des Archibaldo de la Cruz)

Mexiko, 1955

R: Luis Buñuel; A: Luis Buñuel und Eduardo Ugarte Pages nach einem Roman von Rodolfo Usigli; K: Agustín Jiménez; D: Ernesto Alonso, Miroslava Stern, Rita Macedo, Adriana Welter

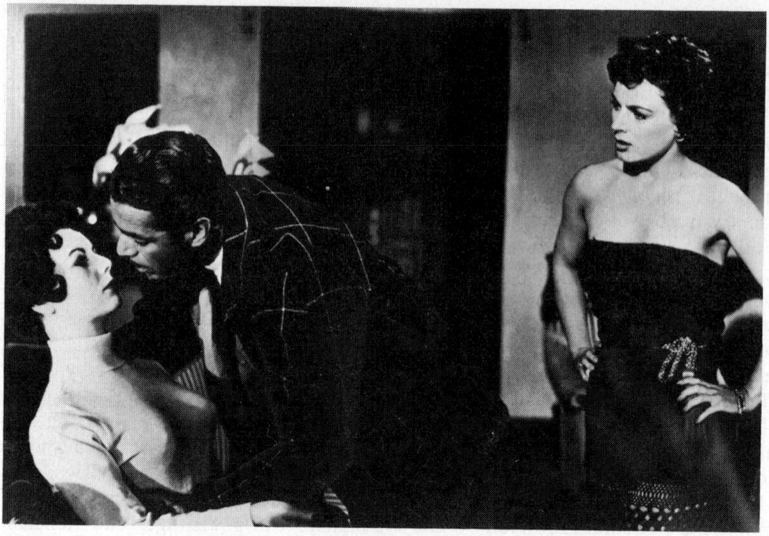

La vida criminal de Archibaldo de la Cruz (Ernesto Alonso, Miroslava Stern)

Archibaldo ist das Kind reicher Eltern. Eines Tages zeigt ihm seine Erzieherin eine Spieldose und erzählt ihm ein Märchen von einem König, der mit dieser Dose Macht über das Leben anderer Menschen gehabt habe. Das neugierige Kind will den Zauber ausprobieren, setzt die Spieldose in Tätigkeit – und die ungeliebte Erzieherin fällt tot zu Boden, von der verirrten Kugel eines Revolutionärs getroffen. – Als reifer Mann sieht Archibaldo (E. A.) seine Spieldose in einem Antiquitätengeschäft wieder und kauft sie. Alsbald erwacht in ihm die Lust zu töten. In seinen Träumen malt er sich herrliche Morde aus, aber in der Wirklichkeit mißlingen sie: Der schönen Patricia (R. M.) möchte er mit einem Rasiermesser die Kehle durchschneiden, doch sie besorgt es selbst nach einem Streit mit ihrem reichen Freund. Die Nonne Santa Trinidad fällt auf der Flucht vor ihm im Krankenhaus in einen Fahrstuhlschacht. Seine Braut Carlota (A. W.) wird von einem verschmähten Liebhaber am Hochzeitstag erschossen. Der jungen Lavinia (M. S.) kann er nicht habhaft werden; er verbrennt statt dessen eine Kleiderpuppe, für die sie Modell gestanden hat, in seinem Töpferofen. Schließlich stellt Archibaldo sich der Polizei; aber die erklärt sich als nicht zuständig für geträumte Morde. Da wirft er seine Spieluhr in einen Teich und trifft verheißungsvolle Anstalten, Lavinia zu heiraten. Er scheint geheilt.

Es heißt, der positive Schluß sei Buñuel aufgezwungen worden; indessen bleibt er zweideutig genug. Zu suggestiv hat der Film zuvor die Freuden geträumter Morde geschildert, als daß man die bürgerliche Ehe als Happy-End für Archibaldo ansehen möchte. Wer sich lustvoll ausmalt, wie seine Braut in der Hochzeitsnacht vor einem Marienbild das »Ave Maria« spricht und dabei erschossen wird, dem mag jede andere Form der Hochzeitsnacht Ersatzbefriedigung bleiben.

Buñuel hat hier mit einer Fülle Freudscher Symbole frustrierte Sexualität als Wurzel der Mordlust denunziert. Archibaldo wird von der Gesellschaft am Mord und damit an der Liebe gehindert. Die bürgerliche Ordnung baut Schranken um ihn und läßt ihm nur einen Ausweg – die ganz normale Ehe mit Lavinia, die denn auch konsequent als geschäftstüchtiges Vernunftwesen vorgestellt wird. Buñuel hat sein Thema ironisch und mit makabrem Humor behandelt; aber es hat dabei nichts an aggressiver Schärfe eingebüßt.

Vidas secas

(Vidas secas – Nach Eden ist es weit)

Brasilien, 1963

R: Nelson Pereira dos Santos; A: Nelson Pereira dos Santos nach dem gleichnamigen Roman von Graciliano Ramos; K: Luiz Carlos Barreto; D: Átila Iório, Maria Ribeiro, Orlando Mácedo, Jofre Soares

Mit seiner Frau (M. R.), seinen beiden Kindern, einem Hund und einem Papagei irrt der Viehhirt Fabiano (Á. I.) durch den von der Sonne ausgedörrten Sertão, die Einöde im Nordosten Brasiliens. Ausgehungert töten und verschlingen sie den dürren Papagei. In einer verfallenen Hütte nisten sie sich schließlich ein. Dann kommt die Regenzeit, die Wüste wird grün, das Vieh kehrt zurück, und der Gutsbesitzer (O. M.) gibt Fabiano Arbeit. Mit dem bescheidenen Verdienst werden Einkäufe im nächsten Dorf finanziert. Fabiano betrinkt sich, spielt Karten mit dem Polizisten (J. S.), fühlt sich übervorteilt und wird, als er protestiert, ins Gefängnis gesteckt. Sein Zellengenosse ist ein »Cangaceiro«, der am nächsten Morgen von seinen Kumpanen befreit wird. So kommt auch Fabiano frei. Aber die Regenzeit geht zu Ende, der Sertão trocknet wieder aus, das Vieh wird fortgetrieben, und Fabiano verliert seine Arbeit. Er zieht mit seiner Familie weiter und will sein Glück in der Stadt versuchen. Aber vorher erschießt er den Hund, der den Strapazen des Marsches nicht mehr gewachsen ist.

Nelson Pereira dos Santos erzählt seine einfache Geschichte mit ebenso einfachen wie ausdrucksvollen Mitteln. Die Kamera zeigt Trockenheit und sengende Hitze so, daß beides fast physisch spürbar wird. Deutlich wird auch der Kreislauf der Hoffnungslosigkeit im Leben Fabianos. Er träumt zwar von den Chancen, die die Stadt ihm und seinen Kindern bieten wird; aber zum mindesten in Brasilien weiß der Zuschauer, daß er bestenfalls in den Slums landen wird.

Vie privée

(Privatleben)

Frankreich/Italien, 1961

R: Louis Malle; A: Jean-Paul Rappeneau, Louis Malle, Jean Ferry; K: Henri Decae; D: Brigitte Bardot, Marcello Mastroianni, Ursula Kübler, Gregor von Rezzori

Der Beginn des Films zeigt Jill (B. B.) in ihrem Elternhaus in der Schweiz. Sie ist offenbar glücklich, Tochter reicher Eltern, Ballettschülerin. Vor einer unglücklichen Liebe flieht sie

Vidas secas (Átila Iório)

nach Paris, wird Fotomodell, Schauspielerin, Star. Sie erlebt Neugier und Bewunderung der Menge, aber auch Mißgunst und Haß. Wieder flieht sie: Sie macht einen Selbstmordversuch. Dann trifft sie Fabio (M. M.), ihre erste Liebe, wieder. Sie entkommt den Reportern und fährt mit ihm nach Spoleto, wo Fabio, der Theaterregisseur, an einer Aufführung von Kleists *Das Käthchen von Heilbronn* arbeitet. Jill verbirgt sich in einem schloßartigen Hotel. Als sie am Abend der Premiere auf das Dach klettert, um die Aufführung verfolgen zu können, wird sie vom Blitzlicht eines Fotografen erschreckt und stürzt ab. In den Schlußszenen des Films sieht man sie fallen – unendlich lange, unendlich langsam, glücklich und mit gelöstem Haar.
Ein Film nicht nur mit, sondern in gewissem Maße auch über Brigitte Bardot. Zwar wird hier nicht etwa ihr Lebenslauf erzählt; aber die Figur der Jill ist zweifellos nach ihrem Vorbild angelegt. Vor allem aber: Dieses Schicksal, dieses »Privatleben« ist im Film in eine deutliche Beziehung zur Gesellschaft gesetzt. Gezeigt wird der Mechanismus, der ein attraktives Fotomodell zum Star macht; gezeigt wird die Reaktion der öffentlichen Meinung auf einen Star vom Zuschnitt der Bardot; gezeigt wird der Star als Subjekt und Objekt der Manipulation.
Diese kritische Analyse hat Malle bestechend schön inszeniert, wobei eine Vielzahl effektvoller Einfälle hier zum sinnvollen dramaturgischen Mittel wird.

Die Vier im Jeep

Schweiz, 1950/51

R: Leopold Lindtberg; A: Richard Schweizer, Hans Sahl, William M. Treichlinger; K: Emil Berna; D: Ralph Meeker, Yoseph Yadin, Michael Medwin, Paul Dinan, Hans Putz, Viveca Lindfors

Der Amerikaner Long (R. M.), der Engländer Stuart (M. M.), der Franzose Pasture (P. D.) und der Russe Woroschenko (Y. Y.) bilden eine interalliierte Militärstreife im Nachkriegs-Wien. Zufällig werden sie in einen Fahndungsfall verwickelt: Russische Geheimpolizei verhört Franziska Idinger (V. L.) und sucht ihren aus einem russischen Kriegsgefangenenlager entflohenen Mann Karl (H. P.). Die drei Westalliierten sind schnell bereit, Franziska zu helfen, und bringen sie sogar vorübergehend in Pastures Wohnung in Sicherheit. Woroschenko hält sich zunächst an seine Befehle, obwohl er sich in Franziska verliebt hat. Aber im entscheidenden Moment drückt er ein Auge zu, so daß Franziska und Karl am Schluß dank der »Vier im Jeep« wieder vereint sind.
Ein ehrlicher, wenngleich allzu optimistischer Film, der angesichts der politischen Konfrontation zu seiner Entstehungszeit menschliches Verständnis als Heilmittel beschwor. Der nüchterne Realismus im Detail galt damals als bemerkenswerte Leistung und bewahrte den Film auch vor dem Abgleiten in unkontrollierte Sentimentalität.

Viridiana

(Viridiana)

Spanien/Mexiko, 1961

R: Luis Buñuel; A: Luis Buñuel, Julio Alejandro; K: José F. Aguayo; D: Silvia Pinal, Francisco Rabal, Fernando Rey

Don Jaime (F. Re.) lebt einsam auf einem großen Gutshof. Seine Frau ist vor dreißig Jahren in der Hochzeitsnacht gestorben. Jetzt lädt er seine Nichte Viridiana (S. P.) ein, ihn noch einmal zu besuchen, ehe sie ins Kloster geht und die Gelübde ablegt. Vergeblich versucht Don Jaime, die Novizin zu überreden, bei ihm zu bleiben. Schließlich redet er ihr ein, er habe sie betäubt und mißbraucht. Viridiana flieht entsetzt. Don Jaime erhängt sich und vermacht seinen Besitz Viridiana und seinem vorehelichen Sohn Jorge (F. Ra.). Viridiana möchte aus dem Gut ein Asyl für Arme und Bresthafte machen, während Jorge den verwahrlosten Besitz wieder aufbauen will. Bald muß Viridiana erkennen, daß ihre Schützlinge ihr Mitleid ausnutzen. Während ihrer Abwesenheit dringen die Bettler in das »Herrenhaus« ein und feiern eine wüste Orgie. Als sie mit Jorge zurückkehrt, fesseln die Männer Jorge und versuchen, Viridiana vor seinen Augen zu vergewaltigen. Mit Mühe wird sie befreit. Am Schluß sieht man Viridiana mit Jorge und der Haushälterin Karten spielen; aus einem Grammophon tönt Schlagermusik.

Viridiana (Fernando Rey, Silvia Pinal, Margarita Lozano)

Der erste Spielfilm, den Buñuel in seiner Heimat Spanien drehte. Das Drehbuch wurde von der Zensur genehmigt. Und Buñuel berichtet ironisch, daß die Veränderungen, die man verlangt habe, dem Film durchaus genützt hätten. So erscheine ihm heute selbst sein ursprünglicher Schluß zu plump. Im Originaldrehbuch klopft Viridiana an Jorges Tür. Jorge liegt mit der Haushälterin im Bett, die aufsteht und ihren Platz Viridiana überläßt.
Trotz der Genehmigung des Drehbuchs wurde der Film in Spanien sofort verboten. Auch in die deutschen Kinos kam er erst nach Schnitten kurzer, aber wichtiger Szenen durch den Verleiher: So fehlte eine Szene, in der Viridiana dem Melken einer Kuh zusieht und sich verwirrt abwendet, eine andere, in der eine Dornenkrone verbrannt wird.
Der Film war durchaus geeignet, das Publikum zu schockieren. Bei der Orgie der Bettler etwa gruppierte Buñuel die Betrunkenen nach dem Vorbild des berühmten Abendmahlbildes von Leonardo da Vinci. Ein blinder Bettler sitzt auf dem Platz Christi. Und dazu ertönt das »Halleluja« von Händel. Die Bresthaften und Krüppel erscheinen nicht als stille Dulder, sie sind eher bösartig und verschlagen, was auch wohl heißen soll, daß in einer heillos unordentlichen Welt moralische Wertmaßstäbe keinen Sinn mehr haben, daß das Leiden dem Menschen keineswegs den Weg in den Himmel weist.
Insgesamt demonstriert der Film, daß angesichts einer ungerechten Sozialordnung auch die Caritas keine Chancen hat, daß Almosen und Gebete die Probleme der Welt nicht mehr lösen können. So zeigt Buñuel einmal in einer eindrucksvollen Montage, wie Viridiana und ihre Schützlinge den »Engel des Herrn« beten, während Jorge und seine Helfer am Wiederaufbau des Gutes arbeiten. In einer anderen Szene

kauft Jorge einem Bauern einen Hund ab, der – am Pferdewagen angekettet – fast zu Tode geschleift wird. Und während den Zuschauer noch Befriedigung erfüllt, zeigt Buñuel nach einem harten Schnitt einen anderen Wagen, an dem ein Hund genauso angekettet ist.
Ein beträchtlicher Vorzug des Films ist es, daß er seine Thesen nicht plakativ hervorkehrt. Sie leben in solcherart beiläufigen Beobachtungen. Sie erwachsen aus dem Charakterbild eines alternden Psychopathen (der Onkel) und einer frustrierten Frau (Viridiana), die beide von Konventionen und herrschenden Moralvorstellungen deformiert sind. Und sie zeigen sich im Bild der Bettler, die hier für ein seit Generationen unterdrücktes Volk stehen.
Zu ihrer Wirksamkeit tragen auch die Elemente des Surrealismus bei, die dem Film eine düstere Poesie geben: Träume, eine Szene, in der Viridiana schlafwandelt, die Stunden, die der Onkel mit dem Brautkleid seiner toten Frau verbringt, das Spiel eines kleinen Mädchens mit dem Strick, an dem der Onkel sich erhängt hat usw.

Les visiteurs du soir

(Die Nacht mit dem Teufel / Die Satansboten)

Frankreich, 1942

R: Marcel Carné; A: Jacques Prévert, Pierre Laroche; K: Roger Hubert; D: Alain Cuny, Arletty, Marie Déa, Marcel Herrand, Jules Berry, Fernand Ledoux

Der Film spielt im Mittelalter. Baron Hugues (F. L.) veranstaltet ein Fest aus Anlaß der Verlobung seiner Tochter Anne (M. D.) mit dem Baron Renaud (M. H.). Unter den Gauklern, die herbeiströmen, befinden sich auch Gilles (A. C.) und Dominique (A.). Diese beiden aber sind in Wirklichkeit Abgesandte des Teufels, die das Böse in die Welt tragen sollen. Während Hugues und Renaud alsbald Dominique verfallen und ihretwegen später gar einen Zweikampf austragen, bei dem Renaud getötet wird, wächst zwischen Anne und Gilles eine echte Liebe. Der Teufel (J. B.) sieht seine Macht bedroht und erscheint persönlich. Aber er vermag die Liebenden weder zu trennen noch zu korrumpieren. Wütend verwandelt er sie in Stein – doch unter dem Stein schlägt ihr Herz weiter.
Während dieser Film, der zur Zeit der Besetzung Frankreichs entstand, für die einen ein Dokument innerer Emigration ist, sehen andere in ihm einen verschlüsselten politischen Film. Für sie ist der Teufel Hitler, und das Herz, das in den Statuen weiterschlägt, gilt ihnen als das Herz Frankreichs. Auf jeden Fall überzeugt hier die Behandlung von Carnés Lieblingsthema, dem Kampf zwischen Gut und Böse, in einem völlig verwandelten Milieu, dessen Atmosphäre er mit sparsamen Mitteln einfing. Eindrucksvoll ist schon der Anfang, der die Sendboten des Teufels unendlich klein in einer verkarsteten, weißen Landschaft zeigt. Auch das Schloß ist ganz weiß, und die »Grausamkeit« dieser Farbe wird hier sehr deutlich. Es folgt ein faszinierendes Spiel schöner Bilder, die von mittelalterlichen Miniaturen inspiriert sind, und virtuoser Schauspielkunst. Über allem liegt ein Hauch von Melancholie und Resignation – besonders gelungen in dem seltsam traurigen Fest.

Viskningar och rop

(Schreie und Flüstern)

Schweden, 1972

R: Ingmar Bergman; A: Ingmar Bergman; K: Sven Nykvist; D: Harriet Andersson, Ingrid Thulin, Liv Ullmann, Kari Sylwan, Georg Årlin, Henning Moritzen, Erland Josephson

Um die Jahrhundertwende kehren Karin (I. T.) und Maria (L. U.) in das Elternhaus zurück, um Abschied von ihrer Schwester Agnes (H. A.) zu nehmen, die das Haus zusammen mit der Magd Anna (K. S.) bewohnt. Agnes ist unheilbar an Krebs erkrankt. Aber ihre Schwestern sind zu sehr mit ihren eigenen Problemen beschäftigt, um der Sterbenden helfen zu können. Karin ist in der Ehe mit dem um 20 Jahre älteren Fredrik (G. Å.) verbittert und erstarrt; in verzweifeltem Protest gegen ihre physische und psychische Unterdrückung hat sie sich einmal mit einer Glasscherbe die Vagina aufgeschnitten. Maria, leichtlebig und liebebedürftig, hat durch eine Liebesaffäre mit dem Arzt (E. J.) ihren weichlichen Mann Joakim (H. M.) zu einem Selbstmordversuch getrieben. So erfährt Agnes in ihren letzten Stunden Trost und Hilfe nur von der Magd Anna, die eigenes Leid – sie hat ihr dreijähriges Kind verloren – verständnisvoll für das Leid anderer gemacht hat und die sich mit Agnes verbunden fühlt, weil Agnes sich um sie und um das Kind gekümmert hat. Nur Anna hört dann auch die Worte der toten Agnes: »Ich kann euch nicht verlassen ... Für euch ist es vielleicht ein Traum, aber für mich nicht.« Nach Agnes' Tod und Begräbnis reisen Karin und Maria mit ihren Männern ab, nachdem sie zuvor Anna entlassen haben.

»Es ist dieselbe alte Geschichte. Es sind dieselben Darsteller, dieselben Szenen, dieselben Probleme. Das einzige, was diesen Film anders macht, ist die Tatsache, daß wir älter geworden sind« (Ingmar Bergman). – Tatsächlich wiederholen sich hier Bergmans Themen und Obsessionen: die Frage nach Gott und dem Tod, die verzweifelte Einsamkeit des Menschen, die Probleme der Sexualität usw. Aber deutlicher als vorher ist hier auch ein positives Gegenbild gezeichnet. Wo etwa in *Tystnaden* am Ende die vage Verheißung stand, daß vielleicht das Kind einmal die »fremde Sprache« verstehen werde, da ist hier in der Gestalt der Anna, die den Kopf der leidenden Agnes an ihre nackte Brust bettet, die Verheißung deutlicher und konkreter. Es heißt, Bergman habe diesen Film ursprünglich seiner Mutter widmen und sie durch die extrem verschiedenen Frauengestalten porträtieren wollen. So scheint es legitim, die vier Frauen als verschiedene Erscheinungsformen eines Menschen (oder auch der Frau schlechthin?) zu betrachten und hier eine Differenzierung zu sehen, die in dieser Form in seinem Werk ebenfalls neu ist.

Formal ist der Film von großer Schönheit. Die Rückblenden sind überzeugend in den Handlungsablauf eingefügt. Visionen einer glücklichen Kindheit kontrastieren raffiniert zu den grellen Effekten der Selbstverstümmelung und den bedrückenden Bildern des qualvollen Sterbens. Die einzelnen Einstellungen sind von einer insistierenden und ungeheuer intensiven Starrheit, die an die strenge Geschlossenheit von Gemälden erinnert. Und eine besondere Bedeutung gewinnen hier die Farben, die von Sven Nykvist mit komplizierten Techniken zu spezieller Wirkung gebracht wurden. Dabei dominiert die Farbe Rot, die selbst in den Blenden immer wieder erscheint.

I vitelloni

(Die Müßiggänger)

Italien/Frankreich, 1953

R: Federico Fellini; A: Federico Fellini, Ennio Flaiano, Tullio Pinelli; K: Otello Martelli, Luciano Trasatti, Carlo Carlini; D: Alberto Sordi, Franco Interlenghi, Franco Fabrizi, Leopoldo Trieste, Riccardo Fellini, Leonora Ruffo

Als »Vitelloni« bezeichnet man in Italien junge Männer, die sich von ihrer Familie unterhalten lassen, nicht arbeiten, sondern stets von der großen Chance träumen, die einmal kommen wird. Solche Vitelloni sind Alberto (A. S.), Moraldo (F. I.), Fausto (F. F.), Leopoldo (L. T.) und Riccardo (R. F.). Doch eines Tages erfährt Fausto, daß seine Freundin Sandra (L. R.) ein Kind von ihm erwartet. Er muß heiraten, bleibt aber im Grunde der alte. Zwar läßt er sich von seinen Schwiegereltern eine Stelle beschaffen, aber er verliert sie schnell wieder, weil er mit der Frau des Chefs flirtet. Und bald gerät er wieder ganz unter den Einfluß seiner Freunde, mit denen er Billard spielt und lange Spaziergänge macht. Schließlich verläßt ihn Sandra. Er findet sie bei seinem Vater, der ihm eine Tracht Prügel gibt. Sandra erkennt, daß Fausto eher eine Mutter als eine Frau braucht; und diese Erkenntnis wird beiden vielleicht helfen. Am Ende verläßt Moraldo heimlich die Stadt. Er hatte im Gegensatz zu seinen Freunden stets die Leere seines Lebens geahnt. Er will einen neuen Anfang machen.

Fellini schildert den Alltag in einer italienischen Provinzstadt, scheinbar unbedeutende Menschen, banale Geschehnisse. Aber die Filmbewertungsstelle Wiesbaden hatte recht, als sie diesem Film attestierte: »Dank der künstlerischen Kraft wird gerade die Darstellung der Langeweile spannend, und die Darstellung des Oberflächlichen gewinnt menschliche Tiefe.« Ohne große Worte und demonstrative Gesten werden hier Menschen porträtiert, ein Milieu charakterisiert und gesellschaftliche Zusammenhänge verdeutlicht.

Vivere in pace
(In Frieden leben)

Italien, 1946

R: Luigi Zampa; A: Suso Cecchi d'Amico, Piero Tellini, Aldo Fabrizi, Luigi Zampa; K: Mario und Carlo Montuori; D: Aldo Fabrizi, John Kitzmiller, Gary Moore, Heinrich Bode, Mirella Monti

In einem abgelegenen italienischen Dorf versteckt der Bauer Tigna (A. F.) gegen Ende des Krieges zwei entflohene amerikanische Kriegsgefangene. Als eines Abends der deutsche Gefreite Hans (H. B.) Tigna besucht, gibt der einen der Amerikaner (G. M.) als Verwandten aus; der andere, ein Neger (J. K.), muß sich im Weinkeller verstecken. Dort betrinkt er sich und randaliert, worauf Tigna, um ihn zu übertönen, den Deutschen ebenfalls unter Alkohol setzt. Im Rausch verbrüdern sich Hans und Tigna und ziehen lärmend durch das Dorf, was bei der Bevölkerung den Eindruck erweckt, der Krieg sei aus. Nach der Ernüchterung ziehen alle Dorfbewohner in die Wälder, um sich vor einer zu erwartenden Strafaktion zu schützen. Hans schläft seinen Rausch aus. Am anderen Tag geht er zu Tignas Hof. Er will sich Zivilkleider besorgen und desertieren. Dabei wird er von einer deutschen Streife überrascht, die ihn und Tigna erschießt.
Zampa zeichnet eine intakte Welt, die zunächst weder vom Krieg noch vom Faschismus beunruhigt wird. Sein Held ist ein einfacher Bauer, der sich nicht um Politik kümmert, der nur nach den Idealen einer schlichten Menschlichkeit lebt. Aber Zampa zeigt auch, wie dieser Mensch scheitert. Tignas Tod allerdings ist eigentlich nur ein Mißverständnis, ist vermeidbares Pech; und so erhält der exemplarische Fall ein recht zufälliges Ende. Vorher aber gibt es wirkungsvolle Szenen: die improvisierte »Party«, der Freudentaumel der Dorfbewohner über das vermeintliche Ende des Krieges und vor allem das vorzügliche Spiel Fabrizis, das – wie der ganze Film – unmittelbar ans Gefühl appelliert.

Vivre sa vie
(Die Geschichte der Nana S.)

Frankreich, 1962

R: Jean-Luc Godard; A: Jean-Luc Godard unter Verwendung der Dokumentation *Ou en est la prostitution?* von Marcel Sacotte; K: Raoul Coutard; D: Anna Karina, Sady Rebbot, André S. Labarthe, Peter Kassowitz, Gérard Hoffman

Nana (A. K.), ein Mädchen aus der Provinz, hat mit Paul (A. S. L.) zusammengelebt und hat mit ihm ein Kind. Aber sie ist nicht glücklich und verläßt Mann und Kind. Da ihr Gehalt als Schallplattenverkäuferin nicht ausreicht, bessert sie es durch gelegentliche Prostitution auf und wird schließlich professionelle Prostituierte. In einem Billardsaal trifft sie Pierre (P. K.) und verliebt sich in ihn. Seinetwegen möchte sie ihr Leben ändern. Aber zur gleichen Zeit will ihr Zuhälter Raoul (S. R.) sie an einen Kollegen (G. H.) »verkaufen«. Es kommt zu einem Streit um den Preis, zu einem Schußwechsel. Nana wird getroffen und stirbt.
Der Film erzählt seine Geschichte in zwölf »Kapiteln«, die durch Inserts annonciert werden; das verhindert auch, daß der Zuschauer sich allzu hemmungslos seinen Gefühlen überläßt. Denn nicht auf die Gefühle und Empfindungen setzt der Film, sondern auf die Einsicht. Es geht darum, daß Nana ihr eigenes Leben lebt, daß sie sich ihrer selbst bewußt wird.
Für den Weg dahin gibt es zwei markante Situationen. Am Anfang sieht man Nana tränenüberströmt in einem Kino, wo sie Dreyers *La passion de Jeanne d'Arc* sieht; und man liest auf der Kinoleinwand den Zwischentitel: »Gott allein weiß, wohin er uns führt. Wir erkennen unser Ziel erst am Ende des Weges.« Später unterhält sich Nana in einem Café mit einem Philosophen. Leider ist dieses Gespräch in der deutschen Synchronfassung beträchtlich gekürzt und auch verändert worden. In diesem Gespräch wächst in Nana die Erkenntnis ihrer selbst, die Einsicht, daß das Leben komplizierter, aber auch größer und vielfältiger ist, als sie bisher geglaubt hatte. Hier wird gewissermaßen auch der Schluß des Films vorweggenommen. Der Philosoph zitiert eine Szene aus dem Roman *Zwanzig Jahre später* von Dumas d. Ä., in der Porthos stirbt, weil er zum ersten Mal in seinem

Leben gedacht hat. Und so muß später wohl auch Nana sterben, weil sie beginnt, über sich und das Leben nachzudenken.

Vlčí jáma

(Er gehört mir / Die Wolfsfalle)

ČSSR, 1957

R: Jiří Weiss; A: Jiří Weiss und Jarmila Glazarová nach Motiven eines Romans von Jarmila Glazarová; K: Václav Hanuš; D: Jana Brejchová, Jiřina Šejbalová, Miroslav Doležal

In einer mährischen Kleinstadt, kurz nach der Jahrhundertwende. Der Bürgermeister (M. D.) ist mit einer älteren Frau (J. S.) verheiratet. Die Frau muß einmal sehr schön gewesen sein; heute ist sie verblüht, verbittert, hysterisch. Sie kleidet sich allzu jugendlich, belästigt ihren Mann mit Liebkosungen, die ihn abstoßen, tyrannisiert die Dienstboten. Der Mann ist zu schwach, sich zu wehren. In dieses Haus kommt Jana (J. B.), eine entfernte Verwandte. Sie verliebt sich in den »stattlichen« Mann und er sich in sie. Er verspricht ihr, sich von seiner Frau zu trennen; aber wieder fehlt ihm die Kraft. Als die Frau schließlich stirbt, ist es für Jana zu spät. Sie verläßt das Haus und den Mann, dessen Schwäche ihre Liebe zu einer Lüge hat werden lassen.

Zunächst einmal ist das ein bürgerliches Drama, das seine Handlung in liebevoller Detailschilderung in einer bestimmten Zeit und einem bestimmten Milieu situiert. Weiss hat die psychologischen Verhaltensweisen genau analysiert, seine kleinbürgerliche Hölle ist ein dichtes Geflecht menschlichen Versagens.

Manche Kritiker haben dahinter jedoch auch eine politische Parallele gesehen: Die alternde herrschsüchtige Frau als Symbol des Stalinismus, ihren jugendlichen Aufputz als Entartung der Ideologie, die Unentschlossenheit des Mannes als die Untätigkeit der Partei gegenüber diesen Entartungen. Abwegig erscheint diese Interpretation nicht.

La voie lactée

(Die Milchstraße)

Frankreich/Italien, 1968

R: Luis Buñuel; A: Luis Buñuel, Jean-Claude Carrière; K: Christian Matras; D: Paul Frankeur, Laurent Terzieff, Alain Cuny, Jean-Claude Carrière, Delphine Seyrig, Michel Piccoli

Zwei Clochards (P. F., L. T.) machen sich auf, um nach dem spanischen Wallfahrtsort Santiago de Compostela zu ziehen. Gleich zu Beginn ihrer Pilgerfahrt haben sie eine merkwürdige Begegnung: Ein Mann im weiten Mantel (A. C.) empfiehlt ihnen, mit einer Prostituierten Kinder zu zeugen und sie »Du bist nicht mein Volk« und »Keine Barmherzigkeit mehr« zu nennen. Als der Mann sich abwendet, steht plötzlich eine kleine Gestalt neben ihm, und eine weiße Taube flattert empor. Die beiden Wanderer bestehen auf einem Weg durch Raum und Zeit, durch die Kirchengeschichte, merkwürdige Abenteuer. Sie erleben Streitgespräche zwischen einem Jesuiten und einem Jansenisten, Folterungen und Verbrennungen von Häretikern, die Erschießung eines Papstes, merkwürdige Ermahnungen eines Pfarrers am Bett eines Liebespaares usw. Kurz vor ihrem Ziel treffen sie die eingangs verheißene Prostituierte (D. S.) und folgen ihr. Es bleibt offen, ob sie sich von ihrem Ziel ablenken lassen, ob sie der Aufforderung des Mannes im weiten Mantel nachkommen.

Ein Film der Szenen und Situationen, der Träume und Imaginationen, die in suggestiven Bildsequenzen verwirklicht werden. Man kann aus dem Film keine These ableiten; man spürt eher ein Bemühen zu verunsichern, zu schockieren, Widersprüche bewußt zu machen. Auch die einzelnen Szenen sind in sich häufig widersprüchlich und vieldeutig: Wenn Jesus, dem die Wanderer am Schluß ebenfalls begegnen, zwei Blinde heilt und man in der nächsten Szene die Geheilten weiter tastend ihre Stöcke benutzen sieht, war dann die Heilung ein »falsches« Wunder? Oder soll es heißen, daß die Geheilten nicht an ein Wunder glauben und deshalb keinen Gebrauch von der wiedergeschenkten Sehkraft machen? Auf jeden Fall aber ist dies ein fantastischer, provokativer, intelligenter Film von großer sinnlicher Schönheit.

Le voyage dans la lune

Vordertreppe – Hintertreppe Ⓢ

Deutschland, 1913

R: Urban Gad; A: Urban Gad nach dem Schauspiel *Die Ehre* von Hermann Sudermann; K: Axel Graatkjaer, Karl Freund; D: Asta Nielsen, Paul Otto, Fred Imscher, Victor Arnold.

Sabine (A. N.), ein einfaches Mädchen aus dem Volk, lernt den Leutnant von Hameln (P. O.) kennen und wird seine Geliebte. Aber nach einer kurzen Zeit des Glücks erweist sich der Standesunterschied als unüberwindlich. Das Mädchen kehrt zu seinem früheren Verlobten, einem Kellner (F. I.), zurück, während der Leutnant eine standesgemäße Braut findet.

Der größte Aktivposten ist zweifellos das Spiel der Nielsen. Aber auch die Kamera löste sich gelegentlich von der Schablone: Einmal stellte Gad sie auf ein Karussell, so daß der Tanz der vorüberfliegenden Welt die Freude des Mädchens unmittelbar widerspiegelt.

Le voyage dans la lune Ⓢ

(Die Reise zum Mond)

Frankreich, 1902

R: Georges Méliès; A: Georges Méliès; K: Michaut; D: Georges Méliès, Victor André, Depierre

Auf einem Kongreß beschließt eine Schar würdiger Astronauten, einen Flug zum Mond zu wagen. Sie besteigen eine Rakete, die von einer überdimensionalen Kanone abgeschossen wird und sich in das rechte Auge des Erdtrabanten bohrt. Am folgenden Tag werden die Wissenschaftler von Mondbewohnern gefangengenommen und vor den Mondkönig geschleppt. Sie können jedoch fliehen und erreichen die Rakete, die zur Erde zurück und in den Ozean »fällt«. Nach beschwerlicher Reise wird endlich die Heimat erreicht, wo die kühnen Forschungsreisenden mit Jubel empfangen und geehrt werden.

Diese einfallsreiche Parodie auf die Romane Jules Vernes verblüffte und begeisterte ein Publikum, das sich weder durch die hektische Gestik der Darsteller noch durch die Papp-Kulissen irritieren ließ. Die Tricks bewirkten gleichermaßen Gelächter und ungläubiges Erstaunen und demonstrierten überzeugend die phantastischen Möglichkeiten des Films. Mit *Le voyage dans la lune* erreichten Méliès und der französische Film Weltruhm.

Vredens dag

(Tag des Zorns / Tag der Rache)

Dänemark, 1943

R: Carl Th. Dreyer; A: Mogens Skot-Hansen, Carl Th. Dreyer und Poul Knudsen nach dem Roman und dem Schauspiel *Anne Pedersdotter* von Wiers Jenssens; K: Karl Andersson; D: Lisbeth Movin, Thorkild Roose, Preben Lerdorff Rye, Sigrid Neiiendam, Anne Svierkier

Die alte Marthe (A. S.) wird der Hexerei bezichtigt und flüchtet ins Pfarrhaus, wo sie der jungen Pfarrersfrau (L. M.) ein Geheimnis anvertraut: Auch die Mutter der Pfarrersfrau sollte vor vielen Jahren als Hexe verbrannt werden, der Pfarrer (T. R.) hat sie aus Liebe zu seiner jetzigen Frau gerettet. Die alte Marthe aber liefert der Pfarrer den Häschern aus, und sie wird verbrannt. Die junge Frau ist durch dieses Erlebnis aufgewühlt; und in dieser Stimmung verstrickt sie sich in eine leidenschaftliche Liebe zu Martin (P. L. R.), dem Sohn des Pfarrers aus erster Ehe, der nach langer Abwesenheit in sein Elternhaus zurückgekehrt ist. Als der Pfarrer das Verhältnis entdeckt, trifft ihn der Schlag. An seinem Totenbett klagt seine Mutter (S. N.) die junge Witwe an, Martin mit Hilfe des Teufels umgarnt zu haben. Die junge Frau, von dem Geliebten allein gelassen und von Schuldgefühl gequält, nimmt die Verurteilung als Hexe an und erwartet den Feuertod.

Vredens dag ist mittelalterliche Chronik und psychologische Studie in einem. Vor allem aber ist dies ein religiöses Drama, in dem ein unbeugsamer Gott regiert, in dem die Menschen ständig vom Bösen bedroht sind. Fast unausweichlich verfallen sie der Versuchung. Doch in der Schuld gewinnen sie Selbsterkenntnis, aus dem Leid wächst ihnen die Kraft zur Sühne. Dreyer erzählt seine Chronik in streng komponierten Bildern von düsterer Kraft. Fast die gesamte Handlung spielt in den Räumen des Pfarrhauses. Das ungeschminkte menschliche Gesicht beherrscht die Szenerie; niedrige Räume erdrücken den Menschen; kalkig weiße Hintergründe isolieren ihn.

Všichni dobři rodáci

(Alle guten Landsleute)

ČSSR, 1968

R: Vojtěch Jasný; A: Vojtěch Jasný; K: Jaroslav Kučera; D: Radoslav Brzobohatý, Vlastimil Brodský, Pavel Pavlovský, Drahomira Hofmanová, Waldemar Matuška, Vladimir Menšik

Der Film erzählt in verschiedenen Episoden die Chronik einer mährischen Kleinstadt. Er beginnt im Mai 1945 mit einem ausgelassenen Fest, mit dem man die Befreiung feiert. Aber die fröhliche Stimmung hält nicht lange an. Alle politischen Ereignisse und Schwierigkeiten beeinflussen auch das Leben der Dorfbewohner. Der Postbote Bertin (P. P.) wird erschossen – durch eine Verwechslung; denn der Anschlag galt dem Parteisekretär (V. B.). Der Pfarrer wird verhaftet. Der Parteisekretär resigniert und verläßt die Stadt; Opportunisten und Speichellecker treten an seine Stelle. Sie treiben den Bauern František (R. B.), den heimlichen Helden des Films, in die »innere Emigration«. Er wird später verhaftet, todkrank wieder freigelassen und übernimmt dann sogar aus Pflichtgefühl die Leitung der LPG, die von seinem Vorgänger völlig heruntergewirtschaftet worden ist. Der trink- und sangeslustige Bauer Zašinek (W. M.) wird von einem Stier getötet, der Gelegenheitsdieb Jorka (V. M.) holt sich eine tödliche Blutvergiftung, als er sich selbst verstümmelt, um nicht wieder ins Gefängnis zu müssen. Jahre später zeigt ein Epilog die Überlebenden der fröhlichen »Unabhängigkeitsfeier« noch einmal. Ihre Rückschau ist voller Resignation.

Jasný erzählt die bittere Chronik von der Enttäuschung und Desillusionierung in einer Form, die auf alle Aggressivität verzichtet. Im Gegenteil: Sein Film ist eher »elegant« – in erlesenen Farben hinreißend fotografiert und bis ins kleinste Detail des Bildes genau kalkuliert. Dabei erweist sich, daß die gefällige Form einen engagierten Inhalt nicht notwendig dementieren muß. Hier wirkt die kühle Schönheit eher wie ein raffinierter Kontrast, der die Intensität der Aussage noch steigert.

Vynález skázy
(Die Erfindung des Verderbens)

ČSSR, 1957

R: Karel Zeman; A: Karel Zeman und František Hrubín nach dem gleichnamigen Roman von Jules Verne; K: Jiří Tarantík; D: Lubor Tokoš, Arnošt Navrátil, Jana Zatloukalová

Professor Roch (A. N.), der an einem neuen Explosivstoff arbeitet, wird samt seinem Assistenten Hart (L. T.) von Piraten entführt, die mit dieser neuen Waffe die Weltherrschaft erringen wollen. Sie bringen ihn in den erloschenen Vulkan einer Insel, bieten ihm ungeahnte Forschungsmöglichkeiten und spiegeln ihm heuchlerisch humane Absichten vor. Während Hart das Spiel durchschaut, arbeitet der gutgläubige Professor wie besessen an seiner Erfindung. Schon droht die Vernichtung der »Weltflotte« durch seine Raketen, als der Professor endlich die Wahrheit erkennt. Kurz entschlossen sprengt er die ganze Insel in die Luft.

Zeman, der vom Puppenfilm kommt, hat diese märchenhafte Fabel nicht als platten Abenteuerfilm verwirklicht, sondern sie in einen fantastischen Rahmen gestellt. Er will nicht Wirklichkeit vorspiegeln, sondern Fantastisches als solches kenntlich machen. Mit Hilfe zahlreicher Tricks stellte er deshalb die handelnden Personen in Dekorationen, die nach Kupferstichen der Maler Benett und Riou gestaltet wurden, und vermittelt gleichsam den Eindruck »bewegter« Kupferstiche. Aber der Trick wird bei ihm nicht Selbstzweck; er beschwört vielmehr den Geist der Fantasien Jules Vernes. Kameratricks: Jiří Tarantík, Bohuslav Pikhart, Antonín Horák; Puppentrick: Arnošt Kupčík, Jindřich Liška, František Krčmář; Zeichentrick: Zdenek Ostrčil, Josef Zeman.

Im gleichen Stil drehte Zeman auch seinen Film *Baron Prasil* (Baron Münchhausen, 1962), in dem ein junger Astronaut Münchhausen auf dem Mond trifft, mit ihm zur Erde zurückfliegt,

Vynález skázy (Arnošt Navrátil, Lubor Tokoš)

wo beide erstaunliche Abenteuer bestehen, bis es schließlich auf dem Mond ein Happy-End mit der schönen Bianca gibt, die sie aus einem Harem befreit haben. Hier nutzte Zeman auch noch die Möglichkeiten der Farbe für seine verblüffenden Trick-Kombinationen.

Vyšši princip

(Das höhere Prinzip)

ČSSR, 1959/60

R: Jiří Krejčík; A: Jan Drda und Jiří Krejčík nach der gleichnamigen Erzählung von Jan Drda; K: Jaroslav Tuzar; D: František Smolík, Jana Brejchová, Ivan Mistrík, Alexander Postler, Jan Šmíd

Professor Málek (F. S.) gehört zu den Lehrern, die von ihren Schülern belächelt werden. Er spricht im Unterricht gern und oft über das höhere Prinzip der Moral: Recht muß Recht bleiben. Das hat ihm den Spitznamen »das höhere Prinzip« eingebracht. Er glaubt an dieses höhere Prinzip auch noch, als seine Schüler Vlastik (I. M.), Frantik (J. Š.) und Karel (A. P.) nach dem Attentat auf Heydrich verhaftet werden. Sie haben ein Bild Heydrichs mit einem Schnurrbart versehen! Der Professor geht furchtlos zum Gestapo-Chef, um für sein Prinzip einzustehen. Sein Gegenüber ist sogar ein wenig gerührt von dem alten Mann; er ist bereit, ihm die drei Jungen zu »schenken«. Aber die Maschinerie läuft schon, und so zuckt er die Achseln. Aus dem Radio hört Professor Málek die Nachricht von der Hinrichtung seiner Schüler. Und er, der sich stets von der Tagespolitik ferngehalten hat, sieht das höhere Prinzip verletzt. Er tritt vor seine Klasse und fordert sie zum Kampf gegen die Tyrannei auf ...

Ein Widerstandsfilm, der nicht von pathetischen Heldentaten berichtet, der dafür aber Milieu und Atmosphäre der Unterdrückung und der Angst präzise einfängt. Er schildert, wie ein Jungenstreich zur Tragödie wird, wie ein Rechtsanwalt aus Angst die Möglichkeit zu einer Intervention versäumt, wie ein weltfremder Gelehrter die Zeichen der Zeit erkennt. Ohne große Worte wird deutlich, wie die Verhältnisse das Verhalten verändern.

W

Das Wachsfigurenkabinett Ⓢ

Deutschland, 1924

R: Paul Leni; A: Henrik Galeen; K: Helmar Lerski; D: Wilhelm Dieterle, Olga Belajeff, Emil Jannings, Conrad Veidt, Werner Krauß, John Gottowt

Ein junger Schriftsteller (W. D.) soll für den Besitzer eines Wachsfigurenkabinetts publikumswirksame Geschichten zu den ausgestellten Figuren erfinden. Er selbst und die Tochter (O. B.) des Besitzers spielen in allen Episoden das Liebespaar.

In der ersten Episode verliebt sich der Sultan Harun al Raschid (E. J.) in Zarah, die Frau des Bäckers Assad. Der eifersüchtige Assad will den Sultan töten; sein Dolch trifft im Bett des Sultans aber nur eine Wachsfigur, die der schlaue Herrscher während seiner nächtlichen Ausflüge zur Tarnung zurückläßt. Die kluge Zarah sorgt für ein Happy-End.

In der zweiten Episode läßt sich der mißtrauische Zar Iwan der Schreckliche (C.V.) überreden, einen Bojaren zur Hochzeit seiner Tochter zu begleiten. Aber vorsichtshalber tauscht er die Kleider mit dem Bojaren. Tatsächlich wird der falsche Iwan auf der Fahrt getötet. Die Ratgeber des Zaren, die seine grausame Rache fürchten, reden ihm ein, er sei vergiftet worden und müsse sterben, wenn der Sand einer Sanduhr abgelaufen sei. Vor Angst wird Iwan wahnsinnig: Er sitzt und wendet pausenlos die Sanduhr, um den Lauf der Zeit aufzuhalten.

Die dritte Episode ist eine alptraumhafte Vision, in der der ermüdete Dichter träumt, seine Geliebte werde von »Jack the ripper«, der hier »Springer Jack« (W. K.) heißt, verfolgt.

Der Film leidet vor allem an seiner dramaturgischen Unausgeglichenheit. Die erste Episode ist zu lang und zu laut und erdrückt den Rest des Films. Trotzdem haben alle drei Episoden ihre Qualitäten. In der ersten bestechen die Bauten (Fritz Maurischat); der Sultanspalast etwa gleicht einem riesigen Ameisenbau. In der zweiten Episode gibt es ebenfalls eindrucksvolle Bauten (Paul Leni) und überzeugende Leistun-

Walkower (Jerzy Skolimowski, Aleksandra Zawieruszanka)

gen von Conrad Veidt. In der dritten Episode schließlich haben Kameratechnik und Montage suggestiv eine Atmosphäre unheimlicher Bedrohung erzeugt.

Wagonmaster

(Westlich St. Louis)

USA, 1950

R: John Ford; A: Frank S. Nugent, Patrick Ford; K: Bert Glennon, Archie Stout; D: Ben Johnson, Harry Carey jr., Joanne Dru, Ward Bond, Allan Mowbray, Charles Kemper

Die Pferdehändler Travis (B. J.) und Sandy (H. C.) erklären sich bereit, einen Mormonen-Treck durch die Wüste nach Kalifornien zu führen. Unterwegs stoßen andere Personen zum Treck: Dr. Hall (A. M.) mit seinen Komödianten, zu denen auch das Mädchen Denver (J. D.) gehört, und der Bankräuber Shiloh (C. K.) mit seiner Bande. Sie treffen auf Indianer, die sich aber mit den ebenfalls unterdrückten Mormonen solidarisieren. Shiloh und seine Bande entwaffnen die Mormonen und übernehmen das Kommando. Ein letzter, schier unüberwindlicher Gebirgszug muß überquert werden. Shiloh will Wiggs (W. B.), den Anführer der Mormonen, mit dem Wagen voll Saatgut abstürzen lassen. Travis und Sandy können das verhindern. Sie erschießen die Bankräuber und bleiben bei den Mormonen.

Ein sehr schöner Western, der gleichsam nur Ausschnitte aus dem Leben seiner Helden zeigt; denn für die neuen Siedler dürfte das größere Abenteuer wohl erst beginnen. Allein das Schicksal der Banditen, die in der Eingangsszene eine Bank überfallen und in der Schlußszene sterben, gibt dem Film eine dramaturgische Klammer. Geschickt ist auch hier wieder die Landschaft in das Geschehen einbezogen.

Walking down Broadway / Hello sister

(Spaziergang auf dem Broadway / Hallo Schwester)

USA, 1932/33

R: Erich von Stroheim; A: Erich von Stroheim und Leonard Spigelgass nach einer Komödie von Dawn Powell; K: James Wong Howe; D: Zasu Pitts, Boots Mallory, James Dunn

Die beiden jungen Fabrikarbeiterinnen Zasu (Z. P.) und Peggy (B. M.) fühlen sich einsam in New York. Bei einem Spaziergang auf dem Broadway werden sie von zwei jungen Männern angesprochen. Einer von ihnen, Jimmy (J. D.), verliebt sich in Peggy. Aber auch Zasu liebt Jimmy; und als sie bei einem Wiedersehen mit ihm erkennt, daß er Peggy bevorzugt, wird sie maßlos eifersüchtig. Durch Lügen und Verdächtigungen bringt sie die Liebenden auseinander. Als sie erkennt, was sie angerichtet hat, öffnet sie den Gashahn. Jimmy rettet sie; sie bekennt ihre Schuld; Jimmy und Peggy finden wieder zueinander.

Der einzige Tonfilm Stroheims, der letzte Film, den er inszenierte. Er war 37 Jahre alt, als man ihn als Regisseur aufs Altenteil setzte.

Der Film wurde in seiner ursprünglichen Form, die eine Länge von drei Stunden hatte, niemals aufgeführt. Ein Vertreter der Fox, die den Film produziert hatte, meinte damals, der Film sei geeignet, auf einem Psychoanalytiker-Kongreß gezeigt zu werden – aber auch nur dort. Statt dessen beauftragte man den Regisseur Alfred Werker, eine neue und gängigere Version herzustellen. Werker machte zahlreiche Nachaufnahmen, schnitt den Film völlig um und gab ihm den neuen Titel *Hello sister.*

Walkower

(Walkover)

Polen, 1965

R: Jerzy Skolimowski; A: Jerzy Skolimowski; K: Antoni Nurzyński; D: Jerzy Skolimowski, Aleksandra Zawieruszanka

In sich abgeschlossene Fortsetzung von Skolimowskis Erstlingswerk *Rysopis*: Andrzej Leszczyc (J. S.) hat den Militärdienst absolviert und sein Studium endgültig abgebrochen. Als er im Zug Teresa (A. Z.) trifft, folgt er ihr nach Plock, wo sie eine Stelle antritt. Sie möchte ihm im gleichen Industriekombinat Arbeit verschaffen, aber er lehnt ab. Noch immer mag er sich nicht von der Gesellschaft integrieren lassen. Statt dessen meldet er sich für ein Boxturnier, bei dem den Siegern Sachprämien winken. Das hat er schon oft gemacht. Er gewinnt den ersten Kampf mit Mühe und nur, weil sein jüngerer Gegner ihn für einen »Herrn Ingenieur« hält und vor ihm Respekt hat. Zum Endkampf will er nicht antreten, weil er weiß, daß sein Gegner stärker ist als er. Aber ausgerechnet sein unterlegener Gegner überredet ihn, sich zu stellen. Und Andrzej hat Glück: Sein Gegner tritt nicht an, und er wird zum Sieger erklärt. (»Walkower« nennt man das in Polen.) Erst nach dem Turnier taucht der Gegner auf und verlangt seinen Anteil. Andrzej schlägt zu – und wird jämmerlich verprügelt.

Ursprünglich wollte Skolimowski auch Andrzejs Erlebnisse beim Militär verfilmen. Aber er meinte in einem Interview, vielleicht hätte ein solcher Film der Armee nicht gefallen, und fragte ironisch: »Wer hat schon gern eine ganze Armee gegen sich?« So treffen wir Andrzej erst im zivilen Leben wieder. Noch immer hat er kein Rezept für das Leben gefunden, noch immer hat er kein Ziel. Wieder sind hier die Beobachtungen am Rande wichtig: Ein falscher Zungenschlag in der Rede eines Kombinatsdirektors, Kinder, die im Hintergrund einer Szene »Hinrichtung« spielen usw. Skolimowski hat einmal als Schlüssel für beide Filme eines seiner Gedichte bezeichnet, das in verschiedenen Variationen in beiden Filmen und später auch noch in seinem Film *Bariera* (Die Barriere, 1966) auftaucht. Es handelt von einem Mann, der plötzlich beschließt, sein Leben zu ändern. Und es heißt dann: »Er fährt sich mit der Hand an die Kehle ... und ordnet seine Krawatte!« In diesem Sinne dürfte wohl auch die Schlußszene dieses Films nur ein Griff an die Krawatte sein.

Warum läuft Herr R. Amok?

BRD, 1969

R: Rainer Werner Fassbinder, Michael Fengler; A: Rainer Werner Fassbinder, Michael Fengler; K: Dietrich Lohmann; D: Kurt Raab, Lilith Ungerer, Amadeus Fengler

Herr R. (K. R.) ist ein unauffälliger Bürger: technischer Zeichner in einem Büro, eine Frau (L. U.), ein Kind (A. F.). Manchmal spürt man, daß er einsam sein mag – wenn er teilnahmslos dem forcierten Gespräch seiner Frau mit einigen Besuchern zuhört, wenn er sich bei einer Betriebsfeier allzu aufdringlich beim Chef anbiedern möchte, wenn er mit einem Jugendfreund in Erinnerungen schwelgt und beide gemeinsam das Lied »Wohin soll ich mich wenden ...« singen, das sie aus dem Kirchenchor kennen. Eines Abends erschlägt Herr R. seine Frau, ihre Freundin und sein Kind. Als die Polizei ihn am nächsten Tag an seinem Arbeitsplatz sucht, wo er pünktlich zum Dienst erschienen ist, da hat er sich dort auf der Toilette erhängt. Alle, die ihn kennen, sind fassungslos.

Voller Behutsamkeit wird das Leben eines unscheinbaren Menschen aufgeblättert. Alltags-Dialoge geben unprätentiös preis, wie Herr R. sich mit seinen Problemen herumschlägt, wie er sich an seiner Umwelt wundreibt, ohne es selbst recht zu bemerken. Lange Einstellungen zwingen den Zuschauer, sich mit dem Dargestellten auseinanderzusetzen. Fahle, auslaufende Farben treiben die Kunst aus, verweisen auf den Alltagscharakter des Geschehens. Aber dieser Alltag ist nicht Produkt des Zufalls, sondern wohlberechnete Kalkulation, die das Wesentliche zeigt, ohne es vorzuzeigen.

Ein Film über die Zwänge des Alltags, über das Versagen der Gesellschaft, über die Gleichgültigkeit der Mitmenschen – und über die schrecklichen Abgründe im Menschen. Das alles wird deutlich in stockenden Dialogen über Kindererziehung, Ferienreisen, Gehaltserhöhungen, Häuserfassaden usw.

The way ahead

(Der Weg nach vorn)

England, 1943

R: Carol Reed; A: Eric Ambler und Peter Ustinov nach einem Originalskript von Eric Ambler; K: Guy Green; D: David Niven, Stanley Holloway, Leo Genn, Raymond Huntley, Peter Ustinov

Der Film schildert reportagehaft den Weg von acht Engländern, die 1941 zur Armee eingezogen werden. Er zeigt sie bei der Ausbildung, auf dem Truppentransporter, der sie zum Kriegsschauplatz bringt, und bei der Bewährungsprobe im feindlichen Feuer.

Buch und Regie haben ganz darauf verzichtet, die einfache Handlung durch attraktive Zutaten aufzubereiten. Wichtiger als ausgeklügelte Konflikte ist hier das »Typische« der Situation. Reed zeigt, wie normale, durchschnittliche Männer für den Kampf trainiert werden, wie sie den Sinn ihres Einsatzes begreifen und sich bewähren. Aber er schildert das sehr nuanciert im Spiegel von acht individuellen Charakteren.

Besonders gut gelang dabei der erste Teil, der die Ausbildung zeigt. Später mischen sich einige wenige pathetische Effekte in die insgesamt nüchterne Reportage.

Die Weber Ⓢ

Deutschland, 1927

R: Friedrich Zelnik; A: Willy Haas und Fanny Carlsen nach dem gleichnamigen Schauspiel von Gerhart Hauptmann; K: Frederik Fuglsang, Friedrich Weinmann; D: Paul Wegener, Dagny Servaes, Wilhelm Dieterle, Theodor Loos, Arthur Kraußneck, Hermann Picha

Die Verfilmung von Gerhart Hauptmanns Schauspiel ist wohl die bedeutendste Regieleistung Zelniks. Offenbar hat er von den russischen Revolutionsfilmen gelernt, was besonders in den Massenszenen und streckenweise auch im agitatorischen Impetus seiner Inszenierung deutlich wird. Der Fabrikant Dreißiger (P. W.) wird so ohne karikaturistische Übertreibung zum Sinnbild der Ausbeutung, während der Agitator Moritz Jaeger (W. D.) die neue Zeit verkörpert. Und zwischen diesen beiden entge-

gengesetzten Polen gewinnt auch der in sich gefestigte alte Hilse (A. K.) durchaus imponierendes Profil.
Einen beträchtlichen Teil seiner Wirkung verdankt der Film aber sicher auch dem Maler George Grosz. Er zeichnete die Zwischentitel und zielte durch ihre Gestaltung auf zusätzliche Wirkungen – etwa wenn die Angst des Prokuristen Pfeiffer durch die zittrige Schrift verdeutlicht wird, in der seine Repliken wiedergegeben werden. Den Einfluß von Grosz spürt man auch in den Bauten, vor allem in den stilisierten Hütten der Weber.

The wedding-march Ⓢ

(Der Hochzeitsmarsch)

USA, 1926–28

R: Erich von Stroheim; A: Erich von Stroheim, Harry Carr; K: Ben Reynolds, Hal Mohr; D: Erich von Stroheim, Fay Wray, Matthew Betz, Zasu Pitts

Prinz Nicki von Wildeliebe-Rauffenburg (E. v. S.) verliebt sich während einer Prozession in die hübsche Mitzi (F. W.). Beide treffen sich wieder in einem Café, in dem Mitzis Vater als Geiger engagiert ist. Aber Nickis Vater hat unterdessen in einem Bordell eine Geldheirat für seinen Sohn arrangiert: Er soll Cecilia Schweisser (Z. P.), die hinkende Tochter eines reichen Fabrikanten, heiraten. Nicki gehorcht; und Mitzi heiratet den Metzger Schani (M. B.), um ihn davon abzuhalten, den Prinzen aus Eifersucht zu töten. Mit Tränen in den Augen sieht sie zu, wie Nicki mit Cecilia am Arm aus der Kirche kommt.
Stroheim formuliert hier eine scharfe Absage an die untergegangene Welt der Habsburger Monarchie, in der Heiraten unter finanziellen Gesichtspunkten erörtert und im Bordell beschlossen werden, in der adelige Liebhaber einfache Mädchen aus dem Volk schnöde verlassen. Die dramaturgische Konstellation ist sentimental, aber die Inszenierung ist so furios und aggressiv, daß diese Mängel gleichsam mit leichter Hand überspielt werden. So wirken auch die Demütigungen der sozial Unterdrückten (Mitzi z. B. hilft bei den Hochzeitsvorbereitungen ihres einstigen Liebhabers) nicht als gefühlvolle Einschübe, sondern als ein Beleg für gedankenlose Brutalität, die allerdings nicht nur dem sozial Tieferstehenden, sondern auch ganz allgemein der Frau gilt.
Der Film hatte zunächst eine Länge von über acht Stunden. Als der Produzent radikale Kürzungen verlangte, machte Stroheim zwei Filme aus seinem Material und betitelte den zweiten Teil *The honeymoon.* Für den Kinoeinsatz wurden aber beide Teile noch einmal wesentlich beschnitten, so daß zuletzt weniger als die Hälfte des Originals übrigblieb.

Week-end

(Weekend)

Frankreich/Italien, 1967

R: Jean-Luc Godard; A: Jean-Luc Godard; K: Raoul Coutard; D: Jean Yanne, Mireille Darc, Jean-Pierre Léaud, Juliet Berto, Anne Wiazemsky, Paul Gégauff, Blandine Jeanson

Ein junges Ehepaar, Roland (J. Y.) und Corinne (M. D.), macht sich am Wochenende auf den Weg von Paris nach Oinville. Ihr Reiseziel: Sie wollen endlich Corinnes Vater beerben, den sie seit langem langsam vergiften. Da die Hauptstraße verstopft ist, fahren sie über kleine Nebenstraßen, vorbei an Autowracks und Verkehrstoten. Sie verirren sich wie in einem Labyrinth – auch in der Zeit. Nachdem auch sie ihren Wagen durch einen Unfall verloren haben, begegnen sie u. a. Saint-Just (J. P. L.) und Emily Brontë (B. J.). Die Brontë wird verbrannt, taucht aber als Assistentin eines Pianisten (P. G.) wieder auf, der auf einem Bauernhof ein Konzert ohne Zuhörer gibt. Schließlich treffen sie auf zwei Müllkutscher, einen Neger und einen Araber, die sie unter der Bedingung auf ihrem Wagen mitfahren lassen, daß Roland und Corinne ihnen die Arbeit abnehmen. In Oinville erfahren sie, daß Corinnes Vater bereits tot ist. Und da seine Witwe nichts von dem Erbe herausgeben will, bringen sie sie kurzerhand um und tarnen ihren Tod als Verkehrsunfall. Auf der Rückfahrt werden sie von kannibalistischen Mitgliedern der »Befreiungsfront Seine und Oise« gefangengenommen. Roland wird bei einem Fluchtversuch mit einer Steinschleuder getötet; Corinne verzehrt beim gemeinsamen Mahl auch Teile ihres Mannes.

Diese Skizze kann den Inhalt des Films bestenfalls andeuten; denn Godard verzichtet hier auf die übliche Dramaturgie der Folgerichtigkeit und reiht statt dessen schockierende Szenen aneinander, die durch eine »innere Logik« verbunden sind. »Ich spreche nicht in Beispielen, ich spreche in Einstellungen!« (Godard.)
So ist die erste Szene wichtig, in der Corinne von einer sexuellen Orgie berichtet, wobei ihr Ton aber so raffiniert von Musik überdeckt ist, daß man nur Bruchstücke versteht; wichtig ist die Begegnung mit einem blutüberströmten Mädchen, dessen Begleiter sich soeben zu Tode gefahren hat; wichtig ist eine Vergewaltigung Corinnes, die Roland – durch die lange Irrfahrt demoralisiert – teilnahmslos geschehen läßt; wichtig ist der Text, mit dem die Müllkutscher – Vertreter der »Dritten Welt«! – mit den Europäern abrechnen usw. All das hat seinen Stellenwert in der Anklage eines zornigen Moralisten gegen die Trägheit unserer Gesellschaft, in einem grausam-grausigen Spiel, das alle blutigen Verbrechen, die täglich geschehen und die wir nicht zur Kenntnis nehmen, in unseren Alltag hineinstellt.
Aber die Fülle der Zitate, Anspielungen und Attacken verwirrt den Zuschauer auch. Groteske Übersteigerungen erlauben die innere Distanz, wo Identifikation nützlicher wäre. Die Vereinfachung erscheint gelegentlich nicht mehr als Kunstmittel, sondern als Notbehelf, und mancher Schock gerinnt zum Gag. Aber gleichgültig läßt dieser Film wohl kaum einen Zuschauer . . .

Die weiße Hölle vom Piz Palü Ⓢ

Deutschland, 1929

R: Arnold Fanck, G. W. Pabst; A: Arnold Fanck, Ladislaus Vajda; K: Sepp Allgeier, Richard Angst, Hans Schneeberger; D: Gustav Diessl, Leni Riefenstahl, Ernst Petersen, Ernst Udet

Bei einer Besteigung des Piz Palü hat Dr. Johannes Krafft (G. D.) vor Jahren durch ein Bergunglück seine Geliebte verloren. Seither besteigt er den Berg an jedem Jahrestag ihres Todes. Diesmal schließt sich ihm ein junges Paar (L. R., E. P.) an. Die Gruppe gerät in eine Eislawine, und Krafft opfert sich für seine Begleiter, die von einem Flieger (E. U.) gerettet werden, während er im Tod mit dem Berg und seiner Geliebten vereint ist.
Ein typischer Fanck-Film, in dem den Bergen eine geheimnisvolle Macht zugeschrieben wird und in dem unter schwierigsten Bedingungen hervorragende Naturaufnahmen eingefangen wurden. 1935 wurde eine Tonfassung dieses Films hergestellt, die noch in den sechziger Jahren mit großem Erfolg gezeigt wurde.
Das gleiche Thema wurde 1950 in der Bundesrepublik unter dem Titel *Föhn / Sturm in der Ostwand* erneut verfilmt. Rolf Hansen führte Regie; Hans Albers spielte die Hauptrolle. An der Kamera stand abermals Richard Angst, dem wieder eindrucksvolle Naturaufnahmen gelangen.

Der weiße Rausch Ⓢ

Deutschland, 1931

R: Arnold Fanck; A: Arnold Fanck; K: Richard Angst, Kurt Neubert, Hans Gottschalk; D: Hanns Schneider, Leni Riefenstahl, Rudi Matt, Guzzi Lantschner, Walter Riml

Ein heiteres Vorspiel zeigt Wintersportgäste bei ihrer ersten Begegnung mit den Skiern: vor allem die naseweise Berlinerin Leni (L. R.) und zwei Hamburger Zimmerleute (G. L., W. R.). Ein Jahr später sind alle bereits vorzügliche Skiläufer, und Leni beweist ihr Können bei einer Fuchsjagd mit einer tollkühnen Abfahrt.
Im Gegensatz zu anderen Filmen Fancks sind die Berge hier nicht Problem und Mysterium, sondern ein Tummelplatz für fröhliche Menschen und begeisterte Sportler.

Weliki perelom

(Die große Wende)

UdSSR, 1944

R: Friedrich Ermler; A: Boris Tschirskow; K: Abram Kalzati, I. Schifrin; D: Michail Derschawin, Pjotr Andrijewski

Der Film schildert, historisch ziemlich exakt, die Schlacht um Stalingrad. Dabei wird allerdings der Name der Stadt nicht genannt, der deutsche Gegenspieler (Paulus) heißt von Claus, und auch die russischen Generale erscheinen unter anderen Namen. Im Mittelpunkt steht Generaloberst Murawjow (M. D.). Er löst seinen alten Lehrer von der Militärakademie, Winogradow (P. A.), im Kommando ab. Winogradow hat einsehen müssen, daß die Strategie des Bürgerkriegs heute überholt ist. Auf dem Höhepunkt der Schlacht erhält Murawjow die Nachricht vom Soldatentod seiner Frau. Aber er hat keine Zeit für seinen Schmerz; denn er wartet in fieberhafter Spannung auf den letzten großen Ansturm der Deutschen, dem er mit seinen Reserven aus der zweiten Linie begegnen will. Dieser Gegenschlag ist der Auftakt zum Angriff auf der ganzen Breite der Front, zur großen Wende.

Es gibt eindringlich realistische Bilder in diesem Film. Viel zitiert wurde vor allem eine Szene, in der sich ein sterbender Soldat die Enden zweier strategisch wichtiger Telefonleitungen in den Mund stopft und sie so noch im Tode schützt. Im Mittelpunkt steht hier jedoch nicht das Kampfgeschehen in vorderster Front, sondern das Ringen der Generale um die richtige Entscheidung. Krieg wird diesmal aus der Perspektive des Hauptquartiers gezeigt.

We're no angels

(Wir sind keine Engel)

USA, 1954/55

R: Michael Curtiz; A: Ranald MacDougall nach dem Schauspiel *La cuisine des anges* von Albert Husson; K: Loyal Griggs; D: Humphrey Bogart, Peter Ustinov, Aldo Ray, Joan Bennett, Leo G. Carroll, Basil Rathbone, John Baer, Gloria Talbott

Drei Schwerverbrecher (H. B., P. U., A. R.) sind am Weihnachtstag von der Teufelsinsel geflohen. Das nötige Kapital für die Weiterreise wollen sie sich – heimlich oder mit Gewalt – bei einer Kaufmannsfamilie besorgen. Aber ergriffen bemerken sie, daß just diese Familie von schweren Sorgen geplagt ist, und kurz entschlossen verwandeln sich die drei in Wohltäter. Sie reparieren das Dach und die unglückliche Liebesaffäre der Tochter Isabelle (G. T.). Sie fälschen zum Wohl des Herrn Ducotel (L. G. C.) die Geschäftsbücher. Und sie schaffen den unsympathischen Vetter André (B. R.), der die Ducotels um ihre Existenz bringen will, und den Neffen Paul (J. B.) mit Hilfe der Giftschlange Adolf, die sie in einem Weidenkörbchen bei sich tragen, aus dem Weg. Am Ende aber sind sie so enttäuscht von der Schlechtigkeit der Welt, daß sie freiwillig auf die Teufelsinsel zurückkehren. Und bei ihrem Abgang leuchten über ihren Köpfen drei Heiligenscheine auf.

Eine geistvolle schwarze Komödie mit treffsicheren Dialogen. Zwar wird die Herkunft von der Bühne deutlich sichtbar, die Kamera und eine geschickte Montage lockern den Handlungsablauf jedoch filmisch auf.

Wernyje drusja

(Treue Freunde / Reise mit Hindernissen)

UdSSR, 1954

R: Michail Kalatosow; A: Alexander Galitsch, Konstantin Isajew; K: Mark Magidson; D: Wassili Merkurjew, Boris Tschirkow, Alexander Borissow

Der Chirurg Tschischow (B. T.), Institutsleiter Lapin (A. B.) und der Architekt Nestratow (W. M.), drei alte Jugendfreunde, treffen sich nach vielen Jahren wieder und beschließen, gemeinsam Urlaub zu machen. Während der cholerische und geltungssüchtige Nestratow von einer luxuriösen Dampferkabine träumt, bringen seine Freunde ihn mit einer List dazu, auf einem Floß den Fluß hinabzufahren, auf dem sie als Kinder gespielt haben. Es gibt allerhand Abenteuer – als die Freunde für Künstler gehalten werden und ein Gastspiel geben müssen, als sie an einer unbewohnten Insel stranden und als sie schließlich gar wegen Herumtreiberei verhaftet werden. Nestratow erweist sich dabei als humorloser Funktionärstyp, der aber unter dem Einfluß der Freunde am Schluß seine Fehler einzusehen beginnt.

Ein sympathisches kleines Lustspiel, das in den fünfziger Jahren als einer der ersten sowjetischen Filme verschlüsselte und durch Humor neutralisierte Kritik an der Funktionärsbürokratie artikulierte.

Westfront 1918 / Vier von der Infanterie

Deutschland, 1930

R: G. W. Pabst; A: Ladislaus Vajda und Peter Martin Lampel nach dem Roman *Vier von der Infanterie* von Ernst Johannsen; K: Fritz Arno Wagner, Charles Métain; D: Fritz Kampers, Gustav Diessl, Hans Joachim Moebis, Gustav Püttjer, Claus Clausen, Jackie Monnier, Carl Balhaus, Hanna Hoessrich, Else Heller

Krieg in Frankreich 1918. Der Bayer (F. K.), der Student (H. J. M.), Karl (G. D.) und der Leutnant (C. C.) erleben kurze Ruhetage in der Etappe, wobei der Student sich in die junge Französin Yvette (J. M.) verliebt. Aber bald folgt wieder der Alltag des Stellungskrieges, der Materialschlacht. Nur für Karl gibt es noch eine Atempause; er erhält Urlaub. Doch er findet einen anderen Mann (C. B.) im Bett seiner Frau (H. H.) und sehnt sich nach seinen Kameraden zurück. Der Student wird im Niemandsland getötet; seine Kameraden sehen später nur noch seine Hand, die aus dem Schlamm eines Granattrichters ragt. Bei einem Spähtruppunternehmen wird der Bayer schwer verwundet. Karl stirbt im Lazarett mit den Worten »Wir sind alle schuld!«. Der Leutnant verliert angesichts des Grauens den Verstand; man bringt ihn ebenfalls ins Lazarett, wo er mit verzerrtem Gesicht pausenlos »Hurra« schreit.

Der Film berichtet im Stil einer Chronik; verbindendes Element der einzelnen Sequenzen sind allein die Gestalten der vier Soldaten. Dabei hat Pabst erstaunlichen Realismus erreicht – in den Grabenszenen, den Artillerieschlachten, den Gas- oder Panzerangriffen. Daneben gibt es Szenen, die den Aberwitz des Krieges auf subtilere Weise verdeutlichen: Wenn der Student auf dem Rückweg von einem gefährlichen Meldegang an einer Feldschreinerei vorbeikommt, in der am Fließband Grabkreuze angefertigt werden, wenn Karls Mutter (E. H.) ihren Sohn sieht, der auf Urlaub gekommen ist, und sie doch ihren Platz in der Schlange vor dem Lebensmittelgeschäft nicht verlassen mag. Am Schluß des Films versah Pabst das Wort »Ende« mahnend und warnend mit einem Fragezeichen.

Wetherby

(Wetherby)

England, 1985

R: David Hare; A: David Hare; K: Stuart Harris; D: Vanessa Redgrave, Tim McInnery, Ian Holm, Suzanna Hamilton, Stuart Wilson, Joely Richardson

Ein rätselhafter Kriminalfall schockiert das mittelenglische Städtchen Wetherby: Der Student John Morgan (T.MI.) erscheint uneingeladen auf einer Party bei der altjüngferlichen Lehrerin Jean Travers (V.R.), wo ihn aber jedermann für einen Freund anderer Gäste hält, so daß sein Eindringen nicht auffällt. Am nächsten Tag kehrt er noch einmal in das Haus zurück und erschießt sich vor den Augen der entsetzten Lehrerin. Dieses Erlebnis und die Nachforschungen des Polizeiinspektors Langdon (S.W.) erschüttern Jeans scheinbare Selbstsicherheit. Als Langdon dann noch Karen (S.H.), eine Bekannte Morgans, in ihr Haus bringt, provoziert sie dies zu einer selbstkritischen Bilanz, die weit in die Vergangenheit zurückreicht. Sie sieht endlich ihre Unfähigkeit ein, sich zu ihren Gefühlen zu bekennen, sich für andere Menschen zu öffnen. So hat sie mit mörderischer Selbstdisziplin vor 20 Jahren ihren Verlobten nach Malaysia gehen lassen, anstatt einfach die Arme um seinen Hals zu legen und ihn zu bitten, bei ihr zu bleiben; so hat sie jetzt John Morgan unbedacht Avancen gemacht, die sie dann nicht einlösen wollte. Verzweifelt flüchtet sich Jean Travers für eine Nacht in die Arme des Polizeiinspektors. Aber am nächsten Morgen hat sie sich wieder »in der Gewalt«, hat sie die Fassade ihrer Existenz sorgfältig wieder aufgerichtet.

Ein typisches und wichtiges Beispiel einer neuen Entwicklung im englischen Film, die – ähnlich wie in den sechziger Jahren das »free cinema« – neue Initiativen entwickelt, neue Themen und Stilmittel entdeckt und neue Aspekte der Realität behandelt. Denn die Probleme und Konflikte, mit denen sich Jean Travers hier herumschlägt, erscheinen nie als individuelle Phobien; der Film macht ohne große Gesten unmißverständlich deutlich, daß hier gesellschaftliche Defekte gemeint sind, daß Jean Travers stellvertretend für eine ganze soziale Schicht steht.

Der Dramatiker David Hare hat sein Regie-Debüt auch formal einfallsreich gestaltet. Er hat die Handlung geschickt in Rückblenden aufgelöst (wobei Vanessa Redgraves Rolle in den Rückblenden von ihrer Tochter Joely Richardson gespielt wird), hat der naheliegenden Versuchung widerstanden, sich überwiegend durch das Wort zu artikulieren, und so mit seinem Erstlingswerk auf Anhieb den »Großen Preis« der Berliner Filmfestspiele 1985 gewonnen.

Whisky galore
(Das Whisky-Schiff / Freut Euch des Lebens)

England, 1948/49

R: Alexander Mackendrick; A: Compton Mackenzie und Angus MacPhail nach einem Roman von Compton Mackenzie; K: Gerald Gibbs; D: Basil Radford, Joan Greenwood, James Robertson Justice

Auf der schottischen Insel Todday herrscht während des Zweiten Weltkriegs Weltuntergangs-Stimmung: Die Insel ist »trocken«, kein Tropfen Whisky ist mehr vorhanden. Die Lebensfreude der Bewohner schwindet ebenso wie die Disziplin der Heimwehr. Doch dann läßt günstiger Wind einen Frachter mit 50 000 Kisten Whisky vor der Insel stranden. Vergeblich stellt der Kommandant der Heimwehr (B. R.), ein humorloser Engländer, Wachen auf; in der Nacht wird das Schiff geentert und geplündert. Und vergebens forscht der Kommandant nach dem Beutegut; seine eigene Heimwehr macht heuchlerisch eine freiwillige Übung, die nur den Zweck hat, ihn irrezuführen. Für kurze Zeit herrscht eitel Freude auf Today, dann ist der Whisky konsumiert. Und die Lebensfreude der Bewohner ist wieder dahin.
Eines der beispielhaften Lustspiele des Ealing-Studios. Die Handlung ist realistisch, bezieht sich auf alltägliche Ereignisse und zieht gerade daraus mit Witz, Einfallsreichtum und einer gehörigen Portion Selbstironie verblüffende Wirkungen.

Winchester 73
(Winchester 73)

USA, 1950

R: Anthony Mann; A: Robert L. Richards und Borden Chase nach einem Roman von Stuart N. Lake; K: William Daniels; D: James Stewart, Shelley Winters, Dan Duryea, Stephen McNally, Will Geer, Charles Drake, Rock Hudson

Auf der Suche nach Dutch Henry Brown (S. MN.) kommt Lin McAdam (J. S.) nach Dodge City. Hier treffen beide aufeinander; aber da Sheriff Wyatt Earp (W. G.) allen Fremden die Waffen abnimmt, können sie sich nur in einem Wettschießen messen. Lin gewinnt den Wettbewerb und den Preis: eine Winchester 73. Doch in der Nacht stiehlt Dutch das Gewehr und flieht. Beim Pokern verliert er die Büchse an einen Händler, dem sie von einem Indianer (R. H.) abgenommen wird. Der Indianer will eine Postkutsche überfallen und wird dabei von Steve Miller (C. D.) getötet, der als Belohnung die Büchse erhält. Aber der Bankräuber Steve kann sich seines Besitzes nicht lange freuen; Waco Johnny (D. D.) tötet ihn – wegen der Waffe und wegen seiner Freundin Lola (S. W.). Waco Johnny braucht jetzt einen neuen Komplizen für einen geplanten Überfall. Er findet Dutch Henry, der als seinen Anteil das Gewehr verlangt. Jetzt taucht auch Lin wieder auf. Lola informiert ihn über Johnnys Pläne. Lin tötet Johnny und Dutch Henry; und endlich erfährt man, daß Dutch Henry sein Bruder war und daß Dutch seinen Vater erschossen hat. Lin verläßt mit Lola die Stadt.
Ein beliebtes dramaturgisches Mittel, das »verbindende Requisit«, ist hier angemessen und konsequent für die Möglichkeiten des Western variiert worden. Nur das Gewehr hält letzten Endes die verschiedenen Episoden zusammen, die aber insgesamt wieder eine Art Panorama der Landschaft und der Zeit geben. In der Jagd nach der Winchester wird außerdem die Faszination der Waffe für die Bewohner des »Wilden Westens« deutlich.

The wind Ⓢ
(Der Wind / Stürme)

USA, 1928

R: Victor Sjöström; A: Frances Marion nach einer Erzählung von Dorothy Scarborough; K: John Arnold; D: Lillian Gish, Lars Hanson, Montagu Love

Nach dem Tod ihrer Eltern zieht Letty Mason (L. G.) zu einem entfernten Verwandten nach

Texas. Dieser entpuppt sich als armer Farmer, der mit Frau und zwei Kindern in einer Baracke in einer wüstenartigen Einöde lebt. Als er andeutet, daß sein Haus für einen Gast zu klein sei, heiratet Letty in ihrer Verzweiflung den jungen Lige (L. H.), der aber noch ärmer ist als ihr Vetter. Doch sie erklärt ihrem Mann von vornherein, daß sie ihn nicht liebt. Eines Tages verläßt Lige bei heftigem Sturm das Haus, um Wildpferde zu fangen. Er sieht nicht, daß Letty eine Geste macht, ihn zurückzuhalten. In seiner Abwesenheit taucht ein Fremder (M. L.) auf, der Letty zu vergewaltigen sucht. Sie erschießt ihn. Nach Liges Rückkehr gesteht ihm Letty, daß sie ihn liebt.

Geschickt bezieht Sjöström auch hier die Landschaft in seinen Film ein. Diesmal wird sie zum großen Gegenspieler, wenn man so will zum »Bösewicht« des Dramas. Sand und Wind sind stets gegenwärtig. Sand liegt auf dem Tisch, auf den Speisen, in jeder Ecke. Der Wind treibt ihn durch Ritzen und gegen die Fensterscheiben; zwei dramaturgisch und psychologisch entscheidende Szenen werden durch einen Hurrikan markiert.

Das Wirtshaus im Spessart

BRD, 1957

R: Kurt Hoffmann; A: H. C. Gutbrod, Heinz Pauck, Luiselotte Enderle und Günter Neumann frei nach Wilhelm Hauff; K: Richard Angst; D: Liselotte Pulver, Carlos Thompson, Günther Lüders, Helmut Lohner, Wolfgang Neuss, Wolfgang Müller, Herbert Hübner

Die Komteß Franziska (L. P.) reist mit ihrem Verlobten, dem Baron Sperling (G. L.), und Gefolge durch den Spessart. Unterwegs bricht ein Rad der Kutsche, und man läßt sich von zwei Galgenvögeln (W. N., W. M.) in ein nahegelegenes Wirtshaus bringen. Das, natürlich, ist eine Räuberhöhle; und die Herren Räuber wollen Lösegeld für ihre reiche Beute. Franziska leiht sich die Kleidung eines Handwerksburschen (H. L.), flieht und bittet ihren Vater (H. H.) um Hilfe. Der will gleich das ganze Räubernest mit Militär ausrotten. Aber das ist der Komteß auch wieder nicht recht, da der Räuberhauptmann (C. T.) ein charmanter Mann ist. Am Schluß werden die Komteß und der edle Räuber, der aus gutem Hause stammt, ein Paar.

Ein unterhaltsamer Kostümfilm, der mit Geschick, Geschmack und einiger Ironie gestaltet ist. Zu einer Zeit, als der Film in der Bundesrepublik insgesamt ein kümmerliches Dasein fristete, war sein Erfolg bei Publikum und Kritik enorm. Allgemein wurde anerkannt, daß man die leichte Kost hier ernst genommen habe. Vielzitierter Beleg: Man verpflichtete Bele Bachem für die Gestaltung des Titelvorspanns.

Kurt Hoffmann drehte jeweils mit der gleichen Hauptdarstellerin zwei Fortsetzungen: *Das Spukschloß im Spessart* (1960) und *Herrliche Zeiten im Spessart* (1967). Den Einfallsreichtum des ersten Films hat er dabei nicht wieder erreicht.

Witness

(Der einzige Zeuge)

USA, 1984

R: Peter Weir; A: Earl W. Wallace und William Kelley nach einer Idee von William Kelley, Pamela Wallace und Earl W. Wallace; K: John Seale; D: Harrison Ford, Kelly McGillis, Lukas Haas, Josef Sommer

Im US-Bundesstaat Philadelphia wohnen die »Amish-People«, Nachkommen mennonitischer deutsch-schweizerischer Einwanderer, die die Errungenschaften der modernen Zivilisation ablehnen und noch heute so leben wie im 18. Jahrhundert – ohne Autos, Fernsehen, Telefon usw. In ihrer Gemeinschaft spielt der größte Teil dieses Films. Der achtjährige Amish-Junge Samuel Lapp (L. H.) verläßt zum ersten Mal das heimische Dorf, weil seine verwitwete Mutter Rachel (K. MG.) mit ihm Verwandte in Baltimore besuchen will. Bei einem Zwischenaufenthalt in Philadelphia durchstreift Samuel neugierig den Bahnhof und wird dabei Zeuge eines Mordes. Der Kriminalbeamte John Book (H. F.), der mit der Aufklärung des Falles betraut wird, erkennt bald, daß korrupte Polizisten, die in den Drogenhandel verwickelt sind, die Tat begangen haben. Damit weiß er auch, daß er selbst und der einzige Zeuge, Samuel, in Lebensgefahr schweben. Nachdem Book bei einem Anschlag bereits schwer verletzt worden

Witness (Lukas Haas)

ist, gelingt es ihm, mit Samuel und dessen Mutter aus der Stadt zu fliehen. Bei den Amish wird er aufgenommen und gesundgepflegt. Aber am Ende spüren ihn die Verfolger auch hier auf. Books kämpferischem Einsatz im Verein mit der gewaltlosen Solidarität der Amish gelingt es jedoch, die Mörder zu überwältigen.

Der australische Regisseur Peter Weir schuf bei seinem Hollywood-Debüt einen Film, der Unterhaltsamkeit und Spannung nicht spekulativen Effekten verdankt, sondern seinem ernsthaften Interesse für die Menschen, von denen er handelt, und für die Umwelt, in der diese Menschen leben.

Ähnlich wie in seinem Film *The last wave* (Die letzte Flut, Australien 1977) beschreibt Weir auch hier die Begegnung seines Helden mit einer fremden und scheinbar rückständigen Kultur, die der Film respektvoll, aber keineswegs unkritisch schildert. Und wieder gelingt es ihm, aus diesem Kontrast eine latente, innere Spannung zu gewinnen. So ist auch am Schluß die Überwältigung der Bösen nicht nur der übliche Show-down des Action-Films; definiert werden gleichzeitig die Positionen der Vertreter unterschiedlicher gesellschaftlicher Normen: Book hat seinen Auftrag erfüllt, hat dem Gesetz Achtung verschafft und wird in die Stadt zurückkehren; die Amish haben sich erfolgreich gegen »das Fremde« gewehrt und bestätigen ihre freiwillige Isolation. Da hat dann auch die Liebe zwischen Book und Rachel keine Zukunft.

Wir Wunderkinder

BRD, 1958

R: Kurt Hoffmann; A: Heinz Pauck und Günter Neumann nach einem Roman von Hugo Hartung; K: Richard Angst; D: Hansjörg Felmy, Robert Graf, Johanna von Koczian, Elisabeth Flickenschildt

Der Film erzählt in kabarettistischer Form die Lebensgeschichte zweier »typischer Deutscher«. Schon als Kind weiß Bruno die Gunst der Stunde besser zu nutzen als sein Schul-

freund Hans. 1923 ist Bruno Tiches (R. G.) treuer Republikaner und erfolgreicher Geschäftemacher, während Hans Boeckel (H. F.) sich als Werkstudent abmüht. 1933 entdeckt Bruno sein Herz für die Nationalsozialisten und macht Karriere. Hans bleibt sich derweil selber treu, gewinnt zwar eine Frau (J. v. K.), verliert dafür aber seine Stellung. Nach dem Krieg versucht Hans mühsam einen neuen Anfang, indessen Bruno im Schwarzmarktgeschäft schon wieder obenauf ist. Zehn Jahre später schreibt dann der Journalist Hans Boeckel, was er von Bruno Tiches und seinesgleichen hält; denn Bruno ist unterdessen ein einflußreicher Geschäftsmann. Empört beschwert der Angegriffene sich, verwechselt im Verlagsgebäude eine Tür und fällt in einen Fahrstuhlschacht. Sein Begräbnis ist feierlich und eindrucksvoll.
Ein ehrenhafter Versuch, die Vergangenheit satirisch zu bewältigen. Aber die Demonstration zweier Möglichkeiten (innere Emigration und gewissenlose Anpassung), die jeweils gleichsam »klinisch rein« demonstriert werden, verstellt vielleicht den Blick auf die Realität. Denn häufiger und damit für eine derartige Vergangenheitsbewältigung wichtiger waren zweifellos jene, die unter privaten Vorbehalten zu Mitläufern wurden. Ihnen wird es relativ leicht gemacht, sich in diesem Spiegelbild nicht zu erkennen. Immerhin entstand ein handwerklich sauberes, vergnügliches Stück Unterhaltung, das sich nicht nur im luftleeren Raum bewegt.

W ljudjach
(Maxim Gorkis Weg ins Leben II: Unter den Menschen)

UdSSR, 1938/39

R: Mark Donskoi; A: Ilja Grusdjew und Mark Donskoi nach der Autobiographie von Maxim Gorki; K: Pjotr Jermolow; D: Alexej Ljarski, Warwara Massalitinowa, Iwan Kudrjawzew, A. Timontajew

Alexej (A. L.) ist jetzt auf sich gestellt. Er wird zunächst Lehrling bei einem Bauzeichner (I. K.). Eine Nachbarin leiht ihm Bücher, die er nachts bei Kerzenlicht oder sogar im Mondschein liest. Aber die Frauen des Hauses lassen ihn spüren, daß er aus einer verarmten Familie stammt und eigentlich von ihrer »Mildtätigkeit« lebt. Im Frühjahr geht Alexej auf und davon und wird Geschirrspüler auf einem Wolgadampfer, wo er sich mit dem Koch (A. T.) anfreundet. Er wird des Diebstahls bezichtigt, entlassen und findet neue Arbeit in einer Ikonenwerkstatt. Noch einmal kehrt er zu seinen Großeltern zurück. Seiner Großmutter (W. M.) liest er sein erstes Gedicht vor; und sie erklärt ihm, warum sein unbeholfener Zweizeiler noch nicht so schön ist wie das, was sie ihm vorsingt.
Zweiter Teil der sogenannten »Gorki-Trilogie«. Die anderen Teile sind *Detstwo Gorkowo* (1938) und *Moi uniwersitety* (1939).
Dieser zweite Teil enthält zahlreiche wechselnde Situationen und Schauplätze, was der Regie die Möglichkeit gibt, ein breitgefächertes Panorama russischen Lebens am Ausgang des 19. Jahrhunderts zu zeichnen.

Woina i mir (I–IV)
(Krieg und Frieden, Teil I-IV)

UdSSR, 1965–67

R: Sergej Bondartschuk; A: Sergej Bondartschuk und Wassili Solowjow nach dem gleichnamigen Roman von Leo Tolstoi; K: Anatoli Petrizki, Dmitri Korschichin, Alexander Schelenkow, A. Senjan, Tscheng-Ju-Lang, G. Aisenberg; D: Ludmilla Saweljewa, Sergej Bondartschuk, Wjatscheslaw Tichonow, Oleg Tabakow

Verfilmung des gleichnamigen Romans von Tolstoi: Natascha Rostowa (L. S.), Pierre Besuchow (S. B.), Andrej Bolkonski (W. T.), Nikolai Rostow (O. T.).
Bondartschuk hat seine literarische Vorlage mit allzuviel Respekt ins Bild gesetzt. In seinem Bemühen, Tolstoi gerecht zu werden, hat er sich eng an den Roman gehalten und ihn beinah »wörtlich« verfilmt. Dabei hat er auch die Erzählstruktur der Vorlage übernommen, ohne zu bedenken, daß der Film eigene Gesetze hat. So bleibt sein aufwendiger Film letztlich bloße Illustration; allerdings ist diese Illustration in vielen Details vorzüglich gelungen. Hervorzuheben sind die sorgfältige Rekonstruktion des Milieus und die eindrucksvollen Schilderungen der Schlachten.
In der Bundesrepublik lief der Film gekürzt, wobei die beiden ersten Teile zu einem Teil

zusammengezogen wurden. Die Originalfassung hatte eine Laufzeit von nahezu acht Stunden. Nach einigen Quellen wurde der Film von einem »Regieteam« (Tschemodurow, Schir-Achmedowa, Aljeschin, Golowanow, Petrow) unter der Leitung Bondartschuks geschaffen. Rund zehn Jahre vorher war unter der Regie des Hollywood-Veteranen King Vidor eine sehr achtbare Verfilmung der gleichen literarischen Vorlage entstanden: *War and peace* (Krieg und Frieden, USA/Italien 1956). Vidors Hauptdarsteller waren Audrey Hepburn, Henry Fonda und Mel Ferrer; er komprimierte die Handlung auf etwa drei Stunden.

Die Wollands

BRD, 1972

R: Marianne Lüdcke, Ingo Kratisch; A: Ingo Kratisch, Marianne Lüdcke, Johannes Mayer, Sigrid Fronius, Michael Boehme, Helga Reidemeister, Martin Streit und Facharbeiter, Betriebsräte und Vertrauensleute aus Berliner Betrieben; K: Ingo Kratisch, Martin Streit; D: Nicolas Brieger, Elfriede Irrall, Katharina Tüschen, Rüdiger Kirschstein, Otto Mächtlinger, Rudi Unger, Klaus Sonnenschein

Der Schweißer Horst Wolland (N. B.) und seine Frau Karin (E. I.) leben in relativem Wohlstand. Zwar muß Karin mitarbeiten; aber dafür kann man sich auch eine hübsche Wohnung und ein Auto leisten. Zudem winkt die Aussicht, daß Horst Vorarbeiter wird, was eine monatliche Lohnerhöhung von rund 200 Mark bringen würde. Dann brauchte Karin nur noch halbtags zu arbeiten und könnte sich endlich mehr um ihr Kind kümmern, das bisher hauptsächlich von der Großmutter (K. T.) erzogen wird. Aber gerade jetzt gibt es einen Konflikt im Betrieb: Die Akkordzeiten sollen gekürzt werden, und als der übervorsichtig taktierende Betriebsratsvorsitzende Haller (K. S.) nichts erreicht, organisiert Karl Heinz (R. K.) einen Sitzstreik. Wolland, der sich gerade jetzt nicht exponieren möchte, simuliert Zahnschmerzen und »schwänzt« den Streik. Doch auch das bringt Ärger. Karin ist empört, daß er diese Frage nicht mit ihr besprochen hat. Als Horst sich weigert, dem Abteilungsleiter Garstel (O. M.) die Wortführer des Streiks zu nennen, wird ein anderer Vorarbeiter. Verärgert möchte er kündigen. Doch er muß einsehen, daß seine Vorbildung zum »Techniker« nicht reicht und daß er als Arbeiter in einem neuen Betrieb ganz von vorn anfangen müßte. Aber er hat etwas gelernt. Er distanziert sich von der Ideologie seines Vaters (R. U.), daß man durch Wohlverhalten Karriere machen müsse. Und als nach der Fusion seines Betriebes mit einem westdeutschen Konzern Ausländer und Kranke entlassen werden, da gehört Horst Wolland zu denen, die gegen den Willen des Betriebsrates eine außerordentliche Betriebsversammlung erzwingen wollen.

Ähnlich wie Christian Ziewer in seinem Film *Liebe Mutter, mir geht es gut* behandelt auch der Film *Die Wollands* Probleme aus der Welt der Fabrikarbeiter, die bisher vornehmlich in elitär-spröden Filmen reflektiert wurden. Marianne Lüdcke und Ingo Kratisch haben ihrem Film Authentizität verschafft, indem sie das Drehbuch immer wieder mit »Betroffenen« durchdiskutiert haben. Aber sie haben auch einem breiteren Publikum die Möglichkeit gegeben, sich mit den handelnden Personen und ihren Problemen zu identifizieren, weil sie etwa den privaten Bereich mit in ihre analytische Schilderung einbezogen, weil sie in der Dramaturgie und in der filmischen Gestaltung auf vertraute Formen gesetzt haben. So entstand ein Film, dem der Kritiker Wilhelm Roth zu Recht attestierte: »Er hat nicht die Verklemmung so vieler politischer Filme, die aus Angst, nur ja die Theorie korrekt wiederzugeben, eng und unfrei wirken. In den ›Wollands‹ werden alle Denkergebnisse aus Geschichten gewonnen und gleich wieder in Geschichten übergeführt.«

Die Wollands ist Ingo Kratischs Abschlußarbeit an der Deutschen Film- und Fernsehakademie Berlin, die somit auch als Produzent firmiert.

The woman in the window

(Gefährliche Begegnung / Die Frau im Fenster)

USA, 1944

R: Fritz Lang; A: Nunnally Johnson nach dem Roman *Once off guard* von J. H. Wallis; K: Milton Krasner; D: Edward G. Robinson, Joan Bennett, Dan Duryea, Raymond Massey

Professor Wanley (E. G. R.) ist Strohwitwer, hat in seinem Club gut gegessen und möchte einen kleinen Mittagsschlaf halten. Der Clubdiener soll ihn zu einer bestimmten Zeit wekken. Nach dieser Ruhepause verläßt Wanley den Club und bleibt vor einem Schaufenster stehen, in dem ein Frauenporträt hängt. Eine Passantin (J. B.) spricht ihn an und lädt ihn in ihre Wohnung ein. Dort taucht wenig später der eifersüchtige Liebhaber der Frau auf, den Wanley in Notwehr mit einer Schere ersticht. In panischer Angst beseitigt er die Leiche. Doch das Verbrechen wird entdeckt. Durch seinen Freund, den Staatsanwalt (R. M.), wird Wanley nun über die Fortschritte der Ermittlungen auf dem laufenden gehalten. Er glaubt sich mehr und mehr in Gefahr. Und als schließlich noch ein Erpresser (D. D.) auftaucht, nimmt er sich das Leben. Zur gleichen Zeit wird der Erpresser als vermeintlicher Mörder erschossen. In diesem Augenblick blendet der Film zurück: Wanley sitzt noch immer schlafend im Club, er hat die ganze Geschichte nur geträumt. Als der Diener ihn geweckt hat, verläßt er schleunigst den Club. Auf der Straße sieht er das Schaufenster mit dem Porträt. Einen Augenblick stockt er. Doch als eine Frau ihn um Feuer bittet, dreht er sich brüsk ab und geht nach Hause.
Ein gut inszenierter und gut gespielter Film, in dem abermals – wie häufig bei Lang – ein Mensch von einem unerbittlichen Schicksal verfolgt wird. Stilistisch und in der düsteren Konsequenz der Haupthandlung gehört der Film zur »schwarzen Serie« Hollywoods. Viele Kritiker haben Lang den Schluß verübelt, der das Ganze als Alptraum entlarvt. Lang hat seinen Schluß stets verteidigt. Er meinte, die Alternative sei »ein negatives Ende für ein nicht universales Problem, eine wirkungslose Traurigkeit« gewesen.

A woman of Paris Ⓢ

(Die Nächte einer schönen Frau / Eine Frau in Paris)

USA, 1923

R: Charles Chaplin; A: Charles Chaplin; K: Rollie Totheroh, Jack Wilson; D: Edna Purviance, Adolphe Menjou, Carl Miller, Lydia Knott

Marie St. Clair (E. P.) will mit ihrem Verlobten, dem Maler Jean Millet (C. M.), aus dem heimatlichen Dorf nach Paris fliehen. Durch ein Mißverständnis werden beide getrennt, und Marie wird in Paris die Geliebte des reichen Pierre Revels (A. M.). Als sie auf einem Atelierfest Jean wiedersieht, möchte sie Revels verlassen und an Jeans Seite arm, aber glücklich sein. Doch Jeans Mutter (L. K.) ist gegen eine Heirat. Marie kehrt verzweifelt zu Revels zurück, Jean erschießt sich aus Kummer und Eifersucht. Jetzt endlich findet Jeans Mutter zu Marie. Die beiden Frauen kehren aufs Land zurück, wo Marie ein Heim für mutterlose Kinder gründet.
Zum ersten Mal spielt Chaplin hier in einem seiner Filme nicht selbst die Hauptrolle. Ähnlich wie sehr viel später in *The countess of Hongkong* (Die Gräfin von Hongkong, 1967) tritt er nur in einer Chargenrolle (als Dienstmann auf dem Bahnhof) auf. Auch sonst blieb der Film eine Ausnahme im Schaffen Chaplins; und es heißt, er sei nur auf Grund einer Wette entstanden. Die Handlung ist melodramatisch; aber Chaplin hat sie exzellent in Szene gesetzt. Dabei hat er stärker als in seinen »normalen« Filmen die Möglichkeiten der Kamera genutzt, um etwa Tatbestände in Andeutungen indirekt zu schildern. Zu den großen Bewunderern dieses Films gehörte u. a. René Clair, der in ihm eine »Erneuerung des amerikanischen Films« sah. Das Publikum indessen war enttäuscht. *A woman of Paris* blieb wohl Chaplins einziger Stummfilm, der ein geschäftlicher Mißerfolg wurde.

Wosstanije rybakow

(Der Aufstand der Fischer)

UdSSR, 1934

R: Erwin Piscator; A: Georgi Grebner unter Verwendung eines Rohdrehbuchs von Willy Döll nach dem Roman *Der Aufstand der Fischer von St. Barbara* von Anna Seghers; K: Pjotr Jermolow, Michail Kirillow; D: Alexej Diki, Emma Zesarskaja, Sergej Martinson

Wegen der unmenschlichen Arbeitsbedingungen auf den Schiffen des Reeders Bredel (S. M.) streiken seine Matrosen. Dem Streik-

führer Kedennek (A. D.) gelingt es, die Küstenfischer zu überzeugen, daß sie sich dem Streik anschließen müssen. Aber Militär greift ein; Kedennek wird erschossen. An seinem Grab bricht der Aufstand los, nachdem seine Witwe dem salbadernden Geistlichen die Bibel aus der Hand gerissen und sie zerfetzt hat. Bredel flieht. Die Arbeiter aber belehren die Kleinbürger, daß nach dem Kampf um das tägliche Brot nun der Kampf um die Macht folgen muß.
Der einzige Film des berühmten deutschen Theater-Regisseurs Erwin Piscator. Piscator hat die literarische Vorlage wesentlich verändert und aus der pessimistisch endenden Erzählung der Anna Seghers einen sieghaften Appell für die Volksfront gegen Hitler gemacht.
Formal überwiegen die Einflüsse aus der Stummfilmzeit, die man besonders in der eigenwilligen Montage spürt. An Brechtsche Stilmittel erinnern u. a. die Songs, die in die Handlung eingefügt sind und in denen die handelnden Personen die Situation kommentieren.

Woswraschtschenije Maxima
(Maxims Rückkehr)

UdSSR, 1937

R: Grigori Kosinzew, Leonid Trauberg; A: Grigori Kosinzew, Lew Slawin, Leonid Trauberg; K: Andrej Moskwin; D: Boris Tschirkow, Michail Scharow, A. Kusnezow

Frühjahr 1914 in St. Petersburg. In einer Rüstungsfabrik wird gestreikt; und die Bolschewiki beschließen, einen der ihren zur Unterstützung des Streikkomitees abzustellen. Die Wahl fällt auf Maxim (B. T.), der soeben aus der Verbannung zurückgekehrt ist. Maxim kämpft gegen die Menschewiki, die den Streik abbrechen möchten. Er erfährt, daß ein geheimer Rüstungsauftrag der bestreikten Fabrik entzogen und einer anderen Fabrik übertragen worden ist. Er veröffentlicht diese Information in der »Prawda« und ruft auch die Arbeiter der anderen Fabrik zum Streik auf. Der Kontorist (M. S.), der diese Information ausgeplaudert hat und dafür entlassen worden ist, will sich an Maxim rächen. Er lauert ihm auf, überfällt ihn und verletzt ihn schwer. Unterdessen ist aber auch in der zweiten Fabrik der Streik ausgebrochen. Es kommt zu Zusammenstößen zwischen Arbeitern und der Polizei. Der Krieg beginnt. Maxim wird Soldat; aber er kämpft weiter für den Sieg der Arbeiterklasse.
Mittelteil der sogenannten »Maxim-Trilogie«, zu der noch *Junost Maxima* (1935) und *Wyborgskaja storona* (1938) gehören. Die Gestalt Maxims tritt in diesem Teil ein wenig in den Hintergrund, und das nimmt dem Film etwas von seiner Wirkung. Andererseits zeichnet er geschickt ein Bild der Vorkriegszeit in St. Petersburg. Das politische Anliegen wird stellenweise mit Humor vorgetragen; neben Szenen von Demonstrationen und Barrikadenkämpfen stehen satirische Zwischenspiele – die Debatten in der Duma z. B. oder Maxims Auseinandersetzungen mit den Polizeispitzeln.

Wozzeck / Der Fall Wozzeck

DDR, 1947

R: Georg C. Klaren; A: Georg C. Klaren nach dem gleichnamigen Bühnenstück von Georg Büchner; K: Bruno Mondi; D: Kurt Meisel, Helga Zülch, Paul Henckels, Arno Paulsen, Richard Häussler, Max Eckard

Der Film stellt Büchners Vorlage in eine Rahmenhandlung. Der Körper des Soldaten Wozzeck (K. M.), den man gehängt hat, liegt auf dem Seziertisch. Für den Studenten Büchner (M. E.) ist der Tote kein Mörder, sondern »einer, den wir gemordet haben«. Zum Beweis erzählt er Wozzecks Geschichte: seine Liebe zu Marie (H. Z.), die ihn mit dem Tambourmajor (R. H.) betrügt, seine Abhängigkeit vom Arzt (P. H.) und vom Hauptmann (A. P.). Als man Wozzeck von Maries Untreue berichtet, ersticht er in dumpfer Verzweiflung die Frau, die allein etwas Freude und Hoffnung in sein elendes Leben gebracht hat.
Eine sauber realistische Verfilmung, die das leidenschaftliche Engagement der literarischen Vorlage völlig unnötigerweise in der Rahmenhandlung noch durch überdeutliche Agitation absichern zu müssen glaubt. Im Hauptteil gibt es gute darstellerische Leistungen und einige bildwirksame Impressionen, die die dumpfe Verzweiflung Wozzecks sinnfällig machen.

Eine weitere sehr werkgetreue, aber dadurch auch ein wenig theaterhafte Filmversion des Schauspiels drehte Werner Herzog (*Woyzeck*, 1978/79).

The wrong man

(Der falsche Mann)

USA, 1957

R: Alfred Hitchcock; A: Maxwell Anderson und Angus MacPhail nach dem Buch *The true story of Christopher Emmanuel Balestrero* von Maxwell Anderson; K: Robert Burks; D: Henry Fonda, Vera Miles

Der Musiker »Manny« Balestrero (H. F.) wird eines Tages verhaftet; Zeugen glauben in ihm den Mann wiederzuerkennen, der das Büro einer Lebensversicherungsgesellschaft überfallen hat und der auch noch andere Überfälle begangen haben soll. Indizien sprechen gegen ihn. Seine Frau (V. M.) bringt mit Hilfe von Verwandten das Geld für eine Kaution auf; und Balestrero versucht verzweifelt, Zeugen für sein Alibi aufzutreiben. Aber von den drei Männern, mit denen er nach seiner Erinnerung zur Tatzeit vor einem Jahr Karten gespielt hat, sind zwei unterdessen gestorben; der dritte bleibt unauffindbar. Die Situation erscheint hoffnungslos für Balestrero; seine Frau erleidet einen Nervenzusammenbruch und wird in eine Heilanstalt eingeliefert. Doch an dem Tag, an dem Balestrero aufgeben will, wird der wahre Täter bei einem erneuten Überfall verhaftet. Die Zeit des Schreckens hat Balestrero und seine Frau allerdings unauslöschlich gezeichnet.
Hitchcocks Lieblingsthema, daß ein Mensch seine Identität verliert, verfolgt wird und sich selbst rehabilitieren muß, wird hier als Reportage einer wahren Begebenheit variiert. Hitchcock hat diesmal großen Wert auf dokumentarische Echtheit gelegt. Er hat an Originalschauplätzen gedreht und in Nebenrollen Personen des tatsächlichen Geschehens eingesetzt. Und er hat dabei bewußt sogar dramaturgische Unebenheiten in Kauf genommen – etwa, daß zum Schluß das Schicksal der Frau mehr und mehr in den Vordergrund tritt. Vorher aber ist der Film ganz mit den Augen des unschuldig Verdächtigten gesehen und macht die Verzweiflung eines Menschen spürbar, der in den Mechanismus polizeilicher Ermittlungen gerät.

Wstretschny

(Gegenplan)

UdSSR, 1932

R: Friedrich Ermler, Sergej Jutkewitsch; A: Lew Arnschtam, Friedrich Ermler, Sergej Jutkewitsch, D. Del; K: Alexander Ginzburg, Joseph Martow, Wladimir Rapoport; D: Wladimir Gardin, Boris Tenin, Boris Poslawski

Dem alten Arbeiter Babtschenko (W. G.), einem Parteilosen, mißlingt ein wichtiges Werkstück, weil er nach seiner Gewohnheit eine gehörige Portion Wodka getrunken hat. Das Ersatzstück ist ebenfalls unbrauchbar, weil die Werkbank nicht in Ordnung ist. Der Parteisekretär Wasja (B. T.) überzeugt den verbitterten Babtschenko, daß er sich gemeinsam mit den anderen »alten« Arbeitern für die Erfüllung des »Gegenplanes« einsetzen müsse. Die Schwierigkeiten scheinen überwunden; doch dann entdeckt man einen Fehler in der Konstruktionszeichnung der Turbine, den der Ingenieur Skworzow (B. P.) aus Haß auf die Sowjetmacht verschwiegen hat. Auch dieses Hindernis wird überwunden, der Gegenplan erfüllt. Und man feiert Babtschenko als »neuen Kommunisten«.
Manches an diesem Film war damals revolutionär. Der Held ist ein parteiloser alter Mann, der eine Vorliebe für den Wodka hat; der Parteisekretär plagt sich mit einer unglücklichen Liebe herum. Kurz, auf der Leinwand erschienen keine Heroen, sondern ganz normale Menschen, mit denen sich der Zuschauer identifizieren konnte. Entsprechend groß war der Publikumserfolg, während die Kritik dem Film vorwarf, er habe die Montage-Prinzipien Eisensteins verraten. Tatsächlich wird hier eine einfache Geschichte in einfachen, überzeugenden Bildern erzählt.
Die Musik zu diesem Film schrieb Dmitri Schostakowitsch. Unter anderem komponierte er ein »Lied vom Gegenplan«, das Jean Renoir in seinem Film *La vie est à nous* (1936) zitierte und auf dessen Melodie die Hymne der Vereinten Nationen basiert.

Wszystko na sprzedaż
(Alles zu verkaufen)

Polen, 1968

R: Andrzej Wajda; A: Andrzej Wajda; K: Witold Sobociński; D: Beata Tyszkiewicz, Elżbieta Czyżewska, Daniel Olbrychski, Andrzej Łapicki

Die Eingangssequenzen zeigen ein Filmteam, das einen Unglücksfall filmt: Ein Mann gerät unter einen Zug. Der Regisseur (A. Ł.) selbst spielt die Rolle des Verunglückten, da sein Hauptdarsteller nicht erschienen ist. Elżbieta (E. C.), die Frau des Schauspielers, und Beata (B. T.), seine frühere Geliebte, die jetzt die Frau des Regisseurs ist, machen sich auf, ihn zu suchen. Sie verfolgen seine Spuren, sprechen mit Menschen, die ihm begegnet sind, und hören schließlich im Radio die Nachricht von seinem Tod: Er ist unter einen fahrenden Zug geraten. Der Regisseur ist verzweifelt, aber er gibt nicht auf. Man kann auch einen Film über die Abwesenheit eines Darstellers drehen. So sichtet er Dokumentarmaterial über den Toten, befragt seine Bekannten usw. Sogar einen Hauptdarsteller für den neuen Film hat er schon – Daniel (D. O.), der seinen toten Kollegen bewundert hat. Zwar hat Daniel wenig Lust, jetzt in die Haut des Toten zu schlüpfen, und auch den Regisseur befallen Zweifel an seinem Konzept. Aber die erste Einstellung für den neuen Film wird gedreht. Damit endet der Film ...
Wszystko na sprzedaż ist ein Film über den verstorbenen Schauspieler Zbigniew Cybulski, aber auch ein Film über die Situation des Künstlers, der bereit ist, »alles zu verkaufen«, d. h. alle Individualität, persönliche Erlebnisse und Beziehungen in seinem Werk zu verarbeiten.
Wajda und Cybulski wurden gemeinsam berühmt durch den Film *Popiół i diament* (1958). Jahre später wollte Wajda einen neuen Film mit seinem damaligen Hauptdarsteller drehen. Aber schon im ersten Stadium der Planung erhielt er die Nachricht vom Tode Cybulskis, der unter einen fahrenden Zug gestürzt war. Nun entschloß er sich, einen Film nicht mit, sondern über Cybulski zu drehen. Allerdings ging es ihm nicht um ein übliches Schauspielerporträt, nicht einmal Cybulskis Name fällt in dem Film. Wajda selbst meinte: »Es ist vielmehr ein Film über das Unvermögen, einen Menschen ohne seine Anwesenheit zu fassen. Es ist wie weglaufende Konturen, wie Striche, die gerade eine Skizze andeuten und sich dann im Nichts verlieren ...« Aber entstanden ist dabei auch ein Film über Wajda selbst, ein Film, der gleichzeitig die Schwierigkeiten seiner eigenen Entstehung reflektiert. Die Hauptdarsteller, Freunde des Toten, treten unter ihrem eigenen Namen auf; den Regisseur im Film nannte Wajda Andrzej und ließ ihn von einem Schauspieler spielen, der ihm sehr ähnlich sieht. So wurde aus dem Geflecht von Dichtung und Wahrheit, von Realität und Fiktion ein ungewöhnlicher und suggestiver Film. Oft läßt Wajda die Szenen nur kurz anspielen, montiert abrupte Übergänge, läßt die Wirklichkeit wie Kino, das Kino wie Realität erscheinen. Die Farbe spielt nicht nur als dekoratives, sondern auch als dramaturgisches Element eine große Rolle.

Wyborgskaja storona
(Die Wyborger Seite)

UdSSR, 1938

R: Grigori Kosinzew, Leonid Trauberg; A: Grigori Kosinzew, Leonid Trauberg; K: Andrej Moskwin, G. Filatow; D: Boris Tschirkow, Maxim Schtrauch, Michail Scharow, Michail Gelowani

Die Revolution ist vorbei; die Bolschewiki haben die Macht errungen. Jetzt gilt es, einen bolschewistischen Staatsapparat zu schaffen. Maxim (B. T.) wird Kommissar für die Staatsbank. Der frühere Arbeiter muß sich mit der Obstruktion bourgeoiser Untergebener auseinandersetzen; doch er meistert alle Schwierigkeiten. Damit nicht genug: Der frühere Kontorist und jetzige Anarchist Dymba (M. Scha.) wiegelt einen Teil der Arbeiter auf, die Weinlager zu zerstören. Maxim sorgt für die Festnahme der Banditen. Bei dem Prozeß gegen sie wird auch noch eine Verschwörung gegen das Leben Lenins (M. Scht.) entdeckt. Als die Sowjetunion von deutschen Imperialisten bedroht wird, greift Maxim erneut zur Waffe.
Dritter Teil der sogenannten »Maxim-Trilogie«, zu der noch die Filme *Junost Maxima* (1935) und *Woswraschtschenije Maxima* (1937) gehören.

Dieser Schlußteil hat an Originalität und Unmittelbarkeit beträchtlich verloren. Er steht dem näher, was man unter »sozialistischem Realismus« versteht; und er ist auch vom Personenkult beeinflußt, was in den Auftritten von Lenin und Stalin (M. G.) deutlich wird.
Die Schlußszenen dieses Films dienten übrigens als Prolog für den Film *Wstretscha s Maximom* (Begegnung mit Maxim, 1941) von Sergej Gerassimow.

Y

Yawar mallku
(Das Blut des Condors)

Bolivien, 1969

R: Jorge Sanjinés; A: Jorge Sanjinés, Oscar Soria; K: Antonio Eguino; D: Marcelino Yanahuaya, Benedicta Mendoza Huanca, Vicente Verneros Salinas

Ignacio Mallku (M. Y.) ist Vorsteher eines Indiodorfes. Als Geburtenrückgang die Existenz des Stammes bedroht, entdecken die Indios, daß ihre Frauen in einer Klinik des amerikanischen »Friedenskorps« nach Entbindungen heimlich sterilisiert werden. Die Indios überfallen die Amerikaner und kastrieren sie. Als Vergeltungsmaßnahme schleppt die Polizei einige Männer vor das Dorf und schießt sie nieder. Auch Ignacio ist unter ihnen. Er überlebt das Massaker schwer verletzt und wird von seiner Frau Paulina (B. M. H.), die selbst ein Opfer der Sterilisationskampagne ist, in die Großstadt ins Krankenhaus gebracht. Doch dort verlangt man Geld für Medikamente, für eine Operation, für Blutkonserven. Vergeblich bemüht sich Ignacios Bruder Sixto (V. V. S.), das erforderliche Geld aufzutreiben. Ignacio stirbt, Sixto legt demonstrativ die Tracht der Indianer an und kehrt ins Dorf zurück. Als Schlußbild sieht man einen Wald von Gewehren in hochgereckten Fäusten.
Der Film beginnt mit der Erschießungsszene und erzählt die Vorgeschichte in Rückblenden parallel zu den Ereignissen in der Stadt. *Yawar mallku* ist direkter, kämpferischer als Sanjinés' Erstling *Ukamau*, aber auch nicht ganz so geschlossen und ausgewogen. Im Drehbuch stört unter anderem, daß die Indios letzte Gewißheit über die Sterilisierung ausgerechnet durch einen Orakelspruch des dörflichen Zauberers erhalten. Doch diese Nachteile werden überspielt von der überzeugenden Milieuschilderung, vom unverfälschten und unverstellten Spiel der Laien aus den Indiodörfern, vom spürbaren Engagement des Regisseurs, der dem schmucklosen Reportagestil ein hohes Maß von Wirkung abgewinnt.

Yi jian chuangshui tong ling (v. l.: Wu Yinyan, Bai Yang)

Yi jian chuangshui tong ling
(Die Wasser des Frühlingsstromes fließen nach Osten)

China, 1947

R: Cai Chusheng, Zheng Junli; A: Cai Chusheng, Zheng Junli; K: Zhu Jinming; D: Bai Yang, Tao Jin, Wu Yinyan, Gao Zheng, Shu Xiuwen, Shangguan Yunzhu, Zhou Boxun

Die Handlung beginnt in den dreißiger Jahren während des chinesisch-japanischen Kriegs. Als japanische Truppen Shanghai besetzen, folgt Zhang Zhongliang (T. J.) den zurückweichenden chinesischen Verbänden, während seine Mutter (W. Y.), seine Frau Sufen (B. Y.) und sein kleiner Sohn in Shanghai zurückbleiben. Die Frauen fliehen mit dem Kind zu Zhangs Vater aufs Land. Bald wird auch ihre neue Heimat von den Japanern erobert, die dort ein strenges Besatzungsregime installieren. Zhangs Bruder, ein Lehrer, flieht mit seinen Kollegen in die Berge, als die Japaner besonders die Intellektuellen verfolgen; sein Vater wird hingerichtet, als er gegen unmenschliche Maßnahmen protestiert. Sufen kehrt mit ihrem Sohn und ihrer Schwiegermutter nach Shanghai zurück, wo sie in bitterer Armut leben. Zhang hat es nach Chongqing verschlagen, wo er Lizheng (S. X.) begegnet, die er schon vor dem Krieg in Shanghai kennengelernt hatte. Ihr einflußreicher Adoptivvater (Z. B.) besorgt ihm eine Stelle in seiner Firma, und Zhang wird schnell zum karrierebewußten Aufsteiger. Da er lange ohne Nachricht von seiner Familie ist, heiratet er Lizheng. Nach der Kapitulation Japans kehrt er nach Shanghai zurück und findet Unterkunft im Haus von Lizhengs Kusine (S. Y.), deren Mann als Kollaborateur verhaftet worden ist. Zhang beginnt bald ein Verhältnis mit der attraktiven Hausherrin. Sufen ist unterdessen ge-

zwungen, eine Stelle als Dienstmädchen anzunehmen, und gerät zufällig in das Haus der Kusine, wo sie auf einem Bankett zu Ehren der Ankunft Lizhengs ihren vermißten Mann erkennt. Lizheng, die um jeden Preis einen Skandal vermeiden will, fordert Zhang auf, sich von Sufen scheiden zu lassen. Als Sufen sieht, daß ihr Mann auch bei einer Begegnung mit seiner Mutter und seinem Sohn nicht die Kraft findet, seine Karriere aufs Spiel zu setzen und sich zu seiner Familie zu bekennen, stürzt sie sich in den Fluß. Vorher hat sie ihr Kind der Obhut ihres Schwagers empfohlen, der weiter für eine Erneuerung Chinas kämpft.
Ein großes Melodrama, das in seiner Grundkonzeption von der Dramaturgie Hollywoods beeinflußt sein dürfte. Die beiden Regisseure haben ihre Vorbilder geschickt adaptiert und letzten Endes doch ein ganz eigenständiges Werk geschaffen, das in rund drei Stunden ein faszinierendes Panorama von Vergangenheit und Gegenwart bietet. Dabei überrascht die kritische Schärfe, mit der in der kurzen Zeitspanne zwischen Krieg und Bürgerkrieg, also noch in der Republik Chiang Kai-sheks, die Restauration angeprangert wird. Der Film zeigt unmißverständlich, daß sich Sufens Situation nach dem prahlerisch gefeierten Sieg nicht um einen Deut gebessert hat, daß also dieser Sieg nicht der ihre war. Und er schildert eine reiche Oberschicht, die sich den gewonnenen Krieg offenbar als persönliches Verdienst anrechnet und die konsequent auch allein an ihm verdienen will. Wenn sich am Ende des Films die Personen der Handlung unversöhnt gegenüberstehen, dann sind gleichzeitig schon die Fronten für den wenig später beginnenden Bürgerkrieg formiert. Alle diese politischen Bezüge aber erwachsen aus dem Schicksal von Menschen, deren Leid und Leidensfähigkeit der Film mit einer Zeile aus einem Gedicht des Kaisers Li Yü apostrophiert, die ihm als Motto vorangestellt ist: »Wieviel Leid kann der Mensch ertragen? Soviel wie der Frühlingsstrom Wasser nach Osten trägt . . .«

Young Mr. Lincoln

(Der junge Mr. Lincoln)

USA, 1939

R: John Ford; A: Lamar Trotti; K: Bert Glennon; D: Henry Fonda, Pauline Moore, Alice Brady, Richard Cromwell, Eddie Quillan, Ward Bond

Ein Abschnitt aus dem Leben des späteren US-Präsidenten Abraham Lincoln. Der Film beginnt mit einer Wahlversammlung, bei der der »junge Mr. Lincoln« (H. F.) spricht – einfach, redlich und mit den Händen in der Hosentasche. Lincoln möchte Jura studieren, und seine hübsche Braut Ann Rutledge (P. M.) bestärkt ihn in diesem Wunsch, obwohl er dazu die Stadt verlassen muß. Nach Anns frühem Tod läßt sich Lincoln als Anwalt in Springfield nieder. Hier geschieht am Abend des Unabhängigkeitstages ein Mord. John Palmer Cass (W. B.), ein Freund des Ermordeten und Augenzeuge des Verbrechens, bezichtigt die Brüder Matt (R. C.) und Adam Clay (E. Q.) der Tat. Die Brüder, Fremde in der Stadt, werden trotz aller Unschuldsbeteuerungen verhaftet. Als eine aufgehetzte Menge sie lynchen will, rettet Lincoln ihnen das Leben und übernimmt auch ihre Verteidigung. Im Gerichtssaal agiert er so linkisch, daß selbst der Richter ihm mitleidig empfiehlt, einen erfahreneren Kollegen zu Rate zu ziehen. Aber am Ende bewährt sich Lincolns Taktik, und er kann den Hauptbelastungszeugen als wirklichen Mörder entlarven. Am Schluß des Films sieht man Lincoln auf seinem legendären Maulesel über einen Hügel reiten.
Ein gänzlich unpathetisches und dabei eindrucksvolles Heldenlied. Ford zeichnet Lincoln als einen unscheinbaren, schüchternen und volksnahen Idealisten, der seine Ideale mit einer Mischung aus Naivität und Intelligenz verwirklicht. Wie diese Gestalt, so rührt auch die gradlinige Handlung des schlicht erzählten Films unmittelbar das Gemüt an. Eisenstein rühmte seine »Harmonie« und bekannte, er wäre gern der Autor dieses Films gewesen.

You only live once
(Gehetzt / Du lebst nur einmal)

USA, 1936

R: Fritz Lang; A: Graham Baker und Gene Towne nach einer Idee von Gene Towne; K: Leon Shamroy; D: Henry Fonda, Sylvia Sidney, William Gargan

Der vorbestrafte Eddie Taylor (H. F.) will zusammen mit Joan (S. S.), der Frau, die er liebt, ein neues Leben beginnen. Aber an seiner Arbeitsstelle begegnet man ihm mit Mißtrauen; ein Diebstahl, der dort begangen wird, wird sofort ihm in die Schuhe geschoben. Wenig später gerät er gar in den Verdacht, mit seiner alten Bande einen Raubüberfall begangen zu haben, bei dem ein Mensch getötet worden ist. Eddie stellt sich, um seine Unschuld zu beweisen, wird aber auf Grund von Indizien zum Tode verurteilt. Mit einer eingeschmuggelten Pistole bahnt er sich einen Weg aus dem Gefängnis; als der Gefängnisgeistliche (W. G.) ihm wahrheitsgemäß sagt, daß er begnadigt worden sei, hält Eddie ihn für einen Lügner und schießt ihn nieder. Nach einer langen Flucht wird Eddie zusammen mit Joan kurz vor der Grenze erschossen; nur das Kind, das auf der Flucht zur Welt gekommen ist, überlebt.
Hatte Lang in seinem ersten US-Film (*Fury*) gezeigt, wie brave Bürger einen Unschuldigen lynchen wollen, so zeigt er hier, wie die Gesellschaft einem Gestrauchelten die Resozialisierung verwehrt. Und auch hier spielt er wieder mit der Fragwürdigkeit der Begriffe Schuld und Unschuld. Nach dem Prozeß sieht der Zuschauer eine Zeitungsseite mit der Schlagzeile »Taylor freigesprochen«; dann schwenkt die Kamera, und man sieht eine andere Seite mit der Überschrift »Taylor zum Tode verurteilt«. Ein cleverer Journalist hatte sich für beide Möglichkeiten vorbereitet. Der Film ist voll dramatischer Spannung; im zweiten Teil kommt auch noch Poesie ins Spiel. Die Fluchtszenen enthalten gleichzeitig »action« und eine zarte Liebesromanze, wobei der Schatten des Todes beiden Aspekten des Films gleichermaßen Atmosphäre gibt.

Z

Z
(Z)

Frankreich/Algerien, 1968

R: Costa-Gavras; A: Jorge Semprun und Costa-Gavras nach dem gleichnamigen Roman von Vassili Vassilikos; K: Raoul Coutard; D: Yves Montand, Jean-Louis Trintignant, Irene Papas, François Périer, Jacques Perrin

Friedensfreunde bereiten eine Versammlung vor, bei der der »Doktor« (Y. M.) sprechen soll; aber die Organe des Staates behindern diese Versammlung oppositioneller Kräfte. Nach Schluß der Veranstaltung sieht die Polizei tatenlos zu, wie radikale Schläger die Versammlungsteilnehmer verprügeln; und kein Polizist greift ein, als der »Doktor« von einem Lieferwagen überfahren wird. Wenig später stirbt er an den Folgen des Unfalls. Die Polizei möchte diesen Zwischenfall vertuschen; aber angesichts der Erregung in der Öffentlichkeit sieht sich die Regierung genötigt, eine Untersuchung durchzuführen. Ein junger Untersuchungsrichter (J. L. T.) wird mit dieser Aufgabe betraut; und zur peinlichen Überraschung seiner Auftraggeber nimmt er sie überaus ernst. Obwohl selbst eher konservativ, läßt er sich weder beirren noch einschüchtern. Er befragt Zeugen und benutzt Foto-Dokumente, die ihm ein Reporter (J. P.) übergeben hat. Schrittweise enthüllt er die Wahrheit: Der vermeintliche Unfall war ein Mord, der von hohen Politikern und Militärs in Auftrag gegeben worden ist. Die Täter werden verurteilt, und die Regierung tritt zurück. Doch der Richter hat nur einen kleinen Sieg errungen. Die neue Regierung läßt alle »verschwinden«, die an der Aufklärung des Falles beteiligt waren; und die eigentlichen Hintermänner des Mordanschlags schickt man ohne Anklage und Urteil in Pension. Die Diktatur wird noch härter. Sie verbietet die Meinungs- und Pressefreiheit, mißliebige Literatur – und den Gebrauch des altgriechischen Buchstabens »Z«, der soviel wie »Er lebt!« bedeutet . . .
Weder der Staat, in dem die Handlung spielt, noch die Stadt werden genannt, dennoch ist die

Zielrichtung ganz deutlich: Gemeint ist der Fall des griechischen Abgeordneten Lambrakis, der 1963 einem mysteriösen Verkehrsunfall zum Opfer fiel. Und im Vorspann heißt es auch: »Übereinstimmung mit Personen und wahren Ereignissen ist gewollt.« Die Anonymität der Filmhandlung jedoch hat den Vorteil, daß sich die Motive der Handlung leichter auf andere Diktaturen übertragen lassen.
Costa-Gavras hat seine Anklage gegen Terror und Unterdrückung effektvoll wie einen Krimi in Szene gesetzt. Er nutzt geschickt das Spannungsmoment der schrittweisen Aufklärung eines undurchsichtigen Komplotts, er stilisiert seinen Film zu einem nahezu sportlichen Wettkampf zwischen dem Untersuchungsrichter und der Allmacht des Staates und nimmt dabei auch eine starke Emotionalisierung des Zuschauers in Kauf. Das ist ihm vorgeworfen worden. Aber man kann auch darauf verweisen, daß er mit diesen Mitteln ein Massenpublikum für ein politisches Problem interessiert hat.
Z hat das Genre der sogenannten Polit-Thriller populär gemacht, Filme, die Zeitkritik mit den Mitteln des Kriminalfilms betreiben. Costa-Gavras selbst hat dieses Rezept später in seinen Filmen *L'aveu* (Das Geständnis, Frankreich/Italien 1969), *Der unsichtbare Aufstand* (BRD/Frankreich/Italien 1972) und *Section speciale* (Sonder-Tribunal, Frankreich/Italien/BRD 1975) erneut angewandt.

Zabriskie Point

(Zabriskie Point)

USA, 1969

R: Michelangelo Antonioni; A: Michelangelo Antonioni, Fred Gardner, Sam Shepard, Tonino Guerra, Clara Peploe; K: Alfio Contini, Earl McCoy (Spezialeffekte); D: Mark Frechette, Daria Halprin, Rod Taylor

Ohne eigentlich innerlich engagiert zu sein, nimmt Mark (M. F.) an einer Demonstration auf dem Universitätsgelände teil. Als die Polizei von der Schußwaffe Gebrauch macht, schießt er zurück und glaubt irrtümlich, einen Polizisten getötet zu haben. Er flieht, stiehlt von einem Privatflugplatz eine Sportmaschine und fliegt landeinwärts. Auf der Straße unter sich sieht er ein junges Mädchen im Auto. Durch ein paar Flugkunststücke erregt er ihre Aufmerksamkeit, landet und sitzt bald neben Daria (D. H.) im Wagen. Sie sprechen miteinander, lieben sich im Wüstensand des Death Valley, trennen sich wieder. Als Mark das gestohlene Flugzeug zurückbringen will, wird er von der Polizei erschossen. Daria hört die Nachricht im Radio. Sie träumt davon, den Luxus-Bungalow ihres Arbeitgebers in die Luft zu sprengen.
Antonioni will hier die Konsumwelt der USA mit den Vorstellungen der jungen Generation konfrontieren. Zwei »irreale« Szenen dürften da besondere Bedeutung haben. Als Mark und Daria sich im Sand lieben, fährt die Kamera zurück, und man sieht viele Dutzend nackte Paare sich umschlingen. Das triste Grau, das über dieser Szene liegt, scheint anzudeuten, daß die Liebe keine Lösung bieten kann. Eindeutiger ist der Schluß. In immer neuen Einstellungen sieht Daria in Zeitlupe den Bungalow explodieren; und der Zuschauer sieht immer wieder attraktiv fotografierte Konsumgegenstände durch die Luft fliegen. Ein Werbefilm für die Zerstörung. Aber man fragt sich bei aller Virtuosität der Regie, ob hier das Unbehagen einer Generation nicht mit zuviel Behagen abgehandelt worden ist.

Zahn um Zahn

BRD, 1985

R: Hajo Gies; A: Horst Vocks, Thomas Wittenburg, Hajo Gies, Hartmut Grund; K: Jürgen Jürges; D: Götz George, Renan Demirkan, Rufus, Charles Brauer, Eberhard Feik

In einer zum Abbruch bestimmten Werkssiedlung in Duisburg macht man eine furchtbare Entdeckung: Der Buchhalter Krüger hat offenbar seine Familie und dann sich selbst getötet. Nur seine jüngste Tochter hat er verschont. Die Polizei hat schnell ein Motiv für die Tat: Krüger ist von seinem Chef, dem Großindustriellen Grassmann (C. B.), dem übrigens auch die Siedlung gehört, entlassen worden. Doch Kommissar Schimanski (G. G.), der in Krüger einen Schulfreund erkannt hat, bleibt mißtrauisch. Er ermittelt weiter, gerät mit Grassmann aneinander, wird auf dessen Druck suspendiert, quittiert nun seinerseits den Dienst und sucht auf eigene Faust nach einem Mörder, wobei er als-

bald Hilfe und Konkurrenz zugleich durch die clevere Reporterin Ulli (R. D.) bekommt. Eine Spur führt nach Marseille, wo die beiden zwischen die Fronten einer Gangsterbande und der Polizei geraten. Schimanski kann einen der Gangster, Hacker (R.), nach Düsseldorf entführen. Hacker hat Krüger tatsächlich umgebracht; aber er war nur ein bezahlter Killer. Als er auf offener Straße erschossen wird und als Ulli einem Attentat zum Opfer fällt, konzentriert sich der Verdacht auf Grassmann, der mit Hilfe von Krügers Vater auch als Drahtzieher entlarvt wird.
Kommissar Schimanski wurde zunächst in sechs Folgen der Fernseh-Serie »Tatort« zum Publikumsliebling; von dieser Popularität profitierte dann der deutsche Film. Hier wie dort fahndet der schnauzbärtige Polizist mit oft unkonventionellen Methoden, wobei er die Grenzen der Legalität nicht allzu penibel beachtet, sich betont lässig kleidet, einen schnoddrigen Jargon spricht und auch im Privatleben nicht eben den vorbildlichen »Saubermann« spielt. Während aber zunächst in der Fernseh-Serie auch viel Milieu und hausgemachte Problematik aus dem »Ruhrpott« ins Bild kam, setzt der Spielfilm mehr auf harte »Action« und auf den Hauch der weiten Welt. Immerhin mobilisierte Schimanski auch die Kino-Besucher und sorgte für einen der wenigen Publikumserfolge der deutschen Produktion in den letzten Jahren. So war es kaum überraschend, daß bereits 1986 in *Zabou* weitere Abenteuer des flotten Fahnders erzählt wurden. Wieder spielte Götz George unter der Regie von Hajo Gies die Hauptrolle.

Zazie dans le métro

(Zazie)

Frankreich, 1960

R: Louis Malle; A: Louis Malle und Jean-Paul Rappeneau nach dem gleichnamigen Roman von Raymond Queneau; K: Henri Raichi; D: Cathérine Demongeot, Philippe Noiret

Zazie (C. D.), zwölfjährige Göre aus der Provinz, kommt für zwei Tage nach Paris. Ihre Mutter, die ein Rendezvous mit ihrem Liebhaber hat, liefert sie bei Onkel Gabriel (P. N.) ab, der seinen Lebensunterhalt als Damenimitator fristet. Zazies höchster Wunsch ist es, einmal mit der Métro zu fahren. Aber nach zwei Tagen hat sie zwar eine Fülle skurriler Menschen kennengelernt und viele absurde Situationen überstanden, nur mit der Métro ist sie nicht gefahren, weil dort just gestreikt wurde. Zazies Kommentar: »Scheiße!« Daß sie zum Schluß mit ihrer Tante doch noch in der Métro fährt, merkt sie nicht, weil sie eingeschlafen ist.
Queneaus Roman, dessen Handlung kaum nachzuerzählen ist, lebt ganz aus der Sprache, aus dem kunstvollen Arrangement des Pariser Alltagsidioms, in dem auch die Orthographie genau kalkulierten Variationen unterworfen wird. Die Sprache ist gleichsam der »Inhalt« des Romans. Malle hat diese Sprache beibehalten und gleichzeitig versucht, Queneaus Mittel auf den filmischen Stil zu übertragen. Mit beträchtlichem Einfallsreichtum hat er sich dabei der Technik bedient, der Zeitraffung und -dehnung, verschiedenster Toneffekte, raffinierter Farbspiele. Er hat runde sechzig Jahre Filmgeschichte ausgeschöpft und zitiert; und er hat dabei mit den Bildern der Realität eine Welt geschaffen, die genauso irreal ist wie die Queneaus. An einigen Stellen hat Malle auf diese Unwirklichkeit ganz deutlich hingewiesen, wenn er etwa ein Gespräch Zazies mit ihrem Onkel so montiert, daß Zazie gleichzeitig links und rechts neben dem Onkel sitzt.

Zéro de conduite

(Betragen ungenügend)

Frankreich, 1932

R: Jean Vigo; A: Jean Vigo; K: Boris Kaufman; D: Jean Dasté, Robert Le Flon, Delphin, Du Verron

In einem düsteren Internat leben die Schüler unter der argwöhnischen Aufsicht lächerlich aufgeputzter, reaktionärer Erzieher. Nur der junge Lehrer Huguet (J. D.) gewinnt ihr Vertrauen. Am Vorabend eines Schulfestes wird der Aufstand geplant. Im Schlafraum entbrennt eine Kissenschlacht; der aufsichtführende Lehrer Pète-Sec wird an sein Bett gefesselt; die vier Anführer des Aufruhrs hissen auf dem Dach die Seeräuberflagge. Am nächsten Morgen hat sich auf dem Schulhof eine skurrile Festversammlung zusammengefunden, als plötzlich vom Dach Schulbücher und Schuhe herabprasseln.

Die Obrigkeit muß den Rückzug antreten; die vier auf dem Dach stimmen den »Gesang der Freiheit« an.

Der Film spiegelt persönliche Erinnerungen Vigos: »Natürlich ersteht hier mit seinen dreißig Betten der Schlafsaal meiner acht Internatsjahre. Ich sehe Huguet, den wir so sehr liebten, und seinen Kollegen, den Aufseher Pète-Sec, und jenen stummen Oberaufseher mit den Gespenster-Kreppsohlen. – So werde ich noch einmal bei den Vorbereitungen des Komplotts auf dem Dachboden dabei sein, das zu einem Skandal führte und soviel Ungemach über uns brachte, bei der Kreuzigung Pète-Secs, die sich wirklich so zugetragen hat, bei dem von uns gestörten Fest der Schulräte.«

Aber Vigo hat nicht nur sentimental in Erinnerungen gekramt. Seine eigenen Erlebnisse sind Argumente für eine grimmige Attacke gegen ein überholtes Erziehungssystem, gegen falsche Autoritäten, deren Vertreter er bitter karikiert. Da entpuppt sich der Direktor (D.), der würdevoll hinter seinem Schreibtisch thront, als Liliputaner; die Ehrengäste des Festes werden wie Figuren in einer Schießbude aufgereiht. In jeder Einstellung spürt man den Geist einer ungestümen Rebellion.

Doch neben der bitteren Satire steht die poetische Vision. So verwandelt sich für zwei Jungen bei der Rückkehr aus den Ferien ein Eisenbahnabteil in einen magischen Raum. Und selten ist die Zeitlupe künstlerisch überzeugender genutzt worden als in der großen Schlafsaal-Szene, in der die Jungen zwischen schwebenden Bettfedern einen seltsam melancholischen Siegestanz aufführen, während dazu der Tonstreifen rückwärts abläuft. Hier mischt sich Melancholie in den Aufruf zur Revolte. Der Film wurde in Frankreich sofort nach seiner Uraufführung verboten und erst 1945 freigegeben.

Žert

(Der Scherz)

ČSSR, 1968

R: Jaromil Jireš; A: Jaromil Jireš und Milan Kundera nach Motiven des gleichnamigen Romans von Milan Kundera; K: Jan Čuřík; D: Josef Somr, Jana Dítětová, Luděk Munzar, Evald Schorm, Jaroslava Obermaierová

Ludvik Jahn (J. S.), ein erfolgreicher Wissenschaftler, wird für den Rundfunk interviewt. In der Reporterin (J. D.) erkennt er die Frau seines früheren Freundes Pavel (L. M.). Er hat allen Grund, diesen Pavel zu hassen ... Als Student hatte Ludvik seiner damaligen Freundin Marketa (J. O.) ins Schulungslager eine Postkarte geschrieben, auf der er sich über den offiziell verordneten Optimismus lustig gemacht und die er mit den Worten »Es lebe Trotzki!« versehen hatte. Pavel hatte aus diesem Scherz eine Haupt- und Staatsaktion gemacht. Ludvik wurde von der Universität verwiesen, kam in eine militärische Strafabteilung, mußte jahrelang im Bergwerk arbeiten. Jetzt endlich will er sich rächen. In der Wohnung eines Freundes (E. S.) verführt er Pavels Frau. Aber zu spät erfährt er, daß Pavels Ehe längst gescheitert ist, daß die Rache den jovialen Opportunisten, der sich vom Stalinisten längst zum Liberalen gewandelt hat, überhaupt nicht trifft. Er läßt seine ohnmächtige Wut an einem Unbeteiligten aus.

Rückblenden zeigen erstaunlich offen Brutalität und Terror in den Straflagern der fünfziger Jahre. Aber diese Rückblenden sind so geschickt assoziativ in die Gegenwartshandlung eingestreut, daß sie unmittelbar deutlich machen: Die Vergangenheit ist noch nicht tot, man muß sich mit ihr wieder und wieder auseinandersetzen. Der Film zeichnet das Porträt eines Mannes, der trotz beruflicher Erfolge nach dem Erlebnis der Erniedrigung sein inneres Gleichgewicht noch nicht wiedergefunden hat. Aber er stilisiert ihn nicht zum Helden; er macht gleichzeitig deutlich, daß seine Art der Vergangenheitsbewältigung sinnlos ist.

Zezowate szczęście

(Das schielende Glück)

Polen, 1959

R: Andrzej Munk; A: Jerzy Stefan Stawiński nach einer eigenen Erzählung; K: Jerzy Lipman, Krzysztof Winiewicz; D: Bogumił Kobiela, Maria Ciesielska, Barbara Kwiatkowska, Kazimierz Opalinski

Jan Piszczyk (B. K.) ist der geborene Pechvogel. Schon als Kind wird er dauernd gehänselt; als Student steckt er einmal als vermeintlicher

Jude, dann als angeblicher Antisemit Prügel ein. Just als er sich in die polnische Wehrmacht flüchten will, bricht der Krieg aus. Der Zivilist Piszczyk wird gefangengenommen, als er in einer verlassenen Kaserne spielerisch eine Offiziers-Uniform anprobiert. Man steckt ihn in ein Offizierslager, wo die Kameraden bald durchschauen, daß er seine Uniform zu Unrecht trägt, und ihn für einen Nazi-Spitzel halten. Später reüssiert er auf dem schwarzen Markt, geht aber aus Liebe zu einem Mädchen unter die Widerstandskämpfer – und just dort trifft er einen aus dem Gefangenenlager wieder ... Nach dem Krieg gerät er in den Verdacht, ein ausländischer Agent zu sein. Schließlich landet er bei einer Behörde und macht eine erstaunliche Karriere. Doch auf ihrem Höhepunkt stellt ihm ein neidischer Kollege ein Bein. Er imitiert Piszczyks Handschrift und schreibt boshafte Bemerkungen unter das Bild eines Vorgesetzten. Piszczyk kommt ins Gefängnis. Und nun hat er die Nase voll. Hier will er bleiben, hier hat er Ruhe. Als er entlassen werden soll, erzählt er dem Gefängnisdirektor (K. O.) diese Lebensgeschichte in einer einzigen großen Rückblende, um damit sein Mitleid zu erregen. Aber es nützt nichts, man wirft ihn aus dem Gefängnis hinaus.

Munk meinte, dies sei »eine traurige Komödie oder eine heitere Tragödie – wie Sie wollen«. Was für den ausländischen Zuschauer die Tragikomödie eines Charakters ist, das hat in Polen zusätzliche Bedeutung. Alle Gags, alle Anspielungen beziehen sich exakt auf Fakten aus rund vier Jahrzehnten polnischer Geschichte; und dabei werden geheiligte nationale Überlieferungen von Munk spielerisch demontiert. Formal ist diese Tragikomödie vom stets und ständig scheiternden Mitläufer, der die Zeichen der Zeit immer ein wenig zu spät erkennt, mit sehr viel Einfallsreichtum gestaltet. Munk drehte z. B. Piszczyks Jugend als Stummfilmgroteske; groteske Elemente bestimmen auch später den Stil der Inszenierung und das Spiel der Darsteller.

Ziemia obiecana

(Das gelobte Land)

Polen, 1974

R: Andrzej Wajda; A: Andrzej Wajda nach dem gleichnamigen Roman von Władysław S. Reymont; K: Witold Sobociński, Edward Kłosiński, Wacław Dybowski; D: Daniel Olbrychski, Wojciech Pszoniak, Andrzej Seweryn, Anna Nehrebecka, Franciszek Pieczka, Bożena Dykiel, Kalina Jędrusik, Tadeusz Bialoszczyński, Jerzy Nowak

Lodz in den achtziger Jahren des 19. Jahrhunderts. Im Taumel der Industrialisierung beschließen drei Freunde, der Pole Karol Borowiecki (D. O.), der Jude Moritz Welt (W. P.) und der Deutsche Max Baum (A. S.), zusammen eine Fabrik zu gründen. Wie besessen scharren sie das notwendige Betriebskapital zusammen. Zu den eigenen Ersparnissen kommt der Gewinn aus undurchsichtigen Geschäften. Karol überredet seinen Vater (T. B.), sein Gut zu verkaufen und zu ihm in die Stadt zu ziehen. Und die letzte Lücke schließt der Erlös aus einer waghalsigen Baumwoll-Spekulation, die möglich wurde, weil Karol durch seine Affäre mit der lebenslustigen Frau Lucy (K. J.) des Fabrikanten Zucker (J. N.) vertrauliche Informationen erhalten hatte. Endlich steht die Fabrik. Die Liaison mit Lucy Zucker, die den Bau ermöglicht hatte, wird Karol jedoch zum Verhängnis. Zucker erfährt, daß dieser seine schwangere Frau nach Berlin begleitet hat und argwöhnt wohl zu Recht, daß er auch der Vater des Kindes ist, auf das Zucker sich voller Stolz gefreut hatte. Er läßt in der neuen Fabrik Feuer legen. Die Freunde, die nicht versichert waren, scheinen ruiniert. Aber Karol gibt nicht auf. Er verläßt seine Kusine Anka (A. N.), mit der er so gut wie verlobt war, und heiratet Mada (B. D.), die reizlose Tochter des reichen Fabrikanten Müller (F. P.). In einem Epilog sieht man Karol Jahre später in einer vornehmen Gesellschaft, der auch seine ebenfalls arrivierten Freunde angehören. Mit starrem Gesicht gibt er den Befehl, auf streikende Arbeiter zu schießen.

Wajda hat in seinem überlangen, ausladenden Film ein monumentales und faszinierendes Gemälde aus der Zeit des Frühkapitalismus gezeichnet. Die oben skizzierte Handlung ist nur der rote Faden, der durch ein dichtes Geflecht von Nebenhandlungen, Anekdoten, Stimmungsbildern und Detailbeobachtungen läuft. Deutlich und fast sinnlich erfaßbar wird dabei der rauschhafte Überschwang einer Zeit, in der den Spekulanten nahezu alles »machbar« erschien, in der die Versuchung zur Spekulation größer war als je zuvor, in der ein Taumel die Menschen ergriff, der nur noch dem Goldfieber vergangener Zeiten in Amerika vergleichbar ist. Deutlich werden aber auch die Ausbeutung der Arbeiter durch die Spekulanten und der unerbittliche Konkurrenzkampf der Kapitalisten untereinander. Vor diesem Hintergrund erscheint in diesem Film legitimerweise alles gleichsam überlebensgroß: die Vergnügungssucht, die Verzweiflung, der Haß und der erbitterte Kampf um den Platz an der Sonne. Karol und seine Freunde sind wie von einem Virus infiziert, besessen nur noch von dem Gedanken an den Erfolg. Der Film macht diese Atmosphäre, dieses Milieu und diese Menschen völlig glaubwürdig. Und dem Zuschauer leuchtet zum Schluß auch das bittere Fazit ein – daß nämlich ein Mann wie Karol das so mühsam Erreichte gegen jede Bedrohung notfalls auch durch Soldaten zu bewahren versuchen wird.

Zoku ningen no joken

(Barfuß durch die Hölle, II. Teil: *Die Straße zur Ewigkeit*)

Japan, 1958/59

R: Masaki Kobayashi; A: Zenzo Matsuyama und Masaki Kobayashi nach Band 3 und 4 eines Romans von Jumpei Gomikawa; K: Yoshio Miyajima; D: Tatsuya Nakadai, Michiyo Aratama, Kunie Tanaka, Kei Sato

Januar 1945. Ingenieur Kaji (T. N.) ist zum Militär eingezogen worden. Er erduldet entwürdigenden Drill, sinnlose Schleiferei, erlebt, wie der empfindsame Obara (K. T.) zum Selbstmord getrieben und sein Freund Shinjo (K. S.) wegen eines geringfügigen Vergehens in den Tod gehetzt wird. Die Front rückt näher, Panzer greifen an, die letzten versprengten Japaner stehen einem übermächtigen Feind gegenüber. Ein Soldat verliert die Nerven und schreit. Kaji will ihn zum Schweigen bringen, damit die eigenen Stellungen nicht verraten werden, und tötet ihn dabei. Halb wahnsinnig vor Entsetzen läuft Kaji aus dem Bild und schreit: »Antwortet mir. Lebt noch jemand?«
Zweiter Teil einer Trilogie, deren andere Teile unter den Titeln *Ningen no joken (I)* und *Ningen no joken (III)* erschienen.

Zur Chronik von Grieshuus Ⓢ

Deutschland, 1924

R: Arthur von Gerlach; A: Thea von Harbou nach der gleichnamigen Novelle von Theodor Storm; K: Fritz Arno Wagner; D: Paul Hartmann, Lil Dagover, Rudolf Forster, Hans Peter Peterhans

Die Lüneburger Heide um 1700. Durch eine unstandesgemäße Heirat bringt sich Junker Hinrich (P. H.) um sein Erbe, das seinem Bruder Detlef (R. F.) zufällt. Im Streit um dieses Erbe erschlägt Hinrich seinen Bruder und flieht. In der gleichen Nacht stirbt Hinrichs Frau (L. D.) bei der Geburt eines Knaben. Nach Jahren kommt Hinrich unerkannt heim und kann seinem Sohn Enzio (H. P. P.) das Erbe bewahren.
Der Film erzählt seine Geschichte geradlinig, wobei ihm allerdings sowohl karikaturistische Übersteigerungen als auch Sentimentalitäten unterlaufen. Gut gelungen ist fast durchgehend die Schilderung der Vergangenheit, die ihm keineswegs zum oberflächlichen Kostümspiel gerät. Und bemerkenswert sind vor allem die Bauten (Robert Herlth, Walter Röhrig), die organisch in die Landschaft eingefügt wurden.

Zur Sache, Schätzchen

BRD, 1967

R: May Spils; A: May Spils, Werner Enke; K: Klaus König; D: Werner Enke, Henry van Lyck, Uschi Glas

Martin (W. E.) und Henry (H. v. L.) leben in Schwabing träge, aber vergnügt in den Tag hinein. Die Verwirrungen beginnen, als einerseits Martin das Mädchen Barbara (U. G.) kennenlernt und andererseits der alerte Henry seinen Freund bewegt, einen zuvor lustlos beobachteten Einbruch bei der Polizei zu melden. Martin zeigt sein Desinteresse an den Methoden und dem Erfolg der Polizei so deutlich, daß er selbst in Verdacht gerät. Zunächst entkommt er, weil Barbara die verdutzten Ordnungshüter auf dem Revier durch einen Striptease von ihren Pflichten ablenkt. Am Schluß wird er verhaftet. Und wieder benimmt er sich ungewöhnlich. Auf dem Bett sitzend hantiert er mit einer Pistole, beteuert fortwährend, daß sie nicht geladen sei, und verunsichert den Polizisten, der ihn verhaften will, so gründlich, daß der schließlich zur Waffe greift und schießt. Es ist nur ein Streifschuß. »Da haben Sie aber Glück gehabt«, sagt Martin gönnerhaft.

Der eigentliche Reiz dieses Films liegt im Atmosphärischen, in der Milieuschilderung, in den Dialogen, an denen der Hauptdarsteller Werner Enke wesentlich mitbeteiligt war. Nicht nur der Titel des Films ist in die deutsche Umgangssprache eingegangen. Das Ganze ist dennoch mehr als bloße Belustigung. Die Regisseurin hat es verstanden, die skurrile Anomalität ihrer Protagonisten so stilsicher zum Prinzip zu machen, daß die scheinbar normale Welt sich davor immer wieder entlarvt. Sie hat einen Film über zwei melancholisch-heitere Außenseiter gemacht und entlarvt durch sie die Masse der biederen, braven Konformisten. Und manches Mal macht sie den Unsinn der platten Vernunft durchschaubar, indem sie sie mit dem Sinn des Unsinns konfrontiert.

Der 20. Juli

BRD, 1955

R: Falk Harnack; A: Werner Jörg Lüddecke, Günther Weisenborn; K: Karl Löb; D: Wolfgang Preiss, Annemarie Düringer, Robert Freitag, Werner Hinz, Peter Esser, Wolfgang Büttner, Paul Bildt, Werner Peters

Vor einem Gedenkstein, den niemand sonst beachtet, erinnern sich im Jahr 1955 Hildegard Klee (A. D.), ehemals Sekretärin im OKW, und der frühere Hauptmann Lindner (R. F.) an den Widerstand gegen Hitler und das Attentat vom 20. Juli 1944. Die Ereignisse rund um das Attentat werden effektvoll ins Bild gebracht, wobei die beteiligten Personen der Zeitgeschichte auftreten – Graf Stauffenberg (W. Pr.), Generaloberst Beck (W. H.), von Witzleben (P. E.), Olbricht (W. B.), Dr. Goerdeler (P. B.) usw. Aber der Film will mehr sein als die reine Reportage; er macht auch den Versuch, die Situation und die Motive der Attentäter zu erklären.

Zwar gelingt es auch diesem Film nicht, die Vielfalt der Probleme überzeugend zu ordnen. Aber anders als in dem von G. W. Pabst im gleichen Jahr gedrehten Film *Es geschah am 20. Juli / Drei Schritte zum Schicksal / Aufstand gegen Adolf Hitler – Was geschah wirklich am 20. Juli 1944?* zum gleichen Thema wird hier doch begriffen, daß man diesen einen Tag aus der deutschen Geschichte nicht isoliert sehen und schildern darf. Deshalb wird hier der Versuch gemacht, neben der Vorgeschichte auch die Reaktionen der Nachkriegszeit zu verzeichnen, das historische Ereignis in den Ablauf der Geschichte zu integrieren.

Regisseure von A bis Z

Tomás Gutiérrez Alea

Alea, geboren am 11. Dezember 1928 in Habana (Kuba), gehört zu den »Veteranen« des kubanischen Films. Er studierte an der Filmhochschule in Rom, war Mitarbeiter von Julio García Espinosa bei dem einzigen kritischen Spielfilm, der vor der Revolution entstand (*El mégano* – Das Mégano, 1954) und schloß sich dann der Rebellenarmee Fidel Castros an, für die er innerhalb der Kulturabteilung eine »Sektion Film« organisierte. Nach dem Sieg Castros war er Gründungsmitglied des kubanischen Filminstitutes ICAIC und Regisseur des ersten »neuen« Spielfilms.
Alea ist ein vielseitig interessierter und begabter Regisseur ohne einen ausgeprägten persönlichen Stil und spezielle Vorlieben für bestimmte Filmgenres. Seine Inszenierungen reichen von der turbulenten Satire (*Las doce sillas* – Die zwölf Stühle, 1962) bis zum realistischen bäuerlichen Drama (*Cumbite* – Beschwörung, 1964).

Historias de la revolución (Geschichten von der Revolution, 1960), *Las doce sillas* (Die zwölf Stühle, 1962), *Cumbite* (Beschwörung, 1964), *La muerte de un burocrata* (Der Tod eines Bürokraten, 1966), *Memorias del subdesarrollo* (Erinnerungen an die Unterentwicklung, 1968), *Una pelea cubana contra los demonios* (Eine kubanische Schlacht gegen die Dämonen, 1971), *De cierta manera* (In gewisser Weise, 1973 – Co-Regie Sara Gómez und Julio García Espinosa), *El otro Francisco* (Der andere Francisco, 1974 – Co-Regie mit Sergio Giral, Héctor Veitia, Julio García Espinosa), *La ultima cena* (Das letzte Abendmahl, 1975), *Los sobrevivientes* (Die Überlebenden, 1978), *Hasta cierto punto* (Bis zu einem gewissen Punkt, 1983) u. a.

Woody Allen

Allen, geboren als Allen Stewart Konigsberg (andere Quellen: Königsberg) am 1. Dezember 1935 in dem New Yorker Stadtteil Brooklyn (USA), war zunächst Autor und Gagschreiber für berühmte Kollegen. Seit 1961 trat er mit seinen Sketchen selbst in Nachtclubs und im Fernsehen auf und ging dann als Autor nach Hollywood, wo er mit dem Buch für Clive Donners Komödie *What's new, Pussycat?* (Was gibt's Neues, Pussy?, 1964) seinen ersten großen Filmerfolg hatte. Als Regisseur hat er später stets mit eigenen Drehbüchern gearbeitet. In einem Interview sagte er: »Ich ziehe das Schreiben der Schauspielerei und dem Inszenieren bei weitem vor.«
Den Übergang Allens zur Regie markiert ein Kuriosum: 1966 kaufte er die Rechte an dem japanischen Film *Kizino kizo* von Senkichi Taniguchi. Er schnitt den Film um, fügte ein paar Szenen hinzu, synchronisierte ihn mit völlig neuen Dialogen und brachte ihn unter dem Titel *What's up, Tiger Lily?* (Woody Allen – What's up, Tiger Lily?) heraus. Aus einem üblichen Kriminalfilm war bei dieser Prozedur ein parodistisches Spionagedrama um ein entwendetes Rezept für Eiersalat geworden. 1969 erfolgte dann sein eigentliches Regie-Debüt mit dem Film *Take the money and run* (Woody – der Unglücksrabe), dem fiktiven Lebensbild eines scheuen Einzelgängers, den die Ungunst der Umstände zum zwar erfolglosen, aber dennoch erbittert gejagten Gangster macht.
Parodie und das Spiel mit vorgegebenen Klischees bestimmte Allens erste Filme. Doch schon hier zeichnet sich sein späteres Lieblingsthema ab: die Frustration des einzelnen in der Gesellschaft, an deren wahren oder vermeintlichen Standards er scheitert.
Spätestens seit *Annie Hall* (Der Stadtneurotiker, 1977), mit dem er vier »Oscars« (u. a. für den besten Film, das beste Buch, die beste Regie) gewann, gilt Allen als wichtigster Komiker des neueren amerikanischen Films. Kritiker feiern ihn – wechselweise – als legitimen Erben der Marx-Brothers, von Mae West und W. C. Fields; er selbst nennt als sein großes Vorbild Charlie Chaplin.
In seinen späteren Filmen ist Woody Allens Humor trauriger und verzweifelter geworden.
What's up, Tiger Lily? (Woody Allen – What's up, Tiger Lily?, 1966), *Take the money and run* (Woody – der Unglücksrabe, 1969), *Bananas* (Bananas, 1970), *Everything you always wanted to know about sex** and were afraid to ask* (Was Sie schon immer über Sex wissen wollten, aber nie zu fragen wagten, 1972), *Sleeper* (Der Schläfer, 1973), *Love and death* (Die letzte Nacht des Boris Gruschenko, 1975), *Annie Hall* (Der Stadtneurotiker, 1977), *Interiors* (Innenleben,

1978), *Manhattan* (Manhattan, 1979), *Stardust memories* (Stardust Memories, 1980), *A midsummer night's sex comedy* (Eine Sommernachts-Sexkomödie, 1982), *Zelig* (Zelig, 1983), *Broadway Danny Rose* (Broadway Danny Rose, 1984), *The purple rose of Cairo* (The Purple Rose of Cairo, 1985), *Hannah and her sisters* (Hannah und ihre Schwestern, 1986), *Radio days* (Radio Days, 1987), *September* (September, 1987), *Another woman* (Eine andere Frau, 1988), *Crimes and misdemeanors* (Verbrechen und andere Kleinigkeiten, 1988), *New York stories* (New Yorker Geschichten, 1988 – Episode: *Oedipus wrecks*, Ödipus ratlos), *Alice* (Alice, 1990) u. a.

Michelangelo Antonioni

Michelangelo Antonioni bei Dreharbeiten zu »Professione: Reporter«

Antonioni, geboren am 29. September 1912 in Ferrara (Italien), studierte zunächst Volkswirtschaft. Er begann dann, sich für den Film zu interessieren, arbeitete an verschiedenen Drehbüchern mit und war Regieassistent Marcel Carnés bei dem Film *Les visiteurs du soir* (1942). Antonioni drehte danach mehrere Kurzfilme; erst mit 38 Jahren konnte er seinen ersten Spielfilm inszenieren.
Antonioni ist in erster Linie ein Regisseur der Gefühle. Aber Gefühle sind bei ihm nicht vage romantische Empfindungen, sondern Reaktionen auf gesellschaftliche Verhältnisse. Er sagt: »Wenn man heute einen Film gestaltet, muß man nach meiner Überzeugung vor allem zwei Dinge im Auge behalten – einmal die Wirklichkeit um uns herum, sowohl in ihren alltäglichsten als auch in ihren außergewöhnlichsten Erscheinungsformen, und zweitens das Echo, das diese Eindrücke in unserer Seele hervorrufen.«
Seine Helden sind – besonders in seinen italienischen Filmen – vor allem Frauen, die in einer entfremdeten Welt ihre Naivität zurückzufinden suchen, während die Männer sich an die zweifelhaften Werte einer Konsumgesellschaft verloren haben. In der Gestaltung bevorzugt Antonioni weiche Überblendungen, eine Kamera, die die handelnden Personen umkreist und gleichsam belauert, einen langsamen, aber suggestiven Fluß der Handlung. In seinen späteren, im Ausland gedrehten Filmen zeichnet sich hier allerdings ein Wandel ab. In *Blow-up* zum Beispiel gibt es ausgesprochen »hektische« Montagen.
Crònaca di un amore (Chronik einer Liebe, 1950), *I vinti* (Kinder unserer Zeit, 1952), *La signora senza camelie* (Die Dame ohne Kamelien / Die große Rolle, 1953), *Tentato suicidio* (Selbstmordversuch, 1953 – eine Episode des Films *Amore in città* – Liebe in der Stadt), *Le amiche* (Die Freundinnen, 1955), *Il grido* (Der Schrei, 1957), *L'avventura* (Die mit der Liebe spielen / Das Abenteuer, Italien/Frankreich 1959), *La notte* (Die Nacht, Italien/Frankreich 1960), *L'eclisse* (Liebe 1962, 1961), *Il deserto rosso* (Die rote Wüste, 1964), *Blow-up* (Blow up, England 1966), *Zabriskie Point* (Zabriskie Point, USA 1969), *Cina-Chung-Kuo* (Antonionis China, 1972 – Dokumentarfilm), *Professione: Reporter* (Beruf: Reporter, Italien/Frankreich/Spanien 1973/74), *Il mistero di Oberwald* (Das Geheimnis von Oberwald, 1980 – Fernsehproduktion), *Identificazione di una donna* (Identifikation einer Frau, 1982) u. a.

Juan Antonio Bardem

Bardem, geboren am 2. Juni 1922 in Madrid (Spanien), stammt zwar aus einer Schauspieler-

familie, studierte aber zunächst ganz bürgerlich Agronomie. Erst in der Filmabteilung des Landwirtschaftsministeriums kam er mit dem Film in Berührung. 1947 ließ er sich in Madrid an der Filmhochschule einschreiben, wo er Luis García Berlanga kennenlernte, mit dem er einige Zeit zusammenarbeitete. U. a. schrieb er mit Berlanga das Drehbuch zu dessen Film *Bienvenido, Mr. Marshall* (1952) und inszenierte gemeinsam mit ihm den Film *Esa pareja feliz* (So ein glückliches Paar, 1951). Seine erste selbständige Regiearbeit war *Comicos* (Schauspieler, 1953); schon ein Jahr später machte ihn der Film *Muerte de un ciclista* international bekannt.
Bardem ist ein engagierter Regisseur, ein Moralist. Er meinte einmal: »Zweifellos darf ein Regisseur nicht hoffen, er könne allein die Welt verändern. Aber er sollte dazu beitragen ...« Kritisches Engagement und Sinn für Realitäten bestimmen auch seine Filme. Sie schildern Aspekte spanischer Gegenwart, stellen in der Montage bewußt Gegensätzliches nebeneinander und wenden sich – unter Verzicht auf formale Experimente – an ein breites Publikum.

Esa pareja feliz (So ein glückliches Paar, 1951; Co-R: Luis García Berlanga), *Comicos* (Schauspieler, 1953), *Felices pascuas* (Fröhliche Ostern, 1954), *Muerte de un ciclista* (Der Tod eines Radfahrers, Spanien/Italien 1954), *Calle mayor* (Hauptstraße, Spanien/Frankreich 1956), *La venganza* (Die Rache, Spanien/Italien 1957), *Sonatas* (Sonaten, 1959), *A las cinco de la tarde* (Brot und Blut, 1960), *Nunca pasa nada* (Niemals geschieht etwas / Eine Frau geht vorbei, Spanien/Frankreich 1963), *Los pianos mecanicos* (Mechanische Klaviere / Die Versuchung heißt Jenny, Spanien/Frankreich/Italien 1965), *El ultimo dia de la guerra* (Der letzte Tag des Krieges, Spanien/Italien/USA 1969), *La isla misteriosa y el capitan Nemo* (Herrscher einer versunkenen Welt, Italien/Frankreich/Spanien 1972 – Co-R), *La corrupción de Chris Miller* (Maske des Grauens, 1972), *El poder del deseo* (Die Kraft der Begierde, 1976), *El puente* (Ein verlängertes Wochenende, 1977), *Siete dias de enero* (Sieben Tage im Januar, Frankreich/Spanien 1978), *Preduprejdenie* (Die Warnung, Bulgarien/UdSSR/DDR 1981/82), *Lorca, muerte de un poeta* (Federico Garcia Lorca – Der Tod eines Dichters, 1987) u. a.

Jacques Becker

Becker, geboren am 15. September 1906 in Paris (Frankreich) und gestorben am 21. Februar 1960 in Paris, war zunächst Angestellter einer Reederei, wurde auf einer Überfahrt nach Amerika von King Vidor für den Film begeistert und war von 1931 bis 1939 Assistent von Jean Renoir. 1939 sollte er seinen ersten Spielfilm drehen; doch der Krieg unterbrach die Dreharbeiten, und der Film wurde von Jean Stelli beendet. So debütierte Becker 1942 mit dem Kriminalfilm *Dernier atout* (Der letzte Trumpf). Er hatte schnell Erfolg und wurde vor allem in den ersten Nachkriegsjahren zum vielgepriesenen und auch erfolgreichen Chronisten der Nachkriegsgeneration, deren Probleme er in ironischen Komödien behandelte. Später machte er einige Kompromisse, fand aber in seinen letzten Filmen zu neuen Themen und Formen, die er mit Brillanz realisierte.
Becker war ein ausgesprochener Stilist, der seine Filme bis ins Detail kalkulierte. Eine falsche Einzelheit, so meinte er einmal, könne einen ganzen Film zerstören. Sein Lieblingsthema war die Psychologie einer Gruppe – ob es sich dabei um eine weitverzweigte bäuerliche Familie, einen Kreis guter Freunde oder eine Gangsterbande handelte.

Dernier atout (Der letzte Trumpf, 1942), *Goupi Mains-Rouges* (Eine fatale Familie, 1943), *Falbalas* (Falbalas, 1945), *Antoine et Antoinette* (Zwei in Paris, 1947), *Rendez-vous de juillet* (Jugend von heute, 1949), *Edouard et Caroline* (Edouard und Caroline, 1950), *Casque d'or* (Goldhelm / Die Sünderin von Paris, 1951), *Rue de l'Estrapade* (Liebe im Kreise, 1953), *Touchez pas au grisbi* (Wenn es Nacht wird in Paris, Frankreich/Italien 1954), *Ali-Baba et les 40 voleurs* (Ali Baba, 1954), *Les aventures d'Arsène Lupin* (Arsène Lupin, der Meisterdieb, Frankreich/Italien 1957), *Montparnasse 19* (Montparnasse 19, Frankreich/Italien 1957), *Le trou* (Das Loch, Frankreich/Italien 1959).

Ingmar Bergman

Bergman, geboren am 14. Juli 1918 in Uppsala (Schweden), ist der Sohn eines Pastors; die Auseinandersetzung mit Gott und mit der Reli-

Ingmar Bergman bei Dreharbeiten zu »Trollflöjten«

gion bestimmt einen großen Teil seiner Filme. Bergman studierte ab 1937 Literaturgeschichte, brach sein Studium aber bald ab. Er begann, Erzählungen zu schreiben, veranstaltete Laienspiele, arbeitete an einem Studententheater. 1944 schrieb er für Alf Sjöberg das Drehbuch zu dem Film *Hets*. Wenig später inszenierte er seinen ersten eigenen Film, *Kris* (Krise), der ein Mißerfolg wurde. Trotzdem wurde Bergman mit weiteren Filmen in Schweden schnell bekannt, während man im Ausland erst durch seine Komödie *Sommarnattens leende* (1955) auf ihn aufmerksam wurde. Neben seiner Tätigkeit für den Film ist Bergman auch ein bedeutender Theaterregisseur.

»Ich versuche, die Wahrheit über die menschlichen Verhältnisse zu erzählen, die Wahrheit – so, wie ich sie sehe« (Bergman). Für Bergman ist der Film stets Mittel zum Zweck. Das formale Experiment hat ihm wenig bedeutet, wenn es ihm nicht half, sich besser, d. h. eindringlicher und überzeugender, zu artikulieren. Er hat nicht um jeden Preis nach neuen Wegen der filmischen Gestaltung gesucht; aber er hat gezeigt, wieviel Neuland man auf den alten Wegen noch erreichen konnte.

Zu Beginn seiner Laufbahn galt er als Chronist der skeptischen Nachkriegsjugend, die in der Welt der Erwachsenen keinen Platz findet. Dann wurden seine Helden älter und entdeckten die Probleme von Ehe und Beruf, die Bergman in den fünfziger Jahren – auch mit den Mitteln der Komödie – behandelte. Mit dem Film *Det sjunde inseglet* (1956) begann das bohrende Fragen nach dem Sinn des Lebens, nach Gott, nach dem Selbstverständnis des Menschen. Und schließlich diagnostizierte Bergman in Filmen wie *Scener ur ett aektenskap* die Widersprüchlichkeit des Lebens und die Schwierigkeit des Menschen, sich als Individuum und als Partner zu verwirklichen.

Nach einer Auseinandersetzung mit den schwedischen Steuerbehörden arbeitete Bergman einige Jahre überwiegend in der BRD.

Kris (Krise, 1944), *Skepp till Indialand* (Schiff nach Indialand, 1947), *Hamnstad* (Hafenstadt, 1948), *Fängelse* (Gefängnis, 1948), *Törst* (Durst, 1949), *Till glädje* (An die Freude, 1949), *Sommarlek* (Einen Sommer lang, 1951), *Kvinnors väntan* (Sehnsucht der Frauen, 1952), *Sommaren med Monika* (Die Zeit mit Monika, 1952), *Gycklarnas afton* (Abend der Gaukler, 1953), *En lektion i kärlek* (Lektion in Liebe, 1954), *Sommarnattens leende* (Das Lächeln einer Sommernacht, 1955), *Det sjunde inseglet* (Das siebente Siegel, 1956), *Smultronstället* (Wilde Erdbeeren, 1957), *Nära livet* (An der Schwelle des Lebens, 1957), *Ansiktet* (Das Gesicht, 1958), *Jungfrukällan* (Die Jungfrauenquelle, 1959), *Såsom i en spegel* (Wie in einem Spiegel, 1961), *Nattvardsgästerna* (Licht im Winter, 1962), *Tystnaden* (Das Schweigen, 1963), *Persona* (Persona / Geschichte zweier Frauen, 1966), *Vargtimmen* (Die Stunde des Wolfs, 1967), *Skammen* (Schande, 1968), *En passion* (Passion, 1968), *Riten* (Der Ritus, 1969 – ursprünglich für das Fernsehen produziert), *The touch* (The Touch / Berührungen, USA 1970), *Fårödokument* (Dokument über Fårö, 1970 – Dokumentarfilm), *Viskningar och rop* (Schreie und Flüstern, 1972), *Scener ur ett aektenskap* (Szenen einer Ehe, 1973), *Trollflöjten* (Die Zauberflöte, 1974), *Ansikte mot ansikte* (Von Angesicht zu Angesicht, 1975), *Das Schlangenei* (BRD 1976), *Herbstsonate* (BRD/Frankreich 1977), *Fårödokument 1979* (Fårö-Dokument 1979, Schweden 1979 – Dokumentarfilm), *Aus dem Leben der Marionetten* (BRD 1979/80), *Fanny och Alexander* (Fanny und Alexander, Schweden/BRD/Frankreich 1981/82), *Efter repetitionen* (Nach der Probe, Schweden/Finnland/BRD 1983), *Dokument: Fanny och Alexander* (Dokument: Fanny und Alexander, Schweden 1981–85 – Dokumentarfilm), *Karins Ansikte* (Karins Antlitz, Schweden 1983–85) u. a.

Luis García Berlanga

Berlanga, geboren am 12. Juni 1921 in Valencia (Spanien), studierte zunächst Philologie. Er gründete einen studentischen Filmclub, begann Filmkritiken zu schreiben und wechselte schließlich zur Filmhochschule über. Dort lernte er Juan Antonio Bardem kennen, der sein Co-Regisseur bei dem Film *Esa pareja feliz* (So ein glückliches Paar, 1951) war und mit dem zusammen er das Drehbuch für seinen ersten internationalen Erfolg, *Bienvenido, Mr. Marshall* (1952), schrieb. Bardem und Berlanga vor allem verdankte der spanische Film in den fünfziger Jahren eine Erneuerung, die ihn auch international wieder ins Gespräch brachte. Berlanga hatte später mehrfach Schwierigkeiten mit der Zensur, die einige Zwangspausen in seiner Arbeit verursachten. So konzentrierte er sich jahrelang vor allem auf seine Tätigkeit als Dozent an der spanischen Filmhochschule.

Berlanga hat in seinen erfolgreichsten und besten Filmen immer wieder Sozialkritik im Gewand der Komödie betrieben. Aber sein Humor ist dabei stets bitterer und aggressiver geworden. Hatte er die Widersprüche in der spanischen Wirklichkeit zunächst zu nachdenklichen Schmunzelstücken verarbeitet, so entlarvte er sie später in makaber-grotesken Filmen, die die Tradition der spanischen Schelmenromane mit der satirischen Schärfe Goyas vereinten.

Esa pareja feliz (So ein glückliches Paar, 1951; Co-R: Juan Antonio Bardem), *Bienvenido, Mr. Marshall* (Willkommen, Mr. Marshall / Uns kommt das alles spanisch vor, 1952), *Calabuch* (Calabuig, Spanien/Italien 1956), *Los jueves milagros* (Die wunderbaren Donnerstage, 1957), *Plácido* (Placido, 1961), *Les quatre vérités* (Die vier Wahrheiten, Frankreich 1962 – eine Episode des Films), *El verdugo* (Der Henker, Spanien/Italien 1963), *Las Pirañas* (Die Piranhas, Argentinien/Spanien 1967), *Grandeur nature* (Lebensgröße, Frankreich/Italien/Spanien 1973), *Patrimonio nacional* (Das nationale Erbe, 1980), *Nacional III* (National III, 1982), *La vaquilla* (Das Kalb, 1984) u. a.

Bernardo Bertolucci

Bertolucci, geboren am 16. März 1941 in Parma (Italien), veröffentlichte zunächst einen Gedichtband, fand Zugang zum Kreis um Pasolini und Moravia und assistierte Pasolini 1961 bei den Dreharbeiten zu *Accattone*. Pasolini überließ dem 21jährigen Bertolucci auch einen Stoff, mit dem er sich selbst schon lange beschäftigt hatte, für sein Regiedebüt. So entstand 1962 *La commare secca*. Aber Bertolucci löste sich in

der Form seines Films ganz von seinem Vorbild und entwickelte eine Art ironischen Realismus.
In seinen späteren Filmen behandelt Bertolucci bevorzugt die Probleme junger Menschen in einer angepaßten, bürgerlichen Gesellschaft. Auch eine Auseinandersetzung mit dem bürgerlichen Anti-Faschismus *(La strategia del ragno)* wird in die Rückblende verlegt und dient ihm vornehmlich dazu, die Position des in der Gegenwart lebenden Protagonisten zu bestimmen. Formal bevorzugt er eine genau kalkulierte Erzählstruktur, bei der der Stellenwert der einzelnen Sequenzen im Film im Licht späterer Erkenntnisse immer wieder verändert wird.

La commare secca (Die dürre Gevatterin/Gevatterin Tod, 1962), *Prima della rivoluzione* (Vor der Revolution, 1964), *Partnèr* (Partner, 1967), *Agonia* (Der Todeskampf – Episode des Films *Amore e rabbia* – Liebe und Zorn, Italien/Frankreich 1967), *Il conformista* (Der große Irrtum, Italien/Frankreich/BRD 1969), *La strategia del ragno* (Die Strategie der Spinne, 1970), *Ultimo tango a Parigi* (Der letzte Tango in Paris, Italien/Frankreich 1972), *Novecento* (1900, 1974/75), *La luna* (La Luna, 1978/79), *La tragedia di un uomo ridicolo* (Die Tragödie eines lächerlichen Mannes, 1980), *The last emperor* (Der letzte Kaiser, England/VR China/Italien 1986/87), *The sheltering sky* (Himmel über der Wüste, England 1989/90) u. a.

Alessandro Blasetti

Blasetti, geboren am 3. Juli 1900 in Rom (Italien) und gestorben am 1. Februar 1987 in Rom, war zunächst Journalist und gründete eine Filmzeitschrift, ehe er 1928 als Regisseur mit dem Film *Sole* (Die Sonne) einen bemerkenswerten Erfolg erzielen konnte. Von da an zählte er lange Zeit zu den prominenten italienischen Filmregisseuren. Blasetti gehörte zu den wenigen Regisseuren, die sich während der Herrschaft des Faschismus wenigstens von Zeit zu Zeit der faden Unverbindlichkeit entzogen, die damals den italienischen Film bestimmte. Als vielseitiger Stilkünstler behandelte er das Schicksal kleiner Leute ebenso wie aufwendige historische Themen. Und selbst da, wo man ihm – wie in *Vecchia guardia* (Die alte Garde, 1934) – direkte propagandistische Unterstützung des Regimes abverlangte, bewahrte er sich in der Gestaltung wenigstens einen Rest Individualität, der den Film nicht zum reinen Propagandamittel werden ließ. Blasetti gilt auch als einer der Vorläufer des Neorealismus, dessen Themen und Gestaltungsformen vor allem in seinem Film *Quattro passi fra le nuvole* (1942) anklingen. Seit den fünfziger Jahren drehte er vor allem unverbindliche Lustspiele.

Sole (Die Sonne, 1928), *Resurrectio* (Auferstehung, 1930), *Terra madre* (Mutter Erde, 1931), *1860* (1860, 1933), *Vecchia guardia* (Die alte Garde, 1934), *La contessa di Parma* (Die Gräfin von Parma, 1937), *Un avventura di Salvator Rosa* (Der geheimnisvolle Rächer, 1940), *La corona di ferro* (Die eiserne Krone, 1941), *Quattro passi fra le nuvole* (Vier Schritte in die Wolken / Die Lüge einer Sommernacht, 1942), *Un giorno nella vita* (Ein Tag im Leben, 1946), *Fabiola* (Fabiola, 1948), *Prima communione* (Der Göttergatte, 1950), *Altri tempi* (Andere Zeiten, 1952), *Tempi nostri* (Tempi nostri, Frankreich/Italien 1953), *Peccato che sia una canaglia* (Schade, daß du eine Kanaille bist, 1955), *La fortuna di essere donna* (Wie herrlich, eine Frau zu sein, Frankreich/Italien 1955), *Amore e chiacchiere* (Liebe und Geschwätz, Frankreich/Italien/Spanien 1957), *Io amo, tu ami* (Ich liebe, Du liebst, Frankreich/Italien 1960), *Simon Bolivar* (Simon Bolivar, Italien/Spanien/Venezuela 1968) u. a.

Peter Bogdanovich

Bogdanovich, geboren am 30. Juli 1939 in Kingston (USA), nahm bereits mit 15 Jahren Schauspielunterricht. Mit 20 trieb er genügend Geld auf, um als Produzent und Regisseur eine Off-Broadway-Inszenierung von Clifford Odets' Schauspiel *The big knife* herausbringen zu können; zur gleichen Zeit etwa veröffentlichte er seine ersten Artikel über Filmthemen; und für einige Jahre war er gleichzeitig Bühnenregisseur und Filmpublizist. Nach dem Mißerfolg einer seiner Inszenierungen ging er auf Anraten von Frank Tashlin 1964 nach Hollywood, »um Filme zu machen«. Hier sammelte er praktische Erfahrungen als Regieassistent Roger Cormans und als Regisseur des zweiten Teams bei dem Film *The wild angels* (Die wilden Engel, 1966). Corman ermöglichte ihm auch sein Regiedebüt beim Film:

Er überließ ihm zwei Drehtage, die Boris Karloff Corman noch von dem Film *The terror* (The Terror – Schloß des Schreckens, 1963) schuldete, und schlug ihm vor, mit rund 20 Minuten Ausschnitten aus *The terror* und entsprechendem neugedrehten Material einen Spielfilm zu machen. So entstand für insgesamt 135 000 Dollar der Film *Targets* (Bewegliche Ziele, 1967).
Bogdanovich bekennt sich zur großen Tradition des amerikanischen Erzählkinos. Er sagte einmal: »Alle guten Filme sind schon gedreht!«; und in einem Interview bekannte er: »Ich bevorzuge die Einfachheit von Hawks, Walsh, Ford und sogar Hitchcock.« Als Erklärung fügte er hinzu, daß selbst bei Hitchcock alle Einstellungen nicht um eines künstlerischen, sondern um eines emotionalen Effekts willen komponiert seien.
Allerdings kopiert Bogdanovich seine Vorbilder nicht; seine Filme sind Huldigungen an die Meister von gestern in der Sprache von heute. Doch es ist sicher kein Zufall, daß seine beiden besten Filme, *The last picture show* und *Paper Moon* (Paper Moon, 1972), in der Vergangenheit spielen. – Bogdanovich schrieb für Veranstaltungen des Museum of Modern Arts Monographien über Orson Welles, Alfred Hitchcock und Howard Hawks. Außerdem ist er Autor der Bücher *John Ford, Fritz Lang in America* und *Allan Dwan – The last pioneer.*

Targets (Bewegliche Ziele, 1967), *Directed by John Ford* (Regie: John Ford, 1970 – filmkundliche Dokumentation), *The last picture show* (Die letzte Vorstellung, 1971), *What's up, Doc?* (Is' was, Doc?, 1971), *Paper Moon* (Paper Moon, 1972), *Daisy Miller* (Daisy Miller, 1974), *At long last love* (True love, 1974/75), *Nickelodeon* (Nickelodeon, USA/England 1976), *Saint Jack* (Saint Jack, 1979), *They all laughed* (Sie haben alle gelacht, 1981), *Mask* (Die Maske, 1985), *Illegally yours* (Die Unschuld der Molly, 1988), *Texasville* (Texasville, 1990) u. a.

Robert Bresson

Bresson, geboren am 25. September 1907 in Bromont-Lamothe (Frankreich), studierte zunächst Literatur und Philosophie, entschloß sich dann, Maler zu werden, kam aber schon in den dreißiger Jahren, zunächst als Autor, zum Film. Seine erste eigene Regiearbeit war 1934 der mittellange Experimentalfilm *Les affaires publiques* (Die öffentlichen Angelegenheiten), der als verschollen gilt. Seine eigentliche Karriere begann erst 1943 mit der Inszenierung des Films *Les anges du péché.* Der eigenwillige Künstler Bresson konnte in den ersten zwanzig Jahren seiner Regietätigkeit nur sechs Spielfilme drehen. Dann erst hatte er sich so weit durchgesetzt, daß ihm von den Produzenten mehr Freiheit und mehr Aufträge gegeben wurden.
Die Themen seiner Filme reichen vom Lebensbild eines Pfarrers (*Le journal d'un curé de campagne*, 1950) bis zum Porträt eines Taschendiebes (*Pickpocket*, 1959). Aber in allen Filmen geht es Bresson letztlich um die Selbstverwirklichung des Menschen aus dem Glauben, um die Bewahrung oder Gewinnung seiner Freiheit – kraft eigener Anstrengungen und mit Hilfe göttlicher Gnade. In einem Interview sagte er: »Ich glaube, für mich ist die ganze Welt christlich. Ich kann mir kein Sujet vorstellen, das weniger christlich wäre als ein anderes.«
Formal sind Bressons Filme streng kalkuliert. Er will nicht durch Bilder, sondern durch »Bezüge von Bildern« wirken. Häufig verwendet er Laien als Darsteller, und er hält sie dazu an, mechanisch zu sprechen; denn »alle Gefühle kommen aus der Mechanik und aus der Zurückhaltung und nicht aus einer künstlichen Erregung«.

Les affaires publiques (Die öffentlichen Angelegenheiten, 1934), *Les anges du péché* (Engel der Sünde / Das Hohelied der Liebe, 1943), *Les dames du Bois de Boulogne* (Die Damen vom Bois de Boulogne, 1944/45), *Le journal d'un curé de campagne* (Tagebuch eines Landpfarrers, 1950), *Un condamné à mort s'est échappé / Le vent souffle où il veut* (Ein zum Tode Verurteilter ist entflohen, 1956), *Pickpocket* (Pickpocket, 1959), *Le procès de Jeanne d'Arc* (Der Prozeß der Jeanne d'Arc, 1961), *Au hasard, Balthazar* (Zum Beispiel Balthasar, Frankreich/Schweden 1966), *Mouchette* (Mouchette, 1967), *Une femme douce* (Eine zärtliche Frau, 1969), *Quatre nuits d'un rêveur* (Vier Nächte eines Träumers, 1971), *Lancelot du lac* (Lancelot, Ritter der Königin, Frankreich/Italien 1973/74), *Le diable probablement* (Der Teufel möglicherweise, 1977), *L'argent* (Das Geld, Schweiz/Frankreich 1982) u. a.

Luis Buñuel

Buñuel, geboren am 22. Februar 1900 in Calanda (Spanien) und gestorben am 29. Juli 1983 in Mexico-City, begann seine Karriere in Frankreich. Er war Assistent von Jean Epstein und debütierte 1928 als Regisseur mit dem skandalumwitterten Film *Un chien andalou.* Für einige Jahre kehrte er nach Spanien zurück und emigrierte nach dem Sieg Francos in die USA, wo er von 1938 bis 1945 vorwiegend mit Verwaltungsaufgaben am Museum of Modern Arts beschäftigt war. 1946 ging er nach Mexiko. Hier etablierte er sich mit einigen Kommerzfilmen, ehe er 1950 mit *Los olvidados* einen großen künstlerischen Erfolg erzielte. Seither hat er eine Vielzahl bedeutender Filme in Mexiko, Frankreich und Spanien gedreht.

Buñuels Filme sind auf einem schmalen Grat zwischen Realismus und Surrealismus angesiedelt, wobei beides nicht beziehungslos nebeneinander steht, sondern ineinander übergeht. Die traumhafte Bildfolge von *Un chien andalou* gewinnt aggressive sozialkritische Präsenz; der Dokumentarfilm *Las hurdes* (Erde ohne Brot, 1932) schildert das Elend spanischer Landarbeiter so direkt, so detailversessen, daß ihm etwas Alptraumartiges anhaftet. Realismus und Traum bestimmen auch seine späteren Filme. Immer wieder schildern sie kritisch und exakt gesellschaftliche Fehlentwicklungen, soziale Mißstände; und immer wieder wird der reportagehafte Charakter aufgebrochen durch beklemmende Traumbilder. Den Protagonisten sind oft Zwerge, Krüppel, blinde Bettler beigesellt – nicht als pittoreskes Detail, sondern als Bilder des zerstörten Menschen, so wie Buñuels Vorliebe für die Darstellung von Brutalitäten auf die Zerstörung der Welt und des Lebens zielt. Bilder aus dem Unterbewußtsein und realistische Reportagen vereinen sich in seinen Filmen zu einer suggestiven Vision, die dem Publikum klarmachen soll, »daß es nicht in der besten aller möglichen Welten lebt« (Buñuel).

In Frankreich: *Un chien andalou* (Ein andalusischer Hund, 1928), *L'âge d'or* (Das goldene Zeitalter, 1930).

Luis Buñuel bei Dreharbeiten zu »La joven / The young one«

In Mexiko: *Gran Casino* (Gran Casino, 1947), *Los olvidados* (Die Vergessenen, 1950), *Subida al cielo* (Der Weg, der zum Himmel führt, 1951), *Las aventuras de Robinson Crusoe* (Robinson Crusoe, 1952), *El* (Er, 1952), *El rio y la muerte* (Der Fluß und der Tod, 1954), *La vida criminal de Archibaldo de la Cruz / Ensayo de un crimen* (Das verbrecherische Leben des Archibaldo de la Cruz, 1955), *La mort en ce jardin* (Pesthauch des Dschungels, Frankreich/Mexiko 1956), *Nazarin* (Nazarin, 1958), *La fièvre monte a El Pao* (Für ihn verkauf ich mich, Frankreich/Mexiko 1959), *La joven / The young one* (Das junge Mädchen, 1960), *Viridiana* (Viridiana, Spanien/Mexiko 1961), *El ángel exterminador* (Der Würgeengel, 1962).
Le journal d'une femme de chambre (Tagebuch einer Kammerzofe, Frankreich/Italien 1963), *Belle de jour* (Belle de jour – Schöne des Tages, Frankreich/Italien 1966), *La voie lactée* (Die Milchstraße, Frankreich/Italien 1968), *Tristana* (Tristana, Spanien/Italien/Frankreich 1970), *Le charme discret de la bourgeoisie* (Der diskrete Charme der Bourgeoisie, Frankreich/Italien/Spanien 1972), *Le fantôme de la liberté* (Das Gespenst der Freiheit, Frankreich 1974), *Cet obscur objet du désir* (Dieses obskure Objekt der Begierde, Frankreich/Spanien 1977) u. a.

Frank Capra

Capra, geboren am 19. Mai 1897 in Palermo (Italien), kam als Kind mit seinen Eltern in die USA. Nach einem Ingenieurstudium und dem Militärdienst versuchte er sich in verschiedenen Berufen, ehe er sich auf eine Zeitungsanzeige hin als »Regisseur« bei dem Schauspieler Walter Montague meldete, der eine Gesellschaft zur Verfilmung klassischer Gedichte gründen wollte. Capras Verfilmung von Kiplings *Fultah Fisher's boarding house* im Jahre 1923 war zwar ein voller Erfolg, aber Montagues Gesellschaft ging in Konkurs. Capra wurde »gag-man« und später Regisseur für Harry Langdon. Nach der Trennung von Langdon mußte er belanglose Filme inszenieren, ehe er sich mit *It happened one night* (1933) als »Meister der sozialkritischen Komödie« etablierte. Nach dem Krieg war sein kritischer Ansatz überholt; außer dem vorzüglichen *It's a wonderful life* (1946) drehte er nur noch gut gemachte Konsumfilme.

Capras Stärke waren präzise Charakterschilderung, Sinn für Gags und skurriler Humor. Ihnen verdankt er die beiden Höhepunkte seiner Karriere. 1926/27 entwickelte er für Langdon einen eigenständigen Typ, der dem Komiker einen enormen Erfolg einbrachte. Der zweite Höhepunkt waren die Jahre 1934 bis 1941, als Capra nach Drehbüchern von Robert Riskin Roosevelts »New Deal« in wirkungsvollen Komödien popularisierte. Immer wieder kann in diesen Filmen ein sympathischer und meistens etwas schrulliger Durchschnittsbürger Korruption, Ausbeutung und finsteres Machtstreben besiegen. Dabei gelangen Capra treffsichere Porträts seiner liebenswerten Helden und ihrer moralisch defekten Gegenspieler, die oft Typisches trafen.

The strong man (Der starke Mann, 1926), *Long pants* (Lange Hosen / Die ersten langen Hosen, 1927), *Platinum blonde* (Vor Blondinen wird gewarnt, 1931), *American madness* (Der Tag, an dem die Bank gestürmt wurde, 1932), *It happened one night* (Es geschah in einer Nacht, 1933), *Broadway Bill* (Broadway Bill, 1934), *Mr. Deeds goes to town* (Mr. Deeds geht in die Stadt, 1936), *Lost horizon* (In Fesseln von Shangri-La, 1937), *You can't take it with you* (Lebenskünstler, 1938), *Mr. Smith goes to Washington* (Mr. Smith geht nach Washington, 1939), *Meet John Doe* (Hier ist John Doe, 1941), *Arsenic and old lace* (Arsen und Spitzenhäubchen, 1941). 1942 bis 1945 Redaktion der Dokumentarfilm-Serie »Why we fight« (Warum wir kämpfen); sieben eigene Beiträge, davon drei in Zusammenarbeit mit Anatole Litvak, einer mit Joris Ivens. *It's a wonderful life* (Ist das Leben nicht schön?, 1946), *State of the Union* (Der beste Mann, 1948), *Riding high* (Lach und wein mit mir, 1949 – Remake von *Broadway Bill*), *Here comes the groom* (Hochzeitsparade, 1951), *A hole in the head* (Eine Nummer zu groß, 1959), *A pocketful of miracles* (Die unteren Zehntausend, 1961), *Rendezvous in space* (Begegnung im Weltraum, 1963 – Dokumentarfilm) u. a.

Marcel Carné

Carné, geboren am 18. August 1903 in Paris (Frankreich), kam früh zum Film – als Kritiker und als Assistent von Jacques Feyder. 1929 drehte er in Zusammenarbeit mit M. Sanvoisin mit einer geliehenen Kamera einen Dokumentarfilm über die Sonntagsausflügler am Ufer der Marne (*Nogent – Eldorado du dimanche* – Nogent, ein Sonntags-Eldorado). Aber sein erster Spielfilm entstand erst 1936, als Feyder seinem Schüler die Regie des Films *Jenny* überließ. Carné war bald einer der führenden Vertreter des »poetischen Realismus« in Frankreich. Nach dem Krieg und nachdem er sich von seinem Drehbuchautor Jacques Prévert getrennt hatte, wurde es stiller um ihn. Carné war auch wohl zu sehr dem Lebensgefühl der Vorkriegszeit verhaftet, als daß es ihm gelungen wäre, den Geist der Nachkriegszeit überzeugend zu spiegeln. Nicht von ungefähr war sein bester Nachkriegsfilm die zeitlose Zola-Adaption *Thérèse Raquin* (1953).

Die großen Filme Carnés spiegeln ein pessimistisches, ja fatalistisches Lebensgefühl. Immer wiederkehrende Motive sind die verzweifelte Liebe zweier Menschen, die an der Umwelt zerbricht, die Einsamkeit eines Protagonisten, den die Umstände zum Verbrecher werden lassen. Aber dieser Fatalismus gründet nicht in billiger Effekthascherei, sondern in der Einsicht in gesellschaftliche Mißstände und verratene Ideale. So werden auch die düster-poetischen Bilder, in denen sich Verzweiflung direkt zu artikulieren scheint, niemals Selbstzweck; sie beschreiben vielmehr ein Milieu, eine Welt.

Jenny (Jenny, 1936), *Drôle de drame* (Ein sonderbarer Fall, 1937), *Quai des brumes* (Hafen im Nebel, 1938), *Hôtel du nord* (Hotel du Nord, 1938), *Le jour se lève* (Der Tag bricht an, 1939), *Les visiteurs du soir* (Die Nacht mit dem Teufel / Die Satansboten, 1942), *Les enfants du paradis* (Kinder des Olymp, 1943–45), *Les portes de la nuit* (Pforten der Nacht, 1946), *La Marie du port* (Die Marie vom Hafen, 1949), *Juliette ou la clef des songes* (Juliette oder der Schlüssel der Träume, 1950), *Thérèse Raquin* (Thérèse Raquin – Du sollst nicht ehebrechen, 1953), *L'air de Paris* (Die Luft von Paris, Frankreich/Italien 1954), *Le pays, d'où je viens* (Zum Glück gibt es ihn doch, 1956), *Les tricheurs* (Die sich selbst betrügen, 1958), *Terrain vague* (Gefährliches Pflaster, Frankreich/Italien 1960), *Du mouron pour les petits oiseaux* (Futter für süße Vögel, Frankreich/Italien 1962), *Les assassins de l'ordre* (Mörder im Namen der Ordnung, Frankreich/Italien 1971), *La merveilleuse visite* (Der wunderbare Besuch, Frankreich/Italien 1973/74), *La bible* (Die Bibel, 1977) u. a.

John Cassavetes

Cassavetes, geboren am 9. Dezember 1929 in New York (USA), gestorben am 3. Februar 1989 in Los Angeles, besuchte zunächst eine Schauspielschule in New York. 1953 ging er nach Hollywood, wo er schon drei Jahre später als Hauptdarsteller in Martin Ritts *Edge of the city* (Ein Mann besiegt die Angst, USA 1956) einen beachtlichen Erfolg erzielte. Eine Schauspieler-Karriere schien gesichert. Aber dann benutzte Cassavetes eine Pause zwischen zwei Engagements, um mit einigen Freunden, einem halsbrecherisch niedrigen Budget und einem improvisierten Skript seinen ersten Film als Regisseur zu drehen – *Shadows* (1958/59). Dieser Film hatte Signalwirkung. Er war der erste »Off-Hollywood-Film«, der ein breiteres Publikum erreichte; er ermunterte andere Regisseure; und er etablierte John Cassavetes als hoffnungsvolles Regie-Talent, das von einigen Kritikern mit den Regisseuren der »nouvelle vague« in Frankreich verglichen wurde. Cassavetes selbst wiegelte ab: »Ich wollte niemals den Film erneuern oder revolutionieren. Ich beabsichtigte [...] nur, eine Idee so gut wie möglich zu verwirklichen und eine einfache, realistische Geschichte so gut wie möglich zu erzählen.« Diesem nur scheinbar vordergründigen Prinzip ist er treu geblieben. Er erzählt einfache, scheinbar ganz private Geschichten, in denen sich gleichwohl unübersehbar der Zustand unserer Gesellschaft spiegelt, in denen das Milieu ganz präsent ist, in denen der Mensch und seine Umwelt von einer insistierenden Kamera beobachtet werden. Cassavetes hält wenig von effektvollen dramaturgischen Zuspitzungen; seine Filme sind breit, manchmal fast ausufernd in ihrer Erzählweise. Aber Abschweifungen erlaubt er sich nicht; jede Szene hat ihren konkreten Bezug zum Thema. Und er arbeitete gern mit Freunden. Seine Frau Gena Rowlands, die Schauspieler Peter Falk und Ben Gazzara z. B. gehören zum »Cassavetes-Clan«, der in seinen Filmen bevorzugt auftritt.

Daneben ist Cassavetes aber weiterhin Schauspieler geblieben – nicht nur in seinen eigenen Filmen. Nachdem er bei seinen nächsten Inszenierungen (nach *Shadows*) enttäuschende Erfahrungen mit den etablierten Produktionsfirmen gemacht hatte, verdiente er sich als Darsteller in Erfolgsfilmen wie *The dirty dozen* (Das dreckige Dutzend, USA 1967) und *Rosemary's baby* (USA 1967) das Geld, mit dem er weitere Filme in eigener Produktion drehte.

Shadows (Schatten, 1958/59), *Too late blues* (Too late – Blues, 1961), *A child is waiting* (Ein Kind wartet, 1962), *Faces* (Gesichter, 1968), *Husbands* (Ehemänner, 1970), *Minnie and Moscowitz* (Minnie und Moscowitz, 1971), *A woman under the influence* (Eine Frau unter Einfluß, 1973), *The killing of a Chinese bookie* (Die Ermordung eines chinesischen Buchmachers / Mord an einem chinesischen Buchmacher, 1975), *Opening night* (Die erste Vorstellung / Premiere, 1977), *Gloria* (Gloria, die Gangsterbraut, 1980), *Love streams* (Love Streams, 1983), *Big trouble* (Sterben ... und leben lassen, 1985).

André Cayatte

Cayatte, geboren am 3. Februar 1909 in Carcassonne (Frankreich), gestorben am 6. Februar 1989 in Paris, war Jurist und kam durch einen Zufall – zunächst als Autor – zum Film. Den Höhepunkt seines Ruhms als Regisseur erreichte er zwischen 1950 und 1955 mit drei Filmen, die sich kritisch mit Problemen der Rechtsfindung und Rechtsprechung auseinandersetzen.

Cayatte ist ein ausgesprochen engagierter Regisseur, der immer dann zu überzeugen vermag, wenn er ein relevantes Thema behandelt. Die durchaus traditionelle Form seiner Filme hat vornehmlich dienende Funktion.

Les amants de Vérone (Die Liebenden von Verona, 1949), *Justice est faite* (Schwurgericht, 1950), *Nous sommes tous des assassins* (Wir sind alle Mörder, 1952), *Avant le déluge* (Vor der Sintflut, Frankreich/Italien 1953), *Le dossier noir* (Die schwarze Akte, Frankreich/Italien 1955), *Œil pour œil* (Auge um Auge, Frankreich/Italien 1956), *Le miroir à deux faces* (Der Tag und die Nacht, Frankreich/Italien 1958), *La vie conjugale (Françoise)* (Meine Tage mit Pierre, Frankreich/Italien 1963), *La vie conjugale (Jean Marc)* (Meine Nächte mit Jacqueline, Frankreich/Italien 1963), *Piège pour cendrillon* (Lebenshungrig, Frankreich/Italien 1965), *Les risques du métier* (Die Verleumdung, 1967), *Mourir d'aimer* (Aus Liebe sterben, Frankreich/Italien 1970), *Il n'y a pas de fumée sans feu* (Kein Rauch ohne Feuer, 1972), *Le verdict* (Das Urteil, Frankreich/Italien 1974), *À chacun son enfer* (Jedem seine Hölle, Frankreich/BRD 1976/77), *La raison d'état* (Staatsraison, Frankreich/Italien 1977), *L'amour en question / Justices* (Anklage: Mord, 1978), *Les avocats du diable* (Die Anwälte des Teufels, 1980) u. a.

Claude Chabrol

Chabrol, geboren am 24. Juni 1930 in Paris (Frankreich), wurde nach einem Universitätsstudium zunächst Filmkritiker. Er war Mitarbeiter der Zeitschrift »Cahiers du Cinéma«; als er 1958 mit dem Geld, das ihm durch eine Erbschaft zugefallen war, den Film *Le beau Serge* drehte, initiierte er eine Entwicklung. die man allgemein als »nouvelle vague« etikettierte. Die Filme, die Chabrol in der ersten Hälfte der sechziger Jahre schuf, enttäuschten viele Kritiker. Doch dann entdeckte man hinter der glatten Perfektion seiner Bilder wieder die exakte Schilderung von Charakteren, Tatbeständen, eines Milieus. Heute gilt Chabrol als kritischer Chronist des Bürgertums.

Als Schrittmacher für junge Regisseure, die er später als Produzent auch finanziell förderte, hat Chabrol zweifellos eine wichtige Rolle im französischen Film gespielt. Seinen eigenen Filmen merkt man seine Vorliebe für Hitchcock an: Immer wieder wird eine scheinbar geordnete Welt durch einen Einbruch von außen aufgestört und entlarvt, wobei bewußt »schöne« Bilder den oberflächlich fassadenhaften Charakter der bürgerlichen Ordnung betonen. Und seine Filme beziehen ihre Wirkung nicht zuletzt daraus, daß das Schreckliche, ein Mord etwa, gleichsam beiläufig und wie selbstverständlich geschieht.

Chabrols Filme entstanden, soweit nicht anders ausgewiesen, stets in französisch-italienischer Coproduktion.

Le beau Serge (Die Enttäuschten, Frankreich 1958), *Les cousins* (Schrei, wenn du kannst, Frankreich 1959), *À double tour* (Schritte ohne Spur, 1960), *Les bonnes femmes* (Die Unbefriedigten, 1960), *Les godelureaux* (Speisekarte der Liebe, 1960), *Landru* (Der Frauenmörder von Paris / Landru, 1962), *Le tigre aime la chair fraiche* (Der Tiger liebt nur frisches Fleisch, 1964), *Le tigre se parfume à la dynamite* (Der Tiger parfümiert sich mit Dynamit, 1966), *La ligne de démarcation* (Die Demarkationslinie, 1966), *La route de Corinthe* (Die Straße von Korinth, 1967), *Les biches* (Zwei Freundinnen, 1968), *La femme infidèle* (Die untreue Frau, 1968), *Que la bête meure* (Das Biest muß sterben, 1969), *Le boucher* (Der Schlachter, 1970), *La rupture* (Der Riß, Frankreich/Belgien 1970), *La décade prodigieuse* (Der zehnte Tag, Frankreich 1971), *Juste avant la nuit* (Vor Einbruch der Nacht, 1971), *Docteur Popaul* (Doktor Popaul / Der Halunke / Die Bulldogge, Frankreich 1972), *La piège à loup* (Die Wolfsfalle, 1972), *Les noces rouges* (Blutige Hochzeit, 1973), *Nada!* (Nada, 1973/74), *Une partie des plaisir* (Eine Lustpartie / Ein lustiges Leben, 1974), *De Grey* (Das Verhängnis der Familie de Grey, Frankreich 1974 – Fernsehproduktion), *Le banc de la désolation* (Die Bank am Meer, Frankreich 1974 – Fernsehproduktion), *Les innocents aux mains sales* (Die Unschuldigen mit den schmutzigen Händen, Frankreich/BRD/Italien 1974), *Les folies bourgeoises* (Die verrückten Reichen, Frankreich/BRD/Italien 1975), *Les magiciens* (Die Schuldigen mit den sauberen Händen, Frankreich/BRD 1975), *The twist* (Der Dreh, Frankreich/BRD/Italien 1976), *Alice ou la dernière fugue* (Alice, Frankreich 1976), *Les liens de sang* (Blutsverwandte, Frankreich/Kanada 1977), *Violette Nozière* (Violette Nozière, Frankreich/Kanada 1978), *Le cheval d'orgueil* (Traumpferd, Frankreich 1980), *Les fantômes du chapelier* (Die Phantome des Hutmachers, Frankreich 1981), *Les affinités electives* (Die Wahlverwandtschaften, Frankreich/BRD 1981 – Fernsehproduktion), *La danse de mort* (Ein Totentanz, 1982), *Le sang des autres* (Das Blut der anderen, Kanada/Frankreich 1983), *Poulet au vinaigre* (Hühnchen in Essig, 1984), *Inspecteur Lavardin* (Inspektor Lavardin oder die Gerechtigkeit, Frankreich/Schweiz 1985), *Masques* (Masken, Frankreich 1986), *Le cri du hibou* (Der Schrei der Eule, Frankreich 1987), *Une affaire de femmes* (Eine Frauensache, 1988), *Stille Tage in Clichy* (BRD/Frankreich/Italien 1989), *Dr. M.* (BRD/Frankreich/Italien 1990) u. a.

Youssef Chahine

Chahine, geboren am 25. Januar 1926 in Alexandria (Ägypten), ist wohl der bedeutendste, auf jeden Fall aber der international bekannteste und erfolgreichste Regisseur des arabischen Kulturraums. Er absolvierte mit einem Stipendium ein Studium (Filmregie und Schauspielunterricht) am Pasadena Playhouse in den USA und konnte praktisch unmittelbar nach seiner Rückkehr im Alter von 24 Jahren seinen ersten Spielfilm inszenieren.

Chahine engagierte sich schnell für realistische Alltagsdramen, wie sie bereits vor ihm Salah Abu Seif, der Altmeister des ägyptischen Films, dem Übermaß der populären Unterhaltungs-Filme entgegengesetzt hatte; und er engagierte sich auch für die panarabischen Visionen Nassers. Künstlerischer Höhepunkt seines sozialen Engagements war *Bab el haded* (Tatort Hauptbahnhof Kairo, 1957), die realistisch erzählte Studie vom Schicksal eines verkrüppelten Zeitungs-Verkäufers, der aus unglücklicher Liebe den Verstand verliert. Chahine überzeugte hier auch als Darsteller der Hauptrolle! Die große Vision der arabischen Sache beschwor er in *El naser Sallahedine* (Sultan Saladin, 1963), einer vitalen Biographie des großen Sultans, der hier als weiser und toleranter Staatsmann wohl zum Symbol für die von Chahine erträumte Zukunft Ägyptens wurde.

Offenbar war diese Vision nicht allen genehm. Chahine bekam in den sechziger Jahren Ärger mit der Zensur und ging für einige Jahre nach Beirut, das damals noch ein wirtschaftlicher und kultureller Mittelpunkt im Nahen Osten war. Aus dieser Zeit verdient allenfalls ein Film Beachtung – das stimmungsvolle Musical *Bayar al khaouatem* (Der Ringeverkäufer, 1965).

Mit der Rückkehr nach Ägypten beginnt die dritte Periode im Schaffen Chahines. Sie ist bestimmt von der Auseinandersetzung mit dem Schock der erneuten Niederlage gegen Israel im Jahr 1967. Chahine verarbeitete ihn in aktuellen und kritischen Filmen wie *Al asfour* (Der Spatz, 1973) aber auch in komplizierten autobiographischen Werken wie *Iskanderija . . . lih?* (Alexandria . . . warum?, 1978) und *Hadduta misrija* (Eine ägyptische Geschichte, 1982), in denen sein eigenes Schicksal zum Beleg für die Probleme, aber auch für die Chancen seines Landes wird.

Baba Amin (Papa Amin, 1950), *Ibn el Nil* (Der Sohn des Nils, 1951), *Nissae bila regal* (Frauen ohne Männer, 1953), *Seraa fil wadi* (Der Kampf im Tal, 1954), *Cheitane el Sahara* (Der Dämon der Wüste, 1954), *Seraa fil mina* (Der Kampf auf der Mole, 1957), *Bab el haded* (Tatort Hauptbahnhof Kairo, 1957), *Gamila, el gazairia* (Djamila, die Algerierin, 1958), *Bein edeik* (In Deinen Händen, 1960), *El naser Sallahedine* (Sultan Saladin, 1963), *Bayar al khaouatem* (Der Ringeverkäufer, Libanon 1965), *Al nass wal Nil* (Die Menschen vom Nil, 1968 – Neufassung 1972), *El ard* (Die Erde, 1969), *Al ikhtiyar* (Die Wahl, 1970), *Al asfour* (Der Spatz, Ägypten/Algerien 1973), *Awdat al ibn al dal* (Die Rückkehr des verlorenen Sohnes, Ägypten/Algerien 1976), *Iskanderija ... lih?* (Alexandria ... warum?, Ägypten/Algerien 1978), *Hadduta misrija* (Eine ägyptische Geschichte, 1982), *Adieu Bonaparte* (Adieu Bonaparte, Frankreich/Ägypten 1984), *Le sixième jour* (Der sechste Tag, Frankreich/Ägypten 1986), *Iskanderija, kaman oue kaman* (Immer wieder Alexandria, 1990) u. a.

Charles Spencer Chaplin

Chaplin, geboren am 16. April 1889 in London (England) und gestorben am 25. Dezember 1977 in Vevey (Schweiz), war das Kind armer Varieté-Künstler und trat bereits mit sechs Jahren in kleinen Tanznummern öffentlich auf. Mit der Truppe des Pantomimen Fred Karno machte er 1910 und 1912/13 Tourneen durch die USA. Während der zweiten Tournee wurde er von Mack Sennett entdeckt und für die »Keystone« verpflichtet. Hier entwickelte er allmählich das Kostüm und die Maske, die später weltberühmt wurden. Nach etwa 35 Filmen für Sennett wechselte er 1915 zur »Essanay« und 1916 zur »Mutual« über. 1919 war er bereits Mitbegründer der »United Artists«; und in den zwanziger Jahren wurde er gleichsam ein ungekrönter König des Films, der es sich leisten konnte, an neuen Projekten monate-, ja jahrelang zu arbeiten. Als einer der wenigen Stummfilm-Komiker überstand er auch die Einführung des Tonfilms, allerdings verzichtete er später auf die Figur des »Tramps«, die ihn berühmt gemacht hatte. Nach dem Zweiten Weltkrieg führten sein Privatleben und sein politisches Engagement in den USA zu Pressekampagnen gegen ihn. Man warf ihm »unamerikanisches Verhalten« vor; und während einer Europareise Chaplins im Jahr 1952 erklärte der US-Justizminister, Chaplin, der immer noch englischer Staatsbürger war, werde nicht die Genehmigung zur Rückkehr erhalten. Seither lebte Chaplin in der Schweiz.

»Charlie«, der kleine Mann mit dem Habitus des Heruntergekommenen, der auf teils lächerliche, teils rührende Weise einen Rest von Würde bewahren will, ist wohl die bekannteste Figur der Filmgeschichte. Louis Delluc verglich seinen Schöpfer mit Molière, Élie Faure stellte ihn neben Shakespeare. Das Wort »chaplinesk« ist in viele Sprachen eingegangen. Es bezeichnet einen hintergründigen Humor, in dem Melancholie und das Wissen um die Mängel dieser Welt mitschwingen. Und es bezieht sich auf die Figur des Tramps, der leidet, der sich gegen die Ungerechtigkeit engagiert, der aber auch bereit ist zu kämpfen, um zu überleben. Die Entwicklung dieser Figur, ihre darstellerische Ausprägung und die Erfindung ihrer Abenteuer sind zweifellos das größte Verdienst Chaplins. Der Autor und Schauspieler überragt noch den Regisseur, der stets mehr vor als mit der Kamera gestaltete. So hat Chaplin auch keine Schüler und Nachahmer gefunden; denn das wesentlichste Moment seiner Wirkung, die Figur des Tramps »Charlie«, ist sicherlich unnachahmlich.

1913/14: rund 35 Filme für die »Keystone«; 1915: 14 Filme für die »Essanay«; 1916: 11 Filme für die »Mutual«.

The tramp (Der Tramp, 1915), *The fireman* (Der Feuerwehrmann, 1916), *The vagabond* (Der Vagabund, 1916), *One a. m.* (Ein Uhr nachts, 1916), *Easy street* (Easy street, 1917), *The immigrant* (Der Einwanderer, 1917), *A dog's life* (Ein Hundeleben, 1918), *Shoulder arms* (Gewehr über, 1918), *The kid* (Das Kind / Der Vagabund und das Kind, 1920), *Pay day* (Zahltag, 1922), *The pilgrim* (Der Pilger, 1922/23), *A woman of Paris* (Die Nächte einer schönen Frau / Eine Frau in Paris, 1922/23), *The gold rush* (Goldrausch, 1925), *The circus* (Circus, 1926/27), *City lights* (Lichter der Großstadt, 1930), *Modern times* (Moderne Zeiten, 1932 bis 1935), *The great dictator* (Der große Diktator, 1938–40), *Monsieur Verdoux* (Monsieur Verdoux / Der Heiratsschwindler von Paris, 1944–46), *Limelight* (Rampenlicht, 1952), *A king in New York* (Ein König in New York, England 1957), *The countess of Hongkong* (Die Gräfin von Hongkong, England 1965) u. a.

Věra Chytilová

Věra Chytilová, geboren am 2. Februar 1929 in Ostrava (Tschechoslowakei), studierte zunächst an der philosophischen Fakultät, arbeitete dann eine Weile als Mannequin, wurde Scriptgirl und Regieassistentin und ließ sich schließlich 1957 an der Prager Filmhochschule FAMU einschreiben. Bereits ihre Diplomarbeit, *Strop* (Die Decke, 1961), gewann internationale Preise. Ein Jahr später folgte der Dokumentarfilm *Pytel blech* (Ein Sack voller Flöhe), und 1963 drehte Věra Chytilová ihren ersten abendfüllenden Spielfilm – *O něčem jiném.*

In den Filmen von Věra Chytilová, die sich immer wieder mit den Problemen der Frau befassen, ist die übliche Erzählstruktur konsequent aufgebrochen. In ihrem Erstlingswerk zum Beispiel stellt sie die Schicksale zweier Frauen gegenüber, die sich nie begegnen, deren Erfahrungen sich aber durch die Montage des Films gleichsam spiegeln. *Sedmikrásky* zeigt zwei Frauen, die in Wirklichkeit vielleicht nur eine sind. In beiden Fällen werden Möglichkeiten filmischer Darstellung durchgespielt, wird die Montage noch stärker als die Kamera zum Element der schöpferischen Gestaltung.

O něčem jiném (Von etwas anderem, 1963), *Perlicky na dne* (Perlen auf dem Meeresgrund, 1965 – eine Episode), *Sedmikrásky* (Tausendschönchen, 1966), *Ovoce stromů rajských jíme* (Früchte paradiesischer Bäume / Die Frucht des Paradieses, Belgien/ČSSR 1968), *Kamarádi* (Kameraden, 1971 – nicht aufgeführt), *Hra o jablko* (Ein bißchen schwanger, 1976), *Kalamita* (Kalamität, 1978), *Panelstory* (Die Fertighaus-Geschichte, 1979), *Chytilová versus Forman* (Chytilová gegen Forman, Belgien 1981 – Dokumentarfilm), *Faunovo velmi pozdni odpoledne* (Der allzu späte Nachmittag eines Fauns, 1984), *Vlčí bouda* (Die Wolfsbaude, 1985), *Šašek a královna* (Der Hofnarr und die Königin, 1987), *Kopytem sem, kopytem tam* (Geometrische Reihe, 1988) u. a.

René Clair

Clair, geboren als René Chomette am 11. November 1898 in Paris (Frankreich) und gestorben am 15. März 1981 in Paris, war zunächst Journalist und hoffte auf literarischen Ruhm. Als er zum Film ging, wählte er ein Pseudonym, um seinen Namen für die künftige literarische Karriere nicht zu kompromittieren. Er begann als Schauspieler, wurde dann Assistent von Louis Feuillade und Jacques de Baroncelli und drehte als ersten eigenen Film 1923 *Paris qui dort.* Nach Versuchen im Experimentalfilm fand er 1927 mit *Un chapeau de paille d'Italie* seinen Stil einer beschwingten, tänzerisch-musikalischen Komödie, der ihn weltberühmt machte. Nach dem Mißerfolg seines sozialkritisch engagierten Films *Le dernier milliardaire* (Der letzte Milliardär, 1934) ging er verbittert nach England und kehrte erst 1939 für kurze Zeit nach Frankreich zurück. Den Krieg verbrachte er als Emigrant in Hollywood. Nach 1945 gelang ihm in Frankreich ein glänzendes Comeback. Doch der Film *Porte de Lilas* (1956) war sein letzter großer Erfolg.

René Clair hat in seinen Filmen das Paris der kleinen Leute, der Hinterhöfe und Straßensänger entdeckt, das er als realistischen Hintergrund für seine meist heiter-melancholischen Liebesgeschichten und seine turbulenten Verwechslungskomödien benutzte. Weniger erfolgreich waren seine Ausflüge in die Sozialkritik. Der eigentliche »Clairsche Stil«, den die Kritiker bewunderten und den das Publikum liebte, das war Tempo, tänzerische Eleganz, liebenswürdige Ironie, das war aber auch die perfekte Beherrschung der filmischen Mittel und ein Stilwillen, der seine leichten Geschichten nie seicht werden ließ.

Paris qui dort (Das schlafende Paris, 1923), *Entr'acte* (Zwischenspiel, 1924), *Un chapeau de paille d'Italie* (Der italienische Strohhut / Der Florentiner Hut, 1927), *Les deux timides* (Die beiden Furchtsamen, 1928), *Sous les toits de Paris* (Unter den Dächern von Paris, 1930), *Le million* (Die Million, 1931), *À nous la liberté* (Es lebe die Freiheit, 1932), *Quatorze juillet* (Der 14. Juli, 1932) *Le dernier milliardaire* (Der letzte Milliardär, 1934).

In England: *The ghost goes west* (Ein Gespenst auf Reisen, 1935), *Break the news* (Heraus mit der Wahrheit / Falschmeldung, 1938).

René Clair (l.) und Jean Cocteau 1959 in Cannes

In den USA: *The flame of New Orleans* (Die Abenteurerin, 1941), *I married a witch* (Meine Frau, die Hexe, 1942), *It happened tomorrow* (Es geschah morgen, 1944), *And then there were none* (Das letzte Wochenende, 1945).
In Frankreich: *Le silence est d'or* (Schweigen ist Gold, 1946/47), *La beauté du diable* (Pakt mit dem Teufel, 1949), *Les belles de nuit* (Die Schönen der Nacht, Frankreich/Italien 1952), *Les grandes manœuvres* (Das große Manöver, Frankreich/Italien 1955), *Porte de Lilas* (Die Mausefalle, Frankreich/Italien 1956), *Tout l'or du monde* (Alles Gold dieser Welt, Frankreich/Italien 1961), *Les fêtes galantes* (Die Festung fällt, die Liebe lebt / Liebling, laß das Schießen sein, Frankreich/Rumänien 1965) u. a.

Henri-Georges Clouzot

Clouzot, geboren am 20. November 1907 in Niort bei La Rochelle (Frankreich) und gestorben am 12. Januar 1977 in Paris (Frankreich), wollte zunächst Seemann werden. Als dieser Plan an seiner Kurzsichtigkeit und der »Ersatzwunsch«, die Diplomaten-Laufbahn, am finanziellen Zusammenbruch der Familie gescheitert war, wurde er Journalist. Durch Henri Jeanson kam er als Cutter und später auch als Autor zum Film. In den dreißiger Jahren war er – in Berlin – Assistent von Anatole Litvak und E. A. Dupont. Sein Debüt als Regisseur wurde zunächst durch eine langwierige Krankheit, dann durch den Ausbruch des Krieges hinausgezögert. Erst mit 35 Jahren drehte er seinen ersten eigenen Film *(L'assassin habite au 21)*.

Clouzot gilt als Meister des effektvollen und intelligenten Nervenkitzels. Aber obwohl er bekannte, daß er zugunsten »wirkungsvoller Kontraste« eine »gewisse Vereinfachung« in Kauf nehme, bezogen seine Filme ihre Effekte doch selten aus oberflächlichen Schocks, sondern vielmehr aus psychologischer Akkuratesse, plastischer Milieuschilderung und einer intelligenten Darstellerführung. Stets spielt dabei die Umwelt eine große Rolle. Ein typisches Beispiel dafür ist der Film *Le corbeau*, der eine französische Kleinstadt so entlarvend böse porträtiert, daß französische Widerstandskämpfer gegen den Film protestierten und nach dem Krieg ein befristetes Arbeitsverbot für seinen Regisseur bewirkten. Der Höhepunkt von Clouzots internationalen Erfolgen war zweifellos der Film *Le salaire de la peur*.

L'assassin habite au 21 (Der Mörder wohnt Nr. 21, 1942), *Le corbeau* (Der Rabe, 1943), *Quai des Orfèvres* (Unter falschem Verdacht, 1947), *Manon* (Manon, 1948), *Retour à la vie* (Rückkehr ins Leben, 1950 – Episode), *Miquette et sa mère* (Miquette und ihre Mutter, 1950), *Le salaire de la peur* (Lohn der Angst, Frankreich/

Italien 1952), *Les diaboliques* (Die Teuflischen, 1954), *Le mystère Picasso* (Picasso, 1956 – Dokumentarfilm), *Les espions* (Spione am Werk, 1957), *La vérité* (Die Wahrheit, Frankreich/Italien 1960), *L'enfer* (Die Hölle, 1964), *La prisonnière* (Seine Gefangene, Frankreich/Italien 1967) u. a.

Cecil B. DeMille

DeMille, geboren am 12. August 1881 in Ashfield (USA) und gestorben am 21. Januar 1959 in Hollywood (USA), gehört zu den legendären Filmpionieren, denen Hollywood seine Entstehung verdankt. Da seine Eltern beide Bühnenautoren waren, ging auch er, nach einem kurzen Gastspiel auf einer Militärakademie, zum Theater – als Autor, Regisseur, Schauspieler und Manager. 1912 gründete er zusammen mit Jesse Lasky eine Produktionsgesellschaft, für die er ein Jahr später seinen ersten Spielfilm, *The squaw man* (Der Squaw-Mann), inszenierte. Wenig später war er erfolgreich und bekannt und blieb es bis zu seinem Tod. Erste Erfolge errang DeMille mit frivolen Gesellschaftskomödien wie *Male and female* (Mann und Frau, 1919). Aber als sich Anfang der zwanziger Jahre in der amerikanischen Öffentlichkeit Kritik an der »Sittenlosigkeit« Hollywoods artikulierte, änderte er Stil und Themen seiner Filme sehr schnell. Von nun an drehte er vornehmlich aufwendige Filme, die von Patriotismus und einer naiven Religiosität erfüllt waren. Und das Publikum liebte seine unkomplizierten Erzählungen von amerikanischen und biblischen Helden. Wechselnde Stilrichtungen haben ihn weder beeinflußt noch irritiert; sein einmal gefundenes Erfolgsrezept hat er eigentlich nur noch technisch vervollkommnet. Man spürte in seinen Filmen, daß er es liebte und vermochte, spannende Geschichten zu erzählen, für die er sich ein möglichst breites Publikum wünschte. In seiner direkten, plakativen Erzählweise ist er konsequent geblieben; und er hat es erreicht, daß die Bezeichnung »à la DeMille« zur gebräuchlichen Floskel wurde.

The squaw man (Der Squaw-Mann, 1913), *The virginian* (Der Mann aus Virginia, 1914), *Carmen* (Carmen, 1915), *The cheat* (Der Betrug, 1915), *Joan the woman* (Jeanne d'Arc, 1917), *Don't change your husband* (Wechsle Deinen Ehemann nicht, 1918), *Male and female* (Mann und Frau, 1919), *Why change your wife?* (Warum die Frau wechseln?, 1919), *Forbidden fruit* (Verbotene Frucht, 1920), *The Ten Commandments* (Die zehn Gebote, 1923), *The king of kings* (Der König der Könige, 1927), *The godless girl* (Das gottlose Mädchen, 1928), *The sign of the cross* (Im Zeichen des Kreuzes, 1932), *Cleopatra* (Cleopatra, 1934), *The plainsman* (Der Held der Prärie, 1936), *Union Pacific* (Union Pacific / Die Frau gehört mir, 1938/39), *Northwest mounted police* (Die scharlachroten Reiter, 1940), *Reap the wild wind* (Piraten im Karibischen Meer, 1942), *The story of Dr. Wassell* (Dr. Wassells Flucht aus Java, 1944), *Unconquered* (Die Unbesiegten, 1947), *Samson and Delilah* (Samson und Delilah, 1949), *The greatest show on earth* (Die größte Schau der Welt, 1951), *The ten commandments* (Die zehn Gebote, 1956) u. a.

Vittorio De Sica

De Sica, geboren am 7. Juli 1902 in Sora (Italien) und gestorben am 13. November 1974 in Paris, spielte bereits als Sechzehnjähriger seine erste Filmrolle. In den dreißiger Jahren war er ein beliebter jugendlicher Liebhaber und Bonvivant. 1939 debütierte De Sica dann auch als Regisseur; er erzielte seinen ersten großen Erfolg 1942 mit dem sozialkritischen Film *I bambini ci guardano* (Kinder sehen uns an). Seine ersten Nachkriegsfilme machten De Sica weltberühmt. Aber auch nach seinen Regie-Erfolgen hat er weiterhin als Darsteller vor der Kamera gestanden – wiederum als Liebhaber, Bonvivant und Charakterkomiker. Und er hat dabei häufig seine Popularität als Darsteller (und seine Gagen!) benutzt, um die Realisierung seiner ambitionierten Regie-Projekte zu ermöglichen.

De Sica war lange Jahre neben Rossellini der bekannteste Vertreter des italienischen »Neorealismus«. Seine besten Filme drehte er in den Jahren 1946 bis 1956 nach Vorlagen des Drehbuchautors Cesare Zavattini. Das Ergebnis dieser Zusammenarbeit waren Filme, die Not und Elend im Alltag der kleinen Leute aufspürten, die soziale Ungerechtigkeit am individuellen Beispiel demonstrierten, die die realistische Beobachtung für einen humanitären Appell nutzten. Spektakuläre Effekte gibt es selten in den Filmen De Sicas; es überwiegt die Schilderung bezeichnender Details, wie auch die Verzweiflung seiner Helden sich überwiegend in fast beiläufigen Gesten und Reaktionen enthüllt. Mehrfach gibt es auch ein durchaus doppeldeutiges Happy-End, bei dem ein »Augenblickserfolg« des Protagonisten den Zuschauer gleichsam auf Umwegen zur Einsicht in die Unzulänglichkeit dieser Lösung führt.

Rose scarlatte (Scharlachrote Rosen, 1939), *I bambini ci guardano* (Kinder sehen uns an, 1942), *Sciuscià* (Schuschia / Schuhputzer, 1946), *Ladri di biciclette* (Fahrraddiebe, 1948), *Miracolo a Milano* (Das Wunder von Mailand, 1950), *Umberto D.* (Umberto D., 1951), *Stazione Termini* (Rom, Station Termini, 1952), *L'oro di Napoli* (Das Gold von Neapel, 1954), *Il tetto* (Das Dach, 1956), *La ciociara* (Und dennoch leben sie, Frankreich/Italien 1960), *Il giudizio universale* (Das Jüngste Gericht findet nicht statt, Frankreich/Italien 1961), *I sequestrati di Altona* (Die Eingeschlossenen, Frankreich/Italien 1962), *Caccia alla volpe* (Jagt den Fuchs, 1965), *I girasoli* (Sonnenblumen, 1969), *Il giardino dei Finzi Contini* (Der Garten der Finzi Contini, Italien/BRD 1970), *Lo chiameremo Andrea* (Wir werden ihn Andrea nennen, 1972), *Una breve vacanza* (Ein kurzer Urlaub, Italien/Spanien 1972), *Il viaggio* (Die Reise nach Palermo, 1974) u. a.

Mark Donskoi

Donskoi, geboren am 6. März 1901 in Odessa (Rußland) und gestorben am 24. März 1981 in Moskau (UdSSR), studierte Medizin, Jura und Musik und schrieb einige Bühnenstücke. Als Autor kam er 1926 auch zum Film, wurde dann Cutter und drehte mehrere Kurzfilme. Spielfilme inszenierte er ab 1928 – zunächst gemeinsam mit dem Regisseur M. Awerbach. Seit den dreißiger Jahren gehörte Donskoi zur Spitzengarde der Filmregisseure in der UdSSR.

Von seinen Zeitgenossen unter den russischen Filmregisseuren unterscheidet sich Donskoi dadurch, daß er weniger Wert auf eine ausgeklügelte Montage als vielmehr auf plastischen Realismus und psychologische Glaubwürdigkeit legte. Dieses Gestaltungsprinzip bewährte sich in zahlreichen Literaturverfilmungen (besonders von Werken Maxim Gorkis), es bewahrte ihn aber auch bei der Darstellung zeitgeschichtlicher Themen vor Schematismus und Vereinfachung. So blieb die Qualität seines Werks über Jahrzehnte hinweg erstaunlich beständig.

W bolschom gorode (In einer großen Stadt, 1928 – Co-R: M. Awerbach), *Tschuschoi bereg* (Das fremde Ufer, 1930), *Ogon* (Das Feuer, 1931), *Pesnja o stschastje* (Das Lied vom Glück, 1934 – Co-R: Wladimir Legoschin), *Detstwo Gorkowo* (Maxim Gorkis Weg ins Leben I: Gorkis Kindheit, 1938), *W ljudjach* (Maxim Gorkis Weg ins Leben II: Unter den Menschen, 1938/39), *Moi uniwersitety* (Maxim Gorkis Weg ins Leben III: Meine Universitäten, 1939), *Raduga* (Der Regenbogen, 1944), *Selskaja utschitelniza* (Die Dorfschullehrerin / Erziehung der Gefühle, 1947), *Mat* (Die Mutter, 1956), *Foma Gordejew* (Foma Gordejew, 1959), *Serdze materi* (Das Herz einer Mutter, 1965), *Nadeschda* (Nadeschda, 1973), *Suprugi Orlowy* (Die Orlows, 1978) u. a.

Alexander Dowschenko

Dowschenko, geboren am 12. September 1894 in Sosniza (Rußland) und gestorben am 25. November 1956 in Moskau (UdSSR), war der Sohn armer Bauern. Er wurde »Erziehungskommissar« und arbeitete als Maler und Karikaturist, ehe er zum Film kam. Zunächst schrieb er Drehbücher für das ukrainische Studio in Odessa. 1926 inszenierte er seinen ersten eigenen Film, eine ziemlich unbedeutende Komödie. Aber schon zwei Jahre später, nach seinem Film *Swenigora* (Swenigora), zählte man ihn zu den bedeutenden Filmregisseuren der UdSSR. Er starb an dem Tag, der als erster Drehtag für seinen Film *Poema o more* (Poem vom Meer) angesetzt worden war. Dowschenkos Drehbuch wurde daraufhin von seiner Frau Julia Solnzewa im Jahr 1959 realisiert.

Dowschenkos Filme spielen fast alle in seiner ukrainischen Heimat. Und sie spiegeln eindrucksvoll die Geschichte und die Atmosphäre dieses Landes. Natur, Legenden und Überlieferungen spielen in ihnen eine große Rolle und verschmelzen mit dem sozialkritischen Anliegen zu einer poetischen, stellenweise aber auch pathetischen Einheit. Dowschenkos Eigenart ist die große Geste, sein Enthusiasmus ist spürbar in der inneren Spannung seiner Filme, die häufig forcierte Aktionen und lyrische Stimmungsbilder hart gegeneinander stellten, die in suggestiven Montagen sein Engagement oft direkt ins Bild zu setzen schienen. Sein Hang zum Pathos hat ihn wohl auch ein wenig anfällig für den Personenkult der dreißiger Jahre gemacht, in denen seine positiven Helden dann fast überlebensgroß gerieten.

Jagodka ljubwi (Früchte der Liebe, 1926), *Sumka dipkurjera* (Die Diplomatenmappe, 1926), *Swenigora* (Swenigora, 1927), *Arsenal* (Arsenal, 1928), *Semlja* (Erde, 1930), *Iwan* (Iwan, 1932), *Aerograd* (Aerograd, 1935), *Schtschors* (Schtschors, 1938). Zwischen 1940 und 1946 mehrere Dokumentarfilme über den Kampf in der Ukraine und die Befreiung des Landes. *Mitschurin* (Mitschurin / Die Welt soll blühen, 1948) u. a.

Carl Theodor Dreyer

Dreyer, geboren am 3. Februar 1889 in Kopenhagen (Dänemark) und gestorben am 20. März 1968 in Kopenhagen, war zunächst Journalist. Ab 1912 schrieb er etwa zwei Dutzend Drehbücher, und 1921 debütierte er mit dem Film *Praesidenten* (Der Präsident) als Regisseur. Er drehte Stummfilme in Dänemark, Schweden, Norwegen, Deutschland und Frankreich, wo er mit *La passion de Jeanne d'Arc* auch wohl den Höhepunkt seiner Laufbahn erreichte. Sein erster Tonfilm, *Vampyr* (1932), war trotz künstlerischer Qualitäten ein finanzieller Mißerfolg. Und da Dreyer nicht gewillt war, Konzessionen an das Kommerzkino zu machen, konnte er in den 36 Jahren bis zu seinem Tod nur noch vier Spielfilme inszenieren. Der dänische Staat sicherte später seinen Lebensunterhalt, indem er ihm die Verwaltung eines staatlichen Kinos übertrug. Dreyer starb, kurz nachdem der Staat sich bereit erklärt hatte, sein ehrgeiziges Projekt eines Christus-Films, mit dem er sich seit Jahrzehnten beschäftigt hatte, finanziell zu unterstützen.

Dreyer gehört zu den großen Außenseitern der Filmkunst. Vorbilder und wechselnde Stilrichtungen haben ihn kaum beeinflußt. Sein Lieblingsthema ist der einsame Mensch, der durch Not und Leid teilhat am Leiden Christi. Sein Stil ist ein hintergründiger Realismus, der Platz hat für das exakte historische Detail und genauso für die Darstellung der Auferstehung eines Toten. Auch in der Gestaltung steht der Mensch im Mittelpunkt seiner Filme. Besonders in den Stummfilmen dominiert die Großaufnahme. »Nichts in der Welt ist dem menschlichen Gesicht vergleichbar. Es ist ein Land, das zu erforschen man niemals müde wird« (Dreyer). Später wahrt die Kamera in halbnahen Einstellungen mehr Distanz, aber sie insistiert fast unbeweglich und in langen Einstellungen auf der genauen Beobachtung. Seine Darsteller wählte Dreyer nach dem Kriterium, daß sie charakterlich der Rolle entsprechen sollten; und dabei entschied er sich besonders in der Stummfilmzeit oft für Laien oder unbekannte Schauspieler.

Praesidenten (Der Präsident, 1919), *Blade af satans bog* (Blätter aus Satans Buch, 1919/20), *Prästänkan* (Nach Recht und Gesetz / Die Pfarrerswitwe, Schweden 1921), *Die Gezeichneten* (Deutschland 1922), *Der var engang* (Es war einmal, 1922), *Michael* (Deutschland 1924), *Du skal aere din hustru* (Der Herr des Hauses / Du sollst deine Frau ehren / Ehret eure Frauen, 1925), *Glomdalsbruden* (Reise in den Himmel / Die Braut von Glomdal, Norwegen 1925), *La passion de Jeanne d'Arc* (Die Passion der Jungfrau von Orléans / Johanna von Orléans, Frankreich 1928), *Vampyr* (Frankreich/Deutschland 1932), *Vredens dag* (Tag des Zorns / Tag der Rache, 1943), *Tva människor* (Zwei Menschen, Schweden 1945), *Ordet* (Das Wort, 1954), *Gertrude* (Gertrud, 1964) u. a.

Julien Duvivier

Duvivier, geboren am 3. Oktober 1896 in Lille (Frankreich) und gestorben am 30. Oktober 1967 in Paris (Frankreich), war zunächst Theaterschauspieler und -regisseur. Zum Film kam er als Autor, 1919 debütierte er mit dem Cowboy-Film *Haceldama* (Haceldama) als Regisseur. Der große Erfolg kam für ihn mit der Erfindung des Tonfilms. In den dreißiger Jahren galt er neben Renoir und Carné als Hauptvertreter des »poetischen Realismus« in Frankreich. Sein Erfolg hielt auch während der Emigration in Hollywood und nach seiner Rückkehr an.

Duviviers Filme zeichnen sich allgemein durch gute darstellerische Leistungen und durch eine überzeugende Schilderung des Milieus und der Atmosphäre aus. Stilistisch und auch in der Qualität sind sie uneinheitlich; neben bemerkenswerten Inszenierungen wie *Pépé le Moko* u. a. stehen anspruchslose Konsumfilme. Offenbar hat die perfekte Beherrschung der filmischen Mittel ihn auch zur Hast verführt und ihm die leichte Lösung angeboten, deren Realisierung ihm so schnell von der Hand ging.

Haceldama (Haceldama, 1919), *Poil de carotte* (Rotschopf, 1925), *David Golder* (David Golder, 1930), *Poil de carotte* (Rotschopf / Schrei nach Liebe / Armer kleiner Held, 1932 – Remake), *Marie Chapdelaine* (Marie Chapdelaine, 1934) *Golgotha* (Das Kreuz von Golgatha, 1935), *La bandera* (Die Liebesgasse von Marokko / La Bandera, 1935), *La belle équipe* (Die zünftige Bande / Größer als die Liebe, 1936), *Pépé le Moko* (Pépé le Moko – Im Dunkel von Algier, 1937), *Un carnet de bal* (Spiel der Erinnerung, 1937), *La fin du jour* (Lebensabend, 1939), *Lydia* (Ein Frauenherz vergißt nie, England 1941), *Flesh and fantasy* (Das zweite Gesicht, USA 1943), *Panique* (Panik, 1946), *Anna Karenina* (Anna Karenina, England 1947), *Au royaume des cieux* (Eine Heilige unter Sünderinnen, 1949), *Sous le ciel de Paris* (Unter dem Himmel von Paris, 1950), *Le petit monde de Don Camillo* (Don Camillo und Peppone, Frankreich/Italien 1951), *Le retour de Don Camillo* (Don Camillos Rückkehr, Frankreich/Italien 1952), *L'affaire Maurizius* (Der Fall Maurizius, Frankreich/Italien 1953), *Voici le temps des assassins* (Der Engel, der ein Teufel war, 1955), *Pot-bouille* (Immer wenn das Licht ausgeht, 1957), *Marie-Octobre* (Marie-Octobre, 1959), Das kunstseidene Mädchen (BRD 1959), *Chaire de poule* (Rasthaus des Teufels, Frankreich/Italien 1963), *Diaboliquement votre ...* (Mit teuflischen Grüßen, BRD/Frankreich/Italien 1967) u. a.

Sergej Michailowitsch Eisenstein

Sergej Eisenstein
über den Skizzen zu »Iwan grosny«

Eisenstein, geboren am 23. Januar 1898 in Riga (Rußland) und gestorben am 11. Februar 1948 in Moskau (UdSSR), studierte zunächst am Ingenieurinstitut. 1920 wurde er Regisseur und Bühnenbildner am Moskauer Proletkult-Theater. Mit dem Film kam er erstmals 1923 in Berührung, als er einen Kurzfilm *(Glumows Tagebuch)* drehte, den er in seine Bühneninszenierung von Ostrowskis *Eine Dummheit macht auch der Gescheiteste* einbauen wollte. 1924 entstand sein Film *Statschka*, und schon sein nächster Film, *Bronenosez Potjomkin*, machte ihn berühmt. Von 1929 bis 1932 unternahm Eisenstein eine Studienreise in das westliche Ausland und drehte den Film *Que viva Mexico!*, den er nicht vollenden konnte. Unvollendet blieb auch sein Film *Beschin lug*, den er nach seiner Rückkehr in die UdSSR in Angriff nahm. Er scheiterte an den Einsprüchen engstirniger Funktionäre. Erst 1938 konnte er mit *Alexandr Newski* wieder einen Film vollenden. Eisenstein starb während der Vorbereitungen für den dritten Teil seines Films *Iwan grosny*, dessen zweiter Teil ihm eine öffentliche Rüge des ZK der KPdSU eingetragen hatte.
Eisenstein gilt unbestritten als einer der größten Regisseure und bedeutendsten Theoretiker des

Films. In seinen Stummfilmen verzichtete er auf die übliche Fabel und den individuellen Helden. Außerdem entwickelte er für sie eine spezielle Art der Montage. In der Aneinanderreihung einzelner Szenen sah er nicht nur die Möglichkeit, eine fortlaufende Handlung zu erzählen; er wollte vielmehr durch den »unvermittelten Zusammenprall der Bilder« im Zuschauer »Ideen auslösen und Einsichten bewirken«. Deshalb unterbrach er z. B. in seinem Erstlingswerk *Statschka* die Schilderung des brutalen Einsatzes berittener Polizisten gegen streikende Arbeiter durch Bilder aus einem Schlachthof. In den dreißiger Jahren, im Zeichen des »sozialistischen Realismus« galten die Montage-Theorien des einstmals gefeierten Regisseurs als »formalistisch«. In seinen Tonfilmen wandelte sich Eisensteins Stil. Nicht mehr die Masse steht im Mittelpunkt, sondern eine überragende Einzel-Persönlichkeit; und an die Stelle der »Kollisionsmontage« treten expressive Schauspielkunst und düstere Suggestivkraft der Bilder.

Eisenstein hat übrigens alle seine Stummfilme zusammen mit seinem Assistenten Grigori Alexandrow inszeniert; in seinen sämtlichen Filmen hat er mit dem Kameramann Eduard Tissé zusammengearbeitet.

Statschka (Streik, 1924), *Bronenosez Potjomkin* (Panzerkreuzer Potemkin, 1925), *Oktjabr* (Oktober / Zehn Tage, die die Welt erschütterten, 1927), *Generalnaja linija / Staroje i nowoje* (Die Generallinie / Das Alte und das Neue / Kampf um die Erde, 1926–29), *Que viva Mexico!* (Que viva Mexico!, USA 1930–32, unvollendet), *Beschin lug* (Die Beschin-Wiese, 1935–37, unvollendet), *Alexandr Newski* (Alexander Newski, 1938), *Iwan grosny (I und II)* (Iwan der Schreckliche – I und II, 1944–46), *Iwan grosny (III)* (Iwan der Schreckliche – III, 1946/47, unvollendet).

Zoltán Fábri

Fábri, geboren am 15. Oktober 1917 in Budapest (Ungarn), studierte zunächst bildende Kunst und besuchte dann die »Akademie für Bühnenkunst«. Er begann seine Laufbahn als Schauspieler, Theaterregisseur und Bühnenbildner. 1950 wurde er zum künstlerischen Leiter des »Hunnia«-Filmstudios ernannt. Dort arbeitete er 1951 in einem Regie-Kollektiv an dem Film *Gyarmat a föld alatt* (Kolonie unter der Erde) mit und drehte 1952 seinen ersten eigenen Spielfilm. Bereits drei Jahre später brachte ihm sein Film *Körhinta* einen bedeutenden internationalen Erfolg. Fábri war der erste Regisseur, der die Filmkunst Ungarns nach dem Krieg wieder international ins Gespräch brachte – abgesehen von dem einen Film *(Valahol Európában)*, den Géza Radványi vor seiner Emigration gedreht hatte. Einige Jahre lang war Fábris Name gleichsam ein Synonym für den anspruchsvollen ungarischen Film. Seine Filme sind nahezu alle zeitkritisch engagiert; selbst scheinbar private Schicksale spiegeln gesellschaftliche Probleme, andererseits werden politische Konflikte personalisiert, ohne dabei aber verharmlost zu werden. Fábri will wirken, weil er etwas bewirken will; und gelegentlich verfällt er dabei der Gefahr, seine Effekte zu stark zu pointieren. Meistens jedoch gelang ihm eine kammerspielhafte Intensität, bei der der Schauspielerführung und erst später auch der Montage besondere Bedeutung zukommt.

Vihar (Das Gewitter, 1952), *Életjel* (Vierzehn Menschenleben, 1954), *Körhinta* (Karussell, 1955), *Hannibál tanár úr* (Professor Hannibal, 1956), *Bolond április* (Verrückter April / Sommerwolken, 1957), *Édes Anna* (Anna, 1958), *Duvad* (Das Biest, 1959), *Két félidö a pokolban* (Zwei Halbzeiten in der Hölle, 1961), *Nappali sötétség* (Dunkel bei Tageslicht, 1963), *Húsz óra* (Zwanzig Stunden, 1964), *Utószezon* (Die Vorladung, 1967), *A pál utcai fiúk* (Die Jungs aus der Paulstraße, Ungarn/USA 1968), *Isten hozta, örnagy ur!* (Grüß Gott, Herr Major / Die Familie Toth, 1969), *Hangyaboly* (Das Ameisennest, 1971/72), *Plusz – minusz egy nap* (Ein Tag mehr oder weniger, 1973), *141 perc a befejezetlen mondatból* (Der unvollendete Satz, 1974), *Az ötödik pecsét* (Das fünfte Siegel, 1975), *Magyarok* (Die Ungarn, 1976/77), *Fábián Bálint találkozása Istennel* (Bálint Fábián begegnet Gott, 1979), *Requiem* (Requiem, 1981), *Gyertek el a névnapomra* (Kommt zu meinem Namenstag, 1983) u. a.

Rainer Werner Fassbinder

Fassbinder, geboren am 31. Mai 1946 in Bad Wörishofen (BRD) und gestorben am 10. Juni 1982 in München (BRD), besuchte die Rudolf-Steiner-Schule und anschließend Gymnasien in Augsburg und München. Er verließ die Schule, um Schauspieler zu werden. 1967 kam Fassbinder zum Münchener »Action-Theater«, aus dem Anfang 1968 das »antiteater« wurde. Nach zwei Kurzfilmen *(Stadtstreicher*, 1966; *Das kleine Chaos*, 1967) drehte er 1969 mit dem Ensemble des »antiteaters« seinen ersten abendfüllenden Spielfilm *(Liebe ist kälter als der Tod)*, der im gleichen Jahr bei den Berliner Filmfestspielen gezeigt wurde. In den folgenden drei Jahren hat Fassbinder mehr als ein Dutzend Spiel- oder Fernsehfilme gedreht.

Fassbinder war zweifellos allein schon durch seine Produktivität eine Ausnahmeerscheinung im heutigen deutschen Film. Aber seine scheinbar hastig skizzierten und gedrehten Filme sind von erstaunlicher Geschlossenheit und stilistischer Konsequenz. In der Nachfolge seines Erstlings *Liebe ist kälter als der Tod* machte er eine Reihe unkonventioneller Gangsterfilme, in denen die Rituale amerikanischer Vorbilder und auch der Filme des Franzosen Jean-Pierre Melville intelligent verarbeitet wurden, in denen er eine eigene »Kino-Welt« voller Verweise und Zitate, voller Melancholie und Resignation schuf. An seinen zweiten Film, *Katzelmacher*, schließt ein Zyklus entlarvender Studien aus dem kleinbürgerlichen Leben an. Hier zeigt Fassbinder, wie sich Menschen am Alltag reiben, wie sie an den Anforderungen der Konsumgesellschaft zerbrechen. Dabei erreichte er die Intensität seiner Filme durch eine ganz unspektakuläre, aber konsequent insistierende Kamera und durch eine karge Sprache, die in ihrer Stilisierung an Ferdinand Bruckner erinnert. Allerdings unterliefen ihm in seinen oft melodramatischen Zeitbildern gelegentlich auch allzu grelle Effekte *(Satansbraten)*. Mit Filmen wie *Despair – Eine Reise ins Licht* und *Lili Marleen* machte Fassbinder in den letzten Jahren auch den Versuch, mit »Weltstars« für den »Weltmarkt« zu produzieren. Bei aller formalen Perfektion vermißt man aber in diesen Filmen die widerborstige Individualität ihres Schöpfers. Die war eher spürbar in seiner umstrittenen, aber höchst eindringlichen Fernsehserie *Berlin Alexanderplatz*.

Liebe ist kälter als der Tod (1969), *Katzelmacher* (1969), *Götter der Pest* (1969), *Warum läuft Herr R. Amok?* (1969 – Co-R: Michael Fengler), *Rio das Mortes* (1970), *Whity* (1970), *Niklashauser Fart* (1970 – Co-R: Michael Fengler – Fernsehproduktion), *Der amerikanische Soldat* (1970), *Pioniere in Ingolstadt* (1970 – Fernsehproduktion), *Warnung vor einer heiligen Nutte* (1970), *Der Händler der vier Jahreszeiten* (1970 – Fernsehproduktion), *Die bitteren Tränen der Petra von Kant* (1971), *Wildwechsel* (1972 – Fernsehproduktion), *Acht Stunden sind kein Tag* (1972 – Fernsehserie), *Welt am Draht* (1973 – Fernsehproduktion), *Die Zärtlichkeit der Wölfe* (1973 – Gesamtleitung, R: Ulli Lommel), *Nora* (1973), *Angst essen Seele auf* (1973), *Martha* (1973), *Effi Briest* (1972–74), *Faustrecht der Freiheit* (1974), *Mutter Küsters Fahrt zum Himmel* (1975), *Angst vor der Angst* (1975), *Ich will doch nur, daß ihr mich liebt* (1975/76 – Fernsehproduktion), *Der Postmeister* (1975 – Fernsehproduktion), *Satansbraten* (1976), *Chinesisches Roulette* (BRD/Frankreich 1976), *Bolwieser* (1976/77 – Fernsehproduktion), *Despair – Eine Reise ins Licht* (BRD/Frankreich 1977), *Deutschland im Herbst* (1977 – Episode), *Die Ehe der Maria Braun* (1978), *In einem Jahr mit 13 Monden* (1978), *Die dritte Generation* (1978/79), *Berlin Alexanderplatz* (1979/80 – Fernsehserie), *Lili Marleen* (1980), *Lola* (1981), *Die Sehnsucht der Veronika Voss* (1981), *Querelle – Ein Pakt mit dem Teufel* (BRD/Frankreich 1982) u. a.

Federico Fellini

Fellini, geboren am 20. Januar 1920 in Rimini (Italien), war zunächst Karikaturist und Rundfunkautor, trat in Varietés auf und schrieb für die humoristische Wochenzeitschrift »Marc Aurelio«. Auch zum Film kam er zunächst als Autor: Er war Co-Autor bei Rossellinis *Roma città aperta* und *Paisà*, bei Lattuadas *Senza pietà* und Germis *Il cammino della speranza* (Der Weg der Hoffnung, 1951) u. a. In Rossellinis *L'amore* war er als Darsteller der Partner von Anna Magnani. 1950 drehte er zusammen mit Alberto Lattuada den Film *Luci del varietà* (Lichter des Varietés). Ein Jahr später entstand sein erster eigener Film. Spätestens mit *La strada* errang Fellini internationalen Ruhm.

Fellinis Filme vereinen auf faszinierende Weise einen sehr subjektiven Realismus mit einer wuchernden Bildphantasie und einem mystischen Glauben an die Kraft der Gnade, die vornehmlich den Armen und Naiven zuteil wird. Christliches Gedankengut mischt sich mit Obsessionen,

Federico Fellini bei Dreharbeiten zu »Amarcord«

die offenbar aus Kindheitserinnerungen stammen. Fellini sagt: »Meine Arbeit ist nichts anderes als das Bekenntnis meiner Sehnsüchte und Wünsche. Sie ist der Spiegel meines Lebens.« Während die ersten Filme Fellinis genau kalkulierte Geschichten erzählten, überwiegt später, ab *La dolce vita*, eine episodische, fast essayistische Struktur, bei der nicht mehr die Handlung, sondern die genaue Beschreibung von Situationen wichtig ist. Vieles wirkt dort improvisiert, wie eine spontane Eingebung. »Eine Arbeit mit einer festgefügten Konzeption zu beginnen wäre für mich undenkbar. Irgendwann würde ich sie doch über den Haufen werfen« (Fellini). Das ergibt oft einen suggestiven Fluß der Bilder, entgeht aber gerade in den letzten Filmen nicht immer der Gefahr unverbindlicher Effekte.

Luci del varietà (Lichter des Varietés, 1950 – Co-R: Alberto Lattuada), *Lo sceicco bianco* (Die bittere Liebe, 1951), *Amore in città* (Liebe in der Stadt, 1953 – Episode), *I vitelloni* (Die Müßiggänger, Italien/Frankreich 1953), *La strada* (La Strada / Das Lied der Straße, 1954), *Il bidone* (Die Schwindler, Italien/Frankreich 1955), *Le notti di Cabiria* (Die Nächte der Cabiria, Italien/Frankreich 1956), *La dolce vita* (Das süße Leben, Italien/Frankreich 1959), *Boccaccio 70* (Boccaccio 70, Frankreich/Italien 1962 – Episode), *Otto e mezzo* (8½, Italien/Frankreich 1962), *Giulietta degli spiriti* (Julia und die Geister, BRD/Italien/Frankreich 1965), *Histoires extraordinaires* (Außergewöhnliche Geschichten, Frankreich/Italien 1967 – Episode: *Toby Dammit*), *Fellini: Satyricon* (Fellinis Satyricon, 1969), *I clowns* (Die Clowns, 1970 – Fernsehproduktion), *Fellini: Roma* (Fellinis Roma, Italien/Frankreich 1971), *Amarcord* (Amarcord, 1973), *Il Casanova di Fellini* (Fellinis Casanova, Italien/England 1974/75), *Prova d'orchestra* (Orchesterprobe, BRD/Italien 1978), *La città delle donne* (Fellinis ›Stadt der Frauen‹, Italien/Frankreich 1978/79), *E la nave va* (Fellinis Schiff der Träume, Italien/Frankreich 1983), *Ginger e Fred* (Ginger und Fred, Italien/Frankreich/BRD 1985), *Federico Fellini intervista* (Fellinis Intervista, Italien/Frankreich 1986), *La voce della luna* (Die Stimme des Mondes, Italien/Frankreich 1989) u. a.

Louis Feuillade

Feuillade, geboren am 19. Februar 1873 in Lunel (Frankreich) und gestorben am 26. Februar 1925 in Nizza (Frankreich), war ursprünglich Journalist. 1905 kam er als Drehbuchautor zu Gaumont und avancierte bald zum Regisseur. Er drehte zunächst vornehmlich kleine Trickfilme, bei denen er normale Straßenszenen durch filmische Effekte verfremdete; dann inszenierte er anspruchsvolle »Großfilme« und schließlich eine Serie (*La vie telle qu'elle est* – Das Leben, wie es wirklich ist), in der er jeweils in einer Spielhandlung menschliche Schwächen und Laster darstellte. Den ganz großen Erfolg brachten ihm aber erst seine Abenteuer-Serien, die ab 1913 entstanden. Die Zeit seines Erfolges war kurz: Nach dem Krieg konnte er nur noch einige unbedeutende Filme drehen, und nach seinem Tod wurde er schnell vergessen. Aber 1938 gab es beim Festival in Venedig eine Retrospektive seines Werks, und von daher datiert seine Wiederentdeckung. Für Georges Sadoul ist er »der Griffith des französischen Films«. Feuillade verfügte über eine schier unerschöpfliche, bizarre Phantasie, die ihn in den Serienfilmen mühelos neue überraschende Szenen und Zwischenfälle erfinden ließ. Sein besonderes Verdienst aber war es wohl, daß er die fast surrealistischen Abenteuer seiner Helden in ein sorgfältig und realistisch geschildertes Alltagsmilieu stellte. Phantasie und Wirklichkeit sind so in seinen Filmen überzeugend vereint. Feuillade drehte sehr viele Filme; Filmhistoriker haben bisher über 500 Titel identifiziert, über 400 dieser Filme sind noch erhalten.

Aux lions les chrétiens (Die Christen vor die Löwen, 1911), *La vie telle qu'elle est* (Das Leben, wie es wirklich ist, Serie, 1911–1913), *Fantômas* (Fantômas, fünf Episoden, 1913/14), *Les vampires* (Die Vampire, zehn Episoden, 1915/16), *Judex* (Judex, zwölf Episoden, 1916/1917), *La nouvelle mission de Judex* (Neue Abenteuer von Judex, zwölf Episoden, 1917), *L'homme sans visage* (Der Mann ohne Gesicht, 1918), *L'orpheline de Paris* (Die Waise von Paris, sechs Episoden, 1924) u. a.

Jacques Feyder

Feyder, geboren als Jacques Frédérix am 21. Juli 1885 in Ixelles (Belgien) und gestorben am 25. Mai 1948 in Prangins (Schweiz), gilt als eigentlicher »Erfinder« und Wegbereiter des »poetischen Realismus«, der die französische Filmkunst der dreißiger Jahre bestimmte. Er kam zwischen 1910 und 1912 als Schauspieler und Autor zum Film, wurde dann Regisseur und drehte einige belanglose Kommerzfilme, ehe ihm 1921 mit *L'atlantide* der Durchbruch zum Erfolg gelang. 1929 ging er für einige Jahre nach Hollywood; in den dreißiger Jahren inszenierte er auch in Berlin einige Coproduktionen – nach damaliger Sitte jeweils in deutscher und französischer Version. In einer Zeit, in der die formalen Experimente der Avantgarde das Gesicht des anspruchsvollen französischen Films bestimmten, entdeckte Feyder die Welt des kleinen Mannes, die er in tragischen oder satirisch getönten Filmen behandelte. Bezeichnend für ihn ist, daß er in einem Interview auf die Frage nach den Voraussetzungen für einen guten Film Atmosphäre und Milieu an erster Stelle nannte. In vielen seiner Filme spürt man bereits jenen Fatalismus, der später auch die Werke seines Schülers Marcel Carné bestimmte.

L'atlantide (Atlantis, 1920/21), *Crainquebille* (Crainquebille, 1922/23), *Das Bildnis* (Österreich 1923–25), *Du sollst nicht ehebrechen* (Thérèse Raquin, Deutschland 1928), *Les nouveaux messieurs* (Die neuen Herren, 1928), *The kiss* (Der Kuß, USA 1929), *Anna Christie* (Anna Christie, USA/Deutschland 1930), *Le grand jeu* (Das große Spiel / Karten des Schicksals, 1934), *Pension Mimosas* (Spiel in Monte Carlo, 1934), *La kermesse héroïque* (Die klugen Frauen, Frankreich/Deutschland 1936), *Knight without armour* (Tatjana, England 1937), *Fahrendes Volk* (Les gens du voyage, Deutschland/Frankreich 1938), *La loi du nord* (Gesetz des Nordens, 1939–42), *Une femme disparaît* (Eine Frau verschwindet, Schweiz 1942), *Macadam* (Zur roten Laterne, 1946) u. a.

John Ford

Ford, als Sohn irischer Eltern unter dem Namen Sean Aloysius O'Fearna am 1. Februar 1895 in Cape Elizabeth (USA) geboren und gestorben am 31. August 1973 in Palm Deserts bei Palm Springs (USA), hat rund 150 Filme gedreht. Er wurde von seinem Bruder Francis, der in der Frühzeit des Films als Schauspieler und Regisseur einigen Erfolg hatte, nach Hollywood geholt. 1917 erhielt er die Chance, Wildwestfilme zu inszenieren. Als er 1924 mit *The iron horse* (Das Feuerroß) seinen ersten künstlerischen Erfolg erzielte, hatte er bereits rund 50 Filme dieses Genres gedreht. Der Western blieb das Gebiet, auf dem er es vor allem zur Meisterschaft brachte, obwohl er auch mit sogenannten »Problemfilmen« erfolgreich war. Mit insgesamt sechs »Oscars« für Regie (vier für Spielfilme, zwei für Dokumentarfilme) dürfte Ford wohl Hollywoods »meistdekorierter« Regisseur sein.

Eines der Lieblingsmotive Fords ist das Schicksal einer Gruppe, die durch drohende Gefahr isoliert ist. Dieses Muster benutzt er sowohl in seinen Western als auch in seinen sozialkritischen Filmen, in denen gewöhnlich eine Familie diese Gruppe bildet. Ford erweist sich als Meister in der Darstellung der Gruppendynamik und der Charakterisierung der einzelnen Personen, die plastisch gegeneinander abgesetzt sind. Dabei diagnostiziert er kühl und gelassen, nimmt gleichsam die Position des objektiven Beobachters ein. Lakonisch ist auch sein Bildstil. Selbst in turbulenten Situationen bleibt die Kamera nicht selten relativ unbeweglich; aber er versteht es, aus diesem Kontrast zusätzliche Spannung abzuleiten. Von Bedeutung für sein Werk ist auch die Zusammenarbeit mit zwei bevorzugten Drehbuchautoren: Dudley Nichols (1930–47) und Frank S. Nugent (seit 1947).

John Ford

Seine wichtigsten Western: *The iron horse* (Das Feuerroß, 1924), *The lost patrol* (Die verlorene Patrouille, 1934), *Stagecoach* (Ringo / Höllenfahrt nach Santa Fé, 1939), *My darling Clementine* (Faustrecht der Prärie / Tombstone, 1946), *Three godfathers* (Spuren im Sand, 1948), *Fort Apache* (Bis zum letzten Mann, 1948), *She wore a yellow ribbon* (Der Teufelshauptmann, 1949), *Wagonmaster* (Westlich St. Louis, 1950), *Rio Grande* (Rio Grande, 1950), *The searchers* (Der schwarze Falke, 1956), *The horse soldiers* (Der letzte Befehl, 1959), *Two rode together* (Zwei ritten zusammen, 1961), *The man who shot Liberty Valance* (Der Mann, der Liberty Valance erschoß, 1961), *Cheyenne autumn* (Cheyenne, 1964).

Sonstige Filme: *The informer* (Der Verräter, 1935), *Young Mr. Lincoln* (Der junge Mr. Lincoln, 1939), *The grapes of wrath* (Früchte des Zorns, 1939/40), *The long voyage home* (Der lange Weg nach Cardiff, 1940), *Tobacco road* (Die Tabakstraße, 1940), *How green was my valley* (So grün war mein Tal / Schlagende Wetter / Schwarze Diamanten, 1941), *The fugitive* (Befehl des Gewissens, 1947), *The quiet man* (Der Sieger / Die Katze mit dem roten Haar, 1952), *The sun shines bright* (Wem die Sonne lacht, 1953) u. a.

Abel Gance

Gance, geboren am 25. Oktober 1889 in Paris (Frankreich) und gestorben am 10. November 1981 in Paris, versuchte sich nach einem nicht abgeschlossenen Jurastudium als Schauspieler und Schriftsteller. 1908 begann er, auch Drehbücher zu schreiben; 1911 inszenierte er seinen ersten Film. Einen ersten großen Erfolg erzielte er 1918 mit dem Anti-Kriegs-Film *J'accuse*. In den zwanziger Jahren gehörte er zu den Wegbereitern der Filmkunst. Aber seine ehrgeizigen Projekte schreckten die Produzenten. Und nach der Erfindung des Tonfilms, der die Produktion verteuerte, mußte Gance mehr und mehr Kompromisse machen. Nach dem Krieg konnte er nur noch wenige, relativ bedeutungslose Filme drehen. 1953 sagte er in Cannes in einem Nachruf auf Jean Epstein: »Auch ich bin ein toter Mann . . . Der Film hat mich getötet.«

Gance hat die raffinierte Kontrast-Montage erfunden, die auf dem Umweg über den frühen sowjetischen Film Weltruhm erlangte; er entwickelte die »Triptychon-Leinwand«, die die Wirkungen des CinemaScope-Verfahrens vorwegnahm und in den künstlerischen Möglichkeiten übertraf; er hat bereits mit dem stereophonischen Ton experimentiert. Aber das waren nicht die Experimente eines besessenen Bastlers; dahinter steckte der Schaffensrausch eines Künstlers, der für seine großen, oftmals pathetischen Visionen neue Gestaltungsmittel brauchte und fand. Er war wie besessen von der Idee, Bilder zu schaffen. Und um seine Imagination zu verwirklichen, stellte er seine Kamera auf Lokomotiven und Autos, befestigte sie auf einem Pferderücken, ließ sie an Seilen durch das Atelier schwingen usw. Seine Filme sind auch für den Zuschauer ein Abenteuer – mit nicht immer glücklichem Ausgang; denn der Überschwang hat ihn manches Mal auch zu Überdeutlichkeiten, zum Pathos und zur Sentimentalität verführt. Aber selbst im Scheitern war er meistens noch faszinierend.

La folie du Dr. Tube (Der Wahnsinn des Dr. Tube, 1915/16), *La dixième symphonie* (Die zehnte Symphonie, 1918), *J'accuse* (Ich klage an, 1918), *La roue* (Das Rad / Rollende Räder – rasendes Blut, 1922/23), *Napoléon* (Napoleon, 1926), *La fin du monde* (Das Ende der Welt, 1930), *Napoléon Bonaparte* (Napoleon Bonaparte, 1934 – erweiterte Tonfilm-Version des Films von 1926), *Un grand amour de Beethoven* (Beethoven, 1936), *J'accuse* (Ich klage an, 1937 – Tonfilmversion), *La tour des Nesles* (Der Turm der sündigen Frauen, Frankreich/Italien 1954), *Austerlitz* (Austerlitz – Glanz einer Kaiserkrone, Frankreich/Italien 1959/60), *Cyrano et D'Artagnan* (Cyrano und D'Artagnan, Frankreich/Italien/Spanien 1962), *Bonaparte et la revolution* (Bonaparte und die Revolution, Frankreich 1971 – neue Tonfilm-Version des Films *Napoléon* von 1926) u. a.

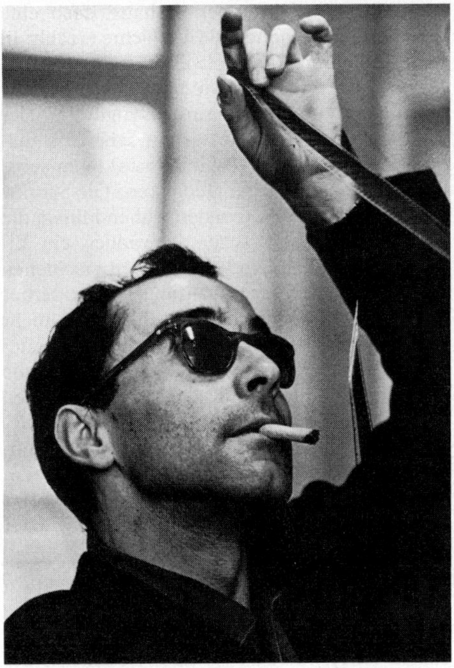

Jean-Luc Godard

Jean-Luc Godard

Godard, geboren am 3. Dezember 1930 in Paris (Frankreich), wuchs in der Schweiz auf und drehte dort 1954 seinen ersten Kurzfilm. Er studierte dann in Paris Ethnologie, wurde Filmkritiker (u. a. bei den »Cahiers du Cinéma«), drehte weitere Kurzfilme (z. T. zusammen mit Eric Rohmer bzw. François Truffaut) und inszenierte 1959 *À bout de souffle*, seinen ersten abendfüllenden Spielfilm.

Godard hatte in seinem ersten Spielfilm gewisse ästhetische Gesetze besonders des Filmschnitts souverän mißachtet; aber er hatte doch eine ganz normale, spannende Geschichte erzählt. In seinen späteren Filmen (speziell seit *Masculin féminin*) trat dann das Moment des Erzählerischen mehr und mehr zurück zugunsten der Reflexion. Was Truffaut schon sehr früh diagnostizierte: Godard verfilmte nicht mehr seine Gefühle, sondern seine Gedanken. Die Schriftinserts z. B., die schon in den frühen Filmen die Erzählstruktur aufbrachen, gewannen ein Eigenleben; die handelnden Personen erschienen im Gewand (und der Bedeutung!) allegorischer Figuren; die eigentliche Handlung trat mehr und mehr zurück zugunsten zeitkritischer Reflexionen. In *Le gai savoir* schließlich ist die »Handlung« ganz auf die Diskussion zwischen einem Mann und einer Frau reduziert. Mit dieser Entwicklung hat Godard einen beträchtlichen Teil seiner früheren Anhänger verloren. Er gewann statt dessen eine Schar begeisterter Apologeten, für die seine Methode ein neuer Weg der Filmkunst ist.

À bout de souffle (Außer Atem, 1959), *Le petit soldat* (Der kleine Soldat, 1960), *Une femme est une femme* (Eine Frau ist eine Frau, Frankreich/Italien 1961), *Vivre sa vie* (Die Geschichte der Nana S., 1962), *Les Carabiniers* (Die Karabinieri, Frankreich/Italien 1963), *Le mépris* (Die Verachtung, Frankreich/Italien 1963), *Bande à part* (Die Außenseiterbande, 1964), *Une femme mariée* (Eine verheiratete Frau, 1964), *Alphaville, une étrange aventure de Lemmy Caution* (Lemmy Caution gegen Alpha 60, Frankreich/Italien 1964), *Pierrot le fou* (Elf Uhr nachts, 1965), *Masculin féminin* (Masculin – feminin oder: Die Kinder von Marx und Coca-Cola, Frankreich/Schweden 1966), *Made in USA* (Made in USA, 1966), *Deux ou trois choses que je sais d'elle* (Zwei oder drei Dinge, die ich von ihr weiß, 1966), *La chinoise, ou plutôt à la chinoise* (Die Chinesin, 1967), *Week-end* (Weekend, Frankreich/Italien 1967), *Loin du Viet-Nam* (Fern von Vietnam, 1967 – Co-R), *Le gai savoir* (Die fröhliche Wissenschaft, 1968), *One plus one* (Eins plus Eins, England 1968), *British sounds* (Englische Töne, England 1969), *Prawda* (Wahrheit, ČSSR 1969), *Vladimir et Rosa* (Wladimir und Rosa, Frankreich/BRD/USA 1970 – Co-R: Jean-Pierre Gorin), *Lotte in Italia* (Kämpfe in Italien, 1970), *Vento dell'est* (Ostwind, Italien/Frankreich/BRD 1970), *El fatah* (El Fatah, 1971 – unvollendet), *Tout va bien* (Alles geht gut, Frankreich/Italien 1971/72), *Letter to Jane* (Ein Brief an Jane, 1972 – Co-R: Jean-Pierre Gorin), *One a(merican) m(ovie)* (Ein amerikanischer Film, 1968 – unvollendet), *Numéro deux* (Nummer zwei, 1975), *Comment ça va?* (Wie geht es?, Frankreich/Mexiko 1975 – Co-R: Anne-Marie Mieville), *Ici et ailleurs* (Hier und anderswo, 1975 – Co-R: Anne-Marie Mieville), *Six fois deux* (Sechs mal zwei, 1976), *Sauve qui peut (La vie)* (Rette wer kann [Das Leben], Schweiz/Frankreich/BRD 1979), *Passion* (Passion, Schweiz/Frankreich 1981), *Prénom Carmen* (Vorname Carmen, 1982), *Je vous salue Marie* (Maria und Joseph, Frankreich/Schweiz/England 1983), *Détective* (Detektiv, 1984), *Soigne ta droite* (Schütze deine Rechte, Frankreich/Schweiz 1986), *King Lear* (König Lear, USA 1987), *Nouvelle vague* (Nouvelle vague, 1990) u. a.

David Wark Griffith

Griffith, geboren am 23. Januar 1875 in La Grange (USA) und gestorben am 23. Juli 1948 in New York (USA), war zunächst u. a. Laufbursche, Gelegenheitsarbeiter, Reporter und Schauspieler bei einer Wanderbühne. Als Darsteller kam er auch zum Film und debütierte in Edwin S. Porters *Rescued from an eagle's nest* (Aus einem Adlernest gerettet, 1907). Er schrieb dann einige Drehbücher und durfte 1908 selbst den Film *The adventures of Dolly* (Dollys Abenteuer) inszenieren. Bis Ende des Jahres hatte er bereits rund 50 Einakter gedreht. 1912 folgte der erste amerikanische Zweiakter, ab 1913 war er bei der »Mutual« Spezialist für »Großfilme« von fünf und mehr Akten. Zu dieser Zeit zählte er bereits zu den führenden Regisseuren Hollywoods. Er gründete 1914 eine eigene Filmgesellschaft für die Produktion seines Films *The birth of a nation*, war 1915 neben Mack Sennett und Thomas Harper Ince Mitbegründer der »Triangle« und zählte 1919 zu den »großen vier« (Douglas Fairbanks, Mary Pickford, Charles Chaplin, D. W. Griffith), die sich als »United Artists« zusammenschlossen. Aber schon Anfang der zwanziger Jahre verließen ihn Glück und Erfolg. 1931 drehte er seinen letzten Film, der aber bereits kurz nach der Uraufführung aus dem Verleih gezogen wurde. Er starb vergessen und verbittert.

Griffith gilt allgemein als der erste bedeutende Filmkünstler. Als seine Entdeckungen rühmt man u. a. den Einstellungswechsel in einer Szene, Licht- und Schatteneffekte, Wechsel des Bildformats, Auf- und Abblende. Auf jeden Fall hat er all diese technischen Möglichkeiten als Mittel filmischer Wirkung erkannt und genutzt. Entsprechend groß war sein Einfluß. Besonders der russische Revolutionsfilm hat sowohl von seiner Montagetechnik als auch von seiner Massenregie profitiert. In Eisensteins theoretischen Schriften spürt man selbst da noch Anerkennung und Bewunderung, wo er kritische Anmerkungen zu den »Metaphern« in Griffiths Filmen macht. Eisenstein wies auch auf die Verwandtschaft zwischen Griffith und Dickens hin: melodramatische Aktion in einer realistischen Umwelt, übersteigerte, aber glaubwürdige Charaktere, Sentimentalität, Sorgfalt im Detail.
Griffith drehte insgesamt einige hundert Filme.

The adventures of Dolly (Dollys Abenteuer, 1908), *Enoch Arden* (Enoch Arden, 1911), *Man's genesis* (Die Entstehung des Menschen, 1911), *The battle of sexes* (Der Kampf der Geschlechter, 1914), *The birth of a nation* (Die Geburt einer Nation, 1914), *Intolerance* (Intoleranz / Die Tragödie der Menschheit, 1916), *Broken blossoms* (Gebrochene Blüten, 1919), *Isn't life wonderful?* (Ist das Leben nicht wunderschön?, 1924), *Abraham Lincoln* (Abraham Lincoln, 1930), *The struggle* (Der Kampf, 1931) u. a.

Susumu Hani

Hani, geboren am 10. Oktober 1928 in Tokio (Japan), begann 1949, Dokumentarfilme zu drehen. Sein bevorzugtes Thema waren die Probleme der Kinder in der Welt der Erwachsenen. 1961 entstand sein erster Spielfilm. Hani galt bald als Exponent einer Gruppe junger japanischer Regisseure, die in die Tradition des japanischen Films nicht oder nur begrenzt zu integrieren sind.
Hani bevorzugt Gegenwartsthemen – gesellschaftliche Konflikte, die Problematik veränderter Sozialstrukturen, die Rolle der Frau im Japan von heute usw. Aber er behandelt diese Themen an individuellen Beispielen. Sein Stil ist realistisch. Keiner seiner Filme ist im Studio entstanden; er drehte sie auf der Straße und in gemieteten Wohnungen, oft mit Laien als Darstellern. Das Ergebnis scheint der europäischen Filmtradition näherzustehen als die Filme irgendeines anderen japanischen Regisseurs. »Was jedoch meinen Stil und meine künstlerischen Überzeugungen angeht, so habe ich sie aus dem heutigen Leben Japans und besonders aus dem Leben der jungen Generation heraus entwickelt, nicht aber aus Filmen von anderen Regisseuren« (Hani).
Mitte der siebziger Jahre, als der japanische Film in eine Krise geriet, arbeitete Hani für das Fernsehen und drehte u. a. Dokumentarfilme über die afrikanische Tierwelt.

Furuyo shonen (Böse Jungen / Die Bewährung, 1961), *Mitasareta seikatsu* (Ein erfülltes Leben / Ein sinnvolles Leben, 1961), *Te o tsunaru kora* (Kinder Hand in Hand, 1963), *Kanojo to kare* (Sie und Er, 1964), *Bwana Toshi no uta* (Das Lied von Bwana Toshi, 1965), *Hatsukoi jigokuhen* (Das Mädchen Nanami, 1967), *Aido* (Sklavinnen der Liebe, 1969), *Mio* (Mio, Italien/Japan 1970), *Gozenchu no jikanwari* (Morgenfahrplan, 1972), *Afrika monogatari* (Afrikanische Geschichten, 1980) u. a.

Howard Hawks

Hawks, geboren am 30. Mai 1896 in Goshen (USA) und gestorben am 26. Dezember 1977 in Palm Springs (USA), war im Ersten Weltkrieg Fliegerleutnant und arbeitete nach dem Krieg in einer Flugzeugfabrik. Zum Film kam er als Requisiteur, dann wurde er Cutter, Autor und Produzent. 1926 führte er zum ersten Mal selbst Regie.
Hawks wurde lange unterschätzt und als »Gebrauchsregisseur«, als »guter Handwerker« abgestempelt. Tatsächlich hat er fast ausschließlich Action-Filme und Komödien gedreht, aber in beiden Genres hat er Meisterwerke geschaffen. Seine Dramen verzichten auf Nutzanwendungen. Sie zeigen Männer, die als Flieger, Sheriff, Gangster, Detektiv usw. zur Tat drängen. Wichtiger als psychologische Deutungen, wichtiger selbst als die eigentliche Story ist die Aktion, so daß es in den Filmen von Hawks gelegentlich logische Sprünge gibt, daß sie oft wie eine Abfolge von Situationen wirken. Die

Handlung wird auch nicht spekulativ aufgebauscht, sondern eher lakonisch mitgeteilt. »Sternberg bläst ein Nichts zu einer riesigen Sache auf; ich nehme eine große Sache und spiele sie herunter« (Hawks). In seinen Komödien wird oft der Widersinn gesellschaftlicher Verhältnisse aufgedeckt.

The road to glory (Die Straße zum Ruhm, 1926), *A girl in every port* (Ein Mädchen in jedem Hafen / Blaue Jungens – blonde Mädchen, 1928), *The dawn patrol* (Patrouille bei Morgengrauen, 1930), *Scarface: Shame of a nation* (Scarface, 1932), *Tiger shark* (Tiger-Hai / Der Fischer von San Diego, 1932), *Barbary coast* (San Francisco im Goldfieber / Küste der Gesetzlosen / Grausame Küste, 1935), *The road to glory* (Die Straße zum Ruhm, 1936 – kein Remake des Films von 1926!), *Bringing up baby* (Leoparden küßt man nicht, 1938), *Only angels have wings* (SOS – Feuer an Bord, 1939), *The outlaw* (Geächtet, 1940 – während der Dreharbeiten übernahm der Produzent Howard Hughes die Regie), *Sergeant York* (Sergeant York, 1941), *To have and have not* (Haben und Nichthaben, 1944), *The big sleep* (Tote schlafen fest / Der tiefe Schlaf, 1946), *Red river* (Red River / Panik am roten Fluß, 1948), *I was a male war bride* (Ich war eine männliche Kriegsbraut, 1949), *The big sky* (Das Geheimnis der Indianerin / Der weite Himmel / Trapper am Missouri, 1952), *Monkey business* (Liebling, ich werde jünger, 1952), *Gentlemen prefer blondes* (Blondinen bevorzugt, 1953), *Land of the Pharaohs* (Land der Pharaonen, 1955), *Rio Bravo* (Rio Bravo, 1959), *Hatari* (Hatari, 1962), *Man's favourite sport* (Ein Goldfisch an der Leine, 1963), *Red line 7000* (Rote Linie 7000, 1965), *El dorado* (El Dorado, 1966), *Rio Lobo* (Rio Lobo, 1970) u. a.

Werner Herzog

Herzog, als Werner H. Stipetić am 5. September 1942 in München (Deutschland) geboren, studierte zunächst Literatur-, Theater- und Geschichtswissenschaft in München und in Pittsburgh (USA). Aber er erzählt, seit er denken könne, habe er auch gewußt, daß er einmal Filme drehen wolle. Das Geld für seine ersten Versuche auf diesem Gebiet verdiente sich der Autodidakt Herzog als Punktschweißer in nächtlicher Akkordarbeit. 1964 erhielt er für sein Drehbuch »Feuerzeichen« den Carl-Mayer-Drehbuchpreis. Er verfilmte das Buch 1967 unter dem Titel *Lebenszeichen* und errang damit auf Anhieb einen Hauptpreis bei den Internationalen Filmfestspielen in Berlin und andere Auszeichnungen. Im gleichen Jahr hatte er bereits für seinen Film *Letzte Worte* den Hauptpreis in der Kategorie Kurzspielfilm bei den Kurzfilmtagen in Oberhausen erhalten. Seither hat Herzog, der für seine Filme auch selbst das Drehbuch schreibt, mit einer Besessenheit inszeniert wie kaum einer seiner Kollegen. Heute ist er wohl der wichtigste Vertreter der jüngeren Generation deutscher Filmregisseure, einer der wenigen zudem, die auch im Ausland ein breiteres Echo gefunden haben. 1982 erhielt er in Cannes den Preis für die beste Regie (*Fitzcarraldo*).

Die Welt seiner Filme ist bizarr und gewalttätig. Der Alltag und der normale Bürger sind seine Sache nicht. Seine Helden sind Außenseiter, Randfiguren des Lebens, nicht selten physisch oder psychisch Deformierte, die sich dem Sturz ins Nichts entgegenstemmen und dabei häufig unterliegen. Man hat Herzog deshalb gelegentlich Fatalismus und spekulative Ausnutzung des Abnormen vorgeworfen. In Wirklichkeit herrscht in Herzogs Filmen eher ein rationaler Skeptizismus, der die Grenzen des Menschen in durchaus aufklärerischer Weise demonstriert. Den Vorwurf der Spekulation widerlegt Herzog selbst mit Filmen wie *Land des Schweigens und der Dunkelheit*, einem Dokumentarfilm, der ungewöhnlich einfühlsam und taktvoll über das Schicksal taubblinder Menschen berichtet. Und hinter dem oftmals brutalen Realismus seiner Filme spürt man ein zorniges Engagement. Wenn es dem Film nütze, werde er, so sagte Herzog in einem Gespräch (mit Fritz Rumler), »auch zur Hölle fahren und dort drehen«. Kein Wunder, denn Film, so Herzog im gleichen Gespräch, sei sein »Ticket zum Leben«, ohne das er in Kürze ein toter Mann wäre.

Kurzfilme und mittellange Filme: *Herakles* (1962), *Spiel im Sand* (1964), *Die beispiellose Verteidigung der Festung Deutschkreutz* (1967), *Letzte Worte* (1967), *Maßnahmen gegen Fanatiker* (1969), *Die fliegenden Ärzte von Ostafrika* (1969), *Skiflugschanze Planica – Die große Ekstase des Bildschnitzers Steiner* (1974).

Alfred Hitchcock (l.) mit Bruce Dern bei Dreharbeiten zu »Family plot«

Lange Filme: *Lebenszeichen* (1967), *Fata Morgana* (1968–70), *Auch Zwerge haben klein angefangen* (1970), *Behinderte Zukunft?* (1971 – Dokumentarfilm), *Land des Schweigens und der Dunkelheit* (1971 – Dokumentarfilm), *Aguirre, der Zorn Gottes* (1972), *Jeder für sich und Gott gegen alle* (1974), *Herz aus Glas* (1976), *Stroszek* (1976/77), *Nosferatu – Phantom der Nacht* (BRD/Frankreich 1978), *Woyzeck* (1978/79), *Fitzcarraldo* (1981), *Wo die grünen Ameisen träumen* (1984), *Cobra Verde* (1987) u. a.

Alfred Hitchcock

Hitchcock, geboren am 13. August 1899 in London (England) und gestorben am 29. April 1980 in Los Angeles (USA), wurde in einem Jesuiten-Seminar erzogen und studierte dann Kunstwissenschaft und Ingenieurwesen. Zum Film kam er als Autor und Zeichner von Zwischentiteln. Er avancierte zum Architekten, Cutter, Co-Autor und Regieassistenten. 1922 produzierte und inszenierte er den Film *Number thirteen* (Nummer dreizehn), der aber aus Geldmangel unvollendet blieb. So debütierte er als Regisseur 1925/26 in München mit zwei englisch-deutschen Coproduktionen. 1926 erzielte er mit *The lodger* seinen ersten großen Erfolg. In den dreißiger Jahren galt Hitchcock als einer der führenden englischen Regisseure. 1939 ging er nach Hollywood.

Hitchcock gilt unbestritten als Meister des »suspense«, einer Spannung, die nicht aus der Abfolge grober Effekte oder der Suche nach dem Täter, sondern aus intelligent dosierter Irritation des Zuschauers entsteht. (»Ich habe ›Whodunits‹ immer vermieden, weil bei ihnen sich meistens das ganze Interesse auf den letzten Teil konzentriert ... Man sitzt da und wartet in Ruhe auf die Antwort: Wer war der Täter? Von Emotion keine Spur« – Hitchcock.) Sein Lieblingsthema ist der Identitätsverlust. Immer wieder werden seine meist gutbürgerlichen Helden aus der Ordnung ihres alltäglichen Lebens gerissen. Sie werden in ein Verbrechen verwickelt, werden für Verbrecher oder Spione gehalten, oder müssen selbst befürchten, ein Verbrechen begangen zu haben. Ihre gewohnte Umwelt zeigt sich unter der Oberfläche merkwürdig verändert; sie werden Fremde in ihrer eigenen Welt. Diese Thematik bestimmt auch den Stil der Filme. Die Kamera nimmt oft eine subjektive Position ein und zieht den Betrachter in die Handlung hinein. In der Montage wird die Spannung raffiniert gesteigert und ein ständiger Schwebezustand des Argwohns geschaffen. »Man verlangt vom Publikum, fast zwei Stunden ununterbrochen auf ein und dieselbe Fläche zu starren. Da muß man darauf schon etwas unterbringen, was das Interesse der Leute wachhält« (Hitchcock). – »Hitchcock ist augenblicklich der einzige Cinéast der Welt, der genau weiß, was er will und wie er es erreichen kann« (François Truffaut).

The lodger (Der Untermieter, 1926), *Blackmail* (Erpressung, 1929), *Juno and the paycock* (Juno und der Pfau, 1930), *Murder* (Mord / Mary – Sir John greift ein!, England/Deutschland 1930), *Number seventeen* (Nummer siebzehn, 1932), *Waltzes from Vienna* (Wiener Walzer, 1933), *The man who knew too much* (Der Mann, der zuviel wußte, 1934), *The thirty-nine steps* (Die 39 Stufen, 1935), *The lady vanishes* (Eine Dame verschwindet, 1938), *Jamaica Inn* (Riff-Piraten, 1939).

In den USA: *Rebecca* (Rebecca, 1940), *Foreign correspondent* (Mord, 1940), *Suspicion* (Verdacht, 1941), *Saboteur* (Saboteure, 1942), *Shadow of a doubt* (Im Schatten des Zweifels, 1943), *Lifeboat* (Das Rettungsboot, 1943), *Spellbound* (Ich kämpfe um Dich, 1945), *Notorious* (Berüchtigt / Weißes Gift, 1946), *The Paradine case* (Der Fall Paradin, 1947), *The rope* (Cocktail für eine Leiche, 1948), *Under capricorn* (Sklavin des Herzens, England 1949), *Stage fright* (Die rote Lola, England 1950), *Strangers on a train* (Der Fremde im Zug / Verschwörung im Nordexpreß, 1951), *I confess* (Ich beichte / Zum Schweigen verurteilt, 1952), *Dial M for murder* (Bei Anruf – Mord!, 1953), *Rear window* (Das Fenster zum Hof, 1954), *To catch a thief* (Über den Dächern von Nizza, 1955), *The man who knew too much* (Der Mann, der zuviel wußte, 1955 – Remake des Films von 1934), *The trouble with Harry* (Immer Ärger mit Harry, 1956), *The wrong man* (Der falsche Mann, 1957), *Vertigo* (Aus dem Reich der Toten, 1958), *North by northwest* (Der unsichtbare Dritte, 1959), *Psycho* (Psycho, 1960), *The birds* (Die Vögel, 1963), *Marnie* (Marnie, 1964), *Torn curtain* (Der zerrissene Vorhang, 1966), *Topaz* (Topas, 1968), *Frenzy* (Frenzy, England 1971), *Family plot* (Familiengrab, 1975) u. a.

John Huston

Huston, geboren am 5. August 1906 in Nevada (USA) und gestorben am 28. August 1987 in Newport (USA), war Berufsboxer, Soldat und Journalist und begann dann, Kurzgeschichten zu schreiben. Sein Vater, der Schauspieler Walter Huston, brachte ihn als Autor zum Film, wo er u. a. Drehbücher für William Wyler, William Dieterle und Howard Hawks schrieb. Als Regisseur debütierte er 1941 mit dem Film *The Maltese falcon*, der eine Serie »schwarzer Filme« in Hollywood einleitete. Später siedelte Huston nach Europa über, arbeitete dort aber weiter überwiegend für amerikanische Firmen. In mehreren Filmen ist er auch als Schauspieler aufgetreten.

Hustons beste Filme schildern das Scheitern ihrer Helden, was viele Kritiker dazu verführt hat, in ihm einen düsteren Apologeten des Untergangs zu sehen. Sie übersehen dabei, daß diese Helden nicht resignieren, sondern ihrer Aufgabe und ihrem Ziel treu bleiben und darin ihr Leben verwirklichen. Huston hat keinen individuellen Stil entwickelt; er hat sich vielmehr virtuos seinen Themen angepaßt. Er meinte: »Wenn Sie erst einmal darauf aufmerksam werden, wie etwas gemacht wird, verlieren Sie den Kontakt zur Idee. Das heißt nicht, daß man nicht nach einer eigenwilligen Darstellung suchen kann, aber diese Darstellung muß so nah an der Idee bleiben, daß man nicht auf sie aufmerksam wird.« Diese Einstellung erklärt auch wohl den Niveau-Unterschied zwischen seinen persönlichen Werken und einigen Auftrags-Produktionen.

The Maltese falcon (Die Spur des Falken / Der Malteserfalke, 1941), *Across the Pacific* (Abenteuer in Panama, 1943), *The treasure of the Sierra Madre* (Der Schatz der Sierra Madre, 1947), *Key Largo* (Hafen des Lasters / Gangster in Key Largo, 1948), *We were strangers* (Wir waren Fremde, 1949), *The asphalt jungle* (Asphalt-Dschungel / Raubmord, 1950), *The red badge of courage* (Die rote Tapferkeitsmedaille, 1951), *The African Queen* (African Queen, 1951), *Moulin Rouge* (Moulin Rouge, England 1952), *Beat the devil* (Schach dem Teufel, England/Italien 1953), *Moby Dick* (Moby Dick, England 1954–56), *Heaven knows, Mister Allison* (Der Seemann und die Nonne, 1957), *The barbarian and the geisha* (Der Barbar und die Geisha, 1958), *The roots of heaven* (Die Wurzeln des Himmels, 1958), *The unforgiven* (Denen man nicht vergibt, 1960), *The misfits* (Misfits – Nicht gesellschaftsfähig, 1960), *Freud* (Freud, 1961), *The list of Adrian Messenger* (Die Totenliste, 1962), *The night of the Iguana* (Die Nacht des Leguan, 1963), *La bibbia* (Die Bibel, Italien 1965), *Reflections in a golden eye* (Spiegelbild im goldenen Auge, 1966), *Sinful Davey* (Dave – zuhaus in allen Betten, England 1967), *The Kremlin letter* (Der Brief an den Kreml, 1969), *Fat city* (Fat City, 1971), *The life and times of judge Roy Bean* (Das war Roy Bean, 1972), *The Mackintosh Man* (Der Mackintosh Mann, England 1973), *The man who would be king* (Der Mann, der König sein wollte, England/USA 1975), *Wise blood* (Die Weisheit des Blutes, USA/BRD 1978), *Phobia* (Labyrinth der Angst / Höllenfahrt in den Horror, Kanada 1979), *Escape to victory* (Flucht oder Sieg, USA 1981), *Annie* (Annie, 1981), *Under the vulcano* (Unter dem Vulkan, 1983), *Prizzi's honor* (Die Ehre der Prizzis, 1984), *The dead* (Die Toten, 1987) u. a.

Kon Ichikawa

Ichikawa, geboren am 20. November 1915 in Uji Yamada (Japan), war zunächst Kaufmann, dann Maler. Seine Filmkarriere begann er in einem Trickfilm-Studio, und seine erste selbständige Regiearbeit war ein Puppenfilm. Anschließend wurde er als Regisseur von der Shin-Toho-Filmgesellschaft engagiert, für die er rund anderthalb Dutzend belanglose Unterhaltungsfilme drehte. Einen ersten Erfolg hatte er 1953 mit seinem Film *Pu-san* (Herr Pu), der nach einer Cartoon-Serie entstand und von manchen Kritikern mit den Komödien Capras verglichen wurde. Sein Wechsel zur Nikkatsu-Produktion und später zur Daiei brachte ihm mehr Unabhängigkeit und künstlerische Möglichkeiten. Er gewann bald Ansehen – auch im Ausland.

Ichikawa, der seine Drehbücher grundsätzlich zusammen mit seiner Frau Natto Wada schreibt, bevorzugt extreme Themen und Situationen. Er beschreibt Kannibalismus, sexuelle Perversionen, Geschwisterliebe, die Tat eines modernen Herostraten usw. Aber diese Motive sind bei ihm nicht spekulativ, sie dienen als Zeichen für den Zwiespalt der japanischen Gesellschaft und ihrer Menschen. Die Zerstörung überlieferter Strukturen, die ein Ozu in sorgsamer Detailschilderung registrierte, wird bei Ichikawa in bestimmten Situationen wie in einem Brennspiegel zusammengefaßt. Formal allerdings zwingt er diese Exzesse in eine Bildsprache von oft melancholischem Reiz.

Pu-san (Herr Pu, 1953), *Biruma no tatekoto* (Die Harfe von Burma / Freunde bis zum letzten, 1955), *Shokei no heya* (Katsumi, der Rebell, 1956), *Enjo* (Der Tempel zur goldenen Halle, 1958), *Kagi* (Kagi, 1959), *Nobi* (Nobi, 1959), *Ototo* (Der jüngere Bruder, 1960), *Kuroi junin no onna* (Zehn böse Frauen, 1961), *Hakai* (Der Fluch, 1962), *Watashi wa nisai* (Ich bin zwei Jahre alt, 1962), *Yuki no Jo henge* (Die Rache von Yuki no Jo, 1963), *Tokyo Olympiad* (Tokio 1964, 1964 – Dokumentarfilm über die Olympischen Spiele), *Matatabi* (Die Landstreicher, 1972/73), *München 1972* (BRD/USA 1972/73 – Episode des Olympia-Films), *Wagahai wa neko de aru* (Ich bin eine Katze, 1974), *Tsuma to onna no aida* (Zwischen Ehefrau und Lady, 1975 – Co-R: Shiro Toyoda), *Inugamike no ichizoku* (Familie Inugami, 1976), *Akuma no temari-uta* (Des Teufels Lied von der Erdkugel, 1977), *Gokumon-to* (Die Insel des Teufels, 1978), *Sasame yuki* (Die Makioka-Schwestern, 1983), *Biruma no tatekoto* (Die Harfe von Burma, 1985 – Remake) u. a.

Miklós Jancsó

Jancsó, geboren am 29. September 1921 in Vác (Ungarn), studierte Jura und Kunstgeschichte. Nach dem Abschluß dieser Studien besuchte er bis 1950 die Filmhochschule. Er wurde zunächst Wochenschau-Redakteur und drehte zwischen 1954 und 1961 zahlreiche Kurz- und Dokumentarfilme. Sein erster Spielfilm entstand zwar bereits 1958, aber seine eigentliche Karriere als Spielfilmregisseur begann erst 1963. Hoffnungslosigkeit und Ausweglosigkeit sind häufig das Thema von Jancsós Filmen. Seine Protagonisten, stets in historisch exakt lokalisierbaren Situationen erfaßt, scheinen einem blinden Mechanismus der Macht und des Terrors ausgeliefert, gegen den sie sich vergeblich auflehnen. Optisch wird das deutlich in den langen Kamerafahrten, die die handelnden Personen verfolgen, gleichsam einkreisen und belauern. Es gibt sehr wenig Schnitte in Jancsós Filmen; oft dauern seine Einstellungen so lange, wie das Filmmaterial in der Kassette der Kamera reicht. Er erreicht mit diesem Stilprinzip große Intensität, entgeht aber nicht immer der Gefahr des Artifiziellen und Geschmäcklerischen.

A harangok Rómába mentek (Die Glocken gingen nach Rom, 1958), *Három csillag* (Drei Sterne, 1960 – Episode), *Oldás és kötés* (Cantata profana, 1963), *Így jöttem* (So kam ich, 1964), *Szegénylegények* (Die Hoffnungslosen, 1965), *Csillagosok, katonák* (Unter roten Sternen / Die Roten und die Weißen, Ungarn/UdSSR 1967), *Csend és kiáltás* (Stille und Schrei, 1968), *Fényes szelek* (Schimmernde Winde, 1968), *Téli sirokko* (Winter-Sirokko, Ungarn/Frankreich 1969), *Égi bárány* (Agnus Dei, 1970), *La pacifista* (Die Pazifistin, Italien 1970), *La tecnica e il rito* (Die Technik und der Ritus, Italien 1971), *Meg ker a nep* (Roter Psalm, 1971), *Roma rivuole Cesare* (Rom will Cäsar zurück, Italien 1973), *Szerelmem, Elektra* (Ich liebe dich, Elektra, 1974), *Vizi privati, pubbliche virtu* (Die große Orgie, Italien/Jugoslawien 1975), *Magyar rapszódia* (Ungarische Rhapsodie, 1979), *Allegro barbaro* (Allegro Barbaro, 1979), *A zsarnok szíve, avagy Boccaccio Magyarországon* (Das Herz des Tyrannen oder Boccaccio in Ungarn, Ungarn/Italien 1980/81), *Omega, Omega ...* (Omega, Omega ..., 1983 – Fernsehproduktion), *L'aube* (Morgengrauen, Frankreich 1985), *Szörnyek évadja* (Eine Zeit für Monster, 1987) u. a.

Sergej Jossifowitsch Jutkewitsch

Jutkewitsch, geboren am 28. Dezember 1904 in Petersburg (Rußland) und gestorben am 24. April 1985 in Moskau, arbeitete mit Eisenstein am Moskauer Proletkult-Theater und machte sich als Bühnenbildner und Theaterregisseur einen Namen. Zusammen mit Kosinzew und Leonid Trauberg gründete er die avantgardistische Gruppe FEKS (Fabrik des exzentrischen Schauspielers). Beim Film war er als Schauspieler, Regieassistent, Co-Autor und Cutter tätig, ehe er 1928 seinen ersten Film inszenierte. Er zählte bald zu den prominentesten Filmregisseuren der UdSSR, machte aber auch weiterhin Theaterinszenierungen.

Jutkewitsch ist ein begabter Stilkünstler voller Einfallsreichtum und mit großem psychologischen Einfühlungsvermögen. Er liebt es, mit den Möglichkeiten des Films zu experimentieren, und drehte z. B. 1961 nach Majakowskis Schauspiel *Das Schwitzbad*, das er zuvor auf der Bühne inszeniert hatte, einen Film, in dem er Puppenspiel, Zeichentrick und Dokumentaraufnahmen zusammenfügte. In seinen Filmen behandelte er mit Vorliebe die Geschichte von Außenseitern, die ihren Platz in der Gesellschaft finden. Die psychologische Differenzierung seiner Protagonisten und gelegentliche burleske Einschübe bewahrten ihn dabei vor dem Schematismus des »sozialistischen Realismus«.

Kruschewa (Spitzen, 1928), *Tschorny parus* (Das schwarze Segel, 1929), *Slatyje gory / Stschastliwaja uliza* (Goldene Berge / Die glückliche Straße, 1931), *Wstretschny* (Gegenplan, 1932 – Co-R: Friedrich Ermler), *Tschelowek s ruschjom* (Der Mann mit dem Gewehr, 1938), *Nowyje pochoschdenija Schwejka* (Schwejks neue Abenteuer, 1943), *Weliki woin albani Skanderbeg* (Skanderbeg – Ritter der Berge, UdSSR/Albanien 1953), *Otello* (Der Mohr von Venedig, 1955), *Rasskasy o Lenine* (Erzählungen über Lenin, 1957), *Banja* (Das Schwitzbad, 1961), *Lenin w Polsche* (Lenin in Polen, UdSSR/Polen 1965), *Klop 75 jli Majakowski smejotsja* (Wanze 75 – oder: Majakowski lacht, 1975), *Lenin w Parishe* (Lenin in Paris, 1980) u. a.

Karel Kachýňa

Kachýňa, geboren am 1. Mai 1924 in Vyskov (Tschechoslowakei), gehörte 1951 zu den ersten Absolventen der Prager Filmhochschule FAMU. Er drehte zunächst Dokumentar- und Spielfilme zusammen mit Vojtěch Jasný und debütierte dann mit dem Film *Ztračena stopá* (Die verlorene Spur, 1956) als »Alleinregisseur«. Viele seiner Filme entstanden in Zusammenarbeit mit dem Autor Jan Procházka. Kachýňa behandelt mit Vorliebe die psychologischen Probleme junger Menschen. Er schildert und analysiert sie oft in balladesker Form, wobei die Natur als Hintergrund und Symbol eine große Rolle spielt. Dabei entgeht er nicht immer der Gefühlsseligkeit oder einem gewissen

Pathos; aber er gewinnt aus dem Zusammenklang der verschiedenartigen Elemente oft suggestive Intensität.

Dnes večer všechno skončí (Heute abend geht alles zu Ende, 1954 – Co-R: Vojtěch Jasný), *Ztračena stopá* (Die verlorene Spur, 1956), *Tenkrát o vánocich* (Damals zur Weihnachtszeit, 1958), *Král šumavy* (Schmuggler des Todes, 1959), *Prace* (Der jüngste Soldat, 1960), *Pouta* (Fesseln, 1961), *Trápeni* (Das Mädchen und der schwarze Hengst, 1962), *Závrat* (Höhenrausch, 1962), *Nadeje* (Hoffnung, 1963), *Vysoká zed* (Die hohe Mauer, 1964), *Ať žije republika* (Es lebe die Republik, 1964/65), *Kočár do Vídně* (Wagen nach Wien, 1966), *Noc nevěsty* (Die Nacht der Braut, 1967), *Vánoce s Alžbêtou* (Weihnachten mit Elisabeth, 1968), *Směšny pán* (Ein lächerlicher alter Herr, 1969), *Ucho* (Das Ohr, 1969), *Už zase skáču přes kaluže* (Und wieder spring ich über Pfützen / Ich springe über Pfützen, ČSSR/BRD 1970), *Tajemstvi velikého vypravěče* (Das Geheimnis des großen Erzählers, 1971), *Láska* (Liebe, 1972), *Vlak do stanice nebe* (Der Zug in die Station Himmel, 1972), *Legenda* (Legende, 1973), *Pavlinka* (Paulinchen, 1973), *Horka zima* (Heißer Winter, 1973/1974), *Robinsonka* (Fräulein Robinson, 1974), *Bratři* (Die Brüder, 1975), *Škaredá dědina* (Das häßliche Dorf, 1975), *Malá mořská vila* (Die kleine Meerjungfrau, 1976), *Smrt mouchy* (Der Tod der Fliege, 1976/77), *Čekáni na déšt* (Warten auf Regen, 1977), *Setkáni v červenci* (Begegnung im Juli, 1977), *Lásky mezi kapkami deště* (Liebe zwischen Regentropfen, 1978), *Cukrová bouda* (Die Zuckerbaude, 1979/80), *Pozor, vizita!* (Achtung, Visite!, 1981), *Fandy, ó Fandy* (Franzi, oh Franzi!, 1982), *Sestřičky* (Die kleine Krankenschwester, 1983), *Dobré svétlo* (Gutes Licht, 1985), *Smrt krásných srncü* (Der Tod der herrlichen Rehe, 1986), *Kam, pánové, kam jdete?* (Wohin, meine Herren?, 1987), *Oznamuje se láskám vašim* (Euren Lieben wird mitgeteilt, 1988), *Blázni a děvčátka* (Narren und Mädchen, 1988) u. a.

Helmut Käutner

Käutner, geboren am 25. März 1908 in Düsseldorf (Deutschland) und gestorben am 20. April 1980 in Castellina (Italien) studierte Germanistik, Psychologie, Kunstgeschichte u. a., war

Helmut Käutner (r.), daneben Carl Zuckmayer, bei Dreharbeiten zu »Ein Mädchen aus Flandern«; v. l.: Maximilian Schell, Gert Fröbe

Mitbegründer des Kabaretts »Die vier Nachrichter« und ging als Schauspieler und Regisseur zum Theater. Zum Film kam er als Autor, 1939 debütierte er als Filmregisseur. Die atmosphärische Maupassant-Verfilmung *Romanze in Moll* (1943) machte ihn prominent; 1945 galt Käutner, der sich im »Dritten Reich« politischer und künstlerischer Indoktrination entzogen hatte, als die große Hoffnung für den neuen deutschen Film. Aber Erfolge und Mißerfolge wechselten. Käutner erhielt zahlreiche Auszeichnungen und wurde andererseits seit 1950 mehrere Jahre lang in deutschen Studios nicht beschäftigt. Seit 1964 arbeitete er fast ausschließlich für das Theater und für das Fernsehen.
Käutner, auch ein perfekter »Handwerker«, hat höchst unterschiedliche Filme gedreht – Dramen, Lustspiele, Volksstücke, Kabarettfilme, Thriller usw. Doch seine Stärke war ein »poetischer Realismus«, der Stimmungen einfing und Atmosphäre zeichnete, der Menschen in einem genau definierten Milieu beobachtete. So gelang ihm mit *Unter den Brücken* (1944) wohl sein bester Film.
Diese Methode, die er auch bei seinen zeitkritischen Filmen bevorzugte, hat ihm gelegentlich den Vorwurf eingetragen, politische Probleme auf private Konflikte zu reduzieren. Es ist ihm aber auch mehrfach gelungen, politische Probleme in privaten Konflikten sichtbar zu machen. Zweifellos gehörte Käutner zwischen 1940 und 1960 zu den bemerkenswertesten Regisseuren des deutschen Films.

Kitty und die Weltkonferenz (1939), *Kleider machen Leute* (1940), *Wir machen Musik* (1942), *Romanze in Moll* (1943), *Große Freiheit Nr. 7* (1944), *Unter den Brücken* (1944), *In jenen Tagen* (1947), *Der Apfel ist ab* (1948), *Epilog* (1950), *Die letzte Brücke* (Österreich/Jugoslawien, 1953), *Ludwig II.* (1955), *Des Teufels General* (1955), *Himmel ohne Sterne* (1955), *Ein Mädchen aus Flandern* (1956), *Der Hauptmann von Köpenick* (1956), *A stranger in my arms* (Ein Fremder in meinen Armen, USA 1957), *The restless years* (Zu jung, USA 1958), *And ride the tiger* (Ritt auf dem Tiger, USA 1958), *Schinderhannes* (1958), *Der Rest ist Schweigen* (1959), *Die Gans von Sedan* (1959), *Das Glas Wasser* (1960), *Schwarzer Kies* (1961), *Die Rote* (1962), *Das Haus in Montevideo* (1963), *Lausbubengeschichten* (1964), *Die Feuerzangenbowle* (1970), *Margarete in Aix* (1976 – Fernsehproduktion), *Mulligans Rückkehr* (1977 – Fernsehproduktion) u. a.

Jerzy Kawalerowicz

Kawalerowicz, geboren am 19. Januar 1922 in Gwoździec (Polen), studierte an der Kunstakademie und an der Filmhochschule. Von 1946 bis 1950 arbeitete er als Assistent bei verschiedenen Regisseuren, u. a. bei Wanda Jakubowska, und schrieb ohne sonderlichen Erfolg Drehbücher. 1951 debütierte er als Regisseur mit dem Film *Gromada* (Die Dorfmühle / Die Dorfgemeinde), den er zusammen mit Kazimierz Sumerski schrieb und inszenierte. Seine erste selbständige Regie war der Film *Celuloza* (Zellulose), dessen zweiter Teil, *Pod gwiazdą frygijską* (Unter dem phrygischen Stern), wenige Monate später erschien.
Kawalerowicz ist der Schöpfer pessimistischer, formal genau kalkulierter Filme. Sein Thema ist immer wieder das Scheitern, das vergebliche Aufbegehren der Menschen gegen das Schicksal, gegen die Zwänge einer Gesellschaftsordnung, gegen ihre eigene Schwäche. Die Verzweiflung findet ihre Entsprechung in düsteren Bildern und raffinierten Einstellungen, die den einzelnen isolieren, wobei harte Kontrastmontagen effektvolle Zäsuren setzen.

Gromada (Die Dorfmühle / Die Dorfgemeinde, 1951 – Co-R.: Kazimierz Sumerski), *Celuloza* (Zellulose, 1953), *Pod gwiazdą frygijską* (Unter dem phrygischen Stern, 1954), *Cien* (Der Schatten / Der Mann ohne Gesicht, 1956), *Prawdziwy koniec wielkiej wojny* (Das wahre Ende des großen Krieges, 1957), *Pociąg* (Nachtzug, 1959), *Matka Joanna od aniołów* (Mutter Johanna von den Engeln, 1960), *Faraon* (Pharao, 1965), *Gra* (Spiel, 1969), *Maddalena* (Magdalena, Italien/Jugoslawien 1970), *Śmierć prezydenta* (Der Tod des Präsidenten, 1977), *Spotkanie na Atlantyku* (Begegnung auf dem Atlantik, 1979), *Austeria* (Austeria, 1982), *Bronsteins Kinder* (BRD 1990) u. a.

Elia Kazan

Kazan, als Elia Kazanjoglous am 7. September 1909 in Istanbul (Türkei) geboren, kam schon in frühester Jugend in die USA. Er ging als Büh-

nenarbeiter und Inspizient zum Theater, erhielt auf Empfehlung von Clifford Odets seine erste Rolle als Schauspieler und spielte 1941 auch in zwei Filmen. Nach der Rückkehr aus Hollywood machte er sich in New York als Theater-Regisseur einen Namen und wurde Lehrer an Lee Strasbergs »Actor's studio«. 1944 inszenierte er seinen ersten Spielfilm.
Kazan ist ein vielseitiger Regisseur, dem psychologische Dramen und sozialkritische Reportagen gleichermaßen gelangen. Von der Arbeit am Theater blieben ihm die Achtung vor der literarischen Vorlage und ein besonderes Geschick in der Darstellerführung, wobei für ihn »die darzustellende Person mit der Persönlichkeit des Schauspielers identisch sein muß«. Mit dieser Methode machte er u. a. Marlon Brando und James Dean zu Stars. Kazan verfilmte u. a. Vorlagen von Tennessee Williams, John Steinbeck und Budd Schulberg; später ging er dazu über, seine Filme auch selbst zu schreiben – zum Teil nach eigenen literarischen Vorlagen. Gute darstellerische Leistungen, treffende Milieuschilderungen und stimmige Atmosphäre sind, bei allen Verschiedenheiten, seinen Filmen gemeinsam und finden sich sogar noch in seinen schwächeren Inszenierungen. Den Höhepunkt seines Erfolges erlebte Kazan in den fünfziger Jahren.

A tree grows in Brooklyn (Ein Baum wächst in Brooklyn, 1944), *Boomerang* (Elia Kazans Bumerang, 1946), *The sea of grass* (Endlos ist die Prärie, 1947), *Gentleman's agreement* (Tabu der Gerechten, 1947), *Panic in the streets* (Unter Geheimbefehl, 1950), *A streetcar named desire* (Endstation Sehnsucht, 1951), *Viva Zapata!* (Viva Zapata, 1951), *On the waterfront* (Die Faust im Nacken, 1954), *East of Eden* (Jenseits von Eden, 1955), *Baby Doll* (Baby Doll / Begehre nicht des anderen Weib, 1956), *A face in the crowd* (Ein Gesicht in der Menge, 1957), *America, America* (Die Unbezwingbaren, 1963), *The arrangement* (Das Arrangement, 1969), *The visitors* (Die Besucher, 1971), *The last tycoon* (Der letzte Tycoon, 1975) u. a.

Buster Keaton

»Buster« (Joseph Francis) Keaton, geboren am 4. Oktober 1895 in Pickway (USA) und gestorben am 1. Februar 1966 in Hollywood (USA), trat schon als Dreijähriger mit seinen Eltern in Varietés auf. Fatty Arbuckle holte ihn 1917 nach Hollywood, wo er zunächst als Darsteller in zahlreichen Kurzfilmen auftrat. Bereits 1920 begann er, sich eigene Drehbücher zu schreiben und auch selbst – mit wechselnden Mitarbeitern – Regie zu führen. Seine erfolgreichsten Filme entstanden zwischen 1923 und 1926. Seit 1927 arbeitete er wieder nur noch als Schauspieler. In der Tonfilmzeit spielte er noch in zahlreichen kurzen Grotesken, die allerdings wenig Erfolg hatten, und in einigen Spielfilmen. 1957 wurde seine Lebensgeschichte unter dem Titel *The Buster Keaton story* (Der Mann, der niemals lachte) mit Donald O'Connor in der Hauptrolle verfilmt. Keaton fungierte als »technischer Berater«.
Ähnlich wie Chaplin, in dessen Schatten er stets gestanden hat, schuf auch Keaton eine unverwechselbare Figur: den Mann, dessen unbewegtes Gesicht äußerste Konzentration verrät, dem das Leben, die Technik und böse Widersacher stets neue Hindernisse in den Weg legen, die er aber mit geballter Willenskraft reinen Herzens überwindet. Als Co-Autor und Co-Regisseur hat der Darsteller Keaton darauf geachtet, daß er seine Filme nie allzusehr beherrschte. Bei ihm gibt es stets gewichtige Gegenspieler, und auch Umwelt und Milieu spielen in seinen Filmen eine beträchtliche Rolle.

The paleface (Das Bleichgesicht, 1921), *Our hospitality* (Unsere Gastfreundschaft / Bei mir – Niagara, 1923 – Co-R: Jack Blystone), *Sherlock junior* (Sherlock Holmes junior, 1924), *The navigator* (Der Seefahrer / Buster Keaton, der Matrose / Die Kreuzfahrt der »Navigator« / Seefahrt tut not, 1924 – Co-R: Donald Crisp), *Go west* (Nach Westen / Buster Keaton, der Cowboy, 1925), *Battling Butler* (Der Killer von Alabama / Der Boxer, 1926), *The general* (Der General, 1926 – Co-R: Clyde Bruckman) u. a.

Alexander Kluge

Kluge, geboren am 14. Februar 1932 in Halberstadt (Deutschland), studierte Jura und neuere Geschichte. Nach dem Abschluß der Studien folgten wissenschaftliche Publikationen und literarische Arbeiten, für die Kluge u. a. mit dem

Berliner Kunstpreis ausgezeichnet wurde. Erste Bekanntschaft mit dem Film machte er als Volontär bei Fritz Lang in Berlin. Ab 1959 drehte Kluge mehrere Kurzfilme. Außerdem war er Dozent an der Filmabteilung der Hochschule für Gestaltung in Ulm. 1966 entstand sein erster abendfüllender Spielfilm, der – auch im Ausland – Beachtung fand und Preise gewann.

Kluges Filme erzählen ihre Geschichten nicht, sie »protokollieren« sie gleichsam in kühler Distanz, die durch verfremdende Zwischentitel noch betont wird. Sie geben Ausschnitte, Aspekte der Wirklichkeit und fordern so die Mitarbeit des Betrachters. »Ich glaube, das ist der Kern: Der Film stellt sich im Kopf des Zuschauers zusammen, und er ist nicht ein Kunstwerk, das auf der Leinwand für sich lebt. Der Film muß deswegen mit den Assoziationen arbeiten, die, soweit sie berechenbar, soweit sie vorstellbar sind, vom Autor im Zuschauer ausgelöst werden. Ich glaube, das ist etwas, was Godard auch macht. Und das fordert eine indirekte Methode, bei der das, was nachher im Kopf vorgestellt werden soll, niemals direkt abgebildet wird ...« (Kluge.)

Abschied von gestern (1966), *Die Artisten in der Zirkuskuppel: ratlos* (1968), *Willi Tobler und der Untergang der sechsten Flotte* (1971), *Der große Verhau* (1971), *Gelegenheitsarbeit einer Sklavin* (1973), *In Gefahr und größter Not bringt der Mittelweg den Tod* (1974 – Co-R: Edgar Reitz), *Der starke Ferdinand* (1975), *Deutschland im Herbst* (1977/78 – Co-R), *Die Patriotin* (1979), *Der Kandidat* (1980 – Co-R), *Krieg und Frieden* (1982/83 – Co-R), *Die Macht der Gefühle* (1983), *Der Angriff der Gegenwart auf die übrige Zeit* (1985), *Vermischte Nachrichten* (1986) u. a.

Grigori Michailowitsch Kosinzew

Kosinzew, geboren am 22. März 1905 in Kiew (Rußland) und gestorben am 11. Mai 1973 in Leningrad (UdSSR), gründete bereits als Dreizehnjähriger (zusammen u. a. mit Jutkewitsch) ein Puppentheater und inszenierte ein Volksstück. Er kam dann nach Petrograd, studierte Malerei und lernte Leonid Trauberg (1902–90) kennen, mit dem zusammen (und mit Sergej Jutkewitsch und Sergej Gerassimow) er die FEKS, die »Fabrik des exzentrischen Schauspielers«, gründete. 1924 erhielten Kosinzew und Trauberg dann die Gelegenheit, ihren ersten Film zu drehen. Sie inszenierten ihn gemeinsam und arbeiteten auch weiterhin als »Team«. Erst 1946, als ihr Film *Prostyje ljudi* (Einfache Leute) vom Zentralkomitee gerügt und zurückgezogen wurde, trennten sie sich. Trauberg wurde 1949 als »bürgerlicher Kosmopolit« gemaßregelt; Kosinzew konzentrierte sich für mehrere Jahre auf das Theater, kehrte dann aber zum Film zurück.

Die »Fabrik des exzentrischen Schauspielers« war eine Attacke gegen überkommene Vorstellungen von »hoher Kunst«. Sie holte sich Anregungen bewußt aus der Volkskunst, vom Kabarett und vom Zirkus. Der erste Film von Kosinzew und Trauberg war in der Tat ein burleskes Spiel, in dem eine wackere Komsomolzin Attacken der Kapitalisten (unter ihnen Poincaré und Coolidge!) gegen den jungen Sowjetstaat abwehrt. Später näherten sich ihre Filme mehr der Wirklichkeit und integrierten groteske Akzente in die Atmosphäre der Gegenwart. »Unser Interesse richtete sich in erster Linie auf die Schauspieler ... Wir interessierten uns für Schauspieler und für Charaktere, nicht nur für das Visuelle. Das Visuelle ist natürlich sehr wichtig im Film, aber mein vornehmliches Interesse gilt den Menschen« (Kosinzew). Dieses Interesse für den Menschen zeigte sich besonders in seinen späteren Filmen, die er alleine drehte.

Zusammen mit Trauberg: *Pochoschdenija oktjabriny* (Die Abenteuer eines Oktoberkindes, 1924), *Tschortowo koleso* (Das Teufelsrad, 1926), *Schinel* (Der Mantel, 1926), *S. W. D. – Sojus welikogo djela* (S. W. D. – Der Bund der großen Tat, 1927), *Nowy Wawilon* (Das neue Babylon / Kampf um Paris, 1929), *Odna* (Allein, 1931), *Junost Maxima / Bolschewik* (Maxims Jugend / Der Bolschewik, 1935 – I. Teil der »Maxim«-Trilogie), *Woswraschtschenije Maxima* (Maxims Rückkehr, 1937 – II. Teil der »Maxim«-Trilogie), *Wyborgskaja storona* (Die Wyborger Seite, 1938, – III. Teil der »Maxim«-Trilogie), *Prostyje ljudi* (Einfache Leute, 1946), Alleinregie: *Pirogow* (Der Chirurg Pirogow, 1947), *Belinski* (Belinski 1951), *Don Kichot* (Don Quichotte, 1957), *Gamlet* (Hamlet, 1964), *Korol Lear* (König Lear, 1970) u. a.

Stanley Kubrick

Kubrick, geboren am 26. Juli 1928 in New York (USA), verkaufte im Alter von 14 Jahren ein Foto an die Zeitschrift »Look«, wurde mit 17 von der gleichen Zeitschrift fest angestellt und war mit 21 ein bekannter und erfolgreicher Fotograf. Dann begann er, sich für den Film zu interessieren. Nach zwei Kurzfilmen (*Day of the fight* – Der Tag des Kampfes, 1949; *Flying padre* – Der fliegende Priester, 1951) drehte er zwischen 1953 und 1956 drei Filme, bei denen er jeweils sein eigener Produzent, Autor, Regisseur und Kameramann war. Im Kino waren diese Filme nicht sonderlich erfolgreich; aber die Kritiken waren doch so positiv, daß Hollywood Kubrick 1957 die Chance gab, den Film *Paths of glory* zu drehen, der ihn berühmt machte. In den sechziger Jahren übersiedelte Kubrick nach England. Kubricks Filme sind stets kritisch engagiert – gegen die Macht des Geldes, gegen den Krieg, gegen die Allmacht des Staates, gegen die Atombombe usw. Während er aber in seinen frühen Filmen das Publikum durch krassen und oft brutalen Realismus überzeugen wollte, bediente er sich später vieldeutigerer, mit Vorliebe satirischer Mittel. In seinem Film *Dr. Strangelove, or: How I learned to stop worrying and love the bomb* zum Beispiel geriet ihm die Vision eines Atomkriegs zum höhnischen Spektakelstück, das den Wahnwitz der Situation gerade in der Übersteigerung einer absurden Komödie deutlich machte. Und Hohn spürte man auch, wenn in *2001: A space odyssey* turbulente »Action«-Szenen von einem Wiener Walzer untermalt werden, wenn in *A clockwork orange* Beethovens 9. Symphonie KZ-Bilder illustriert. Diese giftigen Attacken werden eingebettet in ein wahres Furioso von Motiven und Bildern, die viele seiner Filme als den verzweifelten Kampf eines Moralisten gegen das Böse in all seinen Erscheinungsformen erscheinen lassen. Es gibt keinen positiven Bezugspunkt in der Wirklichkeit mehr, nur das absurd makabre Bild einer total aus den Fugen geratenen Welt. Und diese Absurdität spürt man auch in einem Film wie *Barry Lyndon*, der die absolute Amoralität seines Helden in einer heillosen Zeit in Bildern von betörender Schönheit schildert.

Fear and desire (Furcht und Begierde, 1953), *Killer's kiss* (Der Tiger von New York, 1954), *The killing* (Die Rechnung ging nicht auf, 1956), *Paths of glory* (Wege zum Ruhm, 1957), *Spartacus* (Spartacus, 1959), *Lolita* (Lolita, England 1961), *Dr. Strangelove, or: How I learned to stop worrying and love the bomb* (Dr. Seltsam, oder: Wie ich lernte, die Bombe zu lieben, England 1963), *2001: A space odyssey* (2001: Odyssee im Weltraum, England/USA 1965–68), *A clockwork orange* (Uhrwerk Orange, England 1970/71), *Barry Lyndon* (Barry Lyndon, England 1974), *The shining* (Shining, England 1979), *Full metal jacket* (Full Metal Jacket, USA/England 1987) u. a.

Lew Wladimirowitsch Kuleschow

Kuleschow, geboren am 1. Januar 1899 in Tambow (Rußland) und gestorben am 29. März 1970 in Moskau (UdSSR), arbeitete bereits ab 1916 als Architekt und Regieassistent mit dem Regisseur Jewgeni Bauer zusammen. Als Bauer 1917 starb, vollendete Kuleschow den Film, an dem Bauer gearbeitet hatte. Anschließend war er Wochenschau-Reporter an den Fronten des Bürgerkriegs. 1920 gründete er ein »Experimentalstudio«, dem u. a. die später prominenten Regisseure Pudowkin und Barnet angehörten. Im gleichen Jahr wurde Kuleschow Professor an der Moskauer Filmhochschule. Seine bedeutendsten Filme entstanden in den zwanziger Jahren. Später hatte er Schwierigkeiten mit den Filmfunktionären und gab seine Arbeit als Regisseur auf. Er blieb aber Lehrer an der Filmhochschule und hatte so weiter großen Einfluß auf die Entwicklung des Films in der UdSSR.

Kuleschow gilt vielen Kritikern als der Mann, der zusammen mit dem Dokumentarfilm-Regisseur Dsiga Wertow den »sowjetischen Film« begründet hat. Kuleschow war dabei intensiv bemüht, eine spezielle »Sprache« des Films zu entwickeln. Dazu gehörte für ihn u. a. eine »filmische« Spielweise der Schauspieler. Vor allem aber entwickelte er experimentell und theoretisch die Grundlage der Montage-Theorie. Berühmt wurde sein Experiment, bei dem er die gleiche Aufnahme des Schauspielers Mosjukin mit drei ganz verschiedenen Filmszenen kombinierte – worauf die Zuschauer die nuancierten mimischen Reaktionen des in Wirklichkeit »gleichbleibenden« Mosjukin priesen. Kuleschow folgerte daraus, daß der Inhalt einer Einstellung nicht entscheidend, daß ihre Wirkung auf den Zuschauer vielmehr von der Kombination mit anderen Szenen abhängig sei.

Projekt inschenera Praita (Ingenieur Praits Projekt, 1918), *Na krasnom fronte* (An der roten Front, 1920 – Dokumentarfilm), *Neobytschainyje prikljutschenija Mistera Westa w strane bolschewikow* (Die seltsamen Abenteuer des Mr. West im Lande der Bolschewiki, 1924), *Lutsch smerti* (Der Todesstrahl, 1925), *Po sakonu* (Nach dem Gesetz / Dura lex / Sühne, 1926), *Wascha snakomaja / Schurnalistka* (Eure Bekannte, 1927), *Wesjolaja kanareika* (Der fröhliche Kanarienvogel / Der Spion von Odessa, 1929), *Dwa, Buldi, dwa* (Zwei, Buldi, zwei, 1930), *Gorisont* (Horizont, 1931), *Weliki uteschitel* (Rosa Tinte / Der große Tröster, 1933), *Sibirjaki* (Die Sibirier, 1940), *Kljatwa Timura* (Timurs Eid, 1942), *My s Urala* (Wir vom Ural, 1944 – nicht aufgeführt) u. a.

Akira Kurosawa

Akira Kurosawa

Kurosawa, geboren am 23. März 1910 in Tokio (Japan), wollte Maler werden und besuchte die Kunstakademie. Später zweifelte er an seinem Talent und wechselte 1936 als Autor und Regieassistent zum Film über. Nachdem er ungefähr 50 Drehbücher geschrieben hatte, führte er 1943 zum ersten Mal selbst Regie. Er hatte schnell Erfolg und gründete 1959 eine eigene Produktionsfirma. 1970 schloß er sich mit seinen Kollegen Kinoshita und Kobayashi zur »Yonkino-kai«-Produktion zusammen.

Kurosawa gilt in Japan als »westlicher« Regisseur. Er verfilmte u. a. Dostojewskis Roman *Der Idiot (Hakuchi)*, Gorkis *Nachtasyl (Donzoko)* und Shakespeares *Macbeth (Kumonosu-jo)*; er wurde auch als erster japanischer Regisseur für Europa »entdeckt«. Seine Filme handeln oft von der Widersprüchlichkeit des Menschen und der Kompliziertheit des Lebens, wobei er häufig die Tat als Sinn des Lebens preist. Die Welt seines Lieblingsschriftstellers Dostojewski lebt in vielen seiner Filme. Formal sucht er – anders als etwa Ozu oder Mizoguchi – nicht die Vollendung eines individuellen Stils, er paßt seine künstlerischen Mittel jeweils dem Thema an.

Sugata sanshiro (Die Legende vom großen Judo, 1943), *Subarashiki nichiyobi* (Ein wunderbarer Sonntag, 1947), *Yoidore tenshi* (Der betrunkene Engel, 1948), *Rashomon* (Rashomon – Das Lustwäldchen, 1950), *Hakuchi* (Der Idiot, 1951), *Ikiru* (Einmal wirklich leben, 1952), *Shichinin no samurai* (Die sieben Samurai, 1953), *Ikimono no kiroku* (Bericht über ein lebendes Wesen / Ein Leben in Furcht, 1955), *Kumonosu-jo* (Das Schloß im Spinnwebwald, 1957), *Donzoko* (Nachtasyl, 1957), *Kakushi toride no san akunin* (Die verborgene Festung, 1958), *Warui yatsu hodo yoku nemuru* (Die Schlechten schlafen gut, 1960), *Yojimbo* (Yojimbo – Der Leibwächter, 1961), *Akahige* (Rotbart, 1965), *Dodes'ka-den* (Dodeskaden – Menschen im Abseits, 1970), *Dersu Usala* (Uzala, der Kirgise, UdSSR/Japan 1973–75), *Kagemusha* (Kagemusha – Der Schatten des Kriegers, 1979/80), *Ran* (Ran, Frankreich/Japan 1985), *Akira Kurosawa's dreams / Konna yūme wo mita* (Akira Kurosawas Träume, USA 1989) u. a.

Fritz Lang

Lang, geboren am 5. Dezember 1890 in Wien (Österreich) und gestorben am 2. August 1976 in Los Angeles (USA), studierte Architektur und Malerei. Nach einer Verwundung im Ersten Weltkrieg begann er, Drehbücher zu schreiben, die von Joe May und Otto Rippert verfilmt wurden. 1919 debütierte Lang mit dem Film *Halbblut* als Regisseur; ersten künstlerischen Erfolg brachte ihm zwei Jahre später *Der müde Tod*. In den zwanziger Jahren gehörte Fritz Lang zu den führenden deutschen Filmregisseuren. 1933 emigrierte er, nachdem ihm Goebbels zuvor angeboten hatte, eine Art »Reichs-Filmintendant« zu werden. Über Frankreich und England ging er in die USA, wo er eine zweite erfolgreiche Karriere begann. Ein Versuch, Ende der fünfziger Jahre im deutschen Film wieder Fuß zu fassen, scheiterte.

Ornamentaler Stil und architektonische Struktur bestimmen seine frühen deutschen Filme. Riesige Bauten, raffinierte Lichteffekte, drohende Schatten beherrschen oft die Szenerie. Der Mensch erscheint vorwiegend als Opfer schicksalhafter Verstrickungen. Und konsequent bannt ihn die Kamera in ein Labyrinth strenger Linien, konfrontiert ihn mit der Monumentalität riesiger Dekorationen oder ballt ihn zur Masse gesichtsloser Lebewesen. Wie kein anderer Filmregisseur vielleicht hat Lang in den zwanziger Jahren die Probleme der Zeit erahnt. Daß er in seinen Filmen nicht kritisch reflektierte, sondern intuitiv schilderte, führte gelegentlich zu dem Mißverständnis, er identifiziere sich mit diesen Zeitströmungen – zumal seine Frau und langjährige Drehbuchautorin Thea von Harbou sich nach 1933 mit den neuen Verhältnissen schnell arrangierte. In Hollywood hat Lang vorwiegend »Action«-Filme« gedreht. Auch hier sind die Protagonisten meistens Gehetzte, Ausgelieferte, Hoffnungslose; aber ihre Umwelt wird nun realistischer geschildert, und die Sozialkritik wird dadurch direkter und faßbarer.

Halbblut (1919), *Die Spinnen* – I. Teil: *Der goldene See* (1919), *Die Spinnen* – II. Teil: *Das Brillantenschiff* (1920), *Der müde Tod* (1921), *Dr. Mabuse, der Spieler* – I. Teil: *Der große Spieler, ein Bild unserer Zeit* (1922), *Dr. Mabuse, der Spieler* – II. Teil: *Inferno, ein Spiel vom Menschen unserer Zeit* (1922), *Die Nibelungen – Siegfried* (1923), *Die Nibelungen – Kriemhilds Rache* (1924), *Metropolis* (1926), *Spione* (1928), *Die Frau im Mond* (1929), *M* (1931), *Das Testament des Dr. Mabuse* (1932).

In Frankreich: *Liliom* (Liliom, 1934). In den USA: *Fury* (Raserei / Fury / Blinde Wut, 1936), *You only live once* (Gehetzt / Du lebst nur

Fritz Lang (l.) mit Howard Vernon bei Dreharbeiten zu »Die 1000 Augen des Dr. Mabuse«

einmal, 1936), *You and me* (Du und ich, 1938), *The return of Frank James* (Rache für Jesse James, 1940), *Western Union* (Überfall der Ogalalla / Western Union, 1941), *Man hunt* (Menschenjagd, 1941), *Hangmen also die!* (Auch Henker sterben, 1943), *The ministry of fear* (Ministerium der Angst, 1944), *The woman in the window* (Gefährliche Begegnung / Die Frau im Fenster, 1944), *Scarlet street* (Straße der Versuchung, 1945), *Cloak and dagger* (Im Geheimdienst, 1946), *Secret beyond the door* (Geheimnis hinter der Tür, 1947), *House by the river* (Das Todeshaus am Fluß, 1950), *American guerilla in the Philippines* (Der Held von Mindanao, 1950), *Rancho notorious* (Engel der Gejagten, 1951), *Clash by night* (Vor dem neuen Tag, 1952), *The blue gardenia* (Gardenia, eine Frau will vergessen, 1952), *The big heat* (Heißes Eisen, 1953), *Human desire* (Lebensgier, 1954), *Moonfleet* (Schloß im Schatten, 1954), *While the city sleeps* (Die Bestie, 1955), *Beyond a reasonable doubt* (Jenseits allen Zweifels, 1956).

In der Bundesrepublik – jeweils in Gemeinschaftsproduktion BRD/Frankreich/Italien: *Der Tiger von Eschnapur* (1958), *Das indische Grabmal* (1958), *Die 1000 Augen des Dr. Mabuse* (1961) u. a.

David Lean

Lean, geboren am 25. März 1908 in Croydon (England) und gestorben am 16. April 1991 in London (England), lernte sein Handwerk als Kameraassistent, Regieassistent und Cutter. 1942 drehte er als Co-Regisseur des bekannten Bühnenautors Noel Coward den Kriegsfilm *In which we serve* (Wofür wir dienen). Seine erste Allein-Regie, die Verfilmung von Cowards Bühnenstück *Blithe spirit* (1944), brachte ihm gleich einen beträchtlichen Erfolg.
Lean gilt als perfekter Techniker, der die Möglichkeiten des Films gleichsam spielerisch beherrschte. Diese Fähigkeiten hat er zunächst für psychologische Kammerspiele und sorgfältige Romanverfilmungen genutzt, in denen Milieu und Atmosphäre eine große Rolle spielten, in denen Details und kleine Gesten exakt beobachtet wurden. In den Jahren nach dem Krieg galt Lean neben Carol Reed international als führender Vertreter englischer Filmkunst. Später konzentrierte er sich auf aufwendige Groß-Produktionen, in denen er sich auch als ein Meister der Massenszenen und der opulenten Arrangements erwies.

In which we serve (Wofür wir dienen, 1942 – Co-R: Noel Coward), *Blithe spirit* (Geisterkomödie, 1944), *Brief encounter* (Begegnung, 1945), *Great expectations* (Geheimnisvolle Erbschaft, 1946), *Oliver Twist* (Oliver Twist, 1947), *The passionate friends* (Die große Leidenschaft, 1949), *The sound barrier* (Der unbekannte Feind, 1952), *Hobson's choice* (Herr im Haus bin ich, 1953), *Summer madness* (Traum meines Lebens, 1954), *The bridge on the river Kwai* (Die Brücke am Kwai, 1957), *Lawrence of Arabia* (Lawrence von Arabien, 1962), *Doctor Zhivago* (Doktor Schiwago, USA 1965), *Ryan's daughter* (Ryans Tochter, 1969/70), *A passage to India* (Reise nach Indien, 1984) u. a.

Joseph Losey

Losey, geboren am 14. Januar 1909 in La Crosse (USA) und gestorben am 22. Juni 1984 in London (England), machte sich in den dreißiger Jahren durch Bühneninszenierungen sowie als Produzent und Regisseur von Dokumentarfilmen einen Namen. Seinen ersten Spielfilm inszenierte er erst 1948. Schon Anfang der fünfziger Jahre verließ er Hollywood, nachdem er als »Linker« auf die »schwarze Liste« McCarthys geraten war. Amerikanische Firmen boykottierten ihn; so schlug er sich als Regisseur von Gebrauchsfilmen durch, die er, zum Teil unter Pseudonym (Andrea Forzano, Victor Hanbury, Joseph Walton), in Italien und England drehte. Ende der fünfziger Jahre verschaffte ihm der Erfolg einiger raffinierter Kriminalfilme die Möglichkeit, auch anspruchsvollere Projekte zu verwirklichen.
Losey hat einmal gesagt: »Ich hoffe, daß meine Filme soziales Engagement zeigen!« Aber er hat auch gemeint: »Mir scheint, alle möglichen und vorstellbaren Geschichten sind längst erzählt worden; deshalb ist das einzige, was einen Film noch interessant machen kann, die Art, in der die Geschichte erzählt wird, der Blickpunkt, unter dem man sie sieht.« Diese Zitate sind nur scheinbar widersprüchlich; denn Loseys Engagement verwirklicht sich häufig eben in der Art, wie er eine Geschichte erzählt. Seine Filme sind

pessimistische Parabeln, in denen die Konventionen der Gesellschaft als Spielregeln entlarvt werden, die, wer immer etwas »gewinnen« will, rücksichtslos übertritt. Von Loseys Figuren schreibt Martin Schlappner, sie seien »auf die bloße Funktion ihrer Instinkte und Triebe reduziert«. Aber daraus entsteht in kunstvoller, detailversessener Gestaltung ein erschreckendes Bild der Welt, der Menschen – und vor allem der Gesellschaft.

In den USA: *The boy with green hair* (Der Junge mit den grünen Haaren, 1948), *The lawless* (Gnadenlos gehetzt, 1949), *The prowler* (Dem Satan singt man keine Lieder, 1950), *M* (M, 1950 – Remake des Films von Fritz Lang), *The big night* (Die Nacht der Wahrheit, 1951).

In Italien: *Imbarco a mezzanotte* (Giacomo, 1952 – Pseudonym: Andrea Forzano). In England: *The sleeping tiger* (Der schlafende Tiger, 1953/54 – Pseudonym: Victor Hanbury), *The intimate stranger* (Der bekannte Fremde, 1955 – Pseudonym: Joseph Walton), *Time without pity* (In letzter Stunde, 1956), *The gypsy and the gentleman* (Dämon Weib, 1957), *Blind date* (Die tödliche Falle, 1959), *The criminal* (Die Spur führt ins Nichts, 1959/60), *The damned* (Sie sind verdammt, 1961), *Eve* (Eva, 1962), *The servant* (Der Diener, 1963), *King and country* (King and Country / Für König und Vaterland / König und Vaterland, 1964), *Modesty Blaise* (Modesty Blaise – die tödliche Lady, 1965), *Accident* (Accident – Zwischenfall in Oxford, 1966), *Boom* (Brandung, 1967), *Secret ceremony* (Die Frau aus dem Nichts, 1968), *Figures in a landscape* (Im Visier des Falken, USA 1969), *The go-between* (Der Mittler, 1970), *L'assassinio di Trotzky* (Das Mädchen und der Mörder / Die Ermordung Trotzkis, Italien/Frankreich/England 1971), *A doll's house* (Nora, England/Frankreich 1973), *Galileo* (Das Leben des Galilei, England/Kanada 1974), *The romantic Englishwoman* (Die romantische Engländerin, England/Frankreich 1974/75), *Mr Klein* (Monsieur Klein, Frankreich 1975), *Les routes du sud* (Straßen nach Süden, Frankreich 1978), *Don Giovanni* (Don Giovanni, BRD/Frankreich/Italien 1978/79), *La truite* (Eine Frau wie ein Fisch, Frankreich 1982), *Steaming* (Steaming, England 1984) u. a.

Ernst Lubitsch

Lubitsch, geboren am 28. Januar 1892 in Berlin (Deutschland) und gestorben am 30. November 1947 in Hollywood (USA), war zunächst im väterlichen Geschäft, einer Damenschneiderei tätig, ehe Max Reinhardt ihn 1911 als Schauspieler entdeckte. Schon bald trat Lubitsch auch in Filmen auf, und 1914 führte er zum ersten Mal selbst in einem Film Regie. 1919 erzielte er mit der Komödie *Die Austernprinzessin* und mit dem historischen Ausstattungsfilm *Madame Dubarry* einen großen Erfolg und zählte damit zu den führenden deutschen Filmregisseuren. Aber schon 1922 ging er nach Hollywood, wo er bis zu seinem Tode blieb.

In Deutschland drehte der vielseitige Lubitsch Volksstücke, Komödien und historische Ausstattungsfilme, die vor allem seinen Ruhm begründeten. In Hollywood wurde er zum Meister der Gesellschaftskomödie, die gewöhnlich ein wenig frivol und ein wenig zynisch war – gerade soviel, daß sie noch das augenzwinkernde Einvernehmen mit den Helden gestattete. Der vielzitierte »Lubitsch touch« bestand dabei aus der spielerischen Leichtigkeit, mit der er seine Pointen setzte, aus dem Geschick, mit dem er dramatische Situationen ironisch auflöste und das Pathos seiner Helden entlarvte. Die Erfindung des Tonfilms nutzte Lubitsch für einfallsreiche musikalische Komödien, denen die Entwicklung des amerikanischen Musicals viel verdankt.

Blindekuh (1915), *Schuhpalast Pinkus* (1916), *Ein fideles Gefängnis* (1917), *Carmen* (1918), *Die Augen der Mumie Ma* (1918), *Die Austernprinzessin* (1919), *Die Puppe* (1919), *Madame Dubarry* (1919), *Kohlhiesels Töchter* (1920), *Sumurun* (1920), *Anna Boleyn* (1920), *Die Bergkatze* (1921), *Das Weib des Pharao* (1921).

In den USA: *The marriage circle* (Die Ehe im Kreise, 1924), *Forbidden paradise* (Das verbotene Paradies, 1924), *Lady Windermere's fan* (Lady Windermeres Fächer, 1925), *The student prince* (Der Studentenprinz / Alt-Heidelberg, 1927), *The love parade* (Liebesparade, 1929), *The smiling lieutenant* (Der lächelnde Leutnant, 1931), *The merry widow* (Die lustige Witwe, 1934), *Angel* (Engel, 1937), *Bluebeard's eighth wife* (Blaubarts achte Frau, 1938), *Ninotchka* (Ninotschka, 1939), *The shop around the corner* (Rendezvous nach Ladenschluß, 1940), *That uncertain feeling* (Ehekomödie, 1941), *To be or not to be* (Sein oder Nichtsein, 1942), *Heaven can wait* (Ein himmlischer Sünder / Memoiren eines Lebemannes, 1943), *That lady in ermine* (Die Frau im Hermelin, 1948 – fertiggestellt von Otto Preminger) u. a.

Louis Malle

Malle, geboren am 10. Oktober 1932 in Thumeries (Frankreich), stammt aus großbürgerlichem Elternhaus und begann ein Studium der Wirtschaftswissenschaft. Aber schon 1951 wechselte er zur Filmhochschule über, die er bis 1953 besuchte. Er arbeitete dann als Regieassistent – u. a. bei dem Unterwasser-Filmer Jacques Yves Cousteau und zeichnete als Co-Regisseur des Dokumentarfilms *Le monde du silence* (Die schweigende Welt, 1956). Ein Jahr später inszenierte er seinen ersten eigenen Spielfilm.
Malle hat unterkühlte Reißer, psychologische Dramen, intelligente Lustpiele und turbulente Action-Filme gedreht. Und er ist später u. a. mit einem filmischen Bericht über Indien sogar zu seinen dokumentarischen Anfängen zurückgekehrt. Er hat es dabei verstanden, für jedes Thema einen adäquaten Stil zu finden – ob er nun ein fiktives Porträt von Brigitte Bardot zeichnete *(Vie privée)* oder die ausweglos pessimistische Welt Drieu la Rochelles schilderte *(Le feu follet)*. Malle ist zweifellos einer der begabtesten Stilkünstler des französischen Films. Aber er ist kein Virtuose, der seine Fähigkeiten zur Schau stellt, sondern ein Regisseur, der sich um stets neue und dem Thema angemessene Formen bemüht.

Le monde du silence (Die schweigende Welt, 1956 – Dokumentarfilm, Co-R: Jacques Yves Cousteau), *L'ascenseur pour l'échafaud* (Fahrstuhl zum Schafott, 1957), *Les amants* (Die Liebenden, 1958), *Zazie dans le métro* (Zazie, Frankreich/Italien 1960), *Vie privée* (Privatleben, Frankreich/Italien 1961), *Le feu follet* (Das Irrlicht, 1963), *Viva Maria* (Viva Maria, Frankreich/Italien 1965), *Le voleur* (Der Dieb von Paris, 1966), *Histoires extraordinaires* (Außergewöhnliche Geschichten, Frankreich/Italien 1967 – Episode: *William Wilson*), *Calcutta phantom India* (Calcutta, Frankreich 1969 – Dokumentarfilm), *Le souffle au cœur* (Herzflimmern, Frankreich/Italien/BRD 1970), *Lacombe Lucien* (Lacombe Lucien, Frankreich/BRD/Italien 1973), *Humain trop humain* (Menschlich, allzumenschlich, 1972–74 – Dokumentarfilm), *Place de la République* (Place de la République, 1972–74 – Dokumentarfilm), *Black Moon* (Black Moon, 1974/75), *Pretty baby* (Pretty Baby, USA 1977), *Atlantic City, U.S.A.* (Atlantic City, USA, Kanada/Frankreich 1979), *My dinner with André* (Mein Essen mit André, USA 1981), *Crackers* (Crackers, USA 1983), *Alamo Bay* (Alamo Bay, USA 1984), *God's country* (Gottes eigenes Land, USA 1979/85), *And the pursuit of happiness* (... und das Streben nach Glück, USA 1986/87 – Dokumentarfilm), *Au revoir les enfants* (Auf Wiedersehen, Kinder, Frankreich/BRD 1987), *Milou en mai* (Eine Komödie im Mai, Frankreich/Italien 1989) u. a.

Georges Méliès

Méliès, geboren am 8. Dezember 1861 in Paris (Frankreich) und gestorben am 21. Januar 1938 in Paris, war von Beruf Zauberkünstler und Besitzer des Theaters »Robert Houdin«. Er war unter den Zuschauern der ersten öffentlichen Filmvorführung der Brüder Lumière – und er war von der Erfindung so angetan, daß er sich sogleich aus England eine Kamera beschaffte und noch im Jahr 1896 rund 80 Filme von je etwa 20 Metern Länge drehte. Bald hatte der einfallsreiche »Show-Mann« die Brüder Lumière überflügelt. Er baute sich ein festes Atelier und wurde für geraume Zeit zum führenden Filmproduzenten und Filmkünstler. Aber Méliès sah nicht, daß das neue Medium sich fortentwickelte; und so geriet er allmählich auch finanziell ins Hintertreffen. 1914 mußte er seine Produktion einstellen und wurde schnell vergessen. Filmbegeisterte Journalisten entdeckten ihn 1928 als Pächter eines Kiosks auf dem Bahnhof Montparnasse. So erlebte Méliès noch, daß er und seine Filme der Vergessenheit entrissen wurden. 1938 starb er in einem Altersheim.
Méliès hat sich in allen damals beliebten Genres versucht. Er hat Aktualitäten nachgespielt und Dramen gedreht. Berühmt wurde er jedoch durch seine phantasievollen Märchenspiele, in denen Menschen verschwanden oder sich verwandelten, in denen Gelehrte zum Mond flogen, skurrile Ungeheuer sich tummelten, Gegenstände lebendig wurden. Méliès benutzte für

seine Tricks u. a. bereits die Doppelbelichtung und den Stopptrick, den er durch einen Zufall entdeckte, als der Film sich in seiner Kamera verklemmt hatte; er kannte den Kasch, mit dem er bei der Aufnahme einen Teil des Films abdeckte und später belichtete usw. Er war sicher der erste, für den der Film ein Mittel war, mit dem man eine neue Welt schaffen konnte. Aber seine Möglichkeiten blieben beschränkt. Die Kamera ersetzte ihm lediglich den Zuschauer im Parkett. Er bewegte sie nur, wenn er durch eine Fahraufnahme einen Filmtrick verwirklichen wollte. Seine Darsteller zappelten unbeholfen umher. Seine Dekorationen bestanden aus bemalter Pappe oder waren gar gezeichnete Prospekte. So wurde er bald von jüngeren Konkurrenten überholt. – Méliès drehte insgesamt einige hundert Filme.

Une partie de cartes (Ein Kartenspiel, 1896), *L'affaire Dreyfus* (Die Affäre Dreyfus, 1899), *L'homme à la tête en caoutchouc* (Der Mann mit dem Gummikopf, 1901), *Le voyage dans la lune* (Die Reise zum Mond, 1902), *Le mélomane* (Der Musikfreund, 1903), *La royaume des fées* (Das Königreich der Feen, 1903), *Le voyage à travers l'impossible* (Die Reise durch das Unmögliche, 1904), *La civilisation à travers les âges* (Die Zivilisation im Lauf der Zeiten, 1908), *Le rêve d'un fumeur d'opium* (Der Traum eines Opiumrauchers, 1908), *La conquête du pôle* (Die Eroberung des Pols, 1912) u. a.

Jean-Pierre Melville

Melville, als Jean-Pierre Grumbach am 20. Oktober 1917 in Paris (Frankreich) geboren und gestorben ebendort am 2. August 1973, war zunächst Geschäftsführer eines Kaufhauses. Während des Krieges, als Soldat in England, begann er, sich intensiv für den Film zu interessieren. Nach dem Krieg gründete er eine Filmgesellschaft und drehte 1947/48 seinen ersten abendfüllenden Spielfilm – *Le silence de la mer*. Im Bewußtsein der Kritik und der Öffentlichkeit konnte sich Melville erst in den sechziger Jahren durchsetzen. Zuletzt besaß er ein eigenes kleines Studio und war in der Lage, junge Regisseure zu fördern.

Melville begann in einem sehr literarischen Filmstil, und er wählte auch seine Vorlagen aus der Literatur: Vercors, Cocteau, Béatrice Beck usw. Aber er hat diese Vorlagen stets ganz vereinnahmt, hat daraus ganz persönliche Filme geschaffen. Das wird noch deutlicher in seinen späteren Werken, in Kriminalfilmen von äußerster Strenge und Kühle. Hier wird nicht vordergründige Realität angestrebt, sondern eine eigene Welt schicksalhafter Zwänge und Besessenheiten geschaffen. (»Film ist bei mir kein Spiegelbild des Lebens, sondern das eines Traums!« – Melville.) Melville gilt als einer der ersten »auteurs complets« des französischen Films. Sein Stil und seine Produktionsmethoden haben großen Einfuß auf die Regisseure der »nouvelle vague« in Frankreich gehabt.

Le silence de la mer (Das Schweigen des Meeres, 1947/48), *Les enfants terribles* (Die schrecklichen Kinder, 1949), *Quand tu liras cette lettre* (. . . und keine blieb verschont / Liebe?, Frankreich/ Italien 1953), *Bob le flambeur* (Drei Uhr nachts, 1955), *Deux hommes dans Manhattan* (Zwei Männer in Manhattan, 1958/59), *Léon Morin, prêtre* (Eva und der Priester, Frankreich/ Italien 1961), *Le doulos* (Der Teufel mit der weißen Weste, Frankreich/Italien 1962), *L'aîné des ferchaux* (Die Millionen eines Gehetzten, Frankreich/Italien 1962), *Le deuxième souffle* (Der zweite Atem, 1966), *Le samourai* (Der eiskalte Engel, Frankreich/Italien 1967), *L'armée des ombres* (Armee im Schatten, Frankreich/Italien 1969), *Le cercle rouge* (Vier im roten Kreis, Frankreich/Italien 1970), *Un flic* (Der Chef, Frankreich/Italien 1972) u. a.

Kenji Mizoguchi

Mizoguchi, geboren am 16. Mai 1898 in Tokio (Japan) und gestorben am 24. August 1956 in Kyoto (Japan), besuchte zunächst das Institut für europäische Malerei in Tokio. Als er 17 Jahre alt war, brachte ihn ein Freund als Schauspieler zum Film. 1922 führte er zum ersten Mal Regie. Zunächst drehte Mizoguchi wenig belangvolle Abenteuer- und Liebesfilme – u. a. Verfilmungen von »Arsène Lupin« und amerikanischer Groschenromane. Um 1930 inszenierte er einige sozialkritische Filme. Später machte er vor allem »Kostümfilme«, wobei er aber die Vergangenheit mit kritischer Distanz sah, historische Fehlentwicklungen analysierte oder aktuelle Probleme im historischen Gewand behandelte.

Ein Lieblingsthema Mizoguchis ist das Verhältnis der Geschlechter, wobei die Frau stets die Leidende und Gequälte ist – aber auch die, deren Liebe den Mann retten kann. Formal sind seine Filme von disziplinierter Zurückhaltung. Er bevorzugt Totalen und allenfalls Halbnah-Aufnahmen, die den Darsteller in seine Welt, seinen Lebensbereich einordnen. Lange Szenen, in denen die Kamera aber gewöhnlich in Bewegung ist, und weiche Überblendungen sorgen für einen suggestiven Bildfluß. Mizoguchi drehte insgesamt rund 80 Filme.

Tokyo koshin-kyoku (Marsch auf Tokio, 1929), *Tokai kokyogaku* (Symphonie einer Großstadt, 1929), *Furusato* (Die Heimatstadt, 1930), *Gion no shimai* (Die Schwestern von Gion, 1936), *Meito bijomaru* (Das makellose Schwert, 1945), *Josei no shori* (Der Sieg der Frauen, 1946), *Joku Sumako no koi* (Die Liebe der Schauspielerin Sumako, 1947), *Saikaku ichidai onna* (Das Leben der Frau Oharu, 1952), *Ugetsu monogatari* (Erzählungen unter dem Regenmond, 1953), *Gion bayashi* (Die Musikanten von Gion / Zwei Geishas, 1953 – Remake von *Gion no shimai*, 1936), *Sansho Dayu* (Landvogt Sansho / Sansho Dayu – Ein Leben ohne Freiheit, 1954), *Chikamatsu monogatari* (Die Legende vom Meister der Rollbilder, 1954), *Uwasa no onna* (Die gekreuzigte Frau, 1954), *Shin heike monogatari* (Die Samurai-Sippe der Taira, 1955), *Akasen chitai* (Die Straße der Schande, 1956) u. a.

Andrzej Munk

Munk, geboren am 16. Oktober 1921 in Krakau (Polen) und gestorben am 21. September 1961 in Łódź (Polen), studierte zunächst Architektur, dann politische Wissenschaften und besuchte ab 1948 die Filmhochschule in Lodz, wo er die Fächer Regie und Kamera belegte. Schon während seiner Studienzeit arbeitete er als Kameramann für das Dokumentarfilm-Studio. Ab 1949 drehte er selbst Dokumentarfilme. Den Übergang zum Spielfilm markierte 1955 der Film *Błękitny krzyż* (Das blaue Kreuz), ein halbdokumentarischer Spielfilm über die Evakuierung eines Partisanen-Lazaretts durch Männer des Berg-Rettungsdienstes im Februar 1945. Sein letzter Spielfilm blieb unvollendet; Munk starb während der Dreharbeiten bei einem Autounfall.

Mit seinen wenigen Filmen hat Munk dem polnischen Film wichtige Impulse gegeben. Er hat sich darin stets engagiert – gegen engstirnige Funktionäre und sentimentale Hurra-Patrioten. Aber er hat nicht seinen Dogmatismus gegen den ihren gesetzt, sondern intelligente, formal einfallsreiche Filme geschaffen, deren beherrschendes Motiv der Zweifel ist. Zweifel an der Abqualifizierung eines unbequemen Starrkopfs als »Feind der Arbeiterklasse«, Zweifel am Mythos vom Heldentum und Zweifel selbst an den Aussagen und Erinnerungen ihrer Protagonisten. Er formulierte diese Zweifel in realistischen Reportagen und bitteren Komödien.

Błękitny krzyż (Das blaue Kreuz, 1955), *Człowiek na torze* (Der Mann auf den Schienen, 1956), *Eroica* (Eroica – Polen 44, 1957), *Zezowate szczęście* (Das schielende Glück, 1959), *Pasażerka* (Die Passagierin, 1961 – unvollendet, eine fragmentarische Fassung mit Kommentar wurde von Witold Lesiewicz 1963 montiert) u. a.

Friedrich Wilhelm Murnau

Murnau, als Friedrich Wilhelm Plumpe am 28. Dezember 1888 in Bielefeld (Deutschland) geboren und am 11. März 1931 in Santa Barbara (USA) gestorben, studierte Kunstgeschichte und wurde als Mitglied eines Studententheaters von Max Reinhardt entdeckt. Er spielte und inszenierte dann am Theater und debütierte als Filmregisseur erst 1919 mit dem Film *Der Knabe in Blau*. Wie andere Filme Murnaus ist auch dieses Erstlingswerk verschollen. Seinen ersten großen Erfolg erzielte Murnau 1921 mit *Nosferatu*. Einige Jahre später ging er mit einem Fünf-Jahres-Vertrag nach Hollywood. Als Produzent Fox jedoch seinen Film *Our daily bread* (Unser täglich Brot, 1929) gegen den Willen des Regisseurs veränderte, kündigte Murnau seinen Vertrag und floh verbittert in die Südsee, wo er in Zusammenarbeit mit Robert Flaherty den Film *Tabu* drehte. Eine Woche vor seiner Uraufführung starb Murnau bei einem Verkehrsunfall. Im deutschen Film der zwanziger Jahre war Murnau Einzelgänger und Anreger zugleich. Während die deutschen Regisseure damals überwiegend in den Ateliers eine künstliche Welt aufbauten, zog es ihn, wie seine schwedischen Kollegen, in die Natur, der er immer neue Aspekte abgewann – von der düsteren Drohung in *Nosferatu* bis zu einer ganz sinnlichen Schönheit in *Tabu*. Verwandt war er seinen deutschen Zeitgenossen darin, daß er statt der Realitäten des Alltags vornehmlich die geheimen Grenzbezirke der Seele erforschte und dabei eine Welt voll unwirklicher Bedrohungen und Ahnungen beschwor, wobei er in dem Drehbuchautor Carl Mayer einen idealen Mitarbeiter fand. Allerdings ist der Mensch bei Murnau dem Schicksal nicht wehrlos ausgeliefert. Selbst in *Nosferatu* gibt es eine Alternative, kann das Unheimliche durch die Tat besiegt werden. Dies alles hat Murnau in einer suggestiven Bildsprache verwirklicht. Er entdeckte selbst viele Möglichkeiten filmischer Gestaltung oder brachte seine Mitarbeiter dazu, sie zu entwickeln. Marcel Carné sagte von seinen Filmen, in ihnen werde die Kamera zu einer Person des Dramas.

Der Knabe in Blau (1919), *Satanas* (1919), *Sehnsucht* (1920), *Der Bucklige und die Tänzerin* (1920), *Der Januskopf* (1920), *Abend – Nacht – Morgen* (1920), *Der Gang in die Nacht* (1920), *Marizza, genannt die Schmugglermadonna / Das schöne Tier* (1920), *Schloß Vogelöd* (1921), *Nosferatu* (1921), *Der brennende Acker* (1921), *Phantom* (1922), *Die Austreibung* (1923), *Die Finanzen des Großherzogs* (1924), *Der letzte Mann* (1924), *Herr Tartüff / Tartüff* (1925), *Faust – Eine deutsche Volkssage* (1926). In den USA: *Sunrise* (Sonnenaufgang, 1926/27), *Four devils* (Die vier Teufel, 1928), *Our daily bread / City girl* (Unser täglich Brot / Die Frau aus Chicago, 1929), *Tabu* (Tabu, 1929–31).

Ermanno Olmi

Olmi, geboren am 24. Juli 1931 in Bergamo (Italien), studierte in Mailand, brach 1953 sein Studium ab und ging zu einem großen Elektrokonzern. Nebenbei nahm er Schauspielunterricht und spielte und inszenierte bei einer Laienspielgruppe.

Schon bald betraute der Konzern Olmi mit dem Aufbau einer firmeneigenen Filmabteilung, für die er zwischen 1954 und 1961 rund 40 kurze Dokumentarfilme drehte. Als Kurzfilm geplant war auch sein Spielfilmdebüt *Il tempo si è fermato* (Als die Zeit stillstand, 1958). Aber während der Dreharbeiten konnte Olmi seine Arbeitgeber davon überzeugen, daß diese Studie über zwei Arbeiter, die während des Winters, abgeschnitten von der Außenwelt, eine Baustelle im Hochgebirge bewachen, abendfüllende Länge erfordere. Drei Jahre später gelang ihm mit *Il posto* der Durchbruch als Spielfilm-Regisseur, aber er drehte auch weiterhin Dokumentarfilme, nun vorwiegend für das Fernsehen.

Die Realität hat Olmi stets fasziniert. Sie spiegelt sich in allen Filmen, die mit Vorliebe Menschen an ihrem Arbeitsplatz beobachten. Er macht dabei durch sehr genaue Beschreibungen deutlich, daß sie alle – ob Bauern, Arbeiter, kleine Angestellte oder Angehörige des Mittelstandes – ähnliche Probleme haben. Seine Filme kommen ohne aufgesetzte Effekte aus, ihr Erzählfluß ist langsam, aber aus der sorgfältigen Schilderung auch scheinbar nebensächlicher Details gewinnen sie eine große Intensität. Im italienischen Filmbetrieb gilt Olmi als Außenseiter: Er vertritt seine christliche Überzeugung auch in seinen Filmen unübersehbar; er produziert mittlerweile in seiner eigenen Filmgesellschaft, deren Sitz nicht in Rom, sondern in Mailand ist: er wohnt auf dem Lande, in einem umgebauten Bauernhof bei Asagio.

Il tempo si è fermato (Als die Zeit stillstand, 1958), *Il posto* (Der Job, 1961), *I fidanzati* (Die Verlobten, 1962), *E venne un uomo* (Und es kam ein Mensch, 1965), *Un certo giorno* (Ein gewisser Tag, 1968), *I recuperanti* (Die Straßenkehrer, 1969 – Fernsehproduktion), *Durante l'estate* (Während des Sommers, 1971 – Fernsehproduktion), *La circostanza* (In besseren Kreisen, 1973 – Fernsehproduktion), *L'albero degli zoccoli* (Der Holzschuhbaum, 1977/78), *Cammina, cammina* (Und sie folgten dem Stern, 1981/1982), *Milano* (Mailand, 1983 – Dokumentarfilm), *Lunga vita alla Signora* (Lang lebe die Signora!, 1986/87), *La leggenda del santo bevitore* (Die Legende vom heiligen Trinker, 1988) u. a.

Max Ophüls

Ophüls, als Maximilian Oppenheimer am 6. Mai 1902 in Saarbrücken (Deutschland) geboren und gestorben am 25. März 1957 in Hamburg,

machte sich zunächst als Theaterregisseur einen Namen. Er war u. a. am Burgtheater engagiert und wurde dann in Berlin für den Film entdeckt. 1932 errang er mit dem originellen Opernfilm *Die verkaufte Braut* und der Schnitzler-Verfilmung *Liebelei* zwei große Erfolge. Ein Jahr später mußte er aus Deutschland fliehen und arbeitete in Frankreich, Holland, Italien und den USA. Nach dem Krieg kehrte er nach Europa zurück; und nun drehte er zwischen 1950 und 1955 in Frankreich die Filme, die ihn bei einer Generation junger Cineasten vor allem berühmt machten.
Charme und Grazie bestimmen den Stil seiner »persönlichen« Filme, von denen der Emigrant nur wenige drehen konnte. Sein Lieblingsthema ist die Unmöglichkeit, Liebe zu verwirklichen. Immer wieder scheitern seine Protagonisten – meistens an der starren Ordnung einer bürgerlichen Gesellschaft. Und so wie er die Möglichkeit zum Glück mit gleichsam taktvoller Zurückhaltung andeutet, so verzichtet er auch beim traurigen Schluß auf sentimentale Direktheit. Ophüls ist ein Regisseur der Frauen, sie sind in seinen Filmen vor allem die Leidenden – von *Liebelei* bis *Lola Montès*. Auch die Zwänge der Gesellschaft werden nicht direkt attackiert. Der Stil denunziert sie, indem er die Menschen oft in seelenlose Dekors stellt, ihr Bild in Spiegeln, durch Vorhänge oder Glasscheiben einfängt, indem die Kamera sie umkreist, sie gleichsam wehrlos und ausgeliefert zeigt. Psychologie wird in seinen Filmen nicht behauptet, sie ist im Bild direkt vorhanden.

Dann schon lieber Lebertran (1930), *Die verliebte Firma* (1931), *Die verkaufte Braut* (1932), *Lachende Erben* (1932), *Liebelei* (1932).
In Frankreich: *Une histoire d'amour* (Eine Liebesgeschichte, 1933 – französische Version von *Liebelei*), *On a volé un homme* (Man hat einen Menschen gestohlen, 1934), *La signora di tutti* (Eine Frau für alle, Italien 1934), *Divine* (Göttlich, 1935), *Trouble with money* (Die Komödie ums Geld, Holland 1936), *Le tendre ennemie* (Der zärtliche Feind, 1936), *Yoshiwara* (Yoshiwara, 1937), *Werther* (Werther, 1938), *Sans lendemain* (Ohne ein Morgen, 1939), *De Mayerling à Sarajevo* (Von Mayerling bis Sarajewo, 1939).
In den USA: *The exile* (Der Verbannte, 1947), *Letter from an unknown woman* (Brief einer Unbekannten, 1948), *Caught* (Gefangen, 1948), *The reckless moment* (Schweigegeld für Liebesbriefe, 1949).
In Frankreich: *La ronde* (Der Reigen, 1950), *Le plaisir* (Pläsier, 1951), *Madame de . . .* (Madame de . . ., Frankreich/Italien 1953), *Lola Montès* (Lola Montez, Frankreich/BRD 1955) u. a.

Yasujiro Ozu

Ozu, geboren am 12. Dezember 1903 in Tokio (Japan) und gestorben am 12. Dezember 1963 in Tokio, führte nach einer Tätigkeit als Kamera- und Regieassistent 1927 zum ersten Mal selbst Regie. Er wurde bald bekannt und galt im eigenen Land bis zu seinem Tod als einer der führenden japanischen Filmregisseure. Im Ausland entdeckte man ihn erst spät. So kam von den 53 Spielfilmen Ozus zum Beispiel in der Bundesrepublik nur ein einziger in die Kinos (und der wurde noch gekürzt!); weitere Filme Ozus wurden später im Fernsehen gezeigt.
Ozu war zunächst von Chaplin und Keaton beeinflußt, eliminierte aber schon bald die komödiantischen Elemente weitgehend aus seinen Filmen und galt dann als der »japanischste« der japanischen Regisseure. Er entwickelte einen Stil äußerster Kargheit und Schlichtheit und schilderte mit Vorliebe den Alltag einfacher Menschen, das Zerbrechen familiärer oder gesellschaftlicher Traditionen, die Auseinandersetzung des einzelnen mit der neuen Zeit. Und es geht ihm dabei nicht um spektakuläre Dramen, sondern um Einsichten, Entschlüsse, Bewußtseinsveränderungen seiner Helden. Dabei verzichtet Ozu fast ganz auf Kameraschwenks und -fahrten; seine Kamera bleibt gewöhnlich unbewegt und beobachtet die Schauspieler meistens aus leichter Untersicht – etwa der Augenhöhe eines Menschen entsprechend, der auf traditionelle japanische Weise auf einer Matte hockt. Die Einstellungen sind lang, und häufig läßt Ozu sie behutsam ausklingen. Das gibt seinen Filmen einen langsamen, aber eindringlichen Rhythmus.

Zange no yaiba (Das Schwert der Buße, 1927), *Umarete wa mita keredo* (Ich wurde geboren, aber . . ., 1932), *Ukigusa monogatari* (Geschichte vom treibenden Schilf, 1934), *Banshun* (Später Frühling, 1949), *Tokyo monogatari* (Eine Geschichte aus Tokio / Die Reise nach Tokio,

1953), *Soshun* (Früher Frühling, 1956), *Tokyo boshoku* (Tokio in der Dämmerung, 1957), *Ohayo* (Guten Morgen, 1959 – Remake von *Umarete wa mita keredo*), *Ukigusa* (Treibendes Schilf / Abschied in der Dämmerung, 1959 – Remake von *Ukigusa monogatari*), *Akibiyori* (Spätherbst, 1960 – Remake von *Banshun*), *Kohayagawa-ke no aki* (Der Herbst der Familie Kohayagawa, 1961), *Samma no aji* (Ein Geschmack wie von Makrelen / Ein Herbstabend, 1962) u. a.

Georg Wilhelm Pabst

Pabst, geboren am 27. August 1885 in Raudnitz (Österreich-Ungarn) und gestorben am 29. Mai 1967 in Wien (Österreich), arbeitete von 1905 bis 1921 am Theater. Dann erst holte ihn Carl Froelich, zunächst als Autor, Darsteller und Regieassistent, zum Film. 1923 debütierte er als Filmregisseur, und 1925 brachte ihm *Die freudlose Gasse* bereits einen internationalen Erfolg. Bis 1932 gehörte er zu den führenden Regisseuren des deutschen Films. Dann emigrierte er nach Frankreich, wo er aber nur noch durchschnittliche Unterhaltungsfilme drehte. 1940 kehrte er nach Deutschland zurück. Nach dem Krieg drehte Pabst in Österreich, Deutschland und Italien, erreichte aber nie mehr das Niveau seiner frühen Filme.
Pabst gilt als Vertreter eines psychologisch getönten Realismus. Viel zitiert wurde seine Äußerung: »Wozu soll eine romantische Behandlung noch gut sein? Das wirkliche Leben ist schon romantisch, ja grausig genug.« In seinen Filmen gibt es keine Symbole, keine drohenden Schatten und irritierenden Lichtreflexe – es sei denn, sie seien von der konkreten Situation gefordert. An die Stelle schicksalhafter Verstrickungen setzte er soziales Engagement; und die geheimnisvollen Mächte, die damals im deutschen Film die Menschen bedrohten, suchte er mit den Methoden der Psychoanalyse zu bekämpfen. Allerdings verstellte ihm sein Realismus auch gelegentlich den Blick für die Hintergründe und verlieh seinen Filmen kolportagehafte Züge.
Der Schatz (1923), *Die freudlose Gasse* (1925), *Geheimnisse einer Seele* (1925), *Die Liebe der Jeanne Ney* (1927), *Die Büchse der Pandora* (1928), *Tagebuch einer Verlorenen* (1929), *Die weiße Hölle vom Piz Palü* (1929 – Co-R: Arnold Fanck), *Westfront 1918 / Vier von der Infanterie* (1930), *Die Dreigroschenoper* (Deutschland/USA 1931), *Kameradschaft* (Deutschland/Frankreich 1931), *Die Herrin von Atlantis* (1932), *Don Quichotte* (Don Quichotte, Frankreich 1932), *A modern hero* (Ein Held unserer Zeit, USA 1934), *Mademoiselle Docteur* (Mademoiselle Docteur / Spione von Saloniki, Frankreich 1936), *Komödianten* (1941), *Paracelsus* (1943), *Der Prozeß* (Österreich 1947), *Geheimnisvolle Tiefe* (Österreich 1949), *La voce del silenzio* (Männer ohne Tränen, Italien/Frankreich 1952), *Das Bekenntnis der Ina Kahr* (1954), *Es geschah am 20. Juli / Drei Schritte zum Schicksal / Aufstand gegen Adolf Hitler – Was geschah wirklich am 20. Juli 1944?* (1955), *Der letzte Akt* (Österreich 1955), *Rosen für Bettina* (1956), *Durch die Wälder, durch die Auen* (1956) u. a.

Pier Paolo Pasolini

Pasolini, geboren am 5. März 1922 in Bologna (Italien) und gestorben am 2. November 1975 in Ostia (Italien), wurde zunächst als Schriftsteller bekannt. Er schrieb Essays und Romane und veröffentlichte Anthologien von Dialekt-Gedichten und Volksliedern. In den fünfziger Jahren begann er, auch für den Film zu schreiben – u. a. war er Co-Autor bei Mario Soldatis *La donna del fiume* (Die Frau vom Fluß, 1954), Fellinis *Le notti di Cabiria* (1956) und Florestano Vancinis *La lunga notte del '43* (Die lange Nacht von 43, 1960). Fünf Drehbücher schrieb er für den Regisseur Mauro Bolognini. 1961 führte er dann in dem Film *Accattone* erstmals selbst Regie. Der Filmregisseur Pasolini wurde weit bekannter als der Schriftsteller.
In Pasolinis Filmen mischen sich marxistische und christliche Einflüsse auf überraschende Weise. Seine sozialkritischen Berichte enthalten nicht selten Verweise auf die Evangelien, während seine Verfilmung des Matthäus-Evangeliums deutliche marxistische Aspekte enthält. Beide Elemente werden vereint durch ein leidenschaftliches Engagement für die Armen und Unterdrückten. Formal bevorzugte Pasolini zunächst einen direkten Realismus, der sich aber nie auf das äußere Erscheinungsbild der Wirklichkeit beschränkte. In seinen späteren Filmen

Pier Paolo Pasolini

stilisierte er zunächst die Realität, auch die einer mythischen Vergangenheit, im Sinne seiner pointierten Aussage. Mit *Decamerone* und *I racconti di Canterbury* (Pasolinis tolldreiste Geschichten) ließ er sich dann auf eine derbe und oftmals vordergründige Historienmalerei ein, die viele seiner Anhänger enttäuschte. Doch seine beiden letzten Filme signalisierten wiederum neue formale und inhaltliche Aspekte: wütendes Engagement in dem Spielfilm, insistierende, aber geduldige Beobachtung in dem Dokumentarfilm.

Accattone (Accattone – Wer nie sein Brot mit Tränen aß, 1961), *Mamma Roma* (Mamma Roma, 1962), *La ricotta* (Der Käse, 1962 – Episode des Films *Rogopag / La via moci il cervello*), *Comizi d'amore* (Hunger nach Liebe, 1964), *Il vangelo secondo Matteo* (Das erste Evangelium – Matthäus, Italien/Frankreich 1964), *Uccellacci e uccellini* (Große Vögel, kleine Vögel, 1966), *Edipo re* (Edipo Re – Bett der Gewalt, 1967), *Teorema* (Teorema – Geometrie der Liebe, 1968), *Il porcile* (Der Schweinestall, Italien/Frankreich 1969), *Medea* (Medea, Italien/Frankreich/BRD 1969), *Decamerone* (Decamerone, Italien/Frankreich/BRD 1970), *I racconti di Canterbury* (Pasolinis tolldreiste Geschichten, Italien/Frankreich/BRD 1971), *Il fiore delle mille e una notte* (Erotische Geschichten aus 1001 Nacht, Italien/Frankreich 1974), *Salò o le 120 giornate di Sodoma* (Die 120 Tage von Sodom, Italien/Frankreich 1975), *Appunti per un Orestiade Africana* (Fußnoten zu einer afrikanischen Orestie, Italien 1975 – Dok.-Film.)

Nelson Pereira dos Santos

Pereira dos Santos, geboren am 22. Oktober 1928 in Sao Paulo (Brasilien), studierte Jura und war kurze Zeit als Rechtsanwalt tätig. Aber bereits seit 1949 drehte er auch Dokumentarfilme. Er arbeitete dann als Regieassistent und realisierte schließlich mit finanzieller Unterstützung von Freunden und Gleichgesinnten seinen ersten Spielfilm, *Rio, 40 graus* (1954/55). Seither gilt er als Wegbereiter des »cinema nôvo«; und er hat später auch mehrere jüngere Kollegen bei der Realisierung ihrer Projekte und der Montage ihrer Filme unterstützt.

Die ersten Filme von Pereira dos Santos sind von nüchternem Realismus bestimmt, der Elend, Armut und Hoffnungslosigkeit reportagehaft einfängt und nahezu unkommentiert präsentiert. Seit *Fome de amor* gewinnt das Spielerische, Phantastische, oft Absurde in seinen Filmen immer größere Bedeutung. An die Stelle der Reportage tritt mehr und mehr die Allegorie.

Es steht dahin, ob dies das Ergebnis einer künstlerischen Entwicklung oder eine Reaktion auf die Zensurbestimmungen seiner Heimat ist, die ihm die direkte gesellschaftskritische Attacke unmöglich machten.

Rio, 40 graus (Rio bei 40 Grad, 1954/55), *Rio, zona norte* (Rio, nördliche Zone, 1957), *O bôca de ouro* (Goldrachen, 1960), *Mandacaru vermelho* (Der rote Feigenbaum, 1961), *Vidas secas* (Vidas secas – Nach Eden ist es weit, 1963), *Fome de amor* (Hunger nach Liebe, 1968), *O alienista* (Das Irrenhaus, 1970), *Como era gostoso o meu francès* (Wie gut schmeckt doch mein kleiner Franzose, 1970), *Quem e Beta?* (Wer ist Beta?, 1972), *O amuleto de Ogum* (Das Amulett, 1974), *Tenda dos milagres* (Der Basar der

Wunder, 1977), *A estrada da vida* (Auf der Straße des Lebens, 1980), *Memórias do cârcere* (Erinnerungen an das Gefängnis, 1984), *Jubiabá* (Jubiaba, Frankreich/Brasilien 1986) u. a.

Roman Polanski

Polanski, geboren am 18. August 1933 als Kind polnischer Eltern in Paris (Frankreich), wo er auch die Schule besuchte, studierte von 1954 bis 1959 an der Filmhochschule in Łódź (Polen). Schon als Student fand er internationale Anerkennung mit seinem Kurzfilm *Dwaj ludzie z száfą* (Zwei Mann und ein Schrank, 1957). Er arbeitete als Autor mit Wajda und Skolimowski zusammen und spielte kleinere Rollen in Filmen von Wajda und Munk. In Polen inszenierte er auch seinen ersten abendfüllenden Spielfilm. Seither hat er in Frankreich, England, den USA und in Italien gearbeitet.

Polanskis Filme sind vieldeutige Parabeln voller Freude am grotesken und manchmal makabren Detail. Allegorische Grundmuster treten später zugunsten spielerischer Elemente zurück, die aber stets doppelbödig bleiben. Scheinbare Skurrilität entlarvt die Widersprüchlichkeit menschlicher Existenz – im Warten auf Katelbach genauso wie im Kampf gegen blutrünstige Vampire. In die Entwicklung des modernen Films hat Polanski weniger ästhetische und weltanschauliche Theorien eingebracht als vielmehr verblüffende, phantastische Visionen, die er einfallsreich und suggestiv realisiert.

Nóż w wodzie (Das Messer im Wasser, Polen 1961), *Les plus belles escroqueries du monde* (Schwindler sind überall, Frankreich 1964 – eine Episode), *Repulsion* (Ekel, England 1965), *Cul-de-sac* (Wenn Katelbach kommt, England 1966), *Dance of the vampires / The fearless vampire killers* (Tanz der Vampire, England 1966), *Rosemary's baby* (Rosemaries Baby, USA 1967), *Macbeth* (Macbeth, England 1970/71), *What?* (Was?, Italien/Frankreich/BRD 1972), *Chinatown* (Chinatown, USA 1974), *Le locataire* (Der Mieter, Frankreich 1975), *Tess* (Tess, Frankreich/England 1978), *Pirates* (Piraten, Frankreich 1984/85), *Frantic* (Frantic, USA/ Frankreich 1987) u. a.

Wsewolod Pudowkin

Pudowkin, geboren am 16. Februar 1893 in Pensa (Rußland) und gestorben am 30. Juni 1953 in Riga (andere Quellen: Moskau) (UdSSR), studierte Chemie und arbeitete nebenbei als Illustrator. Nach der Teilnahme am Ersten Welt-

Roman Polanski mit Mia Farrow (r.) bei Dreharbeiten zu »Rosemary's baby«

krieg und der Rückkehr aus deutscher Kriegsgefangenschaft bewarb er sich an der Filmhochschule in Moskau. Für kurze Zeit arbeitete er mit dem Regie-Veteran Gardin zusammen und kam 1924 zu Lew Kuleschows berühmtem Film-Kollektiv, wo er als Autor, Architekt und Darsteller tätig war. 1926 wurde er durch seinen Film *Mat* berühmt und galt seither neben Eisenstein und Dowschenko als führender Regisseur des russischen Revolutionsfilms. Auch Pudowkin hatte Schwierigkeiten mit den Kulturfunktionären, obwohl sich sein Stil bei ihnen im allgemeinen höherer Wertschätzung erfreute als der Eisensteins. Seine Tonfilme haben nicht mehr die Meisterschaft seiner Stummfilme erreicht. Pudowkin war auch ein bemerkenswerter Schauspieler, der nicht nur in eigenen Filmen, sondern auch unter anderen Regisseuren präzise Charakterstudien zeichnete.
Im Unterschied zu Eisenstein, mit dem er oft verglichen wird, vertraute Pudowkin auch schon in seinen Stummfilmen auf die erdachte Fabel, den individuellen Helden und auf Berufsschauspieler. Er drehte Filmepen, in denen traditionelle Schauspielkunst, eine virtuose Kamera und moderne Montagemethoden einen realistischen Stil schufen, der direkt an den Zuschauer appellierte. Für Pudowkin war die Montage eine Möglichkeit, Einstellungen zu verbinden und zu einer Szene zu formen. Er meinte: »Die Reihenfolge dieser Stücke darf nicht regellos sein, sondern muß dem Steigen und Sinken der Aufmerksamkeit eines imaginären Zuschauers entsprechen!« Was für Eisenstein und seine »Kollisions-Montage« der Kontrast war, das war für Pudowkin der Rhythmus. Und wenn er verschiedene Einzelheiten zu einer Montage vereinte, dann tat er es nicht, um – wie Eisenstein – den Zuschauer direkt anzusprechen, sondern um Empfindungen seiner Helden auszudrücken.

Mat (Die Mutter, 1926), *Konez Sankt-Peterburga* (Die letzten Tage von St. Petersburg / Das Ende von St. Petersburg, 1927), *Potomok Tschingis-Chana* (Sturm über Asien / Der Nachkomme des Tschingis Khan, 1928), *Prostoi slutschai* (Ein gewöhnlicher Fall / Es ist so schön zu leben / Es lebt sich wunderbar, 1929–32), *Desertir / Teplochod / Pjatiletka* (Der Deserteur / Das Motorschiff / Der Fünfjahresplan, 1931–33), *Pobeda* (Der Sieg / Der Glücklichste, 1938), *Minin i Poscharski* (Minin und Poscharski, 1939), *Suworow* (Suworow, 1940/41), *Ubitsi wychodjat na dorogu* (Die Mörder machen sich auf den Weg / Das Gesicht des Faschismus, 1942), *Wo imja rodiny* (Im Namen der Heimat / Russische Menschen, 1943), *Admiral Nachimow* (Admiral Nachimow, 1946/47), *Schukowski* (Beherrscher der Luft, 1950), *Woswraschtschenije Wassilija Bortnikowa* (Drei Menschen / Die Rückkehr des Wassili Bortnikow, 1953) u. a.

Wsewolod Pudowkin als Gendarmerie-Offizier in »Mat«

Satyajit Ray

Ray, geboren am 2. Mai 1921 in Kalkutta (Indien), entstammt einer angesehenen bengalischen Künstlerfamilie. Er studierte in Kalkutta und dann an der berühmten, von Rabindranath Tagore gegründeten Visva Bharati-Universität. 1942 trat er als künstlerischer Berater in eine Werbefirma ein und arbeitete auch als Buchillustrator. Mit eigenen Mitteln und der Hilfe guter Freunde begann er 1952 mit den Dreharbeiten für seinen Spielfilm *Pather panchali.* Dieser Film, der erst nach dreijähriger Arbeit fertiggestellt werden konnte, machte Ray international bekannt und etablierte ihn als führenden indischen Filmregisseur.
Stilistisch ist Ray deutlich vom italienischen Neorealismus beeinflußt. Seine Filme sind still, aber sehr exakt in der Schilderung des Milieus und der Charaktere und überaus sorgfältig strukturiert. Ihr Rhythmus ist episch, getragen; Ray läßt sich Zeit, aus Details und genau beobachteten Kleinigkeiten ein Bild der Wirklichkeit zusammenzusetzen. Dabei interessieren ihn vor allem die sozialen Probleme seines Landes und

der Zusammenprall von Tradition und Moderne in seiner Heimat. Immer wieder zeigt er Menschen, die aus starren gesellschaftlichen Normen oder traditionellen Denkvorstellungen ausbrechen. Er begrüßt und rechtfertigt ihren Ausbruch; aber er ist auch redlich genug, den Preis nicht zu verschweigen, den sie dafür zahlen müssen.

Pather panchali (Apus Weg ins Leben: Auf der Straße / Auf der Straße / Das Lied der Straße, 1952–55 – I. Teil der Apu-Trilogie), *Aparajito* (Apus Weg ins Leben: Der Unbesiegbare / Der Unbesiegbare, 1956 – II. Teil der Apu-Trilogie), *Parash patar* (Der Stein der Weisen, 1957), *Jalsaghar* (Das Musikzimmer, 1958), *Apur sansar* (Apus Weg ins Leben: Apus Welt / Apus Welt, 1959 – III. Teil der Apu-Trilogie), *Devi* (Die Göttin, 1960), *Teen kanya* (Drei Töchter, 1961), *Kanchenjungha* (Kanchenjungha, 1962), *Mahanagar* (Die große Stadt, 1963), *Charulata* (Charulata – die einsame Frau, 1964), *Nayak* (Der Held, 1966), *Aranyer din ratri* (Tage und Nächte im Wald, 1969), *Shimabaddha* (Gesellschaft mit beschränkter Haftung, 1970), *Pratidwandi* (Der Gegner, 1970), *Ashani sanket* (Ferner Donner, 1972), *Sonar kella* (Die goldene Festung, 1974), *Dahana aranya* (Der Vermittler, 1975), *Shatranj ke khilari* (Die Schachspieler, 1977), *Joi baba Felunath* (Lang lebe Felunath, 1978), *Hirak rajar deshe* (Im Land von König Hirak, 1980), *Sadgati* (Die Befreiung, 1981), *Ghare baire* (Das Heim und die Welt, 1984), *Ganashatru* (Ein Volksfeind, 1989) u. a.

Carol Reed

Reed, geboren am 30. Dezember 1906 in London (England) und gestorben ebendort am 25. April 1976, begann seine Laufbahn als Schauspieler und wurde 1927 Bühnen-Manager der Stücke von Edgar Wallace. Beim Film begann er als Dialog-Regisseur und Regieassistent Basil Deans, ehe er mit *Midshipman Easy* (Midshipman Easy, 1934/35) zum Regisseur avancierte. Seit seinem Film *The stars look down* galt er als die große Hoffnung des englischen Films. Seine eigentlichen »Erfolgsfilme« entstanden dann kurz nach dem Krieg; damals gehörte er zu den prominentesten und meistzitierten Filmregisseuren der Welt. In seinen »typischen« Filmen schildert Reed das Schicksal von Ausgestoßenen, Einsamen, Verfolgten. Seine Helden geraten ins Zwielicht, werden schuldlos schuldig und sind sich selbst und ihrer Taten nicht mehr sicher. Dieses Zwielicht hat Reed mit raffinierten Lichteffekten auch optisch eindrucksvoll gestaltet. Und Spannung entsteht bei ihm häufig aus einer dichten atmosphärischen Schilderung, die den Helden mit geheimnisvollen Bedrohungen umstellt. Kurz nach dem Krieg entsprachen diese Filme in besonderem Maße dem Lebensgefühl des Publikums. Als Reed später die gleichen Motive und Stilmittel bei anderen Themen variierte, konnte er die Geschlossenheit seiner früheren Filme nicht mehr erreichen.

Midshipman Easy (Midshipman Easy, 1934 bis 1935), *Bank holiday* (Bankfeiertag, 1937), *The stars look down* (Die Sterne blicken herab, 1939), *The way ahead* (Der Weg nach vorn, 1943), *Odd man out* (Ausgestoßen, 1946/47), *The fallen idol* (Kleines Herz in Not, 1948), *The third man* (Der dritte Mann, 1949), *The outcast of the islands* (Der Verdammte der Inseln, 1951), *The man between* (Gefährlicher Urlaub, 1953), *A kid for two farthings* (Voller Wunder ist das Leben, 1955), *Trapeze* (Trapez, USA 1956), *The key* (Der Schlüssel, 1958), *Our man in Havana* (Unser Mann in Havanna, 1959), *The running man* (Der zweite Mann, 1962), *The agony and the ecstasy* (Michelangelo – Inferno und Ekstase, USA 1964), *Oliver!* (Oliver, 1967), *Nobody loves Flapping Eagle / Flap / The last warrior* (Der Indianer, USA 1969), *Follow me* (Folge mir, 1971) u. a.

Jean Renoir

Renoir, geboren am 15. September 1894 in Paris (Frankreich) und gestorben am 12. Februar 1979 in Beverly Hills (USA), ist der Sohn des Malers Auguste Renoir. Er versuchte sich als Keramiker, als Journalist und Schriftsteller, ehe er 1924 zum Film kam. Nachdem er anfangs mit den Avantgardisten sympathisiert hatte, wandte er sich bald einem mehr realistischen Stil zu und errang 1926 mit seiner Verfilmung von Zolas *Nana* seinen ersten großen Erfolg. In den dreißiger Jahren gehörte Renoir zu den führenden Vertretern französischer Filmkunst. Bei Kriegs-

Jean Renoir bei Dreharbeiten zu »La carrozza d'oro«

ausbruch emigrierte er in die USA, wo er einige weniger bedeutende Filme drehte und eigentlich nur mit *The southerner* (1945) das Niveau seiner Vorkriegsfilme erreichte. Renoir kehrte erst spät über Indien (*The river*, 1951) und Italien (*La carrozza d'oro*, 1952) nach Frankreich zurück. Hier drehte er noch mehrere Filme, die aber von Kritik und Publikum zwiespältig aufgenommen wurden. Seinen Lebensabend verbrachte er wieder in den USA.

Georges Sadoul nannte Renoir »den französischsten aller Vorkriegs-Regisseure« und sah in ihm »den Meister des poetischen Realismus«. Renoir ist gleichermaßen als Schöpfer realistischer Dramen und impressionistischer Schilderungen in die Filmgeschichte eingegangen. Von düsterem Realismus sind zum Beispiel seine Filme *Toni*, *Les bas-fonds* und *La bête humaine* erfüllt. Stimmungsmalerei und eine plastische Bildkraft, die an die Werke seines Vaters erinnert, dominieren dagegen in Filmen wie *Une partie de campagne* und in dem umstrittenen, hintergründig-skurrilen *Le déjeuner sur l'herbe* (Das Frühstück im Grünen, 1959). Und schließlich vertrat er seine gesellschaftskritischen Thesen, die durchaus anarchistische Aspekte aufweisen, auch mit böser Ironie – z. B. in *Boudu, sauvé des eaux* und in *La règle du jeu.* Aber gerade mit diesen aggressiven Filmen hatte Renoir beim Publikum nur geringen Erfolg.

»Ich bin für das Einfache und Direkte im Film, nicht für übertrieben ›kunstvolle‹ Mittel. Die Technik sollte gar nicht bemerkt werden. Dann ist es gut« (Renoir).

La fille de l'eau (Das Mädchen vom Wasser, 1924), *Nana* (Nana, 1926), *La petite marchande d'allumettes* (Das Mädchen mit den Schwefelhölzern / Die kleine Streichholzverkäuferin, 1928), *La chienne* (Die Hündin, 1931), *Boudu, sauvé des eaux* (Boudu, aus dem Wasser gerettet, 1932), *Toni* (Toni, 1934), *Le crime de Monsieur Lange* (Das Verbrechen des Monsieur Lange, 1935), *La vie est à nous* (Das Leben gehört uns, 1936), *Une partie de campagne* (Eine Landpartie, 1936–46), *Les bas-fonds* (Nachtasyl, 1936), *La grande illusion* (Die große Illusion, 1937), *La Marseillaise* (Die Marseillaise, 1938), *La bête humaine* (Bestie Mensch, 1938), *La règle du jeu* (Die Spielregel, 1939), *The southerner* (Der Mann aus dem Süden, USA 1945), *The diary of a chambermaid* (Das Tagebuch einer Kammerzofe, USA 1946), *The wo-*

man on the beach (Die Frau vom Strand, USA 1947), *The river* (Der Strom, USA 1951), *La carrozza d'oro* (Die goldene Karosse, Italien/Frankreich 1952), *French cancan* (French Can Can, 1955), *Éléna et les hommes* (Éléna und die Männer / Weiße Margeriten, Frankreich/Italien 1956), *Le déjeuner sur l'herbe* (Das Frühstück im Grünen, 1959), *Le testament du Docteur Cordelier* (Das Testament des Dr. Cordelier, 1959 – Fernsehproduktion), *Le caporal épinglé* (Der Korporal in der Schlinge, 1962) *Le petit théâtre de Jean Renoir* (Jean Renoirs kleines Theater, 1969 – Fernsehproduktion) u. a.

Alain Resnais

Resnais, geboren am 3. Juni 1922 in Vannes (Frankreich), wollte zunächst Schauspieler werden. Ab 1943 besuchte er anderthalb Jahre die französische Filmhochschule, dann begann er Kurzfilme, vornehmlich über Malerei und Maler, zu drehen. Nach Filmen über van Gogh (1948) und Gauguin (1950) u. a. schien er als »Kunst-Experte« abgestempelt. Doch dann folgten drei ungewöhnliche Filme, in denen sich Resnais als engagierter Zeitkritiker erwies: *Guernica* (Guernica, 1950) nach dem gleichnamigen Bild Picassos mit Texten von Eluard wurde zur Anklage gegen den Faschismus, *Les statues meurent aussi* (Auch Statuen sterben, 1951) handelte von der afrikanischen Kunst und vom Kolonialismus und *Nuit et brouillard* (Nacht und Nebel, 1956) zog eine Bilanz des Schreckens der Konzentrationslager. 1959 drehte Resnais dann seinen ersten Spielfilm.

In seinen Spielfilmen hat sich Resnais immer wieder mit dem Problem der Zeit, mit dem Zusammenklang von Traum und Realität beschäftigt. Er zeigt Menschen, die ihre Vergangenheit suchen oder von Erinnerungen bedrängt werden. Aber diese Auseinandersetzung bleibt nicht literarische Spekulation; sie zielt auf aktuelle, oft politische Probleme. Formal wiederholt sich das Thema der Filme in den raffinierten Montagen, die Gegenwart und Vergangenheit, Erlebtes und Erdachtes unvermittelt nebeneinanderstellen.

Hiroshima – mon amour (Hiroshima – mon amour, Frankreich/Japan 1959), *L'année dernière à Marienbad* (Letztes Jahr in Marienbad, Frankreich/Italien 1960), *Muriel ou le temps d'un retour* (Muriel oder Die Zeit der Wiederkehr, Frankreich/Italien 1962), *La guerre est finie* (Der Krieg ist vorbei, Frankreich/Schweden 1965), *Je t'aime, je t'aime* (Ich liebe dich, ich liebe dich, 1967), *Loin du Viet-Nam* (Fern von Vietnam, 1967 – Co-R), *L'an 01* (Das Jahr 1, 1972 – Co-R: Jacques Doillon, Jean Rouch), *Stavisky* ... (Stavisky ..., Frankreich/Italien 1974), *Providence* (Providence, Frankreich/Schweiz 1976), *Mon oncle d'Amérique* (Mein Onkel aus Amerika, 1979), *La vie est un roman* (Das Leben ist ein Roman, 1982), *L'amour à mort* (Liebe bis zum Tod, 1984), *Mélo* (Mélo, 1986), *Je veux rentrer à la maison / I want to go home* (I want to go home, 1988) u. a.

Tony Richardson

Richardson, geboren am 5. Juni 1928 in Shipley (England), entdeckte während des Studiums in Oxford sein Interesse für das Theater und inszenierte an der Studentenbühne klassische Dramen. Dann arbeitete er einige Zeit für das Fernsehen und debütierte mit einer Inszenierung von Priestleys *Mr. Kettle and Mrs. Moon* als »professioneller« Bühnenregisseur. Er wurde schnell bekannt – vor allem als Brecht-Regisseur und weil er die Uraufführung der Schauspiele *Look back in anger* und *The entertainer* von John Osborne inszenierte. Wenig später gründete er zusammen mit Osborne die Woodfall-Filmproduktion, die einige der wichtigsten Filme der englischen »free-cinema«-Bewegung produzierte. Er drehte hier seinen ersten Spielfilm, *Look back in anger*.

Richardson begann seine Film-Karriere als typischer Vertreter des »free cinema«. Er berichtete vom eintönigen Alltag der kleinen Leute und fing mit seiner Kamera Bilder von öden Vorstadtstraßen und schmutzigen Hinterhöfen ein. Seine »Helden« waren nicht selten gebrochene Existenzen, die sich gerade an dem reiben, was die Mehrheit eine »normale bürgerliche Existenz« nennt. Auf diesem Gebiet liegen seine besten Leistungen, und er hat eine Spielart des Realismus verwirklicht, die sich nicht mit der platten Abschilderung begnügt, sondern hinter den Bildern soziale Bedingungen und Zwänge sichtbar macht. Weniger einheitlich und eindeutig ist das Niveau der Filme, in denen er sich auf andere Themen und Stilarten eingelassen hat.

Vielleicht bezeichnend für den ehemaligen Theaterregisseur ist, daß viele seiner Filme nach literarischen Vorlagen entstanden sind.

Look back in anger (Blick zurück im Zorn, 1959), *Sanctuary* (Geständnis einer Sünderin, USA 1960), *The entertainer* (Der Komödiant, 1960), *A taste of honey* (Bitterer Honig, 1961), *Tom Jones* (Tom Jones – Zwischen Bett und Galgen, 1962), *The loneliness of the long distance runner* (Die Einsamkeit des Langstreckenläufers, 1962), *The loved one* (Tod in Hollywood, USA 1964), *Mademoiselle* (Mademoiselle, England/Frankreich 1965), *The sailor from Gibraltar* (Nur eine Frau an Bord, 1966), *Red and blue* (Rot und blau, 1966), *The charge of the light brigade* (Der Angriff der leichten Brigade, 1967), *Laughter in the dark* (Der Satan mischt die Karten, England/USA/Frankreich 1968), *Ned Kelly* (Kelly, der Bandit, 1969), *Hamlet* (Hamlet, 1969), *Dead cert* (Eine todsichere Sache, 1973), *A delicate balance* (Empfindsames Gleichgewicht, USA/England 1974), *Joseph Andrews* (Joseph Andrews, USA/England 1976), *A death in Canaan* (Tod in einer kleinen Stadt, USA 1977 – Fernsehproduktion), *The Border* (Grenzpatrouille, USA 1981), *The hotel New Hampshire* (Hotel New Hampshire, USA 1983), *Penalty phase* (Dead or Alive, USA 1986), *Beryl Markham: A shadow on the sun* (A Shadow on the Sun, USA 1988) u. a.

Glauber Rocha

Rocha, geboren am 14. März 1938 in Vitória da Conquista (Brasilien) und gestorben am 22. August 1981 in Rio de Janeiro, studierte zwei Jahre Jura und wurde dann Filmkritiker. Er attackierte den üblichen brasilianischen Konsumfilm und formulierte Grundsätze für die Aufgabe eines neuen Kinos in Brasilien, die ihn zu einer Art »Cheftheoretiker« des »cinema nôvo« werden ließen. Ohne praktische Ausbildung begann er nach einem kurzen Gastspiel beim Theater (als Schauspieler und Regisseur), selbst Filme zu drehen. Er war 23 Jahre alt, als sein erster abendfüllender Spielfilm, *Barravento* (Barravento, 1961), entstand. Das kritische Engagement seiner Filme brachte ihm bald Konflikte mit der brasilianischen Zensur. Rocha emigrierte daher für einige Jahre nach Europa.

Rocha forderte u. a., für den neuen brasilianischen Film müsse die Vermittlung von Erkenntnissen wichtiger sein als formale Experimente. Trotzdem sind gerade seine Filme formal äußerst bemerkenswert. Allerdings scheint ihre Form bei ihm nicht Folge theoretischer Überlegungen zu sein; offenbar hat er sich eher einer barocken Phantasie überlassen, die ihm eine »Überfülle der Bilder« bescherte. Die Vorlagen seiner Filme sind oft Überlieferungen, Legenden, volkstümliche Gedichte und Lieder, die er mit ihrer ganzen Naivität, ihrer Wildheit und Bilderfülle realisierte. Er integrierte realistische Schilderungen und Allegorien, Pathos und kritische Distanz in seine Filme, die etwas vom großen Atem und vom moralischen Engagement der Mysterienspiele haben – nur daß hier der Mensch bei Gott und dem Teufel Hilfe gegen den Menschen sucht. So zeigt er Ausbrüche wilden Hasses, blutige Gewalttaten, äußerste Verzweiflung und grenzenlose Hoffnung.

Barravento (Barravento, 1961), *Deus e o diabo na terra do sol* (Gott und der Teufel im Lande der Sonne, 1964), *Terra em transe* (Land in Trance, 1967), *Antonio das Mortes / O dragão da maldade contra o santo guerreiro* (Antonio das Mortes, 1969), *Der leone have sept cabeças* (Der Löwe mit den sieben Köpfen, Frankreich/Italien 1969), *Cabeças cortadas* (Abgeschlagene Köpfe, 1970), *Le cancer* (Der Krebs, Brasilien/Italien 1968–72), *Historia do Brasil* (Die Geschichte Brasiliens, Kuba/Italien 1973 – Co-Regie), *Claro* (Claro, 1975 – Dokumentarfilm), *Di Cavalcanti* (Di Cavalcanti, 1977 – Experimentalfilm), *Jorjamado no cinema* (Jorge Amado im Film, 1979 – Dokumentarfilm), *A idade da terra* (Das Alter der Erde, 1978–80) u. a.

Michail Romm

Romm, geboren am 24. Januar 1901 in Irkutsk (Rußland) und gestorben am 1. November 1971 in Moskau (UdSSR), war zunächst Übersetzer – vor allem der Werke von Flaubert und Maupassant. Er begann dann, Drehbücher zu schreiben, wurde Regieassistent und debütierte als Regisseur 1934 mit *Pyschka*, einer bemerkenswerten Adaption von Maupassants Novelle »Fettklößchen«. In den dreißiger Jahren stellte Romm sein Talent in den Dienst historischer

Genrebilder; aber in der »Tauwetter«-Periode des russischen Films bemühte er sich noch einmal um neue Formen und Inhalte.
Die filmischen Experimente und die entfesselte Kamera waren seine Sache nicht. Romm vertraute auf gute Drehbücher, lebendige Dialoge und überzeugende Darsteller. Trotzdem wirken seine Filme gelegentlich ein wenig trocken und akademisch. Seine bemerkenswerteste Leistung hat er – neben seinem Debütfilm – wohl in dem eigenwilligen Dokumentarfilm *Obyknowenny faschism* (Der gewöhnliche Faschismus, 1965) geboten.

Pyschka (Fettklößchen, 1934), *Trinadzat* (Die Dreizehn, 1936), *Lenin w oktjabre / Wosstanije* (Lenin im Oktober / Der Aufstand, 1937), *Lenin w 1918 godu* (Lenin im Jahr 1918, 1939), *Metschta* (Der Traum, 1941), *Tschelowek No. 217* (Mensch Nr. 217, 1945), *Russki wopros* (Die russische Frage, 1947), *Admiral Uschakow* (Segel im Sturm, 1953), *Korabli schturmujut bastiony* (Schiffe stürmen Bastionen, 1953 – II. Teil von *Admiral Uschakow*), *Ubistwo na ulize Dante* (Der Mord in der Dantestraße, 1956), *Dewjat dnei odnowo goda* (Neun Tage eines Jahres, 1961/62), *Obyknowenny faschism* (Der gewöhnliche Faschismus, 1965 – Dokumentarfilm), *I wsjo – taki ja werju* (Und trotzdem glaube ich, 1971–75 – fertiggestellt von Elem Klimow und Marlen Chuzijew) u. a.

Francesco Rosi

Rosi, geboren am 15. November 1922 in Neapel (Italien), arbeitete nach abgeschlossenem Universitätsstudium als Regieassistent erst beim Theater, dann beim Film. Unter anderem assistierte er Luchino Visconti, Luciano Emmer und Michelangelo Antonioni. Zwei Filme drehte er zusammen mit Goffredo Alessandrini bzw. Vittorio Gassman; erst 1958 konnte er seinen ersten Film allein inszenieren – *La sfida* (Die Herausforderung).
Rosis Filme sind realistisch, engagiert, aber niemals platte Agitationsstücke. Auf die Frage nach seinem sozialkritischen Engagement sagte er: »Ich fühle mich in erster Linie als Künstler. Aber eine präzise sozialpolitische Stellungnahme zu dem Stoff, den ich behandle, ist gleichzeitig ein elementares Gebot bei der künstlerischen Bewältigung dieses Stoffes, der in all meinen Filmen nun einmal ein sozialpolitischer war.« So hat Rosi immer wieder Mißstände aufgegriffen: Unsaubere Machenschaften auf dem Gemüse-Großmarkt in Neapel, soziale Hintergründe des Bandenunwesens auf Sizilien, Grundstücksspekulationen und politische Manipulationen usw. Aber er hat stets auch einen künstlerisch relevanten Ansatzpunkt für seine Filme gefunden.

Camicie rosse (Anita Garibaldi / Der Held von San Marino, Italien/Frankreich 1951 – Co-R: Goffredo Alessandrini), *Kean* (Genie und Wahnsinn, 1956 – Co-R: Vittorio Gassman), *La sfida* (Die Herausforderung, Italien/Spanien 1958), *I magliari* (Auf St. Pauli ist der Teufel los, Italien/Frankreich 1959), *Salvatore Giuliano* (Wer erschoß Salvatore G.? / Der Fall Salvatore Giuliano, 1961), *Le mani sulla città* (Hände über der Stadt, Italien/Frankreich 1963), *Il momento della verità* (Augenblick der Wahrheit, Italien/Spanien 1964), *C'era una volta* (Die schöne Isabella, Italien/Frankreich 1966), *Uomini contro* (Bataillon der Verlorenen, 1970), *Il caso Mattei* (Der Fall Mattei, 1972), *Lucky Luciano* (Lucky Luciano, Italien/Frankreich 1973), *Cadaveri eccellenti* (Die Macht und ihr Preis, Italien/Frankreich 1975), *Cristo si è fermato a Eboli* (Christus kam nur bis Eboli, Italien/Frankreich 1978), *Tre fratelli* (Drei Brüder, Italien/Frankreich/BRD 1980/81), *Carmen* (Carmen, Frankreich/Italien 1983), *Chronique d'une mort annoncée* (Chronik eines angekündigten Todes, Frankreich/Italien 1986), *Dimenticare Palermo* (Palermo vergessen, Italien/Frankreich 1989).

Roberto Rossellini

Rossellini, geboren am 8. Mai 1906 in Rom (Italien) und gestorben am 3. Juni 1977 in Rom, kam nach abgebrochenem Studium und Versuchen in verschiedenen Berufen zunächst als Atelierarbeiter und Techniker zum Film. Nach einigen Kurzfilmen drehte er 1941 unter der künstlerischen Oberleitung von Francesco De Robertis seinen ersten Spielfilm, *La nave bianca* (Das weiße Schiff / Glückliche Heimkehr). Wenige Jahre später machte ihn sein Film *Roma città aperta* (1944/45) weltberühmt. Rossellini galt als Meister des Neorealismus, der ein völlig

neues Verhältnis zur Wirklichkeit im Film brachte. Aber schon in den fünfziger Jahren warfen ihm vor allem italienische Kritiker Verrat an eben diesem Neorealismus vor. Sie gingen dabei von einer engen, theoretischen Definition des Begriffes aus, während Rossellini in einem Interview betont hatte: »Für mich ist Realismus nichts anderes als die künstlerische Form der Wahrheit!« Unterstützung fand Rossellini vor allem bei französischen Kritikern und Kollegen. Jacques Rivette zum Beispiel schrieb über den Film *Viaggio in Italia* (Liebe ist stärker, 1953), der in Italien ein völliger Mißerfolg war: »Durch das Erscheinen von *Viaggio in Italia* sind alle Filme plötzlich um zehn Jahre gealtert . . .«
Mitte der fünfziger Jahre reiste Rossellini für längere Zeit nach Indien und drehte dort Dokumentarfilme. Nach seiner Rückkehr inszenierte er noch einige Spielfilme, die aber nur geringen Erfolg hatten, da sie den Erwartungen nicht entsprachen, die das Publikum und große Teile der Kritik an seinen Namen knüpften. Rossellini arbeitete daraufhin überwiegend für das Fernsehen, für das er Dokumentarfilme und »szenische Dokumentationen«, wie eine Geschichte der Apostel (1968), drehte.
Rossellini war stets von der »Wirklichkeit« fasziniert. Dokumentarfilme, semidokumentarische Spielfilme und die realistischen Bestandsaufnahmen aus der Nachkriegszeit weisen nachdrücklich darauf hin. Aber »Wirklichkeit« und die »Realität der Wahrheit« hat er auch in Filmen über die Apostel, über den heiligen Franziskus oder den König Ludwig XVI. gesucht. Man hat ihm vorgeworfen, sein Verhältnis zur Wirklichkeit sei unreflektiert und intuitiv; und tatsächlich verzichtet Rossellini häufig auf Analysen und Erklärungen. Er erfaßt statt dessen Tatsachen und Tatbestände subjektiv in ihrer Komplexität und stellt sie dabei gleichsam als Selbstverständlichkeit vor die Zuschauer. Doch dieser Methode gewinnt er oft einen eigentümlichen Reiz ab, sie ermöglicht ihm eine Kongruenz von Sinn und Form, die sowohl künstlerisch als auch moralisch wahrhaftig ist.

La nave bianca (Das weiße Schiff / Glückliche Heimkehr, 1941 – Oberleitung: Francesco De Robertis), *Roma città aperta* (Rom – offene Stadt, 1944/45), *Paisà* (Paisa, 1946), *L'amore* (Amore, 1947/48), *Germania, anno zero* (Deutschland im Jahre Null, 1947), *Stromboli, terra di dio* (Stromboli, 1949/50), *Francesco, giullare di dio* (Franziskus, der Gaukler Gottes, 1950), *Europa 51* (Europa 51, 1952), *Viaggio in Italia* (Liebe ist stärker, 1953), *Angst* (BRD/Italien 1954), *India, matri bhumi* (Indien, Mutter Erde, Italien/Frankreich 1958 – Dokumentarfilm), *Il generale della Rovere* (Der falsche General, Italien/Frankreich 1959), *Vanina Vanini* (Der furchtlose Rebell, Italien/Frankreich 1961), *Anima nera* (Schwarze Seele, 1961), *La prise de pouvoir par Louis XVI.* (Die Machtergreifung Ludwigs XVI., Frankreich 1966 – Fernsehproduktion), *Anno uno* (Das Jahr eins, 1974), *Il Messia* (Der Messias, Italien/Frankreich 1975–78) u. a.

Carlos Saura

Saura, geboren am 4. Januar 1932 in Huesca (Spanien), absolvierte die spanische Filmhochschule und wurde nach seinem Abschluß-Examen im Jahr 1957 sofort als Dozent an dieselbe Schule berufen. Nach einigen Kurzfilmen drehte er 1959 seinen ersten abendfüllenden Spielfilm, *Los golfos*, der ihm sogleich internationale Anerkennung einbrachte.
Saura ist ein engagierter Regisseur, aber kein Moralist. Er verzichtet darauf, in seinen Filmen Nutzanwendungen zu geben; er demonstriert. Er zeigt soziale Ungerechtigkeit in seiner Heimat und legt Widersprüche in der spanischen Gesellschaft bloß. Saura begann als nüchterner Realist, bevorzugte aber später einen »magischen« Filmstil, der offensichtlich Einflüsse Buñuels verarbeitet hat. Zeigten sich die Widersprüche, die er aufzeigen wollte, zunächst vor allem in der Konfrontation der Protagonisten, so verlegte er diese Widersprüche später mehr in das Innere der handelnden Personen.

Los golfos (Die Straßenjungen, 1959), *Llanto por un bandido* (Cordoba, Spanien/Italien/Frankreich 1964), *La caza* (Die Jagd, 1965), *Peppermint frappé* (Peppermint frappé, 1967), *Stress es tres tres* (Streß zu dritt, 1967), *La madriguera* (Die Höhle / Höhle der Erinnerungen, 1968), *El jardín de las delicias* (Der Garten der Lüste, 1969), *Ana y los lobos* (Anna und die Wölfe, 1972), *La prima Angélica* (Cousine Angelica, 1973/74), *Cria cuervos . . .* (Züchte Raben . . ., 1975), *Elisa vida mia* (Elisa, mein

Leben, 1977), *Mama cumple 100 años* (Mama wird 100 Jahre alt, Spanien/Frankreich 1979), *Deprisa, deprisa* (Los, Tempo!, 1980), *Bodas de sangre* (Bluthochzeit, 1981), *Las dulces horas* (Zärtliche Stunden, 1981), *Antonieta* (Antonieta, Frankreich/Mexiko 1982), *Carmen* (Carmen, 1983), *Los zancos* (Zeit der Illusionen, 1983/84), *El amor brujo* (Liebeszauber, 1985), *Ay, Carmela* (Ay, Carmela, Spanien/Italien 1990) u. a.

Volker Schlöndorff

Schlöndorff, geboren am 31. März 1939 in Wiesbaden (Deutschland), verdankt wesentliche Anregungen und Einflüsse Frankreich und dem französischen Film. Schlöndorff selbst meinte über seinen Werdegang: »Meine beiden Brüder sind Ärzte. Alles bestimmte mich dazu, auch Arzt oder Anwalt zu werden. Andererseits ist nichts verständlicher, als daß ein Bürgersohn zum Zirkus will. So ist es mir ergangen. Es gibt keinen Zirkus mehr, hieß es; dann eben zum Film; es gibt in Deutschland keinen Film mehr; dann gehe ich nach Frankreich. Das war 1955, ich war 16 und bin tatsächlich nach Paris gegangen, wo ich zehn Jahre blieb: erst als Internatsschüler, dann als Student (Jura, denn für Film gab's keine Stipendien) bis zum Staatsexamen, nebenbei als Besucher der Cinémathèque (täglich drei Filme), schließlich als Regieassistent von Jean-Pierre Melville, Alain Resnais und Louis Malle.«

1965 kehrte Schlöndorff in die Bundesrepublik zurück und drehte hier alsbald seinen ersten Film, die atmosphärisch dichte und stilsichere Musil-Adaption *Der junge Törless*, den manche Kritiker noch immer für seinen besten halten. Seither hat Schlöndorff kontinuierlich gearbeitet und ist dabei neben Fassbinder und Herzog zum international wohl erfolgreichsten deutschen Filmregisseur der Gegenwart geworden. Mit der Grass-Verfilmung *Die Blechtrommel* gewann er die »Goldene Palme« beim Festival in Cannes und den »Oscar« für den besten ausländischen Film.

Der perfekte Handwerker und Techniker Schlöndorff ist kein Regisseur der »unverwechselbaren Handschrift«. Er ist bemüht, sich seinen Stoffen anzupassen und läßt sich dabei auch wohl von ihnen dominieren. Er ist engagiert und will wirken, wobei er das Risiko allzu greller Effekte in Kauf nimmt. Und sein Engagement für die Fragen der Gegenwart kann nicht verdecken, daß ihm die sorgfältige Rekonstruktion der Vergangenheit (wie in *Der junge Törless* und in *Der plötzliche Reichtum der armen Leute von Kombach*) am überzeugendsten gelang.

Der junge Törless (1965), *Mord und Totschlag* (1966), *Michael Kohlhaas* (1967/68), *Baal* (1969 – Fernsehproduktion), *Der plötzliche Reichtum der armen Leute von Kombach* (1970), *Die Moral der Ruth Halbfass* (1971), *Strohfeuer* (1972), *Übernachtung in Tirol* (1973 – Fernsehproduktion), *Georginas Gründe* (1974 – Fernsehproduktion), *Die verlorene Ehre der Katharina Blum* (1975 – Co-R: Margarethe von Trotta), *Der Fangschuß* (1976), *Valeska Gert* (1977 – Fernsehproduktion), *Deutschland im Herbst* (1977/78 – Episode), *Die Blechtrommel* (1978/1979), *Der Kandidat* (1980 – Co-R), *Die Fälschung* (1981), *Krieg und Frieden* (1982/83 – Co-R), *Un amour de Swann* (Eine Liebe von Swann, Frankreich/BRD 1983), *Death of a salesman* (Tod eines Handlungsreisenden, USA/BRD 1985), *A gathering of old men* (Ein Aufstand alter Männer, USA 1986), *The handmaid's tale* (Die Geschichte der Dienerin, USA/BRD 1989/90), *Homo Faber* (BRD/Frankreich 1990) u. a.

Mrinal Sen

Sen, geboren am 14. Mai 1923 in Faridpur, das im heutigen Bangladesch liegt, ging 1940 nach Kalkutta, um Physik zu studieren. Sein Interesse für Tontechnik führte ihn in ein Filmstudio. Aber bald interessierten ihn auch filmästhetische Fragen. Er begann zu schreiben – u. a. ein Buch über Charlie Chaplin.

Mitte der vierziger Jahre engagierte er sich für eine nationale Initiative der Kommunistischen Partei Indiens, für die »Indische Volkstheater-Vereinigung«; und bis 1950 reiste er durch das Land und war in verschiedenen Funktionen für diese kulturelle Initiative tätig. 1956 inszenierte Sen seinen ersten Film, *Raat bhore* (Das Ende der Nacht), von dem er später meinte, er wäre besser nie gedreht worden. Nachdem aber sein zweiter Film 1959 ein finanzieller (und laut Sen auch »ein halber künstlerischer«) Erfolg geworden war, war Sen als Filmemacher in Indien

etabliert. In Europa wurde Sen erst relativ spät entdeckt. Hier stand er im Bewußtsein vieler Kritiker lange im Schatten Satyajit Rays.
Sens Werk ist bestimmt von einem kämpferischen sozialkritischen Engagement. »Hunger« und »Unterdrückung« sind die Themen, die er immer wieder aufgreift. Die filmischen Mittel sind für ihn nie Selbstzweck, sie dienen ihm dazu, Konflikte und Probleme möglichst präzise zu analysieren, seine Botschaft möglichst angemessen zu transportieren. In vielen seiner Filme (die er übrigens in verschiedenen Sprachen – Bengali, Hindi, Telegu u. a. gedreht hat) entsteht daraus eine überzeugende Einheit von Inhalt und Form.

Raat bhore (Das Ende der Nacht, 1956), *Neel akasher neechey* (Unter dem blauen Himmel, 1959), *Baishey sravana* (Der Hochzeitstag, 1960), *Punasha* (Von neuem, 1961), *Abasheshey* (Endlich, 1962), *Pratinidhi* (Der Vertreter, 1964), *Akash kusum* (Der Tagtraum, 1965), *Matira manisha* (Zwei Brüder, 1967), *Bhuvan Shome* (Herr Shome, 1969), *Ichhapuran* (Der erfüllte Wunsch, 1970), *Interview* (Interview, 1971), *Calcutta 71* (Calcutta 71, 1972), *Padatik* (Der Partisan, 1973), *Chorus* (Der Chor, 1974), *Mrigayaa* (Die königliche Jagd, 1976), *Oka oorie katha* (Der Außenseiter, 1977), *Parashuram* (Der Mann mit der Axt, 1978), *Ekdin pratidin* (Ein ganz gewöhnlicher Tag, 1979), *Akaler sandhane* (Die Suche nach der Hungersnot, 1980), *Chaalchitra* (Träume in Kalkutta, 1981), *Kharij* (Der Fall ist abgeschlossen, 1982), *Khandhar* (Die Ruinen, 1984), *Genesis* (Genesis, Indien/Schweiz/Belgien/Frankreich 1986), *Ekdin achanak* (Plötzlich eines Tages, 1988) u. a.

Mack Sennett

Sennett, als Michael Sinnot am 17. Januar 1880 in Richmond (Kanada) geboren und gestorben am 5. November 1960 in Hollywood (USA), war gelernter Kesselschmied. 1902 ging er nach New York, um Sänger zu werden. Dort lernte er Griffith kennen, bei dem er 1908 seine erste Filmrolle spielte. 1911 begann er selbst zu inszenieren; 1912 gründete er eine eigene Gesellschaft, die »Keystone«, mit der er nach Hollywood umsiedelte. Er führte dann nur noch selten selbst Regie, nahm aber als Produzent großen Einfluß auf die Filme, die in seiner Firma gedreht wurden. 1915 war er (neben Griffith und Ince) Mitbegründer der »Triangle«-Produktion. In seiner Glanzzeit wurde auf seinem Ateliergelände oft in 20 Studios gleichzeitig gearbeitet. Sein Niedergang begann, als in den USA die »Doppelprogramme« mit zwei abendfüllenden Filmen populär wurden. Für die kurzen »Sketche«, die seine Stärke waren, gab es jetzt keinen Bedarf mehr. 1935 war Sennett endgültig ruiniert. Bis zu seinem Tod im Altersheim hat er keinen Film mehr produziert oder inszeniert.
Sennett hat über 1000 Filme produziert und oft bis ins Detail überwacht. Er erkannte früh die Bedeutung der Montage und hat viele Filme, die von anderen gedreht worden waren, geschnitten. Seine Filme sind turbulent und chaotisch. Ihr Prinzip war es, die alltägliche Umwelt in Verwirrung zu bringen; deshalb drehte Sennett auch gern bei realen Anlässen wie Versammlungen, Autorennen etc. Durch geschickte Tricks wurde dann aber die Realität total verfremdet. Und am Ende standen meistens die turbulente Verfolgungsjagd oder die große Tortenschlacht. Beliebte Motive waren für ihn die Tücke des Objekts und das Versagen der Autoritäten. Typisch dafür waren seine »Keystone-Cops«, eine Truppe von Komikern in Polizeiuniform, die immer wieder auszog, um Ordnung zu stiften, und die dabei die heillose Unordnung nur vergrößerte. Ihr Gegenstück waren seine »bathing beauties«, Badenixen in »gewagten« Kostümen. Bei Sennett haben viele später berühmt gewordene Regisseure und Schauspieler, nicht nur Komiker, ihr Handwerk gelernt. Er gilt als Erfinder der »slapstick comedy«, der amerikanischen Filmburleske.
Ab 1913: Filme mit Fatty Arbuckle u. a.; ab 1914: Filme mit Charlie Chaplin, Mabel Normand, Mack Swain, Chester Conklin, Slim Summerville u. a.; *Tillies punctured romance* (Tillies geplatzte Romanze / Das verrückte Idyll von Charlie und Lolotte, 1914); ab 1915: Filme mit Wallace Beery, Gloria Swanson u. a.; ab 1919: Filme mit Ben Turpin u. a.; ab 1921: Filme mit James Finlayson u. a.; ab 1924: Filme mit Harry Langdon u. a.
Als Regisseure arbeiteten für Sennett u. a. Roy del Ruth, Lloyd Bacon, Frank Capra, Tay Garnett.

Alf Sjöberg

Sjöberg, geboren am 21. Juni 1903 in Stockholm (Schweden) und gestorben am 16. April 1980 ebendort, besuchte von 1923 bis 1925 die Schauspielschule des Königlichen Dramatischen Theaters in Stockholm und begann seine Laufbahn als Bühnenschauspieler. Bald führte er auch Regie – auf der Bühne, im Rundfunk und beim Film. Sein erster Film entstand schon 1929, aber erst sein vierter Film, *Himlaspelet*, machte ihn berühmt. Sjöberg, der nur rund anderthalb Dutzend Filme gedreht hat, war auch ein bedeutender Bühnen-Regisseur, dessen Shakespeare-Inszenierungen besonders gerühmt wurden.

Sjöberg hat dem skandinavischen Film nach anderthalb Jahrzehnten völliger Bedeutungslosigkeit zu einem »come back« verholfen. Sein *Himlaspelet* knüpft bewußt an die große Tradition des schwedischen Stummfilms an: Sjöberg bezieht hier die Landschaft und das Unwirkliche geschickt in die Handlung ein. Typischer für sein Gesamtwerk sind jedoch seine engagierten Filme, in denen er – nach seinen eigenen Worten – »die unüberwindliche Kraft der Schwachen« schildern wollte. »Alle meine Filme wollen den Kampf des Individuums für die Freiheit beschreiben!« (Sjöberg.) Dabei wendet er sehr unterschiedliche Stilmittel an. Sie reichen vom nüchternen Realismus bis zum intelligenten Formspiel.

Den starkaste (Der Stärkste, 1929), *Himlaspelet* (Himmelsspiel, 1942), *Hets* (Raserei / Die Hörige / Qualen, 1944), *Bara en mor* (Rya-Rya – Nur eine Mutter, 1949), *Fröken Julie* (Fräulein Julie, 1951), *Barabbas* (Barabbas – Der Mann im Dunkel, 1952), *Karin Mansdotter* (Karin Mansdotter, 1953/54), *Vildfåglar* (Wildvögel, 1954), *Domaren* (Der Richter / Skandalös, 1960), *Ön* (Die Insel, 1964–66), *Fadern* (Der Vater, 1969) u. a.

Victor Sjöström

Sjöström, geboren am 20. September 1879 in Silbodal (Schweden) und gestorben am 3. Januar 1960 in Stockholm (Schweden), kam 1912 als Schauspieler zum Film. Aber noch im gleichen Jahr führte er auch zum ersten Mal Regie. Er blieb allerdings auch Schauspieler – zunächst vor allem in seinen eigenen Filmen und denen seines Kollegen Mauritz Stiller. Von 1916 bis 1923 gehörte er zu den »Großen« des skandinavischen Films, der damals Weltruhm genoß. 1923 ging Sjöström nach Hollywood, wo er unter dem Namen Victor Seastrom neun Filme drehte. Nach seiner Rückkehr konnte er in Schweden nur noch einen einzigen Film inszenieren; einen weiteren Film drehte er in England. Seit 1938 war er nur noch als Schauspieler tätig. Von 1943 bis 1949 war er außerdem der künstlerische Leiter von »Svensk Filmindustri« und förderte hier vor allem den jungen Ingmar Bergman, in dessen Film *Smultronstället* (1957) er seine letzte Rolle spielte.

Sjöström drehte in Schweden rund fünfzig Filme – zunächst überwiegend Lustspiele und soziale Dramen. Seine größten Erfolge erzielte er jedoch mit Literaturverfilmungen, vor allem nach Vorlagen von Selma Lagerlöf. Er bevorzugte dabei einen lyrisch-romantischen Filmstil, in dem die Landschaft eine große Rolle spielt. Aber sie bleibt bei ihm nicht Staffage, sondern wird ein Bestandteil der dramatischen Handlung. Schon zeitgenössische Kritiker stellten fest, daß z. B. in *Terje Vigen* der eigentliche Hauptdarsteller das Meer sei. Stürme, Nebel, die Nacht und die Sonne greifen gleichsam direkt in die Handlung ein; und Sjöström hat das sinnlich anschaubar gemacht. Genauso gelang es ihm in mehreren Filmen auch, das Unwirkliche und Übernatürliche ganz überzeugend zu integrieren.

Ingeborg Holm (Ingeborg Holm, 1913), *Prästen* (Der Priester, 1913), *Miraklet* (Das Wunder, 1913), *Strejken* (Der Streik, 1913), *Gatans barn* (Straßenjungen, 1914), *Judaspengar* (Judaslohn, 1915), *Terje Vigen* (Terje Vigen, 1916), *Berg-Eyvind och hans hustru* (Berg-Eyvind und sein Weib / Der Geächtete und sein Weib, 1917), *Ingmarssönerna (I und II)* (Die Ingmarssöhne – I und II / Abseits von den Wegen der Menschen, 1918), *Klostret i Sendomir* (Das Kloster von Sendomir, 1919), *Karin Ingmarsdotter* (Karin Ingmarsdotter / Die Karin vom Ingmarshof, 1919), *Körkarlen* (Der Fuhrmann des Todes, 1920), *Vem dömer?* (Wer richtet? / Die Feuerprobe, 1921).

In den USA: *Name the man* (Das Schwert des Gesetzes / Wer war der Vater?, 1923), *Confessions of a queen* (Das Tagebuch einer Königin /

Die Beichte einer Königin / Ein König im Exil, 1925), *The tower of lies* (Der Turm der Lügen, 1925), *The divine woman* (Das göttliche Weib, 1927/28), *The wind* (Der Wind / Stürme, 1928), *The masks of devil* (Die Masken des Teufels / Die Masken des Erwin Reiner, 1928).
Markurells i Wadköping (Väter und Söhne, Schweden/Deutschland 1930), *Under the red robe* (Der rote Mantel, England 1937) u. a.

Jerzy Skolimowski

Skolimowski, geboren am 5. Mai 1938 in Lodz (Polen), studierte zunächst Ethnographie und besuchte dann die Filmhochschule in Lodz. Noch während seines Studiums holten ihn Andrzej Wajda (*Niewinni czarodzieje* – Die unschuldigen Zauberer) und Roman Polanski (*Nóż w wodzie)* als Co-Autor. Und ebenfalls während des Studiums drehte er eine Reihe von Fragmenten, Studien und Übungsfilmen, die später das Rohmaterial für seinen ersten abendfüllenden Spielfilm *Rysopis* abgaben, der gleichzeitig seine Abschlußarbeit für die Filmhochschule war. Skolimowski wurde sehr schnell international bekannt. Als sein Film *Ręce do góry* (Hände hoch, 1967) in Polen verboten wurde, arbeitete er im westlichen Ausland.
»Ich mache Filme aus dem, worüber ich nachdenke, und nicht aus den Schlüssen, zu denen ich gekommen bin« (Skolimowski). – Mit anderen Worten, seine Filme sind Denkprozesse und nicht deren Ergebnis. Das gibt ihnen ihre Spontaneität und Direktheit, aber auch ihre irritierende Doppelbödigkeit. Zupackender Realismus verbindet sich bei Skolimowski mit einer Vorliebe für Symbole. Doch diese Symbole werden der Wirklichkeit nicht aufgepfropft, sie sind integriert, so, wie Skolimowski etwa ein Stück eigener Lyrik in einem Werbeslogan versteckt. Filme von vergleichbar radikaler Individualität wie die ersten Inszenierungen Skolimowskis hat es in einem europäischen sozialistischen Land wohl kaum gegeben.

Rysopis (Besondere Kennzeichen: keine, 1964), *Walkower* (Walkover, 1965), *Bariera* (Die Barriere, 1966), *Le départ* (Der Start, Belgien 1967), *Ręce do góry* (Hände hoch, 1967 – erst 1981, mit einem aktuellen »Prolog« von Skolimowski, in die Kinos gekommen), *Adventures of Gerard* (Die Gräfin und ihr Oberst, England 1968), *Deep end* (Deep End, BRD/USA 1970), *Herzbube* (BRD/USA 1971, *The shout* (Der Todesschrei, England 1978), *Moonlighting* (Schwarzarbeit, England 1982), *Success is the best revenge* (Erfolg ist die beste Rache, England/Frankreich 1984), *The lightship* (Das Feuerschiff, USA 1985), *Acque di primavera* (Wenn die Masken fallen, Italien/Frankreich 1988) u. a.

Steven Spielberg

Spielberg, geboren am 18. Dezember 1947 in Cincinnati (USA), begann bereits als Schüler, 8-mm- und 16-mm-Filme zu drehen. Während der College-Zeit entstand sein 24-Minuten-Film *Amblin*, der ihm Festival-Preise und 1968 einen Vertrag als Regisseur beim Fernsehen einbrachte. Er inszenierte u. a. Episoden für die Serien *Dr. med. Marcus Welby*, *Owen Marshall, Strafverteidiger*, und *Columbo* und 1971 den Fernseh-Film *Duel* (Duell). Wieder hatte er auf Anhieb Erfolg. Sein Film gewann Preise bei mehreren europäischen Festivals, und Spielberg erhielt die Chance, seinen ersten Kino-Spielfilm zu inszenieren: *The Sugarland Express* (1974).
Als Regisseur drehte Spielberg in schneller Folge einige der erfolgreichsten Hollywood-Filme – überwiegend phantastische Abenteuergeschichten voll naiver Fabulierkunst, die in ihren besten Momenten (etwa bei *E. T. The extra-terrestrial*, 1982) den Bereich des Märchenhaften berühren. Mit der Romanverfilmung *The color purple* (Die Farbe Lila, 1985) wandte sich Spielberg dem sogenannten Problem-Film zu, hatte damit aber zunächst beim Publikum mehr Erfolg als bei der Kritik.
Außerdem betätigt sich Spielberg mit seiner Produktionsfirma »Amblin Entertainment« auch kontinuierlich als Produzent, wobei die meisten der von ihm produzierten Filme mehr oder weniger deutlich seine Handschrift tragen: z. B. *Poltergeist* (Poltergeist, 1982 – R: Tobe Hooper), *Gremlins* (Gremlins – Kleine Monster, 1984 – R: Joe Dante), *Back to the future* (1985 – R: Robert Zemeckis).

Kinospielfilme: *The Sugarland Express* (Sugarland Express, 1974), *Jaws* (Der weiße Hai, 1975), *Close encounters of the third kind* (Unheimliche Begegnung der dritten Art, 1977), *1941* (1941 – Wo, bitte, geht's nach Hollywood?, 1979), *Close encounters of the third kind (Special edition)* (Unheimliche Begegnung der dritten Art – Die neue Version, 1980), *Raiders of the lost ark* (Jäger des verlorenen Schatzes, 1981), *E. T. The extra-terrestrial* (E.T. Der Außerirdische, 1982), *Twilight zone – The movie* (Unheimliche Schattenlichter, 1983 – Regie einer Episode), *Indiana Jones and the temple of doom* (Indiana Jones und der Tempel des Todes, 1984), *The color purple* (Die Farbe Lila, 1985), *Empire of the sun* (Das Reich der Sonne, 1987), *Amazing stories* (Unglaubliche Geschichten, 1986 – Episode: *The mission*), *Amazing stories 2* (Weitere unglaubliche Geschichten, 1986 – Episode: *Ghost train*), *Indiana Jones and the last crusade* (Indiana Jones und der letzte Kreuzzug, 1988), *Always* (Always, 1989).

Wolfgang Staudte

Staudte, geboren am 9. Oktober 1906 in Saarbrücken (Deutschland) und gestorben am 19. Januar 1984 in Maribor (Jugoslawien), studierte an der Technischen Hochschule und war Ingenieur, ehe er zur Bühne ging, wo er als Schauspieler u. a. bei Reinhardt und Piscator tätig war. Nach 1933 drehte er Werbefilme, war Rundfunksprecher und spielte kleine Filmrollen. 1943 inszenierte er seinen ersten Spielfilm, ein recht belangloses Lustspiel. Nach 1945 drehte er in der DDR einige bemerkenswerte zeitkritische Filme, die ihm internationale Anerkennung einbrachten. 1956 siedelte er in die Bundesrepublik über.

Staudte hat eine Vorliebe und eine besondere Begabung für die satirische, oftmals karikaturistische Übersteigerung. Das ermöglichte ihm die Gestaltung seines zweifellos besten Films – *Der Untertan.* Die gleiche Eigenschaft steht ihm aber bei der Behandlung realistischer Stoffe manchmal ein wenig im Wege. Da unterläuft es ihm leicht, daß er die Objekte seiner zeitkritischen Attacken allzusehr karikiert und damit ihrer Gefährlichkeit entkleidet. In der Bundesrepublik hat er sich, konsequenter als andere Filmregisseure, um die Auseinandersetzung mit der Vergangenheit und mit Fehlentwicklungen in der Gegenwart bemüht. Aber auch in diesem Genre entstanden seine besten Inszenierungen *(Die Mörder sind unter uns, Rotation)* in der DDR. Seit Anfang der siebziger Jahre hat Staudte fast ausschließlich für das Fernsehen gearbeitet.

Akrobat schö-ö-ön (1943), *Die Mörder sind unter uns* (DDR 1946), *Die seltsamen Abenteuer des Fridolin B.* (DDR 1947), *Rotation* (DDR 1949), *Schicksal aus zweiter Hand / Zukunft aus zweiter Hand* (BRD 1949), *Der Untertan* (DDR 1951), *Die Geschichte vom kleinen Muck / Die Abenteuer des kleinen Muck* (DDR 1953),

Wolfgang Staudte mit Juliette Mayniel bei Dreharbeiten zu »Kirmes«

Leuchtfeuer (DDR/Schweden 1954), *Ciske – ein Kind braucht Liebe* (BRD/Holland 1955).
In der BRD: *Rose Bernd* (1957), *Madeleine und der Legionär* (1958), *Kanonenserenade* (BRD/Italien 1958), *Der Maulkorb* (1958), *Rosen für den Staatsanwalt* (1959), *Kirmes* (1960), *Der letzte Zeuge* (1960), *Die glücklichen Jahre der Thorwalds* (1962 – R übernommen von John Olden), *Die Dreigroschenoper* (1963), *Herrenpartie* (BRD/Jugoslawien 1964), *Das Lamm* (1964), *Ganovenehre* (1966), *Heimlichkeiten* (BRD/Bulgarien 1968), *Die Herren mit der weißen Weste* (1969), *Fluchtweg St. Pauli – Großalarm für die Davidswache* (1971), *Der Seewolf* (BRD/Rumänien 1972 – Fernseh- und Kinoproduktion), *Lockruf des Goldes* (BRD/Rumänien 1975 – Fernsehproduktion), *Das verschollene Inka-Gold* (BRD/Rumänien/Frankreich 1977 – Fernsehproduktion), *Zwischengleis* (1978), *Der eiserne Gustav* (1978 – Fernsehproduktion), *Die Pawlaks* (1981/82 – Fernsehserie) u. a.

Josef von Sternberg

Sternberg, als Josef Sternberg am 29. Mai 1894 in Wien (Österreich) geboren und gestorben am 22. Dezember 1969 in Hollywood (USA), kam mit seiner Familie 1901 in die USA. Nach vorübergehender Rückkehr nach Wien (1904) erfolgte 1908 die endgültige Auswanderung. Sternberg, um dessen Leben und Werk sich mancherlei Legenden ranken, kam als Laboratoriumsarbeiter und Vorführer erstmals mit dem Film in Berührung und avancierte dann zum Regieassistenten, Kameramann, Autor und Cutter. Mit der Hilfe privater Geldgeber drehte er 1925 den Film *The salvation hunters*, der ihn über Nacht bekannt machte. Seine nächsten Filme wurden nach Meinungsverschiedenheiten mit den Produzenten von anderen Regisseuren fertiggestellt, er selbst übernahm die Endfertigung eines Films von Frank Lloyd, inszenierte einen Film für Chaplin, den dieser nie herausbrachte, montierte auf Geheiß des Studios einen Film Erich von Stroheims usw. Nachdem er 1929 in Deutschland für den Film *Der blaue Engel* Marlene Dietrich engagiert und weltberühmt gemacht hatte, wurde er zum Regisseur der Dietrich, mit der er wohl seine erfolgreichsten Filme drehte. Seine Laufbahn als Regisseur endete bereits 1953 mit dem in Japan gedrehten Film *The saga of Anatahan* (Die Saga von Anatahan), der nur in wenigen Kinos gezeigt wurde.
Sternberg war eine exzentrische, kraftvolle Regie-Persönlichkeit. Seine Filme sind eine eigenwillige Variation des »cinéma pur« – Kino, das nicht den Anspruch erhebt, Realität zu sein. Er bevorzugte Studios, und es störte ihn nicht, wenn Modelle als solche erkannt wurden; er schuf Träume, die er mit kühler Berechnung realisierte. Dabei betonte er die Künstlichkeit seiner Welt noch durch die Flächigkeit des Bildes, indem er oft durch Schleier und Vorhänge filmte, die Darsteller wie auf eine Bühne stellte. Aber diese künstliche Welt war seine ureigenste Schöpfung, ein Kosmos aus Bewegung und Aktion.

The salvation hunters (Die Heilsjäger, 1925), *The sea gull / The woman of the sea* (1926 – nicht herausgebracht), *Underworld* (Unterwelt, 1927), *The last command* (Sein letzter Befehl, 1928), *The docks of New York* (Die Docks von New York, 1928), *The case of Lena Smith* (Eine Nacht im Prater, 1929), *Thunderbolt* (Blitzstrahl, 1929), *Der blaue Engel* (Deutschland 1929/30), *Morocco* (Marokko / Herzen in Flammen, 1930), *Dishonored* (Entehrt / X 27, 1931), *An American tragedy* (Eine amerikanische Tragödie, 1931), *Shanghai Express* (Schanghai Expreß, 1932), *Blonde Venus* (Die blonde Venus, 1932), *The scarlet empress* (Die große Zarin, 1934), *The devil is a woman* (Die spanische Tänzerin, 1935), *I Claudius* (Ich, Claudius, England 1937 – unvollendet), *Sergeant Madden* (Sergeant Madden, 1939), *The Shanghai gesture* (Im Banne von Schanghai, 1941), *Jet pilot* (Düsenjäger, 1950 – erst 1957 herausgekommen), *Macao* (Macao, 1952), *The saga of Anatahan* (Die Saga von Anatahan, Japan 1953) u. a.

Mauritz Stiller

Stiller, als Moses Stiller am 17. Juli 1883 in Helsinki (Finnland) geboren und gestorben am 18. November 1928 in Stockholm (Schweden), war bereits mit 16 Jahren in seiner Heimatstadt Helsinki Schauspieler. Später ging er nach Stockholm, wo er 1912 als Schauspieler und Regisseur zum Film kam. Zusammen mit Victor Sjöström begründete er den internationalen Ruhm des schwedischen Stummfilms. 1925 ging er nach Hollywood, begleitet von seiner Entdeckung Greta Garbo, die durch einen Vertrag an ihn gebunden war. Aber Hollywood brachte ihm kein Glück. Den ersten Film der Garbo drehte ein anderer Regisseur. Für den zweiten, *The temptress* (Die Versucherin, 1926), verpflichtete man zwar Stiller, ersetzte ihn aber nach Auseinandersetzungen mit den Schauspielern durch Fred Niblo. Stiller drehte dann zwei Filme mit Pola Negri und begann den Film *The street of sin* (Der König von Soho, 1928) mit Emil Jannings. Diesmal gab es Meinungsverschiedenheiten mit dem Produzenten, und Stiller wurde durch Ludwig Berger und Lothar Mendes abgelöst. Enttäuscht kehrte er nach Stockholm zurück, wo er die Leitung eines Theaters übernahm und bald darauf starb.

Stiller kam zwar vom Theater, löste sich aber schnell von seinen Erfahrungen und entwickelte einen sehr filmischen Stil, bei dem die Bewegung und Lichteffekte eine große Rolle spielten. Er bevorzugte ähnliche Sujets wie Sjöström, die er aber weniger lyrisch-romantisch als vielmehr dramatisch, mit kräftigen Effekten realisierte. Mit *Riddaren av i går* (1920) entwikkelte er außerdem einen Typ der modernen Komödie, der damals neu war und von dem Lubitsch beeinflußt wurde.

Mor och dotter (Mutter und Tochter, 1912), *Bröderna* (Die Brüder, 1913), *Mästertjuven* (Der Meisterdieb, 1915), *Saangen om den eldröda blomman* (Das Lied der roten Blume, 1918), *Herr Arnes pengar* (Herrn Arnes Schatz, 1919), *Riddaren av i går* (Erotikon, 1920), *Gösta Berlings saga* (Gösta Berling, 1923).

In den USA: *Hotel Imperial* (Hotel Imperial, 1926), *The woman on trial* (Die Frau vor Gericht / Die Angeklagte, 1927), *The street of sin* (Der König von Soho, 1928 – fertiggestellt von Ludwig Berger und Lothar Mendes) u. a.

Jean-Marie Straub

Straub, geboren am 8. Januar 1933 in Metz (Frankreich), hospitierte nach dem Studium u. a. bei den Regisseuren Gance, Renoir, Bresson und Astruc. 1958 entzog er sich dem Wehrdienst durch die Flucht und ging nach Deutschland. Hier drehte er 1963 den Kurzfilm *Machorka Muff* nach einer Erzählung von Heinrich Böll; 1965 entstand – ebenfalls nach einer Vorlage von Böll – sein erster längerer Spielfilm. 1970 siedelte Straub mit seiner Frau und Mitarbeiterin Danièle Huillet nach Rom über.

Der Franzose Straub war einer der meistdiskutierten und umstrittensten Vertreter des »jungen deutschen Films«. Seine Filme sind extrem karg und spröde. Sie bevorzugen bewußt kunstlose, häufig sehr lange Einstellungen, in denen Laiendarsteller den Dialog eintönig deklamieren. Was seinen Gegnern als naiver Dilettantismus erscheint, ist für seine Anhänger ein Mittel, die Widersprüchlichkeit zwischen der Kunst und dem Leben aufzuheben. Straub selbst kommentierte: »Dichtung schreibt man nicht mit poetischen Wörtern!« Bemerkenswert ist auf jeden Fall die Konsequenz, mit der Straub seinen Stil verwirklicht; den Einfluß dieses Stils spürt man unterdessen im Werk mehrerer jüngerer Regisseure.

Nicht versöhnt (1965), *Chronik der Anna Magdalena Bach* (1967), *Der Bräutigam, die Komödiantin und der Zuhälter* (1968), *Othon* (Othon, Italien/BRD 1969), *Geschichtsunterricht* (1972), *Einleitung zu Arnold Schönbergs Begleitmusik zu einer Lichtspielscene* (BRD/Italien 1972 – Kurzfilm), *Moses und Aron* (BRD/Frankreich 1974), *I cani del Sinai* (Die Hunde vom Sinai, Italien 1976), *Dalla nube alla resistenza* (Von der Wolke zum Widerstand, Italien 1978), *Trop tôt / trop tard* (Zu früh / Zu spät, Frankreich 1981), *Klassenverhältnisse* (BRD 1983 – Co-R), *Der Tod des Empedokles* (BRD/Frankreich 1986) u. a.

Erich von Stroheim

Stroheim, als Erich Oswald Stroheim (andere Quellen: Erich Oswald Hans Carl Maria Stroheim von Nordenwald) am 22. September 1885 in Wien (Österreich) geboren und gestorben am 12. Mai 1957 in Maurepas (Frankreich), kam 1906 in die USA. 1914 spielte er seine erste Filmrolle, dann beschäftigte David Wark Griffith ihn als Schauspieler und Regieassistent. Der Schauspieler Stroheim wurde im Ersten Weltkrieg als Darsteller stiernackig-brutaler deutscher Offiziere populär, so daß Hollywood 1918 auch dem Regisseur Stroheim eine Chance gab. Seine Auseinandersetzung mit der Filmindu-

strie, bei der die Besessenheit eines monomanen Künstlers mit dem nüchternen Kalkül der Geschäftsleute zusammenprallte, gehört zu den tragischsten Kapiteln der Filmgeschichte. Immer wieder griffen die Produzenten ein, ließen ihn während der Dreharbeiten ablösen oder stutzten seine überlangen, oft monströsen Filme auf ein handliches Normalmaß. 1933 inszenierte er seinen letzten Film; dann hat man ihn praktisch nur noch als Schauspieler beschäftigt. Stroheim starb in Frankreich, wohin er schon 1936 emigriert war. In Billy Wilders *Sunset Boulevard* (1950) spielte er eine Rolle, die manche Parallelen zu seinem eigenen Schicksal hatte.
Stroheims Filme sind höhnisch-giftige Attacken gegen die Gesellschaft, die – sei es in der österreichisch-ungarischen Monarchie, sei es in den USA – die Menschen deformiert und erniedrigt. Und allemal stehen Frauen im Mittelpunkt, deren Liebesbereitschaft von den Männern enttäuscht wird. Stroheim exemplifiziert das an oft kolportagehaften Geschichten mit übertriebenen Details. Sein Stil ist der eines besessenen Realisten, der zwar die Situationen und Charaktere oft monströs übersteigert, sich aber im Ansatzpunkt stets an der Wirklichkeit orientiert. Stroheim gestaltete seine Filme vorwiegend vor der Kamera und legte weniger Wert auf die Montage. Obwohl seine Filme meistens sehr bald in den Archiven verschwanden und höchstens verstümmelt in die Kinos gelangten, ist sein Einfluß auf die Entwicklung des Films beträchtlich.

Blind husbands (Blinde Ehemänner, 1918), *The devil's passkey* (Des Teufels Hauptschlüssel, 1919), *Foolish wives* (Närrische Frauen, 1921), *Merry-go-round* (Karussell / Rummelplatz des Lebens / Das goldene Wien, 1922), *Greed* (Gier nach Geld, 1923), *The merry widow* (Die lustige Witwe, 1925), *The wedding-march* (Der Hochzeitsmarsch, 1926–28), *The honeymoon* (Die Flitterwochen, 1928), *Queen Kelly* (Königin Kelly, 1928), *Walking down Broadway / Hello sister* (Spaziergang auf dem Broadway / Hallo Schwester, 1932).

István Szabó

Szabó, geboren am 18. Februar 1938 in Budapest (Ungarn), besuchte von 1956 bis 1961 die Filmhochschule in Budapest. Bereits seine Diplomarbeit, der Kurzfilm *Koncert* (Konzert), errang rund ein halbes Dutzend internationale Preise und Auszeichnungen. Zwei weitere Kurzfilme bestätigten diesen Erfolg; und 1964 konnte Szabó dann seinen ersten abendfüllenden Spielfilm inszenieren.
Die ersten Filme Szabós sind gleichsam Variationen über ein Thema: Immer wieder geht es darum, daß junge Menschen erwachsen werden, daß sie sich von alten Bindungen lösen müssen, daß sie Träume, Hoffnungen und Ideale verlieren, um dafür neue Einsichten gewinnen zu können. Szabó hat dieses Thema mit kritischem Intellekt, aber auch mit spielerischer Leichtigkeit behandelt. Er riskiert das Pathos – und neutralisiert es durch Humor, der freilich genauso signifikant für seine handelnden Personen ist und genauso etwas über ihre Probleme aussagt. Zu diesen Problemen gehört auch die Auseinandersetzung mit der neueren ungarischen Geschichte, die Szabó erstaunlich offenherzig führt; der Aufstand von 1956 zum Beispiel spielt in seinen Filmen und für seine Helden eine große Rolle. Mehr und mehr auch mißt Szabó seine Protagonisten an Bezugspunkten aus der Vergangenheit; und er läßt diese Erinnerungsbilder in ganz kurzen Szenen gleichsam blitzartig in die Handlung einbrechen. In den späteren Filmen Szabós gewinnt ein weiteres Thema an Bedeutung: die partnerschaftliche Beziehung von Menschen, die unter dem Druck politischer Gewalt oder gesellschaftlicher Zwänge stehen.

Álmodozások kora (Die Zeit der Träumereien, 1964), *Apá* (Vater, 1966), *Szerelmesfilm* (Liebesfilm, 1970), *Tüzoltó utca 25.* (Feuerwehrgasse 25, 1973), *Ösbemutató* (Die Uraufführung, 1973/74 – Fernsehproduktion), *Budapesti mesék* (Budapester Legende, 1976), *Bizalom* (Vertrauen, 1979), *Der grüne Vogel* (BRD 1979), *Mephisto* (Ungarn/BRD 1980), *Oberst Redl* (BRD/Ungarn/Österreich 1985), *Hanussen* (BRD/Ungarn/Österreich 1988) u. a.

Andrej Tarkowski

Tarkowski, geboren am 4. April 1932 in Sawras (UdSSR) und gestorben am 28. Dezember 1986 in Paris (Frankreich), war der Sohn des Dichters Arsenij Tarkowski, dessen Gedichte der

Sohn in seinen Filmen *Serkalo* (Der Spiegel) und *Stalker* (Der Stalker) zitiert. Tarkowski studierte zunächst Musik, Malerei, Bildhauerei, Orientalistik und Geologie, ehe er sich 1954 bei der Moskauer Filmhochschule bewarb. Er war dort Schüler von Michail Romm, den er bewunderte und verehrte und von dem er sagte: »Er hat mich gelehrt, ich selbst zu sein!«
1960 beendete er sein Studium mit dem (halblangen) Abschlußfilm *Katok i skripka* (Die Walze und die Violine), und schon zwei Jahre später machte ihn sein erster abendfüllender Spielfilm international bekannt und berühmt. Mit *Iwanowo detstwo* (Iwans Kindheit, 1962) gewann er den Großen Preis beim Festival in Venedig und mehr als ein Dutzend weitere internationale Auszeichnungen. Sein nächster Film über den legendären mittelalterlichen Ikonenmaler *Andrej Rubljow* (1966/69) wurde im eigenen Land zunächst heftig kritisiert und konnte mehrere Jahre lang nicht aufgeführt werden.
Tarkowskis spätere Filme schaffen aus verschlüsselten Bildern eine poetische Traumwelt, in der die moralische Bewährung des Menschen zum beherrschenden Thema wird. Er sagte einmal: »Im Film gibt es zwei Arten von Regisseuren, die zwei verschiedene Arten von Filmen machen: einmal diejenigen, die die Welt, in der sie leben, imitieren, und dann die, die ihre eigene Welt erschaffen – die Poeten des Films. Und ich glaube, daß nur die Poeten in die Filmgeschichte eingehen werden, Künstler wie Bresson, Dowschenko, Mizoguchi, Bergman, Buñuel, Kurosawa.«
Kein Zweifel, daß auch Tarkowski zu diesen »Poeten des Films« zählt. Doch die eigene Welt, die er erschuf, brachte ihn immer wieder in Konflikte mit den Kulturfunktionären seiner Heimat. In zwei Jahrzehnten konnte Tarkowski auf diese Weise nur fünf Filme in der UdSSR realisieren. So kehrte er schließlich von einer Auslandsreise nicht zurück und ließ sich in Italien nieder. Aber er hat stets betont, daß er seine Emigration nur als »vorübergehend« ansehe.

Iwanowo detstwo (Iwans Kindheit, 1962), *Andrej Rubljow* (Andrej Rubljow, 1966/69), *Solaris* (Solaris, 1972), *Serkalo* (Der Spiegel, 1974), *Stalker* (Der Stalker, 1980), *Nostalghia* (Nostalghia, Italien 1983), *Offret* (Opfer, Schweden/Frankreich/England 1985).

Paolo und Vittorio Taviani

Die Brüder Paolo und Vittorio Taviani, geboren am 8. November 1931 bzw. am 20. September 1929 in San Miniato (Italien), gründeten zusammen mit Valentino Orsini 1950 in Pisa einen Filmclub. 1954 gingen sie nach Rom, wo sie im gleichen Jahr in Zusammenarbeit mit Cesare Zavattini ihren ersten kurzen Dokumentarfilm (*San Miniato, luglio '44* – San Miniato, Juli 1944) drehten, der aber nicht öffentlich aufgeführt wurde.
In den folgenden Jahren arbeiteten die Brüder als Regieassistenten u. a. bei Luciano Emmer und Roberto Rossellini und drehten gleichzeitig in Zusammenarbeit mit Valentino Orsini mehrere kurze und mittellange Dokumentarfilme. Gemeinsam arbeitete das Trio auch an dem Drehbuch für einen Dokumentarfilm von Joris Ivens (*L'Italia non e un paese povero* – Italien ist kein armes Land, 1960); und auch ihr Spielfilm-Debüt (*Un uomo da bruciare* – Gebrandmarkt, 1962) absolvierten die Tavianis zusammen mit Orsini. Nach dem zweiten gemeinsamen Spielfilm trennten sich dann ihre Wege, und die Tavianis arbeiteten künftig allein.
Die Art dieser Zusammenarbeit dürfte einzigartig in der Filmgeschichte sein. Für Paolo und Vittorio gibt es bei der Arbeit keine »Individualität«, keine Spezialisierung und keine differenzierte Arbeitsteilung. Gemeinsam erarbeiten sie die Drehbücher, bei der Regie wechseln sie sich dann ab – Szene für Szene. Und merkwürdiger Weise entstehen dabei Filme von absoluter Geschlossenheit und signifikanter stilistischer Eigenart.
Ihre Themen finden die Brüder häufig in der Geschichte und den sozialen Problemen ihrer toskanischen Heimat. Dabei geraten ihnen ihre engagierten Konflikt-Beschreibungen aber niemals zu aufgeregten Pamphleten. Vielmehr spüren sie mit großer Geduld und Sorgfalt den Ursachen der Konflikte nach und verweisen in ihrer ebenso poetischen wie präzisen Schilderung nicht selten auf sehr behutsame Weise auch auf Lösungsmöglichkeiten.

Un uomo da bruciare (Gebrandmarkt, 1962 – Co-R: Valentino Orsini), *I fuorilegge del matrimonio* (Die Gesetzlosen der Ehe, 1963 – Co-R: Valentino Orsini), *I sovversivi* (Die Subversiven, 1967), *Sotto il segno dello scorpione* (Im Zeichen des Skorpions, 1968/69), *San Michéle aveva un gallo* (San Michele hatte einen Hahn, 1971), *Allonsanfán* (Allonsanfán, 1974), *Padre padrone* (Padre Padrone – Mein Vater, mein Herr, 1977), *Il prato* (Die Wiese, 1979), *La notte di San Lorenzo* (Die Nacht von San Lorenzo, 1981), *Kaos* (Kaos, Italien/Frankreich 1983), *Good morning, Babilonia* (Guten Morgen, Babylon, Italien/Frankreich/USA 1986), *Il sole anche di notte* (Nachtsonne, 1990).

Leopoldo Torre Nilsson

Torre Nilsson, geboren am 5. Mai 1924 in Buenos Aires (Argentinien) und gestorben am 8. September 1978 in Buenos Aires, wurde mit 16 Jahren Assistent seines Vaters, des bekannten argentinischen Regisseurs Leopoldo Torre Rios. Seit 1946 schrieb er auch Drehbücher, und 1950 zeichnete er bei dem Film *El crimen de Oribe* (Das Verbrechen von Oribe) erstmals als Co-Regisseur seines Vaters. 1954 drehte er seinen ersten eigenen Spielfilm. Torre Nilsson war mit der Autorin Béatriz Guido verheiratet, nach deren literarischen Vorlagen und mit der zusammen er die Drehbücher für einige seiner besten Filme schrieb. Lange war er der einzige Regisseur, der den lateinamerikanischen Film auf Festivals etc. vertrat.

Torre Nilsson hat in seinen Filmen immer wieder Kritik an den herrschenden Zuständen in seiner Heimat geübt, wobei ihm meistens psychologische Dramen das Material für die Entlarvung bürgerlicher Mentalität lieferten. Er bevorzugt Grenzsituationen und makabre Details; oft spielen seine Filme in der Vergangenheit und beschwören eine Atmosphäre verstaubter Leblosigkeit, in der die Menschen wie Marionetten agieren.

Dias de odio (Tage des Hasses, 1954), *La tigra* (Die Tigerin, 1954), *La casa del ángel* (Das Haus des Engels, 1957), *El secuestrador* (Die sich selbst überlassen sind, 1958), *La caída* (Der Fall, 1958), *Fin de fiesta* (Das Fest ist aus, 1959/60), *Un guapo del '900* (Der beste Mann, 1960), *La mano en la trampa* (Die Hand in der Falle, Argentinien/Spanien 1960/61), *Piel de verano* (Die Haut in der Sonne, 1961), *Setenta veces siete* (Siebzig mal sieben, 1962), *Homenaje a la hora de la siesta* (Andacht zur Mittagsstunde, Argentinien/Frankreich/Brasilien 1962), *La terrazza* (Der Dachgarten, 1963), *El ojo de la cerradura* (Das Schlüsselloch, Argentinien/USA 1964), *Chica de lunes* (Das Montagsmädchen, Puerto Rico 1966), *Los traidores de San Angel* (Die Verräter von San Angel, Puerto Rico 1967), *Martin Fierro* (Martin Fierro, 1968), *El santo de la espada* (Der Heilige mit dem Schwert, 1969), *Güemes – La tierra en armas* (Güemes – Land in Waffen, 1971), *La maffia* (Die Mafia, 1971/72), *Los siete locos* (Die Revolution der sieben Verrückten, 1972), *Boquitas pintadas* (Geschminkte Lippen, 1974), *Diario de la guerra del cerdo* (Das Tagebuch des Schweinekriegs, 1975), *Piedra libre* (Das Versteckspiel, 1975), *El pibe cabeza* (Der kleine Dickkopf, 1976) u. a.

François Truffaut

Truffaut, geboren am 6. Februar 1932 in Paris (Frankreich) und gestorben am 21. Oktober 1984 in Paris, wurde nach dem Besuch der Volksschule zunächst Laufbursche, dann Fabrikarbeiter. Als Gründer eines Arbeiterfilmclubs lernte er André Bazin, den Chefredakteur der »Cahiers du cinéma«, kennen, der ihn ermunterte, über Film zu schreiben. Bald zählte Truffaut zu den scharfsinnigsten und schärfsten französischen Filmkritikern. 1956 arbeitete er als Assistent von Rossellini. Nach zwei Kurzfilmen (*Une visite*, 1954; *Les mistons*, 1957) und der Mitarbeit an Filmen von Godard und Rivette u. a. drehte er 1959 seinen stark autobiographisch gefärbten ersten Spielfilm, *Les quatre cents coups*. Der Held dieses Films, Antoine Doinel, tritt übrigens – jeweils älter geworden und vom gleichen Darsteller gespielt – in den Filmen *Antoine et Colette* (Antoine und Colette), *Baisers volés* (Geraubte Küsse), *Domicile conjugal* (Tisch und Bett) und *L'amour en fuite* wieder auf.

Während Truffauts erster Film wesentlich um Wirklichkeitsnähe und Authentizität bemüht war, werden seine späteren Filme von einer oftmals ironisch getönten Sensibilität der Gestaltung bestimmt. Er gibt nicht mehr vor, Wirklichkeit abzubilden, sondern schafft in seinen Filmen eine eigene Welt, in der sich die Wirklichkeit entlarvend spiegelt. Dabei benutzt er oft die Konventionen und Klischees bestimmter Filmgenres, um den Zuschauer um so leich-

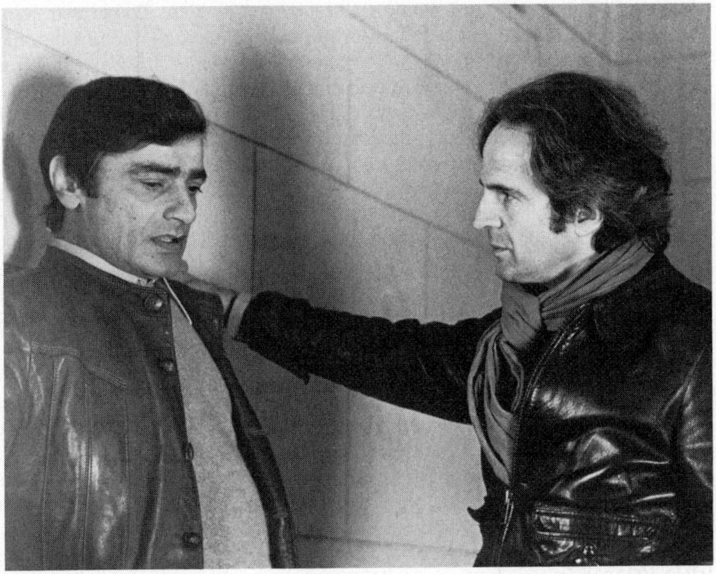

François Truffaut (r.) mit Charles Denner bei Dreharbeiten zu »L'homme qui aimait les femmes«

ter in seine Welt hinüberzuziehen; denn »wie alle Autodidakten möchte ich vor allem überzeugen« (Truffaut).

Les quatre cents coups (Sie küßten und sie schlugen ihn, 1959), *Tirez sur le pianiste* (Schießen Sie auf den Pianisten, 1960), *Jules et Jim* (Jules und Jim, 1961), *Antoine et Colette* (Antoine und Colette, 1961 – Episode des Films *L'amour à vingt ans* – Liebe mit zwanzig), *La peau douce* (Die süße Haut, 1964), *Fahrenheit 451* (Fahrenheit 451, England 1966), *La mariée était en noir* (Die Braut trug Schwarz, Frankreich/Italien 1967), *Baisers volés* (Geraubte Küsse, 1968), *La sirène du Mississippi* (Das Geheimnis der falschen Braut, Frankreich/Italien 1969), *L'enfant sauvage* (Der Wolfsjunge, 1969), *Domicile conjugal* (Tisch und Bett, Frankreich/Italien 1970), *Les deux Anglaises et le continent* (Zwei Mädchen aus Wales und die Liebe zum Kontinent, 1971), *Une belle fille comme moi* (Ein schönes Mädchen wie ich, Frankreich/USA 1972), *La nuit américaine* (Die Amerikanische Nacht, Frankreich/Italien 1972), *L'histoire d'Adèle H.* (Die Liebe der Adèle H., 1975), *L'argent de poche* (Taschengeld, 1975/76), *L'homme qui aimait les femmes* (Der Mann, der die Frauen liebte, 1976/77), *La chambre verte* (Das grüne Zimmer, 1978), *L'amour en fuite* (Liebe auf der Flucht, 1978), *Le dernier Métro* (Die letzte Metro, 1980), *La femme d'à côté* (Die Frau nebenan, 1981), *Vivement dimanche!* (Auf Liebe und Tod, 1982) u. a.

Agnès Varda

Agnès Varda, geboren am 30. Mai 1928 in Brüssel (Belgien), war Fotografin an Jean Vilars »Volkstheater« in Paris, gab diese gesicherte Position auf und drehte von eigenen Ersparnissen 1954 ihren ersten Film, *La Pointe Courte.* Ihren zweiten Spielfilm konnte sie erst sieben Jahre später realisieren. Neben ihren Spielfilmen drehte Agnès Varda eine Reihe bemerkenswerter Kurzfilme (*Ô saisons, ô châteaux*, 1957; *L'opéra mouffe*, 1958; *Du côté de la côte*, 1958; *Salut les cubains*, 1963; *Black Panthers*, 1968 u. a.)

Die Varda war stets auf genaue Darstellung versessen, aber sie hat sich dabei später von der Realität des Alltags entfernt. Dem realistischen Porträt eines Fischerdorfes in ihrem Erstlingswerk folgte die minutiöse Schilderung des Nachmittags einer jungen Frau – Fiktion, die glaubwürdig als Realität ausgegeben wurde. In ihren nächsten Filmen hat sie dann nicht mehr versucht, den fiktiven Charakter ihrer Geschichten zu vertuschen. Die Konstruktion des Films wird als solche durchschaubar. Das gilt selbst für den Film *Lions love* (Lions Love, 1969), der die *Hair*-Macher Ragni und Rado, Andy Warhols »Superstar« Viva! und die Regisseurin Shirley Clarke in einer Villa in Hollywood beobachtet. Hier entsteht eine eigentümliche Spannung daraus, daß der Prozeß des Filmens und Gefilmtwerdens in den Alltag einbezogen wird.

La Pointe Courte (La Pointe Courte, 1954), *Cléo de 5 à 7* (Mittwoch zwischen 5 und 7, 1961), *Le bonheur* (Le Bonheur – Glück aus dem Blickwinkel des Mannes, 1964), *Les créatures* (Die Geschöpfe, Frankreich/Schweden 1965), *Loin du Viet-Nam* (Fern von Vietnam, 1967 – Co-R), *Lions love* (Lions Love, USA/Frankreich 1969), *Daguerreotypes* (Daguerreotypen – Leute aus meiner Straße, Frankreich/BRD 1974), *Réponse des femmes* (Die Antwort der Frauen, 1975 – Kurzfilm), *L'une chante, l'autre pas* (Die eine singt, die andere nicht, 1976), *Mur, murs* (Mauer, Mauern, Frankreich/USA 1980 – Dokumentarfilm), *Documenteur* (Documenteur, USA 1981), *Sans toit ni loi* (Vogelfrei, 1985), *Jane B. par Agnès V.* (Jane B. ... wie Birkin, 1987), *Kung Fu master* (Die Zeit mit Julien, 1987) u. a.

King Vidor

Vidor, geboren am 8. Februar 1894 in Galveston (USA) und gestorben am 1. November 1982 in Paso Robles (USA), hat seit 1913 Kurz- und Dokumentarfilme und seit 1918 Spielfilme gedreht. Seinen ersten großen Erfolg bei der Kritik und beim Publikum hatte er 1925 mit *The big parade.* Seither zählte er trotz einiger künstlerischer und finanzieller Fehlschläge zu den prominenten Regisseuren Hollywoods.

Vidor gehört zu den wenigen Hollywood-Regisseuren, die sich schon in den zwanziger und dreißiger Jahren sozialkritisch engagiert haben. Immer wieder hat er, zum Teil in eigener Produktion und auf eigenes Risiko, Filme gegen den herrschenden Optimismus gedreht; immer wieder mußte er finanzielle Rückschläge mit der Regie von unbedeutenden Konsumfilmen bezahlen. Dabei war sein kritisches Engagement durchaus gefühlsbetont – genauso wie der Stil seiner Inszenierungen, die auf Übersteigerungen, starke Effekte, Kontraste und Ausnahmesituationen aufbauen. Die Kritik hat einigen seiner Filme vorgeworfen, sie zeigten »überlebensgroße Charaktere in einer überlebensgroßen Welt«. Aber Vidor hat diese Übersteigerungen in seinen »persönlichen« Filmen mit suggestivem Pathos geschildert, hat aus ihnen eine monumentale, aber in sich geschlossene Welt der entfesselten Gefühle aufgebaut.

The big parade (Die große Parade, 1925), *The crowd* (Ein Mensch der Masse, 1928), *Halleluljah* (Halleluja, 1929), *Street scene* (Straßenszene, 1931), *Our daily bread* (Der letzte Alarm, 1934), *Stella Dallas* (Stella Dallas, 1937), *The citadel* (Die Zitadelle, England 1938), *North-west passage* (Nordwest-Passage, 1940), *An American romance* (Eine amerikanische Romanze, 1944), *Duel* in the sun (Duell in der Sonne, 1946), *Ruby Gentry* (Wildes Blut, 1952), *War and peace* (Krieg und Frieden, USA/Italien 1956), *Salomon and Sheba* (Salomon und die Königin von Saba, 1959) u. a.

Jean Vigo

Vigo, geboren am 26. April 1905 in Paris (Frankreich) und gestorben am 5. Oktober 1934 in Paris, war der Sohn eines anarchistischen Journalisten, der 1917 unter ungeklärten Umständen im Gefängnis starb. Freunde seines Vaters schickten Jean Vigo unter falschem Namen auf ein Provinz-Internat. 1925 begann er in Paris, Philosophie zu studieren, und lernte dabei Claude Autant-Lara und Germaine Dulac kennen, durch die er mit dem Film in Berührung kam. Mit finanzieller Unterstützung seines Schwiegervaters drehte er 1929 den aggressiven Dokumentarfilm *À propos de Nice* (Apropos Nizza). 1932 entstand sein erster Spielfilm, *Zéro de conduite*, der sofort von der Zensur verboten wurde. Seinen Spielfilm *L'Atalante* (1934) konnte er wegen einer schweren Krankheit nicht selbst vollenden. Er starb wenige Tage nach der Uraufführung einer verstümmelten Fassung des Films.

In Vigos Filmen verbindet sich ein poetischer Surrealismus mit aggressiver Sozialkritik. Und bei ihm scheinen beide Elemente einander zu ergänzen. So wird das Internat in *Zéro de conduite* zu einem unwirklichen Panoptikum monströser Karikaturen; aber das Verbot des Films macht deutlich, daß dabei die Zielrichtung, die Attacke gegen bürgerliche Erziehungsmethoden, niemals vergessen wurde und nicht übersehen werden konnte. Hinter den Bildern seiner Filme spürt man Bitterkeit und Engagement; in ihnen lebt die Trauer über eine verlorene Jugend. Obwohl Vigo nur zwei Dokumentarfilme und zwei Spielfilme gedreht hat, hatte sein Werk großen Einfluß auf die Entwicklung des französischen Films.

À propos de Nice (Apropos Nizza, 1929 – Dokumentarfilm), *Taris, roi de l'eau* (Taris, König des Wassers, 1931 – Dokumentarfilm), *Zéro de conduite* (Betragen ungenügend, 1932), *L'Atalante* (Atalante, 1934).

Luchino Visconti

Visconti, geboren am 2. November 1906 in Mailand (Italien) und gestorben am 17. März 1976 in Rom (Italien), stammte aus einem alten italienischen Adelsgeschlecht, was ihn nicht hinderte, sich für den Marxismus zu engagieren. Er interessierte sich zunächst vornehmlich für Musik. Das Filmhandwerk lernte er dann als Regieassistent von Jean Renoir. 1942 debütierte er als Filmregisseur und entwarf mit *Ossessione* ein beispielhaftes Konzept für den Neorealismus. Der Film wurde von der faschistischen Zensur verstümmelt und verboten; Visconti ging zum Theater und inszenierte Schauspiele und Opern. Erst 1947 kehrte er mit dem Fischerdrama *La terra trema* zum Film zurück. Er wurde als Film- und Theaterregisseur gleichermaßen bekannt und anerkannt. Visconti gilt als der »Erfinder« des Neorealismus, gleichzeitig aber auch als der Regisseur, der die neue Kunstrichtung aus allzu engen Fesseln gelöst hat. Schon in *La terra trema* ersetzt er die »Zufälle« der Wirklichkeit durch eine strenge dramaturgische und optische Konzeption. In *Senso* wandte er sich der Vergangenheit zu, wobei er die Realität in ausgeklügelt schönen Bildern einfing. Er hat einen kalligraphischen Stil entwickelt, bei dem die Bilder ihre Suggestivkraft weniger aus ihrem Realitätsbezug als vielmehr aus einer ganz und gar ausbalancierten Schönheit beziehen, ohne daß dabei allerdings der Bezug zur Wirklichkeit verlorengeht. Viscontis Thema ist immer wieder die Verstrickung des Menschen in soziale oder historische Gegebenheiten. Seine Helden scheitern, »weil die Zeit für sie abgelaufen ist, oder weil sie die Zeit noch nicht begreifen« (Martin Schlappner). Aber manchmal gewinnen sie Einsichten aus ihrem Mißerfolg; und diese Einsichten zielen auf Veränderung.

Ossessione (Ossessione ... von Liebe besessen, 1942), *La terra trema* (Die Erde bebt, 1947), *Bellissima* (Bellissima, 1951), *Senso* (Sehnsucht, 1954), *Le notti bianche* (Weiße Nächte, Italien/Frankreich 1957), *Rocco e i suoi fratelli* (Rocco und seine Brüder, Italien/Frankreich 1960), *Il gattopardo* (Der Leopard, Italien/Frankreich 1963), *Vaghe stelle dell'orsa* (Sandra, 1965), *La caduta degli dei / Götterdämmerung* (Götterdämmerung / Die Verdammten, 1968), *Morte a Venezia* (Der Tod in Venedig, 1970), *Ludwig II* (BRD/Italien/Frankreich 1972), *Gruppo di famiglia in un interno* (Gewalt und Leidenschaft, Italien/Frankreich 1974), *L'innocente* (L'innocente – Die Unschuld, Italien/Frankreich 1975) u. a.

Andrzej Wajda

Wajda, geboren am 6. März 1926 in Suwałki (Polen), wollte ursprünglich Maler werden und studierte – wie sein Kollege Kawalerowicz – an der Kunstakademie in Krakau. Doch dann wechselte er zur Filmhochschule in Łódź über, wo er 1954 sein Abschlußexamen machte. Noch im gleichen Jahr drehte er den Film *Pokolenie* (Generation). Bereits sein zweiter Spielfilm, *Kanał*, wurde ein internationaler Erfolg; und seither gilt Wajda unbestritten als einer der führenden polnischen Filmregisseure.

Wajda behandelt in seinen Filmen häufig Themen aus der Zeit des Krieges. Aber Krieg ist für ihn kein Anlaß zu nationalem Pathos; er zeigt Menschen in ausweglosen Situationen, ihn interessieren ihre Reaktionen, ihre Charaktere. So sagte er zu seinem Film *Kanał*, der Flucht und Tod polnischer Widerstandskämpfer in der Kanalisation Warschaus behandelt: »Den Effekt dieses Films hätte ich genausogut in einem historischen Film über den Aufstand römischer Sklaven erreichen können!« Der düstere Grundton seiner Filme artikuliert sich in raffiniert komponierten Bildern, die manche Kritiker gelegentlich sogar »zu schön« fanden, die aber niemals den Inhalt diskreditieren. Wajda selbst hat von dem »barocken Charakter« seiner Filme gesprochen, der es ihm erleichtere, sein Publikum zu erreichen. In der zweiten Hälfte der sechziger Jahre, als manche seiner polnischen Kollegen resignierten, ist sein Stil komplizierter und individueller geworden; hartnäckiger noch als früher seziert er seither die Charaktere seiner handelnden Personen. Diese Personen aber stehen nicht nur für sich und ihre privaten Konflikte. In ihrem Schicksal spiegeln sich Stationen polnischer Geschichte *(Ziemia obiecana)* oder gesellschaftliche und politische Probleme der Gegenwart *(Człowiek z marmuru)*, die Wajda kritisch aufarbeitet. Es wird sicher wenige Filmregisseure geben, die – so wie er – in ihren Filmen die Kultur und das moralische Bewußtsein eines ganzen Landes repräsentieren.

Pokolenie (Generation, 1954), *Kanał* (Der Kanal, 1956), *Popiół i diament* (Asche und Diamant, 1958), *Lotna* (Lotna, 1959), *Niewinni czarodzieje* (Die unschuldigen Zauberer, 1960), *Samson* (Samson, 1961), *Sibirska Ledi Magbet* (Blut der Leidenschaft / Lady Macbeth aus Sibirien, Jugoslawien 1961), *L'amour à vingt ans* (Liebe mit zwanzig, 1962 – eine Episode), *Popioły* (Legionäre, 1965), *Gates to paradise* (Die Pforten des Paradieses, England 1967), *Wszystko na sprzedaż* (Alles zu verkaufen, 1968), *Krajobraz po bitwie* (Landschaft nach der Schlacht, 1970), *Brzezina* (Das Birkenwäldchen, 1971 – Fernsehproduktion), *Pilatus und andere / Ein Film für Karfreitag* (BRD 1972 – Fernsehproduktion), *Wesele* (Die Hochzeit, 1972), *Ziemia obiecana* (Das gelobte Land, 1974), *Smuga cienia* (Die Schattenlinie, Polen/England 1975), *Człowiek z marmuru* (Der Mann aus Marmor, 1976), *Bez znieczulenia* (Ohne Betäubung, 1978), *Zaproszenie do wnętrza* (Besichtigung von Innenräumen, 1978 – Dokumentarfilm), *Panny z Wilka* (Die Mädchen von Wilko, Polen/Frankreich 1979), *Dyrygent* (Der Dirigent, 1979), *Człowiek z żelaza* (Der Mann aus Eisen, 1980/81), *Danton* (Danton, Frankreich/Polen/BRD 1982), *Eine Liebe in Deutschland* (BRD/Frankreich 1983), *Kronika wypadków miłosnych* (Chronik einiger Liebesunfälle, 1986), *Les possédés* (Die Dämonen, Frankreich 1987), *Korczak* (Korczak, Polen/BRD/England 1989/1990) u. a.

Orson Welles

Welles, geboren am 6. Mai 1915 in Kenosha (USA) und gestorben am 10. Oktober 1985 in Los Angeles, schockierte und faszinierte schon als Zwanzigjähriger das Publikum mit ungewöhnlichen Theaterinszenierungen. Und nachdem ihm 1938 eine Hörspielfassung von H. G. Wells' »Krieg der Welten« so realistisch geraten war, daß sie eine Massenhysterie auslöste, gab Hollywood dem jungen Mann den wohl großzügigsten Vertrag in der Geschichte der Filmmetropole: Welles sollte jährlich einen Film in absoluter Freiheit drehen. So entstand *Citizen Kane* (1940). Aber bald gab es doch Meinungsverschiedenheiten, Einsprüche und Eingriffe. Orson Welles verließ 1947 Hollywood und filmte seither in verschiedenen Ländern, wobei man insgesamt dem Schauspieler Welles mehr Chancen bot als dem Regisseur. Seine Inszenierungen entstanden nicht selten durch die Unterstützung von Mäzenen, manche Filme blieben unvollendet, wie etwa sein in Mexiko begonnener *Don Quijote*.

Orson Welles in »F for Fake«

Welles' erster Film war eine radikale Absage an die damals gültigen ästhetischen Regeln des Films. Er löste die übliche Handlung in Erinnerungsfetzen auf; mit Hilfe der Tiefenschärfe des Bildes, die ein Spiel im Vorder- und Hintergrund ermöglichte, zog er Gegenwart und Vergangenheit stellenweise in einer Szene zusammen; Weitwinkelobjektive verzerrten und verfremdeten die Handlung. Welles hat daraus aber keinen »neuen Stil« entwickelt, den er zum Prinzip erhoben hätte. So wie er sich stets wieder andersartiger Stoffe bemächtigt hat, so hat er sie auch in immer neuen Formen behandelt. Dabei wirken alle seine Filme, in denen er gewöhnlich auch die Hauptrollen spielte, gleichsam überlebensgroß und ganz individuell. Selbst *Macbeth* und *Othello* erscheinen weniger als Shakespeare-Adaptionen, sondern als Welles-Filme.

Citizen Kane (Citizen Kane, 1940), *It's all true* (Es ist alles wahr, Brasilien 1941 – unvollendet), *The magnificent Ambersons* (Der Glanz des Hauses Amberson, 1942), *The stranger* (Der Fremde, 1946), *The lady from Shanghai* (Die Lady von Shanghai, 1947), *Macbeth* (Macbeth, 1947), *Othello* (Othello, Marokko 1951), *Mr. Arkadin / Confidential report* (Herr Satan persönlich, 1955), *Touch of evil* (Im Zeichen des Bösen, 1957), *Le procès* (Der Prozeß, Frankreich/BRD/Italien 1962), *Compañadas a medianoche* (Falstaff, Spanien/Schweiz 1965), *Histoire immortelle* (Die Stunde der Wahrheit, Frankreich 1967), *Fake? / F for Fake* (F wie Fälschung, USA/Frankreich 1973) u. a.

Wim Wenders

Wenders, am 14. August 1945 in Düsseldorf geboren, studierte zunächst Medizin und Philosophie, brach sein Studium jedoch nach vier Semestern ab und ging 1966 nach Paris, wo er sich vergeblich an der Filmhochschule IDHEC bewarb. Ersatzweise »studierte« er ein Jahr lang die Filmgeschichte in den Veranstaltungen der Cinemathèque Française. Dann kehrte er nach Deutschland zurück und gehörte hier zu den ersten Studenten und Absolventen der Hochschule für Film und Fernsehen in München.

Schon während seines Studiums drehte er rund ein Dutzend Kurzfilme; 1970 entstand sein Abschlußfilm *Summer in the city*; und bereits ein Jahr später hatte er einen respektablen Erfolg mit der Handke-Verfilmung *Die Angst des Tormanns beim Elfmeter*. Der Erfolg ist Wenders treu geblieben: U. a. erhielt er zweimal den Deutschen Filmpreis in Gold, dreimal den Deutschen Filmpreis in Silber; 1976 gewann er in Cannes den Kritikerpreis für *Im Lauf der Zeit*, 1982 den »Goldenen Löwen« in Venedig für *Der Stand der Dinge*, 1984 in Cannes die »Goldene Palme« für *Paris, Texas* und 1987 wiederum in Cannes einen Preis (»Beste Regie«) für *Der Himmel über Berlin*.

Wenders verbrachte mehrere Jahre in den USA, wo auch einige seiner Filme entstanden. Dennoch sollte man den amerikanischen Einfluß in seinen Arbeiten eher gering einschätzen. Seine oft überlangen Filme bestechen vor allem durch eine genaue, insistierende Beobachtung von Bewegungen – von Fahrten, Ortsveränderungen, Reisen und Begegnungen mit fremden Städten und Landschaften, aber auch – ganz wörtlich – von Gesten und Reaktionen. Seine besten Filme sind wortkarge Beschreibungen des Schicksals von Menschen, die aus ihrem Alltag ausbrechen, um neue Erfahrungen zu sammeln, die sich auf reale oder spirituale Abenteuer einlassen, ohne daß dabei aber von der Regie »abenteuerliche« Effekte bemüht werden. Wenders meint: »Mich interessieren die Vorgänge, die einfach ablaufen, passieren, und ich möchte da nicht hineinpfuschen, keine Dramaturgie, keine ›Handlung‹ im üblichen Sinn.«

Die Angst des Tormanns beim Elfmeter (1971), *Der scharlachrote Buchstabe* (1972), *Alice in den Städten* (1973), *Falsche Bewegung* (1974/75), *Im Lauf der Zeit* (1975), *Der amerikanische Freund* (1977), *Nicks Film – Lightning over water* (1979/80), *Hammett* (Hammett, USA 1978–82), *Der Stand der Dinge* (1982), *Paris, Texas* (BRD/Frankreich 1983), *Der Himmel über Berlin* (BRD/Frankreich 1986/87), *Aufzeichnungen zu Kleidern und Städten* (BRD/Frankreich 1988), *Bis ans Ende der Welt* (1990).

Billy Wilder

Wilder, als Samuel Wilder am 22. Juni 1906 in Sucha (Österreich) geboren, kam als Filmjournalist nach Berlin und debütierte dort als Filmautor durch seine Mitarbeit an dem Drehbuch für *Menschen am Sonntag* (1929). Bis 1933 schrieb er weitere erfolgreiche Drehbücher und emigrierte dann über Frankreich in die USA, wo er zunächst als Autor mit Charles Brackett zusammenarbeitete. Das Team schrieb u. a. die Lubitsch-Filme *Bluebeard's eighth wife* (Blaubarts achte Frau, 1938) und, zusammen mit Walter Reisch, *Ninotchka* (1939). 1942 inszenierte Wilder seinen ersten Spielfilm, nachdem er in Frankreich bereits für einen Film als Co-Regisseur gezeichnet hatte.

Billy Wilder, wegen seiner Vielseitigkeit oft als »Handwerker« unterschätzt, hat eine Reihe wirkungsvoller Kinostücke geschaffen. Ersten Ruhm errang er mit dem düsteren Kriminalfilm *Double indemnity* (1944). Wenig später engagierte er sich als Gesellschaftskritiker, der u. a. in *Sunset Boulevard* (1949) den Mythos Hollywoods demontierte. Und just als man ihn als strengen Moralisten akzeptiert hatte, wandte er sich dem Lustspiel zu. Wilders Filme sind präzise und manchmal plakativ. Seine Dramen berichten vom Versagen eines Individuums; seine Lustspiele, deren Witz oft mit bösen Widerhaken versehen ist, beziehen ihre Effekte gewöhnlich aus der gleichen Prämisse, die mit Konsequenz zu einem oft zwiespältigen Ende geführt wird. Dabei verzichtet er auf Symbole, Abschweifungen, Hintergründe. Er sorgt für Tempo, setzt seine Effekte sehr genau und schafft mit seinen Filmen und für sie eine eigene Welt.

The major and the minor (Der Major und das Mädchen, 1942), *Five graves to Cairo* (Fünf Gräber bis Kairo, 1943), *Double indemnity* (Frau ohne Gewissen, 1943), *The lost weekend* (Das verlorene Wochenende, 1944), *Sunset Boulevard* (Boulevard der Dämmerung, 1949), *The big carnival / Ace in the hole* (Reporter des Satans, 1950), *Stalag 17* (Stalag 17, 1952), *Sabrina* (Sabrina, 1953), *The seven year itch* (Das verflixte siebente Jahr, 1954), *Love in the afternoon* (Ariane – Liebe am Nachmittag, 1956), *Witness for the prosecution* (Zeugin der Anklage, 1957), *Some like it hot* (Manche mögen's heiß, 1958), *The apartment* (Das Appartement, 1959/60), *One, two, three* (Eins, zwei, drei, 1961), *Irma la douce* (Das Mädchen Irma la Douce, 1962/63), *The fortune cookie* (Der Glückspilz, 1965/66), *The private life of Sherlock Holmes* (Das Privatleben von Sherlock Holmes, England 1969/70), *Avanti!* (Avanti – Avanti, 1972), *The front page* (Extrablatt, 1974), *Fedora* (BRD/Frankreich 1977), *Buddy Buddy* (Buddy Buddy, USA 1981) u. a.

Konrad Wolf

Wolf, geboren am 20. Oktober 1925 in Hechingen (Deutschland) und gestorben am 7. März 1982 in Berlin (DDR), ist der Sohn des Dramatikers Friedrich Wolf. 1933 emigrierte er mit seinen Eltern in die Sowjetunion. Im Krieg war er Offizier in der sowjetischen Armee; von 1949 bis 1954 studierte er dann (bei Sergej Gerassimow) an der Filmhochschule in Moskau. Wolf arbeitete als Regieassistent mit Joris Ivens und Kurt Maetzig zusammen und lieferte sein Regiedebüt bei der DEFA mit der musikalischen Komödie *Einmal ist keinmal* (1955). Sein Film *Lissy* (1957) brachte ihm einen internationalen Erfolg, und seither galt er als der bemerkenswerteste Filmregisseur in der DDR.

Seine größten Erfolge erzielte Wolf überraschend mit den Filmen, die sich mit dem Nationalsozialismus auseinandersetzen. Da sind Milieu und Atmosphäre einer Zeit, die er selbst nicht oder doch nicht bewußt miterlebt hat, präzise eingefangen, da wird bei den Helden und ihren Gegenspielern auf jede Verzeichnung verzichtet. Ein subtiler Realismus bewährt sich, der ohne viele Worte die kleinen Fehler summiert, die das deutsche Bürgertum in die große Katastrophe führten. Bei seinen Gegenwartsfilmen hat man manchmal ein wenig das Gefühl mangelnder Distanz; da unterlaufen ihm gelegentlich formale Spielereien und ein leichtes Pathos. Erst *Solo Sunny* zeigt hier eine Gelassenheit, die ganz angemessen und ganz überzeugend erscheint.

Einmal ist keinmal (1955), *Genesung* (1956), *Lissy* (1957), *Sonnensucher* (1957–59 – uraufgeführt 1972 im Fernsehen), *Sterne* (DDR/Bulgarien 1959), *Leute mit Flügeln* (1960), *Professor Mamlock* (1961), *Der geteilte Himmel* (1964), *Der kleine Prinz* (1966 – uraufgeführt 1972 im Fernsehen), *Ich war neunzehn* (1967), *Goya – oder Der arge Weg der Erkenntnis* (DDR/UdSSR 1969–71), *Der nackte Mann auf dem Sportplatz* (1973), *Mama, ich lebe* (1976), *Solo Sunny* (1979 – Co-R: Wolfgang Kohlhaase), *Busch singt* (1980–82 – sechsteiliger Dokumentarfilm – Co-R) u. a.

William Wyler

Wyler, geboren am 1. Juli 1902 in Mühlhausen (Deutschland), und gestorben am 27. Juli 1981 in Los Angeles (USA), wurde von seinem Onkel, dem Filmpionier und Produzenten Carl Laemmle, nach Hollywood geholt. Er lernte sein Handwerk von der Pike auf und diente sich langsam nach oben zum Regisseur »kleiner« Filme (etwa ab 1927). Zunächst galt er als solider Handwerker ohne große Ambitionen. Aber in den dreißiger Jahren wuchs sein Renommee, und zwischen 1936 und 1946 drehte er einige bemerkenswerte Filme, die großen Einfluß auf die Entwicklung des amerikanischen Films hatten. Nach 1949 wandte er sich mehr und mehr dem Konsumfilm zu, den er allerdings mit Geschmack und Geschick vertrat, und etablierte sich mit einigen »Kassenschlagern« als Erfolgsregisseur.

Wylers Filme haben keinen unverwechselbaren Stil. Sie sind geprägt von ihren (oftmals literarischen) Vorlagen und von dem redlichen Bemühen, diesen Vorlagen die angemessene filmische Form zu geben. Wyler gelang es vor allem, Charaktere und Milieu plastisch zu zeichnen. Dabei war die Kamera für ihn weniger ein Gestaltungsmittel als vielmehr ein empfindsames Instrument der Beobachtung. Wyler ist der Prototyp und in seinen besten Filmen fast der Idealtyp des Regisseurs, der sich als »Vermittler« zwischen seiner Vorlage und seinem Publikum betrachtet.

These three (Infame Lügen, 1936), *Come and get it* (Nimm, was du kriegen kannst, 1936), *Dodsworth* (Zeit der Liebe, Zeit des Abschieds, 1936), *Dead end* (Sackgasse, 1937), *Jezebel* (Jezebel – Die boshafte Lady, 1938), *Wuthering heights* (Stürmische Höhen, 1939), *The westerner* (In die Falle gelockt, 1940), *The letter* (Das Geheimnis von Malampur / Der Brief, 1940), *The little foxes* (Die kleinen Füchse, 1941), *Mrs. Miniver* (Mrs. Miniver, 1942), *The best years of our lives* (Die besten Jahre unseres Lebens, 1946), *The heiress* (Die Erbin, 1949), *Detective story* (Polizeirevier 21, 1951), *Carrie* (Carrie, 1952), *Roman holiday* (Ein Herz und eine Krone, 1953), *The desperate hours* (An einem Tag wie jeder andere, 1955), *Friendly persuasion* (Lockende Versuchung, 1956), *The big country* (Weites Land, 1958), *Ben Hur* (Ben Hur, 1959), *The children's hour* (Infam, 1961), *The collector* (Der Fänger, 1964), *How to steal a million* (Wie klaut man eine Million, 1965), *Funny girl* (Funny girl, 1967), *The liberation of L. B. Jones* (Die Glut der Gewalt, 1969) u. a.

Fred Zinnemann

Zinnemann, geboren am 29. April 1907 in Wien (Österreich), kam über Paris nach Berlin, wo er seine Filmkarriere als Autor und Regieassistent begann. U. a. war er Mitarbeiter bei dem Film *Menschen am Sonntag* (1929). Dann verließ er Deutschland, drehte in Mexiko einen halblangen dokumentarischen Spielfilm und in den USA verschiedene Dokumentarfilme. Als Spielfilm-Regisseur errang er seinen ersten großen Erfolg 1944 mit *The seventh cross* nach dem gleichnamigen Roman von Anna Seghers.

Zinnemanns frühe Filme sind von zeit- und gesellschaftskritischem Engagement geprägt. Mit nüchternem Realismus, der vom italienischen Neorealismus beeinflußt zu sein scheint, schildert er die Probleme der Durchschnittsbürger und der Unterprivilegierten. Hinterhöfe und schmutzige Straßen hat nach dem Krieg wohl kaum ein anderer amerikanischer Regisseur so ehrlich und unpathetisch ins Bild gebracht wie er. Später stellte er seine unbestreitbaren Fähigkeiten auch in den Dienst anspruchsloser Konsumfilme und schwerfälliger Dramen.

Redes (Netze, Mexiko 1934–36 – Co-R: Paul Strand und E. Gomez Muriel), *Eyes in the night* (Die Spur im Dunkel, 1942), *The seventh cross* (Das siebte Kreuz, 1944), *The search* (Die Gezeichneten, Schweiz/USA 1948), *The men* (Die Männer, 1950), *Teresa* (Teresa, 1951), *High noon* (Zwölf Uhr mittags, 1952), *The member of the wedding* (Das Mädchen Frankie, 1953), *From here to eternity* (Verdammt in alle Ewigkeit, 1953), *Oklahoma* (Oklahoma, 1955), *A hatful of rain* (Giftiger Schnee, 1957), *The nun's story* (Geschichte einer Nonne, 1959), *The sundowners* (Der endlose Horizont, England 1959), *Behold a pale horse* (Deine Zeit ist um, USA/Frankreich 1963), *A man for all seasons* (Ein Mann zu jeder Jahreszeit, England 1966), *The day of the jackal* (Der Schakal, England/Frankreich 1972), *Julia* (Julia, 1976), *Five days one summer* (Am Rande des Abgrunds, USA/England 1982) u. a.

Anhang:
Filme von A bis Z
(1988–1990)

Akira Kurosawa's dreams / Konna yume wo mita

(Akira Kurosawas Träume)

USA, 1989

R: Akira Kurosawa; A: Akira Kurosawa; K: Takao Saitô, Masaharu Ueda; D: Toshihiko Nakano, Mitsunori Isaki, Akira Terao, Martin Scorsese, Chishu Ryu, Mitsuko Baisho, Mieko Harada

Ohne Rahmenhandlung reiht Kurosawa acht Träume aneinander, in deren Mittelpunkt jeweils das »Ich« des Erzählers steht – im ersten Traum als Kind (T. N.), im zweiten als Junge (M. I.), von da an als erwachsener Mann (A. T.).

1. »Sonne, die durch den Regen scheint«
Gegen das Verbot seiner Mutter (M. B.) geht ein Kind in den Wald und wird Zeuge der Hochzeit der Füchse. Das Kind muß dann zum Regenbogen gehen und die Füchse um Verzeihung bitten.

2. »Der Pfirsich-Garten«
Ein Junge wird von einem Mädchen in einen abgeholzten Pfirsich-Hain gelockt, wo die Hina-Puppen des Ahnenaltars ihm als lebendige Menschen entgegentreten. Als der Junge das Abholzen der Bäume bedauert, erblühen sie für ihn noch einmal.

3. »Der Schneesturm«
Vier Bergsteiger werden von einem Schneesturm überrascht. Drei schlafen ein; einer widersteht den Verlockungen der Schneefee (M. H.), die ihn in den Schlaf ziehen möchte.

4. »Der Tunnel«
Ein Offizier durchquert bei der Rückkehr aus dem Krieg einen Tunnel, aus dem die Geister gefallener Kameraden ihm folgen, die er in ein tödliches Gefecht geschickt hat. Sie verlassen ihn erst, als er ihnen den militärischen Befehl gibt. Der Offizier bricht weinend zusammen.

5. »Krähen«
Ein Student tritt bei einer Van-Gogh-Ausstellung in die Bilderwelt des Künstlers (M. S.) ein und trifft dort mit ihm zusammen. Doch der Meister hat keine Zeit für ihn, und der Student befindet sich plötzlich wieder im Museum.

Akira Kurosawa's dreams

6. »Fujiyama in Rot«
Die Explosion eines Kernkraftwerks zerstört auch den Fujiyama. Das Ich kämpft gegen einen tödlichen Nebel.
7. »Der weinende Menschenfresser«
Die Welt scheint zerstört. Das Ich trifft auf merkwürdig deformierte, gehörnte menschliche Wesen, die nachts vor Schmerzen heulen, und die bereits wieder eine »Klassengesellschaft« eingeführt haben.
8. »Dorf der Wassermühlen«
Das Ich kommt in eine wunderschöne Landschaft mit fröhlichen Menschen. Ein uralter Mann (C. R.) spricht an der Schwelle des Todes über die Schönheit des Lebens.
Eine magische Bilderwelt, die von der Kindheit bis zum Greisenalter und von der apokalyptischen Vision bis zur bukolischen Idylle reicht. Entsprechend vielgestaltig sind auch die stilistischen Mittel dieses Films. Für die Episode »Krähen« zum Beispiel nutzte Kurosawa die brillante Tricktechnik der Firma von George Lucas, die es dem Darsteller ermöglichte, leibhaftig in die Bildwelt Van Goghs einzudringen; in der letzten Episode dagegen vertraute er ganz auf die Kraft naiver, farbenfroher Bilder. Sicher wird jeder Betrachter für sich eine eigene »Rangfolge« der Episoden einrichten. Insgesamt aber ist dieser Film ein weises Alterswerk von großer künstlerischer Kraft.

Au revoir les enfants
(Auf Wiedersehen, Kinder)

Frankreich/BRD, 1987

R: Louis Malle; A: Louis Malle; K: Renato Berta; D: Gaspard Manesse, Raphael Fejtö, Philippe Morier-Genoud, François Negret, Peter Fitz

Frankreich im Jahr 1944. Widerstrebend kehrt der elfjährige Julien (G. M.) aus den Weihnachtsferien in ein katholisches Internat bei Paris zurück. Dort trifft er auf drei neue Mitschüler, von denen besonders einer, Bonnet (R. F.), seine Aufmerksamkeit erregt. Und obwohl Bonnet Julien als Klassenprimus ablöst, werden die beiden Jungen Freunde. Schließlich entdeckt Julien auch das Geheimnis Bonnets: Er ist Jude und wird mit zwei Schicksalsgefährten von Pater Jean (P. M.-G.), dem Leiter des Internats, unter falschem Namen vor den Deutschen versteckt. Dieses Wissen verbindet die beiden Jungen um so mehr. Doch die trügerische Idylle zerbricht schon bald. Der Küchenjunge Joseph (F. N.) wird beim Diebstahl erwischt und entlassen. Aus Rache wird er zum Denunzianten. Der Gestapo-Beamte Müller (P. F.) erscheint in der Schule, und wenig später werden Pater Jean und die drei jüdischen Kinder verhaftet. Julien bleibt zurück – verfolgt von der Vorstellung, er habe den Freund durch einen unbedachten Blick verraten.
Louis Malle hat in diesem Film eigene Erlebnisse und Erinnerungen verarbeitet. Man glaubt das zu spüren an seinem Engagement, an der Behutsamkeit der psychologischen Zeichnung, an der Genauigkeit der Beobachtung. Dazu Malle: »Ich versuche in diesem Film, sehr präzise zu sein, viel präziser, als ich es vielleicht jemals vorher war; denn bei diesem Thema weiß ich ganz genau, was ich will und wie ich es erreiche. Ich versuche also, mich nicht zu verstecken; ich lege keinen Wert auf häufig wechselnde und komplizierte Kameraeinstellungen.«
Entstanden ist ein ganz und gar unspektakulärer Film. Er vermeidet gleichermaßen formale Spielereien, inhaltliche Klischees und sentimentale Effekte und gewinnt dadurch eine ruhige Selbstverständlichkeit, erstaunliche Intensität und zeitlose Gültigkeit. Louis Malle: »1944 ist fern. Doch ich weiß, daß ein Jugendlicher von heute meine Gefühle teilen kann. Denn Ungerechtigkeit und Rassismus sind nicht verschwunden.«
In der Filmographie Malles ist dies ein neuerlicher Beitrag zu dem Thema, das er bereits mit *Lacombe Lucien* aufgegriffen hatte.

Babettes gaestebud
(Babettes Fest)

Dänemark, 1986/87

R: Gabriel Axel; A: Gabriel Axel nach der gleichnamigen Novelle von Tania Blixen; K: Henning Kristiansen; D: Stéphane Audran, Hanne Stensgaard, Vibeke Hastrup, Bodil Kjer, Birgitte Federspiel, Jean-Philippe Lafont, Jarl Kulle

Als hübsche junge Mädchen haben Philippa (H. S.) und Martina (V. H.) auf Geheiß ihres Vaters, eines pietistischen Pfarrers in der dänischen Provinz, ihre Freier abgewiesen. Mittlerweile sind sie (B. K., B. F.) in vorbildlicher Nächstenliebe alt geworden und bemühen sich, das geistliche Erbe ihres Vaters lebendig zu erhalten. Nächstenliebe üben sie auch, als im Jahre 1871, mit einem Empfehlungsschreiben von Philippas verflossenem Verehrer (J.-P. L.), die Französin Babette (S. A.) vor ihrer Tür steht. Babette hat Mann und Kind bei der Niederschlagung der Pariser Kommune verloren, und die Schwestern nehmen sie, die »Papistin«, nach kurzem Zögern auf. Die fromme Tat trägt reichen Lohn, denn Babette ist eine exzellente Köchin, die das karge tägliche Brot wohlschmekkend anzurichten versteht. So hört man eines Tages mit Bedauern, daß sie in der französischen Lotterie 10.000 Francs gewonnen hat, was ihr die Rückkehr in die Heimat ermöglicht. Zuvor jedoch lädt Babette alle Gemeindemitglieder, die sich über Fragen des Glaubens und der Moral tief zerstritten haben, zu einem Festessen ein, zu dem unerwartet auch Martinas früherer Verehrer (J. K.), mittlerweile ein weltgewandter General, erscheint. Köstliche Delikatessen und exotische Spezereien werden angeliefert, aus denen Babette gleichsam einen kulinarischen Choral komponiert. Vergeblich versuchen die asketischen Gemeindemitglieder, diesem Blendwerk des Teufels zu widerstehen. Zwar kommt, wie vereinbart, kein Wort des Lobes über ihre Lippen, aber der Wohlgeschmack ebnet Gräben zwischen den Fraktionen und versöhnt hartgesottene Feinde. Voller Erleichterung hören alle, daß Babette bei ihnen bleiben wird. Sie fühlt sich mittlerweile wohl in Jütland; und den Lotteriegewinn hat sie ohnehin bis auf den letzten Sou in dieses Essen investiert.

Ein liebevoll und sorgfältig gezeichnetes Genrebild, ein Film der schönen Bilder und der unaufdringlichen Menschlichkeit. Die Gemeinde der starrköpfig frommen Christen gerät ihm weder zur Karikatur noch zur Idylle; die gealterten Liebhaber wirken anrührend und niemals komisch. Zur Tristesse des Alltags und des Verzichts ist Babettes kulinarische Selbstbestätigung, die den zwischen erzwungener Armut und freiwilliger Askese lebenden Dorfbewohnern einen ganz neuen Horizont der Lebensfreude eröffnet, ein überaus sympathisches Gegenbild. Der Film macht dieses Ritual des vollkommenen Genusses zum Höhe- und zum Mittelpunkt seiner Handlung; und es gelingt ihm dabei, dieses Festmahl zu einer ungemein spannenden und vergnüglichen Episode auszuspinnen. Eine sehr schöne und sehr werkgetreue Literaturverfilmung.

Batman
(Batman)

USA, 1988

R: Tim Burton; A: Sam Hamm und Warren Skaaren nach einer Story von Sam Hamm und nach Comic-Charakteren von Bob Kane (Zeichnungen) und Bill Finger (Texte); K: Roger Pratt; D: Michael Keaton, Jack Nicholson, Kim Basinger, Jack Palance, Jerry Hall

Gotham City ist die düstere Zukunftsvision von New York, eine unmenschliche Stadt, in der Carl Grissom (J. P.) wie ein Mafia-Pate herrscht. Selbst ihm ist allerdings sein Killer Jack Napier (J. N.) zu mordlustig. Als Napier auch noch mit Grissoms Gespielin (J. H.) anbändelt, schickt er ihn in einen Hinterhalt der Polizei. Dem wäre Napier vielleicht noch entkommen, doch unversehens taucht eine Gestalt im Fledermaus-Kostüm auf: Batman (M. K.). Bei dem Handgemenge mit diesem Gegner stürzt Napier in einen Bottich mit brodelnder Säure. Durch diesen Unfall mutiert er zum Monster – mit grünen Haaren, einem fahlweiß leuchtenden Gesicht und einem Mund, der ständig zu einem teuflischen Grinsen verzogen ist. Die neue Identität besiegelt er mit einem neuen Namen: Er ist fortan der »Joker«. Der Joker räumt Grissom aus dem Wege, er mordet wahllos, indem er das tödliche Nervengift »Smilex« in zahlreiche Haushaltswaren praktiziert, und er verliebt sich in die Fotografin Vicki Vale (K. B.), die bei ihrer Suche nach Batman den Millionär Bruce Wayne kennen- und schätzengelernt hat, ohne zu wissen, daß der mit Batman identisch ist. Der Joker entführt Vicki, die aber von Batman gerettet wird und nun endlich seine Identität erkennt. Batman wiederum erfährt, daß es der Joker war, der vor vielen Jahren seine Eltern getötet und ihn damit zum anonymen Kämpfer gegen das Verbrechen gemacht hat. Der Joker plant nun seine abscheulichste Untat: Mit einer großen Parade will er die Menschen anlocken und sie dann durch mit »Smilex«-Gas gefüllte Ballons vergiften. Doch wieder kann Batman seine Pläne

durchkreuzen und ihn nach einem erbitterten Zweikampf vom Turm der verlassenen Kathedrale von Gotham City in die Tiefe stürzen.
Eine TV-Serie und vor allem ein Kinofilm (*Batman* – Batman hält die Welt in Atem, USA 1966, R: Leslie H. Martinson) hatten Batman in den sechziger Jahren mit allerlei Firlefanz zu einem Kindergarten-Helden denaturiert. Dieser Film besinnt sich wieder auf die düsteren Aspekte, die dem einsamen Rächer seit seinem ersten Comic-Auftritt im Mai 1939 anhafteten. So gerät in diesem perfekten Kino-Stück Gotham City zum durchaus furchterregenden Inferno, ist der psychopathische Joker deutlich ein Spiegelbild des vigilanten Helden. Nur die ironische Naivität der Darstellung dämpft den unterschwelligen Zynismus.
Batman wurde für runde 60 Millionen Dollar produziert und mit einem großen Werbefeldzug als eine Art »Gesamtkunstwerk« aus Film und Merchandising gestartet. Es ist wohl kein Zufall, daß er in den USA ein absoluter Kassenschlager wurde, während sein Erfolg hierzulande eher bescheiden blieb.

Broadcast news

(Nachrichtenfieber – Broadcast News)

USA, 1987

R: James L. Brooks; A: James L. Brooks; K: Michael Ballhaus; D: William Hurt, Albert Brooks, Holly Hunter, Robert Prosky, Jack Nicholson

Eine Dreiecksgeschichte zwischen Tom Grunick (W. H.), Aaron Altman (A. B.) und Jane Craig (H. H.). Alle drei sind im Washingtoner Büro eines Fernsehsenders angestellt – Jane als Produzentin, Aaron als Reporter, und Tom kommt als Neuling im Geschäft gerade dazu. Natürlich kümmert sich Jane um den Neuen – zu intensiv allerdings, findet Aaron. Immerhin erkennt Jane schnell, daß Tom ein lausiger Reporter ist. Aber sein Charme und sein Geschick scheinen ihm eine Chance als Moderator zu eröffnen, von der der perfekte Reporter Aaron seit Jahren vergeblich träumt. Tatsächlich wird in einem aktuellen Notfall Tom als Moderator für eine Sondersendung ins Studio gerufen. Und dank Janes diskreter Hilfe verkauft er die Sendung und sich selbst so gut, daß Aaron sich zu Hause vor dem Bildschirm vorsätzlich betrinkt. Aber während sich Tom und Jane zu einer Party verabreden, wobei Jane nach kurzem Zögern auch eine Packung Präservative in das Abendtäschchen packt, überredet Aaron den Studioleiter, ihm auch eine Chance als Moderator zu geben. Sein Auftritt wird ein katastrophaler Mißerfolg. Jane hört davon, verzichtet auf den Rest der Party und das Anschlußprogramm und eilt zu Aaron, um ihn zu trösten. Tom bleibt nur das Vergnügen, sich die Video-Aufzeichnung von Aarons Schlappe anzusehen. Der Film kommt zum Schluß, aber nicht zu einem Ende seiner Geschichte: Jane, Tom und Aaron überstehen eine Kündigungswelle im Sender. Und so wie ein kurzer Prolog die Protagonisten als Kinder gezeigt hatte, gibt es jetzt einen Epilog. Sieben Jahre später treffen sich die Freunde und Rivalen, Aaron ist verheiratet und Vater, Tom ist verlobt, und Jane hat immerhin einen Freund.
Einige Kritiker haben dem Film vorgeworfen, daß er die Medienkritik nicht konsequent genug betreibe. Dies war aber auch kaum seine Absicht. Brooks hat vielmehr eine originelle und intelligente Dreiecks-Komödie inszeniert, die in erster Linie am privaten Schicksal ihrer Protagonisten interessiert ist, ihren beruflichen Hintergrund und dessen Probleme aber durchaus ernst nimmt. Dabei hat Brooks die Attraktivität des Fernseh-Milieus als solide Basis für ein unterhaltsames und über weite Strecken auch nachdenklich stimmendes Spiel genutzt.

»Crocodile« Dundee

(Crocodile Dundee – Ein Krokodil zum Küssen)

Australien, 1986

R: Peter Faiman; A: Paul Hogan, Ken Shadie, John Cornell; K: Russell Boyd, Michael Atkinson (Tier-Aufnahmen); D: Paul Hogan, Linda Kozlowski, John Meillon, David Gulpilil, Mark Blum

Sue Charlton (L. K.), schreibende Verlegers-Tochter aus New York, erfährt vom legendären Kampf eines australischen Supermanns, der, nachdem ihm ein Krokodil beim Angeln ein Bein abgebissen habe, die Bestie dennoch getötet und sich dann tagelang durch den Dschungel zum Arzt geschleppt haben soll. Dies scheint ihr der Stoff für eine Reportage, und sie jettet umge-

hend in das australische Dorf Walkabout Creek. Dort findet sie alles eine Nummer kleiner: Sie findet Mick »Crocodile« Dundee (P. H.), ein sympathisches Rauhbein, der zwar noch beide Beine aber immerhin einige Narben vom Umgang mit den Krokodilen hat. Von Dundee läßt sich Sue durch die Wildnis führen, wobei er sich als Fremdenführer, als knorriger Charmeur und gar als Lebensretter bewähren kann. Dankbar lädt Sue ihn nach New York ein. Hier hat der wackere Krokodiljäger zwar Probleme mit technischem Firlefanz wie Rolltreppen etc., die wahren Probleme dagegen löst er gleichsam im Vorübergehen. Er treibt jugendliche Gangster beiläufig in die Frustration und punktet schließlich auch Sues bisherigen Verlobten (M. B.), den Chefredakteur der Zeitung, aus.
Eine sympathisch altmodische Komödie, die der australische Fernsehstar Paul Hogan sich gekonnt auf den Leib geschrieben hat. Die Pointen, die vornehmlich aus der Konstellation »verwöhntes Party-Girl im Dschungel« bzw. »Naturbursche auf der Cocktail-Party« gewonnen werden, sind von liebenswerter Einfachheit und stören niemals den harmonischen Ablauf eines solide gefertigten Familienfilms. Dennoch hat es wohl selbst die Fachleute überrascht, daß dies ein Welterfolg wurde, dem man schleunigst einen zweiten Teil nachfolgen ließ: *»Crocodile« Dundee II* (»Crocodile« Dundee II, USA/Australien 1987). Diesmal rettet Dundee Sue aus den Fängen einer Rauschgift-Bande. Hogan schrieb das Drehbuch zusammen mit seinem Sohn Brett, John Cornell führte Regie.

Cyrano de Bergerac

(Cyrano von Bergerac)

Frankreich, 1989/90

R: Jean-Paul Rappeneau; B: Jean-Paul Rappeneau und Jean-Claude Carrière nach dem gleichnamigen Schauspiel von Edmond Rostand; K: Pierre Lhomme; D: Gérard Depardieu, Anne Brochet, Vincent Perez, Jacques Weber, Roland Bertin

Der geistreiche Poet und Fechtkünstler Cyrano (G. D.) ist durch eine übergroße Nase verunstaltet und wagt deshalb nicht, der schönen Roxane (A. B.) seine Liebe zu gestehen. Statt dessen leiht er seine Phantasie und seine Feder dem Schönling Christian de Neuvillette (V. P.), in den Roxane sich vergafft hat. Erst Cyranos poetische Liebesschwüre freilich und die Briefe, die er ihr in Christians Namen schreibt, lassen bei Roxane aus Verliebtheit Liebe werden. Auch Christian erkennt schließlich, daß er nur »Stellvertreter« Cyranos ist; doch er stirbt in der Schlacht, ehe er die Intrige aufdecken kann. Vierzehn Jahre lang betrauert Roxane den Toten, ehe sie am Todestag Cyranos erkennt, wer die Briefe tatsächlich geschrieben und wem in Wahrheit ihre Liebe gegolten hat.
Rappeneau hat es verstanden, Rostands romantisch-ironisches Versdrama werkgetreu und dennoch filmisch zu interpretieren. Er hat die melodramatischen Akzente geschickt in Handlung, in Bewegung, in die Aktion der Kamera und des Schnitts aufgelöst; aber der schwelgerische Aufwand und die turbulenten Aktionen überdecken doch nie die Gefühle und Empfindungen, Freud und Leid des verzweifelt liebenden Cyrano, den Gérard Depardieu mitreißend verkörpert. So entstand eine stilvolle Literaturverfilmung, die auch die Verse des Dialogs wie selbstverständlich integriert und die exemplarisch die Möglichkeit demonstriert, im Kino eine eigene poetische Wirklichkeit zu schaffen.
Die gleiche literarische Vorlage wurde bereits von Michael Gordon verfilmt: *Cyrano de Bergerac* (Der letzte Musketier, USA 1950). José Ferrer gewann für seine Verkörperung der Titelrolle einen »Oscar«; der Film war ein achtbarer Versuch Hollywoods, sich der Poesie Rostands zu nähern. Ferrer spielte die Figur des Cyrano ein weiteres Mal in einem »Mantel-und-Degen«-Film von Abel Gance: *Cyrano et D'Artagnan* (Cyrano und D'Artagnan, Frankreich/Italien/Spanien 1962).

Dead poets society

(Der Club der toten Dichter)

USA, 1989

R: Peter Weir; A: Tom Schulman; K: John Seale; D: Robin Williams, Robert Sean Leonard, Ethan Hawke, Josh Charles, Gale Hansen, Kurtwood Smith, Norman Lloyd

Ende der fünfziger Jahre. An der konservativ-elitären Welton Academy beginnt ein neues Schuljahr. John Keating (R. W.), selbst ehemali-

Dead poets society

ger Welton-Schüler, bringt als neuer Englischlehrer frischen Wind in die verstaubten Lehrpläne. Er will nicht nur Wissen vermitteln; die Beschäftigung mit Literatur birgt für ihn auch die Möglichkeit, eigenes Denken zu fördern. Die Schüler sind begeistert. Eifrig betreiben sie die »Wiederbelebung« des »Clubs der toten Dichter«, dem Keating als Schüler angehört hatte. Seine Mitglieder treffen sich heimlich in einer abgelegenen Höhle, um sich gegenseitig ihre Lieblingsgedichte und auch eigene Verse vorzulesen. Aber sie reden auch über ihre Probleme – über Neil Perrys (R. S. L.) Liebe zum Theater, über Todd Andersons (E. H.) Schüchternheit, über Knox Overstreets (J. C.) Liebesaffäre und über Charlie Daltons (G. H.) aufmüpfige Ideen, die den Grundprinzipien der Schule – »Tradition, Ehre, Disziplin, Leistung« – ziemlich widersprechen. Doch auf die Dauer sind die Vorstellungen Keatings und seiner Schüler mit dem autoritären Schulsystem nicht vereinbar. Zur Katastrophe kommt es, als Neil Perry, der nach dem Willen seines Vaters Arzt werden soll, in einer Inszenierung des Sommertheaters eine Rolle übernimmt. Mr. Perry (K. S.), der Neils Wunsch, Schauspieler zu werden, schon vorher strikt abgelehnt hatte, ist empört. Zur Strafe will er seinen Sohn auf eine Militär-Akademie schikken. Verzweifelt erschießt sich der Junge. Für diesen skandalösen Zwischenfall braucht man natürlich einen Sündenbock. Der Direktor (N. L.) findet ihn in John Keating und seinen Ideen. Keating wird entlassen, nachdem seine Schüler sich unter Druck von ihm distanziert haben. Aber mit einer spontanen Demonstration beweisen sie ihm, daß der Geist, den er entzündet hat, weiterlebt.

Der Film beginnt wie eine der üblichen Internatsgeschichten und gewinnt dann zunehmend Dichte und neue Dimensionen. Am Ende steht ein demonstratives Bekenntnis zur Kraft und zur Freiheit des Geistes, dessen verhaltenes Pathos während des ganzen Films behutsam aber konsequent vorbereitet wird. Basis dieser eindringlichen Studie ist ein vorzügliches Drehbuch. Peter Weir hat diese Vorlage in schöne und zugleich aussagekräftige Bilder transponiert, seine Bildmetaphern treiben die Handlung gleichsam unmerklich voran. Das *Time Magazine* meinte, der Film verdiene »Aufmerksamkeit, Respekt und schließlich Dankbarkeit«.

Do the right thing

(Do the right thing)

USA, 1988

R: Spike Lee; A: Spike Lee; K: Ernest Dickerson; D: Danny Aiello, Ossie Davis, Ruby Dee, Giancarlo Esposito, Spike Lee, Bill Nunn, John Savage

Ein schäbiges Wohnviertel in Brooklyn, das fast ausschließlich von Schwarzen bewohnt wird und in dem Sals traditionsreiche Pizzeria fast schon provozierend wirkt. Aber der Italiener Sal (D. A.) ist stolz darauf, daß man ihn akzeptiert, daß Leute wie der trinkfeste Da Mayor (O. D.) und die zungenfertige Mother Sister (R. D.) ihn mögen. Natürlich gibt es gelegentlich auch Meinungsverschiedenheiten – vor allem mit Sals Austräger Mookie (S. L.), der weder durch Eifer noch durch Schnelligkeit auffällt. Doch man versöhnt sich meist schnell wieder. Unter der beruhigend glatten Oberfläche sind freilich die wahren Konflikte und Probleme deutlich zu spüren, und an einem brütend heißen Sommertag kommen sie aus scheinbar nichtigem Anlaß zum Ausbruch. Buggin' Out (G. E.), ein junger Dandy, nimmt plötzlich Anstoß an Sals »wall of fame«, die mit Fotos arrivierter Italo-Amerikaner bestückt ist, und fordert die Berücksichtigung erfolgreicher Schwarzer. Sal kontert irritiert mit einem Hausverbot für den Provokateur. Der tut sich mit Radio Raheem (B. N.) zusammen und schickt den Musik-Freak mit voll aufgedrehtem Ghetto Blaster in die Pizzeria. Entnervt zerstört Sal das lärmende Folterinstrument und löst dadurch eine Schlägerei aus, die die Polizei auf den Plan ruft, und bei der Radio Raheem durch einen unglücklichen Zufall getötet wird. Eine aufgebrachte Menge plündert die Pizzeria und steckt sie in Brand. Nur mühsam kann verhindert werden, daß der Aufruhr weiter um sich greift. Am nächsten Morgen steht Sal vor den Trümmern seiner Existenz und wohl auch seines oberflächlichen Optimismus.

Der Film beginnt wie eine ironische Komödie und entwickelt sich zu einer überzeugenden Studie über die Entstehung von Gewalt. Regisseur Spike Lee setzt nicht auf verbale Argumente. Er ist vielmehr ein exakter Beobachter, der Wirklichkeit so auf die Leinwand bringt, daß der Zuschauer Ursachen, Hintergründe und Zusammenhänge wie beiläufig selbst erkennt. Lee hat viel Sinn für komische Akzente und effektvolle Übersteigerungen, aber er vergißt dabei nie – und läßt auch den Zuschauer nicht vergessen! –, daß es für die angesprochenen Probleme keine idyllischen Lösungen gibt. Dazu der Regisseur: »Ich möchte, daß der Zuschauer am Ende des Films ein Gefühl des Horrors hat. Ich möchte darauf hinweisen, daß wir über diese Probleme reden und uns ihnen stellen müssen. Wenn das nicht geschieht, wird es nur schlimmer.«

Down by law

(Down by law)

USA, 1986

R: Jim Jarmusch; A: Jim Jarmusch; K: Robby Müller; D: Tom Waits, John Lurie, Roberto Benigni, Nicoletta Braschi, Ellen Barkin

In einer Gefängniszelle in New Orleans treffen sich der Zuhälter Jack (J. L.) und der ehemalige Discjockey Zack (T. W.). Sie haben einander wenig zu sagen. Das ändert sich, als der italienische Tourist Roberto (R. B.) eingeliefert wird, der im Affekt einen Mann erschlagen hat. Ausgerechnet dieser radebrechende Fremdling sorgt nun durch seine Kontaktfreude, seine skurrilen Ideen und seine merkwürdige Sprechweise dafür, daß die drei Zellengenossen zu Freunden werden. Und Roberto ist auch der Motor eines erfolgreichen Ausbruchsversuchs, der die drei allerdings zunächst vom Regen in die Traufe bringt – genauer gesagt in die Sümpfe Louisianas, wo sie von ihren Verfolgern und den Alligatoren gleichermaßen bedroht werden. Ein glücklicher Zufall führt sie jedoch in ein kleines Restaurant am Rande der Wildnis, das von der Italienerin Nicoletta (N. B.) betrieben wird. Roberto spürt alsbald Sympathien für die Landsmännin und bleibt bei ihr. Jack und Zack ziehen weiter, trennen sich aber bei der nächsten Weg-

gabelung. Das ist das Ende einer wunderbaren Freundschaft.
Ein Kinostück, aus dem wirklichen Leben gegriffen! Am Anfang skizziert die Kamera ein tristes Bild der Stadt New Orleans; auch die Eingangssequenzen im Gefängnis zeichnen eher die Schattenseiten des Lebens. Doch mit dem Auftritt von Roberto Benigni entwickelt sich vor dem stets präsenten realistischen Hintergrund eine Komödie, die von der Kraft naiver Menschlichkeit und von den Vorzügen des Optimismus handelt. Roberto ruht ganz einfach so fest und sicher in sich selbst, daß Jack und Zack (und auch die Zuschauer!) gar nicht umhin können, sich davon anstecken zu lassen. So ist auch die Trennung am Schluß ohne Bitterkeit, denn die beiden Wanderer, die da weiter ihre Wege gehen, sind nicht mehr die, die einst mürrisch zusammen in der Zelle gesessen haben.
Hierzulande ist der Film in der Originalfassung mit Untertiteln gelaufen, weil Jarmusch eine Synchronisation untersagt hatte. Sehr zu Recht! Allein der Verzicht auf Benignis Kauderwelsch wäre schon ein herber Verlust gewesen.

Fatal attraction

(Eine verhängnisvolle Affäre)

USA, 1987

R: Adrian Lyne; A: James Dearden; K: Howard Atherton; D: Michael Douglas, Glenn Close, Anne Archer, Ellen Hamilton Latzen

Als seine Frau Beth (A. A.) mit ihrer kleinen Tochter Ellen (E. H. L.) für ein Wochenende verreist ist, läßt sich der New Yorker Anwalt Dan Gallagher (M. D.) zu einem Seitensprung mit der attraktiven Alex Forrest (G. C.) hinreißen. Der Schritt vom Weg hat fatale Folgen: Alex entwickelt eine besitzergreifende Liebe, verfolgt Dan mit Telefonanrufen und teilt ihm dann mit, daß sie ein Kind von ihm erwartet.
Seinen Vorschlag, ihr eine Abtreibung zu finanzieren, lehnt sie empört ab. Alle Versuche Dans, einen Schlußstrich unter die Affäre zu ziehen, sind vergeblich. Als die Familie den längst geplanten Umzug in ein Haus auf dem Land durchführt, hat Alex in kurzer Zeit die Fährte wieder aufgenommen. Bald fühlt sich Dan nicht mehr nur belästigt, sondern auch bedroht. Vergeblich bittet er die Polizei um Hilfe; schließlich bleibt ihm nichts anderes übrig, als seine Frau einzuweihen. Als Alex auch Ellen in ihren Nervenkrieg einbezieht, kommt es zu einer Auseinandersetzung, bei der Dan Alex beinahe erwürgt hätte. Jetzt ist Alex nicht mehr zu stoppen. Während nun auch die Polizei nach ihr sucht, dringt sie mit einem Messer in das Haus der Gallaghers ein. In Notwehr wird sie von Beth erschossen.
Der Film beginnt als differenzierte psychologische Studie und entwickelt sich zu einem raffinierten Thriller, in dem die Grenzen zwischen Täter und Opfer fließend werden. Zwar agiert Alex irrational und hysterisch, aber ihre Handlungsweise wird wenigstens teilweise verständlich, weil Dan bis zuletzt nicht begreift, daß er auch ihr gegenüber eine Verantwortung hat. Diese Ambivalenz ist ein interessanter Hintergrund für die bedrohliche Spannung des zweiten Teils. Am Schluß drängen sich leider aufgesetzte Effekte nach vorn, so etwa, wenn die vermeintlich schon tote Alex – wie einst Paul Meurisse in Clouzots *Les diaboliques* – aus der Badewanne auftaucht.

A fish called Wanda

(Ein Fisch namens Wanda)

England, 1988

R: Charles Crichton; A: John Cleese nach einer Originalgeschichte von John Cleese und Charles Crichton; K: Alan Hume; D: Jamie Lee Curtis, John Cleese, Kevin Kline, Michael Palin, Tom Georgeson, Patricia Hayes

Wanda (J. L. C.), Otto (K. K.), Ken (M. P.) und George (T. G.) haben gemeinsam ein großes Ding gedreht. Doch dann fand Otto seinen Anteil zu klein und hat George, den Boss, verpfiffen; der aber hat vor seiner Verhaftung die Beute versteckt. So sitzen nun die »Hinterbliebenen« freudlos herum und überlegen, wie sie an den Lohn ihrer Mühen kommen können. Der schöne Otto kann sich dabei freilich nur mit halber Kraft engagieren, da die andere Hälfte (wenn nicht mehr!) von seinen Bemühungen um Wanda in Anspruch genommen wird. Der stotternde Tierfreund Ken soll vorderhand die einzige Tatzeugin (P. H.) mundtot machen und meuchelt dabei nacheinander ihre drei Zwergpudel. Und Wanda stürzt sich unter totalem Einsatz ihres wohlgeformten Leibes auf Georges soignierten Rechts-

anwalt Archie Leach (J. C.), von dem sie sich nützliche Auskünfte über den Verbleib der Beute erhofft. Aus dem Durcheinander dieser Aktivitäten und der vielfachen Versuche der Gauner, sich gegenseitig zu übertölpeln, entsteht eine atemberaubende Kette von Slapstick-Einlagen und pfiffigen Gags – bis am Ende Wanda und der gar nicht mehr soignierte Mr. Leach sich gemeinsam nach Südamerika absetzen.
Buch und Regie haben hier zusammen ein schöpferisches Chaos an- und eingerichtet. John Cleese, einst Mitglied der legendären »Monty-Python«-Truppe, steuerte dabei wohl den anarchischen Witz, die schwarzen Pointen und die zynischen Aspekte der Geschichte bei. Auf das Konto von »Altmeister« Crichton dürfte der skurrile und dabei stets realitätsnahe Humor in der Tradition der nicht minder legendären Komödien der Ealing Studios gehen. Verblüffend ist, wie geschickt Crichton nach rund 25 Jahren »Kino-Abstinenz« diese unterschiedlichen Elemente zu einer Einheit formt, wie sicher er die Pointen setzt, wie souverän er das Tempo der Handlung variiert. So entstand turbulente Vergnüglichkeit auf vergleichsweise hohem Niveau.

Full metal jacket

(Full Metal Jacket)

USA/England, 1987

R: Stanley Kubrick; A: Stanley Kubrick, Michael Herr und Gustav Hasford nach dem Roman *The Short-Timers* von Gustav Hasford; K: Douglas Milsome; D: Matthew Modine, Lee Ermey, Adam Baldwin, Vincent D'Onofrio, Dorian Harewood, Arliss Howard

Unmenschlicher Drill in einem Ausbildungscamp der »U. S. Marines«. Sergeant Hartman (L. E.) ist mit pedantischer Brutalität bemüht, die Individualität der jungen Männer zu zerstören und sie in perfekte Kampfmaschinen zu verwandeln. Private Joker (M. M.) übersteht diese Folter. Der gänzlich unsoldatische Private Pyle (V. D'O.) dreht durch; am »Graduation-Day«, der die Ausbildung beschließt, erschießt er Hartman und dann sich selbst. Die frischgebackenen Soldaten kommen nach Vietnam, wo bald (1968) die Tet-Offensive des Vietcong beginnt; die ausgeklügelte militärische Disziplin mündet schnell in chaotische Zufälligkeit. Joker ist Kriegsberichterstatter geworden und lernt, wie man aus dem Krieg ein Medienereignis macht. Aufsässige Ironie bringt ihm einen Einsatz in vorderster Front ein. Dort trifft er Cowboy (A. H.), der mit ihm im Ausbildungscamp war, und »Animal Mother« (A. B.), der den Vorstellungen Sergeant Hartmans wohl am ehesten entsprechen dürfte. Die Soldaten geraten in Hue in verlustreiche Straßenkämpfe; sie schießen und werden beschossen, sie üben und sie erleiden Gewalt. Ihr größter Erfolg ist die verlustreiche Überwältigung eines feindlichen Scharfschützen. Der fast übermächtige Gegner entpuppt sich als eine schmächtige junge Frau, die nach der Gefangennahme von den entnervten Soldaten erschossen wird.
Kubricks Film kam in der Bundesrepublik ein halbes Jahr nach Oliver Stones *Platoon* (Platoon, USA 1986) in die Kinos. Beide Filme handeln vom Krieg in Vietnam, beide sind ehrenwerte Versuche, die brutale Sinnlosigkeit dieses Krieges darzustellen. Ein entscheidender Vorteil von Kubricks Konzept ist, daß bei ihm der Kampfplatz und die Kämpfenden ziemlich anonym bleiben. Symbolisch treibt schon der Sergeant seinen »Schützlingen« die Individualität aus, indem er ihnen neue Namen gibt. Die solcherart zu Killern degradierten Männer treffen zwischen Ruinen und brennenden Häusern auf anonyme Gegner, die vermutlich ähnlich programmiert worden sind. Da mag man sich als Zuschauer kaum emotional für eine Seite engagieren. Man hat nur noch den einen Wunsch, daß das gegenseitige Töten aufhört.
Kubrick unterstützt diesen Effekt, indem er den Zuschauer mit einer ungemein beweglichen Kamera immer wieder gleichsam in die Handlung einbezieht, ihn durch Bilder und Töne objektiv strapaziert. Dies ist kein Rezept für einen breiten Publikumserfolg, wohl aber ein Konzept für einen aufrichtigen Anti-Kriegs-Film.

Herbstmilch

BRD, 1988

R: Joseph Vilsmaier; A: Peter Steinbach nach dem gleichnamigen Erinnerungsbuch von Anna Wimschneider; K: Joseph Vilsmaier; D: Dana Vavrova, Werner Stocker, Claude Oliver Rudolph, Renate Grosser, Eva Mattes

Die achtzehnjährige Anna (D. V.) versorgt den Haushalt auf dem kleinen Bauernhof ihres Vaters in Niederbayern. Aus Rückblenden erfahren wir, daß sie dies schon tun muß, seit sie im Alter von acht Jahren ihre Mutter verloren hat. Nun scheint Besserung in Sicht, denn sie hat den jungen Hofbesitzer Albert (W. S.) kennen- und liebengelernt. Nach einigem Zögern erlaubt ihr der Vater, Albert zu heiraten.
Doch sie kommt vom Regen in die Traufe: Unmittelbar nach der Hochzeit bricht der Zweite Weltkrieg aus, Albert wird eingezogen, und Anna bleibt allein zurück – mit einem Hof, einer mißgünstigen Schwiegermutter (R. G.) und drei alten Verwandten, die sie wie Kinder umsorgen muß. Hinzu kommen Probleme mit dem Ortsgruppenleiter (C. O. R.) und die Schwierigkeiten, die der Krieg ganz allgemein mit sich bringt. In zäher Beharrlichkeit bewältigt Anna die schwere Alltagsarbeit; schweigend erduldet sie den Haß der Schwiegermutter und die Bosheiten der kindischen Alten. Dann ist eines Tages der Krieg zu Ende. Albert kehrt zurück und stellt sich – gegen die Mutter – auf Annas Seite. Alles wird ein wenig besser werden . . .
»Herbstmilch« heißt in Niederbayern eine Sauermilch, die zu mager zum Verkauf ist und deshalb den armen Bauern als Speise dient. Unter diesem Titel veröffentlichte die Bäuerin Anna Wimschneider die schmucklose, eindringliche Chronik ihres Lebens.
Der Film erzählt – einfach und lakonisch – nur einen Teil dieser Geschichte. Das mag man bedauern; denn aus der Chronik der alltäglichen Mühsal wurde so ein Drama, das allzu sehr auf die Zeit des Krieges und auf die Auseinandersetzung mit einer exemplarisch bösen Schwiegermutter konzentriert ist, und das zudem durch ein – vorsichtiges – Happy-End vergoldet wird. Dennoch entstand hier ein respektabler, eindrucksvoller, engagierter Film, der ähnlich erfolgreich wurde wie seine literarische Vorlage.

Der Himmel über Berlin

BRD/Frankreich, 1986/87

R: Wim Wenders; A: Wim Wenders in Zusammenarbeit mit Peter Handke und Richard Reitinger; K: Henri Alekan; D: Bruno Ganz, Solveig Dommartin, Otto Sander, Curt Bois, Peter Falk

Zwei Engel, Damiel (B. G.) und Cassiel (O. S.), kommen nach Berlin. Natürlich sind sie unsichtbar. Nur Kinder und ehemalige Engel, zu denen ein weiser alter Mann namens Homer (C. B.) und ein amerikanischer Schauspieler (P. F.) gehören, können sie sehen. Für sie und für das Publikum sehen sie aus wie gewöhnliche Menschen. Die Engel können die Gedanken der Menschen lesen, und sie nutzen diese Fähigkeit, um denen zu helfen, die an sich und an der Welt leiden. Aber dann verliebt Damiel sich in die Trapezkünstlerin Marion (S. D.); und es überkommt ihn, daß er diese Liebe und die Welt »sinnlicher« erfahren will. Der Film verdeutlicht das, indem die zunächst monochromen Bilder mehr und mehr an Farbe gewinnen. Am Ende stellt Damiel staunend fest: »Ich weiß jetzt, was kein Engel weiß!« Er ist Mensch geworden, hat die Begrenztheit des »Menschlichen« akzeptiert und die Weisheit der »Ehemaligen« gewonnen, denen dieser Film gewidmet ist.
In diesem poetischen und vielschichtigen Film erzählt Wenders eine ungewöhnliche Liebesgeschichte, er reflektiert über die Größe und die Grenzen des Menschseins, stellt Fragen nach dem Sinn des Lebens, und fängt zudem noch seine individuelle Realität der geteilten Stadt Berlin ein. Dafür wurde er 1987 bei den Filmfestspielen in Cannes mit der »Goldenen Palme« ausgezeichnet. Honoriert wurde ein Film mit genau kalkulierten Bildern von großer Schönheit und Ausdruckskraft; honoriert wurden kühne optische Visionen und eine suggestive Bild- und Tonmontage.
Dennoch bleibt der Eindruck letztlich zwiespältig, weil der Wille zur Originalität, zur »Kunst« stellenweise allzu deutlich spürbar wird und weil vor allem der Text von Peter Handke in den Film nicht integriert ist – und wohl auch nicht werden konnte. Tendenziell hat er eine aufgesetzte Bedeutsamkeit, die sich häufig verselbständigt und dabei die Bilder schier erdrückt. Denn diese Bilder sprechen eine so deutliche Sprache, daß man nicht recht versteht, warum noch so viel über sie geredet werden muß.

Jésus de Montréal
(Jesus von Montreal)

Kanada/Frankreich, 1989

R: Denys Arcand; A: Denys Arcand; K: Guy Dufax; D: Lothaire Bluteau, Catherine Wilkening, Johanne-Marie Tremblay, Remy Girard, Robert Lepage, Gilles Pelletier, Yves Jacques

Der junge Schauspieler Daniel (L. B.) wird von Pater Leclerc (G. B.) gebeten, ein Passionsspiel zu überarbeiten, das alljährlich im Park hinter der Kirche aufgeführt wird. Nach gründlichen Studien entwickelt Daniel ein formal und inhaltlich eigenwilliges neues Stück und findet in Mireille (C. W.), Constance (J.-M. T.), Martin (R. G.) und René (R. L.) vier Darsteller, die sich für das ungewöhnliche Unternehmen engagieren. Die Aufführung wird ein sensationeller Erfolg. Pater Leclerc und vor allem seine Vorgesetzten aber nehmen Anstoß an dem unkonventionellen Christus-Bild. Weitere Schwierigkeiten entstehen, als Daniel Aspekte seiner Christus-Rolle auch in sein Privatleben überträgt. Als er z. B. Zeuge wird, wie Mireille bei Probeaufnahmen für einen Werbefilm gedemütigt wird, demoliert er das Studio. Nur eine verständnisvolle Gutachterin bewahrt ihn vor einer Verurteilung. Nun will ein cleverer Agent seine Popularität vermarkten, aber Daniel lehnt ab. Mittlerweile hat die Kirche von ihrem Hausrecht Gebrauch gemacht und weitere Aufführungen des Stücks verboten. Als die Truppe sich solidarisch über das Verbot hinwegsetzt, wird die Aufführung von der Polizei abgebrochen. Es kommt zu Tumulten, bei denen Daniel eine Kopfverletzung erleidet und bewußtlos in ein Krankenhaus eingeliefert wird. Dort geht es ihm plötzlich besser, und Mireille und Constance nehmen ihn mit. Doch in der U-Bahn beginnt er zu halluzinieren. Er wird erneut ins Krankenhaus gebracht und stirbt. Constance gibt seinen Leichnam für Organspenden frei; der Agent wird eine Theatertruppe gründen, die mit dem Andenken an den Toten Geschäfte macht.

Ein sehr intelligenter Film, der Probleme des Glaubens, die Konflikte zwischen Kirche und Welt, zwischen Anspruch und Wirklichkeit mit spielerischer Leichtigkeit und gleichzeitig mit großem Ernst behandelt. Arcand nutzt geschickt die verschiedenen Handlungsebenen, um das biblische Geschehen und die Realität von heute immer enger zu verschränken, so daß am Ende die Geschichte Jesu und das Schicksal Daniels gleichsam »deckungsgleich« werden. Dabei gelingen Arcand immer wieder erhellende Pointen und sinnfällige Umsetzungen – wenn z. B. zwei Polizisten Daniel buchstäblich vom Kreuz herab verhaften, oder wenn die Versuchung Jesu sich in der Realität abspielt, bei einem Gespräch Daniels mit dem Agenten im Dachrestaurant eines Wolkenkratzers vor der imponierenden Kulisse Montreals. Dies alles hätte gekünstelt oder gar peinlich wirken können, doch die Logik des Drehbuchs ist in sich stimmig, die Regie vermeidet jedes propagandistische Pathos, und die Darsteller gestalten ihre Rollen mit ungenierter Spielfreude. So entstand ein Film, der sehr ernsthafte Probleme auf sehr unterhaltsame Weise vermittelt.

Das Kaninchen bin ich

DDR, 1964/65

R: Kurt Maetzig; A: Kurt Maetzig und Manfred Bieler nach dem damals noch unveröffentlichten Roman *Maria Morzeck oder Das Kaninchen bin ich* von Manfred Bieler; K: Erich Gusko; D: Angelika Waller, Alfred Müller, Ilse Voigt, Wolfgang Winkler, Irma Münch

Die elternlose Abiturientin Maria Morzeck (A. W.) lebt bei ihrer Tante Hete (I. V.) in Ostberlin. Sie jobbt als Kellnerin, denn zum Studium hat man sie nicht zugelassen, weil ihr Bruder Dieter (W. W.) wegen angeblicher »staatsfeindlicher Hetze« zu drei Jahren Zuchthaus verurteilt worden ist. Bei einem Konzertbesuch lernt sie den gepflegten Mittvierziger Paul Deister (A. M.) kennen und verliebt sich in ihn. Es stellt sich heraus, daß Paul verheiratet ist und als karrieresüchtiger Richter das überaus harte Urteil gegen ihren Bruder verhängt hat. Als Maria schwer erkrankt, bringt Paul sie in seiner Datscha unter, wo sie den ganzen Sommer verbringt. Doch das Glück ist nicht ungetrübt. Ihr widerstrebt die heimliche »Wochenend-Liebe«, und auch das Schicksal ihres Bruders belastet sie. Dann taucht eines Tages noch Pauls Frau (I. M.) auf, von der sie erfährt, daß Paul in einer beruflichen und privaten Krise einen halbherzigen Selbstmordversuch unternommen hat. Wenig später erklärt ihr Paul, daß er ein Gnadengesuch

für ihren Bruder geschrieben habe. Doch Maria erkennt, daß der pfiffige Karrierist nur auf eine neue Tendenz in der »sozialistischen Rechtspflege« setzt und sich rechtzeitig profilieren will. Maria verläßt ihn. Und als ihr Bruder sie nach seiner Entlassung wegen ihrer »Affäre« brutal zusammenschlägt, verläßt sie auch ihn und Tante Hete und bemüht sich mit Erfolg um einen Studienplatz. Sie will nicht länger das Kaninchen sein.
Der Film argumentiert differenziert und stellt Fehlentwicklungen des real existierenden Sozialismus, vor allem die Rechtsunsicherheit in der DDR, kritisch zur Diskussion. Das führte zu seinem Verbot, wobei Günter Witt, der damalige Leiter der Hauptverwaltung Film, auf dem 11. Plenum des ZK der SED, das gleich mehrere Filme aus dem Verkehr zog, selbstkritisch anmerkte, es sei ein Fehler gewesen zu glauben, »man könne . . . dem Publikum das Denken über die Lösung der im Film gezeigten Widersprüche und Konflikte überlassen«. Gerade das Denken wollte dieser intelligente Film in der Tat befördern. Daher ist er angelegt wie eine Selbstreflexion, wie ein tastendes, suchendes Selbstgespräch Marias. Dies Konzept, das durch eine einfallsreiche Montage unterstützt wird, erwies sich auch bei seiner »Premiere« im Jahr 1989 als unverändert wirkungsvoll.

Komissar
(Die Kommissarin)

UdSSR, 1967/87

R: Aleksander Askoldow; A: Aleksander Askoldow nach Motiven der Erzählung *In der Stadt Berditschew* von Wassili Grossman; K: Waleri Ginsburg; D: Nonna Mordjukowa, Rolan Bykow, Raissa Njedaschkowskaja, Wassili Schukschin

Rußland im Jahr 1920; der Bürgerkrieg tobt. Im Süden des Landes hat die Rote Armee die Stadt Berditschew erobert. Dabei wird auch ein Deserteur gefaßt, der auf Befehl einer hochschwangeren Kommissarin (N. M.) zum Tode verurteilt und erschossen wird. Doch dann gelingt den »Weißen« ein Gegenangriff. Das rote Regiment muß sich zurückziehen; die Kommissarin, deren Niederkunft unmittelbar bevorsteht, kann ihm nicht folgen. Voll Zorn über ihre unerwünschte »Behinderung« sucht und findet sie Unterschlupf bei einem jüdischen Handwerker (R. B.) und seiner Frau (R. N.). Aus der gemeinsamen Angst vor Verfolgung, Terror und Pogromen wächst menschliche Solidarität zwischen der Kommissarin und ihren Wirtsleuten, mit deren Hilfe sie schließlich auch ihr Kind zur Welt bringt. Das Erlebnis der Mutterschaft und der

Komissar (links: Nonna Mordjukowa)

Krótki film o zabijaniu (Jan Tesarz, Mirosław Baka)

freundlichen Hilfsbereitschaft ihrer Gastgeber lösen die Starre der Kommissarin. Sie erlebt eine kurze Zeit privaten Glücks und läßt das Kind sogar heimlich taufen. Doch dann siegt ihr Pflichtgefühl. Sie vertraut ihr Kind den neu gewonnenen Freunden an und folgt dem Regiment in eine ungewisse Zukunft.

Askoldows Film wurde unmittelbar nach seiner Fertigstellung verboten. Heute weiß man, daß ihm u. a. »zionistische Propaganda« und »Verleumdung der Revolution« vorgeworfen wurden. Dem Regisseur wurden wegen »mangelnder fachlicher Eignung« keine weiteren Regie-Aufträge erteilt. Dabei weist die mit zwanzigjähriger Verspätung erfolgte Uraufführung seines Films ihn als kraftvollen Erzähler und exzellenten Stilisten aus. Askoldow hat die gradlinige Handlung des Films aufgelöst in eine dramaturgisch geschickte Mischung von realen Ereignissen, Träumen und Visionen. In Schwarzweiß-Bildern von großer Prägnanz wird die Realität jener Tage deutlich.

Unübersehbar demonstriert der Film die Überzeugung der Kommissarin, daß nur der Sieg der Revolution die Zukunft ihres Kindes sichern kann. Aber an entscheidenden Stellen versagt sich Askoldow demonstrativ dem sozialistischen Realismus. Da wird dann das eigentliche Geschehen im Kopf des Zuschauers evoziert: Rotarmisten mähen in der Wüste mit Sensen den nackten Sand; jüdische Kinder spielen Pogrom; Visionen von Menschen mit gelben Sternen auf der Kleidung tauchen auf; eine reiterlos dahinjagende Herde von Pferden vermittelt den Schrekken eines unwiderstehlichen tödlichen Angriffs. – Der Film, den Askoldow 1987 rekonstruiert und überarbeitet hatte, wurde 1988 bei den Berliner Filmfestspielen mit dem »Sonderpreis der Jury« ausgezeichnet.

Krótki film o zabijaniu

(Ein kurzer Film über das Töten)

Polen/BRD, 1987

R: Krzysztof Kieślowski; A: Krzysztof Piesiewicz, Krzysztof Kieślowski; K: Sławomir Idziak; D: Mirosław Baka, Jan Tesarz, Krzysztof Globisz, Krystyna Janda

Im ersten Drittel des Films verfolgt die Kamera drei Menschen an einem trüben Morgen in Warschau: Ein Taxifahrer (J. T.) bereitet sich auf seine Arbeit vor. Wir lernen ihn als mürrischen, boshaften Menschen kennen, dem nur gleichsam beiläufig Anflüge von Gutmütigkeit unterlaufen. Ein junger Mann, Jacek (M. B.), streift durch die Stadt – ziellos gewalttätig und offenbar auf der Suche nach einem Opfer. Piotr (K. G.) wird als Anwalt zugelassen, obwohl er in der Prüfung seine Zweifel am Sinn der Strafe und besonders der Todesstrafe deutlich artikuliert. Dann steigt Jacek in den Wagen des Taxifahrers, lockt ihn auf eine einsame Straße und ermordet ihn auf viehische Weise. Stolz zeigt Jacek das »erbeutete« Taxi einem Mädchen, das er offenbar liebt. Auf ihre bange Frage: »Woher hast du plötzlich ein Auto?« folgt nach hartem Schnitt das Ende der Gerichtsverhandlung, in der Jacek zum Tode verurteilt worden ist, in der Piotr, sein Verteidiger, seinen ersten Fall verloren hat. Die penible Vorbereitung der Exekution, ein Gespräch Piotrs mit Jacek in der Todeszelle und das grausige Ritual der Hinrichtung bilden den Schlußteil des Films. Am Ende steht ein Schwenk über eine Wiese auf das Gesicht des weinenden Piotr.

Ein Film von erschreckender Direktheit, der sich ganz auf sein Ziel konzentriert, das Töten eines Menschen als barbarischen Akt zu denunzieren. So mutet er dem Zuschauer eine minutiöse Beschreibung des Mordes und der Hinrichtung gleichermaßen zu; und es gelingt ihm durch die schmucklose Ehrlichkeit der Bilder, durch den Verzicht auf jede effektvolle Aufbereitung, den Zuschauer in beiden Fällen auf die Seite des Opfers zu ziehen. Denn am Ende erscheinen die kalte Perfektion und die Rituale des staatlichen Tötungsaktes kaum weniger inhuman als der wüste Affekt des Mordes. Kieślowski erzählt seine Geschichte in düsteren Farben und in Bildern, die sich ganz auf die drei Hauptpersonen konzentrieren, die Unwesentliches an den Rand drängen. Nur einmal werden die Farben kräftiger, bei der Fahrt Jaceks im Taxi. Da scheint es für einen Moment, als könne das Verhängnis vielleicht doch noch aufgehalten werden. Aber diese Hoffnung erlischt bald wieder in der graubraunen Einöde einer trostlosen Landschaft.

Kieślowski hat diesen Film zunächst als Teil einer Fernsehserie gedreht, die die Zehn Gebote in unserer heutigen Gesellschaft abhandelt. In der Fernseh-Version (*Dekalog 5*) war der Film fast eine halbe Stunde kürzer und konzentrierte sich stärker auf die Figur des Anwalts. – Die Kino-Fassung wurde 1988 als »bester europäischer Film« mit dem erstmals verliehenen »Europäischen Filmpreis« ausgezeichnet.

The last emperor

(Der letzte Kaiser)

England/VR China/Italien, 1986/87

R: Bernardo Bertolucci; A: Bernardo Bertolucci, Marc Peploe und Enzo Ungari nach der Autobiographie von Pu Yi; K: Vittorio Storaro; D: John Lone, Peter O'Toole, Joan Chen, Wu Chun Mei

Der Film beginnt im Jahr 1950 mit einem Selbstmordversuch des 45jährigen Pu Yi (J. L.). Man erlebt sein weiteres Schicksal und in zahlreichen Rückblenden sein bisheriges Leben – das Leben des letzten Kaisers von China.

Als Dreijähriger wird Pu Yi 1908 zum Kaiser gekrönt; aber schon vier Jahre später siegt die Revolution, und die Monarchie wird abgeschafft. Pu Yi allerdings darf weiterhin als lebender Anachronismus in feudaler Pracht im Kaiserpalast residieren. Hier lernt er von seinem englischen Tutor Reginald Johnston (P. O'T.), was jenseits der Palastmauern vor sich geht, hier heiratet er 1922 Wan Jung (J. C.) und später – als Nebenfrau – Wen Hsiu (W. C. M.). 1924 wird er mit seinem Hofstaat aus dem Palast vertrieben. Er findet Kontakt zu den Japanern; und die haben 1933 endlich eine wirkliche Aufgabe für ihn – sie machen ihn zum Kaiser von Mandschukuo. Doch Macht gewinnt er auch hier nicht. Er bleibt eine Marionette der Japaner. Seine Frau verfällt dem Rauschgift, seine Nebenfrau verläßt ihn. Nach dem Krieg gerät er in russische Gefangenschaft und wird dann an die Chinesen ausgeliefert, die ihn zur »Umerziehung« ins Gefängnis stecken. 1959 wird er endlich entlassen und kann – als Gärtner in Peking – zum ersten Mal ein normaler Mensch sein. In der Kulturrevolution zeigt er persönlichen Mut und setzt sich für seinen als Konterrevolutionär verfolgten ehemaligen Gefängnisdirektor ein. 1967 stirbt er.

Bertolucci konnte seinen Film an Originalschauplätzen in Pekings »verbotener Stadt«, dem ehemaligen Kaiserpalast, drehen. Das gibt den Bildern Exotik und Authentizität zugleich. Aber die nutzt Bertolucci nicht für ein historisches, sondern für ein psychologisches Drama. Er konzentriert sich ganz auf die Gestalt des Pu Yi, nimmt die Umwelt nur mit dessen Augen wahr und beschreibt Geschichte nur soweit, wie sie von diesem wahrgenommen, erlebt und erlitten wird. So wird man Zeuge der Tragödie eines Menschen, der im Alter von drei Jahren aus seiner Familie gerissen und der prunkvollen Anonymität des Kaiserhofes ausgeliefert wird. Von da an lebt er nahezu sein ganzes Leben in einem Gefängnis – unterworfen zunächst der strengen Etikette des Hofes, dann den Befehlen der Japaner und schließlich der weltanschaulichen Indoktrination der Kommunisten.

Am Ende steht eine Schlüsselszene: Pu Yi geht als Besucher in das Museum, das einst sein Palast war. Dort gibt er einem Kind sein altes Spielzeug, eine Bambus-Dose, die er in einem Versteck des Thronsessels wiedergefunden hat. Und während aus der Dose lebendig die Grille schlüpft, mit der er als Kind gespielt hat, verschwindet die Gestalt Pu Yis. Er ist endlich frei.

The last temptation of Christ

(Die letzte Versuchung Christi)

USA, 1987/88

R: Martin Scorsese; A: Paul Schrader nach dem gleichnamigen Roman von Nikos Kazantzakis; K: Michael Ballhaus; D: Willem Dafoe, Harvey Keitel, Barbara Hershey, Harry Dean Stanton, David Bowie, Verna Bloom, Randy Danson, Peggy Gormley

Scorsese hat nicht das Evangelium verfilmt, sondern einen eigenständigen und eigenwilligen Roman von Nikos Kazantzakis. Jesus (W. D.) ist hier ein Zwiespältiger, einer, den der Zweifel an seiner Sendung auf seinem ganzen Lebensweg begleitet. Konsequent überfällt ihn nach seiner Verurteilung durch Pilatus (D. B.) am Kreuz die »letzte Versuchung«: Ein Engel in Gestalt eines Kindes verkündet ihm, daß er nicht sterben müsse, daß Gott auf dieses Opfer verzichten werde, so wie er auf das Opfer des Isaak durch Abraham verzichtet habe. In einer Halluzination steigt Jesus vom Kreuz herab. Er heiratet Maria Magdalena (B. H.) und nach ihrem Tod Maria aus Bethanien (R. D.) und Martha (P. G.). Als dieser »bürgerliche« Jesus, alt geworden, den Tod herannahen fühlt, erscheint als Flüchtling aus dem brennenden Jerusalem Judas (H. K.). Und dieser Judas, der sich schon vorher lange gegen die ihm von Jesus angetragene Rolle des Verräters gesträubt hatte, führt den Meister wieder auf seinen Weg. Jesus kehrt ans Kreuz zurück und stirbt freudig mit den Worten: »Es ist vollbracht!«

Besonders diese halbstündige Traumvision hat zu erregten Diskussionen und zu massiven Protesten gegen den Film geführt. Dabei wurde wohl nicht erkannt, daß diese sehr dezent gestaltete Passage unverzichtbarer Bestandteil eines höchst intelligenten Denkspiels ist, in dem gezeigt wird, wie ein Erwählter unter der Last seiner Sendung zu zerbrechen droht und am Ende doch sein Leben dafür einsetzt. Dieser Ansatzpunkt ist sicherlich weit fruchtbarer als die frömmelnde Erbaulichkeit vieler »üblicher« Bibelfilme.

Der Protestant Schrader und der Katholik Scorsese machen Ernst mit dem Glaubenssatz, daß Jesus Gott *und* Mensch gewesen ist, und deshalb sind für sie die Wunder genauso real wie die Versuchungen. Realität ist für sie der spirituelle Einfluß Jesu – aber ebenso auch der (verständliche) Ärger des Zebedäus darüber, daß seine Söhne Johannes und Jakobus als Arbeitskräfte auf dem Feld ausfallen, weil sie dem Mann aus Nazareth gefolgt sind. Insgesamt ein faszinierender und beunruhigender Film, der den Zuschauer nicht in gemütvolle Beschaulichkeit entläßt, sondern ihn zur ernsthaften Auseinandersetzung mit seinem Thema provoziert.

Malenkaja Vera

(Kleine Vera)

UdSSR, 1988

R: Wassili Pitschul; A: Maria Chmelik; K: Jefim Resnikow; D: Natalja Negoda, Andrej Sokolow, Juri Nasarow, Ljudmila Sajzewa, Alexandra Tabakowa, Alexander Alexejew-Negreba

Die siebzehnjährige Vera (N. N.) lebt bei ihren Eltern in einer schäbigen Industriestadt am Asowschen Meer. Sie wartet mißmutig auf einen Platz in der Berufsschule, staffiert sich nach westlichen Vorbildern aus und zieht mit der Freundin Tschistjakowa (A. T.) zu Partys und Tanzveranstaltungen, die nicht selten mit Randale und dem Einsatz der Miliz enden. Es überrascht kaum, daß der Vater (J. N.) und vor allem die Mutter (L. S.) ständig an ihr herumnörgeln. Eines Tages verliebt sich Vera in den Studenten Sergej (A. S.); die beiden wollen heiraten. Doch zunächst zieht Sergej zu ihr in die elterliche Wohnung, und das sorgt für weiteren Zündstoff. Die Eltern wollen auch ihn erziehen; er macht keinen Hehl aus seiner Verachtung für ihren kleinbürgerlichen Lebensstil. Beim Geburtstag des Vaters kommt es zum Eklat. Zunächst demütigt Sergej den betrunkenen Mann, dann revanchiert sich der mit einem Messerstich. Sergej kommt ins Krankenhaus, und Vera läßt sich von der Mutter überreden, bei der Polizei für ihren

Malina (Mathieu Carrière, Isabelle Huppert)

Vater auszusagen. Sergej macht Schluß mit ihr; Vera versucht, sich mit Tabletten umzubringen. Ihr zufällig anwesender Bruder (A. A.-N.), ein Arzt aus Moskau, rettet sie. Während Sergej sich eigenmächtig aus dem Krankenhaus entfernt und zu ihr kommt, deutet sich zaghaft ein Happy-End an. Der Vater allerdings stirbt – allein in der Küche – an einem Herzinfarkt.
Ein ungemein dicht und sorgfältig inszeniertes Erstlingswerk, das schnell auch international bekannt wurde. So ungeschminkt und illusionslos war der Alltag von Jugendlichen in der UdSSR vorher nie in einem Spielfilm gezeigt worden. Ohne eigene Ideale versucht man, westliche Idole zu kopieren; Netzstrümpfe und die weiße Strähne im struppigen Haar werden zum Symbol der Freiheit; die offiziellen Propaganda-Parolen werden ironisch verfremdet.
Regisseur Pitschul stellt die Personen seines Films immer wieder vor die tristen Kulissen verrottender Industrieanlagen, in ein trostloses Milieu, dessen Häßlichkeit die Resignation der Älteren ebenso verständlich macht wie das Aufbegehren der Jugend. Aber in einigen anrührenden Szenen zwischen den Liebenden und zwischen Vater und Tochter zeichnet er auch vorsichtig die Vision eines möglichen Glücks. Im eigenen Land löste der Film heftige Diskussionen und auch Proteste aus; im Westen sah man in ihm ein Zeichen für einen neuen Realismus im sowjetischen Film.

Malina

BRD/Österreich, 1990

R: Werner Schroeter; A: Elfriede Jelinek nach dem gleichnamigen Roman von Ingeborg Bachmann; K: Elfi Mikesch; D: Isabelle Huppert, Mathieu Carrière, Can Togay, Fritz Schediwy, Isolde Barth

Eine Frau (I. H.) um die vierzig, deren Namen uns der Film verschweigt, lebt in Wien mit einem Mann namens Malina (M. C.) zusammen. Offenbar ist sie Schriftstellerin (oder Dozentin?). Doch in angstvoller Hektik konzentriert sich ihre Aktivität auf die Niederschrift von Briefen, die sie dann achtlos beiseite legt. Manchmal steckt sie auch unbeschriebene Blätter in die Briefumschläge. Sie raucht gierig, nimmt Tabletten; Malina versucht, sie behutsam zur Vernunft zu bringen. Eines Tages lernt sie Ivan (C. T.) kennen, in den sie sich besinnungslos verliebt. Doch Ivan bleibt nur ein Gast in ihrem zunehmend ungeschützten Leben. Er entzieht sich ihren Ansprü-

chen und ihren Problemen; aber auch Malina, der Sorgende, scheint nicht fähig, sie vor ihren Obsessionen zu schützen und ihr emotionale Geborgenheit zu geben. Visionär erlebt sie (wahre oder erträumte?) Erinnerungen an ihre Kindheit, erlebt die Mutter (I. B.) als Dulderin und den Vater (F. S.) als Tyrannen und dann gar als »Schlächter« in Nazi-Uniform. Die Frau zündet die vielen ungelesenen bzw. nicht abgeschickten Briefe auf und in ihrem Schreibtisch an. Das Feuer breitet sich aus, ist fast im ganzen letzten Viertel des Films gegenwärtig. Die Frau verschwindet aus dem Film. Malina, der Hilflose und Unterlegene, sagt einem Anrufer am Telefon, hier habe es nie eine Frau gegeben und verläßt dann die Wohnung.
Der Film ist das Protokoll einer Zerstörung. Eine Frau wird buchstäblich »ausgelöscht« im Feuer. Sie ist hilflos, weil schreckliche Erlebnisse (oder Wahnvorstellungen?) sie von ihrer Kindheit abtrennen, weil die Zuwendung zweier Männer nicht ausreicht, ihr Halt zu geben. Sie ist das Opfer der Tragödie; und der Titel »Malina« könnte darauf verweisen, daß der Mann Malina der eigentlich Schuldige, der »Täter« ist, weil seine Ratio zu wenig ist für eine wirkliche menschliche Beziehung, weil er zu wenig in diese Beziehung investiert, die Frau nicht halten kann und am Schluß sogar verleugnet.
Werner Schroeter hat seine Geschichte nicht als psychologische Studie angelegt. Er zerlegt sie in Bruchstücke, in Situationen und Visionen. Bilder, Texte und Musik sind gleichberechtigt, aber häufig inkongruent; aus ihrer Kombination entstehen Harmonien und Dissonanzen; sie beunruhigen den Zuschauer mehr, als daß sie ihm Erklärungen geben. Der Film verbindet die Möglichkeiten der Kamera mit den Stilmitteln des Theaters und dem Pathos der großen Oper. So entstand ein irritierendes und manchmal exaltiertes Kaleidoskop, das den Zuschauer über Strecken ratlos macht, ihn dann wieder suggestiv in seinen Bann zieht, ihn aber nie unbeteiligt läßt.

Milou en mai
(Eine Komödie im Mai)

Frankreich, 1989

R: Louis Malle; A: Louis Malle, Jean-Claude Carrière; K: Renato Berta; D: Michel Piccoli, Miou-Miou, Michel Duchaussoy, Dominique Blanc, Paulette Dubost, Renaud Danner

Im Mai 1968 stirbt in der Provinz im Südwesten Frankreichs die alte Madame Vieuzac (P. D.). Ihr sechzigjähriger Sohn Milou (M. P.), ein sympathischer Träumer, der als Junggeselle das Leben der Mutter geteilt hat, ruft die Familie zur Beerdigung in das romantisch verwahrloste Landhaus. Und obwohl die Studentenunruhen längst auf das ganze Land übergegriffen haben, obwohl die Arbeiter streiken und das Benzin knapp wird, kommen sie alle: Bruder Georges (M. D.), Journalist bei *Le Monde*, mit Frau, Schwester Camille (M.-M.) mit der ganzen Familie und die lesbische Nichte Claire (D. B.) mit ihrer Freundin. Zur unangenehmen Überraschung der Hinterbliebenen streiken auch die Totengräber. Da die Beerdigung also verschoben werden muß, vertreibt man sich die Zeit: mit politischen Diskussionen, mit kleinen Flirts – und mit der Erbteilung, die besonders von Camille zielstrebig betrieben wird. In diese Stimmung platzt Georges' Sohn Pierre-Alain (R. D.), der voller Begeisterung von den Barrikaden in Paris berichtet. Die gutbürgerliche Gesellschaft ist aufgestört und leistet sich gemäßigten revolutionären Enthusiasmus. Die Worte und die Taten werden kühner. Vieles scheint plötzlich möglich. Eine Gesellschaft im Aufbruch! Doch die Nachrichten im Radio werden schlimmer; am Ende ist gar De Gaulle aus Paris verschwunden. Und ein reicher Nachbar verkündet Schreckliches: Die Anarchie wird kommen, revolutionäre Banden ziehen marodierend durch das Land. In panischer Angst flieht die ganze Gesellschaft, einschließlich der »Revolutionäre«, bei Nacht und Regen in den Wald. Doch statt der Anarchie kommt De Gaulle zurück. Der »Mai 68« ist vorüber; die Großmutter kann endlich begraben werden; und alle Gäste wenden sich wieder dem zu, was sie für ihre »Normalität« halten.
Louis Malle hat eine warmherzige und lebenskluge Komödie geschaffen, in der Bilder und Stimmungen genauso wichtig sind wie Argumente, in der das Unausgesprochene oft am besten

zu verstehen ist. Mit sanfter Ironie beobachtet er die bürgerlichen Hinterbliebenen, die durch die spärlichen Nachrichten in einem immer wieder versagenden Radio ein Wechselbad der Gefühle erleiden. Manche Kritiker haben dem Film vorgeworfen, er verrate den revolutionären Elan der »Achtundsechziger« an die Bourgeoisie. Das ist sicher nicht richtig, aber unverkennbar hegt Malle auch – ironisch gebrochene – Sympathien für die bürgerliche Lebensart. Und so wünscht man am Ende in der Tat, daß mindestens der liebenswert-träge Milou, den Michel Piccoli hinreißend spielt, sein Leben schöpferischen Nichtstuns in Würde vollenden kann. Nur, im Film liegt die Entscheidung darüber nicht bei den Revolutionären, sondern bei Milous Mit-Bürgern und Mit-Erben.

Mississippi burning

(Mississippi Burning – Die Wurzel des Hasses)

USA, 1988

R: Alan Parker; A: Chris Gerolmo; K: Peter Biziou; D: Gene Hackman, Willem Dafoe, Gailard Sartain, Brad Dourif, Frances McDormand

1964 werden im Staat Mississippi drei junge Bürgerrechtler, zwei Weiße und ein Schwarzer, ermordet. Die beiden FBI-Agenten Ward (W. D.), ein kühl-korrekter Harvard-Absolvent, und Anderson (G. H.), selbst ehemaliger Südstaaten-Sheriff, sollen das Schicksal der zunächst als vermißt gemeldeten jungen Männer aufklären. Der Anfang ist nicht ermutigend: Sheriff Stuckey (G. S.) von Jessup County und sein Stellvertreter Pell (B. D.) sabotieren die Zusammenarbeit; die vom Terror eingeschüchterten Schwarzen wagen nicht zu sprechen; außerdem gibt es Reibereien und Spannungen zwischen den beiden ungleichen Beamten. Trotz des Masseneinsatzes weiterer FBI-Mitarbeiter und sogar des Militärs gelingt kein entscheidender Durchbruch. Der kommt erst, als Mrs. Pell (F. MD.), die Frau des Hilfssheriffs, Anderson gesteht, daß ihr Mann an der Tat beteiligt war, und ihm sagt, wo die Leichen der Ermordeten verscharrt worden sind. Das FBI kennt jetzt die Täter, aber noch fehlen Beweise oder Geständnisse. Diese werden außerhalb der Legalität beschafft, nachdem Ward in grimmiger Verzweiflung über die Verschwörung des Schweigens die mehr als hemdsärmeligen Methoden seines Kollegen Anderson akzeptiert.

Derselbe Fall wurde bereits 1975 in dem zweiteiligen Fernsehfilm *Attack on Terror: The FBI vs. the Ku Klux Klan* (FBI – Kampf dem Terror, R: Marvin Chomsky) engagiert und spannend geschildert. Engagement und Spannung bestimmen auch den Regiestil Alan Parkers. Zwar mag man bedauern, daß im Schlußteil mit Mitteln des konventionellen Action-Films zu sehr auf die Emotionalisierung der Zuschauer gezielt wird. Dennoch ist hier insgesamt ein eindrucksvoller Film entstanden, der die desolate Lage der Schwarzen genauso schildert wie die selbstgerechte Borniertheit und die brutalen Unterdrükkungsmechanismen der weißen Oberschicht. Spannung verstellt hier nicht den Blick auf die wahren Probleme und Konflikte.

Mujeres al borde de un ataque de nervios

(Frauen am Rande des Nervenzusammenbruchs)

Spanien, 1988

R: Pedro Almodóvar; A: Pedro Almodóvar nach einer Idee von Marisa Ibarra; K: José Luis Alcaine; D: Antonio Banderas, Carmen Maura, María Barranco, Fernando Guillén, Rossy de Palma

Die Synchronsprecher Pepa (C. M.) und Ivan (F. G.) leben zusammen. Eines Tages macht Ivan sich davon. Pepa rast und engagiert einen Makler, der die mit Erinnerungen beladene Wohnung anderweitig vermieten soll. Nun aber füllt sich diese Wohnung jäh mit lauter ungebetenen Besuchern. Es erscheint zunächst die Freundin Candela (M. B.), die glaubt, von der Polizei gesucht zu werden, weil sie ein Verhältnis mit einem schiitischen Terroristen hatte, der ihre Wohnung zur Vorbereitung eines Bomben-Attentats mißbrauchte. Es erscheint Ivans frühere Lebensgefährtin Lucia (J. S.), die vor zwanzig Jahren mit Depressionen in eine Heilanstalt gebracht wurde, nachdem Ivan sie mit einem Kind sitzengelassen hatte. Eben jener Sohn Carlos (A. B.) ist kurz vorher mit seiner Freundin Marisa (R. d. P.) eingetroffen, weil beide die Wohnung mieten möchten. Und schließlich schellen zwei Polizisten, die aber nicht etwa Candela suchen, sondern einem anonymen Telefonge-

spräch nachforschen, mit dem sich Carlos unvorsichtigerweise in die Attentatsgeschichte eingemischt hat. Im nachfolgenden Durcheinander fällt der größte Teil der Gesellschaft in absoluten Tiefschlaf, weil er mit einer Suppe bewirtet wird, die Pepa für Ivan mit reichlich Schlaftabletten versetzt hat. Wach bleibt Lucia, die mit gezogener Pistole zum Flughafen rast, um sich an Ivan, der soeben mit einer neuen Frau in ein neues Leben starten will, für zwanzig verlorene Jahre zu rächen. Wach bleibt auch Pepa, die nach halsbrecherischer Verfolgungsjagd dieses Attentat verhindert. Während Lucia resigniert in ihre Anstalt zurückkehrt, wehrt Pepa neuerliche Avancen Ivans ab. Sie hat die Nase voll von ihm – obwohl sie ein Kind von ihm erwartet.
Eine lärmende, schrille Komödie, die ungeniert ganz vom Gesetz des Zufalls lebt. Da treffen die Protagonisten auf die verblüffendste Weise aufeinander; Gegenstände, die Pepa wütend aus dem Fenster wirft, landen unweigerlich auf dem Auto oder dem Kopf der Rivalin; immer wieder nimmt die Geschichte die verwirrendste Wendung. Aber für Almodóvar sind diese Zufälle keine dramaturgischen Krücken. Er bekennt sich demonstrativ zu diesem anarchischen Gestaltungsprinzip und macht daraus lustvoll ein ganz eigenständiges, durchaus originelles Kino-Stück. Almodóvar gibt nicht vor, Wirklichkeit abzubilden, sondern schafft eine eigene unverwechselbare Realität, die auf vergnügliche Weise alptraumhaft erscheint.

Music box
(Music Box)

USA, 1989

R: Costa-Gavras; A: Joe Eszterhas; K: Patrick Blossier; D: Jessica Lange, Armin Mueller-Stahl, Frederic Forrest, Donald Moffat, J. S. Block, Mari Töröcsik

Die junge Anwältin Ann Talbot (J. L.) hat eines Tages die Gelegenheit, ihrem Vater Mike Laszlo (A. M.-S.) alle die Liebe und Fürsorge zu vergelten, die er ihr und ihren Brüdern – vor allem nach dem frühen Tod der Mutter – geschenkt hat. Der nach dem Krieg aus Ungarn eingewanderte Laszlo nämlich wird von dem renommierten Staatsanwalt Jack Burke (F. F.) schlimmer Kriegsverbrechen beschuldigt. Er soll während des Krieges Zigeuner und Juden sadistisch gefoltert und getötet haben. In der Gerichtsverhandlung, die von dem jüdischen Richter Silver (J. S. B.) überaus fair geleitet wird, gelingt es Ann, die Glaubwürdigkeit der Zeugen zu erschüttern und Punkt für Punkt zu sammeln, während sich der Zuschauer in seiner Sympathie für Laszlo zunehmend verunsichert fühlt. Bei einem Lokaltermin in Budapest, wo ein erkrankter Zeuge vernommen werden muß, spielen ehemalige Freunde des Vaters Ann weiteres Entlastungsmaterial zu. Der Freispruch ist so gut wie sicher ... Aber in Budapest erhält Ann auch einen Pfandschein, der von einem in den USA verstorbenen Freund des Vaters an seine Schwester (M. T.) in Ungarn gelangt ist. In Chicago löst sie den Pfandschein ein. Sie erhält eine Music Box, in der Bilder versteckt sind, die die Schuld Mike Laszlos unwiderlegbar bestätigen. Er war »Mischka«, der Folterknecht und Mörder. Erschüttert übergibt Ann das Beweismaterial der Staatsanwaltschaft.
Ein spannend und konsequent erzählter Film, in dem Costa-Gavras geschickt die dramaturgischen Möglichkeiten des »Gerichtsfilms« nutzt, um zu zeigen, daß dies Ungeheuerliche möglich war und ist: Ein Mensch, der in einer bestimmten historischen Situation Tag für Tag aus eigenem Antrieb brutale Verbrechen begangen hat, nimmt nach dem Krieg gleichsam eine neue Identität an. Er wird zum geachteten Bürger, für den Nachbarn und Arbeitskollegen bei Prozeßbeginn auf der Straße demonstrieren; er wird ein liebevoller Familienvater, der nach dem Tod seiner Frau drei Kinder allein großzieht, und ein Großvater, den der kleine Enkel zärtlich liebt.
Der Film und – nicht zuletzt – der Schauspieler Armin Mueller-Stahl haben es verstanden, dieses schier Unglaubliche glaubwürdig zu zeichnen. Mike Laszlo, das ist hier ein Mensch, der seine Schuld so weit verdrängt hat, daß er sich wohl selbst für unschuldig hält, und der nicht nur als soziales Wesen zerstört ist, sondern auch als Individuum zerbricht, als diese Schuld offenbar wird. Ein richtiger und ein wichtiger Film also, dessen Wert auch nicht dadurch entscheidend beeinträchtigt wird, daß die »kriminalistische Auflösung« zum Schluß ein wenig konstruiert und »kinomäßig« geriet.

My left foot (Hugh O'Conor)

My left foot
(Mein linker Fuß)

Irland/England, 1989

R: Jim Sheridan; A: Shane Connaughton und Jim Sheridan nach dem gleichnamigen Buch von Christy Brown; K: Jack Conroy; D: Daniel Day-Lewis, Brenda Fricker, Ray McAnally, Fiona Shaw, Ruth McCabe, Hugh O'Conor, Cyril Cusack

Christy Brown (H. O'C.) ist eines von dreizehn überlebenden Kindern eines Maurers (R. MA.) in Dublin. Er ist spastisch gelähmt und nach Ansicht der Ärzte praktisch nicht bildungsfähig. Dennoch wird er in die Familie und später auch in die Nachbarschaft ganz selbstverständlich integriert. Erst im Alter von sieben Jahren erkennt er, daß er seinen linken Fuß annähernd kontrolliert bewegen kann. Von nun an kämpft er, unterstützt und immer wieder angetrieben von seiner Mutter (B. F.), mit ungeheurer Energie um seine Selbstverwirklichung. Er lernt, mit dem linken Fuß zu malen und zu schreiben und sich in einem Rollstuhl zu bewegen. Eine Ärztin (F. S.) interessiert sich für seinen Fall. Sie bringt dem mittlerweile herangewachsenen Christy (D. D.-L.) bei, seinen Körper besser zu beherrschen und artikulierter zu sprechen, so daß nicht nur seine Mutter ihn versteht. Es gibt eine erste Ausstellung seiner Bilder und eine tiefe Krise, als Christy der Ärztin seine Liebe gesteht und von ihr zurückgewiesen wird. Er beginnt zu trinken, aber wieder gibt ihm die Mutter ein neues Ziel. Christy schreibt die Geschichte seines Lebens auf, und das Buch wird so erfolgreich, daß er nach dem Tod des Vaters für den Lebensunterhalt der Familie sorgen kann.

Der Film erzählt seine Geschichte in Rückblenden. Den Rahmen bildet eine Wohltätigkeitsveranstaltung im Jahre 1959, bei der Christy die Krankenschwester Mary (R. MC.) kennenlernt. Ein Schriftinsert informiert, daß sie wenig später seine Frau geworden ist.

Die Verfilmung der authentischen Geschichte des Christy Brown (1932–81) zeichnet sich durch kraftvollen Realismus und große Sensibilität aus. Immer wieder blickt die Kamera auf den hilflosen Körper, auf das von Zuckungen entstellte Gesicht. Es gibt anrührende und erschrekkende Szenen: Wenn das Kind eine Rechenaufgabe löst, an der Vater und Schwester gescheitert sind, und diese Lösung noch nicht mitteilen kann; wenn der Siebenjährige seine ohnmächtige Mutter rettet, indem er sich die Treppe herabrollen läßt und mit seinem linken Fuß verzweifelt gegen die Haustür tritt, so daß die Nachbarn auf-

merksam werden; wenn der Erwachsene die Enttäuschung über seine abgewiesene Liebeserklärung in einem verzweifelten Ausbruch artikuliert. Denn es gehört zu den Qualitäten dieses Films, daß er seinen Helden nicht zum »sanften Dulder« stilisiert. Er läßt ihn ganz einfach Mensch sein – mit aller Verzweiflung über seine Behinderung und allem Stolz über seinen Erfolg. Ein wenig »überlebensgroß« scheint dagegen die Gestalt der Mutter geraten zu sein. Hier mag aber die Authentizität in der Realität der dankbaren Erinnerung Christys liegen.
Eine besondere Erwähnung verdienen die beiden Darsteller, die Christy als Kind und als Erwachsenen mit suggestiver Glaubwürdigkeit dargestellt haben.

Nuovo Cinema Paradiso
(Cinema Paradiso)

Italien/Frankreich, 1988

R: Giuseppe Tornatore; A: Giuseppe Tornatore, Vanna Paoli; K: Blasco Giurato; D: Philippe Noiret, Jacques Perrin, Salvatore Cascio, Mario Leonardi, Leopoldo Trieste

Der erfolgreiche Filmregisseur Salvatore (J. P.) erfährt durch einen Telefonanruf, daß in einem sizilianischen Dorf sein Freund Alfredo gestorben ist, und er erinnert sich: Kurz nach dem Krieg ist das »Cinema Paradiso« ein Mittelpunkt des gesellschaftlichen Lebens in Giancaldo. Der kleine Salvatore (S. C.) ist von diesem Ort der Träume fasziniert und möchte zum Ärger seiner Mutter am liebsten jede freie Minute dort verbringen. Heimlich beobachtet er, wie der Pfarrer (L. T.) die Liebesszenen zensiert. Und er bewundert den Vorführer Alfredo (P. N.), der die Träume aus Zelluloid zum Leben erwecken darf. Nach langem Bemühen schafft er es schließlich, daß Alfredo ihn als Gehilfen akzeptiert. Bald darauf geschieht ein Unglück. Der Nitrofilm fängt Feuer. Zwar kann Salvatore seinen väterlichen Freund retten, aber der ist schwer verletzt und erblindet. Im »Nuovo Cinema Paradiso« ist jetzt Salvatore Vorführer. Alfredo besucht ihn oft. Und als der mittlerweile herangewachsene Salvatore (M. L.) seinen ersten 8-mm-Film gedreht, seinen Militärdienst absolviert und seinen ersten Liebeskummer erlebt hat, gibt ihm Alfredo selbstlos den Rat, Sizilien für immer zu verlassen. Jetzt kehrt Salvatore nach 30 Jahren erstmals zurück. Er ist dabei, als Alfredo zu Grabe getragen wird; und er erlebt auch die Sprengung des »Nuovo Cinema Paradiso«, das einem Parkplatz weichen muß. Zurück in Rom sieht er sich eine Filmrolle an, die Alfredo ihm als Vermächtnis hinterlassen hat. Es ist eine Schnittrolle mit den Liebesszenen, die einst der Zensur des Pfarrers zum Opfer gefallen sind.
Tornatore erzählt die Geschichte eines Mannes, den schon als Kind die Begeisterung für die bewegten und bewegenden Bilder packt, der dabei einen väterlichen Freund und schließlich seinen Lebensinhalt findet. Aber er erzählt auch von der Bedeutung, die das Kino damals für ein kleines sizilianisches Dorf gehabt hat – als eine Möglichkeit zur Unterhaltung und Information, als Kommunikationszentrum und nicht zuletzt als ein Ort magischer Verzauberung. Und er erzählt dies alles in einer wirkungsvollen Mischung aus Nostalgie, Poesie und behutsamer Ironie.

Out of Rosenheim

BRD, 1987

R: Percy Adlon; A: Percy und Eleonore Adlon; K: Bernd Heinl; D: Marianne Sägebrecht, CCH Pounder, Jack Palance, Monica Calhoun, Darron Flagg, Christine Kaufmann

Verloren steht Jasmin Münchgstettner (M. S.) aus Rosenheim im Lodenkostüm in der amerikanischen Mohave-Wüste. Ihr Mann hat sie nach einem heftigen Streit auf der Urlaubsreise kurzerhand aus dem Auto bugsiert. Nach einem beträchtlichen Fußmarsch findet sie in der Einöde einen Schnellimbiß von märchenhaft chaotischem Zuschnitt: Hier residiert die farbige Besitzerin Brenda (CCH P.), die soeben ihren arbeitsscheuen Mann aus dem Haus gejagt hat, mit ihrem Sohn Sal jr. (D. F.), der am liebsten den ganzen Tag Bach spielen würde, mit der Tochter Phyllis (M. C.), die von Kopf bis Fuß auf Liebe eingestellt ist, und mit einem Anhang merkwürdiger Figuren. Zu ihnen gehört vor allem der Kulissenmaler Rudy Cox (J. P.), der in einem Wohnwagen neben dem Gebäude haust. Jasmin erweckt Staunen – und sie gewinnt allmählich Brendas Sympathie, weil sie Liebe und Eifer verströmt. Sie bemuttert Sal juniors Baby, sie bringt den verlotterten Laden auf Vordermann, und sie beginnt, die Gäste mit bescheidenen Zauberkunststücken zu unterhalten. Jasmin und Brenda werden ein fast unschlagbares Team; und der Imbiß mit dem pompösen Namen »Bagdad« wird zum Geheimtip der Fernfahrer. Leider entdeckt der Sheriff eines Tages, daß Jasmins Besuchervisum abgelaufen ist, und sie muß zurück nach Bayern. Doch bald darauf steht sie mit einem neuen Visum vor der Tür. Die Fernfahrer bereiten ihr ein Fest, Brenda versöhnt sich mit ihrem Ehemann, und Rudy Cox, der Jasmin über Wochen raffiniert beschwatzt hatte, ihm immer freizügiger Modell zu stehen, bittet um ihre Hand. Aber da muß Jasmin natürlich erst einmal Brenda fragen.

Ein liebenswürdiges und liebenswertes Märchen von der unspektakulären Selbstverwirklichung einer Frau. Hier geht es nicht um eine soziologische Fallstudie, sondern um eine phantasievoll anekdotenreiche Geschichte, die angenehm unterhält und dabei auch ein wenig Nachdenklichkeit bewirkt. Daß dieser eher »kleine« Film ein überraschender Kassenerfolg (auch im Ausland!) wurde, ist sicher auch der vorzüglichen Hauptdarstellerin zu verdanken. Marianne Sägebrecht hat den Typ der Molligen mit dem goldenen Herzen, den sie bereits in *Zuckerbaby* (R: Percy Adlon, BRD 1984) so erfolgreich verkörpert hatte, klug variiert und weiterentwickelt.

Pelle erobreren

(Pelle, der Eroberer)

Dänemark/Schweden, 1987

R: Bille August; A: Bille August, Per Olov Enquist und Bjarne Reuter nach dem ersten Band des gleichnamigen vierbändigen Romans von Martin Andersen Nexö; K: Jörgen Persson, Rolf Lindström; D: Max von Sydow, Pelle Hvenegaard, Erik Paaske, Axel Strøbye, Karen Wegener, Bjørn Granath

Um die Jahrhundertwende zieht der fünfzigjährige Witwer Lasse Karlsson (M. v. S.) mit seinem achtjährigen Sohn Pelle (P. H.) von Schweden nach Dänemark, wo er sich Arbeit und guten Lohn erhofft. Aber Karlsson ist schon zu alt, sein Sohn noch zu jung für die Landarbeit. So müssen sie froh sein, als Stallknecht und Hütejunge auf dem Gut von Herrn Kongstrup (A. S.) unterzukommen, wo sie gerade das Notwendigste zum Leben haben. Doch beide bewahren ihre Hoffnungen: Lasse bemüht sich um eine alleinstehende Seemannsfrau (K. W.); seine Träume zerbrechen, als der totgeglaubte Ehemann zurückkehrt. Pelle, der immerhin die Schule besuchen kann, freundet sich mit dem Knecht Erik (B. G.) an, mit dem er in zwei Jahren nach Amerika auswandern will. Als Erik nach einem schweren Unfall als schwachsinniger Krüppel zurückbleibt, macht Pelle sich am Ende allein auf den Weg in die Welt. Lasse hat nicht mehr die Kraft, ihn zu begleiten.

Naiv im besten Sinn des Wortes erzählt dieser Film seine Geschichte aus der Perspektive des kleinen Pelle. Er schildert soziale Ungerechtigkeit nicht mit soziologischen Argumenten, sondern als schmerzhafte Erfahrung eines Kindes, das Armut, Demütigungen durch den gedankenlos-brutalen Verwalter (E. P.) und bittere Enttäuschungen erdulden, und das mit der schmerzlichen Erkenntnis fertigwerden muß, daß der zärtlich geliebte Vater durch ein Leben im Elend klein und feige geworden ist. Der Film versinkt aber nicht in Resignation, sondern schildert auch fröhliche Kinderspiele und vor allem die Geborgenheit, die aus der Liebe zwischen Vater und Sohn erwächst – wenn etwa Pelle glücklich das bescheidene Geburtstagsgeschenk seines Vaters auspackt.

Ein Musterbeispiel kraftvollen und eindringlichen Erzählkinos, in dem sich die optische Gestaltung und die hervorragenden darstellerischen Leistungen unauffällig und zweckdienlich der Geschichte unterordnen. Zahlreiche Auszeichnungen haben dieses Konzept belohnt: u. a. die »Goldene Palme« in Cannes, der »Oscar« als bester fremdsprachiger Film und der »Europäische Filmpreis« für Max von Sydow als bester Darsteller und für Pelle Hvenegaard als bester Nachwuchsdarsteller.

Pretty woman

(Pretty Woman)

USA, 1989

R: Garry Marshall; A: J. F. Lawton; K: Charles Minsky; D: Richard Gere, Julia Roberts, Hector Elizondo, Laura San Giacomo, Ralph Bellamy

Durch einen Zufall lernt der Multimillionär Edward Lewis (R. G.) in Los Angeles das attraktive

Radio days (Julie Kavner, Seth Green, Michael Tucker)

Strichmädchen Vivian (J. R.) kennen. Aus einer Laune heraus nimmt er sie mit in sein feudales Hotel und staffiert sie als Begleiterin für ein Geschäftsessen aus. Am nächsten Morgen ist er von ihren Qualitäten hinreichend überzeugt und engagiert sie zu einem Pauschalpreis gleich für den ganzen einwöchigen Aufenthalt. Es kommt, wie es kommen muß: Die beiden verlieben sich ineinander und werden von ihrer Liebe geläutert. Er hört auf, mit maroden Firmen zu spekulieren und baut mit seinem letzten Opfer (R. B.) ein »solides« Unternehmen auf. Sie will ihren Körper nicht länger verkaufen und statt dessen einen bürgerlichen Beruf ergreifen. Und mit dezenter Hilfestellung des zunächst feindseligen Hotelmanagers (H. E.) werden sie am Ende ein richtiges Ehepaar.
Ein unterhaltsames Kino-Stück aus der Traumfabrik, das die Effekte von »Aschenbrödel« und »Pygmalion« geschickt vereint und sich mit einer gehörigen Portion Ironie unverblümt als modernes Märchen zu erkennen gibt. Der rücksichtslose Kapitalist ist im Grunde seines Herzens butterweich, das Straßenmädchen bei aller Umtriebigkeit ein reiner Engel; und so kann das Happy-End genießerisch wie das Finale einer großen Oper arrangiert werden.
Künstlerischer Anspruch wird hier nicht erhoben. Aber es sind Filme wie dieser, die den weltweiten Erfolg Hollywoods erklären: ein Thema, das auf breites Publikumsinteresse rechnen darf, ein solide gebautes Drehbuch mit einfallsreichen Dialogen, gute Darsteller und perfektes filmisches Handwerk. Allein in der Bundesrepublik hatte dieser Film rund 10 Millionen Besucher – und damit fast genausoviel wie die gesamte deutsche Spielfilmproduktion desselben Kino-Jahres.

Radio days
(Radio Days)

USA, 1987

R: Woody Allen; A: Woody Allen; K: Carlo Di Palma; D: Seth Green, Julie Kavner, Michael Tucker, Mia Farrow, Dianne Wiest

Eine glänzende Exposition: Einbrecher in einer dunklen Wohnung; das Telefon läutet; zögernd hebt einer der Eindringlinge ab. Am anderen Ende ist die lokale Radiostation mit einem Telefonquiz. Dreimal kann der überraschend Befragte eine Melodie identifizieren. Am anderen Mor-

gen findet der Wohnungsinhaber leergeräumte Zimmer vor und wird wenig später mit einer Wagenladung von Gewinnen entschädigt. So amüsant und doppelbödig geht es weiter mit einem Reigen bunter Episoden, die in den dreißiger und vierziger Jahren in einem kleinen Ort an der Ostküste spielen. Gemeinsam ist ihnen, daß sie allesamt mit dem damals allgegenwärtigen Medium Rundfunk zu tun haben; und erlebt werden sie mit den Augen und Ohren des heranwachsenden Joe (S. G.). Gegenwärtig ist das Radio beim Streit der Nachbarn und bei den Alltagskonflikten in der Familie – wenn die lebenstüchtige Mutter (J. K.) den Vater (M. T.) wieder einmal auf den Boden der Tatsachen zurückholt; wenn die hübsche Tante Sally (M. F.) abermals Pech mit einer Männerbekanntschaft hat; wenn Schwester Bea (D. W.) von einer Karriere als Sängerin träumt; wenn Joe mit seinen Freunden spielt. Es gibt auch Blicke hinter die Kulissen des Radios – Entzauberung der Talmi-Götter! – und als düsteren Kontrapunkt eine Reportage über die vergeblichen Rettungsversuche für ein kleines Mädchen, das in einen Brunnenschacht gefallen ist.
Woody Allen hat eine Vielzahl von Szenen und Mini-Dramen, von kleinen und kleinsten Beobachtungen zu einem farbenfrohen Mosaik zusammengesetzt. Entstanden ist dabei ein vielschichtiger Film: das psychologische Porträt eines heranwachsenden Jungen, in dessen Erlebnissen und Erfahrungen man wohl manche Erinnerungen des Autors wiederfindet; eine Studie über nachbarschaftliche Strukturen zu einer Zeit, als das Fernsehen und das Auto die Menschen noch nicht einsam machten – und vor allem eine Liebeserklärung an das Medium Radio. Entsprechend wichtig ist hier der »Soundtrack«, der in jeder Szene mit Schlagern, Quizsendungen, Frontberichten, Klatschgeschichten, Kulturkommentaren usw. zusätzliche Akzente setzt. Natürlich ist ein amerikanisches Publikum in dieser Tonkulisse heimischer; aber auch hierzulande wird deutlich, wie intelligent diese Mischung aus Nostalgie und Zeitkritik geraten ist.

Rain man

(Rain Man)

USA, 1988

R: Barry Levinson; A: Ronald Bass und Barry Morrow nach einer Story von Barry Morrow; K: John Seale; D: Dustin Hoffman, Tom Cruise, Valeria Golino

Charlie Babbitt (T. C.), Autohändler in Los Angeles, erhält die Nachricht vom Tod seines Vaters, den er vor über zehn Jahren im Streit verlassen hat. In der Hoffnung, mit dem zu erwartenden Erbe seine angeschlagene Firma sanieren zu können, fährt er mit seiner Freundin Susanna (V. G.) zur Beerdigung und Testamentseröffnung nach Cincinnati. Dort allerdings erfährt er, daß er nur einen wunderschönen Oldtimer geerbt hat, während drei Millionen Dollar zugunsten seines älteren Bruders Raymond, von dessen Existenz Charlie nicht einmal wußte, an eine Stiftung gehen. Er sucht und findet diesen Bruder (D. H.) – autistisch verhaltensgestört – in einem Heim. In der Hoffnung, wenigstens an einen Teil des Erbes zu kommen, entführt er Raymond und fährt mit ihm in Richtung Los Angeles. Susanna ist darüber so empört, daß sie sich allein auf den Heimweg macht. Auf der mehrtägigen Autofahrt sorgt Raymonds Krankheit, z. B. seine Sucht, bestimmte Zeitabläufe und Rituale einzuhalten, für zahlreiche Probleme. Andererseits ermöglichen seine phänomenalen Fähigkeiten beim Umgang mit Zahlen Charlie in Las Vegas einen einträglichen Beutezug beim Blackjack. Nicht nur dieser Erfolg verändert das Verhältnis der Brüder. Charlie lernt den wortkargen Raymond schätzen und lieben, zumal er durch ihn Zugang zu seiner eigenen Kindheit und zu sich selbst findet. Er entdeckt u. a., daß das Wort »Rain man«, das ihm seit Kindertagen im Gedächtnis herumspukt, eine Verballhornung des Namens Raymond ist. Bei der Ankunft in Los Angeles ist Charlie ein anderer Mensch geworden. Er verzichtet auf das »Lösegeld«, das man ihm bietet, akzeptiert, daß Raymond sich im Heim wohler fühlen wird als »in Freiheit« – und wird sich künftig wohl um seinen Bruder kümmern.
Nicht ungeschickt nutzt dieser Film die Möglichkeiten der »road movies«. Auf ihrer langen Fahrt werden die Brüder mit immer neuen Menschen und Situationen konfrontiert, können wie beiläufig immer neue Aspekte ihrer Beziehungen

Sammy and Rosie get laid (Frances Barber, Ayub Khan Din)

verdeutlicht werden. Daß dieses recht einfache dramaturgische Prinzip funktioniert, daß der Film in der Tat Interesse und Anteilnahme erweckt, liegt vor allem an der beeindruckenden darstellerischen Leistung von Dustin Hoffman. Unter Verzicht auf spektakuläre Effekte liefert er ein eindrucksvolles und stimmiges Porträt.

Sammy and Rosie get laid
(Sammy und Rosie tun es)

England, 1987

R: Stephen Frears; A: Hanif Kureishi; K: Oliver Stapleton; D: Shashi Kapoor, Ayub Khan Din, Frances Barber, Roland Gift, Wendy Gazelle, Claire Bloom

Voll froher Erwartungen trifft der pakistanische Geschäftsmann und Politiker Rafi (S. K.) in London ein. Er will sich mit seinem Sohn Sammy (A. K. D.) aussöhnen, seine Schwiegertochter Rosie (F. B.) kennenlernen und seine alte Liebe Alice (C. B.) wiedersehen. Sein Frohsinn schwindet schnell: Die Ehe von Sammy und Rosie ist ohne den von ihm erwarteten Kindersegen, außerdem recht brüchig und für seinen Geschmack viel zu freizügig; das einstmals vertraute und geliebte London erscheint ihm als irritierendes Inferno voller Gewalt und Haß. Rafis Situation wird nicht einfacher, als Rosies Freundinnen herausfinden, daß der nette alte Mann seine politischen Ziele einst mit Gewalt und Folter befördert hat. Für kurze Zeit glaubt er, in der Freundschaft des jungen Farbigen Danny (R. G.) eine Zuflucht finden zu können; aber just an dem hat auch seine Schwiegertochter Gefallen. So finden sich eines Abends wundersam drei Paare: Rosie und Danny, Sammy und seine Freundin Anna (W. G.) sowie Rafi und Alice. Doch der Hauch der Idylle verweht schnell. Rafi fühlt sich zunehmend unbehaust in diesem unwirtlichen London und nimmt sich verzweifelt das Leben. Sammy und Rosie, die eigentlich auseinandergehen wollten, suchen beieinander Schutz . . .

Wie bereits in ihrem Film *My beautiful laundrette* (Mein wunderbarer Waschsalon, England 1985) haben Autor Kureishi und Regisseur Frears wieder ein bizarres Panorama urbanen Schreckens im London der achtziger Jahre gezeichnet. Hier scheint eine Welt heillos aus den Fugen geraten zu sein, und die Menschen suchen verstört nach Fixpunkten, an denen sie sich orientieren können. Ähnlich ratlos wie Rafi fühlen sich alle anderen Personen. Auch sie finden sich nicht mehr zurecht, weil die Spielregeln der Gesellschaft zum Spekulationsobjekt der Mächtigen geworden sind und allein die Sexualität noch einen gewissen Freiraum für das Individuum verheißt.
Kureishi und Frears demonstrieren das auch durch den Stil ihres Films, der grelle Akzente und verhaltene, subtile Passagen fast unvermittelt aneinanderreiht. Man mag ihr Bild der Wirklichkeit als Zerrspiegel bezeichnen, aber Zerrspiegel verändern ja lediglich die Konturen, sie zeigen nichts, was nicht tatsächlich vorhanden ist. Ein beunruhigender, nachdenklich stimmender Film.

S.E.R.

(Freiheit ist ein Paradies)

UdSSR, 1989

R: Sergej Bodrow; A: Sergej Bodrow; K: Juri Schirtladse; D: Wladimir Kosyrew, Alexander Burejew, Swetlana Gajtan, Vitautas Tomkus

Der zwölfjährige Sascha (W. K.) reißt aus einer Erziehungsanstalt in der Nähe von Alma Ata aus und schlüpft bei Klawa (S. G.), einer ehemaligen Freundin seines Vaters, unter. Doch nach wenigen Tagen bekommt Klawa Angst und meldet den mutterlosen Flüchtling, dessen Vater im Gefängnis sitzt, bei der Miliz. Sascha wird in die Anstalt zurückgebracht; immerhin hat er bei seiner Vernehmung durch eine Polizistin erfahren, in welchem Straflager sein Vater ist. Von nun an hat er nur noch ein Ziel: Er will seinen Vater sehen. Wieder flieht er. Und diesmal gelingt es ihm nach vielen Schwierigkeiten und manchen Rückschlägen, sein Ziel zu erreichen. Eines Tages steht er vor dem Tor des Straflagers in Archangelsk. Zwar ist sein Vater zu verschärfter Haft mit Besuchsverbot verurteilt, aber ein humaner Kommandant springt über seinen Schatten; Sascha darf sogar über Nacht bei seinem Vater bleiben. Nach anfänglichen Schwierigkeiten finden die beiden in einem liebe- und vertrauensvollen Gespräch zueinander. Am nächsten Morgen muß der Vater allerdings in seine Zelle zurück; auf Sascha wartet die Miliz, die ihn wieder in die Anstalt bringen wird. Ob etwas von den Träumen und Hoffnungen dieser Nacht sich verwirklichen wird, bleibt offen. Es ist eher unwahrscheinlich ...
Thematisch und formal setzt dieser Film neue Akzente im Kino der UdSSR. Lakonisch und direkt schildert er das Schicksal von Menschen, die von der Gesellschaft zugrunde gerichtet worden sind. Der Vater erzählt, daß er im Gefängnis geboren wurde, weil seine Mutter um 1950, in der Zeit der Hungersnot, wegen des »Diebstahls« von fünf Gurken zu fünf Jahren Haft verurteilt worden ist. Als Sohn einer Vorbestraften ist er auf die schiefe Bahn geraten; als Sohn eines Sträflings hat Sascha erst recht keine Chancen mehr. Staat und Gesellschaft erlebt er nur noch als Element der Verfolgung und Unterdrückung, wobei deutlich wird, daß die Strukturen des Stalinismus vor allem in der Anstalt, aber auch in der Gesellschaft noch lebendig sind. Wirkliche Hilfe erfährt Sascha auf seinem Weg durch das ganze Land nur von Außenseitern der Gesellschaft: Eine junge Frau, die nackt in der Wohnung herumspaziert und auf ihren Liebhaber wartet, schenkt ihm Kleidung und Geld; ein taubstummer Pferdeknecht versteckt ihn in seinem Eisenbahnwaggon; eine Nonne hilft ihm durch eine Ausweiskontrolle und weist ihm den Weg zum Lager.
Auch formal ist dieses »road movie« von überzeugender Direktheit. Drehbuch und Regie gestatten sich keine Abschweifungen, keine Genre-Bilder, sondern konzentrieren sich ganz auf den Fortgang der Geschichte. Die Kamera scheint genau so versessen darauf wie Sascha, daß es weitergeht nach Archangelsk. Man erlebt die Reise mit den Augen des schielenden, sommersprossigen Jungen, dessen sympathische Unbeirrbarkeit zum Symbol für die Sehnsucht nach Freiheit wird.
S.E.R. (»Swoboda eto raj« ›Freiheit ist ein Paradies‹) ist übrigens eine bei russischen Gefangenen beliebte Tätowierung, die auch Sascha trägt.

Sex, lies and videotape

(Sex, Lügen und Video)

USA, 1989

R: Steven Soderbergh; A: Steven Soderbergh; K: Walt Lloyd; D: Peter Gallagher, Andie MacDowell, James Spader, Laura San Giacomo, Ron Vawter

Die Ehe zwischen dem erfolgreichen Anwalt John Millaney (P. G.) und seiner Frau Ann (A. MD.) besteht nur noch auf dem Papier. Ann sucht Rat beim Psychotherapeuten (R. V.); John findet Abwechslung bei Anns lebenslustiger Schwester Cynthia (L. S. G.). Da taucht eines Tages Johns fast vergessener College-Freund Graham Dalton (J. S.) auf und bringt das Dreiecks-Arrangement durcheinander. Grahams Sexualleben ist reduziert auf seine Leidenschaft, mit der Videokamera Frauen nach ihren sexuellen Erfahrungen und Wünschen zu befragen und sich diese Aufzeichnungen später in seiner Wohnung anzusehen. Mit seiner Kamera dringt er auch in den Lebensbereich der Millaneys ein. Als erste stellt sich Cynthia für eine Selbstdarstellung zur Verfügung; wenig später wagt sich auch Ann, die von der Untreue ihres Mannes erfahren hat, vor die Kamera. Das offene Gespräch über bisher verdrängte Konflikte weckt bei beiden Frauen Einsichten. Cynthia beendet ihr Verhältnis mit John; auch Ann trennt sich von ihm und entdeckt Sympathien für Graham, der sich seinerseits vom »Voyeur« zum Partner wandelt. Am Ende haben alle etwas gelernt und eine Chance gewonnen – bis auf John.
Woody Allen ist nicht gar zu weit, wenn die vier Protagonisten dieses bürgerlichen Dramas ihr Seelenleben offenbaren. Deutlich wird, daß sie alle ziemlich verkorkst sind, und daß es ihnen überaus schwer fällt, dies einzusehen. Allein Graham ist sich seines Defektes bewußt, und seine freimütige Art, darüber zu reden, setzt gleichsam eine Kettenreaktion in Gang, die alle Personen des Films berührt.
Der damals erst 26jährige Soderbergh, der mit diesem Regie-Erstling auf Anhieb die »Goldene Palme« des Festivals von Cannes gewann, hat seinen Film mit Witz und »Weisheit« versehen. Die Dialoge sind oft von subtiler, entlarvender Komik – besonders dort, wo die Redenden ihre wahren Gedanken eher verbergen als mitteilen wollen. Seine bedenkenswerte Analyse der Defizite in Ehe und Partnerschaft leistet der Film ganz ohne dramatisches Aufbegehren durch genaue Beobachtung und distanzierte, ironische Beschreibung.

The sheltering sky (rechts: Debra Winger)

The sheltering sky

(Himmel über der Wüste)

England, 1989/90

R: Bernardo Bertolucci; A: Mark Peploe und Bernardo Bertolucci nach dem gleichnamigen Roman von Paul Bowles; K: Vittorio Storaro; D: Debra Winger, John Malkovich, Campbell Scott, Eric Vu An, Jill Bennett, Timothy Spall

1947. Das amerikanische Ehepaar Kit (D. W.) und Port (J. M.) Moresby reist mit Tunner (C. S.), einem reichen jungen Freund, nach Nordafrika. Für die Moresbys ist es eine ziellose, wohl aber zweckbestimmte Reise, die ihre in zehn Ehejahren verschlissene Gemeinsamkeit und ihre schöpferische Leere als Schriftstellerin bzw. Komponist durch neue Erfahrungen beleben soll. Tunner ist da ein merkwürdiges Anhängsel, ein Katalysator vielleicht für die erhoffte Verwandlung. Schon bald treffen sie auf Mrs. Lyle (J. B.), eine Reiseschriftstellerin, deren schrille Herrschsucht ihren erwachsenen Sohn Eric (T. S.) zu einem jämmerlichen Schnorrer denaturiert hat. Die ersten Erfahrungen der Moresbys in dem fremden Land sind deprimierend; und so entwickelt sich ihre Reise zu einer hektischen Flucht – vor sich selbst, vor den Lyles und auch vor Tunner, dessen Anwesenheit Port, eigensinnig und eifersüchtig, schon bald als störend empfindet. Wenige Momente der Gemeinsamkeit, einige Gespräche und auch ein Liebesakt in einer gewalttätigen, menschenleeren Landschaft lösen ihre innere Vereinsamung nicht. Dann erkrankt Port an Typhus und stirbt qualvoll in einem französischen Wüstenfort. Kit, die ihn aufopferungsvoll gepflegt hat, liefert sich in einer merkwürdigen Mischung aus Willenlosigkeit und Entschlossenheit dem arabischen Karawanenführer Belqassim (E. V. A.) wie eine Gefangene aus, unterwirft sich ihm sexuell und seelisch. Monate später nutzen Belqassims arabische Frauen seine Abwesenheit, um die Rivalin aus dem Haus zu treiben. Sie wird von der Polizei aufgegriffen, umsorgt und erfährt, daß Tunner eigens aus Amerika gekommen ist, um ihr zu helfen. Doch sie will ihm nicht begegnen und geht statt dessen in das kleine Café, in dem die Geschichte begonnen hat. Aber auch hier findet sie den Anschluß an ihr Leben nicht; sie steht sprach- und hilflos wie in einer fremden Welt.

Ein faszinierend doppelbödiger Film, den man auf verschiedenen Ebenen begreifen und goutieren kann. Einmal ist dies die Geschichte von drei Europäern, die den Verlockungen eines fremden Landes erliegen, ohne seinen Gefahren gewachsen zu sein. Abenteuerliche Erlebnisse in pittoresker Umgebung sorgen für Spannung; das exotische Milieu wird im Bild sinnlich präsent. Gleichzeitig geht es aber für die Protagonisten auch um eine Suche nach dem Sinn ihres Lebens. Da gewinnen die von Vittorio Storaro eingefangenen Bilder der schieren Unendlichkeit der Wüste, von verkarsteten Gebirgen, von Lehmdörfern, die einmal wie merkwürdige Spielzeuge, dann wie bedrohliche Labyrinthe erscheinen, eine andere, beunruhigende Bedeutung. Der Film drängt dem Zuschauer keine Antworten und keine »Lebensweisheiten« auf. Das Schicksal von Kit und Port erscheint nicht als exemplarisch, sondern als eine von unendlich vielen Möglichkeiten. Bertolucci hat gleichsam ein Gefäß geschaffen, in dem der Betrachter seine Gedanken und Träume sammeln kann. Der Romanautor Paul Bowles, der am Anfang und am Ende im Café sitzt, und dessen innerer Monolog hier die Funktion des »Erzählers« übernimmt, betrachtet gelassen das Universum, das er geschaffen und nunmehr dem Leser bzw. Zuschauer überlassen hat.

Skřivánci na nitích
(Lerchen am Faden)

CSSR, 1969

R: Jiři Menzel; A: Bohumil Hrabal und Jiři Menzel nach einer Idee von Bohumil Hrabal; K: Jaromír Šofr; D: Vlastimil Brodský, Leoš Suchaříрa, Václav Neckář, Rudolf Hrušínský, Jitka Zelenohorská

Die Zeit: um 1950; der Ort: ein Schrottplatz. In dieser ganz und gar realistischen Umgebung geschehen absurde Dinge. Hier nämlich arbeitet, diskutiert und philosophiert eine »Brigade«, der u. a. ein Professor für Literatur (V. B.), ein Staatsanwalt (L. S.), ein Koch (V. N.), ein Saxophonspieler und ein Hersteller von Waschtrögen angehören. Ein Zwischentitel erklärt: »Die Reste der besiegten Klassen wurden in den Arbeitsprozeß eingegliedert, damit sie sich von ihrer bourgeoisen Herkunft befreien konnten.« Diese Befreiung zu lenken, obliegt dem »Vertrauensmann« (R. H.). Und obwohl hin und wieder einer der Delinquenten von wortkargen Herren abgeholt wird und auf Dauer verschwindet, bewahren die übrigen eine Art gelassener Resignation. Ein Lichtblick ist für sie die Tatsache, daß sich gleich nebenan ein Lager für weibliche Häftlinge befindet, die überwiegend wegen »versuchter Republikflucht« einsitzen. Natürlich sind Kontakte verboten; aber ebenso natürlich finden sie doch statt. Und als Pavel, der Koch, sich in die hübsche Jitka (J. Z.) verliebt, da dürfen die beiden in einer grotesken Zeremonie, bei der Jitka durch Pavels Tante vertreten wird, sogar

heiraten. Ein normales Eheleben ist erst nach Jitkas Entlassung zu erhoffen. Doch als die erfolgt ist, da ist Pavel längst verhaftet – weil er einen hohen Funktionär arglos nach dem Verbleib der verschwundenen Kollegen gefragt hat. Die hat er mittlerweile wiedergetroffen ...
Eine beißende Satire auf die Zustände im »real existierenden Sozialismus«. Mit tückischer Ironie werden die absurden Situationen als filmische (und politische) Realität ausgegeben, wodurch dann die Realität wie ein absurder Alptraum erscheint. Buch und Regie legen weniger Wert auf eine dramaturgisch aufbereitete Handlung; sie reihen vielmehr Beobachtungen, Situationen und Pointen phantasievoll aneinander. Es gibt treffsicheres Kabarett wie die Besichtigung des Schrottplatzes durch eine Jugendgruppe oder den Auftritt eines Gewerkschaftsfunktionärs, der vor dem Gespräch mit den Arbeitern schnell die Krawatte ablegt und den Hut mit einer proletarischen Schiebermütze vertauscht. Aber es gibt am Ende auch das bittere Resümee der Häftlinge bei der Zwangsarbeit im Bergwerk: »Kumpels, die haben uns die Wahrheit geklaut, die Schweine. Wo ist die Wahrheit geblieben?«
Der Film schien den Behörden kurz nach der gewaltsamen Beendigung des »Prager Frühlings« so subversiv und gefährlich, daß er sofort verboten und erst zwanzig Jahre später freigegeben wurde. 1990 lief er als offizieller Beitrag der CSFR bei den Berliner Filmfestspielen und erhielt dort – ex aequo mit *Music box* von Costa-Gavras – den »Großen Preis« des Festivals.

Spur der Steine

DDR, 1966

R: Frank Beyer; A: Karl-Georg Egel und Frank Beyer nach dem gleichnamigen Roman von Erik Neutsch; K: Günter Marczinkowsky; D: Manfred Krug, Krystyna Stypułkowska, Eberhard Esche, Hans-Peter Minetti, Walter Richter-Reinick

Brigadier Hannes Balla (M. K.) ist der ungekrönte König auf der Baustelle in Schkona. In seiner Brigade stimmen Leistung und Prämien, weil er sich nicht an die sozialistische Planwirtschaft hält, auf eigene Faust fehlendes Material besorgt und nach eigenem Gusto die Schichten festlegt. Als zwei »Neue«, die Technologin Kati (K. S.) und der Parteisekretär Horrath (E. E.), auf der Baustelle auftauchen, gibt es Probleme. Besonders mit dem auf Disziplin versessenen Horrath legt sich Balla lustvoll an. Doch allmählich beginnen die beiden Männer einander zu respektieren, jeder erkennt Fähigkeit und Leistung des anderen an. Für Kati indessen mobilisiert Balla sofort seinen ganzen Charme. Umgekehrt kann sie ihn von einem neuen, kräftezehrenden Schicht-Plan überzeugen, über den Ballas Brigade auseinanderbricht, weil die Männer glauben, ihr Boß habe sie an »die Partei« verraten. Schließlich aber merkt auch Balla, daß Kati einen anderen hat. Als sie eines Tages schwanger ist und der Vater für das Kind fehlt, hält er dennoch zu ihr, auch als ihm klar wird, daß ausgerechnet Horrath der »Schuldige« ist. Denn trotz aller Enttäuschung beginnt er zu begreifen, daß Horrath – verheiratet und Vater einer Tochter – mit einem Bekenntnis zu Kati seine Karriere aufs Spiel setzen würde, zumal er gerade »im Namen der Ehrlichkeit« ein Parteiverfahren gegen den unfähigen Bauleiter Trutmann (W. R.-R.) angestrengt hat. Am Ende mag Horrath doch nicht länger schweigen. Kaum aber ist die Wahrheit heraus, da wetzen seine Gegner in der Partei das Messer.
Hannes Balla, der von Manfred Krug hinreißend vital und nuanciert gespielt wird, war natürlich im Jahr 1966 kein der Partei genehmes Leitbild. Die unverhohlene Kritik an bürokratischer Schlamperei und der Unfähigkeit vieler Parteikarrieristen, der Aufruf zu mehr Offenheit, Selbständigkeit und Vertrauen taten ein übriges. Der Film, der schon für das Festival in Karlovy Vary (Karlsbad) gemeldet war, war kaum in den Kinos, da schickte die Partei Störtrupps in die Vorstellungen. Die so organisierte Unruhe wurde als »gesunder Protest der arbeitenden Bevölkerung« deklariert und der Film zurückgezogen. Erst nach der Wende kam er erneut heraus, wobei sich erwies, daß er die Zeit gut überdauert hat. Auch heute noch überzeugen das intelligente Drehbuch, die präzise Regie, die illusionslose Milieuschilderung in spröden schwarzweißen Scope-Bildern und die vorzüglichen darstellerischen Leistungen. Es gehört gleichfalls zu den Vorzügen des Films, daß seine menschlichen Konflikte vor einem veränderten politischen Hintergrund glaubwürdig bleiben.

Tampopo
(Tampopo)

Japan, 1986

R: Juzo Itami; A: Juzo Itami; K: Masaki Tamura; D: Tsutomu Yamazaki, Nobuko Miyamoto, Ken Watanabe, Rikiya Yasuoka, Koji Yakusho, Fukumi Kuroda

Ein Zufall führt die Fernfahrer Goro (T. Y.) und Gun (K. W.) in das Restaurant der jungen Witwe Tampopo (N. M.). Goro verteidigt ihre Ehre in einer Schlägerei mit dem bulligen Pisken (R. Y.) und beschließt, der sympathischen jungen Frau noch etwas Gutes zu tun: Er will sie zur besten Nudelsuppen-Köchin der Stadt machen. Zunächst muß sie – wie eine Hochleistungssportlerin – ein Konditionstraining absolvieren. Dann betreibt man konsequent Werkspionage bei den umliegenden Suppenküchen und gewinnt Fachleute zur Unterstützung. Ein Clochard entpuppt sich als Suppen-Experte, ein Chauffeur weiß (fast) alles über Nudeln, Pisken brilliert überraschend als Innenarchitekt; schließlich wird Tampopo durch ein Team von fünf Experten beraten. Am Ende künden Besucherschlangen vor dem Lokal vom Sieg. Goro und Gun besteigen ihren Lkw. Die Aufgabe ist gelöst . . .
Dies ist nur ein roter Faden dieses Films, der mit überbordender Phantasie und verblüffendem Einfallsreichtum zu den Klängen klassischer Musik (Mahler, Liszt, Wagner) das Hohelied der Gaumenfreuden singt. Ein zweiter Handlungsstrang erzählt die Geschichte eines Gangsters (K. Y.) und seiner Geliebten (F. K.). Eingangs räsoniert er über das Wesen des Films, später erreicht das Paar den Höhepunkt erotischer Lust nur mit Hilfe ungewöhnlicher Eßrituale, zum Schluß stirbt er, von Kugeln durchsiebt, in ihren Armen. Seine letzten Worte handeln von einem Wildschwein-Gericht, das er gern mit ihr gegessen hätte.
Daneben gibt es eine Vielzahl weiterer Episoden über das Essen. Gleichsam ihre Quintessenz ist die Schlußszene: In Großaufnahme sieht man einen Säugling selig an der Brust der Mutter schmatzen; ein Mensch erlebt sein erstes kulinarisches Lustgefühl!
Regisseur Itami sagte: »Ursprünglich wollte ich einen Film über die Nahrung, übers Essen machen. Ich fabrizierte an die 30 Episoden und jonglierte mit ihnen, um sie irgendwie zusammenzufügen. Aber ich merkte, daß ich eine Handlungslinie brauchte, um sie miteinander zu verbinden. Dann kam ich auf die Idee, das Genre des Westerns zu benutzen: Ein Fremder kommt in die Stadt, verwandelt ein schäbiges Nudellokal in das beste der Stadt und verschwindet wieder. Um diesen Plot herum wollte ich Buñuels Idee aus *Le fantôme de la liberté* benutzen – die Idee des immer wieder abgebrochenen, abgebogenen Erzählens.«
Tatsächlich wirkt Goro mit seinem breitrandigen Hut, den er selbst in der Badewanne nicht absetzt, wie die Summe vieler wortkarger und einsamer Westernhelden. Und die zahlreichen einzelnen Episoden und Sketche, die oft hinreißend pointiert sind, werden nicht etwa wahllos eingestreut, sondern sie entwickeln sich mit innerer Konsequenz aus Begegnungen, Kameraschwenks, Assoziationen usw. So entstand ein phantasievoll-skurriler und überaus vergnüglicher Film, der außerdem vieles aussagt über die Japaner und ihre Kultur.

Topio stin omichli
(Landschaft im Nebel)

Griechenland/Frankreich/Italien, 1988

R: Thodoros Angelopoulos; A: Thodoros Angelopoulos, Tonino Guerra und Thanassis Valtinos nach einer Geschichte von Thodoros Angelopoulos; K: Giorgos Arvanitis; D: Tania Paleologou, Michales Zeke, Stratos Giorgioglou, Dimitris Kamberidis, Vassilis Kolovos

Die elfjährige Voula (T. P.) und ihr fünfjähriger Bruder Alexandros (M. Z.) brechen heimlich auf, um den unbekannten und schmerzlich vermißten Vater zu suchen, von dem ihre Mutter erzählt, daß er in Deutschland lebe und arbeite. Schon bald erwischt man sie als »Schwarzfahrer« im Zug und bringt sie zu einem Onkel (D. K.), der ihnen sagt, daß die Geschichte vom Vater in Deutschland nur eine Notlüge der Mutter war, daß sie unehelich geboren sind. Aber die Kinder machen sich erneut auf den Weg durch ein trostloses, im Regen schier ertrinkendes Land – vorbei an Baustellen, kahlen Betongebäuden, verlassenen Fabriken. Der Wanderschauspieler Orestis (S. G.) kümmert sich eine Weile um sie; dann fahren sie als Anhalter weiter, wobei Voula von einem betrunkenen Lkw-Fahrer (V. K.) vergewaltigt wird. Auch eine erneute Begegnung mit Orestis bringt deprimierende Erfahrungen. Doch eines Nachts kommen die Kinder an eine unbekannte Grenze. Sie überqueren einen Fluß, und aus der nebelverhangenen Landschaft des anderen Ufers taucht schemenhaft das Bild eines Baumes auf ...

Angelopoulos sieht diesen Film als Schlußteil einer »Trilogie des Schweigens«, zu der noch die Filme *Taxidi sta Kithira* (Reise nach Kythera, Griechenland 1984) und *O melissokomos* (Der Bienenzüchter, Griechenland/Frankreich/Italien 1986) gehören. »Ich denke, die drei Filme sprechen von der gleichen Sache. Nach all den Filmen, die ich über die Geschichte und die Politik gemacht habe, erzählen diese letzten vom Schweigen der Geschichte, dem Schweigen der Liebe und dem Schweigen Gottes.« (Angelopoulos)

Gemeinsam ist den Filmen auch das Motiv der Reise. Aber während in den beiden ersten Filmen Menschen am Ende ihres Lebens ins Ungewisse, ins Nichts, in den Tod gehen, steht hier am Ende einer bedrückenden Odyssee durch eine zerstörte und zerstörerische Welt eine – wenngleich zaghafte – Verheißung. Die Reise der Kinder kann auch als Weg in das Leben verstanden werden.

Angelopoulos hat seine Geschichte wieder in magischen Bildern und langen, insistierenden Einstellungen erzählt. Häufig tauchen Bild-Zitate aus seinen früheren Filmen auf – nicht als spielerischer Effekt, sondern als Hinweis auf die Kontinuität eines ungewöhnlichen Werkes.

Topio stin omichli wurde u. a. 1989 mit dem »Europäischen Filmpreis« ausgezeichnet.

Tulitikkutehtaan tyttö

(Das Mädchen aus der Streichholzfabrik)

Finnland/Schweden, 1989

R: Aki Kaurismäki; A: Aki Kaurismäki; K: Timo Salminen; D: Kati Outinen, Elina Salo, Esko Nikkari, Vesa Vierikko, Silu Seppälä

Die unscheinbare Iris (K. O.) arbeitet in einer Streichholzfabrik; ihre Aufgabe ist es vor allem, darauf zu achten, daß die bunten Etiketts richtig auf die Packungen geklebt werden. Den kargen Lohn liefert sie zu Haus bei der Mutter (E. S.) und dem Stiefvater (E. N.) ab. Eine Gegenwelt zum tristen Alltag schafft sie sich durch die Lektüre billiger Liebesromane. Am Wochenende geht sie zum Tanz. Aber Iris ist das geborene Mauerblümchen. So kauft sie sich eines Tages ein auffallendes, buntes Kleid. Zwar bekommt sie zu Hause eine Ohrfeige für diese Verschwendung, aber beim nächsten Tanzvergnügen wird sie tatsächlich von einem Herrn (V. V.) beachtet und angesprochen. Der ist freilich nur an einem billigen Vergnügen interessiert. Er nimmt sie für eine Nacht mit und läßt sie dann sitzen. Als sie ihm sagt, daß sie schwanger ist, schickt er ihr Geld für eine Abtreibung. Gerade dies will Iris nicht mehr akzeptieren. Nachdem sie ihr Kind bei einem (provozierten?) Unfall verloren hat, kauft sie von dem Geld Rattengift und verabreicht es den Menschen, unter denen sie zu lange gelitten hat. In der Fabrik erscheinen Polizisten, um sie zu verhaften.

Der dritte Teil von Kaurismäkis »proletarischer Trilogie«, zu der die Filme *Varjoja paratiisissa* (Schatten im Paradies, Finnland 1986) und *Ariel* (Ariel, Finnland 1988) gehören.

Nur 70 Minuten braucht der Film für diese Bilanz eines armseligen und hoffnungslosen Lebens. Mehr ist nicht zu berichten über das Mädchen Iris, das nie eine Chance bekommen hat, und das in der kurzen Begegnung, die es für Liebe hielt, genauso ausgebeutet worden ist wie in der Fabrik und zu Hause.

Kaurismäki schildert dieses Schicksal gleichsam mit kalter, engagierter Wut. Seine künstlerischen Mittel sind nicht Pathos, sondern Präzision; nicht Larmoyanz, sondern grimmiger Humor. Einige Kritiker haben den strengen Stilisten Kaurismäki in die Nähe Bressons gestellt. Bei diesem Film fühlt man sich in der Tat an die gnadenlose Zerstörung des Mädchens *Mouchette* erinnert.

The war of the Roses

(Der Rosenkrieg)

USA, 1989

R: Danny DeVito; A: Michael Leeson nach einem Roman von Warren Adler; K: Steven H. Burum; D: Michael Douglas, Kathleen Turner, Danny DeVito, Marianne Sägebrecht

Barbara (K. T.) und Oliver (M. D.) Rose sind offenbar ein ideales und glückliches Ehepaar. Beide haben gemeinsame Hobbys und nennen zwei niedliche Kinder, zwei Autos, Hund, Katze und ein Haus ihr eigen. Doch so wie die Kinder zu weit weniger niedlichen Teenagern heranwachsen, so mißrät ihre Ehe allmählich zu einer bloßen Zweckgemeinschaft. Als Barbara einen Job als Gymnastik-Lehrerin und eigenes Geld bekommt, erkennt sie, daß auch der Zweck dieser Gemeinschaft dahin ist. Sie will die Scheidung. Oliver ist konsterniert und beschließt nach Rücksprache mit seinem Anwalt (D. DV.), daß er das Haus behalten und bis zur Entscheidung in eben diesem Haus – unter einem Dach mit Barbara – bleiben will. Ein folgenschwerer Fehler! Denn Barbara, die »ihr« Haus in ein steriles Museum verwandelt hat, will in dieser Frage keinen Fußbreit nachgeben. Es kommt zur handgreiflichen Auseinandersetzung, zur Eskalation: Die Roses beginnen, das Haus, das keiner dem anderen gönnt, Stück für Stück zu zerstören. Am Ende hängen sie nach einer wilden Jagd durch die Trümmer im Haß vereint am Kronleuchter und stürzen mit diesem nach angemessener Zeit gemeinsam in den Tod.
Der Originaltitel des Films verweist zweideutig-ironisch auf ein historisches Ereignis – die »Rosenkriege« zwischen den Geschlechtern Lancaster und York im England des 15. Jahrhunderts. Genauso verbissen wie damals die Lords um den Tower kämpfen hier die Roses um ihr Haus und um all das, was sein Besitz für sie verkörpert. Regisseur Danny DeVito ist eine rabenschwarze Komödie gelungen, in der jede Pointe geschickt vorbereitet und exakt plaziert wird, in der jede Nuance der vorzüglichen Hauptdarsteller stimmt. Die Entwicklung von der Bilderbuch-Idylle eines Weihnachtsfestes bis zum tödlichen Chaos verläuft mit einer atemberaubenden Folgerichtigkeit, die trotz aller skurrilen Effekte auch erschreckend wirkt.
Für sich selbst hat der Erzkomödiant DeVito die Rolle von Olivers Anwalt reserviert, der zudem die ganze Geschichte in einer Rahmenhandlung einem Klienten zur Mahnung und Warnung erzählt.

When Harry met Sally . . .
(Harry und Sally)

USA, 1989

R: Rob Reiner; A: Nora Ephron; K: Barry Sonnenfeld; D: Billy Crystal, Meg Ryan, Carrie Fisher, Bruno Kirby

1977. Auf dem Weg vom College zur Journalistenschule in New York nimmt Sally (M. R.) den frischgebackenen Juristen Harry (B. C.) in ihrem Auto mit. Er sagt ihr schreckliche Dinge über Männer, Frauen und Sex – und vor allem darüber, daß Männer und Frauen nie Freunde sein können, weil stets der Sex dazwischenkommt. Sally ist froh, als sie ihren Mitfahrer verabschieden kann. – Fünf Jahre später sitzen beide zufällig in einem Flugzeug. Sally ist inzwischen verlobt, und auch Harry will bald heiraten. Aber worüber spricht er während des ganzen Fluges? Über Sex natürlich. Sally ist froh, als sie gelandet sind. – Wiederum fünf Jahre später laufen sich die beiden in einer Buchhandlung über den Weg. Sallys Verlobung ist geplatzt, Harrys Frau hat einen anderen gefunden und will sich scheiden lassen. Merkwürdigerweise versteht man sich diesmal viel, viel besser. Eine richtige Freundschaft beginnt – ohne Sex. – Ein weiteres Jahr später erleben sie, wie ihre Freunde Jess (B. K.) und Marie (C. F.) sich finden und einen gemeinsamen Hausstand gründen. Aber schließlich ergibt es sich eines Nachts, daß Sally in einen Abgrund der Verzweiflung stürzt, aus dem nur der telefonisch alarmierte Harry sie erretten kann – da aber kommt der Sex dazwischen, und natürlich zerbricht die Freundschaft. Doch Harrys These bestätigt sich gleichsam im Umkehrschluß: Denn zwölf Jahre und drei Monate nach ihrer ersten Begegnung und nach dem glücklichen Ende ihrer Freundschaft werden sie endlich ein Ehepaar.
Regisseur Rob Reiner hat seinem mit leichter Hand inszenierten Film ironisch einen dokumentarischen Anstrich gegeben, in dem er immer wieder fiktive Statements »alter Ehepaare« eingeschnitten hat. (Im letzten Statement übrigens sieht man Harry und Sally!). Die uralten Probleme, welche die Anziehungskraft und die Mißverständnisse zwischen Männern und Frauen bestimmen, werden mit soviel Witz und Einfallsreichtum behandelt, und die Schauspieler sind so überzeugend, daß eine vergnügliche Komödie entstanden ist.

Wild at heart

(Wild at Heart – Die Geschichte von Sailor und Lula)

USA, 1990

R: David Lynch; A: David Lynch nach einem Roman von Barry Gifford; K: Fred Elmes; D: Nicolas Cage, Laura Dern, Diane Ladd, Willem Dafoe, Isabella Rossellini, Harry Dean Stanton, J. E. Freeman

Weil er in Notwehr einen Farbigen getötet hat, wandert Sailor Ripley (N. C.) für einige Jahre ins Gefängnis. Seine Freundin Lula (L. D.) bleibt ihm gegen den Willen ihrer Mutter (D. L.) treu; sie holt ihn bei seiner Entlassung ab, und beide fahren in Richtung Kalifornien. Lulas Mutter, die Sailor selbst vergeblich Avancen gemacht hatte und die außerdem befürchtet, durch Sailor werde Lula erfahren, daß ihr Vater einem Mordkomplott zwischen seiner Frau und dem Gangster Marcello Santos (J. E. F.) zum Opfer gefallen ist, schickt den beiden ihren alten Freund Johnnie (H. D. S.) als Racheengel nach. Doch dann bittet sie Santos, nicht nur Sailor, sondern auch Johnnie aus dem Weg zu räumen. Johnnie bleibt tatsächlich in New Orleans auf der Strekke; die Liebenden kommen bis in ein texanisches Wüstenkaff, wo Santos' Killer Bobby Peru (W. D.) sie ausfindig macht. Er demütigt Laura und überredet Sailor zu einem Überfall, bei dem er ihn erschießen will. Aber zufällig taucht die Polizei auf, und dann heißt das Opfer des Überfalls Bobby Peru. Allerdings muß Sailor als Mittäter erneut ins Gefängnis. Und wieder steht Lula, die ihm inzwischen einen Sohn geboren hat, bei seiner Entlassung vor dem Gefängnistor. Sailor will auf sie verzichten, läuft fort und wird von einer Straßengang brutal verprügelt. Als er verletzt auf der Straße liegt, hat er eine Erscheinung: Eine wunderschöne, engelhafte Frau schickt ihn geradewegs in Lulas Arme und ins Happy-End.

Krude wie die Geschichte ist auch die Form des Films, der 1990 in Cannes mit der »Goldenen Palme« ausgezeichnet wurde. Häßlichkeit und Gewalt werden aufdringlich ins Bild gebracht: Wie fasziniert verharrt die Kamera auf den verfaulten Zahnstümpfen von Bobby Peru, fette alte Frauen tanzen nackt auf der Straße des Wüstenkaffs, bei dem Banküberfall schießt sich Bobby Peru buchstäblich den Kopf ab, ein Hund rennt mit der abgeschossenen Hand eines der Opfer davon. Andererseits gerät die Entführung und Ermordung Johnnies zu einem skurrilen Kasperle-Theater. Deutlich sind auch die Hinweise auf den märchenhaften Charakter des Films: Mehrfach sieht man Lulas Mutter als Hexe auf dem Besenstiel die Liebenden verfolgen, und am Schluß werden Lula und Sailor offenbar von einer guten Fee zusammengeführt. Dann verschwindet, wie von Zauberhand berührt, das Bild von Lulas Mutter aus dem Bilderrahmen; die Liebe hat über allen Haß und allen Schrecken dieser Welt gesiegt. Lynch hat das bizarre Pandämonium, in das seine Liebenden geraten sind, mit großem Geschick, aber auch mit ziemlichem Getöse inszeniert. Und es bleibt die Frage, ob man so laute Effekte braucht, um effektiv zu sein.

A world apart

(Zwei Welten)

England, 1987

R: Chris Menges; A: Shawn Slovo; K: Peter Biziou; D: Barbara Hershey, Jodhi May, Jeroen Krabbé, Carolyn Clayton-Cragg, David Suchet

Südafrika 1963. Die 13jährige Molly Roth (J. M.) lebt im Spannungsfeld zwischen ihrer privaten Glückserwartung und dem politischen Engagement ihrer Eltern für den Afrikanischen Nationalkongreß und gegen die Apartheid. Gleich zu Beginn der Handlung muß ihr Vater (J. K.) überstürzt ins Ausland fliehen. Ihre Mutter Diana (B. H.), eine Journalistin, setzt die gemeinsame Arbeit fort. Diana möchte Beruf und Privatleben trennen, möchte, daß Molly von ihren politischen Aktivitäten nicht tangiert wird. Das mißlingt völlig. Gerade weil Molly Dianas Tätigkeit nicht durchschaut, empfindet sie besonders deutlich, daß ihre Mutter sich nicht ausreichend um sie kümmert. Außerdem ist sie zwangsläufig mitbetroffen von den Schikanen der Behörden und der gesellschaftlichen Isolierung. Die Probleme eskalieren, als Diana auf Grund eines dubiosen Gesetzes ohne richterliche Verfügung für 90 Tage ins Gefängnis muß und nach ihrer Freilassung sofort für weitere 90 Tage inhaftiert wird. Molly muß in ein Internat. Diana unternimmt einen Selbstmordversuch und wird freigelassen, weil die Behörden verhindern wollen, daß sie zur Märtyrerin wird. Nun kommen sich

Mutter und Tochter endlich näher: Diana hat eingesehen, daß sie ihre Tochter an ihrem Leben wirklich beteiligen muß, und Molly beginnt, das politische Engagement ihrer Mutter zu verstehen. Am Schluß sieht man Mutter und Tochter am Grab eines schwarzen Bürgerrechts-Kämpfers, mit dem sie befreundet waren. Gemeinsam recken sie der anrückenden Polizei ihre Fäuste entgegen.

Der Film spiegelt in wesentlichen Teilen Person und Schicksal der Journalistin Ruth First, die im Jahr 1982 ermordet wurde. Die Drehbuchautorin Shawn Slovo ist die Tochter dieser Frau. So überrascht es nicht, daß der größte Teil des Films – und der bewegendste! – aus der Sicht des Kindes erzählt wird. Daraus folgt, daß manche politischen und gesellschaftlichen Hintergründe ausgespart werden, daß sogar entscheidende Aspekte der Tätigkeit Dianas im dunkeln bleiben. Gewonnen aber hat der Film durch diesen Blickwinkel eine Emotionalität, die niemals zur bloßen Sentimentalität verkommt. Denn mit den Augen Mollys sieht man die »Heldin« zunächst einmal als eine Frau, die ihren Beruf über das Glück ihrer drei Kinder stellt. Erst allmählich wird deutlich, daß Unrecht ein solches Maß annehmen kann, daß man sich engagieren muß. Aber auch Diana macht einen Lernprozeß durch und erkennt, daß das Engagement für die Menschlichkeit die am nächsten stehenden Menschen nicht ausschließen darf.

Der Regisseur und zwei hervorragende Darstellerinnen haben es verstanden, dieses »Anliegen« ohne große Worte aus Bildern und Situationen zu entwickeln und dabei über das Gemüt auch den Verstand anzusprechen.

Verzeichnis der benutzten Literatur

Allgemeine Literatur

Annan, David: Ape – The Kingdom of Kong. London 1975.
Arnheim, Rudolf: Film als Kunst. Berlin 1932.
Balázs, Béla: Der Film. Wien ²1961.
– Der Geist des Films. Halle 1930. Neuausg. Frankfurt a. M. 1972.
Bayer, William: The Great Movies. London / New York / Sydney / Toronto 1973.
Carey, Gary: Lost Films. New York 1970.
Clair, René: Réflexion faite. Paris 1951. (Dt.: Vom Stummfilm zum Tonfilm. München 1952.)
Clapham, Walter C.: Western Movies. London 1974.
Clarens, Carlos: Horror Movies. London 1971.
Cocteau, Jean: Entretiens autour du Cinématographie. Paris 1951. (Dt.: Gespräche über den Film. Esslingen 1953.)
Davis, Brian: The Thriller. London 1973.
Deutsches Institut für Filmkunde (Hrsg.): Shakespeare im Film. Wiesbaden-Biebrich 1964.
Eisenstein, Sergej: Film Form and the Film Sense. New York ²1957.
– Ausgewählte Aufsätze. Berlin [Ost] 1960.
Eyles, Allen / Adkinson, Robert / Fry, Nicholas: The House of Horror. London 1973.
Ford, Charles: Le cinéma au service de la foi. Paris 1953. (Dt.: Der Film und der Glaube. Nürnberg 1955.)
Frank, Alan G.: Horror Movies. London 1974.
Fürstenau, Theo: Wandlungen im Film. Wiesbaden-Biebrich 1970.
Gifford, Denis: Science Fiction Film. London 1971.
Gregor, Ulrich (Hrsg.): Wie sie filmen. Gütersloh 1966.
Griffith, Richard / Mayer, Arthur: The Movies. New York 1957.
Hagemann, Walter: Der Film. Heidelberg 1952.
– Filmstudien. Emsdetten 1952.
– Filmstudien II. Emsdetten 1954.
– Filmstudien III. Emsdetten 1957.
Hammond, Lawrence: Thriller Movies. London 1974.
Hein, Birgit: Film im Underground. Frankfurt/Berlin/Wien 1971.
Herlinghaus, Hermann / Mogni, Franco: film im aufbruch. Berlin/Leipzig 1966.
Hossent, Harry: Gangster Movies. London 1974.
Institut für Filmwissenschaft (Hrsg.): Sozialistisches Menschenbild und Filmkunst. Berlin [Ost] 1970.
Iros, Ernst: Wesen und Dramaturgie des Films. Zürich ²1957.
Jeavons, Clyde: A Pictorial History of War Films. London / New York / Sidney / Toronto 1974.
Jotterand, Franck: Eintritt frei – Film. 2 Tle. Lausanne 1962.
Jutkewitsch, Sergej: Kontrapunkt der Regie. Berlin [Ost] 1965.
Kitses, Jim: Horizons West (Anthony Mann, Budd Boetticher, Sam Peckinpah). London 1969.
Kobal, John: Gotta Sing Gotta Dance. London / New York / Sydney / Toronto 1970.
Kotulla, Theodor (Hrsg.): Der Film. München 1964.
Leprohon, Pierre: Le monde du cinéma. Paris 1967.
Manvell, Roger: New Cinema in Europe. London 1966.
Margadonna, Ettore M.: Cinema ieri e oggi. Mailand 1932.
Moreck, Curt: Sittengeschichte des Kinos. Dresden 1926.

Morella, Joe / Epstein, Edward Z. / Griggs, John: The Films of World War II. New York 1973.
Morin, Edgar: Le cinéma ou l'homme imaginaire. Paris 1956. (Dt.: Der Mensch und das Kino. Stuttgart 1958.)
Pattison, Barrie: The Seal of Dracula. London 1975.
Prodolliet, Ernest: Lexikon des Wilden Westens. München 1967.
Reichow, Joachim: Zauberei auf Zelluloid. Berlin [Ost] 1966.
Tyler, Parker: Classics of the Foreign Film. London 1966.
Wahnrau, Gerhard / Wendt, Werner / Rödel, Fritz: Lebendige Leinwand. Berlin [Ost] 1958.
Waltermann, Leo (Hrsg.): Kino, Kunst und Kolportage. Säckingen 1953.
Zinman, David: 50 Classic Motion Pictures. New York 1970.

Filmgeschichte

Blum, Daniel: The Pictorial History of the Silent Screen. London 1954.
– A Pictorial History of the Talkies. London 1968.
Brownlow, Kevin: The Parade's Gone by ... New York 1968.
Ceram, C. W.: Eine Archäologie des Kinos. Reinbek bei Hamburg 1965.
Fraenkel, Heinrich: Unsterblicher Film – Von der Laterna Magica bis zum Tonfilm. München 1956.
– Unsterblicher Film – Vom ersten Ton bis zur farbigen Breitwand. München 1956.
Franklin, Joe: Classics of the Silent Screen. New York 1959.
Gregor, Ulrich / Patalas, Enno: Geschichte des Films. Gütersloh 1962.
Gregor, Ulrich: Geschichte des Films ab 1960. München 1978.
Hochschule für Film und Fernsehen der DDR (Hrsg.): Film und revolutionäre Arbeiterbewegung in Deutschland 1918–1932. Berlin [Ost] 1975.
– Der neue sowjetische Film. Berlin [Ost] 1974.
O'Leary, Liam: The Silent Cinema. London 1970.
Paolella, Roberto: Storia del cinema muto. Neapel 1956.
– Storia del cinema sonoro. Neapel 1966.
Porges, Friedrich: Die Geschichte des Films. Basel 1946.
Riess, Curt: Das gibts nur einmal. Hamburg 1958.
Rotha, Paul / Griffith, Richard: The Film till now. London 1949.
Sadoul, Georges: Histoire de l'art du cinéma des origines à nos jours. Paris ^{4}1955. (Dt.: Geschichte der Filmkunst. Wien 1957. [Erw. Ausg.].)
Shipman, David: The Great Movie Stars – The Golden Years. London/Sydney/Toronto o. J.
Toeplitz, Jerzy: Geschichte des Films. Berlin [Ost] 1973–79.
Waldekranz, Rune / Arpe, Verner: Knaurs Buch vom Film. München/Zürich 1956.
Zglinicki, Friedrich von: Der Weg des Films. Berlin 1956.

Lexika und Nachschlagewerke

Abel, Peter: Film-Kislexikon. Budapest 1964.
Bauer, Alfred: Deutscher Spielfilm Almanach 1929–50. Berlin 1950. Erw. Ausg. München 1976.
Baumert, Heinz / Herlinghaus, Hermann / Besenbruch, Helga: Jahrbuch des Films (Jg. 1958–62). Berlin 1960–64.
Bawden, Liz-Anne / Tichy, Wolfram: Buchers Enzyklopädie des Films. Luzern / Frankfurt a. M. 1977.
Brož, Jaroslav / Frida, Myrtil: 555 profilů zahraničnich režisérů. Prag 1971.
Brüne, Klaus (Red.): 6000 Filme – Handbuch V der katholischen Filmkritik. Düsseldorf 1959.
– (Red.): Filme 1959–61. Handbuch VI der katholischen Filmkritik. Düsseldorf 1962.
Cameron, Ian and Elisabeth: Broads. London 1969.

Cameron, Ian and Elisabeth: The Heavies. London 1968.
Chaneles, Sol / Wolsky, Albert: The Movie Makers. Secaucus, N. J., 1974.
Cowie, Peter (Hrsg.): International Filmguide. London 1964–81.
Deutsches Institut für Filmkunde / Stiftung Deutsche Kinemathek (Hrsg.): Verleihkatalog Nr. 1 (Red.: Dorothea Gebauer, Hans Helmut Prinzler, Walther Seidler). Frankfurt a. M. / Wiesbaden / Berlin 1986.
Enciclopedia dello Spettacolo. Rom 1954–68.
Filmlexicon degli Autori e delle Opere. Rom 1958–67.
Filmobibliografischer Jahresbericht. Berlin [Ost] 1965–78.
Ford, Charles: Dictionnaire des Cinéastes contemporains. Verviers (Belgien) 1974.
Glenzdorfs Internationales Film-Lexikon. Bad Münder 1960.
Halliwell, Leslie: The Filmgoer's Companion. 6., neubearb. Aufl. New York 1977 (zuerst London 1972).
Jurgan, Hans Wolfgang: Filmbibliographisches Jahrbuch der BRD. Wiesbaden-Biebrich/Taunusstein-Neuhof/Wiesbaden-Breckenheim 1971–75.
Kael, Pauline: Kiss Kiss Bang Bang. Boston/Toronto 1968. ²1978.
Katz, Ephraim: The International Film Encyclopedia. London/Basingstoke 1980.
Klaue, Wolfgang / Mückenberger, Christiane / Reichow, Joachim (Hrsg.): Film A–Z. Berlin [Ost] 1984.
Knietzsch, Horst: Film – gestern und heute. Leipzig/Jena/Berlin 1961.
– Prisma. Kino- und Fernseh-Almanache 1–12. Berlin [Ost] 1970–81.
Kurowski, Ulrich: Lexikon Film. München 1972.
– (Hrsg.): Lexikon des internationalen Films. München 1975.
The Library of Congress: Motion Pictures (Catalog of Copyright Entries). New York 1951–71.
Maltin, Leonard: TV Movies. New York 1978.
Manvell, Roger (Hrsg.): The International Encyclopedia of Film. New York 1972–75.
The New York Times Film Reviews 1913–68. New York 1970.
Passek, Jean Loup (Hrsg.): Dictionnaire du Cinéma. Paris 1986.
Polnischer Film 1947–57. Warschau 1957.
Rasmussen, Bjørn: Filmens Hvem Hvad Hvor. Kopenhagen 1969.
Reichow, Joachim: Filmkünstler A–Z. Leipzig 1967.
Reichow, Joachim / Hanisch, Michael: Filmschauspieler A–Z. Berlin [Ost] 1971. Erw. und erg. Ausg. 1974, 1977 und 1980.
Reinert, Charles (Hrsg.): Kleines Filmlexikon. Einsiedeln/Zürich ²1946.
– (Hrsg.): Wir vom Film. Freiburg 1960.
Sadoul, Georges: Dictionnaire des Films. Paris 1965.
– Dictionnaire des Cinéastes. Paris 1965.
Scheuer, Steven H.: Movies on TV 1982/83. Toronto / New York / London / Sydney 1982.
Speed, F. Maurice (Hrsg.): Film Review 1973–77. London 1974–76.
Steiner, Gerhard (Hrsg.): Fremdsprachige Schriftsteller. Leipzig 1972.
Uhländer, Elisabeth / Everschor, Franz (Red.): Filme 1962–64. Handbuch VII der katholischen Filmkritik. Düsseldorf 1965.
– (Red.): Filme 1965–70. Handbuch VIII der katholischen Filmkritik. 2 Bde. Köln 1971.
– (Red.): Filme 1971–76. Handbuch IX der katholischen Filmkritik. Köln 1977.
– (Red.): Filme 1977–80. Handbuch X der katholischen Filmkritik. Köln 1981.
Wilkening, Albert / Baumert, Heinz / Lippert, Klaus (Hrsg.): Kleine Enzyklopädie – Film. Leipzig 1966.

Film in einzelnen Ländern

Ägypten

Khan, M.: An Introduction to the Egyptian Cinema. London 1969.

Vaillant, Fee / Maier, Hanns (Hrsg.): Der afrikanisch-arabische Film. Eine Dokumentation zur 27. Internationalen Filmwoche Mannheim. Mannheim 1980.

Australien

Murray, Scott (Hrsg.): The New Australian Cinema. London 1980.

Dänemark

A/S Nordisk Films Kompagni: 50 Aar i Dansk Film. Kopenhagen 1956.

Deutschland

Baumert, Heinz / Herlinghaus, Hermann: 20 Jahre DEFA-Spielfilm. Berlin [Ost] 1968.

Bundesministerium für Gesamtdeutsche Fragen (Hrsg.): Die Spielfilm-Produktion in der SBZ. Bonn 1964.

Deutsche Film-AG (DEFA) (Hrsg.): Auf neuen Wegen. Berlin [Ost] 1951.

Der deutsche Stummfilm. Katalog einer Ausstellung. Wiesbaden-Biebrich 1965.

Eisner, Lotte H.: L'écran démoniaque. Paris 1952. (Dt.: Dämonische Leinwand. Wiesbaden-Biebrich 1955.)

Hembus, Joe: Der deutsche Film kann gar nicht besser sein. Bremen 1961.

Institut für Filmwissenschaft (Hrsg.): Spielfilme der DEFA im Urteil der Kritik. Berlin [Ost] 1970.

Jansen, Peter W. / Schütte, Wolfram (Hrsg.): Film in der DDR. München 1977.

Kersten, Heinz: Das Filmwesen in der sowjetischen Besatzungszone Deutschlands. Bonn/Berlin 1963.

Kracauer, Siegfried: From Caligari to Hitler. Princeton 1947. (Dt.: Von Caligari bis Hitler. Hamburg 1958. [Gekürzt.])

Kreimeier, Klaus: Kino und Filmindustrie in der BRD. Kronberg 1973.

Kroner, Marion: Film – Spiegel der Gesellschaft? Heidelberg 1973.

Lamprecht, Gerhard: Deutsche Stummfilme 1903–31. Berlin 1969/70.

Leiser, Erwin: Deutschland erwache! (Propaganda im Film des Dritten Reiches). Reinbek bei Hamburg 1968.

Manz, H. P. (Hrsg.): Deutsche Filmwochen. Zürich 1962.

Mückenberger, Christiane (Bearb.): Zur Geschichte des DEFA-Spielfilms 1946–49. Eine Dokumentation. Folge 1. Potsdam-Babelsberg 1976. – Folge 2 ebd. 1981.

Pleyer, Peter: Deutscher Nachkriegsfilm 1946–48. Münster 1965.

– Nationale und soziale Stereotypen im gegenwärtigen deutschen Spielfilm. Münster 1968.

Schmieding, Walther: Kunst oder Kasse. Hamburg 1961.

Verband der deutschen Filmclubs (Hrsg.): Neuer deutscher Film. Mannheim 1967.

Wetzel, Kraft / Hagemann, Peter: Zensur – Verbotene deutsche Filme 1933–45. Berlin 1978.

Wulf, Joseph (Hrsg.): Theater und Film im Dritten Reich. Gütersloh 1964.

England

Manvell, Roger: New Cinema in Britain. London 1969.

Oakley, Charles: Where We Came In. London 1964.

Pirie, David: A Heritage of Horror. London 1973.

Vermilye, Jerry: The Great British Films. Secaucus, N. J., 1978.

Frankreich

Armes, Roy: French film. London / New York 1970.

Brody, Agnes Bleier / Hofmann, Werner (Red.): Französische Filme von 1900 bis heute. Wien 1963.

Italien

50 anni di cinema italiano. Rom 1955.
Goetz, Alice / Banz, Helmut W.: Aspekte des italienischen Films II. Frankfurt a. M. 1969.
Gregor, Ulrich (Red.): Aspekte des italienischen Films. Frankfurt a. M. 1969.
Koppel, Helga: Film in Italien – Italien im Film. Berlin [Ost] 1970.
Marinucci, Vinicio: Tendances du cinema italien. Rom 1959.
Schlappner, Martin: Von Rossellini zu Fellini. Zürich 1958.

Lateinamerika

Internationale Filmfestspiele Berlin (Hrsg.): Lateinamerika. Berlin 1970.

Niederlande

Prakke, Henk / Bertina, B. J.: Film in den Niederlanden. Assen 1963.

Österreich

Fritz, Walter: Geschichte des österreichischen Films. Wien 1969.

Polen

Contemporary Polish Cinematography. Warschau 1962.
Fuksiewicz, Jacek: Der Film in Polen. Warschau 1973.
Helman, Alicja: 20 Jahre polnischer Film. Warschau 1970.
Kuszewski, Stanisław: Zeitgenössischer polnischer Film. Warschau 1978.
Reichow, Joachim (Hrsg.) / Janicki, Stanislaw: Film in Polen. Berlin [Ost] 1979.

Schweden

Béranger, Jean: La grande aventure du cinéma suédois. Paris 1960.
Lauritzen, Einar: Swedish Films. New York 1962.

Tschechoslowakei

Brož, Jaroslav: The Path of Fame of the Czechoslovak Film. Prag 1967.
Wolf, Steffen (Red.): Der tschechoslowakische Film. Frankfurt a. M. 1965.

UdSSR

Arossjew, A.: Soviet Cinema. Moskau 1935.
Gregor, Ulrich / Hitzer, Friedrich (Red.): Der sowjetische Film 1930–1939 – I. Frankfurt a. M. 1966.
Herlinghaus, Hermann / Hanisch, Michael / Gehler, Fred, u. a.: Der sowjetische Revolutionsfilm. Berlin [Ost] 1967.
Hitzer, Friedrich (Red.:) Der sowjetische Film 1930–1939 – II. Frankfurt a. M. 1966.
Iskusstwo Millionow – Sowjetskoje Kino 1917–1957. Moskau 1958.
Jaeger, Klaus (Hrsg.): Der russische Revolutionsfilm. Düsseldorf 1966.
Jarmatz, Klaus / Barck, Simone / Diezel, Peter: Exil in der UdSSR. Leipzig 1979.
Leyda, Jay: Kino – A History of the Russian and Soviet Film. London 1960.
Ritter, Claus: Tiefe Leinwand. Berlin [Ost] 1972.
Schnitzer, Luda und Jean / Martin, Marcel (Hrsg.): Le Cinéma Soviétique par ceux qui l'ont fait. Paris 1966.
Sovexportfilm (Hrsg.): Band der Freundschaft – Sowjetische Filme in Deutschland. Berlin [Ost] 1951.
Sowjetskie chudoschestwennyje filmy. Moskau 1961.
VEB Progress-Film-Verleih (Hrsg.): Filme und Freunde. Berlin [Ost] 1975.
VEB Progress-Film-Vertrieb (Hrsg.): Welterfolge sowjetischer Filmkunst. Berlin [Ost] 1969.
Verdone, Maria / Amengual, Barthélemy: La Feks. Lyon 1970.

Ungarn

Levenson, Claude B.: Jeune Cinéma Hongrois. Lyon 1966.
Nemeskürty, István: Word and Image – History of the Hungarian Cinema. Budapest 1968.
Verband der deutschen Filmclubs (Hrsg.): Ungarische Spielfilme. 2 Tle. Frankfurt a. M. 1968.

USA

Baxter, John: Hollywood in the Sixties. London/New York 1972.
– Hollywood in the Thirties. London/New York 1968.
Billings, Pat / Eyles, Allen: Hollywood Today. London / New York 1971.
Brode, Douglas: The Films of the Fifties. Secaucus, N. J., 1976.
Gow, Gordon: Hollywood in the Fifties. New York / London 1971.
Gregor, Ulrich (Red.): Der amerikanische Film 1930 bis 1939. Frankfurt a. M. 1968.
Higham, Charles / Greenberg, Joel: Hollywood in the Forties. London / New York 1968.
Inglis, Ruth A.: Freedom of the Movies. Chicago 1947. (Dt.: Der amerikanische Film. Nürnberg 1951.)
Jacobs, Lewis: The Rise of the American Film. New York 1939.
Manvell, Roger: New Cinema in the USA. London 1968.
Michael, Paul: The American Movies. Englewood Cliffs, N. J., 1969.
Quigley jr., Martin / Gertner, Richard: Films in America. New York 1970.
Robinson, David: Hollywood in the Twenties. London / New York 1968.
Sarris, Andrew: The American Cinema. New York 1968.
Slide, Anthony: Early American Cinema. New York / London 1970.
Taylor, John Russell / Jackson, Arthur: The Hollywood Musical. London 1971.
Thomas, Tony: The Films of the Forties. Secaucus, N. J., 1975.
White, David Manning / Averson, Richard: The Celluloid Weapon. Boston 1972.

Biographien und Autobiographien

Antonioni
Leprohon, Pierre (Hrsg.): Michelangelo Antonioni. Hamburg 1964.
Asquith
Belmans, Jacques: Asquith. Paris 1972.
Balázs
Kühn, Gertraude / Lichtenstein, Manfred / Jahnke, Eckart: Béla Balázs. Berlin [Ost] 1973.
Bergman
Burvenich, Jos: Ingmar Bergman zoekt de sleutel. Lannoo/Tielt / Den Haag 1966.
– Thèmes d'inspiration d'Ingmar Bergman. Brüssel 1960.
Siclier, Jacques: Ingmar Bergman. Paris 1960.
Wood, Robin: Ingmar Bergman. London 1970.
Bogart
McCarty, Clifford: The Films of Humphrey Bogart. Secaucus, N. J., ^{3}1971.
Bondartschuk
Ignatjewa, Nina: Sergei Bondartschuk. Berlin [Ost] 1967.
Bresson
Cameron, Ian (Hrsg.): The Films of Robert Bresson. London 1969.
Buñuel
Durgnat, Raymond: Luis Buñuel. London 1968.
Goetz, Alice / Banz, Helmut W.: Luis Buñuel. Hrsg. vom Verband der deutschen Filmclubs. Frankfurt a. M. 1965.
Jansen, Peter W. / Schütte, Wolfram (Hrsg.): Luis Buñuel. München 1975.

Capra
Capra, Frank: The Name above the Title. New York 1971.
Griffith, Richard: Frank Capra. London 1951.
Carné
Queval, Jean: Marcel Carné. Paris 1952.
Chabrol
Jansen, Peter W. / Schütte, Wolfram (Hrsg.): Claude Chabrol. München 1975.
Chaplin
Hanisch, Michael: Über ihn lachten Millionen, Charlie Chaplin. Berlin [Ost] ²1974.
Hembus, Joe: Charlie Chaplin und seine Filme. München 1972.
Martin, Marcel: Charlie Chaplin. Paris 1966.
Payne, Robert: The great Charlie. London 1952. (Dt.: Der große Charlie. Frankfurt a. M. o. J.)
Quigly, Isabel: Charlie Chaplin – Early Comedies. London 1968.
Schnog, Karl: Charlie Chaplin. Berlin [Ost] 1962.
Clair
Amengual, Barthélemy: René Clair. Paris 1963.
Bourgeois, Jacques: René Clair. Paris/Genf 1949.
Clouzot
Pilard, Philippe: H.-G. Clouzot. Paris 1969.
Cooper
Dickens, Homer: The Films of Gary Cooper. Secaucus, N. J., 1970.
Corman
Willemen, Paul / Pirie, David / Will, David / Myles, Lynda: Roger Corman. Edinburgh 1970.
Crawford
Quirk, Lawrence J.: Joan Crawford. New York 1970.
Daves
Kreck, Joachim: Delmer Daves. Oberhausen 1972.
Davis
Ringgold, Gene: Bette Davis. New York ²1971.
DeMille
DeMille, Cecil B.: The Autobiography of Cecil B. DeMille. London 1960.
Essoe, Gabe / Lee, Raymond: DeMille – The Man and his Pictures. New York 1970.
Higham, Charles: Cecil B. DeMille. New York 1973.
Ringgold, Gene / Bodeen, DeWitt: The Films of Cecil B. DeMille. New York 1969.
Dietrich
Dickens, Homer: The Films of Marlene Dietrich. New York ²1971.
Sudendorf, Werner (Hrsg.): Marlene Dietrich. 2 Tle. München / Wien 1977/78.
Douglas
Thomas, Tony: The Films of Kirk Douglas. Secaucus, N. J., 1972.
Dowschenko
Jurenew, Rostislaw: Alexander Dowshenko. Berlin 1964.
Schnitzer, Luda et Jean: Dovjenko. Paris 1965.
Dreyer
Cuenca, Carlos Fernandez: Carl Theodor Dreyer. Madrid 1964.
Sémolué, Jean: Carl Th. Dreyer. Paris 1970.
Dudow
Herlinghaus, Hermann: Slatan Dudow. Berlin [Ost] 1965.
Dulac
Ford, Charles: Germaine Dulac. Paris 1968.
Duvivier
Leprohon, Pierre: Duvivier. Paris 1968.

Dwan
Bogdanovich, Peter: Allan Dwan – the last pioneer. London 1971.
Eisenstein
Eisenstein, Sergej: Erinnerungen. Zürich 1963.
Herlinghaus, Hermann / Baumert, Heinz / Georgi, Renate (Hrsg.): Sergej Eisenstein, Künstler der Revolution. Berlin [Ost] 1960.
Kaufmann, Lilli (Hrsg.): Sergei Eisenstein – Über mich und meine Filme. Berlin [Ost] 1975.
Konlechner, Peter / Kubelka, Peter: Sergej Michailowitsch Eisenstein. Wien 1964.
Schmidt, Margarete / Mückenberger, Christiane: Sergei Michailowitsch Eisenstein zur Farbe im Film. Potsdam-Babelsberg 1975.
Seton, Marie: Sergei M. Eisenstein. London 1952.
Fairbanks
Eisenschitz, Bernard: Douglas Fairbanks. Paris 1969.
Fassbinder
Jansen, Peter W. / Schütte, Wolfram (Hrsg.): Rainer Werner Fassbinder. München 1974.
Feuillade
Filminstitut der Landeshauptstadt Düsseldorf (Hrsg.): Louis Feuillade – Der phantastische Realismus. Düsseldorf 1980.
Lacassin, Francis: Louis Feuillade. Paris 1964.
Feyder
Bachy, Victor: Jacques Feyder. Paris 1966.
Flaherty
Flaherty, Frances Hubbard: The Odyssey of a Film-Maker. Urbana, Ill. 1960.
Griffith, Richard: The world of Robert Flaherty. New York / Boston 1953.
Klaue, Wolfgang / Leyda, Jay (Mitarb.: Manfred Lichtenstein und Günter Schulz): Robert Flaherty. Berlin [Ost] 1964.
Fonda
Springer, John: The Fondas (Henry, Jane und Peter F.). New York 1970.
Ford
Bogdanovich, Peter: John Ford. London 1967.
Franju
Durgnat, Raymond: Franju (Georges). London 1967.
Fuller
Garnham, Nicholas: Samuel Fuller. London 1971.
Hardy, Phil: Samuel Fuller. London 1970.
Wollen, Peter / Will, David / Canham, Kingsley / Pirie, David / Hardy, Phil / McArthur, Colin / Rohdie, Sam / Lovell, Alan / Durgnat, Raymond / Bontemps, Jacques / Godard, Jean-Luc / Myles, Lynda / Perkins, V. F. / Elsaesser, Thomas: Samuel Fuller. Edinburgh 1969.
Gable
Essoe, Gabe / Lee, Ray: Clark Gable. London 1967.
Garbo
Conway, Michael / McGregor, Dion / Ricci, Mark: The Films of Greta Garbo. New York 1968.
Godard
Cameron, Ian (Hrsg.): The Films of Jean-Luc Godard. London 1969.
Roud, Richard: Jean-Luc Godard. London 1968.
Griffith
Mitry, Jean: Griffith. Paris 1965.
Stern, Seymour: An Index to the Creative Work of David Wark Griffith. London 1946.
Harlan
Harlan, Veit: Im Schatten meiner Filme. Gütersloh 1966.
Has
Eberhardt, Konrad: Wojciech Has. Warschau 1967.

Hasler
Kasjanowa, Ludmilla / Karawaschkin, Anatoli / Mückenberger, Christiane: Begegnung mit Regisseuren. Berlin [Ost] 1974.
Hawks
Wood, Robin: Howard Hawks. London 1968.
Hitchcock
Bogdanovich, Peter: The Cinema of Alfred Hitchcock. New York 1963.
Noble, Peter: Index to the Work of Alfred Hitchcock. London 1949.
Perry, George: The Films of Alfred Hitchcock. London 1965.
Rohmer, Eric / Chabrol, Claude: Hitchcock. Paris 1957.
Truffaut, François: Hitchcock. London 1967.
Huston
Tozzi, Romano: John Huston. New York 1971.
Jakubowska
Karcz, Danuta: Wanda Jakubowska. Berlin [Ost] 1967.
Jutkewitsch
Turowskaja, Maja / Chanjutin, Juri: Sergej Jutkewitsch. Berlin [Ost] 1968.
Kazan
Cuenca, Carlos Fernandez: Elia Kazan. San Sebastian 1964.
Keaton
Jansen, Peter W. / Schütte, Wolfram (Hrsg.): Buster Keaton. München 1975.
Robinson, David: Buster Keaton. London 1969.
Konwicki
Fuksiewicz, Jacek: Tadeusz Konwicki. Warschau 1967.
Kuleschow
Hochschule für Film und Fernsehen der DDR (Hrsg.): Lew Kuleschow. Potsdam-Babelsberg 1977.
Kurosawa
Ezratty, Sacha: Kurosawa. Paris 1964.
Richie, Donald: The Films of Akira Kurosawa. Berkeley/Los Angeles 1965.
Lancaster
Vermilye, Jerry: Burt Lancaster. New York 1971.
Lang
Bogdanovich, Peter: Fritz Lang in America. London 1967.
Jansen, Peter W. / Schütte, Wolfram (Hrsg.): Fritz Lang. München 1976.
Laughton
Brown, William: Charles Laughton. New York 1970.
Laurel & Hardy
Barr, Charles: Laurel & Hardy. London 1967.
Borde, Raymond / Perrin, Charles: Laurel et Hardy. Lyon 1965.
Coursodon, J.-P.: Laurel et Hardy. Paris 1965.
Everson, William K.: The Films of Laurel & Hardy. New York 1967.
McCabe, John: Mr. Laurel & Mr. Hardy. New York 1961.
Lean
Pratley, Gerald: The Cinema of David Lean. New York 1974.
Silver, Alain / Ursini, James: David Lean and his films. London 1974.
Linder
Mitry, Jean: Max Linder. Paris 1966.
Lloyd
Reilly, Adam: Harold Lloyd – The King of Daredevil Comedy. London 1977.
Schickel, Richard: Harold Lloyd – The Shape of Laughter. Boston 1974.
Tichy, Wolfram: Harold Lloyd. Luzern / Frankfurt a. M. 1979.

Losey
Milne, Tom: Losey on Losey. London 1968.
Lubitsch
Eisenschitz, Bernard: Lubitsch. Paris 1967.
Maetzig
Kasjanowa, Ludmilla / Karawaschkin, Anatoli / Mückenberger, Christiane: Begegnung mit Regisseuren. Berlin [Ost] 1974.
Mamoulian
Milne, Tom: Rouben Mamoulian. London 1969.
March
Quirk, Lawrence J.: The Films of Fredric March. New York 1971.
Mayer
Hempel, Rolf: Carl Mayer – Ein Autor schreibt mit der Kamera. Berlin [Ost] 1968.
Méliès
Sadoul, Georges: Georges Méliès. Paris 1961.
Melville
Nogueira, Rui: Melville on Melville. London 1971.
Mizoguchi
Morris, Peter: Mizoguchi, Kenji. Ottawa 1967.
Murnau
Eisner, Lotte H.: Murnau – Der Klassiker des deutschen Films. Velber 1967.
Nielsen
Engberg, Marguerite: Asta Nielsen. Frankfurt a. M. 1967.
Ophüls
Ophüls, Max: Spiel im Dasein. Stuttgart 1959.
Ozu
Steinberg, Heinz: Sechs Filme von Ozu. Essen 1965.
Tessier, Max: Ozu. Paris 1971.
Pasolini
Stack, Oswald: Pasolini on Pasolini. London 1969.
Polanski
Butler, Ivan: The Cinema of Roman Polanski. London / New York 1970.
Pudowkin
Marjamow, A.: Pudowkin – Kampf und Vollendung. Berlin [Ost] 1954.
Renoir
Bazin, André: Jean Renoir. Paris 1971.
Gregor, Ulrich (Hrsg.): Jean Renoir und seine Filme. Frankfurt a. M. 1970.
Renoir, Jean: Mein Leben und meine Filme. München/Zürich 1974.
Rey
Cuenca, Carlos Fernandez: Recuerdo y presencia de Florian Rey. San Sebastian 1962.
Rossellini
Guarner, José Luis: Roberto Rossellini. London 1970.
Sjöström
Jeanne, René / Ford, Charles: Victor Sjöström. Paris 1963.
Idestam-Almquist, Bengt: Sjöström. Paris 1965.
Pensel, Hans: Seastrom and Stiller in Hollywood. New York / Washington / Hollywood 1969.
Staudte
Knietzsch, Horst: Wolfgang Staudte. Berlin [Ost] 1966.
Sternberg
Goetz, Alice / Banz, Helmut W. / Kellner, Otto (Red.): Josef von Sternberg. Frankfurt a. M. 1966.
Sternberg, Josef von: Fun in a Chinese Laundry. (Dt.: Ich – Josef von Sternberg. Velber 1967.)

Stewart
Jones, Ken D. / McClure, Arthur F. / Twomey, Alfred E.: The Films of James Stewart. Cranbury/London 1970.
Stiller
Idestam-Almquist, Bengt: Mauritz Stiller. Anthologie du Cinéma. Paris 1967.
Werner, Gösta: Mauritz Stiller och hans Filmer. Stockholm 1969.
Stroheim
Barna, Jon: Erich von Stroheim. Wien 1966.
Buache, Freddy: Erich von Stroheim. Paris 1972.
Ciment, Michel: Erich von Stroheim. Paris 1967.
Finler, Joel W.: Stroheim (Erich Oswald). London 1967.
Torre Nilsson
Oms, Marcel: L. Torre-Nilsson. Lyon 1962.
Truffaut
Jansen, Peter W. / Schütte, Wolfram (Hrsg.): François Truffaut. München 1974.
Visconti
Jansen, Peter W. / Schütte, Wolfram (Hrsg.): Luchino Visconti. München 1975.
Nowell-Smith, Geoffrey: Visconti (Luchino). London 1967.
Walsh
Hardy, Phil (Hrsg.): Raoul Walsh. Edinburgh 1974.
Wegener
Noa, Wolfgang: Paul Wegener. Berlin [Ost] 1964.
Wilder
Madsen, Axel: Billy Wilder. London 1968.
Sinyard, Neil / Turner, Adrian: Billy Wilders Filme. Berlin 1980.
Wolf
Kasjanowa, Ludmilla / Karawaschkin, Anatoli / Mückenberger, Christiane: Begegnung mit Regisseuren. Berlin [Ost] 1974.

Zeitschriften

Cahiers du Cinéma. Paris seit 1951.
Cinéaste. Göttingen 1951–(?)
dif – filmkundliche mitteilungen. Wiesbaden-Biebrich seit 1968.
Evangelischer Filmbeobachter. München 1948–71. [Seit 1976 als: Filmbeobachter.]
Der Film. Berlin seit 1916.
Film. Berlin [Ost] seit 1964.
Film. München seit 1963. Velber 1965–71.
film 56. Frankfurt a. M. 1956.
Filmbeobachter. Frankfurt a. M. seit 1976.
film-dienst. Düsseldorf seit 1948. Köln seit 1968.
filmforum. Emsdetten 1951–60.
Filmkritik. Frankfurt 1957–69, München seit 1970.
Filmový Přehled. Prag seit 1956.
Filmspiegel. Berlin [Ost] seit 1954.
Filmstudio. Frankfurt a. M. 1954–66.
Filmwelt. Berlin 1929–43.
Die Filmwoche. Berlin 1924–43.
Illustrierte Filmwoche. Berlin 1922–24.
Index Cinema (La Cinématographie Française). Paris seit 1947.
Der Kinematograph. Düsseldorf seit 1907. Berin 1922–35.

Monthly Film Bulletin. London seit 1944.
La Saison Cinématographique. Paris seit 1957.
Sight and Sound. London seit 1931.
Variety. New York seit 1950.

Periodisch erscheinende Publikationen

Almanache der Mostra Internazionale d'Arte Cinematografica. Venedig seit 1947.
Atlas-Filmhefte. Duisburg 1962–67.
Atlas-Schmalfilmprogramm. Frankfurt a. M. / Duisburg seit 1965.
Atlas Verleihkataloge. Duisburg 1962–66.
Besonders wertvoll. Wiesbaden-Biebrich seit 1958.
Camera-Programme. Berlin [Ost] seit 1963.
La Cinématographie Française. Paris seit 1918.
Export-Union der deutschen Filmindustrie. die deutschen filme. Wiesbaden/München 1956–78.
Export-Union des deutschen Films. KINO – Filme der Bundesrepublik Deutschland. München seit 1979.
Festspiel-Almanach. Internationale Filmfestspiele Berlin seit 1951.
The Film Daily Year Book of Motion Pictures. New York 1920–70.
FILM-ECHO Verleihkatalog, Wiesbaden seit 1949.
Film für Sie. Berlin [Ost] seit 1966.
Film in Sweden. Stockholm seit 1965.
Film-Bühne. München 1945–48.
Film-Polski. Polish Film. Warschau seit 1963 (vorher FP Bulletin).
Filmpost. Frankfurt a. M. 1947–49.
Fischer Film Almanach, Fischer Taschenbuch Verlag, Frankfurt a. M. seit 1981.
Hungarofilm-Bulletin. Budapest seit 1965.
Illustrierte Film-Bühne. München 1948–68.
Illustrierte Film-Revue. Berlin [Ost] 1947–49.
Illustrierter Filmkurier. Berlin 1920–46.
International Motion Picture Almanac. New York seit 1933.
Kinemathek. Berlin seit 1963.
Die kleine Filmkunstreihe. Filmhefte des Verleihs »Neue Filmkunst«. Göttingen seit 1952.
Das Neue Filmprogramm. Mannheim-Käfertal 1950–60.
Neues Film-Programm. Wien seit 1956.
Paimann's Filmlisten. Wien 1912–65.
Das Programm von Heute. Berlin 1936–43.
Progress Filmillustrierte. Berlin [Ost] seit 1950.
Progress Filmprogramm. Berlin [Ost] seit 1957.
Progress-Werbehelfer. Berlin [Ost] seit 1952.
Reichsfilmarchiv-Katalog. 1928–42.
Paul Liwa: Schmalfilm heute. Duisburg seit 1970.
sowjetFILM. Moskau seit 1957.
Spielfilme im Deutschen Fernsehen. Frankfurt a. M. seit 1966.
Der Spielfilm im ZDF. Mainz 1963–73 und seit 1975.
Staatliches Filmarchiv der DDR. Film-Blätter. Berlin [Ost] seit 1974.
Der tschechoslowakische Film. Prag seit 1951.
Uniespaña – the spanish cinema. Madrid seit 1959.
Unifrance – Informationen. München seit 1950.
Unijapan. Tokio seit 1958.
Unitalia Film. Rom seit 1951.
Yugoslavia Film. Jugoslawische Filme. Belgrad seit 1947.

Register

Filmtitel

(Originaltitel und deutsche Version)

Regisseure

Kameraleute

Autoren literarischer Vorlagen

Bildnachweis

ABC Motion Pictures (1), Archiv (76), ARD (5), Atlas (10), Bavaria (2), Centfox (2), Columbia (4), Concorde-Film (1), Constantin (8), Deutsches Institut für Filmkunde (3), dpa (1), Europa (4), Filmverlag der Autoren (5), Gloria (2), Kuchenreuther Filmverleih (1), Lehmacher-Film (1), Mosfilm/DFH (1), neue filmforum heiner braun (3), Neue Filmkunst (4), Nordpress (1), Orion Pictures (1), Palace Pictures (1), Pallas (3), Paramount (4), Prisma (3), Progress (1), RKO (1), Tobis Filmkunst (2) United Artists (2), Warner Bros. (1), W. H.-Filmproduktion (1), ZDF (24).